编 委 会

返本与开新

大连民族大学建校 30 周年学术文集

(1984—2014)

李洲良　主编

人民出版社

责任编辑:陆丽云
封面设计:孙瑞国

图书在版编目(CIP)数据

返本与开新/李洲良 主编. —北京:人民出版社,2017.12
ISBN 978 - 7 - 01 - 017158 - 6

Ⅰ.①返… Ⅱ.①李… Ⅲ.①满族-民族学-研究-中国 Ⅳ.①K282.1

中国版本图书馆 CIP 数据核字(2016)第 317734 号

返本与开新
FANBEN YU KAIXIN

李洲良　主编

人民出版社 出版发行
(100706　北京市东城区隆福寺街 99 号)

山东鸿君杰文化发展有限公司印刷　新华书店经销

2017 年 12 月第 1 版　2017 年 12 月北京第 1 次印刷
开本:710 毫米×1000 毫米 1/16　印张:55
字数:900 千字

ISBN 978 - 7 - 01 - 017158 - 6　定价:108.00 元

邮购地址 100706　北京市东城区隆福寺街 99 号
人民东方图书销售中心　电话 (010)65250042　65289539

目 录

民族·文化研究

经济·管理研究

文学·历史研究

把满学研究提高到一个新水平（代序）

黎树斌

满学是研究满族历史与文化及其相关领域的科学。[①] 自清初开始，逐渐涵盖了满族历史、经济、政治、军事、文化（语言、文学、艺术、科技、哲学、教育、习俗、伦理、道德）以及满族先人、阿尔泰语系满—通古斯语族满语支其他民族关系等，迄今已成为国际汉学（亦称"中国学"）三大学科（满学、蒙古学、藏学）之一的一门国际性学科。

清初，即17世纪开始，清政府十分重视满学研究。[②] 康熙二十二年（1683）开我国满学研究之先河的满汉语文词典—《大清全书》出版，为其后的满文研究奠定了基础。随之，在18、19世纪后问世许多满学研究成果，如康熙四十七年（1708）《御制清文鉴》，雍正二年（1724）《清文汇书》、《清文虚字讲约》，乾隆九年（1744）《八旗满洲氏族通谱》、乾隆四十二年（1777）《满洲源流考》，嘉庆九年（1804）《熙朝雅颂集》等，为满学的各领域研究创造了条件。

中国是满学研究的中心。满族是中国人口较多的民族之一，在漫长的历史长河中发展，创造了举世公认的优秀文化。3个多世纪以来，中国的满学资料汗牛充栋，所整理出版的文集、论著浩如烟海，其研究范围几乎涉足

---

① 17世纪中国开始整理建州女真官私文献，编辑满语书籍，并未称满学；外国学者曾称满洲学或满族学。我国建国后，研究者也没有确定满学概念，直到1978年改革开放之后，研究者逐渐将满族及其相关学科的研究称之为满学。

② 满学研究开始时间，中国学者多主张为17世纪的清初，戴鸿利在《跨世纪满学研究的回顾与前瞻》一文中认为：满学研究在我国是从清前期开始的。（《满学研究》第五辑，民族出版社2000年版，第38页）

满学的各个领域，成果甚丰。而外国学者研究满学较早的是一江之隔的朝鲜，接着是晚于中国一个世纪的俄罗斯，随后一衣带水的日本及德国、意大利、比利时、法国等国开始研究满学。

近百年来，中国满学研究成果辉煌。首先，在 20 世纪上半叶涌现出一批满学专家，如孟森、唐邦治、金梁等，他们是当之无愧的满族史研究的开拓者、奠基者。20 世纪下半叶又在调查、培训、翻译、研究中成长出一批致力于满学研究的优秀人才，如金毓黻、商鸿逵、郑天挺、王钟翰、周远廉、杨学深、李燕光、阎崇年、赵展、陈捷先、胡增益、关捷、张佳生、张杰、戴鸿利、赵志忠、赵阿平等，他们成为满学研究的脊梁。

其次，摆脱"钦定"束缚，出版大量满学论著。谨据阎崇年主编之《20 世纪世界满学著作提要》所载，有关满族历史、语言、文化、八旗、社会、人物、档案、宫苑、宗教、民俗等方面的资料、论著达 858 种，其中中国学者编著的为 732 种，外国学者编著的为 126 种。这些论著中既有将尘封的资料整理出版，如女真文、满语文及满文老档等；也有研究著作，如《钦定满洲源流考》、《清前三朝实录》、《清史稿》等，表明满学已经进入研究阶段。建国后先行出版了集体编著的《满族简史》，随后被称为"第一部系统、详尽地论述满族社会、历史发展的通史"或"第一部观点公允、内容系统、资料翔实的鸿篇巨著"的《满族通史》（李燕光、关捷主编）出版（2003 年出版了修订版），近年又有《满族文学史》（赵志辉主编）、《满族文化史》（张佳生主编）、《中国满族通论》（张佳生主编）、《清代东北边疆的满族》（张杰等著）等问世。

第三，探索的问题日益广泛而深入。研究成果不仅廓清了满族先世历史，重新审视了满族在社会、研究领域存在的偏执观点、拨乱反正、"以成正史"，还通过译满文老档、为名人立传、纂修专史、编辑论集、社会调查、出版刊物等多种形式，对满族历史发展脉络、变迁、规律等问题进行了较深入研究，对满族政治、经济、军事以及涵盖教育、科技、宗教、文字、文学、书法、舞蹈、民俗、姓氏、谱书等满族文化进行了综合分析与研究，为进一步研究满学奠定了坚实的基础。

回首过去，满学研究取得的显著成绩，将鼓舞满学研究者更加充满信心，展望未来。

面对新世纪的机遇与挑战，作为一门国际性学科的满学之前景、研究方向，必须置于新的世界格局中予以审视。中国满学研究者一方面应扩大视野，深入研究，创造新成果；一方面与各国满学研究者精诚合作，就能使满学研究呈现崭新的局面。

第一，加强满学学科建设，是提高满学研究水平的重要前提。满学是民族学的分支，在重视民族学学科建设的同时，满学研究者应该重视满学学科建设。不能简单地把满学研究说成西方学者所开创，亦不能对其研究毫无批判地全盘吸收，亦步亦趋。这样做并不等于否定西方学者在满学研究方面的贡献。中国学者有条件以马克思主义的基本理论为指导，对西方学者的研究进行具体分析，去粗取精，以完善和发展满学学科体系。为此要在综合分析我国满学已有基础、优势、特色和学科发展趋势基础上，根植于中国国情、族情实际，组成强大的创新科研团队，面向实际，面向未来，面向世界，进一步整合国内满学资源，逐步建立布局合理、优势互补、资源共享和协调发展的高水平满学学科体系，以及深入探讨满学及满学与各民族学科的关系，与"四化"的关系，与各民族共同团结奋斗。共同繁荣发展的关系，为中华民族的伟大复兴做出贡献。

第二，突出中国满学学术传统、研究对象、研究内容、研究方法、调查方法等方面的特色，是提高满学研究水平的关键。国内外任何一门民族学都有自己的特色，否则就没有任何地位。建国后我国满学研究者既努力挖掘翻译、整理出版了大量历史上的第一手资料，又对满族聚居地的政治地位、经济状况、文化水准进行调查，整理出大量现实鲜活的文字、实物等资料。这两方面资料为满学研究提供了充足的食粮，对提高满学研究论著的水平起了重要作用。这种方法是中国老一代学者的创造，当代满学研究者应该继承与发扬。要使中国满学研究始终处于领无地位，一定要坚持科学发展观，大力加强创新意识，只要不断艰苦努力，就会实现创新满学的目标。

第三，培养一批满学专业人才，建设一支开拓发展的创新团队，是深入满学研究，创造新成果的首要条件。满学研究已形成一支队伍，但是取得优秀成果的多是老年学者和小部分中年学人，极其缺乏有志于满学的青年研究者。满学研究要以优秀人才作支撑，必须想方设法通过多种渠道培养优秀人才。高等学校、科研单位培养专业人才是一方面，在学科建设、调查研究、著书立说等实践中培养锻炼人才也是重要途径。这两方面培养出来的人才，可以通过换位进行锻炼。此外，还可以借鉴过去通过培训班、讲习班等形式提高现有年轻学人的语言能力、阅读能力与研究能力。如从以上方面努力，用不了多少年，就会形成一支既有理论，又有实践能力的老中青相结合的创新团队。同时广泛开展协作，尤其年轻研究人员，应虚心向老专家学习，"少些惰性，多些刻苦性；少些商品性，多些科学性"。脚踏实地的做研究，防止闭门论道和先有结论再去调查求证的做法。老专家对年轻研究者寄予厚望，要把真才实学、科学的研究方法传授给年轻人。满学研究者通力合作，满学研究面貌将呈现日新月异的美好前景。

第四，坚持"百家争鸣，百花齐放"方针，是推动满学研究向纵深发展，不断创新的根本方针。满学研究领域宽阔，研究中出现不同看法，乃至形成不同学派都是正常的。但是国内满学研究与国外的美、德、法、英等国的民族学研究形成学派不同，尚没有明显分成派别。仅是由于理论运用、研究取向、采用方法有所不同，在百家争鸣、各抒己见的前提下，对若干问题进行争辩。如20世纪50年代后期开始对清军入关前满族社会性质的讨论，长达30年之久，报刊上发表的大量论文，都是仁者见仁，智者见智。通过讨论促使研究者加深了对早期满洲社会的认识，推动了满学研究的深入。

再如，近二三十年研究满学的学者对300多年的满学，尤其是近百年的满学认真回顾、总结，鉴于领域不同、切入点不同、标准不同，出现了满学的不同分期法。一是百年满学历史的分期：1901—1925年为发轫期，1926—1950年为发展期，1951—1976年为沉寂·振兴期，1976—2000年为发展期。

二是百年满族文化的分期：1900—1929年为第一阶段，1930—1948年为第二阶段，1949—1978年为第三阶段，三个阶段统称为奠基期和始兴期，1979—2000年为第四阶段称繁荣期。

三是满语文的分期：学者认为自满文创制起到辛亥革命（1599—1911年）为语文学时期，辛亥革命以后到中华人民共和国成立（1912—1949年）为现代语言学形成的准备时期，中华人民共和国成立到现在（1949—　）为现代语言学的形成和发展时期。

这些不同领域内的分期是否合适？满学各领域都自行分期是否恰当？探索一个满学综合分期是否可能？例如在中国，将清朝统治者利用国家力量展开的研究作为第一阶段，与此同时在国外，则以顺治、康熙朝时的外国传教士为最早，其中法国人白晋所撰《康熙皇帝》可为代表。第二阶段为民国至新中国建立时期。第三阶段为建国至"文革"前，其中1958年展开的满族历史调查影响巨大，当时有许多研究者直接参加调查，如后来成为满学著名专家的王钟翰、李燕光等人。今天活跃在满学研究领域中的许多中年研究人员是他们培养出来的。第四阶段为"文革"后至今时期。

再如对满族文化的特点亦有不同见解。一种意见认为"善于学习，吸取汉文化"是满族文化的特征，另一种意见认为"'善于学习，吸取汉文化'在中外古今各民族发展史上都带有普遍性和共同性"，提出评论演进中的满族文化特征要坚持民族个体性、历史阶段性、区域性、层次性和不平衡性等五性统一，其文化形态中所表现的民族心态是演进中满族文化的主要特征。究竟如何确定满族文化特征，是可以进一步研究的。至于满学的各类问题（事件、人物、科技成果、文学艺术作品、资料等）的研究、评价都难免有不同见解。不同意见，有的通过讨论会趋于一致，有的暂时无法统一认识，应按求同存异的原则，允许保留自己的观点，决不能强求统一。这种自由讨论的气氛蔚然成风，才能使满学研究园地百花争艳。

第五，扩展国内国际交流与合作，是提高满学研究整体水平的有效办法。建国以后，国内满学研究的20多个机构，分布于中央民族大学、大连民族学院、中国人民大学、黑龙江大学、台湾大学、台湾政治大学等高等学校和北京、东三省等社会科学院、台湾"中央研究院"及有关省市民委、自治县等，还有类似北京满学会、各地满族联谊会或协会等民间学术团体也从事一些研究。以上一些研究机构编辑出版了专业刊物，如《满族研究》、《满学研究》、《满族文学》、《满语研究》、《满族文化》、《满族文学研究》及《清史研究》等，对推动满学研究，培养满学研究人员研究能力，提高满学研究水平，加强国内外学术交流起了积极作用。

国外的满学研究，已由耶稣会士揭橥的"满洲学"到20世纪开始满学专家的深入研究，也走过了几个世纪，其中俄国、日本、韩国、美国、德国、意大利、蒙古等国学者在研究满族历史、文化等的论著、翻译、辞书、文献方面成果颇为显著，为满学成为国际性学科做出了贡献。

当今要提高满学研究水平，一方面是在现有条件下，对满学的重大课题，国内满学研究机构和学者应该采取集体攻关，建立优势学术团队，长期分工合作，可以随研究项目进行。事实证明，国家社科有关民族问题项目多以课题组申报，然后集体完成。另一方面开展国际间合作与交流，既有必要，也有可能。《20世纪世界满学著作提要》就是一个国际间合作的范例。除我国学者撰稿外，日、韩、美、德、意、俄、蒙等国16位教授、研究员参加撰稿，使该书成为一部较完整的工具书。

国际国内的重要交流平台是各种规模、不同主题的满学学术研讨会。北京满学会、辽宁民族研究所、黑龙江满语研究所等多次举办的满学国际研讨会，对团结国内外满学研究者，推进满学研究向纵深发展，提高满学研究水准都起了重要作用。

中国是满族的故乡，满学的诞生地。中国藏有汗牛充栋的满学原始资料，在世界上独一无二。中国从事满学研究的人才济济，研究成果累累，各国无法相比。因此满学的根在中国，满学的研究中心在中国。中国具有得天独厚的条件，理所当然地应承担起把满学研究提高到一个新水平的重担。鉴于大连民族学院的特殊地理位置和有关方面的关注与支持，应该在开展满学研究方面做出贡献。

事物总是发展变化的，不进则退。世界各国研究满学的人数、成果与日俱增，中国满学研究者在这块神圣的沃土上，应该继续以马列主义、毛泽东思想、邓小平理论和"三个代表"重要思想为指导，坚持以科学发展观统领满学研究，辛勤耕耘，开拓创新，就一定能把满学研究提高到一个新水平。

（黎树斌，男，满族，大连民族大学党委书记，教授，主要从事民族教育研究。本文发表于《大连民族学院学报》2006年第4期）

民族・文化研究

城市化进程中的少数民族文化保护研究

——东北少数民族的经历

南文渊

20 世纪 90 年代以来，东北少数民族在城市化过程中走在全国各民族的前列，许多民族已经成为城市民族。东北少数民族率先实现城市化发展的实例为民族文化保护研究提出了亟须回答的新问题。本文通过实地考察及统计资料分析等方式，对城市化进程中的民族文化与生态环境保护问题的现状"演变"发展等作一论述。

一、从森林草原民族到城市民族：东北民族的变迁

历史上东北地区各民族生存活动的区域基本上是森林生态环境、疏林—草原生态环境、森林—湿地生态环境等不同环境类型。东北地区的鄂伦春、赫哲、鄂温克等民族创造了山地—森林狩猎文化，是典型的森林民族；蒙古等民族创造了疏林—草原游牧文化，草原游牧方式是一种较典型的既饲养家畜又保护草原的方式；满族、锡伯族、达斡尔族、朝鲜族、汉族创造了平原农耕文化。

中华人民共和国建立后，通过建立民族自治区，使少数民族传统文化得到较好的保护和发展。

20 世纪 80 年代以来，东北地区城市化和现代化发展趋势强劲，到 2010 年，东北地区城市人口比例达到 58.2%。城市人口比例高于全国城市人口 9.4 个百分点。国内一些学者预测 2020 年中国城镇化水平将提高到 60% 左

右，2030 年为 65%—70%。① 据此预测，2020 年东北地区城市人口比例可能达到 68% 以上。

东北地区的城市化发展带动了少数民族地区的现代化发展，东北少数民族在城市化过程中走在全国各民族的前列。

1. 乡下人进城：少数民族人口的城市化

2010 年，东北地区的朝鲜、赫哲、鄂伦春、鄂温克、俄罗斯、回族等 6 个民族的城镇人口比例都达到 66% 以上；东北地区蒙古族、满族、达斡尔族、锡伯族等 4 个民族的城市化率也达到 51%。东北 10 个主要少数民族的城市化率皆高于全国少数民族平均水平，其中人口比较少的 4 个小民族（赫哲、鄂伦春、鄂温克、俄罗斯族）城市人口比例高于同一地区汉族 10 个百分点，城市人口增长的速度也快于汉族；同时，越来越多的少数民族人口在城市中发展，2010 年东北城市中的少数民族已经达到 55 个；东北三省建立少数民族自治区的人口城市化率为 50.4%。②

为了说明民族变迁的过程，我们从人口比例提出一个简明的公式。从一个民族奉行的生计方式的人口比例看，如果该民族中 70% 以上的人口依然奉行传统生计的话，那么它应该是传统意义上的民族；如果该民族中只有 40%—50% 的人口依然奉行传统生计，而其余人口已经转向城市生计方式，那么它应该是从传统向现代城市转型中的民族；如果该民族中 60% 以上的人口已经是城市人口，那么它应该是现代城市民族。以这个比例衡量，东北地区的朝鲜、赫哲、鄂伦春、鄂温克、俄罗斯、回族等 6 个民族的城镇人口比例都达到了 65% 以上，应该是城市民族；东北地区蒙古族、满族、达斡尔族、锡伯族等 4 个民族的城市化率达到了 50%，应该是从森林狩猎民族、草原游牧民族和农耕民族正在向现代城市民族转型的民族。

2. 大都市区的发展，带动了少数民族自治区的区域城市化

都市区和都市连绵区被认为是城市群发展到较高阶段的表现形式。经过百年的发展，东北地区已经成为中国城市较为发达的地区。如今沿"哈

---

① 宋丽敏：《中国人口城市化水平预测分析》，《辽宁大学学报》2007 年第 1 期。

② 南文渊：《东北少数民族城市化研究》，民族出版社 2011 年版，第 86 页。

大"交通干线周围城市密布，形成了四大都市区，即沈阳都市区（沈阳、抚顺、鞍山、锦州、本溪、辽阳、铁岭）、大连都市区（大连、丹东、营口、葫芦岛等市）、长吉都市区（长春、吉林、四平）、哈齐都市区（哈尔滨、大庆、齐齐哈尔）。四大都市带区域总面积 40 万平方公里，占辽、吉、黑三省面积的 52%；2006 年都市区人口已达 9000 万，占东北三省总人口的 84%，GDP 占东北三省 GDP 总量的 90%。目前东北大都市带内城市整合发展的趋势明显，四大中心城市相继提出了自己的大都市区（圈）发展计划或规划，如"哈大"一体化、"长吉"一体化、沈阳大城市经济区、大大连都市区等。某种程度上可以说，与城市带相关的文化生产、文化传播方式，已经成为一种独具一格的城市文化生产模式，它如同一个巨大的功能性"主干大街"，在空间和功能上相互补充和叠加发展，从而直接为城乡一体化的发展奠定了基础，也为民族地区区域城市化创造了条件。少数民族自治区域成为城市区域已经成为必然趋势，如今，东北地区 12 个少数民族自治县中的 8 个县都处于四大都市带的范围。①

　　3. 建制市的设立，加速了少数民族地区社会体制上的城乡一体化

　　20 世纪 80 年代以来，东北少数民族地区出现了增加建制市的趋势②：其一，少数民族自治县改建为市。20 世纪 80 年代成立的辽宁省凤城满族自治县和北镇满族自治县，到 90 年代分别撤县改为凤城市和北宁市，自治县变成了普通市。其二，在内蒙古东部地区，将自治州内人口数量和经济规模达到较高水平的县辖镇扩建为独立的市；或者将盟（地区）与原盟驻在的县级市撤销，设立地级市，由新的地级市管辖原盟（地区）所辖的各旗县。其三，民族乡改为镇或者街道。目前，中国东北农村已经存在大量 3 万—5 万人口规模的镇，这些镇在西方国家实际上被看作城市。东北地区自 80 年代

---

① 包括黑龙江省的杜尔伯特蒙古族自治县，吉林省的长白朝鲜族自治县、前郭尔罗斯蒙古族自治县、伊通满族自治县，辽宁省的 6 个满族自治县。只有吉林的延边朝鲜族自治州与辽宁西北的两个蒙古族自治县暂时未进入都市地带，但是其自身也高度城市化了。

② 1981 年时，中国民族自治地方仅设 36 个市，至 2006 年末，共设 91 个建制市，其中地级市 23 个，县级市 68 个。一些自治县也跻身于城市行列。从 80 年代至今，有 6 个市、1 个区是原自治县改建的，其中有原自治县切块设立的市或市辖区，也有原自治州撤销后原州辖县改建的市。

以来，在行政区划上已经有 22 个民族乡改变为镇，另外有 70 多个普通乡改为镇。后来又进一步将一些镇改为街道，一些地方把村民委员会改为街道办事处。① 这样加速了东北少数民族地区的城乡一体化过程。

城市区域的扩大加速了城市文明的普及。城市文明普及率是指城市聚落所在区域内享受城市文明的人口数量及其程度。据分析推算，在城市人口占总人口 10% 以前，城市的辐射力很弱，城市文明基本上只限于住在城里的人享受；当城市人口占总人口的 20%—30% 时，辐射力开始增强，城市文明普及率大约在 25%—35% 之间；当城市人口占总人口 30%—40% 时，城市文明普及率大约在 35%—50%；当城市人口占总人口的 50% 以上时，城市文明普及率将达到 70% 左右；当城市人口占总人口 70%—80% 时，城市文明普及率有可能达到 90%，甚至 100%。目前东北地区的 10 个民族的人口城市化率达到 70% 以上，城市文明普及率已经达到 70%—80%。② 所以无论是区域还是人口的角度看，城市化发展是明显的趋势，东北各民族已经成为享受城市文明的城市民族了。

二、城市化进程中各民族文化的变迁

中国城市在历史上的功能作用表明：中心城市是凝聚和促进区域各民族经济文化发展的核心，是区域经济文化联系的"点"和"线"的结合处。对边疆民族地区而言，城市可以充分利用地理空间优势和地缘政治因素，在引领区域经济、文化的一体化发展中发挥巨大的中心作用。对中心主流民族而言，城市作为中央王朝治理边疆民族的据点，是传播中原汉族生产方式、生活方式和文化价值观念的中心，城市凝聚了边疆各民族对中华民族共同文化的认同。

---

① 如大连市原有 8 个满族乡、4 个满族镇。2000 年撤销小孤山满族镇合并于吴炉镇；撤销塔岭满族镇，而与高岭乡合并设塔岭镇。2002 年石河、老虎屯两满族镇分别改设石河镇、老虎屯镇。2005 年将三十里堡、石河、二十里堡、登沙河、亮甲店、石河 6 镇改设街道办事处。

② 高佩义：《世界城市化的一般规律与中国的城市化》，《中国社会科学》1990 年第 5 期。

著名学者钱穆谈到华夏"城市国家"对五方民族认同于中华民族共同文化的作用时认为：在古代观念上，四夷与诸夏实在另有一个分别的标准，这个标准不是血统，而是文化。① 诸夏是以农耕生活为基础的城市国家之通称，凡非农耕社会，又非城市国家，则不为诸夏而为夷狄。因而城市国家是此等戎狄或蛮夷生活方式华化的途径。

以城市为中心、以农耕生活为基础的民族是中心民族；而城市和农田周围游牧游猎的族群因为文化差异，则被称为戎、狄、蛮、夷。但是他们将在城市化过程中逐渐同化于中心民族，由此可见城市对促进文明一体化发展的积极作用。尽管如此，中国传统农业社会中的城市只是广阔农村中的几个点，其文化辐射力不超过城市周围 100 里。而 20 世纪后期以来的城市化浪潮，不仅仅是局部一个中心点的效应，而是一场深刻的社会变革。就城市化对少数民族的影响而言，少数民族城市化过程，既是人口、经济、社会从传统的乡村社会转化为城市社会的过程，也是城市与乡村相互交融、整合和共同发展的过程。从区域地理景观的视角看，城市化是城市建筑群和交通线向乡村扩展分割的过程；从人口的生计方式看，城市化是工业化的聚集和扩散的过程，二、三产业依托城市取代了各民族人口的前工业方式——传统农耕畜牧生计方式；从社会结构的角度看，城市化也是消除各民族社会的城乡等级差距与区域差异，实现城乡民族区域协调发展的过程。因此，城市化浪潮创造了各民族社会、经济、文化的共同性因素，奠定了各民族文明趋同发展的社会条件和物质基础。城市化必将促进不同区域不同族群文明的一体化或者同质化。

1. 少数民族自治区原生态环境风貌的城郊化趋势

区域原生态环境是民族传统文化的生长地。许多人根据 20 世纪前期的城市化经验，认为城市化只能在小范围内将农村的一部分变为城区，广大农村依将保持乡村风貌和特征，城市只是辽阔乡村中的一个点。所以，城市永远是城市，农村永远就是农村。但是在大都市时代的今天，随着都市带的整合扩展，广大乡村纳入了城市区域，成为城市郊区；一座座高架桥、高压电线塔，一条条快速铁路、高速公路，将广袤的草原、森林和农田分割成为一

---

① 钱穆：《中国文化史导论区》，商务印书馆 1994 年版，第 41—48 页。

座座孤立的山，一块块孤立的草地，成为大城市的后花园。大城市的扩张使农村牧区小城镇成为大城市的延伸点。村落与城镇就在公路两旁，公路又将各个村落连接在一起，形成大城市小区网络。从而彻底改变了以前草原人"穹庐为室兮旃为墙，以肉为食兮酪为浆"的游牧生活。《乐府诗集》保存的敕勒语歌"敕勒川，阴山下，天似穹庐，笼盖四野。天苍苍，野茫茫，风吹草低见牛羊"的草原生态环境已为城市交通线和养殖饲养场的围栏所割裂，草原资源正在被蚕食。

2. 各民族人口居住方式的"散杂居化"趋势

20 世纪 90 年代以来，东北边境少数民族地区人口流动性明显加强，本地人口外流，人口自然增长率降低，边境市县中人口普遍呈负增长。这说明，随着中国城乡关系的变化和社会流动，东北地区各民族特别是少数民族的离散度在发展，其分布的地区格局正在发生显著变化，民族"杂散居化"趋势在加强。不同民族共同生活在同一小区，相互间接触、交往频繁。在鄂温克自治旗的乡、镇、市如今聚居了 8 个民族，来自不同地方。鄂伦春旗至 2005 年总人口已经达到 27.97 万人，较 1953 年增长了 294.67%。其中，汉族、蒙古族、满族人口增长最为显著。鄂伦春族人口增长了 2.5 倍，但是其人口比例则从 1953 年的 84% 降到了 1.13%。黑龙江的鄂伦春族人口有 3800 余人，占鄂伦春总人口的 52%，集中居住在该省五乡一村的只有 30%，70% 的人口分散居住于黑龙江省各市。

在东北地区，两个民族以上的成员在同一村落生活的杂居村落现象比较多见。沈阳市康平县柳树屯蒙古族满族乡蒙古族占 24%，满族占 19%，锡伯族占 3%，汉族占 45%，其他民族占 9%；沈阳市新城子区石佛寺朝鲜族锡伯族乡朝鲜族占 14%，锡伯族占 13%，满族占 6%，蒙古族占 4%，汉族和其他民族占 63%；大连市金州区七顶山满族乡满族占 40%，汉族占 53%，其他民族占 7%。在这些村落中，各民族在生活方式及其民俗文化上正向趋同方向发展。

3. 各民族族际通婚与家庭成员的多元化趋势

伴随着各民族人口的迁移流动，族际通婚现象的增加引人注目。据调查，东北人口较少的 4 个民族与本民族以外的异族通婚率居全国各民族之前列：鄂伦春、鄂温克、赫哲、俄罗斯族人口与异族通婚百分比分别达到

85.78%、65.21%、84.15% 和 82.91% 。[①] 这 4 个民族的异族通婚率在全国各民族中为最高。族际通婚对人口少于 10 万人的小民族的影响比较大。族际通婚推动了人口较少民族人口的分化，加快了流入主体民族的速度。这种状况也反映了全国的趋势。1990—2000 年，全国少数民族与汉族混合户家庭增加了 236.51 万户，增幅为 25.93%，比同期家庭户的增幅高 3.24 个百分点。

婚姻上异族之间通婚普遍化城市化使少数民族青年在婚姻对象选择上不再局限于本民族、本地区，而是更多更广泛地在同一行业、职业、朋友中选择。在城市，由不同民族组成的家庭更为普遍。进入城市的少数民族，如果说第一代夫妻双方都是同一民族的，那么，他们的子女大都与不同民族，主要是同城里的汉族结为夫妻。

4. 乡村生活方式的城市化趋势

乡村城市化不仅仅是农村人口迁往城市，同时也指农村居民按照城市方式生活，即乡村生活方式的城市化。经济学家的研究认为农村城市化是拉动少数民族区域经济增长的重要力量，其意义在于促进少数民族农牧民生活方式文明化，实现城乡一体化。[②] 由于城市社会文化和生活方式具有异质性、流动性、匿名性、功能上相互依赖等特点，从而使乡村向城市集中的少数民族个体脱离了原生态环境、家庭、邻里、朋友等初级群体，融入城市不同群体。城市化强化了个人主义倾向而削弱了民族集体主义：在身份的认同上，少数民族更加强调自己是"某某市人"，而不是"某某民族"，少数民族成员在城市生活中不是以民族身份出现的，而是本市市民身份出现的；城市中行业、职业分类和劳动分工也使城市民族人口进一步分散化，加强了各民族的共同性；城市居住环境的密集、隔离，影响了民族的亲和认同力，原来曾居住在一起的老邻居、街坊纷纷搬迁到新的高层建筑，而且高层建筑的居民之间普遍缺乏沟通，他们彼此隔离，互不相识，不愿发生亲密接触；城市化使各民族不同的服装、饮食、居住风俗习惯适应城市生活节奏而简明、时尚，趋向一体化。因此，城市中个人主义倾向加强了个人对城市文化的认同，而对本民族的认同意识迅速淡化。

---

① 南文渊：《东北少数民族城市化研究》，民族出版社 2011 年版，第 286 页。
② 胡鞍钢：《城市化是今后中国经济发展的主要推动力》，《中国人口科学》2003 年第 6 期。

三、城市化对少数民族传统文化的"二律背反"作用

少数民族地区城市化进程表明：城市化在促进城市现代文明进步的同时，也会促使不同文明的趋同。这种发展趋势对森林草原民族生态文化将产生一定的遏制作用。对此后果很难作出是"好"或者是"坏"的判断。城市化进程对少数民族传统文化的影响作用，可能存在"二律背反"的效应，即由于城市化的作用而呈现"此消彼长"、"此长彼消"相背相反的作用。康德将"二律背反"看作是源于人类追求理性的自然倾向，因而是不可避免的。城市化进程对少数民族传统文化的"二律背反"效应，表现为文化流失或者趋同的趋势和文化得到保护与发展的趋势同时存在。

1. 文化的趋同与流失：城市化使各民族在经济、政治和社会生活方面的共同性因素得到加强和趋同的同时，也造成了各民族文化的流失

城市化对少数民族传统文化的最大冲击还不是在显性的物质层面上的，而是在隐性的价值观和信仰观上。敬畏自然，崇拜自然，珍爱生命，珍爱环境，珍惜一切生物生命是森林草原民族长期奉行的生态价值观和生态伦理，并成为一个民族的自觉行动，一种生活方式。历史上汉族在乡村建立城市社会也倡导认同中华、尊重自然、古朴厚道、勤劳节俭等传统价值观。但是现代城市运动中出现的利己主义、消费主义、利益唯尊、急功近利的观念正在深深地侵害着主流社会的人生观、发展观，成为一种是非标准、行为准则，进而极大地影响了各民族文化的发展。少数民族传统文化由于不适应"急功近利"、"利益根本"的原则而被逐渐放弃，过度强调物质利益导致浅俗化的欲望膨胀，而使民族文化发生断裂，民族信仰精神贫乏。这些倾向，引起了各民族人民的极大担忧，也引起了中央政府的高度重视。

大城市实施以资源开发为主导的工业化战略，在少数民族自治区草原森林区域开采地面和地下资源，使大片森林、草原与农田成为了大企业资源开发的基地。一些企业只求经济利益而忽略了资源与环境的保护，进而造成了森林退缩、草地退化、耕地沙化、水资源短缺和环境污染等问题。在东北地区推进农业产业化，通过龙头企业在农村建立产业基地，培育所谓"一乡

一业，一村一品"特色产业模式，将与原生态环境相适应的多元化生计方式纳入了单一的城市产业的轨道，乡村生计方式成为城市产业的延伸。而在城区大规模的改造中，很多珍贵的传统的古城、寺庙、土木建筑的民居受到破坏，失去了文化遗产的历史价值。钢筋水泥构成的林立高楼建筑景观使千城一面、千街一面，走在呼和浩特、乌鲁木齐的大街上跟沈阳、长春的大街上是一种感觉。大城市很有可能走向标准化一体化的同时也会使文明发展僵化。

近 10 年教育部实施集中办学的举措，撤销乡村偏远学校，集中到城市学校上学；高等学校实施收费制度，大中专学生自行就业的制度，导致少数民族家庭受教育成本增高、毕业生失业率增大。一些地方乡村初级和中级学校被撤销，留存的学校用房和配套设施陈旧破烂，少数民族聚居区中小学教师教师缺乏，学科不配套，乡中心校无法解决寄宿条件，村小及村以下校点的学生由于没有地方读高年级而辍学。而在城市的学校，由于教育目标、课程设置、教学语言不符合当地少数民族的文化与社会生活，教育成本高而教育收益低。

进入 21 世纪，随着老年人逐渐谢世，城市年轻一代对传统文化越发陌生。仅从满语迅速消失这一事例就可见一斑。40 多年前，满语专家金启孮教授发现了黑龙江省富裕县的三家子，他的发现改变了人们普遍认为满语是一门死亡的语言的看法，这里还有人在使用满语。但是到 2008 年，三家子的年轻人几乎全部接受了汉语教育，在日常生活中满语说得相对娴熟的只有 2—3 人，他们的满语水平不及祖辈的"一半儿"，而且都已经年过八旬。他们去世之时也就是满语退出历史舞台之日。[①] 此后，满语将只能是一种由少数学者掌握的不用于日常交流的学术语言。

综上所述，大城市的发展将可能对各民族区域的环境与文化产生一些消极影响。我们必须清醒地认识到：在城市化迅猛发展的今天人类同时面临着有史以来最严重生存危机和文化衰败的挑战，我们应该面对这种现实。森林草原民族中的思想家很早就对城市发展有所担忧。西方思想家如斯宾格勒 20 世纪初在《西方的没落》一书中，认为文化的变迁是与城市的演进相

---

① 南文渊、孙静：《森林草原生态环境与民族文化变迁》，民族出版社 2012 年版，第 105 页。

联系，城市经历了商贸城市、文化城市到世界城市或者特大城。世界的历史就是城市的历史。但是城市是有机体，它有一个从春、夏、秋、冬的演变过程，它成为大城市后必然进入冬季的文明僵化阶段。[1]

但是，我们也不必过于悲观。从"二律背反"的另外一种效应看，城市化也有可能为少数民族文化保护发展带来机遇，让我们作进一步研究。

2. 城市化对少数民族文化的保护和多元发展的积极效应：城市化为少数民族文化的保护和发展创造更有利的条件和机会，将会促进少数民族多元文化的保护传承和繁荣发展

城市生态文明建设的提出，将有可能发挥少数民族地区生态文化的协调功能和现代价值，构建人与自然协调发展的整体生态文化体系。现代城市正在改变单纯的工业化指向而转变为以第三产业为主体的兼容指向，使少数民族人口转移到对生态环境破坏干扰比较小的第三产业中去。2009 年，鄂伦春、鄂温克、赫哲、俄罗斯 4 个民族人口的产业构成中，第三产业人口比例分别为：60%、46%、56%、70%。鄂伦春、鄂温克、赫哲、俄罗斯 4 个民族人口的机关干部及企事业负责人、专业技术人员、办事人员及有关人员、商业服务人员比例为 44%—50%。这表明 4 个民族人口的人口职业结构门类众多，脑力劳动者比例高于全国水平。[2]

城市推进了少数民族生活方式的现代化。城市化使东北森林草原民族告别了传统的狩猎、采集、游牧生计方式而分享到城市现代文明和社会福利。如今辽宁少数民族地区已经全面实现了"村村通公路"、"村村通电话"；吉林延边朝鲜族自治州小区卫生服务体系覆盖城区人口达 95% 以上，电视\广播人口覆盖率达 99.7%。2009 年，鄂伦春族医药费全部纳入财政管理体系，农村鄂伦春族人口实现医疗费用的全额报销。社会保障、社会福利与社会文明程度的提高，为少数民族区域生态环境与民族传统文化的保护传承铸造了坚实的基础。

城市居住环境可能加强同一民族人口之间的联系，进而强化同一民族认同感。当同一民族的人口从不同地区进入同一座城市后，他们身处新的生

---

[1] 斯宾格勒：《西方的没落》（上册），商务印书馆 1963 年版，第 128 页。

[2] 根据《2000 年人口普查中国民族人口资料》（民族出版社）和《中国人口统计年鉴——2010》（中国统计出版社 2010 年版）推算。

活环境，急欲建立自己的生活圈子或者活动关系网，进而产生了寻找本民族同胞的强烈愿望。例如，民族社团组织通过正规的"民族学会"组织民族节日庆祝会、同乡会、联谊会、民族体育比赛会等，促成了城市同一民族的人口的密切联系；在城市化过程中，从不同地域迁来的本民族移民相对集中居住地，在城市形成了少数民族新的居住区；通过经济活动重新集中在一起，比如，同一民族的成员自动聚居于一条街道，共同经营商业服务业，经营花色品种大多带有本民族特色，人们习惯叫"回民一条街"、"朝鲜族一条街"等。

城市二、三产业经济的发展，创造了更大的财力来抢救、发掘民族文化遗产。旅游业的发展，带动了一些民族饮食、居住、节庆、婚庆及宗教习俗得以复活或发展；城市民俗村、民族博物馆、民俗展览馆、历史文物博物馆等基础设施，很多都是在 80 年代以后建立的，在收集、整理民族文物，宣扬民族传统文化中发挥了重要作用；城市建立民族文化网站，通过互联网络宣传本民族历史发展与文化知识，更有愈演愈烈的趋势。

城市化加速了少数民族人口受教育程度和文化素质的提高。城市高学历的人口在生活习俗方面会淡化"民族意识"；但是在信仰方面也会加强民族认同感。一些高学历的知识分子，更加重视对子女进行本民族语言的教育。在东北地区各城市，朝鲜族比较注重本民族的语言文化教育，他们在东北各个大城市建立了自己的朝鲜族语言学校。[①]

城市化过程中出现的网络文化，人们称之为继语言、文字、印刷术之后的第四次革命。它使各民族文化交流的速度加快，空间扩大，激发了大众的民族认同感和对民族文化的归属感。网络文化促进了民族文化的普同化，成为与其他民族所共享的文化。

然而，上述关于发展的论述，只能说明城市化为民族文化的繁荣发展创造了机会或者条件。民族文化能否切实得到保护和发展，真正的保障来自

---

① 20 世纪 90 年代以来辽宁省建立的朝鲜族民办学校有：沈阳市和平区朝鲜族小学、沈阳市苏家屯区朝鲜族中心小学、沈阳市于洪区朝鲜族吴家荒中心小学；开原朝鲜族中学、沈阳市朝鲜族第一中学、抚顺市朝鲜族中学、新宾朝鲜族中学、通化辽宁省朝鲜族师范学校、辽宁省朝鲜族实验职业学校、大连市朝鲜族中学等等。另外在沈阳、大连、鞍山、抚顺、丹东、营口、铁岭等市和桓仁、新宾两个满族自治县都建立了朝鲜族文化馆。

政府和民众对其重要意义的清醒认识和制度法律保障。

四、城市化进程中民族文化的保护传承

城市化、全球化、一体化对民族文化传承的消极影响是一个不争的事实，这是一个世界性的问题。如何对处于"弱势文化"境地的少数民族文化进行有效的保护与传承，是 21 世纪人类面临的一个不容忽视的课题。

我们应该认识到：民族文化是一个民族的灵魂，是它赖以生存和发展的源泉，也是城市发展的动力。尊重各民族文化的多样性，继承优秀民族文化是城市化发展题中应有之义，是我们义不容辞的责任。

城市化发展要与保护少数民族自治区生态环境及传统文化相结合，这是中国城市化发展的方向。城市化发展是人口、社会和文化的变迁过程，而不是地域上的无限扩张。城市只是在地理区域几个点的局部发展，少数民族自治区所属的森林、草原和农田区应该严格限制开发，以保护为主。因为生态环境是一个民族生存的区域基础，而传统文化是保护生态环境、维系民族发展的生命线，生态环境的保护与民族文化的传承是一体的工程。城市化发展要以少数民族自治区区域内的生态环境、社会经济文化的保护和持续发展为基础，谋求区域系统的整体协调发展，从而在城市化发展中使少数民族自治区的生态环境与传统文化得到保护。

少数民族文化的保护、传承和发展是本民族的自主行为，不应该脱离民族文化的主体。民族文化要以民族自治区原住民为主体进行传承，以本民族民众的生活方式、生计模型、日常风俗习惯与宗教信仰为基础，使之真正成为民族的精神文化信仰源泉，持续发展的不竭动力，广大民众主导、参与和传承的自觉自愿的行动。当前，民族文化的传承要警惕在发展旅游业的幌子下沦落为某些官员、商人为了利益而打造的伪文化和假民俗。

民族文化的传承要在坚持和完善民族区域自治制度之下进行。《民族区域自治法》中有关少数民族地区土地与文化资源保护的一些条文虽然过于抽象，不易落实，但是它依然是当前保护各民族多元文化的唯一法律依据。根据《民族区域自治法》，民族自治地方可以确定本地方内草场和森林的所有

权和使用权，依法管理和保护本地方的自然资源。同时对自治区自主发展民族语言、教育、科技、文化等事业作出了规定。在城市化进程中，应该继续坚持和完善民族区域自治制度，维护少数民族的文化生态保护权利。通过在全国各级民族自治区内建立民族特色文化生态保护区的办法，将区域生态环境保护和民族传统文化的传承作为少数民族自治区区域建设的重要目标和任务，使区域环境保护、民族传统文化传承和城市化发展成为和谐发展的整体，使自然环境、传统文化与城市人文景观建设相协调，使文化保护创新与城市经济社会发展相协调。

将保护、传承和弘扬民族文化作为城市民族工作的出发点。积极开展民族文化的传承和创新，建立保护少数民族传统文化的机制；注重文化生态整体保护，文化区必须连同其休戚与共的生态环境一起加以保护；发展民族教育事业，建立各民族语言学校，推进民族语言的扩展；建设民族文化场所和设施（例如城市民族文化博物馆和各民族文化中心）；将少数民族文化纳入城市多元文化保护和发展条例之中，坚持多元文化的权益平等、和谐共存和对中华民族共同体的认同。

（南文渊，男，蒙古族，东北少数民族研究院教授，主要从事民族社会学研究。本文发表于《大连民族学院学报》2012年第6期）

推动民族地区科技进步与
自主创新的政策因素探析

李　鸿

推动民族地区科技进步，增强自主创新能力，不仅是建设创新型国家的战略需要和重大任务，而且是民族地区转变经济增长方式的关键所在，更是全面建设小康社会、构建社会主义和谐社会、实现我国经济社会全面协调可持续发展的迫切要求。加快民族地区的科技进步与创新步伐，就是要在充分发挥民族地区人才资源、科技资源和经济建设基础作用的同时，进一步加大国家在政策、法律、制度等方面的支持和保障力度。从历史和现实情况来看，国家的政策驱动是推动民族地区科技进步与创新的主导力量。

一、国家政策扶持奠定了民族地区科技进步的基础

少数民族地区原有的经济基础十分薄弱，科学技术极为落后。新中国成立以来，党和国家高度重视民族地区的科技进步，制定了一系列特殊政策，发展民族地区科学技术事业，积极为民族地区培养科技人才，向少数民族传授科学技术和实用技能，开展科学普及，培养科学技术骨干，促进高新技术成果向民族地区转移、推广，推动新兴产业的发展，取得了显著成果。由于科学技术的不断发展，少数民族地区的经济结构实现了重大调整，现代工业从无到有，农业、畜牧业结构和效益显著改善，对于改变民族地区的落后面貌起了关键性的作用。改革开放以来，民族地区干部群众和知识分子深

入贯彻科学技术是第一生产力的思想，大力实施科教兴国战略和人才强国战略，逐步把经济建设转到依靠科技进步和提高劳动者素质的轨道上来，科技进步因素在民族地区国内生产总值中所占比重越来越高，科学技术对民族地区发展的推动作用越来越明显地显现出来，各族人民群众依靠科技进步，生产条件、生活水平出现了翻天覆地的变化。

笔者认为，推动民族地区科技进步的因素主要来自三个方面。

一是国家在民族地区进行大规模的工业建设，投入了大量资金、技术、设备，大批沿海和内地的工程技术人员响应国家的号召来到民族地区创业。尤其是在"一五"期间和"三线建设"阶段，国家在民族地区兴建了包头钢铁基地、克拉玛依油田等一批钢铁、石油、机械、电力、铁路、化工、煤炭等重点项目，并陆续建设了一批兵器、航天等国防科技工业项目，为推动民族地区科技进步奠定了基础。

二是国家多方面的支持和带动作用。国家组织的各类科技计划和智力支边项目，以及农林牧等先进适用技术的推广，发达省市的对口支援与科技合作，特别是随着西部大开发战略的实施，"西气东输"、"西电东送"、"青藏铁路"、城市基础设施和部分高科技项目等重点工程的兴建，都对民族地区的科技进步起到了明显的促进作用。

三是随着改革开放步伐的加快和市场经济体制的逐步建立，民族地区积极实施"引进来"和"走出去"战略，引进了部分世界一流先进水平的技术设施，促进了当地的资源转换和集约化经营，同时也引进了部分东部发达地区的资金、技术和人才，加快了民族地区经济结构调整和外引内联的进程，加快了农牧产品深加工、煤电转换、石油天然气生产、生物制药等特色优势产业的技术进步。

在以上三方面因素的共同推动下，民族地区的科技人才队伍也逐渐壮大，形成了三支科技骨干队伍：一是国家和地方科研院所直接从事科学技术研究工作的科技人员；二是高等院校科技人员越来越成为民族地区科技进步的一支有生力量；三是民族地区大型企业包括军工企业聚集了比较强的科技力量和工程技术人员。这三支骨干队伍构成了民族地区科技进步的中坚力量。其中，一大批少数民族科技人才也成长起来，有的还当选为中国科学院或中国工程院院士。

　　国家支持少数民族地区建立各级医疗卫生机构和设施，从内地调配医务人员支援民族地区，培养了大批少数民族医务人员。据统计，1949 年，民族地区医疗机构只有 361 个，医疗床位 3310 张，医务人员 3531 人。到 2004 年，医疗卫生机构达到 28345 个，医疗床位达到 25.9 万张，医务人员达到 36 万人。民族地区医疗卫生事业快速发展，人民健康水平普遍提高。国家支持少数民族传统医药学的继承和发展，设立民族医药卫生机构和民族医学院校，发掘、整理、出版了一大批民族医药学典籍，蒙古、藏、维吾尔、傣、壮、彝等少数民族传统医药得到了继承和发展。

　　从总体来看，由于起点和基础不同，民族地区的科技进步仍明显落后于东部发达地区。从 2005 年各地区综合科技进步水平指数来看，全国平均指数为 45.61%，而西藏为 20.91%、云南为 27.02%、贵州为 27.37%、宁夏为 27.83%、广西为 29.47%、青海为 29.79%、内蒙古为 30.44%、新疆为 32.96%，均低于全国平均指数[1]；民族地区各类专业技术人员占总人口的比重为 1.28%，是全国平均水平的 76%，万人专利申请受理量只有全国平均水平的 50%。同时，民族地区科技基础设施落后，研发经费短缺，不仅吸引人才难度大，而且持续出现"孔雀东南飞"，不少地方显现了科技人才断档现象。部分地区科研机构和科技人员相对富集，但由于民族地区科技体制改革滞后，科技人员的创新意识和能力普遍较弱，还存在制约科技进步和创新的体制性、机制性障碍，一些地方和单位对人才的使用还缺乏良好的制度与环境，从而限制了科技人员才能的发挥。科技进步总体水平的滞后，使涉及民族地区经济社会发展的许多重大问题缺乏必要的科技支撑，不仅不能满足经济和社会发展的需求，而且已成为制约产业结构升级和经济增长方式转变的瓶颈。民族地区的科技进步和科技创新，更加呼唤良好的政策环境和更为完善的制度保障。

---

[1]　全国科技进步统计监测及综合评价组：《2005 全国科技进步统计监测报告》，第 5 页。

二、推动民族地区科技进步、增强自主创新能力的政策因素分析

推进民族地区的科技进步和科技创新，是逐步解决少数民族地区经济社会发展中所面临的一系列矛盾和问题的强大动力，是增强民族地区自我发展能力、实现生产力发展质的突破、促进产业结构优化升级、走新型工业化道路和转变经济增长方式的治本之策，也是全面贯彻科学发展观，促进各民族共同团结进步、共同繁荣发展的必然要求。由于民族地区经济和科技基础薄弱，自主创新能力不足，因而在建设创新型国家的进程中，需要国家进一步完善有利于促进民族地区科技进步和增强自主创新能力的政策措施。

第一，深入贯彻《中华人民共和国民族区域自治法》和《国务院实施〈中华人民共和国民族区域自治法〉若干规定》，为民族地区科技进步与创新提供法律保障。《中华人民共和国民族区域自治法》第六章规定，上级国家机关帮助民族自治地方加速发展经济、教育、科学技术、文化、卫生、体育等事业。其中第五十六章、五十八章、六十四章，都对国家帮助民族自治地方加快科技进步做出了专门规定。国务院的若干规定第二十三条则更具体地阐明了这一原则：国家帮助民族自治地方建立健全科技服务体系和科学普及体系。中央财政通过国家科技计划、科学基金、专项资金等方式，加大对民族自治地方科技工作的支持力度，积极支持和促进民族自治地方科技事业的发展。不仅阐明了国家要重点帮助民族自治地方进行科技服务和科学普及，而且明确了支持和促进民族自治地方科技工作的手段和方法。[①] 包括在国家总体科技发展规划中对民族自治地方制定专门项目和给予特殊政策；稳定民族自治地方科技人才队伍，加强少数民族科技人才培养；加大对民族自治地方科技的有效投入；推广新技术，尤其是选好农牧业新技术的突破口，组织科技项目攻关；自然生态与科技发展并重；拓宽民族自治地方科技创新途径

---

① 《国务院实施〈中华人民共和国民族区域自治法〉若干规定》释义，民族出版社 2005 年版，第 127 页。

等。总之，贯彻实施民族区域自治法，就是要在科技投入、科技项目、关键技术、科技人才等方面给民族地区以更大的支持。

第二，《中共中央国务院关于实施科技规划纲要增强自主创新能力的决定》对建设创新型国家、增强自主创新能力的指导思想、方针、目标和任务做出了战略部署，明确指出：支持中西部地区加强科技发展能力建设。[①] 这一决定把增强自主创新能力作为国家战略，并明确了到 2020 年使我国进入创新型国家行列的目标，因而对民族地区的科技进步与创新同样具有十分重要的指导作用。例如，"十一五"期间必须把增强自主创新能力放在更加突出的位置，力争在能源、资源、环境、农业、信息等关键领域取得重大技术突破；积极发展对经济增长有重大带动作用、具有自主知识产权的核心技术和关键技术；继续推进科技体制改革，充分发挥政府的主导作用、市场在科技资源配置中的基础性作用、企业在技术创新中的主体作用、国家科研机构的骨干和引领作用、大学的基础和生力军作用，在实践中走出中国特色的自主创新道路等，都对民族地区增强自主创新能力具有深远的指导意义。同时，决定还形成了一系列激励自主创新的政策体系框架，其中包括加大财政科技投入力度，确保财政科技投入增幅明显高于财政经常性收入增幅等 10个方面的政策措施。从财政科技投入来看，民族地区科技经费筹集总额远低于东部发达地区。据统计，2004 年民族八省区政府科技资金投入的总和为 44.5 亿元，还不及江苏省一个省（62.1 亿元）和上海市（78.9 亿元）的投入[②]；从科技活动人员来看，2004 年民族八省区的科学家和工程师总数为13.7 万人，低于北京（23.5 万人）、江苏（19.9 万人）、山东（15.9 万人）和广东（19.7 万人）[③]。由此可见，推进民族地区科技进步，增强自主创新能力任重而道远。正因为如此，也更加说明了加速民族地区科技进步、增强自主创新能力的重要性、必要性和紧迫性。发挥政府的主导作用，就是要形成中央财政、地方财政、企业和社会各方面多元化、多渠道、高效率的科技投入

---

① 《中共中央国务院关于实施科技规划纲要增强自主创新能力的决定》，《求是》2006 年第4 期。

② 国家统计局、科学技术部编：《2005 中国科技统计年鉴》，中国统计出版社 2005 年版，第12 页。

③ 同上书，第 10 页。

体系，形成人才激励机制。加快教育发展，为民族地区科技进步与创新提供资金和人才保障，建立具有民族地区特色和优势的区域创新体系。

第三，中央政府的统筹兼顾，是在实施《国家中长期科学和技术发展规划纲要（2006—2020 年）》过程中加快民族地区科技进步和明显提升民族地区自主创新能力的关键。规划纲要立足国情、面向世界，以增强自主创新能力为主线，以建设创新型国家为奋斗目标，对我国未来 15 年科学和技术发展作出了全面规划的部署，是新时期指导我国科学技术发展的纲领性文件。贯彻落实规划纲要，核心就是把增强自主创新能力作为发展科学技术的战略基点，推动科学技术的跨越式发展。规划纲要所涉及的重点领域及其优先主题、重大专项、前沿技术、重要政策和措施、科技投入与科技基础条件平台以及人才队伍建设等，都和民族地区的经济社会发展与科技进步息息相关。实施这一纲要，将极大地推动民族地区的科技进步与创新。例如，在重点领域及优先主题中，对煤的清洁高效开发利用、液化及其联产，对青藏高原、荒漠及荒漠化地区、农牧交错带的矿产开采区等典型生态脆弱区生态系统的动态监测技术，对草原退化与退化生态系统的恢复与重建技术，林草生态系统综合调控技术，现代奶业和奶制品深加工技术的研究开发，以及军民结合的重大专项核心技术等，都会对民族地区的科技进步与创新产生重要而积极的影响。

第四，加快人才队伍建设，创造有利于民族地区科技进步与自主创新的社会文化环境。科技创新，人才为本。人才资源是最重要的战略资源。没有人才，民族地区的科技进步与自主创新就无从谈起。加强民族地区人才队伍建设，首先要充分发挥教育在创新人才培养中的基础作用。要大力发展少数民族和民族地区高等教育，提高人才培养的质量和效益，培养学生的创新精神和实践能力，推动产学研结合，造就适应经济社会发展需要的拔尖创新人才和研究型人才。要全面普及民族地区基础教育，积极发展职业技术教育，培育各类实用技术专业人才。其次要支持企业培养和吸引科技人才。其三要用良好的政策和机制吸引海内外高层次人才到民族地区建功立业。此外，还要在民族地区全面开展科学普及工作，不断引导各族干部群众树立科技意识、创新观念和科学精神。

三、加快民族地区科技进步与创新的现实途径

在全面建设小康社会、继续实施西部大开发战略和建设创新型国家的良好机遇面前，要进一步推动民族地区科技进步与创新，必须牢固树立科学技术是第一生产力的思想，充分发挥国家政策的牵动和导向作用，按照自主创新、重点跨越、支撑发展、引领未来的方针和有所为、有所不为的原则，深入贯彻《国家中长期科学和技术发展规划纲要（2006—2020 年)》，把增强自主创新能力、转变经济增长方式作为中心环节，走出一条符合民族地区实际、具有民族地区特点的科技进步与创新之路。

一是在有条件的地方帮助民族地区发展高新技术及其产业，用高新技术和先进适用技术改造传统产业，实现产业优化升级。民族地区经济发展的结构性矛盾主要是传统产业比重过大，高新技术产业发展迟缓。因此，必须突出改造传统产业和高新技术产业化两个主攻方向，并把二者紧密结合起来。首先要发挥原有传统产业的优势，积极盘活经济存量，围绕增加品种、改善质量、节能降耗、防治污染和提高劳动生产率，加大技术改造力度，淘汰落后工艺设备，压缩过剩的一般产品生产能力，运用先进适用技术开发高附加值、有竞争力的产品，优化技术和产品结构。其次要在重点地区和重点行业大力发展高新技术产业，充分发挥中心城市、科研院所、大专院校、骨干企业和国防科技工业的技术优势，选准突破口，高起点地发展高新技术产业和未来支柱产业，提升结构水平和层次。例如，在农牧业、能源、交通、冶金、化工、机械、建材等行业，广泛采用新设备、新技术、新工艺和新的管理方式，着力提高主导产业、主导产品和重点企业集团的创新能力，实现支柱产业集约化经营；在一些重点企业、重点建设项目和高新技术产业开发区中，要努力采用高新技术，如数字化制造、洁净煤发电、稀土资源高效利用、节水灌溉、智能交通等，以提升技术水平。

二是在加快基础设施建设中广泛采用和推广新兴技术。实施西部开发，国家在民族地区安排了大批基础设施项目，如交通、通信、广播电视、远程教育体系、大中城市建设等，这不仅能大大提升民族地区的经济发展能力，

而且许多项目都会采用国内外最先进的技术成果，必将带动民族地区科学技术的发展和推广应用，同时也会加快民族地区的城市化进程。在国家政策扶持方面，要把民族地区的后发优势和提升其原始创新、集成创新、引进消化吸收再创新的能力紧密结合起来。

三是在民族地区能源开发、节能技术和清洁能源技术方面取得突破，促进能源结构优化，降低工业产品和 GDP 的单位能耗，为保障国家能源安全，建设资源节约型、环境友好型社会提供科技支持。民族地区要在重点行业和重点城市建立循环经济的技术发展模式，同时还要为退耕还林还草、治理水土流失、防治荒漠化、大河上游天然林保护、治理城市大气污染和水资源污染等方面作出科技贡献。据统计，民族地区水土流失面积占全国的60% 以上，荒漠化面积占全国的 80% 以上。改善民族地区生产条件和生态环境，把生态工程和富民工程建设结合起来，都涉及许多重大的科学技术问题。科技工作者在对不同生态类型恶化的成因、规模化治理的系统方案以及相应的技术集成、以生态经济带动生态环境治理的科技规划、全球气候变暖对农牧业的影响、沙尘暴等灾害性天气的防治、水资源承载力与区际平衡利用、选择优良草种树种畜种技术等问题的科学研究成果，都会对生态环境的保护和建设起到重要的技术支撑作用。以科技进步为推动力的生态经济将成为民族地区经济最大的增长点之一。

四是在民族地区的资源转换战略中起到关键性的催化作用。民族地区人均资源的占有量大大高于全国平均水平，草原面积、森林面积、未开发土地面积、矿产资源、水利资源、旅游资源十分丰富，但由于资金不足，开发的科技含量不足，潜在的资源优势尚未转化为现实的经济优势。随着国家西部开发重点工程的实施，民族地区丰富的天然气资源和水电资源将得到科学合理的利用，巨大的投资不仅能为这些地区经济发展起到明显的拉动作用，而且十分有利于民族地区的人口就业和先进科技成果的应用推广。此外，开发高附加值、高技术含量的有色金属深加工产品煤制油技术、转基因抗虫棉等，都会对民族地区的资源转换战略起到关键性的催化作用。

五是在民族地区新农村建设和特色优势产业发展中扮演重要角色。民族地区立足于区位、资源的比较优势，应充分利用区域、市场和产业分工的积极因素，大力发展特色优势产业，建立区域性的特色经济，这对新农村新牧区的建设具有重要意义。把特色产业做大做强，推进特色农产品的规模化生产、区域化布局、产业化经营，培育壮大龙头企业，延长产业链条，实施名牌战略，实现农产品增值和农牧民增收，都离不开科技进步与创新。用现代信息技术、生物技术改变传统的农业技术推广方式和农业生产管理方式，推动传统农业向高产、优质、高效的现代农业转变；普及推广节水灌溉技术，农业生物灾害防治技术，旱作农业技术，农产品加工、保鲜、储运技术和畜牧业、林果业深度加工技术，开拓水土保持型生态农业；充分发挥藏药云烟、蒙畜疆棉和高原生物多样性的独特优势，建立高效集约化现代特色农业；充分发挥民族文化多样性的优势，开发具有民族风情和民族特色的生态旅游业，开拓信息服务新领域，大力发展特色鲜明的第三产业等，不仅会有效地调整民族地区产业结构，而且对少数民族群众的脱贫致富和民族地区"三农"问题的解决具有积极的促进作用。

（李鸿，男，汉族，东北少数民族研究院教授，主要从事民族理论与政策研究。本文发表于《中央民族大学学报》2006年第5期）

族际互动模式：自发合作、契约合作与指导合作

——以辽宁对口支援新疆塔城地区为例

孙　岿　何晓芳　金海燕

　　人与人之间的合作，是人类文明社会的基础，族际间合作也不例外。西方相关人类合作研究成果可分为三类：一是霍布斯（Thomas Hobbes）的"利维坦"。他认为，没有一个利维坦（大致理解为"作为国家政府机构"），人类合作将是不可能产生的。二是卢梭的（Jean-Jacques Rousseau）的"社会契约理论"，在"公意"存在的情况下，通过"社会契约"，可以达致并维持人类社会或社群之间的某种合作。三是阿克塞尔罗德（Robert Axelrod）的"自发合作理论"。他认为，"合作的基础不是真正的信任，而是关系的持续性。当条件具备了，对策者能够通过双方有力的可能性的试错学习，通过对其他成功者的模仿或通过选择成功的策略剔除不成功的策略的盲目过程来达到相互的合作"①。

　　从这些研究我们可以发现：合作是指人们或群体的一种互动形式，由于有些共同利益或目标对于单独的个人或全体来说很难或不可能达到，于是人们或群体就联合起来一致行动。合作产生的条件：一是个体有足够大的机会相遇，并使双方相互作用更持久和使相互作用更频繁；二是回报原则，互惠是交换关系的基本原则，每次让渡都包含着获得相应回报的预期；三是建立合作的规范，防止其他不太合作的侵入，合作就能够产生、成长并保持稳定。②

----

① ［美］阿克塞尔罗德：《合作的进化》，吴坚忠译，上海人民出版社2007年版，第126页。
② 同上。

依照上述理论的视野和方法，本文以新疆塔城地区为例，分析了塔城历史上族际合作形成的原因，现代化情景下族际合作生成的方式及存在的问题，认为"游牧民定居"已使牧区从传统社区狭小的族际互动空间扩大到公共领域。辽宁对口支援塔城地区，是推动族际互动合作从自发合作向政府引导合作的转变过程，这顺应传统社会向现代社会转型中族际合作类型演变的规律。

一、合作的生成：族际互动与利益关联

本文考察的塔城地区是新疆北疆多民族、多元文化并存的一个地区，位于新疆的西北部，与伊犁、博尔塔拉、昌吉、克拉玛依、阿勒泰等地（州、市）毗邻，外与哈萨克斯坦共和国接壤，边境线524公里。辖塔城市、额敏县、托里县、乌苏市、沙湾县、和布克赛尔蒙古自治县，有汉、哈萨克、维吾尔、回、蒙古、俄罗斯、达斡尔、锡伯等29个民族，地方人口94.3万人，少数民族人口占45.4%。塔城不是新疆发展速度最快、发展条件最好的地区，但其人文优势却十分明显，即多民族、多元文化和睦相处、相融共生，社会安全稳定。2010年，塔城地委、行署将"各民族团结和睦、社会和谐稳定、文化相融共生"与"得天独厚的大农业资源、富集的能源矿产资源、良好的口岸地缘"并列为塔城的"四大比较优势"。究竟是什么原因使得这一地区多民族、多元文化和睦相处呢？

1."大杂居、小聚居"的民族分布特点，形成族际日常交往机制

历史上，塔城是一个多民族居住的地区，形成了交错杂居的分布状况。小社区比在大城市容易形成合作原因之一是人们接触更加频繁。塔城主要部分是由巴尔鲁克山、乌尔嘎萨尔山、塔尔巴哈台山围成的相对封闭的塔额盆地。任何一种文化单元都远离中心城市，不能独自发展，所以，不同文化单元相互依存、相互吸纳，形成内聚型共生态的混合文化类型。在一个村、镇、市中，邻里、同事、同学、亲戚、朋友等构成了熟人社会，经常性地与近邻个体打交道。对塔城7个社区民族分布与居住格局的抽样调查显示，7个城镇社区都是民族杂居社区，最多的民族有9个，最少的民族有5个，民

族之间混合居住比例近 60%。8 个乡镇场民族之间混居比例为 44%，没有出现单一民族乡镇场。城镇和农牧区二者平均在 52% 左右，相当于一半居民在日常生活中与其他民族为邻。① 在共同生活中，清真饮食已成为塔城居民的主要日常食品，如哈族的手抓肉、维族的馕、拌面、抓饭，回族的汤面、凉粉，沙湾还发明了各民族都喜欢的大盘鸡；在语言方而，有 63% 的群众会使用两种和两种以上的语言，如哈萨克族会哈、汉、维等语言，蒙古族会蒙、汉、哈等语言，达斡尔族会汉、哈、达等语言，一些汉族老户会哈语。在社会交往方而，在一个民族的婚礼上，都有十几个民族的人参加。某一个民族的节日，往往成为各民族共同参与的集体民俗活动、纪念活动、文体活动和经济活动。在宗教信仰方而，伊斯兰教、藏传佛教、汉传佛教、基督教、天主教、东正教都能和睦相处。如裕民县哈拉布拉村同一个清真寺有哈、回两个伊麻目，每周一、三、日为哈萨克族、维吾尔族信教群众活动日，每周二、四、六为回族、东乡族群众活动日，周五为四个民族信教民众的交替活动日。塔城地区民族之间的文化认同，没有刻意造作的痕迹，而是发自内心的真实认同，为自发合作创造了条件。

2. 农牧两种经济互补，构成族际天然的利益合作机制

塔城地广人稀，拥有可耕地 1236 万亩，天然草场 1.1 亿亩，其中库鲁斯台草原面积达 390 万亩，为各民族提供了充分施展能力的自然条件。在这块盆地上，哈萨克族、蒙古族的畜牧经济类型东西斜贯塔城中间位置，集中在托里、裕民、和布克赛尔三县。汉族、回族、维吾尔族等农业经济类型位于南北两侧，分布在乌苏、沙湾、塔城、额敏四县市，形成了互相延伸、互相渗透状况。畜牧经济类型在高山、盆地戈壁、丘陵草原，而农业主要在山下冲积平原、盆地平原，两种经济类型互不矛盾且存在一定互补性。由于畜牧经济产品单一，也不耐储存，在清代和民国初期，当地哈萨克族、蒙古族日常所用的茶叶、粮食、布料、白糖等生活用品，主要来源于中原内地和俄罗斯的马帮、商队，出现"一块砖茶换牧民两只羊、一袋小麦换十只羊、一匹布换五头牛"的现象，汉、回等农耕民族在盆地平原从事粮食种植、织

---

① 孙启军：《西北边疆民族关系和谐模式探究——以新疆塔城地区为例》，中央民族大学博士论文 2012 年。

布、手工制作,解决了游牧民日常生活的需求困难问题,受到游牧民族的欢迎,同时农耕民族也需要游牧民族的牲畜、皮革和奶制品。在交往中,哈萨克族、蒙古族学会了开荒种地、修渠浇水等农事经验,逐步转向定居。一部分汉族、回族、达斡尔族跟哈萨克族学会放牧、制作奶制品、做风干肉、灌马肠等,在牧区居住。俄罗斯、塔塔尔、乌孜别克等民族主要从事商业贸易活动,不同民族成员合伙贩卖牛羊等经济活动,使得塔城地区的城镇、街道、牧场商业贸易呈现为族际自发的合作关系。

3. 爱国戍边的集体意志超越了狭隘的民族意识,维护合作关系的持久性

塔城地处边陲,7个县有5个县(市)与哈萨克斯坦接壤。清朝后期,为了抵御俄国侵略扩张,达斡尔族"西征"、锡伯族"西迁"、土尔扈特蒙古部落回归祖国、回族和汉族矿工火烧沙俄在塔尔巴哈台的贸易圈、哈萨克族反抗沙俄"人随地归"东迁、塔城军民收回被沙俄强行租借10年的巴尔鲁克山。抗日战争期间,塔城地区捐献飞机14架。抗美援朝时,时任塔城专署专员的巴什拜,捐马100匹、牛100头、羊4000只、黄金100两,认购飞机1架。20世纪60年代,苏联在塔城边境地区蓄意制造了"伊塔事件"、"161团畜群转场事件"、"164团龙口扒水事件"、"塔斯提事件"、"铁列克提事件"等中外震惊的恶性事件,各民族在共同守卫祖国西北门户中,形成了爱国戍边的传统。新中国成立后,国家制定了民族平等、民族团结和各民族共同发展的政策,如培养少数民族干部,发展少数民族教育,尊重少数民族风俗习惯,保护少数民族文化等一系列政策,为不同民族群体和个人之间的交往提供了国家制度性保障。所以,境外挑拨的恶性事件(如"伊塔事件"、新疆"7.5"事件)没有影响到民族关系,塔城地区和睦民族关系延续至今,培育了民族之间互助合作传统,每个民族保持自己文化边界的同时又通过跨越文化"边界"的交往实践了解、认识和吸收其他民族的文化,使塔城和睦、融洽的民族关系保持长久不衰的动力与活力。

二、合作的进化:从私人关系到公共交往场域

最古老和最具普遍意义的合作形式是自发合作或相互援助。民族分界

大多是由于自然屏障（如山脉、河流、湖泊、海洋等）阻碍了人们之间的交往，从而产生了以民族、宗教、语言、意识形态、心理、习俗等社会因素作为依据划分的"人为边界"。[①] 在杂散居地区，一部分民族群体成员为了生计需要，跨越地理、文化边界自发生成了族际合作形式，并逐渐变为稳定的社会习惯，这种合作属于传统合作。

至上世纪 80 年代，新疆开始了大规模牧民定居活动，极大地改变了少数民族游牧民的生产生活方式。2010 年，塔城地区 1.78 万户牧民已经实现定居，占定居安置总任务量的 72%。"十二五"期间，全地区计划完成剩余 7039 户牧民安居任务。牧民定居采取了"大分散、小集中"、"沿交通干线"、"插花式"、"村落式"、"社区化"、"异地搬迁定居"和"进城定居"等安置方式，打破了农牧之间、城乡之间、地区之间的壁垒，促成广泛的族际合作关系，如劳动与社会分工、专业化、市场交易，合伙和共同经营企业以及相互协作等，使得族际合作模式从传统自发合作类型向现代契约合作类型转变。

1. 合作范围的扩大

传统自发合作，如同费孝通先生把中国传统社会的人际关系形容为"差序格局"那样，"社会关系是逐渐从一个一个人推出去的，是私人联系的增加，社会范围是一根根私人联系所构成的网络"，"好像把一块石头丢在水面上所发生的一圈圈推出去的波纹"[②]。哈萨克族传统社会是以部落为单位，以血缘关系为纽带的"阿吾勒"为组织形式的。1950 年以来，国家建立的垂直社会管理组织结构，导致"阿吾勒"逐渐地丧失了它们原有的权威和功能。1984 年以来，草场承包责任制使游牧民部落的功能在某些方面得到了强化，特别是在组织游牧活动和亲戚之间的生产互助方而更是如此[③]。

游牧民定居后，牧民生产生活空间发生了巨大变化。塔城牧民定居模式，可归纳为三大类：一是以塔城市齐巴尔吉迭为代表，"大集中、齐统一"的"新农村社区"定居模式，打破乡镇场、村队行政区域界线，在全疆首创

---

① 王恩涌等：《政治地理学》，高等教育出版社 1998 年版，第 92—98 页。

② 费孝通：《乡土中国生育制度》，北京大学出版社 1998 年版，第 26 页。

③ 崔延虎：《游牧民定居的再社会化问题》，《新疆师范大学学报》2002 年第 4 期。

对牧民进行社区化管理的新模式。二是以裕民县哈拉赛村和托里县胡吉尔台村为代表，沿乡村道路干线"大分散、小集中"的农村"分散插花"定居模式。这种模式在塔城地区较为普遍。三是以和布克赛尔县幸福花园和阳光花园小区为代表，"享受和城里人一样待遇"的"牧民进城"定居模式。

定居后，除了一个大家庭内仍然有游牧或从事种植业的分工外，牧民与邻居之间或与外来土地承包者之间的合作多了起来。笔者在阿勒腾也木勒乡白布谢村、江阿布拉克村的调查发现，牧民定居点民族之间已形成了契约合作形式。哈萨克族有春季、夏季牧场，汉族等没有牧场，汉族农民将自家的羊包给哈萨克族"代牧"（羊 6 元 / 只月、牛 30 元 / 头月）。哈萨克族牧民不会种地，70% 的牧民把土地出租给外来的或本村的汉族农户（水浇地租金 40 元 / 亩，旱地 20 元 / 亩），然后，他们去汉族承包的农场打零工（摘红花）每天可以挣 100 元。汉族农机专业户为哈萨克族耕地，牧民把牧草卖给汉族农户。在裕民县，一些乡镇企业的进入，已初步形成了"龙头企业＋农户"的专业合作社，如新疆红花缘科技有限公司、新疆宏展中药材科技有限公司等。一位哈萨克族牧民讲："一个人的力量根本不行，人帮人才能富起来"。族际间自发生成的契约合作关系提高了游牧民定居的稳定性。

2. 合作性质发生了变化

传统自发合作或相互援助是为了生计需要自然形成的互助共济，一般建立在个人的亲友、伙伴、熟人关系基础上的，并以感情为主要纽带关系，受着种种血缘与地缘性的联系纽带的束缚。伴随着生产生活需求的扩大，牧民与外界社会的交往增多，他们的交往范围扩大到与彼此不认识的合作，陌生人之间的合作更依赖于契约合作：一是雇佣关系。牧区普遍建立起了类似农区的定居点，种植业和圈养牧业要求家庭的劳动分工更加细化，而牧民无法兼顾农业和牧业，所以，无论种植业还是放牧，都采取雇佣劳动力的方式；二是商业关系。过去哈萨克族很少从事商业，并以经商为耻，现在一些牧民开商店、饭馆、缝纫店、经营旅游等都成为一种时尚，商品经济以及结算方式的货币化使社区具有明显的商业色彩。农业机械专业户、牧业专业户、运输专业户与牧民之间的生产合作都属于商业运作范畴；三是职业关系。牧民认识到学校教育的重要性，家长陪子女在县市中学附近租房读书，还有一些牧民送子女去城镇学技术，希望孩子毕业后在城镇工作。一部分牧民开始离开牧区外出务工。当今，市场经济已经深深介入公共领域，互助共济受到商品经济的全面冲击在逐渐减弱，契约合作成为牧区主要合作形式，自发合作在公共领域中被压缩成极小的一部分。

3. 合作中的社会结构差异

每一个民族在其形成和发展过程中，都与其他民族发生联系，或合作共处，或冲突对抗，或同化融合，这种复杂的社会关系就构成了族际社会。在市场竞争与合作中，绝大多数契约合作也反映出社会结构的差异性：一是社会分层。哈萨克族牧民从传统牧业生产向半农半牧经济转型，他们原先的放牧经验、手工技艺逐渐丧失实用功能，普遍面临农业技术、汉语、资本、信息等要素缺乏问题。例如，牧民不会种地，只能靠出租土地生活，他们的收入只有汉族农户的一半。汉族农户掌握了滴灌技术，哈萨克族搞得很少。牛羊肉涨价的利润被二道贩子赚取，牧民只得到较少的实惠；牧民不会汉语，且缺少水暖电等技术，很难出外打工，变为牧区剩余劳动力；牧民家庭一般有2—3个孩子，教育负担重。这些困难都可能导致牧民在现代化进程中被边缘化；二是信誉问题。农业信用社为牧民发放了小额贷款，由于种种原因牧民到期不能按时还款，信用社不再给一些牧民发放贷款，由于牧民普遍缺少资本，即使有创业的愿望，也没有资金投入现代农牧业，导致牧区发展机会只能让外来承包户做；三是文化差异。牧民生产和劳作的目的不是为了扩大再生产，而是为了满足日常生活需要以及人际交往的需要，这种人生观念不符合市场经济的运作机制，给一些人造成"牧业落后、牧业村懒散、人口素质低"等成见，妨碍了合作关系的维系。可见，契约合作不能改变牧区出现的"雇佣化、贫困化、弱势化"现象。在不对等合作双方中，如果一方靠靠剥削对方的弱点来获得利益，还会造成弱势一方的不满。

总之，民族边界是在族际互动中产生的，又在族际互动中根据社会境况、机遇、需要等被强调或淡化。如果说现代契约合作形式是基于社会分工而产生的，那么，它也会因为社会结构的分化而产生民族问题。所以，政府主导下的族际合作十分必要，基本出发点是民族与民族之间的平等互惠合作，推动各民族共同发展，共享现代化成果。

三、合作共赢：各民族共同发展，共享现代化成果

塔城地区各民族形成了自发合作的传统。然而，伴随着自发合作向以契约合作为主要特征的现代合作模式转变，由于各民族的发展历史和文化特点不同，特别是区域差距、职业差异和收入差异，已成为影响族际合作的主要障碍，并带来族际合作中的不对等竞争，使少数民族难以融入到现代化建设中。至今，塔城地区 7 县（市）中有 1 个国家级扶贫工作重点县、126 个扶贫工作重点村，农村贫困人口 6 万多人，其中，绝大部分贫困村分布在牧区。在这种情况下，没有国家或政府引导下设计和协调族际之间的合作，就不可能使各民族以彼此大致相当的竞争能力，并在公平的竞争条件下参与到整个国家的现代化进程中。

合作，既是理论问题，也是现实问题，关系到民族关系和各民族共同繁荣发展。塔城地区位于北疆地区伊犁、阿勒泰的中间位置，有漫长的边境线，对整个北疆地区边防稳定中具有极其重要的战略作用。在特殊的历史、地理、人文条件下，塔城地区形成了新疆独具特色的多民族互动结构特征。辽宁支援塔城，把"以人为本"作为核心价值观，逐步缩小民族之间结构性差异，加深彼此在公共生活领域中的交流合作，为族际合作共赢模式创造条件，使塔城成为民族团结示范区。

1. 提供公共物品，保障农牧区合作能力

正如研究者指出的那样，"从游牧到定居的转变，只完成了第一阶段的任务，而本质的阶段任务仍然没有完成。这包括牧区产业结构、人口结构、社会结构、生活方式、生存观念等"。[①] 新一轮对口援疆，把北疆的重点放在"定居兴牧"工程上，确保到 2020 年与全国同步进入小康社会。辽宁对口支援塔城地区，以"保障和改善民生"和"增强受援地自我发展能力"为目标，将 70% 以上援助资金用于民生改善项目：一是灾后重建。如 2010 年春天，塔城地区遭遇了 60 年不遇的融雪型洪水灾害，四县市近 8000 户农牧

---

① 崔延虎：《游牧民定居的再社会化问题》，《新疆师范大学学报》2002 年第 4 期。

民住房被冲毁。在辽宁省重点支持下，7451 户农牧民告别了低矮破旧的泥土房，搬进宽敞明亮、安全温暖的新住宅；二是公共服务。辽宁对口援建裕民县第一中学宿舍楼、食堂综合楼、裕民县人民医院综合病房楼及设备购置、额敏县人民医院医疗设备购置、托里县供热项目、塔城市第六中学改扩建项目、塔城市左公路西延工程、塔城市阿不都拉水源城区供水工程等。通过援助，牧民在原地享受现代生活，实现了生产生活上的跨越。如，辽宁省为哈拉赛村实施了整村搬迁，新建住房 81 套，房内设有厨房、浴室、卫生间，并配套建设了卫生室、培训中心、双语幼儿园、超市，已初步具备中心城镇的基本功能，为下一步推进产业合作、增加牧民收入创造了条件。从"定居"到"兴牧"，关键在于改变牧民一家一户单打独斗、分散经营状况，提高牧民组织合作化程度，做大做强一批畜牧业龙头企业，使牧民参与到现代农牧产业结构转型升级中，在合作中学会现代种养技术，形成以地养畜、以牧养农、农牧联动、草畜结合的农牧协调发展局面。

2. 发展非农产业，提升族际合作的深度与广度

发展非农产业，标志着塔城地区凯济结构出现重大变化。塔城以农牧经济为主，援助产业，意味着将现在单一农牧产业结构调整到二、三产业协调发展的合理结构，并创造出更多制造业和商业服务业就业机会。2011 年，塔城地区与辽宁省已签约产业合作项目 53 个，投资总额 240.7 亿元，涉及化工、建材生产、矿产资源勘探开发、工业园区建设、物流建设、林果业加工等方面。辽宁省通过同类园区"结对子"的方式推进塔城边境合作区和乌苏石化工业园区承接产业转移、延伸产业链。支援乌苏市营口中小企业创业园、塔城市边境经济合作区附属园区、额敏县工业园区、沙湾县哈拉干德产业园区、裕民县生态园区和农九师巴克图工业园区基础设施建设；鞍山市委、市政府为沙湾县建设重化工循环产业园区—沙湾工业园西区；成立巴克图辽塔新区，设立综合保税区。社会学研究发现，在特定社会，有两个条件容易产生向上的流动：先进工业的发展和大规模的学校教育。[①] 辽宁以"百企万岗"为目标，努力引入投资企业超百家，创造就业岗位超万个，能吸纳

---

① ［美］戴维·波普诺：《社会学》（第 10 版），李强译，中国人民大学出版社 2003 年版，第 254 页。

少数民族牧民参与到经济社会建设中，进而提升族际合作的深度与广度。

3. 理解文化差异，最大程度形成族际合作共识

视少数民族农牧民的文化、所处的环境、关注的问题、意图及动机，才可能最大程度地形成共识：一是尊重当地群众的生产生活习惯。如果从外而进来的设计理念和牧民之前的东西合不上，就会出现"夹生饭"，给牧民带来不适应性。如漂亮、整洁、密集的住宅区不适合发展牧业，每户棚圈养不下200—300只羊，气味很大，就要考虑建设集中饲养基地；为牧民修建的暖棚没有预留天窗，冬天暖圈温度高，上百只羊挤在一起容易掉毛生病；为牧区安装了远程教育中心卫星接收器，但缺少哈语类的农牧业节目，牧民看不懂汉语节目。二是以现代文化引领，加强双向交流。辽宁省启动对口支援塔城地区"百千万工程"，今后5年，塔城地区将有1250名党政干部、500名教师、500名医疗卫生人才、500名农业专业技术人才、1000名企业高技能人才和初级劳动力赴辽宁省培训，200名优秀党政干部到辽宁挂职。同时，辽宁有关专业和高技能人才来疆调研讲学16批、在疆培训3172人次。辽宁省建筑规划设计院、沈阳市城市规划院等单位分别在受援地设立分院和办事处，为地方发展和规划编制提供智力支持。通过双向交流方式，辽宁更多地了解到塔城地区的实际情况，塔城地区人力资源的基本素质和实际竞争力得到了提高；三是寻找文化结合点。辽宁援助塔城在原来的基础上引进现代因素，例如，在牧民院中搭建毡房，发展家庭旅游等。塔城地区有丰富的文化资源，如蒙古族江格尔文化、俄罗斯居民与建筑艺术、哈萨克族毡房营造技艺及服饰、塔塔尔族撒班节被列入国家级非物质文化遗产名录，达斡尔族沃其贝节、俄罗斯族帕斯喀节已列入自治区非物质文化遗产名录，还有闻名全国的爱国主义教育基地"小白杨"哨所、巴斯拜纪念馆、苏联领事馆等。辽宁大力宣传塔城地方文化，将使其文化价值得到开发和利用。

（孙岿，男，汉族，东北少数民族研究院教授，主要从事民族理论与政策研究。本文发表于《满族研究》2012年第4期）

积极心理学视角下的朝鲜族留守儿童研究

朴婷姬　安花善

一、引　言

近年来，随着现代化社会的形成，农村大量的劳动力外出务工，家里只留下老人和孩子，由此，社会上就出现了一个特殊的人群——留守儿童。留守儿童在学术界一般指的是因父母双方或一方外出而被留守在户籍所在地，不能和父母双方共同生活在一起的未成年孩子。根据 2005 年全国 1%人口抽样调查数据，全国农村留守儿童约为 5800 万，比例高达 28%，部分省市已超过 40%。现有研究关注的几乎都是内地汉族地区，研究对象也多集中在农村留守儿童上，而对父母在海外打工的海外留守儿童和少数民族留守儿童的研究少之又少。显然，对边疆民族地区的专门调研具有特别的意义。

留守儿童问题同时也是朝鲜族社会普遍存在的社会问题，而且具有突出的国际性特点，即朝鲜族留守儿童的父母外出务工的地点多半在韩国。由于 2007 年开始韩国政府针对中国朝鲜族实施访问就业签证政策，近 5 年来我国朝鲜族去韩国务工的人口日益增多。根据州妇联的统计，截至 2007 年5 月，延边州 6 市 2 县共有 31 405 名留守儿童，其中父母在国外的留守儿童有 21 470 人，占总人数的 68.4%，父母在国内的有 9 935 人；农村留守儿童有 15 441 人，城市留守儿童有 15 964 人。延边州教育局在 2010 年 12 月对全州中小学进行了调查，全州中小学校单亲、无亲儿童（含留守儿童）总数达到 50 539 人，占学生总数的 33.2%，其中留守儿童总数为 40 683 人，占学生总数的 24.8%。留守儿童在朝鲜族学校居多，全州朝鲜族学校留守儿童占在校生比例为 61.3%，个别学校比例已经达到 70% 以上。在这种情形下，正确分析和透析这一特殊社会现象，对整个朝鲜族社会的发展具有重要的现实意义。对其调研也有较普遍意义，因为海外劳务输出进一步增多，我国企业已更加国际化，加上留学持续升温，这一切使得我国人口出国流动成为一个值得深入关注的重要主题。

目前，对留守儿童问题的研究往往有夸大和污名化的倾向。人们只要提到留守儿童，就基本定位为问题儿童，而且大多研究者在研究方法上主要针对现状进行描述，对个案的关注和量化研究较少。任运昌的调查发现，一些受访者基本上把留守儿童当成问题儿童看待[1]，社会各界对留守儿童的素质评价普遍偏低，约 1/4 的相关学术论文对留守儿童的负面特征有夸大倾向[2]。久而久之，可能会促成整个社会对留守儿童的污名化现象。这将直接导致留守儿童的自我形象和自尊受损，使他们的自我教育和主动发展遭遇巨大障碍，最终导致留守儿童形成一个封闭、孤立的群体，促成他们对父母亲人、老师同学甚至对整个社会的不满，既不利于留守儿童的健康成长，更不利于国民素质的提高。基于此，与现有研究极为不同的是，本研究拟采用积极心理学视角，以朝鲜族留守儿童为研究对象，在考察留守儿童基本现状的同时，研究不同性别、年级的学生在学习态度、交往行为、心理健康方面是否存在显著差异，进一步探讨父母出国时间等一般人口学变量与学习态度、心理健康状况、行为、人际交往变量之间的关系。

二、研究对象与方法

（一）被试

本调查采用随机抽样的方法，在延边、长春、沈阳、内蒙古地区抽取 8

---

① 任运昌：《高度警惕留守儿童的污名化——基于系列田野调查和文献研究的呼吁》，《教育理论与实践》2008 年第 11 期。

② 卢芳芳等：《小学教师对留守儿童的内隐污名效应研究》，《西南大学学报》2011 年第 10 期。

个朝鲜族小学、初中、高中800名留守学生进行调查，得到718份有效问卷，回收率达90%。其中，男生312名（占43.5%），女生406名（占56.5%）；小学生153名（占21.3%），初中生275名（占38.3%），高中生290名（占40.4%）；留守时间不到一年的168名（占23.4%），1—3年238名（占33.2%），3—5年146名（占20.3%），5年以上者166名（占23.1%）；303名（占42.2%）学生是与父母兄弟、姐妹住在一起，250名（占34.8%）是隔代监护，96名（占13.4%）是跟亲戚、父母朋友生活在一起，69名（占9.6%）是委托其他人监护。

（二）工具

本研究的工具主要为自编式调查问卷。问卷内容包括学习态度、平时心情、同学关系、行为问题等方面。

答卷采用4级评分制。各影响因素编码为：性别（男＝0，女＝1）；学校级别（小学＝1，初中＝2，高中＝3）；学习成绩（优秀＝1，良好＝2，中等＝3，很差＝4）；上课时集中情况（1＝非常集中，2＝比较集中，3＝不太集中，4＝不能集中）；作业完成情况（1＝很好，2＝较好，3＝拖拉抄袭，4＝不完成）；学习态度（1＝十分刻苦，2＝比较刻苦，3＝一般，4＝不努力）；与人交往的态度（1＝非常主动，2＝主动交往，3＝不爱交往，4＝从不交往）；在校朋友数（1＝很多，2＝有几个，3＝很少，4＝没有）；父母不在身边时最大的影响（1＝感到孤独，2＝生活没人照顾，3＝学习没人指导监督；4＝没人指导和监督做事）；父母不在身边时在家的感觉（1＝安全，2＝孤独寂寞，被歧视被遗弃3，不如别人＝4）；闲暇时主要业余活动（1＝看电视，2＝玩电脑上网，3＝玩游戏，4＝打麻将斗地主）；被老师和家长批评时的态度（1＝承认错误，下次不再犯，2＝有点气愤，但只在心里想，3＝无所谓，听完就算，4＝当面顶撞，对着干）等。

所有数据信息录入后，用SPSS17.0统计软件进行统计分析。

三、调查结果

（一）朝鲜族留守儿童基本状况

表1 朝鲜族留守儿童基本状况

变量	1	2	3	4
学习成绩在班级中所处的水平	111 （15.5%）	182 （25.3%）	334 （46.5%）	91 （12.7%）
上课时集中情况	81 （11.3%）	429 （59.7%）	186 （25.9%）	22 （3.1%）
作业完成情况	165 （23%）	399 （55.6%）	131 （18.2%）	23 （3.2%）
与人交往的情况	149 （20.7%）	466 （64.9%）	86 （12.0%）	17 （2.4%）
在校朋友数	390 （54.3%）	296 （41.2%）	23 （3.2%）	9 （1.3%）
父母不在身边时最大的影响	322 （44.8%）	200 （27.9%）	100 （13.9%）	96 （13.4%）
父母不在身边时在家的感觉	168 （23.4%）	410 （57.1%）	34 （4.7%）	106 （14.8%）
被老师和家长批评时的态度	393 （54.8%）	258 （35.9%）	51 （7.1%）	16 （2.2%）

由上表可以看出，87.3%的学生的学习成绩在所在班级里处于中等及以上，只有12.7%的学生回答说自己的学习成绩差。11.3%的学生上课非常集中，比较集中的占59.7%，不太集中的占25.9%，不集中的仅占3.1%。从作业完成情况看，回答"很好"的有165人，占23%；"较好"的有399人，占55.6%；"拖拉抄袭"的有131人，占18.2%；"不完成"的23人，占3.2%。

有关在校朋友数的回答上，"朋友多"的占54.3%，"有几个"的占41.2%，"很少"的3.2%，"没有"的仅占1.3%。对"父母不在身边时最大的影响"的回答中，占44.8%的学生说"情感孤单"，"生活没人照顾"

占27.9%，"学习没人指导监督"占13.9%，"没人指导和监督做事"的占13.4%。对"父母不在身边时在家的感觉"的回答中，答"安全"的占23.4%，"孤独寂寞"占57.1%，"被歧视被遗弃"4.7%，"不如别人"占14.8%。对老师和家长的批评态度，回答"下次不再犯"的占54.8%，"有点气愤，但只在心里想"的占35.9%，"无所谓，听完就算"占7.1%，"当面顶撞，对着干"占2.2%。

上述调查表明，朝鲜族留守儿童在学习成绩、作业完成情况上都超过平均水平，处于正常状态。但由于本次调查问卷仅是学生的自我认知而不是学生在校的实际成绩，这一推断还需进一步验证。此外，留守儿童在人际交往能力上也没有表现出懦弱、胆怯、不乐群等特点，行为上也很难看出适应不良、偏差现象。可见，绝大多数的朝鲜族留守儿童在各方面都很健康。

（二）朝鲜族留守儿童各变量之间的差异分析

表2 各变量之间的差异性验证表

变量	区分	学习态度 M（SD）		心理健康 M（SD）		人际交往态度 M（SD）		行为表现 M（SD）	
性别	男	2.35（0.70）		1.77（0.71）		2.04（0.71）		1.59（0.78）	
	女	2.19（0.75）		1.83（1.31）		1.90（0.59）		1.53（0.70）	
	t	2.84***		−0.87		2.67**		1.01	
级别	小学	1.83（0.64）	A	1.99（2.04）		1.76（0.72）	a	1.44（0.67）	a
	初中	2.10（0.63）	B	1.72（0.67）		1.91（0.62）	B	1.51（0.76）	a
	高中	2.64（0.67）	c	1.79（0.60）		2.12（0.60）	c	1.66（0.73）	b
	F	172.79***		2.19		34.39***		10.12**	
父母出国时间	不到1年	2.39（0.72）		1.89（1.90）		1.93（0.63）		1.62（0.76）	
	1—3年	2.16（0.68）		1.77（0.66）		1.94（0.66）		1.50（0.68）	
	3—5年	2.26（0.78）		1.82（0.67）		2.04（0.66）		1.53（0.74）	
	5年以上	2.25（0.72）		1.76（0.67）		1.95（0.64）		1.57（0.72）	
	F	1.34		0.74		0.44		0.20	

***P＜0.01，**P＜0.05，*P＜0.1。

调查结果显示，男生和女生在学习、人际交往态度两项上都存在显著差异。女生比男生更喜欢学习（t＝2.84，p＜0.01），人际交往方面女生比男生更主动、积极（t＝2.67，p＜0.05），这与范方等（2005）所得出的结论一致，即女孩的学习成绩和行为问题都明显地优于男孩。[1] 此外，无论男生和女生，心理、行为问题的平均分都小于中间分 2 分，表示心理和行为方面不存在太大问题，这与周宗奎等[2] 和王东宇等[3] 的结果是不一致的。

对不同级别留守儿童的学习（F＝172.79，P＜0.01）、人际交往态度（F＝34.39，P＜0.01）、行为表现（F＝10.12，P＜0.05）进行比较发现，除了心理健康（F＝2.19，P＞0.1）之外，都呈现显著差异。进一步两两比较发现：小学生的学习态度最积极，其次依次是初中、高中生。人际交往的态度上小学生最主动，其次依次是初中、高中的顺序。行为问题上只有小学、初中与高中有差异。

按父母出国时间的不同进行方差分析结果发现，各组间没有差异。这与崔丽娟[4] 的研究结果不一致。

（三）朝鲜族留守儿童各变量之间的相关分析

表 3　各变量之间的相关分析

	1	2	3	4	5	6	7
性别	1						
年级	－ 0.09*	1					
父母出国时间	－ 0.02	0.03	1				
学习态度	－ 0.11**	0.44**	－ 0.04	1			
心理健康	－ 0.01**	0.22**	0.03	0.16**	1		

① 范方、桑标：《亲子教育缺失与"留守儿童"人格、学绩及行为问题》，《心理科学》2005年第 4 期。

② 周宗奎、孙晓军等：《农村留守儿童心理发展与教育问题》，《北京师范大学学报（社会科学版）》2005 年第 1 期。

③ 王东宇、林宏：《福建省 284 名中学"留守孩"的心理健康状况》，《中国学校卫生》2003年第 5 期。

④ 崔丽娟：《留守儿童心理发展及其影响因素研究》，《心理教育科研》2009 年第 4 期。

续表

	1	2	3	4	5	6	7
人际交往态度	0.03	−0.06	−0.03	0.17**	0.08*	1	
行为表现	−0.04	0.12**	−0.02	0.28**	0.14**	0.05	1

***p＜0.01，**p＜0.05，*p＜.01

　　由表 3 可知，性别与年级、学习态度、心理健康呈现负相关；年级与学习态度、心理健康、行为表现呈现正相关；学习态度与心理健康、人际交往态度、行为表现呈现正相关。其中年级和学习态度的相关值最高，达到 0.44（p＜0.05），以下依次为学习态度和行为表现、年级和心理健康、学习态度和人际交往态度，相关值分别为 0.28（p＜0.05）、0.22（p＜0.05）和 0.17（p＜0.05）。说明，随年级的上升学习态度更倾向于不认真，心理健康程度也呈下降趋势。朱岚[①] 的研究也表明，不同群体（包括教师、监护人、社会一般人群）均认为留守儿童男性问题行为严重于女性，随年级增高问题行为评价越严重，这与本研究结果一致。另外，学习成绩与心理健康、处理朋友之间的关系、行为态度也有很大的相关。我们还发现父母出国时间与其他各变量没有显著相关。

四、讨　论

　　（一）大多数朝鲜族留守儿童在学习成绩、上课集中情况、完成作业方面均不存在突出的问题

　　在留守儿童学业成绩发展问题上，目前还没有完全一致的研究结论。杨志新等人的研究表明，留守儿童平均学业成绩低于非留守儿童，差异有统计学意义。[②] 也有研究认为，儿童的学业成绩不因为留守而受到不良影响，

---

① 朱岚：《不同人群对留守儿童问题行为的认知差异研究》，《社会心理科学》2011 年第 3 期。
② 杨志新等：《合肥农村小学留守儿童学业成绩和心理感受分析》，《中国学校卫生》2010 年第 9 期。

留守儿童与非留守儿童的学习成绩横向的整体对比上差别不大。①

　　本研究结果支持留守儿童与非留守儿童的成绩没有太大差异的结论。大多数儿童对自己的成绩估计得都比较好，认为自己在班上的排名在中等或中等以上。这可能是因为朝鲜族留守儿童大多属于海外留守儿童，而且城市留守儿童多于农村留守儿童，他们普遍具备家庭经济条件较好、与父母分离较早、分离时间久等特点。② 父母大多都能提供优厚的经济支援给孩子创造优良的学习条件，社会上很多私立教育机构（如每个小学附近都设各种形式的课后辅导班）为他们提供了良好的学习环境，加之父母不在身边有可能使他们学习变得更加自主，因此在各项涉及学习方面的问题已经不是留守儿童的特殊现象了。

　　对留守儿童学习成绩变化的考察，主要是以问卷调查的形式来进行。而在问卷的设计中，并没有去逐个探究这些留守儿童具体考试分数的变化，而是让他们自己对学习成绩进行大概的估计，以他们对学习的自我认知作为研究分析的依据。这样的设计既有优点也存在缺点：优点在于留守儿童自己最清楚他们学习成绩的变化，而如果只用他们某两次考试的分数来对比，并不能真正代表实际的情况；缺点在于很多留守儿童可能羞于暴露自己学习不上进的一面，而且相对于教师和家长，留守儿童自身往往评价最好。所以调查结果可能存在一定的偏差。

　　（二）朝鲜族留守儿童在行为和学习方面虽然不存在问题，但在心理上共同存在孤独感

　　学生在回答"父母不在自己的身边最深的影响"提问中，有 56% 的学生说"自己孤独"。对"父母在外地自己留在家时的感觉"，回答"孤独、寂寞"的学生占 55.1%。这一结论与王良锋等③ 的研究结果一致。因为隔代监护、上代监护的代养人通常是只求物质、生活上全方位地满足，对孩子的心理和思想品德引导较少。众多心理学家研究发现，父母监督、亲子交流或亲

①　叶敬忠：《父母外出务工对农村留守儿童学习的影响》，《农村经济》2006 年第 7 期。

②　朴婷姬、秦红芳：《朝鲜族海外留守青少年自我概念、家庭结构与心理健康的相关研究》，《东疆学刊》2011 年第 3 期。

③　王良锋、张顺等：《农村留守儿童孤独感现况研究》，《中国行为科学医学》2006 年第 7 期。

密等家庭成员之间的交流是影响个体孤独感的重要因素。因此父母要通过电话等通讯方式多跟孩子沟通以减轻他们的孤独感,与此同时班主任定期跟家长或代养人保持联系,提高家长的教育意识,让家长意识到早期教育和家庭教育的重要性和及时性。同时要帮助学生培养健康的爱好和兴趣,鼓励他们参加各项活动,从中消除孤独感和亲情缺失感。

（三）朝鲜族留守儿童内部存在分化现象,心理发展因人、因时各有不同

留守儿童内部存在分化现象,这与非留守儿童相似。很多留守儿童并没有因为亲子分离而导致行为不端、心理健康水平的下降,反而更能适应不利环境,并养成了勤劳、节俭、自力更生的良好品格。但是也应看到,部分留守儿童还存在学习不积极、成绩差、旷课等不良现象,但是不足以代表留守儿童的整体特征。留守儿童在学习、心理、行为上的问题,并不是他们的"专利",有些问题实质上是由多方面因素导致的。监护人不管是祖父辈、父母还是其他身份者,只要他有爱心、有文化、懂教育、善疏导,就能促进儿童的健康成长。反之,即使监护人是亲生父母,也可能会"造就"出"问题儿童"。因此,从本质上讲,留守儿童的问题并非由父母外出务工而直接造成,它们与非留守儿童的问题有很多相近之处。对这些群体的孩子学校要跟代养人和海外父母充分沟通,让他们多了解孩子在学校的情况和表现,共同找出最佳的解决方案。此外,最关键的是引导留守儿童树立正确的人生观和价值观,使孩子们学会判断是非的能力。让孩子们正确判断自己所处的特殊环境,理解父母,把对父母的思念变成学习的动力,自觉上进,变得更自信、更独立。

1. 不同性别和年级的留守儿童在学习、人际关系、行为方面呈现出显著差异

从性别角度看,女生在学习、人际关系、行为方面均优于男生。这可能与男女孩个性特点以及传统观念对性别期望的不同有关。一般认为,女孩更喜欢亲密的表露与交流,因此在父母之外,相对较容易获得来自老师和同学的情感支持。而传统观念认为男孩应该表现出较高的独立性、自主性和较强的解决问题的能力,因此对男孩的支持倾向于非情感性支持或交流。因此,女孩比男孩易感受到较高的社会支持。另外这也和人们印象中女孩比较

听话、社会适应性较好的观念一致。

从不同年龄阶段看，留守小学生在学习、人际关系、行为方面最好，其次是初中学生，最差的是高中生。这一方面可能和年龄较小的孩子，比较受监护人照顾相关，另一方面可能与所经历的挫折较少、自我评价偏高有关。

这一研究结果告诉我们，教育留守儿童要对症下药，要有针对性。从小学开始重视心理健康教育，而且各阶段的重点都应放在朝鲜族男生身上，引导他们树立正确的价值观，防止因家庭教育缺失而带来的社会化和人格成长问题的出现。

2. 留守时间长短对朝鲜族留守儿童的学习、心理、人际交流和行为等问题上没有显著影响

研究表明，父母出国时间的长短，对留守儿童的学习、心理、人际交流和行为没有显著影响，这与刘霞等[1] 所研究的结果一样，留守时间的变化直接影响留守儿童的各种问题，从有影响到逐渐减弱后消失。这一点可能是因为随着留守时间的增加，留守儿童逐渐习惯了双亲不在家或父母亲一方不在家的生活，同时他们与老师、同学的交往机会不断增加，从而更多地感受到双亲以外的社会支持有关。但很多研究结果都表示留守时间直接影响着留守儿童的各个方面。这种不同的结果我们有待进一步研究和探讨。

五、结论与建议

（一）结论

1. 本调查中的大部分学生在学习、行为、人际交往方面不存在问题，总体上状态良好，而且与非留守儿童的学习成绩横向对比上差别不大。但是少数留守儿童由于父母出国，影响到了其学习的辅导与监督，从而出现学习

---

① 刘霞、赵景欣、申继亮：《农村留守儿童的情绪与行为适应特点》，《中国教育学刊》2007年第 6 期。

成绩的下降。

2. 男、女对学习、行为、人际交往的差异性比较结果女生优于男生，有显著差异。按年级进行差异性比较也都呈现显著差异，具体小学生分数最低，依次是初中、高中，且随年级增高，问题行为评价越严重。留守时间长短上没有呈现显著差异。

3. 年级和学习态度、心理情绪相关较高，学习态度和其他变量之间也有一定相关。父母出国时间长短和其他变量没有显著相关。

（二）建议

1. 转变认识，从"非问题儿童"的角度看待留守儿童

关于留守儿童的报道主要是负面新闻，呈现出来的留守儿童的社会印象主要是：留守儿童等于问题儿童。在此过程中，大众媒介充当了对留守儿童"污名化"的"推手"。① 社会学研究表明，"污名化"会不同程度地阻碍着受污者向上的社会流动，使之长期处于弱势状态，甚至令他们蒙受强烈的羞耻感和罪责感，损害其身心健康。受特殊地理环境和民族文化因素影响，朝鲜族留守儿童所占儿童总人数的比率较高，而且日益成为朝鲜族中小学的"主流群体"，这是社会转型时期的一种特殊的社会现象。朝鲜族留守儿童由于其成长环境的特殊性，自身也有较多优势和资源，然而由于大量研究者将关注点过分集中在留守儿童出现的问题上，夸大了他们在成长中遇到的困难，结果给留守儿童生理和心理上都带来了较大的压力和偏见。② 因此，我们要首先转变对留守儿童的片面认识，用一种理性的、全面的、辩证的视角看待留守儿童及其问题，树立留守儿童也是正常儿童的一部分，留守儿童不是弱者，更不是"问题儿童"，他们是常人甚至在许多方面是强者的观念，引导学校、教师和监护人走出误区。

2. 充分重视和发挥学校教育的主渠道作用，让留守儿童在校园中得到更多的关爱与帮助

在家庭功能不健全的情况下，学校成为留守儿童社会化过程中极其重

---

① 钱洁、齐学红：《谁定义了留守儿童——留守儿童与大众媒介的一次对话?》，《上海教育研究》2011 年第 2 期。

② 李旭：《从"非问题儿童"的角度看待留守儿童》，《农村经济》2011 年第 3 期。

要的场所，如果学校能给予留守儿童更多的关爱与帮助，将会在很大程度上弥补他们家庭教育上的缺憾。这就要求教师针对留守儿童所缺少的家庭教育"对症下药"，比如：对行为不端的留守儿童严加管束，对缺乏家庭温暖的留守儿童多予关爱，对学习成绩较差的留守儿童加强辅导等。但是，对留守儿童"过分"或"过量"的关爱也不利于他们的成长，容易导致留守儿童的依赖、任性和感情脆弱等不良后果。因此，我们必须把留守儿童回归到集体当中进行教育，把他们看成是整个学生群体中的一部分，而不能把他们凌驾于全体儿童之上。

3. 强化父母及监护人的家庭教育责任

家庭是社会的细胞，亲子关系是儿童社会化发展的核心和主要动因，对儿童成长有着决定性的影响。由于大部分留守儿童都是长时间或较长时间与父母分离，家长为了弥补孩子与父母分离导致的情感空白，就尽力在物质生活上给予他们更多的关爱与呵护，采取"金钱补偿"的简单做法，导致部分留守儿童的价值取向发生扭曲。父母外出打工如不能亲自监护，就要妥善安置孩子，如条件允许，可带上孩子打工或避免双亲外出打工。另外对于留守儿童而言，父母如果经常回家探望的话，就会给他们增加了亲子交流的机会，同时减少由于对父母的思念而引起的孤独感，这有利于他们健全人格的培养、心理健康水平的提高。

4. 培养留守儿童的积极心态，增强其心理弹性

留守儿童自身内在成长的力量是不容小觑的。由于他们的留守经历形成了优于非留守儿童的品质，如独立、坚强、更能够体会父母的辛苦、更富有责任感等。这些特性能够使其把逆境当作机会和动力，奋发向上，这就是心理发展的弹性。因此教师和监护人应该充分认识这些保护性因素的重要性，发掘留守儿童内部的积极力量，更多关注留守儿童的成功事件，对于他们的成功给予积极的认可，让孩子知道他们是有能力解决问题的。

积极心理学与心理弹性都强调个体的内在力量，在本质上有其相通性。积极心理学与心理弹性使人们认识到人性积极的方面，重视积极情感体验、积极人格和积极的社会组织系统，其终极目的是探索个人生存和成长的力量源泉，减少逆境对个体的消极影响，最大化个体的适应和成长。积极心理学重点在于个体的积极力量与优秀品质，心理弹性重点在于良好适应，个体

的积极力量与优秀品质将有效提高个体的良好适应性。Rutter (1984) 提出，在学校环境中提供成功或快乐的积极经验，发展良好的师生关系，与同学有良好的社会关系，这些都对个体具有保护作用。[①] 因此，发现留守儿童积极乐观的天性，是发展他们心理弹性的第一步，同时，要以积极心理学"培养个体积极心态"理念为指导，运用保护性因素促进心理弹性的形成，最终促进朝鲜族留守儿童个体的全面发展。

> （朴婷姬，女，朝鲜族，东北少数民族研究院教授，主要从事民族问题研究。本文发表于《民族教育研究》2013年第 1 期）

---

① 姜蒙娜：《心理弹性：积极面对挫折》，《科技信息》2011 年第 1 期。

教育公平与人口较少民族和谐发展研究

闫沙庆

我国是统一的多民族国家，人口在 10 万人以下的民族有 22 个，统称人口较少民族。由于历史、地理和自然条件等原因，人口较少民族地区经济社会发展总体水平比较落后，在现代化进程中还面临着诸多的困难。我国政府历来高度重视人口较少民族的发展问题，2005 年 5 月，国务院审议并通过《扶持人口较少民族发展规划（2005—2010 年)》；2005 年 8 月，国务院召开"全国扶持人口较少民族发展工作会议"，这在我国民族工作史上还是第一次，为民族地区特别是人口较少民族的发展，提供了前所未有的历史机遇，标志着我国政府扶持人口较少民族发展工作已进入全面实施的新阶段。我国"科教兴国、人才强国"战略，凸显教育的重要作用，教育在经济社会发展中具有基础性、先导性、全局性的地位。民族教育是教育事业的重要组成部分，也是民族工作的重要内容。扶持人口较少民族发展，加快民族地区现代化建设，必须优先发展民族教育，促进教育公平，全面提高人口较少民族科学文化素质，实现经济社会又好又快地发展，这是"以人为本"科学发展观的根本要求。

目前，国内学术界对我国人口较少民族和谐教育研究尚处于起步阶段，特别是针对聚居在东北内蒙古的鄂伦春族、鄂温克族、赫哲族、俄罗斯族教育公平与教育均衡发展研究甚少。如教育改革与发展对人口较少民族构建和谐社会的影响及对策研究、教育的公共性问题、处境不利人群的教育、发展现代农业与培养新型农（牧）民等，需要认真研究并提出相应的对策。上述民族大都分布在偏远地区，经济不发达，教育基础差，人口素质有待提高，民族教育发展滞后已严重制约了人口较少民族聚居地区的发展。因此，探寻教育公平与人口较少民族和谐发展的相互关系及其规律，为政府部门决策的科学化、民主化提供依据，进而采取特殊的政策措施，帮助东北内蒙古人口较少民族加快发展步伐，走上共同富裕道路，对于进一步增强民族团结、维护边疆稳定、构建社会主义和谐社会、实现全面建设小康社会的奋斗目标，具有特殊重要的意义。

一、东北内蒙古人口较少民族教育现状

（一）基本情况

东北内蒙古地区主要聚居赫哲、鄂伦春、鄂温克、俄罗斯等人口较少民族。据 2000 年第五次人口普查统计，全国赫哲族 4 640 人、鄂伦春族 8 196 人、鄂温克族 30 500 人、俄罗斯族 15 600 人，其中黑龙江省有赫哲、鄂伦春、鄂温克、俄罗斯 4 个人口较少民族聚居地区，共有 11 622 人，人口分别是 3 910 人、3 871 人、2 706 人和 265 人，约占全省少数民族总人口的 0.05%，主要分布在大兴安岭地区、黑河市、佳木斯市、齐齐哈尔市等地 9 个民族乡（镇）的 19 个行政村；内蒙古自治区有鄂温克、鄂伦春、俄罗斯 3 个人口较少民族聚居地区，共有 34 794 人，人口分别是 26 201 人、3 573 人、5 020 人，约占全区少数民族总人口的 0.006%，主要分布在呼伦贝尔市的鄂温克族自治旗、鄂伦春自治旗、莫力达瓦达斡尔族自治旗、陈巴尔虎旗、根河市、阿荣旗、扎兰屯市、额尔古纳市等 8 个旗（市）中的 22 个苏木（乡、镇）、61 个嘎查（村）。

东北内蒙古地区人口较少民族的主要特点：（1）人口数量呈上升趋势；（2）人口流动加速，城市化进程加快；（3）民族交往频繁，民族关系复杂化；（4）民族文化处于内外文化碰撞、融汇、更新、发展的非常历史时期；（5）经济社会发展相对落后；（6）有些民族在不同的地区出现不同程度的边缘化倾向；（7）仍然保持着本民族的特征和宗教信仰，如举办"瑟宾节"、"乌日贡大会"、"巴斯克节"；（8）大多居住在边境线上，赫哲、鄂伦春、鄂温克、俄罗斯族均为跨界民族等。

（二）人口较少民族教育事业得到全面发展

多年来，东北内蒙古人口较少民族聚居地区各级党委和政府认真落实党的民族政策，根据人口较少民族特点，有针对性地采取一系列特殊政策和措施，帮助人口较少民族全面发展，坚持"优先重点发展民族教育"方针，在经费投入、人员编制、校舍建设、师资配备、教师培训、招生入学等方面对人口较少民族教育做到优先安排，重点扶持，人口较少民族教育事业得到快速发展，办学条件不断改善，学校管理明显加强，教育质量不断提高。东北内蒙古人口较少民族聚居地区民族教育事业取得了显著成效。

1. 认真贯彻落实《义务教育法》等法律法规。内蒙古以抓"两基"工作为切入点，积极推动民族教育事业的发展，在农村牧区确定"以寄宿制为主，以助学金为主的公办民族中小学校的办学模式"即"两主一公"模式，促进了民族教育水平的整体提高。1999 年，鄂温克族自治旗率先通过自治区"两基"达标验收，成为呼伦贝尔市第一个实现"两基"达标的民族旗；2000 年，鄂伦春自治旗、莫力达瓦达斡尔族自治旗通过内蒙古自治区"两基"达标验收。2004 年，内蒙古在全国率先实行"免除书本费、杂费，补助寄宿学生生活费"政策即"两免一补"，有效保证了人口较少民族学生接受义务教育的权利。2007 年鄂温克族自治旗小学适龄儿童入学率为 100%，辍学率为 0%，初中辍学率为 0.11%，青壮年非文盲率为 99.5%，初中毕业升入高中的入学率为 90% 以上，学前三年入园率平均达到 70% 以上，已形成幼儿教育、小学、初中、高中、职业教育等，符合当地民族实际和特点的民族教育体系。2002 年，黑龙江省大兴安岭地区对鄂伦春族学生在义务教育（含高中）阶段学杂费全部免交，并享受助学金发放政策，对鄂伦春族学生发放助学标准高于省规定标准。2007 年呼玛县白银纳鄂伦春族乡中心校小学适龄儿童入学率 100%，升学率 100%，辍学率为 0%，初中入学率 100%，该校 1998 年"两基"通过省验收合格。同江市街津口、八岔赫哲族乡 1996 年"普九"工作通过佳木斯市教育局的评估验收，被授予"实现普及九年义务教育，扫除青壮年文盲乡镇"，1999 年通过"两基"国家检查，2003 年通过"两基"巩固提高国家验收。

2. 加大民族教育经费投入。黑龙江省大兴安岭地区塔河县和呼玛县各有一个鄂伦春族乡。1997 年以来，由省、地、县投入资金近 800 万元，为两个鄂伦春乡中心校新建教学楼及微机室、实验室、图书室和安装多媒体教学设备等，学校硬件建设在大兴安岭地区中学校处于前列。塔河县十八站鄂伦春族乡中心校设有鄂伦春族寄宿班，现有学生 48 名，县政府每年拨付 10 万元经费，用于寄宿班学生学习生活支出。内蒙古呼伦贝尔市在教育经费投入、资金项目引入等方面重点向民族地区倾斜。从 1998 年开始，该市每年从市本级财政中拿出 50 万元作为民族教育专项资金，专门用于民族学校的发展和建设。在国家第一期"义务教育工程"项目中，呼伦贝尔市将鄂温克族自治旗、鄂伦春自治旗、莫力达瓦达斡尔族自治旗列为项目旗。3 个自治旗获资金 2 939.3 万元，其中国家投入 781 万元，内蒙古自治区投入 766 万元，市、旗两级投入 1 392.3 万元；在"国家寄宿制学校建设工程项目"中，3 个自治旗均为项目旗，争取到 4 276 万元资金用于民族中小学宿舍和食堂建设，为农村牧区落实"两主一公"办学模式起到了关键作用。从 2004 年开始，呼伦贝尔市加大对所辖 14 个民族乡中小学校的投入力度，努力改善其办学条件，民族乡中学配备理化实验室设备及多媒体教学设备，民族乡小学配备自然实验设备和多媒体教学设备。现在，呼伦贝尔市所辖民族乡（苏木）中小学校的办学条件普遍优于同类学校。

3. 制定有关条例，保障民族教育优先重点发展。2003 年《鄂温克自治旗民族教育条例》颁布以来，人口较少民族教育步入快速发展的新阶段。2004 年鄂温克旗通过内蒙古"两基"巩固提高验收，并被授予"两基工作先进旗"；2007 年鄂温克旗再次通过内蒙古"两基"巩固提高复查。2003 年鄂伦春旗制定《鄂伦春族大中专学生和其他少数民族特困优秀学生助学奖励实施办法》，规定"凡是在鄂伦春中学就读的鄂伦春族学生，其学习生活费用全部由政府承担，考取大中专院校的猎民子女享受全额学费奖励，普通职工子女享受 50% 学费奖励，其他少数民族学生同样享有助学金"。2002 年，黑龙江省大兴安岭地区决定"全区普通高中招生实行鄂伦春族考生全部录取"政策，实验中学（地区重点高中）招生，对鄂伦春族考生降 50 分录取。黑龙江省呼玛县对考取大中专院校的鄂伦春族学生给予一次性奖励政策，考上大学奖励 3000 元、考上大专奖励 2000 元、考上高中（中专）奖励 1000 元，寒暑假往返费用由乡政府资助；在大中专院校学习的鄂伦春族孤儿学习和生活费用，全部由县政府承担，已提供资金 26 万元。黑河市政府《黑河市贯彻黑龙江省民族教育条例实施办法》规定"在鄂伦春族乡工作的教师工资向上浮动二级，鄂伦春族考生考入大中专院校的学费由所在地政府承担"等。有关地区以立法的形式，保障"优先重点发展民族教育"，人口较少民族教育开始走上规范化、制度化、法制化的轨道。

4. 加强师资队伍建设，提高民族教育质量。人口较少民族地区教师进修学校，注重加强师资水平提高和办学条件的改善，使中、小学教师培训及继续教育工作得到有效保障。目前，内蒙古自治区鄂温克族自治旗、鄂伦春自治旗、莫力达瓦达翰尔族自治旗的中小学师资队伍整体水平明显提高，学历合格率小学达到 90%，中学到达 70%。黑龙江省同江市街津口、八岔赫哲族乡共有中学专任教师 20 名（街津口乡学校 9 名），16 人为本科学历占总数的 78%（街津口乡学校 7 名）；小学 37 名专任教师（街津口乡学校 21 名），中专科以上学历占 100%，专任教师学历全部达标。大兴安岭地区共有两个鄂伦春民族乡中心校，教职工 96 名，教师学历达标率均为100%。

5. 职业教育稳步发展，培养大批合格人才。内蒙古鄂温克族自治旗职业高中面向牧业、面向牧区、面向牧民办教育，被列为内蒙古重点职业高中。目前，该校开设畜牧、计算机、财会、汽驾等专业，有 18 个教学班，408 名学生。畜牧专业是学校的优势专业，实习基地有兽医门诊、实习牧场、巴彦托海奶牛村等。建校 20 年来，已培养合格毕业生 3000 多人。黑龙江省在人口较少民族地区注重为每个家庭培养掌握实用技术的"明白人"，以适应经济发展的需要。现在，东北内蒙古人口较少民族地区职业技术学校专业设置比较齐全，教育规模逐年扩大，培养出大批适用型人才，基本符合当地经济与社会发展的需要。

6. 普通高等院校招生规模逐年扩大，为人口较少民族学生提供了更多的学习和深造机会。自 1977 年恢复高考以来，众多的人口较少民族学子升入本、专科高校，并且涌现出一部分研究生和博士生。黑龙江省规定"在省属普通高等院校招生录取工作中，对赫哲、鄂伦春、鄂温克、柯尔克孜、达翰尔、蒙古、锡伯等 7 个少数民族考生照顾 20 分录取"；内蒙古规定"属于内蒙古主体民族的蒙古族、鄂温克族、达翰尔族、鄂伦春族加 10

分；在呼伦贝尔学院设立四少民族预科班（只招呼伦贝尔市境内的俄罗斯族、鄂温克族、鄂伦春族、达斡尔族）；在内蒙古民族大学招收户籍在呼伦贝尔市的达斡尔、鄂伦春、鄂温克3个自治旗的达斡尔、鄂伦春、鄂温克族考生"等。

（三）义务教育阶段存在的困难和问题

东北内蒙古人口较少民族教育事业虽然取得较大成绩，但与先进地区相比仍有较大差距，如教育公平与教育均衡发展不平衡，"两基"的标准较低，在教育经费投入、办学条件、师资队伍建设等方面还存在一些问题，加快人口较少民族聚居地区教育改革和教育发展以及巩固提高"两基"成果任重而道远。

1. 义务教育阶段城乡、校际差距持续加大。人口较少民族地区受自然条件、历史等影响，教育基础薄弱，普及和巩固义务教育的难度较大，教育改革与发展进程缓慢。黑龙江省有19个人口较少民族聚居村，教育设施差，集中办学困难，师资水平低，教育教学质量较低，目前19个村都有小学校，但在九年义务教育过程中，初中阶段辍学的学生较多，导致上高中（中专）、大学的比例较低。例如，近几年内蒙古鄂伦春旗鄂伦春族学生高考录取率呈下降趋势（参见表1）。

表1　内蒙古鄂伦春自治旗2005—2007年鄂伦春族学生高考录取情况

年份	上线人数	本科	专科	比率
2005	20	10	8	90%
2006	29	11	5	55.2%
2007	37	14	2	43.2%

资料来源：内蒙古鄂伦春自治旗教育局。

2. 经济发展滞后，教育经费投入不足。一些贫困的民族乡镇（苏木）村（嘎查）教育经费缺口较大，校舍简陋，现代教学设备、体育和音乐器材严重不足等，成为民族地区教育发展的瓶颈。人口较少民族乡村学校大多地处边远，教师数量不足，师资培训迟缓以及结构不合理等问题十分突出，部分民族中、小学校的师资达标率很高，但很多教师没有接受过正规的师范教育，教学质量难以提高。例如，黑龙江省鄂伦春族学校受各种不利因素的影响，造成教师队伍不稳定，优秀教师外流较多，导致生源流失严重。有关数据显示，"近年来，黑龙江省6个鄂伦春族乡、村转学或失（辍）学的中学生有近200名"①。

3.撤乡并镇，对民族地区教育发展冲击较大。近几年，随着撤乡并镇、学校布局调整与人口较少民族居住分散、贫困家庭较多等相互影响，加大了人口较少民族学生上学成本。据调查，2005年在内蒙古牧区和半农半牧区人口较少民族家庭供一个小学生上学每年花费1500元左右，供一个中学生上学每年花费3000元左右。例如，呼伦贝尔市乡镇（苏木）与村（嘎查）路途较远，一般为100—200公里之间，大多数学生需要寄宿，由此带来上学难、租房贵、失学辍学等问题。《义务教育法》之第12条"适龄儿童、少年免试入学。地方各级人民政府应当保障适龄儿童、少年在户籍所在地学校就近入学"，有些地方却执行不力，按照内蒙古"村不办小学，乡不办中学"的规定，2006年鄂温克族自治旗教育局采取"一刀切"的做法，先后撤销中小学校18所（教学点2个、嘎查小学7个、苏木小学5所、中学2所、城镇小学2所）。由于新建或扩建学校需要建设（扩大）校舍、图书馆、实验室等，造成教育资源的严重浪费。

4.调查显示，现在仍有相当数量人口较少民族群众处于"家庭越贫困，越供不起子女上学，获得生产技能就越低，掌握科学知识就越少，生活就越贫困"的弱势地位，形成恶性循环，直接影响人口较少民族聚居地区各项事业发展。据调查，2005年黑龙江省19个人口较少民族村人均收入低于全省农民人均收入400多元；呼玛县白银纳鄂伦春族乡近几年已有8名鄂伦春族学生，因家庭贫困而中途辍学，其中，未完成九年义务教育的5名，未完成大中专教育的3名；2006年内蒙古呼伦贝尔市贫困人口越来越集中在鄂温克、鄂伦春和俄罗斯等民族，其贫困人口分别占其总人口的40.9%、41.1%、48.2%。人口较少民族贫困原因比较复杂，一些贫困户缺乏致富的能力，或

---

① 资料来源：2006年黑龙江省呼玛县民族宗教局：《关于我省鄂伦春族加快经济社会发展促进社会主义新农村建设的调研报告》。

者没有生产技能，或者不会理财等，深层次原因是民族教育落后。

5. 由于人口较少民族聚居地区旗（县）级财政紧张，大多属于吃饭财政。例如，内蒙古鄂温克族自治旗为牧业旗，发展经济底子薄，财政总收入虽然位居呼伦贝尔市前列，但上划中央两税过高，可用财力大部分用于人员开支，属于典型"吃饭型"财政。目前，农村牧区贫困家庭寄宿生生活补助一般由旗（县）级财政负担，因其财力紧张等原因，用于发展民族教育资金有限，致使一些寄宿制学校部分学生因家庭生活贫困而辍学，造成局部地区辍学率上升。

6. 各地普遍存在挤占、挪用民族教育补助费或用有关部门提供的民族教育补助费抵顶正常教育经费现象。民族教育补助费，是国家对民族学校在与一般学校享有同样的经费之外另设的补助费。黑龙江省某市自1997年财政体制改变后，经常克扣、挪用该市兴旺鄂温克族乡民族教育经费或抵顶正常经费，甚至取消省政府有关"在民族聚居地集中办学的中、小学生享受助学金"规定，至今未恢复。

7. 职业教育和成人教育受各种条件的制约，发展差距较大。人口较少民族地区职业教育和成人教育一直是民族教育的薄弱环节，特别是农村牧区职业教育薄弱，不利于当地经济和社会的发展。主要表现：一是"双师型"教师缺乏，师资队伍不适应技能型人才的培养；二是基础设施老化，办学条件差；三是经费不足；四是教育结构单一，职业教育、成人教育起点低、规模小、基础差；五是在教育结构、课程设置、教学计划、教学内容、教育制度方面实行"一刀切"，搞同步走，缺少为当地经济发展服务的办学思想，忽略了为当地培养实用人才，其效果不甚理想等。以上问题未能引起有关部门足够重视，致使教育结构、人才培养及提高技能等不能真正适应当地经济和社会发展的需要。

8. 黑龙江省民族乡、村的干部和群众普遍反映《黑龙江省民族教育条例》等法规中一些条款急待修改、补充和完善，如"鄂伦春、赫哲、鄂温克、柯尔克孜、达斡尔族学生在义务教育阶段免缴杂费"等条款，显然不合时宜，因为"2007年全国农村全部免除义务教育阶段学杂费"和"2008年秋季，全国将实施城乡免费义务教育"等。需要指出"内蒙古作为省（区）级自治地方至今没有出台《内蒙古民族教育条例》"令人费解。

9.改革开放以来，经济转轨、社会转型，各种利益关系的调整不可避免地反映到民族关系上来，一些原有的对人口较少民族优惠政策，现已难以执行或名存实亡，迫切需要制定新的相应的政策或修改完善有关政策、法规。2004年，黑龙江省义务教育"一费制"规定每学年小学生交170元、初中生交330元，所在学校不得另行收费，目的是为了帮助贫困家庭的子女上得起学，但有些少数民族贫困家庭，恰恰因为一次性或根本拿不出这笔费用，使其子女无法完成正常的学业或辍学。例如，大兴安岭地区呼玛县白银纳鄂伦春族乡葛某（鄂伦春族），女，中学生，家境贫寒，父亲放下猎枪后缺乏农业劳动技能，承包土地路途较远，养家糊口困难重重，生活来源主要依靠护林员工资、社会低保户救济等，根本无力负担其上学的费用，后经有关方面的资助，得以完成学业。目前，有关地区没有按照"特事特办"的原则，没有体现"优先重点发展人口较少民族教育"的优惠和照顾，对此人口较少民族群众反应比较强烈。调查显示，民族教育发展滞后已严重制约鄂伦春族的发展，目前鄂伦春族地区与国内先进地区相比仍有较大差距，特别是近年来环境的恶化、生态的破坏、天灾人祸的存在以及产业结构调整不到位等，致使鄂伦春族贫困人口比例高，部分群众脱贫后又返贫，生活在贫困线以下，成为当地重点扶贫对象。现在仍有相当一部分鄂伦春族群众贫困状态依旧，发展差距持续拉大，边缘化程度日益加剧，这一现象应当引起社会各界的广泛关注并采取特殊的措施，帮助他们加快发展步伐，否则鄂伦春族地区全面建设小康社会尚需时日。

（四）高考招生呈现边缘化

1.目前我国高等教育规模不断扩大，却并未给人口较少民族带来更多的实惠。近年来，随着我国经济社会发展与变革，一些不当的政策和管理方面的失误，造成人口较少民族在变革过程中出现新的"边缘"。据调查，黑龙江省塔河县、呼玛县共有鄂伦春族486户，人口1106人，现有鄂伦春族大中专（含高中）学生58名，其中贫困学生42名；2000年以来，两县考上大学、中专的鄂伦春族学生中，已有19名学生因家庭贫困辍学；另有7名鄂伦春族大中专学生（含预科生）毕业时，因拖欠某学校学费，没有得到毕业证或派遣证。

2. 有关省（区）在普通高等院校招生过程中差异性较大。内蒙古自治区规定"属于内蒙古主体民族的蒙古族、达斡尔族、鄂温克族、鄂伦春族加 10 分；华侨子女、归侨子女、归侨加 10 分；而自治区级（含）以上优秀学生、中等职业学校学生技能考核优秀、思品方面有突出事迹者及见义勇为者均加 20 分"。黑龙江省规定"在省属普通高等院校招生录取工作中，对蒙古、达斡尔、赫哲、鄂伦春、鄂温克、柯尔克孜、锡伯等 7 个少数民族考生照顾 20 分录取"。辽宁省规定"对'双语'教学的民族中学毕业的朝鲜族和蒙古族考生，录取时总分增加 10 分提供档案，由学校审查决定是否录取；喀左、阜新蒙古族自治县和新宾、清原、凤城、岫岩、宽甸、北宁、本溪、桓仁满族自治县的少数民族考生，录取总分增加 5 分按考生志愿投档；其他少数民族考生同等条件下优先录取"。如此内蒙古自治区把人口较少民族考生与蒙古族考生放在一个起跑线竞争，而每年内蒙古自治区考生（蒙古族）既可用双语参加高考，又有一定数额跨省交换生等，显然蒙古族考生处于绝对优势地位。黑龙江省与内蒙古自治区情况类似，对处于弱势地位的人口较少民族考生，缺少更加优惠和切实可行的政策，导致人口较少民族考生在普通高等院校招生过程中录取人数减少而呈现边缘化倾向。事实证明，仅仅依靠"普通高等院校降分招收人口较少民族考生"已不能解决根本问题。

3. 全国及有关省（区）大学来自人口较少民族地区的生源逐年递减，录取分数差别较大。主要表现：一是来自农村牧区的考生平均录取分数普遍高出城市考生，考入重点大学的农（牧）民子女录取分数较高，否则很难进入重点大学，"分数面前人人平等"的高考制度是否有利于教育公平还有待探讨；二是人口较少民族学生高考录取率越来越低，近年来中央民族大学、内蒙古大学等高校录取东北内蒙古少数民族学生大多是蒙、满、朝鲜等民族，来自人口较少民族地区的生源递减，鄂伦春族、鄂温克族、赫哲族考生主要由预科升入本科，例如内蒙古人口较少民族考生上大学主要渠道是呼伦贝尔学院（四少民族预科班）及内蒙古民族大学（预科班），黑龙江省人口较少民族考生上大学主要渠道是省少数民族预科班。

4. 教育部"人口较少民族学生降低 80 分录取"的规定，实施难度较大。普通高等院校本科"预科班"录取分数线可放宽"各有关高校提档分数线

80 分"录取,只是理论上的降分,在东北内蒙古地区招生实践中根本行不通。经查,2007 年大连民族学院"在内蒙古招生文科最低分高出一本控制线 18 分,理科最低分高出一本控制线 7 分,预科生最低分甚至超出内蒙古本科控制线;在黑龙江省招生文科最低分 553 分、理科最低分 562 分"。目前,人口较少民族学生很难考入中央民族大学、内蒙古大学、大连民族学院等高校。

总之,上述问题如果解决不好,对人口较少民族地区的发展是极为不利的。目前,全国上下形成共识"帮助人口较少民族群众脱贫致富,发展教育,培养人才是最现实、最直接、最有效的途径"。教育振兴是人口较少民族振兴的重要标志,人口较少民族发展的关键在教育,必须把发展民族教育摆在更加突出的位置。

二、对策与建议

（一）人口较少民族实现新跨越超常规发展的关键在教育

1. 借鉴内地举办西藏班、新疆班的经验,选择较大城市（如齐齐哈尔、黑河、呼伦贝尔等地）开办人口较少民族寄宿制民族中学或民族班;2. 本着特事特办的原则,对义务教育阶段在校的人口较少民族学生实行"四免一补"即免学杂费、书本费、住宿费、校服费,给予每人每月一定数额的伙食补助;3. 有关高校及国家民委所属高校对人口较少民族贫困生应特殊关照,实行"优先享受国家资助"政策,如奖学金、学生贷款、勤工助学基金、特别困难学生补助和学费减免（简称"奖、贷、助、补、减"）,人口较少民族贫困学生申请助学贷款由生源地提供并由当地财政贴息补助,尽快设立"人口较少民族贫困学生助学金";4. 建议有关省（区）、市、县（旗）分别设立"人口较少民族教育助学金",加大扶持力度,把发展民族教育摆在更加突出的位置,通过教育均衡发展,提高人口素质和自我发展能力,实现人口较少民族的全面振兴等。

（二）国内外成功的教育模式证明"教育的追赶一定要优先经济的追赶"

1. 有关地区各级政府必须承担发展民族教育的公共管理责任，进一步贯彻落实党的民族政策，优先重点发展民族教育；2. 建议国家进一步增加对民族地区县级财政的转移支付力度，增强人口较少民族聚居地区的发展能力；3. 建议修改、完善国家及各省区民委扶贫开发资金投向，容许投向社会事业特别是用于解决人口较少民族教育问题。

（三）鼓励并尊重人口较少民族探索和选择符合本地区发展的教育模式

1. 民族教育改革与发展要充分考虑民族特点、地域特点和发展基础差距较大等因素；2. 必须坚持"实事求是，因地制宜，因族举措"的方针，避免出现诸如内蒙古鄂温克族自治旗教育改革"一刀切"现象；3. 制定优惠政策，扶持人口较少民族发展，消除包括教育发展不平衡在内的民族之间的事实上的不平等，如举办各类少数民族预科班、招生考试加分或降分录取等。

（四）落实《国务院扶持人口较少民族发展规划》

1. 明确各级政府的职责，把民族教育纳入政府督导范围，加大督导检查工作力度；2. 规定人口较少民族所在县的县长是第一责任人的管理责任，定期研究解决民族教育改革与发展中的困难和问题；3. 按照中组部《领导干部综合考核评价办法》，增设"优先发展民族教育"指标，督促第一责任人履行好职责。

（五）制定、修订有关法律、法规和政策

1. 在《国务院扶持人口较少民族发展规划》的基础上，建议立法为《人口较少民族发展促进法》，教育立法是人口较少民族教育的特殊性和落后的教育现状所决定的，是促进人口较少民族聚居地区加快发展、实现现代化建设的需要；2. 制定《人口较少民族教育发展评价体系》。

（六）有关省（区）普通高等院校招生"实行三定向"原则

1.积极发展少数民族预科教育，在国家教委、民委所属及有关省（区）高等学校开设民族预科班或民族班，重点招收鄂伦春、鄂温克、赫哲、俄罗斯族学生；2.实行倾斜政策，采取参加全国统一考试、指标单列、分别录取的办法，并适当放宽录取条件，重点招收边远农村、牧区人口较少民族考生；3.按照"优先、重点"的原则，"实行三定向"招收人口较少民族学生即"定额定向招生和定向优先录用"，保证学生毕业返回生源地就业，解决招不上来留不住等老大难问题。

三、关于人口较少民族和谐教育的几点思考

（一）和谐教育的核心是教育公平与教育均衡发展

教育涉及各族群众的切身利益和社会发展的各个方面，是促进人的发展与提高的重要手段；对处于弱势地位的人口较少民族，必须坚持教育公平原则，使他们能够平等地接受教育、平等地参与社会各项活动，以此获得成功和回报的机会；建设和谐社会首先要建设和谐教育，向所有的社会成员平等开放机会和对处境不利人群进行有效补偿。

（二）教育公平是最重要的社会公平，是人口较少民族和谐发展的基本要求

平等地接受教育是《宪法》赋予每个公民的基本权利；"教育机会面前人人平等"对人口较少民族的生存和发展必不可少；教育公平是社会公平的基础，是人口较少民族教育发展与繁荣的保障；教育的不公平将影响个人的发展和竞争能力；公平的教育让更多的人口较少民族学生平等地走进学校，通过教育改变着他们的命运，并将最终改变当地的落后面貌；不公平的教育会阻碍社会的稳定与发展；和谐社会背景下的人口较少民族教育面临着难得的机遇和严峻的挑战。

（三）和谐教育的重点和难点

1. 人口较少民族是我国少数民族的特殊类型。新时期新阶段人口较少民族所遇到的问题是我国民族工作实践中较为特殊的体现，认真研究教育公平与人口较少民族和谐发展等问题，提出具有"综合性、全局性、前瞻性"的科研成果，为政府部门决策服务。

2. 目前，国力增强，财政收入较为充足，各级政府有能力有责任解决人口较少民族发展问题，现阶段"应尽快对人口较少民族学生实施全额免费教育"。所需经费由中央财政承担 50%，省（区）财政承担 30%，市、旗财政各承担 15%；设立"人口较少民族教育助学金"，需要科学制定资助的对象、标准，规范资助的程序，明确管理部门的职责，加强监管力度，确保资金专款专用。

3. 人口较少民族教育发展应注意区分两种思路：一种是将人的现代化看作是与传统的"决裂"，主张现代化就是放弃传统；另一种是从传统中发展现代化，就是根据传统特点、社会状况，发展适宜于人口较少民族文化与社会特点的现代化因素，促进教育现代化。

4. 发展现代农业是新农村建设的首要任务：（1）解决农民增收的关键是培养有文化、懂技术、会经营的新型农牧民；（2）人口较少民族贫困人口比例高，消除贫困是新农村新牧区建设的前提和基础，教育起着至关重要的作用；（3）人口较少民族地区发展农业的资源环境有限，仅靠农业很难摆脱贫困；（4）培养旅游人才，发展民族乡村旅游，可凸显特色资源，把资源优势转化为经济优势和发展优势，实现资源价值的最大化；（5）"旅游富民"[①] 模式有利于提升农牧民自我脱贫能力和提高自我积累能力，具有重要的反贫困意义。

---

① 闫沙庆：《新农村建设与民族地区扶贫开发模式新探》，《满族研究》2006 年第 4 期。

四、结束语

社会和谐是中国特色社会主义的本质属性，坚持教育的社会主义性质和公益性原则，对教育事业发展相对滞后的民族地区特别是处境不利人群的教育尤为重要。构建和谐社会是国家富强、民族振兴、人民幸福的重要保证，只有通过和谐社会建设，建立科学、合理分配社会资源的制度体系，才能逐步缩小乃至消除人口较少民族地区与先进地区之间的发展差距，实现区域协调发展。

（闫沙庆，男，鄂温克族，东北少数民族研究院教授，主要从民族问题研究。本文发表于《黑龙江民族研究丛刊》2008年第5期）

民族地区生态状况与生态
文明建设的四维路径

崔亚虹

党的十七大报告提出："建设生态文明，基本形成节约能源资源和保护生态环境的产业结构、增长方式、消费模式"①。生态文明建设和经济、政治、文化、社会建设相辅相成，构成了中国特色社会主义理论体系的重要组成部分，是深入贯彻落实科学发展观的必然要求，是转变经济发展方式的必由之路。

生态文明是人类对传统文明形态特别是工业文明进行深刻反思的成果，是人类文明形态和文明发展理念、道路和模式的重大进步。人类文明发展的历史经历了原始文明、农业文明和工业文明，目前正处于从工业文明向生态文明过渡阶段。它以人与自然、人与人、人与社会和谐共生、良性循环、全面发展、持续繁荣为基本宗旨，以建立可持续的经济发展模式、健康合理的消费模式及和睦的人际关系为主要内涵，注重人与自然协调发展和生态环境建设，具有崇尚自然和天人和谐、物我合一的思想与智慧。②在生产方式上，转变高投入、高消费、高污染的工业化生产方式，以生态技术为基础实现社会物质生产的生态化，使生态产业在产业结构中居于主导地位，成为经济增长的主要源泉。③包括5个民族自治区在内的西部地区大多处于干旱、半干

① 胡锦涛：《高举中国特色社会主义伟大旗帜　为夺取全面建设小康社会新胜利而奋斗》，《人民日报》2007年10月25日。
② 于幼军：《在建设生态文明中加强资源节约和环境保护》，《十七大报告辅导读本》，人民出版社2007年版，第153—155页。
③ 姬振海：《生态文明论》，人民出版社2007年版，第2—3页。

旱的地理环境中，是中国环境保护的要害地区，其生态环境质量对中国乃至东亚地区的环境都具有重大意义。我国少数民族地区面积占全国的64%，但生态环境脆弱，自然灾害频繁，经济发展方式粗放，资源利用不尽合理，需要在科学发展观指导下大力开展生态文明建设，促进生态环境的保护与建设。这对于建设资源节约型、环境友好型社会和整个国家的生态安全都具有重要意义。

一、民族地区生态环境存在的主要问题

民族地区既是自然资源相对富集的地区，同时也是生态环境系统相当脆弱的地区。截至目前，西部民族地区水土流失面积已达282.59万平方公里，占全国水土流失总面积的77%，青海省草原退化面积已达440万公顷，内蒙古自治区草原遭严重破坏的达973万公顷。由于生态植被大面积遭到破坏，西部民族地区1 000多万人口吃水长期困难。一些地区对资源的无序、过度等不合理开发，已使那里的环境问题变得越来越严重：

一是森林锐减，毁损严重。为满足生产建设的需要，民族地区原始森林由于大面积砍伐，森林覆盖率明显下降。云南新中国成立初期森林覆盖率为50%，现已下降至23%；西双版纳森林覆盖率由2 000万亩下降到900万亩左右。云南迪庆州每年消耗林木130万立方米，而生长量只有110万立方米，森林赤字每年20万立方米。四川阿坝藏族自治州每年生活用柴为100万立方米，相当于生长量的1.6倍。

二是草场退化，沙化面积增大。全国少数民族地区有可利用草场25 185万公顷，但目前90%的可利用天然草原不同程度退化，每年还在以200万公顷的速度递增。过度放牧、靠天养畜和对草场载畜量缺乏有效的控制，最终导致草场严重退化和荒漠化。新疆沙化面积已达79.59万平方公里，占全区总面积的47.7%。青海沙化面积达12.52万平方公里，占全省总面积的17.4%以上。素以水草丰美著称的全国重点牧区呼伦贝尔草原和锡林郭勒草原，退化面积分别达23%和41%。草场退化、沙化，使产草量和载畜量严重下降。我国每年因土地荒漠化造成的直接损失高达540多亿元。

三是水资源污染严重。我国是一个水资源严重缺乏的国家，2005 年人均占有水资源 2 098 立方米，只相当于美国的 1/5、世界人均水平的 1/4。新疆、甘肃、宁夏以及青海柴达木盆地、内蒙古西部等少数民族地区，土地总面积约占我国国土面积的 1/3，水资源总量仅为 1 190 亿立方米，只占全国总量的 1/12，特别是水资源正遭受工业废水的污染并且严重危害着人们的健康。

四是水土流失加剧，农业生态环境恶化。我国水土流失面积达 356 万平方公里，约占国土面积的 37%，每年流失土壤 50 多亿吨。少数民族地区大多在高山高原，由于植被衰退，森林缩小，水土流失更加严重。统计资料显示，青海水土流失面积为 4.65 万平方公里，宁夏 1 万平方公里，甘肃 13.44 万平方公里，内蒙古 27.17 万平方公里，云南 2.81 万平方公里，贵州 7.6 万平方公里。大量的水土流失，使土壤难以保持肥力、水分，最终导致土地沙化、盐碱化，有机含量减少，从而使农业生态环境恶化。

五是野生动植物资源日益减少。随着民族地区人口增加，由于毁林开荒严重，大量森林资源被破坏，使生态脆弱区域的物种受到威胁，珍稀野生动植物栖息地环境恶化，珍贵药用野生植物数量锐减，不少资源逐渐处于濒危状态甚至消失绝迹。据统计，目前我国约有 4 000 多种被子植物受到威胁，其中珍稀濒危物种 1 000 多种，极危物种 28 种，已灭绝或可能灭绝 7 种；裸子植物濒危或受威胁的有 63 种，极危物种 14 种；脊椎动物受威胁 433 种，灭绝或可能灭绝 10 种。近年来民族地区新建自然保护区虽发展较快，但建而不管的现象比较普遍，致使生物资源总量日益减少。

二、民族地区生态环境恶化的主要原因

1. 经济发展方式粗放。国内外大量事实证明，不论是发达国家还是发展中国家，不论是发达地区还是欠发达地区，生态环境的破坏主要来自于粗放经营的经济发展方式。我国还是一个发展中国家，产业水平总体上比较低，能源、资源消耗比较高，在加快发展的过程中付出了很大的环境代价。少数民族地区长期以来的高投入、高消耗、高排放，加剧了环境污染，实际

上走的还是"先资源破坏，后环境治理"的老路。民族地区生态环境退化，环境治理资金有限，投入不足，也是重要的原因之一。

2. 人口、资源与环境发展不协调。民族地区绝大部分人口主要聚居在河谷、盆地冲积扇和绿洲地带，形成高密度人口群落，如新疆 90% 多的人口分布在占该自治区总面积 4% 的绿洲上，人口分布不合理成为生态环境破坏的主要社会因素之一。人口数量的超饱和状态，不可避免地会加重单位土地面积的承载负担，降低人均资源的综合占有量。在这样的情形下，人们的第一需求就是克服资源占有量的短缺问题，以解决温饱，这就很自然地会加大对自然界的掠夺力度。民族地区贫困覆盖面广，群众文化教育水平低，人们为尽快摆脱贫困，把资源不合理开发作为快速脱贫致富的途径，必然会造成资源的枯竭和生态环境的退化。

3. 管理制度的欠缺。民族地区自然资源开发利用的管理制度不够完善，自然资源所有权主体得不到具体落实，是造成资源破坏和生态环境恶化的制度原因。位于民族地区的自然资源是国家整体资源的重要组成部分，个人和其他组织不能成为自然资源的所有权主体。但一些民族地区在自然资源配置方面难以形成自然资源所有权对经济发展的激励机制和约束机制，使自然资源的所有权主体实际上处于缺位状态。这种状况使自然资源利用低效率、无效率甚至负效率，会形成对生物、矿产等资源的无序开采；而对另一些资源，特别是气候资源、水能资源、旅游资源等的开发利用不尽充分，使其未能发挥应有的潜能。①

4. 法治建设的薄弱。由于认识上的局限性和经济发展水平的差异，民族地区的环境法治观念比较薄弱。在一些偏远山区，造成严重生态破坏的，往往是由于当地群众的生产和生活行为。我国虽然颁布了《环境保护法》、《森林法》、《草原法》、《土地管理法》、《矿产资源法》等一系列法律法规，但是有的法律法规尚未覆盖到一些对我国环境保护建设有举足轻重的区域，特别是还没有对生态重建地区经济损失的行政补偿法律制度；一些法律法规的许多条款还没有可操作的细则，例如，《森林法》规定要建立森林生态补偿基金，但建立和使用的细则就一直没有出台。民族自治地方根据自己的实

---

① 金海燕：《民族地区的资源开发与环境保护问题研究》，《黑龙江民族丛刊》2007 年第 5 期。

际情况制定了有关环境与自然资源保护方面的地方性法规，如《内蒙古自治区草畜平衡暂行规定》、《新疆维吾尔自治区防沙治沙若干规定》等，但依然缺乏符合当地实际的可操作的细则。如宁夏回族自治区的《环境保护条例》只有42条，其立法尽管提到了对黄河的保护，但绝大部分是国家环境保护法的翻版。可见，环境法治建设的薄弱也是民族地区生态恶化的一个重要原因。

三、民族地区生态文明建设的四维路径

（一）加快生态农牧业建设

党的十七届三中全会提出，发展现代农业，必须按照高产、优质、高效、生态、安全的要求，加快转变农业发展方式，促进农业可持续发展。要按照建设生态文明的要求，发展节约型农业、循环农业、生态农业，加强生态环境保护。[1] 这为加快第一产业比重大的民族地区新农村建设和改善生态环境指明了方向。民族地区地域广阔，在为社会提供大量生活资料的同时还发挥着我国生态屏障的作用。种植业集中区域的生态环境保护和建设，是整个生态环境保护建设的重要组成部分，是改善和维持区域生态系统稳定的重要措施。当前民族地区生态环境保护与建设的主要任务除了污染防治外，就是治理农牧业生产所造成的生态破坏和污染，促进自然资源的合理开发利用，维护民族地区自然生态系统的良性循环。首先，要调整农业产业结构，大力发展无公害农业、绿色农业和有机农业，缺水地区要降低高耗水种植业的比重，推广节水农业、旱作农业，减少灌溉用水，逐步建立以市场为导向，以先进种植技术为支撑，以低耗水、绿色、高效、安全为目标的种植业发展新格局。其次，要优化产业格局，根据农牧交错地区自然条件，重点发展耐低温、抗旱的粮食作物品种，结合国家风沙源治理等重点生态工程建设项目，发展生态和经济相结合的防护型林果业。

加快生态农牧业建设，必须把"退耕还林还草"落到实处。退耕还林

---

[1]　《中共中央关于推进农村改革发展若干重大问题的决定》，《人民日报》2008年10月20日。

还草是民族地区生态保护和重建的基石。少数民族地区大多耕作方式落后，水土保持措施较差，退耕还林还草要根据实际情况，宜林则林，宜草则草，科学规划，因地制宜。一是根据当地自然气候、水利灌溉和土壤条件，决定种树还是种草。二是种树种草要讲求经济效益和退耕还林、还草的可持续性。①

　　加快生态农牧业建设，必须科学利用草原，防止草原退化。草原是牧民赖以生存的物质基础，是我国最大的绿色生态屏障，因此加强草原保护与建设刻不容缓。要采取有效措施遏制草原退化趋势，提高草原生产能力，促进草原可持续利用。要以草定畜，控制草原牲畜放养数量，逐步解决草原超载放牧问题，实现草畜动态平衡。要进行草地改良，突出抓好退化草原的治理，在沙漠边缘区建立自然保护区，加强草场养护，禁止垦荒放牧。要合理划分春夏秋冬草场，实行草场轮作，轮流放牧，保证草场合理的生长周期，加快退化草场的恢复，尽快改善草原生态环境，促进草原生态良性循环。

（二）建立生态补偿机制

　　建立生态补偿机制的根本目标，是体现社会公正，促进民族和谐。长期以来，民族地区向发达地区输出资源，承担生态破坏的成本，却没有得到相应补偿，导致地区生态不断恶化。根据国土资源主体功能区规划，民族地区是各大经济中心的上游区域，生态功能都是水源地、水源涵养区、自然保护区和风沙源治理区，许多地区是限制开发与禁止开发区。为了给下游经济社会发展提供充足和清洁的水源，面临着大规模压缩本区域工农业用水，调整现有工业结构，不断提高企业排污标准，关停众多效益可观而耗水严重和排污标准低的企业的形势。开展风沙源治理的区域，为了保护中心城市的大气环境而实施的封山育林和退耕还林还草工程，使得当地的农业和畜牧业生产规模大幅度减少，当地居民同样蒙受了相当大的损失。而目前处理保护地区与受益地区资源环境关系的办法，多是沿用计划经济色彩浓厚的行政调控和行政命令，自然生态环境没有作为一种资源进入市场，其他自然资源的提供也多是无偿的。现有的一些为保护全社会的资源环境作出的贡献和蒙受的损失，所得到的补偿基本上无法提高生活水平，补偿标准没有按照市场化的

①　张晓庆：《我国民族地区主要生态环境问题及解决对策》，《生态经济》2007年第1期。

运作方式进行科学计算，也没有形成制度固定下来，而且不能从根本上弥补民族地区所蒙受的损失。因此，加大对具有重要和特殊生态功能区域以及生态屏障区域的生态建设和环境保护工作的强度和执法力度，对于维持全社会的生态安全和稳定是完全必要的。要想从根本上实现统筹协调发展，必须建立对保护地区失去的发展机会以及为保护资源环境所受损失的补偿机制和补偿政策。补偿的范围主要包括限制传统工业发展权益损失补偿、提高地表水环境质量标准地方经济损失补偿、保障生态林业用地而损失的土地开发使用权损失补偿、保障下游用水当地水资源使用权损失补偿、高耗水种植业结构调整损失补偿、提高生态功能区域标准地方经济损失补偿、生态工程管护费用补偿以及自然保护区管护费用补偿等一系列特殊的资源环境保护损失补偿政策。对民族地区的生态补偿形式包括国家财政补偿、项目支持等多种方式，例如国家对西部重要生态区域的财政支付、退耕还林工程、"三北"及大河流域防护林体系建设工程等多个生态环境保护和建设项目等。①

（三）加大资金投入和完善税收制度

针对民族地区生态环境保护与建设资金不足的现状，国家应加大对民族地区生态文明建设的投入和扶持力度，通过专项财政转移支付等方式，把西部大开发和民族区域自治法的有关政策制度落到实处。中国政府在1999年实施西部大开发战略以来，先后投入数千亿元用于西部民族地区的生态环境建设，大力实施退耕还林还草工程，这对改进当地生态与环境质量，促进经济可持续发展发挥了重要作用。同时，还要借鉴国际经验，通过税收手段保护资源与环境。按照"谁破坏谁恢复、谁污染谁治理、谁利用谁补偿、谁受益谁分摊"的原则，资源与环境的税收由自然资源的开发者、造成环境污染的生产者和受益区有关方面缴纳，用税收制度来规范治理资源破坏和环境污染。一是统一和完善环境资源税，如水资源税、森林资源税、矿产资源税、土地资源税等，逐步把现有的资源补偿费纳入资源税范围。二是征收生态环境补偿税费，设立固定的生态环境保护与建设的资金渠道，实现保护资金的规范化、社会化和市场化。根据《国务院实施〈中华人民共和国民族区

---

① 朱静：《关于完善中国生态补偿机制若干问题的研究》，《环境科学与管理》2007年第12期。

域自治法〉若干规定》，国家征收的矿产资源补偿费在安排使用时，要加大对民族自治地方的投入，并优先考虑原产地的民族自治地方。政府依照开发者付费、受益者补偿、破坏者赔偿的原则，从国家、区域、产业三个层面，通过财政转移支付、项目支持等措施，对在野生动植物保护和自然保护区建设等生态环境保护方面作出贡献的民族自治地方，给予合理补偿。三是扶持环保产业，对环保产业实行税收优惠政策，将税收优惠同环境污染税、资源税结合起来，形成一个有利于环境资源保护的税收体系，使税收成为保护资源环境和促进民族地区生态文明建设的有力经济手段。

（四）加强民族地区生态环境法治建设

民族地区应利用民族区域自治的有利条件，加快地方环境立法。我国宪法及民族区域自治法都对民族自治地方的立法工作作出了规定。根据这些法律规定，民族自治地方自治机关应当尽快制定出既有利于生态保护，又能促进资源合理开发利用的地方性环境法规。当前，民族地区的环境与资源保护立法应当把森林、草原、土地、水域、湿地及野生动植物等资源保护法规和自然保护区、自然遗迹的保护等环境管理法规，以及生态重建地区经济损失的行政补偿法律制度等作为重点。民族地区环境法治建设要以贯彻执行国家有关环境保护方针、政策和法律法规为前提，针对本地具体的保护对象、范围和目标等作出规定，使之具有较强的可操作性。其次要提高环境法治观念，依法加强监督管理。进行环境法治宣传教育，大力普及环境法律知识，运用通俗易懂、言简意赅、生动形象的方式方法，不断提高各族干部群众环境意识，在全社会形成保护环境人人有责和群众监督的浓厚氛围。要不断完善和加强生态保护领域的执法保障体系，把与生态保护有关的法律的实施纳入行政程序和司法程序，严格执行国家和地方的环境法律法规，为民族地区走上生产发展、生活富裕、生态良好的文明发展道路保驾护航。[①]

（崔亚虹，女，汉族，东北少数民族研究院副研究员，主要从事民族生态文化研究。本文发表于《辽宁师范大学学报》2009 年第 2 期）

---

① 张瑞萍：《论西部民族地区生态环境法制建设》，《甘肃科技》2007 年第 10 期。

人与自然适应状态和互动关系的生态人类学阐释

——基于达斡尔族农业发展个案的讨论

戴嘉艳

生态人类学注重对与生计活动密切相关的社会文化特征进行考察，其中，对农业社会或农业生产方式所做的多角度研究，既有助于透过地域集团的文化特征与文化逻辑去获得其农耕生计方式的本原意义，也为深入理解人类、文化与环境之间的关系提供了更为直接的认识途径和更加广阔的阐释空间。本文结合达斡尔族农业发展个案，以相关学理进行文化解析，旨在从中获得若干关于人与自然之间适应状态和互动关系的有益启示。

一、以生计为中心的文化多样性及其生态价值体现

文化生态学理论的创立者斯图尔德非常强调文化与环境之间的相互作用和相互关系，认为文化之间的差异是社会与环境相互影响的特殊适应过程引起的。以生计为中心的文化的多样性，其实就是人类适应多样化的自然环境的结果。① 人类在长期的发展历程中，在适应自然环境的基础上通过生产生活实践创造和积累了丰富多元的文化。而社会群体或个体获取生存必需品的生计方式是其文化的基本体现，自然环境和人类文化的多样性决定了生计方式的多种多样。人类因而能够做到凭借多元化的资源利用途径进行合理的

---

① 罗康隆：《生态人类学述略》，《吉首大学学报》2004 年第 3 期。

生产和开发，实现可持续发展。

我国传统农业时期形成并沿用着休耕轮作、多熟种植、耕地用养结合、多种经营等经验和技术，对资源进行多层次开发和合理利用，构建了功能良好的农业生态系统。达斡尔族是我国北方少数民族中一个较早由渔猎为业过渡到农耕生计的民族，主要分布在我国内蒙古自治区东北部和黑龙江省中西部地区。其中内蒙古莫力达瓦达斡尔族自治旗（以下简称莫旗）既是达斡尔族的主要聚居地，也是一个重要的全国商品粮生产基地县。传统农业固有的特点和优势在 20 世纪中期之前的达斡尔族农业中也有较全面的体现，特别是多种经营的传统习俗一直以来支撑着农业生产的稳定发展。从达斡尔族先民于辽亡后北徙黑龙江中上游地区时，就利用精奇里江一带有利的气候和资源条件，进行农牧渔猎多种经营。17 世纪中叶南迁至嫩江流域之后，达斡尔人又依托当地优厚的生态资源开展农、牧、林、猎、采集和手工业等多业并举，多种经营，直到 20 世纪 50 年代之前，莫旗的达斡尔族经济仍然保持着多种产业的格局。新中国成立以来，由于政策的调整，人口的增长和迁移，技术的进步及社会需求的变化和生态环境的改变等因素的影响，使得一些传统产业日益失去存在和发展的基础而逐渐萎缩和停滞。多元经济逐渐为农业一元化所取代，民族经济因而丧失了那种各业相互依托、相互支撑，丰歉互补的合理性和内在实力。加之，种植结构受市场因素左右也趋于单一化，形成"大豆一统天下"的局面。近十多年的连续自然灾害造成农业减产减收，甚至农民收入负增长，因灾返贫现象已不鲜见。

人类社会与生物生态系统一样都是具有自组织能力的复杂系统，只有保持多样性才能确保系统的稳态延续，因此生态人类学强调多样性是稳定性的关键。[1] "文化多元并存水平越高，越能高效地利用各不相同的生态系统，越能广泛地利用各不相同的生物资源，人类社会的存在对地球生命体系的压力就越小，人类社会与地球生命体系和谐并存也就越有保障。"[2]

"保持文化的多样性，是当今人类社会缓解生态危机、合理利用地球资源最具根本性的凭借。"[3] 现实困境，使莫旗农业发展的重点放在调整产业结

[1]　唐纳德·L.哈迪斯蒂：《生态人类学》，郭凡、邹和译，文物出版社 2002 年版，第 35 页。
[2]　杨庭硕：《生态人类学导论》，民族出版社 2007 年版，第 55 页。
[3]　江帆：《满族生态与民俗文化》，中国社会科学出版社 2006 年版，第 2 页。

构上来，并且注重吸收传统经济中多种经营的模式和理念，进行合理布局。近年在发展畜牧业、养殖业和经济作物种植等方面已渐有起色。2000年，全旗开展"结构调整年"活动，发展畜牧业作为其中着力推进的环节之一，与之并行的是发展养殖业。如今农牧结合的互补优势已逐渐显现出来，历经近几年的自然灾害，养畜户显示出较强的抗御灾害的能力。养殖业方面，突出特色养殖，如大鹅、獭兔、蓝狐、水貂、林蛙等，发展前景也较为乐观。种植业也提出"增粮减豆"等指导方针，增加了名特优品种的种植。虽然多元种植养殖模式有待根据市场的走向不断调整完善，但这些为重建和维护以生计为主的文化多样性而付诸的行动与所取得的收效，标志着莫旗农业已向实现生态系统的全面恢复和良性运作迈出了坚实的一步。

二、文化的生物性与社会性适应——生态系统动态平衡的实现机制

　　文化是人类适应自然环境和社会环境的产物。为了应对变化和变迁，文化既要具备像生物物种那样适应环境的能力，体现为文化对所处自然生态系统的生物性适应，也要拥有能动地适应所处社会环境的本能，体现为文化的社会性适应。

　　生计适应是人类最基本的文化适应。传统农业时期，农耕民众受技术和社会分工水平所限，尽力合理利用自然资源和能量，使农业生态系统能够按照自然生态系统的演替规律运行。达斡尔人在传统农业阶段从民族生存实际出发，努力做到与所处环境相适应。除了以农为主多种经营的生计策略以外，还体现在园田经济、休耕轮作和对二十四节气的变通应用等其他农业生产开发与文化创造中。其中，园田种植自12世纪早期定居于黑龙江流域时就已成风习。开辟于房前屋后的园田不仅提供了果蔬等全年的副食，还可添补粮食的不足，民间素有"园田半年粮"的说法。从一个侧面折射出在资源利用和生产消费层面所形成的人、自然和社会之间的和谐状态。而休耕轮作这种从农业发展早期流传下来的合理利用土地、保持农业生态系统平衡的有效手段，有清一代直至民国初年在达斡尔族农业中也被广泛采用。以三年为

期的休耕，充分保证了土地能够得以休养生息。而连种期内的轮作，基本上是按照稷子——荞麦——谷子——燕麦——小麦的顺序进行的①，可以有效保持地力，还能抑止病虫害的发生。达斡尔人运用二十四节气指导农业生产，则结合当地的生态实际，加以发挥和调整。在农作物品种的选择、农事活动的安排等方面都形成自己的规制，体现出一定的地域和民族化特征。

可见，合理的生物性适应使环境与民族社会这两大系统显示出良好的耦合状态。然而，"人类社会的存在，对生态环境来说，必然具有双重性，既有依赖的一面，又有偏离的一面。两者在正常状态下，总是相互耦合"②。人类社会自身的运行特点和规律又使它在一定范围内与所处生态系统发生偏离，文化的社会性适应导致这种偏离的发生，生态危机正是偏离长期积淀的后果。笔者认为其实质在于人类的主观需求与环境的客观属性和发展规律之间的对立统一关系。人类自身的发展需要不断地从周围环境中获取物质和能量，而环境的客观属性与发展过程却并不因人为需求而改变，人类与环境的偏离不可避免。这就使得二者之间关系总是体现为从适应到不适应再到重新适应的动态关系，相应的自然生态系统也总是处于平衡——失衡——再平衡的无数个动态发展循环过程。生态人类学坚信，缩小偏离和阻断偏离积淀，才是有效救治生态危机的根本手段。③

在农业生产领域，20世纪以来开启了现代化进程。随着机械化程度的日益提高，掠夺式开发和使用土地的情况普遍严重，加之发展方式的不合理，与农业生产力的提高相伴而来的是农业资源短缺、环境污染、土壤退化、水土流失和病虫害加剧，影响和制约了农业的增产增效。莫旗地区经历了20世纪不同时期的几次大规模的山林砍伐和荒地开垦高峰，自然环境遭到严重的破坏，造成水土流失和土壤沙化、降雨量明显减少、干旱频发等生态问题。自20世纪90年代末开始实施的生态建设工程虽取得了初步成效，但目前形势依然严峻。再有，近二十年来由于化肥和农药的大规模应用所造成的环境污染，也使农业生态质量大为下降。在推进农业现代化建设的进程中，一方面，抓好退耕工作，保护土地资源，注重提高土地的综合经济效

---

① 内蒙古自治区编辑组：《达斡尔族社会历史调查》，内蒙古人民出版社1985年版，第53页。

② 杨庭硕：《生态人类学导论》，民族出版社2007年版，第2页。

③ 罗康隆：《生态人类学述略》，《吉首大学学报》2004年第3期。

益;另一方面,在调整产业结构的同时,大力倡导循环经济,走绿色农业、生态农业的发展道路。2002 年 4 月,莫旗退耕还林工程全面启动。实施过程中,注重因地制宜,合理安排,同时做好长期规划,加以综合治理。经过七八年的努力,到 2005 年森林覆盖率提高到 23.9%,水土流失程度得以减轻,生物多样性逐渐恢复;2001 年投入建设的莫旗尼尔基水利枢纽工程,已于 2006 年 7 月并网发电。其显著的环境效益在于扩大了湿地面积,调节和改善四季气候,保护生物多样性,无疑给当地生态建设带来巨大助益。总体来看,随着莫旗各项生态建设项目的进展,农业生态环境也随之得到相应改善和优化。历史经验和现实成效表明,只有遵从农业自身所具有的自然再生产和经济再生产相结合的本性,确立与环境合理的适应关系,恢复农业生态系统的平衡状态,才是现代农业的未来出路所在。

三、回归与重构:建立农业经济
可持续发展的文化支持体系

生态人类学十分关注文化在人与环境之间关系中的调适作用,斯图尔德指出:"在自然环境和人的活动之间,总有一个中间项:一个特定目的和价值的综合,即一个知识和信仰的实体。换句话说,就是文化型式。文化本身不是静止的,对自然条件既能适应又能改变。"① 文化在人与环境之间发挥着能动的中介作用。倡导尊重自然、谋求人类与自然协调发展是当代生态文化的基本精神,也是当代生态文明的集中体现。随着以此为核心的新型文化支持体系的逐步确立,必将有效发挥其调适作用,重塑人与自然的平衡与和谐关系。

20 世纪 90 年代初,我国引入"可持续农业"的理念,就是要通过确立人与自然的和谐关系,谋求农业生态、农业生产、农村社会的可持续的发展。与之相关的观念、意识和经营模式等,构成了新型现代农业文化。由于千百年来农业发展的延续性和农业生产与自然环境之间亘古不变的依存关

---

① 斯图尔德:《文化生态学的概念和方法》,《世界民族》1988 年第 6 期。

系，所以新型农业生态文化的构建，必须观照传统农业文化，对其中包含生态智慧和生态价值的思维方式、观念意识及生产方式、技术经验和措施等加以吸收和借鉴，一定程度上体现为回归传统基础上的文化重构。这种文化回归与重构，贯穿于物质层面和精神层面。

绿色农业、生态农业作为可持续农业发展模式，非常注重对传统农业生产习俗和技术经验中合理成分的吸收，在某种程度上显示出向传统生产方式回归的倾向。但这种回归绝不是简单地要回复到传统农业的状态，而是依靠现代农业技术为支撑，在更高层次上向传统生产方式的回归。这一点，通过莫旗今天绿色农业、生态农业发展过程中所体现出的与传统农业习俗之间的现实关联可以得到一定的印证和说明。自莫旗环境建设工程启动以来，对土地和其他自然资源的保护和合理利用一直作为工作重心。除退耕还林以外，还积极推广林粮间作、林草间作和林药间作。这种复合式种植方式，不但与传统的轮作有着异曲同工的效果，更主要的一点是能发挥林木和作物间的互利作用，促进生长，提高作物产量，它为莫旗的环境建设和生态农业发展实现效益双赢发挥着积极的作用。同时，着力推进的深松浅翻和秸秆留茬或粉碎覆盖技术，这也是对耕地实行保护性耕作的新型耕作方式。此外，在对土地用养结合、永续利用方面，也充分体现对传统农耕经验智慧的继承与发展。传统农业时期重视通过施用有机肥来改良土壤，"变薄田为良田，化硗土为肥土"，保持"地力常新壮"。绿色农业、生态农业的发展就是要尽量依靠生物内在机制来取得农业增效，采用有机肥、生物肥、生物农药或低残留无公害农药和生物防治病虫害技术等，有效减少化肥、农药的使用量，生产安全、优质的农产品。目前莫旗主要采用秸秆根茬粉碎还田和秸秆养畜、过腹还田的形式，以提高有机肥料的利用率。而且随着莫旗循环经济的发展，沼气建设也为沼渣沼液作为新型有机肥料的生产和应用开辟了广阔的前景。迄今，对可持续农业发展模式的选择和实施，实际上也是围绕新的生产和生活方式而进行的物质文化建设，它正在起步阶段，方兴未艾。

人类的生态价值观直接关乎生态问题的最终解决，因而在文化重构过程中，与物质层面的建设应同步进行的是精神领域的价值观念建构。农业民俗中农事信仰、仪礼等事象包含着人类以敬畏自然，与自然相生相谐为前提，谋求生存与发展的观念、信仰和生存原则，实质上体现了人类及其生态环境之间密不可分的精神关联。这些习俗在传统农耕时期得以形成并被稳定传承。而随着现代科技的进步，人类改造自然和应对灾害的能力大为提高以后，对自然的敬畏心理减淡，与自然之间的精神联系也开始弱化和松弛。许多传统的农耕仪礼和农事信仰意识与行为也随之消失，这在农业社会中已成为普遍现象，达斡尔族的情况也是如此。为适应达斡尔族地区可持续农业发展的现实文化需求，应当从民族传统文化中，特别是从一些至今仍在传承的文化习俗中吸收和承继原初的生态思维与生态观念。例如，敖包祭祀习俗所包含的对自然的敬畏、依赖和感恩的观念与情感；求雨习俗所体现的人类将自己看作自然界的一部分，与天地万物相依存，物我同构，生生和谐的生态认知和价值理念，都极具生态意义。在其现代传承中，一方面，经吸纳、转化，用以重构民族生态价值观；另一方面，以其特有的精神内涵作用于民族心理，恢复和加强人与自然之间的精神联系。

　　生态环境提供的资源与民众通过文化选择建构的传统在历史的发展过程中构成互动互存的关系。从古至今，不同地域不同民族的人们始终努力追寻适合自身生存的文化模式，使生态环境向着有利于人类文明进化的方向发展。为谋求人与自然良性互动基础上的协同发展，当代社会面临着进行生产生活方式的转变与现代化发展模式的生态转型这一现实任务，在推进它实现的同时，生态文化和生态文明也将随之进入全新发展阶段。

（戴嘉艳，女，回族，东北少数民族研究院讲师，主要从事民俗文化研究。本文发表于《青海民族研究》2014年第4期）

中国经济社会转型中的民族
问题与民族事务治理

——以国家治理能力为分析

朱 军

一、研究背景和意义

在多民族国家中，民族事务是诸多公共事务与政治管理的一种，因其较强的政策性、政治敏感性、广泛的社会涉及面，遂成为国家治理面临的棘手与复杂的公共事务。民族事务治理体系是国家治理体系的重要组成部分，是由相关的体制机制、法律法规安排组成的治理民族问题① 的一套紧密关联、相互协调的制度体系。中国的民族事务治理体系是由《宪法》、《民族区域自治法》等法律法规加以规定，由党政各级民族事务管理机构组成的结构体系，并由一系列促进民族地区发展、保障少数民族权益的政策规范组成，其价值目标在于实现平等团结互助和谐的社会主义民族关系。从民族地区经济社会发展的巨大成就来看，在马克思主义民族理论指导下结合中国具体实际而不断发展完善的民族事务治理体系，在增强少数民族的凝聚力与向心力，促进社会稳定和长治久安方面发挥了重要作用。

进入 21 世纪，随着中国经济社会转型的加速，涉及民族因素的社会冲突与群体性事件频繁发生。国内外针对中国民族问题的争论也在增多，诸多

---

① 本文中的民族问题是一种广义民族问题概念，在外延上包含了民族自身的发展问题，民族之间、民族与阶级、国家之间等方面的关系等。

观点涉及民族事务治理体系与民族问题之间的关系，其中的一个分歧点在于如何认识中国经济社会转型期民族问题的生成过程及性质，即中国经济社会转型期的民族问题是转型性的还是体制性的？本文以国家治理能力理论为视角，以改革开放以来中国国家社会关系的变化为背景，具体考察经济社会转型中民族问题的生成过程以及影响民族事务治理的因素，以期对上述问题作出理论对话与现实解答。在上述认知基础上，笔者认为中国面临的许多民族问题都是由经济社会转型过程中的社会问题在特定的时空场景与民族社会生态共同作用下生成的，同时，经济社会转型也影响到民族事务治理体系解决民族问题的绩效与水平。因此，以经济社会转型期民族问题表现突出而质疑我国解决民族问题的基本理论和制度的观点，在理论上会走入误区，在实践上也具有危害性。下文将结合理论与实践逐步论述，并针对经济社会转型期影响民族事务治理的因素，提出"全面推进民族事务治理体系与治理能力的现代化"的相应路径。①

二、国家治理能力理论视角下的中国民族事务治理过程

无论是把国家治理能力视作制度的执行能力②，还是视为运用国家制度管理社会各方面事务的水平和绩效③，诸多观点均认识到国家治理不是一种理想的模型或者制度设计的理想，而是一国在治理实践中的实际表现与现实能力，这种制度执行力或者管理社会事务的绩效就是国家治理能力。"国家能力（state capacity）是指国家将自己意志（preferences）、目标（goals）转化为现实的能力。"④ 作为国家能力理论的代表人物迈克·曼（Michael Mann）将国家权力区分为"专制权力"（despotic power）与"基础权力"

---

① 参见《国家民委召开学习和贯彻习近平总书记系列重要讲话成果交流会》，国家民委网站，2013 年 12 月 30 日。
② 参见俞可平：《推进国家治理体系和治理能力现代化》，《前线》2014 年第 1 期。
③ 参见姜晓萍：《国家治理现代化进程中的社会治理体制创新》，《中国行政管理》2014 年第 2 期。
④ 王绍光、胡鞍钢：《中国国家能力报告》，辽宁人民出版社 1993 年版，第 6 页。

(infrastructural power)，前者指国家执政者不经与市民社会力量进行例行化、制度化协商而执行其意志的范围，后者指的是国家贯穿、渗透社会，在其统治范围内有效贯彻政治决策以协调人们生活的能力。[①]"专断性的国家权力"（即专制权力，引者注）主要指国家干预社会的范围，而国家的治理能力体现在"基础权力"或者"基础性国家能力"方面。[②]

国家治理能力的强度主要取决于国家的制度构建与社会经济政策贯彻、渗透、影响人们社会生活的成效，并在此基础上建立起人们国家认同感的能力，这主要是"基础权力"的重要内容。国家治理能力主要表现为国家对社会各阶级的文化渗透能力、社会控制能力与实施社会经济政策的有效程度；而实施社会经济政策有效程度最为关键，影响到国家的合法性基础与社会控制。[③] 从国家社会关系的角度来看，现代国家治理能力强弱主要取决于两个特征：强化基础权力、与社会部门保持协作关系。[④] 综合上述观点，现代国家的治理能力体现在文化渗透、实施社会经济政策的有效程度、与社会部门保持协作关系方面，主要包括文化渗透能力（合法化能力）、资源再分配能力、多元治理能力等方面。

"民族事务治理体系和治理能力建设是国家治理体系和治理能力现代化的有机组成部分，是中国特色解决民族问题正确道路的重要内容。"[⑤] 作为民族事务治理的制度框架，民族事务治理体系功能的充分发挥，不仅需要合理的制度设计与有效的组织协调机制，同时还需要形成与输出有效的治理能力。民族事务治理能力是国家治理能力在民族事务管理方面的集中体现，体现着民族事务治理体系的制度执行力与绩效表现。从国家治理能力的视角来

[①] See Michael Mann, *States*, *War*, *and Capitalism*：*Studies in Political Sociology*，Oxford：Blackwell，1988，pp.5-9.

[②] 参见王绍光：《国家治理与基础性国家能力》，《华中科技大学学报》（社会科学版）2014年第 3 期。

[③] 参见王绍光：《安邦之道：国家转型的目标与途径》，生活·读书·新知三联书店 2007 年版，第 5—6 页。

[④] 参见王信贤：《当代中国国家能力与社会稳定：兼论"社会管理创新"的意涵》，俞可平主编：《中国治理评论》（第 2 辑），中央编译出版社 2012 年版，第 60—62 页。

[⑤] 闵伟轩：《坚定不移走中国特色解决民族问题的正确道路》，《中国民族报》2014 年 7 月22 日。

看，中国的民族事务治理能力实质上是为了实现平等团结互助和谐的价值目标，把体现国家意志的制度政策与法律规范贯彻、渗透到多民族社会之中，从而解决国家发展过程中出现的民族问题的绩效与水平。

中国民族事务治理体系奠基于新中国成立初期第一代领导集体的政治设计，初步形成了以民族区域自治制度为核心的政治制度框架，并有一系列促进民族平等、团结、互助的政策规范组成。新中国成立初期的社会主义制度的变革与确立，在一定意义上，也是民族事务治理体系的制度构建过程。当广大民族群众真正成为了社会主义国家的主人，社会主义的价值认同逐渐巩固。随着社会主义改造的完成与计划经济的运行，农村建立了人民公社体制，在城市中确立了单位制的管理结构，在纵向上建立了中央集权的行政区划结构，最终形成了以党和政府为主导的国家治理格局。这个时期，社会主义意识形态的确立、单位制、人民公社等组织结构的建立以及有效的民族干部队伍，有力保证了民族事务治理的各项制度与政策的贯彻与实施，国家基础权力建设取得显著进步。"文化大革命"期间，受制于社会总问题以阶级斗争为纲的思想路线的影响，包括民族区域自治制度在内的各项民族事务治理的制度、政策与工作机制受到不同程度的破坏，国家通过经济社会政策促进少数民族和民族地区发展的职能与能力受到削弱，基础权力的建设出现了重大曲折。

党的十一届三中全会之后，党的第二代领导集体启动了经济体制改革与对外开放，实现了民族工作重心向经济建设的转移，民族事务治理重新走向强化基础权力的方向。党的第三代领导集体在第一次中央民族工作上会议，把民族发展纳入民族问题的治理范畴，拓展了民族事务治理的范围①；在跨世纪之际召开的第二次中央民族工作会议，从区域协调发展的角度，把民族地区纳入西部大开发的战略格局之中②。在全面建设小康社会和构建和谐社会的新时期，以胡锦涛为核心的领导集体在第三次中央民族工作会议上，提出"两个共同"作为新世纪民族工作的主题，通过不断加强和完善财

---

① 参见江泽民：《加强各民族大团结，为建设有中国特色的社会主义携手前进》，国家民族事务委员会、中共中央文献研究室编：《民族工作文献选编》(1990—2002)，中央文献出版社 2003 年版，第 24—41 页。

② 参见江泽民：《在中央民族工作会议暨国务院第三次全国民族团结进步表彰大会上的讲话》，同上书，第 209—218 页。

政转移支付、扶贫工作、对口支援、民族发展规划、兴边富民行动等工作机制，不断强化民族事务治理的资源再分配能力，促进少数民族和民族地区经济社会的快速发展。①

总体上来看，改革开放以来中国民族事务治理表现出如下特征：第一，党和政府作为国家治理的主体，在民族事务治理过程中发挥主导作用。各项区域发展政策与民族发展政策的制定与实施无一不有国家力量的强力推动，而且全局性民族工作的统筹规划往往通过中央民族工作会议这种最高级别的工作机制来实现。第二，国家越来越多依靠民族事务治理体系的体制机制的完善与发展，强化基础权力尤其是充分发挥社会资源再分配能力，不再单纯地依赖专制权力，通过输出治理绩效增强文化渗透能力。第三，中国经济社会转型的变化已经开始促使政府加强与社会部门的协作。近些年，中央提出的一些政策，诸如"和谐社会"、"科学发展观"、"加强党的执政能力建设"、"加强与创新社会管理"、"推进民族工作的社会化"等反映了这种变化趋势。

选择国家治理能力的理论视角，本文将经济社会转型作为影响民族事务治理的重要变量纳入分析框架，从经济社会转型与民族事务治理之间作用关系中，考察影响现阶段民族事务治理的因素。在上述分析的基础上，结合2014年9月底召开的中央民族工作会议有关民族工作的重大部署、安排和举措，指出新形势下完善民族事务治理体系、提升民族事务治理能力的理论创新与实践安排，并从国家治理能力的角度提出推动民族事务治理体系和治理能力现代化的建设方向。

三、中国经济社会转型与现阶段民族问题的生成过程

针对中国经济社会转型期民族问题的生成过程的理论认知集中体现为两种观点：一种观点认为中国经济社会转型是民族问题形成的根源，经济社会转型引发经济与社会关系的重大结构性变迁，导致社会经济领域集聚了大量

---

① 参见《中共中央、国务院关于进一步加强民族工作加快少数民族和民族地区经济社会发展的决定》，国家民族事务委员会、中共中央文献研究室编：《民族工作文献选编》(2003—2009)，中央文献出版社 2010 年版，第 90—108 页。

冲突和矛盾，这种经济社会矛盾与冲突在特定的时空场景与民族社会生态共同作用下，具有了民族问题的表现形态①；另一种观点认为中国民族事务治理体系在价值理念、体制机制与政策规范等方面存在缺陷，经济社会转型进一步暴露出该体系的体制性困境，民族事务治理体系由于体制的僵化已无法根据社会形势进行有效的调整，以致无法容纳与解决日益增多的民族问题②。

对经济社会转型期民族问题生成过程是转型性抑或体制性的不同理论认知，导向了不同的民族事务治理路径。从民族问题生成的转型性特征出发，诸多观点关注民族发展与民族地区经济社会转型中的新形势与新变化，在此过程中产生的大量经济社会矛盾与冲突必须通过巩固、发展与完善中国民族事务治理体系，不断提升民族事务治理能力，从而更好地处理民族问题与控制社会矛盾。③ 从民族问题生成的体制性特征出发，一些研究者把民族地区发展差距、民族互动交往过程中产生的冲突与矛盾归结为中国民族事务治理体系的体制性困境，质疑或者否定现有民族事务治理体系的积极功能，通过学习世界其他国家民族事务治理的经验（诸如美国、印度、巴西、新加坡等），推动中国民族事务治理体系的反思④ 或转型⑤。

---

① 参见杨圣敏：《对如何处理好当前民族关系问题的一点看法——多年实地调查后的思考》，《社会科学战线》2013 年第 7 期；李晓霞：《新时期新疆快速的社会变迁及其面临的挑战》，《新疆社会科学》2013 年第 3 期。

② 参见郑永年、单伟：《疆藏骚乱原因剖析暨新加坡经验的启示》，《东亚论文》2010 年第 77 期。

③ 参见郝时远：《构建社会主义和谐社会与民族关系》，《民族研究》2005 年第 3 期；陈建樾：《多民族国家和谐社会构建与民族问题的解决——评民族问题的"去政治化"与"文化化"》，《世界民族》2005 年第 5 期；陈玉屏：《民族问题能否"去政治化"论争之我见》，《西南民族大学学报》（人文社科版）2008 年第 7 期；王希恩：《也谈在我国民族问题上的"反思"和"实事求是"——与马戎教授的几点商榷》，《西南民族大学学报》（人文社科版）2009 年第 1 期；纳日碧力戈：《以名辅实和以实正名：中国民族问题的"非问题处理"》，《探索与争鸣》2014 年第 3 期；等等。

④ 参见马戎：《理解民族关系的新思路——少数族群问题的"去政治化"》，《北京大学学报》2004 年第 6 期。

⑤ 参见郑永年、单伟：《疆藏骚乱原因剖析暨新加坡经验的启示》，《东亚论文》2010 年第 77 期；胡鞍钢、胡联合：《第二代民族政策：促进民族交融一体和繁荣一体》，《新疆师范大学学报》（哲学社会科学版）2011 年第 5 期；胡鞍钢、胡联合：《中国梦的基石是中华民族的国族一体化》，《清华大学学报》2013 年第 4 期。

马克思主义民族理论认为，对于民族问题的理论考察，需要采取一种唯物主义和辩证主义的方法论态度。世界上只要有民族存在，就有民族问题，民族问题与民族产生、发展与消亡的历史过程相伴随。同时，民族问题是社会总问题的一部分。认识民族问题需要放置于一定的历史时空条件之下，具体考察民族问题的演变机理与发展过程，从而掌握民族问题的阶段性特征。理解现阶段中国民族问题的生成过程，离不开对中国经济社会改革过程的考察，离不开对中国全面建设小康社会进程的考察，总之，需要在推动中国社会结构整体大变迁的经济社会转型中考察民族问题的生成与演化过程。

党的十一届三中全会开启了中国对外开放与经济改革的序幕，经济体制由计划向市场转型，同时推动了社会结构的大变迁。"经济社会转型"客观地描述了中国社会结构转型中的重要特征：社会结构转型和经济体制改革紧密联系在一起，社会结构转型的直接的动因是经济改革。①1978 年开始的市场化导向的经济体制改革经历了市场的出现（1979—1984）、市场制度的出现（1985—1992）、市场社会的出现（1993—1999）以及市场化改革和进程的调整阶段（2000 年至今）四个发展阶段。② 改革开放以来市场化的快速发展，推动了中国工业化与城市化的发展，"工业化、城市化和市场化，已成为拉动中国巨大社会变迁的三驾马车"③。从 1978 到 2008 年，三大产业在GDP 总量中所占比重发生重大变化，中国已经进入工业化的中期阶段。④ 从1978 到 2010 年，城市化率由 17% 提高到 49.7%；2011 年，中国城镇人口占总人口的比重首次超过 50%，中国进入以城市社会为主的新成长阶段。⑤较快的经济社会转型促使中国进入了矛盾凸显期。2000 年以来，中国频繁发生因人民内部矛盾引发的群体性事件数量多、人数多、规模大，据统计资料显示，从 1993 年到 2003 年间，群体性事件数量由 1 万起增加到 6 万起，

① 参见李培林：《社会转型与中国经验》，中国社会科学出版社 2013 年版，第 8 页。

② 参见徐湘林：《转型危机与国家治理：中国的经验》，《经济社会体制比较》2010 年第 5 期；王绍光：《大转型：1980 年代以来中国的双向运动》，《中国社会科学》2008 年第 1 期。

③ 李培林：《社会转型与中国经验》，中国社会科学出版社 2013 年版，第 203 页。

④ 参见同上书，第 260—261 页。

⑤ 参见同上书，第 203—206 页。

参与人数也由约 73 万人增加到约 307 万人，2008—2009 年更是群体性事件频发时期。①

从国家社会关系来看，经济社会转型对民族问题演变的影响主要沿着两个方向展开：一个是随着我国经济体制由计划经济向市场经济过渡，逐步确立市场经济主导中国经济发展的格局，市场逐渐成为国家、社会之外重要的资源配置主体。市场的快速发展，鼓励个体之间的自由竞争，要求减少国家干预的范围，产生权力非集中化的趋势与需求。"市场机制开始主导资源的分配，通过国家扶持的缩减、去管制化、去中心化，以及诸如商业化、公司化和私有化等组织结构的重塑来实现。"② 各种社会组织较快发育，在各种公共事务管理中扮演越来越重要的角色。"且就全球角度观之，过去 20 多年来，各种私有化、分权化、去垄断化、去管制化以及各种'外包'制度的盛行，在各种治理发展议题中，市场、非政府组织与社会网络成为与国家并立的力量"③。国家与社会关系的变化，对政府管理体制变革提出要求，从而推动政府由大包大揽的"全能型政府"向"有限政府"、"有效政府"过渡。简言之，经济社会转型推动政府、市场与社会多元资源配置主体的形成，压缩了政府权力干预的范围，限制了政府可资利用的资源，却对政府贯彻自身意志、规范权力运行与维持公共秩序的治理能力提出了更高的要求。

二是由市场化改革直接推动的社会结构转型，在中国显著性的表现为社会结构发展的不平衡。经济社会转型过程中的发展不平衡，主要表现为结构的不平衡，地域、城乡、产业结构以及经济发展与社会发展等方面。④ 以收入差距为例，中国整体收入差距的很大一部分源自于地区之间的差距和城乡之间的差距。⑤ 许多发生在中国社会的民族问题更深层次根源是经济社会

---

① 参见谭扬芳：《网络媒体在群体性事件中的影响与思考》，中国社会科学网，2011 年 2 月 21 日。

② Yuchao Zhu, Dongyan Blachford, "Economic Expansion, Marketization, and Their Social Impact on China's Ethnic Minorities in Xinjiang and Tibet", *Asian Survey*, Vol.52, No.4, 2012, p.716.

③ 王信贤：《当代中国国家能力与社会稳定：兼论"社会管理创新"的意涵》，俞可平主编：《中国治理评论》（第 2 辑），中央编译出版社 2012 年版，第 63 页。

④ 参见李培林：《社会转型与中国经验》，中国社会科学出版社 2013 年版，第 14—15 页。

⑤ 参见王绍光：《大转型：1980 年代以来中国的双向运动》，《中国社会科学》2008 年第 1 期。

转型过程中的结构不平衡问题。以新疆为例，2009 年，南疆三地州（喀什地区、和田地区和克孜勒苏柯尔克孜自治州，少数民族人口占 94%）人均GDP 仅为全疆平均水平的 31%，低收入贫困人口占到全疆低收入贫困人口的 84% 以上。① 可见，该地区的民族问题突出表现为民生保障与贫困问题。

同时，市场本身以竞争与效率为根本原则，缺乏有效约束的市场经济会加重社会的阶层分化、加剧生态环境的恶化，这是单一市场治理机制失效的表现。2000 年之后，国家在发展战略层面提出"经济和社会平衡发展"的指导路线，在强调继续深化经济体制改革的同时，开始重视对社会发展的政策制定和投入。② 但是，政府治理能力的有限性并没有有效抵制非经济领域市场化原则的侵入，这已经成为影响中国社会稳定的重要根源。发生在内地的农民失地、暴力拆迁与抗法，城市化、工业化发展导致的环境污染与生态环境破坏，以及大量城市流动人口遭遇的社会保障与就业机会不均等诸多社会问题，本身都生成于中国经济社会转型过程，肇始于市场化原则无限制、无节制地侵入各种非经济领域，对中国政府的治理能力提出了严峻的挑战。这些社会问题如果发生在民族地区，与民族地区群众特殊的民族情感与较为浓厚的宗教氛围相结合，在民族意识与宗教意识的作用下，一般性的社会问题便转化为民族问题或者宗教问题。

综上所述，一方面中国的市场化改革改变了传统政府管理的社会环境，限制了政府可资利用的资源，压缩政府权力干预的范围，提高了政府治理的难度；另一方面经济社会转型中结构发展的不平衡现象，与市场化机制共同作用，拉大了地区、城乡、群体之间的发展差距，成为民族问题产生的社会根源。这种转型性民族问题向民族事务治理提出了严峻挑战，影响到民族事务治理体系的适应性与治理能力。

由上观之，一些研究者在认识中国民族事务治理体系与民族问题关系上出现的理论偏差与现实误判，很大程度上源于其理论观点陷入了机械的"制度决定论"的窠臼，混淆了现阶段中国民族问题演变过程的转型性与体制性特征。"制度决定论"的局限之处在于，只看到了制度选择与设计对规

---

① 参见李晓霞：《新疆民族关系走向及其影响因素分析》，《北方民族大学学报》2012 年第 1 期。

② 参见徐湘林：《转型危机与国家治理：中国的经验》，《经济社会体制比较》2010 年第 5 期。

则、信念和行为的决定性影响，而忽略了制度本身的"内生性"特征——即制度是内生的，它们的形式与功能依赖于它们产生和发展的环境。[①] 不仅每种制度的选择与设计受到特定环境的影响，而且制度运行与功效的发挥也依赖于其所存在的环境之中。受"制度决定论"的影响，这些观点过分重视理想型制度的选择与设计，迷信民族事务治理照搬其他国家制度的移植功效，忽视了特定环境之中体制机制完善、政策与策略的选择对提升民族事务治理能力的重要作用。同时，还把中国经济社会转型期演变生成的民族问题归因于制度选择与设计的问题，忽视中国经济社会转型作为重要的环境因素对民族事务治理的重大影响。

四、中国经济社会转型期影响民族事务治理的因素

中国经济社会转型期生成的民族问题需要通过完善民族事务治理体系、提升民族事务的治理能力予以应对与缓解。但是，现实中经济社会转型的急剧性往往会导致民族事务治理的工作实践具有一定的滞后性，导致民族事务治理体系容纳与解决民族问题的能力受到限制，在一定程度上影响到政府的执政水平与合法性认同。具体来看，经济社会转型过程中多元文化价值观念并立、市场竞争效应、一元化治理格局成为影响民族事务治理的重要因素。

（一）多元价值观念消解文化渗透能力

国家通过主导与控制意识形态建设，通过学校、大众媒体等媒介进行广泛的文化渗透，促使社会各个阶层形成对现行政治系统运行机制与政治权威自觉认同的观念，即构建国家治理的合法性基础。美国政治社会学家西缪·马丁·李普赛特（Seymour Martin Lipset）指出："合法性是指政治系统使人们产生和坚持现存政治制度是社会的最适宜制度之信仰的能力。"[②] 在多

---

① 参见［美］亚当·普热沃斯基：《制度起作用吗?》，晓健编译，《经济社会体制比较》2005年第3期。

② ［美］西摩·马丁·李普塞特：《政治人——政治的社会基础》，张绍宗译，上海人民出版社1997年版，第55页。

民族国家中，文化渗透能力还有重要的民族整合维度，即在多元的民族群体中形成超越地域、民族、宗教等狭隘局限的国家认同意识。

中国的经济社会转型是一个全方位、多维度的转型过程，不仅涉及经济体制、社会结构、政治体制等方面，而且触及人们思想意识与价值观念的变化过程。"它不仅是一场经济领域的变革，而且是一场全社会、全民族思想、文化、政治、心理等方面的'革命'。"[①] 经济社会转型是价值观念多元化的直接动因，同时也是经济社会转型步入深层次结构的体现。在经济社会转型过程中，市场要素的引入导致体制要素与规范要素的变化，原有利益格局与利益关系发生深刻变化，新的利益主体不断出现，价值观念随之出现多元化的态势。具体来说，越来越多的个体由"单位人"变成了"自由人"，计划经济体制下以国家与集体利益至上、阶级归属作为认同导向的价值观念式微与淡化。中国的经济社会转型必然产生多种价值观念之间的矛盾、对立和冲突，表现为新旧价值观念交织并存、各种价值追求相互冲突、社会理想信念发生危机等多重困境。[②] 当然，价值观的多元化并不一定产生价值冲突，而缺乏统领性与核心性价值观念的规约与引导，缺少统一的价值选择标准与规范模式，才是价值观念混乱与冲突的根源。

民族事务治理体系作为国家治理体系的有机组成部分承载着输出核心价值观的功能，同时因其关涉民族事务的专业性领域，更关系到国家认同意识的建立。"现代民族国家是在超越以文化、民族、宗教等原生性纽带联结局限性基础之上，通过地域领土、中央权威和政治法律规范的统一等次生性政治联系纽带，实现了包容众多族类共同体的历史建构。"[③] 因此，国家认同是一种超越了各种民族、文化、宗教、地域等狭隘性认同的基础上，形成的对领土与主权意义上的政治共同体的认同情感与归属意识。对于多民族国家而言，凝聚各种族类共同体不仅仅依靠历史文化纽带，而且还需要在权利保障和利益公平分配条件下，实现其对国家的政治认同。在经济社会转型中，以民族主义为代表的西方价值观念的引入与渗透，不断解构民族与国家之间

---

① 宋林飞：《中国社会转型的趋势、代价及其度量》，《江苏社会科学》2002 年第 6 期。

② 参见崔秋锁：《社会转型中的社会价值选择问题》，《马克思主义哲学研究》，湖北人民出版社 2003 年版，第 80—83 页。

③ 高永久、朱军：《论多民族国家中的民族认同与国家认同》，《民族研究》2010 年第 2 期。

既有的历史文化纽带，国家社会关系的变化也弱化了国家作为民族利益与权利强有力捍卫者的角色。

总之，计划经济时代确立的国家、集体主义至上以及阶级归属作为认同导向的价值体系开始解体，各种民族性、宗教性、地域性等价值观念或认同意识竞相复兴，争夺人们思想意识领域的主导地位，国家面临核心价值观与国家认同构建的双重挑战。

（二）市场竞争效应弱化资源再分配能力

在中国民族事务治理体系中，为了实现民族之间事实上的平等，缩小民族地区与民族之间经济社会领域的发展差距，采取多种形式的少数民族优惠政策，涉及计划生育、就业招聘、高考招录、政府机关少数民族干部配置、税收与财政转移等多个领域。少数民族优惠政策实质上是政府通过社会稀缺资源的再分配，缩小民族间在教育、就业、收入等经济社会方面事实上的差距。这是中国为实现社会公平与民族平等的重要手段与举措，体现了社会主义社会实现"共同富裕"、推动民族"共同繁荣发展"的巨大优越性。

中国以市场化为导向的经济社会转型改变了"全能型政府"的面貌，限制了政府通过再分配手段调节民族之间发展差距的能力，在一定领域与部门弱化了民族优惠政策的有效性。在中央计划经济时代，政府通过"单元分格式"的治理模式实现了对社会控制和塑造的目的，在城市的典型表现是单位制，在农村则是人民公社体制。[①] 在单位制统一建制之下，履行各种社会功能的单位结构都纳入政府治理体系之下，政府权力与影响力渗透到社会的每一个角落。单位依据其履行功能的不同可以分为党政单位、事业单位和企业单位。在计划经济时代，政府正是通过对治理体系中大量单位机构的行政控制力与影响力，执行基于民族身份与针对民族地区的优惠政策。例如，20世纪五六十年代乌鲁木齐工业化建设时期，大型国营工厂录用员工有民族配额，直到90年代，国有部门维持10%—20%维吾尔族职工的比例。[②]

[①]　参见彭勃：《国家权力与城市空间：当代中国城市基层社会治理变革》，《社会科学》2006年第9期。

[②]　See Xiaowei Zang, "Affirmative Action, Economic Reforms, and Han-Uyghur Variation in Job Attainment in the State Sector in Urumchi", *The China Quarterly*, Vol.202, 2010, p.346.

改革开放之后，随着市场化改革的逐步深入，中国统一的单位建制开始解体，国家开始从社会与市场领域退出，国家通过不同类型的单位执行与贯彻民族优惠政策的能力也在下降。中国的市场化与经济体制改革促进各种私营部门大量增长，私营部门在国民经济的比重及其对就业人口的吸纳发挥的作用也在增大。国有部门一些行业与领域也开始了市场化改革，90年代中期开始了以市场化为导向的国企改革，大量中小型国有企业破产，一些事业单位也开始与主管行政单位脱离，成为市场化的经营主体。20世纪90年代到2005年，私营部门在中国GDP增长的比重由4.1%增长到20.3%，在私营部门就业的城市劳动力从18.5%增长到73.3%。[1] 由于市场化改革以效率为追求目标，国有企业或者私营部门在招募就业人员时，首要的考虑就是人力资本所能带来的效益。"市场化转型提高了人力资本的重要性，而这源于对工作表现与效能的重视。"[2] 在市场化改革过程中，国有企业与私营部门对效率与利润的重视，极大地抵消了民族优惠政策所追求的民族平等与社会正义目标。

由市场化驱动的经济社会转型还带来大量劳动力的跨地域流动，改变了某些民族地区的人口分布格局与市场中的竞争态势，降低了政府调节民族之间经济社会差距的能力。在全面建设小康社会进程中，人口流动包括有组织的规模性移民、城镇化进程中的人口转移与自发的人口流动。[3] 由于市场化改革，私有部门在吸纳劳动力，提高社会成员收入水平中发挥了越大越大的作用。相对而言，某些少数民族群体以及少数民族中的部分人群在语言水平、工作技能等方面存在一定的劣势，与其他群体相比存在竞争力不足的现象。根据2010年人口普查数据，维吾尔族中持城镇户口的中学、大中专毕业生由于汉语能力与当地劳动力市场对汉语交流要求存在差距，出现了就业难的情况，"毕业后无工作"人员占到"未就业人口"的4.17%，是全国水

---

[1] 参见吴晓刚、宋曦：《劳动力市场中的民族分层：对新疆维吾尔自治区的实证研究》，《开放时代》2014年第4期。

[2] Victor Nee, "A Theory of Market Transition", *American Sociological Review*, Vol. 54, No. 5, 1989, pp. 663-681.

[3] 参见王希恩：《中国全面小康社会建设中的少数民族人口流迁及应对原则》，《民族研究》2005年第3期。

平的近 1.5 倍。[①] 政府难以通过行政手段规范私营部门招募就业人口中的民族比例，也在教育与职业技能培训等方面存在公共服务供给不足的情况。在缺乏有效政策规制与权益保障的情况下，政府治理难以抵消市场化机制所带来的民族发展差距问题，从而加剧了结构发展的不平衡。

（三）一元化治理格局制约多元治理能力

中国的经济社会转型带来一系列新型的社会问题，城市化过程中流动人口的权益保障、社会治安、工业化发展与生态环境保护、地区发展差距等一系列问题不断涌现与加剧。中国的改革过程也是一个进入现代风险社会的过程，在这个过程中产生出多种新型风险，也对以国家为中心的治理机制提出了挑战。[②] 同时，民族事务治理的内涵与外延在扩大，已经超越了单纯政治平等保障与民族团结维系等政治性事务的管理，越来越多地涉及市场条件下民族成员平等权益保障与多元化公共产品供给等社会性公共事务。经济社会转型是一个转向现代化的过程，其中蕴含了诸多的社会风险与不确定性，向一元化的民族事务治理格局提出了挑战。

自新中国成立以来，中国在民族事务治理上逐渐构建了党政各级民族事务管理机构组成的组织体系，形成了以民族区域自治制度为制度框架的治理机制，民族事务治理逐渐走向规范化与法制化。受到中国政治体制格局的影响，民族事务治理体系不可避免地带有国家治理上的结构性特征——治理主体的单一化，即体制上形成以党政为核心的权力中心，对政治事务与社会事务进行统一管理。"治理主体的单一化，即所有的权力集中于唯一的权力机构，是改革开放前中国政治的主要特征之一。"[③] 民族事务治理上也体现了一元化治理的色彩。首先，民族事务治理的主体是党政各级民族事务管理机构。从行政结构设置上，成立了从中央到地方各个层级的承担民族事务管理的党政机构。其次，民族事务治理的理念与手段上强调行政控制与等级权

---

① 参见马戎：《我国部分少数民族就业人口的职业结构变迁与跨地域流动——2010 年人口普查数据的初步分析》，《中南民族大学学报》（人文社会科学版）2013 年第 6 期。

② 参见杨雪冬：《改革路径、风险状态与和谐社会治理》，《马克思主义与现实》2007 年第 1 期。

③ 俞可平：《论国家治理现代化》，社会科学文献出版社 2014 年版，第 80 页。

威，服务型与责任型政府理念较为薄弱。最后，民族事务治理的内容也较为单一，以强调政府的管控与秩序稳定为核心，较少通过公共服务的供给满足多元的利益诉求。这一点在边疆少数民族流动人口管理上表现较为突出，地方政府往往把这部分群体视为"麻烦"、"包袱"，当出现涉及民族因素的纠纷或者需要政府提供公共服务时，常常采取"以遣代管"的处理方式。①

由于社会问题的复杂多样性与社会风险的多发性，以政府为单一治理主体的治理体系与机制，已经无法应对日益增多的社会矛盾与冲突，反而引发政府本身的信任与合法性危机。民族事务本来是国家公共事务与政治管理的一项重要内容，但在实际操作中民族事务却更多地由民族事务行政管理部门管理与承担，使得民族事务治理表现出一元化治理特征的同时，还表现出部门化的倾向。比如，人们习惯上认为凡是涉及民族事务就是民委的工作，普通民众和政府的其他部门也会绕开民族事务。总之，一种基于政府、市场、社会共同协作、责任共同承担，以解决日益增多的民族问题、化解社会风险为导向的多元治理能力，在民族事务治理领域尤为欠缺。

五、推进民族事务治理体系与治理能力的现代化

党的十八届三中全会通过的《中共中央关于全面深化改革若干重大问题的决定》将"推进国家治理体系和治理能力现代化"作为全面深化改革的总体目标提出。这一经济社会改革的总体目标在民族事务治理方面的具体体现与贯彻落实，就是要推进民族事务治理体系与治理能力的现代化。第四次中央民族工作会议正是为了应对中国民族事务治理中面临新的阶段性特征，全面推进民族事务治理体系与治理能力现代化的重要会议。从国家治理能力的视角考察这次会议的主要精神、重大决策与具体举措，体现了党和国家在坚持民族事务治理的基本制度、原则与理念不动摇的前提下，通过体制机制的有效运行、政策法规的不断完善，加强文化渗透、资源分配的基础权力的

---

① 笔者调研中发现，当出现涉及民族因素的纠纷时，一些地方政府为了"息事宁人"往往采取遣送边疆少数民族流动人口回流出地的方式代替本应履行的管理与服务职责。

建设，加强与社会部门的协作以增强多元治理的能力，从而推动国家治理体系的现代化。

（一）科学认识新的阶段性特征，坚定道路自信、理论自信与制度自信

中央民族工作会议科学地、清晰地、有力地回答了中国经济社会转型背景下民族事务治理体系与民族问题治理之间的关系问题，坚定了走中国特色解决民族问题的道路自信、理论自信与制度自信。首先，中央民族工作会议从统一多民族国家的基本国情、新中国成立以来民族工作的实践、民族事务治理的国际经验比较等方面，充分证明了中国特色解决民族问题道路的正确性，科学诠释了中国特色解决民族问题道路的内涵，强调党的基本民族理论与政策的正确性，指出"民族区域自治是党的民族政策的源头"，坚定了中国民族事务治理体系的制度自信。其次，中央民族工作会议指出了民族工作正面临新的阶段性特征。[①] 除暴力恐怖活动和外部因素密切相关之外，改革开放、社会主义市场经济、民族地区经济加快发展势头和发展低水平、基本公共服务能力建设薄弱、民族交流交往交融趋势增强、涉及民族因素的矛盾纷争上升，无不是经济社会转型的具体体现或者与经济社会转型过程密切关联。这些因素相互交织、共同作用，构成了现阶段民族问题的主要表现形式。最后，中央民族工作会议提出"准确把握新形势下民族问题、民族工作的特点和规律，统一思想认识，明确目标任务，坚定信心决心，提高做好民族工作能力和水平"[②] 作为会议的主要任务。这实质上是党和政府通过提升民族事务治理能力，更好地适应经济社会转型过程中民族工作的阶段性特征，全面推进国家治理体系和治理能力现代化的战略目标。

（二）建设各民族共有精神家园，增强文化渗透能力

国家治理体系是在价值观念指导下的制度体制、政策法规与实践路径的具体建构，一个国家的核心价值观规约着国家治理体系建构内容与运行方

---

① 参见《中共中央、国务院印发〈关于加强和改进新形势下民族工作的意见〉》，新华网，2014 年 12 月 23 日。

② 参见丹珠昂奔：《沿着中国特色解决民族问题的道路前进——中央民族工作会议精神学习体会》，国家民委网站，2014 年 11 月 15 日。

向，也是国家治理实现的重要保障。党的十八大提出，在全社会"倡导富强、民主、文明、和谐，倡导自由、平等、公正、法治，倡导爱国、敬业、诚信、友善"的社会主义核心价值观。这次中央民族工作会议又特别对民族事务治理的价值目标提出要求，"加强中华民族大团结，长远和根本的是增强文化认同，建设各民族共有精神家园，积极培养中华民族共同体意识"[1]。"三个倡导"的社会主义核心价值观和"中华民族共同体意识"共同构成各民族共有精神家园的价值目标，为民族事务治理体系的完善、发展提供了方向与指导。

社会主义核心价值观作为中华民族共有精神家园的重要支柱，关键要辩证看待中华民族优秀传统文化与社会主义核心价值观之间的关系。提倡和弘扬社会主义核心价值观，必须要从各民族优秀传统文化中汲取丰富营养。一种以各民族文化的优秀文化因子作为血肉的社会主义核心价值观体系，才能引起各民族的心理认同与文化共鸣。在国家认同构建方面，中国虽然完成了民族国家的初步构建，但是在全体国民中确立对中华民族共同体的认同意识还需要漫长的建设过程，这是民族事务治理长期面临的艰巨任务。国家认同建设一项重要内容，就是要"增强各族群众对伟大祖国的认同、对中华民族的认同、对中华文化的认同、对中国特色社会主义道路的认同"[2]。"四个认同"在强调核心价值体系认同的同时，还强调对中华民族共同体认同与国家认同。要把"四个认同"作为民族事务治理体系的核心价值追求，渗透到民族事务治理体系的运行过程。通过爱国主义教育、中华民族共同体教育、国家通用语言文字教育、双语教育等各种民族事务治理实践，真正灌输到各族群众的心中，内化为人们自觉的行为准则与实践标准。

（三）推动政府治理创新，强化资源再分配能力

"民族事务关涉社会生活的各个方面，对于一个常态发展的多民族社会来说，民族事务的行政管理在很大程度上体现着政府对社会事务管理的能力

---

[1] 参见王正伟：《做好新时期民族工作的纲领性文献》，《求是》2014 年第 20 期。

[2] 参见《习近平在第二次中央新疆工作座谈会上发表重要讲话》，新华网，2014 年 5 月 30 日。

和效力。"① 民族事务治理对于民族事务管理的替代与超越，主要体现在对价值理念与体制机制的更新与发展，而不是追求政府的"去中心化"、"去职能化"的目标。用"治理"替代"管理"，根本上是为了确立民族事务治理的民主治理的价值内涵，真正确立民族事务治理过程中权力来源于人民、服务于人民的理念，以建设服务型与责任型政府为政府职能转变的目标。从强化政府的资源再分配能力出发，政府治理创新包括如下内容：

优化政府自身的组织结构，完善政府的工作流程与方式，提高政府管理的科学性、有效性与合法性，提升政府的制度执行能力。第一，按照依法治国的原则，贯彻和落实《民族区域自治法》，做好有关民族工作的各项政策、法规的制定、执行、监督和检查工作，依法开展民族事务治理。第二，完善政府内部涉及民族事务的相关领导部门、组织机构协调合作的工作机制，坚持和实施好民委委员的工作机制，明确各自的职责与分工，把高层形成的"认知一致、行动一致、协调一致"通过部门系统高效地贯彻到基层。②

明确政府职能定位，转变政府职能，完善差别化支持政策，强化资源再分配能力。政府作为社会资源的再分配者，在缩小社会结构发展不平衡中发挥着重要作用。这次中央民族工作会议指出发挥好中央、发达地区、民族地区三个积极性，对边疆地区、贫困地区、生态保护区实行差别化的区域政策，优化财政转移支付和对口支援机制，以民族地区、基层特别是农牧区为重点实施对象。政府通过在基础设施建设、产业结构调整、市场发育与规范运行、城镇化建设、扶贫攻坚、基本公共服务供给、生态环境保护等领域发挥职能，从而解决地区之间、群体之间、经济与社会、生态之间诸多领域发展不平衡问题。

（四）改进社会治理方式，提升多元治理能力

民族事务除了一部分政治性事务之外，还有很大部分属于社会事务的范畴，涉及社会生活的各个领域。实现对民族事务的治理，需要动员包括政府在内的各种力量，政府需要加强与社会部门的协作，形成多元主体的治理

---

① 周竞红：《论中国民族事务行政管理机制的发展和创新》，《民族研究》2004 年第 3 期。

② 严庆：《治理与当前中国民族事务管理的治理化转型》，《黑龙江民族丛刊》2014 年第 5 期。

格局。中央民族工作会议提出"党委领导、政府负责、有关部门协同配合、全社会通力合作的民族工作格局"①。"党政"作为国家治理的核心力量，是中国政治体制的最大特色与制度性优势。在民族事务社会治理的主体上，充分发挥"党政"已有的社会治理网络，完善党的基层组织与各种群众性的社会团体。同时，通过政府所拥有的资源分配能力，培育和扶持各种社会性与民间性组织的发育与发展，吸纳各种民族性、宗教性组织社团，动员社区力量、非政府组织、社会大众，共同参与民族事务的社会治理。政府推动民族事务治理的社会化，既要通过整合社会资源增大公共服务供给，还需要吸收各种社会力量参与权力网络的构建与政策决策过程。在社会治理的方式上，除了运用权威性的行政与法律手段之外，还要积极创新社会治理的方式与载体，依靠各种非政府组织、公共机构、私人机构之间的协作、协商、互惠，推动民族事务治理的社会化、平等化。在民族事务治理范围上，尤其是面临城市和散居地区民族工作在民族事务治理的分量日益加重的情况下，转变民族事务治理中的一元化与部门化倾向，将涉及民族平等权益保障与基本公共服务供给的民族事务纳入社会治理的全域范畴，民族事务治理由部门性事务转变为社会治理的公共议题。总之，改进社会治理方式，提升多元治理能力，需要改变民族事务治理主体一元化的格局，补充民族事务治理中权力单向性运行的不足，实现多主体参与、上下协同、良性互动的多元主体的治理格局。

中国经济社会转型过程生成的各种民族问题，在某些领域可能会引发治理危机，但是，在认清这些民族问题的转型性特征的前提下，通过完善民族事务治理体系的体制机制、政策法规等内容，提升民族事务治理的文化渗透能力、资源再分配能力、多元治理能力，完全可以将局部性危机纳入体制内解决，在实现社会稳定与经济社会发展的同时，推动民族事务治理体系与治理能力的现代化。

（朱军，男，汉族，东北少数民族研究院讲师，主要从事民族理论与政策研究。本文发表于《民族研究》2015 年第 1 期）

---

① 参见丹珠昂奔：《沿着中国特色解决民族问题的道路前进——中央民族工作会议精神学习体会》，国家民委网站，2014 年 11 月 15 日。

满族史诗《乌布西奔妈妈》的文学解读

郭淑云　谷　颖

　　满族史诗《乌布西奔妈妈》是我国民族民间文学的瑰宝，表现出满族文学的鲜明特征。就其文学性而言，《乌布西奔妈妈》在人物塑造、语言风格、情节结构等方面呈现出独特的艺术魅力，生动形象地体现了满族及其先民的文学审美旨趣，标志着满族先世文学创作的水平。《乌布西奔妈妈》以诗的体裁、恢宏的气势和广阔的时代背景，在北方史诗带树起一座史诗的丰碑，从而打破了"满族无史诗"的学术定论。本文试从文学的视角，就《乌布西奔妈妈》的人物形象、文本特征、情节结构等问题进行探讨，以期有助于对《乌布西奔妈妈》文学特色的认识。

一、人物形象

　　《乌布西奔妈妈》是一部以主人公乌布西奔妈妈一生事迹为主线的史诗，突出地塑造了乌布西奔的人物形象。尽管史诗对其他人物如古德罕法、法吉妈妈和诸位女萨满等人物形象的刻画也注入了心力，但其形象远没有乌布西奔那样丰满、富有个性。

　　乌布西奔妈妈是一位充满传奇色彩的人物，其原型是一位兼具部落酋长、萨满双重身份的女性，文本以质朴而隽永的语言塑造了女神坚韧、勇敢、善良、柔美的性格特征。

　　乌布西奔的出生方式是中国神话中较常见的"卵生"。早在乌布西奔未降至人间之前，她是海神德里给奥姆的侍臣，掌管时光流逝。她降生时由两只豹眼大金雕护卫，一只长尾黄莺口衔抛至古德玛发怀中。由于从天而降的只是一个"明亮的小皮蛋"，而且发出灼眼的光芒，罕王甚感不祥，便命人将其抛入河中、引狗吞食、点火焚烧、埋入黄土，但均未成功。最终"尘土崩飞，一群绒貉露现土中。有个穿狸鼠皮小黄兜兜女婴儿，正酣睡在貉窝里"。这一情节与中原神话人物后稷的出生经历相似，只是后稷是其母感孕而生，乌布西奔则是无父无母的卵生。就神话产生时代而言，后稷神话出现于"知母不知父"的母系氏族社会时期，《乌布西奔妈妈》故事中尚未涉及女性的生殖内容，仍以动物崇拜为其情节母题，应是更早产生的神话文本。

在满族神话中，由神鸟衔卵而生的人物不仅限于乌布西奔，著名的爱新觉罗家族族源神话"三仙女"中，始祖布库里雍顺就是佛库伦吞食神鸟所衔之朱果而生。只是布库里雍顺有位身为天神女儿的母亲，乌布西奔则是由天神派遣至人间。严格意义上说，后者仅是借"卵生"达到其降临人间的最终目的，通过这一过程，使乌布西奔更接近人类，从而逾越人神之间的巨大鸿沟，缓解人类理性思维与感性思维的矛盾冲突。从乌布西奔的出生情节看，没有母亲这一形象出现，其母体只是一个"小皮蛋"。所谓"皮蛋"就是女性孕育新生命的胎盘，在我国传统神话中，很多人物的出生都被赋予这样的母体，即所谓卵生神话。这类神话的大量出现，充分反映了当时人们对自身生殖能力的认识。上古时代，在人类思维观念中，人与动物没有本质区别，这也正是卡西尔所认为的"生命一体化"模式，"他（原始人）深深地相信，有一种基本的不可磨灭的生命一体化（solidarity of life）沟通了多种多样形形色色的个别生命形式。原始人并不认为自己处在自然等级中一个独一无二的特权地位上"①。这种生命本质上的无差别使神话中出现了人与动物的繁殖也无条件等同的现象。然而，动物的某些能力却始终是人类无法企及的，所以，人们认为当人类具有与动物相同的出生状态——卵生时，也能够获得与动物相同的超凡能力。此时，女性在整个生育过程中所起的作用，仍未得到肯定。随着人类认识能力不断加强，女性的母体地位逐渐被确认，神话中才开始出现女性母亲的角色，感生神话才登上历史舞台。

神话的艺术魅力就在于，即便其主体结构相同，不同元素的介入也能

---

① 卡西尔：《人论》，甘阳译，上海译文出版社 2004 年版，第 115 页。

使神话展现出相异的民族文化特征。弗雷泽曾说："神话是文化的有机成分，它以象征的叙述故事的形式表达着一个民族或一种文化的基本价值观。"① 如在乌布西奔出生过程中，出现了雕、黄莺、貉等动物神话形象，它们均为满族信仰中代表吉祥的动物，也是萨满文化中具有非凡能力的动物神，特别是鹰雕神，既是天神阿布卡赫赫的忠实侍卫，也是孕育人间第一位女萨满的萨满始母神和守护神，乌布西奔出生时也由鹰神守护，体现了史诗所具有的浓厚的萨满文化特色。

　　神奇的卵生诞生经历，为乌布西奔的身世披上了神圣的光环，使其形象兼具神性和人性的色彩。但就其形象的主导方面而言，则处处闪烁着人性的光辉，其神性却远不如人性表现得鲜明、突出。乌布西奔为部族的发展耗尽一生精力，这正是满族人心中典型的英雄形象，也是神话英雄普遍具有的"美德"。史诗中乌布西奔的神力都是靠萨满祭祀、占卜以及大神梦授得来，这与很多萨满别无二致。当部落遇到生存危机时，是东海女神梦授乌布西奔神旨，才使部落重现生机；为救治病妇，乌布西奔倾尽全力，当病人病愈时，女神却昏厥在血泊中，这些都清晰地表现了乌布西奔的人性特征。不仅如此，乌布西奔还被赋予人类共有的情欲、征服欲、求知欲等。在探索海域过程中，女神收服了一个海外异族男人，他形貌俊朗，深受女罕宠爱，后在探海途中失踪。乌布西奔在海滨举行大型的祭祀活动，并亲自踏海远征寻找。此举固然主要反映了乌布西奔为了寻找太阳出升之地这一毕生的追求，但也体现了乌布西奔具有人所共有的情欲。她曾多次带领族人不畏艰险探求太阳之乡，虽屡屡失败，却勇往直前，既体现了乌布西奔的宗教情怀，也折射出她为了实现理想矢志不渝的执着追求。史诗中的悲剧结尾更是突出地体现了主人公的人性特征。乌布西奔日夜为部落事务忙碌，积劳成疾，仅年届五十已现老态：

> 身姿修美的乌布西奔女罕，
> 终日朝朝，勉于政事，长夜不寐，
> 思劬虑老，苦度五十个柳绿冰消，

---

①　叶舒宪：《神话——原形批评》，陕西师范大学出版社1987年版，第12页。

鬓生白发，两眼角老纹横垂。①

远征途中，女罕的疾病愈来愈严重，最终病逝。这一人物结局与主人公乌布西奔鞠躬尽瘁、操劳奔波的一生经历恰相符合，也从一个方面体现了她的人性特征。在满族一些神话中，主人公的结局常常表现得与常人不同，富有神圣性。如《恩切布库》中的主人公恩切布库女神，是在与恶魔的战斗中为保护族群而牺牲，为正义战斗而死。《西林色夫》中的西林大萨满，为拯救生民，违犯神规，遭到东海女神德力给奥姆妈妈的惩罚，被召回海宫。乌布西奔死于疾病，更凸显了她无法摆脱生老病死的人性特征。《乌布西奔妈妈》将人性渗入神性来展示人物性格，是人类思维发展的必然，神性人物的人性化是人类对事物理性认识不断深入的结果。应该说，史诗文本如此刻画人物也是史诗作者的一种巧妙表现手法。一方面突出了主人公的个性，另一方面这些人性中的刚毅、倔强、勇敢和征服欲等正是满族先民在长期渔猎生活中形成的民族性格特征。所以，巧妙的塑造手法使人物更具亲和力，令人感到主人公就在我们身边，是我们中的一员。这也是该史诗得以在民间广泛流传、经久不衰的重要原因。

总之，乌布西奔的形象特征是神性、人性相兼容，二者相互融合，相互映衬，形成主人公完美的性格特征。主人公半人半神的身份及其使命决定了她始终要与人类站在一起，甚至成为人类的一员。从主人公为人类所做的贡献不难看出，这种归属并非只表现于外在，即神与人相同的体貌特征，而是心灵与本质的统一。这与西方传统史诗中的英雄完全不同，无论是阿喀琉斯还是赫拉克勒斯，他们一切行为的驱动力量只是个人利益，英雄的伟大业绩以一个大写的"我"为出发点和最终归宿，善良与邪恶在此成为中性词，史诗中的战争也无所谓正义、非正义，完全展现了一种追求自由与个性的"人本主义"。而满族英雄史诗所表现的"我"则是以主人公为领袖的整个部落，甚至可以代表人类这一特殊的社会群体，这样的理解方式正是萨满教对人类自身发展的关注与肯定，从而促成其人崇拜神、神"关怀"人的核心教义。

---

① 鲁连坤讲述，富育光译注整理：《乌布西奔妈妈》，吉林人民出版社 2007 年版，第 190 页。

史诗中，除战斗英雄外，乌布西奔女神还被赋予文化英雄形象。她定婚制，采草药，创祭礼，创制图符文字、纪年法、舞蹈、医疗处方等，是众多文化的始祖。这种将各类文化创造集于一人的表现手法在很多神话中都有运用，如中原神话始祖神女娲，她不仅造人、补天，还是笙簧、婚姻的创始者。这样亦文亦武的双料英雄，使人物形象更加饱满。

满族先民世代信奉萨满教，其观念在许多民间文学作品中多有渗透。早在史诗还只是零星的神话片段时，萨满教的多神崇拜、倡导真、善、美等观念就已经存在于每个神话母题中；当这些片段被连缀在一起形成史诗时，萨满教观念不仅发挥着整合作用，而且表现得更为强烈、鲜明，使史诗成为具有生动情节的宗教教义。这种诗歌与宗教间的密切联系广泛存在于各民族文化系统中，如英格兰现存最早的民族史诗《贝奥武甫》，很多学者都认为这部伟大的史诗是由基督教僧侣抄写而流传下来的，其中掺杂了大量基督教的宗教思想，是一部颇具宗教情绪的诗歌。① 又如，我国中原文化中，道教与外来佛教的很多教义都曾是文人墨客笔下的诗歌所宣扬的中心主旨，而往往某些宗教经典也以诗歌形式呈现出来，因此，诗歌与宗教存在着深刻的关联，只有清楚地认识了诗歌中所蕴含的宗教文化，才能真正理解诗歌的内涵。所以，可以说满族史诗是传播萨满教观念的媒介，也是萨满文化的载体。那么，史诗中的主人公无疑就是萨满文化的代言人。史诗中乌布西奔是由萨满教大神阿布卡赫赫指派到人间拯救生民的女神，她预测天象、指挥战争、整饬制度、救治病患、导人向善……这些行为体现了主人公仁慈、善良、勇敢、睿智的性格，这也正是满族人世代敬仰的萨满所必备的性格特征。此外，作品中个人物性格特征的建立也充分表露了萨满教人本主义思想。如为了维护部落的利益，乌布西奔对周围部落展开征伐，其中很多战争都采用独特的战斗方式，不战而胜，如创制独特的舞蹈，与素以魔舞制胜的敌对部落比舞，未动一兵一卒就将魔女部落收服。当乌布西奔得知派遣海外远征的队伍遇难时，她悲痛万分，为死去的战士举行大型的祭祀活动。这种种行为无疑是对人本主义、善本主义的鲜活展现，是对萨满教集体意识的诠释与延伸。

---

① 参见王佐良：《英国诗史》，译林出版社 1992 年版，第 28 页。

二、史诗的文本特色

作为一部少数民族史诗,《乌布西奔妈妈》无论是在篇幅卷帙、文本形式,还是在语言风格、情节结构等方面都表现出独特的文学性,是不可多得的民间文学杰作。

1. 原始性

从早期仅在氏族萨满中秘传,到后来在特定部族的民间流传,《乌布西奔妈妈》不仅没有失去其原始性,还保留了原汁原味的文本形式——诗歌体,这种体裁既能表现其史诗性,更能将其恢宏的气势、丰富的内涵展现得淋漓尽致。

首先,史诗开篇的引曲皆以满语咏唱,"德乌勒勒,哲乌勒勒,德乌咧哩,哲咧!巴那衣舜奥莫罗……"汉译为:

> 大地上太阳的子孙,
> 大地上太阳的子孙,
> 光辉呵,光辉呵,
> 神雀送来光辉,
> 神雀送来光辉,
> 美好清晨,
> 清晨大地,
> 乌布西奔妈妈所赐予。①

简要的一段唱词在于引起听众注意,调动众人情绪,宣告颂唱开始,并借此道出讲唱内容,奠定全诗庄严肃穆的基调。这是很多古歌惯用手法,在大量的民族史诗、叙事长诗以及一些满族长篇说部如《恩切布库》、《西林色夫》等作品中皆有类似的引曲或序歌。虽然引曲部分只是寥寥数语,但

---

① 鲁连坤讲述,富育光译注整理:《乌布西奔妈妈》,吉林人民出版社 2007 年版,第 1 页。

《乌布西奔妈妈》文本的原始性在此已初露端倪。一句"大地上太阳的子孙"将满族先民的自然崇拜观念表现得淋漓尽致，这种将太阳视为母亲的信仰观念曾出现在很多民族的早期意识系统中，他们认为太阳是滋养世间万物的母亲神，在远古时代寒冷的北方，这种对太阳的崇拜与渴求尤为炽烈。"神雀送来光辉"一句将神雀想象为光明的使者，是灵禽崇拜观念的体现。可见，史诗在开篇就已将浓重的原始意味表露无遗。

从史诗整体内容看，无处不流露出原始文化气息。《乌布西奔妈妈》反映的是满族先世女真人由母系氏族社会向父系氏族社会过渡历史时期的部落风云和社会生活。史诗保留了诸多原始社会的制度、风俗、观念、仪式和文化形式等，蕴含着丰富的原始文化内涵。如双酋长制、元老制、禅让制等政治制度；母系世袭、多偶制、外婚制等婚姻制度；神判制等法律制度；人殉、人祭、裸体、文身、长毛等原始习俗；物候纪年、图画文字、裸舞、长调等民间知识和民间文艺形式，以及图腾崇拜血祭、征兆、占卜、脱魂、附体等古老的萨满教观念、仪式，无不反映出原始文化的意蕴，形象地展现了原始文化的内涵，揭示了原始文明的发轫及其发展轨迹。这种原始性也为史诗增添了野性、古朴的色彩。

2. 民族性

民族性是任何一部民间文学作品与生俱来的特性。正如黑格尔曾经指出："每一种艺术都属于它的时代和它的民族，各有其特殊的环境，依存于特殊的历史和其他的观念和目的"[①]。由于文本产生的时代、流传方式等都有一定的民族文化基础，随着民族的发展而不断演化，所以民族性是很多文学作品，特别是口碑文学天然之特征。民族史诗不仅承载着不同时期的民族文化，也记录了该民族在某一历史阶段的发展轨迹，堪称一部诗歌体的民族断代史。透过民族史诗，我们可以窥视到该民族先人对天地万物、人类社会及其自身的理解和认识，了解他们与自然、社会斗争的生存与发展历程，探究那一时期民族间的交往模式，包括战争和友好往来。可以说，从史诗创作伊始就已经打上了深深的民族烙印。

《乌布西奔妈妈》作为一部满族英雄史诗，从史诗创作形式到情节内

---

① 黑格尔：《美学》（第3卷下），朱光潜译，商务印书馆1981年版，第108页。

容，无处不表现出鲜明的民族性。

首先，勤劳、勇敢、善良、宽厚、诚实、追求理想的民族性格在作品塑造的人物形象上得到了充分的展现。如古德罕曾是一位性情暴躁、妄自尊大、一意孤行的部落首领，由于他的错误领导使整个部落陷入危机。乌布西奔不计前嫌，返回部落，并派人寻回古德罕，让他继续担任部落首领。古德罕也从失败中吸取教训，一改往日的独断专行，全身心投入部落的振兴与发展中。他的种种表现也获得了全部落人的谅解，仍真心地拥戴这位几乎毁掉整个部落的罕王。从中我们不难看出满族先民的宽容、大度。从乌布逊部落对待古德罕的态度，我们还可看出满族先民具有较强的原则性。族人基于宽厚的天性原谅了古德罕的错误，给他一个痛改前非的机会，但又并非毫无原则的宽恕。人们遵循古训，用"神判法"判定古德罕是否真心悔过。虽然今天看来这种方法缺乏科学性，但在远古时代，神判是法律萌芽阶段的表现形式，在当时被认为是最公平、最神圣的法则。满族先民宽容而又不失原则性的民族性特征，在对古德罕的态度上得到充分体现。

满族及其先世女真人是以精骑射而著称的民族，"以武功定天下"，崇尚勇武。这种民族性格特征在史诗中也有较为充分的表现。无论是史诗的主人公乌布西奔，还是其他部落的酋长，或者众萨满、航海水手都具有勇敢的品格，这种尚武精神正是史诗所要表达的一个重要的民族个性，从中可以清晰地感受到满族先民的伦理价值观。

勇于开拓进取、善于学习与创造是满族及其先民世代传承的民族传统，并因此而成为一种民族特性。从史诗内容上看，乌布西奔带领族人在海上寻找灵药、开拓海外疆域、探寻太阳之乡等情节，都体现了满族先民具有强烈的探索欲与求知欲。满族先民世代生活在荒寒漠北，为寻求发展，必须在有限的地域中获取尽可能多的生存资源。这既需要开拓、进取的精神，也需要不断学习的态度，这一点从乌布西奔一生致力于统一东海诸部，不断制定、完善各种制度，创造图文符号以及东海女真诸部之间相互学习、传播生产技艺等方面可见一斑。

其次，史诗对东海女真人赖以生息的生态环境、自然风光所做的生动形象的描绘，构成其民族性的特征之一。任何一个民族都生存于一定的地域，正如费尔巴哈所说："一个人，一个氏族，一个民族，并非依靠一般的自然，也非依靠一般的大地，而是依靠这一块土地、这一个国度；并非依靠一般的山水，而是依靠这一处水、这一条河、这一口泉。埃及人离了埃及就不成为埃及人，印度人离了印度就不成为印度人"①。《乌布西奔妈妈》中记述的东海女真诸部居住的锡霍特山区即今俄罗斯滨海地区的南部，森林资源丰富，林木茂密，蔽日遮天，是当代俄罗斯远东主要伐木区之一。那里人烟稀少，自古便是野生动物繁衍生息的乐园。该地区临鞑靼海和日本海，河川密布，湖泊众多。史诗记述当地自然生态环境的诗句随处可见，且总是以一种欣喜之情描述，向人们呈现了东海女真人的地域环境特征：

> 在群鹊争枝的东海岸，
> 在麋鹿哺崽的佛思恩霍通，
> 在海浪扑抱着的金沙滩边，
> 在岩洞密如蜂窝的群峦之间，
> 在星月普照的云海翠波之巅……
> 在芬古鲁阿林南沟霍通椴树林园，
> 在布鲁沙尔河湍湍溪流的清澈溪水畔，
> 是锡霍特阿林最富饶的芬原猎场，
> 自从古德远祖选择东海腹地为生存之邦，
> 这里边是乌布林子孙世代繁衍生息的故乡，
> 是乌布林子孙最安详的福寿摇篮。
> 这里百兽多过天上群星，
> 这里人迹却比寻见地上鲜花还难。②

　　《乌布西奔妈妈》对辽阔壮美的北国风貌的描绘，从一个侧面向人们再现了东海女真人的生态场：山林、江河以及栖息其中的各种飞禽走兽、花草树木等，俨然是一个东海女真人的自然生态园。

---

① ［德］费尔巴哈：《宗教的本质》，王太庆译，商务印书馆1999年版，第2页。
② 鲁连坤讲述，富育光译注整理：《乌布西奔妈妈》，吉林人民出版社2007年版，第43页。

在乌布林朝向太阳出升的山巅，

世代尊称舜吉雅毕拉峰，

代表着锡霍特阿林骄傲的身容，

高耸入云，

自古美称为天云的歇脚坪。

成群的岩羊，奔跑在山崖腰间，

成群的岩雀，飞翔在山崖林丛，

白天鹅时时鸣唱在山顶，

白银海雕时时盘旋在山尖。①

蜿蜒的布鲁沙尔河水，

从锡霍特阿林像野马向东海飞奔；

翠绿的沙吉科尔花，

从锡霍特阿林像彩带向东海延伸；

成群的乌勒哈尔斑雀，

从锡霍特阿林像红云染艳东海古松；

……②

正是这种独特的地域环境养育了性格粗犷豪迈的满族先民，也孕育了《乌布西奔妈妈》这部极富民族特色的英雄史诗。

再次，史诗详细地记述了东海女真人的渔猎生产、社会生活和特有的东海，宛如一幅幅东海女真人的生活画卷。如以抓海蟹、叉海参、捕鱼等捕捞业和狩猎、采集业等原始攫取经济为主的生产方式以及以此为基础形成的衣皮服，食鱼肉、鱼干、鱼糜、鱼米（鱼子晒干而成），居由冬凿地室，夏栖树屋和丰富多样的水上交通工具等，在史诗中都多有描绘。此外，史诗对东海女真人的一些特有的古老习俗，如裸体、纹身、哑舞、动物传信、额头刺血以表诚心等方面的描述，更鲜明地表现了史诗所具有的民族性。一些传

---

① 鲁连坤讲述，富育光译注整理：《乌布西奔妈妈》，吉林人民出版社 2007 年版，第 147 页。

② 同上书，第 25 页。

统的满族祭祀活动、宗教信仰等也是史诗民族性的表现内容之一。

最后，史诗的语言风格突出地体现其民族性。如对谚语的使用，钟敬文先生曾说："谚语是人民语言的重要组成部分，是各民族语言的精华。"①高尔基说："谚语和歌曲总是简短的，然而在它们里面都包含着可以写出整部书的思想感情。"《乌布西奔妈妈》中谚语就是满族先民在长期的采集、狩猎生产生活中总结的生活经验、人生哲理、道德观念等。从内容上看直接反映了满族先民早期的某些社会生活状况："好花结好果，恶念生祸端。""太阳总有从云中露脸的时辰，奇彩总有展现在世人的时光。"这些谚语运用贴切，生动形象，贴近人们的生活，从而使史诗更具人民性，也因此而获得更为广阔的流传空间。

此外，整部文本中的修辞句式都表现出极强的民族个性。如史诗中随处可见的排比句式：

> 选择了第二年六月初夏，
> 正是海中大蟹肥的时节，
> 正是海中大马哈要迴游的时节，
> 正是海中群鲸寻偶的时节，
> 正是海中神龟怀卵的时节，
> 正是山中紫貂交配的时节，
> 正是山中熊罴爱恋的时节，
> 正是山中梅鹿茸熟的时节，
> 正是花木快进入成熟丰满好时节，
> ……②

从以上句式中可见，满族先民对各种动物的习性了如指掌——紫貂、熊罴、梅花鹿等都是北方民族常见的动物，也是早期人类的主要衣食之源，而蟹、大马哈鱼、鲸、龟又是丰富的水产品，这些都是满族先民长期渔猎生活、逐

---

① 钟敬文：《民间文学概论》，上海文艺出版社1980年版，第312页。
② 鲁连坤讲述，富育光译注整理：《乌布西奔妈妈》，吉林人民出版社2007年版，第185页。

水草而生的最好见证。史诗的比喻句式也能体现出相同的民族性，如对乌布西奔美妙舞姿的形容：

> 忽似独枝摇曳，
> 忽似海葵吐蕊，
> 忽似海鲜染地，
> 忽似海岛花莲。①

海葵吐蕊、海鲜染地、海岛花莲是满族先民海岛生活的常见现象，如果没有一定的海域生活经验，这样的比喻是不可能出现在文学作品中的。又有史诗还将古德罕比作苍鹰，把海浪声比作万鼓齐鸣等，也都是满族民族特征的形象体现。可见史诗所流露的民族文化与民族精神都与满族先民的生存环境有密切关联。神话中的民族精神，可以说是不同民族的精神生活个性的流露，这种特殊性首先取决于每个民族所处的生存环境和社会条件的差异。②

以上这些民族特征的鲜明展现，是满族及其先民在漫长的历史进程中磨练并逐渐形成的，它对于后世的民族性格的稳定与丰富具有着重要意义，"在神话的深层结构中，深刻地体现着一个民族的早期文化，并在以后的历史进程中积淀在民族精神的底层，转变为一种自律性的集体无意识，深刻地影响和左右着文化整体的全面发展"③。正是从这个意义上说，我们认为《乌布西奔妈妈》是满族传统文化和民族精神的传承载体，其所彰显的鲜明的民族性业已积淀于该民族的深层心理，并外化为一种民族品格。

3. 艺术性

《乌布西奔妈妈》是一部颇具文学艺术性的满族史诗，它以磅礴的气势讲述了是一位善良、勇敢、睿智的女酋长兼女萨满光辉的一生和丰功伟绩，以平实的语言颂唱了满族先民质朴、刚毅的性格。史诗迷人的魅力得以展现很大程度上有赖于其所运用的巧妙而恰当的表现手法，如比喻、夸张、排

---

① 鲁连坤讲述，富育光译注整理：《乌布西奔妈妈》，吉林人民出版社 2007 年版，第 88—89 页。
② 参见於贤德：《民族审美心理学》，三环出版社 1989 年版，第 94 页。
③ 何新：《诸神的起源》，三联书店 1986 年版，第 240 页。

比、比兴等。这些手法的运用不仅能够突出人物鲜明的个性，也能生动地展
开故事情节，并将其推向高潮。特别是史诗中有些句式还将几种修辞手法并
用，更使听者有余音绕梁之感。如当乌布西奔成为乌布林大萨满时，乌布林
发生了巨大的变化：

> 乌布林——
>
> 再不是脱缰的马，乌咧哩，
>
> 再不是无娘的儿，乌咧哩，
>
> 再不是荒僻的生野，乌咧哩，
>
> 再不是野鹿的嗥原，乌咧哩，
>
> 再不是蝎蟥施虐的枯水，乌咧哩，
>
> 再不是蚊蚋追鸣的暗滩，乌咧哩，
>
> 太阳普照乌咧哩，
>
> 乌布林毕拉，
>
> 月光普照乌咧哩，
>
> 乌布林毕拉，
>
> 神鼓轰鸣乌咧哩，
>
> 乌布林毕拉，
>
> ……①

这样的比喻、排比句不仅增强了史诗的节奏感和表现力，也使乌布林今昔变
化在简单的比较中更加鲜明地凸显出来，从而加深了听者对史诗情节发展的
理解。此外，对于民间口头文学而言，讲唱者对文本内容的把握有很大的自
主权，在保证不改变主要故事情节的基础上，可以随意增删史诗的描述性语
言，而排比句式就是最有利于传讲者发挥的部分，他们可以凭借个人对史诗
的理解、自身的文学素养、记忆力以及讲唱现场的氛围等在排比句式上大做
文章，使所唱文本增长或缩短，这也是很多口头文学作品出现不同版本的重
要原因。

---

① 鲁连坤讲述，富育光译注整理：《乌布西奔妈妈》，吉林人民出版社 2007 年版，第 69 页。

为了使讲述内容更具说服力、更易理解，史诗中大量地运用了比兴，如乌布西奔号召族众要团结共进时，说道：

> 滴水汇集江流，
> 才能育养千亩万牲；
> 绿木汇集密林，
> 才能遮蔽呼啸海风；
> 五指握紧重拳，
> 才能提举木石百钧。
> 黄獐子与珠鲁本属亲手足、同根藤，
> 就该和睦相集，心心相印。①

再如，乌布西奔在了解了魔岛居民的性格及生活习惯后，明白该采用何种方法制服这些野性难驯的岛民，她说：

> 以武治武，
> 医人识症，
> 医症对药，
> 医药知性。
> 以友求友，
> 以心涵心。
> 对魔岛阿里们，
> 我不取穷兵黩武之策，
> 以情惠魔，以舞治舞。②

精彩的比兴句式将乌布西奔女神的精明睿智表现得淋漓尽致，同时将史诗变得更加浅显易懂，更贴近平常百姓生活。正是这精妙而通俗的语言使

---

① 鲁连坤讲述，富育光译注整理：《乌布西奔妈妈》，吉林人民出版社 2007 年版，第 47 页。
② 同上书，第 92—93 页。

《乌布西奔妈妈》在广阔的地域经久不衰地流传下去，从而让生活在这片土地上的后辈也能领略到民族文化遗产给他们带来的惊喜与震撼。

三、史诗的结构特征

史诗《乌布西奔妈妈》的叙事模式采用了我国史诗常用了顺序方式，即按照人物的生命节奏、事件发生的时序，对于人物与事件进行叙述。这种方式不仅有利于故事情节的展开，也能让听者对人物一生经历有更为全面的认识。《乌布西奔妈妈》的主要叙事模式也是很多满族史诗、说部所共有的结构特征：

英雄特异诞生——苦难的童年——少年立功——成就伟业（成为大萨满）——远征海外——英雄牺牲（或返回神界）。

特异诞生：由两只豹眼大金雕护卫一只长尾黄莺，黄莺口衔皮蛋抛至古德罕怀中，古德罕以其为凶兆，命人将之抛入河中、引来恶狗吞食、用火焚烧、埋入黄土，均未成功，最终乌布西奔在一群貉的保护下破壳而出。

苦难童年：由于女神初为哑女，被古德罕扔至"弃儿营"，任其自生自灭。乌布西奔在恶劣的环境中成长。

少年立功：乌布西奔初显神能，帮助黄獐子部发展壮大，打败古德罕的偷袭。

成就伟业：乌布西奔不计前嫌回到乌布林，帮助古德罕重建部落，并成为乌布林大萨满，备受人民拥戴。她带领族人寻找草药、创制良方、改革婚制、壮大部落……建立了丰功伟绩。

远征海外：乌布西奔帅族人远征海外，与众魔女舞战，收服魔岛。数次出海寻找太阳之乡。

英雄牺牲：女神在远征中逐年衰老，最终病逝。人们悲痛悼念。

虽然以上模式在很多民族史诗中表现的略有不同，如在史诗《恩切布库》中，恩切布库出生后很快长大，带领族人远离灾难。起初，很多人并不信任她，几次跟随恩切布库顺利逃难后，人们才彻底相信她是位天神派来拯救生民的女神，虽然这部分不能简单的归纳为"少年立功"，但也是恩切布库在成为全族信赖的大萨满前建立的种种业绩，其基本内涵仍有共通之处。至于"远征海外"，《恩切布库》也有类似的情节，而说部《西林色夫》中却没有具体的"远征"情节，但仍有西林大萨满带领族人千里迢迢迁徙海边的情节。这种模式是从英雄诞生，按照自然时序，遵循着童年、少年、成人至老年，直至死亡的生命节奏，来叙述英雄一生的业绩。

在叙述模式方面，《乌布西奔妈妈》不仅是满族文学作品的代表，也是很多东方史诗的典型范例。顺时叙事模式为我国很多英雄史诗所共有。藏族史诗《格萨尔》、蒙古族史诗《江格尔》与柯尔克孜族史诗《玛纳斯》是我国著名的三大史诗，它们的叙事模式基本上采用自然时序，按照人物的生命节奏、事件发生的时序，对人物与事件进行叙述，它们的故事情节也基本相同，其基本叙事框架为：祈子——英雄特异诞生——苦难童年——少年立功——娶妻成家——外出征战——进入地下（或死而复生）——家乡被劫——敌人被杀——英雄凯旋（或牺牲）。① 这种叙事模式也成为我国民族史诗的特点之一。

与东方史诗的叙事模式相比，西方史诗则较多采用倒叙方式展开故事情节。著名的古希腊史诗《伊利亚特》从阿喀琉斯的愤怒开始叙事，集中叙述了十年战争中最后五十天里所发生的事件。对于战争的起因、十年战争中所发生的种种事件，基本上采用倒叙方式加以补述。另一部古希腊史诗《奥德赛》，主要描写英雄奥德修斯于伊利亚特战争结束后归家途中在海上漂泊十年的种种经历。史诗集中叙述了他在海上漂泊十年中最后四十天的经历，而对于他为什么要在海上飘泊，以及他在十年海上飘泊的历程，则是故事情节逐渐展开过程中加以追叙，也采用了史诗结构模式上的倒叙手法。此外，《尼伯龙根之歌》、《罗兰之歌》、《熙德之歌》等欧洲中世纪史诗也不是从英雄的出生开始叙述，只是重点讲述了英雄一生中的某段经历或参与的某次战役。东西方史诗叙事模式的差异，反映了东西方文化的差异，及两种完全不同的思维方式。

从《乌布西奔妈妈》的叙事结构上看，主人公从天界到人间，完成使命后再回到天界，归于原点。乌布西奔受神的指派来到人间，给人们带来和

---

① 参见郎樱：《〈玛纳斯〉论》，内蒙古大学出版社 1999 年版，第 21 页。

平与幸福，虽然没有找到太阳之乡，但为人类探索海域开辟了新路，可以说已经完成"拯世救命"的使命，最终返回神界。史诗所描绘的空间只有天界与人间，其整体结构形成了"天上——人间——天上"的叙事模式，"天上"、"人间"代表的是萨满教观念中的神与人，因此，史诗的这种叙事模式还可以表述为"神——人——神"。虽然前文我们已经分析过，乌布西奔的人性特征较其神性特征更为突出，但史诗对乌布西奔妈妈身世的交待，表明她并非一位人间的英雄，而是带着神圣光环的神灵降世，史诗对她一生丰功伟绩的歌颂，从某种意义上说是对萨满教"神性"的颂扬。在萨满教观念中，宇宙分三界，天分多层，神、人及各种生物各有寓所，亦各有独特的生成轨迹，无论神经历怎样的历练，其最终属性仍是神，而天神的归宿也只能是天界。所以这种简单的叙事结构表现了萨满教对人与神的深刻认识及对神灵虔诚的崇拜观念。

《乌布西奔妈妈》作为一部民族史诗，不仅呈现了远古时代满族先民的生存状态、民族个性、思维特征，也展现了一个古老民族的集体智慧，及其浓郁的浪漫主义情怀，它是满族文学集大成之作，也是满族文学史上一朵永不凋零的奇葩。

（郭淑云，女，汉族，东北少数民族研究院教授，主要从事萨满文化研究。本文发表于《民间文学研究》2011年第1期）

多元文化格局下的锡伯族传统文化

关　伟

多元文化是指在人类社会越来越复杂化，信息流通越来越发达的情况下，文化的更新转型也日益加快，各种文化的发展均面临着不同的机遇和挑战，新的文化也将层出不穷。在现代多元文化格局下，锡伯族传统文化如何既保持其民族性和稳定性，又具有时代性，不失连续性和生命力，以增强民族内聚力，成为紧迫课题。

一、冲突与机遇并存

每个民族都有自己独特的文化，它记录着这个民族的产生、发展的足迹，其文化的传承反映着这个民族的连续性、稳定性和生命力。锡伯族传统文化包括生产生活方式、社会制度、语言文化、宗教信仰、风俗习惯、价值观念等各方面。"自汉代至明末，其先祖带着东胡系鲜卑文化，自大兴安岭北段一路南徙，先后接触契丹文化、女真文化和蒙古文化。明末清初，他们逐步放弃自元朝以来其故有文化与蒙古文化结合的文化形态，融入通古斯文化系统。19 世纪后期又受俄罗斯文化影响；同时，在与维吾尔、哈萨克等族交往中，又部分地吸收了其文化营养。清末民初，随着社会形态的变化与锡伯族社会封闭局面的结束，汉文化以锐不可当之势源源传入锡伯族社会"①。

---

① 佟克力：《论锡伯族文化选择的历史轨迹》，2008 年 12 月 26 日，http：//sihvsurehan.blog. sohu.com/107290823。

可见，锡伯族传统文化自古代发展至今，经历了与周边各民族文化的不断撞击、交流与融合。如今，在现代多元文化背景下，锡伯族传统文化又面临来自西方文化的冲击。

锡伯族文化受到外部文化影响的表现之一是语言。锡伯族先祖的语言曾先后受契丹语和女真语影响，明朝蒙古科尔沁部直接控制锡伯族后，很多锡伯人又掌握了蒙古语。康熙三十一年（1692），锡伯族被清政府从科尔沁蒙古"赎出"，为了生存他们又很快掌握了满语满文。新中国成立后，锡伯族使用满语满文的同时，吸收其他语言与文化知识和信息，兼收并蓄，吐故纳新，创立了本民族语言文字体系——现代锡伯语和锡伯文。但在汉语言为主流语言的环境中，锡伯族语言始终处于弱势，现实生活中只有西迁至新疆的锡伯族后代仍在使用锡伯语，而留在东北地区的大部分锡伯族已经全部使用汉语。改革开放后，西方文化的大量传入，使锡伯族语言再一次受到冲击。

同样，锡伯族的歌舞、民间文学艺术也处于濒危状态。锡伯族有自己独特的音乐与乐器，锡伯族的音乐分两类：戏曲音乐和说唱音乐，乐器有绰伦、东布尔、伊穆奏等十多种。锡伯族还是能歌善舞的民族，每当有较大规模的集会都是边唱边舞，主要有萨满舞、狩猎舞、射箭舞、手鼓舞等古典舞，还有面具舞、请安舞、单点舞等贝伦舞。同样，锡伯族拥有本民族特有的诗歌、谚语、民间故事，锡伯族妇女还擅长绣花和剪纸艺术，绣剪出的人物和动物栩栩如生、惟妙惟肖。现代社会中能够表现这些优秀的民族文化的艺术家和民间艺人已屈指可数，拯救工作迫在眉睫。

另外，传统宗教信仰也受到冲击。锡伯族先祖崇拜祖先和自然神，信仰萨满教，后因长期生活在蒙古族地区，又有很多人逐渐信奉喇嘛教。经过 20 世纪 60 年代以后破除封建迷信，锡伯族信奉萨满教、喇嘛教的人逐渐减少，而崇拜祖先却在一些地区仍然保留，如在少数农村的锡伯族家庭保存着喜利妈妈。改革开放后，随着西方文化的涌入，加之外国人居住在中国的人数不断增加，受其影响，锡伯族信奉基督教的人数也有所增长，经调查2002 年底，沈阳新民村及周围 11 个村有基督教会信徒 320 人，其中多人为新民村村民，大部分是锡伯族。①

---

① 参见王皎、江帆主编：《中国民族村寨调查丛书》，《锡伯族——辽宁沈阳市新民村调查》，云南大学出版社 2004 年版，第 316 页。

"危机的深入会带来破坏性，但同时，创造性也会变得活跃起来。"① 多元文化虽然对锡伯族传统文化造成严重冲击，但同时给了其发展的机会，使之有了更广阔的发展空间。锡伯族的传统文化发展到今天，本身就是经历了与古代北方各民族文化碰撞后吸纳了其营养而形成的。

由于环境的变迁和不断受他民族文化的影响，锡伯族的生产方式经过传统的狩猎渔牧业发展到农业，后来手工业和商业也逐渐发展起来。改革开放以来，锡伯族在一定程度上实现了农业现代化，并改变了以往以单一的农业为主的生产方式。人们开始注重与自然的共存，一面保护生态自然环境，一面充分利用自然资源，发展生产和经济，人民生活均有较大的改善。

锡伯族生活方式也逐渐由传统化向现代化转变。服饰由传统的长袍、马褂、短袄、坎肩改穿西装、运动装、牛仔裤、羽绒服、皮鞋、旅游鞋等现代服装。现代生活中的东北锡伯族人除庆祝盛大节日或演出以外已基本脱掉民族服装。

在饮食方面，锡伯族一直保持以淀粉类粮食为主食，诸如稻米、小麦粉、玉米、高粱米、黄米、小米等，还喜欢吃高粱米小豆干饭和酸汤子。锡伯族的副食以蔬菜为主，春夏秋三季吃季节青菜，冬季则以白菜、土豆、萝卜为主。在寒冷的冬季挖菜窖储菜，渍酸菜，腌咸菜。锡伯族人还爱喝浓茶和糊米水。改革开放后，西方生活习惯日益影响着锡伯族民众日常生活，牛奶、面包，各种快餐、饮料逐渐成为常用的食品，喝咖啡成为时尚，过生日吃蛋糕更是司空见惯。

在居住方面，锡伯族祖先为适应游牧生活和气候环境，各家庭根据自己的情况分别住在帐篷、马架子、草房、地窖子之中。进入盛京后，锡伯族住房形式有了新特点，多为平房。解放后，锡伯族和其他民族一样，住进了楼房，用上了煤气、暖气，如今更是居高楼大厦，用电器产品，现代化在锡伯族人民的生活中无处不在。

多元文化和现代化的发展使锡伯族的生产生活方式发生了巨大变化。多元文化并存的社会是一个环境与氛围开放的社会，给了人们更多的跨文化

---

① ［法］艾德加·莫兰：《社会学思考》，阎素伟译，上海人民出版社2001年版，第153—154页。

沟通的机会和条件，吸引人们去了解、去学习和借鉴，使人们产生强烈的进行跨文化沟通的愿望。

民族文化，要立于世界民族文化之林，不能一味强调自我生存，以纯粹的单质单元为根本，闭关式地发展，而应承认和强调不同文化发展中的对话和互渗，应开放性地发展，才可能有大的突破和超越。无论是以往学习并掌握满语，还是今天接受先进的科学技术，都是因为锡伯族文化每一次与他民族文化产生碰撞时都能抓住机会，表现出锡伯族应和与参与的积极姿态。经历了冲击与机遇并存的体验，同时不失鲜明的民族特色，才使锡伯族传统文化得以保留至今。

二、传统文化的传承

1. 优胜劣汰，扬长避短

传承民族传统文化，首先要解决好扬弃的问题。优秀民族文化是指优秀、进步、健康的东西，而不是指劣质、落后、消极的东西，对传统文化进行选择、取舍、优化、改造。

在物质生活方面，锡伯族注重发展民族特色产品。十一届三中全会后，锡伯族城乡实行了经济体制改革，发展多种经营，无论是沈阳的兴隆台、黄家，开源的八宝屯，还是义县的高台子、东港的龙王庙，或是瓦房店的锡伯族都大力兴办乡镇企业，鼓励发展商品生产，使锡伯族经济迅速发展，人民生活水平显著提高。最具代表性的产品是早在清代就已出名的"锡伯米"，近年沈阳农垦锡伯贡米绿色食品有限公司制造的弓箭牌"锡伯贡米"，经中国绿色食品发展中心许可使用绿色标志，经中国社会科学院沈阳分院理化测试中心分析表明使用农药、直链淀粉、胶稠度、蛋白质等指标均达到国际标准，"锡伯贡米"已成为民众喜爱的一个品牌。

在精神生活方面，锡伯族长期保持的优秀价值观与道德风尚更是值得推广。"以礼始，以礼终"，是锡伯族所奉行的准则。锡伯族尊老爱幼、互助友好、勤劳勇敢的道德风尚应该得以传扬，如遇到年长者要主动问候，过年时年轻人向老年人以敬礼形式拜年等等。而老人寿终后子孙守孝 3 年、逢年过节对祖先烧香跪拜等则不必因循形式，每年忌日或年节在墓前行鞠躬礼、献上一束鲜花也充分表达纪念之情。其道德行为都赋予时代新内涵。

锡伯族还有经过族长会议规定的家法家规，即氏族内部的法律。规则一般包括家庭和睦、尊老爱幼、勤俭持家、互相谦让、戒赌禁嫖、戒酗酒斗殴等，如有违者视情节轻重予以不同的处罚，甚至连累犯者的家长，也要一同受罚。现代生活中虽已取消惩罚制度，但谁做了道德标准和社会规范的事会受到谴责。

锡伯族重视教育的风尚流传至今。改革开放以后，伴随经济的持续发展，锡伯族民众的受教育水平也逐年增高。2000 年人口普查资料显示，锡伯族 15 岁及以上人口有 13.73 万人，在 15 岁以上的人口中，文盲人口 0.38 万人，文盲人口比率为 2.74%，其中男性成人文盲率为 1.75%，女性成人文盲率为 3.82%。与 1990 年相比，文盲人口减少了 0.33 万人，文盲率下降了 3.49%。6 岁及以上人口 17.39 万人，其中，受过小学以上（含小学）教育的占 97.29%，受过初中以上（含初中）教育的占 65.78%，受过高中及中专以上教育的占 24.78%，受过大专、大学教育的占 8.47%。按人口比例来计算，锡伯族受文化教育的程度名列全国第二，仅次于朝鲜族。[1]

另外，锡伯族在保卫祖国边疆过程中所表现出的忠于爱国，英勇无畏的精神值得后人学习，并且颂扬这种精神的民族诗歌也应大力传颂。

2. 实现民族文化现代化的自觉转换

传承民族文化，并不意味文化保守主义，不是把传统文化照搬到现代社会来，而应该采取文化渐进方式，使传统文化得到稳步发展，实现民族文化现代化的自觉转换。

锡伯族被称为"好骑善射"的民族，定居生活开始后，骑射逐渐处于一种停滞状态。新中国成立后，在党的民族政策的指引下，锡伯族传统的骑射文化赢得了新的发展机遇，国家从锡伯族中选拔优秀民间射箭选手参加全国射箭比赛，并开始培养锡伯族射箭人才，运动员在全国各种竞赛大会上都有精彩表演，使锡伯族射箭的优良传统得以传承，锡伯族的历史文化得以在全国各族人民和世界各国人士面前得到展示。作为"骑射劲军"和"箭乡民

---

① 参见《中国民族统计年鉴 2006》，民族出版社 2007 年版，第 498—504 页。

族"的新疆锡伯族民众将民族传统文化的发展和旅游项目的开发相结合，以弓箭为主题建立民俗博物馆、开发旅游产品、进行射箭竞技表演等，国内外众多游客也为感受这一历史悠久、影响深远的特色性民族文化而慕名前来，为新疆旅游事业的发展和新时期民族经济的腾飞带来契机。

新疆察布查尔锡伯自治县艺术研究所国家二级编导阿吉·肖昌老师被邀到沈阳兴隆台传播民族语言、歌舞、箭术，他在民族服装基础上吸收现代流行服装的一些元素，设计具有新时代韵味的锡伯族服装。[1] 肖昌老师创作的大型歌舞"喜利妈妈的传说"在辽宁电视台 2009 年春节晚会上播出后，受到各界人士高度赞扬。

另外，具有民族风情的锡伯族传统文体活动很多，文艺方面有大秧歌、二人转、皮影戏等，体育方面有骑马、射箭、摔跤、踢毽、跑马城等。新中国成立后仍有很多为群众喜闻乐见的项目保存了下来，如：大秧歌、二人转、皮影戏、摔跤、踢毽、跳绳、滑冰、游泳、赛跑、举重、抓嘎拉哈等。现在在城市中，锡伯族男女常常在晚上扭大秧歌，踢毽、跳绳成为青少年喜爱的项目。每年入冬农闲时，人们喜欢在炕头上抓嘎拉哈。群众喜闻乐见的文体娱乐活动应积极加以保留，对人们的身心健康和缓解工作带来的紧张都有好处。

3. 开拓与时俱进的民族文化

"荣枯代谢而弥见其新"[2]，创新是文化的生命。文化在发展和创新的过程中，既可能产生积极的成果，也会出现消极的现象，因此应该坚持必要的原则。首先要尊重锡伯族民众选择其文化发展和创新的权利；二是有利于锡伯族自身发展。文化的发展和创新，应该具有满足文化主体现实生活各种需求的功能，要对其自身发展有推动作用；三是能够转化成整个社会共享的形式。社会是由多个地域、多个民族组成的，在多元文化的背景下，任何一个民族的文化都不可能也不会满足于单一文化的消费和享受，都存在着对他民族和他地域的文化依赖。因此，发展和创新可供整个社会共享的文化，也是不可或缺的；四是保持民族文化特性的同时追求与时俱进的时代性。本尼迪克特在

---

① 参见阿吉·肖昌、陈继秋主编：《锡伯族艺术服装·嘎善里飞出的彩蝶》，辽宁教育出版社 2007 年版。

② 王夫之：《张子正蒙注·大易》，中华书局 1975 年版，第 275 页。

《文化模式》的第二章中认为，一个社会，或部落，或部族，面对无数人类行为的可能性，选择是必不可免的。而正是这不同的选择，形成了其独特的文化模式。① 积极的文化发展和创新，应该是基于锡伯族传统文化根基的发展和创新，是其传统文化的延伸、扩展和丰富，而不应该是脱离传统文化的文化取代。五是发展与创新有利于民族团结、有利于和谐社会的文化内容。

三、多元文化格局下锡伯族传统文化的保护

"众人拾柴火焰高"，传承民族文化不仅要靠锡伯族人自身的智慧和力量，也离不开社会各方的支援。

1. 政府支持

传承民族传统文化，政府的大力支持是根本的保障。沈阳太平寺，俗称"锡伯家庙"，是锡伯族人出资兴建的一座喇嘛庙。康熙四十六年（1707）始建，乾隆十七年（1752）扩建，后又经乾隆四十一年、嘉庆八年、光绪二十八年重扩建，寺庙日臻完善。不幸新中国成立前夕，太平寺遭破坏，损失严重。1951 年开始先后被学校、工厂占据。党的十一届三中全会后，辽宁省和沈阳市政府根据锡伯族群众要求，督促工厂迁出，开始重修。1985年沈阳市列为市级重点文物保护单位。2004 年在新城子举行纪念西迁 240周年后，又在家庙前举行了隆重的纪念活动。现在太平寺已成为辽宁省、东三省锡伯族同胞共同拜谒的地方，是向锡伯族后代进行爱国主义教育的基地。

加强多元文化教育。多元文化教育始于西方国家民族教育，成为世界民族教育的发展趋势。我国是多民族国家，采用多元文化教育不失为传承民族传统文化的一种手段。如学校设置多元文化课程，实施多元文化教育。近年，沈阳市沈北新区政府关注锡伯族文化的传承与发扬，建立了一所九年一贯制锡伯族学校，实行双语教学，并特聘新疆察布查尔锡伯自治县艺术家阿

---

① 参见［美］露丝·本尼迪克特：《文化模式》，王炜译，社会科学文献出版社 2009 年版，第 3 页。

吉·肖昌和夫人文兰同志到学校从事锡伯族语言文字和文体培训工作。

2. 专家、名人发挥作用

如锡伯族人大代表关桂珍在任人大代表期间提出过很多建议，都得到了国家的重视。在她的努力下，新疆察布查尔锡伯自治县的 8 个乡已经开始启用锡伯语教材，并且开办了锡伯语文扫盲班，取得了非常好的效果。经过锡伯族学者吉庆、关鹤童、佟加·庆夫、永志坚、贺灵等的努力，锡伯族特有的传统节日西迁节，也成为首批国家非物质文化遗产之一。

此外，各地锡伯族学会在当地专家的带领下定期举办交流活动，不仅邀请本地和外地锡伯族同胞，也邀请其他民族朋友一起交流。如各地每年举办纪念西迁节活动，怀念祖先的同时传承了民族文化。

3. 锡伯族自身努力

除了依靠家庭传承、节庆传承、仪式传承之外，企业和个人的赞助、举办民族文化培训班等多样化的方式也会对民族文化传承与发展起到推动作用。如辽宁省瓦房店等锡伯族民众家里至今还保留着家谱、供奉喜利妈妈、祖宗匣子等物件。

近年来，人们逐渐认识到保护传统文化的重要性，并已付诸行动。如察布查尔锡伯自治县的锡伯族"贝伦舞"被纳入第二批国家级非物质文化遗产；"锡伯米"重新得到青睐等。传统与现代之间是优胜劣汰、逐渐取而代之的关系，并不存在断裂带，因此从锡伯族生态文化的变迁，可以窥视时代的进步，同时提醒我们注重继承优秀民族传统文化，保证民族文化的可持续发展。

4. 以旅游促进文化传承

随着今日市场经济的发展，民族旅游文化成为了发展民族经济文化的另一个新兴产业，各民族地区纷纷开发具有民族特色的旅游文化，推动民族地区的发展。

可建立锡伯族文化村，或在锡伯族聚居区建立博物馆、文化广场、祭祀场、射箭教习场、文化生态展示区等文化传承展示中心。如新疆察布查尔锡伯族民俗博物馆坐落于察布查尔锡伯自治县孙扎齐牛录乡锡伯民俗风情园，园内展示了锡伯族西迁史、屯垦戍边史、民俗史，成为锡伯族从东北沈阳西迁至察布查尔的重要历史见证，是锡伯族西迁、屯垦戍边、保留锡伯民俗文化的具体缩影，具有很高的历史、科学和艺术价值。现察布查尔锡伯族民俗博物馆是自治县重点文物保护单位。各锡伯族聚居区或旅游场所可以此为借鉴，充分利用已有资源在为游人增添游乐项目的同时传播锡伯族民间文化的同时，也更加丰富了锡伯族的精神生活。锡伯族绘制人物画像是一种风俗，民间画师技艺高超，所绘人像逼真生动。刺绣、贴花、剪纸是锡伯族妇女的优良传统，尤其绣花更是锡伯族妇女擅长的女红，锡伯族妇女用她们灵巧的双手在门帘、枕头套、枕头顶、衣服边角、鞋面上等处绣上各种珍禽异兽、奇花异草，做工精细，展现她们的聪慧和多才多艺。

*　　　　*　　　　*

环境与时代的变换，使锡伯族的传统文化也随之变迁。特别是改革开放以后，传统文化越来越受到多元文化的冲击。如何传承锡伯族传统文化是锡伯族民众在自身发展过程中所面临的永恒主题。要弘扬锡伯族优秀传统文化，必须正确处理好"一体"与"多元"、"古"与"今"、"取"与"舍"、"继承"与"创新"的关系。在发挥锡伯族民众自身能量的同时，争取社会各方面的支持，以科学发展观为指导，弘扬民族传统文化中优秀之处并加以创新，才能使锡伯族传统文化在多元文化框架下得以可持续发展。

（关伟，女，锡伯族，东北少数民族研究院副教授，主要从事民族学研究。本文发表于《社会科学战线》2010 年第 2 期）

满族与蒙古族语言文化互动研究

胡艳霞　贾瑞光

满族与蒙古族是曾经入主中原的影响比较大的北方少数民族，两个民族在历史上发生过千丝万缕的联系，在语言文化上的相互影响源远流长，内容涉及政治、军事、经济、文化、宗教等各个方面，反映了不同民族历史环境的积淀，折射出民族交往、发展的轨迹和社会文化的影响。

纵观满蒙语言文化接触的过程，可以看出，在不同的历史发展阶段，其语言文化的地位是不同的。满族与蒙古族语言文化接触过程在一定程度上就是满族与蒙古族交往历程的缩影，尤其满族蒙古族的语言交流是满蒙文化关系中的一个重要内容，也是满蒙两族文化交流的核心。满族蒙古族之间长期的文化互动，导致相互吸收了对方的许多文化特征，其语言文化接触可以分为以下几个阶段。

一、女真人借用蒙古文字阶段

努尔哈赤时期，蒙古族文化对满族的影响在语言方面有着显著的表现。女真社会的政治、经济、文化等各方面的发展，都离不开蒙古族的影响。如：在元朝末期，蒙古族统治者与周边少数民族公文书信等往来都使用蒙古文字。当时蒙古族周边的少数民族统治者为了发展本民族本地区的经济文化，主动向蒙古统治者示好，也都学习和使用蒙古文字。即便是当时势力比较强大的明廷，为了保持和发展与北方少数民族的政治经济文化关系，对蒙古语言文字的学习与应用也是非常重视的。"朝鲜方面也用蒙古文与蒙古、女真地区联系。"① 这一时期修建的永宁寺碑（永乐十一年修建），也是使用了蒙古和女真两种文字。实际上，蒙古语言文字已经是当时明朝与北方少数民族联系的重要工具。到了明朝末年，女真诸部已经逐渐放弃使用女真文字，开始通用了蒙古文。

后金建国之初，八旗贝勒的官名绰号、努尔哈赤儿孙的称谓及名字等，都受到了蒙古文化的影响。如努尔哈赤将称贝勒之前的代善、阿敏、莽古尔泰、皇太极称为台吉（此称谓在蒙古贵族中只有成吉思汗后裔孛儿只斤氏贵族才可以拥有）；舒尔哈齐贝勒号达尔汉巴图鲁、汗之长子赐号阿尔哈图图门、次子代善贝勒赐号古英巴图鲁等也都是采用了蒙古语称号。当时借用了蒙古官名的还有称之为扎尔固齐（大蒙古国法官的名称）的行政官员以及可以参与朝政的文官巴克什（蒙古语，老师、师傅的意思），如将创制满文的额尔德尼、噶盖称之为巴克什等。此外，作为后金乃至整个清朝最重要的军事组织形式的八旗制度，其政体下的基层官员名称也都有蒙古成分。如牛录额真、固山额真等，都是行政建置名称加蒙古语额真（意为主人的意思）等行政官员名称的形式。而兼具行政长官和军事管理于一身的牛录额真，下设管理日常事务的拨什库（蒙古语，是管理十个、百个军人的管理者），其职责也与蒙古的拨什库相当。

后金时期，蒙古文字是女真族接触并吸收外文化的重要媒介，其统治者非常重视蒙古语言文字的应用和借鉴。由于这一时期的各种文牍都是译成蒙古文颁行的，因此使用者必须精通蒙古语言文字，必须要先学习蒙古语言文字。在统一女真各部的过程中，蒙古文字发挥了重要的作用。但从统治者的角度考虑，满语和蒙古语毕竟不是同一种语言，通过蒙古语来与外界交流，感觉很不方便，而且作为一个独立的政权，在对外联络及文化体质的形成方面，也急需有自己的文字体系，为建立统一的政权服务。因此，为了更好地发挥满族语言文字的社会效能，改变女真统治者依赖蒙古语言文字的局面，努尔哈赤在 1599 年 2 月，命令巴克什额尔德尼、扎尔固齐噶盖仿制蒙古文字创制本国文字、制国书，使满语满文官方语言文字的地位得以确立。由于初创的满文字母存在一定的缺陷、比较混乱，皇太极又在 1632 年 3 月

---

① 白初一：《清太祖时期满蒙关系若干问题研究》，内蒙古大学博士论文，2005 年，第 34 页。

命达海改制满文，达海根据满语的自身特点并采用加圈加点的方法，使满文字母体系得到进一步的完善。在此基础上，国家的文献、文牍制度得以形成。创制满文文字、翻译儒学经典以及全方位地推行文教，从制度、文化、人才上为满族统治者建立清朝和入主中原创造了条件。

二、满族、蒙古族语言文化互相影响阶段

满族蒙古族语言文化接触的第二个阶段是蒙古族、满族互相影响的阶段。

清朝前期，蒙古族和满族之间的文化联系最为密切。清朝的教育机构一般都是满蒙联校的形式，不仅授课语言采用满语、蒙古语，而且满语、蒙古语也是必修科目之一。满族入主中原后，虽然蒙古族语言文字已经退为蒙古族专用的地方性语言文字，但在蒙古各盟旗与中央部院之间、蒙古各盟旗之间以及各盟旗同汉地官府之间的书信文牍等交往方面，蒙古语言文字仍在发挥着重要的作用；同时，清朝在与蒙古事务有关的各部门的印章上，也都使用蒙古文。蒙古族的官学、地方教育、寺院教育、学堂教育、翻译学科以及清朝一些不同类型的机构尚书房、国子监、八旗官学、八旗义学、地方官学、满蒙文高等学堂、私塾等都以满蒙两种语言文字为基础实施满蒙教育。这些举措不仅促进了满蒙语言接触，而且对巩固清朝的统治都发挥了重要的作用。我们从这一时期清朝统治者制定的民族政策也可以看出，联合蒙古仍然是他们巩固统治地位不可忽视的一个重要手段。在有清一代，不仅蒙古部落与清政权关系最为密切，并且，他们与清朝建立的联姻关系也一直保持着。据统计："有清一代的满蒙联姻多达 580 多次，其中，清下嫁的公主格格为 431 人，出嫁清皇宫的蒙古为 155 人。"① 此外，还有通贡、献礼、回赏等贸易往来，使蒙古族与满族之间的经济文化交往越来越频繁。因此，满族蒙古族的交往，已经不仅仅是局限于政治上的联盟及贵族阶层的联姻关系，还涉及了两个民族之间深层的语言接触和文化交融。而清朝统治者为了防止

① 杜家骥：《清朝〈玉蝶〉中的蒙古史史料及其价值》，《明清档案与蒙古史研究》第 2 期。

蒙古汉化，也制定了相应的政策，如封禁政策、不许和汉人通婚互市等，用以维持其对满族的认同心理。所以，除了官方通用的满语满文，蒙古语言文字对清朝满族统治者来说，仍然是不可忽视的。如：康熙朝编撰的《满蒙合璧清文鉴》，乾隆间蒙古正黄旗卓特·富俊编辑的《三合便览》、《蒙文旨要》，《钦定满洲蒙古汉字三合切音清文鉴》，满蒙汉藏四种文字合编的《四体合璧清文鉴》、《五体清文鉴》（满蒙汉藏维吾尔五体），《西域同文志》（满蒙汉藏维吾尔托忒蒙文六体）书籍的编撰等都是对蒙古语言文字重视的体现。因此，这一时期虽然就国家制度而言，蒙古语言文字已让位给满族语言文字而退居次要位置，但从满族、蒙古族语言文化接触的深度与广度来看，这一阶段也是满族、蒙古族语言文化接触最繁盛的阶段。满族、蒙古族语言文化接触的深度和广度，除了受到地域因素、政治因素的影响，还有一个重要的因素是两个民族风俗与价值观念相同或接近，进而产生的文化认同心理。满族仿制蒙古文字创造了满文；满族与蒙古族同时都有比较原始的宗教信仰——萨满教；由于具有相近的价值观念，体现在婚俗上，两个民族都曾流行过收继婚、入赘婚、表亲婚和抢婚等婚姻形式。随着满族政治经济地位的确立，满族的文化也得到了空前发展，并以强硬的姿态向蒙古文化逼近，呈现出满族蒙古族文化互相融合、吸收，共同繁荣发展的局面。因此，可以说，这一时期，由于满族、蒙古族两个民族所处的地理位置接近、经济文化交流密切，加之双方各自的政治目的和经济利益的驱使，方方面面的因素促使其语言文化接触及相互影响的广度与深度都是前所未有的，这种文化接触，对两个民族的发展都产生了重要的影响。

三、满族、蒙古族语言文化接触弱化——
满语受到汉语影响迅速汉化的阶段

清朝末年，大量的汉族人到东北地区开垦、开发，或者是移民到蒙古人居住的区域，打破了满族统治者对东北地区实行的文化限制与民族隔离封禁等局面，自此，满语满文"国语清文"的主导地位进一步削弱，满族政治经济文化的影响进一步减退，汉民族文化开始全方位地渗透影响这一区域内的各个民族。满语文的衰落与清朝由盛转衰的发展过程是同步而行的。一般认为大约在乾隆后期（18 世纪末叶），满语文急遽衰落，"在清朝十几代皇帝中，乾隆关于满语满文的谕旨是最多的，这很能说明问题"①。杨宾在《柳边纪略》中也有过相应的描述。从东北三省范围来看，满洲的根据地盛京（沈阳），初始满族人都能使用满语进行交流，后期才逐渐出现满汉双语直到转用了汉语。19 世纪上半叶，虽然已经有汉族进入到吉林（今吉林市地区）等居于交通要道的城镇之中，但在一些满族聚居的村屯，满语仍在发挥着交际的功能，吉林省的满族应该是在清中后期开始使用满汉双语进行交际并在清末民初时期转用的汉语。黑龙江地区在乾隆时期就有一些地方出现了满语衰落的表现，整体上来看转用汉语的时间还算稍晚一些。到咸丰朝年间（19 世纪后半叶），大多数满族人已经过渡到使用单一的汉语的阶段。光绪初年，黑龙江将军奕山与俄国使者谈判中仍然在使用国语（满语），中方代表的各种文书也多用清文（满文）。可见清末时期在黑龙江地区，仍然有不少精通满语文的人。这一时期，一方面由于汉文化的强势介入，致使满族汉化的趋势已经不可避免；另一方面由于当时满族人贵汉而贱满的对汉族的认同心理（宁古塔满洲土著贵汉而贱满），促使满族人向汉文化靠拢，最终导致了满语文的衰落。

　　满族入关后，历代的皇帝都非常重视满语满文的教育问题，顺治、康熙、雍正、乾隆、嘉庆、道光等皇帝就多次传谕强调满语的重要性。但清朝这个以满洲贵族为主建立起来的少数民族政权，尽管为了防止在广大的汉族地区丧失民族特性，他们对满语采取了一系列的语言保护政策：限制民族交往、强化满语国语地位（诸如：官员选拔、司法、公文、教育中的强制使用），但都没有改变满语弱化消亡的历史命运。

　　　　　（胡艳霞，女，蒙古族，东北少数民族研究院副教授，主
　　　　　要从事民族语言学研究。本文发表于《满族研究》2013
　　　　　年第 2 期）

---

① 　季永海：《从接触到融合——论满语文的衰落》，《满语研究》2005 年第 1 期。

木 占 术

——一种被历史尘埋的宗教文化形态

何长文

中国古代宗教文化系统中，存在着丰富的前兆文化，即预测人或其族类的未来运数，包括吉凶祸福等。但这些未来的运数极为抽象而难为人知，因此古人建立了丰富的形象参照系统，用某一具体的物象与人的抽象运数关联起来，形象地显示未来发生的前兆，这就是人们所熟知的占卜术，诸如"星占"、"梦占"、"龟卜"、"蓍占"、"骨占"等。这里用于占卜的星象、梦境、龟甲、蓍草、兽骨等物象是比较古老的，但并不是最早的。笔者认为，中国古代最具有原生态文化意义的卜筮文化形式是木占术（Divination by trees）。木占术有两种形式，一是以木质材料如木筷、木签、木轮、木筐、树枝等作占卜用具，对人与事进行预测；二是用树木作为获取兆象的媒介，以树木的长势与存在方式，作为人的生命存在状态及未来运数的参照，进而完成对人生的预测。这种占卜术起源甚早，以至于在历史的尘埋中使人难溯其源，在族类意识中淡忘了这曾经存在并盛行的宗教文化现象。

一、"木占术"的文化起源

关于"木占术"这种宗教文化形态的存在，在古代典籍中可以探寻、辨析出它的遗迹。《史记·龟策列传》："蛮夷氐羌无君臣之序，亦有决疑之卜。或以金石，或以草木，国不同俗。然皆可以战伐攻击，推兵求胜，以知来事。"此中提及的"草木"，是草本植物和木本植物或其材质的总称，并且是作为一种较为常用的占卜材料，为多个民族所通用。其实这段历史文字已述及"木占术"内容，只是没在作为专用术语提出，更兼《龟策列传》主要是详述龟策占卜，因此对木占术并未作详尽的文化解读，以致未能引起其后历代学者对此文化形态的关注。

其实，木占术并非只存在于"蛮夷氐羌"等古代少数民族的民俗文化中，在中国古代的官方主流文化中，也有其真实的存在。《尚书·夏虞书·大禹谟》记载大禹曾有"枚卜功臣，惟吉之从"之语。帝舜欲将帝位禅让给大禹，而大禹认为自己还不具备足够的贤德才智，因此谦让推辞，并谏言以一种占卜形式从功臣中推荐吉祥的人来承接帝位。关于"枚卜"，这种占卜形式，《左传·哀公十七年》亦有记载："王与叶公枚卜子良，以为令尹。"而"枚卜"在《连山》和《归藏》的某些佚文中，也称为"枚筮"或"枚占"。庞朴先生认为"枚占之法，当不如蓍筮繁琐，也不如龟卜严密，大概只是一种简单的以枚为卜的决疑法。"① "枚卜"是以枚为卜，其中"枚"是占卜用具。而"枚"的本义即"树干"，《诗经·周南·汝坟》："遵彼汝坟，伐其条枚。"《传》曰："枝为条，干为枚。"当然，"枚卜"并非是用树干进行占卜，而是以树干为材料，制作成有如箸状物并以之进行占卜，这种"箸状物"类似于古代行军时士卒衔在口中以防喧哗的用具，也称为"枚"。《诗经·豳风·东山》："制彼裳衣，勿士行枚。"有的研究者认为"枚"有两种形式："其一为小木棍"，"其二为木块"。② 总之，"枚卜"是以"木"为占卜用具，这一点是确信无疑的。因此它属于本文所界定的"木占术"。

"枚卜"是一种古老的占卜形式，在殷商、春秋之季时而见用，其后罕见于史传典籍，其筮法也久已失传。至于传说明代崇祯执政初期的"枚卜阁臣"之法，盖非"枚卜"筮法原貌。

国外民族文化中也有类似于"枚卜"的占卜形式。约翰·马修斯的《占卜的世界地图集》（The world atlas of Divination）一书，介绍了爱尔兰人用投掷木棍进行决策的方法：

"The throwing of the sticks, called Crannchur or 'casting the woods', is

---

① 庞朴：《"枚卜"新证》，《历史研究》1980 年第 1 期。
② 薛理勇：《"枚筮"新证——与庞朴同志的〈"枚卜"新证〉和〈阴阳五行探源〉商榷》，《中国社会科学》1985 年第 3 期。

referred to in a medieval text called the Senchus Mor, where it is said that when a decision was to be made, or a question asked, three 'lots' or slips of wood were placed in a bag, shaken and drawn forth again one at a time. According to the order in which they came forth, a decision to the question proposed was to be understood." [1]

这段文字提及中世纪爱尔兰的一部法典——《古制全书》（Senchus Mor），这是从公元 441 年到 17 世纪末期间 11 个世纪以来爱尔兰所一直沿用的法律。据说这部法典中规定，当要做出某种决定时，就以投掷木签或木条的方法来确定。具体做法是：将三枚木签或木条放在一个套袋里，之后摇动套袋并向外掷出木签，根据木签的序次与规则，就知道如何对事情做出判断与决定。这种法规具有宗教占卜性质，更确切地说也是一种木占术。

关于"木占术"的文化起源，在文字学中可以探寻到更为信实的依据。在中国古文字中，"相（xiàng）"字出现较早，其字形由"木"和"目"两部分构成。《说文》："相，省视也。从目，从木。《易》曰：'地可观者，莫可观于木。'"许慎认为"相"是表示行为动作的会意字，并引《易》证明"相（省视）"的对象是"木"。其所引《易》语不见于今《周易》文本，但以作为东汉文字经学家之严谨治学精神而论，引文必有所本。这则引文为更准释义提供了更为充分的依据。清代文字学家段玉裁已经注意到这一点，因此他在《说文解字注》中进一步解释说："此引《易》说从目从木之意也。目所视多矣，而从木者，地上可观者莫于木也。"人对生存环境的感性认知绝大多数是通过视觉来完成的，可谓"目所视多矣"，然而在众多物象中，更多闯入人的视野并给人以更多启示的是"木"，因此说"地上可观者莫于木也"。在段玉裁的强调中，使"相"的行为对象更为准确而清晰。然而，这两位学者对"相"这一行为的功能性及目的性并未做出详解，抑或他们难于做出准确的判断。总之，这留下一个学术解读空间。清代古文字学家徐灏《说文解字注笺》引戴侗曰："相，度才也。工师用木，必相视其长短、曲直、阴阳、刚柔之所宜也。相之取义始于此会意。" [2] 他将"相"的行为主体

---

① John Matthews, The World Atlas of Divination：the Systems Where They Originate How They Work, Headline Bood Publishing, 1992, p.29.

② 汤可敬：《说文解字今释》，岳麓书社 1997 年版，第 470 页。

归结为木匠，认为"相"是木工精选木材的行为。这种解释多为其后世学者所认同。然而仔细推究，方知其于理可通，但难切其义。

其实，"相"并不是一般的社会实践与认知行为，而是一种宗教巫术，确切地说是相术，是以兆象占卜、预测未来命运的方术。《易》本为中国古代的巫文化典籍，乃卜筮之书，不过自孔子读《易》"韦编三绝"后，改变了对《易》的文化价值取向。以孔子儒家先师地位的影响，《易》遂被奉为儒学经典。所以当汉代经师许慎引《易》释"相"时，未必重视其宗教文化取向。虽然如此，但这在客观上为准确释"相"提供了坚实的依据。许慎引《易》之语——"地可观者，莫可观于木"解释"相"的本义，认为"相"与"观"可以同义互训。这只是在词义层面进行解释，殊不知二者在词义互训的基础上有更深的文化关联，即"相"与"观"均是一种相术，或占卜术。《诗经·大雅·公刘》："相其阴阳，观其泉流。"此中"相"与"观"对应，表达相同的巫文化内涵。"观"在《易》中不单纯表示"观视"、"观察"、"审视"等行为活动，它是《易》中一卦，即"观卦"，表达一种相术文化内容。"观卦"的卦象是上巽下坤，按《易·说卦》："坤为地……巽为木"，可知"观卦"的卦象是"地上有木"之象，这地上之木即是"观"的对象。那么通过"观"地上之木进而要达到什么目的呢？其中的三则卦爻辞作出了明示。六三："观我生，进退"；九五："观我生，君子无咎"；上九："观其生，君子无咎"（着重号为引用时所加）。一卦六爻，其中三爻均涉及观察生命兆象的内容，决定此卦的内涵取向。综合审视"观卦"的卦象与爻辞，可知"观"的宗旨是通过审视地上之木呈现出的兆象，进而预知人的生命状态与命运。这种宗教方术与"相"的文化性征可以互证。"相"字早见于甲骨文，其结构方式有两种，一为上下结构，上"目"下"木"，作"杲"；一为左右结构，左"木"右"目"，即"相"。这两种书写形式所存在的差异性，在释义时往往为历代文字学者所忽略。二者均表现为对树木进行观察、审视，但一是自上而下观察，一是从侧面观察。如果说"相"是工匠在选择器具用材，那么其上下结构的"相"字似乎难以得到符合情理的解释。然而若从宗教文化视角进行分析，这两种书写方式同时存在的必要性才能得以揭示。上下结构的"相"，表示自上而下对小树苗进行审视，这小树为婴儿出生后所栽种，婴儿的父母或巫师视其长势，为此婴儿预测未来命运；而左右结构的

"相"，表示所观察之树是一棵较大的树，因此人只能从侧面观察，观察大树的长势，占卜人的生命状态与未来命运。前者寓含一种特定关于"同龄树"的信仰习俗，后者则表现为一种泛化的关于"寄身树"的宗教信仰。后来在文字文化的发展过程中，表义的普遍性代替了特殊性，因此"相"的金文书写形式均为左右结构。但是重视"相"的上下结构形式的真实存在，为确认其本义提供了坚实的依据。由此可见，"相"并非表示单纯而泛化的"省视"之义，亦非古代工匠构器选材行为（古人在表达工匠选择木材的行为时往往用"度"而不用"相"，如《左传·隐公十一年》所引周谚："山有木，工则度之。"），而是一种相术，是一种巫文化的占卜方术。即先将某树确认为某人的"寄身树"，或认为某树木能够与某人产生交感，之后审视树木表现出的兆象，进而占卜预测某人的生存状态与未来命运。笔者将这种占卜术姑且命名为"木占术"，其与"星占"、"梦占"、"龟占"、"蓍占"相比更为古老，其所寓含的内容不仅构造了"相"（xiàng）这个古老文字，还形成了一个具有统摄性的文化概念——"相（相术）"，概括与表达与"相术"相同或相类的系统文化意象。这种"木占"巫术为人的生命状态构建了一个参照系，使人实现预测未来的渴望。

二、木占术的文化表现形态

人是从自然中脱胎而出的，其思维与生命状态必然带有脱胎的痕迹。当人混同自然万物之际，在宇宙生命一体化的原始思维中，人与万物的生命过程是同一的，即均可概括为生死两极的同一。因此，人的生与死一定可以在自然界中找到反映的迹象，即是说人可以通过外物的变化来确认其自身的生命存在状态。这种原始思维是宗教哲学的产物，于今人虽不可思议，但在人类文化发展史上却是真实存在的。

在中国古人的宗教哲学理念中，最能引起人关于自身生命状态思考的物象就是树木，树木与人不仅具有共时并存性，还具有历时对应性，即树木的生长状态与人的生命状态形成观念性对应，树木的荣枯与人的生死具有密切关联，树木与人生命伴随始终。《北史·列传第五十九》载：

蔡景王整，文帝弟也。……从武帝平齐，力战而死。文帝初居武元之忧，率诸弟负土为坟，人植一柏。四根郁茂，西北一根整栽者独黄。后因大风雨，并根失之，果不终吉。

这段文字首先记述了一个事件的结果，那就是隋文帝杨坚之弟蔡景王杨整，在跟从武帝（后周）伐北齐时战死疆场。接着又进行补叙，表明这一结果早有前兆。即此前杨坚弟兄五人为其父杨忠居丧期间，每人皆在其父墓旁栽植一棵柏树，其中四棵长势良好，预示着四人命途通达安泰；然西北一棵为杨整所栽，枝叶枯黄，又遇大风雨，枝断根绝。柏树的惨象兆示杨整将有灭顶之灾，后来阵亡果应前兆。这种将树木与人密切关联，并以树木的长势作为人的生存状态的兆象的占卜术，在中国古代宗教文化中广泛存在着。

古人将树木视为生命的寄托，人与树木的命运休戚相关。《诗经·召南·甘棠》："蔽芾甘棠，勿剪勿伐，召伯所茇。蔽芾甘棠，勿剪勿败，召伯所憩。蔽芾甘棠，勿剪勿拜，召伯所说。"此诗通过"茇、憩、说"三字道出主人公召伯与甘棠树的文化关联。其中"茇"，《说文》释为"草根"，在诗中用如动词，应释为"根植"、"栽种"之义；"憩"为"休息"；而"说"，《释文》释为"舍"，诗中应为"寄居"之义。可见这里所言的甘棠树就是召伯栽种、休息、寄居的生命之树，此树与召伯命运攸关，因此爱戴召伯的人对其进行保护，防止对其剪伐伤害。其实这种保护来自一种关于"寄身树"的宗教禁忌。按古俗，要为新生儿栽植（有的是人长至一定年龄自己栽植的）或指定一棵树作为其生命的寄托，这棵树就是这新生儿的"寄身树"，其长势和命运与寄托主体相伴随。此古俗在中国流播甚广，现今广西壮族民间仍有寄身的习惯，选择榕树、木棉树作为寄身树；而浙江余杭、丽水等地，尚存种植"同龄树"或"贺生林"的古代遗风。

这种将生命或运数寄于树木的古老宗教思维，在世界其他一些地方也有类似显现。[英]詹·乔·弗雷泽《金枝》一书中有以下两则记载：

西非加蓬的姆班加人若在同一天生下两个孩子，便种下两棵同类的树，并且围着这两棵树跳舞。他们认为这两个孩子的生命各与其中的一棵联系在一起。当此树倾倒或死亡，则孩子很快也将死亡。喀麦隆的人们也相信一个人的生命同某棵树的生命交感地密切联系在一起。

毛利人生下婴儿后惯常把脐带埋在一个神圣的地方，在上面种一棵树苗。随着树苗的长大，也象征着儿子生命成长（a tohu orange）；树若繁茂，则此儿也一定富贵荣华；树若枯凋，则此父母就可预卜其最舛的命运。①

大凡用于占卜之物均被预置了某种灵性，具有通灵的功能。龟甲、蓍草、玉石、兽骨等均是如此，树木尤其如此。在这些占卜仪式中，人们用树木来展现人的生命形态，人与树木在生命层面具有同构性，二者已产生了生命共振，在古老的宗教观念中，树木具有极为神秘的色彩，也可以说树木已经具有了神本质特征。

爱尔兰、威尔士、苏格兰和今天的西班牙地区的古代文明被称为"凯尔特人文明"。凯尔特人古代文明的特征之一是'神圣的语言文字'（OGAM，欧甘文字），其与欧洲古希腊文明一样，文字语言被认为是神所赋予人类的'智慧'和神的旨意，因此，在做重要的决定之前，用占卜的形式来得知神的旨意是极为重要的一项活动。在这些地区所发现的考古遗迹以及目前尚存的少数人还传承的凯尔特人的未来预测中，各种树木的使用是一个很重要的特色。在所发现的 OGAM 字母中，所有的字母都有对应的树木，也就是说不同的树木代表不同的字母。找到这些不同的树木并截下树枝，之后再将相应的字母刻在树枝的上端，这样经过处理的树枝即可用于预测神的旨意。现将某些字母与树木对应的状况列为下表，以供参照：

OGAM NAME（欧甘文字）	LETTER（字母）	TREE（树种）
Beithe	b	Birch 桦树
Luis	l	Elm 榆树 /Rowan 花楸
Ailm	a	Fir 冷杉 /Pine 松树
Saile	s	Willow 柳树

---

① ［英］詹·乔·弗雷泽：《金枝》，徐育新译，大众文艺出版社 1998 年版，第 955 页。

在占卜的时候，这些树枝被任意投掷出，之后这些树木的方向和各树枝之间的关系将被解读。关于怎样解读这些树木所表示的意义，根据已发现的文字记载资料，有 SOW OGAM、BIRD OGAM、RIVER OGAM、KING OGAM、COLOR OGAM、FOOD OGAM 等诸多解读形式，也就是说进行解读的巫师需要记住这些传承下来的形式，而掌握解读方法则是巫师所具有的独特的技能。①

中国贵州苗族用于占卜的专用工具，是东部方言区苗语称之为 Ghob zeud ghob kangt 的竹卦或木卦，分别指以竹和树木作制成的占卜用具，这种占卜用具需要经过精心的选材与制作。对此，《贵州苗族建筑文化活体解析》一书描述如下：

> 苗族巫师专门用来占卜的竹卦，一般是用苦竹的根兜或奇异弯曲的竹节制成。制成竹卦的竹根兜或竹节不是任意选定的，而是巫师通过比较艰辛的"倾听"找到的。学习巫术的巫者要出师门自立门户之前，要请自己的师傅卜问，确定自己所用的卦长在哪里，根据卜问的结果，他就在吉祥的夜晚，去师傅指点的竹林倾听，找出那根在夜深人静的时候发出奇异声响的竹子，用红绳束住，待到天明时烧香化纸祭拜后挖回家中，依照其生长的纹理削出三至四寸长的牛角状根兜，并锯成厚薄均等的两块，打磨光滑，放在法坛上阴干，再涂上桐油以防虫蛀，待到举行过"出师门典礼"，即可使用。木卦要用羊角一般粗细的五倍子树（苗语：Nhut pab）接地部分的茎做成，长三至五寸，亦是削成牛角状，锯成均等的两块；寻找的仪式跟竹卦一样。②

无论竹卦与木卦，其选材过程与制作细节上大致相同，只是选择的对象上有差异，竹卦选取竹子，木卦选取五倍子树。整体的选材与制作过程，反映出占卜用具被赋予的神秘意蕴，整个过程充满虔敬与慎重，充满了对占卜用具的信仰与寄托。

---

① See John Matthews, The World Atlas of Divination：the Systems Where They Originate How They Work, Headline Bood Publishing, 1992, p.28.
② 麻勇斌：《贵州苗族建筑文化活体解析》，贵州人民出版社 2005 年版，第 295 页。

此外，大藏经中《占察善恶业报经》提及的"地藏木轮相法"，据其功能而论，虽不是严格意义的占卜术，但也含有木占术的文化成分。至于民间的筷子占卜、阴阳木片或竹片占卜等形式，仍可视为木占术的在俚俗文化域的表现形态。

现存的文化人类学研究成果表明，在古老的宗教观念作用下，树木与人的这种神秘关联现象在世界人类文化早期具有普遍性。不同的是，在世界其他文化圈中，树木与花卉、土石、星宿等一样，只是与人发生生命交感的一种物象而已，在宗教文化中并未得到特殊的强调；而在中国古代宗教文化观念中，树与人的神秘关联确立的比较早，与花卉、土石、星宿等物象相比，树木居于交感巫术文化发生的源头，具有原生态意义。

三、"木占"文化的延伸形态

占卜的目的是兆示未来，预测吉凶，趋利避害。大凡占卜术所用的质料，无论是龟甲、蓍草还是树木，在先民的宗教观念中，均具有灵验的特征。然而，木占与龟卜、蓍占等有所不同，其一表现为获得占卜结果的时间差异：使用龟甲、蓍草等进行占卜，用时少，甚至可以立即作出决断；相较而言，木占则是一个漫长的过程，至少也需一个时间跨段，过程长，产生结果缓慢。其二则表现为占卜质料与人生关联的差异。无论龟甲与蓍草多么通灵，但在占卜结束之后，即失去其固有的价值，也不再与人事发生更多的关联，甚至被忽略或遗弃，这种得鱼忘筌的做法，也是先民的一种价值取向。然而，木占术所用的树木，却一直与人的生命存在密切的关联。人不仅在生时与树木相依存，死后仍与树木相伴随。人与树木这种在灵魂层面的关联，可以视为"木占"文化的延伸形态。

随着宗教观念的产生与发展，古人对个体生命的终结予以极度的观照，通过丧葬宗教礼仪寄托生者的哀思，并实现死者灵魂长生或转生的生前宿愿。为使这些宗教情感与观念有一个较为真实的实现途径，对棺椁制作规制的确认是非常重要的，特别表现在材质的选择上。古代葬具从其制作材料上可分为瓦棺（或瓮棺）、石棺、木棺等，其中以木棺居多。《礼记·檀弓上》

载："有虞氏瓦棺，夏后氏墍周，殷人棺椁，周人墙、置翣。"记述了在葬死者时，有虞氏用瓦棺，夏后氏用砖围棺，殷人用棺而又加椁，周人有棺椁外还要设墙和翣扇作装饰。认为木质棺是自殷商以降才开始出现，这只是关于某一具体历史现象的粗线条断代，其实，木棺在殷商之前就已经存在。考古结果证明，至迟在距今四千至一万年的新石器时代就用有木棺。① 从文字学角度分析，"棺"、"椁"二字皆从"木"，又由于中国古代文字体系形成于殷商时期，因此，可以推断，木棺产生的历史久远，至迟在殷商时期已普遍使用，其后袭用不悖。古人选择制作棺椁的木料，以耐腐的优质木材为主。《礼记·丧大纪》载："君松椁，大夫柏椁，士杂木椁。"即国君之棺椁用松木，大夫用柏木，士用杂木。不仅如此，对所用之木的长度与厚度也有一定规制，总之尽量取材于高大的树木。人生时居于木构之宫室，死后安息于木构之棺椁，从这人与木的依存方式上观之，可谓生死同途，树木成为人永恒的生命寄托。

　　古人以树木作为生命寄托的观念，还表现为在死者的墓地栽植树木的作法上。据《周易·系辞传下》所言："古之葬者，厚衣之以薪，葬之中野，不封不树。"其中的"不封不树"，是指即不封土堆坟，也不种植树木为标识。这是一种最初的质野无文的葬制形式，《礼记·王制》也有相同的叙述。但随着宗教观念的发展，人与树木的关联也得到进一步强化，因此在墓地种植树木的作法就在更多的共识观念中相延成俗。《周礼·冢人》所谓"以爵等为丘封之度与其树数"，亦即"尊者丘高而树多，卑者封下而树少"，应是关于此风俗较早的确切记载。《史记·伍子胥列传》载：伍子胥将死时说："必树吾墓上以梓，令可以为器。"他嘱咐门客一定要在自己的坟墓上种上梓树，使其长成之后可以作棺材。而《史记·吴太伯世家》也记叙了吴公子季札挂剑徐君冢树的故事。以此可见，迟至春秋中晚期，在墓地种树的现象也极为普遍。明代谢在杭《五杂俎》（卷 10·物部二）载："古人墓树多植梧、楸，南人多种松柏，北人多种白杨。"古人在墓地种树，据现实层面而言，是起标识其兆域的作用，或标志死者的地位身份等。而据宗教层面而言，是将树木视为灵魂的寄托，视为生命永存不灭的象征。

---

① 　见安金槐主编：《中国考古》，上海古籍出版社 1992 年版，第 67 页。

　　人生依树而栖，人死依树而息，人与树木的这种神秘关联在文字学与词汇学的发展中留下了印迹。汉字"休"，《说文》释为："息止也。从人依木。"从字形构成上，"休"是人与木的结合，在词义上，"休"有三个主要义项：第一个义项是表示"休息"，表示生命存在的一种形态，如《诗经·周南·汉广》："南有乔木，不可休息"；第二个义项是"结束（死亡）"，表示生命消亡的结果，如晋陶渊明《归去来兮辞》："善万物之得时，感吾生之行休"；第三个义项是"美（美好、美善）"，既表示一种心理的愉悦，也含有哲学上的适度。如《尚书·大禹谟》："戒之用休，董之用威"，又《周易·大有·象》："君子以遏恶扬善，顺天休命"。如果将这三个义项结合在一起，就会发现"休"字蕴含一完整的宗教哲学理念，即无论生命在形式上的存在与休止，只要人与木合而为一，人与木相依共存，生命就呈现出最美好的理想状态，生命的本质就会得到升华，其存续的永恒性就会得到最真实的确认。"休"字关于生与死的双重对立义项，并未形成矛盾的背律，而是表述生死齐一，委运乘化的生命哲学。这与《庄子·大宗师》所表述的"知死生存亡之一体者……故善吾生者，乃所以善吾死也"观念合若符节。这不是对生命宿命的悲观，而是对生命变化本质所起的美好而乐观的赞颂。

　　在墓地种树的古俗，今天仍可寻其遗迹。今黔东南州从江县有个岜沙苗族原始村落，据传说是蚩尤的后裔。早在三皇五帝时期，苗人的祖先蚩尤与黄帝进行了一场战争，战败后，蚩尤率部落迁移至此繁衍生息。岜沙人有一古老的风俗，即"在埋葬死者之处栽树。小孩出生栽一棵树，老人去世也栽一棵树，世上最大莫过于生死二字，生与死均和树有牵连。……我相信在身边的每棵大树下，都有一棵远去的灵魂"①。不仅现存的原始聚落如此，就是在一些文明进步的地方，人们仍然遵此古俗，只是其故有的宗教意味淡然而已。

---

① 李顺骅：《生死芭沙树》，《解放日报》2006 年 4 月 8 日。

四、"木占"文化的衍生形态

从文化原型角度而言,"木占"即是一个文化母题,它经历了漫长而复杂的发展与迁变,其自身文化形态在历史与民俗中仍保留一定的成分。此外,这种文化要素还泛化、衍生为禁忌、文学、哲学等其他文化形态,换言之,"木占"元素以文化遗存方式散存于禁忌、文学、哲学等文化形态之中。

古代先民在"木占术"中所蕴含的宗教理念,表明了人自身与树木之间的文化关联,而这种文化关联的确立,使古人的"恋木情结"进一步深化,并产生了一系列宗教禁忌。这些禁忌的潜在文化语义是:千万别这样做,以免发生不测。古人附加在树木上的禁忌,明确地表现为禁止折损某些具有宗教文化象征意义的树木。《晏子春秋·内篇谏下第二》载:"景公有所爱槐,令吏谨守之,植木悬之下令曰'犯槐者刑,伤槐者死。'"从这则记载观之,齐景公作为一国之君,以法令的形式来表达对槐树的情感,也是将对槐树的禁忌制度化,这种将槐树的生存权置于民众之上的作法,从理性上分析有些荒唐,一国之君终不能以一己之私欲而害民生、伤民命。然而,从宗教文化角度就不难理解,齐景公的做法是出于爱槐之情,而这种爱槐之情又根植于其对槐树所持有的宗教情结,槐树就是齐景公的宗教树,因此,他不惜政治代价来维护心中的信仰,这表现为宗教在某种程度上对政治或法律的突破。除个人的宗教树之外,国家或部族也有宗教树——社树。社树被认为能够兆示其所关涉的文化区域的存在状态及发展的运数,因此也禁止对其砍伐或折损。《庄子》中所述的椿树、栎树与商丘大木等,其文化原型都是宗教文化中的社树,因此无人砍伐,才得以尽其天年。庄子是以一种宗教现象的结果,去阐发其逍遥无为哲学的发生动因。

人与树木的情感关联与生命共振意识,催生了系列"恋木"主题文学,以《诗经·唐风·椒聊》、《诗经·桧风·隰有苌楚》、屈原的《橘颂》、蔡邕《伤胡栗赋》、王粲《柳赋》、庾信《枯树赋》等为代表,这些文学作品均有一个共同的特点,即是对树木进行咏叹,或赞颂其高洁之志与美善的品质,或伤感其悲惨遭遇,在抒情上,都有很浓的自况倾向,表达着人与树关联为一的情感。其中尤以蔡邕《伤胡栗赋》最为感人。蔡氏祠堂前的栗树被人折损，作者的心灵遭到伤创。"何根茎之丰美兮，将蓄炽以悠长！"从作者的赞叹中可知，这枝叶丰美、生命力旺盛的栗树就是作者与其家族的宗教树，它具有彰显蔡氏家族昔日的辉煌及兆示其未来残败运数的象征功能。所以，栗树一旦遭受摧折，使作者心灵中的信仰大厦为之倾颓坍塌。"适祸贼之灾人兮，嗟夭折以摧伤"，表达出作者极度伤痛之情。"祠堂栗树被人折损，这是树的不幸，也是蔡氏家族的灾难。……栗树的生命过早结束，给蔡邕的心灵投下浓重的阴影，他不能不联想到家族和本身未来的命运。蔡氏家族和祠堂前的栗树，气息相通，生命一体，这是蔡邕深为伤悼的原因。"① 古人对树木的宗教情感的存在，促进了文学及其他艺术形式的"恋木"题材类型的确立，实现了宗教审美到艺术审美的功能转换。

人对树木的宗教情感，不仅影响到艺术审美，还影响人关于其自身的哲学思维。人当思考自身生命过程时则言："人生一世，草木一秋。"当思考人才培养之事时，则如《管子·权修》所言："十年之计，莫如树木；终身之计，莫如树人。"即所谓的"十年树木，百年树人"之义。当思考自身价值时，则思作栋梁之材。当思考品德修养时，则如孔子所称："岁寒，然后知松柏之后凋也。"（《论语·子罕》）如此种种不胜枚举。人在对其自身思考时，或与树木对举成喻，或联言明理，总之，在人对其自身的哲学思维中，树木成为人解读其自身复杂生命运动过程的参照系。

随着历史的发展，木占术中所蕴含的人与树木生命共振的原始思维已经积淀为人类的潜意识，已成为一种可以延伸发展的活力文化因子，它逐渐超越传统，已经对某些现代科学理论形成的支撑。现代心理病理学体系中的"树木人格测试"理论的出现，就有力地证明了这一点。

"树木人格测试"是现代临床心理学实践中非常流行且极其成熟的一种测试和治疗方法，即是利用树木画进行的投射人格测试。1949 年瑞士心理学专家科赫（K.Koch）出版了《树木画测试》（第一版），书中提及了"树木人格测试"理论。即仅使用"树木"作唯一的绘画主题，通过被测试者用

---

① 李炳海：《生命一体化和生命能量转换理念的艺术显现》，《社会科学辑刊》2004 年第 5 期（总第 154 期）。

软芯铅笔在纸上所画的树木画，而对其智能、身心发展状况、职业兴趣及判断力等方面进行标准化测试，也可用于测试其精神障碍与智能障碍的早期发现，以及确认心理治疗的效果等。这种测试与其说是"看画知人"不如说是"看树知人"，是通过画中的"树木"对测试对象的人格特征进行分析。这种投射绘画为什么要选择"树木"为唯一的主题呢？对此，[美]哈默（Hammer）在《投射绘画的临床应用》一书中指出："更加根本的自然植物——树，是适于投射人格深层感情的象征。这样的感情较之人们学到的东西，存在于人格中更加原始的层次上。"他认为树木画更容易投射出人内心封存在深层的感情。[日本]吉沅洪在《树木——人格投射测试》中进一步解释说："描绘出来的树木代表着包含绘画者的出身、迄今为止的经验、未来期望和计划的整个生活史。在与人物画相对照的树木画中，仅从某一特定时期描绘的一棵树中，就能够得知被试的人格经年累月发展的概貌。树木的主题能潜在地表露出传记性往事的理由也就在于此。"① 这种"树木人格测试"仍是以人在潜意识中存在的与树木生命共振的理念为理论基础的。在人的潜意识中，树格即人格，树木是人的心灵投射，是人的情感寄托，是人的精神家园。在美国心理学家巴克（John Buck）的"HTP"绘画投射人格测试中，提及三个绘画主题：Home（家）、Tree（树）、People（人），"HTP"即是由这三个英文单词的开头字母组合而成的。"家——树——人"三种绘画主题的组合，可以了解测试对象的经验与人格的不同层次与维度，可以引起关于意识或无意识的联想。"家——树——人"的组合，体现出人们生活的最基础、最本质的结构特征，在这种浓厚的家园情怀中存在着明显的"恋木情结"。通过分析，我们也可以清晰见出，现代心理病理学中的"树木人格测试"理论，也带有一定的传统"木占术"的文化成分，抑或可以说它也是传统"木占术"的文化衍生形态。

　　"木占术"（Divination by trees）这种宗教文化形式的非常古老，且被历史尘埋日久，以致鲜为人知。中外宗教文化学研究史料均罕见提及，人类的记忆已经荒疏了它的存在。但只要广泛搜寻、深入挖掘、综合分析，就会在相关的文化遗存中见出其存在并发生作用与影响的历史痕迹。笔者坚信，随

---

① [日本]吉沅洪：《树木——人格投射测试》，重庆出版社 2007 年版，第 17 页。

着考古资料、人类学资料及相关知识技术的进一步拓展与延伸，"木占术"存在的历史真实性将陆续被证明。"木占术"虽为卜筮文化，但其将人与树木密切关联的思维方式，表达出人类对生存环境的亲和情感与生态观念，这种宗教思维也蕴含着"天人合一"的哲学思想。研究"木占术"的存在形态及文化功能，有利于对更多的古代宗教文化符码进行解读。关注与提炼古代"木占术"所蕴含的生态观念，有助于弥合现代人与自然关系的裂痕，并为构建和谐社会注入文化活力因子，进而体现出中国古代宗教的文化潜能在现代及未来文化整合中的价值与意义。

（何长文，男，汉族，文法学院教授，主要从事宗教哲学、中国古代文学研究。本文发表于《世界宗教研究》2011年第 4 期）

中西方伊斯兰社会性别研究概述

王　艳

一、引　言

19世纪末以来，性别问题一直是伊斯兰社会研究的一个重要主题。然而，在伊斯兰研究中，性别往往也是隐而不彰的。性别在分析问题上的有用性受到质疑，甚至有些人认为这是一个难以辨别、无法剥离的模糊概念。长久以来，伊斯兰教的理论学家、教法学家、哲学家等均将性别视为从属于认同研究的一个范畴，用以维持当前伊斯兰社会的社会秩序。随着教法学家、哲学家对伊斯兰问题的思考，伊斯兰知识体系中出现了大量关于两性地位的合法性、信仰实践等问题的教法阐释和建议，以调整或规范伊斯兰社会中的两性关系，从而营造一套男女性别角色互补的公平、理想的社会秩序。然而，20世纪90年代，伊斯兰女性主义运动兴起，越来越多的穆斯林女性开始穿梭于传统意义上的"男性"空间，如清真寺、大众传媒及其他公共领域，如此，男女各司其职的传统社会秩序面临前所未有的挑战。尤其是最近几十年在西方学术界，我们可以看到有大批的穆斯林女性学者拿着充足的研究经费，开始致力于穆斯林世界中的性别研究，她们将更多的目光投在社会经济因素如何与宗教因素相结合导致某些穆斯林女性群体被边缘化的问题。20世纪90年代末，穆斯林社会的女性生活研究逐渐向综合性研究转变，将性别和伊斯兰教与历史和物质世界紧密联系起来。于是，基于不同文化、地区、家庭背景下的穆斯林女性个案研究兴盛起来，这些研究主要关注的是伊斯兰教的性别观如何在不同的社会文化价值、规则和习俗中形成的，即不同的社会文化、规则、习俗是如何型塑这个社会的性别角色、关系和权力的。

二、西方学界关于伊斯兰社会两性地位的五种观点

梳理西方学术界在伊斯兰社会的男女两性地位的讨论，我们发现主要有以下五种观点：

第一，伊斯兰社会中女性的受压迫地位与宗教无关，相反，伊斯兰教却一直试图提高女性地位。这一点在莱拉·艾哈迈德（Leila Ahmed）的《伊斯兰教的女性和性别研究》[1] 和阿斯马·巴拉斯（Asma Barlas）的《伊斯兰教之相信妇女》[2] 两部著作中有详细论述。她们认为，穆斯林女性在社会中的从属地位是由其所处的文化环境所决定的，与伊斯兰教法无关。

第二，穆斯林妇女在物质生活和意识形态中所属的从属地位，在很大程度上是受到经济和政治因素的影响。摩洛哥社会学家、女性主义者法蒂玛·梅尔尼斯（Fatima Mernissi）在其代表作《超越面纱：现代穆斯林社会的男女性别动态机制》[3] 和《面纱与男性精英：伊斯兰社会女性权利之女性主义解读》[4] 中对此均有论述。梅尔尼斯将穆斯林女性的从属地位与伊斯兰文化对女性的性恐惧联系起来。她认为，由于女性的性自由是对理想伊斯兰社会秩序的一种威胁，而女性合法权、个人自由的缺失和在经济、社会、政治机构中的缺席与伊斯兰社会试图消除这种威胁有直接的关系。

第三，一些学者和激进主义者认为，伊斯兰教是无法为那些寻求两性平等而身处困境的穆斯林妇女提出任何解决办法的。如埃及女性激进主义者纳瓦勒·埃尔·萨达维（Nawal El Saadawi）的《夏娃的隐藏表情：阿拉伯世

---

① Leila Ahmed, *Women and Gender in Islam：Historical Roots of a Modern Debate*, New Haven：Yale University Press, 1992.

② Asma Barlas, *Believing Women in Islam：Unreading Patriarchal Interpretations of the Qur'an*, Austin：University of Texas Press, 2002.

③ Fatima Mernissi, *Beyond the Veil：Male-Female Dynamics in Modern Muslim Society*, Bloomington：Indiana University Press, 1987.

④ Fatima Mernissi, *The Veil and the Male Elite：A Feminist Interpretation of Women's Right in Islam*, New York：Perseus Books, 1992.

界的妇女》①、伊尔沙德·曼吉（Irshad Manji）的《伊斯兰教的麻烦》②和阿雅按安·希尔西·阿里（Ayaan Hirsi Ali）的《异教徒》③在著作中对此都有相关论述。

第四，有些学者认为，在一些施行严格宗教教法的国家中，穆斯林妇女的经济、政治或日常生活均表明她们总是生活在一个迎合或反抗国家主流的意识形态和文化价值的环境中。莉拉·阿布－卢格霍德（Lila Abu-Lughod）的《书写女性世界》④，戴安娜·辛格曼（Diane Singerman）的《参与之道：开罗城市小区的家庭、政治和网络》⑤和萨尔玛·艾哈迈德·纳吉布（Salma Ahmad Nageeb）的《旧空间与新边界》⑥均对此进行了详细的论述。

第五，有学者以伊斯兰教经典《古兰经》的文本分析为基础，重新解读和分析其中关于男女两性地位的原始含义，肯定《古兰经》赋予穆斯林女性与男性平等地位的积极意义。在此方面，美国伊斯兰女性主义者阿米娜·瓦杜德（Amina Wadud）的观点可以说是独树一帜的。瓦杜德试图打破以往建立在以男性精英为主导的《古兰经》注释学基础上的传统，以女性的视角对最初始的经典文本进行解释学分析和重新解读。其代表作《古兰经与女性——从女性视角重读圣典》⑦一书自1999年出版起便在学界引起轩然大波。瓦杜德在书中对影响穆斯林女性地位的注释文本或关键词进行文本还原式地重新解读，分析其原始含义，指出《古兰经》语言对女性无任何偏见或性别歧视，也没有对社会性别关系设定一个恒久不变的结构。反而，《古兰经》是一部指导人类社会趋于完美化发展的经典。在这种趋于完美的社会

---

① Nawal El Saadawi, *The Hidden Face of Eve：Women in the Arab World*, trans. Sherif Hetata, London：Zed Books, 2007.

② Irshad Manji, *The Trouble with Islam*, New York：St. Martin's Press, 2004.

③ Ayaan Hirsi Ali, *Infidel*. New York：Free Press, 2007.

④ Lila Abu-Lughod, *Writing Women's Worlds*, Oakland：University of California Press, 2008.

⑤ Diane Singerman, *Avenues of Participation：Family, Politics, and Networks in Urban Quarters of Cairo*, Princeton：Princeton University Press, 1995.

⑥ Salma Ahmad Nageeb, *Old Spaces and New Frontiers*, Lanham, MD：Lexington Books, 2004.

⑦ Amina Wadud, *Qur'an and Woman：Rereading the Sacred Text from a Woman's Perspective*, New York：Oxford University Press, 1999.

中，男性和女性相互协作，地位平等，无优劣之分。

此外，针对人们所认为的穆斯林女性在道德、心智和情感方面劣于男性的说法，一些女性主义学者认为这是对《古兰经》文本误读的结果，导致这种误读主要有以下几个原因：首先是在过去几个世纪中鲜有女性经注家出现；其次是由于翻译过程本身具有的复杂性和译者所处的社会环境所致；再次，最初参与译注《古兰经》的男性经注家所生活的社会与公元 7 世纪伊斯兰教产生的社会已经大不相同，再加上后来对《古兰经》的注解是在经典译注和《古兰经》文本相结合的基础上形成的，从而导致部分经典译注的神圣化。如此，最初参与译注的男性精英们模糊了《古兰经》降世文本中所描述的性别平等概念，后继的经注家也囿于缺乏对此的认知，导致《古兰经》文本一再被世人误读。

可以说，伊斯兰教的性别问题自提出之日起便引起无数学者的争论，而伊斯兰教经典《古兰经》中有关男女性别角色和关系、女性权利和义务的论述（如 2：228；4：3；4：11；4：34；24：30—31；33：53；33：59—60①）是目前学界围绕女性权利、角色和地位而展开激烈争论的分歧所在。

三、中国回族学界研究伊斯兰社会女性问题的多种角度

在中国伊斯兰文化研究领域，回族学界关于社会性别的研究相对较多。可以说，社会性别概念的出现为回族学研究提供了新的视角。随着回族女性在伊斯兰社会中重要性的凸显以及两性平等意识的觉醒，回族性别研究引发了众多学者的关注。丁宏教授是回族学界最早提出将性别引入回族研究中的学者，她在《谈回族研究中的性别意识》② 一文中便明确指出从性别角度研究和分析回族社会的必要性和重要性。水镜君在《在对话中探寻中国清真女寺史》③

---

① 马坚译：《古兰经》，中国社会科学出版社 1981 年版。"2：228"意为《古兰经》第 2 章 228 节。

② 丁宏：《谈回族研究中的性别意识》，《回族研究》2002 年第 3 期。

③ 水镜君：《在对话中探寻中国清真女寺史——兼谈回族学建设中理论、方法的探索与创新》，《回族研究》2003 年第 4 期。

一文中也提到在回族研究中引入社会性别视角，借鉴女性主义研究方法，开拓回族学研究的新领域这个问题。具体来看，中国回族学界的性别研究主要有以下几个研究方向。

从女学或女性教育的角度对回族社会的性别问题或女性发展进行分析，如水镜君、玛利亚·雅绍克所著的《中国清真女寺史》① 从清真女寺这一独特的视角对中原地区回族女性的文化教育、宗教信仰和社会地位进行了细致的描述和深刻的分析，为中国的回族研究开辟了一个新的研究视角；此外，还有杨文炯的《女学：经堂教育的拓展与文化传承角色的位移》②，马强的《妇女教育与文化自觉——临夏中阿女校个调研》③，松本真澄的《中国西北伊斯兰女子教育——以临夏中阿女学和韦州中阿女学为例》④ 和《正规教育和非正规教育中的性别与女性的发展——一项关于伊斯兰女学的问卷调查分析》⑤，马燕的《从清真女学的兴起谈回族妇女的文化自觉——以宁夏同心县城区女学为个案》⑥ 等都是从女学的角度对回族妇女的发展加以阐释。此外，学界还非常重视对回族女童教育的研究，以中国西北地区的某一回族社区为调查点，探讨回族女童教育的现状、影响因素、应对措施等。如马忠才的《分层与流动：回族女童教育的动力机制》⑦ 以宁夏同心的一个回族村为田野点，从社会分层与流动的社会学视角探讨回族女童教育的动力模式；罗彦莲的《同心县回族女童学校教育现状的文化与社会性别诠释》⑧ 以文化与社会性别的视角分析宁夏同心回族女童教育的现状，认为回族女童教育受到回族

---

① 水镜君、玛利亚·雅绍克：《中国清真女寺史》，生活·读书·新知三联书店 2002 年版。

② 杨文炯：《女学：经堂教育的拓展与文化传承角色的位移》，《回族研究》2002 年第 2 期。

③ 马强：《妇女教育与文化自觉——临夏中阿女校个调研》，《中国穆斯林》2003 年第 2 期。

④ 松本真澄：《中国西北伊斯兰女子教育——以临夏中阿女学和韦州中阿女学为例》，《回族研究》2003 年第 4 期。

⑤ 松本真澄：《正规教育和非正规教育中的性别与女性的发展——一项关于伊斯兰女学的问卷调查分析》，《回族研究》2008 年第 1 期。

⑥ 马燕：《从清真女学的兴起谈回族妇女的文化自觉——以宁夏同心县城区女学为个案》，《宁夏社会科学》2007 年第 2 期。

⑦ 马忠才：《分层与流动：回族女童教育的动力机制》，《北京大学学报（哲学社会科学版）》2006 年第 S1 期。

⑧ 罗彦莲：《同心县回族女童学校教育现状的文化与社会性别诠释》，《西北民族学院学报（哲学社会科学版）》2002 年第 5 期。

传统文化、社会性别观念与性别角色定位的影响和制约；而虎隆的《虎学良阿洪与〈回教女子三字经〉——试论虎学良的回族女童教育观》① 则运用回族学者虎学良运用民间流行的三字经文体写成的《回教女子三字经》阐释了回族穆斯林女童的教育观；等等。

从社会发展或文化变迁的角度研究回族女性的社会适应问题，如骆桂花的《甘青宁回族女性——传统社会文化变迁研究》② 一书从民族社会学角度出发，对甘青宁地区的回族女性在经历传统社会文化变迁过程中的各文化层面进行了细致的探讨和分析；丁宏教授在《回族妇女与回族文化》③、《文化、性别与回族社会》④ 两篇文章中提出，回族的社会性别受到伊斯兰文化和中国传统文化的二元文化的影响，因此要在大的传统文化框架下进行回族妇女研究，同时也要关注民族文化本身所蕴含的性别因素；因此，我们可以看到一些学者在大的传统文化背景下，以个案研究的方法探讨当代回族社会中女性与社会之间的互动关系，如马东平的《回族妇女社会劳动参与与生活民俗现状分析——以甘肃省临夏八坊回族妇女为个案》⑤、《论回族妇女在社会劳动参与中的性别隔离——以甘肃省临夏八坊回族妇女为个案》⑥，闫国芳的《昌吉市回族妇女社会参与和某些生活民俗的变迁》⑦，陈延超的《市场经济与少数民族女性角色转变——以三亚回族妇女为例》⑧ 等。

从婚姻制度或婚姻习俗的角度研究的，如马平的《回族婚姻择偶中的

---

① 虎隆：《虎学良阿洪与〈回教女子三字经〉——试论虎学良的回族女童教育观》，《回族研究》2009 年第 2 期。

② 骆桂花：《甘青宁回族女性传统社会文化变迁研究》，民族出版社 2007 年版。

③ 丁宏：《回族妇女与回族文化》，《中央民族大学学报（社会科学版）》1998 年第 2 期。

④ 丁宏：《文化、性别与回族社会》，《西北民族研究》2008 年第 3 期。

⑤ 马东平：《回族妇女社会劳动参与与生活民俗现状分析——以甘肃省临夏八坊回族妇女为个案》，《甘肃社会科学》2004 年第 6 期。

⑥ 马东平：《论回族妇女在社会劳动参与中的性别隔离——以甘肃省临夏八坊回族妇女为个案》，《开发研究》2003 年第 5 期。

⑦ 闫国芳：《昌吉市回族妇女社会参与和某些生活民俗的变迁》，《西北民族研究》2003 年第 2 期。

⑧ 陈延超：《市场经济与少数民族女性角色转变——以三亚回族妇女为例》，《广西民族学院学报》1999 年第 3 期。

"妇女外嫁禁忌"》[①] 从回族妇女的外嫁禁忌入手，认为此禁忌的形成主要是由于民族心理因素作用的结果，同时此禁忌对于回族的形成和发展起着极为重要的作用；顾世群的《伊斯兰教婚姻制度的伦理之维——对一夫多妻制、妇女观念及其婚姻禁忌的再思考》[②] 一文提出伊斯兰教中关于一夫多妻、妇女观以及婚姻禁忌的规定是有其社会历史背景的，相较于前伊斯兰教时期已经是历史的进步，提倡用发展的眼光看待伊斯兰教的性别问题；高回松在其《云南回族女性早婚现象浅析》[③] 一文中谈到，引发云南回族女性群体早婚的原因主要有伊斯兰信仰和民族传统文化因素、经济因素、社会环境因素、个体心理因素等。

　　从社会、宗教文化对回族女性身心健康的影响角度研究的，如徐黎莉等人在《穆斯林妇女疾病和健康的人类学考察——以甘肃临夏回族自治州某村庄为例》[④] 一文中提出，地理环境、社会、区域文化和性别因素是影响回族妇女健康的主要因素，认为可以通过治愈疾病的过程培养妇女的自我发展意识；孙金菊的《西北农村妇女三维空间中的生活状况对其健康的影响——一项人类学视野下的田野考察》[⑤] 以甘肃省临夏回族自治州的一个回族村落为调查点，从家庭、宗教、社区三个维度探讨了西北回族农村妇女的生活状况对妇女健康的影响；此外还有戴建宁的《试论回族妇女信仰伊斯兰教的心理特征》[⑥]，肖芒的《伊斯兰教的"五功"与回族妇女的健康》[⑦] 以及《论伊斯兰教饮食习俗对回族穆斯林健康的影响》[⑧]，王婷的《伊斯兰教伦理对女性修

---

① 马平：《回族婚姻择偶中的"妇女外嫁禁忌"》，《西北民族研究》1998 年第 2 期。
② 顾世群：《伊斯兰教婚姻制度的伦理之维——对一夫多妻制、妇女观念及其婚姻禁忌的再思考》，《西亚非洲》2009 年第 11 期。
③ 高回松：《云南回族女性早婚现象浅析》，《西北第二民族学院学报》2001 年第 3 期。
④ 徐黎莉、孙金菊、玛丽亚·雅绍克：《穆斯林妇女疾病和健康的人类学考察——以甘肃临夏回族自治州某村庄为例》，《中南民族大学学报（人文社会科学版）》2009 年第 7 期。
⑤ 孙金菊：《西北农村妇女三维空间中的生活状况对其健康的影响——一项人类学视野下的田野考察》，《中央民族大学学报（哲学社会科学版）》2012 年第 5 期。
⑥ 戴建宁：《试论回族妇女信仰伊斯兰教的心理特征》，《回族研究》1992 年第 2 期。
⑦ 肖芒：《伊斯兰教的"五功"与回族妇女的健康》，《云南民族学院学报（哲学社会科学版）》2001 年第 3 期。
⑧ 肖芒：《论伊斯兰教饮食习俗对回族穆斯林健康的影响》，《西南民族学院学报（哲学社会科学版）》2001 年第 6 期。

养的提升》① 等。

从分析穆斯林妇女戴盖头或面纱的原因角度探究其文化、权力和性别意涵，如有学者认为穆斯林妇女的盖头、面纱习俗受到伊斯兰教发展的历史传统、生存环境以及教义教规的影响，反映了穆斯林妇女的文化意识和审美观念②；同时，有学者也强调面纱在不同的国际环境下被赋予了不同的意义，它反映了性别、不同文明和不平等国际秩序的冲突，体现了穆斯林的政治价值趋向，是伊斯兰世界在新的历史时期穆斯林妇女用于反抗外来力量的政治工具和媒介③。

总的来看，在中国回族性别研究方面，基础理论研究相对欠缺，学者们更多的是从民族学、人类学、社会学角度对回族女性的社会文化发展现状以及个人的社会化过程出现的问题加以描述和分析，试图对现实性的回族女性问题进行研究，从而激发回族女性的自我意识，引起社会广泛关注，并由此影响国家层面或地方政府层面上关于回族女性发展的相关决策。

四、结　语

伊斯兰社会的男女平等问题是个极具复杂性的，且直到现在依然是一个颇具争议的论题。随着社会的发展以及女性自我意识的觉醒，研究两性地位的角度更加多样。如今国内学者更注重当代穆斯林女性的自身发展及其对现代社会的适应性研究，以此为基础分析现代伊斯兰社会的两性地位及女性未来发展；然而，国内学界在基础理论方面与西方相比仍有欠缺，当西方学界的伊斯兰性别研究已经开始关注阶级、国家、民族、种族范畴内的性别问题时，国内学界却至今没有形成一套适合我国伊斯兰社会女性发展现实的理

---

① 王婷：《伊斯兰教伦理对女性修养的提升》，《网络财富》2009 年第 24 期。

② 参见蒋义友：《伊斯兰妇女戴面纱原因初探》，《世界宗教文化》2008 年第 3 期；李安辉：《伊斯兰社会妇女戴盖头习俗及其文化内涵》，《黑龙江民族丛刊》2000 年第 2 期；赵克仁：《穆斯林妇女面纱的价值取向透视》，《西亚非洲》2006 年第 4 期。

③ 参见范若兰：《文明冲突中的面纱》，《世界经济与政治》2006 年第 3 期；王艳：《面纱·身体·伊斯兰教——由法国"罩袍禁令"引发的思考》，《中国穆斯林》2012 年第 1 期。

论体系，导致伊斯兰女性发展的社会实践缺乏理论指导，更无法推动理论创新，二者相互脱节。此外，通过西方学者以女性主义的视角对《古兰经》进行的文本分析过程，我们发现，社会历史环境、语言能力、性别因素等深刻影响着译注的真实性和可靠性，而如今很多学者在讨论女性从属地位时依然从伊斯兰教的译注文本中寻求论据和支撑，而不是以批判性眼光对经典译注家的译本进行审视或直接对第一文本进行重新解读。这不仅对研究者的文本甄别能力和语言分析能力提出了挑战，同时也可以成为我国伊斯兰社会性别研究的一个新的发展方向。

（王艳，女，汉族，东北少数民族研究院讲师，主要从事民族学研究。本文发表于《世界宗教研究》2013 年第 3 期）

近三十年来近代东北基督教研究综述

王晓辉　黑　龙

一、近代东北基督教传播概述

东北地区①位于中国的东北边疆，自古以来便是多民族聚集的地区。这里不仅山水相连、自然资源丰富，且处于东北亚的要冲地带，具有极其重要的战略地位。随着移民的不断涌入，近代东北逐渐形成以汉族人口为主体的移民社会。②东北移民多为出身贫苦，知识水平较低，具有开拓与冒险精神的农民、手工业者或少部分无产业者。一方面他们粗犷豪放、不易束缚，对社会的稳定构成一定的威胁。另一方面，他们的思想具有极大的开放性，易于包容和接受新事物、新思想（当然也相对容易放弃原有或现有思想与信仰），这一特点使基督教③在东北的传播成为可能。基督教传入后，近代东北地区汇集了佛教、道教、伊斯兰教、喇嘛教、萨满教、天主教、基督教、

---

① "东北"作为一个区域，其疆域在历史上屡有变动。本文的东北地区主要以辽宁、吉林、黑龙江三省为主。

② 清朝初年，受战争及"从龙入关"政策的影响，东北地区人口锐减，地多人少。顺治时期清中央颁布《辽东招民开垦令》招徕部分汉民入东北开垦土地。康雍时期，清朝实行对吉林、黑龙江地区的局部封禁，而对奉天地区则稍加限制。乾隆初年则厉行全面封禁，严禁人口向东北地区流动。实际上在封禁政策下，人口（主要为汉族人口）向东北地区的涌入却并未停止，只是幅度相对较小。鸦片战争后，随着东北局部解禁及清末移民实边、全面开禁，向东北地区涌入的人口数量激增，其中以汉族人口为定居人口的主体，满、蒙古人口次之，其他少数民族数量相对较少，东北移民社会逐渐形成。

③ 本文中的基督教主要包括：天主教、基督教（即基督新教）和东正教。

东正教以及民间的多神信仰和秘密宗教，同时汉、满、蒙古、伊斯兰、西方等多种文化碰撞与融合，文化类型呈现出"杂糅"与"多元"的特点。

在近代国际关系背景下，基督教在中国东北的传播过程伴随着西方国家对东北的激烈争夺。鸦片战争后，沙俄通过不平等条约相继侵吞我国东北60多万平方公里的领土，将其势力深入东北。甲午战争爆发后，清朝因惨败而将辽东半岛割让给日本，从而使远东国际形势发生巨大变化。先是俄、德、法强迫日本归还辽东，多国势力借机深入东北。随后英日结成同盟共同反俄，美国反对沙俄对东北的独占，日本则随时准备发动战争以侵吞东北全境。东北地区已成为大国矛盾与争夺的焦点，政治、军事形势极其紧张。最后1904—1905年的日俄战争完成了列强对东北地区势力范围的重新划分，即由日俄分据南、北满洲，其他大国亦加强对东北的利益争夺。值得注意的是，在英、日、俄等大国竞相争夺东北亚霸权与掠夺东北资源的同时，西方宗教力量也在原有基础上加强在东北地区的传播。因独特的地域特点与历史文化背景，基督教在近代东北地区的传播又带有自身的特点。

细观基督教向东北的传播过程，广泛传播始于近代，但明末清初时已有天主教传教士进入东北①，只是当时信徒较少，影响不大。18世纪大批西方传教士来华，康雍乾时期他们就曾为绘制清朝全图到达过东北。② 鸦片战争后，随着汉民数量剧增，信徒不断增多，东北天主教得以进一步传播与发展，教区也不断析分。近代以后，东北天主教常以建立教堂、医院、修院、学校等传教方式向周边地区渗透和扩展，信徒人数增长迅速。

天主教在东北广泛传播之际，基督新教也于鸦片战争后传入东北。1867

---

① 目前对天主教传入东北地区的确切时间学界尚未确定，但在有关著作及地方志文献中对天主教在东北地区的早期传播有所提及，如〔美〕费正清主编、中国社会科学院历史研究所编译室译《剑桥晚清史（1800—1911）》（中国社会科学院出版社1985年版）中记载："1620年就曾有一名天主教神甫来东北访问，入清以后又有神甫多人先后来东北游历，可见天主教传入东北已有数百年历史，较之基督教来说根基更为深厚"。另外康熙时期的传教士南怀仁就曾随皇帝出过东北，并著有《鞑靼旅行记》或名《满洲旅行记》（收入卫藤利夫《鞑靼》地久馆出版1984年）。通过上述内容，可以认为早在明末清初，天主教已随天主教传教士进入东北，应该是天主教传入中国后不久。

② 参见秦国经：《18世纪西洋人在测绘清朝舆图中的活动与贡献》，《清史研究》1997年第1期。

年以英国长老会传教士宾维廉到营口传教为标志，开启基督教在东北传播的历史。东北地区基督教的传播，具有传入时间晚、传播速度快的特点。期间虽曾受义和团运动和日俄战争的影响，传教事业处于低迷状态，但战后很快恢复并发展迅速。这一时期基督教教会改变传教策略，注重兴办医院、教会学校和慈善事业，效果显著。总体来看，虽然近代东北基督教传播的速度较快，但相较于天主教或内地传教事业，仍较薄弱。

基督教派的另一分支东正教进入东北的时间较早。17 世纪中叶，随军出征黑龙江雅克萨城的俄国传教士在此建立东正教堂和修道院，为东正教传入中国之始。① 当时东北境内东正教信徒较少，主要为俄国人。一部分布里亚特蒙古及鄂温克、达斡尔人被俄国征服后，被迫改信东正教。后来他们又迁入额尔古纳河上游的呼伦贝尔地区，将东正教带到那里，但并未广泛传播。② 中东铁路修建后，俄国人大量进入东北，东正教得以快速发展。信徒主要集中在黑龙江省，以俄国或汉俄混血人为主体，中国人占少数。东正教影响范围虽不如天主教与基督教广泛，但也大力兴建教堂、学校、医院等机构。

基督教在近代东北地区的传播，不仅促进了中西文化的交流与融合，同时也带来竞争与冲突。虽然近代东北地区基督教信徒数量及其传播的广泛性都无法与内地或西北、西南等边疆地区相比，势力较为薄弱。但在近代国际政治背景下，基督教如何在以移民为主体的东北地区传播并与原有本土宗教发生什么样的关系，本身就是值得关注的课题。另外，传教士所从事的教育、医疗、慈善等社会事业对东北地区的社会、文化等方面产生深远的影响，不仅推动东北地区教育等事业的发展，加速该地区内地化以及近代化的进程，也给这一地区的民众（包括教徒、非教徒）留下了深刻的印象，特别是在东北地区少数民族的文化与思想中留下或深或浅的印记，尤其值得探究。

---

① 参见乐峰：《东正教与中国文化》，《世界宗教》2000 年第 4 期。

② 参见高崑：《黑龙江各地东正教及其历史沿革》，《黑龙江文物丛刊》1984 年第 3 期。

二、近代东北基督教研究现状

近年来，国内外学界对中国边疆基督教史的研究日渐深入，东北基督教史研究也日益受到重视。① 虽然与内蒙古、云南、新疆等其他边疆地区相比，东北地区的基督教史研究仍很薄弱，但是一些成果相继问世，值得我们去关注和总结。②

（一）国内研究状况

专著方面：在有限的查阅与阅读过程中，至今未找到一部关于东北地区整体或局部的基督教史的学术性专著出版。与东北基督教史相关最为直接的著作为［英］杜格尔德·克里斯蒂夫著、张士尊等译《奉天三十年（1883—1913）——杜格尔德·克里斯蒂的经历与回忆》（湖北人民出版社2007年版）。另外，在东北地方史，如杨余练主编《清代东北史》（辽宁教育出版社1991年版）、王魁喜的《近代东北史》（黑龙江人民出版社1984年版）和东北地方志及与东北相关的书籍中有所涉及，但大多是对基督教在东北的传播进行概括性和线索性的描述，并未展现全貌。而且这类著述常将基督教在东北的传播与义和团等反帝爱国运动并提，因此多从反帝反侵略角度进行描述，较少涉及基督教对东北社会以及文化的影响，只能算是一个粗浅的介绍。

论文方面：共查阅与近代东北基督教相关的已发表的大陆中文论文40余篇。这些论文多利用方志、少量满铁资料、文史等资料介绍近代东北地区基督教传播的相关内容。特别是近几年出现的多篇硕、博士学位论文，将东

---

① 除论文日渐增多外，近年来也出现以东北基督教史为研究内容的课题相继立项，如暨南大学《近代东北亚基督教运动的比较研究》，教育部人文社会科学重点研究基地重大项目立项课题；徐炳三国家社科基金青年项目《日据沦陷区政教协同体系的构建：以伪满基督教为研究中心》等。

② 张荣良：《近20年近代东北基督教研究》（《长江大学学报》社会科学版2011年第6期）一文涉及近代东北基督教研究的概况，但介绍过于简略，所列著作与论文不超过6篇，还不能反映近代东北基督教研究的现状。

北基督教史的研究推进了一步，尤为值得关注。已有的论文成果主要体现在如下方面：

1. 对基督教在东北传播的动因、传教方式、传播概况等方面的初步探讨

姜德福和刘彬《基督教在近代辽宁的传播策略分析》（《文化学刊》2012年第1期）、吴佩军《20世纪上半叶东北天主教史的考察——以黑龙江省海伦县海北镇为例》（《外国问题研究》2010年第3期）、邱广军《基督教传入中国东北历史原因考述》（《长春师范学院学报》（人文社会科学版）2009年第1期）、邱广军《清末民初长老会在东北的传播》（《史学月刊》2009年第6期）、邱广军《近代吉林基督教传播与发展述论》（《历史教学》高校版2008年第10期）、《清末东北社会天主教基督教宗教传教方式》（东北师范大学2007年硕士学位论文）、徐炳三《近代天主教在吉林的传播和发展》（《中国天主教》2006年第2期）、唐戈《简论额尔古纳地区东正教的特点》（《湖南工业大学学报》社会科学版2008年第4期）、陶伟宁《俄罗斯东正教在哈尔滨的传播》（《黑龙江史志》2006年第10期）、唐戈《19世纪末叶以来俄罗斯文化在东北地区传播的主要途径》（《学习与探索》2003年第5期）、于湘琳《俄国东正教在哈尔滨的传播及其影响》（《广东广播电视大学学报》2002年第1期）、高崖《黑龙江东正教历史钩沉》（《世界宗教研究》1995年第1期）、乐峰《东正教在中国传播的几个特点》（《中国社会科学院研究生院学报》1987年第6期）、高崖《黑龙江各地东正教及其历史沿革》（《黑龙江文物丛刊》1984年第3期）、李述笑《俄国东正教哈尔滨教区概要》（《北方文物》1983年第1期）等，以上文章分析了基督教进入东北并得以传播的原因、传教的途径、过程以及传教取得的效果。从整体来讲，上述论文对基督教在东北的传播有了进一步研究，但还有待进一步系统和深入，如天主教在近代吉林省的传播有专文研究，但在近代辽宁、黑龙江省传播情况还未有专文论述，基督教在东北三省各自传播的情况也未有专文探讨等。

2. 对传教士及其传教活动、教会、教案的研究

邱广军《聂乐信在近代中国东北传教活动述论》（《吉林师范大学学报》人文社科版2011年第7期）、邱广军《基督教首抵关东教士考》（《兰台世界》2008年第2期）、邱广军《高积善在近代吉林活动探查》（《长春师范学院学报》2007年第7期）、邱广军《司督阁在中国东北施医布道初探》（《辽

宁师范大学学报》社会科学版 2005 年第 5 期）、王景泽《韦廉臣来黑龙江的准确时间》（《北方文物》1998 年第 2 期）等，主要对传教士进入近代东北地区的时间、传教活动、传教士的作用等问题做了简要论述。陈兆肆《借医布道：走在医疗与传教之间——从〈奉天三十年〉一书看晚清东北地区传教》（《社会科学战线》2010 年第 7 期）介绍了现已翻译出版的、记载苏格兰传教士奉天传教经历的《奉天三十年》的主要内容，高度评价了该书的史料价值。

徐炳三《晚清东北基督教新教的两起重要教案》（《兰台世界》2011 年第 9 期）、田超《试论晚清东北教案的特点》（《聊城大学学报》社会科学版 2008 年第 2 期）从教民冲突的角度介绍晚清东北教案的特点及其所反映的政教关系中的问题；邱广军《清末民初东北基督教教会自立活动初探》（《兰台世界》2011 年第 7 期）以方志、基督教年鉴等文献为基础对清末民初东北基督教会自立的条件、自立的活动、自立的成效等相关问题展开探讨。

3. 对近代东北基督教史的其他专题性研究

对教会各项事业，如教会学校、医院等方面的研究。姜德福和张玲玲《浅析基督教对辽宁近代教育发展的影响》（《理论界》2012 年第 2 期）、邹丹丹《近代吉林的基督教教会学校概述》（《白城师范学院学报》2009 年第 4 期）、高乐才和邹丹丹《近代中国东北基督教教会学校评析》（《长春师范学院学报》人文社会科学版 2006 年第 5 期）、邹丹丹《近代中国东北基督教教会学校研究》（东北师范大学 2006 年硕士学位论文）等文以地方志书、文史资料为基础，介绍了传教士在东北创办学校的动因、开办学校的种类，初步对教会学校进行了评价；邱广军《清末民初基督教在东北施医布道探析》（东北师范大学 2005 年硕士学位论文）则专文介绍基督教在东北创办医院、医学校、参与防疫、救灾等社会公益事业的具体内容，分析了基督教在东北施医布道的动因及作用。

对基督教与东北政治、社会、文化互动关系的研究。邱广军《基督教与近代中国东北社会》（东北师范大学 2009 年博士学位论文）是目前所见较为系统介绍近代东北基督新教情况的专门性文章，该文参考文献比较丰富，利用了中文的一些档案、地方志书、民国期刊等，不仅梳理了基督教各差会在东北的传播方式与发展概况，还系统的描述了近代中国东北的基督教教育事业、医疗事业、慈善事业的兴办情况，对基督教对东北社会的影响做了初步分析；徐炳三《近代中国基督教研究——以政教关系为研究视角（1867—1945）》（华中师范大学 2008 年博士学位论文）以近代中国东北社会变迁和政局变动为背景，以教会发展与政治问题的互动为主线，从政治的角度，揭示国内、国外政治对东北基督教传播和发展的深刻影响；王志军和姜玉洪《论 20 世纪早期东正教对哈尔滨城市文化品格的影响》（《西伯利亚研究》2010 年第 1 期）一文非常有价值的探讨了 20 世纪早期东正教对哈尔滨城市文化方面的重要影响。该文认为东正教在宗教思想上对哈尔滨影响不大，但是在哈尔滨的城市设计理念、建筑艺术风格、冰雪文化以及哈尔滨东西兼容的国际性、多元性城市文化品格等方面具有较大影响。

　　对东北沦陷时期的基督教、基督教在东北少数民族中的传播的研究。徐炳三《略论伪满政权的宗教控制手段——以基督教为例》（《东北师范大学学报》哲学社科版 2011 年第 5 期）、《伪满体制下宗教团体的处境与应对——以基督新教为例》（《抗日战争研究》2011 年第 5 期）、李英武《东北沦陷时期的天主教》（《日本研究》2001 年第 4 期）、王若茜等《中国东北沦陷时期的宗教》（《东北亚论坛》2001 年第 2 期）等文对目前学界研究尚不深入的东北沦陷时期的基督教状况进行研究。徐炳三还分析了伪满政权对基督教采取的控制和打击手段，解析伪满体制下宗教团体的处境和应对，增强了较为薄弱的伪满时期基督教史的研究；唐戈《基督教在中国少数民族中的传播——鄂温克族与拉祜族比较研究》（《世界宗教研究》2010 年第 5 期）、邱广军《基督教在近代吉林朝鲜族中的传播》（《黑龙江民族丛刊》2008 年第 1 期）、金东春《20 世纪初基督教在中国延边朝鲜民族社会的演变及其影响》（延边大学 2007 年博士学位论文）、江帆《东北朝鲜族的民间信仰与变迁》（《民间文化论坛》2007 年第 3 期）等文开始关注基督教在东北少数民族中的传播状况。目前东北少数民族基督教史的研究还未展开，尤其是对人口较少民族基督教史的研究接近空白，因此这是一个非常有价值的研究角度。

　　（二）国外研究状况

　　国外学者对东北基督宗教史研究也日益关注。2002 年成立由中、日、韩三国基督教史学者参加的"东北亚基督教史学会"，每年轮流在韩国、日本和中国召开一次国际会议，以加强东北亚基督教史的比较研究和学术交流，迄今已召开多次国际学术会议。东北地区的基督教是会议报告及讨论的重要内容之一。

随着国际会议的不断召开，东北亚基督宗教史国际会议的论文集也开始出版。2011 年《基督教在东北亚的出现与发展：历史比较研究》（国际学术出版集团 2011 年版）问世。该书是 2009 年第七届东北亚基督教历史国际研讨会精选论文集，也是描绘和分析基督教在东北亚地区出现和发展的历史比较文献集。书中汇集了来自中国、日本、韩国、加拿大、美国等学者的 19 篇论文，其中有 5 篇是关于中国基督教的内容，探讨了 19 到 20 世纪中国基督教的相关问题。

除论文外，早期国外学者或传教士关于东北地区基督教史的记述，可以视为国外对东北基督教史的早期研究，只是这些著述大都属于史料性质，可以称得上研究成果的主要有以下三部：

1. 《满洲基督教传教工作史》[1] 是早期可以称为研究性成果的英文著作。该书对东北基督教史的发展进行了整体探讨，且附有统计数字和图片。

2. 富尔顿《穿越地震、狂风和烈火：满洲的教会和差会（1867—1950)》[2]。该书的特点是第一手资料丰富，被学者称为"迄今为止，西方学术界关于中国东北基督教史唯一一部真正的研究性专著"[3]。

3. 《耶稣在满族人中的传播》（载于《华裔学志专论系列》之中国基督教宗教丛书第 2 卷）。[4]

---

[1]　"Records of the North Manchuria International Christian Workers Fellowship Union", *Contemporary Manchuria*，Vol.4，No.1（Jan 1940），by North Manchuria International Christian Workers Fellowship Union.

[2]　Austin Fulton, *Through Earthquake*，*Wind and Fire*：*Church and Mission in Manchuria 1867–1950*：*the Work of the United Presbyterian Church*，*the United Free Church of Scotland*，*the Church of Scotland and the Presbyterian Church in Ireland with the Chinese Church in Manchuria*，The Saint Andrew Press Edinburge，1967.

[3]　徐炳三：《近代中国基督教研究——以政教关系为研究视角（1867—1945)》，华中师范大学 2008 年博士学位论文，第 8 页。

[4]　参见牛汝极：《近十年海外中国景教研究综述》，《宗教学研究》2011 年第 3 期。

三、近代东北基督教文献的整理出版

（一）中文文献

东北地区基督教史的研究起步晚，研究相对薄弱，文献资料的整理也相对滞后。目前，还没有专门东北地区基督教史文献资料出版。东北基督教史文献史料包括档案、年鉴、资料汇编、报刊、方志等，种类繁多，分布甚广。其中，档案资料留存颇多，价值极高。少量东北基督教史档案分布在一些档案集、档案汇编中，大部分档案则尚未公布。与其他边疆地区档案资料的整理相比①，东北基督教史档案资料集的整理出版，显得尤为急迫。目前，我国现已出版的与东北基督教史有关的文献主要如下：

1. 张先清、赵蕊娟主编《中国地方志基督教史料辑要》（东方出版中心2011年版）。这本资料集采用分地区、按年代顺序编排的方式辑录了纂修于清至民国年间现存各地通志、府志、县志及乡镇志等各级地方志中基督教的相关内容。东北地区的辽宁、吉林、黑龙江三省地方志基督教文献也辑录在册，内容比较全面。这本资料集将东北地方志中的基督教文献辑录出来，将东北基督教史文献的整理推进一步，为学者的研究提供便利。

2. 《中国基督教调查资料（1901—1920)》（中国社会科学出版社2007年版）。本书是基督教（新教）1901—1920年在华传教事业的统计资料，内容丰富翔实。书内对我国20世纪初期各省的政治、经济、教育、宗教文化等情况均有记述，是研究中国基督教史非常难得的珍贵文献。全书共分为十四章，第三章第十九节记录了东北三省的基督教事业概况，对东北基督教史的研究具较高的史料价值。

3. 中国第一历史档案馆、福建师范大学历史系编《清末教案》（中华书局1998年版）。该资料集共6册，其中前3册收录有关清末教案的中文档

① 如内蒙古现已出版《准格尔旗扎萨克衙门档案基督宗教史料》（苏德毕力格主编，广西师范大学出版社2011年版）。

案史料共 2049 件，是国内首次出版的教案史料集，有较高的参考价值。其中关于东北清末教案的档案 100 多件，对东北基督教史的研究具有重要的意义。

4. 中国第一历史档案馆、美国旧金山大学利玛窦中西文化历史研究所编《清中前期西洋天主教在华活动档案史料》（中华书局 2003 年版）。该文献共 4 册，清中前期天主教在华各地传教情况主要在上编 3 册，包括皇帝谕旨、臣工题奏、官方抄册录副等。该档案文献对于清代基督宗教的研究，具有极为重要的文献价值。但关于东北天主教的档案较少，只有三四件。

（二）外文文献

1. 英文资料

东北基督宗教史的英文文献主要是东北外国传教士所写的传记、回忆录或著作。主要如下[①]：

（1）《我们满洲教会的故事》（Mrs. Duncan M'Laren，*Story of Our Manchuria Mission*，Edinburgh：Offices of the United Presbyterian Church，1896）。

（2）《关东》（J. Miller Graham，*East of the Barrier or Side Lights on the Manchuria Mission*，New York：Fleming H. Revell，1902）。

（3）《我们的满洲差会：苏格兰自由一致教会》（Daniel T. Robertson，*Our Mission in Manchuria*：*Missions of the United Free Church of Scotland*，Edinburgh：Foreign Mission Committee，at the offices of the United Free Church of Scotland，1913）。

（4）《东方的呼唤：爱尔兰满洲差会历史梗概（1869—1919）》（F. W. S. O'Neil，*The Call of the East*，*Sketches from the History of the Irish Mission to Manchuria 1869–1919*，Bookseller：Michael S. Hollander Rare Books（San Rafael，CA，U.S.A），1919）。

（5）《满洲开路者：爱尔兰长老会先驱在满洲的故事》（Boyd Robert

---

① 参考徐炳三：《近代中国基督教研究——以政教关系为研究视角（1867—1945）》（华中师范大学 2008 年博士学位论文）中英文资料，第 6—8 页。

Higginson, *Waymakers in Manchuria: the Story of the Irish Presbyterian Pioneer Missionaries to Manchuria*, Belfast [Northern Ireland]: Foreign Mission Office, 1940)。

(6)《满洲传教方法》(John Ross, *Mission Methods in Manchuria*, Edinburgh; London: Fleming H. Revell Co., 1908)。

(7)《奉天三十年（1883—1913)》(Inglis Iza, *Thirty Years in Moukden, 1883–1913, Being the Experiences and Recollections of Dugald Christie*, London: Constable and company Ltd, 1914)，该书已由湖南出版社翻译出版。

(8)《沈阳十年：沈阳医疗差会工作的故事（1883—1893)》(Dugald Christie, *Ten Years in Manchuria: A Story of Medical Mission Work in Moukden*, Edinburgh: Religions Tract and Book Society of Scotland, 1894)。

2. 日文资料

东北基督教史日文资料价值最高、最为丰富的为"满铁资料"。据学者调查，大连图书馆等收藏的东北基督教史料约有51册[①]，主要分为调查资料、年鉴资料、研究成果几类。主要文献如下：

(1)《宗教调查资料》，民生部厚生司教化科编，1937—1942年，第2辑、第3辑、第4辑、第7辑。

(2)《奉天全省宗教调查统计表》，奉天省公署教育厅统计系编，1932年。

(3)《奉天全省宗教派别一览表》，奉天省公署教育厅统计系编，1932年。

(4)《满洲に於ける露西亚寺院》，满铁旅客课，奉天，1939年，31页。

(5)《奉天を中心とせる外人传道士の足迹》，千田万三著，1940年，29页。

(6)《恩宠二十年》，大连基督教青年会编，1930年，439页。

(7)《满洲に於ける天主教》，大井二郎著，满铁旅客课，奉天，1939年，205页。

(8)《满洲帝国とかトリック教》，田口芳五郎著，东京，1935年，205页。

(9)《满洲基督教年鉴》，满洲基督教会联会编、出版，1920、1927、

---

① 参见黑龙、王晓辉：《满铁资料东北基督教史文献概述》，《兰台世界》2011年第7期。

1928、1930、1936、1937、1938、1939 年。

（10）《满洲基督教苦斗史》，满铁弘报课编，大连，1939 年，52 页。

（11）《北满における米国の基督教传道事业》，满铁哈尔滨事务所译编，1930 年，20 页。

（12）《满洲基督教信义会圣礼及礼拜仪式》，包乐深编，旅顺基督教信义会，1938 年，107 页。

（13）《在满キリスト教卜谍报关系》，满铁总裁室弘报课编，1938 年，中国科学院文献情报中心，16 页。

四、研究不足

近三十年来，东北基督教史的研究取得了一定程度的进展，成果日益增多，研究也逐步深入。但从总体看来，近代东北基督教的研究仍处于起步阶段。已有的学术成果似乎存在以下几个方面的不足：

（一）文献资料

已有学术成果所采用文献比较单一，多是东北地方志、民族志，目前还未有专门的东北基督教文献汇编或文献索引或调查报告出版，特别是档案资料挖掘的非常不够。现已出版的与东北基督教有关的文献，不够系统，想要系统研究近代东北基督教还远远不够，这在一定程度上制约着东北基督教史的深入研究，急需专门的东北基督教汇编类文献资料整理、出版。

（二）研究视角

研究视野还不够广阔。已有的成果多从政治的角度进行研究，而从文化、社会、多学科角度关注的较少，虽有极少数文章中有所涉及，但大多笼统探讨而未能深入的加以分析，且带有模式化的痕迹。

（三）研究内容

现有成果多从宏观角度以介绍和梳理事实为主，微观和深入的研究尚未展开，有价值、有意义的专题研究空白点较多。例如：1. 东正教传入东北的时间较早，在东北的影响区域也较广泛，但目前对东北东正教关注不够，研究成果也相对较少，整体上显得较为薄弱。2. 近代东北社会是一个以移民为主体、处于大国争霸国际形势下的动荡社会，探讨基督教的传播与东北移民、与国际政治的关系是十分必要和有价值的，目前相关研究成果仍较少。3. 目前东北基督教研究关注点多为东北地区汉民或城镇地区的情况，但对基督教与近代东北原有宗教的关系、东北各少数民族（特别是人数较少或分布边远地区的少数民族）对基督教的回应、基督教对少数民族思想以及文化的影响以及基督教在东北边远地区的传播等方面的研究接近空白，而实际上这一方面的研究极为重要。深入系统地研究基督教在东北少数民族中的传播，对全面了解整个东北基督教史及中西文化的交流具有不可忽视的重要意义。

（四）研究理论与方法

已有成果多在文献梳理的基础上，介绍东北基督教传播的史实，理论的分析和透过事实表象的深刻思考相对较少。研究方法较为单一，极少采用多学科及交叉学科的理论与方法。

为此，期待今后学者能够在如上方面加强研究，继续将近代东北基督教史的研究推向深入。

（王晓辉，女，东北少数民族研究院讲师，主要从事历史学、民族史研究。本文发表于《宗教学研究》2013 年第 2 期）

支谶译经高频语素及相关语素项研究

张 烨

支谶是最早传译大乘经典的著名译师。据统计，现存佛经可以认定为支谶所译的共有 8 部①，分别为：《道行般若经》10 卷、《佛说兜沙经》1 卷、《阿阇佛国经》1 卷、《佛说遗日摩尼宝经》1 卷、《般舟三昧经》3 卷、《文殊师利问菩萨署经》1 卷、《阿阇世王经》2 卷、《佛说内藏百宝经》1 卷。由于支谶译经属于佛经语料，具有较强的口语性，再加之 20 余万字的语言容量，因而具有较高的研究价值。

据我们统计，支谶译经中的双音词共计 1778 个，共有 1022 个构词语素。有的语素语义较多，具有很强的构词能力，学者们称其为"多义语素"；有的语素只出现过一次，极不能产。那么影响构词能力的因素主要有哪些？而且以往的研究中"语素"往往作为一个整体进行考察，但是许多"多义语素"的每个义项都具有不同的特征，因而我们主要从影响语素构词能力的因素以及"多义语素"的义项特征进行研究。

一、语素、语素项的数量及分类统计

由于语素构词与义项紧密相关，每个语素在不同义项上的构词能力也

---

① 历来研究中存疑的包括《伅真陀罗所问宝如来三昧经》以及一卷本《般舟三昧经》(T417)，据史光辉（2005）和汪维辉（2007）研究，上述二经并非支谶所译。

有差异，因而本文从"语素项"①的角度进行考察。例如"天"《汉语大词典》②有20个义项，那么该语素就有20个语素项。我们采用这样的标注："天(1)"，即表示它的义项1：人的头顶。

　　首先我们对1022个构词语素进行分类。从数量上来说，支谶译经中有的语素仅出现了一次，并且构词位置比较固定。如：瓶（画瓶）、徐（安徐）等。我们称其为"一用语素"。还有部分语素构词数量平均为10个以上，极为能产，如"人"在支谶译经中共构词57个。这种就可以称其为"高频语素"，共计34个。此外，构词数目为2—9的语素均有用例，在数量上呈逐渐递减的趋势。具体统计情况如下：构词数量为1的语素共450个，占语素总数44.03%；构词数为2的有221个，占21.6%；构词数为3的有112个，占10.9%；构词数为4的有76个，占7.4%；构词数为5的有48个，占4.69%；构词数为6的有30个，占2.93%；构词数为7的有27个，占2.64%；构词数为8的有16个，占1.56%；构词数为9的有9个，占0.88%；构词数为10个以上的共有34个，占总数的3.22%。

　　由此我们可以清楚地看出，构词数量越多，参与的语素数量就越少。但是构词数量在10个以上的语素百分比虽然只有3.22%，却构成552个词，占总构词量的31.04%，平均每个语素构词数为16.7个。我们知道，构词量较多的语素往往具有很强的类推性，它们所包含的信息也更加丰富，因而本文主要从"高频语素"入手，考察影响构词的诸种因素。

　　通过对1022个语素的构词数量进行统计，我们共筛选出34个"高频语素"：事、恶1③、中1、一、善、德、足、人、生、大、法、家、身、上、方、动、心、正、世、行2、王、天、时、佛、力、好1、爱、无、知、后、不、道、念、意。

　　由于高频语素的义项不同，我们还可以再析出不同的语素项。例如

---

① "语素项"的说法取自姜自霞：《基于义项的语素构词研究》，北京语言大学硕士学位论文，2005年，第17页。

② 本文中《汉语大词典》是罗竹风主编，2008年上海辞书出版社的版本，所有文中《大词典》义项均来源于该版本。

③ "恶"在《汉语大词典》中共有6个语音，分别代表不同的语素，这里的"恶1"代表《大词典》中出现的第一个语素"è"，下同。

"顾"《大词典》有17个义项，支谶译经中由"顾"构成的双音词有"顾念"、"顾视"。前者"顾"义为"顾（6）顾惜、眷念"；后者"顾"指"顾（3）视、看"，因而"顾"共有2个语素项。利用这种方式对高频语素所构成的525个词进行考察，我们发现，这34个语素总共可以归纳为87个语素项。值得注意的是，即使是高频语素，其内部的构词能力也各有不同，有时同一个语素下的不同语素项也具有较大差异。例如：语素项"善（2）"构成了3个词，而语素项"善（1）"则构词11个。如果从数量上进行考察，我们还可以对这87个语素项进行大致的区分，见下表：

表1　支谶译经语素项构词数量

（单位：个）

构词数	1—2	3—4	5—6	7—8	9—10	10以上
语素项数量	34	13	15	6	3	16
总构词数量	52	43	77	44	29	280

可以看出，构词数越多的小类，其成员的语素项的数目就越少。构词数量在10以上的语素项数目基本和（5—6）小类保持一致，但是（10—）的构词数量更多，共计280个，占总构词数的53.3%。而（5—6）小类仅构词77个，占总构词数的14.6%。而（10—）类中语素项平均构词17.5个，也远高于（5—6）类的5.13个。也就是说，（10—）类中的语素项构词能力更强。从数据来看，以上六类的构词数相差不大，除了（9—10）类相对较少。下面我们就对影响构词的因素进行分析。

二、影响语素及语素项构词能力的因素

由于（10—）中的语素项构词数量最多，涵盖的内容丰富，所以我们以它为主要研究对象。如果从语法属性来看，在构词数最多的（10—）类中，共出现了10个名词性、4个形容词性以及2个副词性语素项，唯独没有出现动词性语素项。通过观察可以发现，其中名词性的语素项数量最多，占总数的62.5%。纵观支谶译经中87个语素项中，名词性语素项的比

例占到 59.77%，可见，支谶译经中名词性类别的语素项数量最多。尹斌庸曾提出，汉语名词性语素的独立性最差，在三大语法类别的语素中构词力最强。[①] 我们所统计出的数据与这个结论基本一致。值得注意的是，即使是同一个名词性语素，它所包含的语素项的独立性也可能不同。例如"人"，它在译经中主要出现了 2 个语素项，分别为本义（能制造和使用工具进行劳动，并能用语言进行思维的高等动物）和引申义（指特定的某种人或某个人）语素项。从支谶译经中的用例来看，后者的构词能力要远高于前者，可见它的独立性也要低于本义语素项。事实上，本义"人"可以看做一种类名，与"花、狗"等类似，自产生时便可以单说单用，独立性相对较强。而表定指的引申义，它在表义时往往需要与其他语素结合使用，其语义才可以明确下来，因而它的独立性就相对较弱。支谶译经中"人"构词 53 个，其中有 44 个都是以引申义构词，而且绝大多数都是处于偏正式后位，例如"画人、幻人、母人"等。可以看出，引申义构词的"人（2）"并不强调它的本质特点，即"能使用制造工具、有语言能思维"，更重要的是通过与前位语素结合，明确"人"的种类和范围。换句话说，通过更替"人（2）"的修饰语素便可以构成大量新词。而本义"人"之所以多见于双音词前位，最主要的原因也在于它具有较强的独立性。"人"作为类名，可以修饰后位的语素，使它们的表义范围得到确定。例如语素"头"的表义范围非常广泛，可以形成"人头、猪头、牛头"等一系列的词，但是如果前加"人"的话，实际上确立了"头"的关涉对象，此时，"人"的本质特征也得到了凸显。由此可见，"独立性"可以作为名词性语素项构词能力的参考依据。

从语素分布来看，（10—）类中的名词性语素项主要以后位为主。观察 87 个语素项中，名词性语素项共有 52 个，其中用于前位构词的共计 103 例，用于后位的则有 221 例，构词数量远多于前位。由此可见，名词性语素项的强势分布为"后位"。究其原因，如果名词性语素项出现于前位，它便是人们在语流中先接触的语素，往往具有更高的独立性，相对来说构词能力就不如后位。（10—）类中的 10 个名词性语素均符合这个特点，它们具体的分布情况见下表：

---

① 参见尹斌庸：《汉语语素的定量研究》，《中国语文》1984 年第 5 期。

表2　名词性语素项的分布情况

	前位	后位
人（2）	10	44
道（23）	4	8
方（10）		11
意（3）	3	8
天（5）	12	6
时（5）	1	13
后（7）	5	6
法（20）	15	7
心（12）	1	19
佛（1）	13	1

　　由表可知，10个名词性语素项中基本都以后位为主，其中"方"甚至没有前位的语例。其中有3个（法、佛、天）是以前位为主，但它们均为佛经语素项。我们在下文还会谈到相关内容，这里暂且不论。

　　至于副词和形容词性语素项，基于语法属性的特殊性，它们更多用来说明、修饰后面的语素，因而它们的强势分布为前位。（10—）类中两个副词语素"不（1）"、"无（1）"都用于前位。四个形容词性语素"恶（2）、善（1）、大（1）、正（6）"虽然都有出现于后位的用例，但总体趋势是以前位为主。

　　以上我们探讨了（10—）类中影响语素项构词的因素，但该类中没有出现动词性语素项。值得注意的是，在（9—10）类的3个语素项中，仅动词性语素项就有2个，分别为"知（1）"（构词数量为10）和"念（1）"（构词数量为9）。"念"除了本义以外还有念（7）较为常见，构词如"诵念、念书"等。而"知"还有名词性语素项"知（12）"，构词如"知友、知识"等。但是在这2个语素中，构词数量最多，最为能产的，还是以动词本义入词的语素项"念（1）、知（1）"。

　　我们再从语素项的分布状况来考察，"念（1）"只有"念思"用于前位，而"知（1）"也仅出现了2个前位的用例。观察87个语素项，其中共有动词性语素项 11 个，每一个均可以出现于前后位上，但出现于前位共构词 11 个，后位构词则有 31 个，几乎是前位的 3 倍之多。可见，支谶译经中动词性语素项的强势分布为后位。

值得一提的是，名词性与动词性语素项虽然都以后位居多，但通过对构词类型的观察，我们发现名词性多构成"偏正式"，而动词性语素项则倾向于"联合式"。前文以"人"举例，我们可以得出这样一个推断，名词性语素项用于后位，其独立性相对较差，需要通过前加语素的方式使语义更加明确；同时，前位语素的语法类别相对较广，动词性、形容词性，名词性语素均可出现，这些条件都符合"偏正"式的构词规律。而动词性语素项如果前加修饰性成分，一般只局限于副词性语素。我们知道，偏正式中"状中"结构的数量相对较少，所以动词性语素项如果处于后位的话，构成"偏正式"比较困难，但是构成"联合式"则具备形成的条件。以"念"举例，它是表心理活动的语素项，在该语义场中，语义相近的语素较多，如"忆、想、思"等，所以才会形成"思念、忆念"等"联合式"。支谶译经所处的东汉时期，也正是单音词向双音词过渡的重要阶段，因而语言中可能存有大量语义相同相近的语素，这都为"联合式"的形成提供了丰富的材料，这也正是支谶译经动词性语素项更易形成"联合式"的重要原因。

从动词性语素项的语义特点来看，支谶译经中较为能产的动词性语素项有"爱（4）、动（1）、事（13）、爱（2）、动（7）、生（2）、动（2）、念（1）、知（1）"。以上语素项中，只有"事（13）"、"动（1）"、"生（2）"是实义动词，其他都是心理动词语素项，占 9 个动词性语素项的 66.7%。由此我们可以看出，支谶译经中表"心理活动"的语素项具有更强的构词能力。

最后，我们从这些语素项本身具有的语义来看，名词性语素项中多代表的是人们生活中的基本事物和概念，如"天、人"等。再如表示"时间、空间"概念的"方、时、后"，表示社会规约的"法、道"，表示思维活动的"意、心"等。动词性语素项以表"心理"为主，"念、知、爱"等都是人类思维所必须的。而形容词语素项也代表了世界中最基本的状态，如"善、大、正、恶"等。副词性语素项多属于"否定副词"的性质。现代汉语中"没"表否定最为常见，但古代汉语中，尤其是东汉时期，"无、不"更加多见，它们也正是支谶译经中构词数量最多的两个副词性语素项。由此可见，这些构词能力较强的语素项多半是人们生活中常接触的事物，或者是最基本的概念等。

下面我们从语法属性、语素分布、语义特点的角度对影响这 87 个语素项构词的因素进行总结，如下表：

表 3　影响语素项构词情况的因素和分类

	语法属性		语素项分布		语义特点和分类
		数量	前位	后位	
构词数 1—2	名词性	20	12	14	没有佛经义项语素项
	动词性	5	3	5	心理动词
	形容词性	5	5	1	性质形容词
	副词性	3	1 (2)①	(2)	时间副词，范围副词
	连词性	1	1		
构词数 3—4	名词性	8	4 (1)②	23 (1)	没有佛经语素项
	动词性	2	1	5	动作动词
	形容词性	3	3		性质形容词
构词数 5—6	名词性	9	17 (1)③	29 (1)	有佛经义项语素项（心 (12)）
	动词性	2	6	5	动作动词
	形容词性	1	5		性质形容词
构词数 7—8	名词性	4	9 (1)④	20 (1)	没有佛经义项语素项
	副词性	1	8		程度副词
	数词性	1	6	1	
构词数 9—10	名词性	1	9	1	没有佛经义项语素项
	动词性	2	3	16	心理动词

① 此类中的副词性语素项共有 3 个，除了"时而"中时用于前位，此外，还有两个语音重叠词"时时、一一"，无从判断属于前位还是后位，因而用括号计数。

② 名词性语素"家"有语音重叠形式"家家"，无从判断属于前后位，因而用括号计数。

③ 名词性语素"心"有语音重叠形式"心心"，无从判断属于前后位，因而用括号计数。

④ 名词性语素"世"有语音重叠形式"世世"，无从判断属于前后位，因而用括号计数。

续表

	语法属性		语素项分布		语义特点和分类
		数量	前位	后位	
构词数 10 以上	名词性	10	52	134	有 4 个佛经义项语素项（天（5）、法（2）、道（23）、佛（1））
	形容词性	4	44	15	性质形容词
	副词性	2	46		否定副词

由上表可以看出，在这六类当中，每一类都有名词性语素项，而且除了（9—10）类，其他各类的名词性语素项远远超于其他几种。而动词和形容词性语素项基本保持一致，动词性语素项有 11 个，形容词性则有 13 个。副词性语素项虽然数量较少，但构词数目基本和动词性语素项相同，可见它的构词能力并不弱。

观察语素项的分布情况我们可以发现，名词性和动词性语素项的强势分布都是以后位为主，只是它们的构词情况有所差异，名词性语素项多构成偏正式，而动词性语素项则多形成联合式。此外，还出现了若干形容词性、副词性、连词性及数词性语素项，基于它们的语法属性，所以更倾向于前位构词，而且只有形容词性语素项有用于后位的语例。

再从语义特点进行考察，前文已述，名词性语素项大多表示一些基本的事物和概念。值得注意的是，在两类中还出现了佛经义项的语素项，尤其是在构词能力最强的（10—）类中，10 个名词性语素项中便有 4 个是佛经语素项，分别为"法（20）"、"天（5）"、"佛（1）"、"道（23）"，这也更加体现了支谶译经的佛经语料特点。动词性语素项以表"心理活动"的居多，尤其是构词数最多的"念（1）"、"知（1）"全部都是心理动词性语素项。87 个语素项中共有形容词性语素项 13 个，它们全部是"性质形容词"性，在汉语中，这也与状态形容词数量较少有关。而在 6 个副词性语素项中，出现了表范围、表否定、表时间、表程度几种。但是大体来说，还是"否定"性副词语素项最为能产。通过对比这几类主要的语素项，我们可以发现，副词性和形容词语素项的构词能力与它的语义特点关系不大。

三、支谶译经中较为能产的佛经语素项

支谶译经中较为能产的语素项除了上文提到的法（20）、道（23）、心（12）、天（5）、佛（1）以外，还有"梵（3）"、"魔（1）"、"刹（1）"、"禅（1）"。构词数量最多的当属法（20）（构词 15 例）、佛（1）（构词 14 例）以及天（5）（构词 11 例）。

这些语素项在构词时基本都采用佛经义项，但它们并非全是为佛经而新造的词。例如"法、天、心、道"等早在先秦便已出现，而如"佛、梵"等 5 个语素，无论是佛经语素项还是引申义语素项，均是在佛经翻译盛行之后才产生的。这类语素具有一个共同的特点，最初都是源于"音译词"。例如"佛"是梵语"佛陀"的音译缩略形式。再如：

禅——"禅那"的音译缩略；

梵——"梵摩"、"梵览摩"的音译缩略；

刹——"刹多罗"的音译缩略；

魔——"魔罗"的音译缩略。

它们在产生之初只是一种单纯记音的音节，但是在后世的使用中，逐渐具有了"语素"的身份。有学者称其为"无义音节语素化"[①]。我们可以大致构拟一下它们的变化过程：在佛经翻译初期，可能有较多的抽象概念都使用了音译的方式，而且很多音译词都是多音节，这种复杂的形式并不利于人们的理解。而且一些概念非常多用，即使是作为音译词也具有较强的标识作用，那么在人们对其理解巩固之后，译师便有可能从多音节音译词中抽取一个具有代表性的音节（从支谶译经的用例来看，基本都抽取首音节），它不仅表音，而且整个音节也沾染上了原音译词的语义。从这个角度来看，它们发生了"语素化"的演变，从"音节"过渡到了可以参与构词的"语素"，这种"无义音节语素化"的成分可以和汉语中原有的语素组合，但在支谶译经中还出现了两个"无义音节语素化"的成分结合的情况，例如"佛刹"。

---

① 孙继善：《无义音节语素化的形成及特点》，《语文学刊》1995 年第 5 期。

我们再对这 9 个较为能产的佛经语素项进行考察，它们在词内的分布情况与前文归纳的情况稍有不同。它们虽然属于名词性语素项，但以前位构词居多，共计 52 例，而后位构词则只有 31 例，其中"梵"甚至没有用于后位的情况。此外，这些佛经语素项绝大多数都构成"偏正式"，还有几例"动宾式"和"联合式"。

董秀芳曾把"偏正式"的强势语义模式概括为："提示特征＋事物类"[1]，以构词数量最高的"天（5）、法（20）、佛（1）"为例，"佛"义为"佛陀"，它可以用来修饰一切与佛教有关的事物。例如"经、国"等都是汉民族固有的事物，如果前加"佛"，便可以特指佛教的事物，可见"佛"的提示特征性非常强。"法"在支谶译经中特指"佛法"，凡涉及"佛理、佛法"的事物都可以用其来修饰。例如"师、王、行"等。同时，"法"在支谶译经中还经常用于比喻构词，如"法轮、法鼓"等，"法"作为比喻词的本体，出现于前位也是很自然的。此外，支谶译经还涉及大量"神、魔、天"等概念，"天"于佛经中可特指"天界的"，这可以与人世间的事物区分开，如"华"——"天华"等。由此可见，佛经语素项具有十分明显的"提示特征"的功用，而且构词时只需在事物类前加上标明佛教特征的语素即可，过程较为简单。"魔、禅、梵"在构词时的功能也大致相同，虽然"禅"在支谶译经中倾向于后位，但从后世用例来看，"禅"用于前位可以大量构词，常见的有"禅心、禅房、禅寺、禅宗"等。再如"魔"，直至现代汉语仍大量使用，可构成"魔王、魔障、魔掌、魔鬼"等词。

事实上，这些佛经语素项之所以能产性较高，除了与语言自身有关，还涉及人们的"类推"心理。许多由佛经语素项参与构成的词最初只是一种临时性的搭配，但随着使用频率增加，便有可能产生一些规律性的认识。例如，"法"在佛经中特指"佛法"，由它和汉语中固有的语素"王"进行组合，那么随着这种搭配被人们所了解、熟知，它便有可能发生词汇化的现象，进入到汉语的双音词汇中。那么有了"法王"，便有可能依循这种模式造出"法师"；有了"法想"，便有可能出现"法行"……这种由一进而推而广之的规律性造词活动便是"类推"机制在起作用。有关"类推"，早在语

---

① 董秀芳：《汉语的词库与词法》，北京大学出版社 2004 年版，第 132 页。

言学建立之初便已有过相关的论述。索绪尔在《普通语言学教程》中专用两章讨论"类比"的问题。这里的"类比"即指"类推",它是"以一个或几个其他形式为模型,按照一定规则构成的思维形式"①。有关这种思维规律他曾用一个比例式进行表述:

ŌrātŌrem：Ōrātor＝honŌrem：x；x＝honor②

进行简单的概括便是 a : a′＝b : x　x＝b′

这个表述式主要应用于形态或词形的变化,不过语言的普遍规律是相通的,投射到汉语中,"类推"便是在同样的思维过程的推动下,由一生多的类化模式。

从语素项的语义角度来看,例如"佛",凡是与"佛陀、佛教"相关的内容均可用其表示,可见它具有标明类属的作用,而且语义应用的范围很广。换句话说,"佛"可以对一般的事物进行限定,只要具备这个语义条件,便可以与其他语素结合成词。而与这些"佛经语素项"进行组合的语素项,它们之间存在着一种横向的比较关系,如"佛法、佛经、佛珠、佛堂"等,这种比较也是"类推"关系的一种体现。

由此我们也可以看出"类推"心理对佛经语素项构词的深刻影响。

四、结　语

本文尝试着从"语素"以及"语素项"的角度对支谶译经的双音词进行了考察,主要对影响语素项构词的因素以及支谶译经中高频语素项进行了探讨。其中影响构词的因素有"语法属性"、"语素项分布"以及"语义特点"。支谶译经中名词性的语素项最多,构词能力较强,动词性和形容词性语素项次之;从分布的角度来说,名词性语素项倾向于构词后位,且主要构成"偏正式",而动词性语素项则正好相反,以"前位"为主,多形成"联合式"复音词。同时,这 87 个语素项所表示的语义多为一些普遍的概念和

---

① 索绪尔:《普通语言学教程》,商务印书馆 1980 年版,第 227 页。
② 同上书,第 177 页。

事物，这也促使它们具有较强的构词能力。

由于佛经语料的特殊性，我们还对支谶译经中9个构词数量较多的佛经语素项进行了考察。虽然它们也属于名词性语素项，但分布却是以前位为主，这主要与定中式的强势语义模式"提示特征＋事物类"有关，同时，从"类推"机制入手也可以阐释它们之所以能产的原因。

通过对以上的研究，我们对影响支谶译经语素项的诸种因素做了一定的考察和分析，但是目前仍有很多工作需要去做，主要有以下几方面：第一，那些只能用于前位或后位的语素项有无规律性的特征？第二，除了前文所述，影响语素项构词的内在因素还有什么？第三，支谶译经中名词、动词语素项的强势分布是否具有普遍性？这些都需要进行大量的数据统计，这也是我们下一步需要努力去做的工作。

（张烨，女，汉族，文法学院讲师，主要从事汉语言文字学、对外汉语研究。本文发表于《东疆学刊》2013年第3期）

从有机地球的猜想到当代地学思维的生态进路^①

白　屯

当代地学思维出现了把地球科学与生命科学紧密结合的新趋势，这种新趋势的出现，一方面是由于科学家对地球本质的思索达到了一个新的深度，传统上被认为是约定俗成的地质运动和过程，其实是生物活动的结果；另一方面科学家发现，地球上的生命演化，其实是地球环境变化的产物。当代地学思维向人们展示出的生态进路渗透着更深层的推论：地球可能具有有机的或生态的基本属性，也可以认为是"活"的属性。当代地学思维的生态进路同时也渗透或接续着地学思维的历史，它是早先人们关于有机地球思考的复兴。

一、有机地球的猜想

对"有机地球"的认识和思考几乎延续了整个人类文明史。这种思考的核心是坚信并且不断寻找证据，说明地球具有有机的或生态的基本属性。尽管这种思考在其早期带有明显的主观臆测的痕迹，但伴随着哲学和科学认

---

① 近代地质学的大师级人物赫顿（James Hutton）明确地阐发了他关于地球是巨大的、活的有机体的思想。而拉马克（Jean Baptiste Lamarck）甚至相信，地球上活着的生物可以不断改变地壳的物质。对此，奥尔德罗伊德（David R Oldroyd）评价说，拉马克已经认识到，生命不仅仅作为动、植物演化的基本特征，而且必须作为地球演变的基本特征加以考虑。

识的进步，这种思考越来越增加了其客观依据，在地学认识论上也更加具有了说服力。

（一）从对地球有机特征的表面认识到对地球生物特征的对比思考

最先对地球有机特征进行思考的是古希腊时期的柏拉图和亚里士多德，他们曾设想地球可能具有灵魂和生命，地球具有"活生物体的特征"。在文艺复兴时期，人们开始将人自身作为参照物来对比地球，说明地球的生物特征。达·芬奇把地球当作某种有机体，而且，"地球的兴旺发达被赋予了生命，可以通过与人类最熟悉的事物——人类本身——进行对照来思考地球"。后来的基歇尔（Athanasius Kircher）也将地球想象为是活着的有机生命，甚至与达·芬奇的看法类似，他也把地球的山脉看作是身体的骨骼，地球内部的各种循环维持了其健康状态，而且，地球可以呼吸，也可以接受营养物质。尽管流行在文艺复兴时期地球"有机论"的看法很快就被后来的地球"机械论"、"化学论"和"地质论"等观点所取代，但这些观点的确影响到后来的地质学家。

（二）地球生物与非生物：从相互渗透到相互作用

1866 年，海克尔（E. Haeckel）提出生态学（oekologie），标志着人类对生态地球的思考进入了新的阶段。1926 年，维尔纳茨基（V.I.Vernadsky）提出全球生态学的思想，认为地球的生命可以影响和渗透到除地球大气上层和地球最深部之外的所有地方。据此可以推测，在由多个系统复合而成的地球系统中，活的生物起了重要的作用，而且，生命的出现"关联到了如果不考虑活的生物的作用，就不可能以有意义的方式来探索地球的历史的程度，尽管从生命个体来看，它们是如此地微不足道"。

把地球当作一个整体，从而说明地球各个组成部分之间相互作用的是英国科学家坦斯勒（A.G.Tansley）。1935 年，他提出"生态系统"的概念，认为生态系统的各个组成部分——生物与非生物、生物群落与环境是相互作用的一个自然整体。后来，美国科学家 R. 卡逊（Rachel Carson）也表达了类似的看法，她说，"我的每一本书都试图说明，地球上的一切生物都是互相关联的，每一物种都与其他物种联系着；而所有物种又与地球相关。"这是《我们周围的海洋》和其他几本关于海洋的书的主题，也是《寂静的春天》的主题。

（三）地球生物：从适应地球到改造地球

20 世纪 70—80 年代，洛夫洛克（James Lovelock）的两本书《盖亚：地球生命新视角》(Gaia：A New Look at Life on Earth，1979) 和《盖亚的年龄：生命地球传记》(The Age of Gaia：A Biography of Our Living Earth，1988) 引起广泛关注和热烈讨论。以"地球有机论"为核心思想的"盖亚"假说 (Gaia hypothesis)，不仅是对正在兴起的生态地球的认识潮流的回应，而且对地球的本质提出了新看法。该假说认为，由于生命的存在，地球"能动地"使得其表面、大气和海洋达到了相对于生命而言的舒适环境，地球的物理化学条件"曾经是、现在依然是又适合又舒服的"。这一观点与以往地球科学界长期流行的一些理论大相径庭：地球上的生命仅仅能以其自身的不断改变来适应变化的地球环境。

关于"盖亚"假说的讨论，引发出或重新唤起了"生命力的地球"(the earth of vitality)、"地球生理学"(grophysiology)、"生物地球物理学"(biogeophysics) 以及"地球微生物学"(geomicrobiology) 等的议论和思考，而以强调地圈与生物圈或生物界与非生物界的相互作用并以此为研究中心的全新领域：生物地球科学也渐渐萌发，成为现代生态地球科学进步的导引。

二、当代科学和哲学的认识

现代地球科学发展的一个突出成果是对生态地球进行的科学认识。这种认识最鲜明的特征是在发现了生命广泛存在于地球各个"角落"的基础上，进而发现了生命现象对地球的影响和作用，以至引发了人类对地球运动、变化的巨大影响和作用新的哲学思考。

（一）借助先进的科学认识工具，对地球深部探测获得重要科学证据，地球固体纵深地带生命现象及其作用的发现，更具有划时代意义

近年来，随着科学探测的触角不断向地球深部伸展，一系列新的事实和现象正在为重新思考地球提供更加可靠的证据。尤其重要的是，"深部生物圈"的发现，大大拓宽了"生物圈"的分布范围，扭转了地球生命分布空间的传统认识，把对地球生命活动的理解扩展到地球深部，而且，生命现象和痕迹还可以出现在极地冰盖、火山热泉和洋底地层。同时，对生物的分类，也扩展为古菌、细菌与真核生物三大类。地球固体的深层部分所展示出的生态现象为认识地球提供了直接证据。

（二）得益于地球生物学的研究成果，生命并非仅仅存在于地球，而且可以影响和作用于地球，"生态地球"获得了新的支持

地球生物学（geobiology）和地球微生物学（geomicrobiology）的研究证实，地球深部地层不仅存在以地球极端环境的微生物或微生命为代表的生命现象，而且其对地球的作用和影响不可忽视。① 正是这些生命现象的存在和对地球的作用，使得地球运动的过程、机理和结果出现了与以往完全不同的理解：原来所说的许多地学过程，其实是生物活动的结果；原来探索的生命演化，其实是地学环境变化的产物；原来分头研究无法理解的一些现象，地学与生命科学的结合提供了全新的答案。当科学家发现生物作用于矿物的途径可以通过生物膜（biofilms）来实现，而且它竟然对全球板块构造的形成、地壳的演化都保持着直接和间接的联系的时候，则更加启发了人们的思考。

从科学认识论的角度看，地球生物学的出现提供或开创了人类思考生态地球的新视阈。人们发现，一旦把地球生物的因素结合到分析地球运动变化的规律之中，一些学术难题就豁然开朗。例如，把生物圈的作用和影响与认识地球岩石圈、水圈、大气圈之间的物质和能量的交换相结合，特别是结

---

① 近期的大陆科学钻探发现，地球深部存在微生物，科学家提出生命可能起源于地下的假说。参见：http://www.frchina.net/data/。

合到分析地球碳循环、硫循环的动力和机理的过程中，则可以看到生物圈的重大作用。一些新的假说和理论，如新灾变论、生物成矿作用理论等也就应运而生。

地球生物学的发展不仅揭示了地球在其运动演化中所存在的包括生命运动在内的复杂、高级的运动形式，而且，其预示的生命活动和影响的时空——生态环境，也必然在生命运动的过程中建立起来，从而对地球的运动演化产生巨大影响。

（三）现代地球系统科学从宏观整体的角度把生命与非生命、地球与人类结合到一起，并且认为它们本身就是不可分的

近十多年来，跨越自然科学与社会科学两大领域的现代地球系统科学（Earth System Science）快速发展，把地核、地幔、岩石圈、水圈、大气圈、生物圈和人类社会看成一个相互作用的统一整体，研究地球各组成部分之间的相互作用规律及其发展趋势，并由此进一步探讨地球的动力学规律、地球的演化规律和全球变化规律等更为本质的问题。

最新的研究动向显示，地球系统科学肩负着探讨全球变化中人类活动对地球作用和影响的任务，肩负着研究如何提高地球系统的生命承载能力的重要使命。学界普遍认为，地球系统科学与生命科学、社会科学的融合，表明当今地球科学发展的重要趋势：地圈与生物圈的结合、地圈与人类圈的结合，尤其是把地圈和人类圈中的人类社会发展、人地和谐发展等当前人类面临的重大问题联系起来。① 现代地球系统科学已经或正在告诉人们，地球本身就具备人类的或生态的属性，地球是生态的。

（四）"人类世"的提出，突出了生态地球中人类对地球运动、变化的作用和影响，并把这种作用和影响从局部提升到整体

2000 年，克鲁臣（Paul J Crutzen）和施托默（E. F. Stoermer）共同提出

_____

① 近20—30 年来，国际科学界相继推出的以"国际地圈生物圈计划"（IGBP）、"国际全球环境变化人文因素计划"（IHDP）和"世界气候研究计划"（WCRP）等为代表的重大科研计划，以及将于 2008 年在挪威首都奥斯陆召开的第 33 届国际地质大会，均突出了上述研究主流。参见：http://www.33igc.org。

"人类世"（Anthropocene）概念，用以表示距今最近的一个地质时代。在这个新的地质时代，人类成为其主角，成为影响地球运动变化重要的地质营力（geological agents）。也是从这个时代开始，人与自然相互作用日益加剧，从而影响到当代地球和人类的整体发展。

"人类世"的出现向当代社会提出了一系列无法回避的、严重困扰人类社会发展的重大问题，引发了人们的思考。

一是当代人类已经清楚地感受到了诸如全球变暖、资源短缺、环境污染、荒漠化、生物多样性锐减等重大的全球生态问题给全社会发展带来的威胁和风险，如何有效地防范和规避这些风险成为当代人类的重大课题。

二是"人类世"使得现代科学技术面临着一系列新的挑战，包括对"人类世"基本运动规律把握的巨大困难、"人类世"对社会可持续发展危险性评估的难题、难以遏制的环境退化趋势、环境替代技术和替代产品研发缓慢等在内的新问题和新矛盾将伴随着当代的科学技术发展。

三是"人类世"使得地球的生态本质和属性进一步显现，人类对地球的影响已经或即将暴露出其决定地球现状和未来的巨大作用，"人类世"引发了对地球生态本质的新思考。如何面对"人类世"的挑战，如何评价和预测地球的未来，出现了种种观点，表现出不同的地球观。[①]

三、当代地学思维对地球生态本质的认识

从有机地球的猜想到当代科学和哲学对生态地球的认识，当代地学思维发生了重大变化，这个变化的实质是发现了与以往所不同的地球——包括生物和人类作用的地球，为地球生态本质的地学思维奠定了基础。而以往地学思维的根本缺陷是，它是建立在对"没有生物和人的作用、影响的地球"的假定基础之上的，因此，当代地学思维出现了一系列新的思考。

---

① Wallstr 等人甚至认为，由于"人类世"的存在，地球的生命支持系统已经陷入危机，人类的干预扰乱了生物圈，如果人类还按照传统的文明走下去，必然遇到灾难，甚至毁灭。参见：http://www.iht.com/articles/125605.html。

（一）生态地球的提出标志着对地球本质和属性的认识达到一个新的阶段

恩格斯在谈到近代科学，特别是地球科学"打开僵化的自然观"，使得人们逐渐意识到地球"不是存在着，而是生成着并消逝着"的时候，曾进一步表达了他对地球本质和属性发生变化的认识，他说，"必须下决心承认，不仅整个地球，而且地球今天的表面以及生活于其上的植物和动物，也都有时间上的历史"。当代地学思维的生态取向不仅是对近代或更早期人类思考地球所具有的相关属性的复兴，也不仅是反映或表现出当代地球科学的研究趋势，而是对地球更深刻的本质的解释或把握：在地球发展的特定阶段，形成了生态地球。

什么是生态地球？"生态地球"（ecological earth）即"生物及其生存环境的地球"。地球是生物及其生存环境的"家"。地球是包含生物运动、生态环境、人类社会以及它们之间相互作用的统一体。地球孕育了生命和生态环境，地球生物群落及其环境构成了地球的生态系统。地球大气圈、水圈、岩石圈甚至到上地幔等空间，以及地球在最近 5 亿年来，特别是最近几百万年来生物世界和人类社会的发展，使得生物圈——地球上最大的生态系统，获得了巨大的扩展。地球已成为生命物质和非生命物质的集合体。

另一方面，生命及生态环境的运动变化在一定程度上影响或决定了地球的运动和变化。生命在时空上作用于地球的发展，对地球的运动和演化起到关键的、甚至是决定性的影响。地球的发展变化受生态的制约，说明生命地球与生态地球具有根本的不同。前者是生命及其环境对地球的依附，地球物质运动的本质仍然是非生命的。后者则表明，生命及其环境对地球整体的和历史的作用和影响，地球不仅是有机的，而且是活的。地球的这种"活"的特征或本质，决定了包括人类在内的生物对地球的整体作用和影响，决定了地球是否能够健康发展。当然，立足于生态地球的看法，地球被当作一个具有生命活力的客体，它是"活的"，因为它具有通常活的生物的某些特征，突出的是能够自我修复。由此推理，如果地球是"活着的"，那么可能它会被"杀死"，洛夫洛克曾发出过可能会有这种危险的警告。

（二）生态地球的出现是地球演化的必然

生态地球的出现经历了漫长而复杂的演化阶段，经历了无生命的地球、生命的地球和生态的地球的三个基本过程，表现出地球本质和属性的梯级变化和日益复杂的物质运动形式，是地球物质运动变化的必然结果。

根据既有的资料，早期无生命存在的地球，经过最初的分层及复杂的原始改造和变动，出现了早先的铁镍地核和以比重较小的亲石元素为主要组成的原始地幔，以及硅镁质玄武岩为主的原始地壳，出现了呈强酸性的原始的水圈以及以大量水蒸气、H_2、CO、NH_3、CH_4H_2S 等为主的原始火山气圈。此时的地球主要是"互相转化的各物理运动形式的交替"和以"化学亲和性"或"化合作用"为特征的化学运动。

尽管迄今为止科学家还没能找到距今大约 38 亿—35 亿年前生命起源的真正原因，而且，既有的 S.L. 米勒和 H.C. 尤里的生命起源假说也遇到了各种挑战[①]，但无论如何，生命的出现的确是地球演化史上最伟大的事件之一。生命的出现及其随后的演化，不仅逐渐建立了新的地球圈层，而且使得地球发生了重大而深远的变化。D.R.Oldroyd 甚至提出，板块构造理论所解释的地球表面大规模的造山运动，或许可能与生物发生巨大变迁有关，这种看法"激发了板块构造理论中所设想的地质构造循环可能与生命历史密切相关的思想"，而且，"确实有些理论家正在琢磨生命本身对循环发生可能是不可或缺的"。生命的出现说明地球上的一种新的物质运动方式的诞生，这种为"地球生物学"所展现的运动方式，是比地球物理运动和化学运动更为高级和复杂的运动方式，从而也表明地球物质运动的规律进入到更为高级和复杂的发展阶段。

生命的出现并不代表着生态环境的完整建立，更不代表生态地球的产生。这其中还经历了漫长而复杂的演化发展过程，以及包括恐龙灭绝、生物大爆炸和人类诞生等在内的一系列重大事件。其中，人类的诞生和发展为地球带来了巨大而更为深刻的变化。人类出现及其对地球逐渐形成的巨大影

---

① 例如，1985 年，化学家 A. G. 凯恩斯－史密斯出版了《生命起源的七种线索》，认为米勒等人的假说是"荒谬的"。参见彼德·沃森：《20 世纪思想史》，上海译文出版社 2006 年版，第 796 页。

响，加速了地球向生态本质的转化。一方面，"人本身是自然的产物，是在他们的环境中并且和这个环境一起发展起来"。另一方面，人类在与生态环境的相互作用中加速改造甚至变更了生态环境，以至出现了决定或改变地球生态环境、决定和改变地球既有运动的作用。[①]

（三）生态地球的重大理论意义

首先，生态地球的提出丰富了我们对地球本质和属性的哲学理解。当代地球包含着包括生态本质和属性在内的多重本质和属性，这观点本身潜含着地球本质和属性的可变性和多重性的蕴意，这为我们多侧面认识地球打开了窗口。

地球的本质和属性是可变的，在地球演化发展的不同历史时期可以表现出其不同的本质及属性，而当代地球的本质和属性则是自地球形成以来最为复杂和多样的。它不仅包含了生态的本质和属性，同时也具有系统性、复杂性、整体性等重要的相互联系的属性和特征。需要指出的是，生态地球的提出进一步丰富或加深了我们对地球系统性、复杂性和整体性的认识。我们可以在对生态地球的理解的基础上，寻求新的角度，获得更多的相关知识，破解地球复杂性的难题。

其次，生态地球的提出丰富了我们对地球物质运动形式的哲学理解。恩格斯指出了地球上物质运动形式的特殊性，而凯德洛夫则以"物质运动的地质形式"将地球的力学、物理学、化学和地质学之间的关系揭示出来，生态地球则将地球的生物学、地质学、生态学、环境学、人类学等之间的关系揭示出来。地球是物理、化学、地质、生命、人类、生态环境等相互作用的统一体，这其中最重要的意义是进一步昭示或证明了新的地球运动形式——全球运动形式的存在。

第三，生态地球的提出丰富了我们对"活着的"地球的哲学理解。作为生命的地球，它一方面遵循着天体演化的自然法则，按照大约 40 亿年的预期寿命继续存在、发展和演化；但另一方面，地球也遵循着其作为生态地

[①]　德国科学家发现，全球变暖正在使得地球的自转速度加快，如果考虑到全球变暖的主要原因是人类的因素，则更加说明了人类对地球运动变化本质的作用和影响。参见 http://www.sina.com.cn，2007.4，11。

球的演化法则，在包括人类在内的地球生命和生态环境的作用和影响下存在、发展和演化。这使得我们深切地认识到，生态地球的发展趋势与生命（包括人类）的行为及其生态环境密切相关，从而极大地强化了未来地球的复杂性和不确定性。

面对"活着的"地球，我们的认识还显得不足，我们对地球系统的复杂性还知之甚少，而同样，面对不确定性的地球，出现了 A.J.McMichael 和 M.Allaby 等人的某种忧虑——他们指出了当代地球所出现的危险性（dangerous）或风险性（risks）的征兆，就是可以理解的了，而且，他们的担忧也很好地说明了生态地球是"活的"这一重要的特征。

（白屯，男，汉族，思政部教授，主要从事地学哲学及民族高校思想政治教育研究。本文发表于《科学技术与辩证法》2008 年第 10 期）

文明的自然维度及自然观的哲学演化进路

张媛媛

按照马克思的观点，人类面临的基本关系是与自然界的关系。人类社会与自然世界的关系不但蕴涵了人类生存需要的意蕴，还深刻地体现着人类摆脱野蛮，走向文明的程度。然而，在漫长的原始、农业文明时代，人类对自然界的对象性活动不足以破坏生态环境的基本稳定，古代人类主客不分、物我交融的意识使他们对自然顶礼膜拜、爱护有加。但是，以"人的理性觉醒"为主要标志的现代性的到来，却让人类付出了惨痛的环境代价。主客二分与对象性的思维方式使人取代"上帝"成为主宰万物的"继承者"，片面张扬主客体观念的人类对自然界进行机械化地分割，使自然界变成了"为我之物"。自然界不再是古代文明时期的榜样，而成为根据人的需要与利益随意掠夺、操纵和控制的工具和手段，自然界"祛魅"了。探寻现代性中自然危机的根源，重寻"人向自然的统一"与"自然界的优先地位"的意识，推进科技的生态化转向，是当代生态文明的发展方向。生态危机虽然通过人与自然关系矛盾体现，但由于自然界是客观存在，所以只能从人类自身查找问题出现的原因。在不同的文明时代，自然对人具有不同的意义，因而也就形成了不同的自然观念。人类对自然的不同看法，最终决定于人类自身实践的性质和状态。从根本上来说，由于人类在各个历史时期实践活动的性质不同，所以人与自然的关系也就不同，因此人眼中的自然就不同。而各个文明阶段的人与自然关系是不同时代的哲学世界观在自然观方面的扩展和逻辑表达，所以不同文明时代的自然观有着不同的哲学演化进路。生态文明是在生态危机背景下对工业文明的解构，是人类文明形态的自我演进到人与自然和谐的高级阶段。必须承认，生态文明的构建是人类的一种被动选择，它是自然救赎的可能途径。自然危机的深刻根源在于人的危机，因此，自然的救赎根本上取决于对人及人所存在的社会的救赎，所以对合理、正当的社会制度的建构是自然获得救赎的真正路径。

一、文明的自然维度

（一）原始农业文明：物化自然之状态

原始文明出现在距今约 300 万—400 万年前，它是迄今人类所考的最早文明形态。原始文明发轫于古猿向人转化的历史进程中，采集、狩猎与刀耕火种成为该时期社会文明的应然状态。在这种社会文明照应下，自然成了人类的全部"生活仓库"。在原始文明的生产实践中，由于人对自然的直接依赖性，使自然被看成是人类的"上帝"，所以人类对自然顶礼膜拜、崇拜至上。但另一方面，由于人类对自然认识的肤浅性，人的生命从某种程度上直接受到大自然的威胁，所以此时的自然又是一种神秘的存在，因而人类对自然是敬畏乞求。人类早期的图腾崇拜和神话既表现了原始社会以自然为导向的文明状态，又代表了人类精神价值信仰的"终极实体"。所谓图腾崇拜，是人把与自己密切相关的动植物作为图腾，尊奉为自己的崇拜对象，并且通过把这些动植物人格化、神圣化来探索外部世界的客观规律与掌握自身命运。所谓神话，就是人在幻想中对自然力的改造。洪水泛滥的灾难使人们幻想出女娲"积芦灰以止淫水"的功绩。酷暑干旱的痛苦使人们幻想出英雄后羿"上射九日"的威力。图腾崇拜和神话作为原始人类的自然中心主义拜物观念彰显出自然界本体性存在的至高无上，原始人只能匍匐在其脚下被它所支配。物与我，主体与客体尚未分化的意识表明人和自然处于混沌一体的状态。

农业文明时代出现在距今 1 万年前的新石器时代早期，在这一阶段，人类制造工具的能力与旧石器时代相比较有了质的飞跃和提高。因此，人类的生产和生活方式也发生了根本变化。人类开始利用农业技术开发农业资源，从事谷物生产和动物饲养。在农业文明社会中，人类生存需要的更主要方面则是以劳动为中介而进行的生产，人类通过物种栽培、动物饲养等方式对自然界进行生产劳动。即使人们直接利用自然物的形式仍然大量存在，但是它已经不是人类的主要生存方式。实践活动的性质不同，决定了人与自然的不同关系。原始文明的生产是直接从大自然索取生活资料，人对自然具有直接的依赖性，生产和消费在时空上是统一的；而农业文明的生产则需要人类劳动的参预，这就导致生产和消费在时空上的分离，从而人对自然的间接依赖取代了直接依赖。

但是，农业生产从本质上说依然是按照自然规律进行的天然生产，并非是人的意志干预的生产。人类在生产过程中起到的只是辅助的作用，人的劳动并不在自然生产过程之内。因此，人的劳动过程与植物的生产过程并非直接同一。植物的生产过程需要持续不断地进行，而人的劳动过程则不需要。正因为农业生产仍然是一种"自然生产"，因而对自然的依赖性是不可避免的。肥沃的土壤、良好的气候和水利条件等都是农业生产的决定要素。与这种生产相适应，人类对待自然的态度，不是征服自然，而是学习如何模仿自然，引导自然。农业生产本身就是从自然那里学来的，其本质是顺应自然，而不是战胜和改造自然。由于天时、土地、生物对农业生产的重要作用，所以农业时代的自然价值观必然也是人们十分重视土地、气象、生物物种等自然事物的思想。

在中国，"三才"思想是《周易》解释世界的结构模式。"三才"中的天、地、人虽然是世界最重要的三大要素，但是这三者之间是有逻辑递进关系的。"有天地，然后有万物；有万物，然后有男女。"（《周易·序卦传》）"天地变化，圣人效之"（《周易·系辞》）即使是圣人也要效法自然界的规律。儒家的自然价值观主要通过"仁爱"思想表现，如"仁民爱物"、"仁爱万物"。孔子的"智者乐水，仁者乐山"的说法，清晰而生动地表明了他对山、水诸如此类自然物价值的肯定。荀子尊重自然规律，他说："天有常道矣，地有常数矣。""顺其类者谓之福，逆其类者谓之祸，夫是之谓天政。"[①]在环境管理方面，我国从很早的时候起，就有了保护环境的法令。据《吕氏春秋》记载，周朝时代就颁布了保护自然资源的《野禁》和《四时之禁》。

---

① 张法祥、柯美成：《荀子解说》（下），华夏出版社 2009 年版，第 278 页。

它的内容是不违背时令砍伐木材、割草烧灰、猎取鸟兽、捕捞鱼虾。周朝以后，除元朝以外的各个王朝都制定和颁布了类似的环境保护法令。总之，由于原始、农业文明人类的实践活动只是改变了自然物的形状，并非性能，所以物化状态之自然保持了生态系统的良性平衡，并为人类生存与繁衍提供了物化保障。

（二）现代工业文明：主体性哲学模式下的自然危机

现代性从思想角度开启于"近代启蒙"运动，启蒙运动要求将人从上帝的奴役中解放出来，恢复人的尊严和价值，然而，随着人的这种解放，人类却成为上帝，由此确立了人类在整个世界中的统治地位。随着人类自立为王，自然世界也开始了祛魅化的过程。近代自然科学通过实践与工业密切结合，在短短的几百年内，人类征服和改造自然的能力超越了以前一切时代的总和。科学使人无所不知，技术使人无所不能。机器技术的发明和使用让人类凭借理性达到光辉的顶点。机器生产与农业生产有着根本的区别。农业生产从本质上还是"自然生产"，而机器生产是"制造型"生产，这种生产的产品完全是根据人的目的制造出来的。所以制造出来的产品很大程度上看到的是人的劳动技艺，自然的影像少之甚少。"产品与生产它的自然材料之间的联系被大量的机器劳动掩盖了，以至使人们在消费它时很少想到自然。"[1]此外，机器化生产的实质是生产的机械化，生产方式的机械化必然导致思维方式的机械化，自然因此被看作是一部能够进行机械运动的机器，它在我们之外，只是我们获得生存利益的对象。

工业的生存方式决定了在人同自然的关系中，人的主导作用逐渐凸显，自然不再是神圣不可侵犯的对象，它由人们尊崇的榜样降低为人们认识和改造的对象。人与自然的分离取代了人与自然的统一，人成了自然的上帝，自然成为人的利用品。从而，人眼中的自然也从"自在自然"变为"人化自然"。"所谓人化自然就是按照人的目的形成的，是人强加给自然秩序的人工秩序。当人们进行人化自然的生产时，人们的实践行为虽然是按照反应自然规律的自然科学进行的，但是，由于自然科学反映的是局部自然的规律，而

---

[1]　张维久、刘福森：《社会发展问题的哲学探索》，吉林大学出版社 1994 年版，第 85 页。

不是自然界整体的规律，因而破坏了自然界整体上的自然秩序，其后果就是造成了外部自然界生态平衡的破坏。"① 自然从被崇拜的对象转而沦为被轻视的对象，在人们的观念中，大自然是依附于人而存在的，它本身没有独立存在的价值。观念上的轻视必然导致行为上的破坏，人类通过科学技术这个中介对大自然无节制的掠夺、挥霍，亲其所能的占有。在科技理性扩张的时代，"知识就是力量"、"对自然界的否定就是通往幸福之路"、"人为自然界立法"这些哲学家们的理论一方面反映出现实时代人的主体意识增强、为理性独尊的观念；另一方面也反映出人类对科学技术的迷信：人类简单地认为科学技术就是万能的，只要掌握了它，就可以解决一切。科技理性扩张的恶果就是"自然之死"。人们不断地从大自然中索取，却不去考虑这样做会给大自然带来什么危害。青山绿水中镶嵌着田园牧歌的诗性化的自然已经成为人类最美好的回忆。美丽的大自然在工业文明的洗劫下已经是满目疮痍，自然环境严重污染，大量的废气、酸雨、烟雾严重威胁人们的身心健康。以雾霾为例，雾霾问题现在已经成为中国某些城市标志性的难题，而且范围还在扩大。造成空气严重污染的直接原因是燃煤、机动车、工业、扬尘等这些污染源的污染物排放量大，而根本原因其实就是工业社会大量燃烧石化燃料，从而增加了空气中的二氧化碳。此外，生态平衡也惨遭破坏，水土流失、土地沙化、物种灭绝、旱涝灾害频繁发生。物种的加速灭绝成了工业文明社会的特有现象。在商品经济尤其是市场经济关系泛化的工业社会，人们为了获得更多的金钱而无限地开发动物和植物资源，人们对物种的掠夺速度大大超过了他们的自然生长速度，因而，那些"稀有的"、"对人有价值的"生物的加速灭绝就成为必然。不可否认，人类对自然界的掠夺造就了物种的加速灭绝。工业文明意识下的工业化生产极大地满足了人们物质消费的欲望，但同时也从根本上改变了自然的面貌。如果说工业文明的发展打破了自然界整体平衡状态，自然终结是必然的话，那么"自然终结"之后将是"人类终结"。"所谓自然的终结，并不意味着世界的终结，雨仍然在下，太阳仍然在闪耀着光芒，尽管与从前已经大不一样。我所说的'自然'，是人类对于世界的观念和我们生活于之中的空间的集合。但是，伴随着我们周围发生的那些能

---

① 刘福森：《西方文明的危机与发展伦理学》，江西教育出版社 2005 年版，第 3 页。

够为科学家测量和枚举的真实的变化，我们关于自然的观念也将走向死亡。这些变化将极大地冲击我们的感觉，最终，我们那种永恒的自然和独立的自然的观念将被一洗而去，我们也将会清楚地看到我们究竟做了些什么。"① 而所谓"人类终结"则是自然对人类的强烈报复，自然界的异化给人类的生存和发展造成的严重的威胁。

自然危机故事的理论支持是笛卡尔开创的主体形而上学。主体性哲学向我们讲述的自然危机的故事同时也是人类如何成为上帝的继承人、成为宇宙主宰的故事。这两个故事是同一个故事的两个版本。主体性哲学讲的人就是致死自然的杀手。人类谋杀自然的形式就是通过他们的对象性活动把他们的意图和欲望嵌入自然物之中。在这一过程中，用"人为选择"取代"自然选择"。当自然的规律被人为秩序取代之后，自然只剩下一个空壳。这种失去了存在论根基的自然就是死了的自然。西方近代主体性哲学是工业文明"活的灵魂"。主体性哲学的基本特征表现为主客二分的思维方式，即世界被分为两部分，主体和客体。人取代了上帝成为了新的主体，被视为宇宙的最高存在。而人的对象，即人以外的另一部分存在被看作客体，客体依赖主体而存在，它是人的本质的对象化。所以主客二分的思维方式的进一步深化即是对象性思维方式。对象性思维方式一方面把人变成无所不欲的贪婪主体，另一方面，使作为客体的物失去了"物之物性"，成为主体化的客体。在人与自然地分离和对立中，人成为主宰者，自然界是被主宰的对象。主客二分的思维方式和对象性思维方式是近代人类中心主义价值观的哲学基础。这种人类中心论认为：人是凌驾于自然之上的，并有权为了自身的利益去任意剥削和控制自然，对自然横征暴敛。正是在这种形而上学思维模式的指引下，人与自然对立起来，并且在对立的道路上越走越远。

（三）当代生态文明：自然危机的哲学回应

迄今为止，工业社会是人类历史中，生产发展最为迅速、科学技术最为发达、财富积累最多的时代。所以很多人依然沉迷于对工业文明的迷恋。然而当想到人类目前的生存危机时，人们又要打破对工业文明的迷信，对它

---

① 〔美〕比尔·麦克基本：《自然的终结》，吉林人民出版社 2000 年版，第 8 页。

进行清理和反思。自然危机的哲学依据是主客二分的思维方式。这种思维方式造成了对人与自然关系的片面理解。"建设"生态文明就是要找到一种全面处理人与自然关系的方法，解构工业文明社会观念中的"人与自然的主客体关系"。

人与自然的全面关系，内在的包括"自然向人的统一"和"人向自然的统一"两个方面。自然向人的统一是指：从实践论角度看，人与宇宙其他自然物之间的本质区别就在于人的活动是自由自觉的活动。这种自由自觉的活动表现为一种对象性的活动，即人把自己作为主体，把除自己以外的"局部自然物"作为客体，通过主体对客体的改造（即实践）使人得以生存和发展。而人与除人之外的局部自然物之间的主客体关系却在近代主体性哲学思维中被夸大成人与自然界整体的关系，而且是唯一关系。近代主体性哲学运用主客二分的思维方式和对象性思维方式把人看作是宇宙的最高存在，绝对的主体，把自然界看作是人的改造对象（客体），人与自然的关系，成了主人与奴隶、主体与客体的关系。近代主体形而上学通过把世界两极化从而挖掉了自然世界存在论根基。自然成了没有存在根基的存在。这就导致了"对人的神化"和"对自然地否定"，从而就出现了人与自然关系的对立，即人类的生存危机。所以要消除这种对立，达到人与自然关系的和解，还要做到"人向自然的统一"。从根本上讲，"自然界整体"是宇宙的最高存在，而人只是宇宙的一部分，所以人与"自然界整体"是一种局部与整体之间的关系。在存在论看来，人与除人之外的其他自然物都从属于自然，都需要自然界提供维持生存的保障。所以，人与除人之外的其他自然物之间没有差别与不同，他们都是存在物。因此，在自然界作为整体的环境中，人作为局部要素，他的实践活动必须在自然界规律允许的范围内进行，自然界整体的"承受力"是人实践活动的上限。所以从人通过实践活动对除人之外局部自然物进行改造的角度讲，"自然向人的统一"是相对的、有条件的；而从人的实践活动必然符合自然界规律的限度角度讲，"人向自然界的统一"是绝对的、无条件的。进而言之，要消除人与自然的对立，就要超越"自然向人的统一"观念的有限性，明确"人向自然统一"的客观必然性，从而实现人与自然关系的和解。人向自然的统一在观念上要求重现自然界的优先地位，在实践上要求实现科技的生态化转向。

　　自然界整体从根本上说有着优先于人的绝对地位，这是人不可更改的"宿命"与"天命"。这既体现在自然界优先于人及其意识而存在，也体现在人的生存对自然界的本原依赖性上，更体现在人类社会发展规律与自然规律的内在统一性上。人类社会的发展不但要遵循社会发展规律，更要遵循自然规律。马克思说："自然规律是根本不能取消的"①。我们必须承认，人类社会是自然生态系统的一个部分，从属于这个系统。在自然系统中，部分的任何变化，都要对系统整体的稳定和平衡产生影响。以熵定律为例，它不仅是自然界的普遍规律，而且也适用于人类社会。这是社会发展的自然属性的体现。所谓熵定律，也就是热力学第二定律。热力学第一定律是能量守恒定律，它告诉我们，能量既不会消失，也不能创造，它只能从一种形式转化为另一种形式。虽然在总体上能量在转化过程中保持不变，但能量总的流动方向是确定的，即当一个区域聚有大量能量，而邻近地区能量较少时，能量总是从这个地区向邻近地区流动，直到达到平衡，成为无效状态。熵就是一个表示无效能量总和的概念。在一个封闭系统中，这个系统与外界不能进行能量交换，因而它自身的能量总是趋向于变成无效能量。每发生一件事情，就要耗散一定能量，因而熵总是趋向最大值，即有效能量逐步减少。如果是一个开放系统，熵定律的表现形式虽有变化，但熵定律也仍然起作用。系统的有序状态是靠能量维持的。要保持其有序状态，就必须从环境输入一定负熵，即输入一定有效能量。因此，虽然此系统增加了有序性，却使环境的熵增加了，即使环境趋向于无序状态。人类社会是一个开放的系统。社会是从无序走向有序的。因此，社会必须从自然界获得必要的能量，即获得负熵。人的生产活动，实际上只能把自然环境中的不可利用的能量转化为社会可利用能量。生产活动并不能创造能量，而只是转化能量。因此，社会生产活动的无限制增长可能导致两个后果：第一，导致环境中非再生能源的枯竭；第二，使环境的熵增加，即造成环境污染。② 所以，人类社会的发展同自然规律紧密相关，进入人的感性活动领域中的局部自然界，虽然打上了人的能动性的烙印，但是，它们依然保持着自身的本质规律性，这种人的意志无法改

① 《马克思恩格斯文集》第10卷，人民出版社2009年版，第289页。
② 参见张维久、刘福森：《社会发展问题的哲学探索》，吉林大学出版社1994年版，第108—109页。

变的固有本质及规律，所以社会与自然之间具有内在的统一性。在社会发展问题上不存在任何超自然的、反自然的观点，人类的实践活动只有在不违背自然规律的前提下才能获得正常发展。

科技的生态化或生态化的科技是指科技的绿色化，科技的低碳化，从而克服科技忽略自然的"存在性价值"的状态，在技术研发、应用的过程中全面引入生态学思想，把保护环境、改善生态与提高效率、发展经济统一起来的全新技术。生态化科技是人的现实生存要求在科技方面的具体表现。从根本上讲，科学技术是人的创造物，它染指的对象是自然界。所以，科学技术是人与自然界进行直接物质变换的中介。由于近代以来人的主体地位的张扬，科技理性僭越价值理性，科学技术对自然的帝国主义态度也越来越明显，人类在利用科技开发自然、创造财富时，只考虑自然的"消费性价值"，忽视自然的"环境价值"，其结果不可避免的要产生科技对自然的异化。所以，在生态文明时代，克服科技异化最好的方法就是让科技生态化、绿色化。从一定意义上说，不仅无污染的技术是绿色技术，那些少污染、低污染的技术也属于绿色技术。今天，绿色技术概念已泛化为负面效应低于人类生存与发展所容许限度的所有技术形态。

二、自然观的演化

三个文明阶段的人与自然关系是不同时代的哲学世界观在自然观方面的扩展和逻辑表达，因此，三种文明的自然观有着不同的哲学进路。根据黑格尔的否定之否定辩证法思想，人类对自然的认识依次经历了整体有机的自然观、机械论的自然观、共生共荣的辩证自然观。

（一）原始、农业文明——彰显整体有机的自然观

原始文明与农业文明由于人们对自然地依赖关系，人与自然还是有机的统一在一起。主客体的统一使人们在思考问题的时候都试图从自然界之中寻找万事万物之存在的根据，人以自然界为对象思考人之本性的内在统一。从古代文明的哲学传统来看，自然是指宇宙的本原，本性。宇宙的本性令万

事万物生生不息、变化不止。海德格尔认为，"自然"在古希腊语是指事物充分真实显现自身的一种无蔽状态。"被思为基本词语的自然，意味着进入敞开域中的涌现，进入那种澄明之照亮，入于这种澄明，根本上某物才显现出来……自然是涌现着向自身的返回，它指说的是在如此这般成其本质的作为敞开域的涌现中逗留的东西的在场。"① 一般地讲，在古希腊人看来，自然是有生命的有机体，万事万物都是从这个有机体中生长出来。正如恩格斯所说："正是因为他们还没有进步到对自然界进行肢解、分析——自然界还被当做整体、从总体上来进行观察。"② "由于自然界不仅是一个运动不息从而充满活力的世界，而且是有秩序和有规则运动的世界。"③

（二）工业文明——体现逻辑机械的自然观

工业文明社会的自然观是一种与古代社会整体有机论自然观相对立的机械自然观。它是近代机械论哲学在自然观方面的反应。而近代机械论哲学又是对近代自然科学的反思，所以机械论自然观可以看成是近代自然科学发展的逻辑表达。自文艺复兴后，自然科学得到了举世瞩目地发展，尤其是 17 世纪牛顿的力学体系的建立，把科学革命推向了顶峰。他用机械性理学的观点解释世界，使人们对世界的认识趋于简单化。他们把自然界看成是一架没有生机与活力，完全由因果关系支配的机器。"一切均可用自然科学的方法加以分析和研究，弄清了客体的内在结构和外在因果关系之后，即可对之加以操纵和控制。"④ 一个多样化的无限的世界，简化为力学的机械性的世界。近代自然科学的发展一方面使人们用科学重建哲学世界观，以反对封建神学，这是科学对哲学的积极影响。另一方面，近代自然科学的发展也造成了哲学世界观的片面化、机械化。由于近代科学不是关于世界整体性的科学，只是分析的，缺乏综合的方面，人的实践活动所依赖的只是关于局部世界的科学，因此，这时实践只能考虑人类局部的利益，把局部的胜利当成全

① ［德］海德格尔：《荷尔德林诗的阐释》，孙周兴译，商务印书馆 2002 年版，第 65 页。

② 《马克思恩格斯选集》第 4 卷，人民出版社 1995 年版，第 287 页。

③ ［英］罗宾·柯林伍德：《自然的观念》，吴国盛、柯映红译，华夏出版社 1999 年版，第 4 页。

④ 卢风：《启蒙之后》，湖南大学出版社 2003 年版，第 160—161 页。

局的胜利，把暂时的胜利当成永恒的胜利，因而人类不可能发现实践活动在长远上所具有消极方面、负效应，即不能考虑到在世界总体和长远的将来方面的消极影响。这样，在对人自身的认识上，必然产生"主体意识张扬"的人类中心主义理念。这种理念的文化背景，就是近代以来所形成的关于局部世界的科学、分析的科学。

（三）生态文明——焕发共生共荣的辩证自然观

一旦人类认识到了世界整体作为一个不可分割的有机体，人类中心主义就失去了立足之地。这是因为，在局部上说，人与外部自然界是一种外在关系，具有不同的性质，局部的外部自然界只是人的实践对象，而人则是实践的主体，是这一关系的主导方面与核心。这正是近代以来形成的人类中心主义的科学文化背景。但是，自然界并非是一些松散的自然物的堆砌，准确地说它是一个"整体"。生态自然观与近代机械论自然观不同，首先，它坚持有机论、整体论世界观。它把生物圈看作是出于相互作用、相互制约、相互影响的诸要素组成的有机整体。局部诸要素需要服从于整体的稳定和平衡。整体相对于局部来说具有优先性，局部食物不能脱离整体而独立存在。其次，它认为整个生态系统中的事物处于普遍联系之中。世界上不存在孤立的事物。世界的整体性质不能从孤立的事物中产生。事物与事物之间的联系构成了事物的存在。最后，它强调人与自然关系的和谐融合。人类是自然界长期发展的产物，这就要求人类在发挥主观能动性的时候更加深刻的认识客观规律，减少盲目性和随意性，即与大自然和谐共融。

三、结　语

生态环境的恶化促使人们开始反思他们的自然观。人们普遍认为是现代工业文明的机械论自然观造成了自然危机，所以想要救赎自然界，就必须恢复古代文明的整体有机论自然观，重新将自然看作是人的榜样，通过转变人们的自然观从而对自然界进行救赎。依笔者看，仅仅依靠自然观念的转变不足以解决问题，想要真正救赎自然界，只有深刻挖掘自然危机的根源。日益严重的生态危机、环境危机，实质上反映了人自身的一种异化，这种异化是人的文化的异化、人的存在方式的异化和实践方式的异化。也就是说，自然危机的根本原因是"人的异化"所表现的人的危机。而人在其现实性上又是一切社会关系的总和。所以从根本上来说，是人类社会的异化状态造就了人的异化，从而导致了人的危机。因此，自然危机的深刻根源在于人的危机、社会的危机，而救赎自然界的路径则是通过救赎人类社会进而救赎人。进而言之，自然界救赎的真正问题在于合理社会制度的建构。马克思明确指出："社会是人同自然界的完成了的本质的统一，是自然界的真正复活，是人的实现了的自然主义和自然界的实现了的人道主义。"① 社会和人的复活，其表现就是人与自然界完成本质的统一，从而在本质上社会与自然界融为一个整体，自然界就真正得到了复活。人在对自然界改造时会把与自然界本质一致的本质对象化给自然界，从而使自然界与人保持整体，成为与人和谐的自然界。更为重要的是，当人与自然界完成本质的统一之后，自然界就不是人眼中的机械物，而是演变成对象性的人。由于自然界成为人本身，所以人对待自然界就是对待自己。唯有此，人才能真正地爱护自然界、保护自然界，由此自然界才会真正复活。所以马克思的异化理论思想启示我们，"解决生态危机的核心问题是人的自我解放和社会的自我解放的问题，而这一解放的根本路径是扬弃私有制、弥合人与自然世界的分裂，实现人与自然世界的本质统一、社会与自然世界的整合"②。人们基于这样的理念对生态文明社会予以了期盼，"我们非常确信的是，当人们接受了这种生态社会的观念，坚信人类社会与自然世界在本质上是一个不可分割的整体，并按照物质变换、环境友好与和谐社会的实践原则进行改造自然世界的实践活动，那么自然界就会真正复活"③。

（张媛媛，女，蒙古族，思想政治理论课教学科研部讲师，主要从事马克思主义哲学研究。本文发表于《江西社会科学》2014 年第 8 期）

---

① 《马克思恩格斯文集》第 1 卷，人民出版社 2009 年版，第 187 页。
② 曹孟勤、徐海红：《生态社会的来临》，南京师范大学出版社 2010 年版，第 299 页。
③ 同上。

后形而上学与马克思主义
当代意义的双重建构指向

——基于文化哲学的阐释

吴纪龙

海德格尔在《世界图像的时代》一文中依循"现代的时代特征→科学技术→形而上学"的奠基线索，对现代的形而上学基础进行了卓越的分析。现代从根本上区别于前现代，它是世界历史性的时代。依照海德格尔的见解，现代也是西方形而上学走向完成的时代。随着技术形而上学的全球扩张，在哲学的西方性与文化的民族性和世界性之间产生了剧烈的冲突。现代哲学的自觉形态如文化哲学就已致力于解决哲学与自然科学、文化科学之间的对立，通过对话、融合来推动哲学和文化的历史开放性。[①] 我们要推进马克思主义当代意义的建构必须对西方形而上学所造成的世界现实保持高度自觉的批判意识。总体而言，马克思主义当代意义的建构包含双重指向：首先，要着眼于形而上学化了的世界历史现实来推进对形而上学的批判与克服，即从对理论形而上学的批判推进到对技术形而上学的批判，使马克思主义保持哲学的开放性；其次，我们要着眼于形而上学的世界历史现实来推进对西方文化意识形态的批判与克服，使马克思主义保持文化的开放性。这双重指向同时也意味着双重的转向，既将哲学从西方形而上学文化传统中转换出来，又将文化从西方文化的支配性中转换出来。

---

① 王国有：《文化哲学的文化自觉与哲学自觉——从卡西尔的文化哲学观看》，《社会科学辑刊》2010 年第 1 期。

一、后形而上学与西方文化的边界

后形而上学是一个过渡性的提法，基于对海德格尔关于哲学之终结的考察，它显现出双重历史内涵。首先，后形而上学意味着哲学在现代历史上的完成形态。按照海德格尔的存在历史观，形而上学肇始于柏拉图的理念论，在其后整个历史中一直贯穿着对"在场状态"的思考，进展到尼采的强力意志思想已趋于终结。概而言之，哲学的终结意味着形而上学从理论性的超感性世界倒转入了技术性的现实世界。"哲学之终结显示为一个科学技术世界以及相应于这个世界的社会秩序的可控制的设置的胜利。哲学之终结就意味着植根于西方——欧洲思维的世界文明之开端"①。海德格尔晚年在与一位日本人的书信对话中，也将哲学的终结所显示的世界历史实情称为"世界的欧洲化"。当然，他不是要在意识形态上来维护西方文化的中心主义地位。"通过世界的欧洲化，欧洲的某种不可遏制地扩展到全球的东西到了尽头"②。显而易见，海德格尔关于哲学之终结的论述包含着明确的后形而上学指向。在哲学完成之际，世界变得欧洲化了，或者说世界是由现代西方的法则支配的。在海德格尔对此历史情势的回溯式分析中，呈现出如下明确的线索："希腊哲学→现代科学技术→工业社会"，这一线索意味着发端于古希腊哲学的现代技术工业文明具有强制扩张的趋势。

海德格尔关于哲学完成于科学与技术的分析已经清晰地显示出西方文化的世界历史性边界。从形而上学上来看，科学技术指向对整个世界的规划和控制，因此也被海德格尔规定为技术帝国主义。西方形而上学的终结就是将其支配世界的意愿聚集到科学技术层面，并体现为强力意志。就此而言，我们将形而上学的终结看作是向一个权力位置的聚集；通过这个位置，技术形而上学复又向整个世界释放出同质化的文化强权。这也是文化进化论主张同质化意识形态的根源所在。在全球扩展开的西方科技文明从本质上趋向于

---

① 海德格尔：《面向思的事情》，陈小文、孙周兴译，商务印书馆1999年版，第72页。

② 海德格尔：《同一与差异》，孙周兴、陈小文、余明峰译，商务印书馆2011年版，第148页。

将不同民族文化在自身根基上生长起来的可能性逼入等价的对象性之中。因此，技术形而上学在聚集入权力位置的同时也在消灭不同民族本己文化的原初位置。一种民族性的本己文化原初地是与生活世界自然融合在一起的。现在，民族本己文化被同一性的技术对象化进程促逼到对立的位置上去了。德语 Gegenstand（对象）一词如果拆解来看，便是 Gegen-Stand（对立—位置）。在这个对象性的位置上，文化的本源要素如语言、信仰、习俗等被表象为可批量生产的东西。马克思在批判性地分析商品交换价值时，也揭示了对象性的形而上学弊端，即交换价值的生产是对任何一种具体个性的否定。技术形而上学也是一种解蔽方式，但具有强制性和异化的本质特征。因此，技术世界表现为对生活世界的异化，在社会上则表现为资本市场与生活世界的异化。众多现代西方思想家对技术理性的批判以及对生活世界意义的重视，即表达了让西方文化突破形而上学边界的历史诉求。从世界历史视域来看，技术形而上学批判同时还表达着不同民族的多元文化摆脱西方文化的支配的历史诉求。

二、马克思主义的哲学自觉

在海德格尔关于"哲学的终结"的讨论中，哲学指的是作为柏拉图主义的形而上学，它的终结显示为由柏拉图、亚里士多德所确立的纯粹理论形态向现实历史的转向。形而上学在开端上作为理论智慧就区别于技艺和实践智慧，以追求关于超感性存在物的知识为目标。尼采对柏拉图主义的颠倒并没有消除"感性与超感性区分"的二元构架，因此他对感性领域的承认同时意味着对超感性力量的完全释放。尼采的强力意志形而上学作为完成形态的形而上学向现实历史的过渡，体现在技术上面。根据海德格尔的阐释，"求意志的意志处于完成了的形而上学的世界之无历史性中。求意志的意志进而就在显现的基本形式中设置和计算自己。而这种显现的基本形式可以简明地叫做'技术'"[①]。在这里，技术并不是指狭义的机械技术，而是指向技术的

---

① 海德格尔：《演讲与论文集》，孙周兴译，生活·读书·新知三联书店2005年版，第80页。

本质。海德格尔用"集置"来命名技术的本质，意指存在者整体被促逼入无条件的置造过程的历史情势。

马克思主义的哲学自觉，就其完整意义来看，一方面指向对柏拉图所开创的理念形而上学的克服，另一方面指向对尼采所开创的技术形而上学的克服。理念形而上学也就是哲学上的唯心主义，既包括主观唯心主义也包括客观唯心主义。人们通常将黑格尔哲学看作理念形而上学的完成形态。马克思对黑格尔以及青年黑格尔派的彻底批判将一切唯心主义哲学揭穿为意识形态，这一批判的重大意义不在于宣布唯心主义的东西具有虚假的独立性，而在于将它置回到了现实历史之中。这正是海德格尔思想努力的方向，即将形而上学置回到其基础，通过追问这个基础来克服形而上学。因此，马克思批判理论哲学的革命性意义就在于阐明了解决哲学问题的现实路径，即付诸社会实践来解决一切理论问题。在马克思主义理论的视域中，对存在问题的追问发生了根本性的转向。理论哲学通过设定先天的超验真理致力于解释世界是什么，即追问"世界何以可能?"。马克思将理论哲学的思辨置回到现实的社会实践，致力于追问"人类解放何以可能?"[①]。我们可以毫不夸张地说，马克思实现了西方哲学史上的根本性变革，推翻了执迷于追问世界的实体是什么的理论智慧的优先性，奠定了本真地追问世界之存在意义的实践智慧的基础地位。不过，我们必须澄清的是，马克思的实践哲学不再局限于西方哲学自第一开端以来的形态划分（创制的科学——实践的科学——理论的科学）之中，它是海德格尔所谓哲学的"另一个开端"。在另一个开端中，哲学作为思想"仍然是'爱智慧'，只是变成了'爱实践智慧'"[②]。如果人们单单从传统上实践哲学与理论哲学的对立出发去理解马克思的实践哲学，就会使马克思陷入尼采式的困境，即在颠倒柏拉图主义时却仍然受柏拉图主义的束缚。海德格尔在估量马克思的思想时由于过度地参照黑格尔，而没有充分参考马克思后期在政治经济学批判中所展开的历史思想，便错误地至少是不恰当地将马克思和尼采看作是同样的柏拉图主义的颠倒者了。我们要澄清这种误解，必须进一步考察马克思对技术形而上学的历史性克服。

---

① 孙正聿：《解放何以可能——马克思的本体论革命》，《学术月刊》2002 年第 9 期。

② 丁立群：《理论哲学与实践哲学：孰为第一哲学?》，《哲学研究》2012 年第 1 期。

　　关于技术形而上学，我们首先需要揭示它所带来的危险，同时还需要清晰认识的是技术之所以带来危险是因为它在本质上就是危险。海德格尔在一篇颇能暗示其思想道路的短文《转向》中明确地指出："集置作为危险（Gefahr）而成其本质。……但这种危险，亦即在其本质的真理方面使自己受到威胁的存在本身，却依旧被掩盖和伪置起来了。这种伪置乃是危险中最危险者。"① 如果我们从生产的解蔽特征出发来思考存在，那么就可以说生产演变为商品生产就是危险的发生，而商品生产的资本主义方式就更深地伪置了这种危险。现在从海德格尔出发，我们在具体层面上来解释危险，它显示为以下诸情形：大地的荒漠化、世界的倒塌、物的无意义状况以及人的无家可归状态等等。今天，那些依赖技术进步的盲目乐观主义者和沉迷于由技术带来的体验快感中的人们，是很难意识到技术本质的危险性的。所以，我们以为马克思主义理论仍然需要坚守思想的严肃和深度，绝对不能降格为后现代主义情绪的话语乱象。我们揭示技术本质的危险性，并不导致思想的消沉，根本讲来是要置身于危险中并走向救渡。"救渡意味着：解开、放开、释放、爱护、庇护、保护、保存。……真正的救渡乃是保存、守护。"② 海德格尔的这些阐释是清晰明了的，现在的我们的问题是：如何理解马克思主义对技术形而上学的克服，对危险和救渡的理解呢？

　　我们要恰当理解马克思对技术形而上学的克服，关键是找到海德格尔思想和马克思思想之间的契合点。海德格尔将技术阐释为强力意志设置自身的基本形式，同时将技术形而上学的总体机制规定为"技术——科学——工业"。在这里，我们可以发现海德格尔思想与马克思思想的现实契合点。工业是将技术与科学统一起来的同一者。马克思早在《德意志意识形态》中便清晰地指认了大工业与科学的关系，即"它使自然科学从属于资本"③。在资本意志中透射出尼采所说的对地球统治权的渴望。从现实经济的角度来看，资本依靠对社会的支配权不断推动对自然资源与人力资源的订造，进而在更高的程度上巩固自身的支配权。资本要完全扩展自身的权力，必须依靠发达

①　海德格尔：《同一与差异》，孙周兴、陈小文、余明峰译，商务印书馆 2011 年版，第109 页。

②　同上书，第 114 页。

③　《马克思恩格斯选集》第 1 卷，人民出版社 1995 年版，第 114 页。

的市场经济，因此必然要使科学变身为"技术主体"。在相对分散独立的经济状态中，人依靠自己的劳动成为主体，工具只能作为人的器官的延长来存在。但是，在科学技术化进而技术机器体系化的资本主义经济形态中，人的主体地位处于被磨灭的危险中。"科学通过机器的构造驱使那些没有生命的机器肢体有目的地作为自动机来运转，这种科学并不存在于工人的意识中，而是作为异己的力量，作为机器本身的力量，通过机器对工人发生作用。……从机器体系随着社会知识的积累、整个生产力的积累而发展来说，代表一般社会劳动的不是劳动，而是资本。社会生产力是用固定资本来衡量的，它以物的形式存在于固定资本中。"① 如果说分散的经济被资本集中化了的经济所取代是历史的必然，因此独立劳动者的主体地位必然也要被消除，我们不能对此进行价值观上的取舍。但是，这种"消除"的后果却是连带消除了个体作为生活主体的自由可能性。海德格尔对此的认识是：在技术形而上学中，"人被固定为劳动的动物了"②。马克思克服技术形而上学的枢纽是指认出技术的资本主义应用方式和技术的非资本主义应用方式之间的差异。技术形而上学只能源于技术的资本主义应用方式。因此，马克思对技术形而上学的克服便是对资本主义社会制度的历史性批判。只有解除了技术中的资本本质，才能开放出人与技术之间的自由关联。从唯物史观上看，这意味着人的存在意义从必然领域向自由领域的过渡。我们要建构马克思主义哲学的当代意义，不能停留在阐释马克思对理念形而上学的终结层面，还必须充分把握到马克思对技术形而上学的克服。

三、马克思主义的文化自觉

在全球化时代，文化交往显得异常重要，它比受缚于资本意志的单纯经济交往和政治交往具有更丰富的历史意义，因为文化在根本上是作为人的生活方式而存在的。技术形而上学或者说资本形而上学在对世界进行整体规

---

① 《马克思恩格斯全集》第31卷，人民出版社1998年版，第91—93页。
② 海德格尔：《演讲与论文集》，孙周兴译，生活·读书·新知三联书店2005年版，第70页。

划和控制的同时，使世界变得越来越小了。世界的缩小不仅是就时空而言的，而且更为根本的是就生活的意义而言。人们越是以技术和资本的尺度来生活，也就越沉陷于拜物教。按照海德格尔的说法，"'世界'的形而上学上的缩小产生了一种对人的掏空"①。马克思主义文化观首先主张要保护从各个民族的历史根基上所生长起来的文化，而文化的差异性意味着人类生活的意义取向是多元的。其次，针对技术资本文明尺度的强制性，致力于建构以自由为本的世界文明类型。

马克思主义文化观既然要保护不同民族文化的本源性和丰富性，就要自觉克服文化意识形态。所谓文化意识形态，即以意识形态的方式来看待文化。研究全球化的美国学者阿尔君·阿帕杜莱指出："今天，全球互动的中心问题是文化同质化与文化异质化之间的紧张关系"②。海德格尔关于技术形而上学的探讨，已经从事实层面揭示了源于西方的文化同质化。技术理性所主张的乐观主义和强制进步观都是同质化的文化意识形态。在全球化进程中，主张文化同质化必然会造成西方中心主义和普世价值相混杂的文化意识形态。文化在起源上就是异质的，这无可争议。但是，尽管不同文化各有特质，它们作为人的生活方式具有彼此相通的意义，即人的自由的敞开性。如果过分坚持文化异质化就会阻滞文化的敞开性，进而造成民族相对主义的文化意识形态。从马克思主义的观点来看，这两种文化意识形态都是不可取的。首先，西方中心主义源于早期西方殖民主义的观念，现在则有技术帝国主义进行支撑，但在当今全球化境域中合作与对话才是主流；其次，民族相对主义则源于非西方的现代化后来者与西方世界的对抗，现在则由种族自我中心主义来支撑，这同样也不合乎当今全球化进程中合作与共赢的价值观。马克思主义的文化观强调不同民族的文化在普遍交往中成为彼此互补共享的，也即成为世界历史性的。资本主义的全球扩张已经包含了西方功利主义价值观对其他民族文化精神的同质化。马克思主义对资本主义的批判同时也就是对西方中心主义文化观的批判。马克思主义同样也反对民族相对主义的闭关自守姿态，即反对将人封闭在特定的地域与文化传统之中。就马克思主

---

①　海德格尔：《哲学论稿（从本有而来）》，孙周兴译，商务印书馆 2012 年版，第 523 页。

②　汪晖、陈燕谷：《文化与公共性》，生活·读书·新知三联书店 1998 年版，第 527 页。

义自身而言，它产生于西方，但它不是西方文化的私有物，而是面向世界历史的。马克思主义的中国化为我们带来的是世界历史性的文化价值取向，但这绝不意味着它会危害到我们民族本己的文化传统。如果说，马克思主义的文化观在某种意义上构成对我国传统文化的批判，那也是针对传统文化所包含的制度性的、落后的因素。传统文化中那些有利于人的自由发展并有利于丰富人的生活意义的要素，马克思主义只会当成文化的精华来保护和继承。根据马克思主义对传统文化精华进行爱护与保养的实践原则，我国社会主义文化与价值观的建构和发展应当在不断提升的文明境域中自觉重演传统文化的精华要素。

另外，马克思主义在文化交往实践层面上还主张建构"世界文化"。马克思主义的世界性说明它不再仅仅局限于西方历史的特定境域而是着眼于世界历史的一般境域来解答人之存在的意义问题。在西方现代化向全球化扩展及西方文化自身危机的背景下，一些西方著名思想家如海德格尔、德里达、福柯、哈贝马斯和罗蒂等人已经自觉地从后形而上学背景出发来理解西方文化的传统与未来。现代人要摆脱科学技术及物化在它里面的资本意志所造成的生存困境，只能依托与理论智慧异质的实践智慧开启出一个真正人类化的新开端。这正如马克思在《关于费尔巴哈的提纲》这一革命性文件中所阐明的：新唯物主义的立脚点是"人类社会或社会化的人类"[1]。如果我们放眼于全球化境域，不同文化之间的交往实践将走向人类共属的"世界文化"。世界文化将融合不同文化类型之间的差异性，但它依然具有普遍性的意义指向。"这种普遍性不同于西方文化的普遍性：它是代表人类共同利益的普遍性。"[2] 在"西方文化的普遍性"这一表述中起规定作用的是主语第二格，即是说其中的普遍性是西方文化主体的私有物，这必然导致西方中心主义的文化意识形态。历史唯物主义关于世界历史、人类解放的思想在文化交往实践上所指示的只能是面向人类未来的世界文化。有些西方学者如美国当代著名基督教哲学家、神学家保罗·蒂利希、德国犹太哲学家卡尔·洛维特等从基督教神学的角度来解释马克思，我们认为这种解释是不恰当的。因为，对马

---

[1] 《马克思恩格斯选集》第 1 卷，人民出版社 1995 年版，第 61 页。

[2] 丁立群：《普遍性：中国道路的重要维度——一种文化哲学的思考》，《求是学刊》2012 年第 1 期。

克思思想的神学式解读是将其局限在基督教传统之中，没有充分认识到马克思主义的世界历史性。马克思主义所主张的世界文化必然超越每一特定的文化传统，但又将它们的差异性包含于自身之中。这也就是说马克思主义的普遍性建构的是普遍的敞开境域，而不是一种现成的文化类型。马克思主义文化观的普遍视域为我们解决长久以来就存在的中西文化之争提供了合理的指引。因为，马克思主义在历史建基上抢先于中西文化之争，并且能够将两者创建为具有普遍性的世界文化。

（吴纪龙，男，汉族，思想政治理论课教学科研部讲师，主要从事马克思主义哲学与文化哲学研究。本文发表于《学术交流》2014年第5期）

历史自由观：马克思对现代性
自由观的批判与扬弃

张成山

一、马克思的自由观是现代性自由观的最高环节

马克思通过对理性自由观、物化自由观的扬弃，建立了历史自由观。一方面，马克思的自由观继承了现代性的本质主义的基本精神，这就是，马克思承诺了人类社会的终极理想——共产主义。可以说，在这个意义上，马克思的自由观是抽象的。但是，必须要允许马克思首先在理论上承诺人类的抽象自由的存在。

黑格尔说，真理是过程。这个思想严格被马克思所继承，并成为一个根本性原则。马克思把这一原则运用到了对人类自由的探索之中。于是，马克思看到，作为绝对的人性论意义上的人的纯粹的自由，需要在人类的社会历史生活当中被建立或实现出来，而不是单纯停留。

在人类的观念之中。作为观念的自由还不是人类的真正的现实的自由。马克思的任务就是要实现人类的自由。因此，对于马克思的自由观来说，自由是人类社会的建立在劳动基础之上的历史发展过程。"整个所谓世界历史不外是人通过人的劳动而诞生的过程。"① 自由作为抽象的原初设定仅仅是理论上的"有"，但却是现实上的"无"，因此，如何把理论上的有，扬弃为现实中，从而变成现实中的有，是马克思自由观与古典哲学自由观的本质

---

① 马克思：《1844 年经济学哲学手稿》，人民出版社 2000 年版，第 92 页。

差别。正如英国学者塞耶斯所指出："这些观念都是抽象的，它们只是马克思社会理论中哲学抽象的起点。为了理解特定的社会条件，必然要超越它们。"① 他进一步认为，人类的自由一定要通过社会历史的活动得到实现。"我们只有通过参与社会活动，只有在社会关系中并且通过社会关系，我们才能发展我们的本性——我们的个性与我们的自由。"② 这一观点显然是从马克思的"人的本质，在其现实性上是一切社会关系的总和"这一论断中推演出来的。与黑格尔的真理是思辨过程一样，对于马克思来说，人类自由不过是人类历史的发展过程。

另一方面，如果否定马克思的自由观具有普遍性的人性论根基，那么就容易进入历史相对主义，从而把单纯的现实活动中的人的感性欲望的满足，视为人类自由的唯一道路，会进入物化自由观。在物化自由观看来，人仅仅是功利性存在，没有一个抽象的一般的人类道德，只有现实的需要是真实的。人类的自由就是感性需要的不断满足。显然，马克思的自由观因为仍然建立在一种现代性的本质主义的根基之上，因此，抽象普遍性的自由仍然有效，只不过马克思把这一抽象的自由观扬弃到历史之中，这使得马克思的自由观与物化自由观区别开来。

对马克思哲学的理解，历来存在两派对立的观点，一是存在主义的马克思主义，另一派是分析的马克思主义。存在主义的马克思主义强调马克思哲学中的黑格尔主义因素，认为马克思哲学仍然是一种建立在对绝对的终极关怀基础上的"人道主义"，但忽略了马克思注重"实证科学"的方面；相反，分析的马克思主义过分强调了马克思的实证科学方面，过分强调马克思哲学中对社会历史的科学性的考察，而忽略了马克思哲学中的人道主义因素。阿尔都塞就是其中的代表。他认为，真正的马克思哲学是"理论上的反人道主义"。而实际上，马克思哲学恰好包括了上述两个维度。单纯的任何一个方面，都不是马克思的本意。马克思自己明确表示：共产主义，作为完成了的自然主义＝人道主义，而完成了的人道主义＝自然主义。可见，马克思既扬弃了自然主义，即以感性欲望为基础的物化自由观，又扬弃了"人道

---

① 肖恩·塞耶斯：《马克思主义与人性》，冯颜利译，东方出版社 2008 年版，第 200 页。

② 同上书，第 9 页。

主义",即以抽象的人性论为基础的理性自由观。对二者的扬弃,马克思建立了一种历史主义的自由观,即历史自由观。这一自由观既不是抽象的人性论,但却包含了抽象的人道主义中的合理性因素,也不是单纯追求生产力发展,满足人类的感性欲望的物化自由观,但却也包含了人类的感性自由这一合理性因素。据此,马克思通过对现代性以来的理性自由观和物化自由观的双重扬弃,建构了现代性的历史主义的自由观——历史自由观。马克思自由观是一种历史主义,按照塞耶斯的说法,"马克思主义的人性观是对人类需求与人类能力的一种历史与社会的考察,是人道主义的一种历史主义形式"①。

自由是人类的形而上学设定。自由问题并非是现代性才开始的,毋宁说,人类历史就是不断追求自由的历史。然而,每个时代人类追求自由的具体的方式却是不同的。从人的本质上来看,自由是人的本质中的规定,而且不是人的本质中的"一个"规定,而是最高规定。

人的自由全面发展是马克思主义的最高命题。因此,在理论上,自由是人的命运,它起源于人的形而上学的本性。在这个意义上,只要人类存在,那么,追求自由就是人类的终极关怀。这也就是说,人类对自由的设定以及追求自由的本性,是不会改变的。那么,改变的仅仅是每一个历史时代,由于人类面对的生存状况不同,遇到的生存困境不同,因此,在对自由的理解上也就不同。比如,古代社会人类的自由问题,主要表现在人与自然之间的关系之中。人无论对自然的认识,还是对自然的利用方面,都没有足够的能力。因此,人类的自由在古代社会,主要表现在对自然束缚的反抗。而到了资本主义社会,人类的自由问题主要表现在人类内部的经济关系之中的束缚。这一切说明,人类的自由是绝对的抽象的普遍自由和具体的历史时代的自由的统一,这是马克思的历史自由的基本规定。

历史自由观把人类的自由看做人类解放。正如德国学者沃尔夫冈·豪格所说:"马克思主义的工程产生于资本主义社会现代无产阶级和其他屈从于统治形式的社会化生产关系的人群困境和他们对解放的追求。"② 这种自由

① 肖恩·塞耶斯:《马克思主义与人性》,冯颜利译,东方出版社 2008 年版,第 4 页。
② 沃尔夫冈·豪格:《十三个尝试:对马克思主义思想的再阐释》,朱毅译,东方出版社 2008 年版,第 11 页。

是历史发展的过程。人类并不存在一个抽象的绝对的自由，自由只能在每个具体的历史时代，以特定的社会关系表现出来，因此，历史自由观也就是具体的、每个时代的人类的自由所达到的高度。每个时代，人类既是自由的又是不自由的。历史就其绝对整体来说是发展的，是人类自由的不断提高。但每一个时代的不自由，恰好构成了下一个历史时代自由形态的一个环节，因此，历史自由是建立在历史进步论这一现代性本质主义的基础之上的，这是马克思的历史自由观的一个基本规定。

二、马克思历史自由观的基本规定

1. 马克思历史自由观承诺"类本质"是自由的

马克思在《手稿》中设定了人的"类本质"。他认为，异化劳动的最根本的异化在于人与人的类本质的异化。因此，异化从根本上说，是人与他自身的本质的异化。可见，马克思是承认人具有一个抽象的"类本质"的。高清海先生也提出人的双重生命，种生命和类生命。而且，马克思明确提出，"类本质"的自由是因为人是有"意识"的存在。"或者说，正因为人是类存在物，他才是有意识的存在物，就是说，他自己的生活对他来说是对象。仅仅由于这一点，他的活动才是自由的。"[①] 自由在抽象的意义上是指人可以通过意识的活动，来反思自己的生命活动的意义，并主动地有意识地构造自己的生命活动。但这仅仅针对最抽象的意义而言。这个抽象的自由，必然要扬弃为具体的人类历史活动。这也就是说，马克思所理解的人的历史性自由，是以对抽象的类本质的自由的承诺为前提的。只不过是说，这个类本质自由必然要扬弃为劳动和劳动中形成的社会关系，而不是单纯停留在抽象的人性论的意义上讨论人的自由。

"类本质自由"这个基本的承诺构成了马克思历史自由观的一个逻辑开端。它并非引导我们进入抽象的人道主义或抽象的人性论。这种人道主义最终要以"历史的形式"被确立起来，即必进入劳动和社会关系之中。塞耶斯

---

① 马克思：《1844 年经济学哲学手稿》，人民出版社 2000 年版，第 57 页。

说得很有道理："在马克思的著作中，它们是人道主义的一种历史形式。这种历史人道主义，建立在我所展现的关于人性的历史探讨的基础之上。"① 没有对人的类本质的自由的承诺，就没有人类向自身本质的回归，因而也就没有历史的社会运动。马克思认为，人类社会历史是发展的和运动的。其目标就是人类的解放和自由。因此，如果不承诺人类的类本质是自由的，就不能有人类自由在社会历史中展开的可能。

2. 建立在劳动（包括"劳动一般"和"异化劳动"）基础之上的马克思主义自由观

马克思所理解的人类的自由，是与劳动分不开的。当马克思扬弃理性自由观和物化自由观的时候，是站在人类社会生产实践活动——劳动基础之上的。此时，自由是劳动中的自由，异化是劳动的异化。马克思转向社会历史领域解决人类自由问题，首先抓住的就是劳动。这是《1844 年经济学哲学手稿》的重大贡献。通过对劳动异化的分析，马克思找到了通向人类自由解放的新的道路。沃尔夫冈·豪格恰当地指出了马克思从异化劳动进入人类历史性自由的世界中这一本质："马克思没有简单地用'人'来取代精神，而是发现，代替精神的必然是劳动。他那震撼人心的有关异化劳动的概论，在 1932 年发表之后吸引了整个一代的知识分子，它抓住了人的本质逻辑，这种人的本质在私有财产和劳动分工（私有财产和劳动分工只不过是对彼此所作另外的表述，并且也是对资本的表述）中逐渐丧失，而要克服异化就必须铲除私有财产的权力和分工的权力。"②

《手稿》中，马克思在论述异化劳动的同时，也就是在论证一种非异化的劳动所应该存在的形式。异化和自由是相对的范畴，因此，论述异化也就同时指出了非异化的实质。异化的总根源在于私有财产，在异化状态中，人的感性的各种能力不能得到满足，人的精神需求同样不能满足，一句话，人仅仅变成维持自己自然生命的手段。"在自己的劳动中不是肯定自己，而是否定自己，不是感到幸福，而是感到不幸，不是自由地发挥自己的体力和智

---

① 肖恩·塞耶斯：《马克思主义与人性》，冯颜利译，东方出版社 2008 年版，第 14 页。

② 沃尔夫冈·豪格：《十三个尝试：对马克思主义思想的再阐释》，朱毅译，东方出版社 2008 年版，第 136 页。

力，而是使自己的肉体受折磨、精神遭摧残。……因此，他的劳动不是自愿的劳动，而是被迫的强制劳动。因此，这种劳动不是满足一种需要，而是满足劳动以外的那些需要的一种手段。"①而在马克思看来，人的自由就是要摆脱这种作为"谋生手段"的状态，从而回复到符合人性的社会性的人。

《手稿》提供了从劳动出发理解自由的开端，此后，马克思在政治经济学批判中，继续贯彻了这一思想，进一步完善了对人类自由的历史考察。马克思认为自由"只是在必要性和外在目的规定要做的劳动终止的地方才开始"②。"诚然，劳动尺度本身在这里是由外面提供的，是由必须达到的目的和为达到这个目的而必须由劳动来克服的那些障碍所提供的。但是……克服这种障碍本身，就是自由的实现，而且进一步说，外在目的失掉了单纯外在必然性的外观，被看作个人自己自我提出的目的，因而被看作自我实现，主体的物化，也就是实在的自由，——而这种自由见之于活动恰恰就是劳动。"③这些都表明了马克思对自由的劳动状态的设想。

3. 马克思历史自由观表现在"社会关系"之中

社会关系是在劳动中形成的各种社会关系。马克思认为，在私有制下，人还没有真正建立一种自由的社会关系，人在社会关系中发生了异化。表现为人与人之间的异化。马克思自己说，人还没有回到真正的社会性。共产主义就是人向"社会的人"的复归。在《提纲》中马克思论述了人的本质是"社会关系的总和"，这决定了马克思对人类自由的理解，必然被引入到社会关系的领域。人的自由，不再是抽象的人与纯粹的道德法则本身之间的关系，而是在与从事着生产劳动的和一定的交往关系中的"他人"之间的关系之中。"当马克思对形而上学的批判在尼采那里产生出轰动效应时，大多数的马克思主义者仍在探究事物的内在本质而不明白：人的本质实际上是一个变化的关系结构，在某种程度上可以把自界的一切事物都看成这样的关系结构！"④马克思的历史自由观，实质上是人类社会历史作为一种社会关系来

---

① 马克思：《1844年经济学哲学手稿》，人民出版社2000年版，第52页。
② 马克思：《资本论》第3卷，人民出版社2004年版，第928页。
③ 《马克思恩格斯全集》第21卷，人民出版社1965年版，第353页。
④ 沃尔夫冈·豪格：《十三个尝试：对马克思主义思想的再阐释》，朱毅译，东方出版社2008年版，第121页。

说，个人所实现的与整体的社会关系的协调关系。

社会关系是人的类本质自由和劳动自由的统一体。社会关系是因为人有意识才成为可能的。马克思指出："凡是有某种关系存在的地方，这种关系都是为我而存在的。动物不对什么发生关系，动物对他物发生的关系不是作为关系存在的。"① 社会关系是意识和劳动的双重扬弃，因此，人类的历史性自由最终在社会关系当中被建立起来。塞耶斯指出："人性——包括人的自由和个性——都是历史的产物，人性只有在社会中并通过社会才得以发展。"②

4. 马克思的历史自由观表现在人类社会形态的更替

马克思认为，人类社会历史是不断进步的。历史进步论的观念是支撑马克思历史自由观的一个基本要素。马克思论述社会形态的更替并非仅仅是一个事实判断，而且同时更是一个价值判断。也就是说，马克思认为，人类历史的社会形态的更替，是朝向人类自由和解放这一目标的。正如塞耶斯所说："马克思的历史理论以及其中对进步的界说，既具有叙述的事实意义又具有评价意义。资本主义社会不仅是封建社会之后的一个阶段，而且它也是比封建社会'更高级的'与'发展更完善的'阶段。"③ 马克思把人类的自由定位在历史自由之中，这也就意味着人类自由是一个漫长的历史发展过程。康德在《实践理性批判》中认为，一种理想化的道德生活状况，是一个永远没有止境的过程。同样道理，马克思也认为共产主义是一个趋向自由的漫长的过程。马克思指出："共产主义对我们来说不是应当确立的状况，不是现实应当与之相适应的理想。我们所称为共产主义的是那种消灭现存状况的现实的运动。"④

马克思不否认个人自由和人类全体自由的关系，而且认为，个人自由和人类全体自由是同时发生的。但是，个体的自由最终要以全体的自由得到保证。在这个意义上，马克思认为，共产主义是一个"世界历史"的任务。不能抽象地理解人的自由，也就是要把人类的自由放在历史当中去理解，因

---

① 《马克思恩格斯全集》第 3 卷，人民出版社 1960 年版，第 34 页。

② 肖恩·塞耶斯：《马克思主义与人性》，冯颜利译，东方出版社 2008 年版，第 83 页。

③ 同上书，第 13 页。

④ 《马克思恩格斯全集》第 3 卷，人民出版社 1960 年版，第 40 页。

此，每个历史时代，都是人类通向自由的一个环节。奴隶社会时代，奴隶的生存状态是不自由的，但却是他所属于的那个时代的人的自由方式，即人是以特殊的不自由的方式来追求自由的。这样，从来没有一个离开历史而抽象地存在的自由，那种离开历史的自由，仅仅是人们关于自由的种种"理解"和"解释"，因而是抽象的观念上的自由。马克思的自由是被置入历史之中理解的自由，因而是具体的历史的自由。这种自由将伴随着人类社会历史形态的更替而不断趋向于更高的阶段。

三、马克思历史自由观的方法

1. 历史分析的方法

马克思自由观中包括实践的维度，这决定了马克思必然超出哲学而进入对历史的分析。哲学的方法是反思的方法，而马克思扬弃了哲学，使用了"历史分析"的方法。历史分析的方法应该从《形态》开始被马克思发展起来。马克思对此有明确表述："思辨终止的地方，恰好是实证科学开始的地方。"① 或者马克思所说的："我们只知道一门科学即历史科学"。这些都表明，马克思批判哲学，开始从哲学的反思的方法中超越出来，进入了一种新的方法，一种科学的历史观的视野。② 马克思认为，人类的自由问题，不能单纯通过哲学和宗教批判获得解决。自由问题的解决首先要回到对历史的科学分析。沃尔夫冈·豪格认为："哲学被马克思当作了一个典型的客体，他以此为例讲述自己的新方法，让他的新方法在哲学中接受批判性的检验：他用历史分析的方法分析了社会劳动的'经营方式'和与此相联系的具有统治形式的社会'结构'，这种分析既包含着哲学意味又是对哲学的扬弃。"③

---

① 《马克思恩格斯全集》第 3 卷，人民出版社 1960 年版，第 30 页。
② 参见李正义：《浪漫主义精神的哲学诠释》，《齐鲁学刊》2009 年第 6 期。
③ 沃尔夫冈·豪格：《十三个尝试：对马克思主义思想的再阐释》，朱毅译，东方出版社 2008 年版，第 126 页。

2. 马克思历史自由观的辩证法

马克思所讨论的自由，是与人类在资本主义生存方式下所发生的"异化"分不开的。"异化"在一定意义上恰好是与自由对应的"反义词"。异化和自由两个范畴构成了马克思历史辩证法的两个基本概念。也就是说，在马克思看来，人类的自由也就是对异化的克服过程。

异化为人类的自由提供了一个过度环节，异化对自由既有积极的作用，又有消极的作用。所谓积极作用是说，只当人类因为自由而发生了异化的时候，才为人类进入自由提供了一个条件。正如资本主义并非完全具有否定意义一样，异化也为自由以否定的方式提供了条件。所谓消极作用是指，异化恰好是自由的对立面，自由就在于对异化的扬弃。所以，从辩证法的角度看，异化是自由的一个内在的环节，它本身是肯定和否定的统一。这就是黑格尔的辩证法的逻辑。正如德国学者沃尔夫冈·豪格指出的，马克思对黑格尔最为着迷的地方是黑格尔对辩证法的重新阐释以及这种辩证法跟历史之间的联结。马克思将把这个联结移植到其他领域，即社会的领域，并因此打破了黑格尔的哲学结构。

3. 马克思自由观的社会批判方法

马克思的自由观是通过对社会批判建立起来的。社会批判不同于宗教批判。马克思看到，人类的异化包括双重方面：精神异化和经济异化。"宗教的异化本身只是发生在意识领域、人的内心领域中，而经济的异化是现实生活的异化，——因此对异化的扬弃包括两个方面。"① 所谓精神异化马克思是指宗教异化以及以黑格尔为代表的理性主义哲学中的精神异化。在马克思看来，精神异化中的宗教异化，其根源在于经济异化。因此，只有完成对经济异化的克服，才能真正克服精神异化。这样，社会批判就成为马克思历史自由观的一个重要方法。为此，马克思在《黑格尔法哲学批判导言》中，提出了从宗教批判向社会批判的转变。马克思说："人的自我异化的神圣形象被揭穿以后，揭露具有非神圣形象的自我异化，就成了为历史服务的哲学的迫切任务。于是，对天国的批判变成对尘世的批判，对宗教的批判变成对

---

① 马克思：《1844 年经济学哲学手稿》，人民出版社 2000 年版，第 82 页。

法的批判，对神学的批判变成对政治的批判。"① 正如沃尔夫冈·豪格所认为的："仅仅对宗教说不是不够的，在马克思看来这只是一种表达和抗议，它必须且必将在实践中批判结盟。"②

（张成山，男，蒙古族，体育教学研究院副教授，主要从事马克思主义哲学、高校心理健康教育研究。本文发表于《北方论丛》2011 年第 2 期）

---

① 《马克思恩格斯选集》第 1 卷，人民出版社 1995 年版，第 2 页。
② 沃尔夫冈·豪格：《十三个尝试：对马克思主义思想的再阐释》，朱毅译，东方出版社 2008 年版，第 135 页。

马克思主义意识形态理论中国化路径研究

马爱杰

一、马克思主义意识形态的本质与功能

具有阶级性。马克思主义理论认为，意识形态是统治阶级的意志体现，代表统治阶级的利益，一般具有系统性和理论化的特点。在阶级社会里，统治阶级的意识形态占据整个国家思想领域的主流，控制一国的思想与观念，在这个国家里，不允许存在思想领域的"异端"。[①] 从唯物史观角度来说，意识形态属于社会意识的范畴，由社会存在决定，并对社会存在有反作用，积极的、正面的意识形态可以促进社会存在的发展，反之则会产生阻碍作用，成为社会发展的桎梏，同时，意识形态有一定的相对独立性，并不与社会存在同步变化发展。

中国的封建社会初期，儒家理论在维系国家大一统，强化中央集权，促进农业经济发展，选拔德才兼备的人才为统治阶级服务等方面发挥了巨大作用，但明清以后，尤其近代百年成为"西学东渐"，中国向西方学习先进技术、制度的一个思想桎梏。因此，从这个角度来看，意识形态具有阶级性，而马克思主义是无产阶级的思想武器与灵魂。

反映社会实践。马克思、恩格斯在《共产党宣言》中明确提出："人们的观念、观念与思想概念，一言以蔽之，人们的意识要随着生活实践的变化而不断发生改变，例如生活水平、社会关系和社会存在。"这段话的实质就

---

① 参见刘云山：《深入推进社会主义核心价值体系建设》，《党建》2014 年第 5 期。

是，意识形态具有社会实践性，是社会实践发展到一定阶段的产物，总体上随社会实践的变化而不断发展。马克思进一步指出，首先意识形态并不是空洞无物的理论，而是时时刻刻都指向社会实践的，社会存在的改变最终将体现在意识形态上，不存在"超越物质的精神"，从根本上坚持了意识形态的唯物主义本质；其次，人们接受意识形态，学习并遵循其要求，本质上是为了社会实践，是一个社会中人们为了生存、发展和维护自身利益而自觉或不自觉接受的一个思想武器。

中国封建社会等级森严，阶级界限严格，为了维护地主阶级的统治，统治者广泛宣传儒家思想，主张"克己复礼"，目的是要人们安守本分，不要"犯上作乱"，人们为了生存和自身利益来接受封建思想，在君主的统治下做一个"顺民"，因为只有顺民才会享受君王的"恩泽"，地主阶级统治者也注重用相应的意识形态来保证这种社会秩序的良好运作。① 所以，马克思主义认为，意识形态是社会实践的物质表现，意识形态来源于社会实践，具有社会实践性。

凝聚社会力量。凝聚社会力量就是意识形态对社会实践与思想领域的整合和统领作用，占据主流的意识形态会引导全社会的主流价值观，反映统治阶级利益要求，起到思想导航仪的作用。在意识形态这一"思想导航仪"的引领下，各种社会思潮会不断进行整合，与主流价值观靠拢，最终形成一种意识形态合力，进而成为人类社会发展中的精神力量。

近代以来，西方资本主义国家对外通过武力入侵等形式抢占殖民地，在殖民地推广资产阶级意识形态，很多殖民地的传统意识形态逐渐被取代，只能与资产阶级意识形态相靠近。以近代中国为例，随着西方殖民者的不断入侵，中国一些有志之士从开始主张"师夷长技以制夷"，到后来宣传"中学为体，西学为用"，再到《马关条约》签订后中华民族危机中，严复在《天演论》中疾呼的"物竞天择，适者生存"，中国社会思想逐渐西化，向代表先进生产力的资产阶级思想靠拢，最后推动民族资产阶级革命，推翻封建地主专制统治。

马克思主义意识形态指导中国共产党带领中国人民取得了新民主主义

---

① 参见袁贵仁：《社会主义的意识形态的本质体现》，《人民日报》2013 年 4 月 21 日。

革命和社会主义革命的胜利，在中国建立了社会主义制度，为实现国家的富强和人的全面发展创造了前提条件；现在它又指引着中国特色社会主义现代化建设，以追求人的自由和解放为己任，满族越来越多人的更加发展的自由实现的需求，最终在中国实现中华民族伟大复兴。因此，马克思主义意识形态的社会思想整合与引领作用，需要在实现"中国梦"的道路上不断坚持与发展创新。

二、马克思主义意识形态理论中国化的历程

近代革命时期——毛泽东思想。五四运动标志着中国工人阶级作为一支独立的政治力量登上历史舞台，而工人阶级的指导思想，如毛泽东指出的那样："五四运动的指导思想，尤其后期，就是马克思主义"。五四运动中，李大钊、陈独秀等传播马克思主义的先驱人物，在《布尔什维克的胜利》、《我的马克思主义观》、《庶民的胜利》等一系列著作中，宣传马克思主义意识形态理论，主张工人阶级要勇于为自己的权利而斗争，在这种历史背景下，以马克思主义意识形态理论作为指导思想的中国共产党于1921年成立。

马克思主义意识形态是建立在西方发达的资本主义国家社会实际基础上的，而中国是贫穷落后的半殖民地半封建社会，实践证明不能教条地使用马克思主义意识形态理论指导中国革命。[①] 因此，以毛泽东为核心的党的第一代领导集体，高瞻远瞩，在长期的革命实践中逐渐将马克思主义普遍原理与中国革命实际相结合，发展和创新了马克思主义意识形态理论，丰富了马克思主义理论理论宝库，形成了毛泽东思想，引领中国共产党带领全国各族人民浴血奋战，推翻三座大山，建立新中国，经过三大改造，在中国建立了社会主义制度。

改革开放时期——中国特色社会主义理论体系，即邓小平理论。1978年召开的党的十一届三中全会，将全党工作重心转移到社会经济建设上来，坚持"实践是检验真理的唯一标准"基本观点和"一切从实际出发，实事求

---

① 参见张国作：《巩固马克思主义在意识形态领域指导地位》，《求是》2006 年第 10 期。

是"的方法论，克服了"两个凡是"的思想桎梏，主张"解放思想，实事求是，团结一致向前看"。后来，以邓小平为核心的党的第二代领导集体，在社会主义建设过程中面对复杂的国内国际形势，坚持对内改革，对外开放，在苏东剧变的历史关口坚持四项基本原则不动摇，在坚持马克思主义意识形态的斗争中取得了伟大胜利，坚持住马克思主义意识形态阵地，团结和凝聚了全社会的力量，实现经济社会的全面发展。

20世纪80年代，党中央提出建设中国特色社会主义基本理论，提出"社会主义初级阶段"理论和党在社会主义初级阶段的总路线，提出"三步走"的发展战略。同时，为防止"左"倾思想阻碍改革开放进程，坚持发展社会主义市场经济，1992年邓小平南巡谈话，明确指出，"计划和市场是发展经济的两种手段"，回答了市场是姓"资"还是姓"社"的问题，解决了长时间禁锢人们头脑的理论困惑。南巡谈话的"东方风来满眼春"，社会主义市场经济在中国迅速发展起来。①1999年党的十五大，邓小平理论作为马克思主义中国化的又一成果，被写入党章，成为党和人民建设社会主义事业的指导思想。

马克思主义认为，社会主义是介于资本主义和共产主义之间的一个过渡性的历史时期，这是因为社会主义革命必须建立在资本主义高度发达的基础上，这与中国的实际不相符。因此，邓小平理论将"什么是社会主义，怎么建设社会主义"的历史性问题，是马克思主义基本原理的第二次"中国化"。

"三个代表"重要思想。世纪之交，党的第三代领导集体站在时代的高度，面对纷繁复杂的国内外形势，创造性地提出了"三个代表"重要思想，即"中国共产党要始终代表先进生产力的发展要求，代表先进文化的前进方向，代表中国最广大人民的根本利益"，"三个代表"重要思想是立党之基、执政之源。"三个代表"重要思想是对马克思主义政党理论的创新发展，是马克思主义意识形态和中国社会主义建设实际相结合的又一次伟大胜利。

马克思主义政党理论认为，任何政党都是以一定阶级为基础的，是阶

---

① 参见靳辉明：《当代资本主义新变化和发展趋势研究》，《马克思主义研究》2006年第12期。

级的政党，是为实现某一个阶级的根本利益而建立起来的政治组织。某一个阶级一旦建立起来，就要为这个阶级的利益服务，领导这个阶级去夺取政权、建立政权和巩固新生政权。同时它还认为政党是基于社会生活中的一个特定阶级，但是对于已经消灭剥削阶级的社会主义新中国，中国共产党不仅仅代表无产阶级利益，而是代表中国最广大人民群众的利益，"三个代表"重要思想回答了"建设什么样的党，怎样建设党"的问题，是党领导人民建设社会主义的指导思想，是在新时期对马克思主义政党理论的又一次中国化。

科学发展观。进入新世纪，以胡锦涛为总书记的党的领导集体，把握时代脉搏，站在历史高度，提出"科学发展观"，即"以人为本的，全面协调可持续发展"，凝聚全党全国人民力量，进一步推进中国特色社会主义现代化建设。

传统马克思主义认为，社会主义发展集中在上层建筑的调整上，因为社会主义革命要在资本主义经济发展程度高、物质基础雄厚的国家首先展开，因此社会主义发展并不需要太多关注怎么发展社会生产力这一问题，而是要如何改革上层建筑，使之与经济基础相适应。但我国国情决定了社会主义初级阶段的中心任务是大力发展生产力，科学发展观回答了"实现什么样的发展、怎么发展"这一重大理论问题。[①] 因此，科学发展观实质上是马克思主义意识形态理论与中国社会主义建设实际相结合的又一次伟大实践，落实科学发展观的过程也是推进马克思主义意识形态中国化的进程。2012 年，党的十八大正式将"科学发展观"写入党章，与邓小平理论、"三个代表"重要思想一道，成为马克思主义中国化的宝贵理论结晶，成为党和人民全面建设中国特色社会主义的指导思想。

三、深入推进马克思主义意识形态理论中国化的路径

加强理论创新。马克思主义认为，社会意识要适应社会存在的变化发

---

① 参见靳辉明：《落实科学发展观构建社会主义和谐社会》，《红旗文稿》2006 年第 23 期。

展，达到历史的具体的统一，创新是一个理论体系保持生命力的重要源泉。列宁指出，马克思主义并不是一成不变的，而是要在各方面不断推向前进的。因此，当前社会科学理论工作者应当立足于中国特色社会主义建设的伟大实践，面对复杂的国内外形势，研究新情况，解决新问题。例如，马克思主义意识形态强调人要在规律的指导下发挥主观能动性，唯物主义辩证法关于联系普遍性与多样性也论述了人的发展要与环境相协调，但马克思主义只是给出较为宽泛的理论，并没有落到中国改革发展建设实际中来。党的十八大提出"生态文明"概念，是对马克思主义意识形态的进一步延伸和创新，是马克思主义普遍原理与中国实际相结合的又一次胜利。

此外，民生问题应当成为理论创新的关注点。解决民生问题是立国之本，关系到人民群众千家万户的生活，关系到社会主义现代化建设能否顺利完成，关系到党的执政地位，关系到中华民族伟大复兴的"中国梦"的顺利实现。如教育、医疗、住房、民主法治建设等与民生息息相关的问题，都应当是理论工作者的研究点，是实现马克思主义意识形态中国化的新路径。

再有，社会公平问题是理论创新的重要内容。经济社会强调效率与公平，改革开放以来，一部分人先富裕起来，如何实现先富带后富，成为全社会面临和关心的话题。马克思主义意识形态主张共同富裕，但反对平均主义。因此，理论研究者要关注如何在提高效率的基础上保证社会公平，实现发展成果由人民共享的宏伟愿景，实现马克思主义意识形态中国化路径的再一次发展与创新。

引导制度建设。用马克思主义意识形态理论指导中国特色社会主义经济制度和民主政治建设，在实践中总结经验，丰富理论，是马克思主义意识形态中国化的又一现实路径。

我国实行公有制为基础，多种所有制经济共同发展的基本经济制度，1992 年以来逐步建立起社会主义市场经济体系。但由于历史和现实的多种原因，市场和政府之间在资源分配、价格调节等方面的作用界限不清，政府过度干预经济生活的现象频发，因此，2013 年新一届政府决定"简政放权"。马克思主义主张社会主义实行全面公有制，但我国国情决定了必须发挥市场在资源配置中的决定性作用。这本身就是马克思主义意识形态中国化的路径实践。

　　理论工作者要关注我国现实国情，理清计划和市场两种手段在资源配置中的不同定位，将政府和市场在经济发展过程中所扮演的角色从理论层面加以研究，要以马克思主义基本理论为指导，在保证社会主义经济成分在全社会占据主要地位的前提下，发挥市场经济的活力，促进资源、人才的流动，增强我国国民经济的活力。

　　政治制度要以经济制度为基础，并反映经济制度。因此，理论工作者还要对进一步加强社会主义民主法制建设进行研究。马克思主义认为，社会主义社会的政治组织形式是民主集中制，这一构想已经在我国政治生活中得到深入贯彻和实施。理论工作者要研究如何将民主集中制的形式结合我国现实国情，进一步灵活发扬，落到实处，保障人民群众的政治权利与自由，实现社会主义民主法治建设实践的成功。这是马克思主义意识形态中国化路径的又一重要内容。

　　落实思想政治工作。理论工作者在思想政治工作中，要积极探索马克思主义意识形态中国化的具体路径，增强针对性、提高实际效果。首先，要因地制宜，因人而异，从具体事务上入手，突出政治思想工作的有效性与针对性。毛泽东曾说，宣传工作要看对象，不同地区，不同部门与领域的群众思想活动也不同，在宣传内容上搞"一刀切"，是无法实现预期效果的。理论工作者要创新宣传形式，以人民大众喜闻乐见的形式开展思想政治工作，在工作方法上坚持马克思主义意识形态矛盾特殊性的基本原理，坚持具体问题具体分析的方法，对不同的人、不同的事、不同的时间采取相对应的有效宣传方式与手段，从而更好地实现思想政治工作的效果。

　　其次，要主动进行思想政治工作。马克思主义是科学化的理论知识，内容包罗万象，具有普遍的指导意义，不仅对国家大政方针，而且对人民生活中的日常小事也有指导意义。我国幅员辽阔，人民生活丰富多彩，理论工作者要积极深入人民群众日常生活实践中，宣传、贯彻马克思主义意识形态理论，与人民群众生活生产实践相结合。

（马爱杰，女，回族，思想政治理论课教学科研部讲师，主要从事马克思主义理论与思想政治教育和民族政治学研究。本文发表于《人民论坛》2015 年 4 月总第 476 期）

民族地区党的思想建设的理论创新

江　远

一、民族地区党的思想建设面临的新情况、新问题

　　党的十一届三中全会以来，在中国共产党的正确领导下，党的民族政策日益完善，随着西部大开发战略的深入进行，民族地区的经济建设不断发展，人民生活日益富裕和安定，民族团结空前紧密，呈现出繁荣昌盛的景象。广大民族地区的人民群众相信党的领导，边疆政治稳定，民族凝聚力不断增强。这些成绩的取得，主要应归结到民族地区的各级党组织和广大党员形成了建设中国特色社会主义的思想信念。正如邓小平同志曾说："共产党之所以能成为由党员组成的坚强统一整体，也就是因为全体党员有着共同的共产主义理想和信念；党在政治上的统一，组织上的巩固，都需要通过加强党的思想建设，才能取得可靠的保证。"[①] 然而，随着社会经济生活和民族地区周边环境政治变化的影响，近年来，在民族地区的社会发展过程中，民族地区党组织的思想建设遇到了许多新情况、新问题。在现实生活中，我国的民族问题经济问题与政治问题、现实问题与历史问题、民族问题与宗教问题交织在一起。这种错综复杂性也反映到党内来，党的思想建设经历着严峻的考验。

---

① 吕星斗：《邓小平和他的事业——研究选萃》（下），中共党史出版社1993年版，第751页。

（一）不可忽视的民族矛盾

中华人民共和国的成立结束了我国民族分裂的历史，各民族空前大团结。但是，随着冷战结束以后国际形势的变化，民族因素和宗教因素在国际政治中的影响明显上升，各种民族主义思潮和活动趋于活跃，引发了一些国家和地区的冲突和内乱。民族分裂势力、宗教极端势力、暴力恐怖势力通过各种手段对我国进行渗透、破坏活动。国际敌对势力在极力鼓吹极端民族主义，他们既不受国际法则约束，也不尊重中国人民的思想感情。在这样错综复杂的形势下，党的思想建设面临着能不能坚定不移地贯彻执行党的民族政策的考验，能不能有效地抵御外部势力侵袭党的思想建设基础等问题。

（二）与西部大开发战略不协调的地方利益思想

西部大开发战略是我们党和国家对邓小平"两个大局"思想的具体贯彻落实。实施西部大开发战略，加快中西部地区发展，关系到经济发展、民族团结、社会稳定，关系到民族地区加快发展和最终实现共同富裕，是全面建设小康社会、实现第三步战略目标的重大举措。在西部大开发的过程中，国家采取众多有力措施来促进西部地区的发展，其中优势互补、合理分工、共同发展是主要形式。在东部有资金、技术、管理、思想观念、改革开放经验等优势；在西部有土地、能源、矿产、旅游环境等资源优势。二者优势互补——相互结合，西部大开发才能有效地实施。但是，少部分思想狭隘的人却不这样认为，他们把各种资源看作私有财富，不从国家的大局和发展共同利益出发，也不顾民族地区发展的实际需要，采取关起门来实行自我发展的地方保护主义态度，把东部的支援与合作说成是对西部地方利益的侵害，散布对西部大开发战略不利的言论。一些不具备战略意识和大局观念的群众，在这些人的鼓动下，对西部大开发战略产生怀疑和抵触情绪。这些思想也不同程度的影响到党内和一部分党员干部，如果民族地区的党组织和党员也从狭隘的地方利益出发，将对党和国家的西部大开发战略产生极其不利的消极影响，构成不利于西部大开发战略实施的障碍。

（三）经济、科学、文化相对落后带来的思想观念落后

我国许多少数民族是从不同社会发展阶段跨入社会主义的，经过长期的社会主义建设，大多数少数民族群众思想认识和观念发生了巨大的变化，但相对内地经济社会发展来说，少数民族地区在经济、科学、文化发展上还处于相对落后的状态。民族地区少数民族群众对新的经济社会发展要求产生某些不适应，存在着一些观念滞后的问题。由于民族地区与内地出现经济发展差距的问题，产生了要求民族地区加快发展与对党的政策是否倾斜到别的地区的思想疑虑，以及对有些民族地区领导机关调节少数民族群众生产和生活的政策不到位，产生的信任危机问题直接削弱了我们党和国家在民族地区长期形成的威信，这种问题不能够有效地解决是不利于民族地区经济社会的发展，更不利于民族关系的发展。民族地区的党员生活在这样的思想环境中，也有把自己民族的思想情绪，或者是民族地区普遍存在的思想观念带到党内来的。这些思想观念导致部分党员干部在思想道德行为上出现失范，党员的思想修养面临滑坡的危险境地。民族地区党的思想建设的思想环境具有外部风险性，这是不得不重视的新情况和新问题。

二、加强党的思想建设内容的理论创新

加强民族地区党的思想建设，必须针对当前存在的突出问题，发挥党的思想建设的各种资源和组织保证等有利条件，在构建党的思想建设的理论体系上开拓创新。

（一）以"党性"修养为契机，对民族地区党员进行马克思主义世界观、民族观、宗教观教育，帮助党员牢固树立唯物主义世界观，树立社会主义和共产主义信念，保证党员真正做到思想上入党

党性是一个政党固有的本性，是阶级性最高而集中的表现。新党章中指出："中国共产党是中国工人阶级的先锋队，同时是中国人民和中华民族的先锋队，是中国先进生产力的发展要求、中国先进文化的前进方向和中国

最广大人民根本利益的忠实代表，是建设有中国特色社会主义事业的领导核心。"民族地区的党员必须谨记自己的先进性和历史使命，用马克思主义唯物论的世界观、人生观和无产阶级的一切优良品质武装自己并克服头脑中非无产阶级思想；用人类一切优秀的精神文明成果武装、充实、完善自己，使自己成为全面发展的共产主义新人，最终完成民族地区党员的马克思主义化。

（二）以"党情"教育为切入点，帮助民族地区党员正确认识党所处的历史阶段，明确党在新时期的历史任务，增强其责任感和使命感，以更好地承担起领导民族地区人民全面建设小康社会的历史任务

在争取民族独立、人民解放的历史时期，中国共产党扮演的是"革命党"的历史角色。如今"我们党历经革命、建设和改革，已经从领导人民为夺取全国政权而奋斗的党，成为领导人民掌握全国政权并长期执政的党；已经从受到外部封锁和实行计划经济条件下领导国家建设的党，成为对外开放和发展社会主义市场经济条件下领导国家建设的党。我们必须从中国和世界的历史、现状和未来着眼，准确把握时代特点和党的任务，科学制定并正确执行党的路线方针政策，认真研究和解决推动中国社会进步和加强党的建设的问题，做到既不割断历史、又不迷失方向，既不落后于时代、又不超越阶段，使我们的事业不断从胜利走向胜利"。民族地区的党员只有明确自己的历史角色，才不至于在社会转型期迷失方向，才能带领民族地区人民"聚精会神搞建设，一心一意谋发展"。

（三）加强以"一个政策、两个大局、'三个代表'重要思想"为支撑的"党的理论政策"研究与宣传力度，增强民族地区党员干部的理论修养提高民族地区党员的理论修养，有利于把执政建立在科学理论思维的基础上，增强执政的原则性、系统性、预见性和创造性

用中国化的马克思主义武装中国共产党人，是党的思想建设的主要内容。当前，民族地区的党员干部，第一要认真学习贯彻党的民族政策，深刻领会、准确把握其精神实质，制定适合本地区的配套政策和具体措施，通过政策力量促进民族地区发展；第二要认真学习贯彻邓小平同志"两个大局"

的思想，即一个大局，就是东部沿海地区要充分利用有利条件，加快对外开放，较快地大力发展起来，中西部地区要顾全这个大局；另一个大局，就是当发展到一定时期，可以设想在二十世纪末全国达到小康水平的时候，就要拿出更多的力量帮助中西部地区加快发展，东部沿海地区也要顾全这个大局。做到优化资源配置，合理布局生产力，实现民族地区的跨越式发展；第三要重点学习实践"三个代表"重要思想。"三个代表"重要思想是全党工作的指导思想，也是民族工作的指导思想，是我们胜利完成中央民族工作会议提出的新世纪初的历史任务，不断推进民族团结进步事业的根本要求。①在新的历史时期，民族工作的各项具体方针、政策和措施，都必须符合"三个代表"的要求，坚持和完善民族理论政策，不断开创民族工作的新局面。

三、加强民族地区党的思想建设的重大意义

加强民族地区党的思想建设，对于推动当前民族地区党的建设和各项工作具有实际作用。

（一）增强民族地区党的执政能力，构建和谐民族社会

党的第十六届四中全会通过的《中共中央关于加强党的执政能力建设的决定》指出："我国改革发展处在关键时期，社会利益关系更为复杂，新情况新问题层出不穷。在机遇和挑战并存的国内外条件下，我们党要带领全国各族人民全面建设小康社会，实现继续推进现代化建设、完成祖国统一、维护世界和平与促进共同发展这三大历史任务，必须大力加强执政能力建设。"民族地区党的思想建设，就是要面对本地区的实际情况和党所处的环境进行研究，以马克思主义为指导，多做调查研究，总结经验，找出解决问题的办法，以不断增强民族地区党员的党性、责任感和使命感，不断增强党的执政能力，维护民族团结和国家的安定统一。通过对民族地区党员进行马

---

① 中共国家民委党组：《"三个代表"重要思想关于民族问题的理论学习纲要》，学习出版社2004年版。

克思主义无神论及其立场、观点和方法的教育，使他们牢固树立马克思主义世界观，并不断深化对"共产党执政规律、社会主义建设规律和人类社会发展规律"的正确认识，有助于把共产主义信念深深扎根于党员的头脑中。从而使民族地区党员在权、钱、色腐化思想的诱惑，国际反华势力挑唆等纷繁复杂的国内外局势中，始终保持正确的政治方向、政治立场和高度的政治敏锐性、政治洞察力，经受住各种风险考验，始终走在时代前列。同时也要在党员中提倡以人为本，鼓励创造型和实干型的人才脱颖而出，形成重视学习和体现竞争的干部成长环境，营造崇尚实干、突出政绩的创业氛围，真正把广大党员干部的精力集中到加快和谐社会建设的发展上来。

（二）增强民族地区党员责任感和使命感，发展和维护好各族人民群众的利益

民族地区有些党组织存在自由散漫，对人民、对党的事业缺乏责任感和使命感的思想倾向，表现在制定地方发展规划、领导人民当家作主、脱贫致富等问题上的消极被动。中国共产党是中国人民利益的忠实代表。民族地区基层组织需要深刻反省：作为党组织的一员是否正确行使了"代表"权，应该如何更好地行使"代表"权，这都有利于从根本上解决基层对社会主义、共产主义的信仰，增强民族地区党员干部对社会主义优越性的认识和对人民赋予权力的珍惜。这样才能充分调动其积极性、主动性，才能不断提高科学判断的能力和驾驭复杂形势的能力，做好民族地区发展的掌舵人。

（三）充分发挥党的领导作用，带领少数民族群众加快经济建设

思想建设是组织建设和作风建设的精神动力和思想保证，它承担解放思想、更新观念和统一思想、坚定信念的任务。当前，我国步入西部开发、全面建设小康社会的重要历史时期，全面加强民族地区党的思想建设，加强国情、党情以及民族政策教育，能帮助民族地区党员干部从思想上适应西部开发、全面建设小康社会这一新形势。加强民族地区党的思想建设，是抓住机遇、深化改革，与时俱进、大胆创新，确立充满生机和活力的发展机制，充分发挥西部地域、资源优势，实现西部的腾飞和建设小康社会的重要保证。

（四）维护民族团结和国家安定统一，化解民族矛盾，防范危及国家安全事件的发生

加强国内各民族团结，是党的事业顺利发展的基本保证。改革开放的不断深入，不可避免地触及了一些民族地区的具体利益，引发了一些民族矛盾。这些问题反映到民族关系上来，影响了民族地区的稳定。对此，民族地区党员和党组织，必须在思想上始终保持高度警惕。历史经验表明，政治上出问题，往往是从思想混乱开始的，而思想混乱，又常常是由错误理论产生的。

思想理论一乱，党内就乱了，就会分裂；党一分裂，政权就会瓦解，敌对势力就会得逞。因此，要在党内形成一个坚强有力的领导核心，巩固党的团结。必须维护党的思想统一，加强党的思想理论建设。

（五）丰富马克思主义党建思想，充实党的民族理论宝库

民族地区党的思想建设理论，是具有民族特色的马克思主义党建思想。它遵循马克思主义的基本立场、观点和方法，与马克思主义党建思想一脉相承，是马克思主义党建思想的重要组成部分；同时它也有其独特性：民族地区党的思想建设的对象是民族地区广大党员，主要是少数民族党员。他们有其固有的民族信仰，加之民族地区生产力不发达，工人阶级力量薄弱，这使得民族地区党的思想建设的思想基础十分薄弱。另一方面，民族地区党的思想建设是党的思想建设的一般原理与制定正确的、适合本民族特色的民族政策相结合的过程。党的宗旨是全心全意为人民服务，民族地区独特的"区情"决定了要更好地实践党的宗旨。民族地区的党组织就要在符合国家政策的大前提下制定适合本民族特色的政策，引导人民走自我发展的道路。这些都为党的思想建设提供了宝贵的经验和借鉴。

（江远，男，汉族，大学生思想政治教育研究中心主任、教授，主要从事思想政治教育研究。本文发表于《中央民族大学学报》2006年第5期）

加强少数民族大学生社会主义
核心价值观教育

陈宪章　　赵　铸　　江　远

党的十八大报告提出，要在全社会积极培育和践行社会主义核心价值观。2014 年 5 月 4 日，习近平总书记在北京大学师生座谈会上的讲话中，更是希望青年能把社会主义核心价值观作为自己的基本遵循。在由 56 个民族组成的大家庭中，在改革开放的关键时期和日趋复杂的国际国内新形势下，加强少数民族大学生社会主义核心价值观认同教育显得尤为重要和紧迫。

为什么重要和紧迫？

首先，少数民族大学生的文化特殊性使得社会主义核心价值观教育更加复杂。

人创造了文化，又受文化的熏染。作为文化的核心，价值观对人的影响最具根本性。不同民族由于其自然条件和历史文化不同，产生和形成的核心价值观也各有特点。少数民族大学生大多生长在民族文化环境之中，潜移默化中形成了本民族价值观念。在价值观教育中，这种本民族观念便构成先在性的观念基础。习总书记在北京大学师生座谈会上的讲话中指出，社会主义核心价值观是反映全国各族人民共同认同的价值观"最大公约数"。但是，少数民族大学生在生活方式、社会信仰、民族心理乃至于思维方式等方面表现出的诸多文化特质，必然与核心价值观的传输产生碰撞。心理学研究表明，转变教育的难度远远大于养成教育。少数民族大学生社会主义核心价值观教育必然受制于文化适应性，将会比普通大学生的认同教育更为复杂和艰难。

其次，少数民族大学生的地位重要性使得社会主义核心价值观教育意义重大。

全社会共同认可的核心价值观是一个国家、一个民族最持久、最深层的力量，也是凝聚这个国家和民族的精神纽带。少数民族大学生是少数民族中的精英群体，是民族地区的主要建设者，更是维护民族团结与国家统一的重要力量。他们中的多数人毕业后将回到民族地区，走上各自的专业技术岗位和领导岗位，逐渐成长为民族地区经济社会发展的骨干和中坚。这支力量的思想是否成熟、政治立场是否坚定、在关键时刻能否经得住考验，关涉到民族地区的繁荣稳定和民族团结进步事业的成败。大学阶段是价值观逐步形成和稳定阶段。我们必须探索有效的教育教学模式，让每一个少数民族大学生都自觉成为促进民族繁荣、维护民族团结的典范。

再次，当前形势的严峻性更加凸显出少数民族大学生社会主义核心价值观教育的紧迫性。

一个民族、一个国家如果没有共同的核心价值观，莫衷一是，行无依归，那这个民族、这个国家就无法前进。在新时期、新形势下，我国所面临的各种挑战更加严峻。作为一个统一的多民族国家，国内民族问题的综合性、复杂性日益突出。作为一个新兴的大国，境内外敌对势力正加紧对我国实施西化、分化战略，千方百计地对我国的发展进行牵制和遏制。大学生是祖国的未来，是民族的希望。少数民族大学生作为特殊的群体，早已受到西方敌对势力和民族分裂势力的觊觎，他们凭借科技的优势和经济的强势，用西方的价值观念和一些破坏性思想言论冲击少数民族大学生的国家观念、理想信念。因此，当前对各民族大学生进行最深层的思想品德、价值观念的塑造，引导他们树立起社会主义核心价值观，既迫在眉睫，也是有效应对各种挑战的治本之策。

对大学生进行社会主义核心价值观教育是高校思想政治教育的一项重要任务。民族院校和民族地区高校是少数民族大学生比较集中的地方，应在教育教学等方面做出积极的调整，努力探索创新社会主义核心价值观教育模式，更好地实现立德树人的教育目标。

如何加强这一教育？

首先，少数民族大学生社会主义核心价值观教育，必须紧密结合他们的思想实际，突出重点，有的放矢。

第一，加强调查研究，准确掌握少数民族大学生的思想动态和价值观状况。为了使核心价值观教育有针对性地进行，我们必须加强调查研究，既要调查少数民族大学生显性的思想观念，也要调查掌握隐性的价值观念；既要分析少数民族大学生对社会主义核心价值观的认同情况，也要分析影响他们核心价值观认同的现实因素和历史文化因素；还要深入研究价值观念的内化认同和知行转化的心理机制，使少数民族大学生社会主义核心价值观教育更具有科学性，切实收到实效。

第二，坚持普遍性与特殊性相结合，突出重点解答困扰学生的思想和现实问题。开展少数民族大学生核心价值观教育，既要坚持普遍性要求，又要着眼于维护国家利益和各民族根本利益，着眼于少数民族大学生的全面发展，以维护祖国统一、民族团结和各民族共同繁荣发展为核心，有重点地进行教育。当前，要从维护祖国统一、反对民族分裂的高度，突出马克思主义祖国观、民族观、宗教观、文化观和历史观等教育内容，增进少数民族大学生对国家、对中华民族、对中华文化、对中国特色社会主义道路的认同，尤其要使民族团结的观念扎根头脑；从国家文明富强和民族繁荣发展的高度，加强民族复兴"中国梦"教育，激发少数民族大学生建设祖国和家乡的责任感、使命感和努力学习的热情。

其次，少数民族大学生社会主义核心价值观教育，必须关照其文化特殊性。

少数民族大学生由于长期接受本民族文化的熏陶，其社会主义核心价值观教育必然受制于文化差异性，面临着文化适应的困难和考验。因此，开展少数民族大学生核心价值观教育必须充分考虑其文化特殊性。

第一，对社会主义核心价值观的内涵作出富有民族文化意蕴的解读。价值观是思想体系中最具根本性的观念。培育核心价值观不能停留在文字记忆的层面，更重要的是要使之内化于心、外化于行，成为人们价值判断、价值选择的根本标准。这就要求对社会主义核心价值观的内涵进行具体化、现实化的解读。对于民族院校来说，核心价值观教育要取得好的效果，必须对其内涵进行文化性解读，积极开展具体化、特色化的研究探索，形成更加符合少数民族大学生文化特质的理论体系和实践规范。通过这些具体层面的建设，使核心价值观在内容上更加贴近少数民族大学生的文化生活、心理特点和思维特征，以更加喜闻乐见的形式鲜活地呈现出来。

第二，善于发掘和利用少数民族传统文化中的教育资源。社会主义核心价值观深深根植于中华优秀传统文化，吸取了时代精神的精华，符合各族人民的利益诉求。心理学研究成果表明，在向教育对象传输价值观念的过程中，与教育对象原有的价值观念一致的内容会很容易被内化认同，但不一致的内容，在传输的过程就会遇到很大的阻抗。少数民族大学生对本民族文化有着很深的感情。他们更易于接受与本民族文化一致的观念。社会主义核心价值观包含的许多理念和内涵具有广泛的普适性和最大的包容性，与很多少数民族优秀文化相契相合。少数民族传统文化中可资利用的教育资源非常丰富，我们要把其中有利于传输核心价值观的因素挖掘出来，运用于教育实践中。

第三，探索创新适合少数民族大学生特点的教育模式。无论是民族院校还是民族地区高校，少数民族大学生大多与汉族大学生在一起学习生活。在现有的条件下，社会主义核心价值观教育要做到既面向全体、又突出个性，是一件很困难的事情。事实上，目前各院校思想政治教育中确实存在着教育对象整体化、教育内容和方式方法普遍化等问题，缺少对受教育者的具体分析、区别对待和个性化关怀。为此，我们必须加强研究，对现有的教育模式做出积极的调整。要针对少数民族大学生的特点，开展分级、分层次的教育教学改革，探索大班教学与个体或团体辅导相结合的教育教学新模式，探索理论灌输与实践教育相结合的新方式，积极开发利用多种教育资源，营造良好的教育环境。在加强显性教育的同时，做好隐性教育工作。要通过教育模式的改革，实现多种方式方法在核心价值观教育实践中形成合力。

再次，要探索少数民族大学生社会主义核心价值观教育的有效途径。

一要着力解决好少数民族大学生的实际困难，增强他们对社会主义核心价值观的情感认同。社会主义核心价值观的认同要经过认知认同、情感认同、行为认同的过程。其中，情感认同是内化和稳固的阶段，也是开展核心价值观教育的关键环节。历史唯物主义认为，社会思想观念归根结底是由社会存在决定的。我们对少数民族大学生核心价值观的教育也不能仅仅通过思想教育来实现，还必须着力解决好他们在学习、生活中遇到的诸如经济困难、学习问题、就业压力以及心理困惑等各种问题。这些实际问题的解决，会使少数民族大学生真切地感受到党和国家对他们的关爱，并由此生发出对社会主义核心价值观的情感认同。

二要充分发挥以思想政治理论课为核心的课堂教育的基础性作用。课堂教育应是大学生核心价值观教育的主要途径。在我国，思想政治理论课是思想政治教育的主渠道。民族院校必须推动思想政治理论课程体系改革，把社会主义核心价值观教育有效融入课程体系中，实现入耳、入脑、入心。另外，民族院校要加强探索，把社会主义核心价值观融入其他基础课和专业课教学中，改变目前教育力量单薄、课堂教育结构单一的格局。

三要广泛开展各种形式的实践活动，积极践行社会主义核心价值观。课外实践有助于学生固化和践行所形成的价值观念。民族院校要积极开展形式多样的校内主题实践、校外社会实践等活动，有条件的院校可结合民族地区发展或开发利用民族文化资源进行实践。通过实践教育，让各民族大学生在潜移默化中将社会主义核心价值观内化为思想品格、外化为价值追求和自觉行动，促使其做到知行合一。

四要优化校园文化环境，营造社会主义核心价值观教育的良好氛围。马克思曾指出，人是环境的产物，同时人也创造和改变环境。高等院校尤其是民族高校要充分利用环境这种隐性教育资源，有效渗透社会主义核心价值观教育。在校园文化建设上，既要加强硬件环境建设，发挥文化载体的作用，也要发挥校园舆论平台的作用，用核心价值观引领学校思想文化建设。此外，学校还应不断拓展环境建设的平台，构建学校、家庭、社会"三位一体"的综合化教育网络，形成多平台联动、全方位渗透的社会主义核心价值观教育体系。

（陈宪章，男，汉族，思想政治理论课教学科研部副教授，主要从事思想政治教育研究。本文发表于《中国民族报》理论周刊 2014 年 7 月 11 日）

村规民约略论

王晓慧

　　时下的中国法学界，有关乡村法治建设方面的讨论或探索，大多都离不开村规民约。并且，无论是田野式考察还是纯学理分析，学者们普遍对它给予了较高的评价并寄予厚望。种种迹象表明，村规民约的法律价值及现实意义已被推升到史上前所未有的理论高度。比如，有的学者就认为："从中国历史的视角审视，在传统乡土社会里，国家法在很大程度上是作为'后盾'的象征的意义而存在的，它并没有在农村深深扎根，或者说，国家法律在传统农村基本上是疏离与名声大，农民更多的是生活在自在秩序的民间法中，由民间法（其中包含村规民约，笔者注）调控和解决一切。"① 有的学者还断言："如果乡村地区都能像章丘那样做到依法建制（即村规民约，笔者注）、以制治村，法治在中国就为期不远。"②

　　其实，村规民约本身不是个新事物，其原型可追溯到《吕氏乡约》，距今至少也有 900 年的历史，而相关《吕氏乡约》之学理阐释更不是近现代才开始的。《吕氏乡约》形成于北宋神宗年代熙宁九年（1076），为陕西蓝田乡绅吕大钧首创。③《吕氏乡约》成文传播后，宋代新儒学名家朱熹、程颐及张载，即对它产生了浓厚兴趣，著书立说倍加赞赏，诸如"任道担当，其风力甚劲"、"秦俗之好化，和叔有力"、"今为令申"等等，都是史学上思想大

---

① 田成有：《乡土社会中的民间法》，法律出版社 2005 年版，第 45 页。

② 谢晖：《我国乡村法治建设的几对矛盾及其对策：结合"章丘经验"的思考》，《山东法学》1999 年第 3 期。

③ 牛铭实：《患难相恤：论中国民间的自治与扶贫》，吴毅：《乡村中国评论》第一辑，广西师范大学出版社 2006 年版，第 190 页。

家对《吕氏乡约》的原始评价。我国近代宪法理论家萧公权先生对《吕氏乡村》也是十分推崇的，认为它"于君政官治之外别立乡人自治之团体，尤为空前之创举"。"盖宋、明乡官、地保之职务不过辅官以治民，其选任由于政府，其组织出于命令，与相约之自动自选自治者显不同科也。"① 宋代的《吕氏乡约》虽与今天的村规民约名称不同，但实质为同一事物，对此，中外学术界已达成共识。1998 年 11 月 4 日修订后通过的《中华人民共和国村民委员会组织法》第20条第一款规定："村民会议可以制定和修改村民自治章程、村规民约，并报乡、民族乡、镇的人民政府备案。"这是中国乡村社会村规民约得以产生最基本的法律依据。

比较以上各论，显而易见，古代的儒学思想家与近世法律学者对村规民约的关注点有着明显不同，具体而言，前者捕捉的是它的伦理与道德教化性，对"民风"、"世俗"有利，而后者发现的却是其中潜伏着的权力及权利品格，与"组织命令"和"乡人自治"息息相关。可见，假如我们将村规民约重置于历史背景下，不难发现，村规民约起码是双重属性的。当代法学者只谈它的权利自治作用，不免有断章取义之嫌。学术界对村规民约的品性会产生不同的理解和解释，比较符合奥地利学者哈耶克主张的"信息分散理论"人认识客观事物的一般规律。哈耶克认为："我们所必须利用的关于各种具体情况的知识，从未以集中的或完整的形式存在，而只是以不完全而且时常矛盾的形式为各自独立的个人所掌握。"② 所以，学者们仁智各见，恐怕任何人都一时难断正误。

笔者所关心的问题是，我们该如何准确把握好村规民约与中国乡村法治建设之间二者的关系，换言之，村规民约对中国乡村法治建设的贡献度究竟有多大，是把它仅作为一种文化遗产对待，还是把它看成中国乡村法治建设至关重要的主题而必须加以从速建构并以此彻底解决乡村社会农民维权难题？既然村规民约与中国传统社会的乡约有关，那么，自然就应当以历史为线索考察其在不同时期存在的可能性以及必然性。囿于篇幅所限，笔者仅以封建社会、新中国成立、改革开放后 3 个时期为研究问题载体。

① 牛铭实：《患难相恤：论中国民间的自治与扶贫》，吴毅：《乡村中国评论》第一辑，广西师范大学出版社 2006 年版，第 191 页。

② 哈耶克：《个人主义与经济秩序》，贾淇等译，北京经济学院出版社 1991 年版，第 74 页。

一、封建社会的村规民约

中国封建社会的乡约，是基于一定的地缘并在相对固定的人群内（社会学者称之为"小共同体"）为了生产或者生活上方便和需要自发地设立的一种游离于国家法律之外的行为规则。从历史上看，乡约之所以能产生，首先具备了以下几个条件，概括地说，生活基础是封建时代生产力水平落后和物质短缺；经济基础是封建土地制下生产生活产品自给自足；政治基础则是"国权不下县"皇权统治权力模式。[①]

《吕氏乡约》总计包括四大纲领，一为"德业相劝"，二为"过失相规"，三为"礼俗相交"，四为"患难相恤"。四大纲领之下，又分为多个小条目，如纲领（四）中就包含着"水火（水火之灾大家相互救助）"、"盗贼（盗贼来大家联合自卫）"、"疾病（邻里生病大家公助）"等诸多内容。在一个生产力水平极其落后又物质资源十分匮乏的年代，能通过乡约形式集众人之力救一人（户）之急，这非常有利于社会安定和人民群众生活环境的稳定。也许正是受《吕氏乡约》这种人民群众同舟共济集体主义思想的启示，朱熹在公元1181年创设了"社仓制度"作为封建时代农村扶贫救济的一项措施。该措施一直沿用到清末民初，甚至民国时期的"储押农仓"、信用合作社及至新中国成立后的互助组等一系列的"扶贫帮困"制度都与乡约思想密切相关。[②] 经济上自给自足，自然导致社会不流通也不需要流通，从而陷入停滞直至陷入闭锁状态。自给自足的前提必须依靠土地，但土地却是不能移动的。这样，在一个固定的接近恒久不动的"面对面社群"生活圈内，"他们生活上互相合作的人都是天天见面的"[③]。人人需要他人帮助，人人也应当帮助他人，在中国传统社会的农村，这已不是知识而是生活中一个常

---

① 秦晖：《传统十论：本土社会的制度、文化及其变革》，复旦大学出版社2003年版，第3页。

② 牛铭实：《患难相恤：论中国民间的自治与扶贫》，吴毅：《乡村中国评论》（第一辑），广西师范大学出版社2006年版，第192—196页。

③ 费孝通：《乡土中国生育制度》，北京大学出版社1998年版，第14页。

识。可见，在中国古代社会，由于人们无论在物质和精神上难免都对乡约产生依赖感，同时更符合中华民族邻里互助同舟共济的伦理观念，这样，为乡约提供了直接又适应的滋生土壤和发展条件。

但上述分析只是说明了乡约产生的两个次级原因，这对解决本文论题，即乡约与中国乡村法治建设的关系并起不到太大作用。事实上，乡约产生的主要因素在于中国古代社会皇权统治模式的独特性。乡约虽然伦理教化色彩浓重，所强调的是如何互助发扬中华民族传统美德，但毕竟包含着一些司法方面内容，如《吕氏乡约》"过失相劝"甚至还列举了过错折抵方法、纠纷调解方式等具体事项。据这一点看，中国古代社会的乡约无疑类同于西方法社会学家所谓的"私政府（相对于皇权政府）"创制的"公的法律体系"之外的一种规则。前文已有说明，在中国，有的学者将乡约称为"习惯法"。乡约，这种国家正规法律体系外的规则尽管适用面小，但影响力大，最常见的一个后果是，"'私政府'和'私政府规则'打破了权力和法律的国家垄断，由此使得国家权力和法律权利并没有彻底地以正规的方式深入到社会之中"①。

国家权力不能深入社会，即意味着政府不能有效地行使国家管理权，权力不到位必然导致政权更迭，此为社会发展的一个规律。那么，强大的皇权统治为何又能容忍这个事实（乡约的司法作用，笔者注）存在呢？对此，中外学者曾做过许多解释，外国家族史学家古德认为，"在帝国（中国古代封建王朝，笔者注）统治下，行政机构的管理还没有渗透到乡村一级，而宗族特有的势力却维护着乡村的安定和秩序。"中国学者也认为，"自隋朝中叶以降，直到清代，国家实行郡县制，政权只延于州县，乡绅阶层成为乡村社会的主导性力量"。国家统治与乡村社会之间，"连接两种秩序和力量的，是乡绅阶层"②。原来，古代社会的皇权之所以不渗透（严格说，是不干预）乡村社会，并非是不能，其根本原因是乡绅力量替代了皇权在自动地履行使命，正由于这一"中介组织"势力存在，才使"国权不下县"封建统治模式不至于崩溃并能一劳永逸。在古代社会，乡绅最重要的一个标志是土地数量

---

① 胡永君：《法律的政治分析》，法律出版社 2005 年版，第 81 页。
② 秦晖：《传统十论：本土社会的制度、文化及其变革》，复旦大学出版社 2003 年版，第 4—5 页。

庞大，按"普天之下莫非王土，率土之滨莫非王臣"说法，帝国所有的土地却都是属于皇帝的。也就是说，只要皇帝能控制土地也就直接控制了乡绅，而控制了乡绅也就间接地控制了乡村。为了保证自己利益不丧失进而博得皇室宠爱，乡绅们自然会处心积虑地为皇帝着想，努力为皇权服务，拼命保护一方平安。在此同时，基于自身处境，乡绅们还必须兼顾民情，关心民意，努力争取百姓拥戴和支持以从中获得必要的"政绩"。被动的控制和主动管理，双重因素使得乡绅权力的力量膨胀倍增，也因此，乡约本来仅有的一点自治权特征得到了充分彰显。

二、新中国成立后的村规民约

中国共产党争取政权是从农村开始的。1949 年 10 月，取得了国家统治权的中国共产党，首先解决的问题是消灭封建土地所有制，而斗争的对象首当其冲是农村社会的乡绅势力，也就是中国革命史所谓的"土豪劣绅"。建国后，中国共产党国家权力机构建设的步伐更快，截至 1951 年 1 月，在短短的不到一年的时间内，中国共产党就在全国范围内的广大农村（除西藏、台湾等个别尚未解放地区）建立了 2087 个县级人民政府，几十万个乡人民政府[①]，从而打破了中国传统社会直到国民党统治时期"国权不下县"的惯例。

乡绅势力的坍塌与中国共产党乡村权力组织机构的设立，彻底断绝了乡约命脉，而自 20 世纪 50 年代之后中国内地展开的持续不断的各种全社会运动，则进一步驱使乡约愈加离我们遥远。1958 年兴起的人民公社化运动，新中国一度存在的土地私有制被迫中断。生产资料与生活品国家高度集中使人民公社这个农村政权组织成为庞然大物、无所不能，以公社为单位的农村"大共同体"终于形成。"大共同体"的几个特征是：公社权力范围内的土地全部集中；生产活动统一安排；财政大权独揽；生活消费平等、医疗生老病死统管等。总之，只要关系到村民个体生计的，一切无需村民考虑。可以想

---

① 何沁：《中华人民共和国史》，高等教育出版社 1999 年版，第 20 页。

象出，在这样的社会体制下，村民个人互助、彼此关心的伦理精神根本无法证明其存在的价值和必要性。一位始终关心中国农村改革问题的美国经济学家曾经讲过："人民公社不仅仅是一项经济制度，同时也是政治制度。人民公社构成了当地的政府，掌握着警察力量和司法权力。公社几乎拥有政府所具备的所有权力，对于其社员的生活有很大的控制权。"① 任何事物存在都必然有它存在的土壤，人民公社化年代村规民约遭到遗弃，除其政治上"不认同"之外，公社组织包揽一切也能包办一切，这或许也是其中的一个重要原因。村规民约的伦理教化性，当时并不符合新中国统治阶级的意识形态标准和"阶级斗争为纲"执政党主流思想要求。1966 年开始的"文化大革命"及其后开展的"倒儒反孔"运动，更从思想和政治高度把村规民约视为反动的、腐朽的、落后的封建社会产物。

三、改革开放后的村规民约

起始于 1978 年的中国改革开放取得了重大成功，体现在农村，就是农村家庭联产承包责任制真正得到落实。土地承包到户后，中国农民从此对自己世代赖以生存的土地有了自主生产和经营权，目前，除了农民还承担的"三提五统"和"两工"义务外，农民基本上摆脱了政府权力控制。但这并不否定在诸如计划生育、户口迁移等方面，国家权力依然在农村社会具有控制力的事实的存在。随着政府职责范围缩小，依法行政意识提高，乡级人民政府也开始主动减少对农民生活的权力干预，但这其中"许多只有靠政府和那些权威来征税的单位才能有效行使的职能，不是没有被行使，就是被严重地忽略了"②。国家权力在农村出现"真空"，为村规民约的"起死复生"创造了契机。

村民合法权利屡遭剥夺导致村民自治欲望兴起，也是村规民约开始受到关注和重视的一个重要原因。有学者直言："在中国'三农'问题的历

---

① D. 盖尔·约翰逊：《经济发展中的农业、农村、农民问题》，林毅夫、赵耀辉编译，商务印书馆 2004 年版，第 15 页。

② 同上书，第 77 页。

史演进中，贯穿始终的是对农民权利的轻视和剥夺。这一问题不仅存在于1949 年以前的中国，而且在 1949 年之后依然存在。"①2006 年 1 月，由北京大学等单位的学者组成的"中国村民自治与维权案例式培训研究"课题组，出版了一本 23 万余字的专著，在这本专著中，他们共列举了农村十大维权典型案例。案例虽小，但所反映的问题严重，其中所蕴含的社会意义则更深远。个案显示，农民权利被侵害，既有来自外部的权势，也有出自自身的贪婪，但无论是外部的还是内部的，都在不同层面上暴露出现阶段我国农村农民群体抵御能力的不足与低下。为有效防御外来势力的侵犯，分散的农户必须迅速组织起来汇集个体能量以形成集体组织合力的整体优势。自然，这也是防止内部叛逆侵蚀的有力措施。将不同的人们思想统一并保证大家都能服从一个集体组织的共同意志，这无疑需要一种规则或者制度来加以规范。就农村现有的条件看，村级共同体形成合力，只有借助村规民约，况且，从法律角度看，村规民约也符合国家立法机构要求。实践证明，当国家权力一时或者暂时无法顾及到乡村社会时，依靠村规民约进行村民自我管理，达到村民自我约束，促进乡村自我发展，不失为一项保护乡村社会稳定最有效的补救措施。

国家允许或者默认在"公的法律秩序"之外"私的法律秩序"——村规民约存在，学者们的普遍看法是，它较为适合中国乡村社会的特性，因为村规民约作为"地方性知识"在许多方面更贴近他们的生活实际也符合他们的习惯，特别是在个别少数民族地区，习惯始终在顽强抵制着国家法律干预，国家权力正承受着来自于民间常规势力的严峻挑战。在目前中国乡村社会的这种现状下，有的学者极力主张，既然村规民约能缓解法律与习惯的冲突或矛盾，就应当鼓励支持合法而又合理的村规民约尽早诞生。

四、结束语

通过前文村规民约在中国不同历史时期的表现分析，笔者深信如下 3 个

---

① 胡吕银：《土地承包经营权的物权法分析》，复旦大学出版社 2004 年版，第 7 页。

推论应当成立：假如中国古代社会生产力不落后，封建土地所有制关系不存在，乡约自然无法产生；假如新中国国家权力没有高度集中，执政党强烈的反封建文化意识形态不形成，村规民约不会被迫撤出历史舞台；假如没有改革开放，没有农村家庭土地承包制并得到国家权力许可，村规民约将难以复生。

若以上推论成立，那么，笔者以为，日前备受中国法学界称誉的中国乡村社会村规民约，只能将其作为一种文化遗产而不应当将其视为中国乡村法治建设中的一个主题而对它寄予奢望。过分夸大村规民约价值和法治作用，不仅不利于中国法治社会建设，而且会破坏国家法制统一秩序。

村规民约作为一种"地方性知识"，着重所体现着的必定是一个区域内的特定群体小集团意志，按照这样的逻辑分析，强烈的地方保护意识难免成为村规民约创设的初衷和主旨。当然，这也常常成为"私政府（村民委员会，笔者注）"为民服务得到村民们拥护的口实。但是，由于"私政府"往往借用本集团的规则制度来限制和排斥其他团体的合法利益甚至抵制国家法律干预和抗拒源于国家权力的正常管制，这样，乡村社会无形中将逐步分解为国家政权下的多个"半自治社会领域"。如长此以往，中国乡村社会必然就脱离了国家管理的组织秩序，最终国家立法、行政以及司法等全部权力体系就会土崩瓦解。这一隐患，似乎许多学者已经注意到了，但至今无人提出这个问题，于是，不断地呼吁村规民约不仅要制定程序合法，而且内容必须符合国家根本法的要求。但是，即便村规民约能做到内容合法、程序正义，这也不能成为村规民约存在的理由根据。有过司法实践经验的人都知道，我国刑法中的黑社会性质组织犯罪，其犯罪构成要件并没有将该组织必须有明确的反社会或者杀人、抢劫、欺行霸市、敲诈勒索等国家法律明令禁止的行为规则作为识别的一个标志，事实上，任何一个黑社会组织也从来没有把上述内容作为一种规则来约束组织成员。但国家为什么还要取缔黑社会，根除黑社会？关键不在其规则或者什么样的规则，而在于它不接受国家权力的控制和拒绝国家权力机构的管理。

村规民约是以村为单位形成的，以此推理，有多少个村级就应当有多少种村规民约。根据我国经济学者统计，2002 年中国内地共有 2071 个县

(其中有 400 个县级市)。① 如果以一县所辖下 30 个行政村保守的数字计算，当年的中国乡村社会，至少也能产生出 62130 种村规民约。中国是一个多民族共存各民族共同富裕共同发展的统一制国家，各地风俗不一，南北文化差别很大，经济发达程度更是参差不齐，试想，在这样一个民族文化及区域经济都不可同日而语的乡村社会实行村规民约，效果会怎样？当"公的法律秩序"与"私的法律秩序"发生冲撞时，选择只有一个，或者前者让位后者，或者后者屈从前者，绝对不可能出现"井水不犯河水"的和平共处的局面。根据法律面前人人平等的原则，假如能通过村规民约达到乡村自治，那么，城市社区是否也可以通过"村规民约"达到城市范围内的市民自治呢？很显然，此路难以行通。否则，我们又该怎样去理解和解释法律所一贯标榜的公平、正义、平等立法原则和精神的含义呢？

因此，笔者认为，村规民约作为中国传统社会的一种文化遗产固然有值得继承的价值，例如它的伦理教化性，所主张和倡导的生活在乡村社会的人们要与邻为善、相互关心、同舟共济等集体主义思想和生活文明的精神，但是，我们切不可无限度地渲染村规民约对村民自治和乡村法治社会建设的功能，夸大其自身应有的作用，否则，可能出现"物极必反"难以预料的结局。古云："物有本末，事有终始，知所先后，则近道也。"村规民约，依笔者看来，充其量可作为乡村法治建设的一种历史过渡性产物加以适当地提倡，也仅此而已。当中国农村物质文明和精神文明达到一定程度，村规民约必将再次退出历史舞台。这只是一个时间问题。

（王晓慧，男，汉族，国际交流文化学院副教授，主要研究法社会学、司法实务。本文发表于《大连海事大学学报》（社会科学版）2006 年第 4 期）

---

① 王青云：《县域经济发展的理论与实践》，商务印书馆 2003 年版，第 3 页。

自治州及其辖区行政体制改革的困境与创新

张殿军

　　自治州是我国《宪法》和法律确定的民族自治地方，由于其特殊的行政结构和独特的政治生态环境，自治州在城市化及"强县扩权"①、"省直管县"②改革过程中，面临着自治州现行行政体制的瓶颈。自治州统筹经济、调控资源、协调发展的能力与其他地级市相比还比较薄弱，现行的行政区划设置与加快推进工业化、城镇化发展的战略不能完全适应，因区划体制矛盾制约经济社会发展的问题较为突出。因此，自治州改革和创新行政体制的要求更为现实和迫切，所触碰和需要调整的利益关系更为广泛复杂，改革任务也更加艰巨。关于自治地方及其辖区行政体制和行政区划改革的既有研究成果，除了设立"民族自治市"的呼声较高外，还鲜有其他视角的研究和具体改革方案的详细论证。这主要是由于民族自治地方建制是民族区域自治制度的重要内容，由《宪法》和法律明文规定，若没有国家相关改革政策作为背景依据，相关问题研究缺少可行性和现实意义，因而关注度不高，相关研究成果也较少。2012 年 1 月 12 日，国务院颁布了《关于进一步促进贵州经济

---

① 　"强县扩权"主要是指自 1992 年以来在浙江等地实施的一种政府体制改革，核心内容是通过扩大部分经济实力较强的县级政府的相关权力（主要为经济管理权），使县级政府具有更大的经济自主发展权和决策权。参见雷晓康等：《强县扩权背景下我国基层政府公共服务供给能力研究》，《中国行政管理》2011 年第 3 期。

② 　"省直管县"体制，是指省市县行政管理关系由原先的"省—市—县"三级体制转变为"省—市、县"二级体制，对县的管理由原先的"省管市—市管县"改为"省管县"模式，实现省对县的直接管理。其目的主要在于减少管理层级，降低行政成本，提高行政效率，扩大县级政府的经济社会管理权限，增强县域经济发展活力。参见潘小娟：《关于推行"省直管县"改革的调查和思考》，《政治学研究》2012 年第 1 期。

社会又好又快发展的若干意见》（即"国发 2 号文件"），"支持黔东南州实施凯里—麻江同城化发展……率先开展自治州辖区行政体制改革研究"，为自治州及辖区行政体制改革提供了难得的战略机遇。全国人大民族委员会与国家民委，国家民政部与国家民委就此分别组成联合调研组赴黔东南州进行自治州辖区行政体制改革问题调研。黔东南州以"国发 2 号文件"为政策支撑，初步开展了自治州辖区行政体制改革试点工作。按照党的十八大提出的"优化行政层级和行政区划设置"要求，从法理上深入探讨自治州辖区行政体制改革的有关问题，为自治州行政体制改革提供理论准备和智力支持，提出切实可行的方案对策，做好利弊分析，具有重要的现实意义。

一、自治州法律地位与权力配置

（一）我国自治州概况及法律地位

我国目前有 30 个自治州。其中湖北省、湖南省、吉林省各 1 个，甘肃省 2 个，四川省、贵州省各 3 个，新疆维吾尔自治区 5 个，青海省 6 个，云南省 8 个。按照自治民族的数量和构成，自治州分为两种情况，一种是以一个少数民族聚居区为基础建立的自治州，共 20 个，其中朝鲜族、傣族、白族、傈僳族、柯尔克孜族、哈萨克族自治州各 1 个，彝族、蒙古族、回族自治州各 2 个，藏族自治州 8 个；另一种是由两个少数民族聚居区为基础建立的两个民族联合实行区域自治的自治州，共 10 个，包括土家族、苗族、藏族、羌族、侗族、布依族、傣族、景颇族、哈尼族、彝族、壮族、蒙古族等 12 个自治少数民族。30 个自治州国土面积约为 235 万平方公里，占国土总面积的 24.48%；涉及自治民族 18 个，总人口达 5679.3 万人，约占全国总人口的 4.3%。30 个自治州共辖有 37 个县级市、201 个县、18 个自治县、1 个经济技术开发区、10 个县级国营农场、3 个行政委员会和 1 个口岸行政管理区。① 我国地

---

① 数据来源：系本文作者依据《中国民族年鉴 2010》（国家民族事务委员会民族理论与政策研究室编，2010 年 12 月版）、《中国民族区域自治发展报告（2010）》（郝时远、王希恩主编，社会科学文献出版社 2011 年版）以及相关政府网站公开资料整理、统计而得。

级行政单位（地级市、地区、自治州、盟）总数为 333，县级行政单位（市辖区、县级市、县、自治县、旗、自治旗、特区、林区）总数为 2862。① 可以看出，自治州、自治县在同级行政单位中都占有相当的比例。除了吉林延边自治州、湖南湘西自治州和湖北恩施自治州外，其余 27 个自治州都位于西部地区，处于西部大开发范围之内。与经济发达地区相比，自治州经济社会发展水平总体上还比较落后。延边、湘西、恩施 3 个自治州虽然不属于西部地区，但在经济上却属于欠发达的少数民族聚居地区，因此，为加快它们的经济和社会发展，缩小地区发展差距，这 3 个州也享受西部大开发的某些优惠政策。

我国幅员辽阔，人口众多，为进行有效治理，建立了多层次的地方政府机构。自治州是我国较为特殊的一种行政建制。目前中国地方政府体制是以"省（自治区、直辖市）—市（自治州）—县（县级市）—乡（镇）"为主的多元模式。四级制主要有两种情况：省（自治区）—设区的市—县（自治县、郊区、县级市）—乡（民族乡、镇），省（自治区）—自治州—县（自治县、县级市）—乡（民族乡、镇）。四级制属于具有主导性地位的普遍形式。② 我国《宪法》第 30 条规定："中华人民共和国的行政区域划分如下：（一）全国分为省、自治区、直辖市；（二）省、自治区分为自治州、县、自治县、市；（三）县、自治县分为乡、民族乡、镇。直辖市和较大的市分为区、县。自治州分为县、自治县、市。自治区、自治州、自治县都是民族自治地方。"《民族区域自治法》第 4 条第 2 款规定："自治州的自治机关行使下设区、县的市的地方国家机关的职权，同时行使自治权。""在现行政治体制的架构中，自治州的地位很特殊，上受省或自治区的行政制约，下管辖着若干县、市"③。

---

① 中国行政区划网，网址：http://www.xzqh.cn/ONEWS_zq.asp? id＝1150，最后浏览时间：2013 年 4 月 21 日。

② 谢庆奎、杨宏山：《对我国地方行政层级设置的思考》，《红旗文稿》2004 年第 4 期。

③ 黄元姗：《自治州在宪法法律中的地位与作用》，《中南民族大学学报》（人文社会科学版）2011 年第 4 期。

（二）自治州的权力配置与结构特点

我国《宪法》和《民族区域自治法》明确规定自治州为一级自治地方，是我国实行民族区域自治的重要形式。从管理幅度和管理层次上看，自治州是介于省级与县级的一级行政区域，与设区、县的市（地级）行政层级相当，所管辖行政区域为县级行政区，包括县、自治县、县级市。自治州的自治机关——自治州人民代表大会和人民政府，除了享有一般地级市所享有的权力之外，还享有包括立法自治权、行政自治权在内的广泛的自治权，可以依据当地的政治、经济和文化特点，制定自治条例和单行条例。自治州具有行政执行变通权，《民族区域自治法》第20条规定："上级国家机关的决议、决定、命令和指示，如有不适合民族自治地方实际情况的，自治机关可以报经该上级国家机关批准，变通执行或者停止执行；该上级国家机关应当在收到报告之日起六十日内给予答复。"按照我国《立法法》第63条第2款规定："较大的市的人民代表大会及其常务委员会根据本市的具体情况和实际需要，可以制定地方性法规，报省、自治区的人民代表大会常务委员会批准后施行"。第73条第1款规定："较大的市的人民政府可以制定政府规章。"较大的市是指省、自治区的人民政府所在地的市，经济特区所在地的市和经国务院批准的较大的市。通过比较可以看出，自治州虽然与一般的地级市行政地位相当，非法律规定的较大的市，但却享有比一般的地级市更大的权力。在立法权配置上，自治州享有立法自治权，但是其立法权受到上级权力机关的制约。自治州制定的自治条例和单行条例，须报省、自治区、直辖市的人民代表大会常务委员会批准后生效，自治州不能独立享有完整的立法权力。

我国《宪法》和《地方各级人大和地方人民政府组织法》对于县级以上人大和人民政府用列举的方式规定了若干项同构的权力。我国《宪法》第107条第1款规定："县级以上地方各级人民政府依照法律规定的权限，管理本行政区域内的经济、教育、科学、文化、卫生、体育事业、城乡建设事业和财政、民政、公安、民族事务、司法行政、监察、计划生育等行政工作，发布决定和命令，任免、培训、考核和奖惩行政工作人员。"《地方各级人大和地方人民政府组织法》第8条规定："县级以上的地方各级人民代表大会行使下列职权……"第44条规定："县级以上的地方各级人民代表大会常务委员会行使下列职权……"省（自治区）、州、县（州辖县市、自治县）政府在职能定位上具有很强的同质性，即"职责同构"，也就是在政府间关系中，不同层级的政府在纵向间职能、职责和机构设置上的高度统一、一致。各级政府的职权重叠，缺乏独立性，没有对各自权力的来源、事项的管辖等方面进行合理划分。① 省（自治区、直辖市）、州、县（市）权力配置同样具有"职责同构"的特点。

不同层级政府面临着不同政治生态环境，其职能和角色定位也会表现出一定的差异性。自治州作为一级政府起着承上启下的作用，是介于省和县之间的中间环节，形成了省管州、州管县的格局。以自治州为坐标的纵向府际关系是一个比一般地方政府关系更为复杂的关系网络，其中存在着非自治地方政府与自治地方政府的关系、一个民族的自治地方政府与另一个民族自治地方政府之间的上下级统属关系。以伊犁哈萨克自治州为例，伊犁州属新疆维吾尔自治区管辖，而伊犁州下辖的市县中，还有察布查尔锡伯自治县和布克赛尔蒙古自治县。在这里，不同自治民族不同行政级别的不同自治区域交织在一起，形成了既相互隶属，同时又彼此相对独立的复杂行政网络。"这种复杂的隶属关系使得民族自治地方与上级或下级的权力关系问题，既包括上级国家权力机关和行政机关是否尊重民族自治地方自治机关的自治权以及民族自治地方的自治机关是否恰当地行使自治权的问题，也包括上级自治机关的自治权与下级自治机关的自治权的协调问题。"②

在省、州、县三级政府结构中，还有一个其他一般地方政府结构所没有的突出特点。无论是作为地级行政地方的市还是作为县级行政地方的市、县，都是一级实体地方政府机构，有直接管理的属地和范围。而自治州和省级政府机构一样，都是"虚"的、没有自己实体的政府管理机构，只有自治州下辖县、市有自己的属地，因而自治州也多是州市同城、州县同城。"虚体"的州府与"实体"的市、县政府居于同城，这些状况的存在致使自治州在实际运行和管理中出现很多自身难以克服的问题。

---

① 朱光磊、张志红：《"职责同构"批判》，《北京大学学报》（哲学社会科学版）2005 年第 1 期。

② 唐鸣：《国家权力的分享和分配与民族矛盾》，《社会主义研究》2002 年第 1 期。

二、自治州发展的瓶颈与行政体制改革的制度困境

（一）民族自治形式制约自治州行政体制改革

城市化是我国经济社会发展的必然趋势和强劲动力。城市化不是一个完全自然演化的过程，城市化需要政府的规划、指导和推动。自治州下辖的县、市在工业化水平不断提高、人口规模增长到一定程度，达到地市级标准，将其适度升格符合城市发展的客观规律，有利于拓展经济发展和就业空间，促进经济繁荣和社会进步。但我国民族区域自治的形式既限制了自治州本身的发展，也制约着州辖县市的发展。《宪法》明确规定自治区、自治州、自治县为民族区域自治的基本形式，这就意味着：第一，自治州要保持自治地位，必须要维持自治州的形式。因为如果州变更为市就失去了自治地位，不再享有民族自治地方才能拥有的自治权以及各项优惠政策，这也是全国很多地区级建制纷纷升级为地级市而唯有自治州基本维持原有行政建制的最主要原因。第二，州所辖市、县必须要维持目前的行政地位。从地域关系上看，自治州统辖数县市，数县市组成一州；从行政管理的角度讲，自治州与所辖县市之间是上级与下级的行政管理关系。自治州需要对县级的施政进行领导，县市行政机关必须接受它的上级行政机关自治州的领导。所辖县、市不仅要对它本身负责管理的行政区域负责，同时还要对它的上级行政机关自治州负责，执行上级州级行政机关的决议和命令并接受其监督。因此，自治州所辖县市如果升级为地级市，州与市平级，势必造成行政管理层级上的混乱。若州县分治，县升格后从自治州剥离出去，又会侵害自治州的自治权，自治州的自治权变相地流失。即使自治县行政级别不提升，只是由自治县改为市，那么原来的自治地位也会丧失，如辽宁凤城满族自治县撤县改为县级凤城市，北镇满族自治县撤县建立县级北宁市后，即变成一般地方，不再享有自治权。城市化给民族地区发展带来了前所未有的机遇，但是民族自治的法定形式使自治州处于两难的境地，客观上限制和制约了自治州行政体制的改革和发展。

（二）自治州现行体制制约自治州的管理与发展

自治州现行体制架构不利于自治州管理，尤其是自治州州市一地两府、州市同城带来一系列问题。首先是管理层次多，机构重复设置，行政成本高，且容易导致政出多门，混合管理，多头执法，重复执法。其次，州市（县）同城难以避免两级政府的利益之争。州市（县）所追求的目标与采取的策略、对城市建设的着力点往往并不完全相同，存在着"州城与市城之争"①。贵州黔东南苗族侗族自治州全国政协委员王先琼和粟多能在调研中发现，自治州名义上行使国家政权机关的职权，实际上既不像设区的市，又不像地区。自治州对城市管理规划没有决策权，对企业发展没有调控权，对矿产资源没有配置权，与市场化、工业化的要求不相适应。② 第三，自治州现行体制容易导致所属州县非均衡发展。自治州由于没有自己的属地，由州政府通过招商引资引进的项目或企业只能根据各县市情况安排到县市，作为州属企业，以增加州政府的税收收入。由于客观上的便利条件，州府得到了更多的资源，从而得到了更快的发展，而其他县（市）相应地受到了限制。2010 年延吉市财政收入达到 13.2 亿元，几乎是州本级财政收入 6.7 亿元的两倍。分布在各县（市）州属企业的各项税收将成为县与州各自争取的目标，提出企业属地化管理的要求，将对州本级的收入造成更大范围的影响，这样将会削弱州对各县（市）在宏观上的统筹调控能力③，也不利于资源的合理有效配置，"虚"州实县可能进一步演化为弱州强县。

（三）州辖县市囿于现行体制无法受惠于"省直管县"及"强县扩权"改革

市管县体制是我国改革的阶段性产物，具有一定的局限性，县域经济社会的发展对整个行政的基本格局提出了新的要求。2005 年 6 月，国务院

---

① 龚志祥：《民族区域自治制度发展与创新》，《湖北民族学院学报》（哲学社会科学版）2012年第 1 期。

② 孙文振：《委员建议启动自治州辖区行政体制改革研究》，《中国民族报》2012 年 3 月 13 日。

③ 吉林省民委课题组：《财政税收等"省直管县"体制改革对自治州地位的影响》，内部资料，该文获 2012 年度全国民委系统优秀调研报告一等奖。

总理温家宝在农村税费改革工作会议上明确提出："要改革县乡财政的管理方式，具备条件的地方，可以推进'省管县'的改革试点。"2009年中央"一号文件"指出要"稳步推进扩权强县改革试点，鼓励有条件的省份率先减少行政层次，依法探索省直接管理县（市）的体制"。中央在不同文件及"十一五"规划、"十二五"规划中数度提出要优化政府结构、减少或优化行政层级，降低行政成本，在有条件的地方探索省直接管理县（市）的体制等要求。党的十八大报告提出，要"优化行政层级和行政区划设置，有条件的地方可探索省直接管理县（市）改革，深化乡镇行政体制改革"，再次彰显出中央鼓励地方大胆探索、推进行政管理体制改革的决心。实行省直管县是今后中国地方行政体制改革的一项十分重要的内容。自2002年起，浙江、广东、河南、辽宁、湖北、四川等20多个省已经实施了"扩权强县"、"强县扩权"等试点工作，覆盖面超过全国非民族自治区域的三分之二①，形成了经济管理权和部分社会管理权近似于"省管县"的格局，减少了行政层级，有力地调动了县一级政府的自主性和能动性，增强了县域经济活力。湖北省自2003年以来，出台了一系列放权搞活的政策措施：下放239项行政审批权；分三批对42个县市赋予地市级经济管理权限；对52个县市实行省直管财政体制。2007年4月，湖北全省除恩施自治州和市辖区外，按照"能放则放"的原则，再次下放一批审批、核准、行政许可权限，赋予所有县市政府享受地市级经济社会管理权限。四川省阿坝、甘孜、凉州3个自治州因拥有民族自治权，且地方收入全留、上级财力补助已经落实到县，暂不进入试点范畴。"扩权强县"和"省直管县"改革给地市和县都带来了发展机遇。省直管县后，地市能够轻装上阵，集中精力发展中心城市，加快城市的辐射作用。但对于自治州，情形却并非如此。由于州没有自己的属地，若州辖县市实行省直管，自治州失去了管理对象，州自身也失去了存在的基础与价值。另一方面，省直管县、强县扩权会弱化和侵蚀原本属于州的自治权，与民族区域自治法的有关规定相冲突，现行财政体制框架也难以突破。《民族区域自治法》第32条规定："民族自治地方的财政是一级财政，是国家财政的组成部分。民族自治地方的自治机关有管理地方财政的自治权。凡是依

---

① 王红茹等：《"省管县"：地方权利再分配》，《中国经济周刊》2007年第22期。

照国家财政体制属于民族自治地方的财政收入，都应当由民族自治地方的自治机关自主地安排使用。民族自治地方在全国统一的财政体制下，通过国家实行的规范的财政转移支付制度，享受上级财政的照顾。"因此，财政部于2009年7月发布《关于推进省直接管理县财政改革的意见》提出省直管县财政体制改革的总体目标时明确提出，2012年底前力争全国除民族自治地区外全面推进省直接管理县财政改革，这就将民族自治地方的省直管县改革完全排除在外。"不扩权、不实行财政直管，主要影响县，对县发展不利"，"实施扩权、财政直管，主要影响州，其权力被削弱，也影响县，但是对其发展有利"。① 州属县市受制于自治州的自治权而无法扩权，受制于自治地方现行财政管理体制而无法实行省直管，失去了难得的发展机遇，坐视其他县市在这轮改革大潮中快速发展。

（四）自治州城市与区域一体化的创新与困局

自治州在发展过程中尽管面临着各种各样的困难，但也不断地在现行体制的空间和夹缝内，努力探索适合本地方的经济社会发展模式，自治州所辖县市区域经济一体化就是这种政治经济诉求的表现，其中启动较早、较为典型有延边自治州的"延龙图一体化"、昌吉自治州"乌昌一体化"、贵州黔东南自治州"凯（里）麻（城）同城化"、云南红河州个旧、开远、蒙自一体化以及新疆巴音郭楞州的"库（尔勒）尉（犁）一体化"。自治州进行一体化或同城化改革最初的动因和动力是发展和繁荣经济，促进州域资源要素的合理优化配置。而从这些一体化进程以及面临的问题来看，其中最大的障碍仍然是绕不过去的体制问题。例如《延吉、龙井、图们城市空间发展规划纲要》简要说明中指出："受制于现行行政体制，延吉市难以通过调整行政区划手段扩大发展空间。延龙图发展是在现有行政体制框架内，通过产业分工协作、设施共建共享，做大中心城市，并带动全州发展的最佳方式。"但是，延边州三足鼎立的中心城市博弈之后的抉择是什么仍然是困扰延边自治州的一个关键问题。自治州一体化的结果一般是以发展经济始，以行政体制

---

① 解佑贤等：《"强县扩权"、财政"省直管县"之下的自治州地位问题研究》，《黑龙江民族丛刊》2012年第3期。

改革（行政区划调整）终。区域经济一体化的深层次原因是原有体制机制的障碍和桎梏，经济一体化发展到一定程度，打破原有的体制束缚是客观必然要求。区域经济一体化与行政区划的冲突在表面上体现为行政区与经济区的不一致，而中国经济发展的一个基本特征是经济区与行政区相一致，当经济区突破行政区界限时，根据经济基础与上层建筑的关系，应调整行政区划，使行政区与经济区相一致，从而推动经济发展。① 民族地区一体化模式大致也是沿着这样的路径。2007 年 6 月，《国务院关于同意新疆维吾尔自治区调整昌吉回族自治州与乌鲁木齐市行政区划的批复》中批准将昌吉回族自治州米泉市并入乌鲁木齐市，撤销米泉市和乌鲁木齐市东山区，设立乌鲁木齐市米东区。民族自治地方的建立和变更具有严格的程序，《民族区域自治法》第 14 条第 2 款规定："民族自治地方一经建立，未经法定程序，不得撤销或者合并；民族自治地方的区域界线一经确定，未经法定程序，不得变动；确实需要撤销、合并或者变动的，由上级国家机关的有关部门和民族自治地方的自治机关充分协商拟定，按照法定程序报请批准。"昌吉州米泉市与乌鲁木齐市东山区区划调整是否穷尽了法律规定的程序我们不得而知，但"这一改革不仅仅使昌吉回族自治州被新成立的米东区分成了互不相邻的东西两部分，而且自治州自治少数民族回族的人口数量也从原来的 17.21 万人下限到 12.05 万人"②。昌吉州为回族自治州，是属于新疆自治区的非维吾尔族自治地方，调整并入乌鲁木齐市后，其相应的自治地位也就不复存在。另一方面，"虽然我国民族区域自治权本身并不因行政级别和隶属的不同而产生法定权力的差异，但不同级别的民族区域自治地方对族群利益的保护显然不一样，因为不同的行政级别意味着其占有的资源和直接面对的上级不同"③。"国发 2 号文件"为自治州辖区行政体制改革提供了机遇，但是选择什么样的模式，既有利于自治地方的发展，又有利于完善民族区域自治制度，不因改革丧失或削弱自治权，是一个值得深入探讨的现实问题。

---

① 张紧跟：《当代中国政府间关系导论》，社会科学文献出版社 2009 年版，第 195 页。

② 戴小明、黄元姗：《论城市化与自治州的未来发展》，《贵州民族研究》2012 年第 1 期。

③ 吴增：《国家建构与族群保护：探寻民族区域自治权的内在平衡》，中国政法大学硕士学位论文，2012 年，第 34 页。

三、自治州及其辖区行政体制改革的路径选择

（一）自治州行政体制改革的关键是行政区划调整问题

自治州行政体制改革与一般地方相比，面临着更多的制度与法律困境，而所有这些障碍都与自治州现行行政区划密切相关。行政区划是国家为了实现自己的职能，便于进行管理，在中央的统一领导下，将全国分级划分成若干区域，并相应建立各级行政机关，分层管理的区域结构。① 行政区划主要是出于划分地方管辖事权领域、政府间利益分配需要而形成的政治、地理边界。广义的行政区划概念包括行政区域、行政单位和行政建制 3 个要素，三者结合在一起，构成一个国家的结构体系。行政区域是国家为推行政务而划分的有确定界限的区域，特定的国家机关依法在该特定管辖范围内履行其职责。行政单位是一定行政区域的政府机构，从中央到地方行政单位之间的相互隶属关系构成一个国家的行政层级。治理同一地域各地方国家机关组成的整体为地方行政单位，即一级地方政权。行政建制是国家设置的组成国家的结构单元，是一种地域性政治实体。② 自治州行政区划体系安排是否得当，关系到民族自治地方政权建设、关系到自治州及辖区管理效能的发挥，关系到自治州民族团结及经济社会发展与进步。全国人大民委法案室副主任梁庆在贵州进行"自治州辖区行政体制改革"联合调研时指出，"行政体制改革必然会涉及行政区划的调整，这也是自治州辖区行政体制改革要研究的重要内容"③。行政区划变更主要包括6种情形：（1）建制变更，包括增设、裁撤、改设，如县改市；（2）行政区域界线变更，即行政区域扩大或缩小；（3）行政机关驻地迁移；（4）隶属关系变更，即 A 行政区由甲管辖改为由乙管

---

① 《中国大百科全书·法学卷》，中国大百科全书出版社 1984 年版，第 324 页。

② 田穗生等：《中国行政区划概论》，北京大学出版社 2005 年版，第 8 页。

③ 黔东南州民委：《全国人大民委、国家民委到黔东南州调研自治州辖区行政体制改革工作》，贵州省民族事务委员会网站，http：//www.gzmw.gov.cn/ShowNews.aspx？NewsID＝1862，最后浏览时间：2013 年 4 月 21 日。

辖，这对 A 行政区而言就是隶属关系变更，而对甲乙而言，实际上是行政区域界线变更；（5）行政等级变更，包括升级和降级；（6）更名，即改变行政区专名。① 自治州及辖区行政体制改革的关键即行政区划的变更问题，在实践中既可能涉及其中的一种情形，也可能是几种情形交织在一起。自治州行政区划变更既不能突破现行民族自治形式，又不能因改革剥夺或削弱自治权，这是一个不能动摇的基本前提，也是改革的难点所在。自治州行政等级升级、自治州与其辖区同时升级而原隶属关系不变、自治州或其下辖县市更名、州府迁移、州属非自治县建制变更等，都不涉及民族自治形式和自治权问题，因此，自治州及辖区行政体制改革的障碍也就可以化约为自治州能否改为市的问题，自治州辖区行政区域界线变更、隶属关系变更、州属县市行政级别变更等问题。延边自治州"延龙图一体化"、黔东南州行政体制改革、昌吉州"乌昌一体化"无不面临着这样的境况，这些问题解决好了，其他相关问题也就迎刃而解。

（二）自治州下辖县市实施"省直管县"及"强县扩权"并不必然与民族区域自治法冲突

"强县扩权"与"省直管县"改革已在 20 余个省份实施并在总体上取得了良好的效果。但辖有自治州的吉林、湖北、四川等省份在实施"强县扩权"、"省直管县"对自治州或是暂缓执行、停止执行，或是将其排除在外。湖北省 2003 年、2005 年对县市扩权时，曾将恩施自治州恩施市、利川市纳入扩权范围，但 2006 年实施第 3 批县市扩权时，却不包括恩施州的 6 个县。2007 年 52 个县市财政实行省直管时，则将恩施州完全排除在外。这里存在着一个逻辑前提：即自治州权力全部为自治权，若将自治州的部分经济和社会管理权下放给所辖县市，则意味着自治州自治权的减少、削弱和流失，州自治权在这个过程中受到侵害，因而必然与民族区域自治法相背离和冲突。民族自治地方国家权力机关和行政机关既是自治机关，行使自治权，同时又是地方一级国家机关，行使一般性地方国家机关的相应权力，两者的权力和职能存在着一定范围和程度的交叉与重叠。民族自治地方自治机关的权力具

① 浦善新：《中国行政区划改革研究》，商务印书馆 2006 年版，第 1—2 页。

有双重属性，一方面，自治机关行使同级其他一般国家机关的全部权力和
职能；另一方面，又行使一般国家机关不能享有的自治权。①《民族区域自治
法》用列举的方式规定了自治地方广泛的自治权，由于我国的民族区域自治
是民族自治与区域自治的结合，自治权在结构上也表现出"混沌"特征，在
实践中难以严格区分哪些属于民族自治权范围，哪些属于自治地方的一般性
国家权力范围。然而，将自治地方的所有权力尤其是行政权力全部等同于自
治权，显然存在理解上的偏差，失于简单武断。民族自治地方政府所行使的
行政权与一般地方政府所行使的行政权相比，既有共性，又有差别：一是二
者完全一致，如行政审计权、行政监察权；二是有些行政权力只有民族自治
地方政府才拥有，如使用和发展语言文字的权力、变通执行与停止执行的权
力；三是大部分行政权具有双重属性，一方面具有一般地方行政权的属性，
又具有自治属性，是国家行政管理基本要素与民族自治行政管理要素的有机
融合。② 因此，从学理上加以研究，从实践中加以总结哪些是自治地方真正
拥有的自治权十分必要，认为凡是给州辖区扩权即削弱自治州自治权，进而
一刀切地将自治州挡在"强县扩权"、"省直管县"改革之外的做法，反而不
利于自治州的稳定和发展。从湖北省县市扩权的事项及其分类上看（见表
1），其中很多权力都是自治州的一般性经济或社会管理权，而不完全是自
治权。

表 1　湖北省县市扩权的事项及其分类③

执行程序＼权限类别	扩权县市自行审批、报市州备案事项	扩权县市自行审核、报省审批、报市州备案事项
有关发展计划审批管理权限	2	13
有关经济贸易审批管理权限	9	35
有关外经贸审批管理权限	6	18
有关国土资源审批管理权限	2	6

---

①　张殿军：《民族自治地方一般性地方国家机关权力与自治权比较研究》，《内蒙古社会科学》
2012 年第 4 期。

②　方盛举：《中国民族自治地方政府发展轮纲》，人民出版社 2007 年版，第 15—16 页。

③　马斌：《政府间关系：权力配置与地方治理》，浙江大学出版社 2009 年版，第 144—145 页。

续表

执行程序 ＼ 权限类别	扩权县市自行审批、报市州备案事项	扩权县市自行审核、报省审批、报市州备案事项
有关交通审批管理权限	8	7
有关建设审批管理权限	2	11
有关税务、财政审批管理权限	13	2
有关农、林、水利审批管理权限	9	28
有关劳动、人事、民政审批管理权限	12	7
有关教育、科技、信息产业审批管理权限	4	10
有关工商、技术监督、药品监督审批管理权限	5	17
有关旅游审批管理权限	4	2

　　民族地方自治权行使具有法定的保障和制约机制，自治州可以通过行使自治权来保障自身享有的自治权不受侵犯和干涉。"强县扩权"与"省直管县"改革过程中的具体措施、办法若侵害到自治州自治权，自治州可以通过变通执行或停止执行恢复自身权力的行使，并对上级政府形成进一步制约。

　　"加快少数民族和民族地区经济社会发展，是解决现阶段民族问题的根本途径。"① 哪些权力应该留给上级政府，哪些权力留给下级政府，没有一成不变的固定模式，需要在实践中不断摸索总结，我们认为凡是有利于民族地区与少数民族，有利于民族地区经济社会更好更快发展的手段和措施，都可以"摸着石头过河"，大胆尝试，只有这样才能逐渐破解因体制桎梏所带来的难题。

　　（三）自治州行政区划改革与调整的可能方案

　　1. 自治州下辖市、县改为州辖区

　　按照民族区域自治法规定，自治州的职能定位是"自治州的自治机关

---

① 胡锦涛：《在中央民族工作会议暨国务院第四次全国民族团结进步表彰大会上的讲话》，《人民日报》2005 年 5 月 28 日。

行使下设区、县的市的地方国家机关的职权，同时行使自治权"。但从实际情况来看，我国目前 30 个自治州都没有设区的情形。自治州设立城市区是城市化进程的必然要求，实施"州设区辖县市"体制实际上也是本着民族区域自治法对自治州定位进行"复位"并加以"正位"的思想，不存在任何法律障碍。因此，在保留国家给予民族自治地区的各种优惠政策的前提下，使自治州政府获得地级城市政府管理城市的职能和权限，可有效解决现行自治州行政管理体制对经济社会发展的束缚，增强州本级的财政实力，更好地发挥对区域经济的宏观调控能力。① 因此，将符合条件的自治州所辖县市撤市县设区，成为自治州政府直辖下的城市区，既解决了州缺少管理实体的问题，也解决了州府同城所导致的行政层级多，管理成本高，机构重叠等相关问题，有利于提高行政效能。赋予州城市区的管理权是民族区域自治制度实现形式的一种新的探索和尝试，拓展了自治地方城市化背景下行政建制的制度空间，有利于完善民族区域自治制度。

2. 自治州改为市，将州府市府同城的市升级为地级市

省（自治区）—州—县（市）三级政府体制中，"虚"州是造成州县（市）体制不顺，利益冲突的主要症结，做实做强州是解决问题的关键。此方案主要针对州府市府同城的州，具体是自治州与州府所在的市合并，成立以原州名命名的地级市，原来州政府与市政府相关机构进行整合，取消并入市的建制。1999 年中共中央、国务院在关于地方政府机构改革的意见中指出，"要调整地区建制，减少行政层次，避免重复建设"。具体的调整措施为，地区与地级市并存一地的，实行地市的合并；地区与县级市并存一地的，所在市、（县）达到设地级市标准时，可实行市领导县的管理体制，也就是可撤销地区建制，设立地级市。自治州也可以按照这一精神，调整现行自治州和自治州首府所在地的市"一地两府"行政管理体制，以便理顺省、自治州、州府所在地的市的关系，从而解决自治州、州府所在地的市机构重复设置和财政负担沉重问题。撤州设市后，原其他州辖县市，依据民族区域自治法有关民族自治地方设立的条件改为自治县。这种安排在没有减少民族

---

① 吉林省民委课题组：《财政税收等"省直管县"体制改革对自治州地位的影响》，内部资料，该文获 2012 年度全国民委系统优秀调研报告一等奖。

自治地方管辖面积的前提下，优化了原自治州与下辖县市的关系，解决了目前因为机构重复设置而产生的矛盾。

该方案与上述第一方案实际上存在着异曲同工之处，不同之处在于是保留州建制还是保留市建制的问题。第一种方案改变了州没有实体的问题，若能够在实践中加以实施，则开创了中国行政体制中州管辖区的先例。而该方案在现实中必然会遇到州改市后原来的自治权能否保留的问题，即州改市后是否再是自治地方的问题。现实中凡是自治县撤县建市的，都没有保留原来的自治地位，因而近年来有很多学者建议设立"民族自治市"以完善民族区域自治形式。①

3. 将规模较大、经济较为发达的自治州升格为副省级，将州府所在地的市升格为地级市或副地级市，将相关县市并入升格后的地级市，州府市下设若干个区，实行"自治州管县（市），州府市管区"体制

以黔东南苗族侗族自治州为例，将黔东南州升格为副省级，凯里市升格为地级，原凯里市行政区域、"凯麻一体化"的麻江县作为凯里市的市辖区，原凯里市管辖范围作为另一个市辖区，其他14县继续由黔东南州管辖。在城市化发展进程中，区域性中心城市发挥着十分重要的作用。这种方案的优势是，升格后的凯里市以城市体系为依托，能够充分发挥城市管理功能，当好区域发展的龙头，发挥辐射、带动作用，引领其他县域经济健康快速发展。该方案的弊端在于，州市两府同城的格局依然存在，并且州与市同时升级涉及很多法律问题，短时间内操作起来难度较大。

对于正在开展自治州辖区行政体制改革研究的黔东南州来说，一个更为便捷可行的改革思路是，将黔东南州改名为凯里州，取消原县级凯里市的城市建制，原凯里市作为一个市辖区，"凯麻同城"的麻江县作为凯里州的另一个区，符合设立市辖区条件的其他州辖县划归州辖区，其他州辖县仍为

---

① 鲍明：《中国民族区域自治的城市制度安排与制度创新》，《民族研究》2003 年第 1 期；隋青：《自治市：加快民族自治地方城市化进程的必然选择》，《中国民族报》2003 年 7 月 10 日；金炳镐、田烨：《新世纪中国民族区域自治制度创新的一个亮点——"民族自治市"》，西北民族大学学报（哲学社会科学版）2007 年第 5 期；金炳镐：《中国民族区域自治形式创新研究》，黑龙江教育出版社 2008 年版；龚志祥、田孟清：《完善民族区域自治制度的思考与建议》，《湖北民族学院学报》（哲学社会科学版）2011 年第 1 期。

新命名的州管辖。该方案的优长之处在于，操作起来相对容易，而且凯里作为实体城市的无形资产可以保留。

（四）通过立法解释明确自治州变更为市以后的法律地位

民族自治地方是在少数民族聚居的地方，根据当地民族关系、经济发展等条件，并参酌历史情况建立的。自治地方的变更更要充分考虑到民族聚居区的民族构成、民族特点，特别是聚居区内各民族政治、经济、文化、语言、风俗习惯等方面的相互关系，要从当地的自然地理环境、资源分布、交通运输和经济结构出发，并参酌和尊重该地区历史上的民族关系和区域划分状况。民族区域自治制度是民族因素和区域因素的和谐有机统一。自治州行政建制变更为市，构成民族区域自治的两大基本要素，民族聚居情况和地域情况并未发生根本改变，与此相应的民族关系也没有发生实质变化。内容决定形式，内容起着主导的、决定的作用，形式应该为内容服务。自治州改市后其自治地位予以保留，才能解决民族区域自治制度在城市化过程中面临的困境。单纯地以行政区划的名称作为唯一标准来判断某一行政区域是否为民族自治地方的方法并不符合实际①，民族自治地方建制的变更应以是否更有利于自治地方经济社会更好更快地发展，是否有利于进一步巩固和发展民族关系作为最重要的标准。

建立"民族自治市"的基本思路是主张通过修改宪法和民族区域自治法实现这一愿望。我们必须注意到，修宪是个十分严肃并且具有严格程序的问题，任何国家都不可能因为经济社会发展中出现的具体问题频繁修宪，提出通过修改宪法明确"民族自治市"的法律地位，缺少现实条件和实现的可能性。法律的生命力在于实施，针对民族区域自治法实施中出现的因城市化发展可能造成的民族自治地方改设市或市辖区后其自治地位的保留问题，完全可以通过法律解释来加以解决，"立法解释是一种完善补充法律的重要手段，又是介于立法和法律实施之间促进法律实施的一种技术"②。我国《立法法》第42条规定："法律有以下情况之一的，由全国人民代表大会常务委员

---

① 张殿军：《城市化进程中自治权的流失、偏离与调适》，《广西大学学报》（哲学社会科学版）2012年第1期。

② 蔡定剑、刘星红：《论立法解释》，《中国法学》1993年第6期。

会解释：（一）法律的规定需要进一步明确具体含义的；（二）法律制定后出现新的情况，需要明确适用法律依据的。"因此，加强立法解释工作，对法律规定需要进一步明确具体含义的、法律制定后出现新情况需要明确适用法律依据的，通过及时作出立法解释，赋予法律条文更加准确、更具针对性的内涵，能够发挥立法解释对于保障法律有效实施的重要作用。① 自治地方行政体制改革过程中出现的"撤县建市"、"撤州建市"后新的行政建制无法保留自治地位问题比较具体、明确，修改民族区域自治法可能一时还提不上议事日程，因此，可以先通过立法解释的办法，明确"自治州、自治县行政建制改为市后，其民族自治地位保持不变"。通过解释赋予"州"以新的含义，可以弥补原法律条文的某些不足，使之适应民族地区城市化发展的需要，而且立法解释较之修改宪法和民族区域自治法，具有更强的现实性和可能性。

四、结　语

"立宪政府政治结构理论的重要组成部分，必须是关于地方政府的设计。"② 自治州作为民族区域自治制度的实现形式和一级地方政府，长期以来为边疆少数民族地区的繁荣发展和稳定发挥了重要作用，但自治州行政建制和区域安排在城市化进程中也逐渐暴露出不能很好地适应经济社会发展的诸多弊端。保障自治州自治权及少数民族各项优惠政策和平等权利的基础上，优化行政层级，合理界定自治州与上下不同层级地方政府的职能与权责关系，优化自治州及辖区行政区划设置，建立精简高效的自治州行政管理体制和运行机制是自治州及辖区行政体制改革的重要内容。

自治州行政体制改革是我国地方行政体制改革的重要组成部分，关系到民族地区的繁荣稳定和民族区域自治制度的完善。自治州行政体制改革应当进一步解放思想，大胆探索，跳出原有体制的窠臼，开展制度创新和创造

---

① 全国人大常委会法制工作委员会研究室：《在新的历史起点上不断完善中国特色社会主义法律体系》，《求是》2011 年第 6 期。

② ［美］斯蒂芬·L. 埃尔金等编：《新宪政论：为美好的社会设计政治制度》，周叶谦译，生活·读书·新知三联书店 1997 年版，第 165 页。

性实践。同时也必须看到，自治州行政体制变迁将打破原有的利益格局，原有体制形成的制度惯性也会成为改革的阻力。因此，自治州体制改革必须要谨慎对待、稳步推进，相关改革方案和政策一定要总揽全局，充分考虑各个方面的利益得失，尤其不能损害少数民族的合法权利和利益，以此推动自治州经济社会又好又快地发展，进一步巩固和发展平等、团结、互助、和谐的民族关系。

（张殿军，男，汉族，文法学院副教授，主要从事法理学、民族法学研究。本文发表于《民族研究》2013年第3期）

第三人视域下故意侵权精神痛苦损害赔偿责任的认定

夏 琳

精神痛苦损害赔偿制度，是美国侵权法中对受害人精神痛苦予以赔偿的特色制度，具体指加害人实施侵权行为，使受害人遭受到严重的精神痛苦，受害人可以就这种严重精神痛苦单独提起损害赔偿之诉。可救济的精神痛苦包括对侵害行为产生的恐惧、因为他人残忍恶作剧而感受到的屈辱、因生理缺陷等无法正常生活而体会到的沮丧以及对他人行为感到愤怒等。[①] 遭受上述严重精神痛苦的受害人不仅包括侵权行为的实质受害人，还包括因实质受害人遭受侵权行为而感到严重精神痛苦的第三人，最常见的莫过于目睹亲人受害惨景而感到极度痛苦的情形。近年来，人们越来越重视精神权益的保护，在实践中也出现了不少第三人提出精神损害赔偿请求的案例。中国的法律制度不承认单纯精神痛苦损害赔偿，无法对第三人的精神痛苦提供救济。本文拟选取第三人视角研究故意侵权精神痛苦损害赔偿责任构成问题。

一、以实质受害人外之第三人为研究视域的法学据理

（一）英美法系精神痛苦损害赔偿之制度依据

最初，英美法对受害人身体受到伤害附带产生的精神损害给予救济，

---

① 文森特·R. 约翰逊：《美国侵权法》，中国人民大学出版社 2004 年版，第 22 页。

后来逐渐发展到无须身体受到伤害，受害人可仅凭遭受的严重精神痛苦而获得精神损害赔偿。这种制度历经演变，对人们精神权益之保护日趋完善。精神痛苦损害赔偿能够独立成诉，其制度依据体现在以下几个方面：（1）符合"自己责任"的侵权法基本原理。加害人主观上故意或轻率实施某种侵权行为，给受害人造成损害，无论这种损害是有形的，还是无形的，加害人都应为自己的行为负责。这体现了"自己责任"的根本理念。（2）金钱对于单纯精神痛苦的救济具有意义。反对用金钱弥补受害人精神痛苦的主要根据之一是金钱无法有效救济无形的心理伤害，反而可能造成精神利益的商品化。然而，精神痛苦不同于精神利益。精神痛苦损害赔偿并非用金钱评价精神利益的价值，而是对精神利益受损后的结果——精神痛苦进行弥补。在精神痛苦损害赔偿独立成诉之前，立法中已经广泛认可了基础权益受损而附带的精神损害赔偿，这说明法律制度已经认识到金钱对精神损害救济的有效性。其效果主要是面向未来的，可以帮助受害人尽快恢复其精神创伤。（3）科技发展为判断精神痛苦提供了更科学的衡量依据。精神痛苦虽然无形，但现代科技的发展可以更多地为判断受害人是否遭受严重精神痛苦提供可能性。如医疗技术发展可以发现精神极度痛苦在受害人身体上的反应，甚至于直接通过仪器感知判断受害人是否受有严重精神痛苦等。（4）精神痛苦损害赔偿责任构成要件的限定性可以避免滥诉的风险。虽然该制度扩大了传统的精神损害赔偿救济范围，然而不会导致滥诉。因为英美法中的判例针对具体情况对实质受害人或第三人请求精神痛苦损害赔偿的条件作了细化和限定，更好地防止滥诉。（5）人的精神权益极其重要，需要受到法律保护，这是精神痛苦损害赔偿能够独立成诉最根本的原因。在追求物质利益的同时，精神利益的维护对于人的发展至关重要。从人权的角度出发，为了更好地促进人的生存和发展，该制度的价值应当受到肯定。

（二）第三人视域在不同法系之法律适用

第三人视域是英美法中精神痛苦损害赔偿制度极有特色的研究视角。其在英美法系及大陆法系相关制度中有着不同的适用基础。

1. 第三人视域在英美法系精神损害赔偿制度中的适用

英美法中精神痛苦损害赔偿的制度特色体现在多方面，其中承认第三人精神痛苦损害赔偿最具代表性。加害人实施侵权行为，其侵害的对象可能包括两类主体。其中，实质受害人是那些直接遭受侵权行为的受害人，第三人是因实质受害人遭受侵权损害而感到极度精神痛苦的人，此时第三人人身权益等方面虽未因侵权行为受有损害，但仍得就上述极度精神痛苦请求精神损害赔偿。当然承认实质受害人之外的第三人可以就单纯的精神痛苦请求损害赔偿，本身存在着合理性非难。因为第三人并非直接遭受侵权行为的人，自己不存在人身、财产等基础权益上的损害，仅就恐惧、惊吓等精神痛苦请求加害人给予损害赔偿需要合理性论证。即使如此，英美法系的法律制度并没有忽略对第三人精神权益的保护，而是通过判例形成了第三人可以获得精神痛苦损害赔偿的制度规则，以第三人与实质受害人的关系、是否在现场目睹侵权惨景等作为判断第三人是否遭受严重精神痛苦的依据，最大限度地保障第三人的精神权益。

2. 第三人视域在大陆法系精神损害赔偿制度中的适用

精神痛苦损害赔偿制度肇始于英美法系，因其在保护受害人精神权益方面独特的制度价值，大陆法系开始借鉴该制度的合理因素，第三人视域下的精神损害赔偿在大陆法系国家开始发展，以德国和法国为例。德国法中，第三人可以获得精神痛苦损害赔偿的条件有二：其一，第三人与侵权行为的实质受害人具有密切的人身关系，一般为亲属关系；其二，第三人遭受严重精神痛苦的同时，伴有身体上的损害，或者被确诊为精神疾病。法国法中，第三人可以获得精神痛苦损害赔偿的条件较为宽松。首先，第三人与侵权行为的实质受害人具有密切的人身关系，不限于亲属关系，非婚同居等较为密切的关系也可作为第三人因同居者受害而产生严重精神痛苦的证据。其次，第三人遭受严重精神痛苦，无须有精神疾病作为佐证。

由此可见，大陆法系对于第三人视域的精神损害赔偿在不同程度上持肯定态度。相比于英美法系判例的不稳定性，大陆法系在第三人精神损害赔偿请求权方面更具有确定性的特点。

3. 第三人视域在中国精神损害赔偿制度中的适用

中国精神损害赔偿制度不同于英美法中相关制度。英美法系精神损害赔偿分为两种类型，一是受害人遭受侵权行为，人身、财产等基础权益受损，附带产生了精神损害，从而要求精神损害赔偿的情形；二是受害人没有遭受人身、财产等基础权益损害，而单纯就精神痛苦（如恐惧、惊吓等）要求精神损害赔偿的情形，即本文所论及的精神痛苦损害赔偿制度。中国精神损害赔偿制度仅包括对受害人附带精神损害的救济，不包括受害人单纯就精神痛苦请求损害赔偿的情形。然而，司法实践中第三人精神痛苦损害赔偿的诉求越来越多，如何保护第三人的精神权益已经成为人们关注的焦点，第三人视域下的精神损害赔偿制度研究在中国具有重要意义。

二、与实质受害人无亲属关系第三人获得精神痛苦损害赔偿的构成要件

美国侵权法中的精神痛苦损害赔偿，是指加害人故意或轻率地实施了极端和粗暴蛮横的行为导致他人精神痛苦的，受害人可以提出精神痛苦损害赔偿之诉。如果受害人伴有身体伤害，加害人应同时承担身体伤害的赔偿责任。其中，"他人"包括遭受侵权损害的实质受害人，也包括实质受害人以外之第三人。法院对于第三人精神痛苦损害的救济存在两个难点：一是如何证明第三人遭受精神痛苦；二是如何证明第三人的精神痛苦"严重"，且已达到需由法律予以救济的程度。

对于第一个难点，法院需要证明加害人对实质受害人实施了加害行为，而第三人因此产生了精神痛苦。此时，第三人与实质受害人关系是否密切可以作为重要依据。这种密切的关系往往是亲属的身份关系。若第三人与实质受害人无亲属关系，其主张自己因实质受害人遭受损害而产生精神痛苦便缺乏依据。因为此时第三人与实质受害人之间没有密切的关系，情感上没有亲密感。从一般理性人的角度来看，面对一个情感上并不亲密的人受到侵害，同情怜悯之情想必多过痛苦的主观感受。那么，第三人与实质受害人无亲属关系，是否一概不能获得精神痛苦损害救济呢？结果不然。这就涉及前文提及的第二个难点，如何证明第三人的精神痛苦"严重"。如果一个理性人在相同的情形下都可能因实质受害人遭受侵害而产生精神痛苦，而且该痛苦一般人都难以忍受，即可判定该精神痛苦"严重"。由于精神痛苦是一种主观感受，法院倾向于寻找第三人因精神痛苦而导致肉体伤害的证据，如身体生

病，寻求医疗帮助，或者第三人因精神痛苦患上了精神疾病等。这些客观性证据一定程度上增加了第三人精神痛苦的可救济性。另外，法院也考虑到与实质受害人无亲属关系的第三人是否在侵权现场的因素。因为与间接获知侵权惨状相比，目睹侵权现场的凄惨景象更易使第三人遭受严重精神损害。例如，甲走在街上，陌生人乙向他问路。当甲正与乙对话时，乙突然被丙开枪击倒。甲因目睹乙被杀害的现场惨状而遭受了精神痛苦，这种精神上的痛苦同时导致了身体上的疾病反应。此时甲虽与乙无任何身份上的密切关系，仍可提出精神痛苦损害赔偿之请求。

与实质受害人无亲属关系的第三人获得精神痛苦损害赔偿，有4个构成要件：

第一，加害人的侵权行为极端和粗暴蛮横。这种"极端和粗暴蛮横的行为"是那些"文明社会完全不能容忍的"行为。[1] 这些行为不限于侮辱、亵渎、恶言相向、骚扰及威胁等，一般来说，只有极端、粗暴蛮横的、超出文明社会容忍限度的行为可能会对实质受害人或第三人产生严重的心理伤害，因此无论是实质受害人还是第三人请求精神痛苦损害赔偿，都必须具备这一构成要件。例如，受害人受邀参加大型游泳聚会，加害人故意给其一件遇水而化的泳衣，受害人游泳过程中泳衣化掉，使其在众多宾客面前赤身裸体，感到极度痛苦。该案例中的行为明显属于超出文明社会人性尊严边界的极端和粗暴蛮横行为。当然，如果加害人明知受害人在某些方面异常敏感，仍然针对其弱点实施了加害行为，造成受害人精神痛苦，即使该行为在一般的健康人看来不算极端和粗暴蛮横，加害人也应当承担责任。这类敏感受害人一般包括体弱者、患有精神疾病者、儿童、孕妇等。

第二，加害人主观心理状态为故意或轻率。"故意"包括直接故意和间接故意。行为人明知其行为会对受害人造成损害后果，主观上仍追求这种结果的发生即是直接故意，行为人明知其行为会引发某种法律后果并放任该后果发生即是间接故意。"轻率"一般指那些鲁莽的行为，如果加害人明知其行为可能给受害人造成严重精神痛苦，而故意忽略此种可能性，即构成"轻率"。"轻率"的过错程度轻于故意、重于过失。

---

[1]　文森特·R.约翰逊：《美国侵权法》，中国人民大学出版社2004年版，第27页。

第三，第三人在侵权现场，目睹侵权行为发生。因为第三人与实质受害人无亲属关系，本不易产生精神痛苦，若经人转述侵权惨状，其感受是间接的，无法证明严重精神痛苦的存在。第三人在侵权现场，目睹侵权行为发生，这种直接的现场感受极易使第三人遭受重大打击，产生严重精神痛苦。

第四，第三人遭受严重精神痛苦的同时伴有身体损害。这是与实质受害人无亲属关系的第三人获得精神痛苦损害赔偿的关键性条件。之所以称之为关键性条件，是因为法院将第三人身体上的伤害作为其遭受严重精神痛苦的判断标准。该条件一定程度上避免了精神痛苦难以认定的主观性，为推定第三人精神痛苦的严重程度提供了较为客观的标准。

三、与实质受害人有亲属关系之第三人
获得精神痛苦损害赔偿的构成要件

具有亲属的亲密身份关系更容易使第三人因侵权案件遭受严重精神痛苦，不论第三人是否在侵权现场目睹惨景，都有可能获得精神痛苦损害赔偿的法律救济。下面以第三人是否在侵权现场作为划分标准，分述第三人精神痛苦损害赔偿责任的构成要件。

（一）第三人在侵权现场

在 Taylor v. Vallelunga 一案中，原告在侵权现场目睹其父亲遭受毒打，受到了惊吓，向加害人提出了精神痛苦损害赔偿的请求。[①] 加害人的抗辩理由是没有证据表明原告遭受了严重的精神痛苦，因为其没有提出因精神痛苦而导致身体疾病的证据。法院认为被告的抗辩合理，请原告提出相应的证据，而原告最终没能提出，因此法院驳回了原告的诉讼请求。本案的焦点有两个：其一，"严重的精神痛苦"是否必须由身体上的伤害予以佐证；其二，如果第三人与实质受害人具有亲属关系，并且在侵权现场，是否能无条件地获得精神痛苦损害赔偿救济。

---

① 　Taylor v. Vallelunga，District Court of Appeal of California，1959. 171 Cal. App.

首先，"严重的精神痛苦"必须由身体上的伤害予以佐证的判例颇多。然而，当诉求中体现出一个人没有特权、故意侵害他人，导致他人精神上感受到自己人身安宁受到严重威胁时，无论这种威胁是否在此情况下构成了严格意义上的威胁（assault），该诉求都可以成立。人们对于精神利益的追求从未停止过，然而法律确立对人们精神利益的保护却经历了漫长而曲折的过程。虽然受害人精神利益遭受侵害会产生精神痛苦，但法律制度长期纠结于精神痛苦的抽象性和主观性，没有认可精神痛苦损害赔偿的法律地位。笔者认为，不应因立法技术等方面的障碍而否定一项法律制度存在的合理性。当然，如何证明受害人具有精神痛苦确实存在一定困难，故不少判例要求受害人因精神痛苦造成了身体上的伤害或疾病才能获得损害赔偿。然而，身体伤害仅是受害人严重精神痛苦的可能性表现，并非必然，绝不能因受害人无身体伤害或疾病反推其精神痛苦不严重。可见，身体伤害仅能作为受害人严重精神痛苦的一种佐证。反观 Taylor 案，法院不应因原告无身体伤害为由而驳回其诉讼请求。

其次，即使在场第三人是实质受害人的亲属，其获得精神痛苦损害赔偿救济也不是无条件的。例如，张三明知李四之妻站在不远处，仍然实施了对李四的侵害行为，此时目睹侵权现场惨状的李四之妻可以就其严重精神痛苦请求损害赔偿。究其理由，加害人明知与实质受害人有亲属关系的第三人在现场，足以合理地预见到其将要实施的侵权行为会给第三人造成严重精神痛苦，当然应当对第三人的精神痛苦承担赔偿责任。上述 Taylor 案中，原告并没有举出证据说明被告知晓自己在侵权现场，当然无法推断被告可以合理预见其侵权行为会给原告造成严重精神痛苦，因此法院驳回原告的诉讼请求是因为无法证明被告主观上"故意"造成第三人（本案原告）精神痛苦。

由此可见，与实质受害人有亲属关系的在场第三人精神痛苦损害赔偿责任的认定应注意以下几点：（1）加害人的侵权行为极端和粗暴蛮横，且第三人与实质受害人具有较为密切的亲属关系。"较为密切"的亲属一般指直接家庭成员。（2）加害人主观上存在"故意"或"轻率"的心理状态，客观上导致第三人严重精神痛苦。"故意"或"轻率"的心理状态问题前文已有论述。这里我们仍然要关注第三人遭受到了严重的精神痛苦这一结果。第三人的精神痛苦是否"严重"，要看该痛苦是否超出一个理性人预期能够承受的程度。当然也有一些事实可以作为有力的证据（虽然这些事实并非必须具备），如寻求过医疗帮助或者因此患上了身体疾病等。（3）加害人知晓与实质受害人有亲属关系的第三人在侵权现场。之所以要求加害人"知晓"与实质受害人有亲属关系的第三人在侵权现场，是因为这样可以推断加害人主观上具有造成第三人严重精神痛苦的"故意"或"轻率"。加害人行为前获得了有效的信息，即受害人的亲属在侵权现场，加害人此时产生了一种"可预见性"，直接指向第三人及其可能产生的精神痛苦后果，因此应当承担相应的损害赔偿责任。

（二）第三人不在侵权现场

第三人与实质受害人具有亲属关系，但没有目睹侵权行为的发生，嗣后了解到悲惨的事实，往往很难获得精神痛苦损害赔偿。然而，英美法的判例中仍存在第三人例外获得救济的情况。在 Knierim v.Izzo 一案中，被告向原告声称要杀掉其夫，其后被证明确实实施了该行为，不过侵害行为发生时原告并不在现场。原告因被告的行为遭受了巨大的精神打击，向法院起诉要求被告给予精神痛苦损害赔偿。本案的焦点在于不在侵权现场的第三人能否获得精神痛苦损害赔偿。

与实质受害人具有亲属关系的第三人不在侵权现场，并未目睹侵权惨状，其痛苦感受远不如在场第三人深切。因此，法律对于此种情形下的第三人精神痛苦损害救济予以严格限制，构成要件包括：（1）加害人的行为达到了极端和粗暴蛮横的程度；（2）加害人存在"故意"或"轻率"的心理状态，客观上导致第三人严重精神痛苦；（3）不在侵权现场的第三人应立刻或很快意识到侵权行为及其后果的发生。这一构成要件值得关注。

从心理学的角度来看，人在与环境的相互作用过程中产生了情绪。在面对环境中出现的刺激事件时，人会反复评价刺激事件与自身的关系，这种评价会经历 3 个阶段。第一个阶段是初评价，在面对突发刺激事件时，人会首先确认该刺激事件的真伪，与自己是否相关联，在多大程度上相关联。第二个阶段是次评价，当确认该刺激事件与自己一定程度上相关联后，会对自己的应激行为做出选择，明确该如何应对。第三个阶段是再评价，人做出行为选择后，会再次对这种行为选择进行是否有效的评价。

假设不在侵权现场的第三人无法立刻意识到侵权行为和损害后果的发生，而是事后间接获知，其极有可能完成初评价、次评价以及再评价的过程。例如，第三人并未在侵权现场，事后他人告知其侵权行为和损害后果的发生，首先第三人会判断这种情况是否现实存在，如果现实存在将对自己构成何种影响，这是初评价。其次，如果侵权行为现实存在，后果严重，自己应做出何种反应。例如，根据经验可能会目睹何种惨景，暗示自己应当更为理性地面对事件，调整悲伤情绪，更好地解决问题。这是次评价。再者，对于自己拟采取的应对情绪是否有效进行重新审视，这是再评价。试想在经历了初评价、次评价和再评价的阶段后，第三人已经对自己不在侵权现场所发生的侵权行为有了基本的情绪调节，很难满足法律上规定的精神痛苦的严重程度。

结论与启示

目前，两大法系在法律制度和思维理念等方面存在着很大差别。从精神损害赔偿制度的发展来看，英美法系依靠具体的司法判决，由法官具体地观察事物，从一个一个判例逐步确立起法律规则，采用归纳的逻辑推理方式；大陆法系仍然致力于不断完善成文法的抽象规范，在实践中不断检验该规范的普适性，采用演绎的逻辑推理方式。虽然两大法系法律传统不同，但促进人类更好地生存与发展之目标是一致的。因此，在保护人类精神权益方面，两大法系做出了同样的立法选择，即确立了精神痛苦损害赔偿制度。中国秉承大陆法系的传统，应借鉴英美法中相关制度的合理因素，参考大陆法系国家的成功立法经验，促进中国精神损害赔偿制度的完善。

在修订中国侵权责任法时，笔者建议引入英美法中的精神痛苦损害赔偿制度。首先，认可实质受害人无基础权益损害时，可单独根据其精神痛苦严重程度提出损害赔偿请求。其次，确立实质受害人以外第三人的精神痛苦损害赔偿制度，这也符合共同体主义之精神。① 在对第三人精神痛苦损害提

---

① 韩升：《现代公共生活的话语重塑——西方共同体主义的基本政治理念概观》，《华侨大学学报》（哲学社会科学版）2013 年第 3 期。

供救济时，应注意以下三点：(1) 合理界定第三人与实质受害人间的"密切关系"程度。关系密切的双方易具情感上的关联性，所以，与实质受害人关系密切的第三人极有可能因实质受害人遭受损害而感到极度痛苦。"关系密切"不应只限于近亲属之间，应包括所有直接家庭成员。另外，"有较为稳定的共同生活"（包括非婚同居等）也应当被认定为与实质受害人关系密切之第三人。(2) 规定第三人在侵权现场且以加害人知其在场情形为要。虽然英美法中规定第三人不在侵权现场也可能获得精神痛苦损害赔偿，然而，精神痛苦损害赔偿制度若能在中国植根，囿于医疗技术、职业法官自由裁量权等因素，不宜扩大第三人获得精神痛苦损害赔偿的范围，因此，笔者建议将"现场要件"确定为第三人精神痛苦损害获得救济的必要条件。(3) 第三人所受之严重精神痛苦需有医学上的证明，如寻求过医疗帮助的证明或患有精神疾病的证明等。在英美法中虽然不少判例没有将医学上的证明作为支持第三人获得精神痛苦损害赔偿的必要证据，但为了减少精神痛苦主观性带来的滥诉风险，建议中国确认医学上的客观证据。

（夏琳，女，汉族，文法学院副教授，主要从事民商法、英美法研究。本文发表于《河北学刊》2014 年第 5 期）

软件侵权的法律适用规则探究

——以产品责任为视角的分析

丁利明

一、引　言

2006 年 5 月 19 日，美国人约瑟夫·伯德逊作为受害者群体的代表，一纸诉讼将苹果公司及部分软件开发商告上法庭。诉称因为苹果公司的 iPod 音乐播放器软件设计不科学，具有"缺陷性"高音量，造成其听力严重受损，要求将严格责任条款扩展至驱动 iPod 播放器的嵌入式软件，无论该软件开发商事实上是否确有过失，即无论他们是否知晓其数码技术被用于 iPod 设备中，这些软件开发商都应当与苹果公司承担连带责任。

审理该案的法官并不赞成用这种方法来解决软件致损案件，认为软件并非"产品"进而拒绝对生产者适用严格责任，但学者们对此却纷纷发表反对意见。①

当某人因"软件缺陷"（例如本案）而遭受人身或财产损害，它是否可以从软件的生产者、销售者那里获得法律救济？这或许看上去是一个简单的问题，但实际情况并非如此。根据案情的不同，受害者可能适用不同的法律来主张权利，最常见的做法是依据合同法（仅适用于合同缔约方之间）或侵权法（一般需要受害者证明侵害者存在过失）提起诉讼；另一种可能的选择

---

① Seldon J. Childers, "Don't Stop the Music: No Strict Products Liability for Embedded Software", *University of Florida Journal of Law & Public Policy*, 2008, (4): 125.

是依据产品责任法，该法对于"产品"的生产者、销售者规定了诸多义务，受害者在提起诉讼时既不需要必须是合同一方，也不需要证明侵害者存在过失，无疑有助于实现对受害者全面的法律保护。

在产品责任法中，"产品"范围的界定是至关重要的。它既不同于物理学意义上的"物"，也不同于经济学意义上的"商品"①，它是产品责任法的基本概念之一，有着特定的意义。法律上产品外延的确定决定于一个国家经济的发展水平、科技发展的程度，也取决于一个国家对消费者权益的重视程度。因为是法律上的产品，就意味着，产品有缺陷导致消费者人身、财产损害时，它的生产者、销售者要承担产品质量责任，而产品质量责任是一种特殊的侵权责任，它与合同责任、一般的侵权责任相比，其归责原则、承担责任的大小等都不一样。②

根据《计算机软件保护条例》，软件是指计算机系统中的程序及其有关文档。不同于其他有形的工业产品，软件的创建要使用编程语言（即文字），其生产不需要任何原材料，无数软件可根据需要在瞬时间被大量复制而不附加任何额外费用。就像字面上的小说，软件程序完全是人类思维的产物，如果作者（例如程序员）发现软件被盗用，可根据著作权法提起诉讼。因此，一直以来各国都将软件作为知识产权法的保护对象予以规范。但随着软件与人们生活联系越来越密切，近年来有缺陷的软件导致人身和财产损害的事例也开始大量出现。对于此类软件缺陷造成的损害，一些受害者主张依照产品责任法的严格责任对其生产者、销售者提起诉讼，但这首先需要满足一个前提，即软件能否被纳入产品范围？继而，哪些软件应该承担产品责任？对此，各国现行法律都没有明确的规定，学术界也意见不一，本文拟就此提出个人的一点看法。

---

① 产品有经济学意义上的产品与法律意义上的产品之分，经济学上的产品外延要远大于法律上的产品概念。例如，初级农产品、房屋、军工产品在我国就不属于产品责任法律意义上的"产品"。再如，一本书是产品，但其以铅字为载体传达的作者思想既不是产品，也不是整个产品的组成部分；同理，封装软件的 CD 光盘无疑可以作为一般商品出售，如果因光盘本身质量问题造成用户光驱毁损的后果，其生产者、销售者应该承担产品责任，但光盘内的程序语言、数字信息能否构成产品责任法律意义的"产品"同样是一个争议的话题。

② 汪张林：《我国产品质量法评析》，《现代法学》2000 年第 3 期。

二、软件承担产品责任的可行性分析

衡量某事物是否属于产品责任法律意义上的产品，应当从产品的概念及其构成条件着手。我国《产品质量法》第 2 条规定："本法所称产品是指经过加工、制作，用于销售的产品。"从《产品质量法》对产品的定义来看，我国的产品范围必须同时具备两个要件：一是经过加工、制作，是指改变原材料、毛坯或半成品的性质、形状或表面状态，是一种产业化的加工、制作；二是用于销售，即生产加工产品的目的是为了将其使用价值让渡与他人，自身取得价值。仅从以上两点看，我们似乎可以认为，软件（这里仅指商业软件，不涉及非用于销售的免费或共享软件，下同）并没有被明确排除在产品概念之外，因此可以承担产品责任。但是，在做出定论前我们必须首先解决两个长期困扰人们的问题：其一，从比较法考察来看，各国基本都把产品限于有形动产，那么无形的软件能否承担产品责任？其二，软件本质上到底属于服务还是产品？

1. 有形还是无形

由于立法宗旨的不同以及对消费者保护的政策差异，各国对产品范围的界定也有所不同，但纵观各国相关法律，均未明确承认除电以外的无形物属于"产品"。如 1973 年《关于产品责任的法律适用公约》对"产品"的界定虽然不以动产为限，但以有形物为必要。1985 年《欧洲经济共同体产品责任指令》第 2 条明确规定："鉴于该指令的目的，'产品'是指所有的动产……"英国 1987 年《消费者买卖法》第 1 条将"产品"界定为任何可移动的有形物品、电以及组装于其他物品内的部件及原材料、血液及其制品。德国新《产品责任法》第 2 条界定"产品"为一切动产，包括构成另一动产或者不动产之组成部分的物，也包括电。日本《制造物责任法》第 2 条将"制造物"界定为被制造或加工过的动产。[①] 美国立法和判例对"产品"的

[①]　国家技术监督局政策法规司：《国外产品质量与产品责任法规选编》，中国计量出版社 1992 年版，第 104 页。

范围规定得虽然比较宽泛，但对于智力成果是否可以构成产品，实务界、理论界一直存在诸多争议，并未形成一致见解。

对于软件能否承担产品责任，我国学界也存在争议。产品是属于"物"的范围，那么不属于物的范畴便不能认为是产品。根据"物必有体"的传统理念，软件以程序和文档为内容，本质上是一种无形的智力成果，不应纳入所有权客体的范围①，虽然其完全可以作为商品出售，但这并不意味着软件有必要作为一件产品并对其适用产品责任法。笔者认为，软件虽然以无体为特征，但其必然要依附于一定的有形物质载体，可以借助各种媒介流通，自占有人获得软件那一刻起，在不违反法律法规和公序良俗的情况下对其进行占有、使用、收益和处分，即对软件享有完全排他性的支配权和管理权。同时，作为一个不断发展的概念，当前物的概念已经远远超出它曾经的含义，无论是英美法系的判例法还是大陆法系的成文法典都已经接受了无体物作为物的一种、作为物权客体的事实②。产品的本质属性不在于它是有形还是无形，而在于批量生产、规模销售带来的社会效应，软件的无形性特征并不构成确立严格产品责任的障碍。

2. 产品还是服务

对于服务，目前除巴西和我国台湾地区的消费者保护法将其列为无过失责任范畴外，其他国家均将提供服务的责任视为以过失为基础，把服务排除于产品范畴之外，从而使产品责任与因提供服务引起的责任区别开来。③虽然软件以软盘、光盘或在线下载等形式出售，但卖方往往都在该软件外包装上印刷或在软件安装前电脑屏幕上提示一个"最终用户许可协议"（EULA），保留该软件的知识产权从而限制用户对软件的自由处分权，软件卖方据此认为其本质上提供的是"服务"而非"产品"，当然无需承担产品责任。Sun 公司总裁麦克尼里更是预言软件业将不再存在，也不应该存在，"所有的事情就是服务，而没有产品"。现在看这一天正加速到来，软件当然还得编写，"但他们是在创造服务，而非产品"。举例来说，用户向某反病毒软件供应商购买一套反病毒软件，厂商为他提供的其实已不仅仅是一套软

---

① 吴汉东、胡开忠：《无形财产权制度研究》，法律出版社 2001 年版，第 33 页。

② 张念念：《论软件的质量责任》，《法律适用》2004 年第 3 期。

③ 丁峻峰：《对〈产品责任法〉中的"产品"的再思考》，《法学》2002 年第 1 期。

件，而是包括了与之相对应的很多服务，如升级服务、技术支持服务、维护服务。如果没有这些服务，该软件可能很快就会变得没有任何意义。因此，今天的软件企业尤其是大中型软件企业更多地通过提供服务获取利润，产品反而成为服务的附属物了，例如，2008 年国内知名软件企业金山公司抛出了"软件免费、服务有偿"的商业模式，企业将不再对产品本身收费，代之以向用户收取病毒库更新的服务费用。微软此前也宣布其 Windows Vista 操作系统"一生"中只能转移一次。如果需要把 Vista 安装到第三台机器上，则只能购买另外一套软件，这明显显示出其服务的本质，即按照人头、按照次数来收费。此外，开源软件和软件在线租赁模式的流行也已经显示出软件即服务的本质。①

　　基于上述现实，软件仍然可以被视为产品承担严格责任吗？笔者认为，现在软件业的确有从产品转向服务的客观趋势，软件业的巨头们也都在向全面服务模式转型，安装、维护、不断更新、优化系统等无疑就是服务，但目前这些服务依然是围绕着核心软件（包）在进行，这个软件（包）可能会有多方面的功能而且需要不断地升级、维护，甚至该软件（包）本身都可以免费直接从网上下载，从表现形式看一切都是服务，但更准确地说应该属于"销售—服务混合交易"，该服务提供者即软件商也应像一般销售者一样担保所提供产品的品质，并对因产品缺陷造成的人身、财产损害承担严格责任。

　　如果从生产、销售的模式来看，现今的软件产业其实和硬件产业基本都是一样的，微软的 Windows 操作系统和 Symantec 的 Norton 防火墙等通用软件，都是大规模生产出来并销售给广大的普通消费者。生产商只知道其产品将会出售给大众消费者，并不知道最终的客户究竟是谁，这明显与单纯的服务不同。操作系统对于电脑而言是一种服务，但是对电脑使用者来说，还是应该算是一种产品，其"最终用户许可协议"虽然以合同方式限制了用户的自由处分权，但这与生产者承担严格责任并无直接关系。

　　需要指出的是，当前随着计算机技术的快速发展，软件与硬件、产品与服务的界限也变得越来越模糊，软件驱动的产品类似于一个建设工程，包括软件、硬件、服务在内，它们几乎无法独立存在，软件则更像一种建筑材

---

① 彭敏：《软件的本质：服务大于产品》，《软件世界》2006 年第 22 期。

料，是否应该作为一个单独产品适用产品责任，同样需要更多地考察产品责任法的立法宗旨和严格责任背后的政策依据进行个案分析，不宜一概而论。例如，法律可以对那些混合模式的软件企业，以公共政策为理由，认为其创新发展、技术进步的需要比个人根据严格责任就其伤害获得赔偿更重要，特别定义为服务以使其免于严格责任。

三、软件承担产品责任的现实意义

在解决了有形还是无形、产品或是服务的困惑后，其实我们已经不难得出结论：把软件纳入产品责任法调整至少已经具备了可行性，但上述关于软件产品属性的讨论，主要因为这是研究软件产品责任的立论基础，目的是为了让软件生产者承担产品责任法规定的严格责任。

1. 基于合同或一般侵权的提起的诉讼无法充分保障消费者权益

在目前没有软件产品责任制度的情况下，软件用户往往只能按违约或一般侵权的有关规定获得法律救济。就合同法而言，由于合同相对性原理，其约束力只及于缔约的当事人之间，但实践中以合同方式销售软件只占极小的比例，合同以外的第三人由于软件缺陷遭受损害时，将无法主张权利。此外，在软件生产者对于专业知识的掌握占有绝对优势的情况下，其拟定的格式合同中往往都包含有限制和免除软件生产者责任的条款，一旦发生争议，软件用户的合法权益难以得到全面有效的保护。[①] 缺陷软件造成人身、财产损害后，如果受害人以一般侵权为由提起诉讼，需要举证证明生产者在生产行为时存在过失。实践中，因为损害后果必然发生在生产者的行为之后而且也不可能在同一地点发生，在软件这种高度专业且其生产过程受商业秘密保护从而不被详细记录的情况下，原告想要证明生产者何时、以何种方法发生了过失几乎是不可能的。

2. 由软件生产者承担严格责任更有助于节约社会成本、提高社会效益

在严格责任使受害者在诉讼中的胜诉率提高后，生产者将会因其产品

---

① 黄瑞华、贾文中、尹雪英：《试论软件产品责任》，《情报学报》2003 年第 3 期。

缺陷负完全赔偿责任，即承担所有包括预防成本和预期外部成本在内的社会成本。在追求利润最大化的利益驱动下，生产者逃避责任的可能性将减少，其将更大的动力投资到减少产品危险的努力中，从而将预期外部成本内化于个人成本中，使其个人成本最小化而达到社会成本最小化。同时，在扩散与产品有关之损害造成的损失方面，生产者总是处于较消费者有利的地位，比消费者更能负担得起损失费用。在严格责任下，生产者可以比消费者更有利地获得保险，并将大部分保险费通过提高产品价格消化掉，而且单位产品成本的增加是微乎其微的。因而，由生产者承担严格责任，实际上就是把事故损失通过保险在极其广泛的人群中分摊，从而避免了事故成本承担的不合理分配现象。此外，严格责任减轻了消费者在诉讼中的举证，消费者所担负的诉讼成本及法院的审理成本也必将大为降低，节约了社会资源。

3. 严格责任可以促使软件生产者提高产品质量

与消费者相比，生产者对产品安全具有最大的控制权，它们可以预见一些消费者无法预计的危害并可以防范其再次发生，可以通过多种方式检验其产品的缺陷，生产者掌握最新的科技并且掌握着这些先进科技所带来的成果。所以他们有义务在软件进入市场之前做彻底检测并消除所有技术上的不安全因素。

软件业有一种流行的说法，即软件的缺陷是根本无法避免的，因此不应该承担严格责任，否则是不公平的。单纯从技术上而言，笔者承认软件发生错误的确无法根本避免，但同样不能否认的是，装有自动制动系统软件的汽车每天都在安全行驶，依靠软件导航的飞机都在安全运营，全程电脑监控的核电站都在安全发电，专业软件驱动的医疗检测设备也都在正常运转，这说明，软件安全已经是现实，并不是一个梦想，其完全可以按照我们的设计意图运转。

另一方面，在这种"软件缺陷无法避免"的声音背后，我们还要看到这样一个现实：那就是很多软件生产者为了抢占市场获得商业利润在没有经过充分测试前就匆忙把产品推向市场，指望着用户在使用中发现错误报告给他们，以供其在下一个版本中修改，然后不断地推出一个个升级版本。如果采用严格责任，生产者将不得不反复进行检测以发现更多潜在的缺陷，避免把产品匆忙推向市场，从而实现严格责任背后的目标：激励生产者提高产品质量。

四、承担产品责任的软件类型

如前所述，笔者认为，软件可以也应当成为产品责任法的调整对象，但这并不当然意味着所有软件的生产者、销售者都要毫无分别地对其产品承担严格责任，软件作为一个分类十分复杂的物，我们有必要考察其分类再加以定论。

软件的分类是多种多样的，我们这里主要根据商业软件的贸易形式来分类，软件产品主要有两种类型：一是套装软件，一是定做软件。

套装软件（packaged software）指的是以现成商品的形式批量提供给市场的计算机软件。这类软件上市时，一般都以某种方式密闭封装。在买卖关系中，套装软件都是"按现状（As Is）"出售的商品。也就是说，软件的买方在购买此类软件时，已不能对其提出任何特殊的要求。定做软件（custom software）是指软件用户根据自己的特殊需要，在无法从公开市场上获得所需之产品的情况下，通过个别法律关系的达成而促使软件开发者为自己开发的专用软件。①

套装软件由于具备批量生产和规模化销售、生产者处于控制风险的较好地位和具有分摊产品事故费用的较强能力等特点，完全符合产品的定义和特征，国内外的学者和审判实践也都倾向于将套装软件视为产品，并在此基础上对其追究产品责任。因此，套装软件可以成为我们这里讨论的软件产品责任中的"产品"。

定做软件主要是根据客户要求而量身定做的，软件用户所要获取的关键目标是开发方能够提供的特殊"技术"与"服务"。在这种交易关系中，得到"软件"并不意味着交易的完结。软件开发方还必须为用户提供硬件、软件和所有的安装及维护服务，保证定做方能够顺利地"使用"该软件达到其预计的目的。为此，软件开发方于提供软件之后，还必须就软件操作、系统维护与维修、人员培训等问题向定做方提供必要的指导与服务。因此，不

---

① 唐广良、董炳和、刘广三：《计算机法》，中国社会科学出版社2003年版，第354—355页。

能简单地认为定做软件交易和套装软件交易一样，都是提供软件产品的过程，而认为是提供服务更为适宜。对此，学者们一致认为，这个问题应当考虑判定承担产品责任的各项理由，包括"该信息产品是否被投入商业流通渠道，生产商控制风险的地位和生产者分摊产品责任事故费用的能力"①。同时，由于定做软件并未真正投入商业流通，它只销售给唯一的顾客，在承担各种费用方面，软件提供者并不比用户处于更有利的地位，软件提供者并未大量生产、大量销售该软件，它无法把瑕疵风险费用分摊到众多的消费者中，其与客户之间的纠纷也完全可以通过合同或一般侵权来解决。所以，定做软件就不是我们所讨论的软件产品责任中的"产品"。

五、结　语

对于软件是否可以适用产品责任，争议较大，很显然，软件产业希望不要适用，而用户（个人和企业）刚好相反，然而最可怕的选择是法律对此态度暧昧。

软件的产品责任问题长期以来一直是一个被回避的重大问题，即便软件工程师们可以对软件中的"BUG"司空见惯，但只要是一款成熟的产品并被消费者合法取得，因使用其而产生的一系列损害就应该由法律来过问。技术和产品的不断完善是厂家自己需要解决的事情，但既然作为成熟的产品来销售，这样的行业陋习就决不能再在市场上被法律所纵容。笔者认为，法律归根结底乃是一定的政治与经济关系的体现和反映，从实证的角度来看，现实中存在软件致人损害的事例及由此引起的纠纷为我们考虑让部分软件生产者承担严格责任提供了足够的必要理由和现实基础。

（丁利明，男，回族，文法学院副教授，主要从事法学教育
与研究。本文发表于《大连理工大学学报（社会科学版）》
2010 年第 2 期）

---

① 　梁慧星：《民商法论丛》第 29 卷，法律出版社 2004 年版，第 158—163 页。

经济·管理研究

我国草原牧区可持续发展模式及对策研究

马林　张扬

《国务院关于促进牧区又好又快发展的若干意见》（国发〔2011〕17号）、《国务院关于进一步促进内蒙古经济社会又好又快发展的若干意见》（国发〔2011〕21号）明确指出——牧区在我国经济社会发展大局中具有重要的战略地位。牧区作为一个具有特定生态意义的区域，其战略地位体现在以下方面：首先，草原是我国面积最大的陆地生态系统，牧区是主要江河的发源地和水源涵养区，牧区可持续发展有利于构筑我国西部和北部生态安全屏障；其次，牧区可持续发展是我国民族团结、边疆长治久安的可靠保证；第三，牧区可持续发展是我国国民经济可持续发展的有力支撑；第四，牧区可持续发展也是我国战略资源安全的重要保障。

新中国成立以来，在党中央、国务院的高度重视和大力支持下，在各族干部群众的共同努力下，牧区经济社会发展取得重大成就。但是，由于自然、地理、历史等原因，我国牧区发展之路充满曲折，发展速度远远落后于农区与工业区，且其发展基础——生态环境又遭到严重破坏。据统计，我国已有四分之一以上国土出现荒漠化，其中95%以上集中在牧区，牧区草原每年平均以20万公顷以上的速度消失。因此，如何促进牧区可持续发展在我国社会主义新牧区建设进程中既是一个重大的战略问题，又是一个亟待解决的现实问题。

一、当前我国牧区发展中存在的主要矛盾

（一）市场需求与草原产出能力之间的矛盾

改革开放以来，随着我国人民群众生活水平的不断提高，市场对畜牧产品的需求快速增长。然而，受自然规律约束，在草原自然第一性生产力和现有科技条件下，草原畜牧产品产出有其上限，需求与产出二者之间的矛盾在一定条件下会演变成对草原的掠夺式经营。2009 年西藏、新疆、青海和内蒙古四大牧区草原家畜超载率依次为 39%、35%、26% 和 25%，远超过合理的草原承载能力。这种掠夺式经营直接造成草原的退化、沙化和荒漠化，反过来又削弱草原的产出能力。

（二）牧民增收要求与收入结构失调之间的矛盾

牧区是我国贫困人口的集中区，统计数据显示，2009 年牧区农牧民人均收入 4411.39 元，仅是全国农民人均水平的 85.6% 和全国城乡居民人均收入的 41.0%。而牧民生产、生活成本又远高于农区，因此，牧民增收要求十分强烈。但是，根据我们的调查，牧民收入结构单一，主要源于畜牧业收入，且受语言和生产技能等因素限制，牧民从事其他行业的工资性收入较少。加上承包的草场、宅基地、房屋资产还没有被激活，牧民财产性收入也较低。以鄂尔多斯牧区为例，2009 年，鄂尔多斯牧区牧民畜牧业收入占总收入的 76.7%，工资性收入占 13.1%（远低于全市农牧民工资性收入占 38.8% 的比例），转移性收入占 5.4%，财产性收入占 4.8%。收入结构失调容易使牧民过度依赖畜牧业，收入波动幅度较大，并且限制牧民增收空间。

（三）畜牧业特有规律与家庭牧场生产方式之间的矛盾

受多种因素的影响，我国大部分牧区内小规模、粗放型家庭牧场仍占主导地位。粗放式生产方式给畜牧业发展带来三方面的不利影响：1. 牲畜品质下降，单位家畜给牧民带来的收益降低。家庭畜牧业生产方式使得牲畜繁

育时只能采取自然繁育和近亲繁育方式，同时牧草种类单一也满足不了牲畜对营养和微量元素的需求。牲畜品种退化、质量下降问题比较严重。2. 不利于合理利用草原和提高草原利用效率。牧民定居后，常造成定居点和水源周围草原过度采食和践踏，而远离定居点和水源的草原得不到充分利用。由于草原利用效率低、牲畜转化率低，导致我国单位面积草原的畜产品产出率很低，例如我国平均单位面积草原畜产品的产出率只有世界平均水平的三分之一。3. 易造成草原退化、沙化和荒漠化。家庭畜牧业生产方式使牧民面对生存压力及市场需求增加时，在草原面积限制下，畜牧业增长空间有限，只能单纯地依靠提高饲养量，这样就造成草原生态的严重破坏，形成"饲养量增加→草场退化→收入降低"的恶性循环，无法支持牧区经济社会的发展。

（四）人口压力与畜牧业生产方式转变之间的矛盾

草原畜牧业粗放型生产方式难以为继，促进草原畜牧业从粗放型向质量效益型转变是我国畜牧业生产的必然方向。然而，牧业人口众多使得这种转变困难重重：一方面，牧业人口过多给草原带来了沉重压力，阻碍了对草原的合理利用。"人口增加—家畜超载—草原破坏"是当前牧区的突出问题；另一方面，人口过多也给草原流转增加了成本，使得推进畜牧业的规模化经营难度加大。

二、典型牧区可持续发展模式

为了科学发现当前牧区可持续发展的有效机制与现实路径，进而对我国牧区可持续发展模式进行发掘，在全面扫描国内外典型牧区发展形势的基础上，选取内蒙古自治区和青海省牧区为调研对象，深入考察当地促进牧区可持续发展的一些成功做法和经验。调研发现，一些牧区通过不断总结和创新，探索出一些符合地区特色的可持续发展模式，社会主义新牧区建设取得突破性进展，生态环境持续恢复，牧民收入不断增长，生活水平明显提高。相比于其他牧区的发展形势，表现出了具有鲜明特色的现代化牧区发展特征以及独特的城乡统筹和谐发展潜力，有可能成为国家在牧区发展领域的前沿和典范。概括起来，主要有五种典型发展模式：

（一）内蒙古鄂尔多斯现代家庭牧场发展模式

鄂尔多斯市全面实施"城乡统筹、集约发展"战略，大力转变牧区发展方式，取得了草原增绿、牧业增效、牧民增收的多赢效果。采取的具体措施如下：一是全面加强草原生态保护建设。鄂尔多斯牧区立足于"十年九旱"的实际，率先实行"禁休轮"制度，使草牧场得到休养生息和合理利用。在生态恶劣、不宜人居的牧区，大力建设人口整体退出生态自然恢复区，区域内生态迅速恢复。同时结合重点生态工程，加大草原建设力度。截至 2010 年，全市植被覆盖率达到 70%，比 2000 年提高 40 个百分点，地区生态实现了由持续恶化向整体改善的转变。二是积极推进牧区人口转移，拓展畜牧业发展空间。鄂尔多斯市将转移牧区人口作为统筹城乡、恢复生态的突破口，推动牧民向城镇和非牧产业有序转移。重点实施"四个一"工程，即为转移牧民提供一套住房、找到一份工作、落实一份社保、发放一份补贴。结合牧民自发转移，牧区总人口由 2000 年的 21.6 万人减少到 12.2 万人。三是大力发展现代草原畜牧业，提高畜牧业集约化水平。在插花式转移牧民的基础上，按照单户经营 100—300 亩饲草料地、5000 亩以上草场的标准，鼓励支持饲草料地和草场合法有序流转，建设现代草原畜牧业示范户。同时，按照现代农业理念，高标准建设饲草料地，大面积种植优质牧草和青贮玉米，为舍饲养殖、集约经营奠定基础。四是大力实施各项惠牧政策，促进牧民收入持续增长。鄂尔多斯率先启动休牧补贴政策，实行羊绒收储制度、羊毛收购贴息政策和活羊收购补贴政策，有效抵御畜产品市场风险，促进牧民增收。同时加大牧民子女教育补助力度，切实减轻牧民负担。对转移牧民实行优先培训、优先就业、优先安置住房、优先纳入社保。

鄂尔多斯现代家庭牧场发展模式是以制度创新为内生主导，通过制度创新推动畜牧业规模经营，实现畜牧业持续发展；依靠制度创新促进牧民持续增收，实现藏富于民；借助制度约束缓解草原压力，实现生态可持续发展。此外，在此模式中，还有一个关键的外生补充和支持因素，即工业反哺。这既是一个能够为牧区、牧业、牧民发展提供升级空间的端口因素，又是能够保证制度创新较快落地、获得实效的加速因素。鄂尔多斯近年来借助工、矿产业上获得的巨大突破，对牧业形成产业反哺、短期撬动、强力加速、快速提升的动能和势能。

（二）内蒙古西乌珠穆沁旗生态旅游推进模式

牧区传统经济发展模式面临两方面困难，一方面草原承载能力限制了牧区经济增长的空间，另一方面牧民人口压力和增收压力使得牧区经济粗放增长终究会导致生态的全面退化。西乌旗位于自治区乌珠穆沁草原上，旗委、旗政府明确建设"草原生态旅游文明城镇"的发展目标，借助生态旅游突出展现游牧文化内涵和自然生态景观，把发展重点放在繁荣城镇经济、优化投资环境和提高生产质量等功能上，以此营造良好的创业环境和人文居住环境，推动了西乌旗经济社会的不断发展。生态旅游推进模式从根源上解决了上述牧区传统经济发展模式带来的两方面困难：一是生态旅游促进经济的快速、持续增长。生态旅游可以优化产业结构，带动第三产业的发展，对第三产业有着突出贡献，而三产结构的优化是地区经济持续、健康发展的基本动力之一；生态旅游可以带动关联产业发展，生态旅游业可以通过产业之间相互联接的波及效果，影响其他相关产业（如畜牧业、运输业、餐饮业、制造业、环保业、保险业、文化产业等）的生产活动，带动经济的增长。二是实现了牧区人民的持续增收。首先，拓宽了牧民的增收渠道，使牧民不再单纯依靠增加存量牲畜数量增收；其次，其他产业的发展也使得牧民有更多的机会从事其他行业的工作，减轻牧业人口过多对草原生态的压力。三是利于民族文化保护和复兴，实现社会稳定。旅游是一项文化性很强的产业，旅游业的发展促使传统的民族习俗和文化得以恢复和开发，传统的民间艺术受到重视和传承，有助于增强少数民族的自豪感和社会稳定。此模式核心在于把造成牧区草原生态恶化的人口压力和增收压力通过合理有效的途径释放出去。

（三）内蒙古和林格尔县蒙牛澳亚示范牧场模式

蒙牛澳亚示范牧场（即现在的和林格尔现代牧业有限公司）由蒙牛方鼎公司、澳大利亚澳亚公司以及印度尼西亚三林集团共同投资建成，是我国规模最大的单体牧场，已形成万头奶牛养殖基地。在环境保护方面，该牧场配套建设了粪便处理系统。该系统可实现污水变清循环利用，同时产生沼气作为能源来供暖、照明，并且经过无害发酵后的粪便，可作为肥料进入种植区，既形成环保生态圈，又能合理利用资源。牧场引进适合于内蒙古生长的优良草种，建成优质牧草种植示范园。该模式找到了企业利益与牧区生态利益的契合点，实现了经济利益与生态利益的良性循环。即利用规模经济提高企业效益，为环保投入提供资金支持，而生态建设既为企业提高了经济效益和知名度，又为企业持续发展提供了环境基础。

（四）青海天峻县"梅陇"生态畜牧业发展模式

天峻县梅陇村以"整合资源、规模经营、划区轮牧、以草定畜"为畜牧业发展理念，积极探索股份制经营试点建设，取得明显成效。第一，以股份制经营为突破口，实现草地规模经营。目前，以草地和牲畜入股牧民已达 80% 以上，初步形成畜牧业规模化、集约化雏形。第二，以细化生产分工为切入点，通过对入股牲畜、草地进行整合和重新划分，实现资源的优化配置。第三，草原生态保护方面，梅陇村以轮牧休牧为手段，设置轮牧小区，放牧周期，测算草地合理载畜量，有效保护草地资源，草产量亩均增加15—20 公斤，植被覆盖度提高 5%—10%。第四，牧民增收方面，通过剩余劳动力转移扭转了牧民收入来源单一问题，形成多元增收格局。天峻县"梅陇"生态畜牧业发展模式实质在于以股份制经营为突破口，整合草地和牲畜资源，通过转变畜牧业生产方式促进牧区经济社会发展。

（五）青海平安县"西繁东育"发展模式

平安县"西繁东育"模式是充分发挥青海西部牧区的牲畜资源优势以及东部农区的饲草料、市场和技术优势，实现东西优势互补，共生发展的一种可持续模式。"西繁东育"工程既给农区畜牧业注入了活力，推动农区畜牧业的快速发展，又拉动了牧区畜牧业经济的稳定增长，还促进了生态农业格局的形成。一方面，东部农区引导农民在退耕土地上种植饲草料，从事牛羊贩运育肥。农区畜牧业成为青海农民稳定增收的新亮点，农民人均纯收入中近四分之一来自畜牧业。另一方面，"西繁东育"工程有效减轻了牧区草地，特别是冬春草地的压力，缓解草畜矛盾，改善了牧区生态环境，加速牧区牲畜周转，压缩了羔羊、犊牛、幼畜等非生产性牲畜数量，增加了牧民收入。

三、典型牧区可持续发展的基本经验总结

推进草原流转与整合是在现有牧区产权制度下转变畜牧业生产方式、保护草原生态的必然选择。其一，没有改变所有权属于国家或集体，使用权属于个人的基本产权制度；其二，又能有效解决畜牧业发展、牧民增收与草原生态保护之间的矛盾。以此为基本思路，笔者运用"开放畜牧业系统＋拓宽增收渠道＋创新生态建设方式"框架阐释典型牧区可持续发展的成功因素（见表1）。如鄂尔多斯现代家庭牧场发展模式在这一框架内可以解读为：在开放畜牧业系统方面，通过整合牧户资源进行规模经营，突破封闭的畜牧业家庭经营系统，实现畜牧业向质量效益型的转变。通过饲草料地的流转与建设，构建农业对畜牧业的支撑体系；在拓宽增收渠道方面，通过盘活草场、宅基地和房屋产权，增加牧民财产性收入。建立畜牧业、工业、第三产业联动发展链条，增加牧民工资性收入，由此有效地拓宽牧民的增收渠道；在创新生态建设方式方面，通过工业反哺支撑生态建设，同时通过推进牧区人口转移以及"以种促养"缓解生态压力，使得牧区生态得以恢复。

表1　牧区可持续发展模式的成功因素

模式 Model	开放畜牧业系统 Opening animal husbandry system	拓宽增收渠道 Broadening channel of increasing income	创新生态建设方式 Innovating way of ecological construction
鄂尔多斯现代家庭牧场发展模式	整合牧户资源＋构建农业对畜牧业的支撑体系	增加财产性收入＋提高工资性收入	工业反哺生态＋以种促养＋牧区人口转移
西乌旗生态旅游推进模式	构建旅游业与畜牧业共生系统	提高牧民工资性收入	牧区人口转移
和林格尔蒙牛澳亚示范牧场模式	"公司＋规模牧场"模式	提高牧民工资性收入＋技术支持	科技支撑＋企业资金投入
"梅陇"生态畜牧业发展模式	股份制整合牧民资源	规模经营＋提高牧民工资性收入	牧区人口转移＋轮牧休牧
平安县"西繁东育"发展模式	构建农业与畜牧业共生系统	降低生产成本＋加速牲畜周转	以种促养

笔者认为，我国草原牧区必须兼顾畜牧业生产方式转变、民生改善和生态恢复三系统的动态平衡，才能实现可持续发展。即通过畜牧业生产方式转变为民生改善和生态恢复奠定基础；通过民生改善为转变畜牧业生产方式提供支持、为生态恢复减轻压力；通过生态恢复为畜牧业生产方式转变和民生改善拓宽空间。三系统互相支持成为上述五种发展模式成功的重要因素。因此，笔者认为这也可作为其他牧区发展的有益借鉴。

四、促进我国牧区可持续发展的对策

（一）从牧区实际出发，区别对待牧区可持续发展问题

牧区草原资源的地域差异性和经济社会发展的多层次性决定了各牧区发展模式选择的差异性。应摒弃"一刀切"的思维定式，根据各牧区草原情况、经济发展水平等方面的差异，全盘考虑、统筹规划，因地制宜地选择符合牧区可持续发展要求的具体模式。在区位条件较好、工业比较发达的少数牧区，可以考虑构建畜牧业与其他产业的共生系统，统筹城乡带动牧区发展。在经济发展比较滞后的牧区，资金来源有限，可考虑建立农牧合作机制或股份制经营机制，促进牧区可持续发展。

（二）尊重畜牧业发展规律，鼓励和促进制度创新

一要依靠制度创新转变畜牧业生产方式。明确的产权界定才有效率，尽快出台草原确权办法，为牧区剩余人口转移和草场流转扫清障碍。不断创新和完善流转机制与模式，使之与投资大、回报慢的畜牧业生产规律相适应。二要依靠制度创新减轻草原压力。通过鼓励企业生态建设投入、推动种养结合、制定"禁牧、休牧、划区轮牧和以草定畜"等制度设计为恢复草原生产力创造条件。三要依靠制度创新改善民生。完善生态补偿机制，保证牧民减牧不减收。建立合作经营机制，挖掘牧民增收潜力。

（三）重视牧区科教发展，加大教育与科技投入

粗放型畜牧业难以转变的内在原因为现代畜牧业发展观念和技术的缺失。要提高牲畜质量，建设畜牧业与生态和谐共生的质量效益型现代畜牧业，实现牧区可持续发展，需要科教发展作为保障。通过教育和科技投入既实现牲畜良种化、饲养科学化，解决草畜矛盾；又要通过先进的技术治理草原沙化、退化，进行生态建设与监管，实现生态文明。

（四）创新牧区剩余劳动力转移方式，拓宽牧民就业和增收渠道

尊重牧民文化习俗，树立"文化移民"理念，拓宽牧民就业渠道，大力发展与牧民文化传统息息相关的产业，如草产业、"牧家乐"等旅游业，改变以往牧户只能单纯依靠增加存栏牲畜数量实现增收的状况，以规模经营提高效益、以农牧合作降低牧民生产成本等方式增加牧民收入，做到牧业人口移得出、过得好、稳得住。

（五）构建开放的畜牧业经营系统，形成现代化畜牧业产业链条

建立畜牧业、工业、旅游业联动发展链条，兴办畜产品深加工企业，促进牧区旅游业发展。以工业和旅游业发展带动牧区城镇化进程，以城镇化助推畜牧业及生态建设，带动牧户获取加工流通环节附加值及三产增加值。整合牧户资源规模经营，通过合作经营降低交易费用，提高牧民谈判议价能力，保障牧民收入持续增长。

（马林，男，回族，经济管理学院教授，主要从事民族地区可持续发展研究。本文发表于《中国草地学报》2013年第2期）

浙江经验对民族地区县域经济发展的启示

张树安　　杨玉文

一、"浙江现象"对民族地区县域经济发展的重要启示

县域经济发展最强动力在企业和农户之中。推进浙江经济快速增长的不是政府，而是企业和农户。以温州为例，其发展模式的一个显著特点是以家庭经营为基础，以农村能人为骨干。在那里，经商办厂蔚然成风，用著名经济学家钟朋荣的话说，那里"家家户户开发项目，家家户户研究管理，家家户户融通资金，家家户户开拓市场，家家户户承担风险，家家户户都有企业家"，简直就是一场市场经济的人民战争！温州经济连年强劲增长，温州化的浙江经济发展迅猛，最终要归功于充满了生机和活力的企业和农户，归功于市场主体的杰出贡献。

与沿海发达地区相比，民族地区县域经济发展仍处于落后地位。以辽宁省为例，辽宁省民族地区的县域经济发展慢，最突出的问题是市场经济的微观主体发育水平太低，没有市场竞争力，很难形成县域经济增长的内生机制。

遍布全国、走向世界的市场营销网络是县域经济发展的强大引擎。浙江经济之所以快速发展，除民营经济做出重要贡献外，另一个重要原因，就是建立了发达的专业化市场和遍布全国、走向世界的市场营销网络。市场的建立，反过来又成为促进企业发展的重要力量。围绕市场，浙江一些地方的企业如雨后春笋，发展势头之快，出人意料。市场的发展也带动了饮食业、旅店宾馆业、运输业、电信业、娱乐业及相关产业的发展。浙江大力发展专

业化市场、促进自身发展的成功经验值得我们借鉴。

我们发现，辽宁省的民族地区如岫岩县修建了硬件设施较好的市场，然而"有场无市"。究其原因，正是由于没有遵循市场培育和发展的内在规律。建设市场时，一定要统一规划，合理布局，要有可行性研究，不搞重复建设，避免市场间的相互冲击，造成城乡资源浪费。要尽可能吸收企业和民间资金参与市场建设。县域内市场的选址和建设，首先，应考虑当地的商品生产水平。其次，要尽可能依托和利用历史上已经形成的产销集散地修建市场，这样可收稳步发展之效。再次，要注意培育新的产销关系。研究市场需求新动向，引进新的适销对路商品，不仅要满足当地市场主体的消费需求，还要设法打开外销市场，这样的市场才有生命力。此外，还要注意吸纳先进的营销方式，如电子商务、物流、配送等。最后，政府也应履行自己的职能，加强组织协调，提供信息服务。

产业集群——区域经济增长的新模式。浙江经济—之所以快速发展，除得益于民营经济、专业市场的发展外，"块块经济"（又称产业集群或产业群）成长壮大功不可没。资料表明：诸暨大唐的袜业，是中国"袜业之乡"，现有上万家企业，分布在11个相邻乡镇，120个村，万多户农村家庭，这一"块块经济"，年产袜子48亿双，产值达80个亿，占全国产量的50%。此外，闻名全国的嵊州领带群、浙东上虞市崧下镇伞具产业群、永嘉桥头镇纽扣产业群、海宁皮革、永康五金、柳市低压电器都有突出业绩。产业群不仅成为浙江经济发展中一道亮丽的风景线，而且被人誉为"未来区域经济发展的新模式"而受到推崇。

转变观念，为县域经济发展增添新的精神动力。学习浙江经验，特别要学习浙江商人强烈的市场意识、追求财富的冲动、特别能吃苦的精神和"白天当老板，晚上睡地板"的创业精神。天下没有"免费的午餐"，要想获取财富，必须支付成本，必须付出劳动。

二、民族地区县域经济的发展思路

民族地区建设小康社会的主要出路是发展县域经济。在发展县域经济的过程中，必须正确处理和解决好六个重要问题。

"软"与"硬"的问题。民族地区县域经济之所以比较落后，主要是客观环境、思想观念和发展思路方面还存在着差距。如交通不便、信息不灵，使山里人的思想观念跟不上市场经济步伐，困守在小农经济的小天地中。硬件建设跟不上，又使得发展思路相对滞后。因此，治"软"先治"硬"。路通了，外面的信息流、物流、人流进得来，本地的产品才能出得去。在双向互动的过程中，民族地区传统保守的思想观念将受到冲击，与外来的新的思想观念融合，才能促进民族地区人们的思想解放和观念创新，促进服务意识的不断增强，促进投资环境的日益改善。

"工"与"农"的问题。"工"与"农"的问题说到底就是城乡问题，也就是在选择主攻方向、选择发展模式上谁先谁后、谁轻谁重的问题。多数民族地区县域经济普遍是三次产业"三足鼎立"，农业经济为主体，工业基础相对薄弱，既有的工业企业也大多是劳动密集型、资源消耗型的一般加工业，技术落后，设备老化包袱过重。因此，民族地区要加快县域经济的发展，必须走新型工业化的路子，以工业化推动城镇化和农业产业化，通过加快工业的发展，聚集人气，解决富余劳力的出路，进一步推进城镇化的进程。

国有"与"民营"的问题。当前，民族地区县域经济的发展面临两个难题：一是国有、集体企业改革转制还在继续，但由于财政困难，难以一下子拿出大量资金安置工人；一是民营企业刚刚起步，需要大力培育和扶持。实践证明，民营经济是最具活力的经济，凡是民营经济发展快的地方，县域经济发展就快。因此，如何围绕财税增收抓经济，以加快民营经济的发展增强县域经济活力，是加速提高民族地区县域经济实力的重中之重，也是壮大镇村经济，促进国企改革的关键所在。综观以浙江温州为代表的民营经济发展之路，民营经济具有三个方面的显著特征和独特优势。一是动力机制特别强；二是市场化程度特别高；三是吸纳社会就业、促进共同致富的效应特别明显。基于民营经济的上述特点和优势，结合县域经济的基本特征和现状，可以得出一个重要的结论，就是对于绝大多数县域特别是那些基础相对薄弱的县域而言，最需要也最宜于发展民营经济。这是因为现阶段的县域经济与民营经济具有多层面的契合。资源与市场的问题。以往加快民族地区县域经济的发展，仅仅局限在"发挥资源优势上"，但收效甚微。民族地区穷的原因，一是就资源卖资源；二是因陋就简搞加工。受这些思想影响，民族地区工业粗笨重多，科技含量低；低值高耗企业多，高精尖企业少。原因是这一思想忽视了市场要素。即发展经济，资源和市场谁为依托？应该是市场，而不是资源。这也是"温州模式"的精髓。没有资源，可以围绕市场需求做文章，像蜜蜂采蜜一样；反过来，有了市场，资源优势也能得到进一步的提升和发挥，形成比较优势和发展优势。

"内"与"外"的问题。资金、技术、人才是经济要素的重要组成部分。民族地区县域经济的发展，启动资金是最大的"瓶颈"。因此，仅仅靠"内"还不够，还需要内外结合、借外促内。通过政策启动、政府推动、特色拉动等形式，在激活本地民间资本的基础上，加大力度抓好招商引资、引智工作。通过招商引资，发展"造血型"项目，壮大工业，提升工业在三次产业中的总量比重，同时拉动就业、刺激消费，繁荣第三产业，不断把县域经济的"蛋糕"做大。

"上"与"下"的问题。县域经济是重心下移的经济，需要省、市的大力扶持，必须简政放权，努力为县域经济提供政策保证和体制保障。从目前情况看，省级财政形势尚好，市级财政基本过得去，但是县和镇的财政普遍较为困难。因此，发展县域经济，省、市的工作重心要下移，该放的职权要下放，既要把事权交给基层，也要把职权交给基层，县和镇的积极性、主动性才能上升。当前，尤其要着重解决好县内"条块"的问题，即中央、省属驻县机构与县的关系问题，驻县机构必须贯彻中央、省的有关精神，支持当地经济发展，才能实现"双赢"。

（张树安，男，汉族，经济管理学院教授，主要从事经济学研究。本文发表于《福建论坛》2005年第2期）

次区域经济合作与边境
民族地区可持续发展

刘秀玲

　　次区域经济合作是 20 世纪 80 年代末 90 年代初出现在东北地区的一种新的经济现象，目前尚处在发展阶段，在概念上并没有公认的定义。在过去的研究中，次区域经济合作又被称为"成长三角"、"自然的经济区域"或"扩大的都市区域"。亚洲开发银行经济学家的定义是：次区域经济合作是"包括三个或三个以上国家的、精心界定的、地理毗邻的跨国经济区，通过利用成员国之间生产要素禀赋的不同来促进外向型的贸易和投资"。具体指图们江地区、澜沧江—湄公河地区、东盟北部地区、东盟东部地区和中国（主要是新疆地区）与中亚地区的合作等次区域经济合作。总的来说，次区域经济合作是相对于区域经济合作而言的，指在小区域范围内有两个以上国家或地区，也可以是两个以上国家各自的一部分构成的地域上相邻、经济上互补、合作形式灵活多样，达到共同发展目的的一种跨国界或跨境的多边经济合作。目前，中国参与的次区域经济合作主要有延边朝鲜族自治州所在的图们江地区的次区域经济合作、西藏和云南所处的澜沧江—湄公河次区域经济合作和以新亚欧大陆桥为纽带的中国新疆地区与中亚地区的经济合作。可以说次区域经济合作对边境民族地区可持续发展产生直接的影响。

一、我国民族地区参与的次区域经济合作区域概况

1. 图们江区域

图们江发源于长白山峰东麓，干流为中朝界河，中国境内流经吉林省延边朝鲜族自治州，出境之后为朝俄界河，全长516公里，其中朝俄界河约为15公里。图们江地区包括中国延边自治州的珲春、延吉、图们和龙井地区，朝鲜的罗津—先锋经济贸易区和俄罗斯滨海边疆区的哈桑地区。流域面积为5.5万平方公里，人口约430万人。图们江地区拥有森林、矿产和旅游等资源，地处三国的边远落后地区，远离经济发展重心。

随着改革开放，20世纪80年代中后期我国积极开辟对俄、对朝贸易口岸，1991年10月联合国开发计划署向世界公布了国际合作开发图们江三角洲的宏伟计划，即用10—20年时间，筹集300亿美元，建设多国合作经济技术开发区，使其成为世界上重要的物流中心和新的经济增长点。1992年珲春市成为我国首批对外开放的边境城市，而后批准设立边境经济合作区，相应口岸升级为国家一类口岸。朝鲜于1993年开辟了罗津—先锋经济贸易区。90年代以来，俄罗斯对外开放。1995年12月在纽约，中、俄、朝签署了《关于建立图们江地区开发协调委员会的协定》，中、俄、朝、蒙、韩五国签订了《关于建立图们江经济开发区和东北地区协商委员会的协定》和《关于图们江经济开发区和东北亚地区环境准则的谅解备忘录》。至1999年底，流入图们江地区的外商直接投资达13.5亿美元。2000年4月我国设立珲春出口加工区，成为我国15个出口加工区之一。延边和珲春地方政府以极大的热情加大了基础设施的投资的力度，珲春由原先的边陲小镇发展成为拥有15万人口的现代城市。

2. 澜沧江—湄公河区域

澜沧江—湄公河发源于我国青海省玉树自治州的杂多县唐古拉山脉北麓，我国境内称澜沧江，境外称湄公河。干流全长4880公里，流域面积81万平方公里，流经我国西藏自治区、云南省，流入缅甸、老挝、泰国、柬埔寨和越南，六国涉及的面积比例分别是：中国21%，缅甸3%，老挝25%，

泰国 23%，越南 8%。该流域有丰富的水、生物、矿产和旅游资源。流经的国家均为发展中国家，经济发展水平相似。

20 世纪 90 年代初，亚洲开发银行推动大湄公河次区域经济合作以来，澜沧江—湄公河流域国际区域合作引起了国际社会的广泛关注，形成了多种合作机制：第一，由亚洲开发银行推动的大湄公河次区域经济合作，确定了交通、能源、通讯、旅游、环境、人力资源开发、贸易和投资、禁毒等 8 个领域，选出 100 多个合作项目，已投入 2.8 亿美元的贷款。建立了次区域电力论坛、环境数据库、湄公河旅游论坛，向大湄公河次区域就业与培训合作计划提供了技术援助。第二，由东盟高层领导人发起的东盟——湄公河流域开发合作，确定了基础设施、贸易与投资、农业、加工业与矿产资源开发、中小企业发展、旅游、人力资源开发、科学技术等 8 个合作领域。第三，1996 年我国与由泰、老、柬、越组成的新湄公河委员会建立了正式对话关系，在水文、航运、水电、旅游、人力资源开发、环境和水资源开发等 7 个领域进行广泛对话与合作。

3. 新疆与中亚区域

在新疆地区边境与我国接壤的周边国家有俄罗斯、哈萨克斯坦、吉尔吉斯斯坦、塔吉克斯坦、蒙古、巴基斯坦、印度、阿富汗等 8 个国家。由于各个国家之间存在政治、经济、社会、文化、宗教信仰关系以及政策间协调等方方面面的困难，目前很难形成包括所有国家的跨国次区域经济合作区。但是，以新的亚欧大陆桥为纽带的次区域经济合作正在形成，即新的亚欧大陆桥沿线的新疆塔城、博乐、伊宁、阿拉山口、霍城、霍尔果斯、奎屯、乌鲁木齐、喀什，哈萨克斯坦的潘菲洛夫、阿拉木图、阿克斗卡、德鲁日巴，吉尔吉斯的奥什等地区，形成的次区域经济合作。

2004 年 1 月 15 日，上海合作组织秘书处在北京揭牌成立，中国原驻俄罗斯大使张德广为首任秘书长。自 2001 年 6 月 15 日上海合作组织成立以来，反恐和维护地区安全是该组织的重点，开展经贸和投资合作已是该组织的重要内容。2003 年经协商会谈确定该组织的目标之一是在 20 年内中国、哈萨克斯坦、吉尔吉斯、俄罗斯、塔吉克斯坦、乌兹别克斯坦六个成员国之间实现商品、资本、劳务的自由流通。这为新疆与中亚的次区域经济合作创造了良好的区域国际环境。

二、边境民族地区次区域经济合作的障碍因素分析

当今世界的次区域经济合作基本上都出现在亚洲地区，这一现象的出现并非偶然，主要是因为亚洲国家和地区在社会制度、经济发展水平、文化意识形态、宗教信仰、民族特性等方面千差万别，很难效仿欧盟经济区和北美自由贸易区形成整个区域经济集团，这是次区域经济合作的障碍性因素。

1. 图们江区域

图们江次区域经济合作的主要障碍因素有：（1）各国利益难以协调，主要体现在中国、俄罗斯与朝鲜三国之间的利益协调上。（2）经济全球化的发展必然对该地区的次区域合作具有巨大的推动作用，但是，该地区一直以来都是大国政治与经济关系的集中体现，如何处理好较发达国家与发展中国家政治经济利益问题是未来该次区域合作中的重要课题。（3）合作机制问题。该地区的合作具有明显的非制度化特点，主要是由于各国社会制度、经济体制、民族意识、宗教信仰等众多因素的影响，尚难形成区域性制度化组织（如东盟）的积极推动，无法形成经贸与投资所需的合同、结算等运作必须的条件，也无法形成条约、规则、法律等国际合作的基本保证。（4）地缘政治的因素。诸如俄、日之间的"北方四岛"问题，朝鲜半岛形势、朝、日之间尚未签订友好条约，中、俄、日、美之间的双边和多边关系等。这些因素限制了各国间的合作，同时也制约了区域国家与跨国公司参与的积极性。

2. 澜沧江—湄公河区域

澜沧江—湄公河次区域经济合作的主要障碍因素有：（1）亚洲经济危机以及由此引发的有关国家的政治危机使该次区域经济合作受阻。（2）该区域均为发展中国家，各国间利益协调中所产生的问题。（3）合作中资源共享、项目竞争、生态保护、非法移民、走私、贩毒等问题中，各方既有利益又有责任和成本等各种因素如何协调解决。（4）区外国家对该地区合作的影响，如美国、日本、韩国等与东盟的关系。

3. 新疆与中亚区域

新疆与周边国家毗邻，许多民族有亲缘关系，在语言、文化、生活习

俗和宗教信仰等方面有许多共通之处，民间贸易往来源远流长。但是，新疆与周边国家的次区域经济合作仍有很大难度，主要表现在：(1) 各国国家之间的政治、经济、社会、文化、宗教信仰关系以及政治间的协调问题。(2) 独联体国家与其他国家间，在政治体制、经济体制、社会文化、宗教信仰上存在较大差异。(3) 新疆周边国家众多。有欧洲的俄罗斯，中亚的哈、吉、塔、乌，西亚的巴、印、阿等。(4) 战争和恐怖活动的影响问题。

三、次区域经济合作应以民族地区经济可持续发展为着眼点

随着全球经济一体化进程的加快，次区域的贸易与投资开发必然与全球竞争紧密结合。开放市场与引入资本、技术、管理、品牌已成为次区域各国经济发展的首要任务。但是，资本、技术、管理和品牌的引入是有成本的，如果引入成本过高，甚至是靠掠夺次区域资源、环境为代价，必然破坏区域可持续发展。次区域内的各国或地区政府，必须协商制定次区域可持续发展战略，采取符合自身经济发展水平、环境、资源相适应的阶段性发展模式，加强相互间的交流与经济联系，发展多层次、多形式、多内容的经济技术合作，通过增加就业，提高收入、消除贫困，促进环境、生态、经济的协调发展，全面提升人民生活水平和社会综合实力，从而实现跨境区域可持续发展。根据各次区域经济合作的特点应采取以下相应的对策。

1. 加强次区域各国和地区的多边协调，逐步制定共同的次区域可持续发展战略

1995 年 4 月新湄公河委员会主导的"湄公河流域可持续发展合作"启动，柬、老、越、泰四国在泰国的清迈签署了《湄公河流域可持续发展合作协定》，其宗旨是要对湄公河流经的国家的水资源全流域的开发利用进行协调监督合作。现已提出了上百个实施项目，获得了国际组织和有关国家 3730 万美元的资助。湄公河发源于我国，而我国目前尚没有签署这一协定。

加强边境民族地区的次区域合作不仅能够进一步扩大我国的对外开放，推动经济发展，而且有利于维护国家安全、维护边疆民族地区稳定和发展。

我国政府应当加强与边境次区域国家的协调与磋商，积极促进次区域合作机制的发展，从长远发展的角度，探索并制定次区域可持续发展战略，倡导次区域可持续发展合作机制的建立，并在次区域合作中起主导作用。

2. 调整产业结构，实施绿色产业经济计划，促进产业结构升级

次区域经济合作不应该也不可能仅仅停留在初级产品贸易和易货贸易的低层次上，走工业化道路是一个必然的过程。而这一过程就要求次区域经济合作应加快发展加工制造业的合作，同时逐步进行服务业的合作。

以绿色经济促进产业合作。各边境民族地区要实施绿色经济强省战略，应对越来越强化的绿色贸易壁垒的阻隔。第一，按照 WTO 的《实施动植物卫生检疫措施协定》，加快设立我国的绿色贸易壁垒，建立并完善我国环保贸易法律法规体系。这一方面有利于我国的环境保护和生态平衡，实施可持续发展；另一方面有利于与其他 WTO 成员解决绿色贸易纠纷，同时有利于次区域各国的可持续合作。第二，制定绿色计划，实施以绿色产品、绿色服务、清洁生产、绿色营销、绿色贸易、绿色管理组成的绿色计划；加快符合各边境民族地区特点的绿色产品的研制；倡导清洁生产；大力开展绿色产品营销，实施绿色营销工程；推行绿色管理，争取 ISO14000 认证；将次区域经济合作建成"安全的绿色通道"。从而带动区域内产业结构的升级。

3. 改善贸易和投资环境，促进贸易和投资的便利化

首先，要营造良好的贸易环境。加强研究民族地区在 WTO 框架下边境贸易互惠政策，在易货贸易的基础上，鼓励发展一般贸易、过境贸易、转口贸易，削减非关税壁垒，规范贸易管理，降低收费标准，提高通关速度和通关的服务质量，解决边境贸易的国际结算问题。第二，简化政府审批手续，提高审批效率。对投资的审批，建议对投资地、内容、规模、期限等主要内容进行审批，而对涉及投资风险的可行性研究报告、合同章程等只做形式审批。对边境贸易出口指标和进口配额要及时下达，并使商品种类和数量符合不同的周边国家市场。尽量较少配额和许可证的限制。第三，加强与周边国家和地区政府的多边磋商，进行定期或不定期的贸易与投资问题的协调，相互建立政府信息的及时通报机制。

4. 积极谋求国际经济组织各方面的支持

国际经济组织在次区域各国合作的过程中，在组织、协调和资金支持

等方面发挥着不可替代的重要作用，是次区域经济合作的主要推动力量之一。我国政府应充分重视在次区域经济合作中利用国际组织的超国家性，积极谋求各相关国际经济组织各方面的支持，使其发挥各国之间组织协调人的角色。这不仅可以尽快促成次区域各国签署有利于次区域长期发展的"次区域可持续发展合作协定"，而且可以有效地化解各国在次区域开发过程中出现的利益矛盾，规避可能出现的摩擦与纠纷。另外，可以利用各国际经济组织的资金，因为国际经济组织的资金相对于其他贷款具有更低的商业风险，以缓解区域内资金不足的问题。

（刘秀玲，女，汉族，国际商学院教授，主要从事国际经济与国际贸易研究。本文发表于《国际贸易问题》2005 年第 4 期）

跨国公司嵌入与我国开发区产业集聚的实证研究

陈景辉　王玉荣

一、引　言

我国国家级开发区的建立，是在邓小平同志亲自倡导并积极推动下，党中央、国务院做出的重要决策，是我国对外开放的重大战略步骤，是中国特色社会主义建设的成功实践和重要组成部分。从1984年开始建立第一家国家级开发区——大连经济技术开发区到目前，我国一共批准设立了49家国家级经济技术开发区和5家享受国家级经济技术开发区政策的工业园区（以下简称开发区）。经过20多年的发展，我国开发区建设取得了举世瞩目的成就。目前，我国开发区已经发展成为中国土地集约利用程度较高、现代制造业集中、产业集聚效应突出、外商投资密集的外向型工业园区，在推动我国社会主义现代化建设中发挥了重要的作用。2007年，在不到全国总面积万分之一的土地上，54个国家级经济技术开发区创造了国内生产总值12695.96亿元，占全国比重5.60%；工业增加值9199.70亿元，占全国比重8.57%；工业总产值38426.28亿元，占全国的比重为9.48%。截至2007年底，54家国家级经济技术开发区外资企业数达到24227家，内资企业数达到25647家，直接从业人员超过535万人。其中，东部地区大多数开发区已经形成了一定的产业集聚，大连、广州、北京、天津、漕河泾、金桥、昆山、杭州、苏州工业园、南京、虹桥、青岛、烟台、沈阳、宁波、厦门已形成较大规模的产业群，如广州开发区形成汽车产业集群，天津开发区、北京开发区分别形成了电子信息产业集群，青岛开发区形成了家电电子产业集群。中西部的长春、武汉、哈尔滨、芜湖、重庆、合肥、南昌、长沙、西安也已形成一定的产业集聚，产业集聚度较高。如长春开发区、武汉开发区分别形成了汽车产业集群，其他开发区的产业集聚也处于快速发展阶段，具备了良好的发展前景。

我国开发区的发展是与跨国公司 FDI 紧密联系在一起的。在开发区大量出现的跨国公司嵌入与产业集聚现象，是当代中国特有的一种经济现象，在世界经济发展史上也是绝无仅有的。但是跨国公司与我国开发区的产业集聚到底存在怎样的关系，跨国公司对开发区产业集聚具有多大的作用，而开发区产业集聚对跨国公司又有怎样的影响，至今尚未有深入的实证分析研究。本文拟从新社会经济学的"嵌入性"视角对此问题作一实证分析。

二、相关研究综述

1. 跨国公司嵌入

"嵌入"（embeddedness）一词，最早是由 Polanyi（1944）在《大变革》（The Great Transformation）一书中提出。他指出，个人的经济动机是嵌入在社会关系里的，经济行为属于社会活动的一部分。[①] 自此之后便有其他学者陆续提出相关的看法，特别是 Granovetter（1985）对嵌入概念的发展作出了重大贡献。以 Granovetter 为代表的经济社会学者提出的嵌入概念是：经济行为（个人或企业）受到社会关系和社会结构的影响。而这种社会关系，是一种基于信任、文化、声誉等因素的持续进行中的社会关系。[②] 后来许多学者在 Granovetter 等学者基础上对"嵌入"内涵作了进一步的发展，使其具有了某种"概念伞"的性质。其中新经济地理学领域对"嵌入"概念作出了很大的发展，并将"嵌入"概念移植到经济地理学和区域发展研究中，创立和发展了新产业空间理论、产业区理论、产业集群理论。在经济全球化

---

① Polanyi, K., *The Great Transformation*, New York：Farra, 1944.

② Granovetter, M., "Economic Action and Social Structure：The Problem of Embeddedness", *American Journal of Sociology*, Vol. 91, Issue 3, 1985, pp.481-510.

的大背景下，跨国公司的重要性日益凸现，对跨国公司"本地嵌入（local embeddeness）"的研究逐渐受到重视。在主流经济学视角的区域研究文献中，大多是把本地嵌入当作跨国公司活动的本地化程度。国际商务管理领域的学者则主要是从经济角度来研究跨国公司与本地的连接关系的强度与结构及其与企业组织管理和行为绩效的关系。Andersson（1996）在以瑞典对外投资的跨国公司的78家子公司为样本对总部控制与子公司关系的实证研究中，把子公司的嵌入分为内部嵌入和外部嵌入（其中外部嵌入相当于本地嵌入），实证表明外部嵌入性对子公司行为的影响作用。[1]Andersson Forsgren & Pedersen（2001）在研究子公司的外部环境对公司绩效的影响时，提出了技术嵌入的概念，并且把公司绩效划分为组织绩效和市场绩效两方面。后来他们进一步把本地嵌入发展出业务嵌入和技术嵌入两个维度。[2] 该文重点研究了外部网络嵌入（技术嵌入）对子公司角色及其子公司对跨国公司影响力的影响。实证结果表明，子公司的外部嵌入性影响其成为重要角色的可能性，并且作为子公司影响母公司的一个先决条件。我国学者对跨国公司的本地嵌入问题也进行了一些研究并就促进跨国公司本地嵌入问题而提出了引资政策、本土化政策等。王缉慈（2000）提出将目标集中于如何改进本地引资制度以便能更好地为外商服务上，其目的多在于培育本地与外企之间的信任、默契以及社会资本等以便粘住外资企业。[3] 项后军（2004）研究了跨国公司的"松脚性（footloose）"，即跨国公司与当地联系少，易外移，溢出效应有限等问题。[4]

2. 基于跨国公司的产业集聚

在经济全球化的背景下，跨国公司通过自身的垄断优势为集聚区域架

① Andersson，U.，Forsgren，M.，"Subsidiary Embeddedness and Control in Corporation"，*The Multinational International Business Review*，Issue 5，1996，pp.487-508.

② Andersson，U.，Forsgren，M.and Pedersen，T.，"Subsidiary Performance in Multinational Corporations：the Importance of Technology Embeddedness"，*International Business Review*，Issue 1，2001，pp.3-23.

③ 参见王缉慈、王可：《区域创新环境与企业根植性——兼论我国高新技术企业开发区的发展》，《地理研究》2000年第4期。

④ 参见项后军：《外资企业的迁移及其根植性问题研究——以台资企业为例》，《浙江社会科学》2004年第3期。

起了一座参与国际分工体系的桥梁，成为推动集聚经济形成与发展的重要力量。因此，关于跨国公司 FDI 对东道国地方产业集聚的影响的研究已引起很多学者的关注。美国著名学者 Markusen（1996）认为，当前集聚的研究热衷于柔性系统的认识，忽略了区内或区外大企业或跨国公司及其相互间的联系，并提出了四种产业集聚的类型。① 在其中的轮轴式产业区（huband spoke）和卫星平台式产业区（satellite platform）中，大企业或跨国公司替代中小企业成为集群的主导力量和重要参与者。胡德、彼特等（Hood，Perters，2001）的分析证明跨国公司对地方产业群的发展具有明显的推动作用，而且其子公司自主权越大，出口倾向越强，人力资本素质越高，与地方企业及研究机构联系密切，对本地产业集聚的推动作用就越明显。②Enright（2002）的研究表明，美国纽约药业集聚的顺利成长得益于法国和瑞典的外商自接投资，而美国的 FDI 则在加拿大电信服务业集聚都发挥了重要作用。③David（2004）等人研究了新加坡的案例，研究表明新加坡政府通过吸引跨国公司，发展生物技术集群，取得了很大的成功，使生物技术成为二十一世纪的四大支柱经济之一，这是一种非常典型的基于跨国公司的发展模式。④Henry 等人（2006）研究了中国北京的一个数字移动通信制造业集群—诺基亚星网工业园，证明了诺基亚作为本地的产业集群的领导者的重要作用。⑤Philippe 和 Serge（2007）通过跨国公司投资与东道国地方产业集聚

---

① Markusen, A., "Sticky Places in Slippery Space: A Typology of Industrial Districts", *Economic Geography*, Vol. 72, 1996, pp.293-313.

② Peters E, Hood N., "Implementing the Cluster Approach: Some Lessons from the Scottish Experience", *International Studies of Management & Organization*, Vol. 30, Issue 2, 2000, pp.68-94.

③ Enright, M., "Regional Clusters: What We Know and What We Should Know", paper presented at the Kiel Institute International Workshop on Innovation Clusters and Interregional Competition, May, 2002, pp.1-28.

④ David, F., Wong, P.K. and Cheah, T.C., "Adapting a Foreign Direct Investment Strategy to the Knowledge Economy: The Case of Singapore's Emerging Biotechnology Cluster", *European Planning Studies*, issue 7, 2004, pp.921-941.

⑤ Henry, W.C., Yeung, W.D. and Dicken, P., "Transnational Corporations and Network Effects of a Local Manufacturing Cluster in Mobile Telecommunications Equipment in China", *World Development*, Issue 3, 2006, pp.520-540.

的关系分析，论证了跨国公司投资和地方产业集聚对东道国产业竞争力的提升及重要作用。[1]

但真正从跨国公司的嵌入性角度研究东道国地方产业集群的文献很少见。Nachum 和 Keeble（2000）以伦敦传媒业为案例，通过对位于产业集群中的跨国公司分支机构和本地企业的对比，研究了跨国公司内部网络对于分支机构与本地企业联系的影响，他认为，跨国公司内外部知识的均衡也随其地方联系和嵌入程度的变化而变化，与本地企业联系多、嵌入性强的分公司，常从跨国公司外部获得知识，因此，跨国公司必须嵌入集群，并尽量使其分公司融入本地经济。[2]Whitel（2003）对位于爱尔兰共和国软件产业集群的跨国公司进行了"典型案例"研究。[3] 他认为子公司的本地嵌入包括两个方面：一是与本地的连接关系；二是跨国公司子公司的演化与扩张。也就说，子公司与本地的联系越广泛和紧密，子公司自身在本地成长越好，子公司的本地嵌入程度越高。杨友仁和夏铸九（2005）通过重构的"本地嵌入"概念来解析台商在大东莞地区投资形成的信息电子产业聚落与地方制度的相互嵌入关系，认为大东莞地区已从台商的外销飞地逐渐转化为内销的桥头堡，台商信息电子业跨界生产网络在大东莞地区呈现了"再嵌入"的现象。[4] 赵蓓和莽丽（2004）将跨国公司的嵌入性分为经济嵌入性、社会嵌入性和体制嵌入性，分析了跨国公司的嵌入性对产业集群的重要作用，她们认为，通过适度嵌入性这一纽带，外资能够促进产业集群的形成和发展。[5] 徐海洁、叶庆祥（2007）根据跨国公司在我国实际情况，研究了跨国公司本地嵌入失效的

① Philippe，G.，Serge，B.，"FDI Effects on National Competitiveness：A Cluster Approach."，*International Advances in Economic Research*，Vol. 13，Issue 3，2007，pp.268-284.

② Nachum，L.&Keeble，K.，"Foreign and Indigenous Firms in the Media Clusters of Central London，ESRC Centre for Business Research"，*University of Cambridge Working Paper*，No.154，March，2000.

③ Whitel，M.C.，"Inward Investment，Firm Embeddedness and Place：An Assessment of Ireland's Multinational Software Sector"，*CISC Working Paper*，No.l，www.nuigalway.ie/cisc，October，2003.

④ 参见杨友仁、夏铸九：《跨界生产网络之在地镶嵌与地方性制度之演化：以大东莞地区为例明》，《都市与计划》2005 年第 3 期。

⑤ 参见赵蓓、莽丽：《外资与中国产业集群发展：从嵌入性角度的分析》，《福建论坛》（人文社会科学版）2004 年第 7 期。

表现和成因问题。[①] 文婧、杨友仁、侯俊军（2007）以"文化嵌入性"、"网络嵌入性"、"地域嵌入性"三种维度探讨了 FDI 驱动型产业集群嵌入性问题，并以 FDI 驱动型浦东 IC 产业集群为范例，分析了其三个维度的嵌入性问题，其中重点研究了浦东 IC 产业集群的"地域嵌入性"。[②] 并认为价值链的新环节衍生，扮演了"桥"的角色，改善了浦东 IC 产业集群的"地域嵌入性"。随即产生的集群内部频繁的网络互动，促使信任、凝聚力等社会资本的产生，而使 FDI 驱动型产业集群的"地域化嵌入性"不断提升。

综上所述，虽然很多学者对跨国公司 FDI 与东道国地方产业集聚的关系进行了一些研究，但从嵌入性角度进行的研究还很少，特别是缺乏实证方面的分析。本文认为，跨国公司 FDI 只是跨国公司嵌入性的一个方面，因此不足于解释这一问题的本质，这方面研究有待于深化和拓展。

三、研究假设与研究方法

1. 相关概念界定

(1) 跨国公司嵌入

本文在系统借鉴各学科的基础上，结合我国实际情况，将跨国公司嵌入定义为：跨国公司以 FDI 形式在东道国投资，建立独资、合资或合作企业，通过与当地政府、企业（包括内资、外资企业）、其他机构建立各种正式联系、非正式联系，在当地结网、扎根，并对当地经济社会发展产生一定影响的行为。这一概念可用"Who（主体）is embedded in what（客体），and how（方式）"来进一步界定，本文的 Who 是"跨国公司"，而 what 是"开发区地方网络"，嵌入的方式（how）是正式联系、非正式联系。本文将跨国公司嵌入为四个维度，即经济嵌入、社会嵌入、技术嵌入、制度嵌入，据此确定跨国公司嵌入的分析框架。具体含义为：跨国公司的经济嵌入是指跨

---

① 参见徐海洁、叶庆祥：《跨国公司本地嵌入失效的表现和成因研究》，《浙江金融》2007 年第 8 期。

② 参见文婧、杨友仁、侯俊军：《嵌入性与 FDI 驱动型产业集群研究——以上海浦东 IC 产业集群为例》，《经济地理》2007 年第 5 期。

国公司在当地持续投资并与本地企业之间持续而稳定的产业关联性，包括原材料采购供应及其上下游产品供应的本地化程度、与本地产业的接口等等。跨国公司的社会嵌入性是指跨国公司与当地社区建立的人际关系与社会联系的密切程度、人力资源的本地化程度。跨国公司的体制嵌入性是指跨国公司与当地其他社会机构包括大学、研究机构等的联系和影响程度以及对当地制度变迁的影响。跨国公司的技术嵌入是指跨国公司与地方企业间技术关联性，包括对本地企业的技术转移和技术溢出效应、对地方产业结构升级的促进作用。这一分析框架比较全面反映了跨国公司嵌入的全貌，体现了对其他分析维度的系统整合，具有较强的逻辑连贯性，也更加符合跨国公司在我国的实际情况。

（2）产业集聚

从马歇尔和韦伯开始，许多学者都对产业集聚问题进行了深入研究并对产业集聚内涵进行了界定，但在定义方面并未形成一个统一的认识，这与产业集聚自身的复杂性和多面性有关。本文认为，波特的定义较好的反映了产业集聚的本质。波特（1998）认为，产业集聚是在一定区域内某种特定产业或某些不同类型的产业高度集中，共同发挥竞争优势。对产业集聚的内涵，一般有广义与狭义产业集聚之分。① 狭义产业集聚是指同一产业的企业的区域集中，如美国的硅谷、底特律；广义产业集聚是指多种产业在同一区域的集中。Hoover（1937）将这前者集聚称为地方化经济（Localization economies，也称为专门化经济，specialization economies），将后者称为城市化经济（Urbanization economies，也称为多元化经济，diversity economies）。② 由于具体行业的数据难以准确获取，本文的研究主要采用的是广义的产业集聚概念，即以工业集聚代表我国开发区产业集聚情况，我们认为这并不会影响本研究的目的与结论。

2. 研究假设

基于对国家级开发区的调研分析，本文认为，跨国公司嵌入与开发区产业集聚具有互动耦合关系。本文将跨国公司嵌入分有 4 个维度，即经济嵌

① 参见迈克尔·波特：《竞争优势》，华夏出版社 2005 年版，第 57—59 页。

② Hoover，E M.，*Location Theory and the Shoe and Leather Industries*，Harvard University Press，1937.

入、社会嵌入、技术嵌入、制度嵌入，由于跨国公司的社会嵌入及体制嵌入难以客观测度，本文仅对经济嵌入及技术嵌入进行实证分析，为此提出以下假设。

假设 1：跨国公司嵌入对开发区产业集聚有重大影响

该假设可分解为以下几个假设：

假设 1.1：跨国公司经济嵌入对开发区产业集聚有重大影响

假设 1.1.1：跨国公司经济嵌入对开发区整体产业集聚有重大影响

假设 1.1.2：跨国公司经济嵌入对开发区内资产业集聚有重大影响产业集聚

假设 1.1.3：跨国公司经济嵌入对开发区外资产业集聚有重大影响产业集聚

假设 1.2：跨国公司技术嵌入对开发区产业集聚有重大影响

假设 1.2.1：跨国公司技术嵌入对开发区产业集聚有重大影响

假设 1.2.2：跨国公司技术嵌入对开发区内资产业集聚有重大影响产业集聚

假设 1.2.3：跨国公司技术嵌入对开发区外资产业集聚有重大影响产业集聚

假设 2：开发区产业集聚对跨国公司嵌入有重大影响

该假设可分解为以下几个假设：

假设 2.1：开发区产业集聚对跨国公司经济嵌入有重大影响

假设 2.2：开发区产业集聚对跨国公司技术嵌入有重大影响

变量选取及数据来源

（1）变量选取及操作指标测度

①开发区产业集聚

对开发区产业集聚指标采用工业总产值、就业人数来表示，分别记作 GYZV，JYN。内资产业集聚指标采用新增内资企业数，记作 NZNM，外资产业集聚采用新增外资企业数，记作 WZNM。本文没有采用行业数据，主要是由于行业内的数据无法达到要求，因此，采用上述指标来替代。

②跨国公司嵌入

对跨国公司经济嵌入采用历年经济嵌入，本年经济嵌入，分别记作

AFDI，BFDI；对跨国公司技术嵌入采用期末世界 500 强入区投资企业数与期末外商投资设立的研发中心数之和来表示，记作 TCES。

具体指标定义如下：

历年经济嵌入（AFDI）＝历年累计实际 FDI，采用上一年（2005）数据，单位：亿美元

本年经济嵌入（BFDI）＝本年（2006）实际 FDI，单位：亿美元

技术嵌入（TCES）＝（2006）期末世界 500 强入区投资企业数＋期末外商投资设立的研发中心数。单位：个数

③开发区环境因素

本文根据国家商务部对国家级经济技术开发的投资环境进行综合评价的分类，将开发区环境指标分为综合经济实力指标、基础设施配套能力指标、经营成本指标、人力资源及供给指标、社会与环境指标、技术创新环境指标、管理体制建设指标和发展与效率指标分别记作 JJSL，JCSS，JYCB，RLZY，SHHJ，JSCX，GLTZ，FZXL。单位：评价指标得分

（2）数据来源及说明

开发区产业集聚以及跨国公司嵌入各个指标数据来自于商务部公布的历年全国开发区的面板统计资料，本文采用全国 52 家开发区 2005—2006 的年报资料①。

开发区的投资环境指标来自于国家商务部对国家级经济技术开发区的投资环境综合评价 2006 年度报告。自 1999 年始，国家商务部对国家级经济技术开发区的投资环境进行综合评价，并提出了国家级经济技术开发区投资环境综合评价分类指标体系，一共分为八大类 80 项指标。其中，综合经济实力指标（225 分）、基础设施配套能力指标（90 分）、经营成本指标（85 分）、人力资源及供给指标（90 分）、社会与环境指标（100 分）、技术创新环境指标（150 分）、管理体制建设指标（100 分）和发展与效率指标（160 分），总分 1000 分。

开发区的投资环境指标计算方法如下：

---

① 目前国家级经济技术开发区（含 5 家享受国家级经济技术开发区政策的工业园区）共有 54 家，由于上海虹桥开发区是以商贸为主，而西藏开发区成立时间短，没有相关统计，故本文将这两家开发区剔出，共 52 家作为研究的样本。

指数计算公式：

正指标：$Z_{ij}=[(X_{ij}-X_i\min)/(X_i\max-X_i\min)]\times b_i$

逆指标：$Z_{ij}=[(X_i\max-X_{ij})/(X_i\max-X_i\min)]\times b_i$

总指数：$Z_j=\sum Z_{ij}$

其中，i 代表某项指标，j 代表某个国家级开发区，X 为该指标的实际值，$X_i\min$ 为该指标的最小值，$X_i\max$ 为该指标的最大值，b_i 为该指标的权重，Z_{ij} 为各国家级开发区的单项指标得分，Z_j 为各国家级开发区的总指数得分。分数越高，表明投资环境越好。该指标体系主要以各开发区经济社会发展的真实数据为依据，因此具有较高的客观性、公正性和权威性。

4. 分析方法

本文采用多元线性回归模型方法，应用 SPSS16.0 分析软件进行分析，以此验证产业集聚与跨国公司嵌入各变量之间的因果关系，并确定各变量的重要性。跨国公司嵌入对产业集聚影响的回归模型见模型（1）—模型（5）。模型（1）、（2）、（3）、（4）只考虑跨国公司嵌入对产业集聚的影响，模型（5）引入开发区环境变量后研究各因素对产业集聚的影响。产业集聚对跨国公司嵌入的影响的回归模型见模型（6）—模型（8）。模型（6）（7）只考虑产业集聚对跨国公司嵌入的影响，模型（8）引入环境变量后研究各因素对跨国公司嵌入的影响。

$$GYZV=\alpha_0+\alpha_1 AFDI+\alpha_2 BFDI+\alpha_3 TCES+\varepsilon \tag{1}$$

$$JYN=\alpha_0+\alpha_1 AFDI+\alpha_2 TCES+\varepsilon \tag{2}$$

$$NZNM=\alpha_0+\alpha_1 AFDI+\alpha_2 TCES+\varepsilon \tag{3}$$

$$WZNM=\alpha_0+\alpha_1 AFDI+\alpha_2 TCES+\varepsilon \tag{4}$$

$$GYZV=\alpha_0+\alpha_1 AFDI+\alpha_2 TCES+\alpha_3 JJSL+\alpha_4 JCSS+\alpha_5 JYCB \\ +\alpha_6 RLZY+\alpha_7 SHHJ+\alpha_8 JSCX+\alpha_9 GLTZ+\alpha_{10} FZXL+\varepsilon \tag{5}$$

$$BFDI=\beta_0+\beta_1 GYZV+\beta_2 JYN+\varepsilon \tag{6}$$

$$TCES=\beta_0+\beta_1 GYZV+\beta_2 JYN+\varepsilon \tag{7}$$

$$BFDI=\beta_0+\beta_1 GYZV+\beta_2 JYN+\beta_3 JJSL+\beta_4 JCSS+\beta_5 JYCB \\ +\beta_6 RLZY+\beta_7 SHHJ+\beta_8 JSCX+\beta_9 GLTZ+\beta_{10} FZXL+\varepsilon \tag{8}$$

其中，GYZV、JYN、AFIDI、BFDI、TCES、NZNM、WZNM、JJSL、JCSS、JYCB、RLZY、SHHJ、JSCX、GLTZ、FZXL 分别表示工业总产值、

就业总数、历年经济嵌入、本年经济嵌入、技术嵌入、新增内资企业数量、新增外资企业数量、综合经济实力指标、基础设施配套能力指标、经营成本指标、人力资源及供给指标、社会与环境指标、技术创新环境指标、管理体制建设指标和发展与效率指标，ε 是随机扰动项。

四、回归结果

模型（1）至模型（8）的最小二乘估计结果分别见表1—2。由于模型（5）中的解释变量 FZXL 与 RLZY、AFDI；JJSL 与 TCES、AFDI；TCES 与 SHHJ、JSCX 存在共线性，所以模型（5）的估计结果中不包括 FZXL、JJSL、SHHJ、JSCX 等变量；同样在模型（8）中，由于 GYZV 与 JJSL，GLTZ 与 FZXL，JYCB 与 RLZY 存在共线性，所以在估计结果中剔出了 JJSL、FZXL、RLZY3 个被解释变量。

表1　模型（1）—（5）的估计结果

	模型（1）	模型（2）	模型（3）	模型（4）	模型（5）
c	39.898 (0.916)	3.968 (5.286)***	161.906 (2.322)**	4.366 (0.554)	83.638 (0.332)
AFDI	8.281 (2.178)**	0.253 (6.932)***	11.666 (3.44)***	2.174 (5.674)***	10.509 (4.253)***
BFDI	37.174 (1.364)				
TCES	6.712 (5.783)***	0.009 (0.458)	−0.77 (−0.375)	0.286 (1.339)	4.042 (2.537)***
JCSS					1.475 (2.537)**
JYCB					−7.035 (−1.834)*
RLZY					15.396 (2.121)**

续表

	模型（1）	模型（2）	模型（3）	模型（4）	模型（5）
GLTZ					3.123 (1.737)*
F	125.287	74.571	13.843	64.521	69.674
R2	0.88	0.743	0.335	0.714	0.89

注：表中括号内数值为 t 值，*** 为在 1% 水平上显著，** 为在 5% 水平上显著，* 为在 10% 水平上显著。

表 2　模型（6）—（8）的估计结果

	模型（6）	模型（7）	模型（8）
C	− 0.547 （− 1.825）*	7.151 (1.587)	− 1.527 （− 0.887）
GYZV	0.002 (4.449)***	0.069 (8.299)***	.002 (1.717)*
JYN	0.214 (4.098)***	− 0.598 （− 0.873）	.142 (2.625)**
JCSS			.057 (2.445)**
JYCB			.008 (0.347)
SHHJ			− .004 （− 0.185）
GLTZ			.000 (0.029)
JSCX			.014 (0.556)
F	128	95.829	39.423
R2	0.833	0.788	0.841

注：表中括号内数值为 t 值，*** 为在 1% 水平上显著，** 为在 5% 水平上显著，* 为在 10% 水平上显著。

从表 1—表 2 可以得出：所以模型的 F 值都很大，模型在任何显著性水平下都通过了总检验，除了模型（3）的决定系数稍低以外，其他模型的决定系数都大于 0.7，这说明从体上来看，模型的拟合效果不错。具体分析如下：

（1）模型（1）中的 AFDI、TCES 系数均通过了 5% 显著性检验，但 BFDI 系数未通过 10% 显著性检验，此模型说明跨国公司历年经济嵌入对开发区工业总产值有显著影响，但本年经济嵌入对开发区工业总产值影响不大。

（2）模型（2）中的 AFDI 系数通过 1% 的显著性检验，但 TCES 系数未通过 10% 显著性检验，此模型说明跨国公司历年经济嵌入对开发区就业人数有显著影响，但跨国公司技术嵌入对开发区就业人数影响不大。

（3）模型（3）中的 AFDI 系数通过 1% 显著性检验，但 TCES 系数未通过 10% 显著性检验，模型可决系数 0.35 显然偏低，说明回归模型拟合效果不理想，即跨国公司经济嵌入与技术嵌入对内资企业数量的影响有限。

（4）模型（4）中的 AFDI 系数通过了 1% 显著性检验，但 TCES 系数未通过 10% 显著性检验，此模型说明跨国公司历年经济嵌入对开发区新增外资企业数集聚有显著影响，但跨国公司技术嵌入对此影响不大。

（5）模型（5）中的 AFDI 系数通过 1% 显著性检验，TCES、RLZY 系数均通过 5% 显著性检验，JYCB、GLTZ 均通过了 10% 显著性检验，但 JCSS 未通过 10% 显著性检验。该模型说明跨国公司历年经济嵌入（AFDI）、技术嵌入（TCES）、经营成本（JYCB）、人力资源（RLZY）、管理体制（GLTZ）都对开发区产业集聚有重大影响。但 AFDI、TCES 和 RLZY 的标准化回归系数分别达到了 0.415、0.286 和 0.210，说明跨国公司经济嵌入（AFDI）、技术嵌入（TCES）、人力资源（RLZY）对开发区产业集聚影响最大。

（6）模型（6）中的 GYZV、JYN 回归系数通过了 1% 显著性检验，这说明产业集聚对跨国公司本年经济嵌入具有重大的影响。

（7）模型（7）中的 GYZV 回归系数通过 1% 的显著性检验，但 JYN 回归系数未通过 10% 显著性检验，这说明产业集聚因素（工业总产值）对跨国公司技术嵌入具有重大的影响。

（8）模型（8）中的 GYZV 回归系数通过 10% 显著性检验，JYN，

JCSS 回归系数通过 5% 显著性检验，但 JYCB、SHHJ、GLTZ、JSCX 未通过 10% 显著性检验。说明引入环境变量后，产业集聚因素对跨国经济嵌入依然具有重大的影响。

以上实证分析结果的汇总详见表 3。

表 3 实证分析结果汇总

研究假设	假设内容	研究假设实证结果
假设 1	跨国公司嵌入对开发区产业集聚有重大影响	支持
假设 1.1	跨国公司经济嵌入对开发区产业集聚有重大影响	支持
假设 1.1.1	跨国公司经济嵌入对开发区整体产业集聚有重大影响	支持
假设 1.1.2	跨国公司经济嵌入对开发区内资产业集聚有重大影响	不支持
假设 1.1.3	跨国公司经济嵌入对开发区外资产业集聚有重大影响	支持
假设 1.2	跨国公司技术嵌入对开发区产业集聚有重大影响	支持
假设 1.2.1	跨国公司技术嵌入对开发区整体产业集聚有重大影响	支持
假设 1.2.2	跨国公司技术嵌入对开发区内资产业集聚有重大影响	不支持
假设 1.2.3	跨国公司技术嵌入对开发区外资产业集聚有重大影响	支持
假设 2	开发区产业集聚对跨国公司嵌入有重大影响	支持
假设 2.1	开发区产业集聚对跨国公司经济嵌入有重大影响	支持
假设 2.2	开发区产业集聚对跨国公司技术嵌入有重大影响	支持

五、结论与启示

通过以上分析，可以得出以下结论：

第一，跨国公司嵌入对开发区产业集聚有重大影响。一方面，跨国公司经济嵌入对开发区整体产业集聚有重大影响；另一方面，跨国公司技术嵌入对开发区产业集聚有重大影响。从经济嵌入来看，跨国公司经济嵌入对开发区产业集聚主要指标如工业总产值、就业人数以及外资企业数量的进一步集聚都有重大的影响。从技术嵌入来看，跨国公司技术嵌入对开发区产业集聚主要指标如工业总产值、就业人数以及外资企业数量的进一步集聚也有重大的影响，但技术嵌入的影响程度要小于经济嵌入。另外在与环境指标比较研究中，开发区跨国公司嵌入因素对产业集聚的影响程度要明显大于其他因素，这说明跨国公司嵌入是决定开发区产业集聚的主要因素。

第二，开发区产业集聚对跨国公司嵌入有重大影响。一方面，开发区产业集聚对跨国公司经济嵌入有重大影响；另一方面，开发区产业集聚对跨国公司技术嵌入也有重大影响。另外在与其他环境指标比较研究中，开发区产业集聚因素对跨国公司嵌入的影响程度要明显大于其他因素。这说明开发区产业集聚状况已成为跨国公司区位选择的主要因素，决定了跨国公司是否愿意在当地进一步嵌入和扎根发展。这也告诉我们，过去那种单纯依赖区域优惠政策，相互攀比优惠的招商引资思路已经行不通了。

第三，跨国公司经济嵌入和技术嵌入对开发区内资产业集聚有重大影响的假设并未得到支持，这一方面证明了目前我国开发区的产业集聚确实是外资嵌入性集聚，另一方面也说明跨国公司嵌入对当地内资企业的带动作用还非常有限，内资产业还未真正融入跨国公司的全球价值链中，这是未来应注重解决的问题。

（陈景辉，男，汉族，国际商学院教授，主要从事跨国公司与国际投资研究。本文发表于《国际贸易问题》2009 年第 4 期）

我国民族地区资源诅咒特征及影响因素分析

杨玉文

一、引 言

人类社会经济发展的历史实质上就是一部人类利用自然资源的历史[1]，但迄今为止，经济学家们尚未发现一条能够将自然资源与经济增长联系起来的"铁律"[2]。

我国民族地区集"边"（边疆地区）、"穷"（欠发达地区）、"弱"（生态环境脆弱）、"富"（自然资源富集）等特点于一体，其优势在于资源，矛盾也在于资源。在全球资源日益短缺、本世纪能源紧张的背景下，我国民族地区的资源优势凸显，为我国经济社会发展贡献斐然，但是丰裕的自然资源对民族地区自身发展而言到底是"福音"还是"诅咒"，其作用机制究竟如何？对此问题的剖析是厘清民族地区经济社会发展动力机制和内源性制约因素，以及制定合理的发展战略和政策的必要前提。

二、文献回顾

早期的经济学家对自然资源在经济发展中的作用是持肯定态度的，认

---

① *BP Statistical Review of World Energy*，June 2010.

② Wright，Gavin，"The Origins of American Industrial Success，1879–1940"，*American Economic Review*，1990，80（4），pp.651-680.

为良好的自然资源禀赋尤其是丰富的矿产资源是工业化起步的基础和经济增长的引擎。[①] 但基于 20 世纪 60 年代以来，大部分自然资源导向型国家经济衰退，而很多自然资源贫瘠的国家却经济增速斐然的事实，许多学者进行了深入的案例研究，并于 1993 年首次提出"资源诅咒"（resource curse）概念[②]，随后"资源诅咒"逐渐发展成为一个新兴的经济学理论。Sachs and Warner 的三篇经典论文[③] 对"资源诅咒"假说进行了开创性的实证检验，之后的大量文献也验证了"资源诅咒"假说。2006 年以来，我国学者开始利用我国省域面板数据验证"资源诅咒"在我国内部的存在性。[④]

国内外学者对"资源诅咒"的形成机理及传导机制进行了理论和实证探讨。理论解释和传导机制可以归纳为如下几个方面：第一，制造业弱化与资源诅咒。对于"资源诅咒"现象最为广泛的理论解释源自于"荷兰病"[⑤]模型。"荷兰病"通常是指由于采掘业部门的迅速膨胀，生产要素从更有益于经济长期发展的、具有"干中学"特征的传统制造业部门转出，致使制造业发生萎缩，进而对经济增长造成负面影响。[⑥] 第二，人力资本与资源诅咒。

① David，P. A. and Wright，G.，"Increasing Returns and the Genesis of American Resource Abundance"，*Industrial and Corporate Change*，1997，（06），pp.217-232.

② Auty，R. M.，*Sustaining Development in Mineral Economics：The Resource Thesis*，London：Routledge，1993. 所谓"资源诅咒"，指的是丰富的自然资源对经济增长产生了限制作用，自然资源丰裕的经济体反而呈现出令人失望的经济发展绩效。

③ Sachs，J.D.，Warner，A.M.，"Natural Resource Abundance and Economic Growth"，*NBER Working Paper 5398*，1995；Sachs，J.D.，Warner，A.M.，"The Big Push，Natural Resource Booms and Growth"，*Journal of Development Economics*，1999，（59），pp.43-76；Sachs，J.D.，Warner，A.M.，"The Curse of Natural Resources"，*European Economic Review*，2001，（45），pp.827-838.

④ 参见徐康宁、王剑：《自然资源丰裕程度与经济发展水平关系的研究》，《经济研究》2006年第 1 期，第 78—89 页。

⑤ Van Wijnbergen，S.，"The Dutch Disease：A Disease After All？"*Economic Journal*，1984，（94），pp.41-55. "荷兰病"一词最早出现于 20 世纪 60 年代，当时荷兰是一个以制造业为主的工业化国家，但在北海开发出大量天然气资源后，天然气开采工业迅速膨胀，且工资和利润大幅攀升，在一定程度上"挤出"了制造业和服务业的人力和资本，使经济增长曲线落入"陷阱"，"荷兰病"由此得名。

⑥ Matsen，E.，Torvik，R.，"Optimal Dutch disease"，*Journal of Development Economics*，2005，（78），pp.494-515.

资源富足的国家往往受自然赠予财富的蒙蔽，无视作为经济长期稳定增长源泉的人力资本和劳动技能的作用，对后代的教育不以为然①，从而制约了经济社会长期发展。第三，技术创新与资源诅咒。经济发展作为一个不断前进的过程，依靠不断注入新技术，以及产生和吸收技术变革的能力。② 而自然资源产业部门缺乏技术进步，对创新的需求较弱③，资源产业的繁荣弱化了区域创新活动。第四，制度与资源诅咒。一些学者认为"诅咒"不是资源的内生属性，资源之所以成为"诅咒"，源自制度的不完善。④ 如在市场经济体制有关的制度变革方面，我国西部地区不拥有与东部对等的中央政府政策供给，使西部地区形成了对东部地区巨大的政策劣势和制度劣势⑤，从而西部容易受到资源的"诅咒"。

三、民族地区经济增长与资源禀赋关系的实证分析

（一）模型设定及理论假设

我国民族地区总体正处于工业化发展的初期阶段，对矿产资源的依赖度高，而且民族地区资源丰富，多数处于开发初中期阶段，具有极大的开发潜力，是我国工业化进程的重要资源供给基地，要发展民族地区经济，必须充分利用民族地区资源储量大的比较优势，大力发展资源产业。民族地区这一必然选择符合发展经济学原理，却明显与"资源诅咒"假说的要义相悖，如此矛盾的事实说明，自然资源禀赋与经济增长之间可能并非简单的线性关系。

---

① Gylfason, T., "Natural Resources, Education, and Economic Development", *European Economic Review*, 2001, (45), pp.847-859.

② 参见阿列克·凯恩克劳斯著，李琼译：《经济学与经济政策》，商务印书馆 1990 年版。

③ 参见张复明、景普秋：《矿产开发的资源生态环境补偿机制研究》，经济科学出版社 2010 年版。

④ 参见徐康宁、周言敬：《关于自然资源与经济增长关系的几个重要问题》，《兰州商学院学报》2011 年第 6 期。

⑤ 参见王智辉：《自然资源禀赋与经济增长的悖论研究》，吉林大学 2008 年博士学位论文。

事实上，单纯的认为丰富的自然资源一定对经济增长构成诅咒的观点受到了很多质疑，事实的反证是当前的一些发达国家正是得益于其自身丰富的资源实现了快速发展。Habakkuk（1962）指出，19 世纪的美国正是凭借其资源禀赋优势而超越了当时强大的英国，挪威、智利、俄罗斯、澳大利亚、加拿大、博茨瓦纳、马来西亚、印度尼西亚等资源丰富的国家也是通过资源采掘业的发展，推进了工业化的进程。[1] 但 Sachs and Warner 强调，早期发展起来的国家，即使用当年的数据衡量，其资源产业所占 GDP 的比重也是远远低于 20 世纪中后期的很多国家所达到的比重。[2] 比如，瑞典、澳大利亚、美国等的自然资源丰裕度远低于当今的海湾国家。

民族地区资源产业发展尚处于初级阶段，资源禀赋比较优势还没有转化为资源产业的竞争优势，较缺乏具有核心竞争力的产业链，资源产业的过度发展很可能"挤出"制造业部门的发展，丧失利用区域外部资源实现自我发展的能力，失去了技术积累和进步的基础，由"依靠"资源演变为"依赖"资源，最终丧失经济增长的动力。鉴于此，本文提出经济增长与资源禀赋的倒 U 型假说，认为依靠资源可以作为民族地区经济增长的基础，但过于依赖资源则将使民族地区陷入"资源诅咒"。并对 Sachs and Warner[3]、Papyrakis and Gerlagh[4] 的模型加以改进，建立如下面板数据回归模型：

$$y_t^i = \alpha_0 + \alpha_1 \ln GDP_{t-1}^i + \alpha_2 Min_t^{i2} + \alpha_3 Min_t^i + \alpha_4 Z_t^i + \xi_t^i \qquad (1)$$

式中，y 表示人均 GDP 的增长率，$\ln GDP_{t-1}$ 表示滞后一期的人均 GDP 的自然对数，Min 为资源禀赋变量，Z 为其他控制变量组成的向量集，i 对应各个省份的截面单位，t 代表年份，α_0 为常数向量，α_1、α_2、α_3、α_4 为系数向量，ξ 是随机扰动项。资源禀赋一方面直接作用于经济增长，同时通过作用于 Z 间接影响经济增长。

---

[1]　Habakkuk，H.，*American and British Technology in the Nineteenth Century*，Cambridge：Cambridge University Press，1962.

[2]　Sachs，J.D.，Warner，A.M.，"Natural Resource Abundance and Economic Growth"，*NBER Working Paper 5398*，1995.

[3]　Wright，G.，*Resource-Based Growth Then and Now*（*Patterns of Integration in the Global Economy*），World Bank Project Paper，2001.

[4]　参见彭水军、包群：《经济增长与环境污染》，《财经问题研究》2006 年第 8 期。

（二）变量和数据的说明

本文在实证分析中采用同时包括截面数据（各省份）和时序数据的面板数据（panel data），首先是因为，面板数据包含较多数据点，因而带来较大的自由度，而且截面变量和时序变量的结合信息能够显著地减少缺省变量带来的问题。① 其次，更为重要的是，资源诅咒不仅具有截面维度的特征，同时也具有时序维度特征，即不仅不同区域经济增长与资源禀赋相关，单个区域的经济增长亦受到资源依赖程度变化的显著影响。由于西藏自治区的部分指标难以获得，本文面板数据包括"民族八省区"中内蒙古自治区、广西壮族自治区、贵州省、云南省、青海省、宁夏回族自治区和新维吾尔族自治区等 7 个省区在 1995—2009 年期间的原始数据。数据来源于《中国统计年鉴》、《中国工业经济统计年鉴》、《中国财政统计年鉴》、《中国固定资产投资统计年鉴》以及中经网统计数据库查询及辅助决策系统。

考虑到资源诅咒的本质是由于对资源的过度依赖，并结合相关讨论，本文以采掘业部门的资本投入水平代表自然资源的总体禀赋状况。在我国的行业统计口径下，采掘业包含煤炭、石油、天然气、金属和非金属矿采选业等直接与自然资源关联的细分行业，对这些行业的投入完全取决于自然资源的可得性，可见，区域采掘业的投入水平能够最大限度地反映当地自然资源的综合禀赋状况。

根据相关经济理论和"资源诅咒"假说，控制变量 Z 应包括初始经济发展水平（$lnGDP_{t-1}$）、制造业发展水平（Manu）、物质资本投资（Inv）、科技创新（R&D）、人力资本存量（Edu）及经济制度条件（Inst）等，控制这些变量将保证计量结果真实反映自然资源对经济增长的影响。考虑到各省区在经济发展水平、地域面积、人口规模等总体状态上的差异，绝对值指标不适合地区间的横向比较，相关文献均选择相对值指标来对相关变量进行度量，本文的具体处理方式是：

Min= 采掘业固定资产投资 / 固定资产投资总额

Manu= 制造业固定资产投资 / 固定资产投资总额

① 参见段利民：《资源诅咒与区域经济增长研究》，西北大学 2009 年博士学位论文。

Inv= 固定资产投资总额 /GDP

R&D= 每千人专利申请数量

Edu= 每万人高等学校在校人数

Inst= 国有及国有控股企业产值 /GDP（负向指标）

和大多数文献一样，本文选取制造业固定资产投资占全社会固定资产总投资的比重表示制造业发展水平，全社会固定资产总投资占 GDP 比重表征物质资本投资指标。对于人力资本投入的指标，一些文献使用教育支出占地方财政支出的比重表征，这类指标属于流量性指标，但真正对经济增长起作用的其实是人力资本的存量水平。① 因此本文选取平均每万人口高等学校在校生人数这一存量指标来表征。同样道理，对科技创新的度量我们选取每千人口专利申请数量表征。经济制度条件用国有化水平（负向指标）来表征。

（三）民族地区"资源诅咒"效应的实证检验

1. 研究方法和估计过程

利用 1995—2009 年间我国 7 个少数民族省、自治区的数据，对资源产业依赖度与人均 GDP 增长速度之间的关系进行回归检验。由于不同地区样本截面异方差对估计有效性会产生影响，齐性参数模型和固定效应模型都采用截面加权回归法（cross section weights）来消除截面异方差问题，且采用 White 稳健标准差得到系数的 t 统计值；而随机效应模型则利用基于随机效应转化方程的 GLS 估计方法。并根据估计结果的 D·W 统计值判断回归残差是否存在序列自相关问题，若存在则相应在估计方程中加入 AR 项，来消除序列自相关现象。面板数据模型形式的选择通过事先设定的 F 和 Hausman 检验来确定。

模型首先选择 Min 和 Min^2 作为解释变量对人均经济增长速度进行解释，估计的过程中逐一加入控制向量集中的向量。这一过程中，根据估计系数的 t 统计值和 Wald 检验来判断是否存在 U 曲线或倒 U 曲线关系，若 Min^2 检验结果不显著，则对剔除了 Min^2 项的方程重新进行估计，说明资源

---

① 参见邵帅、齐中英：《西部地区的能源开发与经济增长》，《经济研究》2008 年第 4 期。

禀赋与经济增长为线性关系，再根据 Min 前面的符号可以进一步判断二者之间是正向亦或是负向关系。若 Min^2 检验结果显著，则表明资源禀赋与经济增长之间存在非线性关系，并进而可以分析二次曲线的转折点，判断民族地区适宜的资源开发强度。

2. 实证检验

根据上述文献分析，本文具体的回归模型设定为：

$$y_t^i = \alpha_0 + \alpha_1 \ln GDP_{t-1}^i + \alpha_2 Min_t^{i2} + \alpha_3 Min_t^i + \alpha_4 Inv_t^i + \alpha_5 Manu_t^i + \alpha_6 Edu_t^i$$
$$+ \alpha_7 R\&D_t^i + \alpha_8 Inst_t^i + \alpha_9 LocaZ_t^i + \xi_t^i \tag{2}$$

为了初步掌握变量间的相关关系，并避免分析过程中出现多重共线性，首先给出变量的相关系数矩阵（如表 1），相关系数提示 Inv 与 Edu 之间、Edu 与 R&D 之间存在较强的相关性，回归过程中可能会出现多重共线性问题。

表 1　主要解释变量间相关系数

	Min	Ln ($Pgdp_{t-1}$)	Manu	Inv	Edu	R&D	Inst
Min	1						
Ln ($Pgdp_{t-1}$)	0.032235	1					
Manu	− 0.07862	0.146052	1				
Inv	0.253228	0.016141	0.335474	1			
Edu	0.367896	0.553123	0.463496	0.689641	1		
R&D	0.286724	0.465124	0.281676	0.428106	0.73588	1	
Inst	0.446339	− 0.37614	− 0.01215	0.489445	0.207607	0.101743	1

在分析中，依次逐渐添加向量集中的控制变量，逐步观察各个控制变量对采掘业固定资产投资比重与人均 GDP 增长速度关联效应的影响。分析结果见表 2。

表2　民族地区"资源诅咒"效用检验结果

	(1)	(2)	(3)	(4)	(5)	(6)	(7)
Min	1.698895 (3.93)***	1.620852 (4.19)***	0.734612 (2.88)***	0.875334 (3.83)***	0.737415 (3.66)***	0.601660 (3.10)***	0.568405 (2.76)***
Min2	−0.063169 (−3.66)***	−0.063564 (−3.74)***	−0.028895 (−2.35)**	−0.045345 (−4.10)***	−0.033334 (−2.84)***	−0.027344 (−2.53)**	−0.024413 (−1.96)*
$LnGDP_{t-1}$		4.111531 (2.78)***	2.664951 (2.25)**	−0.139803 (−0.22)	1.433569 (3.27)***	1.334641 (3.39)***	0.970998 (2.11)**
Inv			0.266064 (4.55)***		0.148098 (1.79)*	0.141878 (1.86)*	0.159161 (1.66)*
Edu				0.160040 (4.47)***	0.056836 (0.87)		0.099599 (1.50)
Manu					0.293274 (2.67)***	0.276134 (2.63)**	0.258906 (2.48)**
R&D						−0.355843 (−2.81)***	−0.371490 (−3.01)***
Inst							−0.053123 (−0.67)
常数项	7.027446 (3.29)***	−21.77195 (−2.05)**	−21.69251 (−2.65)***	3.480059 (0.67)	−14.58687 (−2.78)***	−12.98045 (−2.74)***	−8.598445 (−1.60)
转折点	13.4472	12.7498	12.7117	9.65194	11.061	11.0017	11.6414
模型设定	RE	RE	RE	RE	RE	FE	FE
R^2	0.173924	0.314238	0.495224	0.522498	0.565217	0.577886	0.581492
Ajusted-R^2	0.155149	0.290591	0.471746	0.500289	0.534161	0.542286	0.540662
样本数量	105	105	105	105	105	105	105

注：* 表示 $p < 0.1$，** 表示 $p < 0.05$，*** 表示 $p < 0.01$；括号中数字为 T 值。

3. 实证检验结果

（1）采掘业相对投资规模与经济增长

为判断民族地区采掘业相对投资规模与人均 GDP 增长速度之间到底存在 U 型、倒 U 型曲线关系还是直线关系，采用 3 类面板数据模型（OLS、FE、RE）进行回归分析，根据 F-test 和 Hausman 检验结果，最后选取随机效应模型，即二者呈倒 U 型曲线关系，转折点为 13.447%，Min 和 Min^2 的系数均在 1% 的水平下显著。

估计结果的经济意义是显然的，即当采掘业相对投资规模在 13.447%
左右时，实现经济最快增长速度，在该临界点的左侧，随着采掘业相对投资
规模的扩大，经济增长速度也上升，但在该临界点的右侧，采掘业相对投资
规模的扩大将导致经济增长速度的下降，即出现"资源诅咒"。由图 1 可以
看出，当前，内蒙古自治区采掘业相对投资规模处于较理想的水平，新疆维
吾尔自治区的采掘业相对投资规模超过了理想水平，其他省区则有进一步加
大采掘业相对投资规模的空间。

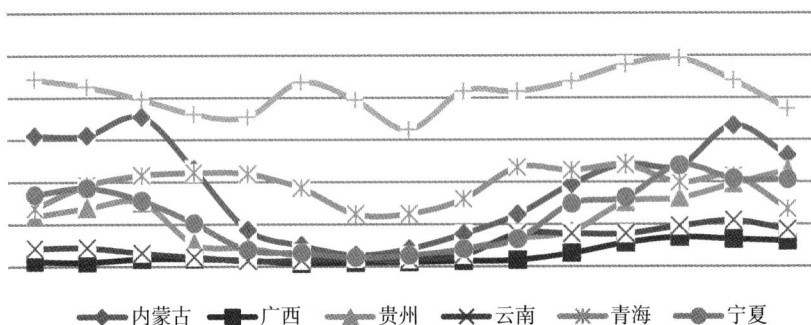

图 1　民族地区采掘业相对投资规模变动情况

（2）其他控制变量对采掘业相对投资规模与经济增长关系的影响

区域经济发展水平。在面板数据回归中将变量 $\ln PGDP_{t-1}$ 作为一个基本
控制变量引入模型，目的是控制各截面单位初始经济状态的差异，利于得出
更为精确的分析结果。另外，由于各省区在地域面积、经济发展水平、人口
规模等总体状态上存在差异，绝对指标不适于地区间的横向比较，所以选择
相对指标来对经济变量进行度量。表 2 第（2）列中，$\ln PGDP_{t-1}$ 的符号为正，
且在 1% 的检验水平下显著，表明在民族地区，经济增长不存在收敛性，经
济发展水平的差距仍然处于继续扩大的趋势，即经济发展水平高的区域经济
增长速度要快于经济发展水平低的区域，这一结果与方颖等[①] 的研究结果一
致。加入 $\ln PGDPt-1$ 后，Min 和 Min2 的符号没有变化，且依然显著，绝
对值也基本稳定，支持倒 U 型假说。

区域资本积累。古典经济增长理论和新经济增长理论都认为资本积累

---

① 参见方颖、纪衍、赵扬：《中国是否存在"资源诅咒"》，《世界经济》2011 年第 4 期。

是决定经济增长的一个重要因素，改革开放以来，投资成为我国经济增长的第一推动力，这种推动作用主要是通过固定资产投资产生的[①]，投资水平的差异是经济增长速度差异的一个重要原因。因此，研究经济增长的模型应该引入 Inv 变量。表 2 第（3）列是引入资本积累水平后的结果，Inv 的系数符号为正，且在 1% 的检验水平下显著，表明资本积累对民族地区经济增长的促进作用非常明显，加入该变量后，模型的解释能力明显加强，表现在修正的拟合优度由 0.290591 增加到 0.47174。Min^2 系数的符号仍为负值，但显著性有所下降，绝对值也变小，说明物质资本投资对经济增长的显著贡献在一定程度上缓解了资源开发对经济增长的负效应。Min 的系数仍然在 1% 的检验水平下显著，只是绝对值有所下降。总体而言，民族地区采掘业固定资产投资比重与经济增长速度之间仍表现为明显的倒 U 型曲线关系。

　　区域人力资本。内生经济增长理论认为人力资本是经济增长的重要决定因素，各国经济增长的实践也证明，人力资本投资是经济增长的主动因，培育和积累一定存量的人力资本，是技术进步和工业发展的先决条件。考虑到 Edu 和 Inv 两个变量较显著的相关关系，本文在表 2 第（2）列的基础上加入变量 Edu 得到的回归结果如第（4）列所示，其中，修正后的拟合优度由第（2）列的 0.29059 增加到 0.50028，使模型的解释能力显著增强，其解释效果要优于物质资本投资的效果。第（4）列中 Min 和 Min^2 的系数的符号及其显著性都保持不变，但 Min2 的系数绝对值变小，表明人力资本存量的增加一定程度上弱化了资源对经济增长的负作用，掩盖了"资源诅咒"效应。此时，采掘业固定资产投资比重与经济增长速度之间仍呈倒 U 型曲线关系，但需要特别提到的是，加入人力资本变量后，倒 U 型曲线的拐点由 12.7498% 变为了 9.65194%，明显地向左侧移动了。这表明考虑人力资本积累的经济增长，将更少地依赖资源贡献，更早地实现快速增长。人力资本在采掘业固定资产投资比重与经济增长速度之间起着至关重要的作用，但并不改变二者的基本关系，即倒 U 型曲线关系。

---

① 参见经济增长前沿课题组：《高投资、宏观成本与经济增长的持续性》，《经济研究》2005年第 10 期。

区域制造业发展水平。经济增长理论认为，制造业部门普遍存在着"干中学"和规模报酬递增，是组织变革、技术创新和技术外溢，以及培养企业家的重要载体。对制造业的"挤出"是"资源诅咒"的典型表现，也是"荷兰病"的重要症状，所以本文将其作为一个重要作用机制引入模型。引入该变量后的结果如表 2 第（5）列所示，方程的拟合优度和修正后的拟合优度分别提高到 0.565217 和 0.534161，其系数为正，且在 1% 的检验水平下显著，其绝对值达到 0.293274，远大于物质资本投资水平的系数值 0.148098 和人力资本存量水平的系数值 0.056836，表明民族地区发展工业尤其是发展制造业的显著作用。加入该变量后 Min 和 Min^2 的系数符号和显著性都没有明显变化，但倒 U 型曲线的拐点由表 2 第（4）列中的 9.6519 变为了 11.061，数值增大，显示资源型产业的发展可能"挤出"了制造业的发展，从而压制了经济增长。可见，制造业发展对民族地区经济增长的促进作用显著，但依然没有改变采掘业固定资产投资比重与经济增长速度之间的倒 U 型关系。

区域技术创新。根据新经济增长理论，知识积累、技术进步是区域经济增长的核心要素，是经济增长的"内生变量"，能够提高边际生产率，推动区域持续地保持较高的增长率。加入该变量后的表 2 第（6）列显示，方程的拟合优度略有提高，Min^2 的显著性略有下降，倒 U 型曲线的拐点基本没有变化，但曲线变得平缓，弱化了"资源诅咒"效应。比较不正常的是，科技创新的系数为负数，且在 1% 的检验水平下显著，这一结果与邵帅和齐中英[1]、李团团和黄燕琳[2]、任军[3]、徐盈之和胡永舜[4] 对西部技术进步效果的研究结论一致。其原因可归纳为四个方面，一是民族地区对于科研的支持力度不够，表现在科研支出在财政支出中所占的比例低；二是科研本身效果欠佳，存在科研资金浪费或使用效率不高的问题；三是科研成果不能有效、及

①　参见邵帅、齐中英：《西部地区的能源开发与经济增长》，《经济研究》2008 年第 4 期。

②　参见李团团、黄燕琳：《技术进步与西部地区经济增长》，《科技情报开发与经济》2006 年第 23 期。

③　参见任军：《内蒙古经济增长的动力机制研究》，吉林大学 2008 年博士学位论文。

④　参见徐盈之、胡永舜：《内蒙古经济增长与资源优势的关系》，《资源科学》2010 年第 12 期。

时地转化为现实生产力，科研与生产实践相脱节；四是民族地区着重从外部引进高新技术，其对区域内部技术创新的带动存在着明显滞后作用，效果尚未完全呈现。

区域经济制度。衡量我国内部区域间的制度差异，最常用的指标是国有化程度，本文亦选用国有及国有控股企业产值比重来加以衡量，当然指标系数的预期值为负。加入制度变量后的回归结果如表2第（7）列所示，制度变量的系数与理论预期一致，为负值，但并不显著，对方程的拟合效果亦无助益。这一结论说明，在民族地区界域内，制度因素不构成"资源诅咒"的关键因素。胡援成和肖德勇[①] 对此的解释是制度因素不会引起资源诅咒，因为产权不清晰及市场经济的体制缺陷是具有普遍性的，不足以造成省域间资源配置效率的巨大差异。

四、结　论

民族地区资源开发与经济增长之间基本呈现倒"U"型曲线关系，即使在考虑了影响资源禀赋与经济增长关系的一系列控制变量的作用之后，民族地区资源禀赋与经济增长曲线关系也没有发生改变，说明二者之间的关系较稳定。对于这种关系而言，物质资本、人力资本、制造业发展、技术进步、经济制度等外在因素的变化所产生的影响并未改变禀赋与经济增长之间的基本曲线关系，但改变了特定曲线的位置，包括转折点的临界值和经济增长速度的转折点。

自然资源并非必然是一种"诅咒"，资源富集的民族地区，如果能够合理地利用自然资源，可以实现经济的快速和可持续发展。本文的论证并未证实民族地区资源开发对经济增长是绝对不利的，而是重申了发展经济学家刘易斯在50多年前提出的自然资源并非经济增长的充分条件的忠告。

民族地区资源禀赋与经济增长之间呈现倒U型曲线关系，这一发现在

---

① 参见胡援成、肖德勇：《经济发展门槛与自然资源诅咒——基于我国省际层面的面板数据实证研究》，《管理世界》2007年第4期。

一定程度上发展了"资源诅咒"假说。发挥资源优势符合比较优势原则，符合民族地区区域生态经济社会发展特殊规律，是民族地区主动适应时代发展主流、应对国际化挑战和国内区域竞争的必然选择，一定限度内，丰富的自然资源是经济增长的"福音"，只有当过度依赖自然资源时，资源才成为经济增长的"诅咒"。

（杨玉文，男，汉族，经济管理学院副教授，主要从事生态经济研究。本文发表于《云南社会科学》2013年第2期）

金融体系制度刚性与我国房地产融资的模式变迁

刘大志

伴随着新一轮的宏观调控，2009 年以来的金融过度支持局面开始发生根本变化，尤其是在 2011 年密集议行的限购、限价、行政督察以及反暴利等政策取向的限制下，房地产业将再次面临行业风险和资金困境。资金环境的紧缩，必将催生行业洗牌的压力有所增加，如何有效创新房地产行业的融资模式，改变旧有的房地产盈利模式，是摆在房地产企业面前的当务之急。从相对宏观的角度来说，也是影响新政调控意图能否实现的重要因素，不可不察。

一、我国房地产企业融资模式的变迁走向

从长期的角度来看，房地产企业的融资模式与其所处的金融环境一定是互相匹配的。但就短期而言，由于房地产金融体系的制度刚性与房地产融资需求的演变节奏之间存在差异，所以在特定的制度变迁时期，会形成两者不相匹配，从而制约房地产企业发展的矛盾。我国房地产企业目前所面临的情况，正是如此。尽管房地产金融体系的建设已经严重滞后于房地产业本身的发展，并且宏观调控已经使这一问题更进一步地凸显出来，但是由于房地产金融体系的创新需要一个过程，从而必然使房地产企业的融资模式变迁处于一个相对混乱和艰难的时期。但总的说来，两方面趋势必将显化。

一是资本驱动。以后的房地产企业，不但只是一个开发企业，首先应

成为一个资本企业，才能生存发展。房地产基金和房地产企业结合，将成就一批特大规模的地产商，谁掌控资本，谁就能瓜分更多的房地产开发利润。在地产金融时代，地产基金等资本驱动力量的代表者更像是真正的房地产商，因为他拥有房地产的身躯和金融的灵魂。

有关研究表明，成熟的房地产市场应该是由房地产开发循环（以房地产开发商为核心）、房地产投资循环（以房地产投资管理公司或房地产信托投资基金为核心），以及资产证券化循环（以按揭抵押债券为核心）共同构成的大循环。一直以来，中国房地产的发展大体限于第一个循环。而当前的形势则对其他两个循环形成了强烈的制度期待。① 从概念上讲，中国的房地产商到目前为止基本上还都是兼具房地产投资功能的房地产开发商。纯粹的房地产投资管理公司和信托基金都还没有出现。投资循环的形成过程是中国房地产开发商在未来 5 到 10 年所面临的最大的一次商业机会。谁把握住这个机会，谁就可以成功地完成从房地产开发向房地产投资管理、从传统"土地整合资本"的物业驱动到现代"资本整合土地"的资本驱动、从经营项目到经营企业的"向上"转型。

二是细分选择。房地产企业融资模式变迁的过程，必然是一个房地产企业进行细分选择的过程。美国模式在此具有较强的借鉴意义。当资本驱动日益成为房地产业的运作核心时，具体的房地产企业融资就直接取决于其自身的定位选择。首先是产业链定位选择。企业必须决定自身是站在产业链条的开发、运营端还是资金端。选择前者，融资模式将主要围绕对传统和创新金融手段的集成运用展开；选择后者，融资模式将主要围绕对既有及潜在资金机构的深层合作展开。举例而言，前者可能要考虑如何获得基金等融资支持，后者则要考虑如何使自身成为基金。其次是具体的业务定位选择。同处资金端或开发、运营端，企业的核心业务也具有相当的细分空间，这都导致企业的融资取向具有极大的差异性。

综上，我国房地产企业融资模式的变迁是在房地产金融体系演变和房地产行业阶段性发展的大背景下进行的。这一过程，由宏观调控所引发，必将逐步走向深化。在此意义上，房地产企业出于自身生存发展考虑而进行的

---

① Pyhrr，Stephen A.，"Real Estate Investmen"，Wiley Online Library，1989，pp.165-168.

融资模式创新只有契合这一大的背景和趋势才有可能真正获得突破。到目前为止，可以推知房地产企业未来的主体融资模式必将在确立资本驱动的基础上通过战略和业务的细分选择，经由资本市场整合而成。

但是，确立依托于成熟资本市场和房地产二级市场的主体融资模式尚需时日。对于房地产企业而言，过渡时期的融资模式调整是至关重要的。由于我国房地产业发展阶段所限，在一定时期内，房地产开发仍将作为房地产行业的主体业务形态或房地产资本的主要获利载体而存在。因此，对房地产开发企业来说，在过渡时期，必然面临着围绕房地产开发进行融资，进而在融资拓展的过程中从以开发为目的的融资转变为以资本运作、价值管理为核心的融资体系塑造过程。其在考虑融资策略时不仅要立足于长远的房地产金融体系创新的可能，也要立足于即期既定金融环境下的可能融资渠道（见表1）。

表1　房地产企业及其融资策略的适应性调整

金融支持环境	产业链形态		融资创新空间	企业融资策略		企业形态
传统金融环境（即期静态）	物业驱动	土地整合资金	开发主导	现有法律与融资环境框架下的局部、个别产品创新	即期应变+对策博弈	企业融资手段的即期应用	全能型房地产开发企业
未来金融环境（长期动态）	资本驱动	资本整合土地	基金主导	以融资环境重构为背景的制度、产品创新	长期转型+战略提升	企业融资模式的质变	立足于产业链各环节、分化的专业企业
过渡时期金融环境（短期动态）	物业与资本对接	土地与资本的集成	产业环节细分，有实力的开发企业向基金转变	融资环境预期可变下的持续的制度、产品创新	融资策略+战略调整	企业业务定位与融资架构、理念、流程的同步调整	单纯的开发商向融资型开发商、投资型运营商转变

同时，企业融资决策主要决定于四方面的交集，即相关金融支持、主要业务模式、企业的资金运动特点以及融资成本比较等。在金融支持环境既

定的情况下，企业业务的战略定位直接影响企业资金流动的特征和融资成本空间。在金融支持环境变化的情况下，企业的战略定位则首先要考虑其不同定位所面临的潜在金融空间。就我国目前来说，房地产实现金融化是产业升级的必然趋势，有实力的企业争相定位于产业链的资本端，抢占资本制高点，即是基于未来金融环境变化，资本成为各方资源整合主体的趋势而做的现实选择。在未来的房地产产业链条中，房地产开发的产业链位置必然下移，成为受制于资本意志的伴随环节。在此预期下，企业继续选择房地产开发还是其他产业环节对其融资模式的设计尤为重要——因为企业融资策略的选择在相当程度上与企业的战略定位过程是同一的。

二、我国房地产企业融资创新的典型可借鉴模式

（一）产业互补模式

产业互补模式以国美地产为代表。国美以产业互动、互补为核心战略，形成了业务匹配、资金匹配的房地产创新开发与融资运作模式。虽然当前国美系因黄光裕案的影响整体处于低谷，而且这一模式的操作因过于功利、投机而出现困境，但仅从模式本身而言，其理论潜力和规范运作的价值空间仍然不容忽视。

这一模式的显著特征是形成了两个层次的业务互补。外围的互补在于零售商业与房地产业的成功嫁接，形成良好的资源配置链。零售业的特点是天天有利润，天天形成现金流，而房地产则是长周期，一次性投入，一次性获利，其对现金流的要求与零售业构成鲜明的互补，具备快速变现能力的零售业对长期投资的房地产业务形成源源不断的资金注入。同时，零售业在产业业态上具有提升地产价值的功能，而房地产开发能够为零售商业提供网点铺面，具有减少零售商业租金价格上涨压力的功能，这一良性循环凸显了1＋1>2的产业互补效应。内围的互补在于房地产业内部的一条龙开发思路。国美系地产下面分设建筑公司、设计公司、销售公司、物业管理公司以及各种配套企业，在房地产开发链条上进行精细的分工，将从投资、开发、建设

到销售、物业管理的各个环节都联结起来，在各自的现金流特征上进行低成本配合。

（二）海外运筹模式

海外运筹模式主要包括两种路径，一是境外上市，二是与海外银行、基金的变相战略合作。前者如首创置业、上海复地、世茂的香港上市，后者如万科海外贷款等。以企业的国内业务为载体，通过与海外资本进行对接，打开新的融资空间。

1. 境外上市

以盛高置地为例。作为民企的盛高置地采取社区开发＋酒店运营的发展模式。其房地产开发业务定位在中档楼盘，酒店业务起到稳定现金流和潜在增长依托的作用。以此题材实现 IPO 上市，吸引投资者，获得了比较热烈的招股反应。国际配售及公开发售部分分别获得 23 倍及 89 倍超额认购。尽管其招股规模相对较小（包括超额配股权在内共 14 亿港元），但首日收市价为 5.07 港元，较上市价上升了 6.1%，持续宏观调控的政策影响基本得到了投资者的消化。

在具体的操作中，新加坡星展银行（DBS）作为主承销商，承担了 70% 的包销任务，面向欧洲、美国、亚洲以及中东地区进行配售。采取的策略是路演前的路演：即在路演前即寻找基石投资人，通过充分沟通确定投资意向，参与 IPO 认购。其中，盛高置地合作方股东的家族资金作为主要基石投资人进入起到了重要的作用。

2. 海外银行合作

在海外运筹模式的已有路径中，境外上市与海外基金引入最为国内房地产企业所熟悉，但两者都具有高成本融资的特点。目前在香港上市的内地企业最高融资成本达到 20%，这还没有计算企业在资产整合、财务运筹、治理结构等方面付出的代价。而海外房地产基金惯例是不低于 20% 的复利，一个项目两年下来就是 44%，财务成本相当高。同时要在管理方法上有所介入，并且会用合同的方式严格项目操作，提高项目的可控性，在项目管理方面的代价也很大。与境外上市和海外基金引入方式相比，与海外银行的战略合作方式具有相对较低的成本要求，而且可以借助海外银行稳定、雄厚的财力与广泛的海外资金网络，实现企业融资体系的战略扩展，因此更具吸引力。但是，海外银行距离成为国内房地产企业的重要融资支撑尚远。这主要是企业自身的发展层次和法律制度障碍所致。由于目前多数房地产企业在财务、项目运作等方面缺乏透明度，因此很难获得海外银行的资金支持。同时，由于国内企业直接接受外资银行贷款具有政策限制，有违外汇管制，并不能遵循常规的银企合作模式，必须采取变通形式，具有规避政策约束的创新难点。已有的成功实践如万科与德国 Hypo 集团专门的房地产投资银行（Hypo Real Estate Bank International，HREBI）股权合作，为现阶段的海外银企合作提供了可资借鉴的创新模式。

在这一模式中，万科及其附属公司香港永达投资公司共同设立万科中山公司，以中山公司为投资载体，打造海外银行的资金流入管道。万科实际持有中山公司 100% 的股权，并与 HREBI 共同设立 BGI 公司，万科占股 35%，HREBI 占股 65%。同时，万科转让中山公司 80% 股权给 BGI，这样，万科透过永达投资与 BGI 实际持有中山公司 48% 的权益（20% + 80%×35%），HREBI 透过 BGI 实际持有 52%（80%×65%），具有控股权。但实际上，HREBI 并不要求项目控制权，由万科全权运作项目。项目回款后，万科以同业拆借利率附加一定利息赎回股权。[①] 这种以股权换资金的股权融资方式规避了境外信贷的外汇管制，完成了境外银行对万科的商业贷款支持。这种方式可以不同项目为载体进行持续复制。在当前的政策情况下，为海外运筹模式的长效安排提供了一定的创新管道。

（三）资产证券化模式

1. 专项计划模式

专项计划模式主要依托证券公司客户资产管理业务，设立专项资产管理计划，实现企业资产与资本市场的对接。该模式以浦东建设 BT 项目融资为代表，实现了企业融资体系重塑的创新突破。

浦东建设的专项计划采用了资产池的概念、优先 / 次级结构和外部信用增级等技术：将原始权益人依据 10 份回购协议所合法享有的 13 个 BT 项目

---

① 参见王琦：《海外贷款变形记》，《中国企业家》2004 年第 9 期。

自专项计划成立次日起 4 年内对项目回购方拥有的全部回购款的合同权益合成为基础资产；将受益凭证分为优先级受益凭证和次级受益凭证，其中次级受益凭证由原始权益人全额认购；由上海浦东发展银行为优先级受益凭证的本金及预期收益提供全额无条件不可撤销连带责任担保。经测算，这一专项计划的综合发行成本每年不到 5% 的水平，低于银行贷款利率，能较大程度降低融资费用。

通过专项计划的融资尝试，浦东建设实现了新时期的融资模式调整。其基本的融资理念是：通过资产证券化，将项目未来几年预期的投资收益一次性确认，大大缩短项目公司的资金回笼时间，从而缩短利润获得的周期，真正改善项目公司的资金链，也使得项目公司逐渐加大投资规模、滚动投资成为可能。此外，通过偿还部分短期借款，能有效改善公司的负债结构，减少财务费用，提高流动比率和速动比率，提高公司信用等级，为再融资创造条件。更主要的是，实施资产证券化，改善融资流程以后，公司的主营业务也会由传统的建筑施工向"投资带动施工"转变，公司的主要盈利模式发生重大改变，资本运营成为核心支配因素，融资模式与盈利模式的互相促动大大提高了公司的核心竞争力和市场价值。

2. 基金过渡模式

基金过渡模式不同于基金引入模式，主要是现有以开发业务为主的房地产企业立足项目开发，通过基金化运作，寻求企业业务转型和战略调整的一种过渡性策略。其兼顾了企业传统开发项目与既有业务的连续性，为房地产开发企业向投资型企业转型提供了缓冲期和调试期，同时也有助于坚持定位于房地产开发业务的企业寻求灵活的合作融资空间。这一模式可以由不同规模的企业所推动。比较有代表性的实践如首创集团和中城联盟等。首创集团的基金化策略是大规模企业集团利用既有融资资源带动更大资本的战略举措，其目标是抢占房地产产业投资基金的先发之利。因此，其在运作理念上坚持了高起点、规范化的运作基调，虽然还要以变通的形式出现，但从组织架构到投资流程都完全按照国际正规产业基金的要求来操作、锻炼，一旦产业投资基金的立法障碍和制度瓶颈被突破，可以立即转变为现成的房地产投资基金。与首创有所不同，中城联盟的做法更为灵活，房地产开发融资的色彩更为浓厚。这与中城联盟会员企业的实际情况有关。除了万科与首创置业等，绝大多数会员来自民间，其应对宏观调控融资环境紧缩的现实对策无疑是资金、资源和项目上的联合。将这一联合导向基金是房地产开发企业自身求变和适应国内融资局势变换的一个自然选择。①中城联盟借助成立中城联盟投资管理公司，以项目为载体凝聚外部资金，逐步向正规房地产投资基金过渡。其运作模式如下。

具体项目投资模式：中城联盟投资管理公司与当地联盟成员企业共同出资组建项目公司，当地联盟成员一家占股60%，联盟占股40%。这40%的股权由中城投资联合紧密/外部投资人共同投资获得，中城投资出资500万，然后以1∶5.4的比例带动外围资金，这5.4倍的外围资金包括中城联盟成员以及个人投资者的资金，并承诺不介入管理，只管分红。紧密/外部投资人将股权统一委托中城投资公司进行管理，支付管理费用；中城投资委派董事及财务总监，中城投资收取管理费并获得投资收益分成，中城投资为投资人提供退出机制，承诺溢价回购紧密/外部投资人股份。通过保障投资人的风险来捆绑外部资金。整个项目由项目公司运作。

项目投资收入模式：分为三部分收入。一是种子资金的投资收益；二是受托管理紧密/外部投资人资金的管理费；三是超额收益率、利润分成。

基金管理模式：私募；公司型；通过其项目品牌——联盟新城的运作，用成功的项目来带动扩大投资人圈子；利用好的制度安排和管理工具规避关联交易的风险。

3. 离岸 REITs 模式

离岸 REITs 模式以广州越秀为代表。②由在香港注册的越秀投资吸纳广州城建集团260多亿优质资产，进行资产重组，并选取四项最优质的商业物业，通过专业发行团包装提交香港联交所，进而实现招股、流通。到目前为止，持续受境内房地产企业所关注和追捧的 REITs 只能以离岸的形式发挥作用。其对房地产企业组合资产的要求是非常高的。而且，事实上，往往被房地产企业所忽略的是，这一模式将直接限定企业的业务空间和收益流向。

---

① 参见王长胜：《地产大象的同盟会》，《中国电子商务》2006年第10期。

② 参见莫清华：《浅述内地首只 REIT "越秀房产基金"上市运作实践》，《城市开发》2006年第2期。

单纯以开发融资为目的进行 REITs 上市操作是有偏差的。但是，尽管当前的政策环境又趋严峻，但长远来看，REITs 仍将最有可能成为下一阶段房产金融创新的主要制度性突破口。在当前的形势下，先期对此模式展开探索，无疑将有先发之效。

越秀 REITs 香港上市的操作过程如下：

A 公司资产重组。广州市城建集团和在香港注册的上市公司越秀投资经历了 4 年的资产重组，越秀投资吸纳了城建集团 260 多亿优质资产。

B 确定适宜物业。REITs 对物业的要求是已经开始产生租赁收入的竣工成熟物业。越秀投资选取了 4 项最优质的商业物业。

C 聘请相关中介机构，开始境外发行准备工作。包括物色基金经理、基金受托人等。发起人也可以成为基金经理的股东之一，分享基金管理收益。中介机构一般包括：承销商、境内外律师、会计师、物业估值师等。

D 寻求一家金融信托机构作为上市总协调、总策划和总顾问。

E 设计整体上市方案。

F 组成专业发行团。由金融信托机构协助选择合适的发行、承销、评估、会计、律师等中介机构，对上市方案进行细化。

G 把成熟方案上报香港证监会。通过后提交到香港联交所，审查通过即进入招股阶段，招股成功，即实现上市流通。

相关法律问题：

A 境外收购资产问题。境内房地产企业在境外注册公司，收购境外上市公司，再通过收购境内公司的资产，达到境内公司资产上市的目的。如果收购资产涉及国有资产，则面临国有资产转让的特殊审批程序。

B 税收问题。发起人直接将物业出售给 REITs 面临多项税费。而通过将境内持有物业公司进行剥离，使该公司仅拥有拟置入 REITs 的物业，再由 REITs 进行股权收购 SPV 的办法，虽然可以绕过隐物业产权变动而发生的流转税费，但是由于 SPV 所能向股东分配的利润必须是可分配利润完税并提取各项折旧、储备、福利基金后的剩余部分，REITs 投资者的投资收益将大大降低。同时，在我国目前税法体系下，双重征税仍然难以避免。

三、总　结

在宏观调控一直持续的情况下，我国房地产企业为了应对政策影响，获得新的生存和发展空间，尝试了多种融资创新模式。尽管由于我国房地产业宏观调控的政策效应尚未完全显露，房地产金融的调整走势仍然没有得到制度性的明确确认，导致现有的融资模式创新表现出了较强的对策性质，具有鲜明的钻空子心态和过渡性特征。但正如国际上房地产行业、市场发展和企业形态演变的历史经验所示，目前的融资创新和业务调整无疑是我国房地产业发展进入深刻变革期的历史准备阶段。

前已述及，在目前的过渡时期，我国房地产的产业链形态将表现为物业与资本对接、土地与资本集成，以及产业环节细分，有实力的开发企业向基金转变；企业融资创新空间表现为融资环境预期可变下的持续的制度、产品创新；企业的融资策略表现为融资策略与战略调整的协同，企业业务定位与融资架构、理念、流程调整的同步；企业形态表现为单纯的开发商向融资型开发商、投资型运营商转变。目前房地产企业的融资策略调整态势已经对此有所表现，即：有效的战略应对基本都呈现出企业融资策略与业务模式的同步调整态势。企业融资创新不仅体现了企业业务定位的深层需要，而且在相当多的时候甚至表现为融资创新本身设定了企业新的业务和盈利模式，进而在相当程度上正在成为行业盈利模式重塑的内生动力，这也是我国当前宏观调控对房地产影响的最深远效应之一。

无人可以否认，房地产是一个政策关联度很大的行业。近期密集议行的宏观调控是一次重大变化，有可能改变房地产业未来 5 年的整体运行环境。但是，值得注意的是，调控不是现在开始的，房地产行业几年来一直在变化。变，已经成为市场的一种常态，关键看房地产企业如何适应变化。2009 年金融的过度支持，使得相当多的房地产企业错失了企业融资模式创新的机会，才引致了今日的行业性危机。此后的行业走向将日渐证明：谁能够及时建立起应变能力强的长效融资创新模式，谁才能具有"守常御变"的抗波动空间和反周期操作的能力。而对房地产行业而言，如何以前述等局部创新为基础，进而打造更具行业性、制度性价值的创新融资体制，则是本次调控与已有创新能否获得历史价值的关键，也是奠定我国房地产未来行业地位的关键。

（刘大志，男，汉族，经济管理学院教授。本文发表于《当代经济研究》2011 年第 7 期）

基于非对称随机波动模型的
人民币汇率波动特征研究

张　欣　崔日明

一、引　言

2005年7月21日，为进一步完善人民币汇率形成机制，继续保持人民币汇率在合理、均衡水平上的基本稳定，中国人民银行决定开始实行以市场供求为基础、参考一篮子货币进行调节、有管理的浮动汇率制度。这标志着人民币汇率形成机制的市场化改革迈入了一个全新的发展阶段，这一发展阶段在增强人民币汇率弹性和灵活性的同时，也加剧了人民币汇率波动的复杂性和不确定性。在经济全球化、金融一体化的发展趋势下，人民币汇率的波动不仅会通过汇率传递机制对进出口贸易、FDI投资活动、国内通货膨胀、股票收益和利率等实体和虚拟经济变量产生影响，而且还会对货币政策制定、外汇储备头寸管理和外汇市场操作等宏观金融政策形成冲击。因此，准确把握新汇率体制下人民币汇率的波动模式，加深对汇率波动统计特征的认识和了解显得尤为迫切和异常重要。

本文的主要贡献是首次尝试在随机波动（Stochastic Volatility，SV）模型框架内来考察人民币汇率波动过程的动态特征。SV模型是目前最为前沿的研究高频金融时间序列波动性特征的计量方法，与GARCH族模型简单假定条件方差 σ_t^2 与前期随机扰动 ε_{t-1}^2 和前期条件方差 σ_{t-1}^2 之间具有确定性的函数关系所不同，SV模型假定条件方差 σ_t^2 遵循某个潜在的随机过程。即允许条件方差 σ_t^2 的方程中引入随机扰动项，这与GARCH族模型相比是一个不小的进步。正是由于允许条件方差 σ_t^2 方程中引入随机扰动项，才使得 SV 模型在刻画波动性动态特征时比 GARCH 族模型更灵活、更具有优势。鉴于高频金融时间序列的波动性一般都存在着非对称性这一典型化事实，我们在描述人民币汇率波动性过程中选择了非对称随机波动（Asymmetric Stochastic Volatility，ASV）模型，旨在更好地捕捉人民币汇率条件波动过程中可能存在的非对称特征。

　　本文的结构安排如下：第二部分对相关研究文献进行了回顾和梳理，第三部分介绍了 ASV 模型及 MCMC 估计方法，第四部分描述了人民币汇率数据来源，并对实证结果进行了分析，第五部分是主要结论和政策启示。

二、研究文献综述

　　汇率波动性作为汇率动态行为描述的重要组成部分，一直是学术界和政策制定者关注的焦点。国外学者关于汇率条件波动性方面的研究主要是围绕着 GARCH 族模型和 SV 族模型来展开的。例如：Domowitz 和 Hakkio（1985）最早利用 ARCH 和 GARCH 模型对汇率波动的时变性特征和风险溢价等问题进行了阐释。Bollerslev（2003）利用 GARCH 模型对马克和日元的汇率波动分布及相关性等问题进行了研究，并在研究过程中打破了对样本分布的限制约束，不仅考虑了标准正态分布的 GARCH 模型，而且还考虑了广义差分分布等其他更为一般的分布形式。Kilic（2007）运用具有 NIG 分布的 FIGARCH 模型考察了英镑、加元、欧元、日元、马克和法郎等汇率的条件波动特征，并与具有正态分布和学生分布等不同分布假说的 GARCH 模型和 FIGARCH 模型进行了比较分析，结果发现具有 NIG 分布的 FIGARCH 模型具有更好的拟合优度。

　　近年来，有学者开始使用 SV 族模型来研究汇率条件波动性特征。Ronald 等（1998）使用一阶 SV 模型研究了美元、英镑、日元和马克四种主要货币 20 年间周汇率波动性特征。估计结果表明，引入厚尾随机扰动项后，汇率波动的持续性明显增强。Meyer 和 Yu（2000）在 SV 框架下研究了英镑汇率的波动性特征，结果显示英镑汇率波动性存在着"杠杆效应"。此外，Selçuk（2004）使用 ASV 模型对土耳其里拉汇率的波动过程进行了研究，Tims 和 Mahieu（2006）还使用过多元随机波动（Multivariate Stochastic Volatility）模型研究过美元、英镑、日元和欧元等汇率的波动性特征。

长期以来，由于我国实施盯住美元的固定汇率政策，所以关于人民币汇率波动性方面的研究较少。学术界关于人民币汇率的研究主要集中在汇率制度选择和汇率定价上。2005 年 7 月 21 日人民币汇率市场化改革之后，有关人民币汇率问题的研究也逐渐开始活跃。学术界除了研究人民币汇率变动对宏观经济、微观主体的影响（王自锋等，2009；黄雪飞和李成，2011）和人民币汇率均值水平的动态特征之外（杨长江等，2012），还特别关注了人民币汇率波动过程的动态特征。

朱孟楠和严佳佳（2007）利用 GARCH 模型测算了人民币汇率的波动性，将其与美元、日元、港币、菲律宾比索、马来西亚林吉特和新加坡元进行比较分析。认为现阶段我国应该在不放弃政府干预的前提下，考虑适度放宽汇率波动的区间。曹红辉和王深（2008）估计了境外人民币无本金交割远期汇率（CNYNDF）的高频日汇率随机游走模型，并运用 ARCH 族模型对估计残差进行了检验，发现其汇率序列数据具有"尖峰厚尾"和波动集聚等统计特征。

赵华和燕焦枝（2008）使用状态转换 GARCH 模型从非线性视角对汇改后人民币汇率的波动特征进行了分析。发现人民币汇率波动呈现出阶段性的高、低波动两种状态。骆殉和吴建红（2009）采用 GARCH 模型对 2003 年至 2007 年间 1069 个美元兑人民币汇率日度数据进行了拟合，发现我国外汇市场确实存在 ARCH 效应，GARCH 模型能够较好地描述汇改后人民币汇率的条件波动性。崔百胜（2011）使用 Pair Copula-GARCH-t 模型研究了人民币对美元、欧元、港元、日元和英镑等五种货币汇率收益率序列波动的条件与无条件相关变动关系。发现在 C 藤结构中，人民币对美元与人民币对港元汇率序列存在显著无条件正相关性，且各收益率序列下尾相关性显著高于上尾相关性，但在 D 藤结构中，不存在显著无条件相关性。

何茵等（2011）使用 VAR-GARCH 模型研究了 2006 年 8 月以来人民币即期和离岸期货市场的关系。结果发现，人民币离岸期货市场的投机程度并未对即期汇率的波动性产生显著影响；相反，人民币即期汇市的波动却显著地影响离岸期货市场的投机程度。赵树然等（2012）使用非参数 GARCH 模型对美元和日元兑人民币汇率的日对数收益率来进行分析和预测，结果综合表明非参数 GARCH 模型比 GARCH 模型具有最强的预测能力。夏强和刘金山（2012）采用双门限非对称 GARCH 模型比较了美元兑人民币和非美元兑人民币汇率均值和波动过程的非对称特征，结果发现非美元兑人民币汇率的均值和波动过程都表现出非对称特征。

需要指出的是，上述文献在研究人民币汇率波动性时都是借助 GARCH 族模型来完成和实现的。目前，还没有文献使用 ASV 模型研究过人民币汇率的波动性特征。

三、ASV 模型与 MCMC 估计方法

（一）ASV 模型

SV 模型把波动性视为一个潜在的随机过程，最早由 Taylor（1982）引入金融研究领域内并率先在期权定价研究中被广泛应用（Hull 和 White，1987；Taylor，1994；Ghysels 等，1996）。后来 SV 模型开始被逐渐应用于描述金融时间序列的条件波动性（Kim 等，1998）。Harvey 和 Shephard（1996），Yu（2000），Jacquier 等（2004）在 SV 模型中引入"杠杆效应"，完成了 SV 模型向 ASV 模型的扩展。一个连续 ASV 模型可由如下两个差分方程表出：

$$d\ln S(t) = \sigma(t)dB_1(t) \tag{2.1}$$

$$d\ln \sigma^2(t) = \alpha + \beta\ln \sigma^2(t)dt + \sigma_\upsilon dB_2(t) \tag{2.2}$$

在（2.1）和（2.2）式中，d 表示差分符号，$S(t)$ 代表资产价格，$\sigma^2(t)$ 表示资产收益率的波动性（Volatility），$B_1(t)$ 和 $B_2(t)$ 是两个相关的布朗运动过程，$corr(dB_1(t), dB_2(t)) = \rho$。当 $\rho < 0$ 时，意味着资产收益与其波动性之间负相关，此时"杠杆效应"成立。

对上述连续形式的 ASV 模型进行 Euler-Maruyama 近似变换，可得到如下离散形式的 ASV 模型：

$$r_t = \sigma_t \mu_t \tag{2.3}$$

$$\ln \sigma_{t+1}^2 = \alpha + \phi \ln \sigma_t^2 + \sigma_v v_{t+1} \tag{2.4}$$

这里，$r_t = \ln S(t) - \ln S(t-1)$，代表资产收益率，$\alpha$ 为截距项，$\phi = 1 + \beta$，度量了波动过程的持续性。容易看出，条件方差方程（2.4）中引入了随机扰动项 $\sigma_v v_{t+1}$，其中 $\sigma_v > 0$ 表示条件方差方程中随机扰动的标准差，这与经典的 GARCH 模型假定条件方差是一个确定性的函数（$\sigma_t^2 = \omega + \alpha \varepsilon_{t-1}^2 + \beta \sigma_{t-1}^2$）有本质区别。$v_{t+1} = B_2(t+1) - B_2(t)$，$\mu_t = B_1(t+1) - B_1(t)$，由布朗运动的统计性质可知 μ_t 和 v_{t+1} 均服从 $IIDN(0, 1)$ 分布，$corr(\mu_t, v_{t+1}) = \rho$，相关系数 ρ 的显著性刻画了资产收益率波动过程的非对称性。为了进一步考察相关系数 ρ 在描述波动过程非对称特征方面的贡献，我们给出离散 ASV 模型的高斯非线性状态空间（Gaussian Nonlinear State Space）表示：

$$r_t = \sigma_t \mu_t \tag{2.5}$$

$$\ln \sigma_{t+1}^2 = \alpha + \phi \ln \sigma_t^2 + \sigma_v \sigma_t^{-1} \rho r_t + \sigma_v w_{t+1} \sqrt{1 - \rho^2} \tag{2.6}$$

其中，$w_t = (v_{t+1} - \rho \mu_t) / \sqrt{1 - \rho^2}$，$w_t \sim IID(0, 1)$，$corr(u_t, w_{t+1}) = 0$。显然，在（2.6）式中 $\ln \sigma_{t+1}^2$ 是 r_t 的线性函数，r_t 对 $\ln \sigma_{t+1}^2$ 的边际影响为：$\partial \ln \sigma_{t+1}^2 / \partial r_t = \rho \sigma_v / \sigma_t$，这意味着在其他条件不变的情况下，当期收益率 r_t 变化一个单位将导致下一期 $\ln \sigma_{t+1}^2$ 变化 $\rho \sigma_v / \sigma_t$ 个单位。如果 $\rho < 0$，r_t 下降时所引致的波动变化要大于 r_t 上升时引致的波动变化。例如，当 $\rho = -0.5$，$\sigma_v = 0.5$，$\sigma_t = 1$ 时，r_t 下降 5%，则 σ_{t+1}^2 增加 25%；相反 r_t 上升 5%，则 σ_{t+1}^2 增加 20%。此时称波动过程存在着"放大利空、缩小利好"型非对称特征。同样可知，当 $\rho > 0$ 时，r_t 上升时所引致的波动变化要大于 r_t 下降时所引致的波动变化，此时称波动过程存在着"放大利好、缩小利空"型非对称特征。因此，ASV 模型能够细腻地刻画当期收益率变动对未来波动性的非对称影响。联合非对称效应（Combine Asymmetric Effect）$\rho \sigma_v$ 度量了非对称反应强度，当 $\rho > 0$ 时，联合非对称效应越大说明非对称程度越强；$\rho < 0$ 时，联合非对称效应越小说明非对称程度越强。

（二）MCMC 估计方法

本文采用 MCMC（Markov Chain Monte Carlo）方法来估计 ASV 模型[①]。为了便于执行 MCMC 估计，需要把（2.5）和（2.6）式写成如下状态方程和观测方程形式：

$$h_{t+1}\big|h_t,\alpha,\phi,\sigma_v^2 \sim N\left(\alpha+\phi h_t,\sigma_v^2\right) \tag{2.7}$$

$$r_t\big|h_t,h_{t+1},\alpha,\phi,\sigma_v^2,\rho \sim N\left(\frac{\rho}{\sigma_v}e^{h_t/2}\left(h_{t+1}-\alpha-\phi h_t\right),e^{h_t}\left(1-\rho^2\right)\right) \tag{2.8}$$

其中，$h_t=\ln\sigma_t^2$。令 $r_T=\left(r_1,...,r_T\right)'$，表示收益率向量，$H_T=\left(h_1,...,h_T\right)$，表示不可观测的波动状态向量，$\alpha$，$\phi$，$\sigma_v^2$ 和 ρ 为未知参数。根据模型有关假定和贝叶斯定理可构造如下参数联合概率分布：

$$
\begin{aligned}
p\left(\alpha,\phi,\sigma_v,\rho,H_T\big|r_T\right) &= p\left(\alpha,\phi,\sigma_v,\rho\right)p\left(H_T,r_T\big|\alpha,\phi,\sigma_v,\rho\right) \\
&= p\left(\alpha,\phi,\sigma_v,\rho\right)p\left(h_1\big|\alpha,\phi,\sigma_v,\rho\right)p\left(r_1\big|h_1,\alpha,\phi,\sigma_v,\rho\right) \\
&\times \prod_{t=2}^{T}p\left(h_t\big|H_{t-1},\alpha,\phi,\sigma_v,\rho\right)\times\prod_{t=2}^{T}p\left(r_t\big|H_{t-1}\right)
\end{aligned} \tag{2.9}
$$

这里，我们遵照 Kim（1998）等人和 Yu（2005）的做法，假定 α，ϕ，σ_v^2 和 ρ 的先验分布相互独立。令 $\sigma_v^2 \sim IG\left(2.5,0.025\right)$，$\alpha \sim N\left(0,0.02\right)$，$\phi=2\phi^*-1$，$\phi^* \sim \beta\left(20,15\right)$，$\rho \sim U\left[-1,1\right]$。在给定参数的先验分布、参数初值以及收益率向量后，便可以从各个参数的条件后验分布函数中抽取其估计值[②]。MCMC 方法的估计过程如下：

第一步：对参数 α，ϕ，σ_v^2，ρ 和不可观测波动向量 H_T 赋予初始值。

第二步：从 $p\left(\alpha\big|\phi,\sigma_v^2,\rho,H_T,r_T\right)$ 中抽取 α。

第三步：从 $p\left(\phi\big|\alpha,\sigma_v^2,\rho,H_T,r_T\right)$ 中抽取 ϕ。

第四步：从 $p\left(\gamma\big|k,\phi,r_T,H_T\right)$ 抽取 γ，从 $p\left(\pi\big|\gamma,k,\phi,r_T,H_T\right)$ 中抽取 π，计算后得出 ρ 和 σ_v^2 的抽样值。其中，$\pi=\rho\sigma_v$，$\gamma=\sigma_v\sqrt{1-\rho^2}$，$k=\alpha\left(1-\phi\right)$。

[①]　很多方法可以用来估计 ASV 模型。例如：广义矩估计 GMM（Taylor，1986）、伪极大似然估计 QML（Harvey 和 Shephard，1994）、有效矩估计 EMM（Anderson，1999）、马尔可夫链蒙特卡罗方法（Kim 等，1998）。Anderson（1999）证明，MCMC 方法优于 GMM 和 EMM 方法，所以本文采用 MCMC 方法估计 ASV 模型。

[②]　各个参数详细的条件后验分布参见 Jacquier 等（2004）的论文。

第五步：从 $p\left(h_T \mid h_{t-1}, r_T, \alpha, \phi, \sigma_v^2\right)$ 中抽取 h_t。

第六步：令 $\xi_*^{(j)} = \left(\alpha, \phi, \sigma_v, \rho, h_t\right)'$，记 $j=j+1$，返回第二步重复抽样。

四、数据描述与实证结果分析

（一）数据说明与统计描述

本文使用的数据为美元兑人民币名义汇率日度数据，数据来源于国家外汇管理局官方网站。样本长度从 2005 年 7 月 22 日至 2012 年 9 月 5 日，共 1738 个样本观测值。美元兑人民币汇率收益率定义如下式：

$$r_t = 100 \times \log\left(S_t / S_{t-1}\right) \tag{2.10}$$

其中，r_t 表示美元兑人民币汇率日收益率，S_t 表示美元兑人民币名义汇率。表 1 给出了美元兑人民币汇率收益率数据的概要统计结果，图 1 绘制了美元兑人民币汇率收益率序列的描述性统计图。

表 1　美元兑人民币汇率收益率序列的概要统计结果表

项目 序列	N	均值	标准差	偏度 S	峰度 K	Q (20)	Q² (20)	LM (q−2)	LM (q−4)
汇率收益率	1737	−0.0141	0.0848	−0.4141	5.7686	38.817 (0.007)	762.68 (0.000)	41.962 (0.000)	37.629 (0.000)

注：N 表示样本容量，Q (20) 表示汇率收益率序列滞后 20 阶 Q 统计量，Q² (20) 表示汇率收益率平方序列滞后 20 阶 Q 统计量，LM 表示 LM 检验统计量，q 表示滞后阶数，括号内数字表示 p 值。

表 1 中偏度统计量和峰度统计量分别是 −0.4141 和 5.7686，说明美元兑人民币汇率收益率序列具有明显的"尖峰厚尾"分布统计特征。Q (20) 和 Q²(20) 检验统计量结果为 38.817 和 762.68，均在 1% 的显著水平下显著，表明美元兑人民币汇率收益率序列及其平方序列存在着显著的序列相关特征。同样地，滞后 2 阶和 4 阶的 LM 检验统计量结果则进一步表明美元兑人民币汇率收益率序列具有显著的 ARCH 效应。

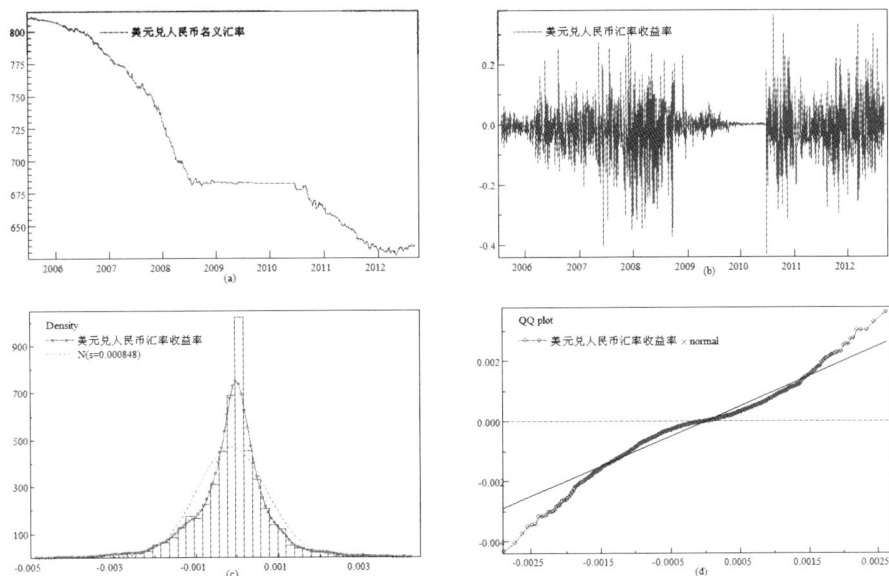

图 1　美元兑人民币汇率收益率序列的描述性统计图

图 1 (a) 给出了美元兑人民币名义汇率变化的动态轨迹。不难看出，美元兑人民币汇率自 2005 年 7 月 21 日汇改之后，表现为明显的持续升值态势，受全球金融危机和世界经济增速放缓等复杂因素影响，汇率轨迹仅在 2008 年下半年至 2010 年上半年，出现过短暂的止升调整过程。汇率升值速度和幅度均呈现出前快后慢的特征。图 1 (b) 给出了美元兑人民币汇率收益率路径，与股票收益率等其他高频金融时间序列一样，美元对人民币汇率的收益率也存在明显的时变波动性（Time-varying Volatility）和波动集聚（Volatility Clustering）特征。值得特别注意的是，在 2008 年下半年至 2010 年上半年名义汇率止升调整期间，汇率收益率的波动也相对平缓。图 1 (c) 给出了美元兑人民币汇率收益率的非参数密度估计值及相应的正态近似值，显然与正态密度相比，汇率收益率的密度分布表现为明显的"尖峰厚尾"特征。图 1 (d) 绘制的汇率收益率的 Q-Q 图进一步证实了表 1 和图 1 (c) 的统计描述结果。

（二）人民币汇率波动过程的 ASV 模型估计结果分析

本文采用 WinBUGS 软件对 ASV 模型进行 MCMC 估计，迭代初值设为

$\alpha = 0$，$\phi = 0.98$，$\sigma_v^2 = 0.025$，$\rho = -0.4$。迭代次数为 53000 次，其中前 3000 次作为预烧（burn-in）抽样舍去。图 2 至图 4 分别给出了参数 α、ϕ、σ_v 和 ρ 的 MCMC 迭代抽样序列图、条件后验分布密度图以及 MCMC 迭代序列的自相关图。图 2 和图 3 显示，参数的迭代过程基本都围绕着后验均值附近上下波动，展现出较好的收敛性。图 4 中 MCMC 迭代过程的序列自相关图表明，各个参数的 MCMC 模拟过程都以较快的速度（500 次迭代内）向零收敛。图 2 至图 4 说明，MCMC 估计过程是平稳的，本文采用 MCMC 算法估计 ASV 模型是有效且可行的。

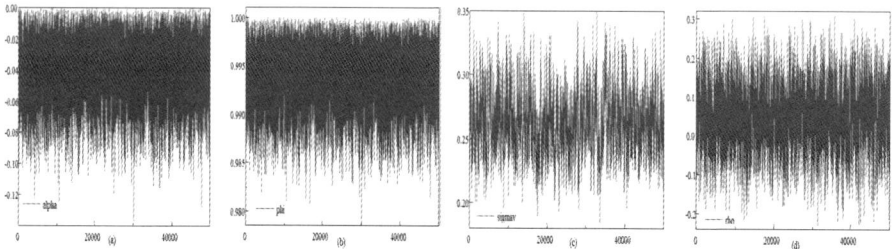

图 2　参数 MCMC 迭代的抽样序列图

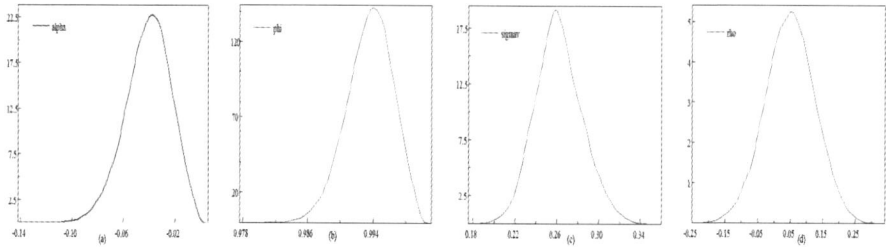

图 3　参数条件后验分布密度图

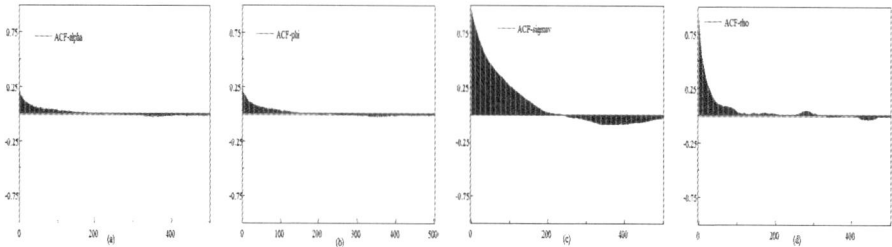

图 4　参数 MCMC 迭代序列的自相关图

表 2 给出了美元兑人民币汇率收益率 ASV 模型参数的相应估计结果。其中表征波动持续性参数 ϕ 的后验均值高达 0.9936，且落入 95% 的置信区间 [0.9877，0.9985] 之内，这说明汇率波动过程明显具有很强的持续性。表征非对称特征的参数 ρ 的后验均值为 0.0491，对应的 95% 的置信区间为 [−0.1012，0.1979]，这表明美元兑人民币汇率收益率 r_t 与波动性 $\ln\sigma_{t+1}^2$ 之间存在着显著的正相关关系，汇率波动过程存在着"放大利好，缩小利空"型的非对称特征。这与股票收益率普遍存在的"放大利空，缩小利好"型的非对称波动特征（杠杆效应）完全相反。这一新型非对称波动特征可从国家风险视角进行解释，对于一个小型开放经济体而言，名义汇率波动性在某种意义上代表了该经济体所面临的经济风险，当该经济体的名义汇率贬值时（以本币标价的外币价格上升，汇率收益率上升），将无形中增加该经济体的债务负担，进而加剧该经济体所面临的经济风险，经济风险的增加表现为该经济体货币名义汇率的波动性增强，从而就会出现汇率收益率 r_t 增加，汇率波动性 $\ln\sigma_{t+1}^2$ 联动增强的正相关关系。

表 2　汇率收益率 ASV 模型参数估计结果表

项目＼参数	均值	标准差	中值	95% 置信区间	
				2.5%	97.5%
α	−0.0408	0.0175	−0.0398	−0.0782	−0.0098
φ	0.9936	0.0028	0.9938	0.9877	0.9985
ρ	0.0491	0.0758	0.0493	−0.1012	0.1979
σ_v	0.2621	0.0224	0.2609	0.2204	0.3089
$\rho\sigma_v$	0.0129	0.0017	0.0128	−0.0223	0.0611
ML	−2781.0				

注：ML 表示极大似然估计量。

联合非对称效应 $\rho\sigma_v$ 的后验均值为 0.0129，其所对应的 95% 的置信区间为 [−0.0223，0.0611]。联合非对称效应 $\rho\sigma_v$ 进一步定量刻画了美元兑人民币汇率收益率波动过程中非对称效应的大小。例如，当 $\sigma_t=1$ 时，t 期的汇率收益率 r_t 增加 5%，则 $t+1$ 期的波动性 σ_{t+1} 将增加 3.28%，相反，如果

t 期的汇率收益率 r_t 下降 5%，则 $t+1$ 期的波动性 σ_{t+1} 将下降 3.17%。

从联合非对称效应的强度来看，美元兑人民币汇率波动过程的非对称效应不算大，仅为 0.11%，这与我国现阶段实施的有管理的浮动汇率制度是分不开的。来自浮动汇率体制下的经验研究发现汇率波动的非对称效应都较大，例如：Selçuk（2004）研究结论表明土耳其里拉（TRL）兑美元汇率波动的非对称效应接近 10%，Jacquier 等（2004）研究发现加元对美元汇率波动的非对称效应为 3%，Asia 等（2011）研究结果显示美元兑澳元汇率波动的非对称效应为 2%，日元兑美元汇率波动的非对称效应为 1%。由此可见，随着人民币汇率市场化改革的逐步推进，人民币汇率弹性和浮动程度逐步增强的同时，人民币汇率波动过程的非对称效应也会随之加大。

（三）人民币汇率波动过程的 ASV 模型拟合效果检验

为了进一步考察 ASV 模型对美元兑人民币汇率收益率波动过程的拟合效果，我们基于所有样本信息条件下，估计了汇率收益率波动性 σ。图 5（a）给出了估计的汇率收益率波动性的动态轨迹。容易看出，使用 ASV 模型估计得到的汇率收益率波动性变化特征与图 1（b）中汇率收益率变化的特征完全吻合，这表明 ASV 模型能够较好地描述美元兑人民币汇率收益率的条件波动性。

此外，我们还计算了标准化的汇率收益率序列 $nr_t = r_t/\sigma_t$，并绘制了 nr_t 序列的非参数密度估计及正态密度近似图和 nr_t 序列的 Q-Q 图（见图 5（b）至图 5（d））。图 5（b）显示，标准化后的汇率收益率波动的时变性和集聚性特征基本不存在了。图 5（c）显示，标准化收益率 nr_t 序列基本上落在区间 [−2.5，2.5] 上，nr_t 序列的非参数密度估计与正态密度基本相吻合，这表明标准化后的收益率 nr_t 序列基本上呈现为标准正态分布。图 5（d）所示的标准化收益率 nr_t 序列 Q-Q 图进一步证实了图 5（c）的结论，经验 Q-Q 线与 45 度直线基本重合，这说明经过 ASV 模型拟合后，美元兑人民币汇率标准化收益率 nr_t 序列基本上为一个标准正态分布。

五、主要结论与政策启示

本文使用 ASV 模型和 MCMC 估计方法对人民币汇率条件波动过程的动态特征进行了实证分析。ASV 模型是目前研究金融时间序列条件波动性特征的前沿方法，其在条件波动过程中引入一种新的随机过程，与经典的非对称 GARCH 族模型相比，ASV 模型的尾部拟合能力更强、拟合效果更好。MCMC 估计方法可以直接从参数的联合概率密度中生成样本。Jacquier 等（2004）指出在估计 ASV 模型参数时，MCMC 估计比 QML 估计和 GMM 估计更有效、估计速度更快。

基于上述研究方法本文主要得出三点结论：其一，从 MCMC 估计方法得到的参数后验估计结果，到估计的汇率波动性序列，再到标准化汇率收益率的描述统计图，都表明 ASV 模型能够很好地阐述美元兑人民币汇率收益率的动态特征。其二，ASV 模型的估计结果显示，表征波动持续性参数 ϕ 的后验均值高达 0.9936，非常接近 1，这意味着人民币汇率的波动过程不仅存在时变特征，而且波动过程明显具有很强的持续性。其三，美元兑人民币汇率收益率与其条件波动性之间存在着显著的正相关关系，相关系数 ρ 的后验均值为 0.0491，这说明人民币汇率波动性对"好消息"和"坏消息"的反映存在显著的非对称特征，这种非对称特征不同于在股票市场普遍发现的"放大利空，缩小利好"型的"杠杆效应"，而是突出表现为"放大利好，缩小利空"。但波动的非对称效应和强度较弱，汇率收益率 r_t 上升和下降 5% 时，波动性 σ_{t+1} 的非对称变动效应为 0.11%。但是随着人民币汇率制度市场化改革的不断深入，人民币汇率波动性的非对称效应和程度将会有所增强。

上述研究结论对进一步推进人民币汇率市场化改革，继续保持人民币汇率在合理、均衡水平上的基本稳定具有重要启示意义。受美国实施新一轮量化宽松货币政策和无限期延续低利率等负面消息影响，美元疲软、人民币坚挺的预期格局不会发生实质性的转变，这意味着在今后相当长的一段时间内，人民币汇率继续升值的基本走势不可逆转，未来汇率浮动区间管理和干预任务依然繁重。央行在采取措施干预和管理汇率波动性时，在时机选择和

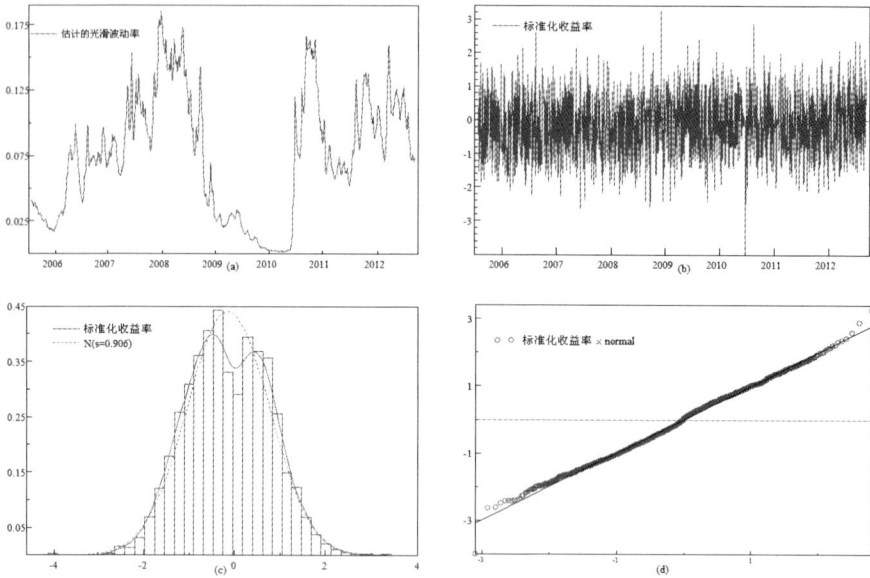

图5 汇率收益率波动性的估计结果及标准化序列的相关图

力度把握上不仅要充分考虑到人民币汇率波动的时变性和持久性特征，而且更要考虑汇率波动的非对称性和非对称类型，特别应注意汇率制度开放程度与非对称效应之间的正向关联关系。当面对正负不同的汇率冲击时，央行对冲击反应方式和反应程度应有所差别。

 （张欣，女，汉族，国际商学院副教授，主要从事国际贸易
 和国际商务研究。本文发表于《国际金融研究》2013年
 第1期）

企业家声誉对债务融资影响研究

张　敏　李延喜

一、引　言

　　MM 理论认为在完美资本市场中企业的外部资金和内部资金可以完全替代。但由于信息不对称、代理问题及交易成本的存在，现实世界中并不存在真正意义上的完美资本市场。Myers 和 Majluf (1984) 把信息不对称问题引入到资本市场的研究中，建立了不完美市场下的融资优序理论。他们认为内外部融资成本存在差异，企业面临的融资约束程度与信息不对称程度正相关。[①] 信息不对称状况的改善，将有助于提高企业外部融资能力。

　　解决信息不对称问题的重要手段之一是积极构建企业及企业家良好的声誉。会计学家们基于信号理论进行的研究表明，声誉本身具有信号传递功能，能够降低交易双方的信息不对称程度，有利于提高企业股票价格和企业的融资能力，为企业带来"超额收益"。[②] 企业家追求良好的个人声誉，不仅增加了其在企业家市场上讨价还价的能力，而且能够向社会公众传达良好的信号，为企业带来"超额收益"。在我国，良好的企业家声誉能否降低企业的融资约束程度，进而提高其债务融资能力，降低其债务融资成本是值得

---

①　Myers, S.C., Majluf, N.S., "Corporate Financing and Investment Decisions When Firms Have Information that Investors Do Not Have", *Journal of Financial Economics*, 1984, 13 (2), pp. 187-221.

②　Mathews, M.R., "A Suggested Classification for Social Accounting Research", *Journal of Accounting and Public Policy*, 1984, 3 (3), pp. 199-221.

深入探讨的问题。

信息不对称问题导致企业面临外部融资约束，解决信息不对称问题的途径之一便是构建企业家良好的声誉机制。声誉是公众对某人或某物的总体评价，是反映主体信息质量的一种信号，该信号随着声誉机制在公众中传播，并直接影响声誉主体的社会形象。[1]Macaulay（1963）认为声誉信息能够替代正式的合同以及公共法律体系，降低机会主义倾向，减少发生逆向选择的可能性。[2]

企业家声誉是一项宝贵的财富，能够为其顾客提供关于产品和服务的有价值的信息，并为企业带来"超额收益"。[3]良好的企业家声誉提高了外部投资者对企业的关注和信息发掘程度，改善了企业的外部融资环境。Gomes（2000）证实，在一个IPO公司中，管理者声誉作为一种隐形契约，是一种十分重要的治理机制的替代机制，能够为企业融资带来便利。[4]青木昌彦同样指出，企业家的素质、品质以及技能积累水平等不易量化信息通常被用于商业判断，这种现象在发展中国家与转轨经济中尤为常见。[5]

基于关系融资理论研究表明，银行和企业及企业家在长期合作中，会产生各种软信息。这些信息可以在一定程度上替代财务报表等信息，降低双方的信息不对称程度，改善企业的融资环境，提高融资效率。[6]尤其是当司法体系无法保证债务契约得到有效执行时，借款人的声誉便会对债务契约产生重大影响。在我国特殊的制度背景下，"政治关系"被视为一种重要的声誉机制。[7]

---

[1] 参见李延喜、吴笛、肖峰雷、姚宏：《声誉理论研究述评》，《管理评论》2010年第10期。

[2] Macaulay, S., "Non-Contractual Relations in Business：A Preliminary Study", *American Sociological Review*, 1963, 28 (1), pp. 55-67.

[3] Wilson, R., "Reputations in Games and Markets", *Game-theoretic Models of Bargaining*, 1985, pp. 27-62.

[4] Gomes, A., "Going Public without Governance：Managerial Reputation Effects", *The Journal of Finance*, 2000, 55 (2), pp. 615-646.

[5] 参见青木昌彦：《比较制度分析》，上海远东出版社2001年版。

[6] Berger, A.N., Udell, G.F., "The Economics of Small Business Finance：The Roles of Private Equity and Debt Markets in the Financial Growth Cycle", *Journal of Banking and Finance*, 1998, 22 (6-8), pp. 613-673.

[7] 参见孙铮、刘凤委、李增泉：《市场化程度、政府干预与企业债务期限结构——来自我国上市公司的经验证据》，《经济研究》2005年第5期。

社会公众认为具有政治身份的民营企业家具有较高的声誉，民营企业家的政治身份通过传递民营企业质量信号使得企业获得更多的发展机会。① 与此同时，Egli 等（2006）研究发现，关系融资能够帮助企业家建立良好的个人声誉，声誉机制的建立能够帮助企业减少融资成本。② Dimond（1991）同样指出了企业家信誉在金融市场及银行监管中起到的积极作用。③

从以上国内外文献回顾中可以发现，已有文献从理论上梳理了企业家声誉与企业融资的关系，但是对于声誉如何影响企业融资、对企业债务融资成本有何影响等问题没有深入探讨。本文基于中国上市公司数据，实证研究企业家声誉对企业融资约束及债务融资的影响，对于企业家声誉的度量，以及企业家声誉对企业融资影响等研究领域具有借鉴意义。

二、研究设计

（一）研究假设的提出

资本市场中普遍存在信息不对称问题，融资企业拥有更多关于融资的信息，投资方无法识别融资企业的还款能力，只能获得融资企业对其获取未来收益的承诺，其承诺力度的大小直接影响了投资方决策的信心，而企业家声誉在增强融资企业的承诺力方面起到了实质性的作用。

企业家良好的声誉通常是其管理能力与人格魅力的代名词，是企业重要的无形资产。投资方认为具有良好声誉的企业家对公司管理和投资项目的选择上更具有经验，更加值得信赖。与此同时，企业家为了在公众和投资方面前保持良好的声誉形象，通常会对投资人做出不滥用资金的承诺。企业家

---

① 参见胡旭阳：《民营企业家的政治身份与民营企业的融资便利——以浙江省民营百强企业为例》，《管理世界》2006 年第 5 期。

② Egli, D., Ongena, S., Smith, D.C., "On the Sequencing of Projects, Reputation Building and Relationship Finance", *Finance Research Letters*, 2006, 3 (1), pp. 23-39.

③ Diamond, D.W., "Debt Maturity Structure and Liquidity Risk", *The Quarterly Journal of Economics*, 1991, 106 (3), pp. 709-737.

声誉越高，其为企业融资做声誉担保的作用也就越大，意味着企业面临良好的融资环境和较多的融资机会。基于此，提出本文的第一个假设：

假设1：企业家声誉对企业融资具有重要影响，企业家声誉越高，企业面临的融资约束越小。

由于企业家声誉的信号传递功能能够改善金融市场中的信息不对称程度，规避企业债务融资前的逆向选择及债务融资后的道德风险。良好的企业家声誉可以降低因信息不对称而增加的市场交易成本和交易风险，增加其融资机会，为规避银行不良贷款提供了较好的担保机制，银行可能更愿意提供更多的债务融资。基于此，提出本文的第二个假设：

假设2：企业家声誉对企业债务融资能力具有较大影响，企业家声誉越高，企业的债务融资能力越强。

若企业家具备良好的声誉，则其所在企业通常拥有良好的融资环境和较高的融资能力，减小了融资过程中的谈判成本、契约设计成本和惩罚执行成本，并且在一定程度上降低了违约的风险，拥有更多的融资机会。因而，在其他情况相同时，银行可能会对企业家声誉较高的企业索取较低的借款利率，使其承担较低的债务融资成本。基于此，提出本文的第三个假设：

假设3：企业家声誉对企业债务融资成本产生影响，企业家声誉越高，企业的债务融资成本越低。

（二）样本选取和数据来源

目前国内外学者对企业家声誉的度量主要集中在对职业经理人（CEO）和管理所有者声誉的度量上。如《Financial World》杂志从财务绩效、外部环境以及CEO的社会责任和道德伦理几个方面对CEO声誉进行评价；Milbourn（2003）用CEO的任职年限、任职方式以及CEO名字出现在行业相关刊物中的次数作为测量CEO声誉的代理变量[①]；Kaplan和Ravenscroft（2004）选取对管理者的道德评估、能力判断以及工作机会的判断作为衡量

[①]　Milbourn，T.T.，"CEO Reputation and Stock-Based Compensation"，*Journal of Financial Economics*，2003，68（2），pp. 233-262.

管理者声誉的代理变量①；Johnson 等（1993）从内部声誉和外部声誉两方面对 CEO 声誉进行度量②。孙世敏等（2006）从企业业绩和个人素质两个方面对我国国有企业 CEO 声誉进行评价。③ 另外，Francis 等（2008）采用媒体对 CEO 的曝光频率作为测量 CEO 声誉的代理变量④；Malmendier 和 Tate（2009）用众多出版物以及组织对 CEO 是否授予奖项作为其声誉的替代⑤。

1. 观察组样本的确定

借鉴 Malmendier 和 Tate（2009）的做法，以 2000—2009 年度"中国经济年度人物"获奖者、中国多家权威媒体评选的"中国改革开放三十年经济百人榜"以及 2006—2009 年度《经理人》杂志公布的"中国最佳企业家"的评选结果作为研究依据。该三种评选结果涉及中国大陆及港台的企业家与学者，其中包括在我国沪深两市上市公司就任的企业家 57 名。本文的观察组样本以该 57 名企业家所在的上市公司为基础，根据研究目的，按照以下标准进行筛选：（1）剔除 5 家金融、保险业上市公司；（2）剔除 2 家上市时间不到一年的上市公司；（3）剔除 3 家数据库中数据缺失的上市公司。最终得到 47 家上市公司，本文将这 47 家公司设定为高声誉企业家所在公司，即本文的观察组，其中涉及 16 家深市上市公司家、31 家沪市上市公司。

2. 对照组样本的确定

在选取对照样本时，遵循以下步骤进行选择：（1）在观察期内，并未获得以上 3 种殊荣；（2）按照证监会门类行业分类代码，选取与观察样本所属行业相同的对照样本，其中制造业遵循前两位行业代码相同原则；（3）规模

① Kaplan，S.E.，"Ravenscroft S P. The Reputation Effects of Earnings Management in the Internal Labor Market"，*Business Ethics Quarterly*，2004，14（3），pp. 453-478.

② Johnson，W.B.，Young，S.，"Welker M. Managerial Reputation and the Informativeness of Accounting and Market Measures of Performance"，*Contemporary Accounting Research*，1993，10（1），pp. 305-332.

③ 参见孙世敏、赵希男、朱久霞：《国有企业 CEO 声誉评价体系设计》，《会计研究》2006 年第 3 期。

④ Francis，J.，Huang，A.H.，Rajgopal，S.，Zang，A.Y.，"CEO Reputation and Earnings Quality"，*Contemporary Accounting Research*，2008，25（1），pp. 109-147.

⑤ Malmendier，U.，Tate，G.，"Superstar CEOs"，*Quarterly Journal of Economics*，2009，124（4），pp. 1593-1638.

相近，控制在观察组样本规模 70%—130% 之间；不能找到满足步骤（3）的样本，将规模范围调至 40%—150%，若满足条件的公司存在多家，按照上市时间相近的原则进行选取；若不存在满足条件的公司，则按照规模相近的原则进行选取。最终，获得了观察组和对照组样本各 47 个，总共 94 个公司作为总样本，为了避免新会计准则的影响，将研究年限设定为 2007—2009 年。

3. 数据来源

样本原始数据来自国泰安（CSMAR）数据库及锐思数据（RESSET），经过计算处理后得到各项财务指标，统计检验通过 EVIEWS 5.0 完成。

（三）变量的定义

1. 企业融资约束

在融资约束研究领域，Almeida 等（2004）验证了面临融资约束的企业会更多地从现金流中提取现金来增加现金持有量和企业的流动性，融资约束越大，现金——现金流的敏感度越大，因而，本文使用 Almeida 等提出的现金——现金流敏感度作为融资约束的代理变量。①

2. 企业债务融资能力

由于债务融资包括公司发行债券的直接融资和向银行、其他企业借款的间接融资，本文将企业当年的短期借款、长期借款与应付债券三项之和与公司年末总资产的比率定义为企业债务融资率，用以衡量企业的债务融资能力。

表 1　变量描述

符号	含义	解释说明	符号	含义	解释说明
ΔCH_{it}	现金及现金等价物持有状况	（现金＋银行存款＋有价证券）的增加额	rep_{it}	企业家声誉	若企业家具有高声誉，定义为 1，否则定义为 0

① Almeida, H., Campello, M., Weisbach M. S., "The Cash Flow Sensitivity of Cash", *The Journal of Finance*, 2004, 59 (4), pp. 1777-1804.

符号	含义	解释说明	符号	含义	解释说明
DFR_{it}	债务融资率	（短期借款＋长期借款＋应付债券）/期末资产总额	Q_{it}	投资机会	公司市场价值/公司重置成本
$cost_{it}$	债务融资成本	（利息支出＋手续费＋其他财务费用）/（短期借款＋长期借款＋应付债券）	INV_{it}	资本支出	现金流量表中购买固定资产和无资产的现金数
D_{it}	最终控制人类型	若公司第一大股东的最终控股股东类别为国有控股，定义为1，否则定义为0	ΔSTD_{it}	流动负债持有	流动负债的增加额
ΔNWC_{it}	公司非现金营运资本	（非现金流动资产－无息流动负债－无息长期负债）的增加额	ROA_{it}	资产收益率	净利润/平均资产总额
$audit_{it}$	审计师事务所类型	若公司聘请的审计事务所为"四大"之一，定义为1，否则定义为0	$growth_{it}$	公司的成长性	利润总额增长率
CF_{it}	现金约束变量	公司经营性现金流量净额	FA_{it}	公司资产结构	固定资产/资产总额
$debt$	负债比率	平均负债总额/平均资产总额	$profit_{it}$	公司盈利能力	净利润/期末资产总额
$loan$	银行借款比率	平均借款总额/平均资产总额	$size_{it}$	公司规模	期末资产总额的自然对数
ind	行业虚拟变量	除制造业取2位行业代码外，其余均取1位，按照样本所属行业属性，设置19个行业虚拟变量			

3. 企业债务融资成本

企业债务融资成本不仅包括由于债务融资所支付的利息成本，同时还应包括企业在融资时所支付的手续费等其他成本。因此，本文将财务报表中"财务费用"明细下的"利息支出"、"手续费"以及"其他财务费用"相加，作为企业债务融资时支付的成本。本文将"利息支出"、"手续费"以及"其他财务费用"之和在企业债务融资总额中所占的比率作为衡量企业债务融资成本的代理指标，其中企业债务融资总额为企业当年的短期借款、长期借款与应付债券三项之和。

4. 企业家声誉

本文将重点关注企业家声誉在企业融资中起到的重要作用。文中将企业家声誉定义为虚拟变量，若该企业的企业家获得了文中所提及的嘉奖，则认为该企业家声誉较高，取值为 1；否则，取值为 0。

5. 控制变量

国内外学者研究发现，审计师事务所类型对企业融资约束和融资能力具有重要影响。[1] 国有企业面临的融资约束小于民营企业，且民营上市公司与非民营上市公司相比承担了更高的债务融资成本，因而研究考虑最终控制人类型对企业融资的影响。[2] 同时，参考杨毅、姜付秀和陆正飞以及 Ge 和 Qiu 的做法，选取了公司盈利能力、负债比率以及公司规模等指标作为实证研究中的控制变量。[3] 设计实证研究模型时，本文针对不同的研究问题，选取了相应的控制变量。本文使用的各变量符号、含义及解释说明如表 1 所示。

（四）模型设定

为了验证企业家声誉对企业融资约束的影响，借鉴 Almeida 等提出的关于融资约束的扩展模型[4]，建立本文的研究模型（1）如下：

$$\Delta CH_{it} / A_{it-1} = a_0 + a_1 CF_{it} / A_{it-1} + a_2 size_{it} + a_3 Q_{it} + a_4 \Delta STD_{it} / A_{it-1} \\ + a_5 \Delta NWC_{it} / A_{it-1} + a_6 INV_{it} / A_{it-1} + a_7 D_{it} + ind + \varepsilon \quad (1)$$

其中，CF_{it} 项系数 a_1 为现金——现金流的敏感度，A_{it-1} 用以衡量企

① 吕伟：《审计师声誉、融资约束与融资能力》，《山西财经大学学报》2008 年第 11 期。

② 张纯、吕伟：《机构投资者、终极产权与融资约束》，《管理世界》2007 年第 11 期；李广子、刘力：《债务融资成本与民营信贷歧视》，《金融研究》2009 年第 12 期。

③ 杨毅：《中小企业融资中银行贷款的可获性——主要影响因素与地区差异》，《大连理工大学学报（社会科学版）》2009 年第 2 期；姜付秀、陆正飞：《多元化与资本成本的关系——来自中国股票市场的证据》，《会计研究》2006 年第 6 期；Ge，Y.，Jiaping，Q.，"Financial Development，Bank Discrimination and Trade Credit"，*Journal of Banking and Finance*，2007，31，pp. 513-530.

④ Almeida，H.，Campello，M.，Weisbach，M.S.，"The Cash Flow Sensitivity of Cash"，*The Journal of Finance*，2004，59（4），pp. 1777-1804.

业的融资约束程度；代表企业前一年度的资产总额，用以消除资产规模的
影响。

回归模型（2）为了检验企业家声誉对企业债务融资能力的影响，其中
rep_{it} 项系数 b_1 反映了企业家声誉对企业债务融资能力的影响。

$$DFR_{it} = b_0 + b_1 rep_{it} + b_2 audit_{it} + b_3 FA_{it} + b_4 profit_{it} + b_5 size_{it}$$
$$+ b_6 growth_{it} + ind + \varepsilon \tag{2}$$

回归模型（3）用来研究企业家声誉对企业债务融资成本的影响，其中
rep_{it} 项系数 c_1 反映了企业家声誉对企业债务融资成本的影响。

$$\cos t_{it} = c_0 + c_1 rep_{it} + c_2 debt + c_3 ROA_{it} + c_4 loan + c_5 size_{it} + c_6 D_{it}$$
$$+ c_7 growth_{it} + ind + \varepsilon \tag{3}$$

三、回归结果分析

（一）企业家声誉对企业融资约束影响的实证检验与分析

从表 2 模型（1）的回归结果可以看出，无论对于观察组还是对照组，
CF_{it}/A_{it-1} 的系数 a_1（现金——现金流敏感度）均在 1% 的置信水平下显著为
正，即无论企业家声誉如何，观察组及对照组样本公司都面临不同程度的融
资约束。但通过对比可知，观察组样本公司 CF_{it}/A_{it-1} 的回归系数（0.265）
小于对照组样本公司 CF_{it}/A_{it-1} 的回归系数（0.321）。这表明，低声誉企业
家所在公司的现金——现金流敏感系数要大于高声誉企业家所在公司的现
金——现金流敏感系数，即与低声誉企业家所在公司相比而言，高声誉企业
家所在公司面临的融资约束较小，假设 1 得到证实。

表 2　企业家声誉对企业融资约束影响的回归结果

变量	观察组	对照组	变量	观察组	对照组
常数项	0.187 （0.879）	−0.148 （−0.626）	$\Delta STD_{it}/A_{it-1}$	0.399*** （6.723）	0.242*** （4.372）

续表

变量	观察组	对照组	变量	观察组	对照组
CF_{it}/A_{it-1}	0.265*** (2.154)	0.321*** (3.175)	$\Delta NWC_{it}/A_{it-1}$	0.239*** (5.925)	0.167*** (3.537)
$size_{it}$	−0.006 (−0.690)	0.006 (0.616)	INV_{it}/A_{it-1}	−0.322* (−1.297)	−0.218* (−1.934)
Q_{it}	−0.002 (−0.462)	0.011*** (2.069)	D_{it}	−0.040* (−1.521)	−0.004 (−0.133)
ind	控制	控制			
R^2	0.595	0.420	Adjusted R^2	0.503	0.288
F-statistic	6.452***	3.184***	Durbin-Watson	2.192	2.310

注：***、**和*分别表示在0.01、0.05和0.1水平下显著，括号内为各估计参数的t值。

（二）企业家声誉对企业债务融资能力影响的实证检验与分析

表3是利用模型（2），检验企业家声誉对企业债务融资能力影响的实证回归结果。声誉具有信号传递功能，能够缓解金融市场中信息不对称状况，解决逆向选择和道德风险问题，提高企业的债务融资能力。从模型（2）的回归结果来看，rep_{it}（企业家声誉）的回归系数在10%的水平下显著为正，这表明企业家良好的声誉能够减轻企业的融资约束，提高企业的债务融资能力，本文的假设2得到证实。

表3 企业家声誉对企业债务融资能力影响的回归结果

变量	模型（2）	变量	模型（2）
常数项	0.378*** (2.589)	$profit_{it}$	−0.821*** (−7.113)
rep_{it}	0.019* (1.373)	$size_{it}$	−0.005 (−0.893)
$audit_{it}$	−0.002*** (−2.138)	$growth_{it}$	0.001 (1.060)

变量	模型（2）	变量	模型（2）
FA_{it}	0.131*** (2.233)	ind	控制
R^2	0.442	Adjusted R^2	0.388
F-statistic	8.138***	Durbin-Watson	0.449

注：***、** 和 * 分别表示在 0.01、0.05 和 0.1 水平下显著，括号内为各估计参数的 t 值。

（三）企业家声誉对企业债务融资成本影响的实证检验与分析

表 4 列示了利用模型（3）检验企业家声誉对企业债务融资成本影响的实证回归结果。从表 5 可以看出，（企业家声誉）的回归系数在 1% 的水平下显著为负，表明企业家良好的声誉能够降低企业的债务融资成本，本文的假设 3 得到证实。

表 4　企业家声誉对企业债务融资成本影响的回归结果

变量	模型（3）	变量	模型（3）
常数项	0.150 (1.383)	$loan_{it}$	−0.253*** (−5.227)
rep_{it}	−0.034*** (−3.135)	$size_{it}$	−0.001 (−0.264)
$debt_{it}$	0.088** (2.179)	D_{it}	−0.014 (−1.277)
ROA_{it}	−0.091 (−0.955)	$growth_{it}$	0.002 (0.302)
ind	控制		
R^2	0.298	Adjusted R^2	0.220
F-statistic	3.833***	Durbin-Watson	1.361

注：***、** 和 * 分别表示在 0.01、0.05 和 0.1 水平下显著，括号内为各估计参数的 t 值。

四、结　论

本文选取 94 家上市公司 2007—2009 年的面板数据，通过划分观察组和对照组，实证研究企业家声誉对企业融资约束及债务融资的影响。研究发现，企业家声誉能够降低资本市场信息不对称状况，对缓解企业融资约束具有重要影响，企业家声誉越高，企业面临的融资约束越小。与此同时，企业家声誉也严重影响企业的债务融资，企业家声誉越高，企业更容易取得金融机构的信赖，具有较强的债务融资能力以及较低的债务融资成本。

以上结果表明，企业家声誉的不同，会使得企业面临不同的融资环境。从本文的回归结果来看，企业家声誉对企业融资具有重要影响，企业家声誉越高，企业面临的融资约束越小，企业的债务融资能力越强，并且支付较低的债务融资成本。本文的研究弥补了企业家声誉对企业融资影响研究匮乏的不足，进一步证实了声誉在资本市场中较强的信号传递功能。

现实经济中企业与金融机构的融资博弈属于重复博弈，这使得融资企业具有较强的动机去关注自身的长期利益。企业家良好的声誉能够改善资本市场的信息不对称状况，为企业融资带来"超额收益"。但目前而言，我国资本市场的声誉系统效率较低，上市公司普遍不重视声誉的现象较为普遍，严重影响了资本市场的运作效率。因而，要提高市场运作效率，不仅需要针对企业家设计相应的约束激励机制，提高企业家对声誉管理的重视程度，还应该加强资本市场信息透明度的建设，健全信息传播机制，保障声誉系统高速有效运行，从而发挥声誉机制在推动资本市场完善及和谐社会构建中的重要作用。

（张敏，女，汉族，国际商学院讲师，主要从事企业投融资决策研究。本文发表于《大连理工大学学报（社会科学版）》2014 年第 1 期）

从美国市场看中国制成品出口的
竞争表现：1989—2009

刘 岩 王 健

一、引 言

制成品出口被许多国家视为经济增长的引擎。制成品国际竞争力的强弱关系到一国经济增长的动力大小。因此，有关制成品出口国际竞争力的研究成为学者们不断关注的重点。美国是中国最主要的贸易伙伴之一，也是中国制成品出口的最主要目的地之一。因此本文选取美国为考察对象分析中国工业制成品的出口竞争表现。

在美国制成品（SITC5-8）进口市场上，如图 1 所示，OECD 国家① 是最主要的进口来源地区。OECD 国家对美出口一直保持增长，2001—2002年下降调整，2003 年开始继续呈现增长趋势，2008 年受金融危机影响出口同比减少，到 2009 年降至 2003 年前的水平。

日本、ASEAN6（印度尼西亚、马来西亚、菲律宾、新加坡、泰国、越南）国家对美国出口整体波动与 OECD 国家接近。不同之处在于，日本在2007 年对美国出口就已经同比下降。BRIC-3 国（巴西、俄罗斯、印度）、中国对美出口在次贷危机前一直处于增长的趋势，2008 年开始下降，2009年同比降幅小于日本、OECD 国家整体降幅。

---

① 澳大利亚、奥地利、比利时、丹麦、比利时、芬兰、希腊、冰岛、爱尔兰、韩国、卢森堡、荷兰、新西兰、挪威、葡萄牙、墨西哥、西班牙、瑞典、法国、德国、意大利、瑞士、土耳其、加拿大、日本、英国。

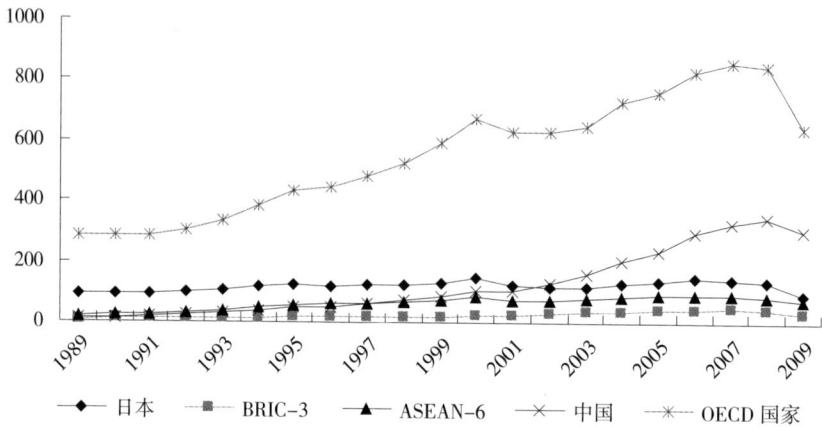

图 1 1989—2009 年美国工业制成品进口情况（10 亿美元）

资料来源：作者依据 UN COMTRADE 数据计算整理绘制。

从各国和地区在美国市场所占比重来看，如图 2 所示，OECD 国家、日本都呈现下降趋势，其中比重最高的 OECD 国家，由 1989 年的 75% 下降到 2009 年的 56%。日本也降为 2009 年的 8.2%。ASEAN6、BRIC-3 整体比重较低，2009 年分别占到 6.7% 和 2.9%。中国所占比重在 1989 年仅为 3%，此后一直增长，在 2001 年入世后增长速度加快，2009 年虽然出口额同比减少，但比重仍然在上升，达到 26% 历史新高。

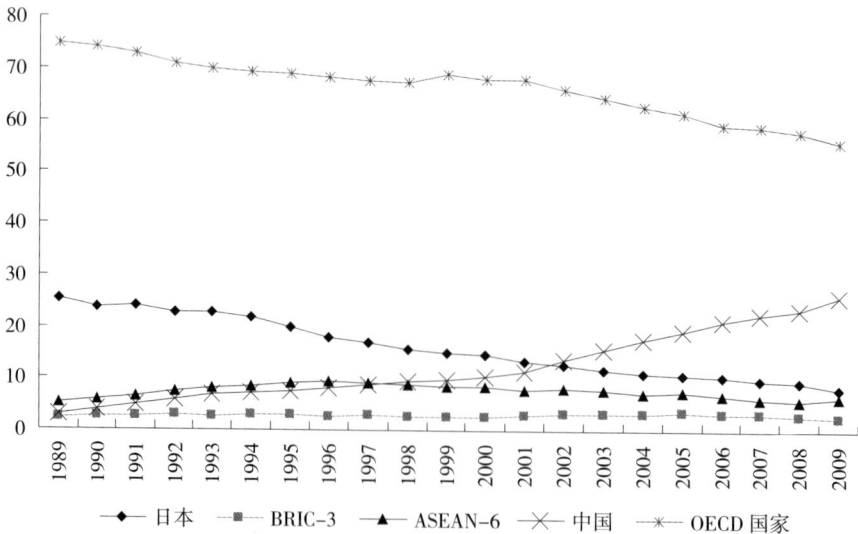

图 2 1989—2009 年各国和地区占美国工业制成品进口比重（%）

资料来源：作者依据 UN COMTRADE 数据计算整理绘制。

通常而言，进口市场份额的零和博弈过程背后对应着各出口国的竞争力变化。因此，本文从进口市场份额变化视角分析中国的出口竞争表现。这对于我们认识自身的竞争优势所在、产业结构调整、有的放矢地实施"走出去"战略都具有现实的指导意义。

二、文献综述

在出口竞争力的研究中，恒定市场份额模型（Constant Market Shares Analysis，CMS）是一种有效工具。最早是由 Tyszynsk (1951)[①] 将 CMS 模型引入国际贸易的研究中，后由 Leamer、Stern (1970)[②] 在他们颇有影响的《定性国际经济学》一书中详细论述。J. D. Richardson (1971)[③] 首先将不同出口国之间的竞争关系引入到 CMS 模型中。他将目标国（比如中国）相对于参照国（比如日本、越南）在目标市场（比如美国）的市场份额变化带来的出口额变动定义为目标国相对于参照国的"竞争力效应"。J.Weiss、高善文 (2004)[④] 利用这种方法研究了 1995—2000 年东盟 5 国（新加坡、马来西亚、泰国、印度尼西亚、菲律宾）在美国、日本市场上同中国的竞争。结果表明在美国市场上，东盟 5 国对中国竞争损失最大的 5 类商品依次是：SITC 75（办公和自动数据处理设备），77（电信和声音录制与复制设备），76（电器设备），89（零碎制造品），82（家具类）。在日本市场上，这些商品依次是：SITC 34（天然气），03（生鱼），63（木材），75（办公和自动数据处理设备），76（电器设备）。但这种方法的局限是无法满足市场份额的竞争是零和博弈的条件。与 J. D. Richardson (1971) 的研究不同，Fagerberg and Sollie

①　Tyszyski，H.，"World Trade in Manufactured Commodities 1899–1950"，*The Manchester School of Economic and Social Studies*，Vol.19，no.1，January 1951，pp. 222-304.

②　Leamer，E.E. and Stern，R.M.，*Quantitative International Economics*，Allen & Bacon，Boston，1970.

③　Richardson，J.D.，"Constant Market Shares Analysis of Export Growth"，*Journal of International Economics*，Vol.1，no.2,，February 1971，pp.227-239.

④　John Weiss、高善文：《1990 年代后期中国与东南亚国家在美日市场的出口竞争》，《经济学（季刊）》第 10 卷第 3 期，2004 年 9 月 15 日。

(1987)① 定义了某一特定出口国（比如中国）在两期之间的目标市场（比如美国）份额变化引起的贸易量变化为"竞争力效应"。这就满足了市场份额的竞争是零和博弈的条件。J.C.Batista（2008）② 利用 Fagerberg and Sollie（1987）的方法研究了1992—2004年巴西制成品出口在美国市场上相对于其他国家的竞争表现。J.C.Batista（2008）发现中国在1992—1999年和1999—2004年两个阶段内都是巴西最主要的竞争对手，巴西在第一阶段的竞争损失中37%是由于中国的竞争所致，在第二阶段的竞争损失中54%来自于中国。本文的理论模型正是基于 J. C. Batista（2008）。本文与 J. C. Batista（2008）不同之处除了研究对象不同外，研究的时间跨度（1989—2009）更长，而且将产品的技术分类扩展为高技术产品、中技术产品和低技术产品。

　　本文的结构安排如下：第一部分为引言。第二部分为文献综述。第三部分为理论模型。第四部分首先介绍数据、产品技术分类和1989—2009样本区间四阶段的划分，然后在 SITC（第三次修订）五位数产品分类层面上刻画中国在美国制成品进口市场的竞争表现，最后细致分解、对比四阶段中国输美不同技术分类制成品竞争所得（所失）的国别分布。第五部分为结论和政策建议。

三、理论模型

　　假设在 K 国进口市场上有 n 个出口国，第 H 个出口国在 t 期的市场份额表示为

$$k_H^t = \frac{X_H^t}{M_K^t} \tag{1}$$

其中，X_H^t 表示 t 期的出口额，M_K^t 表示同期进口的份额。

---

① Fagerberg, J. and Sollie, G., "The Method of Constant Market Shares Analysis Reconsidered" *Applied Economics*, vol.19, no.12, December 1987, pp.1571-1583.

② Batista, J.C., "Competition between Brazil and Other Exporting Countries in the US Import Market: A New Extension of Constant-market-shares Analysis", *Applied Economics*, vol.40, no.1, January 2008, pp.2477-2487.

两期之间的市场份额变化表示为：

$$\Delta k_H \equiv k_H^{t+1} - k_H^t \equiv \frac{X_H^{t+1}}{M_K^{t+1}} - \frac{X_H^t}{M_K^t} \tag{2}$$

在 K 国市场上 H 国两期的市场份额变化等于出口国 K 与所有其他出口国（J 表示 n 个出口国中除了 K 国外其余任一国家）的竞争结果之和：

$$\Delta k_H \equiv \sum_{J \neq H}^n \Delta k_{H,J} \equiv \sum_{J \neq H}^n \left(\frac{X_J^t}{M^t} - \frac{X_J^{t+1}}{M^{t+1}} \right) \tag{3}$$

经过如下变换整理

$$\sum_{J \neq H}^n \Delta k_{H,J} \equiv \sum_{J \neq H}^n \left(\frac{X_J^t}{M^t} \frac{M^{t+1}}{M^{t+1}} - \frac{X_J^{t+1}}{M^{t+1}} \frac{M^t}{M^t} \right)$$

$$\equiv \sum_{J \neq H}^n \left(\frac{X_J^t X_H^{t+1}}{M^t M^{t+1}} - \frac{X_J^{t+1} X_H^t}{M^t M^{t+1}} \right) + \sum_{J \neq H}^n \left[\left(\frac{X_J^t}{M^t M^{t+1}} \right) \sum_{J \neq H}^n X_J^{t+1} - \left(\frac{X_J^{t+1}}{M^t M^{t+1}} \right) \sum_{J \neq H}^n X_J^t \right]$$

$$\equiv \sum_{J \neq H}^n \left(\frac{X_J^t X_H^{t+1}}{M^t M^{t+1}} - \frac{X_J^{t+1} X_H^t}{M^t M^{t+1}} \right) + \frac{1}{M^t M^{t+1}} \underbrace{\left[\left(\sum_{J \neq H}^n X_J^t \right) \left(\sum_{J \neq H}^n X_J^{t+1} \right) - \left(\sum_{J \neq H}^n X_J^{t+1} \right) \left(\sum_{J \neq H}^n X_J^t \right) \right]}_{\text{所有非H国T期与T+1期出口额之和的差，所以为零}}$$

最后得到出口国 K 从出口国 J 得到的市场份额

$$\Delta k_{H,J} \equiv \frac{X_J^t X_H^{t+1}}{M^t M^{t+1}} - \frac{X_J^{t+1} X_H^t}{M^t M^{t+1}} + \frac{X_J^t X_H^t}{M^t M^t} - \frac{X_J^t X_H^t}{M^t M^t}$$

$$\equiv \left(\frac{X_H^{t+1}}{M^{t+1}} - \frac{X_H^t}{M^t} \right) \frac{X_J^t}{M^t} - \left(\frac{X_J^{t+1}}{M^{t+1}} - \frac{X_J^t}{M^t} \right) \frac{X_M^t}{M^t} \tag{4}$$

将 $\Delta k_{H,J}$ 乘上进口国初始年份的总进口就是出口国 K 与另一出口国 J 的竞争结果（竞争所得或损失）。

四、数据介绍和结果分析

（一）数据介绍

本文使用的数据包括 1989 年至 2009 年美国的工业制成品 SITC5-8 进口数据，文中的工业制成品贸易数据（以美元计价）全部来自于联合国商品贸易统计数据库（COMTRADE）。为了考察有关工业制成品出口竞争力在不同技术层面的状况和结构变迁，我们参考 Lall (2000)[①] 的划分方法将传统意义上的制成品分类标准 SITC5-8 项下的五位数分位产品划分为低技术产品、中技术产品、高技术产品和其他产品共计四大项八类产品。具体参照表 1。

我们将样本期间划分为四个阶段：第一阶段 1989—1995 年；第二阶段为 1995—2001 年；第三阶段为 2001—2007 年；第四阶段为 2007—2009 年。本文照此划分主要考虑到将世界贸易组织成立（1995）、中国入世（2001）和金融危机爆发（2007）作为分水岭，来考察中国制成品在美国市场的竞争力。

表 1　工业制成品技术分类

简称	分类	产品示例
LT1	低技术制成品	纺织服装产品、纺织产品、衣物、皮革制造、箱包
LT2	其他技术产品	陶瓷、金属铸件、家具、珠宝、玩具、塑料制品等
MT1	中技术制成品	汽车工业产品、汽车及配件、摩托车及配件等
MT2	中技术加工产品	合成纤维、化工制品、颜料、合成肥料、钢、塑料、管道制品等
MT3	工程机械产品	引擎、制造业机器设备、水泵、轮船、钟表、常用家电等
HT1	高技术制成品	电子电力产品、办公自动设备、视频接收发送器、发电机等
HT2	其他高技术产品	制药业、航空设备、精密光学仪器等
OTH	其他产品	矿物初级品、农业加工产品及其他资源性产品等

资料来源：依据 Lall (2000) 分类绘制。

（二）按技术分类中国工业制成品竞争表现

借鉴 J.C.Batista (2008) 的方法，我们得到了在四个阶段中国工业制成品相对于所有其他出口国的竞争表现。本文主要列出的国家包括日本、

---

① Lall，Sanjaya，"The Technological Structure and Performance of Developing Country Manufactured Exports：1995–1998"，*Oxford Development Studies*，vol.28，no.3，March 2000，pp.407-432.

NAFTA 2 国[①]、越南、印度、港澳台地区、ASEAN-5[②]、BRIC（2）[③] 等国家。具体如表 2、3、4、5 所示。从中我们可以发现如下特点：

第一，在美国制成品进口市场上，与 OECD 国家对比而言，中国在 1989—2009 年的四个阶段中在所有技术类产品项下都具有持续性全面竞争优势，这种竞争优势的产品分布在第四阶段呈现出结构性变化。

具体而言，在前三阶段（1989—2007），中国在 HT1（便携式自动数据处理机）和 LT2（金属铸件、玩具、家具）产品项下对 OECD 国家竞争优势最为明显，其次是 LT1（纺织服装产品），而在中技术产品尤其是 MT1、MT2 产品领域竞争优势不明显，竞争所得偏低。这一竞争优势结构在第四阶段发生改变。体现在第四阶段 MT3（常用家电产品）取代 HT1 成为中国对 OECD 国家在美国市场最有竞争优势的产品。表 5 显示，与 2007 年相比，在 2009 年中国在美国制成品进口市场上与 OECD 国家的竞争中在所有按技术分类产品项下 MT3 的竞争所得最多，数额为 32.3 亿美元，其中得自日本和 NAFTA2 的数额分别为 9.97 亿和 7.94 亿美元。同一时期内，中国对美制成品出口在 HT1、LT1、LT2 三类产品项下仍然延续先前的明显竞争优势，虽然不及 MT3，但仍然在与 OECD 国家竞争中分别赢得 29.4 亿美元、17.4 亿美元、19.4 亿美元。

第二，与非 OECD 国家整体比较而言，中国具有阶段性（前三阶段）全面竞争优势，且在金融危机期间（第四阶段）转变为部分竞争优势。

中国在 1989—2007 年的前三个阶段中对非 OECD 国家整体在所有技术类产品项下都具有竞争优势，这种全面竞争优势呈现与相对 OECD 国家不同的结构特点，即以 HT1 和 LT1 为最主要的竞争优势来源。对非 OECD 国家的全面竞争优势在 2007—2009 年的第四阶段转变为部分竞争优势。

在第四阶段竞争优势丧失的四类产品（HT2、MT1、MT2、LT2）中最为明显的是 MT2 产品。如表 5 所示，与 2007 年相比，在 2009 年，中国在与非 OECD 国家在美国制成品进口市场上 MT2 产品的竞争中失去了 1.15 亿美元。其次是 LT2 产品，失去了 8116 万美元的出口额。另外，中国在 MT1

---

① 加拿大、墨西哥。

② 印度尼西亚、马来西亚、菲律宾、新加坡、泰国。

③ 巴西、俄罗斯。

表 2

1989—1995	总计	OECD 国家				非OECD 国家							
		日本	NAFTA2	其他	合计	越南	印度	港、澳、台	ASEAN 5	BRICs 2	其他	合计
百万美元												
SITC 5-8	28706.66	5013.04	2221.82	8928.32	16163.18	-4.78	2.26	10127.60	1655.14	667.78	95.49	12543.49
HT1	5648.39	2321.45	617.80	980.17	3919.42	0.00	2.16	983.97	658.07	13.59	71.18	1728.97
HT2	674.09	331.16	55.76	165.27	552.19	0.00	0.23	94.01	3.35	17.67	6.63	121.90
MT1	341.18	54.09	64.46	55.48	174.02	0.00	0.09	155.49	5.24	4.05	2.30	167.16
MT2	175.27	33.08	8.75	99.90	141.73	0.00	-1.94	19.91	-1.23	11.23	5.58	33.54
MT3	3795.65	1212.07	458.96	869.03	2540.07	0.00	1.19	971.17	246.59	20.49	16.14	1255.58
LT1	7308.01	63.64	8.87	3598.74	3671.25	-3.93	-18.61	3110.05	127.20	542.77	-120.72	3636.76
LT2	8788.77	816.84	773.96	2458.40	4049.21	-0.21	9.67	3935.37	545.60	59.37	189.75	4739.56
OTH	1975.30	180.71	233.25	701.33	1115.29	-0.64	9.45	857.63	70.32	-1.38	-75.37	860.02

表3

1995—2001 百万美元	总计	OECD 国家				非 OECD 国家						
		日本	NAFTA2	其他	合计	越南	印度	港、澳、台	ASEAN 5	BRICs 2	其他	合计
SITC 5-8	33134.66	6225.61	5710.01	7914.31	19849.93	−56.73	43.70	6699.44	6395.05	432.62	−229.35	13284.73
HT1	11302.31	3336.28	1330.16	1812.13	6478.57	0.01	7.76	1904.65	2870.16	−60.77	101.93	4823.74
HT2	815.85	280.78	32.47	276.20	589.46	0.00	−4.93	61.06	156.66	0.40	13.20	226.39
MT1	838.99	115.13	264.39	66.62	446.14	−0.01	7.43	346.62	23.24	10.71	4.86	392.85
MT2	567.09	70.05	162.19	237.64	469.88	0.05	2.60	44.60	20.20	9.58	20.17	97.20
MT3	5449.10	1673.34	659.11	1081.60	3414.05	−0.09	10.57	553.32	1406.40	44.64	20.20	2035.04
LT1	1741.59	30.49	137.33	993.42	1161.24	−49.23	−77.83	694.32	354.90	302.46	−644.26	580.36
LT2	9585.74	417.31	2505.54	2457.57	5380.42	−6.13	62.42	2514.67	1279.15	67.49	287.71	4205.32
OTH	2833.99	302.22	618.81	989.13	1910.17	−1.34	35.67	580.20	284.34	58.12	−33.18	923.82

表 4

2001—2007	总计	OECD 国家				非 OECD 国家						
百万美元		日本	NAFTA2	其他	合计	越南	印度	港、澳、台	ASEAN 5	BRICs 2	其他	合计
SITC 5-8	115927.11	14695.94	32047.00	27510.23	74253.18	-1258.26	922.36	14493.70	18504.11	2106.86	6905.17	41673.94
HT1	51395.72	6900.97	13458.14	10569.96	30929.07	-72.01	-32.63	7401.35	11818.34	894.55	457.05	20466.65
HT2	1055.36	272.79	247.89	435.21	955.89	-1.05	-0.90	64.16	38.31	-9.20	8.14	99.47
MT1	2125.57	576.48	971.52	378.47	1926.46	-0.30	6.40	87.50	29.68	31.09	44.73	199.10
MT2	2244.66	235.48	833.24	769.86	1838.58	-2.04	26.84	89.63	51.90	16.65	223.10	406.09
MT3	12910.40	2807.68	3034.35	3989.61	9831.64	-39.55	-4.78	1267.09	1531.76	102.28	221.96	3078.76
LT1	15555.61	119.83	2696.71	3281.76	6098.30	-615.28	591.98	2169.37	2819.20	496.50	3995.54	9457.31
LT2	19576.77	2841.32	7286.05	4742.38	14869.74	-491.76	234.61	2655.79	1272.70	134.39	901.29	4707.02
OTH	11063.02	941.40	3519.10	3342.99	7803.48	-36.27	100.82	758.81	942.23	440.59	1053.35	3259.54

表 5

2007—2009 百万美元	总计	OECD 国家				非 OECD 国家						
		日本	NAFTA2	其他	合计	越南	印度	港、澳、合	ASEAN 5	BRICs 3	其他	合计
SITC 5-8	22604.69	3128.22	4530.47	5960.93	13619.63	−1139.24	−93.49	2224.65	6718.87	602.57	671.70	8985.06
HT1	8566.88	1359.01	985.68	598.66	2943.35	−146.89	−23.28	460.35	6200.99	68.70	−936.33	5623.53
HT2	396.51	111.45	40.35	249.41	401.21	−0.05	−7.87	−4.72	−8.21	−3.73	19.86	−4.71
MT1	623.80	82.07	381.88	165.44	629.39	−3.37	−0.39	−61.45	4.13	41.07	14.43	−5.59
MT2	−8.25	17.15	−43.38	133.12	106.90	−1.40	5.36	20.77	2.44	−49.73	−92.58	−115.15
MT3	3539.52	996.83	794.14	1434.72	3225.69	−51.15	13.76	226.05	−38.58	86.00	77.75	313.82
LT1	4113.80	45.05	584.84	1114.01	1743.90	−530.61	−84.38	1028.47	423.58	193.05	1339.80	2369.90
LT2	1857.08	147.95	1012.82	777.47	1938.24	−412.05	−23.19	207.33	107.65	64.74	−25.63	−81.16
OTH	3515.35	368.71	774.15	1488.09	2630.95	6.27	26.51	347.85	26.88	202.48	274.41	884.40

和 HT2 产品上分别失去了 559 万美元、471 万美元出口额。这说明中国在承接跨国公司主导的产业国际转移的同时受到其他发展中国家和地区的挑战与日俱增。

第三，整体来看，中国纺织服装类产品的竞争优势并没有下降。但从局部来看，中国纺织服装产品在与一些国家的竞争中呈现劣势。

如表 4 所示，在中国加入 WTO 后，与 2001 年相比，在 2007 年中国 LT1 纺织服装类产品的对美出口在与 OECD 国家的竞争中获得 61 亿美元，而在与非 OECD 国家竞争中赢得了 95 亿美元，总计 156 亿美元。即使在金融危机期间，如表 5 所示，中国的低技术制成品项下 LT1 纺织服装类产品仍然在同与 OECD25 国的竞争中赢得 17.4 亿美元，在与非 OECD 国家的竞争中获得 23.7 亿美元，总计 41.1 亿美元。但从局部来看，越南纺织服装产品相对于中国的竞争优势明显，竞争所得逐步扩大。如表 2–5 所示，从前两阶段的 393 万美元、4923 万美元扩大到后两阶段的 6.15 亿美元和 5.3 亿美元。

第四，从中国对 OECD 国家的竞争所得来看，日本值得关注；从中国对非 OECD 国家竞争损失来看，越南最值得关注。

在本文所研究的样本区间内，在所有的技术分类制成品项下，日本是受中国竞争影响最大的国家。对于这个问题的理解我们要从内向 FDI 与出口竞争力的关系来探讨。日本长期以来是中国重要的 FDI 吸引国之一，商务部 2010 年 4 月公布的 "截至 2008 年部分国家 / 地区对华直接投资情况" ①数据表明，日本到 2008 年为止累计来华投资 653.76 亿美元，是除香港、英属维尔京群岛之外最大的 FDI 来源国。日本对中国制造业的投资占到全部投资的 70% 以上。从区域上看，目前日本对华投资主要集中在以东莞、深圳为中心的珠江三角洲和以苏州、昆山为中心的长江三角洲。其中，在长三角投资的日本企业占日资对华投资企业的 40% 以上，投资主要集中在电子产业、集成电路、精密机械等科技含量高的产业。同许多欧美国家一样，日本在华投资企业对海外市场的出口一方面优化了中国出口制成品的产品结构，另一方面变成了中国对日本的竞争优势。

从计算的结果来看，与前两个阶段相比，非 OECD 国家中越南给中国

---

① http：//www.fdi.gov.cn/pub/FDI/wztj/lntjsj/wstzsj/2008nzgwztj/t20100429_121110.htm.

造成的竞争损失在后两个阶段呈现明显扩大的趋势。中国来自越南的竞争损失主要集中在 LT1、LT2 和 HT1 上。在 LT1 项下，中国在第三、四阶段分别损失了 6.25 亿美元和 5.3 亿美元；在 LT2 项下分别损失 4.9 亿美元和 4.1 亿美元；在 HT1 项下分别损失了 7200 万美元和 1.5 亿美元。

随着中国国内产业结构的升级、劳动力成本的上升和经济发展方式的转变，中国必将把低技术的劳动密集型工业制成品生产让渡给其他更具有比较优势的发展中国家和地区，同时和发达国家在技术、技能及资本密集型的产业开展竞争。如果中国无法进入各价值链上游的研发、营销、品牌等环节，那么随着其他国家生产、配套、组装能力的增强，国内产业升级将面临巨大的压力。

五、结论与政策启示

（一）研究的重要结论

借鉴 J.C.Batista（2008）的方法，我们分析了中国在 1989—2009 年期间内制成品在美国市场上的竞争表现。总体而言，中国对 OECD 国家具有持续性全面竞争优势，且在金融危机期间发生结构性改变。而在与非 OECD 国家的竞争中，中国具有阶段性（前三阶段）全面竞争优势，且在金融危机期间（第四阶段）转变为部分竞争优势。越南成为中国在美国工业制成品进口市场上竞争损失的主要来源国。另外，我们发现中国的低技术制成品 LT1 项下纺织服装类产品虽然受到越南、印度等其他发展中国家的挑战，但整体竞争优势依然明显。

对于中国制成品出口竞争表现的动因，我们考虑如下几方面。

第一，作为总出口额中比重最大的产品类别，中国高技术制成品（以 HT1 电子电力产品为代表）出口竞争表现的持续提高得益于由跨国公司所主导的生产加工过程的国际间转移。中国有选择性地吸引 FDI 政策和出口导向政策大大地促进了以电子电力产品（主要是便携式自动数据处理机（SITC7522））为代表的高技术产品出口的竞争优势。

第二，中国国内区域间的经济发展水平、要素价格差异保证了中国在低技术（以 LT1 纺织服装产品为代表）的劳动密集型产业持续的比较优势。中国中西部各省份承接主要沿海省份出口的成本优势明显。以江西为例，如果一个千人规模的服装制造企业落户在此将会比在沿海省份每年节约 500—600 万人民币的生产成本。

第三，中国国内的旨在转变经济增长方式的产业结构调整对中国输美制成品竞争效应的产品分布变迁作用明显。商务部早在《关于 2007 年全国吸收外商投资工作指导性意见》中就明确指出，中国将采取有效措施，严格限制外商投资"两高一低"产业，即高耗能、高污染、低水平产业。此举说明中国开始注重自身的能耗和环保问题，把产业结构调整和经济增长方式的转变联系到了一起。如表 5 所示，中国输美中技术 MT2 产品在与其他出口国的竞争中损失 825 万美元，表明政策调控效果明显。

（二）主要政策建议

目前来看，劳动密集型产业仍然是中国目前以及未来一段时间内的比较优势所在，它对于中国产出、就业增长的作用有目共睹。此外，技术进步常被视为是一国经济增长的最终源泉。基于这两点考虑，在战略层面上，中国在劳动密集型产业应该大力实施品牌战略，鼓励企业逐步从贴牌生产向自主品牌发展。而对于技术密集型产业要大力实施技术创新战略，积极支持企业开发自主知识产权的核心技术。在技术创新上，要鼓励本土企业结成战略联盟，共担风险、共享成果。同时还要注意防范外资企业的瓦解分化。

从产业的选择来看，中国应该加大对 MT1、MT3 行业竞争力的培育。逐步优化"加工贸易"为主的贸易格局，转变为"零部件配套"、"机械制造"产业为主的贸易结构。着眼"小产品"，建成配套、装备全球的大企业，再向高端产品跃升，可能是中国制造业企业成长的一个有效途径。另一方面，要解决好企业"走出去"的区位选择问题。在鼓励企业"走出去"的过程中注重引导，让企业更多关注竞争优势正在上升的国家或者某些国家中竞争优势正在上升的产业。再者，还要注意防止在 OFDI 过程中本土企业之间的恶性竞争。

（刘岩，男，汉族，国际商学院教师，主要从事国际贸易政策研究。本文发表于《国际经贸探索》2011 年第 6 期）

中国与欧盟服务贸易竞争力比较研究

牟　岚

一、引　言

随着经济全球化的不断深入以及世界服务业的持续发展，国际服务贸易在世界经济中的地位越来越重要。从 20 世纪 70 年代开始，西方学者开始对国际服务贸易进行研究。最初的研究主要集中于比较优势原理对服务贸易的适用性问题。Sampson 和 Snape 等学者认为比较优势原理无法解释国际服务贸易的产生，而 Sapir 和 Lutz 等学者认为比较优势原理适用于国际服务贸易，Deardorf 则主张对传统贸易理论进行修正，并运用标准的 H－O 模型，通过改变约束条件成功解释了国际服务贸易。到 20 世纪 80 年代中后期，一些学者开始用新贸易理论解释国际服务贸易，如 Jones 和 Kierzkowski 提出了服务链理论，用"服务链"说明了规模经济对服务贸易的作用。可见，上述有关服务贸易的研究是以货物贸易理论为基础，探讨国际服务贸易竞争力产生的源泉。1990 年美国管理学家迈克尔·波特开创性地提出了"钻石模型"，以全新的视角阐述了国家产业竞争力的来源，成为目前服务贸易竞争力研究中最常用的理论框架。从 20 世纪 90 年代开始，国外对服务贸易竞争力的研究多以前述理论为基础，从国别或部门视角进行实证研究。如 Hoekman 和 Karsenty 运用显性比较优势指数分析了不同收入水平国家的国际服务贸易比较优势。De la Guardia 等分析了影响欧盟部分成员国交通运输服务、旅游服务与其他商业服务竞争力的因素。Raman 和 Chadee 对中国和印度的 IT 服务业竞争力进行了比较分析，认为中印两国的 IT 产业具有互补性，短期内两国的 IT 服务业不仅不会进行激烈竞争，还会增加合作。总之，经过近 40 年的发展，国外关于服务贸易竞争力的研究已经形成较为完整的理论体系。

我国对服务贸易的研究起步较晚，20 世纪 90 年代末才开始出现关于服务贸易竞争力的研究。最初我国学者主要以各种竞争力指标来判断服务贸易竞争力水平。如康承东利用比较优势指数对我国服务贸易竞争力进行分析，结论表明我国服务贸易的总体竞争力较弱，除旅游服务和其他商业服务以外，其他类别的服务贸易均处于比较劣势。王绍媛利用贸易竞争力指数等指标对我国服务贸易的竞争力进行测算，认为我国服务贸易的竞争力较弱，而且竞争优势主要集中于旅游服务贸易，制约了我国服务贸易的长远发展。与此同时，部分学者以"钻石模型"为理论框架，对我国服务贸易竞争力进行分析。如张岩根据波特的国家竞争优势理论，分析了影响我国服务贸易竞争力的有利和不利因素。随着我国相关研究的不断深入，服务贸易竞争力的研究方法和研究内容均有所发展。在研究方法上，一些学者开始对我国服务贸易竞争力的影响因素进行数理分析。如庄惠明等建立了关于我国服务贸易竞争力的计量经济学模型，结论表明影响我国服务贸易竞争力的因素主要有人口结构素质、货物贸易出口额和服务业劳动生产率等指标。在研究内容上，服务贸易竞争力的国别比较成为我国学者关注的焦点。如陈虹和张英等学者对中美服务贸易竞争力进行了比较分析，丁平和徐松等学者对比分析了中印服务贸易竞争力，秦嗣毅和杨浩对金砖四国金融服务贸易竞争力进行了比较研究，还有一些学者对中国与日本、东盟和其他国家或地区的服务贸易竞争力进行对比分析，力图对我国服务贸易进行客观评价，找出薄弱的服务贸易领域。综上所述，目前国内关于服务贸易竞争力的文献以实证研究为主，为我们准确定位中国服务贸易竞争力提供了参考。但现有研究在服务贸易竞争力的国际比较方面仍存在不足：已有研究主要比较中国与发展中经济体服务贸易竞争力的发展情况，对我国与发达经济体的比较则以中美和中日为主，对中欧服务贸易竞争力的对比研究鲜有涉足。李静虽然比较了中国与欧盟15 国的服务贸易，但对二者服务贸易竞争力的比较以定性分析为主，缺少实证分析。

对中欧服务贸易竞争力进行深入研究具有重要的现实意义。欧盟是世界上服务业发展水平最高的经济体之一，其服务贸易多年来始终保持巨额顺差。中国的服务贸易虽然在入世后得到了迅速发展，但一直为逆差状态，服务贸易占 GDP 的比重以及服务贸易占货物贸易的比重也远低于欧盟，这说明我国的服务贸易发展水平明显落后于欧盟。在中欧服务贸易差额方面，2008 年以来，我国对欧盟的服务贸易差额一直为逆差，而且逆差规模不断扩大，已由 22 亿美元扩大至 2012 年的 176 亿美元，欧盟已超过美国成为我国最大的服务贸易逆差来源地。为了找到中国与欧盟服务贸易的差距所在，本文将对中欧服务贸易竞争力指标进行测算，并根据波特的"钻石模型"理论，通过建立计量模型，对中国与欧盟服务贸易的影响因素加以分析，为中国提高服务贸易国际竞争力、解决中欧服务贸易失衡问题提供参考。

需要说明的是，虽然世界贸易组织对服务贸易的定义包括过境交付、消费者移动、人员移动和商业存在四种提供方式，但由于商业存在的统计体系尚不完善，本文所提及的服务贸易均未包括商业存在。

二、中国和欧盟服务贸易发展概况

1. 服务贸易总量

如图 1 所示，从 2008—2012 年欧盟的服务出口额和进口额均远高于我国。2012 年中国的服务出口额和进口额为 1914 亿美元和 2812 亿美元，欧盟为 18518 亿美元和 15925 亿美元，分别是中国的 9.68 倍和 5.66 倍。2012 年中国服务贸易占世界服务贸易总额的比重为 5.43%，而欧盟占世界服务贸易总额的比重高达 39.59%。由于欧盟是由多国组成的经济联盟，因此仅以总规模来判断中国与欧盟的服务贸易发展水平不尽合理，必须结合其他指标来比较分析。本文选择了服务贸易占 GDP 的比重和服务贸易占货物贸易的比重这两个相对指标，进一步比较中欧服务贸易的发展情况。

从服务贸易占 GDP 的比重来看，2012 年中国服务贸易占 GDP 的比重为 5.74%，欧盟为 20.64%，是中国的 3.60 倍。从服务贸易占货物贸易的比重来看，2012 年中国服务贸易占货物贸易的比重为 12.22%，而欧盟为 29.34%，是中国的 2.40 倍。上述数据表明，与欧盟相比，我国服务贸易的

亿美元

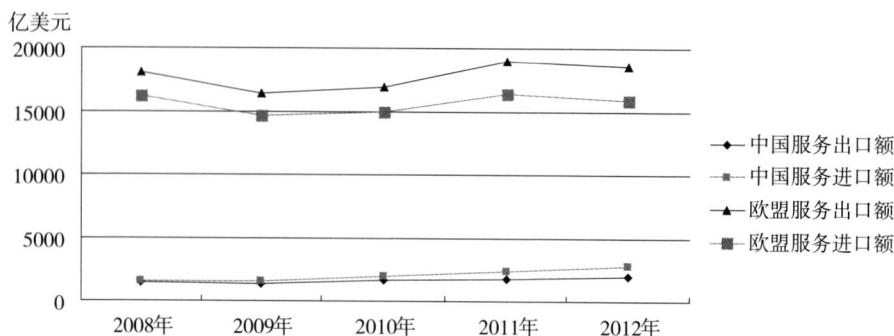

图1 2008—2012年中国与欧盟服务贸易总额

资料来源：WTO Statistics Database。

发展水平偏低。

在服务贸易差额方面，中国与欧盟形成了鲜明对比：2008年以来中国的服务贸易一直呈巨额逆差状态，且逆差金额不断增加，已由2008年的118亿美元增至2012年的898亿美元；而欧盟的服务贸易则一直保持巨额顺差，顺差规模亦呈增加趋势，已由2008年的1902亿美元增至2012年的2592亿美元。

2.服务出口结构

表1 2012年中国和欧盟服务出口结构

(单位：%)

国别	交通运输服务	旅游服务	通讯服务	建筑服务	保险服务	金融服务	计算机与信息服务	版税与许可证费用	其他商业服务	个人、文化与娱乐服务	政府服务
中国	20.33	26.13	0.94	6.40	1.74	0.99	7.55	0.55	34.80	0.07	0.52
欧盟	20.16	19.90	3.15	2.23	2.96	7.92	7.33	5.22	28.76	1.22	1.09

资料来源：根据WTO Statistics Database整理和计算。

从服务出口结构来看，中国与欧盟的服务出口都以交通运输服务、其他商业服务和旅游服务这三大类为主，2012年上述三类服务的出口额之和分别占中国和欧盟服务出口总额的81.26%和68.82%（见表1）。在中国各类服务出口中，通讯服务、金融服务和版税与许可证费用这三类资本与技术密集型服务出口的比重明显低于欧盟，旅游服务、建筑服务和其他商业服务这三类资源与劳动密集型服务出口的比重明显高于欧盟。

从中国服务贸易差额的构成来看，2008 年以来中国的通讯服务、金融服务、政府服务和个人、文化与娱乐服务的贸易收支基本平衡，其他商业服务、计算机与信息服务和建筑服务的贸易收支均为顺差，其余四类服务则处于严重的逆差状态（见表 2）。旅游服务曾是我国贸易顺差最大的服务项目，其国际收支在 2008 年尚为顺差，之后由于我国居民赴境外旅游的热度逐渐升温，其贸易差额转为逆差，而且逆差金额逐年增加，2012 年已成为我国逆差金额最大的服务项目。与我国相比，欧盟各类服务贸易收支以顺差居多，除版税与许可证费用以及政府服务外，其余九类服务贸易均为顺差，其中金融服务、计算机与信息服务及其他商业服务对其服务贸易顺差的贡献最大。

三、中欧服务贸易竞争力分析

由于所有贸易竞争力指标都存在一定程度的局限性，有些情况下还会因一国相关产业和贸易政策的干扰而产生扭曲，因此需要使用两种或两种以上指标综合判断服务贸易竞争力水平。[1] 本文以 TC 指数和 CA 指数作为评价指标，对比分析中欧服务贸易的竞争力水平。

1. 中欧服务贸易的 TC 指数比较

TC 指数是指一国某类服务的净出口值与该类服务的进出口总值之比，用公式表示为：

$$TC = (X - M) / (X + M) \tag{1}$$

其中，TC 表示该国某类服务的贸易竞争力指数，X 表示该国此类服务的出口额，M 表示该国此类服务的进口额。TC 指数的取值范围为 [-1, 1]，TC 指数越大，该国此类服务贸易的国际竞争力越强，反之则越弱。一

---

[1] 参见刘晨阳：《中日韩 FTA 服务贸易谈判前景初探：基于三国竞争力的比较》，《国际贸易》2011 年第 3 期。

表 2 2008—2012 年中国和欧盟服务贸易差额构成情况

(单位：十亿美元)

年份	国别	总体	交通运输服务	旅游服务	通讯服务	建筑服务	保险服务	金融服务	计算机与信息服务	版税与许可证费用	其他商业服务	个人、文化与娱乐服务	政府服务
2008	中国	-11.81	-11.91	4.69	0.06	5.97	-11.36	-0.25	3.09	-9.75	7.75	0.16	-0.25
	欧盟	190.17	42.23	3.17	1.91	15.98	6.76	91.67	56.96	-31.15	47.58	-3.51	-6.76
2009	中国	-29.38	-23.01	-4.03	-0.01	3.60	-9.71	-0.29	3.28	-10.64	11.49	-0.18	0.11
	欧盟	173.06	33.43	3.60	-0.68	14.34	20.22	75.68	53.00	-25.88	43.15	-0.59	-6.01
2010	中国	-31.16	-29.05	-9.07	0.08	9.42	-14.03	-0.06	6.29	-12.21	17.89	-0.25	-0.19
	欧盟	202.57	31.10	7.08	1.12	13.23	19.76	74.24	57.98	-23.39	62.98	0.63	-5.52
2011	中国	-61.65	-44.87	-24.12	0.54	11.00	-16.72	0.10	8.34	-13.96	18.65	-0.28	-0.31
	欧盟	255.92	30.88	23.23	4.35	14.46	15.97	85.12	68.99	-20.44	74.86	2.68	-3.96
2012	中国	-89.77	-46.95	-51.97	0.15	8.63	-17.27	-0.04	10.61	-16.70	24.27	-0.44	-0.05
	欧盟	259.23	36.04	29.03	6.10	11.34	21.69	79.00	70.85	-21.11	70.20	2.97	-3.36

资料来源：根据 WTO Statistics Database 整理和计算。

般而言，当 TC 指数在 [-1，-0.60]、[-0.60，-0.30] 和 [-0.30，0] 时，分别表明服务贸易具有极大的、较大的和微弱的竞争劣势；当 TC 指数在 [0.60，1]、[0.30，0.60] 和 [0，0.30] 时，分别表明服务贸易具有极大的、较大的和微弱的竞争优势。

由中国与欧盟的总体 TC 指数可知，2008 年以来，我国服务贸易整体上具有微弱的竞争劣势，而欧盟则具有微弱的竞争优势，欧盟的服务贸易总体竞争力始终强于我国（见表 3）。从变化趋势来看，我国服务贸易的总体 TC 指数呈下降趋势，欧盟的总体 TC 指数则变化不大，欧盟与我国服务贸易总体 TC 指数之差有所增加，这表明中欧服务贸易竞争力的差距在逐渐扩大。

表 3　2008—2012 年中国和欧盟服务贸易 TC 指数

年份	国别	总体	交通运输服务	旅游服务	通讯服务	建筑服务	保险服务	金融服务	计算机与信息服务	版税与许可证费用	其他商业服务	个人、文化与娱乐服务	政府服务
2008	中国	-0.04	-0.13	0.06	0.02	0.41	-0.80	-0.28	0.33	-0.90	0.09	0.24	-0.16
	欧盟	0.06	0.05	0.00	0.02	0.21	0.09	0.39	0.34	-0.17	0.05	-0.09	-0.13
2009	中国	-0.10	-0.33	-0.05	0.00	0.23	-0.75	-0.29	0.34	-0.93	0.14	-0.48	0.06
	欧盟	0.06	0.05	0.01	-0.01	0.18	0.21	0.39	0.32	-0.13	0.05	-0.02	-0.13
2010	中国	-0.09	-0.30	-0.09	0.04	0.48	-0.80	-0.02	0.51	-0.88	0.21	-0.50	-0.09
	欧盟	0.06	0.05	0.01	0.01	0.18	0.21	0.37	0.34	-0.11	0.07	0.02	-0.12
2011	中国	-0.15	-0.39	-0.20	0.18	0.60	-0.73	0.06	0.52	-0.90	0.19	-0.53	-0.17
	欧盟	0.07	0.04	0.03	0.04	0.19	0.18	0.37	0.35	-0.09	0.07	0.06	-0.08
2012	中国	-0.19	-0.38	-0.34	0.04	0.54	-0.72	-0.01	0.58	-0.89	0.22	-0.64	-0.17
	欧盟	0.08	0.05	0.04	0.06	0.16	0.25	0.37	0.35	-0.10	0.07	0.07	-0.08
平均值	中国	-0.11	-0.31	-0.12	0.06	0.45	-0.76	-0.11	0.46	-0.90	0.17	-0.38	-0.08
	欧盟	0.07	0.05	0.02	0.02	0.18	0.19	0.38	0.34	-0.12	0.06	0.01	-0.11

资料来源：根据 WTO Statistics Database 整理和计算。

从中欧服务贸易的具体构成来看，由 2008—2012 年各类服务贸易 TC 指数的平均值可知，中国只有四类服务贸易具有竞争优势（见表 4），其中建筑服务和计算机与信息服务具有较大的竞争优势，通讯服务和其他商业服务具有微弱的竞争优势，其余七类服务贸易均具有竞争劣势。版税与许可证费用和保险服务的竞争力最弱，具有极大的竞争劣势。欧盟的金融服务和计算机与信息服务具有较大的竞争优势，版税与许可证费用和政府服务具有微弱的竞争弱势，其余类别的服务贸易均具有微弱的竞争优势。由此可见，与我国相比，欧盟大部分服务贸易都具有微弱的竞争优势，各类服务贸易之间的竞争力差别较小，发展水平相对均衡，而我国各类服务贸易的竞争力差别较大。

表4 中国和欧盟服务贸易竞争力分类一览表

TC 指数	贸易竞争力程度	中国服务贸易类别	欧盟服务贸易类别
TC ≤ − 0.60	极大的竞争劣势	版税与许可证费用、保险服务	无
− 0.60 < TC ≤ − 0.30	较大的竞争劣势	交通运输服务、个人、文化与娱乐服务	无
− 0.30 < TC ≤ 0	微弱的竞争劣势	旅游服务、金融服务、政府服务	版税与许可证费用、政府服务
0 < TC ≤ 0.30	微弱的竞争优势	通讯服务、其他商业服务	交通运输服务、旅游服务、通讯服务、建筑服务、保险服务、其他商业服务、个人、文化与娱乐服务
0.30 < TC ≤ 0.60	较大的竞争优势	建筑服务、计算机与信息服务	金融服务、计算机与信息服务
TC > 0.60	极大的竞争优势	无	无

资料来源：根据表2中TC指数的平均值整理。

　　根据我国与欧盟各类服务贸易的TC指数平均值，我国的建筑服务、计算机与信息服务和其他商业服务的TC指数更高，表明我国这三类服务贸易的竞争力强于欧盟（见表3）；中国的通讯服务和政府服务的TC指数与欧盟比较接近，表明中欧这两类服务贸易的竞争力相当；我国其余六类服务贸易的TC指数比欧盟低，表明我国这六类服务贸易的竞争力弱于欧盟。可见，除了计算机与信息服务，我国竞争力更强的服务贸易为劳动密集型服务贸易，而欧盟大部分资本与技术密集型服务贸易的竞争力都强于我国。

　　从2008年开始，我国旅游服务和个人、文化与娱乐服务的TC指数就不断减小，这两类服务贸易已由具备微弱的竞争优势变为较大甚至极大的竞争劣势，而计算机与信息服务的 TC 指数则不断上升，目前已经高于欧盟，不仅在所有类别的服务贸易中竞争力最强，还是我国唯一具备较大竞争优势的技术密集型服务贸易。与我国相比，欧盟各类服务贸易的 TC 指数更稳定，除保险服务和个人、文化与娱乐服务的 TC 指数有较明显增长外，其他类别服务贸易的 TC 指数变化很小。

2. 中欧服务贸易的 CA 指数比较

显示性竞争优势指数是由美国经济学家 Vollrath 在 1988 年提出的，其公式为：

$$CA = (X_i / X_t) / (W_i / W_t) - (M_i / M_t) / (S_i / S_t) \tag{2}$$

其中 CA 为该国某类服务的显示性竞争优势指数，X_i 表示该国此类服务的出口额，X_t 表示该国所有服务的出口额，W_i 表示世界此类服务的出口额，W_t 表示世界所有服务的出口额，M_i 表示该国此类服务的进口额，M_t 表示该国所有服务的进口额，S_i 表示世界此类服务的进口额，S_t 表示世界所有服务的进口额。如果一国某类服务的 CA 指数大于 0，说明其具备国际竞争优势，反之则不具备国际竞争优势。CA 指数越高，表明服务的国际竞争力越强，CA 指数越低，其国际竞争力越弱。

在计算服务贸易总体 CA 指数时，公式（2）中的变量含义有所改变：此时 X_i 表示该国的服务出口额，X_t 表示该国服务与货物的出口总额，W_i 表示世界服务的出口额，W_t 表示世界服务与货物的出口总额，M_i 表示该国服务的进口额，M_t 表示该国服务与货物的进口总额，S_i 表示世界服务的进口额，S_t 表示世界服务与货物的进口总额。

表 5 显示了 2008 年至 2012 年间中欧服务贸易的 CA 指数，由该表可知，在这五年里中国服务贸易的总体 CA 指数始终为正，而欧盟服务贸易的总体 CA 指数始终为负，这表明我国服务贸易总体处于竞争劣势地位，欧盟服务贸易总体处于竞争优势地位。另外，中欧服务贸易的 CA 指数之差增大，表明其服务贸易竞争力的差距有所扩大。

根据表 5 所示，2008—2012 年中国各类服务贸易 CA 指数的平均值在 −2.61 和 1.98 之间，平均差为 0.68，而欧盟 CA 指数在 −0.31 和 0.58 之间，平均差为 0.23，可见中国各类服务贸易竞争力的差异程度大于欧盟。由中国各类服务贸易的 CA 指数平均值可知，中国的建筑服务和计算机与信息服务等五类服务贸易具有竞争优势,交通运输服务和旅游服务等四类服务贸易具有竞争劣势,个人、文化与娱乐服务和金融服务贸易的竞争力接近于世界平均水平。虽然中国具有竞争优势的服务贸易种类多于具有竞争劣势的服务贸易种类,但由于在服务贸易中比重较大的旅游服务和交通运输服务具有竞争劣势,拖累了中国服务贸易的整体竞争力。根据欧盟各类服务贸易的 CA 指数平均值,欧盟的金融服务和计算机与信息服务等六类服务贸易具备竞争优势,旅游服务和版税与许可证费用等三类服务贸易具有竞争劣势,通讯服务和其他商业服务的竞争力接近于世界平均水平。

表 5　2008－2012 年中国和欧盟服务贸易 CA 指数

年份	国别	总体	交通运输服务	旅游服务	通讯服务	建筑服务	保险服务	金融服务	计算机与信息服务	版税与许可证费用	其他商业服务	个人、文化与娱乐服务	政府服务
2008	中国	−0.19	0.02	0.15	0.06	1.52	−3.17	−0.02	0.46	−0.99	0.34	0.17	0.08
	欧盟	0.10	0.19	−0.15	−0.03	0.26	0.11	0.63	0.58	−0.37	0.04	−0.37	0.17
2009	中国	−0.20	−0.27	0.06	0.07	1.23	−2.08	−0.02	0.56	−0.96	0.58	−0.12	0.25
	欧盟	0.08	0.20	−0.15	−0.10	0.24	0.39	0.58	0.54	−0.32	0.03	−0.16	0.19
2010	中国	−0.17	−0.23	−0.08	0.08	2.46	−2.70	0.02	0.75	−0.91	0.61	−0.13	0.17
	欧盟	0.10	0.18	−0.15	−0.08	0.24	0.38	0.56	0.55	−0.31	0.06	−0.09	0.19
2011	中国	−0.21	−0.27	−0.23	0.20	2.68	−2.77	0.02	0.94	−0.83	0.67	−0.11	0.10
	欧盟	0.12	0.20	−0.14	−0.03	0.23	0.28	0.55	0.57	−0.27	0.05	0.02	0.14
2012	中国	−0.28	−0.13	−0.52	0.15	2.02	−2.35	0.05	1.05	−0.85	0.80	−0.16	0.17
	欧盟	0.12	0.21	−0.12	−0.01	0.16	0.42	0.56	0.57	−0.29	0.03	0.04	0.12
平均值	中国	−0.21	−0.18	−0.12	0.11	1.98	−2.61	0.01	0.75	−0.91	0.60	−0.07	0.15
	欧盟	0.10	0.20	−0.14	−0.05	0.23	0.32	0.58	0.56	−0.31	0.04	−0.11	0.16

资料来源:根据 WTO Statistics Database 整理和计算。

　　由 CA 指数的平均值可知,与欧盟相比,我国的通讯服务、建筑服务、计算机与信息服务和其他商业服务四类服务贸易的竞争力更强,旅游服务、政府服务和个人、文化与娱乐服务三类服务贸易的竞争力与欧盟基本一致,而交通运输服务、保险服务、金融服务和版税与许可证费用四类服务贸易的竞争力更弱。值得注意的是,我国的计算机与信息服务和通讯服务这两类资本与技术密集型服务贸易的竞争力强于欧盟。在计算机与信息服务领域,近几年我国的竞争力得到迅速提升，这与我国政府的政策支持是分不开的。从2006年起，我国开始扶持软件与服务外包产业，不仅给予服务外包企业税收优惠待遇，而且为相关企业提供员工培训补贴等扶持政策，使软件与服务外包产业在我国得到迅速发展，从而促进了我国计算机与信息服务竞争力的提升。在通讯服务领域，虽然我国的CA指数高于欧盟，但由于我国通讯服务市场的开放度偏低，CA指数所显示的竞争力水平失真程度较高，笔者认为其竞争力是否强于欧盟仍有待商榷。

通过对中欧服务贸易竞争力的测算，我们可以发现两种指数对服务贸易总体及多数类别的服务贸易测度结果相吻合：欧盟服务贸易的总体竞争力远高于我国，而且两者之间的差距在逐年扩大；欧盟各类服务贸易的国际竞争力比较均衡，而我国各类服务贸易的国际竞争力差异较大；除计算机与信息服务外包，我国服务贸易的竞争优势主要体现在建筑服务等劳动密集型服务，欧盟的竞争优势则主要体现在保险服务和交通运输服务等资本与技术密集型服务。

四、中欧服务贸易竞争力影响因素的实证分析

本文以波特的"钻石模型"为理论依据构建计量经济学模型，并用Eviews7.0软件进行分析，以衡量这些变量对我国服务贸易竞争力的影响。

1. 模型的构建和数据来源

根据波特的"钻石模型"，影响一国服务业竞争力的因素主要由四项关键要素构成，包括生产要素、需求条件、相关产业和支持产业的表现以及企业战略。生产要素主要指人力资源、资本资源和基础设施情况等多种因素，本文选择服务业就业人员数量（记为EMP）和利用外商直接投资流量（记为FDI）来反映一国生产要素的情况；需求条件指本国市场对服务业所提供产品或服务的需求情况，本文选取了人均GDP（记为PGDP）反映需求条件；相关产业和支持产业的表现则用货物贸易出口情况（记为GEXT）和服务业发展水平（即服务业增加值占GDP的比重，记为SDL）来衡量；虽然企业战略对一国服务贸易竞争力也产生重要影响，但此类要素难以用宏观经济指标

体现，参考庄惠明等及舒燕等构建的模型，本文没有将其列入研究范畴。

在被解释变量的选择上，正如前文所述，各种竞争力指标都存在着一定的局限性，因此直接用某种竞争力指标表示竞争力不尽合理。陈红和林留利及庄惠明等在构建服务贸易竞争力影响模型时，均将服务贸易出口额作为被解释变量。同时考虑到在其他因素不变的情况下，当服务贸易出口额增加时，各种服务贸易竞争力指标也会随之增大，本文亦以服务贸易出口额（记为SEXT）来表示服务贸易竞争力。根据上述分析，构建中欧服务贸易竞争力的影响因素模型如下：

$$LnSEXT = \alpha_1 + \alpha_2 LnPGDP + \alpha_3 LnEMP + \alpha_4 LnFDI + \alpha_5 LnGEXT$$
$$+ \alpha_6 LnSDL \tag{3}$$

本文研究的时间跨度为1992—2011年，在这一时期欧盟（或欧共体）的成员国数量发生多次变化，为了保证样本的一致性，文中涉及欧盟的所有指标数据均为欧盟27国的数据。中国与欧盟的人均GDP、FDI、服务业发展水平和货物出口额的数据均来源于UNCTAD统计数据库，服务贸易出口数据来源于WTO统计数据库，我国的服务业就业人数以第三产业就业人数替代，数据来源于历年《中国统计年鉴》，欧盟的服务业就业人数来源于世界银行统计数据库。

2. 单位根检验

为了避免伪回归现象，并确保估计结果的有效性，必须对各数据序列的平稳性进行检验，而检验数据平稳性最常用的方法就是单位根检验。本文使用ADF检验，单位根检验结果如表6所示。

表6　单位根检验结果

中国					欧盟				
变量	数据生成过程	t值	P值	数据类型	变量	数据生成过程	t值	P值	数据类型
LnSEXT	(c, t, 4)	−4.07	0.03	I(0)	LnSEXT	(c, 0, 0)	−3.14	0.04	I(1)
LnPGDP	(c, t, 3)	−4.77	0.01	I(0)	LnPGDP	(c, 0, 0)	−3.32	0.03	I(1)
LnEMP	(c, 0, 0)	−4.58	0.00	I(0)	LnEMP	(c, t, 4)	−5.72	0.00	I(1)
LnFDI	(c, 0, 0)	−3.33	0.03	I(0)	LnFDI	(c, 0, 0)	−3.33	0.03	I(1)

续表

	中国				欧盟				
变量	数据生成过程	t 值	P 值	数据类型	变量	数据生成过程	t 值	P 值	数据类型
LnGEXT	(c, t, 3)	−3.55	0.07	I (0)	LnGEXT	(c, 0, 0)	−4.02	0.01	I (1)
LnSDL	(c, t, 2)	−3.76	0.05	I (0)	LnSDL	(c, 0, 2)	−3.48	0.02	I (1)

注：数据生成过程中，c 为截距项，t 为趋势项，数字为自动选取的滞后阶数

表 6 显示，中国的变量均是平稳序列，也就是说，上述变量均为同阶单整变量。欧盟各变量均为 1 阶单整，为了探讨各变量之间的长期关系，还需对欧盟各变量作进一步的协整检验。

3. 协整检验

Johanson 检验是一种进行多重协整检验的较好方法，因此本文也使用该方法对各变量间的协整关系进行检验。检验结果如表 7 所示。

表 7   欧盟变量的协整检验结果

原假设	迹统计量	P 值
不存在协整关系	92.10	0.00
至多存在一个协整关系	16.42	0.09

由表 7 可知，检验结果显著性拒绝了欧盟各变量之间不存在协整关系的原假设，而接受了至多仅存在一个协整关系的原假设，说明欧盟各变量间存在且仅存在一个协整关系。

4. 回归结果分析

表 8   回归结果

变量	LnPGDP	LnEMP	LnFDI	LnGEXT	LnSDL
中国	0.57^{**} (2.15)	$−0.30^{***}$ (−7.41)	0.22^{**} (2.56)	0.57^{***} (6.10)	−0.37 (−0.47)
欧盟	0.65^{***} (9.59)	0.20^{*} (1.88)	0.00 (0.07)	0.98^{***} (11.22)	5.84^{***} (3.79)

注：括号内为回归系数的 t 检验统计量；$*$、$**$、$***$ 分别代表 10%、5% 和 1% 的显著性水平。

（1）中国服务贸易竞争力的影响因素分析

由表 8 可知，中国模型中的变量 LnEMP 与 LnGEXT 通过 1% 的显著性水平检验，LnPGDP 与 LnFDI 通过 5% 的显著性水平检验，LnSDL 没有通过显著性水平检验。根据回归结果，可以得出以下结论：

首先，人均 GDP 和货物贸易出口额是我国服务贸易出口最重要的影响因素。人均 GDP 每提高 1%，将会使服务贸易出口额增加 0.57%，表明我国需求条件的改善对服务贸易出口的拉动作用明显。货物出口额每提高 1%，将会使服务贸易出口额增加 0.57%，表明货物出口的增加对我国服务贸易出口也有较强的促进作用。

其次，FDI 对我国服务贸易出口的影响也较为明显。回归结果显示，我国实际利用外资金额每提高 1%，将使服务贸易出口额增加 0.22%。这是因为 FDI 的流入为我国服务业带来了先进的技术和管理理念，同时提高了我国服务企业的竞争意识，从而增强了我国服务贸易的竞争力。

再次，第三产业就业人数对我国服务贸易出口具有负效应。我国第三产业就业人数每增加 1%，将会使服务贸易出口额减少 0.37%。这种现象产生的原因可能有两个，一是因为我国服务业的劳动生产率较低，2010 年世界平均服务业劳动生产率为 23708 美元 / 人，而我国服务业的劳动生产率仅为 6145 美元 / 人[①]，还不到世界平均水平的三分之一；二是因为我国国内服务市场扩张的速度超过了服务贸易出口的增长速度，使得增加的服务业劳动力主要流向了国内服务市场，实际用于服务贸易出口的劳动力数量反而减少。

最后，服务业发展水平对我国服务贸易出口的影响不显著。这说明虽然近年来我国的服务业发展水平有显著提升，但这种发展仍停留在规模的扩张上，并未对我国服务贸易的国际竞争力带来实质性影响。

（2）欧盟服务贸易竞争力的影响因素分析

如表 8 所示，欧盟模型中的变量 LnPGDP、LnGEXT 与 LnSDL 通过 1% 的显著性水平检验，变量 LnEMP 通过了 10% 的显著性水平检验，LnFDI 没有通过显著性水平检验。根据回归结果，可以得出下列结论：

---

① 　根据世界银行统计数据库提供的数据计算。

第一，服务业发展水平是对欧盟服务贸易出口影响最强的因素。服务业增加值占 GDP 的比重每增加 1%，欧盟的服务贸易出口额将提高 5.84%。因此，欧盟较强的服务业基础是其服务贸易竞争力的源头。多年来欧盟服务业增加值占 GDP 的比重一直在 70% 以上，高于世界平均水平。此外，作为一种高附加值的服务业，欧盟生产性服务业的实力很强。欧盟的很多成员国都拥有独具特色的生产性服务业，如英国的金融服务业、荷兰的文化创意产业以及丹麦的交通运输业等，这些服务业的成功经验不易被其他国家模仿和复制，有利于欧盟保持并提升服务贸易竞争力。

第二，货物出口额、人均 GDP 与服务业就业人数也是影响欧盟服务贸易出口的重要因素。这三个变量与欧盟服务贸易出口额之间均存在较强的正相关性：货物出口额每增加 1%，将会使服务贸易出口额提高 0.98%；人均 GDP 每增加 1%，服务贸易出口额将提高 0.65%；服务业就业人数每增加 1%，其服务贸易出口额将提高 0.20%。

第三，FDI 对欧盟服务贸易出口的影响不显著。这是因为欧盟已经拥有世界先进的技术水平与管理理念，外资的技术外溢效应不如我国明显，同时欧盟吸引的 FDI 以市场驱动型为主，其投资并不以降低成本为目的，因此 FDI 对欧盟服务贸易出口没有显著影响。

五、提升我国服务贸易竞争力的对策建议

为了提高我国服务贸易的竞争力，缩小与欧盟等发达国家和地区在服务贸易发展上的差距，我国应采取以下措施：

1. 坚持服务业"引进来"和"走出去"相结合

如前文所述，利用外资规模与我国服务贸易竞争力存在正相关关系，因此我国应继续扩大服务业外商投资规模，引导外资进入资本与技术密集型服务业，充分发挥外资的技术外溢效应，从而提高我国服务贸易的竞争力。与此同时，我国服务企业还要选择合适的时机"走出去"，"走出去"可以扩展企业的国际视野，使企业更好地了解东道国的市场需求。如果采取跨国并购的投资方式，企业还能迅速扩大海外市场并获得国外的先进技术。为此我

国政府应在跨国并购、外汇管理及投融资等方面提供便利化措施，为服务企业"走出去"提供更多的政策支持。

2. 鼓励生产性服务业的发展

对我国服务贸易而言，生产性服务业的重要性体现在以下两方面：一方面，借鉴欧盟服务贸易的发展经验，我国服务业发展需实现质与量的同升，为服务贸易竞争力提升打下夯实的基础，而生产性服务业的技术含量和附加值相对较高，其发展对于转变我国服务业增长方式意义重大；另一方面，生产性服务业是从制造业内部分离、独立而发展起来的新兴服务业，其发展有利于扩大我国货物出口，而货物出口是促进我国服务贸易竞争力提升的重要因素[1]。因此，我国必须重视生产性服务业的发展，通过实施扶持政策、引导生产性服务业集聚以及吸引海外高端人才等措施促进生产性服务业发展。

3. 提升企业的创新能力

根据波特的国家竞争优势理论，企业创新能力有利于服务贸易竞争潜力的发挥，对于资本与技术密集型服务贸易的发展更为重要。据 2009 年英国国家科技艺术基金会开展的调查显示，创新性服务企业销售收入的年增长率比非创新企业高 15% 左右，创新性企业具备更加持续、快速的发展和扩张能力。为了提高服务企业的创新能力，欧盟及其成员国制定了一系列政策措施，如实施全面的知识产权战略和建立知识密集型服务业创新平台等，为服务企业提供有利于创新的制度环境。我国应该吸取欧盟的宝贵经验，努力提升我国相关企业的创新能力。首先，我国服务企业必须树立创新意识，在国际市场竞争日益激烈的环境下，企业只有通过创新才能赢得市场的主动权；其次，企业创新应以国内市场为本，从国际竞争力的形成过程来看，总是存在从国内市场到国际市场的发展过程，因此我国服务企业应该更注重国内市场对服务需求的开拓，并逐渐扩展至国际市场[2]；再次，我国政府应继续加大知识产权的保护力度，以完善的知识产权制度推动服务企业创新；最后，我国服务企业应重视技术创新，技术创新是企业创新的核心，企业应积极进行技术研发以及技术的引进、消化和吸收活动，最终实现技术创新。

---

[1]　刘万祥：《生产性服务业如何促进实体经济发展》，《光明日报》2012 年 3 月 26 日，第 7 版。

[2]　郭海虹：《竞争优势理论对我国发展国际服务贸易的启示》，《国际经贸探索》2002 年第 3 期。

4. 发挥政府在服务贸易发展中的作用

政府在服务贸易发展中扮演着重要角色，政府不仅是服务贸易政策的制定者，还可以为本国服务业创造良好的发展环境，因此我国政府应积极采取措施，充分发挥其在服务贸易中的促进作用。具体而言，我国政府应加大对服务贸易出口的扶持力度，通过扩大税收优惠政策、完善信息服务以及实行有利于服务贸易发展的城市规划和土地政策等措施，促进服务贸易出口。我国政府还应加快服务业市场化改革，目前在我国金融、通讯和教育等服务行业仍存在不同程度的垄断现象，导致上述资本与技术密集型服务业的资源配置效率偏低，企业缺乏创新动力。因此我国应在保证国家经济安全的前提下，逐渐打破服务部门的垄断，通过引入竞争者刺激服务企业提高竞争力，从而带动服务贸易的发展。此外，我国政府还应大力支持服务外包发展，借鉴我国 IT 服务外包的成功经验，支持更多的服务行业发展服务外包，通过税费减免、优惠贷款等形式鼓励我国服务外包企业获取国际资质认证、承接高端国际服务外包业务，以提升服务贸易竞争力。

5. 重视传统服务出口领域的发展

旅游服务和其他商业服务是我国传统的服务出口领域，中国入世以后这两类服务贸易的发展出现严重分化，其他商业服务贸易的竞争力越来越强，而旅游服务贸易的竞争优势则逐渐削弱，不仅在服务总出口中的比重持续下降，而且在所有类别的服务贸易中逆差最大。为此相关部门应该对旅游服务贸易给予更多的重视，力争减少旅游服务的贸易逆差。我国拥有相当丰富的旅游资源，但很多旅游资源并没有得到充分利用。我国政府应该从提高旅游资源的利用效率着手，通过国外媒体以及展会等渠道加大对外旅游宣传力度，加强对旅游资源的开发与整合，同时完善我国相关的法律制度，以增强我国旅游服务贸易的竞争力。

（牟岚，女，国际商学院讲师，主要从事国际贸易研究。

本文发表于《财经问题研究》2014 年第 6 期）

基于扎根理论的服务备件
跨境物流协同系统研究

王春芝

一、引 言

目前，在装备生产领域全球技术发展十分不均衡，高端技术始终掌握在欧、美、日等发达国家，我国经济建设所需的高端设备多数依赖进口。另外，随着技术和信息技术的发展，装备产品的技术性和配套性越来越高，产品使用周期越来越长，用户对原厂商的服务依赖也越来越强，其中在服务备件业务上尤显突出。[1] 对于设备原厂商来说，服务备件及时供应有助于提高客户满意度，拉动前市场的整机销售，而且备件利润率远远高于设备利润率，备件销售额高于维修收入，备件业务成为装备生产企业的一项重要的利润和竞争力来源。[2] 对设备用户而言，一旦设备因备件供应问题导致停机，用户将面临成本收益率增加、工期延误、信誉下降等风险，停机时间越长，用户损失越大，服务备件的供应对供需双方战略意义重大。[3] 但服务备件物流与装备成品及生产零部件物流不同，后者的需求主要由生产计划拉动，服

---

[1] Oliva, R., Kallenberg, R., "Managing the Transition from Products to Services", *International Journal of Service Industry Management*, 2003, 14 (2), pp.160-172.

[2] Gebauer, H., Kucza, G., Wang, C., "Spare Parts Logistics for the Chinese Market", *Benchmarking: An International Journal*, 2011, 18 (6), pp.1-36.

[3] 参见魏巧云：《机械装备制造业配件与物流标杆运营分析》，《物流技术》2008 年第 27 卷第 10 期。

务备件的需求取决于设备故障产生的具体状况，需求时间、需求量和需求种类具有很强的随机性、不可预测性及逆向物流特点，尤其是跨境的物流运作，物流环境十分复杂。服务备件物流成为装备产品供需双方及专业物流商服务与竞争战略十分重要的一环，也成为学术界探讨的一个热点。但综观现有相关研究，对跨境的备件物流从战略层面进行协同分析的研究存在空白，切实的建议也不多见，本文从供应链协同与服务备件物流运作角度，从德国某纺织设备生产企业的服务及备件物流调查出发，在扎根理论思想及方法框架下进行连续取样与比较分析，通过开放性译码发展概念，寻求装备服务备件物流协同的系统要素，再利用主轴性译码进行要素间关系分析与确认，寻求协同要素间的典范性模型，并在此基础上进行选择性译码确定服务备件跨境物流协同系统的协同结构与机制，以期为服务备件跨境物流管理与运作提供指导。

二、研究方法

扎根理论（Grounded Theory，GT）是一种产生于社会科学的定性研究方法，是哥伦比亚大学的 Barney Glaser 和芝加哥大学的 Anselm Strauss 于20 世纪 60 年代对死亡问题研究时创建的方法体系，并于 1967 年在他们的专著《扎根理论的发现：质化研究策略》[①] 中首次提出扎根理论的概念与方法论体系。运用扎根理论进行研究时，针对研究问题扎根于现实资料，不断运用研究者的理论触觉进行连续的理论采样和比较分析，提炼反映社会现象的概念（Concept），进而发展类属或范畴（Category）及其之间的关联，最终提升为理论。[②] 扎根理论的数据收集与取样过程包括初始取样和理论取样，伴随取样与调查的是持续的比较分析（Constant Comparison），即译码过程（见图 1）。研究初始阶段带着对某方面问题笼统、模糊的兴趣初步选定样本

---

① Glaser，B.G.，Strauss，A.L.，*The Discovery of Grounded Theory*，*Strategies for Qualitative Research*，New York：Aldine，Hawthorne，1967.

② Strauss，A.，Corbin，J.，*Basics of Qualitative Research*：*Grounded Theory Procedures and Techniques*，Newbury Park：Sage，1990.

并收集数据，进行初步分析，理论取样（Theoretical Sampling）由研究过程控制，而非事先设定，研究者在收集数据时不断发现新问题，根据新问题寻找新的信息源，再行进行数据的收集，同时将新收集的数据与前期形成的类别与范畴进行比较，当出现与已有范畴不同的新范畴时进行理论修正，将新范畴纳入理论，这一过程反复进行直至达到理论饱和，不再有新概念、新范畴或新关系出现。

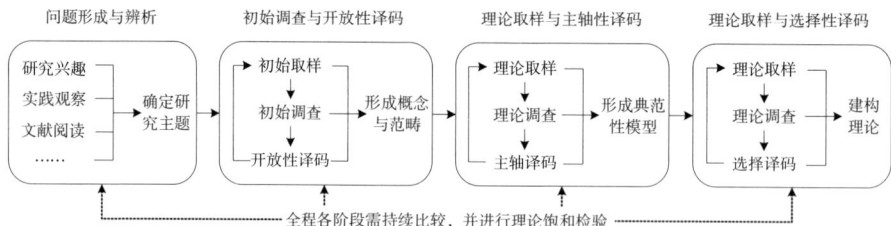

图 1   扎根理论研究路线

扎根理论的数据分析主要通过开放性译码、主轴性译码及选择性译码过程来实现。开放性译码（Open Coding）是提炼概念与类属的过程，是对研究资料的初步分析，而主轴性译码（Axial Coding）是从开放性译码形成的概念与类属中寻求各类属间的变量关系，从而建立变量的典范性模型。在典范模型基础上通过选择性译码（Selective Coding）寻求核心类属，通过不断比较核心类属与其他类属间的关系来形成研究主题的理论模型，并以此指导实践来形成行动或策略导向的行动方案。

三、基于扎根理论的取样与调查

扎根理论思想强调研究问题及理论的自然涌现，本文研究问题产生于对欧洲某纺织机械生产企业（S 集团）中国市场的客户服务需求调查，调查中发现中国客户在使用进口高端纺织设备时在备件需求上与设备原厂商间存在巨大矛盾，是产生高额的设备使用成本和客户抱怨的主要来源，对客户及设备供应商经营战略的实现均形成严重的障碍，问题发现后，为分析和解决问题，本文项目组遵循扎根理论的思想和方法体系进行了系统的调查设计、实施和分析。

（一）初始取样与调查

本文初始取样与调查从 S 集团出发，S 集团是一家全球技术领先的德国纺织机械生产企业，进驻中国市场近 20 年，主要集中于中高端市场，北京服务站负责中国各区市场的客户服务支持，上海商务中心负责中国市场开发及销售，自进入中国市场，依其技术及设备的高端性多年来一直处于供方主导的市场地位，近年来随着中国纺织产业的快速发展，其市场规模不断扩大，但服务理念及支持能力没有及时跟上，中国客户虽然被动但无发言权，随着日本 T 集团进入中国及中国本土纺织机械生产企业的成长，S 集团的竞争压力越来越大，S 集团在服务支持上一直以来的问题严重影响了整机市场的销售。在 S 集团总商务官的委托及支持下，本文项目组立足于 S 集团设备供应链的供需双方进行初始取样及调查，通过与取样公司的多轮协调沟通确定最终调查范围及对象。初始调查为期 2 个月，调查前围绕服务战略主题设计调查计划、访谈提纲和问卷，调查中主要采用观察、深度访谈、焦点组座谈及问卷方式进行，同时对行业及公司相关资料进行收集、分析与整理。调查小组由 2 名中方人员及 2 名外方人员构成，调查人员全员全程参与项目的前期设计、调查实施与室内分析，项目组工作语言为英文，但考虑到语言及文化差异，调查实施中有所分工，2 名中方人员负责中国设备用户的调查与分析，2 名外方人员负责 S 集团相关服务部门及人员的调查，调查分头进行但随时沟通补充修正调查方案，随时进行调查结果的互动分析。

带着开放性的思维，项目小组分别对 S 集团总商务官、中国区总服务代表及 17 家中国客户进行了初步调查。由于扎根理论最核心的原则是避免研究者任何主观的、先入为主的假定，主张围绕开放性问题从集体思想中广泛收集概念，所以调查从被访者日常与所涉及设备采购及使用决策中存在问题与挑战出发进行提问，提问人员遵循开放的心态，保持一种参与者的姿态，悬置个人的偏见和既有的定见，用开放式问题鼓励对方表达自己真正的想法和意见，同时注意观察被调查者的反映和气氛，记录者尽量客观翔实地记录和整理数据，每次调查结束立即进行总结与讨论，针对调查中的细节进行沟通，进一步丰富调查资料，为后续理论取样与编码提供数据基础。通过初始访谈与座谈及后续对调查资料的深入分析发现，S集团设备及工艺本身与竞争对手日本T集团间差异不大，甚至具有一定的优势，而且S集团占据先期市场优势，目前形成客户抱怨与市场流失的主要方面还是在服务，S集团与中国客户间在服务的战略协同上存在很大的问题，最突出的问题反映在服务反应速度上，在备件物流方面的表现更加突出，尤其是与日本竞争对手的对比中发现，日本企业因为文化差异较小，在备件信息传递、沟通与处理上明显比S集团具有优势，服务及备件物流运作更为方便快捷，成为S集团在中国最为强劲的竞争对手，初始调查使服务战略优化方案的一点聚集于备件物流协同，并为后续编码集聚了第一手数据资料。

（二）理论取样与调查

根据初始调查及分析，S集团服务战略优化很重要的一个方面需对备件物流方案进行优化，由于装备备件物流系统是一个由多方参与的复杂物流链系统，在S集团总商务官的要求、支持及其他相关部门人员配合下，项目组通过多方协调链上各节点确定了下一步的取样与调查方案（见表1）。从研究的效度方面考量，针对S集团的备件物流协同调查更侧重于整体研究的进入与探索，很难做到细致全面，得到的概念、范畴及模型框架容易存在缺口，需要补充一些更加开放的调查来扩大理论取样与分析的范围与深度。补充调查主要通过网上搜索与筛选开放性的信息方式进行，包括网上报道、跟帖评论、博客观点等等，另外还包括查阅国内外相关的研究文献，主要包括服务备件、国际物流、供应链协同等相关文献，为弥补文献分析中研究人员本身存在的主观性、能力上以及现有研究针对性的不足，研究中补充进行

表1　S集团备件物流协同调查取样表

项目	备件供应方	第三方物流供应商	备件需求方
取样企业	S纺织机械集团	与S集团合作的一家国际物流D公司，2家中国境内物流公司	S集团的17家中国客户
调查对象	S集团总商务官，外方驻中国服务总代表，中方各服务区服务经理	国际物流公司中国供应链业务运营副总；境内物流公司运营副总	公司总经理，生产及技术副总，采购副总及部分经理

专家调查与研讨，专家取样主要包括学术和行业专家，研讨中研究人员及时进行意见的记录、整理与分析，形成了大量的数据及观点，为后续编码提供了充足的资料基础。

调查点聚焦后项目组针对备件物流协同战略重新制定了调查方案，并在前期调查分工及设计的基础上进行了深入调查分析发现，在调查中根据项目进展随时进行电话或现场回访，通过理论取样及持续的调查分备件管理方面，面对比日本企业更长的运输距离、更复杂的物流环境，S 集团一直沿用公司以往小规模亚洲市场状态下的备件物流运作模式，备件需求由客户拉动，没有主动的备件计划、预测与管理，备件的运输一直采用快件邮寄的方式进行，在备件运输、仓储及信息处理上没有进行整合分析与优化设计，更没有与专业的第三方物流公司进行沟通协作，这也正是 S 集团与其主要竞争对手日本 T 集团的差距所在，面对越来越大的中国市场，S 集团急需进行备件物流的组织优化设计，进行专业化管理，实现备件服务对公司利润及整体竞争力的提升。所以，本文在主轴性译码及选择性译码阶段，考虑到课题组成员在知识及实践层面的局限性，此阶段的取样寻求外部智力援助，包括三个方面：一是对先期查阅的相关资料进行类属关系层面上的进一步分析，以丰富典范模型的理论支持；二是将前期研究成果（包括开放性译码表和初级典范模型）与前期被调查企业的人员进行沟通确认；三是针对同行专家进行咨询，尤其是在选择性译码阶段，在跨境物流协同通道设计时加强与第三方物流沟通与交流。

四、基于扎根理论的比较分析与译码

（一）开放性译码—协同因素的提取

针对服务备件跨境物流协同系统，本文密集地检测初始及理论取样与调查中形成的调查记录，不断将资料打散，将隐含的各种现象以新的方式重新组合并标签命名及归类，提炼备件物流协同系统的构成要素，并通过归类形成协同系统结构的类属变量。在初始调查阶段，每次访谈结束后，两组调查人员分别从备件需方与供方及物流协同角度根据本次形成的调查资料进行开放性译码，译码过程同组两人分头进行，分别编制开放性译码表，形成各自的初步译码方案，本组调查结束对两张编码表进行分析汇总，两组调查结束对两组的初始编码表进行分析汇总，通过系统的初始及理论取样、调查与译码，经过不断的分析完善形成服务备件跨境物流协同系统的开放性译码表（见表2）。

表2　服务备件跨境物流协同系统开放性译码表

编号	类属	概念
C1	协同成员	供应商，代理商，服务商，物流商，海关、商检及保险等，设备用户
C2	协同手段	共同预测，共同规划，共同定价，共同决策，信息共享，风险共担，利益共享
C3	协同作业	运输，仓储，报关，商检，保险，信息处理，需求预测
C4	协同环境	文化基础，运输设施，仓储设施，基础通讯，节点企业能力，物流政策
C5	协同关系	沟通，信任，承诺，合作，协同
C6	协同目标	备件供应方：提高服务绩效，提高服务质量和收益，提高服务竞争力，提高顾客忠诚度 备件销售收益、备件利润率、客户抱怨、客户满意度等指标 第三物流方：降低物流成本，提高物流服务收益，提升物流服务竞争优势 备件物流收益、成本、时间，服务可得性、可靠性、及时性等指标 备件需求方：保证设备正常运转，降低设备维护维修成本，提高设备使用时间及效率，提高产出品质量及竞争力 备件价格、质量、可得性、返修率、设备停机损失、设备开机率等指标 备件供应链：供应链整体共赢，减少库存，降低成本，提高收益，提升供应链整体竞争力

针对S集团的调查形成的开放性译码表局限于S集团资料与数据，为增加研究效度在上表形成过程中项目组还进行了文献的查新与分析，但本阶段文献分析掌握尺度，只是就文中的概念与类属进行搜索，并补充罗列在开放性译码表中，文中实证调查与理论分析结论没有深入探讨，从而避免在后

续主轴性译码与选择性译码中产生先入为主的观点，使思维局限于现有研究结论，影响扎根理论方法形成新的观点。

（二）主轴性译码—协同关系的发现

装备的服务备件跨境物流系统是开放的、复杂的供应链系统的核心部分，协同的主体是作为供应链节点的各成员单位，协同成员在一定的协同环境下寻求在协同手段与协同作业上形成直接或间接的协同关系，共同实现物流链整体目标的协同。本文的主轴性译码从协同成员出发，立足于开放性译码中形成的独立协同要素，分别以该要素为主轴寻求与其他要素的相关关系，发现和建立类属之间的各种有机联系并以模型的方式呈现，经过不断地取样调查与分析形成装备备件跨境物流协同系统各要素间的典范模型（见图2）。

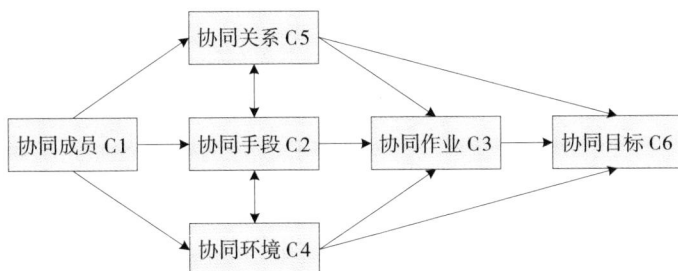

图2 服务备件跨境物流协同主轴性译码典范模型

从典范模型出发，根据 S 集团的备件物流运作实践发现，协同物流目标实现的最根本条件是各项物流作业的协同完成，但完成效果的好坏与质量的高低取决于协同环境的优劣、协同关系的有无以及协同手段的实施情况。协同关系的建立需要在信息、知识、风险和利益共享基础进行开放式的沟通，需要协同成员在物流运作过程中共同制订相关计划、实施策略和运作规则，共同约定相关权责，共同进行资源整合、组织关系协调和物流链业务流程协作，这些协同涉及战略、文化、技术及管理等各层面的协同，各协同要素间形成协调互动关系，任何一项要素的改善都可以影响到其他要素的持续改善，从而影响到最终协同目标的实现。具体而言，装备备件跨境物流协同策略表现在战略协同、文化协同、信息协同和作业协同（见图3）。

图 3 装备备件跨境物流协同金字塔

1. 战略协同

战略协同是物流链整体协同的基础，具体指战略目标与思想上的协同，S 集团在备件业务上的问题究其根源首先在于战略思想与目标上没有与客户端形成协同效应。从需求上看，备件贯穿设备使用全过程整个生命周期，需求具有突发性及少量多次的特点①，如果说设备的成品物流讲求 Just-in-time，而备件物流是要求更高的 Just-in-case，需求量很难预测，客户对备件物流的需求更加注重停机状态下备件的供应率和转运时间。在中国市场，高端设备对进口原厂备件的依赖程度很高，对于备件供应方的设备原厂商而言，在用户发出服务请求时，哪个企业能以最低的成本、最快的速度、最高的质量提供优质的备件与物流，哪个企业就能获得用户的忠诚，从而获得持续的竞争优势。相对比日本 T 企业，S 集团的备件物流运作整合程度明显较低，物流各方都希望将责任风险、成本等转嫁给链上其他企业，竭力将利益收归自己，从物流合同签订与实施，各方矛盾都很突出，所以本课题组成员通过分析讨论一致认为协同战略目标及思想上的协同是跨境备件物流系统协同的基础性因素。

2. 文化协同

备件跨境物流运作文化冲突比较明显，跨境运作要面对不同的地域文化背景，另外各节点企业在成长发展过程中形成了相对稳定并有重要影响力的独特企业自身文化，如何有效进行文化上的整合对链上各企业来说都是极

---

① 孔继利、王梦萧：《大型装备制造企业备品备件库存管理系统》，《物流技术》2011 年第 30 卷第 11 期。

大的挑战。S 集团的备件物流问题很大程度是受文化差异的影响，除语言、文字等直接表象外，东西方文化差异在物流运作中也表现突出，调查中中国客户反应欧洲人假期多，而且假期不加班，对客户需求反应不灵活，不会充分考虑客户要求，会因为休假在一两个月都找不到人，而日本 T 集团服务人员的服务意识强，经常无条件加班，以客户需求为中心提供 24 小时支持服务。另外，在人员性格上，欧洲人工作认真、严谨、细致，是自己的问题一定会承认，品质可贵，但过于自信、固执、死板，甚至傲慢，难于沟通，而日本 T 集团员工谦恭，容易沟通，但不是大问题会承认，是大问题坚决不承认，但会处理会赔偿。对于文化上的差异，协同企业间只有通过长期的交流与沟通达到互相了解与理解，在互相尊重对方文化及传统的基础上寻求消除差异与解决冲突的途径与办法。针对文化上的冲突和问题，S 集团备件物流优化方案中强调对协同企业的文化兼容，通过培训和教育的方式要求员工对客户文化的理解与尊重，在加强自身企业文化建设的同时注意吸收其他企业的文化精髓，将其注入到自身实践。

3. 信息协同

信息协同是备件跨境物流链协同机制建立的核心，物流链各方间既分工又合作、既独立又融合，如果信息不充分、信息缺失或信息扭曲会加大行为与决策的不确定性，从而引发协同方面的问题。[①] S 集团的备件物流调查中受访企业反映，在亚洲，尤其是中国，备件库存管理的基础能力还很薄弱，一些库存规划与控制的高端管理方式运用空间还有很大的限制，备件的预测经常出现错误，而且地方仓库的 ERP 系统整合到欧洲系统的过程中也存在一定的困难，地方仓库 ERP 系统中有大量的亚洲文字，欧洲系统在与亚洲仓库的信息传递中的二次信息处理产生成本上升或配送信息传送延迟，影响备件物流的整体效率与效果。因此调查中各方一致认为信息整合是提高备件物流效率改善物流运作效果的核心，如果各成员单位能够提高自身的信息处理和信息集中基础能力，同时强化物流链整体的信息共享能力，将成员间的信息系统紧密地集成在一起，就可以实现数据的实时流通和信息共享，

---

① 参见何毅、计国君：《物流业信息技术外包战略选择及风险评价研究》，《管理评论》2010年第 22 卷第 7 期。

使成员间能更快、更好地彼此开展协作，响应对方的需求和变化。

4.作业协同

由于 S 集团的用户在中国分布的地理区域分散，备件无法集中打包配送，而且备件跨境运作不仅提高了作业时间、距离与成本，也增加了物流作业环境的复杂性。S 集团的跨境备件物流服务目前分段进行，欧洲发出的备件由国际物流服务商将备件配送到欧洲机场，然后转交进出口公司清关，再进行中国国内段的物流配送，这种界面的存在导致沟通及信息传递等问题，直接影响到整体配送时间。通常情况下一单备件需 1 天左右的时间进行订单处理，2 天的时间从欧洲配送到中国，然后在中国清关需 5 天，再用 2 天时间在中国境内配送到客户手中，平均配送时间高达 10 天左右，对突发性的备件需求来说这是难以接受的。另外，客户设备故障配件需要调出境外进行检测与维修，而按中国海关相关法规，已完成清关手续的配件不允许再出口，客户只能再进口新配件，而进口配件的成本高昂，不仅给客户带来成本压力，而且也造成资源浪费。对类似情况的零散备件需求，单一客户通常无力组织更为合理的备件安排，面对物流运作中的问题，在本课题组建议下 S 集团总商务官出面协调与前期合作的 D 国际物流公司业务负责团队针对物流通道优化问题进行了讨论，设计协调优化的利益分配机制下，从而实现同步决策，并探讨备件物流外包方案，从而使各个合作环节的业务对接更加紧密，流程更加通畅，资源利用更加有效，以便快速响应客户的需求和市场机遇，应对外部的挑战。

（三）选择性译码—协同通道的构建

扎根理论逻辑思想的代表米勒强调实证主义的社会科学研究方法中归纳和逆向演绎方法的应用，本文通过开放性译码与主轴性译码对服务备件跨境物流协同系统结构与机制进行了分析与论证，在选择性译码阶段要在典范模型基础上进一步通过对现有相关研究的深入分析，探求协同通道直观模型。以物流通道系统为骨干，在主轴译码形成的典范模型基础上，通过对前期文献的进一步深入分析，并补充查新相关的理论文献，针对主轴性译码形成的典范性模型间的类属关系进行扩展深入分析，通过多轮比较在所有已发现的类属概念中以协同成员为各物流节点，结合境内外运输形成的备件物流跨境通道系统作为核心类属，其他类属整合在该通道系统中形成备件跨境物流协同系统（见图4），通过系统地说明和验证通道系统与协同的次要类属之间的关系，来填充需要完善或发展的类属概念。

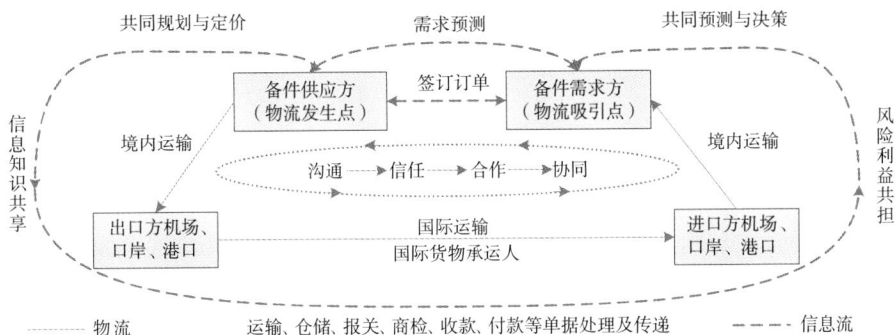

图4　服务备件跨境物流协同选择性译码模型

装备备件跨境物流运作系统的硬件核心是物流通道系统，物流通道是以运输通道和物流节点为主要的基础设施平台，结合物流通道的组织和管理系统而形成的一个大的开放系统，由包装搬运机械、运输工具、仓储设施、人员、制度和通信等若干相互制约的动态要素所构成的具有特定功能的有机整体。[①] 其中物流节点（包括物流发生点和吸引点）一般指物流枢纽、港口、车站、口岸、机场等物流集散地，而联系物流发生点和吸引点的运输通道一般由平行的多种运输方式或复合及联合运输方式构成的运输线路互相补充来提供运输服务。如果将备件跨境物流节点及运输通道构成的系统称为硬通道，则与物流运作有关的法制、制度以及物流管理技术、方法及信息管理系统就是物流运作的软通道，物流系统的协同需要进行物流通道系统的合理组织与管理，跨境物流通道的组织主要包括运输、物流中心选址、通关及关税、库存等方面，组织与管理需保证国际干线运输路径最短、区域物流中心与进口口岸位置可重合、口岸通关效率高、关税政策有利、物流中心库房具备保税与非保税双重功能等。[②] 通关是跨境物流中的一个重要的中间环节，是联系其他环节的纽带，通关效率与物流成本直接相关，而目前中国整体通

[①]　参见王春芝：《国际物流通道优选理论方法与实证研究》，吉林大学博士论文，2004年。

[②]　参见李旭东：《交通工程机械企业进口服务备件物流网络优化研究》，《物流科技》2013年第7期。

关系统效率低下，是导致备件延迟及总体成本过高的主要原因。

从已有实证研究结果看，物流协同系统内各方企业是一种风险和利益共担的稳定共生关系，如果系统内存在非对称性分配和非互惠共生，系统将难以实现协同效率，所以风险和利益共担意识是协同关系建立的基础。① 备件物流链的协同是协同各方契约关系和信任关系的结合体，在协同实践中，加强沟通，建立信任，承诺长期合作关系，进行多方位的合作，对各方激励联盟的形成、信息共享以及共同决策的都会产生明显影响。链上各节点企业之间的合作关系是以信任为基础的，信任使得协同企业愿意放弃短期机会主义行为而专注长期合作利益，有效的协商沟通也可以促进协同企业信息共享水平的提高，沟通的形式主要体现在跨文化沟通、进行文化整合、建立物流链整体文化等方面。有效地构筑跨文化沟通模式能化解合作企业因动机因素、知识因素、技能因素引起的不确定性障碍和焦虑障碍，为物流链整体文化的传播、发扬、丰富提供现实的制度保障，从而形成真正的信任协同机制。在协同关系建立和维护过程中，各方间社会资本和组织学习对物流系统整体动态能力的提升有关键影响，是各方获取、创造和整合信息及知识资源以感知、应对、利用和开创市场变革的关键因素，社会资本是由沟通、信任、承诺、合作、网络联系、价值规范等关键要素构成。

信任基础上的协同，最具体的表现在于信息及知识的共享，从而实现各方物流的共同规划、预测与决策，同时信息共享需要信息平台的搭建，协同系统信息平台建设需涉及传统物流企业、第三方物流企业，甚至还要涵盖物流园区。② 在借助外部物流能力时备件物流服务需求方经常需要在外包和自营业务间进行平衡，在不影响运作效率、盈利能力和收入增长的前提下，保证最佳的客户服务水平。物流外包是战略性决策，协同物流商的选择与协同运作直接影响到企业整体战略目标的实现，目前全球越来越多的物流商可以提供专业的门对门的定制增值备件物流服务，但这些企业的服务成本通常很高，据国内备件物流业内相关测算，往中国的备件物流利润率始终维持在

---

① Lowensberg, D.A., "A New View on Traditional Strategic Alliances Formation Paradigms", *Management Decision*, 2010, 48（7），pp.1090-1102.

② 参见何毅、计国君：《物流业信息技术外包战略选择及风险评价研究》，《管理评论》2010年第 22 卷第 7 期。

20%以上。专业备件物流商的加入是否可以提高物流服务的效率和水平同样取决于是否能够实现物流链的整体协同合作，而整体协同关系取决于协同方实力与力量关系①，稳定的合作联盟应该是各参与方的地位和依赖是均衡的，各参与方的博弈力量相当才可能达到合作联盟的稳定关系和企业地位的均等。备件物流协同作业的现实情况经常是企业间的合作关系稳定性较差，合作联盟中很难形成一个机制使合作企业达成地位平等，面对备件物流外包中存在的合作信息不对称、对物流商过分依赖或失控、隐形成本以及企业文化冲突等问题，需要物流各方从全局角度审视自己所处物流链协同情况，时刻诊断并反省管理中存在的问题，审视并规划物流链管理方案，以物流链的整体文化思维模式不断修正自己的管理策略，不断优化物流链的解决方案。

五、结束语

跨境环境下的备件物流需要物流相关各方的协同努力，共同致力于成本的降低和服务质量的提高，本文在扎根理论的方法体系下融入多元化的调查分析手段，逐级提炼装备产品服务备件跨境物流协同系统要素、关系和结构，形成备件跨境物流协同系统的概念模型。通过研究表明，装备产品服务备件跨境物流协同就是在协同系统框架下，各协同成员基于共同的利益需求寻求相互的协调与合作，在充分利用作业环境的基础上协同地完成各项物流作业的过程，协同目标与思想是系统协同的实现基础，协同作业的实现需构筑协同文化与协同的信息系统，而协同文化的形成需以沟通达成各方的信任，以信任促进知识与信息的共享，从而同步决策形成合作，并以合作为基础进行全物流链的协同。协同操作过程需要通过协同通道的组织来降低物流运作的总成本，提高物流服务的整体水平，为企业、客户及物流商创造协同的竞争优势，即如何以客户与市场需求为导向在通道各主体间建立协同关系，在信息和知识共享的基础上达成利益共享、风险与责任共担的协同体是

---

① Kaehkoenen, A. K., "The Influence of Power Position on the Depth of Collaboration", *Supply Chain Management*：*An International Journal*，2014，19（1），pp.17-30.

备件物流组织者更需关注的问题。

　　由于扎根理论具有根植性、过程性和互动性的特点，调查过程中强调调查记录的整理，通过记录一方面激发研究者进行系统的理论思考，引导研究问题理论框架的形成，另一方面可以保证研究过程的可追溯性，从而增强研究的信度。扎根理论严格的认知及研究逻辑本身就是对研究信度与效度的必要保证，本文按照扎根理论的研究思想与研究逻辑，但从方法本身而言，扎根理论虽然强调不先入为主的思想，但研究过程中的观点也难以避免受研究者教育背景、经历等因素造成的主观性影响，所以本文调查研究虽尽力保证开放性的集思广益的思维，力求客观完善，仍会存在一定的不足，需要在后续研究中对模型本身不断审视、修正与完善。扎根理论是一种强调行动或互动取向的研究方法，在概念性的理论模型构建后可以尝试性地建立一个以行动取向或互动取向为导向的理论应用雏形。本文在建构装备服务备件跨境物流协同系统模型的同时，在调查研究中针对取样公司的备件物流运作，对S集团的备件跨境物流协同体系进行设计，并针对协同问题探索性地提出相应策略，体现备件物流协同研究的实效性。但备件物流协同是一个涉及多方面多层面的系统的管理活动，需要在整体战略框架下逐层设计分级落实实施，本文研究立足于战略层面，探索性地对协同系统战略框架设计，没有针对具体功能层面进行深入，在后续研究中可以从此突破，不断丰富与深入完善该体系，以期为装备服务备件跨境物流协同的管理实践提供更加具体的理论指导。

　　　　　　（王春芝，女，汉族，国际商学院副教授，主要从事战略
　　　　　　管理及服务管理研究。本文发表于《管理评论》2015年
　　　　　　第2期）

顾客绑定策略对组织绩效的影响研究

——以网络零售行业为例

张瑞雪

一、引　言

　　顾客绑定策略是指公司通过财务、社会和结构手段与现有客户创造、发展并保持高质量长期关系的营销实践。[①] 关于顾客绑定策略对顾客保留[②]、顾客价值[③] 和顾客忠诚[④] 等的正向影响，已有研究为我们提供了实证支持。但是这些研究主要是从消费者视角展开，只能证明顾客绑定策略能使消费者愿意与公司保持长期关系，却不确定公司是否愿意采纳以及能否因此盈利。有学者指出，多项关于关系营销财务有效性的实证研究结果并非如我们期望的那样都是正向结果。[⑤] 同时，还有学者认为，不同的关系营销活动可能产

---

① 张瑞雪、董大海：《绑定导向概念与测量：一个双向视角的研究》，《大连理工大学学报》（人文社会科学版）2011 年第 3 期。

② 张双恒：《B2C 网络商店关系绑定策略对顾客保留的影响》，《合作经济与科技》2013 年第 22 期。

③ 金玉芳、胡宁俊、张瑞雪：《网上商店绑定策略对顾客价值影响的实证研究》，《管理工程学报》2011 年第 1 期。

④ 曹光明、江若尘、徐冬莉等：《顾客绑定策略效果形成机制及策略组合选择——基于网络零售环境的实证研究》，《商业经济与管理》2011 年第 8 期。

⑤ Palmatier, R.W., Gopalakrishna, S., Houston, M.B., "Returns on Business-to-Business Relationship Marketing Investments：Strategies for Leveraging Profits", *Marketing Science*, 2006，vol.25，no.5，pp.477-493.

生截然不同的顾客纽带和关系规范，会对关系产生不均衡的影响，从而使经济回报有所不同。[①] 基于此，本文以网络零售行业为例，从公司视角检验三种不同的顾客绑定策略如何影响组织绩效并探查他们的调节变量，旨在为关系营销理论在互联网环境下的运用识别出边界条件，便于人们更有针对性的思考关系营销理念的实施问题，也为后来者进行相关研究奠定理论基础。

二、研究假设提出

1. 顾客绑定策略对组织绩效的影响

顾客绑定策略是指公司通过财务、社会和结构手段与现有客户创造、发展并保持高质量长期关系的营销实践，包括财务绑定策略、社会绑定策略和结构绑定策略。组织绩效是对组织目标达成程度的一种衡量。[②] 本研究中，组织绩效包括组织总体绩效、市场绩效（比如，市场份额、销售收入增长率等）和财务绩效（如投资回报率等）三类指标。本文将分别讨论财务绑定策略、社会绑定策略和结构绑定策略对组织绩效的影响。

（1）财务绑定策略对组织绩效的影响

财务绑定策略是指公司通过频繁购买计划与现有顾客创造、发展并保持高质量的长期关系的营销实践。关于财务绑定策略与组织绩效的关系，已有研究结论并不一致。有研究曾经指出，类似频繁购买计划的财务激励措施很容易被竞争对手模仿，而且如果不能准确地选择目标顾客的话很容易对利润产生负面影响。[③]Palamtier 在 B2B 背景下的研究证明财务性关系营销计划不能给组织带来短期收益但从长期来说有可能会提升组织绩效。[④] 而 Rust

---

① Palmatier, R.W., Gopalakrishna, S., Houston, M.B., "Returns on Business-to-Business Relationship Marketing Investments: Strategies for Leveraging Profits", *Marketing Science*, 2006, vol.25, no.5, pp.477-493.

② Ibid.

③ Mahammed, R.A., R.J.F., Jaworski, B.J. et al, *Internet Marketing: Building Advantage in a Networked Economy*, Beijing: China Financial&Economic Publishing House, 2004, p.132.

④ Palmatier, R.W., Gopalakrishna, S., Houston, M.B., "Returns on Business-to-Business Relationship Marketing Investments: Strategies for Leveraging Profits", *Marketing Science*, 2006, vol.25, no.5, pp.477-493.

等则认为类似于价格方面的促销能够帮助组织实现短期盈利却有可能破坏组织的长期盈利性。[①] 笔者认为，对于网络零售企业来说，财务绑定策略能够提升组织绩效。因为，频繁购买计划是根据顾客购买的频繁程度或交易额来决定给予其货币性奖励或礼品奖励的力度，较不容易出现目标顾客选择不准确的问题，而且互联网使得顾客的会员资格申请和顾客数据获得相对容易，成本也较之传统商店填写纸质的会员申请书、发送实体卡要低很多，因此尽管就单笔交易来说减少了公司的收益，但是总体上还是有益于公司组织绩效的提升。因此，本文提出以下假设：

H1：网络零售企业的财务绑定策略正向影响组织绩效

（2）社会绑定策略对组织绩效的影响

社会绑定策略是指公司通过顾客关注和创建社区与客户创造、发展并保持高质量长期关系的营销实践。有关社会绑定策略与组织绩效之间的关系，我们可以从一些已有的相关研究和深度访谈中管理者们的观点那里获得支持。比如，有研究指出，公司能够借助广告、服务提升以及新产品上市等策略获得长期资产（比如品牌资产、顾客资产等）并转而使公司在短期内盈利[②]；Pinar，Crouch 和 Pina 的研究也证明，顾客关注（比如倾听顾客，售后保持联系等）能够提升组织绩效[③]。Algesheimer 和 Dholakia 联合 eBay 德国总部进行的一项实地研究发现顾客社区是 eBay 获取利润的重要来源并预言任何在线公司都能通过社区的培育而从中获利。实践中，网络零售企业管理者们对于公司通过关注并征集客户意见、根据客户喜好发送广告和促销信息、建立社区供网站与客户、客户与客户之间进行交流与沟通能够提升组织绩效的观点也都比较认同。据此，本文提出以下假设：

H2：网络零售企业的社会绑定策略正向影响组织绩效

[①]　Rust，R.T.，Ambler，T.，Carpenter，G.S. et al，"Measuring Marketing Productivity：Current Knowledge and Future Directions"，*Journal of Marketing*，2004，vol.68（October），pp.76-89.

[②]　Ibid.

[③]　Pinar，M.，Crouch，H.L.，Pinar，M.C.，"Relationship Between Customer Focus，Innovation，and Committed People and Their Impact on Business Performance：A Case of Turkish Firms"，*Journal of Euromarketing*，2007，vol.16，no.3，pp.37-49.

（3）结构绑定策略对组织绩效的影响

结构绑定策略是指公司通过便利性服务和安全性服务与客户创造、发展并保持高质量长期关系的营销实践。结构绑定策略能有效提升组织绩效，这在相关研究中可以获得支持。比如，有研究证明，一个宽松的退货政策在短期内可能会耗费较多成本，但是从长期来看，零售商和制造商却能利用这种服务实现与客户建立长期关系并使每个客户都能给公司带来最大利润。①实践中，亚马逊和京东就是通过给顾客提供方便、简洁和安全的服务在相关行业曾经实现了巨大的成功。因为客户等待的时间越短、获取服务越便利、越安全，顾客为获得产品或服务所花费的时间、精力等就越少，顾客就会越满意。转而，顾客满意增加，公司顾客资产的价值就增加，未来盈利能力就增加。实地访谈过程中，网络零售企业的管理者们的言辞也证明了这一观点。此外，Palmatier 在 B2B 背景下还实证证明结构绑定策略能够显著提升公司的短期绩效，也为我们的研究假设增加了一些理论依据。

因此，本文提出以下假设：

H3：网络零售企业的结构绑定策略正向影响组织绩效

2.顾客绑定策略与组织绩效之间关系的调节因素

本研究主要考察订单量预测的不确定性、第三方物流服务质量的不确定性和网站声誉对顾客绑定策略与组织绩效之间关系的调节作用。

（1）订单量预测的不确定性

订单量预测的不确定性是指由于网络零售企业无法准确预测和估计它们所销售产品的市场需求数量和种类以及需要第三方物流服务提供商为其运送的货物数量和种类而造成的不确定性；根据交易成本理论的观点，订单量预测的不确定性会负向影响顾客绑定策略与组织绩效之间的关系。②比如，如果公司无法准确预测未来要发生的订单数量，在与物流提供商在

---

① Peterson, J.A., Kumar, V., "Are Product Returns a Necessary Evil? Antecedents and Consequences", *Journal of Markeing*, 2009, vol.73（May），pp.35-51.

② Rabinovich, E., Knemeyer, A.M., Mayer, C.M., "Why do Internet Commerce Firms Incorpoarate Logistics Service Providers in Their Distribution Channels? The Role of Transaction Costs and Network Strength", *Journal of Operations Management*, 2007, no.25, pp.661-81.

商订协议时可能就无法获得比较合理的价格，特别是有些商品可能有一些特殊的运输要求，之前如果不能准确的估计到，签订协议之后再进行增补或调整等就需要额外增加成本，此时，如果公司为了减少自己的损失而提高产品的价格，那么原本通过绑定活动构建起来的客户满意度和忠诚度就极有可能被部分或全部的抵消掉，从而影响公司的市场份额；但是如果为了保留客户而不提价，公司的利润就会降低，甚至会亏损。因此，本文提出以下假设：

H4a：订单量预测的不确定性负向影响网络零售企业的财务绑定策略与组织绩效之间的正向关系

H4b：订单量预测的不确定性负向影响网络零售企业社会绑定策略与组织绩效之间的正向关系

H4c：订单量预测的不确定性负向影响网络零售企业结构绑定策略与组织绩效之间的正向关系

（2）第三方物流服务质量的不确定性

第三方物流服务质量的不确定性是指由于网络零售企业对第三方物流服务提供商所表现出来的任务执行能力缺乏准确认识所造成的不确定性。当第三方物流服务质量的不确定性增加时，网络零售企业与物流服务提供商的交易成本也会增加①，如果网络零售企业遇到上述的类似问题，通常它们同样会面临两难境地，即如果自己赔付，就会赔钱，如果不赔，客户可能就流失了。因此，本文提出以下假设：

H5a：第三方物流服务质量的不确定性负向影响网络零售企业的财务绑定策略与组织绩效之间的正向关系

H5b：第三方物流服务质量的不确定性负向影响网络零售企业的社会绑定策略与组织绩效之间的正向关系

H5c：第三方物流服务质量的不确定性负向影响网络零售企业的结构绑定策略与组织绩效之间的正向关系

---

① Rabinovich, E., Knemeyer, A.M., Mayer, C.M., "Why do Internet Commerce Firms Incorpaorate Logistics Service Providers in Their Distribution Channels? The Role of Transaction Costs and Network Strength", *Journal of Operations Management*, 2007, no.25, pp.661-81.

　　(3) 网站声誉

　　基于 Wang 等关于企业声誉的定义[①], 笔者将网站声誉定义为网站管理者感知到的外部顾客基于网站过去的绩效对网站形象、身份和各种营销沟通情况做出的主观判断。有研究证明企业声誉是品牌资产与 CRM 绩效之间关系的重要调节变量。[②] 本研究中, 我们认为网站声誉对顾客绑定策略与组织绩效之间的关系具有调节作用。这从已有相关研究中可以找到理论支持。有研究表明, 如果对所期望的事 (Expectations) 有高度信心, 那么这些被期望的事与感知绩效之间就会有强关系[③], 也就是说, 如果你的信念是坚定的, 那么这些信念就会影响你的态度, 转而这些态度就极有可能影响你未来的行为[④]。以企业声誉对品牌资产与 CRM 绩效之间关系的调节作用为例, 较高的企业声誉会使顾客坚信企业有较高的品牌资产, 从而会使品牌资产与 CRM 绩效之间产生强关系, 换句话说, 就是当品牌资产一定的情况下, 如果企业有高的企业声誉, 顾客做出正向行为决策的希望就更大。同理, 当网站有较高的声誉时, 顾客对网站就会更有信心, 在进行关系投入时就会觉得更可靠、风险更低, 从而对网站要实施的财务绑定活动、社会绑定活动和结构绑定活动会有更高水平的期望, 这种高度期望转而会提高顾客保留率、允许价格溢价并能实现更高的购买率。此外, 声誉高的企业还可能会提供一些专家建议、特殊服务和更高品质的服务等, 这也可能会提升顾客对绑定策略的期望并增强顾客绑定策略对组织绩效的影响。总之, 一个有较高权威和声望的网站实施绑定活动时, 顾客会更愿意与之建立亲密关系并在网站进行购买、口碑推荐以及表现出一些其他的社会行为。

---

① Wang, Y.G., Kandampully, J.A., Lohp et al., "The Roles of Brand Equity and Corporate Reputation in CRM: A Chinese Study", *Corporate Reputation Review*, 2006, vol.9, no.3, pp.179-197.

② Ibid.

③ Spreng, R.A., Page, Jr.TJ., "The Impact of Confidence in Expectations on Consumer Satisfaction", *Psychology & Marketing*, 2001, vol.18, no.11, pp.1187-1204.

④ Wang, Y.G., Kandampully, J.A., Lohp et al., "The Roles of Brand Equity and Corporate Reputation in CRM: A Chinese Study", *Corporate Reputation Review*, 2006, vol.9, no.3, pp.179-197.

因此，本文提出以下假设：

H6a：网站声誉正向影响网络零售企业的财务绑定策略与组织绩效之间的正向关系

H6b：网站声誉正向影响网络零售企业的社会绑定策略与组织绩效之间的正向关系

H6c：网站声誉正向影响网络零售企业的结构绑定策略与组织绩效之间的正向关系

综合上述假设，本研究构建的模型如图1。

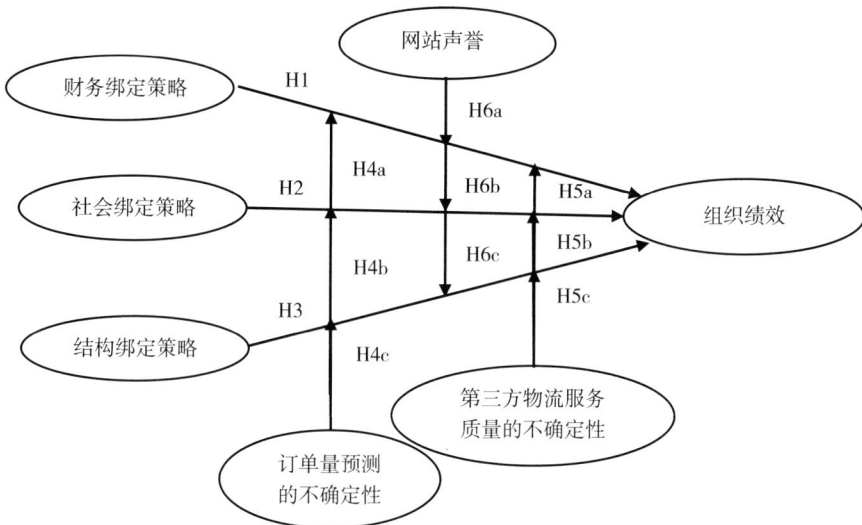

图1 顾客绑定策略对组织绩效的影响模型

三、研究设计与假设检验

1.变量的测量与样本

本文中，每个概念的测量工具都是借鉴现有学者已开发的量表，并结合实地访谈最终生成。财务绑定策略包括"积分到一定程度可以享受折扣""积分到一定程度有礼品赠送""不同等级的会员享受不同档次的奖励"；社会绑定策略包括"发送顾客感兴趣的产品和促销信息""关注并征求顾客意见""有可供顾客自由交流的社区";结构绑定策略包括"货品齐全（一站式服务）""好用的搜索工具""提供快速购买通道""公平的退货政策";组织绩效包括"与竞争对手相比，公司的总体绩效""与竞争对手相比，公司的市场份额""与竞争对手相比，公司的销售增长率""与竞争对手相比，公司的投资回报率""与竞争对手相比，公司目前的盈利率";订单量预测的不确定性包括"需要履行的网上订单需求量的变化趋势容易监测——不容易监测""需要履行的网上订单需求量的变化趋势稳定——不稳定""需要履行的网上订单需求量容易预测——不容易预测";第三方物流服务质量的不确定性包括"物流服务提供商的物流服务质量符合我所崇拜的专业人士提出的服务标准""物流服务提供商的物流服务水平符合本行业领军公司中的专业人士提出的服务标准""本行业中，被普遍认为服务质量好的公司都使用该物流公司";网站声誉包括"总体来说，顾客认为我们公司非常好""顾客认为，与竞争对手相比，我们公司非常好""顾客相信我们的公司会有好的前途"。问卷采用七级李克特量表，1代表非常不一致，7代表非常一致。另外，除上述7个主要变量外，问卷还加入了7项企业描述变量。问卷主要通过电子邮件的方式发放。发放对象主要是运营时间1年以上的百货、通讯数码、化妆品等经营有形产品的网络零售企业。共发放问卷320份，总共收回有效问卷232份，有效回收率为72.50%。有效样本量满足样本量至少为测量题项5倍的要求。

2. 量表的检验

首先，我们使用SPSS16.0对量表进行了相关统计、内部一致性信度分析和探索性因子分析。分析结果表明，各量表的Cronbach α系数都超过了最低标准值0.70，每一个题项的CITC值也都远远超过了0.50的标准。探索性因子分析中，旋转后共提取出5个特征值大于1的因子，其中，每个题项在单一维度的因子负荷均大于0.70，且没有出现跨因子负荷现象。然后，为检验量表的收敛效度和区别效度，使用LISREL8.7对量表进行验证性因子分析。本研究中，我们将变量分为两组分别进行分析。在第一组中（模型一），我们将财务绑定策略、社会绑定策略、结构绑定策略和结果变量组织绩效放在一起进行处理；在第二组中（模型二），我们将3个调节变量放在一起进行处理。结果表明，每个题项的标准化负荷系数都明显高于本研究所建议的最低临界值 0.60，而且在 P＜0.001 的条件下都具有很强的统计显著性。AVE 值均大于 0.50。综上，表明各个变量的量表有较好的信度和效度。

3. 假设检验

（1）顾客绑定策略对组织绩效的影响

结构方程模型分析表明，卡方值和自由度的比值符合大于 2 小于 5 的标准；GFI 和 AGFI 的值都大于本次研究设定的标准 0.80；NFI、CFI 和 IFI 的值大于本次研究设定的标准 0.90；RMSEA 的值和 SRMR 的值分别小于本次研究设定的边界值 0.10 和 0.08。因此从整体上看，本次研究假设的理论模型与数据拟合情况较好，理论模型可以接受；显著性检验结果表明，在 p ＜0.001 的水平下，财务绑定策略、社会绑定策略和结构绑定策略与组织绩效之间的 T 值分别为 1.94、4.30 和 4.18。说明 H3 没有得到支持，社会绑定策略和结构绑定策略对组织绩效的影响都比较强，说明这两种策略是提升组织绩效的重要手段。

（2）调节作用检验

有关订单量预测的不确定性、第三方物流服务质量的不确定性和网站声誉对绑定策略有效性的调节作用，本研究中我们主要使用回归分析来进行检验。根据已有研究的建议，我们对调节作用的回归分析主要分四步进行：①为了减少回归方程中变量间的多重共线性问题，对自变量和调节变量进行中心化处理；②构造乘积项，即把中心化处理以后的自变量和调节变量相乘；③分别检验自变量对因变量的影响和调节变量对因变量的影响；④把自变量、因变量、调节变量和乘积项都放到多元层级回归方程中进行检验，看乘积项的系数是否显著，如果显著，就说明调节作用存在。本研究中，我们使用 0.05 作为检验的显著水平。另外，也可以通过 R^2 来检验，如果 ΔR^2 显著（ΔR^2 服从 F 分布），也能证明调节变量的存在。

表 1　顾客绑定策略与组织绩效之间的关系及统计性检验

假设	关系	路径系数	T 值	假设检验结果
H1	财务绑定→组织绩效	0.14	1.94	不支持
H2	社会绑定→组织绩效	0.31	4.30	支持

假设	关系	路径系数	T 值	假设检验结果
H3	结构绑定→组织绩效	0.31	4.18	支持

模型拟合度指标：
卡方值 $\chi^2 = 275.8$；自由度 df＝87；卡方值和自由度的比值 $\chi^2/df = 3.17$；良好拟合指数 GFI＝0.91；调整拟合指数 AGFI＝0.86；规范拟合指数 NFI＝0.92；比较拟合指数 CFI＝0.94；近似误差均方根 RMSEA＝0.087；标准残差均方根 SRMR＝0.058

订单量预测的不确定性的调节作用检验结果表明，社会绑定策略和结构绑定策略与组织绩效之间的主效应是显著的，但是三个乘积项的显著系数都没有达到 0.05 的显著水平，说明 H4a、H4b 和 H4c 没有通过检验。第三方物流服务质量的不确定性的调节作用分析结果表明，社会绑定策略和结构绑定策略与组织绩效之间的主效应是显著的，假设 H5a 没有得到支持，假设 H5b 在 P＜0.001 的条件下得到强烈支持，假设 H5c 则在 P＜0.01 的条件下得到了与假设相反的结论。但是，总的来说，第三方物流服务质量的不确定性对绑定策略的有效性是有调节作用的，因为，有学者指出，在控制了主效应以后，一般 ΔR^2 达到 0.10 已经很大了，本研究中，ΔR^2 已达到了 0.10，而且财务绑定 × 第三方物流服务质量和社会绑定 × 第三方物流服务质量的显著性系数都超过了 0.05。关于网站声誉的调节作用检验，分析结果表明，社会绑定策略和结构绑定策略与组织绩效之间的主效应是显著的，财务绑定策略与组织绩效之间的关系是不显著的，但是在加入网站声誉这一调节变量以后，财务绑定策略和网站声誉的乘积项的显著性水平达到了标准，即 H6a 在 P＜0.01 的条件下得到了支持；而 H6b 和 H6c 却没有通过检验。也就是说，当网站的声誉很高的时候，财务绑定策略对组织绩效的影响会增强，而社会绑定策略和结构绑定策略对组织绩效的影响作用则没有变化。关于以上三个调节变量的检验结果具体见表 2。

表 2　调节作用的回归分析结果

调节变量	调节项指标			总体模型			假设检验结果
	财务绑定	社会绑定	结构绑定	F 值	R2	$\triangle R^2$	
订单量预测的不确定性	0.11 (1.52)	− 0.02 (− 0.33)	− 0.15 (− 1.85)	15.45***	0.33	0.03	H4a、H4b、H4c 都不支持
第三方物流服务质量的不确定性	0.02 (0.35)	− 0.40 (− 5.89) ***	0.22 (3.17) **	20.25***	0.39	0.10	H5a 不支持、H5b 支持、H5c 结果相反
网站声誉	0.16 (2.54) **	− 0.03 (− 0.46)	0.04 (0.60)	14.66***	0.31	0.02	H6a 支持、H6b 和 H6c 都不支持

* 表示显著性水平为 0.05；** 表示显著性水平为 0.01；*** 表示显著性水平为 0.001。

五、结论与展望

本研究基于已有理论从企业视角实证检验了顾客绑定策略对组织绩效的影响并探查了订单量预测的不确定性、第三方物流服务质量的不确定性和网站声誉的调节作用。研究结果表明，财务绑定策略对组织绩效没有显著影响，但是当网站有很好的声誉时，财务绑定策略能够提升组织绩效；社会绑定策略对组织绩效的提升有显著影响，是 3 种绑定策略中对组织绩效影响作用最强的，但是当第三方物流服务质量的不确定性增强时，社会绑定策略对组织绩效的正向影响将会逐渐减弱；结构绑定策略能提升组织绩效，而且当第三方物流服务质量的不确定性增强时，结构绑定策略对组织绩效的影响会增强。这一研究结果既是对绑定策略理论在网络环境下的拓展，也是对已有 B2C 背景下的研究多从消费者视角展开的一种拓展，丰富了绑定策略理论、关系营销理论和网络营销理论，对从事网络零售行业的实践者具有重要的理论指导意义。

（张瑞雪，女，蒙古族，经济管理学院讲师，主要从事市场营销研究。本文发表于《大连理工大学学报》（人文社会科学版) 2014 年第 3 期)

卫生卫星账户：ISIC 口径下医疗卫生服务统计扩展的有效途径

艾伟强　蒋　萍

国际发展经验表明：医疗卫生产业具有"辐射带动产业广，吸纳就业人数多，拉动消费作用大"等特点，其快速发展不仅是维护居民健康、提高人力资本的重要手段，也是保增长、调结构的重要措施和有效途径。近年来，世界各国的医疗卫生产业迅速发展，对各国国民经济的增长都起到了重要作用，因此，全面、准确反映医疗卫生产业的规模、结构和发展速度对各国都具有重要意义。但是，运用现行 ISIC 口径下的医疗卫生服务统计却无法实现对医疗卫生产业的全面核算，对此，SNA (2008) 将卫生卫星账户 (Health Satellite Accounts，HSA) 纳入其附属核算框架，目的是弥补 ISIC 口径下医疗卫生服务统计的局限性，构建可用于对医疗卫生产业进行全口径统计的方法体系。在此背景下，多角度分析 HSA 与 ISIC 口径下医疗卫生服务统计的区别与联系，阐明中国 HSA 核算框架的设计思路和实施的难点不仅有助于推动 HSA 理论的发展与完善，更重要的是有助于推动中国 HSA 研究与实践工作的开展，使中国的国民经济核算体系更好地与国际接轨。

一、ISIC 口径下医疗卫生服务统计的局限性

ISIC 是国民经济生产活动的统计分类标准，其现行的版本是 ISIC4.0。该分类体系从全社会产品生产的角度，根据生产活动的同质性，将国民经济整体划分为若干个行业。根据 SNA 既定的核算规则可知，ISIC 是 SNA 核

算范围划分的基础，即 SNA 的核算过程是 ISIC 口径下的行业核算。因此，ISIC 口径下医疗卫生统计的范围是医疗卫生服务行业，特指 ISIC4.0 中"卫生和社会工作"门类下的"卫生"大类。

但是，从广义上讲，医疗卫生产业指医疗卫生活动的集合，Eurostat（2008）将医疗卫生活动定义为："为增进公众健康提供的医疗卫生服务和医疗卫生相关服务，以及为开展上述服务提供支持的产品生产活动"①，由此可见，医疗卫生产业不仅包括医疗卫生服务的提供，还包括医疗卫生实物产品的生产。根据中国投入产出表（2007）可知，医疗卫生产业涉及的国民经济行业大类多达 90 余个，其增加值主要分散在农业、工业、商业、交通运输业和医疗卫生服务业等多个行业中。

因此，ISIC 口径下的医疗卫生服务统计难以将医疗卫生产业的增加值从国民经济的各个行业中完全细分并汇总出来，即无法反映医疗卫生产业的全貌。总体上看，ISIC 口径下的医疗卫生服务统计主要存在以下 3 点局限：

第一，未能反映属于第一产业的医疗卫生活动。第一产业中的农业、畜牧业和渔业为医疗卫生产品的生产提供了大量的原材料，例如，西药制品中用到的辅料（玉米等农产品）、中药制剂中用到的农牧产品和动植物等。中国投入产出表数据显示：2007 年，第一产业对医疗卫生服务行业的总投入为 58.9 亿元，其中，农业占绝大部分，投入数量为 58.2 亿元。

第二，未能反映属于第二产业的医疗卫生活动。2007 年，第二产业中总共有 60 个行业对医疗卫生服务行业提供了中间投入，总投入累计达到 5965.3 亿元，其中，医药制造业和其他专用设备制造业的投入数量较大，分别为 3767.6 亿元和 464.7 亿元。数据表明：第二产业中不仅包括了医疗卫生活动，而且该活动的规模庞大，对医疗卫生产业乃至整个国民经济都具有非常显著的影响。

第三，对属于第三产业的医疗卫生活动反映不全面。在第三产业中，除医疗卫生服务行业外，医疗卫生产业还包括与医疗卫生活动相关的批发零售业、交通运输业和餐饮业等行业。2007 年，第三产业对医疗卫生服务行业的总投入为 1151.4 亿元，其中，批发零售业、餐饮业和交通运输业的投

---

① http：//www.who.int/nha/sha_revision/input_documents/SHA_Submitted_doc_unit2_ZH.pdf。

入数量较大，分别为 449.4 亿元、102.2 亿元和 55.8 亿元。

鉴于医疗卫生产业迅速发展的新形势，以及 ISIC 口径下医疗卫生服务统计的局限性，当前越来越多的国际组织和发达国家开始对 HSA 展开研究，计划通过编制 HSA 的方式将医疗卫生产业的各组成部分从国民经济的各个行业中剥离出来，实现对医疗卫生活动的全口径统计，进而对医疗卫生产业进行全面核算与系统分析，为医疗卫生领域政策的制定提供决策依据。

二、HSA 是 ISIC 口径下医疗卫生服务统计的重要补充

自 SNA（1993）发布以来的 20 年间，卫星账户的重要意义已经得到广泛认可，现有的卫星账户涵盖旅游、研发、住户部门、医疗卫生、资源环境、对外贸易、交通运输和非营利机构等十几个领域。HSA 是卫星账户在医疗卫生领域的重要应用，在 SNA（2008）中，HSA 被正式纳入附属核算框架，其重要意义不仅体现在完善了 SNA（2008）的结构和分析功能，更主要的是实现了对 ISIC 口径下医疗卫生服务统计的补充。

（一）将核算对象锁定在"医疗卫生产业"

通常，人们极易将"医疗卫生产业统计"与"医疗卫生服务统计"的概念相混淆，并在对医疗卫生产业的分析过程中，使用医疗卫生服务的相关统计指标加以替代，结果导致医疗卫生产业的经济价值被低估，进而无法准确衡量其对国民经济的贡献率和影响力。产生此谬误的主要原因是：长期以来，人们已经形成了将医疗卫生统计与医疗卫生服务联系在一起的思维定势，即一提到医疗卫生统计，人们自然想到的就是以医疗卫生服务为核算对象。然而，完整的医疗卫生统计包括 3 个层面：第一层面是医疗卫生事业统计，其中包括众多并非专门对接于 SNA 的医疗卫生业务指标；第二层面是隶属于 SNA 中心框架的医疗卫生统计，即 ISIC 口径下的医疗卫生服务统计；第三个层面是医疗卫生产业统计，其核算对象既包括医疗卫生服务业，也包括医疗卫生关联产业。因此，通过中心框架只能获得医疗卫生服务业的统计数据，而无法获得医疗卫生产业整体的统计数据。目前，虽然可以利用

投入产出数据估算医疗卫生产业的产出和增加值，但由于投入产出表大多是每隔几年编制一次，并且存在时滞和数据缺失等问题，所以，利用投入产出表也并非医疗卫生产业核算的最佳途径。

实际上，ISIC 口径下的"医疗卫生服务业"是从生产角度定义的，而"医疗卫生产业"是从需求角度定义的，反映的是社会公众的医疗卫生需求。从需求角度看，中心框架并未建立相应的分类体系，这便是中心框架无法进行医疗卫生产业统计的深层次原因，同时也是中心框架的局限之所在。因此，只有立足于中观经济① 统计视角，构建独立于中心框架的 HSA，并将其核算对象锁定在"医疗卫生产业"，才能够将医疗卫生服务活动，以及医疗卫生实物产品的生产、销售和原材料的生产等活动纳入同一核算框架，从而弥补现行医疗卫生服务统计在核算范围方面的局限，实现对医疗卫生活动的全口径统计。

（二）将生产范围延伸到"辅助活动"和"无酬服务"

ISIC 口径下的医疗卫生服务统计不仅遵循中心框架的核算规则，而且遵循其概念模式，因此，二者的生产范围具有一致性。但是，对于卫星账户的生产范围而言，SNA（2008）给出了不同的阐释，即："根据与中心框架生产范围的一致性与否，卫星账户可以分为两类：一类是内部卫星账户，一类是外部卫星账户。内部卫星账户未改变 SNA 的基本概念，生产范围与中心框架相同，例如，旅游卫星账户、环境保护卫星账户等；外部卫星账户以对 SNA 概念的替代为基础，生产范围会发生一些变化"②。HSA 被 SNA（2008）界定为外部卫星账户，原因是 HSA 在中心框架生产范围的基础上，又纳入了以下两部分内容：

1. 职业医疗卫生保健服务。根据 Eurostat（2008）对医疗卫生活动的界定，可将其内容细分为三部分：一是作为基层单位的主要活动；二是作为基层单位的次要活动；三是作为基层单位的辅助活动。其中，主要活动和次要活动包括在中心框架的生产范围内，但是，对于辅助活动，SNA（2008）指

---

① 中观经济是指国民经济活动在某一特定领域的展开。从中观经济角度看，国民经济某些重点领域的生产活动往往涉及多个国民经济行业。

② SNA（2008）：29.5，29.6。

出："当一些经济活动以辅助活动的方式存在，并仅限于为本单位的主要活动或次要活动提供支持时，SNA 不视其为独立的基层单位，其生产活动被视为本单位的中间消耗"①。中心框架对辅助活动采取这一处理方式的原因是：首先，ISIC4.0 并未建立关于辅助活动的专门分类，导致辅助活动及其相关产品不能以独立产品的形式出现；其次，辅助活动用于对主要活动或次要活动提供支持，相对于国民经济总体而言，其产出价值较小。因此，ISIC口径下的医疗卫生服务只包括作为主要产品或次要产品提供给第三方的服务，而将职业医疗卫生保健服务视为辅助活动，并将其产出视为中间消耗。

但是，从卫星账户角度看：首先，职业医疗卫生保健服务广泛存在于基层单位之中，其产出具备一定的规模；其次，HSA 的目的是对医疗卫生活动进行全口径核算，并了解医疗卫生活动及其产出情况的全貌，实现该目标不仅需要将次要活动从主要活动中分离出来，而且需要识别和确定医疗卫生辅助活动。因此，职业医疗卫生保健服务是医疗卫生产业的重要组成部分，有必要将其纳入 HSA 的生产范围。

2.住户无酬护理服务。住户部门提供的家庭护理服务是"无酬服务"，主要指"住户为家庭其他成员的健康提供的没有货币报酬的护理服务"。中心框架将为住户自身最终消费提供的全部服务作为住户部门的非市场性生产，不计入其生产范围②，因此，家庭成员之间相互提供的、用于家庭内部最终消费的护理服务不能在中心框架中体现。但是，有必要将住户无酬护理服务纳入 HSA 的生产范围，理由是该服务数量庞大、具有经济意义，其提供过程伴随着各种生产要素的投入，并且，该服务的生产同样是在机构单位——住户的控制和负责下进行的，与付酬的住户护理服务一样，提供了服务，就应该有对应的收入，也应该有对应的使用。因此，从医疗卫生活动全口径核算的角度看，HSA 的生产范围应该包括住户无酬护理服务。

（三）将中心框架下的分类体系重新组合

科学、完整的分类体系是构建 HSA 核算框架的基础，也是实现 HSA

---

① SNA（2008）：5.36，5.37。

② 付酬住户护理服务和自有住房者提供的自给性住房服务除外。

分析功能的前提条件。HSA 的基本分类包括医疗卫生功能分类、活动分类和产品分类等，需要说明的是上述分类与中心框架相应的分类不同，主要区别是：首先，由于医疗卫生活动是从医疗卫生需求角度定义的概念，只有通过功能分类才能够将其从国民经济的各个行业中剥离出来并汇聚成一个整体，因此，HSA 以功能分类为核心，并由功能分类派生出活动分类和产品分类；其次，HSA 基本分类的建立以中心框架下相应的分类为基础，但需要对其进行重新组合，即根据 HSA 的分析功能，建立以医疗卫生产业为主体的分类体系。

1. 医疗卫生功能分类。从支出角度看，购买医疗卫生货物和服务，并为医疗卫生领域投入资金的机构部门包括住户、政府、为住户服务的非营利机构（NPISH）和企业。根据支出目的，中心框架为上述四个机构部门设置了专门的功能分类，依次为：个人支出目的分类（COICOP）、政府职能分类（COFOG）、NPISH 支出目的分类（COPNI）和生产者支出目的分类（COPP）。医疗卫生功能分类的构建以中心框架下机构部门的功能分类为基础，具体内容细分为个人医疗卫生货物和服务、公共医疗卫生服务和医疗卫生相关货物和服务三类。其中，COICOP 中的大类 06、中类 13.2 和 14.2 分别列示了由住户、政府和 NPISH 支付的个人医疗卫生货物和服务，主要包括治疗服务、康复保健服务、辅助性医疗卫生服务和用于门诊病人的医疗卫生货物等；COFOG 中的大类 07 和 COPNI 中的大类 02 分别列示了由政府和NPISH 支付的公共医疗卫生服务、医疗卫生相关货物和服务等，主要包括预防和公共医疗卫生服务、医疗卫生管理、保险和医疗卫生机构的资本形成等；COPP 主要列示了由企业支付的医疗卫生相关货物和服务，主要包括医疗卫生从业人员的教育和培训、医疗卫生研发和相关产品、医疗卫生相关现金福利的提供和管理等。

2. 医疗卫生活动分类。根据经济活动的性质，可以将医疗卫生活动分为特征活动和关联活动两类。医疗卫生特征活动是指在医疗卫生领域内具有典型性的活动，其生产情况被更多地关注。在 ISIC4.0 中，医疗卫生特征活动具有完整的分类项目，包括"卫生和社会工作"门类下的小类 8412（医疗卫生管理活动）、8430（强制社会保障活动）、8610（医院活动）、8520（医疗和牙科治疗活动）和 8690（其他人体健康活动）等；医疗卫生关联活动是指在医疗卫生领域内不具有典型性的活动，其与特征活动之间的供给和使用情况被更多地关注。在 ISIC4.0 中，医疗卫生关联活动分布广泛，涉及国民经济的多个行业，例如，"制造业"门类下的小类 2100（医药制造活动）、3250（医用用品制造活动）等。需要指出的是，由于关联活动中的辅助活动不被纳入中心框架的生产范围，因此，ISIC4.0 中并没有对应的分类，解决途径是建立专门的辅助活动分类项目。

3. 医疗卫生产品分类。SNA（2008）指出："对任何所关注的领域而言，起点是确定该领域特有的产品"①。与医疗卫生活动分类相对应，HSA 将医疗卫生产品分为特征产品和关联产品两类，具体分类项目以中心框架下的主产品分类（CPC）为基础。医疗卫生特征产品主要指医疗卫生服务、医疗卫生公共管理服务、医疗卫生教育服务和研发等，在 CPC 分类中，特征产品主要分布在小类 9112、9131、9311、9312 和 9319 中；医疗卫生关联产品主要指病人的运输、药品和医疗器械等，在 CPC 分类中，关联产品主要分布在中类 342、352、481 和子类 53129、71320 中，同样，对于医疗卫生辅助活动所对应的关联产品，应建立专门的分类项目。②

三、中国 HSA 核算框架的设计思路

SNA（2008）提出了 HSA 核算框架的设计思路，即：HSA 的构建以卫生账户体系（System of Health Accounts，SHA）为基础，可以通过扩展与补充产出账户的方式将 SHA 转变为 HSA。目前，中国的医疗卫生支出核算体系与 SHA 尚存较大差距，并且仍未建立医疗卫生产出核算体系，因此，中国 HSA 核算框架的设计应从以下两方面着手：

（一）完善医疗卫生支出核算体系

医疗卫生支出核算体系由一系列多角度反映卫生支出的账户构成，相

---

① SNA（2008）：29.59。

② SHA（2011）：pp.463-496。

应的国际标准是 SHA，其最初版本由 OECD 于 2000 年公布，其修订版由 OECD、Eurostat 和 WHO 于 2011 年联合公布。近年来，中国在参照 SHA（2000）的基础上，建立了由医疗卫生供方分类（ICHA-HP）、功能分类（ICHA-HC）和筹资机构分类（ICHA-HF）组成的支出分类体系，并由上述分类的交叉组合形成了医疗卫生支出账户体系，该体系的核算总量是经常性卫生支出，包括个人医疗卫生服务支出、门诊病人医疗卫生货物支出、预防和公共医疗卫生服务支出、医疗卫生管理和保险支出 4 个大类。但是，由于 SHA（2011）对 SHA（2000）做出了较大修订，促使中国的医疗卫生支出核算体系也要作出如下调整：

1. 重新界定医疗卫生支出核算体系。主要通过以下途径实现：首先，将原有的支出核算体系定义为核心支出核算体系，并在 ICHA-HP、ICHA-HC 和 ICHA-HF 分类的基础上，增加若干补充分类，包括在消费层面增加受益人群特征（如性别、年龄、收入等）分类，在生产层面增加医疗卫生供给要素分类（ICHA-FP），在资金筹集层面增加医疗卫生资金来源分类（ICHA-FS）等，从而将融入补充分类的核算体系定义为扩展支出核算体系；其次，通过建立资本账户，并将"医疗卫生辅助活动"和"住户护理服务"纳入支出核算范围，从而将核算总量由经常性卫生支出扩展为卫生总支出（二者关系见表 1）。

表 1　医疗卫生支出总量及其构成表

医疗卫生支出类别	总量
个人医疗卫生服务（1）	
门诊病人医疗卫生货物（2）	
	个人医疗卫生货物和服务支出 I =（1）+（2）
预防和公共医疗卫生服务（3）	
医疗卫生管理和保险（4）	
	公共医疗卫生服务支出 II =（3）+（4）
	医疗卫生最终消费支出 III = I + II
职业医疗卫生保健服务（5）	

续表

医疗卫生支出类别	总量
政府对医疗卫生供方的（净）补贴（6）	
对住户（家庭看护者）的现金转移（7）	
	调整后的医疗卫生最终消费支出 （经常性卫生总支出）Ⅳ = Ⅲ + (5) + (6) + (7)
医疗卫生产业的资本形成总额（8）	
	卫生总支出 V = Ⅳ + （8）

资料来源：SNA（2008）：29.136.

2. 建立与 SNA 中心框架的衔接关系。ICHA-FP 分类、ICHA-FS 分类和资本账户的建立，使医疗卫生货物和服务的生产、购买、资金筹集等活动的总量数据，以及积累方面的总量数据可以通过中心框架体现，即调整后的医疗卫生支出核算体系需要能够与 SNA 中心框架相衔接，在 SHA（2011）中，这一衔接关系已经明确，见图1。

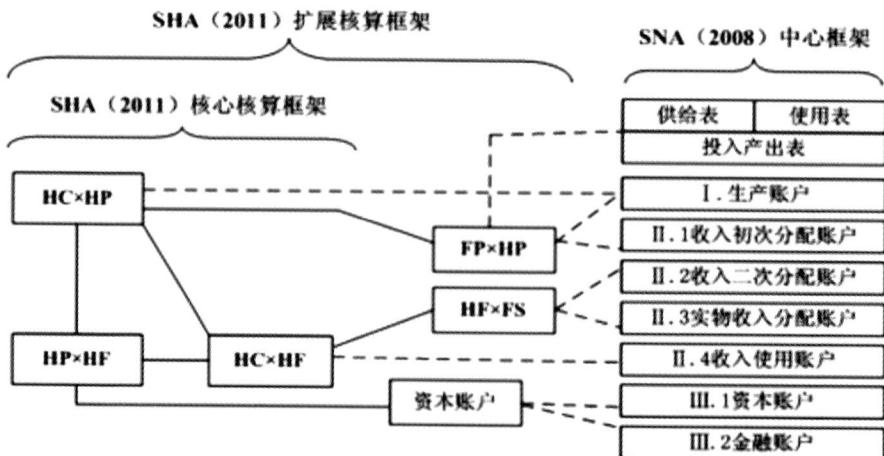

图1 SHA（2011）与中心框架账户关系示意图

从生产角度看，HC×HP 和 FP×HP 账户能够与中心框架建立衔接关系。其中，HC×HP 账户记录了由住户、政府和 NPISH 支付并按照 ICHA-

HP 划分的各项医疗卫生支出数据，该数据计入医疗卫生供方的总产出；FP×HP 账户记录了由医疗卫生供方使用的，作为中间消耗部分的医疗卫生货物和服务数据。因此，HC×HP 和 FP×HP 账户中的数据都会被记录于中心框架的供给使用表，同时被纳入生产账户。

从收入分配角度看，FP×HP、HF×FS 和 HC×HF 账户能够与中心框架建立衔接关系。其中，FP×HP 账户通过"雇员报酬"指标与收入初次分配账户相衔接；由于 HF×FS 账户反映的是资金提供部门转移给医疗卫生货物和服务购买者（企业和个人）的资金，因此，HF×FS 账户可以与收入二次分配账户和实物收入分配账户相衔接；另外，由第三方支付或住户自费购买医疗卫生货物和服务的支出均通过 HP×HF 账户计入 HC×HF 账户，因此，HC×HF 账户可以与收入使用账户相衔接。

从资本形成角度看，中心框架的资本账户记录了非金融资产的获得或处置，即非金融资产价值的变化。医疗卫生支出核算体系同样具有资本账户，该账户不仅记录了医疗卫生非金融资产的变化，同时也记录了医疗卫生金融资产的变化。因此，可以在二者之间建立数据衔接关系。

（二）构建医疗卫生产出核算体系

以 SHA 为基础构建 HSA 的原因是：首先，二者的核算对象同为医疗卫生产业，具有相同的数据来源和生产范围，并且 SHA 具备完整的分类体系，可用于 HSA 核算框架的构建。但是，作为卫星账户，HSA 更重要的功能是着眼于产品供给角度，建立医疗卫生活动的产出核算框架，因此，HSA 需要对 SHA（2011）进行扩展与补充。SNA（2008）指出："只要增加医疗卫生产业的增加值、中间投入、总资本存量和供给使用表四个账户，就可以将 SHA（2011）扩展为 HSA"[①]。根据这一指导思想，可将中国 HSA 的产出核算框架归纳如下：

1. 生产账户。该账户的来源方记录医疗卫生活动的产出，使用方记录中间消耗，平衡项是增加值。在建立生产账户时，需要注意几个问题：一是与中心框架使用的产品分类和活动分类不同，HSA 生产账户将产出按照特

---

① 　SNA（2008）：29.141。

征产品和关联产品划分，将中间消耗按照特征活动和关联活动划分；二是识别市场产出、住户自身最终使用产出和非市场产出；三是根据 HSA 生产范围的变化，对 SNA（2008）交易项目的范围进行调整；四是 HSA 生产账户中的产出和增加值使用基本价格估价，中间消耗使用购买者价格估价。

2. 积累账户。该账户记录了医疗卫生机构单位的金融资产和负债，以及非金融资产和负债的获得减处置，具体包括资本账户、金融账户和其他资产变化账户。由于 SNA（2008）指出："对某些分析目的而言，可以认为中心框架对资本形成总额的定义过于狭窄"[1]，因此，在构建 HSA 的积累账户时，需要注意资本形成概念的扩大和资产范围的扩展等问题，例如，是否应将人力资本和耐用消费品视为固定资本形成。

3. 供给使用表。该账户是 HSA 的重要组成部分，用于分析医疗卫生特征产品和关联产品的供给和使用情况。在 HSA 的供给使用表中，产出或中间消耗划分的依据是 ICHA-HC 分类，生产单位划分的依据是 ICHA-HP 分类，这也是 HSA 与中心框架在供给使用表方面的主要差异。另外，HSA 供给表的列表示医疗卫生货物和服务，行表示国内生产者的生产和进口情况；HSA 使用表的列不仅包括医疗卫生货物和服务，而且包括增加值和补充信息项，行不仅包括国内生产者的中间使用和出口情况，而且还包括最终使用和资本形成总额。

四、实施的难点

尽管国际社会正在对 HSA 进行持续地修订与完善，并已取得重要进展，但是，到目前为止尚未开展 HSA 的实际编制工作，原因是存在以下难点问题：

（一）概念替代问题

HSA 的概念替代不仅涉及生产范围的扩大，还包括与之相关的一系列

---

[1]　SNA（2008）：29.12。

基本概念的调整：一是收入。当生产范围扩大后，初始收入、转移和可支配收入的规模将会随之扩大；二是货物和服务的使用。其中，中间消耗、最终消费和资本形成的范围都会发生变化，原因是如果将住户无酬护理服务和职业医疗卫生保健服务纳入生产范围，那么，中间消耗的范围会减小，而最终消费的范围会扩大；三是资产和负债。由于生产范围、最终消费和资本形成的变化，会导致非金融资产、金融资产和负债范围的变化；四是总量。上述交易项目的改变会导致总量的变化，如生产范围的扩大，会增加医疗卫生产业的产出和增加值，进而还会对其他总量产生影响。

另外，自 SNA（2008）起，人力资本和耐用消费品被纳入固定资本形成的范畴，这一变革将会导致最终消费的范围减小，资本形成的范围扩大，从而进一步引起其他交易项目的变动。因此，在充分考虑 HSA 生产范围的变化以及 SNA（2008）新变革的基础上，将 HSA 经济交易项目和总量的范围明确化是编制 HSA 的重点，也有待解决的难点问题。

（二）服务产出评估问题

根据服务的市场化程度，可以将其分为两类：市场服务和非市场服务。市场服务是指以经济意义显著的价格提供的服务；非市场服务是指免费提供或以经济意义不显著的价格提供的服务。医疗卫生服务中的绝大部分属于非市场服务，由于这类服务无法通过购买者价格支付的形式来核算其产出，因此，需要寻找能够衡量其产出价值的方式。目前，大多数国家采用的方法是"投入替代法"，即使用医疗卫生服务的成本来估算其产出，但事实证明这一方法存在诸多缺陷。[①]

现有的改进方法有两种：一种是产出指标法，该方法的思路是确定反映医疗卫生服务的最佳指标，然后计算其现价和不变价产出，即医疗卫生服务产出 = Σ（服务量 × 服务价格），其中，服务量指医疗卫生机构的门诊、手术、住院治疗等各项服务的次数或时间等物量指标，使用该方法的难点是无法界定医疗卫生服务产出的质量情况；另一种是完整治疗法，该方法的思路是将病人从开始治疗到康复这一过程所接受的各种医疗卫生服务的总和视为

---

① 艾伟强：《卫生服务产出核算方法的新思路》，《卫生经济研究》2010 年第 12 期。

"完整治疗",以此核算医疗卫生服务的产出,但是,如何构建完整治疗是应用该方法的难点。

（三）数据来源问题

数据的可得性与完整性是编制 HSA 的基础,同时也决定了 HSA 编制的质量。目前,国际上仍未建立较全面的 HSA 数据采集体系,主要原因有三点:一是 HSA 的数据来源分布广泛,包括政府、公共部门、保险公司、医疗卫生机构和住户等多个部门,由于各部门使用的分类体系和统计口径存在差异,因此,各部门公布的医疗卫生统计数据需要进一步协调;二是投入产出调查数据不够详细,记录的大多是总量数据,因此,无法将医疗卫生活动的投入产出数据从各个相关行业中剥离出来;三是住户时间利用调查数据虽然是住户无酬劳动核算的重要数据来源,但是,在现行的时间利用统计活动国际分类（ICATUS）中,并不包括专门的"护理服务"分类。

五、结论与启示

综合上述,构建并编制 HSA 是 ISIC 口径下医疗卫生服务统计改革的有效途径,也是开展医疗卫生产业全口径统计,强化医疗卫生产业化发展意识,促进医疗卫生产业更好、更快发展的重要举措,现阶段中国有必要积极开展 HSA 的研究与实践工作。但是,由于中国医疗卫生统计的基础薄弱,并且 HSA 的实施仍然存在有待解决的难点问题,因此,上述工作仍需在以下几个方面逐步推进:

第一,尽快实现中国国民经济核算体系向 SNA（2008）的转变。中国 HSA 的编制需要借鉴发达国家已有的研究成果,但中国的国民经济核算体系与 SNA（2008）尚存较大差距,对于 HSA 的编制而言,差距主要表现在:①中国医疗卫生统计侧重于"事业统计",而非"产业统计"。目前,中国的医疗卫生统计大多集中在医疗卫生服务方面,并将服务提供视为非营利性的,所使用的指标大多反映的是投入,例如,卫生总费用等。然而,SNA（2008）已经明确了 HSA 产出核算的性质,并将其纳入附属核算框架,这是中国国民经济核算体系所欠缺的。②中国医疗卫生统计现有的分类体系和统计指标不能满足 HSA 编制的需求，存在分类不匹配和指标缺失的情况。因此，实现中国国民经济核算体系向 SNA（2008）的转变对中国 HSA 的编制意义重大。

第二，强化生产统计意识，准确评价服务产出。我国在 HSA 的开发与编制过程中，应明确两点：①强化生产统计意识，明确医疗卫生产业增加值的内涵与构成，并建立以增加值为核心的指标体系。②准确评价服务产出。目前，国际社会在评价医疗卫生服务产出方面已经取得了重要突破，采用的方法是将"完整治疗"作为医疗卫生服务产出的物量单位，并运用病例组合构建完整治疗，其中，诊断相关组（DRGs）是国际通行的病例组合体系。现阶段，中国正在开展 DRGs 的研究工作，并已在多个城市展开试点。因此，中国 HSA 的编制要充分利用现有的 DRGs 数据。

第三，设计调查制度，建立 HSA 数据采集体系。科学的调查制度是实现 HSA 数据可得性与完整性的重要保障。我国现行的《全国卫生统计工作管理办法》是 1999 年 2 月由卫生部颁布并实施的，其中规定了医疗卫生统计的调查制度，主要包括定期报表制度、抽样调查和专项调查制度等，但该项统计制度主要是针对医疗卫生事业统计制定的。因此，应以 HSA 编制的数据需求为核心，以充分利用投入产出调查、经济普查、医疗卫生机构调查和住户时间利用调查数据为目的，对既有的调查制度加以补充完善，以此建立多渠道的 HSA 数据采集体系。

（艾伟强，男，汉族，经济管理学院讲师，主要从事统计学研究。本文发表于《统计研究》2013 年第 12 期）

我国通货膨胀率的非线性动态行为研究

——来自 MS-ARFIMA 模型的新证据

王 亮

一、引 言

通货膨胀作为政府制定货币及相关宏观经济政策的重要参考指标，在维系经济持续稳定增长、促进居民福利不断提高和实现资源有效配置的过程中扮演着重要角色。由于经常将通货膨胀的动态过程表示为宏观经济变量与政策工具变量（如工资、价格、财政支出和货币供给等）的函数，所以通货膨胀的动态变化在一定程度上代表了社会物价总水平对经济冲击和经济政策的反应模式。为了更加准确地认识通货膨胀的动态行为，进而判断经济冲击的影响程度和经济政策的作用效果，学术界对通货膨胀路径的动态特征和统计性质进行了多种形式的计量检验。

早期的实证研究主要是检验通货膨胀序列的平稳性。例如，Ball 和 Cecchetti (1990)[①] 的研究发现，通货膨胀路径服从单位根过程，具有明显的非平稳性特征。而 Grier 和 Perry (1998)[②] 的相关研究却表明通货膨胀率不

---

① Ball, L., Cecchetti, S. G., "Inflation and Uncertainty at Short and Long Horizons", *Brookings Papers on Economic Activity*, 1990, 21 (1), pp.215-254.

② Grier, K. B., Perry, M. J., "On Inflation and Inflation Uncertainty in the G7 Countries", *Journal of International Money and Finance*, 1998, 17 (4), pp.671-689.

含有单位根，是一个平稳时间序列过程。Baillie 等（1996）[①] 对 G7 国家通货膨胀路径的研究表明，通货膨胀序列的稳定性介于平稳和非平稳之间，是一个服从具有均值回复特征的长记忆过程（Mean-reverting Long Memory Process）。Conrad 和 Karanasos（2005）[②] 的研究显示不仅通货膨胀序列表现出长记忆性，而且通货膨胀不确定性也表现出长记忆性。

近年来，结构突变、光滑门限自回归和马尔科夫区制转移等非线性时间序列模型在刻画通货膨胀动态行为的研究中得到了广泛的应用。Bos 等（1999）[③] 在考虑通货膨胀路径可能存在水平转换特征的条件下，对 G7 国家通货膨胀动态路径进行了分析。结果发现，允许水平转换后，通货膨胀序列的长记忆性明显增强。Enders 和 Hurn（2002）[④] 使用 STAR 模型刻画了澳大利亚通货膨胀路径的非线性转换行为。Henry 等（2004）[⑤] 使用马尔科夫区制转移模型研究了美国、日本和英国等 3 个发达国家通货膨胀序列的动态特征，发现日本和英国的通货膨胀服从两区制的门限单位根过程。而美国通货膨胀路径的区制转换特征则不明显。

关于我国通货膨胀率动态行为特征的经验研究也不断涌现。王少平等（2006）[⑥] 采用 ESTAR 模型的研究结论显示：我国通货膨胀具有明显的非线性调节，通胀和通缩的切换具有显著的非线性指数转换特征。刘金全等

---

① Baillie, R. T., Chung, C. F., Tieslau, M., "Analysing Inflation by the Fractionally Integrated ARFIMA-GARCH Model", *Journal of Applied Econometrics*, 1996, 11 (1), pp.23-40.

② Conrad, C., Karanasos, M., "On the Inflation Uncertainty Hypothesis in the USA, Japan and the UK: A Dual Long Memory Approach", *Japan and the World Economy*, 2005, 17 (3), pp.327-343.

③ Bos, C. S., Franses, P. H., Ooms, M., "Long Memory and Level Shifts: Re-analyzing Inflation Rates", *Empirical Economics*, 1999, 24 (3), pp.427-449.

④ Enders, W., Hurn S., "Asymmetric Price Adjustment and the Phillips Curve", *Journal of Macroeconomics*, 2002, 24 (3), pp.395-412.

⑤ Henry, O., Shilds, K., "Is There a Unit Root in Inflation?", *Journal of Macroeconomics*, 2004, 26 (3), pp.481-500.

⑥ 参见王少平、彭方平：《我国通货膨胀与通货紧缩得非线性转换》，《经济研究》2006 年第 8 期。

(2007)[①] 使用 ARFIMA-FIGARCH 模型研究表明，我国通货膨胀率的均值水平和波动性均存在显著的长记忆性。隋建利等（2011）[②] 对我国通货膨胀序列的结构突变特征进行了样本内和样本外检验，发现在 1983 年 1 月至 2010 年 9 月之间，我国通货膨胀轨迹发生一次显著的结构突变，突变点发生在 1966 年 4 月。谢杰（2011）[③] 使用两区制马尔科夫区制转移模型对我国通货膨胀率的"高通胀"区制和"低通胀"区制进行了阶段性划分，结果发现"高通胀"的平均持续期为 20 个月，"低通胀"的平均持续期为 29 个月。

从目前的研究现状来看，长记忆性和非线性转换被普遍认为是通货膨胀动态行为的典型特征。但实际上，在供给、需求、财政货币政策、外部经济冲击等多重不确定性因素的影响下，通货膨胀数据的生成过程可能更为复杂，这意味着单纯的长记忆或者非线性转换模型尚不能满足描述通货膨胀动态行为的需要。鉴于此，本文使用 Tsay 等（2009）[④] 提出的 MS-ARFIMA（Markov-Switching Autoregressive Fractionally Integrated Moving Average）模型，对我国通货膨胀轨迹的时间序列性质进行了重新检验。该模型不仅能够刻画时间序列均值和波动性的非线性特征，更为重要的是还能描述序列长记忆性参数的区制转移动态。

全文共分四个部分，第二部分介绍了 MS-ARFIMA 模型及估计方法。第三部分对通货膨胀率数据进行了描述，并给出了实证研究结果。最后是本文的主要结论及政策启示。

---

① 参见刘金全、郑挺国、隋建利：《我国通货膨胀率均值过程和波动过程中的双长记忆性度量与统计检验》，《管理世界》2007 年第 7 期。

② 参见隋建利、刘金全：《我国通货膨胀结构突变及不确定性检验》，《统计研究》2011 年第 2 期。

③ 参见谢杰：《人民币／美元名义汇率与中国通货膨胀率的状态转换特征研究》，《统计与信息论坛》2011 年第 5 期。

④ Tsay, W. J., Härdle, W. K., "A Generalized ARFIMA Process with Markov-switching Fractional Differencing Parameter", *Journal of Statistical Computation and Simulation*, 2009, 79 (5), pp.731-745.

二、MS-ARFIMA 模型及估计方法

（一）MS-ARFIMA 模型

令 $\{s_t\}_{t=1}^T$ 表示一个 N 状态马尔科夫链潜在的样本路径。状态变量 s_t 只能取 1，2，$\cdots N$ 等整数值，其转移概率矩阵形式如下：

$$P = \begin{bmatrix} p_{11} & p_{21} & \cdots & p_{N1} \\ p_{12} & p_{22} & \cdots & p_{N2} \\ \vdots & \vdots & \ddots & \vdots \\ p_{1N} & p_{2N} & \cdots & p_{NN} \end{bmatrix}$$

这里，$p_{ij} = P(s_t = j | s_{t-1} = i)$，对于所有的 i 有：$\sum_{j=1}^N p_{ij} = 1$。

令 $I(d)$ 是一个长记忆时间序列过程。

$$(1-L)^d x_t = h_t \tag{1}$$

其中，L 表示滞后算子（$Lx_t = x_{t-1}$），h_t 表示平稳时间序列过程。当 $0 < d < 1$ 时，$\{x_t\}$ 为长记忆过程，此时 $\{x_t\}$ 的自协方差函数不再具有可加性，能够描述序列的长相依性（long range dependence）。特别的，当 $0 < d < 0.5$ 时，$\{x_t\}$ 仍然是协方差平稳的，当 $0.5 < d < 1$ 时，$\{x_t\}$ 不再是协方差平稳的了，但仍然具有较强的均值回复能力和趋势。

Tsay 等（2009）将上述马尔科夫链过程和 *ARFIMA* 模型进行了动态组合，提出了 *MS-ARFIMA* (p, d, q) 模型：

$$w_t = \mu_{s_t} I\{t \geq 1\} + (1-L)^{-d_{s_t}} \sigma_{s_t} z_t I\{t \geq 1\} = \mu_{s_t} I\{t \geq 1\} + y_{s_t} \tag{2}$$

其中，w_t 表示目标时间序列。$I\{\cdot\}$ 表示指示函数，对于所有的 t 和 τ 来说，s_t 和 z_t 相互独立。z_t 表示一个平稳的 *ARMA* (p, q) 过程，$\phi(L)z_t = \theta(L)\varepsilon_t$，这里，$\phi(L) = 1 - \phi_1 L - \phi_2 L^2 - \cdots - \phi_p L^p$，$\theta(L) = 1 + \theta_1 L + \theta_2 L^2 + \cdots + \theta_q L^q$，多项式 $\phi(L)$ 和 $\theta(L)$ 没有相同的特征根，且所有的特征根都落在单位圆之外。在任一区制条件下，z_t 序列具有零均值和正的有界谱密度函数，且有当 $\lambda \to 0$ 时，$f_z(\lambda) \sim G_z$。因为允许 d_{s_t} 大于或等于 0.5，所以指示函数 $I\{\cdot\}$ 的主要作用是截断序列 z_t 无限过去观测值对 w_t 的影响，与

ARFIMA 模型相比，*MS-ARFIMA* (p, d, q) 模型的最主要特点是，允许分数差分参数 d_{s_t} 服从马尔科夫链过程。不难看出，当状态 $N = 1$ 时，*MS-ARFIMA* (p, d, q) 模型退化成一个经典的 ARFIMA 过程。

（二）估计方法

由于分数差分参数服从马尔科夫区制转移变化，所以 *MS-ARFIMA* (p, d, q) 模型不能表示成状态空间形式。这意味着 *MS-ARFIMA* (p, d, q) 模型既不能使用递归算法来估计，也不能使用 *EM* 算法来估计。为此，本文使用维特比（Viterbi）算法对 *MS-ARFIMA* (p, d, q) 模型进行估计。维特比算法是一种动态规划算法，主要用于寻找最有可能生成观测值序列的隐含状态序列（Viterbi path）。

令 $W_t = (w_1, w_2, \cdots, w_t)'$，表示观测值向量，$S_t = (s_1, s_2, \cdots, s_t)'$，表示潜在的状态向量，令 $A = \{p_{ij}\}$，$p_{ij} = P(s_t = j | s_{t-1} = i)$，表示状态之间的转移概率，初始状态概率记为：$\prod = \{\pi\}$，$\pi_i = P(s_t = i)$。令 $B = \{b_j(o)\}$，$b_j(o) = P(O_t = o | S_t = j)$，表示状态 j 的观察概率分布，令 $\Theta = \{A, B, \prod\}$ 表示参数集合。维特比算法的核心思想是在观测向量 W_t 已知的条件下找出最优的状态向量 S_t，即：$\max P(S_t | W_t, \Theta)$。

先定义：$\delta_t(i) = \max P(w_1, w_2, \cdots, w_t, s_1, s_2, \cdots, s_{t-1}, s_t = i | \Theta)$，表示 t 时刻状态 $s_t = i$ 时，依据 $\{w_1, w_2, \cdots, w_t\}$ 对 $\{s_1, s_2, \cdots, s_{t-1}\}$ 的最优估计，由此可建立如下递推算法：

第一步：递推初始

$$\begin{cases} \delta_1(i) = \pi_i b_i(w_1) \\ \phi_1(i) = 0 \end{cases}$$

其中，变量 $\phi_t(i)$ 表示 t 时刻，连接 $s_t = i$ 状态的最优 s_{t-1} 状态的编号。

第二步：递推迭代

$$\begin{cases} \delta_t(j) = \max(\delta_{t-1}(i)p_{ij})b_j(o_t) \\ \phi_t(j) = \arg\max(\delta_{t-1}(i)p_{ij}) \end{cases} \quad 1 \le i \le N，1 \le t \le T，1 \le j \le N$$

第三步：终止递推

$$\begin{cases} p^* = \max(\delta_T(i)) \\ s^* = \arg\max(\delta_T(i)) \end{cases} \quad 1 \le i \le N$$

第四步：求状态序列

$$s_t^* = \phi_{t+1}(s_{t+1}^*) , \quad t = T-1, \ T-2, \cdots, \ 1$$

执行上述维特比算法便可实现对 MS-ARFIMA (p, d, q) 模型的估计。

三、数据描述及实证结果分析

（一）数据描述

本文所使用的数据为我国月度同比通货膨胀率数据，样本区间为 1984年 1 月至 2012 年 3 月。数据来源于《中国统计月报》、《中国经济景气月报》和国家统计局网站。月度同比通货膨胀率是用居民消费价格指数同比变化的百分比率来计算的。由于采用的是同比增长率，因此通货膨胀率序列中已消除了季节因素的影响。图 1 给出了我国通货膨胀率的动态轨迹，其中通货膨胀趋势轨迹由 H-P 滤波方法获得，通货膨胀缺口（inflation gap）定义为通货膨胀率与通货膨胀趋势之间的差距（图中柱形图表示）。

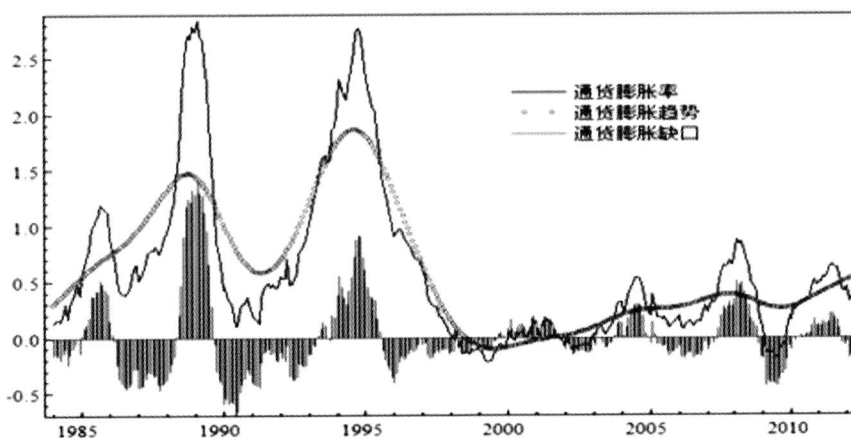

图 1　我国通货膨胀率的时间路径图

图 1 显示：1984 年至今，我国宏观经济运行过程中价格水平至少出现了 6 次比较明显的变化。其中包括 1985 年、1988 年、1994 年、2009 年和

2011 年 5 次显著的通货膨胀过程和 1996 年 1 次轻微的通货紧缩过程。价格水平的阶段性变化意味着，我国通货膨胀路径中很可能出现了显著的结构性转变，初步推断采用马尔科夫区制转移模型来描述我国通货膨胀率路径是科学合理的。

（二）实证结果分析

为了突显 *MS-ARFIMA*（1，*d*，1）模型的优良性质，本文还使用线性 *ARFIMA*（1，*d*，1）模型对通货膨胀路径进行了拟合估计。表 1 给出了两个模型相关参数的估计结果。

表 1　**MS-ARFIMA（1，d，1）模型与 ARFIMA（1，d，1）模型估计结果表**

模型 参数	MS-ARFIMA（1，d，1）模型			ARFIMA（1，d，1）模型		
	估计值	标准差	P 值	估计值	标准差	P 值
d_1	0.361***	0.190	0.057	0.461*	0.048	0.000
d_2	1.145*	0.256	0.000	——	——	——
μ_1	4.274*	0.156	0.000	0.489	1.872	0.794
μ_2	15.898*	3.510	0.000	——	——	——
p_{11}	0.989*	0.007	0.000	——	——	——
p_{22}	0.981*	0.012	0.000	——	——	——
σ_1	0.663*	0.033	0.000	0.083*	0.148	0.000
σ_2	0.988*	0.066	0.000	——	——	——
ϕ_1	0.884*	0.057	0.000	0.929*	0.022	0.000
θ_1	−0.285	0.175	0.102	−0.038	0.067	0.572
L^*	−417.685			359.671		

注：* 表示在 1% 水平下显著，*** 表示在 10% 水平下显著，表示对数似然值。

从表 1 中不难看出，刻画长记忆区制转移特征的 *MS-ARFIMA*（1，*d*，1）模型的参数估计显著性明显要好于线性 *ARFIMA*（1，*d*，1）模型，这说明

MS-ARFIMA (1, *d*, 1) 模型比线性 *ARFIMA* (1, *d*, 1) 模型具有更好的统计性质和计算精度，使用 *MS-ARFIMA* (1, *d*, 1) 模型描述我国通货膨胀序列的长记忆更合理。图 2 给出了我国通货膨胀路径的区制变化轨迹。图 3 描绘了我国通货膨胀长记忆参数的区制变化轨迹。

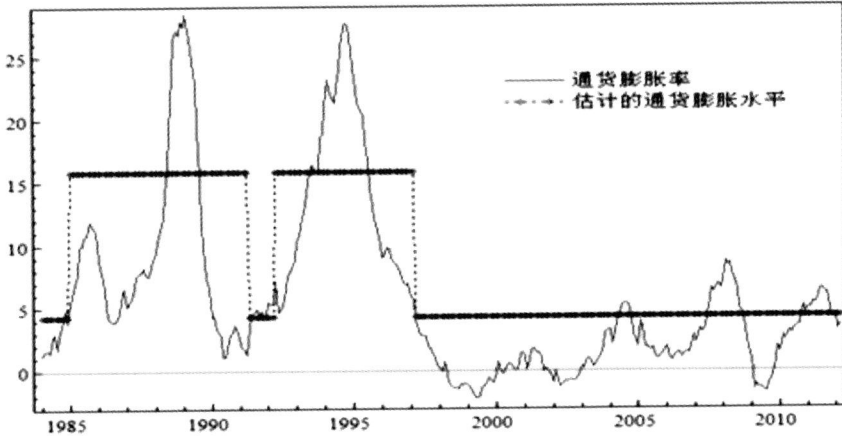

图 2　我国通货膨胀路径的区制变化轨迹图

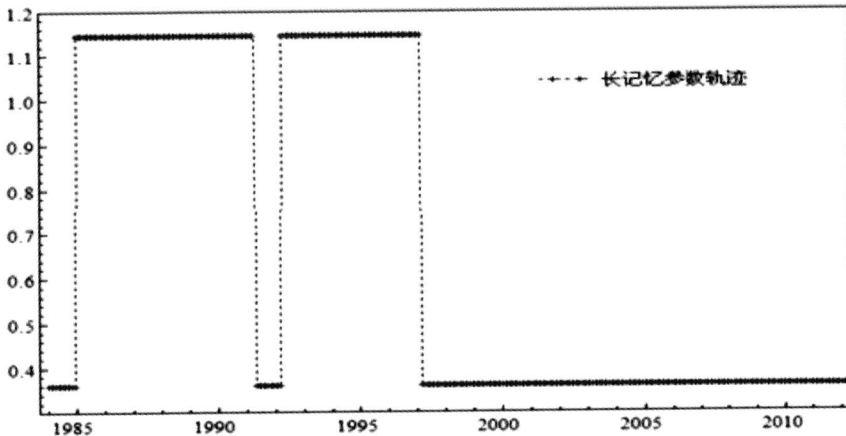

图 3　我国通货膨胀率长记忆参数的区制变化图

综合观察表 1、图 2 和图 3 不难看出，在允许均值、波动性和长记忆性同时存在区制转移特征条件下，我国通货膨胀序列展现出新的行为动态和统计性质。表 1 中均值参数 $\mu_1 = 4.274$、$\mu_2 = 15.898$，说明我国通货膨胀率路径可以划分为"低通胀"和"高通胀"两个区制。平均来看,"低通胀"区制下,通货膨胀水平保持在 4.27 上下,"高通胀"区制下,通货膨胀水平维持在 15.898 左右。图 2 进一步形象地描绘了我国通货膨胀率在"低通胀"区制和"高通胀"区制之间的变化过程。表 1 中波动性参数 $\sigma_1 = 0.663$、$\sigma_2 = 0.988$,表明我国通货膨胀水平与波动性之间存在正向区制相关性,即当经济面临低通货膨胀时,通货膨胀的波动性和不确定性相对较低。当经济面临高通货膨胀时,通货膨胀的波动性和不确定性相对较高。

表 1 中长记忆参数 $d_1 = 0.361$、$d_2 = 1.145$,这意味我国的通货膨胀数据生成过程既不是简单的平稳过程,也不是含有单位根的非平稳过程,更不是长记忆过程,而是平稳过程和非平稳过程的交织与混合。"低通胀"区制下,$d_1 = 0.361$,通货膨胀是协方差平稳序列;而"高通胀"区制下,$d_2 = 1.145$,通货膨胀是非平稳的序列。从图 3 长记忆参数 d 的区制变化轨迹中容易看出,随着经济政策和宏观经济形势的变化发展,我国通货膨胀轨迹在平稳序列和非平稳序列之间完成了 4 次切换,切换的时间节点分别为 1985 年 1 月、1991 年 5 月、1992 年 4 月和 1997 年 3 月。

表 1 中的转移概率参数 $p_{11} = 0.989$,说明当前状态是"低通胀",下一个状态继续维持"低通胀"状态的概率是 0.989;$p_{22} = 0.981$,说明当前状态是"高通胀",下一个状态继续保持"高通胀"状态的概率为 0.981。这表明通货膨胀序列在"低通胀"状态和"高通胀"状态下表现出了较强的自我维持能力,对比来看,"低通胀"状态的自我维持能力要比"高通胀"状态的自我维持能力强一些。

（三）稳健性检验

为了进一步检验 MS-ARFIMA $(1, d, 1)$ 模型研究结论的稳健性,我们对 1985 年 2 月至 1991 年 5 月、1992 年 5 月至 1997 年 3 月和 1997 年 4 月至 2012 年 3 月 3 个时段的通货膨胀序列的平稳性进行了单位根检验。表 2 给出相关检验及对比分析结果。

表 2 的检验结果显示：1985 年 2 月至 1991 年 5 月期间的通货膨胀序列的 ADF 检验统计量和 PP 检验统计量分别为 -2.082 和 -1.559,对应的 P 值为 0.253 和 0.498。检验结果不能拒绝存在单位根原假设,说明该时间段内

的通货膨胀为非平稳序列。检验结论与 $MS\text{-}ARFIMA$ (1, d, 1) 模型所估计的这一时段的长记忆参数 $d=1.145$ 的结论相一致。同样地，1992 年 5 月至 1997 年 3 月和 1997 年 4 月至 2012 年 3 月两个时段的单位根检验结论与 $MS\text{-}ARFIMA$ (1, d, 1) 模型估计的结论也一致。所以，事后分区制平稳性检验结论进一步验证了应用 $MS\text{-}ARFIMA$ (1, d, 1) 模型所得出的结论是稳健的、可靠的。

表 2　稳健性检验结果表

样本区间	单位根检验				MS-ARFIMA (1, d, 1) 模型估计 的长记忆参数
	ADF 检验	P 值	PP 检验	P 值	
1985.02—1991.05	− 2.082	0.253	− 1.559	0.498	1.145
1992.05—1997.03	− 0.991	0.751	− 1.050	0.729	1.145
1997.04—2012.03	− 3.418***	0.052	− 3.172***	0.093	0.361

注：*** 表示在 10* 的显著水平下显著。

四、主要结论及政策启示

通货膨胀序列的统计性质具有特殊的经济含义。本文使用 $MS\text{-}ARFIMA$ (1, d, 1) 模型对我国 1984 年 1 月至 2012 年 3 月间通货膨胀路径的动态行为进行了重新描述和刻画。结论显示：我国通货膨胀均值水平和波动性轨迹不仅存在着明显的"低通胀"区制和"高通胀"区制两种状态，而且均值水平与波动性之间还存在着显著的正向区制相关性。更为重要的发现是，我国通货膨胀率序列的平稳性也存在明显的区制转移特征，"低通胀"区制下，通货膨胀是协方差平稳序列，而"高通胀"区制下，通货膨胀是非平稳序列。这一新的研究结论意味着，我国通货膨胀冲击的持久性也存在区制转换。"低通胀"区制下，由于通货膨胀是协方差平稳序列，经济在收到冲击后偏离均衡通货膨胀率的持续时间较短，所以通货膨胀冲击持久性是暂时的；而"高通胀"区制下，由于通货膨胀是非平稳序列，经济在受到冲击后偏离均衡通货膨胀率的持续时间较长，所以通货膨胀冲击持久性是持续的。

上述研究结论对我国宏观经济政策，特别是货币政策的调控与实施具有重要的启示意义。从长期来看，我国通货膨胀轨迹存在显著的区制转移特征，这说明我国物价水平的阶段性变化相对比较剧烈，这就需要我们在实施货币政策和选择价格中介目标时，既要考虑政策操作过程的规则性，也要考虑政策期限结构的长期性，更要考虑政策突变性。而在短期内，治理和干预通货膨胀水平的关键在于研判其所处的区制状态，我们的研究结论显示，目前我国通货膨胀走势处于"低通胀"区制，该区制下通货膨胀状态不仅具有较强的自我维持能力，而且序列本身也比较平稳，通货膨胀持久性是短期的、暂时的。所以现阶段对通货膨胀的趋高变化不应表现出过度反应，而应在谨慎乐观的基调下，审时度势，灵活采取"相机抉择"的反通货膨胀宏观调控政策来抑制和规范物价波动，从而促进我国经济快速、稳定、健康发展。

（王亮，男，汉族，经济管理学院副教授，主要从事经济计量学研究。本文发表于《统计信息论坛》2013 年第 8 期）

评价与强化企业社会责任探讨

郭京福　宇　红　董英南

一、企业社会责任内涵

中国经历 20 多年的经济高速增长后，不得不面对经济发展带来的负面影响，企业短期行为带来的诸如环境恶化、欺诈顾客、劳动关系矛盾尖锐等问题严重制约着中国经济社会和企业的可持续发展。人们开始意识到企业必须承担社会责任，并取得企业品牌、社会形象等最优化，实现由"经济人"向"社会公民"的角色转变。

Friedman 是 20 世纪经济自由主义的代表人物，在 20 世纪 70 年代提出"企业的唯一责任就是追求盈利"；Carroll 对企业社会责任的实践内容进行了归纳和总结，在其关于"组织社会行为模型"的论述中把社会责任归纳到伦理责任之中；Frederick 分别从伦理哲学的角度、社会责任的管理行为角度以及伦理和社会价值的角度对企业社会责任的概念进行了分析和研究；Elisabet 等对有关企业社会责任的研究进行归纳总结，提出了 4 种论断，即工具论、政治论、整合观和伦理观；Elisabet 等还提出了企业社会责任的 6 项关键因素，包括良好的企业利益相关者管理及社会责任在企业各部门的活动中与公司政策的融合等；Hopkins 定义了企业社会责任的内涵，并建立了 3 个层次的度量框架，每个层次都有通过量化程序评估的因素；Quazi&OBrien 在对现有观点进行总结的基础上提出了"企业社会责任二维模型"，该模型包括横轴和纵轴两个维度，其中，横轴包括狭义、广义的社会责任两个方向，纵轴也有两个方向，分别表示企业更关心长期的收益和履行社会责任短期支出的成本。国内学者对于企业社会责任的概念也基本分为广义和狭义两种，从广义的角度如夏小林的观点，认为企业社会责任实际上是企业与社会之间的"社会契约"，它通常包括人权、环境保护和劳工权利等内容，在社会上显示着"公司的公民形象"；从狭义的角度，张维迎认为，在一个健康、有效的市场经济当中，企业做好自己的事情就是对社会最大的责任。对于企业社会责任最为广泛引用的定义是世界可持续发展商业委员会的定义："企业社会责任是指企业做出的一种持续承诺：按照道德规范经营，在为经济发展做贡献的同时，既改善员工及其家人的生活质量，又帮助实现所处社区甚至社会的整体生活质量改善。"目前，学界公认的企业社会责任有 6 项内容：股东、雇员、消费者、政府、社区和环境。

二、企业社会责任评价分析

目前，国内外理论界对企业社会责任的研究大多是理论上的分析和阐述，实际评价应用的不是很多，其中一个重要的原因是目前还没有一套公认的权威的普遍接受的企业社会责任评价指标体系。作为学术性的研究探讨，本文在参考研究国内外社会责任评估指标体系的基础上，比如 SA8000 的 9 项指标、中国纺织企业社会责任管理体系的 10 项一级评价指标等，我们设计了如下的企业社会责任评估指标体系（见下表）。该评估指标体系包含社会广泛关注的 6 个一级指标，从经济责任、法律责任、相关利益责任到社会可持续发展的责任；每个一级指标下有二级指标，共计 30 个二级指标，二级指标最多的是员工权益，充分反映了社会责任的本质是以人为本，关注劳动者权利。该指标体系涵盖了企业社会责任的普遍要求，且比较符合我国企业的实际情况。通过对每个二级指标进行简单的是非选择和判断获得企业社会责任的大概状况，具有良好的可操作性，容易使被调查者接受，使评估简洁、可行和有效。我们规定在所有的问题回答中，如果有 80% 以上的肯定答案，则认为该企业具有较好的社会责任状况，肯定答案在 60% 到 80% 之间的认为企业社会责任状况一般，不足 60% 的则认为该企业的社会责任状况较差。2008 年 2 月，我们对大连市规模以上制造业企业进行了社会责任履行情况问卷调查，调查得到了大连市政府有关部门的支持与合作，向 200 家企业发放了调查问卷，回收调查问卷 156 份，我们对其中的有效问卷整理并进行了数据结果分析。

第一，从企业所有制上看，国有企业的调查结果是 84.2% 的肯定答案，外资企业的调查结果是 70.6% 的肯定答案，而私营企业的调查结果只有 62% 的肯定答案。国有企业的社会责任状况明显好于外资企业及私营企业，而私营企业的社会责任状况最不好。因此，相对而言，国有企业比较好地承担了社会责任，而私营企业的社会责任状况较差。

第二，从企业规模上分析，中小规模企业的社会责任状况，明显差于大型企业的社会责任状况。企业在达到一定的经营规模以后，才有能力和动力履行社会责任。有的规模偏小，管理不规范，缺乏资金保障，员工权益得不到有效保护，缺乏社会责任意识。因此，应鼓励企业通过市场形成的兼并收购，扩大企业经营规模，提高企业管理水平和竞争能力，同时提高中国企业社会责任意识和实践水平。

第三，从经济效益上分析，盈利能力差（亏损）企业的社会责任状况，明显差于盈利能力较好企业的社会责任状况。企业盈利是企业履行社会责任的基础，企业只有在保证生存和正常运营（盈利）的情况下，才有精力和能力去惊醒道德层面的社会公益活动。经营状况好坏对企业各方面的行为都产生着不可低估的影响，盈利能力强的企业可能有更多的精力和实力去承担社会责任。

第四，从指标上分析，第一个一级指标"经济指标"肯定的答案最多，将近100%，反映了任何企业都是追求经济效益，利润最大化是企业的本质。因此，社会责任评价体系可以不考虑这一指标；最后一个指标"公益慈善"指标上肯定的答案最低（平均仅 32.3%），反映了当前企业从事公益性活动的热情不高，值得有关方面关注和思考；在企业社会责任的本质内容"员工权益"这个指标上，尤其在工作时间上，国有企业都能遵守国家规定，而将近65%的私营企业每周只休息一天，有的企业甚至两周休息一天；另外，有将近50%的调查问卷在"加班时间支付额外工资"指标上是否定的，说明很多企业并没有在员工加班时间支付额外工资。这应当引起有关劳动管理部门的重视，加强法规监管，切实保障员工的合法权益。

三、企业社会责任与竞争优势

现代企业经营必须在经济上是有效率的，在技术上是科学的，在社会文化上是文明进步的，在伦理道德上是公平正义的。因此，企业伦理建设和企业社会责任研究是建立和完善现代企业制度所不可缺少的文化建设，同时，也会给企业带来持久竞争优势。企业社会责任化提升企业的信誉度，是企业的无形资产，有利于企业品牌价值的提升。良好的企业社会责任形象会得到利益相关者的青睐、支持与合作，任何组织和个人都愿意与具有高尚道德的企业保持合作关系，而远离不道德的合作者。

企业社会责任评价指标体系

序号	一级指标	二级指标	是	否
1	经济责任	提供有价值的合格产品和服务		
		创造经济价值和社会财富		
2	法律责任	遵守国家和地方各项法律法规		
		按时纳税		
		执行国家及行业标准		
		没有使用童工		
3	员工权益	工资和薪酬符合国家和地方政府标准		
		工资准时发放		
		支付政府规定的所有社会和劳动保险		
		工作时间符合国家规定（至少休息1天）		
		加班时间按规定支付额外的工资		
		工作环境和条件安全，不存在危害健康的因素		
		与员工签订了符合国家法规的劳动合同		
		对员工进行教育和培训		
		不存在对员工的胁迫、侮辱、骚扰等行为		
		员工辞职自由		

续表

序号	一级指标	二级指标	是	否
4	相关利益者责任	公司治理结构、管理制度科学合理		
		经营信息真实、透明公开		
		没有发生恶意拖欠贷款及其他债务行为		
		提供高品质的安全商品		
		诚信经营、保护消费者及供应商合法权益		
5	环境保护与可持续发展	努力减少污染排放		
		建立了有效的废弃物质处理措施及设备		
		污染物质排放达标		
		积极节约资源和能源		
		具有与社会文明进步一致的发展战略		
6	公益慈善社区活动	积极参加慈善捐助活动		
		关心弱势群体		
		积极增加就业机会		
		鼓励员工参加志愿者和社区公益科技文化活动		

第一，员工尽力。企业讲道德产生的对员工的激励力首先来自于超越自身利益的企业使命和良好愿景；另外，管理者出色的才能和高尚的品德能产生吸引组织成员的个人魅力，从而激发员工的工作热情；企业诚信、公平和尊重的价值环境为员工发挥积极性和创造性提供了不可或缺的平台。

第二，顾客满意。企业社会责任有助于企业建立良好客户关系，提高企业市场竞争力。有关研究表明，企业的公众和社会形象能提升企业的竞争优势。当质量、价格和服务差异不大时，大多数消费者愿购买在承担社会责任方面声誉良好的企业的产品。

第三，投资者青睐。有社会责任感的企业有更好的经营业绩，也能赢得更多的投资回报。

第四，供应商信任。很明显，资金、原材料、零部件供应者都愿意与信得过的企业合作，这样的合作风险低、效率高。

第五，公众支持。高尚的企业伦理提高企业竞争优势，R.Edward

Freeman 在《公司战略与追求伦理》一书中就曾指出："追求卓越实际上就是追求伦理"。有关调查报告表明，就消费者群体和社会总体而言，良好的道德就意味着有好的经营收益，良好的商业经营就是良好的道德。70% 的消费者回答说，如果不考虑价格因素，他们不会和一个没有社会责任感的企业打交道。

四、提升企业社会责任途径

企业利益相关者的满足与合作愉快，企业对慈善事业和社会公益活动的参与等都有利于企业股东利润的最大化及可持续发展，也就是说，企业社会责任与竞争力是相辅相成、紧密相连的一个整体。

（一）培养企业管理者的道德意识

企业管理者个人的道德意识和理念往往影响其在企业的日常经营管理，企业家的道德水准决定整个企业的道德和经营伦理。企业伦理关系不是抽象的独立存在，而是存在于企业的生产、交换、销售、分配各个环节和企业经营、管理、决策各个方面的活动中，又涉及社会生活领域的各行各业，影响到社会的道德风气和道德秩序。企业家在企业中的地位决定了企业家在提升企业社会责任过程中发挥着不可替代的作用。因此，应努力培养企业管理者树立以人为本的经营理念、伦理化的经营哲学和价值观念，努力自我超越，最终实现企业社会责任意识的提升，并自觉地承担更大的社会责任。

（二）构建合理的企业社会责任框架

社会责任是多方面的，应该有一个合理完整的评价体系。有了评价体系才能保证公正地评价企业，消除企业和公众对社会责任认识的误区，更好地督促企业履行社会责任。有必要针对不同行业建立起符合中国国情和中国经济、社会实际的并被广泛认可和接受的企业社会责任评价评估体系。

（三）加强政府引导和法律监管

政府作为国有企业的所有者和管理者，对国有企业提出社会责任方面的规范性要求，通过政策和宣传等对非国有企业加以引导。各级政府应该成为企业社会责任的引导者，构筑起一个系统而完善的平台，促使企业承担社会责任。另外，法律作为国家的一种强制性手段，具有崇高的权威。企业作为社会的成员，其行为也处于法律的监督之下。企业社会责任依靠国家强制力来执行，可使其获得社会的普遍认同，提高权威性，成为全体社会成员公认的原则，做到有章可循。

（四）社会环境与公民监督

环境监督是促进企业履行社会责任不可或缺的手段，环境监督包括三种方式。

第一，媒体舆论监督。从主观上讲，人和企业都是有自利的经济人和经济组织，从客观上讲，由于信息不对称的普遍存在，契约不可能是完全的。这两个因素共同作用就很容易导致道德风险和逆向选择，企业经营决策也可能缺乏公平和正义。企业或企业经营者就可以利用信息优势，牟取私利而不惜给他人或社会造成损害，甚至触犯法律。信息的公开透明能够形成公共监督，通过社会舆论效力提醒企业时时检查自己的行为，规避自利性，缩减灰色地带，提高企业的规范性，促进企业的健康成长与发展。

第二，人际监督。在道德环境空间增大，变动增加的情况下，企业的人际关系流动性与陌生性也相应增加，此时更须加强人际监督。企业的竞争者、合作者、服务对象的范围越来越广，企业行为更加社会化，通过彼此的监督，才可以使各企业的行为进一步符合道德规范，这样有利于企业间扩大交往，维护社会的正常秩序。

第三，公民监督。除了政府层面的管理责任外，作为公民，每个人也都有义务和责任为建设一个能充分发挥舆论监督的社会环境尽一份力。

（五）培养企业家慈善捐助的热情

慈善和救助可以解决"市场不为政府不能"的事情，可以克服第一次分配的弊端，弥补第二次分配的不足。近年来，我国已颁布实施了一些与慈善事业相关的法律和政策，直接为慈善事业的发展提供了保障和支持。应进一步建立声誉捐赠制度，鼓励企业家参与捐赠活动。通过授予私人捐赠者荣誉称号来激励其捐赠行为，根据捐赠的大小给予捐赠者不同等级的荣誉。

未来具有国际竞争力的企业应该是技术领先、管理先进并且对社会负责任的企业。企业社会责任在我国起步较晚，目前尚未建立完备的概念体系，整个社会对企业社会责任的认识较为笼统。应加强企业社会责任意识的培养和积极引导，让全社会特别是作为企业社会责任实施主体的企业深刻了解社会责任的丰富内涵，推进我国企业社会责任的建设和实施。

（郭京福，男，汉族，经济管理学院教授，主要从事产业生态与管理变革研究。本文发表于《学术交流》2008 年第 9 期）

符号误读与消费文化趋同化

巩少伟

消费主义滥觞于美国，并很快蔓延世界各地。当国人伴随全球化浪潮步入消费社会时，符号消费仿佛一夜之间成为人们的消费主导，左右着人们的消费理念。诚如美国学者乔治·瑞泽尔所指出的："当我们消费物品时，我们就是在消费符号。"① 鲍德里亚也指出："要成为消费的对象，物品必须成为符号……"② 由此可知，消费社会里的商品除了使用价值和交换价值外，还被注入了符号价值，消费者想要彻底摆脱符号的"纠缠"是困难的。符号消费不可避免。然而，大多数消费者很难理性地认知符号，往往误读符号，并由此产生了一种悖论现象：原本凸显个性追求的符号消费，却造成了消费文化的趋同化。

消费者消费过程中的符号误读，实际上是一种对消费文化的误读。所谓符号误读，既包括了学术界已经揭示的消费异化等内容，也是对符号的"曲解"或"误解"。所谓"曲解"或"误解"一方面指的是，大多数消费者没有深层次地认知符号及其文化意义，简单地将符号价值置于使用价值和交换价值之上，使消费品远离了最初的本质属性；另一方面，则指符号消费主导了人们的消费行为和理念。消费的动因源自需要——物质的和精神的，而且所有的需要都是无止境的，甚至被不断制造出来。但如果仅仅简单地为了符号而消费，以符号表征取代消费品原本属性，即是误读了符号。今天国人的消费行为中，许多时候因误读符号导致"人与人与商品的关系发

① ［美］乔治·瑞泽尔：《后现代社会理论》，谢立中等译，华夏出版社2003年版，第110页。
② 鲍德里亚：《物体系》，林志明译，上海人民出版社2001版，第222页。

生异化"①。关于误读符号，首先应在消费者自身探询原委，但更主要还在于社会环境制造的误读氛围，让大多数消费者难以摆脱误读符号的"怪圈"，伴随符号误读消费文化趋同化倾向应运而生。就消费行为而言，符号及其表征意义左右着人们对消费品、消费模式的选择。无论是消费行为的异化，还是消费文化异化，文化误读的重要后果之一是消费文化趋同化的增强。

时下，消费者的符号消费主要表现为对符号的刻意追求，无论是出于个性化的考虑，还是想通过符号彰显身份、地位，均可视为消费行为模式、消费文化的从众化、趋同化的另一种表现形式，也是"隐性"的从众与趋同。在我国，消费文化趋同化由来已久，只不过今天消费文化从众、趋同，与国人曾经历过的短缺经济时代物质贫乏的从众与趋同表现形式不同而已。那个时代的从众、趋同是经济短缺造成的，而今天的从众与趋同则是消费文化、理念决定的，"始作俑者"是符号及其误读。消费行为及其文化的符号化，已成为社会公众消费的一种带有引导性取向。然而，无论是取向，抑或其他缘由，消费者一方面处心积虑地满足自己的符号欲望；另一方面，又被不断出现的新的符号（所谓时尚、潮流）所累、所动、所困惑，唯恐追赶不及。在此过程中，热衷追求符号的消费者永远是被动的，永远在符号制造者制造出符号之后，方才产生自己的消费欲望。消费行为的滞后性、追随性，已经消解了消费个性化的存在；或者说，当消费者为自己的符号消费欲望得到满足，津津乐道时，不过是在他人预设、引领的符号潮流中，扮演了一个自己"蒙在鼓里"的角色。因此，符号消费，抑或消费符号本身即已经构成了一种从众与趋同：在符号消费的引导下，消费者向某个、某类符号"聚集"、"靠拢"，形成了个性化掩盖之下的群体认同。大多数消费者并不清楚符号背后隐含的内容，所能读懂者只是符号的表象或表征。

不妨简单回顾一下此起彼伏的各种符号消费（时尚）的发展历程。当某种消费品与消费者见面时，各种现代化大众传媒便开始了铺天盖地的广告攻势。于是，永远推陈出新、层出不穷的时尚、前卫，致使符号消费永无终

---

① 苏岩：《关于消费异化的文化批判》，《北方论丛》2007 年第 5 期。

点。诚然，一般意义上的时尚还无法构成消费者心目中的符号——与某些象征意义还有一段距离。此时，公众心目中"人气旺盛"、颇得喜爱的各路明星、名人会陆续粉墨登场，为某种消费品代言，并使该种消费品"升值"为人们产生极大的，甚至是难以遏制的消费欲望的符号。之所以能够形成这种欲望，大众传媒及其明星、名人效应发挥了决定性作用。明星及其广告的某些明示、暗示的推波助澜无可替代：明星宣称某种消费品是"成功人士的必然选择"——意思是谁购买、使用了此消费品，便为成功人士；又有明星"煞有介事"地告诉消费者，某消费品是身份的象征——"画外音"则是：有身份一定要使用此商品……如此一来，商品的符号价值便自然会远远大于使用价值和交换价值，符号消费与"身份"建构也因此紧密联系在一起。除了大众传媒和广告之外，某些"约定俗成"的社会舆论，对推动消费品符号意义的"增值"的作用也不可小觑。比如，抽某种品牌的香烟，表征某种身份地位，并非由媒体和明星代言策划，而是由公众能够接受的"民间舆论"推出的，是"大家"认可的。无论是媒体、明星，还是未登大雅之堂的民间舆论，都促成了这样一个事实：某种消费品的符号价值意义升值，消费者消费、购买某种消费品对符号价值的看重（令使用价值和交换价值退居次席），目的是通过消费符号抬高身份，彰显地位，等等。对此"生成过程"稍加梳理，就会发现，真正抵达消费者实现符号目标时，个性化亦早已淹没在整个过程中。个体消费者所消费的符号，仅仅是诸多符号中的一个，而且是经由他人事先设定、安排的、被动的消费，消费者充其量是"响应者"。所以，消费者对符号的热衷、追随，仍然是另一种形式的、自己"不知晓"的从众与趋同。消费社会里，这种媒体与商家"共谋"、"联手"应对消费者的现象从未间断，不断刺激着消费者的符号欲望，也使绝大多数消费者"梦想"的真正意义上的个性消费化为乌有，"共谋"和"联手"营造消费"大餐"，差不多是"美丽陷阱"的代名词；大多数消费者很难不产生对符号的误读，也因此很难绕开消费文化的趋同与从众。

　　消费社会，无论多么精明的消费文化主体——消费者，只要消费欲望符号存在，就难以摆脱"消费命运"驱使。即便消费者梦寐以求，希冀自己的消费达成个性化、与众不同，也难奏效。因为生产者在制造消费品所能够考虑到的仅仅是极个别——明星、大腕、富豪、少数"上流社会"群体等——的个性化，对于占消费群体的绝大多数消费者来说，所消费的消费品只是生产线上批量次产品中的一个。比如，汽车、平板式电视机、各路明星"不厌其烦"地推介的化妆品，等等等等，无一不是某个符号表征的消费品。当消费者对某个符号趋之若鹜时，即使满足了自己一时的消费欲望，也只是无数个追逐该符号的众多消费者中的一员，个性化随之化解在趋同消费中。当然，商家、生产者永远比消费者精明，这是亘古不变的真理，中国民间俗语所云："买的没有卖的精"揭示的正是这一道理。为了掩饰消费品的某些同质化、同一化等倾向，或曰出于营销策略等方面的考虑，经营者会在同一化、同质性消费品中，略作改动，以示"个性化"或满足"个性化需求"。比如，同一款式的汽车可以漆成不同颜色，甚至可以在座椅、风挡玻璃、车灯等细节上做一些文章，以示差别；都为平板彩电，生产者生产 72 英寸规格的同时，也会推出 45 英寸、37 英寸等不同规格的款式，以迎合不同的消费需求。然而，这种表面上看似"个性化"的消费品，实际上遮蔽着一个事实：到达绝大多数消费者手中的商品，纵然冠以"个性"的称谓，不过是同种类产品中一种，与"量身定做"式的个性消费别若天渊。消费社会里，不是没有个性消费，也不乏有消费个性化，但真正意义的个性化，其实与绝大多数消费者相距甚远，或者说所达成的某些表面的"个性化"，仅仅满足了眼下的符号欲望。消费品——生产线生产产品的属性决定了即使是符号消费，也不可能彻底摆脱消费文化的趋同化。符号消费改变或增加了人们的消费目的，扩充了传统消费文化的内涵，使消费行为带有更多的符号目的性，消费者对消费品的取舍很大程度上由符号意义决定。但必须看到，符号价值意义属于消费品的"附加价值"，而非真实价值，一味追逐符号价值，必然导致对符号的误读，无法避免陷入消费文化的趋同化。

对于误读消费符号，学术界早已从不同的视角予以批评，比如，对"消费异化"和那些不切实际的"超前消费"、"用明天的钱享受今天"等观念的批评等等。误读消费符号还通过不同形式、不同心态的"攀比"表现出来，这一点在"面子文化"根深蒂固的中国社会表现得尤为充分。消费过程中的攀比行为、心态，很大程度上左右着消费行为、心态和消费支出。这种攀比心态总的趋势是"向上"、"攀高"，即穷人攀比的是富人，普通人比照的是明星、大款，并形成了这样一个方程式：消费某种消费品＝富人、大款、明星。当代社会，在"媒体帝国"不断制造的广告"狂轰滥炸"之下，许多消费者无法保证以理性解读、审视一件消费品与富人、大款、明星的真实关系，许多时候是盲目的从众与趋同，既误读了符号，也曲解了个性化的真实意义。对某一符号拥有者效仿、攀比本身是对消费个性的否定，因为攀比、模仿——对既存的、先定的对象进行模仿，使自己成为偶像的"追随者"，所谓个性不过是对偶像消费简单"复制"或"摹本"。"某些消费者消费价值观念的变更，往往是追随、模仿乃至复制一种或若干种他人制造出的时尚、流行的结果。"① 因此，攀比、模仿是误读符号最突出的表现之一，是目标单一、明确的趋同。盲从消磨、解构了真实意义上的有主见、凸显个性的消费。人称新世纪的消费将凸显个性化消费，但实现个性化消费的前提是正确、准确解读符号，而非误读符号；真正意义的个性化消费应建立在消费者对消费异化的理性批判基础之上，是一种对现存符号系统的超越。当这种超越还不能为广大消费者自觉时，个性化消费只能是一种多数人无法企及的预设。

　　符号消费过程中，对符号另一种非常普遍的误读，或者说导致符号误读主要原因之一是"他人决定"，有学者称之为"他人取向"②。所谓"他人决定"、"他人取向"指的是，消费者在消费符号时，许多情况下必须顾及他人的评判（或在人群中"影响"），他人的认同，加之判断及其取舍的话语权把握在他人手中，而且符号本身所蕴含的意义系统也是由他人操纵的。符号的价值和人们所认同的象征意义不仅要通过消费者得以体现，更需要他人的评判方能"成立"。由于符号意义已由他人操控，其象征意义也一定是他人设定的。消费者的消费行为总体上属于个体行为，应是一种依靠个人主见的行为，但由于判定标准属于他人制定，意义他人预设，使符号消费或隐或显地异化成为听命于他者的行为，并演绎成为趋同于他者评判的消费文化。"符号消费借助现代媒体大行其道的时代，他者的作用影响、改变了消费者的消费目的，消费目标追求发生着根本性变更。既然符号意义超出了商品的

---

① 严明：《符号·类·他者——当代消费文化特征别议》，《北方论丛》2008 年第 4 期。
② 周馨：《表现与象征：消费的文化意义》，《社会》2002 年第 10 期。

价值和使用价值，那么他者的重要作用不言而喻。"① 需要注意的是，消费者周围发生影响力最大的"他者"是广告——消费社会永远的"不倒翁"②，更使符号消费注入了"他人"引导的内涵。无孔不入的广告，早已不是促销手段，最主要的功用是不断推出、制造各种令人眼花缭乱的时尚和潮流，操控着符号的价值意义含量。如果"积极响应"广告"号召"，消费者便可以与仰慕的明星、公众人物消费同一种商品，便可与他们"共享"某种时尚……由广告预设的消费过程完结之后，无论消费者怎样看待自己的消费行为和结果，都是一种在广告引领下完成的、许多唯恐落伍的追从或趋同。消费者符号欲望满足只是精神假象，而这种消费品并不直觉的精神假象背后则是消费文化的趋同化。有人认为，符号消费有利于消费个性化的生成。类似议论有一定道理，但却忽视了一个重要的前提，即必须对消费的符号有真实的认知和解读。更应注意的是，许多符号被制造、被推出本身就是制造者的某种"蓄意"。"符号消费在强调消费主体基本权利的同时反而弱化了人的主体性"③，这就是符号误读与消费文化趋同化共存的原因所在。因此，新世纪消费的个性化及其实现，既需要对符号误读予以批判，也需要消费者在以理性的目光审视消费时尚的同时，建构属于自己的符号系统。真正意义的个性消费必须建立在这样的基础之上。

消费文化是诞生在消费社会的新型文化。期望大多数消费者对这种新型文化具备真正的理性认知，尚需假以时日。消费过程中的符号误读，不利于消费者的健康消费，有碍于健康消费文化的建构。对符号的误读，以及对符号消费的过分追求，从不同的面降解优秀文化传统。符号误读产生的直接后果是消费品使用价值、交换价值与符号价值的错位，会导致享乐主义消费文化的蔓延。而一旦消费文化沾染了这种文化趋同性，既会导致非正常消费文化的滋生，也会消解我们的优秀传统文化，使人成为名副其实的"消费者"——身陷符号难以自拔的"消费机器"，进而生成"跟着欲望走"的消费主义倾向。④ 因此，对符号误读——文化误读的认识和批判是人们所期盼

---

① 严明：《符号·类·他者——当代消费文化特征别议》，《北方论丛》2008 年第 4 期。

② 王岳川：《博德里亚消费社会的文化理论研究》，《北京社会科学》2002 年第 3 期。

③ 茹春亚、黄爱华：《社会转型期符号消费的伦理学分析》，《理论与改革》2003 年第 6 期。

④ 王岳川：《媒介哲学》，河南大学出版社 2004 年版，第 36 页。

建构的理性、健康、可持续消费文化的必要前提。降解符号误读对消费的消极影响，既有赖于消费者对消费文化的正确解读，也有助于人们健康向上的消费行为模式的养成。

（巩少伟，女，汉族，经济管理学院教授，主要从事市场营销、互联网营销和消费心理研究。本文发表于《北方论丛》2009 年第 6 期）

关于线性季节加法趋势预测模型的探讨

张晓庆

一、趋势分析法和霍尔特—温特（Holt—Winter）预测模型

（一）趋势分析法

利用这种方法对具有线性季节加法趋势的时间序列（即原始数据）进行预测时按如下三步进行：

第一步，确定季节指数，并将已知的时间序列非季节化；

第二步，建立非季节化时间序列的趋势线方程；

第三步，根据趋势线和季节指数进行预测。

（二）霍尔特—温特预测模型

利用这一预测模型对具有线性季节加法趋势数据进行预测时，按如下三步进行：

第一步，根据所给数据（要求至少4年以上的数据）确定非季节化因子；

第二步，按如下方程计算基本稳定的线性和季节成分：

$$U_t = \alpha \frac{d_t}{F_{t-l}} + (1-\alpha)(U_{t-1} + b_{t-1}) \tag{1}$$

$$b_t = \beta(U_t - U_{t-1}) + (1-\beta)b_{t-1} \tag{2}$$

$$F_t = \gamma \frac{d_t}{U_t} + (1-\gamma)F_{t-L} \tag{3}$$

式中：U_t：稳定成分，b_t：线性成分，F_t：季节成分

　　　α、β、γ 是参数，通常分别取 0.2，0.2，0.5

　　　t：期数，d_t：实际值，F_{t-L}：非季节化因子

　　　L：时间周期（在一个季节循环中存在着 4 个时间周期）

第三步，根据如下方程计算向前个周期的预测值：

$$f_{t+\eta} = (U_t + b_t\eta)F_{t-L+\eta} \tag{4}$$

式中：$f_{t+\eta}$：预测值，η：向前预测周期

二、两种预测方法的分析对比

为了分析对比这两种预测方法的准确性，下面用这两种方法对同一个实例进行预测，并分别求出在两种预测方法下的平均绝对百分数误差和平均误差平方。

已知某装饰材料商店从 2000 年到 2004 年间每年各季度的装饰材料销售额资料如下表：

表 1　装饰材料季度销售额

季度	销售额（万元）				
	2000 年	2001 年	2002 年	2003 年	2004 年
一	16	15	17	17	18
二	21	20	24	25	26
三	9	10	13	11	14
四	18	18	22	21	25

现在要根据这些数据来预测这个装饰材料商店 2005 年第二和第四季度的销售额。

（一）运用趋势分析法求解

第一步，利用比值——移动平均法确定季节指数。先计算出每一季度的修正平均数，然后将其乘上校正因子便得季节指数百分率。第一季度为85.04%，第二季度为117.69%，第三季度为56.42%，第四季度为100.85%。将给定的时间序列中的每一值除以相应的季节指数百分率，便得非季节化销售额序列为：18.8、17.8、15.9、17.8、17.6、16.9、17.7、17.8、19.9、20.4、23.0、21.8、19.9、21.2、19.5、20.8、21.2、22.1、24.8、24.8。（其详细计算过程省略）

第二步，建立趋势线方程

按照上面得到的非季节化销售额序列可计算出趋势线在轴上的截距和趋势线的斜率，它们分别为：（详细计算过程省略）

$$a = \frac{\sum y}{n} = \frac{399.7}{20} = 19.99$$

$$b = \frac{\sum xy}{\sum x^2} = \frac{462.1}{2660} = 0.17$$

故所求趋势线的方程为：

$$\hat{y} = a + bx = 19.99 + 0.17x \tag{5}$$

第三步，预测和误差估计

2005 年第二季度和第四季度对应的编码值分别为 22 和 24，根据方程（5）可得 2005 年第二季度和第四季度对应于趋势线上的值分别为：

$$\hat{y}_{2005.2} = 19.99 + 0.17 \times 22 = 23.73$$

$$\hat{y}_{2005.4} = 19.99 + 0.17 \times 24 = 24.07$$

将上述二值分别乘上相应的季节指数百分率便得：

2005 年第二季度的预测值为 $f_{2005.2} = 23.73 \times 1.1769 = 27.93$（万元）

2005 年第四季度的预测值为 $f_{2005.4} = 24.07 \times 1.0085 = 24.27$（万元）

为了估计预测误差，应根据方程（5）分别计算出时间序列中的每个值对应的预测值，从而计算出误差平方和为：$\sum\limits_{t=1}^{20}e_t^2=91.26$，误差绝对值与

相应的实际值之比的和为：$\sum\limits_{t=1}^{n}\dfrac{|e_t|}{d_t}=1.95$。所以，平均误差平方 $MSE=\dfrac{1}{n}\sum\limits_{t=1}^{n}$

$e_t^2=\dfrac{91.26}{20}=4.56$，平均绝对百分数误差 $MAPE=\dfrac{1}{n}\sum\limits_{t=1}^{n}\dfrac{|e_t|}{d_t}\times100\%=\dfrac{1.95}{20}\times100\%$

$=9.75\%$。

（二）运用霍尔特—温特预测模型求解

第一步，确定非季节化因子 F_{t-L}

在这里我们采用一种比较简单的方法来确定非季节化因子。非季节化因子是指在季节循环中的特殊时间周期中的期望值与该季节循环中的所有时间周期上的当前平均值之比。在我们的例子中从 2000—2004 年的实际销售额的平均值为 18，而在这五年中一、二、三、四季度的实际销售额的期望值分别为 16.6、23.2、11.4 和 20.8，因此，四个季度的非季节化因子分别为：

$$L_1=\frac{16.6}{18}=0.92 \quad L_2=\frac{23.2}{18}=1.29 \quad L_3=\frac{11.4}{18}=0.63 \quad L_4=\frac{20.8}{18}=1.16$$

第二步，根据霍尔特——温特方程进行平滑运算

将前两年销售额的平均值 15.88 取做初始值，并取初始增长因子为 0.05，而参数 α、β、γ 分别取为 0.2、0.2、和 0.5，运用方程（1）—（4）可逐步计算出每年各季度相应的预测值，将其结果填入表 2 中。

第三步，根据方程（4）进行预测，并做出误差估计。

根据表 2 中最后一期的数据运用方程（4）便可进行预测。

2005 年第二季度的预测值为：

$$f_{20+2}=(U_{20}+b_{20}\times2)\cdot F_{20-4+2}=(20.88+0.38\times2)\times1.31=28.35（万元）$$

2005 年第四季度的预测值为：

$$f_{20+4}=(U_{20}+b_{20}\times4)\cdot F_{20-4+4}=(20.88+0.38\times4)\times1.18=26.43（万元）$$

为了估计误差，已在表 2 中算出每个实际值与其相应的预测值之差，从

表 2 的最后两列可进一步计算出：

$$平均误差平方\ MSE = \frac{1}{n-1}\sum_{t=2}^{n}e_t^2 = \frac{31.72}{19} = 1.67$$

$$平均绝对百分数误差\ MAPE = \frac{1}{n-1}\sum_{t=2}^{n}\frac{|e_t|}{d_t}\times100\% = \frac{1.14}{19}\times100\% = 6.00\%$$

表 2　霍尔特—温特法对于所给数据进行的线性和季节平滑运算

期数 t	实际值 d_t	稳定成分 $U_t = \alpha\frac{d_t}{F_{t-L}}$ $+ (1-\alpha)$ $(U_{t-1} + b_{t-1})$ $(\alpha = 0.2)$	线性成分 $b_t = \beta(U_t - U_{t-1}) + (1-\beta)$ b_{t-1} $(\beta = 0.2)$	季节成分 $F_t = \gamma\frac{d_t}{U_t}$ $+ (1-\gamma)$ F_{t-L} $(\gamma = 0.5)$	当 $\eta = 1$ 时的预测值 $f_{t+1} =$ $(U_t + b_t)$ F_{t-L+1}	误差 $e_t =$ $d_t - f_t$	误差平方 e_t^2	$\frac{|e_t|}{d_t}$
1	16	16.22	0.11	0.95	—	—	—	—
2	21	16.32	0.11	1.29	21.07	− 0.07	0.01	0
3	9	16.00	0.02	0.60	10.35	− 1.35	1.82	0.15
4	18	15.92	0	1.15	18.58	− 0.58	0.34	0.03
5	15	15.99	− 0.01	0.93	14.65	0.35	0.12	0.02
6	20	15.88	− 0.03	1.27	20.61	− 0.61	0.37	0.03
7	10	15.85	− 0.03	0.63	9.98	0.02	0	0
8	18	15.76	− 0.04	1.15	18.35	− 0.35	0.12	0.02
9	17	16.27	0.07	0.98	14.46	2.54	6.45	0.15
10	24	16.79	0.16	1.36	21.08	2.92	8.53	0.12
11	13	17.69	0.31	0.68	10.68	2.32	5.38	0.18
12	22	18.19	0.35	1.18	20.88	1.12	1.25	0.05
13	17	18.52	0.34	0.92	17.06	− 0.06	0	0
14	25	18.96	0.36	1.30	24.33	0.67	0.45	0.03
15	11	18.94	0.28	0.61	12.17	− 1.17	1.37	0.11
16	21	18.99	0.23	1.13	22.30	− 1.3	1.69	0.06
17	18	19.29	0.24	0.93	17.68	0.32	0.10	0.02
18	26	19.65	0.26	1.31	25.19	0.81	0.65	0.03
19	14	20.37	0.35	0.66	12.54	1.46	2.13	0.10
20	25	20.88	0.38	1.18	24.03	0.97	0.94	0.04
	—	—	—	—	—	—	31.72	1.14

（三）两种预测方法的分析对比

将以上计算结果列入表 3 中。

　　两种预测方法对比，明显地看出，无论是平均误差平方，还是平均绝对百分数误差，霍尔特—温特预测法都较趋势分析法要小，说明该预测模型预测的数值更加准确。而且霍尔特—温特预测法的计算量也比趋势分析法少得多。因此，可以认为霍尔特—温特预测模型具有更好的预测性能。

表3　两种预测方法的预测值及误差对比

预测方法	2005年销售额的预测值（万元）		平均误差平方 MSE	平均绝对百分数误差 MAPE（%）
	第二季度	第四季度		
趋势分析法	27.93	24.27	4.56	9.75
霍尔特—温特预测法	28.35	26.43	1.67	6.00

（张晓庆，女，汉族，经济管理学院教授，主要从事统计学和经济统计研究。本文发表于《统计与决策》2005年第9期）

业务问题还是会计问题

——东方航空巨额亏损事件分析

高　强　李秀莲　王志永

一、东方航空巨额亏损事件概述

（一）东方航空有限公司简介

成立于 1995 年 4 月的东方航空有限公司，1997 年在香港、纽约、上海三地证券市场挂牌上市，是中国三大民用航空运输骨干企业之一。

东方航空属于国有企业，中国东方航空集团公司拥有实际控制权（59.67%）。截止到 2008 年，公司总资产近 732 亿元人民币，股本为人民币 48.7 亿元，从业人员超过 5 万人，拥有现代化大中型客机 230 架，货机 11 架，主要经营航空客、货、邮、行李运输业务及航空维修、代理等延伸服务。公司以总部上海为核心枢纽，西安、昆明为区域枢纽，航线网络通达全球 145 个主要城市。

（二）东方航空巨额亏损事件回顾

1. 东航从事衍生品交易的原因

航油、飞机折旧、人工是航空公司的三大主要成本，其中波动最大的是航油价格，2002 年各家航空公司的航油成本占总成本的 21% 左右，而到 2008 年 6 月，这一比例已经上升为 40% 左右，这导致航空公司的利润很不稳定。近年来，随着航油价格的持续上涨，航空企业承受着巨大的成本压力。因此，为控制航油成本，航空公司往往进行航油衍生品交易来规避风险，东航也不例外，2008 年东航的航油期权合约中航油量占到公司全年预计耗油量的 35.9%。

2. 东航签订巨额航油合约

东航航油期权交易品种是以美国 WTI 原油和新加坡航空燃油等为基础资产的原油期权。东方航空年报显示，截至 2007 年 12 月 31 日，根据签订的航油期权合约，公司需以每桶 50 美元至 95 美元的价格购买航油约 798 万桶，并以每桶 43 美元至 115 美元的价格出售航油约 230 万桶，合约将于 2008 年与 2009 年间到期。截至 2008 年 6 月 30 日，根据签订的航油期权合约，公司需以每桶 62.35 美元至 150 美元的价格购买航油约 1135 万桶，并以每桶 72.35 美元至 200 美元的价格出售航油约 300 万桶，此等合约将于 2008 年至 2011 年间到期。

根据东方航空年报数据，截至 2008 年 12 月 31 日，公司持有的尚未交割合约相关看涨期权的执行价格的价差约为每桶 10 美元至每桶 50 美元，看跌期权的执行价格价差约为每桶 45 美元至每桶 83 美元，此等合约将分期交割并分别于 2009 年及 2011 年到期。

3. 东航衍生工具造成巨额亏损

东方航空利用航油期权规避航油价格波动风险的衍生品业务始于 2003 年，从 2003 年到 2008 年 6 月份，东方航空航油期权业务一直无亏损记录，其航油衍生品业务头寸一直都有盈利。而 2007 年以前衍生工具仅在表外披露，东航航油衍生品业务具体情况并没有在年报中披露，由于新会计准则要求将衍生工具纳入表内核算，东航航航油衍生品交易从 2007 年开始详细披露。

2008 年 7 月，随着全球金融危机的进一步加剧，受多方面不利消息影响，国际油价持续震荡下行，使得公司卖出的看跌期权条款开始生效，即交易对手有权利以较高的价格向公司出售原油，期权合约执行的情况，最终导致在 2008 年 12 月 31 日，公司持有的航油期权合的公允价值变动损失约人民币 62.56 亿元，这是公司 2008 年 A 股净亏损高达 139.28 亿元、H 股净亏损 152.69 亿元的直接原因。创造了中国航空企业史上最大的一笔年度亏损的纪录。并且由于每股亏损 2.86 元，东方航空将从 2009 年 4 月 17 日起被

ST。至此，东方航空总负债高达 842.49 亿元，已资不抵债达 110.65 亿元。

二、东方航空巨额亏损事件分析

（一）东航衍生品业务的具体分析

1. 交易目的与合约内容具投机性

在东航签订的期权合约组合中，主要包括三种期权买卖：

（1）买入看涨期权。东航以较高的约定价，如 2008 年半年报中提到的每桶 150 美元，在未来规定的时间从对手方买定量的油，行权日时东航有权选择是否购买，对手方必须接受。

（2）卖出看跌期权。东航以较低的约定价，如 2008 年半年报中提到的每桶 62.35 美元，在未来规定的时间从对手方买定量的油，不过行权日时对手方有权选择是否卖油，东航必须接受。

（3）卖出看涨期权。东航以更高的约定价，如 2008 年半年报中提到的每桶 200 美元，在未来规定的时间向对手方卖定量的油，行权日时对手方有权选择是否买油，东航必须接受。

尽管东航一再强调"做航油期货是为了固化航油成本，规避国际航油市场价格大幅波动的风险。"并且"公司从事的是航油套期保值，没有投机。"但从合约内容上看，东航基于牛市判断由于贪图期权费而卖出看跌期权，在规避了油价上涨产生的风险的同时，又产生了一个新的价格下跌的敞口风险。在买进看涨期权同时进一步赌注航油价格不会下跌，具有强烈看涨航油价格，并期望从获取高额利润的动机。

2. 航油期权交易不符合套期原则

东航在实际交易中，套期工具和被套期项目的内容是相一致的，都是航油。但从其他方面看，衍生品交易确实不符合套期保值原则要求，是投机获利。

第一，交易时间不符合套期原则。在套期时间周期上，一般每笔交易应对应于相应的现货周期。而东航 2008 年签订的期权合约期限最长至 2011 年，如果以一年一付款结算的方式购买航油看，其航油期权的交易周期与现货周期不对应。因此，东航在航油期权交易在时间上并未严格对应其现货市场交易周期，超出部分可视为投机。

第二，交易数量不符合套期原则。东航 2008 年航油期权履约周期为三年，远远超过现货贸易周期，导致衍生品交易量高于实际现货航油量。尽管东航 2008 年的航油期权交易量占到公司全年预计耗油量的 35.9%，但一签三年的合约，使其实际上拥有的航油期权量大大超过实际现货航油量。由此可判断东航的操作已经背离套期保值原则，带来了新的敞口风险。

第三，交易方向不符合套期原则。东航买入看涨期权方向符合套保要求，但卖出期权的部分即在期权市场的做空行为，使东航实际上成为发售期权的庄家，这是国际市场上大型金融机构才能承担的角色，这不符合套期保值原则，因此，该交易不属于套期保值，整个交易演变为投机获利行为。

（二）东航衍生品会计反映的分析

1. 衍生品业务会计确认模糊

任何一项可以进入会计系统的经济业务都需要经过确认、计量、列报三个环节，其中，确认环节是基础。所谓会计确认就是将经济事项作为资产、负债、收入和费用等正式加以记录和列入财务报表的过程。

东航公司管理层在 2007 及 2008 年度报表中一直强调其衍生品交易是套期保值，却同时声明航油期权交易不符合套期会计的运用条件，将其认定为套期保值的业务纳入交易性金融资产核算，导致了后续核算环节即计量和列报都按照交易性金融资产的核算原则进行了相关账务处理，而准则明确规定被指定为套期工具的衍生工具不应划为交易性金融资产或负债。这种对衍生品业务会计确认模棱两可的说法，给会计信息使用者造成了很大的困扰，让人不能了解其衍生品业务的实质，导致无法判断到底是套期保值还是投机获利。

2. 衍生品业务会计计量属性混淆

会计计量，是为了将符合确认条件的会计要素登记入账，并列报于财务报表而确定其金额的过程。而东航衍生品业务会计处理的核心问题就是会计计量问题。

2006 年颁布的新准则要求企业将衍生工具纳入表内核算，同时一律以公允价值计量，相关公允价值变动计入当期损益或所有者权益。但准则没有区分套期会计和投机会计的计量属性，而是都采用公允价值计量，这样就很难从企业报表中的公允价值损益，看出其会计处理的具体过程，也很难判断其业务是套期保值还是投机获利。这样东航就有理由直接把矛头指向公允价值。

原东航财务总监罗伟德解释："东航账面浮亏是因2007年我国会计制度与国际接轨后才被要求记录的公允价值损失，并非现金实际损失，未来是否有实际损失，以及损失的大小，依赖于合约剩余期间的油价走势。"他把东航的巨亏都归咎于公允价值。然而，公允价值只是把情况表现出来，市场波动的影响被公允价值准则所捕获，但东航的巨额亏损并不是它引起的。

3. 衍生品业务会计列报偏颇

东航2008年年报显示：（1）为控制航油成本，东航进行了航油套期保值交易，交易品种系以美国WTI原油和新加坡航空燃油等为基础资产的衍生产品；（2）以公允价值计量且其变动计入当期损益的金融资产包括持有目的为短期内出售的金融资产及衍生工具等，该资产在资产负债表中以交易性金融资产列示；（3）交易性金融资产及交易性金融负债；（4）航油期权合约不符合套期会计的运用条件，其公允价值变动直接计入当期损益。

从东航的2008年年报中可以看出，其从开始的为控制航油成本进行航油套期保值交易，强调交易是套期保值，到后来的把航油期权交易归到金融资产中，并在资产负债表中以交易性金融资产列示，到最后的航油期权合约不符合套期会计，航油期权合约实际交割损益计入到航油成本，公允价值变动直接计入当期损益。这样的衍生品交易已变了味道，从会计反映角度看，已经明显偏离了套期保值的轨道，走上了投机获利的道路。

三、东方航空巨额亏损事件启示与思考

（一）完善中国期货市场，发展中国期权市场

1. 发展中国期货市场

从2003年东航从事航油衍生品业务交易业务开始，公司一直在向国家

有关部门申请，要求开展航油期货交易业务。然而，中国证监会颁发的期货牌照名单中，几乎都是生产型中央企业，与东航和国航等航空央企无缘。东航不得不通过高盛、摩根、瑞银、汇丰等国际著名投行，进行场外交易。如果有一个开放的航油期货市场，整个过程会相对简单。目前我国期货品种缺失及自由度不足仍是制约企业套期保值的根本障碍，因此我国应逐步完善期货市场品种结构，并使各产业都有套期保值品种可供自由选择。

2008 年 12 月 15 日，国务院颁布了"金融 30 条"，明确提出推动期货市场稳步发展，探索农产品期货服务"三农"的运作模式，尽快推出适应国民经济发展需要的期货新品种。2009 年 4 月聚氯乙烯期货交易、早籼稻期货合约在郑商所成功上市交易，表明期货新品种推出的步伐在大步加快。

2010 年的政府报告再次提出要"稳步发展期货市场"。期货市场反映的价格信号对产业链条上各类主体带来影响，直接影响企业进行生产经营计划调整，进而带来市场结构、产业结构的调整，实现有效的资源配置。因此，期货市场在"调结构"方面可以发挥独特的作用，是促进经济又好又快发展的重要支持性因素。

2. 发展中国期权市场

在国际期货市场上，几乎所有的商品期货品种，不管期货交易量大小，都有相应的期权交易。品种可谓是层出不穷。如金融品种方面得股票期权、股指期权、外汇期权等。在各种衍生品中，期权交易后来居上，并表现出了旺盛的生命力。主要是由于期权交易以"疏"的方式而非"堵"的方式对期货市场进行系统风险控制。

期权的最大特点是期权的买方风险是有限的，卖方风险是无限的，权利和义务不对称性是期权与期货等投资工具的重要区别，这使得期权在风险管理方面更为有效。由于买方的最大风险是其已经付出的期权费，因此与期货相比，保值者不用担心价格变化所引起追加保证金的风险，有利于其保值计划顺利进行。期权交易有利于套期保值功能的充分发挥。鉴于此，从发展我国衍生品市场、完善资本市场体系、参与全球竞争的战略高度出发，发展期权交易成为必然的选择。

（二）建立衍生工具的风险管理机制

各种衍生工具的出现只能转移风险，并不能减少和消除风险。因此，在从事衍生品投资时，必须时刻把握和控制好市场风险。有效地控制企业从事衍生产品的交易风险，必须建立风险管理机制。

第一，确定符合自身风险偏好的风险管理原则。投资者首先要明确自己对于金融风险是厌恶还是喜好，以及厌恶或者喜好的程度，投资者据此来制定投资策略。如果投资者厌恶风险，就要进行套期保值。反之亦然。

第二，建立内部监督机制和信息反馈机制。管理风险的人员要进行明确细致的分工与牵制。同时需要根据企业的风险偏好和风险容忍度确定一个合适的预警线，以便企业风险达到预警线时，及时反映给相关部门。

第三，将风险管理融入内部审计程序。内审机构要分析企业最高管理层的风险战略，需要在对可能影响企业的风险进行评估的基础上，制定其审计计划，并依据风险的重要性确定审计重点及分配相关的资源，安排审计工作。

作为事后补救，东航 2009 年 12 月 24 日颁布了《ST 东航套期保值业务管理（暂行）规定中国东方航空股份有限公司套期保值业务管理（暂行)》规定了详细的衍生金融交易规则，这也一定程度上避免了 2009 年度公司的航油期货交易的持续巨亏。

（三）加强对衍生品市场与业务的监管

1. 加强对衍生品市场的监管

第一，监管部门加强对衍生品市场运行的透明度的监管。衍生品交易活跃的发达国家都十分重视对金融衍生品市场的监管，并建立了各具特色的监管模式。我国在发展衍生品市场进程中同样银行间丽舍和国情的监管体系。衍生品的复杂性大大增加了投资者的对衍生品风险的认知难度。因此，监管机构需要规范衍生品开发机构充分披露产品交易结构与基础资产状况，揭示复杂结构背后的风险关联因素，以一定程度上保护投资者权益并维护市场运行稳定。

第二，企业自身加强对衍生品市场信息源的监管。中国期货业协会副会长常清这样阐述金融衍生品："衍生产品本来就很少人懂，一份合同100多页，表述云遮雾罩，表面上看没有任何风险，企业稀里糊涂签了字，这实际上是一个打着衍生品名义的金融诈骗。"针对这种情况，企业打算进入复杂的衍生品市场，必须积极培养衍生品方面的专业人才，建立适合企业具体情况的市场分析体系，引导企业正确利用衍生品市场规避风险，避免因过度依赖投资银行而签订导致企业亏损的合约。

2. 强化对衍生品业务的监管

第一，强化监管部门对企业衍生品业务的监管力度。东航的投机交易能长时间、大规模进行，但是从来不曾受到惩罚。并且2006年上交所还强制要求东航披露其以后年度的衍生品交易信息。在这样的背景下，东航的投机交易仍然有生存的空间，一定程度上充分说明了监管部门的失职。因此，为避免类似情况的发生，监管部门要加强企业衍生品业务的监管力度。

第二，企业自身加强衍生品业务的管理。东航2007和2008连续两年的年报显示，其航油期权合约不适用套期会计原则。说明东航从事的衍生品业务不是套期保值。然而企业内部的业务监督和风险管理部门，并没有通过合适的渠道阻止期权交易的继续，显然是企业缺乏对衍生品业务的有效管理。鉴于此，企业必须形成强烈的衍生品业务的风向管理意识，并将其付诸实施，以从企业自身对角度加强对衍生品的管理。

（四）完善衍生工具会计准则

尽管新准则要求把衍生工具纳入表内核算，使得企业衍生业务方面的一些问题得以显现，但对于具体的衍生工具业务的确认、计量和列报的规定还有待进一步完善，使之更好地服务于经济业务。

第一，加强对市场关注的重大衍生工具会计问题和相关案例研究。在东航巨额亏损事件中，套期和投机计量属性都采用公允价值计量，很难判断其业务是套期保值还是有机获利，因此，可以从计量属性的角度细化相关的会计准则，以增强操作性。具体来说，投机获利风险较大，采用公允价值计量是合理的，而套期保值的风险明显小于投机获利，就可以考虑采用历史成本等其他计量属性，以便和投机获利区分开。

第二，密切关注国际财务报告准则的发展，并适时对现行会计准则进行动态完善。最近几年，国际财务报告准则发展迅速，特别是为应对 2007 年以来出现的全球金融危机，国际会计准则理事会正在加速推进现有的一些会计准则项目的建设，并不断研究制定新的准则以及指南，尤其是涉及对有关公允价值的修改，需要密切关注并适时完善现有准则规定，更好地反映衍生品交易业务。

综上所述，从期权合约本身具有投机性、期权交易业务不符合套期原则，以及会计确认、计量、列报 3 个环节的会计反映，不难看出东方航空的衍生品交易根本不是规避风险的套期保值，而是冒险的投机获利，一个企业最重要的是稳定和发展，而为了资本扩张而采取高风险的投资手段要谨慎，所以不合适的投机行为是导致东航巨额亏损的主要原因。但是企业不要因此而因噎废食，不再从事衍生品交易。虽然衍生工具是巨大的风险源头，但同时也是重要的风险规避工具。通过完善衍生品市场、加强风险管理和监管，以及改进会计准则等，相信衍生品能发挥更大的作用，使企业获利。

（高强，女，汉族，国际商学院副教授，主要从事审计学研究。本文发表于《新会计》2010 年第 9 期）

开辟企业环境业绩评价研究新视角

赵丽丽　李秀莲　孙志梅

在环境问题已经备受瞩目的今天，摆在人类面前的挑战依然严峻，2010 年 4 月墨西哥湾的漏油事故对墨西哥湾脆弱的生态系统造成毁灭性的影响。英国 BP 石油公司为此付出了沉重的代价，设立 200 亿美元的赔偿基金对居民进行赔偿，而且这不是"上限"，仅仅在 3 个月之后，2010 年 7 月 15 日中国石化大连港输油管道爆炸，泄露的原油最少污染附近 50 平方公里海域，海水呈现明显的黑褐色。除原油外，大连市环保部门称，用来救火的 500 多万吨化学泡沫及 20 吨干粉亦会对大海造成污染。究其事件的原因，有防喷阀失效、有水泥用量不足，也有安全生产监管的不力。

透过表象我们以审视的眼光看到的是企业环境责任的缺失与淡漠，那么如何使企业管理者尤其是内部相关的人员更重视他们的环境责任与业绩？环境业绩考评毫无疑问可以提高人们对此的重视程度。健全的环境业绩评价制度不但可以促使员工注重他们的经济业绩，同样注重他们的环境业绩。这样企业的环境管理目标才能达到，最终低碳经济、循环经济的理想模式才能得以实现，可持续发展的最终目标才能达成。本文拟就环境业绩评价的研究视角展开探讨，针对研究的薄弱环节提出相应的对策，希望对提高企业环境业绩评价水平有一定的帮助。

一、环境业绩评价的内涵与意义

（一）环境业绩评价的内涵

国际标准化组织认为环境业绩（环境绩效）是指组织对其环境因素进行管理所取得的可测量结果。也就是指组织从事环境管理过程中在节约资源和治理污染等方面取得的环境保护效率和效果，包括为自身以及社会环境保护所做出的贡献。

环境业绩评价是对政府、企业或其他组织的环境绩效是否符合管理当局所制定的环境管理目标而进行测量与评估的一种系统程序，是对是否实现环境目标的评价，包括选择指标、收集和分析数据，依据环境绩效准则开展信息评价、报告和交流，并针对过程本身进行定期评审和改进（ISO14031，1998）。

广义的环境业绩评价既包括对国家整体乃至更广范畴的环境业绩评价（即公共环境绩效），也包括对企业层次的环境业绩评价。前者有经合组织（OECD）对其成员国及中国等部分国家每年发布的国别环境业绩报告，如美国耶鲁大学用 16 项环境业绩指标对 133 个国家的环境业绩进行排名，荷兰政府设立的国家环境业绩目标与指标体系等；后者包括企业内部主动性的环境业绩评价（如发布于企业年度环境报告中），以及企业被动接受政府或行业组织进行的带有强制性质的环境业绩评价。

（二）环境业绩评价的意义

从宏观上来讲，对于国家一级的环境业绩评价可以促使国民经济保持有效率的增长，这里的效率指生态效率，即以生态环境较小的代价获得最好的经济发展、社会进步的结果。进而避免政府只顾经济发展，忽视环境影响，将经济与环境因素充分的融合，实现双赢。这样的实践经验已经不少，如上文所提到的许多国家每年发布的国别环境业绩报告，我国进行的绿色GDP 的核算也是这方面的有益实践。

从微观层次来讲，进行环境业绩评价可以帮助企业及利益相关者了解企业的环境业绩，明晰企业经济活动的环境成本、收入与效益，为投资、政府管理等活动提供基本的信息参考，同时通过环境业绩评价也可以揭示企业环境管理活动的重点与风险，揭示本企业与其他企业，本部门与其他部门，本国与他国在环境管理、环保产品的研发、绿色生产、产品的运输与回收、绿色价值链的管理等方面的差距，为提升环境管理水平与环境绩效激励效果、促进和规范企业加强环境保护和清洁生产提供帮助。唯有此，企业能以战略的眼光审视所处的环境，创造长期价值和获得长期的竞争优势。只有环境业绩评价工作做好，企业这一微观组织的环境目标实现，国家级的环境管理活动卓有成效，最终低碳经济等发展模式才能实现，人类才会可持续发展。

既然环境业绩评价这么重要，那么在中国到底企业环境业绩评价研究与实践是怎样的状态？环境业绩评价的研究成果是否达到了进行评价的目的？也就是它提高了企业与员工的环境责任感并促使他们为低污染、低消耗而努力了吗？带着这样的问题笔者进行了相关文献的检索。

二、中国现行环境绩效评价的研究视角及其实践状况

笔者以"环境业绩评价"为主题在中国知网上进行检索，时间跨度为从1996年到2010年5月，得到114篇期刊论文、会议论文及博士和硕士论文，又以"环境绩效评价"为主题在中国知网上进行检索，得到结果79篇，对这些文章进行仔细的阅读后，笔者总结了我国现行环境绩效评价的研究视角，并发现一些共性的问题。

（一）中国现行环境绩效评价的研究视角

我国学者的研究领域主要有：环境绩效评价标准、环境绩效绩效评价方法、环境绩效绩效评价指标体系等。

1.环境业绩评价标准的国际性研究

主要介绍国外相关的发展动态，集中于国际五大组织的成果介绍。

（1）加拿大特许会计师协会（CICA）在《环境绩效报告》中，列举了

资源、公用事业、大型制造业、小型制造业、零售业、交通业和其他服务业共 7 种行业、15 个方面的环境绩效指标，内容涉及对野生动植物的保护，对土地的破坏和恢复，采掘，员工对环境问题的认识，环境绩效的分析等方面。

（2）国际标准化组织（ISO）在 1999 年 11 月完成 ISO14031（环境绩效评价标准）并正式公告，该标准为组织内部设计和实施环境绩效审核提供指南。它将环境绩效评价指标（Environmental Performance Indicators，EPIS）分为组织周边的环境状态指标和组织内部的环境绩效评价指标，后者可再细分为管理绩效指标和操作绩效指标。

（3）世界可持续发展企业委员会（WBCSD）在 2000 年提出了全球第一套生态效益评估标准，WBCSD 认为，生态效益指标的基本公式为：生态效益＝产品或服务的价值／环境影响。

（4）环境责任经济联合体（CERES）和联合国环境规划署（UNEP）成立的全球报告倡议组织（Global Reporting Initiative，GRI），GRI2000 年制定了《可持续发展报告指南》，2002 年发布进行修订后的《指南》（2002 版），2006 年发布的《可持续发展报告指南》（第三版），包括环境、社会和经济三个方面。其中在环境方面制定了推荐使用的通用环境业绩指标有 10 个。具体包括：所用的总能量，所用的总电量，所用的总燃料，在陆地处理的各类非产品产出的数量，排入大气的各类废弃物等。

（5）联合国国际会计和报告标准政府间专家工作组（ISAR）通过 1990 年、1992 年和 1994 年对各国企业环境信息披露状况的调查结论不断进行整理，最终在 1998 年提出包括环境影响最终指标、潜在环境影响的风险指标、排放物和废弃物指标、投入指标、资源耗费指标、效率指标、顾客指标和财务指标 8 个关键性的环境业绩指标的建议书，并于 2000 年发布《企业环境业绩与财务业绩指标的结合》，提出从不可再生能源的耗竭、淡水资源的耗竭、全球变暖、臭氧层损耗、固体和液体废弃物等五个方面设立环境业绩指标体系。部分如下表 1 和表 2 所示①：

---

① 张世兴：《基于环境业绩评价的企业信息披露研究》，中国海洋大学博士学位论文，2009 年，第 64—67 页。

表 1　环境方面环境业绩评价指标

环境问题	环境业绩指标
不可再生能源的耗竭	初级能源消耗量 / 增加值
淡水资源的耗竭	用水量 / 增加值
全球变暖	导致全球变暖的气体排放量 / 增加值
臭氧层的消耗	破坏臭氧层的气体排放量 / 增加值
固体和液体废弃物的弃置	固体和液体废弃物量 / 增加值

表 2　财务方面环境业绩评价指标

环境问题	环境业绩指标
不可再生能源的耗竭	能源成本 / 增加值
淡水资源的耗竭	水成本 / 增加值
固体和液体废弃物的弃置	固体和液体废弃物成本 / 增加值

2. 环境业绩评价方法的研究

主要集中于综合性评价方法的研究，目前主要有以下几种综合评价方法：层次分析法（AHP）、平衡记分卡、人工神经网络（ANN）、运筹学方法（数据包络分析——DEA 方法）、数理统计法（主成分分析、因子分析）、模糊评价方法（模糊综合评价、模糊层次分析）、生命周期评估法等方法。

3. 环境绩效绩效评价指标体系方面的研究

在环境绩效绩效评价指标体系的设计研究上，申立银等提出建筑企业环境表现评价系统（C–EPSS）层套 AHP 计算模型，评价香港和内地建筑承包企业在建筑施工过程中的环境表现。鞠芳辉、董云华和李凯认为，企业环境业绩的指标体系应按照企业对环境的影响进行细分后进行设计。郭晓梅研究了国际上的成功案例，杨东宁等提出"基于组织能力的企业环境绩效"理论模型，贾妍妍提出企业环境质量评价指标体系，环境技术创新投入评价指标和企业绿色化评价指标体系。孙金花对山东省胶南市 20 家中小企业进行调研后，提出中小企业的环境绩效评价指标体系的架构思路。大连理工大学毕业的孙源远博士以中石油大连石化公司为调研对象，以石化行业为研究背景，构建了适合我国石化企业特点的生态效率评价指标体系。还有许多的学者以煤炭行业等为研究对象提出了具有一定价值的研究成果，在这里笔者就不一一列举。

（二）环境绩效评价理论成果在中国企业的实践

可喜的是香港目前已经形成了一套较为完整并自我完善的评价规范和管理体系，大部分企业对环境表现和报告都给予了足够的重视，企业的环境表现与环境报告也对经理层和会计专业人士有一定的影响。台湾省的经济部工业局在 2002 年出版了《环境绩效评估指标应用指引技术手册》一书，介绍 ISO14031 环境绩效评估指标体系和环境绩效评估的执行程序、应用及案例等，以推进环境绩效评价相关事务，并于同年出版《生态效益指标—建立指引》，作为企业建立生态效益指标体系的工具书。①

中国国家环保总局 2005 年发布《关于加快推进企业环境行为评价工作的意见》，意见决定将江苏等试点省市的经验在全国推广，推进企业环境行为评价工作。要求从 2006 年起，各省、自治区、直辖市要选择部分地区开展试点工作，有条件的地区要全面推行企业环境行为评价；到 2010 年前，全国所有城市全面推行企业环境行为评价，并纳入社会信用体系建设。按照企业环境行为的优劣程度，评判结果分为很好、好、一般、差、很差五个等级，依次以绿色、蓝色、黄色、红色、黑色标示。《意见》在 2006 年下发后，各地在当年纷纷开展了试点，但是持续开展下去的并不多，但效果不甚理想。②

福州市环境科学研究所的陈汎 2005 年对福建省内 300 多家通过 ISO14001 认证的企业做过问卷调查，当时没有企业开展过系统的内部环境绩效评价，仅仅在管理评审中对上年度环境绩效的定性描述。尽管我国的学者在研究环境业绩评价标准的国际性研究时积极踊跃，但 ISO14031 标准或其他国际上常见的评价标准在国内的实施进展缓慢。

宋轶君 2007 年以煤炭行业为背景，选择了 56 家煤炭企业进行了调研，

① 蒋欣：《基于平衡计分卡的企业环境绩效评价》，厦门大学硕士学位论文，2009 年，第 7—8 页。

② 陈汎：《企业环境绩效评价：在中国的研究与实践》，《海峡科学》2008 年第 7 期。

几乎没有企业进行系统的环境业绩评价，对于开展环境绩效评价工作的难点的结论如表3所示：

表3　开展环境绩效评价工作的难点调查结果

项目	调查结果	
	企业数	所占比例（%）
相关法规和行业政策无强制性要求	46	82
公众无强烈要求	14	25
企业管理层无此要求	5	9
企业提供环境信息困难	32	57
国家无规范的指标体系	39	70

调查结果显示：目前企业开展环境绩效评价的难点主要是"相关法规和行业政策无强制要求"（82%），"国家无规范的指标体系"（70%），由此可见，开展环境绩效评价的障碍主要集中在法律法规和可供操作的指标体系的欠缺，因此当务之急是制定一套具有可操作性的规范的环境绩效评价指标体系。①

2010年1月，由美国耶鲁大学和哥伦比亚大学联合推出的"年度全球环境绩效指数"排名日前出炉，中国这次的排名也有所下降，降至第121位。中国在生物多样性和生产性自然资源的保护方面有进步，但仍需在空气质量、水资源和可持续能源方面继续努力。

环境绩效评价开展缓慢的原因何在？诚然有企业管理者、员工环保意识的缺失，有政府方面的政策制定、法律法规、诱导措施的不利，也有外部市场机制的缺失等等，但是，正如上面的表格所反映出的理论界与政府没有提供可供操作的指标体系等原因，也就是说，理论研究存在一定的视角"盲区"。

---

① 宋轶君：《企业环境绩效评价指标体系的构建及其应用》，北方工业大学硕士学位论文，2007年，第30页。

三、现行研究视角的缺陷与原因

（一）缺陷一：偏重于国外研究成果介绍，忽视中国的国情

现行的关于中国环境绩效评价的研究围绕着环境绩效评价指标体系、综合环境绩效评价体系、评价方法、环境绩效的披露而展开，而且多见于对国内外相关研究成果的总结，难得一见将国外的经验与我国企业的实际与国情相联系的研究成果，究其原因是忽视我国的国情，研究不够深入、细致，我国现阶段的国情是，更注重经济效益胜过环境效益，我国环境又面临水质与空气质量严重下降、环境风险、重污染企业大肆排污，环境绩效评价缺乏环境会计、环境管理会计的信息支撑，环境管理水平落后，人员素质参差不齐的主要问题，不结合这些中国特色问题，我国企业环境绩效开展缓慢是一定的结果。

（二）缺陷二：偏重于外部视角的环境绩效评价，忽视内部的评价需求

通过大量的文献阅读，笔者发现我国的研究成果多是以外部的政府等利益相关者的视角进行企业环境绩效的评价，以便于对行业间、企业间进行对比。没有见到以企业的员工等内部信息需求者为主体进行的环境绩效评价。忽视了企业及其内部各个层次人员的评价需求，忽视了企业内部人员业绩评价的主观能动性，在实践中会导致企业内部的人员对环境绩效评价并不十分热衷，因为"评价是政府和管理者的事，与我无关"。

（三）缺陷三：偏重于理论研究，忽视实践研究

由于忽视理论联系实际，理论方法研究同实际应用之间的衔接还较为薄弱，理论方法研究者不太注意实际情况，许多研究成果偏重于模型的构建，相对深奥的数学方法的运用，很少涉及具体的环境绩效评价的实施全过程的可操作性研究。主要侧重于对环境经营业绩、环境质量业绩和环境财务业绩进行评价，尚缺乏对整体性环境绩效活动的评价，即缺乏对环境绩效评

价的制度建设、组织机构、实施全过程以及后续的评价效益跟踪的研究，实际应用者又往往局限于自己的专业来考虑理论方法的实际应用问题，因而出现理论方法研究同实际应用之间的衔接问题，使得效果不甚理想。正如宋轶君的研究所显示的：开展环境绩效评价的障碍主要集中在法律法规和可供操作的指标体系的欠缺。还有一些研究成果从产权理论、外部效应理论、制度理论角度进行探讨，毫无疑问他们具有较强的理论研究价值，但以此来解决企业环境绩效评价的具体实践问题尚有一定的局限性。

（四）缺陷四：偏重于环境业绩评价指标设置研究，忽视指标的分解与责任的明确

可以看出，我国的学者致力于环境业绩指标的构建研究，研究成果从不同的角度对指标的体系设置、权重的衡量，综合评价模型的建立方面提出了自己的见解。但是环境绩效评价是环境管理的重要一环，而环境管理又离不开人的主观能动性的发挥，企业的内部各个层次的人员是否积极主动地进行管理与生产活动为环境绩效评价指标的更好完成而努力是环境业绩评价的最终目的能否实现的关键因素。如果环境业绩评价只是外部人员与企业高层管理者的一厢情愿，企业内部的人员不努力，那么企业的潜力不会被挖掘出来，也就达不到评价的最终目的，企业的清洁生产、低碳经济、可持续发展只能是美好的蓝图。在研究成果中，笔者没有见到关于环境绩效指标的实施效果，人员环境绩效指标实施责任的划分（包括环境财务绩效、环境质量绩效等），如何构建激励机制以调动人这个要素的研究成果。并且，研究成果与区域、行业的特点结合较少。

四、开辟研究新视角，提高企业的环境绩效评价实施水平与环境责任意识

（一）根据中国国情开展环境绩效评价研究

根据吴玫玫 2007 年对 67 家进入三百强的企业的实证研究结论，政府

部门对企业环境绩效的推动效应显著。Pearson 相关分析结果表明，企业环境守法性指标与企业是否发布社会责任报告书（P＝0.022）、环境信息公开度（P＝0.000，R＝0.626）、环境绩效（p＝0.000，R＝0.827）等均为显著正相关关系，其中与企业环境绩效相关性最高。雷雪等的调研报告也显示有70.59% 的被调查单位同意国家强制披露环境业绩方面信息，宋轶君的研究同样证实了政府是推动企业改进企业环境绩效的重要因素。所以，在现阶段可以考虑从政府的角度出发建立一套企业环境业绩评价制度，即以政府作为推行的机构，并以法律的形式确定下来，企业被动进行环境业绩评价，无疑对企业环境绩效将是极大的推动。

另外我国的环境会计与环境管理会计发展尚未跟进，所以在研究设置指标时，现阶段可以考虑从现行的会计信息中提取出环境业绩评价的有用信息，这也同样值得研究。我国企业的环境管理水平落后决定了我们在研究时要以国际先进的标准的推行来提高企业的环境绩效评价水平，由于我国在国内未能推出欧盟那样基于广泛企业样本数据库基础上的通用的环境绩效评价指标体系，研究者应将 ISO14031 等标准进行"中国化"处理，为政府提供建立企业环境业绩指标的参考，或者政府鼓励国内企业申请通过 ISO14031标准也是有效的选择。

（二）满足企业各个层次的人员环境绩效评价的需求

诚然，政府是现阶段我们实施环境绩效评价的重要人物，但中石化2010 年 7 月的输油管道爆炸事件说明企业内部的员工也许并没有管理者或政府那样关注环境绩效与环境责任，如果企业内部具有一套环境绩效的互评机制，让企业的普通员工即是环境绩效的责任者同时也是环境绩效评价的主体，建立起互相监督和互相约束的机制，这样也许会减少许多环境事故，企业的环境绩效也会有相当程度的提高。而这是我们理论研究者义不容辞的任务，也是我们研究的新视角。

（三）重视理论亦重视实践研究

我国的理论研究者应将国外的案例研究经验有借鉴地运用于我国，多做案例研究，通过对特定环境绩效项目的分析，探讨环境绩效的整体特征，认识其内在的规律性，寻找对环境绩效管理具有指导意义的方法。加拿大特许管理会计师协会在这方面做了大量的案例研究，日本的环境省也为了推广环境绩效评价而做了大量的案例研究工作。世界可持续发展企业委员会也在其网站上公布了 22 家运用生态效率指标进行试点的企业的环境业绩评价指标及结果等信息，为环境业绩评价的推广起到十分积极的借鉴意义。我国的研究也应注意将理论付诸实践，多做操作性研究，注意对整体性环境绩效活动的评价研究，而且要多做试点研究，在各行各业取得第一手的实践资料，然后通过有效地途径将研究成果公开发表，让更多的学者进行研究与学习。

（四）注重地区与行业之间的差异性研究

在研究中注意结合地区之间的差异，如：我国西部地区板块的经济发展、环境的总体状况与东北老工业基地的经济发展和环境状况对环境绩效评价的影响。国家发展改革委副主任杜鹰在 2010 年 7 月 8 日的新闻发布会上强调西部地区是我国四个板块发展最薄弱的环节，而西部地区是我国大江大河的源头，森林、草原、湿地、湖泊这些主要的生态载体大多集中在西部，现在全国水土流失的 80%、草原退化的主体也在西部。所以在西部地区企业的环境绩效评价与管理工作研究中要以生态环境保护为重点，可以借鉴国外的研究成果设置相应的生态环境方面的绩效评价指标，如：企业经济活动对湿地的影响等，凸显国家的环境战略。而东北老工业基地分布着我国丰富的森林、石油和煤炭资源，东北老工业基地一直以来的重化工业结构使得环境问题十分突出，石油、煤炭、重工业是其支柱产业，而这些产业对空气中的温室气体排放等的环境影响较大，污染重。以石化行业为例，它在各地都是污染环境的大户，每年排放工业废水 50 亿吨、工业废气 8500 亿立方米、工业废渣 4600 万吨，分别占全国工业"三废"排放量的 22%、8% 和 12%。此次大连的石油管道爆炸事故更是让人们体会到这个行业的高污染性，事故发生的一段时间内空气中充满着刺鼻的原油味道。东北老工业基地的企业环境绩效评价研究则应以提高能源的利用效率，资源的节约，三废气体的减排等为评价研究的重点。只有这样才能真正做到理论与实践、中国与国际情况相结合。

（五）重视环境绩效评价指标的责任划分，激励员工的环境责任意识

企业的战略环境绩效目标确定之后，研究者应把目光放在如何实现这些目标上。环境业绩评价应当与激励机制的设计相结合。可以关注将环境业绩评价结果应用于企业的激励机制当中，使环境业绩的评价结果与企业的每个员工的报酬结合起来进行激励机制的设计，这样就可以对员工提高环境业绩和责任产生一种内在的激励效果，否则低碳经济的目标将化为泡影。

可以考虑将全面预算与环境绩效评价相结合，把战略性的环境绩效指标沿着组织结构等级与预算体系自上而下，层层分解，落实到人。在建立个人达到环境目标和跟踪激励机制方面还可以借鉴 Dow 化工公司密西根分部（US-EPA，1995b）的经验，该公司对从工厂带到填埋场的所有废弃物征收内部税，这项工作带来了很好的收益，如工艺改进和固体废弃物的排放量降低。在利用环境管理会计建立工厂的环境绩效指标体系方面，法国化工公司 Rhone-Poulenc，采用环境指标（Gray and Bebbington，2001）监视废弃物，为将所有废弃物管理成本分摊到生产线管理建立了基础。L Burritt 等（2002）在文章《文化特征与环境管理会计用于职员业绩评价：来自于澳大利亚、德国和日本的证据》中列举了文化对公司环境管理会计的影响，环境管理会计信息用于职员的业绩评价以及评价在澳大利亚、德国和日本之间的比较。美国的 Browning-Ferris Industries（BFI）公司的环境系数与员工的工资奖金结合计划等都是成功的案例。这些成功的案例研究为我国化工企业开展环境管理会计与环境绩效评价工作提供了可借鉴的宝贵经验。为我国的研究者开辟了新的研究视角与思路。

总之，不断开阔思路，重视国情，脚踏实地，我国的环境绩效评价研究一定会取得丰硕的研究成果，换来企业环境业绩评价水平与企业责任感的不断提高。

（赵丽丽，女，汉族，国际商学院副教授，主要研究方向为环境管理会计。本文发表于《财会月刊》2011 年第 2 期）

企业合并会计核算思路之解析

孙志梅

作为财务会计的四大难题，合并会计一直存在着观点和方法的纷争，我国 2006 年发布了《企业会计准则第 20 号——企业合并》，之后陆续发布了企业会计准则解释 1—5 号。其中对合并会计作出补充规定的主要是 2010 年 7 月 14 日发布的《企业会计准则解释第 4 号》和 2012 年 11 月 5 日发布的《企业会计准则解释第 5 号》。与合并准则相比，变化较大的是非同一控制下企业合并中直接相关费用的处理。本文结合最新的合并会计的规定，对合并业务的会计核算思路进行分析和总结。

一、企业合并的实质

《企业会计准则第 20 号——企业合并》（CAS 20）中指出"企业合并，是指将两个或两个以上单独的企业合并形成一个报告主体的交易或事项"。强调合并前参与合并企业的独立性和合并后报告主体的唯一性。

（一）合并前后主体的变化

合并前为两个或两个以上的企业，合并后形成一个报告主体，合并前后主体的数量发生了变化。不同于法律主体，报告主体主要是从经济意义上而言的。

按照法律主体的形式不同，合并可以区分为吸收合并、新设合并和控股合并。合并类型不同，合并前后法律主体与报告主体的表现也不同。以两个企业参与合并为例，吸收合并中，合并前两个法律主体，合并后只剩一个法律主体（同时也是报告主体）；新设合并中，合并前两个法律主体，合并后形成一个新的法律主体（同时也是报告主体）；控股合并中，合并前两个法律主体，合并后仍是两个法律主体，但形成一个报告主体。因此，无论合并类型如何，合并后均形成一个报告主体。

（二）合并是一种交易还是事项？

作为一种经济业务，合并既可以理解为"事项"，也可以理解为"交易"。若参与合的企业在合并前存在关联方关系，同受一方或相同的多方最终控制，则合并理解为一种内部的事项，不改变计价基础，仍以账面价值为计量基础，合并方以付出资产为合并对价的，不确认资产处置损益；若参与合并的企业在合并前不存在关联方关系，则合并理解为一种外部的交易，交易中以公允价值为计量基础，合并方以付出资产为合并对价的，应将公允价值与账面价值之间的差额确认为资产处置损益。

虽然对合并的理解不同，但不论"事项"还是"交易"，都强调的是控制权。实际取得控制权之日为合并日（购买日），取得控制权的一方为合并方（购买方），被控制的一方为被合并方（被购买方）。

（三）合并取得与合并对价

合并业务中，就合并方而言，一方面取得了被合并方的净资产或股权，另一方面付出了某种形式的合并对价。

合并中取得的是净资产还是股权，取决于合并的类型。吸收合并和新设合并中，被合并方解散，合并方取得被合并方资产的同时，也承担了被合并方的负债，因而体现为取得的是净资产；控股合并中，被合并方依然存续，合并方取得的只是部分股权或全部股权。

合并中付出的合并对价可以是不同的形式。具体包括：①付出资产。既可以是现金资产，也可以是非现金资产，如存货、固定资产、无形资产等；②发行债务凭证或承担其他债务。合并方向被合并方的股东发行债券，或承担其他债务；③发行权益性证券。合并方向被合并方的股东发行股票，进行换股。

二、合并会计不同处理方法的比较

对合并实质的理解不同，核算方法也不同。若将合并视作为"事项"，则应以账面价值为计量基础，采用权益结合法进行核算；若将合并视作为"交易"，则应以公允价值为计量基础，采用购买法进行核算。两种方法的不同之处可以归纳为表1。

表1　权益结合法和购买法的比较

	权益结合法	购买法
合并的实质	合并是一种股权的结合	合并是一种购买交易
计价基础	账面价值	公允价值
合并取得的净资产的计价	按账面价值入账	按公允价值入账
合并取得的股权的计价	按被并方净资产账面价值的份额入账	按合并成本入账
合并对价的计价	按账面价值计量	按公允价值计量
是否计算合并成本？	不计算	计算，按合并对价的公允价值
是否确认合并商誉？	不确认	确认
是否调整股东权益？	调整	不调整
会计分录的基本思路	借：净资产或股权；贷：合并对价，借／贷：差额	

按照CAS20的规定，按合并前后是否归属于同一方或相同的多方最终控制，将合并区分为同一控制下的企业合并和非同一控制下的企业合并。同一控制下的企业合并按权益结合法进行会计处理，非同一控制下的企业合并按购买法进行处理。

三、合并会计处理方法的思路与关键

（一）处理思路

合并业务的会计处理中，合并方在合并日如何进行会计处理？此处，从编制会计分录的角度着手，考虑分录中科目的名称、方向、金额分别如何落实。按照这样的思路，不论权益结合法，还是购买法，都可以把合并会计的处理归纳为三个步骤，具体如下：

步骤一：确定分录中基本的借贷方科目。借方科目取决于合并取得（净资产或股权?），贷方科目取决于合并对价（付出资产、发行债券或发行权益性证券）。吸收合并和新设合并中，取得的是净资产，具体体现为资产增加的同时，负债也增加，取得的资产借记"XX 资产"，承担的负债贷记"XX 负债"。控股合并中，取得的是股权，反映为"长期股权投资"科目。合并对价为付出资产，则贷记"库存商品"、"固定资产清理"、"无形资产"等科目；合并对价为发行债券，则贷记"应付债券"科目；合并对价为发行股票，则贷记"股本"等科目。

步骤二：确定上述科目的金额（账面价值、公允价值）。同一控制下的企业合并，以账面价值为计量基础。取得的净资产按账面价值入账，取得的股权按被并方净资产账面价值的份额入账；付出的资产按账面价值转销，不确认资产处置损益；发行的债券或股票按面值入账。非同一控制下的企业合并，以公允价值为计量基础。取得的净资产按公允价值入账，取得的股权按合并成本（即合并对价的公允价值）反映；付出的资产按公允价值计量，具体而言按账面价值转销，公允价值与账面价值的差额计入当期损益（如固定资产和无形资产的处置损益计入"营业外收入"或"营业外支出"；存货按公允价值确认"营业收入"，按账面价值结转"营业成本"）；发行的债券或股票按公允价值入账，其中发行债券，按面值计入"应付债券——面值"明细科目，溢折价计入"应付债券——利息调整"明细，发行股票，按面值计入"股本"科目，溢价计入"资本公积"。

步骤三：借贷方差额如何处理（调整股东权益、确认合并商誉）。同一控制下的企业合并，借贷方差额表现为取得的净资产或股权的账面价值与合并对价的账面价值之间的差额，该差额产生于股权联合的事项中，因此调整股东权益。若为贷方差额，计入"资本公积"；若为借方差额，则先冲减"资本公积"中的溢价收入，不足时再按顺序冲减盈余公积和未分配利润。非同一控制下的企业合并，差额的处理因合并类型不同而不同。吸收合并或新设合并中，借贷方差额表现为取得的净资产的公允价值与付出的合并对价的公允价值（即合并成本）之间的差额，该差额产生于合并这项特殊的购买交易中，因此确认为合并商誉，进而区分商誉的正负，分别处理。当合并成本大于所取得的被合并方（被购买方）可辨认净资产公允价值的份额时，产生正商誉，直接借记"商誉"科目，作为一项资产体现在合并方的个别资产负债表中；当合并成本小于所取得的被合并方（被购买方）可辨认净资产公允价值的份额时，产生负商誉，计入当期损益，即"营业外收入"科目，作为一项损益体现在合并方的个别利润表中。而控股合并中，由于取得的股权是按合并成本入账的，此时正负商誉虽然存在，但是不直接体现在合并方的个别报表中，而是包含在"长期股权投资"科目内，只在编制合并报表时才体现出来。因此，非同一控制下的吸收合并或新设合并，合并商誉体现在合并方的个别报表中，而控股合并下产生的合并商誉则体现在合并报表中。

（二）关键之处

通过上述步骤的分析，可以看出，合并会计的处理中，基本点在于理解取得什么和付出什么？进而，关键之处在于两点：一是计量基础是账面价值（Book Value，BV）还是公允价值（Fair Value，FV）？二是差额调整股东权益还是确认为合并商誉。而上述问题从根本上而言取决于合并的类型。

四、合并业务处理中的特殊问题

1. 合并费用

为进行企业合并而发生的审计费、评估费、法律服务费用等直接相关费用，不论是同一控制下的企业合并，还是非同一控制下的企业合并，均应当于发生时计入当期损益，即"管理费用"科目。作为合并对价发行的债务性证券或权益性证券的交易费用，应当计入债务性证券或权益性证券的初始确认金额。具体而言，发行的债券支付的手续费、佣金等，计入"应付债券——利息调整"科目；发行的股票支付的手续费、佣金等，应当先从溢价收入中扣除，溢价收入不足冲减的，冲减留存收益。

2. 通过多次交易分步实现企业合并的会计处理

通过多次交易分步实现非同一控制下企业合并的，则应于合并日对长期股权投资的账面价值进行调整，按合并日被并方净资产账面价值的份额（即被并方净资产账面价值 × 总持股比例）作为初始投资成本，与同一控制下的企业合并中取得股权的入账价值的确定思路相同。初始投资成本与账面价值之间的差额调整"资本公积"，资本公积不足时，冲减留存收益。

通过多次交易分步实现非同一控制下企业合并的，则无需调整，直接以购买日之前所持被购买方的股权投资的账面价值与购买日新增投资成本之和，作为该项投资的初始投资成本。

3. 非同一控制下企业合并中递延所得税的处理

非同一控制下的企业合并如果符合税法规定的免税条件，则需注意以下两个问题：①会计上确认了合并商誉，但其计税基础为零，账面价值大于计税基础，虽然产生了应纳税暂时性差异，但不确认递延所得税负债，避免会计处理陷入循环；②合并方取得的净资产会计上按公允价值入账，但其计税基础不变，由此产生的暂时性差异应予以确认，并调整合并商誉。

此外，《企业会计准则解释第 4 号》规定，购买方取得被购买方的可抵扣暂时性差异，在购买日不符合递延所得税资产确认条件的，不应予以确认。购买日后 12 个月内，如取得新的或进一步的信息表明购买日的相关情况已经存在，预期被购买方在购买日可抵扣暂时性差异带来的经济利益能够实现的，应当确认相关的递延所得税资产，同时减少商誉，商誉不足冲减的，差额部分确认为当期损益；除上述情况以外，确认与企业合并相关的递延所得税资产，应当计入当期损益。

4. 非同一控制下的企业合并中，购买方在购买日取得被购买方可辨认资产和负债，应当如何进行分类或指定？

　　根据《企业会计准则解释第 4 号》的规定，购买方应当根据企业会计准则的规定，结合购买日存在的合同条款、经营政策、并购政策等相关因素进行分类或指定，主要包括被购买方的金融资产和金融负债的分类、套期关系的指定、嵌入衍生工具的分拆等。但是，合并中如涉及租赁合同和保险合同且在购买日对合同条款作出修订的，购买方应当根据企业会计准则的规定，结合修订的条款和其他因素对合同进行分类。

　　5. 非同一控制下的企业合并中，购买方应如何确认取得的被购买方拥有的但在其财务报表中未确认的无形资产？

　　按照《企业会计准则解释第 5 号》的规定，非同一控制下的企业合并中，购买方在对企业合并中取得的被购买方资产进行初始确认时，应当对被购买方拥有的但在其财务报表中未确认的无形资产进行充分辨认和合理判断，满足以下条件之一的，应确认为无形资产：①源于合同性权利或其他法定权利；②能够从被购买方中分离或者划分出来，并能单独或与相关合同、资产和负债一起，用于出售、转移、授予许可、租赁或交换。企业应当在附注中披露在非同一控制下的企业合并中取得的被购买方无形资产的公允价值及其公允价值的确定方法。

（孙志梅，女，汉族，国际商学院副教授，主要从事会计学理论研究。本文发表于《新会计》2013 年第 12 期）

改革开放 30 多年来中国旅游业
发展空间差异演变研究

张振国

一、引 言

改革开放 30 多年来，我国旅游业从小到大，从弱到强，已发展成为国民经济的重要产业和推动世界旅游发展的重要力量。但是，在旅游业全面推进，产业地位逐步提高的同时，各地由于受区位条件、旅游资源禀赋、社会历史文化、经济发达程度、交通状况、基础设施等诸因素的制约，旅游业发展呈现出明显的时空差异。加强旅游业区域差异的时空研究，对于国家制定产业政策，确定区域旅游的发展重点，具有重要的理论和实践意义。

近年来，我国不少学者从地理学、经济地理学和区域经济学等角度，分别运用标准差、变异系数、基尼系数、地理集中指数、比率指数等系列统计学指标、旅游业发展综合评价指标和地理空间分析法对中国旅游业发展的空间差异进行了研究，总体表明空间差异主要表现为东部地区内部的省际差异及东中西三大地区之间的差异，而且相对差异逐渐缩小，绝对差异则呈扩大趋势。但从研究内容来看，多是集中在区域旅游空间结构静态差异上或者是旅游经济和入境旅游区域差异的演变态势上，研究方法上所用的指标多限于单因素，如旅游人数、旅游收入等，而缺少从综合的角度对我国旅游业发展的空间差异及演变趋势的定量研究。本文试图从旅游业综合发展的角度，利用 ARCGIS 软件和 SPASS 软件对改革开放 30 多年来我国旅游业发展的空间差异及演变特征进行定量研究。

二、数据来源与研究方法

（一）数据来源

近 30 年来，我国旅游业的发展大致经历了 3 个时期，即事业化时期（1978—1991）、市场化时期（1992—2002）和产业化时期（2003 年至今）。根据我国旅游业的这一发展特点，同时考虑到数据的可获得性和可比性，本文选取 1991 年、1999 年和 2007 年分别代表我国旅游业发展不同阶段的 3 个年份为研究时间截面。这 3 个年份的行政区划稍有调整，1997 年新增重庆市，之前统计数据没有专列重庆市，为了保持研究的连贯性，将其归入四川省。

在此基础上，根据 1991、1999 和 2007 年中国旅游统计年鉴统一选取 10 个统计指标，包括：

国际旅游收入（万美元）（x_1）、国际旅游人数（万人）（x_2）、旅游业从业人数（人）（x_3）、星级饭店数（家）（x_4）、床位数（张）（x_5）、旅行社数（个）（x_6）、旅游院校（所）（x_7）、旅游院校在校生（人）（x_8）、公路网密度（km/km^2）（x_9）、铁路网密度（km/km^2）（x_{10}），力求能够全面反映我国旅游业的发展水平及空间差异。

（二）研究方法

在研究旅游业发展空间差异及演变特征时，首先，应用 SPSS 软件分别对 1991、1999 和 2007 年的 10 个旅游业发展指标进行主成分分析，得到每个主成分对 90 个个案的得分；然后，以旋转后各主成分的方差贡献率作为权重，与各主成分得分的加权求和得到 3 个年份各省市区旅游综合发展水平指数值，以此为依据再运用 SPSS 进行系统聚类分析，统一选择离差平方和法（Word's method），将各省市区聚成不同类型。在此基础上，利用 ArcGIS 软件找出每种类型的几何中心，根据其空间转移轨迹，综合分析我国旅游业发展的空间差异演变特征。

三、30 年来中国旅游业发展的空间差异及演变特征

（一）中国各省市区旅游业发展水平指数的计算

应用 SPSS 软件分别对 1991、1999、2007 年的 10 个旅游发展统计指标进行主成分分析，选择 KMO 检验和巴特利特球形检验，采用最大方差法旋转把主成分得分作为新变量保存在数据文件中得到经济社会主成分载荷矩阵如表 1 所示：（1）1991 年的 KMO 值为 0.823，1999 年的 KMO 值为 0.764，2007 年的 KMO 值为 0.689。根据统计学家 Kaiser 给出的标准 KMO 值大于 0.6 说明变量间的相关很小，适宜进行主成分分析；（2）经过最大方差法旋转后 1991 年的第 2 主成分的累计方差贡献率是 94.726%，1999 年是 91.119%，2007 年是 85.887% 包含了这 10 个指标的绝大部分信息，说明选择 3 个主成分比较合理；（3）由主成分载荷矩阵可看出 1991 年的第 1 主成分与 x_1、x_2、x_3、x_4、x_5、x_6 有较大的正相关根据其意义判断出是旅游经济实力主成分，第 2 主成分与 x_7、x_8、x_{10} 有较大的正相关，是旅游教育水平主成分，第 3 主成分与 x_9 有较大相关，是旅游交通主成分；1999 年的第 1 主成分与 x_1、x_2、x_3、x_4、x_5 有较大的正相关是旅游经济实力主成分，第 2 主成分与 x_6、x_7、x_8 有较大的正相关，是旅游教育水平主成分，第 3 主成分与 x_9、x_{10} 有较大相关是旅游交通主成分；2007 年的第 1 主成分与 x_1、x_2、x_3、x_4、x_5、x_6 有较大的正相关，是旅游经济实力主成分，第 2 主成分与 x_7、x_8 有较大的正相关，是旅游教育水平主成分，第 3 主成分与 x_9、x_{10} 有较大相关，是旅游交通主成分。

主成分分析解决了原有 10 个社会经济统计指标有较大相关性的问题，得出的 3 个主成分涵盖了约 85% 以上的原有信息并生成了 3 个主成分对 90 个个案的得分，以旋转后各主成分的方差贡献率作为权重，与各主成分得分的加权求和得到 1991 年、1999 年和 2007 年 3 个年份的各省市区旅游发展综合指数（表 2），以此作为依据分析中国旅游业发展的空间差异及演变特征。

表 1　中国旅游业综合发展主成分载荷矩阵

旅游业发展指标	1991 年			1999 年			2007 年		
	第 1 主成分	第 2 主成分	第 3 主成分	第 1 主成分	第 2 主成分	第 3 主成分	第 1 主成分	第 2 主成分	第 3 主成分
国际旅游收入（x_1）	0.778	0.570	0.114	0.874	0.111	0.397	0.877	−0.008	0.246
国际旅游人数（x_2）	0.984	0.055	0.034	0.984	0.026	0.074	0.906	0.029	−0.046
旅游业从业人数（x_3）	0.949	0.294	0.071	0.955	0.081	0.204	0.827	0.429	0.238
星级饭店数（x_4）	0.865	0.467	0.055	0.819	0.500	0.083	0.841	0.395	0.133
床位数（x_5）	0.949	0.264	0.082	0.973	0.176	0.036	0.879	0.104	0.304
旅行社数（x_6）	0.905	0.017	0.223	0.499	0.721	0.199	0.532	0.406	0.492
旅游院校（x_7）	0.274	0.905	0.125	−0.010	0.934	−0.015	0.050	0.978	0.023
旅游院校在校生（x_8）	0.334	0.922	0.110	0.155	0.758	0.520	0.231	0.937	−0.068
公路网密度（x_9）	0.270	0.560	0.765	0.361	0.146	0.830	0.378	0.086	0.851
铁路网密度（x_{10}）	−0.038	0.819	0.470	0.012	0.111	0.967	0.018	−0.117	0.883

表 2　中国各省市区旅游业发展综合指数

地区	1991 年	1999 年	2007 年
北京市	1.86	1.37	0.72
天津市	−0.15	0.00	−0.28
河北省	−0.19	−0.07	0.05
山西省	−0.31	−0.30	−0.21
内蒙古自治区	−0.41	−0.49	−0.46
辽宁省	0.24	0.26	0.21

地区	1991 年	1999 年	2007 年
吉林省	− 0.24	− 0.37	− 0.41
黑龙江省	− 0.05	− 0.19	− 0.33
上海市	0.75	0.62	0.41
江苏省	0.28	0.57	0.78
浙江省	− 0.03	0.31	0.85
安徽省	− 0.27	− 0.09	− 0.08
福建省	0.04	0.13	− 0.07
江西省	− 0.22	− 0.33	− 0.12
山东省	− 0.08	0.18	0.62
河南省	− 0.22	− 0.08	0.20
湖北省	− 0.08	− 0.03	0.06
湖南省	− 0.22	− 0.13	0.00
广东省	2.34	1.96	1.44
广西壮族自治区	0.01	− 0.12	− 0.22
海南省	− 0.23	− 0.21	− 0.38
四川省	0.00	0.15	0.75
贵州省	− 0.35	− 0.44	− 0.44
云南省	− 0.29	0.27	0.07
西藏自治区	− 0.42	− 0.56	− 0.66
陕西省	− 0.15	− 0.27	− 0.26
甘肃省	− 0.36	− 0.49	− 0.45
青海省	− 0.45	− 0.63	− 0.69
宁夏回族自治区	− 0.44	− 0.57	− 0.67
新疆维吾尔自治区	− 0.35	− 0.44	− 0.42

（二）中国旅游业发展空间差异及演变特征分析

依据 1991 年、1999 年、2007 年各省市区旅游发展水平综合指数，运用 SPSS18 进行系统聚类分析，统一选择离差平方和法，聚成 4 类：发达区、较发达区、欠发达区和不发达区。在此基础上，以中国 1∶100 万省级行政区划图作为图形数据，把旅游发展水平指数输入到数据库中作为属性数据，通过 ArcGIS 软件利用关键字段把属性数据链接到图形数据上，利用符号化设置的渐变色显示功能，选择手动分级法，把 4 类区分别赋以 4 种不同的颜色，且旅游发展水平越高的区域被赋予的颜色越深，将 3 个年份中国各省市区的旅游业综合发展水平在图上显示出来，同时，利用 ArcGIS 的 Spatial Statistics Tools 下的 Mean Center 工具计算出不同年份各类型区的几何中心（图 1、图 2 和图 3），并将不同年份同一类型区的几何中心合并到一个点图层上，可以更好地揭示旅游业发展空间差异的演变特征（图 4）。

　　从图 1—3 可以看出来，改革开放 30 年来我国旅游业不同发展阶段的空间差异。1991 年旅游发达区仅有 2 个，分别为广东省和北京市，几何中心位于河南省南部；较发达区有 3 个，分别为上海市、江苏省和辽宁省，几何中心位于东海；欠发达区有 9 个，分别为福建省、广西壮族自治区、四川省、浙江省、黑龙江省、山东省、湖北省、陕西省和天津市，几何中心位于河南省境内；其余的 16 个省区则为不发达区，几何中心位于陕西省境内。

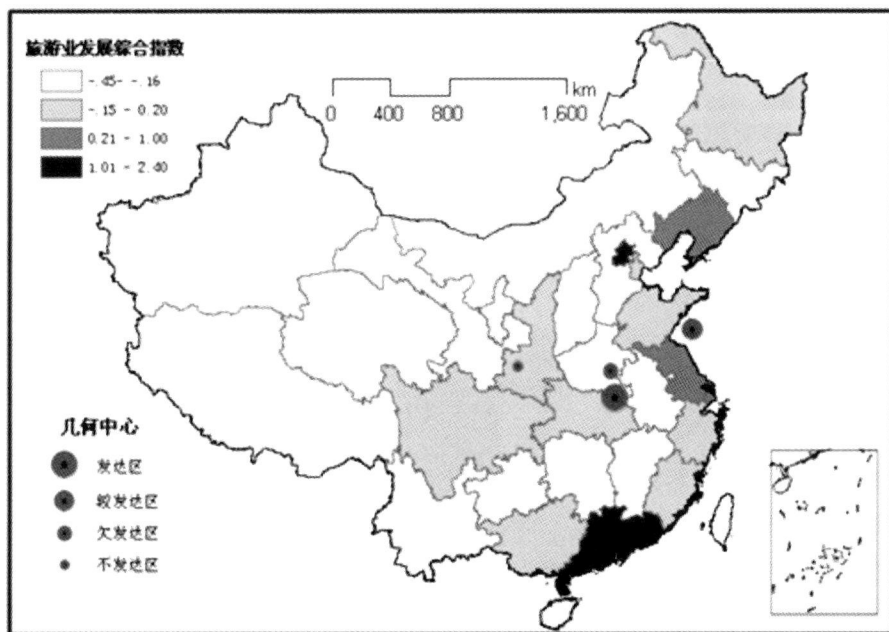

图 1　1991 年中国旅游业综合发展水平类型和几何中心

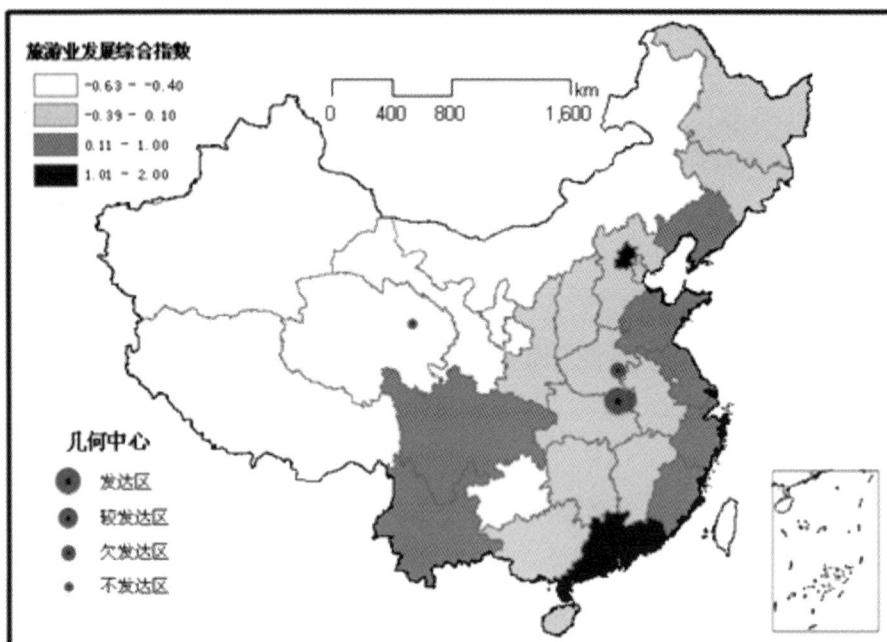

图 2　1999 年中国旅游业综合发展水平类型和几何中心

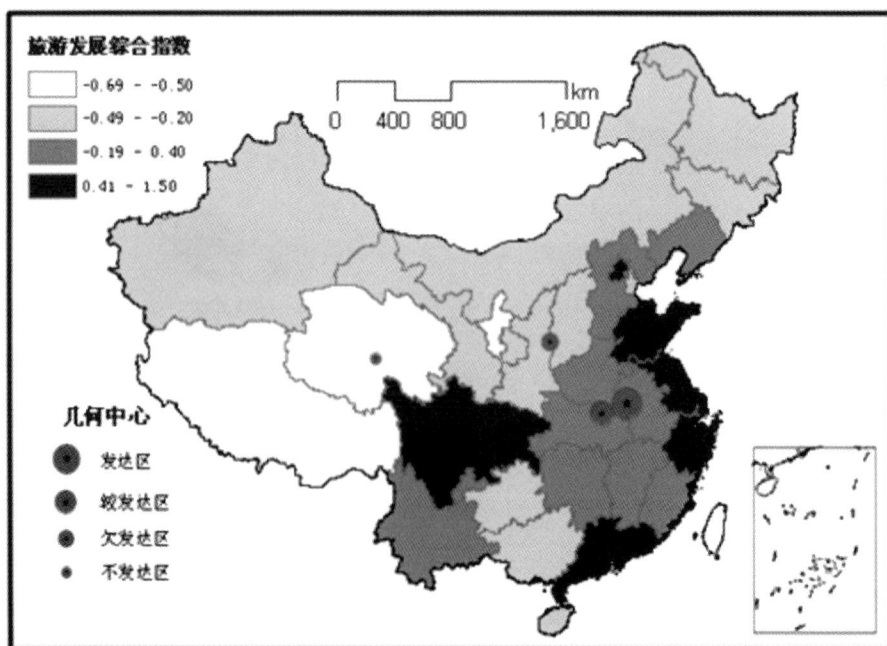

图 3　2007 年中国旅游业综合发展水平类型和几何中心

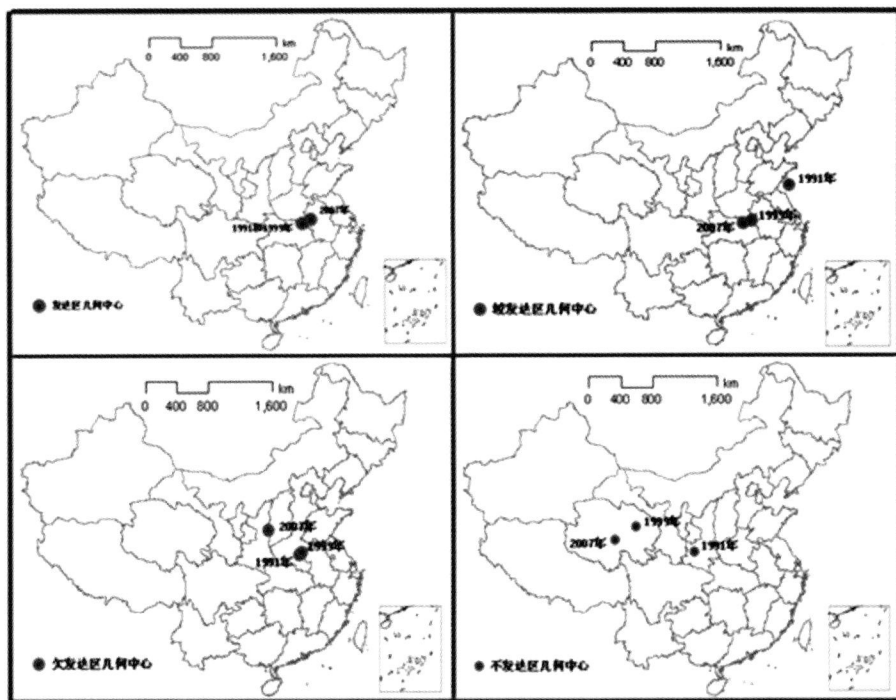

图 4　中国旅游业综合发展水平类型几何中心转移

这一空间差异说明，我国旅游发达区集中在东部沿海地区，特别是广东省和北京市两地区，而 50% 以上地区的旅游业发展落后。形成这一空间差异的主要原因是由于 1978—1991 年这一阶段为我国旅游业发展的事业化时期，旅游业是重要的创汇产业，国家发展旅游业的重点是尽快补充外汇短缺，因此在当时接待设施和交通条件极为有限的情况下，以丰富的旅游资源和神秘的东方文化作为吸引物，以赚取紧缺的外汇为目标，形成了入境旅游"一花独放"的局面，旅游市场格局单一而薄弱，并且入境游的主要路线是京、西（部）、沪、桂、广。

　　1999 年旅游发达区仍然只有广东省和北京市 2 个，几何中心位于河南省南部；较发达区有 8 个，分别为上海市、江苏省、浙江省、云南省、辽宁省、山东省、四川省和福建省，几何中心位于河南省境内；欠发达区多达 13 个，分别为天津市、湖北省、河北省、河南省、安徽省、广西壮族自治区、湖南省、黑龙江省、海南省、陕西省、山西省、江西省和吉林省，几何中心位于河南省境内（与发达区几何中心几乎重叠）；不发达区则仅有 7 个，分别为新疆维吾尔自治区、贵州省、内蒙古自治区、西藏自治区、宁夏回族自治区和青海省，几何中心位于青海省境内。这一空间差异与 1991 年的不同主要在于较发达区和欠发达区分别由初期的 3 个和 9 个增加到 8 个和 13 个，而不发达区则由初期的 16 个锐减为 7 个，这说明我国大部分省市区的旅游业得到了一定的发展，其原因是从 1992—2002 年这一时期为旅游业发展的市场化时期，国家提出把旅游业培育成为新的经济增长点，旅游业成为扩大内需的重要手段，开始大力发展国内旅游，1993 年，国务院办公厅转发国家旅游局《关于积极发展国内旅游业的意见》，1995 年实行双休日制度，居民闲暇时间增多，特别是 2000 年开始的黄金周，使国内旅游在假日期间出现"井喷"现象，显示了独特而强劲的内生性消费需求，与入境旅游共同成为驱动中国旅游业发展的两个车轮。因此，在这一背景下，我国大部省市区的旅游业得到了较快的发展，特别是云南省从初期的不发达区发展成为较发达区，而不发达区则主要集中在西部的 7 个地区。

2007 年旅游发达区有 7 个，分别为广东省、浙江省、江苏省、四川省、北京市、山东省和上海市，几何中心位于安徽省境内；较发达区有 9 个，分别为辽宁省、河南省、云南省、湖北省、河北省、湖南省、福建省、安徽省和江西省，几何中心位于湖北省和河南省交界处；欠发达区有 11 个，分别为山西省、广西壮族自治区、陕西省、天津市、黑龙江省、海南省、吉林省和新疆维吾尔自治区，几何中心位于陕西省和山西省的交界处；不发达区仅有 3 个，分别为西藏自治区、宁夏回族自治区和青海省，几何中心位于青海省境内。这一空间差异与 1999 年的不同主要在于旅游发达区和较发达区分别由 2 个和 8 个增加到 7 个和 9 个，而欠发达区和不发达区则由 13 个和 7 个减少到 11 个和 3 个，这说明我国旅游业整体得到了较快的发展，50% 以上地区的旅游业均迈入较发达区类型。形成这一差异的原因是由于从 2003 年至今中国旅游业进入了产业化时期，旅游业形成了入境、出境及国内三大旅游市场并驾齐驱的局面。国际经济环境和国内发展环境发生了重大变化，国家把发展旅游业作为拉动消费和树立国际形象的重要产业，特别是党的十七大以来，落实科学发展观和全面建设小康社会的战略举措，更加重视民生问题和生态文明建设，旅游业被定位为国民经济重要产业，进一步成为广泛涉及政治、文化、社会、生态的复合型产业。内外因素的共同作用，促进了我国大部地区旅游业的快速发展。

分析图 4 可以进一步发现：中国旅游业在 30 年的发展过程中，发达区几何中心向东转移，但变化不是很大，其中 1991 和 1999 中心一样，2007 略向东转移，这主要是由于从 1999 年到 2007 年上海市、江苏省、浙江省和山东省等四个沿海地区旅游业发展较快所致；较发达中心向西南转移，1991—1999 年向西南转移较大，这是由于在这几年中浙江省、山东省、福建省和四川省的旅游业取得了较大的发展，从起初的不发达区变成了较发达区，1999—2007 年略向西南转移，变化不大；欠发达中心先向东北转移再向西北转移，其中从 1991—1999 年略向东北转移，变化不大，1999—2007 年向西北转移，变化较大，这是由于在这几年中，西北地区的内蒙古自治区、甘肃省和新疆维吾尔自治区的旅游业取得了较快发展，从不发达区发展成为欠发达区；不发达中心先向西北转移再向西南转移，其中 1991—1999 年中心向西北转移较大，这主要是由于在这几年中，我国中西部大部分省区的旅游业均取得了一定的发展，不发达区从 1991 年的 16 个变成 1999 年的 7 个，且除贵州省外都集中在西北地区，1999—2007 年则向西南转移，不发达区仅有西藏自治区、宁夏回族自治区和青海省等 3 个地区。

四、结　论

综上所述，可进一步归纳出改革开放 30 多年来中国旅游业发展空间格局演变的基本规律：

第一，30 年来，中国旅游业总体可分为 4 类区，整体取得了较大的发展。4 类区中，发达区从最初的 2 个增加到 7 个，较发达区从最初的 3 个增加到 9 个，欠发达区由最初的 9 个增加到 13 个再减少为 11 个，而不发达区则从最初的 16 个减少为 3 个。

第二，中国旅游业发展空间差异明显，且有拉大的趋势。总体来看，发达区进一步集中在东部沿海发达地区，几何中心由中南部向东部转移；较发达区向东北沿海和中南部地区集中，几何中心由东部向中南部转移；欠发达区向北部地区集中，几何中心由中部向西北转移；不发达区向西南地区集中，几何中心由西部向西南部转移。

第三，广东省和北京市一直属于发达区，而青海省和西藏自治区则一直为不发达区。从各省市区旅游业的发展来看，广东省和北京市旅游业发展最快，一直属于发达区，其次是浙江省、山东省和四川省，从最初的欠发达区发展为发达区，而青海省和西藏自治区则发展最慢，一直为不发达区。

（张振国，男，汉族，经济管理学院副教授，主要从事旅游可持续发展研究。本文发表于《经济地理》2010年第9期）

杜尔伯特蒙古族那达慕旅游发展模式探析

贾瑞光　　胡艳霞

以黑龙江省杜尔伯特自治县蒙古族那达慕为例，以民族文化生态资源的保护、开发、利用为重点，对蒙古族那达慕的文化生态旅游发展模式进行探讨，以便为少数民族文化生态旅游的发展提借鉴与参考。

一、黑龙江省杜尔伯特蒙古族自治县那达慕旅游发展现状

黑龙江省杜尔伯特蒙古族自治县位于黑龙江省西南部、松嫩平原腹部，面积 6176 平方公里，辖四镇七乡十二个国营农林牧渔场。这里地势开阔平坦，境内天然草场 469 万亩，占总面积 50.7%，属温带大陆性季风气候，素有"绿色的净土"和"天然宝库"之美称。这里富含大草原、大湿地或大水面，旅游资源十分丰富（见表1）。经过多年的开发建设，该自治县旅游业已经从起步期进入了快速发展期，并在省内旅游界有一定的知名度和影响力。

表 1　杜尔伯特蒙古族自治县那达慕旅游现有景点情况①

景点名称	景点内容	景点地址	接待游客时间
珰奈湿地	乘坐竹排游芦苇荡、观鹤亭上观鹤、湿地苇海长廊，三处风雨亭，万米的荷花池、百鸟园、冬季看冰下、水中动植物	位于烟筒屯镇、扎龙自然保护区腹地	2003 年建成投入使用

---

① 杜尔伯特蒙古族自治县旅游局提供。

景点名称	景点内容	景点地址	接待游客时间
寿山旅游度假村	以民族餐饮、民俗风情、民族娱乐为主，经营项目：游船、摩托艇、沙地摩托车、舢板船、水上排球、沙地足球、弓箭狩猎、骑马骑骆驼、祭祀敖包等	位于一心乡胜利村的"小林科畔岛"	1993年建设并投入使用
阿木塔生态旅游区	赛狗、赛勒勒车、游船、快艇、望江台等，蒙古族特色餐	位于胡吉吐莫境内的东吐莫村，乌裕尔河末端	2006年
连环湖国际水禽猎场	水禽狩猎、游泳、日光浴、垂钓等；湖中有脚踏船、碰碰船、象形船、舢板船、快艇、大型游船等，湖岸边提供骑马、骑骆驼服务；景区内还有各类游艺项目，如水中套圈、打布袋、真枪实弹打飞碟、射箭等等，另外还有歌舞厅、蒙古族饭店及渔民风味餐馆等	位于杜尔伯特县西部，距县城20公里	始建于1988年
松林公园	松林公园不仅可以看到苍翠浩瀚的松海、碧波荡漾的湖水，而且还可以品尝到各种滋味的小野果。五月、六月，可采山杏、摘桑葚；七月、八月，可挖黄花、采蘑菇，还可以尽情品尝地道的蒙古族食品，如烤全羊、烤羊腿、手把肉等	位于杜尔伯特县新店林场，林肇公路83公里处	始建于1993年
蒙古村大庆草原赛马场	观赏、参与草原赛马，提供骑马旅游、娱乐和住宿等各项服务	位于杜尔伯特蒙古族自治县泰康镇西一公里处	始建于1993年
杜尔伯特博物馆	杜尔伯特历史文物、蒙古族民俗文物及艺术品和动植物标本的收藏中心，地方史和自然生态研究中心	位于泰康镇府前路北侧，四道街中段	始建于1985年
天湖公园	公园内有广场、绿地、长廊、雕塑、喷泉等设施	位于泰康镇西郊	始建于2001年
净土寺	分弥勒天王殿、大雄宝殿、藏经楼	位于泰康镇西郊，赛马场西侧	
石人沟旅游度假村	旅游区内现有天然浴场、大型歌舞餐厅一处及桑园、枣树林间别墅和蒙古包群，浴江浏览有大型豪华游船特色旅游项有游览嫩江，快艇狩猎，垂钓野浴和名鱼品尝。	地处大庆市杜尔伯特蒙古族自治县石人沟水产养殖场境内，嫩江左岸	

　　杜尔伯特蒙古族自治县作为黑龙江省唯一实行民族区域自治的地方，国家和省市都给予了较多优惠的民族政策，享有半个立法权，被列为省财政单列县。为了保证旅游业的健康发展，鼓励多元化投入，县政府先后制定、出台了《杜尔伯特蒙古族自治县旅游管理条例》和《杜尔伯特蒙古族自治县旅游招商引资优惠政策》，这些法规和政策，既为自治县旅游业的发展提供了宽松环境和政策支持，又提供了法制保障，对于促进旅游业的发展、规范市场秩序、全面改善旅游产业与发展环境起到了重要作用。

　　杜尔伯特那达慕是经济价值很高的旅游资源，那达慕旅游业的开发和兴旺，不仅可以刺激直接为那达慕旅游服务的旅行社、交通通讯、旅馆餐饮业的超常发展，还可间接拉动为那达慕旅游业服务的商品销售和食品加工等行业的兴旺发达。更重要的是吸引那些有意投资、经贸洽谈、合作经营等游客的目光。旅游业的发展，带动了人流、物流和资金流，促进了县域经济快速发展。近些年，杜尔伯特蒙古族自治县政府领导和旅游部门根据杜尔伯特蒙古族自治县地域特点与人文特点，把旅游和那达慕充分地结合在一起，发展民族风情游、草原自然风光游，把每年的旅游节与那达慕同时举办。根据杜尔伯特蒙古族自治县统计局和财政局提供的数字统计，自从1991年首届旅游节和那达慕同时举办以来，那达慕期间旅游收入每届都在增长（表2），那达慕对杜尔伯特蒙古族自治县的旅游业发展起到了积极的促进作用，充分展现出杜尔伯特蒙古族自治县建设"旅游大县、生态大县"的丰富内涵。

表2　15—21届那达慕旅游节期间旅游人数、收入、占财政总收入情况表①

时间	1991	1993	1996	1999	2001	2003	2008
人数（万）	1.15	1.8	2.3	2.9	3.5	4.8	5.8
收入（万）	130	160	190	300	330	460	580
收入比	0.5%	0.56%	0.59%	0.8%	0.86%	0.96%	0.98%

---

① 杜尔伯特蒙古族自治县旅游局提供。

二、杜尔伯特蒙古族自治县那达慕文化旅游发展模式探析

民族文化生态旅游是以民族地区文化生态系统为旅游对象，在最大程度上满足旅游者的精神需求和减少对旅游目的地文化发展进程影响的前提下，将生态旅游理念贯穿于整个旅游系统，并指导其有序发展的可持续旅游发展模式。杜尔伯特蒙古族自治县根据自身的旅游资源条件，充分利用那达慕旅游发展优势，走出了一条独具特色的民族文化生态旅游发展道路。

（一）发展理念

杜尔波特蒙古族自治县那达慕旅游区"保护就是发展"的经营方针与可持续发展观不谋而合。"保护"的对象涉及面很广，包括保护那达慕的文化内容（三项技艺：摔跤、射箭、赛马）和社会功能、保护蒙古族传统文化特别是宗教文化，保持蒙古族"保护草原"的自然生态观，保持蒙古族淳朴、浓郁的民风民俗，保证旅游资源的可持续利用等。

旅游管理者在看到那达慕旅游业正效应的同时，也感受到那达慕旅游业发展所造成的外来人口观念、行为冲击本地文化的现实。那达慕文化是蒙古族在几千年的劳动生产过程中创造的物质文明和精神文明的总和，是与自然生态环境和谐共处的产物，具有鲜明的民族特色和地域特色。作为吸引旅游者的一个重要因素，那达慕能够满足旅游者求新、求异、求奇的心理，同时可以使其增长见识、开阔眼界。但是那达慕旅游归根结底是一种经济活动，它必然要遵循经济活动的规律，要追求经济效益。如果那达慕旅游开发者过分注重经济目的，在资源开发上一味地迎合旅游者的消费趣味和需求，就会使那达慕文化发生变异。同时那达慕旅游资源的过度开发，一方面会加速蒙古族文化赖以生存的自然生态环境的恶化，另一方面，旅游者在旅游过程中会将异族文化的价值观念带到目的地，使蒙古族牧民失去淳朴的美德，从而使当地的传统道德观念发生转变。

针对以上情况，我们在那达慕的旅游文化开发中，一是应该坚持"严格保护、合理开发"的原则，树立正确的可持续发展观。二是要精心设计那

达慕旅游项目，展现蒙古族文化的独特魅力。三是要注重教育，规范旅游开发管理者、旅游者、民族地区群众的行为。杜尔伯特那达慕旅游开发的实践证明：发展那达慕旅游，让蒙古族牧民重新认识了蒙古族文化的价值和意义，使很多传统习俗再度回到人们的生活中，激发起牧民的民族自尊心和自信心，也唤醒了牧民保护本民族文化的意识。同时，那达慕旅游区牧民的市场竞争观念增强了，原有的宗教禁忌出现了弱化趋势，牧民在思想意识方面也发生了变化，如在坚持原有的朴实、纯朴的思想观念的同时，现代的市场意识和经济效益的观念已经深入人心。

（二）发展要素

那达慕旅游是实现蒙古族地区社会经济发展的工具，也是吸引旅游者的关键。因此要处理好那达慕、旅游、文化、经济四者的关系。

1. 那达慕："那达慕"，蒙古语义为"游戏、娱乐、游艺"，也作"戏弄、玩笑"解，旧时还含有"赌博"之意。传统意义上的那达慕包括三项竞技（摔跤、射箭、赛马）、布鲁、歌舞以及其他各种游戏、娱乐活动，是各种游戏和娱乐活动的总称。改革开放以后，蒙古族地区各级政府、体育工作部门、民族工作部门，为发展那达慕事业，坚持"积极提倡、加强领导、改革提高、稳步发展"的民族传统体育方针，做了大量的工作，使那达慕得到了进一步的发展，在内容、形式、功能等方面都发生了深刻变化。随着社会经济文化事业的发展与蒙古族现代化进程的加快，又增添了现代体育、经贸洽谈、旅游观光、文艺会演和物资交流等崭新的内容。现今的那达慕已经发展成为以那达慕传统项目、现代体育竞技、经济交流、物资交流、科技服务、旅游观光等内容丰富、形式多样的集体育、文化、经济、娱乐、旅游为一体的草原盛会，那达慕已成为蒙古族人民群体性的体育、娱乐、物资交流盛会的专有名称。

那达慕是杜尔伯特蒙古族自治县旅游发展取之不竭的文化财富，在民族现代化进程加快的今天，我们一要对蒙古族传统那达慕文化资源进行优化选择、保护、开发、创新；二要形成那达慕文化产业，做大、做好，积极抢救即将消失的优秀民族文化遗产，努力创新开发民族文化资源，实现与经济的良性互动。

2. 文化：那达慕文化对于蒙古族来说，它不仅和蒙古族的历史紧密相连，也和蒙古族的未来发展紧密相连。目前，存在着那达慕传统文化在传承中流失、在传承中缺乏合理的扬弃、缺乏与现代文明的交流、发展缺乏动力等问题。究其原因主要有：一是强调那达慕有形文化而忽略无形文化资源。为了旅游发展的需要，在那达慕文化开发过程中，缺乏对当地蒙古族文化心理深入调查和体会，往往自觉或不自觉地把注意力集中在可以商品化、实物化的民族文化开发方面，而忽略文化教育、文化知识等人力资源开发以及优良文化观念和传统智慧（如传统的自然环境保护和人文环境保护观念及经营理念）等方面的开发。二是强调那达慕文化开发而忽略那达慕文化振兴、创新。现实中的那达慕文化产业、那达慕文化加工往往存在许多违背民族文化发展规律的问题。如在那达慕旅游开发当中，有的地区为了进行商业性开发，单纯追求旅游业的高利润，严重地破坏了自然景观和文化景观的协调性；一些草原风景区开发成为旅游景点后，缺乏保护和管理，文化生态遭受严重破坏；一些极富民族特色的民风民俗也朝不保夕；过去在传统观念支配下的价值取向、文化心态也发生了重大变化，商品意识浓厚、金钱观念萌动等。

保护和合理开发得天独厚的民族文化资源，建立良好的民族文化生态环境，是那达慕文化旅游开发的应有之义。与以往的旅游开发方式不同的是，那达慕旅游把民族文化的传承、保护、创新与发展置于首位，将文化资源作为最高层次的社会资源。那达慕旅游高度重视蒙古族文化的传承与发展，建立了完善的民族文化保护机制，对蒙古族的语言文字、传统服饰、特色饮食、民间歌舞、传统体育运动项目等进行全面保护，已经成立了民族博物馆、民族歌舞团、业余民族体育运动学校，并计划成立民族文化研究中心和民族文化学习馆，培养民族文化的继承人，使民族文化在传承中发挥其功能，增强其活力，在传承中更新自我、发展自我，使其文化优势转化为地缘优势，人文优势转化为经济优势。在那达慕旅游经济的开发中，结合杜尔伯特地区的产业调整，依托本地区丰富多样的文化资源优势，发展具有民族文化特征的人文经济，不仅将有效地促进地方经济的发展，而且也将吸引更多的资金投入用于民族文化保护和文化建设和发展上来。从长远来看，那达慕文化既要与现代社会进展相适应，又要保持特有的民族文化个性，才能真正向前发展。

3. 旅游：那达慕旅游经营者充分意识到，旅游是实现蒙古族地区全面发展的有效途径。文化生态旅游是以杜尔伯特的自然旅游资源和那达慕人文旅游资源为审美对象，包括旅游者静态观赏和动态参与的旅游活动。据调查，体验民族风情、民族特色，是大多数旅游者的共同愿望，其比例大大地超过观光、购物等旅游的目的。此外，从欣赏角度来说，草原风光、文物古迹等是静态的，而那达慕是动态的，并且那达慕对人的感受、感悟、思想情绪的刺激更深刻和持久。另外那达慕的最大特点是它的参与性，那达慕的娱乐性很强，那达慕的很多项目都是不经过训练就可以参加，其他民族的游人可以轻松地欣赏并可以直接参加进去。因此，将那达慕文化资源与自然生态资源进行结合，是发展那达慕旅游的最佳出路，从而借助那达慕旅游业的发展，将蒙古族文化与生态资源优势转化为产业优势，推进杜尔伯特的全面建设。

4. 经济：杜尔伯特蒙古族自治县是黑龙江省唯一的一个少数民族自治县，同时也是全国贫困县之一，客观条件决定了那达慕生态旅游担负着帮助当地牧民脱贫致富的重任。那达慕旅游不提倡为了展示蒙古族传统的生活习惯、礼仪习俗，让当地牧民放弃选择优越生活环境的权利，使之停留在"原始"的生活状态。恰恰相反，管理者始终关注蒙古族聚居区牧民的生活水平，力图通过各种有效途径帮助其脱贫致富，不断提高生活质量。为此，县政府专门规划了"王府新村"，建立了专项资金满足牧民对现代建筑的要求。

民族文化资源就是独具特色的旅游资源。以那达慕文化旅游为振兴经济的突破口，是杜尔伯特蒙古族牧民的共识，其实质就是以开发民族文化资源来发展旅游业。开发具有民族文化含量的特色文化产业，发展资源化的文化产业，可以使民族地区获得巨大的经济效益，同时还可以使民族地区获得可持续发展，使地方文化优势转化为地缘优势、人文优势转化为经济优势。文化资源的开发与利用，成为新的经济增长点，既保护和发扬了传统文化，又促进和发展了民族地区的经济。

充分利用那达慕文化资源还应该注意几个关键的原则问题：一是注重实现经济效益和社会效益的可行性，二是注重民族历史文化内容、形式和生态环境的真实性，三是要有选择的对那达慕民族文化资源进行开发，四是要加强草原生态环境的建设，实现经济社会的可持续发展。

（三）经营模式:

蒙古族牧民参与经营和管理已经成为那达慕旅游发展的首选方式（表3）。

表3　传统民族文化旅游与民族文化生态旅游的比较①

项目	传统民族文化旅游	民族文化生态旅游
目标	利润最大化，以追求经济效益为第一目标；各类民族文化要素的展览；以享乐为基础	以保护文化生态环境和文化完整性为首要目标；和谐统一的民族文化生态景观展示；以文化生态美为审美对象的享乐
旅游对象	民族村寨、民俗村、民俗博物馆等原生或移植的民族文化景观	独特的原生文化保护较完好的少数民族地区的典型民族村寨
旅游参与方式	被动的观光游览或少量的参与	主动的民族文化观赏、文化介入和文化参与
受益者	开发商和游客是净受益者	开发商、游客和当地社区与居民共同受益
管理方式	游客第一，有求必应	文化生态景观保护第一，有选择地满足
旅游者	普通的大众游客，很少考虑对环境与文化的影响	具有较高素质的旅游者，有较强的自然环境和文化保护意识

杜尔伯特那达慕旅游区根据自身实际情况，确定了"旅游公司＋牧民"的经营模式，旅游区牧民提供资源，旅游公司以资金形式投入开发。自1991年9月1日杜尔伯特那达慕与那达慕旅游节同期举办以来，管理者一方面利用资金、管理优势，围绕蒙古族那达慕文化开发一系列适销对路的旅游产品；另一方面引导牧民多渠道参与景区的旅游发展。目前，牧民参与那达慕旅游活动具体形式主要有2种：第一种是直接、全部参与那达慕的各项活动，自主经营一些游乐设施、由家庭自发组织经营蒙古族风味餐厅与家庭旅馆、以旅游产品销售形式参与出售旅游工艺品等；第二种是在旅游公司的规范管理下，推行"蒙古族娱乐城"全套服务，主要经营蒙古族风味餐饮、

---

① 高红艳：《贵州喀斯特地区民族文化生态旅游开发》，《贵州师范大学学报》2003年。

蒙古包民居、蒙古族歌舞表演、草原赛马等。"旅游公司＋牧民"的经营模式，既能够对旅游产品进行统一规划、统一管理，又能够充分调动那达慕旅游区牧民的积极性，有效地推动了杜尔伯特那达慕旅游业的发展。

三、那达慕旅游发展战略选择

（一）整体开发战略

民族生态旅游吸引力的关键往往不在于某一个亮点，而是在旅游过程中所领略到的浓郁的民俗文化氛围，在于民族地区各类民俗事项构成的充满生命力的有机统一体。杜尔伯特那达慕旅游应将那达慕作为整体旅游产品进行规划，注重自然旅游资源与人文旅游资源的互补，观赏型旅游产品与参与型旅游产品的开发组合开发出具有蒙古族特色的"那达慕旅游产品"。

（二）以人为本战略

杜尔伯特那达慕旅游发展始终坚持以"人"为本—考虑旅游人才的培养，考虑旅游者的需求，考虑当地牧民的利益。通过旅游人才的旅游策划满足旅游者的现实和潜在需求，并采取各种方式调动当地牧民的积极性，以上三者从不同的角度（牧民作为内部动力产生的积极性推动旅游业的发展、旅游人才作为技术支持进行旅游策划推动旅游业的发展、旅游者作为外部动力满足旅游需求推动旅游业发展），在努力改善交通等基础设施、加强精品意识、大力挖掘民俗文化、扩宽筹资渠道、重视旅游人才等方面加大力度，推动杜尔伯特旅游业的发展。

（三）科学管理战略

那达慕旅游开发包括四类参与主体：地方政府、旅游开发商、草原牧民和第四方组织（旅游协会、非政府组织、旅游研究机构、学者），主体之间乃至主体内部存在着纷繁复杂的关系，突出表现在经济利益的矛盾冲突。目前，杜尔伯特旅游局作为开发者和经营者成为那达慕旅游开发的主体，应协调好与地方政府、牧民和第四方组织之间的关系，明确各自的职责，大力引进先进的经营管理理念，进一步完善旅游企业的经营管理机制。

（四）文化制胜战略

旅游是一种文化现象。杜尔伯特那达慕旅游之所以受到青睐，其根本原因在于独特的民族文化，像三项技艺比赛、民族服饰、歌舞、饮食等。笔者在 2008 年 9 月对杜尔伯特那达慕旅游节期间的游客调查发现，他们印象最深的是三项技艺、民族服装与歌舞，而对蒙古族宗教信仰很少选择。基于此，我们在对那达慕旅游文化资源进行深度开发时，要特别注意从表层文化与深层文化两方面去挖掘民族文化的内涵，不仅注意把大众显而易见的民族文化事项、特色物品等文化物直接转化为商品，更要把握民族文化的内核或特质，从生产生活习俗、传统节庆仪式、民族风情活动、民族思想感情、商业价值观与伦理道德等方面进行分析优选，以增加旅游产品的深度和文化含量。杜尔伯特蒙古族自治县不仅拥有完好的自然生态环境，更拥有极具地域和民族特色的那达慕文化以及浓郁的民族风情。从实践来看，民族文化生态旅游是一种适合那达慕旅游的发展模式，该模式适应了文化旅游、生态旅游的发展要求，对蒙古族地区的文化生态保护起到了推动作用。

（贾瑞光，男，蒙古族，体育教学研究部副教授，主要从事民族体育研究。本文发表于《黑龙江民族丛刊》2009 年第 3 期）

我国旅游消费券发放的政策效应

李雪丽

一、引 言

2008 年 9 月美国金融危机爆发并迅速波及全球，我国的实体经济遭受很大影响。同年 12 月 19 日，在广州举行的首届浙商高峰论坛上，诺贝尔经济学奖得主蒙代尔建议中国政府应向全国发放 1 万亿消费券，限期 3 个月花完，可以有效解决中国所面临的经济危机，由此引发中国各地政府发放消费券的热潮。旅游业作为一种综合性产业，对相关产业具有较大的带动作用，因此旅游消费券成为各地政府的首要选择。2009 年 2 月 16 日，南京市政府共拿出 2000 万元，通过摇号方式分 4 个月向市民派发南京乡村旅游消费券。2 月 26 日，杭州市正式面向以长三角地区为重点的国内及港澳台旅游市场免费发放总面值为 1.5 亿元的"杭州旅游消费券"；同年 5 月，第二期总额为 1 亿元的旅游消费券发放，发放对象包括英、日、韩等国家。北京在 2009 年春节前启动"北京请您来过年"活动，发放 5 万张免费景点门票，并于同年 4 月再次发放 200 万张免费景点门票。随后，湖南、山东、山西、广州、郑州、武汉、宁波、镇江、湖州等城市也纷纷推出免费旅游消费券。

从目前来看，各省市旅游消费券发放形式多样，受惠地域广泛、发送金额巨大，是金融危机背景下政府为促进当地经济发展而实施的前所未有的尝试，其政策效应引起了社会各界广泛的关注。但是由于旅游消费券作为金融危机背景下我国经济发展过程中的新产物，目前只有很少学者对其进行了初步的研究，如谭小芳将其视为票据营销，可以促进旅游业的销售以及品

牌的提高；彭磊指出旅游消费券的发放要兼顾效率和公平，旅游消费券的派
发机制有待完善；郭顺林指出旅游消费券发放主要集中在长三角地区，并起
到了放大效应、刺激消费的作用；谢贵军认为旅游消费券发放前应对发放面
额、发放对象、兑换时限进行细致调研，以最大程度发挥旅游消费券的作
用。

总体来看，我国对旅游消费券的研究还处于起步阶段，大多着眼于对
旅游消费券发放现象的描述，对该政策的实施原因和实施效应缺乏系统而深
入的研究。因此，本文在全面分析旅游消费券发放原因的基础上，对其政策
效应进行初步的研究，以期能对政府及相关部门的政策制订具有积极的参考
意义。

二、旅游消费券发放的原因分析——基于比较研究的角度

（一）旅游消费的独特性是旅游消费券发放的根本原因

消费券作为政府转移支付和再分配的特殊手段，能在短期内较快提振
消费，扩大内需，促进当地经济发展。各地政府发放消费券的类型多样，涉
及产业众多，其中大多以旅游消费券为主，如杭州旅游消费券占到消费券总
量的 35.3%；甚至有些省市政府只推出旅游消费券，其他类型消费券大多是
企业基于促销目的推出，如宁波政府只发放旅游消费券，明确表示不会发放
其他类型消费券①，北京近期发放的百万张美容消费券也只是政府和协会牵
头开展的企业联合促销活动。

旅游消费券受到热捧，是因为旅游消费券与其他类型消费券相比，能
够更有效的拉动内需，拉动经济增长，这主要是由旅游消费的特点决定的。

第一，旅游消费具有综合性特点，产业连带效应和乘数效应大。旅游
产业主要由吃、住、行、游、购、娱六大要素构成，旅游者前往旅游目的地

---

① 东南商报，2009 年 3 月 7 日，第四版。"吕齐鸣表示，发放消费券虽然是刺激消费的直接
手段，但就一些城市的情况看，因为消费券发放对象有限，对消费的促进作用相对有限，
宁波暂不会发放消费券。"

旅游，意味着整体生活空间的位移。目前各省市主要针对景区景点和饭店发放旅游消费券，却能带来餐饮、购物、休闲娱乐等其他方面的消费，而购物及休闲娱乐花费一般在旅游消费中具有更大的增长潜力，再加上旅游消费券使用规则的限制如杭州规定40元才可抵扣10元，因此通过旅游消费券刺激旅游消费，能够起到"四两拨千斤"的作用。此外，旅游业是关联性很强的产业，能够带动其他产业发展，乘数效应大，据联合国世界旅游组织测算，旅游业每直接收入1元，会给国民经济相关行业带来4.3元增值效益。因此通过旅游消费券刺激旅游消费，能够带动其他产业的发展，拉动整体消费。

相对于旅游消费券而言，用于购买家电、超市购物等方面的消费券很难对其他产业产生辐射带动作用。根据杭州市贸易局对杭州市第一批消费券的跟踪统计发现，2041万元的消费券带动了4207万元的消费额，拉动放大效应为2.06倍；而根据杭州市旅游委员会的专项调查，持券游客手中每张10元的杭州旅游消费券拉动了289.45元的在杭消费，拉动放大效应为28.945倍，为其他消费券拉动效应的14倍。由此可以看出，旅游消费券在拉动消费和带动相关产业发展方面比其他类型消费券效果好，能够以较少的财政投入推动经济复苏和振兴。

第二，旅游业具有异地消费特点，在客源市场发放旅游消费券吸引其居民前往旅游，可以借"他人"之力发展本地经济。旅游消费券发放既可着眼于本地市场，也可着眼于外地市场，市场范围比较广泛，如杭州就将旅游消费券的发放扩展到全国包括港澳台地区和国外市场；在外地发放旅游消费券时向经济发达城市倾斜，其居民有更高的消费能力，吸引他们到旅游目的地旅游，将其口袋里的钱纳入目的地经济发展之囊中，无异于给当地消费注入一剂"强心针"，刺激当地经济发展。而其他如购物、教育等消费券只能着眼于当地市场，市场规模有限，消费券的发放对象主要面向低收入人群，更多的体现其社会福利意义，而低收入人群本身消费能力有限，对经济的拉动力量不足。

第三，旅游属于非基本消费，替代效应小。按照消费对居民生活的必需程度可以将其划分为基本消费如生活必需品消费和非基本消费如旅游消费，基本消费具有稳定性，在一定时期内波动较小；非基本消费波动较大，容易受到经济社会政策的影响。金融危机背景下，旅游需求较其他生活必需需求受到更大冲击，但通过发放旅游消费券，旅游价格降低，有效刺激了人们原本萎缩的旅游需求，旅游者增加了旅游方面的支出，有效地带动旅游产业的发展；由于消费者本没有旅游预算，出于旅游消费券的刺激才产生了消费，旅游消费高于同一时期如果不旅游而进行的消费，即旅游的"机会支出"低于旅游实际支出，形成了正的净需求增量，旅游对消费者其他需求的替代效应较小。而消费券发放主要用于生活必需品的购买，这些商品即使没有政府的补贴，人们也是需要消费的，价格上涨或收入下降，在这些商品上的开支变化不会太大，发放消费券使消费者现在的消费变得相对"便宜"，消费者就会选择增加现有消费，减少未来消费；同时消费券的发放和使用可能会挤出原本就存在的必需消费，省出的金额则相应的转成储蓄，产生替代效应，所以拉动消费的力度有限，与政府发放消费券拉动内需的政策诉求产生背离。

总之，旅游消费具有产业带动能力强、市场规模大、消费能力强、乘数效应大、替代效应小等特点，因此旅游消费券在拉动消费刺激内需方面较一般消费券发挥更大的作用，是各地政府发放的首选。

（二）发放旅游消费券是当前拉动旅游消费的最有效策略

从以上分析可以得出，通过拉动旅游消费刺激经济增长可以取得很好的效果，但拉动旅游消费的策略有很多，为什么各地政府大都采取了发放旅游消费券的方式呢？

1. 拉动旅游消费的策略

拉动旅游消费、带动经济增长是各地发展旅游产业的一个重要原因，相关学者对拉动旅游消费的策略进行了广泛研究，具体而言有以下几点：

①产品策略。孙玉梅提出充分发挥旅游集吃住行游购娱于一体的综合消费功能，大力开发和整合旅游资源，实现旅游产品多样化，提高旅游商品的特色和质量；张芳等以桂林为例提出打造参与性、具有民族风情的旅游产品，开发具有特色的旅游纪念品；贺小容提到应该对旅游产品不断推陈出新，保持旅游产品的活力，不断强化目标市场的消费行为；李瑛等分析西安国内游客旅游消费行为后提出应拓展旅游产品谱系，发展休闲娱乐、都市观光、民情风俗及特种旅游产品系列，组合多条有特色的旅游线路。

②价格策略。张小可认为价格是营销的第一手段，景区可以根据自己的承受能力调整价格幅度来让游客享受优惠；孙玉梅提到实行灵活的旅游价格策略，通过价格的时间差来调节旅游需求；邓道林指出价格是游客考虑的最主要因素之一，在旅游消费中价格制定必须合理，这样才能扩大旅游者队伍，获得更多的经济效益。

③促销策略。亓圣美对后现代消费文化分析后提出通过旅游形象策划，进行准确的旅游形象定位，用富有特色的传播手段招徕目标市场；李瑛等以西安为例提出完善旅游目的地营销系统是提高游客旅游花费水平的主要手段，应针对不同目标市场树立不同的旅游目的地形象，以满足不同细分市场的多元化需求，同时建立完善的促销体系，以提高游客旅游花费水平。

④制度推动。贺小容在分析城镇居民旅游消费时提到政府作为宏观调控的主体，可以引导居民树立新的消费观念；孙玉梅提出要把旅游产业放在国民经济重要的战略地位，推动落实带薪休假制度，加大对旅游基础设施的投入。

2. 旅游消费券能够更有效地拉动旅游消费

根据宏观经济学相关理论，金融危机爆发后，如果政府放任自流，经济也能够在长期内自我恢复，但代价是经历长时期的衰退期；而现在我国迅速出台了一系列财政政策，说明政府通过拉动当前内需来继续保持经济增长的信心。各地政府发放旅游消费券，并限定有效使用期限，能够迅速刺激旅游需求，其效果可以得到直接及时的显现，符合金融危机背景下避免经济衰退、提振经济的趋势。而设计开发旅游产品、塑造旅游目的地形象、加大旅游基础设施投入或推行带薪休假制度等策略无疑也能拉动旅游消费，但这些策略具有长期性，需要有计划分步骤的完成，无法在短期内有效的刺激旅游需求。

很多学者主张通过景区降价直接让利于游客，拉动旅游消费。暂时的景区降价实质上是一种企业促销行为，游客会对景区质量心存质疑，不敢轻易前去旅游，其可信度不如政府作为发放主体的旅游消费券；景区降价往往伴随着服务质量的下降，影响游客满意程度；另外，景区降价之后再提高价格，会影响景区在旅游者心目中的形象，不利于旅游景区的可持续发展。

旅游者做出旅游决策是内部因素（如旅游者可支配收入、旅游偏好、家庭因素、旅游经验等）和外部因素（如旅游目的地产品类型、旅游目的地形象、宣传促销等）共同作用的结果。目前旅游需求萎靡是由于金融危机下旅游者收入下降或未来收入预期存在不确定性，主动降低了旅游需求，是内部因素逆向作用的结果，因此目前通过开发新产品、宣传促销等外部手段并无法真正刺激旅游需求；而通过发放旅游消费券，旅游者的旅游成本下降，抵消了可支配收入下降对旅游需求的消极影响，能够真正带来旅游消费。

综上所述，与其他消费券和拉动旅游消费的其他策略相比较，旅游消费券能够更大程度的拉动内需、刺激消费，又具有效果及时有效的优势，因此得到各地政府的积极响应，成为政府推动当地经济发展的"一剂良药"。

三、旅游消费券的政策效应

（一）刺激旅游需求、带动旅游消费

旅游消费券减少了旅游者外出旅游的成本，一定程度上刺激了旅游需求。海口 2009 年 6 月发放的旅游消费券主要是景点门票抵扣现金券，获得一套旅游消费券的游客如果把送券单位的景点全部游完，可以少花 500 多元；杭州市旅委通过对 468 份调查表和 1359 人次网络调查总投票结果分析，466 名填写调查表的持券来杭游客，共使用了 2936 张杭州旅游消费券，平均每人使用 6.3 张旅游消费券，直接节约了旅游成本[①]；而五一小长假之前，大众点评网针对 554 名白领消费者进行旅游消费券体验调查，调查显示，对于即将到来的假期，49% 的消费者有出游计划，其中 78% 表示会优先考虑发放旅游消费券的景点；杭州市旅委对旅游消费券发放使用的专项调查也显示，82.62% 的受调查人员表示旅游消费券促使他们有来杭旅游的念头。

各地旅游消费券发放都获得了比较好的回收效果，对促进旅游消费产

---

① 杭州社区网，城市资讯，2009-05-18，http://www.hzsqw.cn/hzsq/cszx/servicecontent.jsp? topic ID=994546。

生了实实在在的效果。2009 年春节假期期间，杭州 21 处收费公园收到旅游消费券 7365 张，截至 2009 年 7 月 26 日，共回收第一期杭州旅游消费券 696164 张，直接消费总额 3628 万元，第二期杭州旅游消费券 187443 张，直接消费总额 977 万元①；同年春节假期期间，苏州也有近 2 万人拿着"旅游大红包"游览，其中游览拙政园的有 7300 人次，占入园散客的 45%②；端午节期间，杭州千岛湖景区接待游客 3.21 万人，其中 4952 人使用了旅游消费券，占游客总人数的 15.4%③；山西省旅游局数据显示，2009 年 4 月至 5 月山西共向省外游客派发 1000 万元山西旅游消费券，收回 233470 张，回收金额为 466.94 万元，回收率为 46.69%。

　　国际金融危机和甲型 H1N1 流感等一系列叠加负面因素导致旅游市场低迷，而通过发放旅游消费券，旅游产业较上年实现稳定增长。杭州作为发放旅游消费券最早和力度最大的城市，旅游消费券的拉动作用明显。杭州市旅委公布的数据显示，2009 年 1 季度，杭州市共接待国内旅游者 1122.56 万人次，同比增长 8.4%，增幅比去年同期上升了 1.1%，实现国内旅游收入 139.34 亿元，同比增长 12.3%；相比较而言，上海同期接待国内组团旅游者约 104.14 万人，较去年同比仅增长 4.7%④；2009 年 1 至 6 月，杭州收费公园景点接待游客达 2228.03 万人次，门票收入 52057.13 万元，同比分别增长 11.4% 和 18.1%，增幅比上年同期扩大 14.8% 和 20.7%；2009 年前 3 季度，杭州接待国内游客 3935.06 万人次，同比增长 13.1%，超出入境游客增长率 10.6 个百分点，实现旅游总收入 575.16 亿元，同比增长 12.9%；湖南省 2009 年 1 至 4 月接待境内旅游者 4593.5 万人次，同比增长 31.1%，对比而言入境旅游人次增长率仅 8.06%；境内旅游收入 290.86 亿元，同比增长 32.4%，对比而言旅游创汇增长率仅 19.6%⑤，充分说明了旅游消费券在拉动

---

① 杭州市旅游委员会网站，2009-08-03，http：//www.gotohz.com/web/guest/jcwz? class＝1001 &id=166442。

② 东方网长三角频道，2009-02-02，http：//news.eastday.com/eastday/06news/csj/m/20090202/ u1a4141131.html。

③ 浙江都市网新闻中心，2009-06-02，http：//hangzhou.zj.com/detail/1131931.html。

④ 上海市旅游局网站统计数据。

⑤ 湖南省人民政府网站，2009-06-01，http：//www.hunan.gov.cn/tmzf/xxlb/ttxw/200906/t20090 601_160201.htm。

国内旅游消费、促进旅游增长方面的作用。

（二）推动经济增长

金融危机下中国经济增长也受到一定影响。在拉动经济增长的"三驾马车"中，出口和投资趋于疲软，拉动内需成为当前形势下我国应对危机的战略选择。各地政府通过发放旅游消费券，促进了旅游消费。而鉴于我国旅游产业在国民经济发展中地位的不断提高以及旅游产业所特有的产业连带和乘数效应，必然能够全面带动当地消费，促进当地经济增长。

联合国世界旅游组织公布的资料显示，旅游业的经济乘数效应远高于其他行业，旅游业每收入1元，相关行业的收入就增加4.3元；旅游业的消费乘数更大，国际上该乘数为7，而在中国该乘数大约为5元，即旅游者每消费1元钱，可以带动5元社会消费。以杭州为例，截至8月份底，旅游消费券的发放带来旅游消费总额5938.05万元，可带来相关社会消费29690.25万元。由此可见旅游消费券的发放有效地刺激了内需，保证了我国经济的稳定增长。

通过计算旅游收入增量与GDP增量的百分比，可以得出旅游业对GDP的贡献率。近五年的统计数据表明，2004年至2007年我国旅游业贡献率逐年递增，旅游业在我国经济增长中发挥着重要的角色，成为拉动我国经济增长的重要产业，而2008年旅游业贡献率下降说明了旅游业的敏感性特质，更容易通过有效的刺激得以复苏和回升，带动经济增长；另外，相关研究表明我国旅游业每发展1%会引起经济增长0.1965%。因此理论上推算，杭州发放2.5亿元旅游消费券，前三季度国内旅游收入增长率为12.9%，会直接推动经济增长2.53%；杭州召开的2009前三季度经济形势分析会指出，杭州市今年前三季度经济运行总体呈现"复苏向好、稳步回升"的特征，前三季度地区生产总值增长8%左右，全年地区生产总值增长9.5%左右，其中不能不说2.5亿旅游消费券的发放起到了重要作用。

由此可见，通过发放旅游消费券作用于旅游产业，通过刺激旅游消费来拉动内需，快速有效的提振了经济，推动了经济发展。

表1　我国旅游收入占 GDP 比重及贡献率表

年份	GDP（亿元）	旅游业总收入（亿元）	旅游业收入占 GDP 比重（%）	旅游业贡献率（%）
2004	159 878	6 840	4.28	—
2005	182 321	7 686	4.22	3.78
2006	209 407	8 935	4.27	4.61
2007	246 619	10 957	4.44	5.43
2008	300 670	11 600	3.86	1.19

资料来源：根据《中国统计年鉴》、《中国旅游统计年鉴》及相关整理计算所得。

（三）提高旅游目的地知名度

旅游消费券作为刺激消费、拉动内需的措施，是中国经济发展过程中的一大创举，引起了社会各界的广大关注。截至 2009 年 10 月 27 号，新华网涉及旅游消费券的报道为 1014 篇，以旅游消费券为主题的报道为 168 篇；通过 Google 以"旅游消费券"作为关键词共搜索到 12 800 000 条信息。而杭州旅游消费券因为其发放最早、发放力度最大更是成为各级媒体、社会舆论的热点和焦点。中央电视台在经济频道、综合频道、新闻频道连续播报杭州旅游消费券的动态情况；《人民日报》、新华社等国内中央级媒体以及美国《洛杉矶时报》、法新社等海外媒体也纷纷对杭州旅游消费券予以关注和报道，直接提高了杭州城市的知名度和美誉度，杭州被携程旅行网评为 2009 中国春季最热点旅游城市、2009 年五一小长假到达人气最旺城市第三名。

同时，政府发放旅游消费券时，会搭配相应的宣传活动，例如前期会通过报纸、电视、网络媒体介绍相关发放事宜、使用方式，发放时会举办首发仪式，并伴有相应的旅游推介会。如杭州在哈尔滨、长春、重庆、广州、深圳五地开展"东方休闲之都品质生活之城——杭州"旅游宣传促销活动，共举行了 5 场说明会、5 场市政府招待宴会、2 场广场公众宣传咨询活动，共有 10 万多人次参加各项活动，吸引众多媒体作相关报道。这一系列宣传活动，更是大大提升了旅游目的地的形象，加深了客源市场对旅游目的地的认知。

四、结论与讨论

本文分析得出，旅游消费券与其他类型消费券及促进旅游发展的其他措施对比而言有独特优势，其政策效应主要体现在刺激了旅游消费并带动了旅游产业的发展、快速有效地拉动了经济增长和大大提升了旅游消费券发放地的知名度等方面。

另外从目前来看，旅游消费券在拉动长途旅游需求方面作用有限，在选择发放市场时由于缺乏标准造成政府财政浪费，以及在发放规则、发放途径以及使用方式等方面给领取者造成了很大不便，限制了旅游需求。因此，这些都是今后亟须研究的问题，以便最大程度地刺激内需，拉动当地经济增长。

（李雪丽，女，汉族，经济管理学院讲师，主要研究方向城市旅游发展及会展管理。本文发表于《社会科学家》2010 年第 3 期）

会计准则变革对我国上市公司债务融资成本的影响研究

燕 玲

一、引 言

随着全球经济一体化进程的加速，国际间的资本流动已经成为一种常态，国际贸易日益增多。一方面，会计作为一种可以通用的"商业语言"在经济交流中的作用越来越重要。另一方面，会计准则受其所处环境的影响，使得各国会计实务具有多样性，不利于国际资本的自由流动，各国要求将会计准则进行国际趋同进而减少国际资本流动障碍的呼声越来越高。为了适应国际经济大环境的变化，2006 年 2 月财政部发布了包括基本准则在内的 39 项企业会计准则，我国会计体系基本达到了和国际会计准则的"实质性趋同"①。新准则更强调投资者和公众利益的保护，对财务报告的披露要求进行了全面的梳理和改进，要求企业的财务报告提供充分、详细、及时的补充信息和说明信息，新准则的实施极大地提高了财务报告的信息含量，同时也提高了财务会计信息的质量。

结合债务契约理论，由于贷款人的风险主要源自贷款的本息是否能够按照债务契约的约定条件予以收回，而该风险主要取决于债务人的偿债能力。财务报告提供的会计信息能够综合反映企业财务状况、经营成果和现金

---

① 刘玉廷、高一斌、王宏：《会计改革与国际趋同》，《中国财政年鉴》，中国财政杂志社 2006 年版，第 167—169 页。

流量等重要信息，有助于降低债务契约的监督成本和执行成本。会计准则作为规范会计信息披露的规则，在对会计信息质量产生影响的基础上，必然会对企业的债务融资成本产生影响。

本文的贡献主要体现在两个方面。首先，结合我国的制度背景对会计准则变革的实施后果进行研究，旨在明确会计准则变革对企业债务融资成本的影响，丰富会计准则变革研究的理论基础和基础理论，丰富与完善债务融资行为的研究主题，增强会计学与财务管理学科的融合。其次，本文的研究为会计准则变革对企业其他管理行为影响的研究提供参考，也为今后其他政府政策或制度执行的非预期影响研究提供理论示范效应与思路启发。

本文的结构安排如下：第二部分为理论分析与研究假设的提出，剖析了会计准则变革对企业债务融资成本的影响，并在此基础上提出了研究假设；第三部分为研究设计与样本选择，主要介绍了模型的构建以及样本的选择；第四部分为实证结果分析；第五部分为稳健性检验部分，通过构建双向固定效应模型，以剔除模型的选取以及变量计量方式的选取对回归结果的影响；第六部分为本文的研究结论。

二、理论分析与研究假设

西方的财务文献强调信息风险是一个不可分散的风险，它在决定资本成本时具有重要的作用。在一个多资产的理性预期框架中，Easley 和 O'Hara（2004）分析了投资者的信息不对称在融资成本决策方面的重要性。拥有更少信息的投资者能够意识到他们相对于拥有更多信息的投资者处于劣势，因此他们需要对信息不对称索要更多的风险溢价。[①] 与此相反，Lambert（2007）认为在完全竞争的模型中，不是信息不对称，而是信息的精度才是影响资本成本的重要因素。他将信息精度定义为投资者拥有的预测企业未来现金流信息的平均质量，并且不同的投资者掌握的信息其精度是不同

[①]　Easley, D. and O'Hara, M., "Information and the Cost of Capital", *Journal of Finance*, vol.49, no.4（2004）, pp.1553-1583.

的。①Easley 和 O'Hara 以及 Lambert 均认为平衡资产价格会受到信息风险的影响,这种信息风险的存在会导致公司必要报酬率的横向差异。Francis et al(2005)将信息风险与资本成本之间的关系进行了实证研究,认为信息风险高的公司其债务融资成本要高于信息风险低的公司。②从资产定价的角度,Francis et al(2005)认为信息风险是定价风险因素,使用 Fama 和 French (1993)的时间序列回归方法,得出结论信息风险与投资组合存在显著的联系。③周继先(2011)从信息共享的角度探讨了会计信息质量对债务融资成本的影响。④廖秀梅(2007)也认为,会计信息质量能够降低信贷决策过程中的信息不对称问题。⑤鉴于会计信息质量与信息风险之间的联系如此紧密,一些学者以会计信息质量为切入点研究其对债务融资成本的影响。Jorion et al(2009)通过实证研究认为会计信息质量的变化会影响银行的信贷标准和贷款利率。⑥Biddle 和 Hilary(2006),Biddle et al(2009),McNichols 和 Stubben(2008)发现更高的会计信息质量在更低的投资—现金流敏感度和更低的投资过度或投资不足方面能够提升投资效率,提升企业价值,进而影响企业的债务融资。⑦

---

① Lambert, R. A., Leuz, C., et al., "Information Asymmetry, Information Precision, and the Cost of Capital", *Working Paper* (2007).

② Francis, J., LaFond, R., Olsson, P.M., and Schipper, K., "The Market Pricing of Accruals Quality", *Journal of Accounting and Economics*, vol.39, no.2 (2005), pp.295-327.

③ Fama, E.F., and French, K.R., "Common Risk Factors in the Returns on Stocks and Bonds", *Journal of Financial Economics*, vol.33, no.1, 1993, pp.3-56.

④ 周继先:《信息共享、银企关系与融资成本——基于中国上市公司贷款数据的经验研究》,《宏观经济研究》2011 年第 11 期。

⑤ 廖秀梅:《会计信息的信贷决策有用性:基于所有权制度制约的研究》,《会计研究》2007 年第 5 期。

⑥ Jorion, P., Shi, C., Zhang, S., "Tightening Credit Standards: the Role of Accounting Quality", *Review of Accounting Studies*, vol.14, no.1, 2009, pp.123-160.

⑦ Biddle, G.C., and Hilary, G., "Accounting Wuality and Firm-level Capital Investment", *The Accounting Review*, vol.81, no.5, 2006, pp.963-982; Biddle, G.C., Hilary, G., et al., "How Does Financial Reporting Quality Relate to Investment Efficiency?" *Journal of Accounting and Economics*, vol.48, no.2-3, 2009, pp.112-131; McNichols, M.F., Stubben, S.R., "Does Earnings Management Affect Firms' Investment Decisions?" *The Accounting Review*, vol.83, no.6, 2008, pp.1571-1603.

Lambert et al（2007）认为，改进会计信息披露可以提高投资者预期的平均信息准确度，有助于降低资本成本。Partha Sengupta（1998）在控制了公司规模、债券规模等变量以后，以公司发行的债券到期收益率、债券信用等级和总利息成本作为衡量债务成本的指标，研究发现信息披露质量和债务成本之间存在着明显的负相关。① 在借鉴西方研究成果的基础上于富生和张敏（2007）以在深交所上市的 A 股上市公司数据为样本考察债务融资成本与信息披露质量之间的关系，结果显示二者之间呈现显著的负相关关系。②

在进行债务契约的签订时，债权人通常将会计指标作为契约的履行的考核标准，因而契约的约束条件也就围绕着一些重要的财务指标予以设定。债务契约本身就是债务人对债权人作出的到期还本付息的承诺，债务人执行承诺的前提便是本身首先要具有还本付息的能力，因而债权人最希望了解的是与自己的切身利益紧密相关的债务人的持续盈利能力，公司应利润、净资产等会计指标便备受债权人的关注，企业的财务披露质量越高越能够最大限度地降低债权人所面临的信息不对称风险。同时，会计信息也会影响公司经理人的报酬、贷款利率等债权人所关心的重要内容。那么企业内部人就有动机编制虚假的财务报告或者隐瞒一些对企业不利的信息，这便会影响会计信息质量。债权人作为外部利益相关者与内部人存在着信息不对称，而这种信息不对称会导致债务契约中的逆向选择和道德风险，高质量的会计信息能够减少债务契约签订前和债务契约实施过程中的信息不对称，提高契约效率。债权人也会对其由于信息不对称所带来的风险进行定价，会计信息质量高的债务人将获得较低的债务融资成本。所以会计信息披露质量的提高可以降低债务契约违约的可能性，降低债务契约成本，保障企业的偿债能力。

综上所述，对于我国上市公司来说，会计信息质量能够对上市公司的债务融资成本产生影响。由于信息不对称的存在，契约各方均存在道德风险和机会主义行为，债权人为了保障自身利益不受侵害，会更关注公司的生产经营状况以及公司对自身的约束和监督。债务人提供的财务报告的信息披露

① Sengupta, P., "Corporate Disclosure Quality and the Cost of Debt", *Accounting Review*, vol.73, no.4, 1998, pp.459-474.

② 于富生、张敏：《信息披露质量与债务成本——来自中国证券市场的经验证据》，《审计与经济研究》2007 年第 5 期。

质量越高，债权人对债务人的生产经营状况和盈利能力的了解就越接近企业真实的财务状况，债权人的利益就越有保障，从而降低了股东与债权人之间存在的利益冲突，企业也就更容易取得贷款。同时，债权人会向会计信息披露质量高的企业要求更少的风险溢价，因而我们提出如下假设：

假设 1：会计准则变革所导致的会计信息质量的变化会降低企业的债务融资成本。

目前我国的上市公司主要由国有企业改制而来，为了确保公有制经济的主体地位，国有企业在改制上市的过程中通常采用国家绝对控股或设置相对控股的股权模式，因此在国有控股的上市公司中股权高度集中于国有大股东手中。同时由于我国处于转轨经济时期，虽然国有企业通过改制上市，但其仍然负担着政策性和社会性负担，这使得地方政府为了获得更多有关社会稳定、失业率降低等在内的政治利益，仍然会牢牢控制辖区内的国有控股上市公司。一方面表现为地方政府对国有控股企业在行政上实施控制，另一方面表现为政府对金融系统的影响，使我国形成了从中央政府到商业银行，再由商业银行到国有控股企业的双重预算软约束。由于国有控股上市公司存在预算软约束，并且国有上市公司拥有较强的政治关系，因此银行与国有控股上市公司签订的债务契约很可能与非国有控股上市公司签订的债务契约存在差别，如银行贷款期限以及贷款利率等。孙铮、刘凤委和李增泉（2005）的研究显示政府在资源配置过程中通常倾向于国有控股企业，从而为国有控股企业的贷款提供了一种隐性担保。[1] 在我国国有控股的上市公司由于与政府存在千丝万缕的联系，并且很多银行也是由国家控股，因此就会导致政府能够通过银行实现对当地国有控股上市公司的扶持。国有银行与国有控股上市公司均归属于国家所有的同质性使得银行与国有控股上市公司之间形成了一种"债务软约束"关系，这便使得债权银行对国有控股企业的会计信息披露质量的要求降低，对国有控股企业要求的风险溢价相对较小，从而国有控股上市公司的债务成本也就较低。由此便得出本文的第二个研究假设：

假设 2：会计准则变革对企业债务融资成本的影响会因企业产权性质的

---

[1] 孙铮、刘凤委、李增泉：《市场化程度、政府干预与企业债务期限结构——来自我国上市公司的经验证据》，《经济研究》2005 年第 5 期。

不同而有所差别。

三、研究设计及样本选择

（一）样本选择与数据来源

本研究的数据主要来源于国泰安 CSMAR 数据库和 WIND 数据库，同时也有部分数据来源于巨潮资讯网，对缺漏的数据采用手工收集的方式获得。本文以 2002—2011 年我国 A 股上市公司的数据为研究样本，为了保证数据的有效性，本文依据下列标准对原始样本进行了筛选：1. 考虑到金融保险业的特殊性，本文剔除了金融保险行业；2. 剔除所有 ST、PT 的上市公司；3. 为了保证样本的连续性，剔除在 2002—2011 年期间退市的公司；4. 剔除数据不可获得的公司。为此，本文构建了一个包含 6549 个非金融 A 股上市公司组成的样本。

（二）变量设定与计量

1. 被解释变量

债务融资成本是本文的被解释变量。由于我国上市公司财务报告未按照债务的不同类别分别披露债务利息（比如银行贷款、债券等），因此本文采用（利息支出＋资本化利息）/年初年末平均负债来度量公司的债务融资成本。

2. 解释变量

会计信息质量以及会计信息质量与时间变量的交乘项是本文的解释变量。时间变量在 2006 年之前取值为 0，在 2007 年及以后取值为 1。通过上述的分析，会计准则变革的代理指标可以通过盈余质量的高低予以反映。盈余可以被分解为经营现金流量和应计利润两部分，而应计利润可以被近一步分解为非操控性应计和操控性应计。在本文的研究中采用修正的 Jones 模型计量操控性应计，以此作为衡量会计准则变革导致会计信息质量变化的替代指标。相关变量定义如表 1 所示：

表1　变量定义表

变量类型	变量名称	变量符号	变量定义
被解释变量	债务融资成本	Costdebt	(利息支出＋资本化利息) / 总债务
解释变量	会计信息质量	DA	应计质量
	会计信息质量的变化	DA*NEW	应计质量与时间虚拟变量的交乘项，NEW为时间虚拟变量，2006年及以前取值0，2007年及以后取值1
控制变量	债务期限结构	Ledebt	长期债务 / 总债务
	资产负债率	Lev	负债总额 / 资产总额
	公司规模	Size	Ln (资产总额)
	公司获利能力	ROE	净利润 / 所有者权益
	成长机会	Grow	Tobin Q 值
	固定资产比率	Fixass	固定资产净值 / 总资产
	利息保障倍数	Intcov	(利润总额＋财务费用) / 财务费用
	贷款基准利率	Prime	中国人民银行规定的1—3年期银行贷款利率
	上市时间	Age	Ln (1＋公司已上市年数)
	股权集中度	Herf	第一大股东持股比例的平方和
	董事会独立性	Dual	董事长与总经理两职合一时取值1，否则为0
	行业虚拟变量	Indu	按照中国证监会在2001年4月发布的《上市公司行业分类指引》对行业进行划分
	年度虚拟变量	Year	年度虚拟变量

（三）实证模型的构建

债务融资理论和实证研究均表明行业类别会影响债务融资成本。此处对行业因素进行分析，旨在控制行业对信息不对称的影响，从而将行业对信息不对称的影响从会计准则变革对债务融资成本的影响中剥离出来。本文对行业的分类是按照中国证监会在2001年4月发布的《上市公司行业分类指引》予以划分，同时将制造业中的各明细分类也单独作为一个行业进行划分。本文使用混合最小二乘法，首先控制行业虚拟变量，检验控制了行业的差别后会计准则变革对企业债务融资成本所产生的影响，模型构建如下：

$$Costdebt = \beta_0 + \beta_1 DA + \beta_2 DA * NEW + \beta_3 Ledebt + \beta_4 Lev + \beta_5 Size + \beta_6 ROE$$
$$+ \beta_7 Grow + \beta_8 Fixass + \beta_9 Intcov + \beta_{10} Prime + \beta_{11} Age + \sum Indu + \varepsilon \qquad (1)$$

新会计准则的实施是在 2007 年 1 月 1 日，在此之前企业都是按照旧会计准则对财务报告进行披露，因而有关会计准则变革实施效果的研究必然要考虑时间的影响，相关模型构建如下：

$$Costdebt = \beta_0 + \beta_1 DA + \beta_2 DA * NEW + \beta_3 Ledebt + \beta_4 Lev + \beta_5 Size + \beta_6 ROE$$
$$+ \beta_7 Grow + \beta_8 Fixass + \beta_9 Intcov + \beta_{10} Prime + \beta_{11} Age + \sum Year + \varepsilon \qquad (2)$$

为了检验控制了行业和年度变量以后，会计准则变革是否依然对企业的债务融资成本产生影响，构建了如下模型：

$$Costdebt = \beta_0 + \beta_1 DA + \beta_2 DA * NEW + \beta_3 Ledebt + \beta_4 Lev + \beta_5 Size + \beta_6 ROE$$
$$+ \beta_7 Grow + \beta_8 Fixass + \beta_9 Intcov + \beta_{10} Prime + \beta_{11} Age + \sum Indu + \sum Year + \varepsilon \qquad (3)$$

此外，公司的内部治理状况也会对企业的债务融资成本产生影响，第一大股东持股比例高的公司的债务代理冲突会更加严重，债务代理成本上升。控股股东的存在会迫使管理者从事资产替代，存在强烈的动机侵害债权人的利益，以利于夺取债权人手中的财富。并且，控股股东持股比例越高，他们从事资产替代或投资不足的动机就越强。因此相较于不具有控股股东的公司，具有控股股东的公司拥有更高的债务代理成本。因而在以下的模型中引入公司治理的因素。模型构建如下：

$$Costdebt = \beta_0 + \beta_1 DA + \beta_2 DA * NEW + \beta_3 Ledebt + \beta_4 Lev + \beta_5 Size + \beta_6 ROE + \beta_7 Grow$$
$$+ \beta_8 Fixass + \beta_9 Intcov + \beta_{10} Prime + \beta_{11} Age + \beta_{12} Herf + \beta_{13} Dual + \sum Indu + \varepsilon \qquad (4)$$

$$Costdebt = \beta_0 + \beta_1 DA + \beta_2 DA * NEW + \beta_3 Ledebt + \beta_4 Lev + \beta_5 Size + \beta_6 ROE + \beta_7 Grow$$
$$+ \beta_8 Fixass + \beta_9 Intcov + \beta_{10} Prime + \beta_{11} Age + \beta_{12} Herf + \beta_{13} Dual + \sum Year + \varepsilon \qquad (5)$$

$$Costdebt = \beta_0 + \beta_1 DA + \beta_2 DA * NEW + \beta_3 Ledebt + \beta_4 Lev + \beta_5 Size + \beta_6 ROE + \beta_7 Grow$$
$$+ \beta_8 Fixass + \beta_9 Intcov + \beta_{10} Prime + \beta_{11} Age + \beta_{12} Herf + \beta_{13} Dual + \sum Indu + \sum Year + \varepsilon \qquad (6)$$

同时，为了考察债务人所有权性质的差异带来的影响，在以下的研究中会分别国有控股上市公司与非国有控股上市公司进行研究。

四、实证结果分析

本文所使用的计量软件是 STATA11.2。为了从整体上了解会计准则变革对企业债务融资成本的影响，本部分首先对样本公司总体进行了回归分析。

（一）样本总体分析

表 2 列示了样本总体回归分析结果，模型 1 仅控制了行业虚拟变量，模型 2 仅控制了年度虚拟变量，模型 3 同时控制了行业和年度虚拟变量，而模型 4、模型 5、模型 6 在加入了公司治理变量以后分别控制了行业、时间以及行业和时间同时予以控制。从所报告的检验统计量可知，F 统计量的值表明相关回归在 1% 的水平上显著，由于在回归时加入了稳健性选项，因而仅报告了 R^2 值，报告的 R2 值说明这些因素能在一定程度上解释债务融资成本的变化。

表 2　样本总体回归分析结果

项目	模型 1	模型 2	模型 3	模型 4	模型 5	模型 6
Constant	0.0477***	0.0473***	0.0470***	0.0454***	0.0442***	0.0442***
	(0.000)	(0.000)	(0.000)	(0.000)	(0.000)	(0.000)
DA	0.0022**	0.0021**	0.0021**	0.0026**	0.0025**	0.0024**
	(0.031)	(0.041)	(0.044)	(0.014)	(0.018)	(0.021)
DA*NEW	0.0035*	0.0056**	0.0055*	0.0033*	0.0056*	0.0054*
	(0.055)	(0.048)	(0.051)	(0.078)	(0.053)	(0.061)
Ledebt	0.0075***	0.0076***	0.0075***	0.0073***	0.0074***	0.0073***
	(0.000)	(0.000)	(0.000)	(0.000)	(0.000)	(0.000)
Lev	− 0.0003	− 0.0001	0.0001	0.0008	− 0.0006	0.0005
	(0.822)	(0.941)	(0.950)	(0.586)	(0.675)	(0.703)
Size	− 0.0015***	− 0.0015***	− 0.0015***	− 0.0014***	− 0.0013***	− 0.0012***
	(0.000)	(0.000)	(0.000)	(0.000)	(0.000)	(0.000)
ROE	− 0.0002***	− 0.0002***	− 0.0002***	− 0.0002***	− 0.0002***	− 0.0002***
	(0.000)	(0.000)	(0.000)	(0.000)	(0.000)	(0.000)
Grow	0.0017***	0.0017***	0.0018***	0.0017***	0.0016***	0.0017***
	(0.000)	(0.000)	(0.000)	(0.000)	(0.000)	(0.000)

续表

项目	模型 1	模型 2	模型 3	模型 4	模型 5	模型 6
Fixass	-0.0211^{***} (0.000)	-0.0209^{***} (0.000)	-0.0209^{***} (0.000)	-0.0213^{***} (0.000)	-0.0212^{***} (0.000)	-0.0212^{***} (0.000)
Intcov	$-2.5e-06^{*}$ (0.090)	$-2.55e-06^{*}$ (0.082)	$-2.54e-06^{*}$ (0.084)	$-2.41e-06^{*}$ (0.086)	$-2.47e-06^{*}$ (0.077)	$-2.46e-06^{*}$ (0.079)
Prime	0.0001 (0.907)	0.0002 (0.774)	0.0002 (0.765)	0.0001 (0.708)	0.0002 (0.738)	0.0003 (0.717)
Age	0.0020^{***} (0.002)	0.0017^{**} (0.039)	0.0016^{**} (0.041)	0.0017^{**} (0.012)	0.0016^{**} (0.045)	0.0016^{**} (0.050)
Herf				-0.0038^{*} (0.067)	-0.0032 (0.118)	-0.0033 (0.108)
Dual				-0.0003 (0.590)	-0.0004 (0.445)	-0.0004 (0.515)
Indu	控制		控制	控制		控制
Year		控制	控制		控制	控制
F 值	60.70	71.59	46.07	55.00	64.06	42.82
R2	0.1730	0.1755	0.1767	0.1775	0.1795	0.1810

注：(1) 表中的回归结果均经过 White 异方差稳定性修正；(2) *、**、*** 分别表示相关系数在 10%、5%、1% 水平上显著。(3) 表中的回归上方标注的是回归系数，括号中为 P 值。

结果显示 DA 与债务融资成本是显著正相关的（P＜0.01），DA 值高的公司（会计信息质量低）比 DA 值低（会计信息质量高）的公司债务融资成本更高，上述回归结果表明会计信息质量高的企业，外部债权人与企业内部人之间的信息不对称程度越低，债权人在对企业的实际经营状况比较了解的情况下面临的不确定性就越小，因而其索要的风险溢酬就越小，因而企业的债务融资成本就越低。会计信息质量的代理变量与时间虚拟变量的交乘项 DA*NEW 与债务融资成本显著正相关（P＜0.05），这说明会计准则变革所带来的会计信息质量的变化能够加强会计信息质量与债务融资成本之间的负向关系，也就是说会计准则的变革带来的会计信息质量的提高进一步加强了债权人对企业的了解，因而企业的债务融资成本更低，而会计信息质量低的企业进行债务融资时其成本相对较高，交乘项的结果显示准则变革显著加强了原本存在于会计信息质量与债务融资成本之间的负相关关系，这便验证了我们的假设 1，即新会计准则变革所导致的会计信息质量的变化会降低企业的债务融资成本。

（二）按产权性质分类

在我国的上市公司中，国有控股的上市公司占大部分，由于预算软约束问题的存在，政府通过信贷配给和计划控制利率等手段维持不良企业的生存，这便使得债务融资的风险与企业的财务状况关联性不大。因而此处分别国有控股上市公司和非国有控股上市公司进行研究。

表 3　国有控股样本回归分析结果

项目	模型 1	模型 2	模型 3	模型 4	模型 5	模型 6
Constant	0.0443*** (0.000)	0.0605*** (0.000)	0.0612*** (0.000)	0.0436*** (0.000)	0.0616*** (0.000)	0.0619*** (0.000)
DA	0.0005 (0.552)	0.0002 (0.787)	0.0004 (0.634)	0.0005 (0.597)	0.0002 (0.842)	0.0004 (0.675)
DA*NEW	0.0017 (0.717)	0.0020 (0.678)	0.0016 (0.739)	0.0013** (0.793)	0.0009* (0.850)	0.0013 (0.791)
Ledebt	0.0048** (0.035)	0.0047*** (0.036)	0.0047** (0.035)	0.0042* (0.075)	0.0041* (0.080)	0.0041* (0.080)
Lev	0.0080*** (0.001)	0.0073*** (0.003)	0.0075*** (0.002)	0.0096*** (0.000)	0.0090*** (0.000)	0.0092*** (0.000)
Size	−0.0012*** (0.001)	−0.0013*** (0.001)	−0.0012*** (0.001)	−0.0011** (0.004)	−0.0012*** (0.002)	−0.0011*** (0.003)
ROE	−0.0002*** (0.000)	−0.0002*** (0.000)	−0.0002*** (0.000)	−0.0002*** (0.000)	−0.0002*** (0.000)	−0.0002*** (0.000)
Grow	0.0015*** (0.001)	0.0016*** (0.001)	0.0016*** (0.001)	0.0014*** (0.007)	0.0013*** (0.009)	0.0013*** (0.009)
Fixass	−0.0295*** (0.000)	−0.0302*** (0.000)	−0.0210*** (0.000)	−0.0295*** (0.000)	−0.0304*** (0.000)	−0.0300*** (0.000)
Intcov	−2.41e−04*** (0.000)	−2.38e−04*** (0.000)	−0.2.41e−04*** (0.000)	−2.49e−04*** (0.000)	−2.46e−04*** (0.000)	−2.49e−05*** (0.000)

续表

项目	模型 1	模型 2	模型 3	模型 4	模型 5	模型 6
Prime	0.0005 (0.274)	0.0024* (0.095)	0.0023 (0.102)	0.0005 (0.382)	0.0026* (0.082)	0.0025* (0.090)
Age	0.0015 (0.221)	0.0013 (0.451)	0.0013 (0.471)	0.0011 (0.364)	0.0014 (0.433)	0.0012 (0.484)
Herf				−0.0002 (0.975)	0.0018 (0.706)	0.0014 (0.789)
Dual				0.0023** (0.029)	0.0023** (0.028)	0.0023** (0.031)
Indu	控制		控制	控制		控制
Year		控制	控制		控制	控制
F 值	27.62	33.71	21.68	24.78	29.13	19.84
R2	0.2685	0.2731	0.2767	0.2754	0.2806	0.2841

注：(1) 表中的回归结果均经过 White 异方差稳定性修正；(2) *、**、*** 分别表示相关系数在 10%、5%、1% 水平上显著。(3) 表中的回归上方标注的是回归系数，括号中为 P 值。

表 3 对国有控股上市公司样本进行了回归分析。从回归结果可以看到，在上表的所有回归中，会计信息质量（DA）的系数为正，但并不显著，这说明当国有控股上市公司进行债务融资时，会计信息质量的高低不会对其债务融资成本产生影响。会计信息质量与时间虚拟变量的交乘项也为正，但是在统计上也不显著，这说明对于国有控股上市公司来说会计准则变革带来的会计信息质量的变化不能够强化财务报告披露质量与债务融资成本之间的负相关关系。

表 4 非国有控股样本回归分析结果

项目	模型 1	模型 2	模型 3	模型 4	模型 5	模型 6
Constant	0.0409*** (0.000)	0.0347*** (0.000)	0.0340*** (0.000)	0.0379*** (0.000)	0.0314*** (0.000)	0.0309*** (0.000)
DA	0.0026** (0.039)	0.0025* (0.046)	0.0026** (0.039)	0.0030** (0.018)	0.0029** (0.021)	0.0030** (0.018)

续表

项目	模型 1	模型 2	模型 3	模型 4	模型 5	模型 6
DA*NEW	0.0073** (0.025)	0.0066** (0.042)	0.0069** (0.035)	0.0076** (0.020)	0.0069** (0.034)	0.0073** (0.027)
Ledebt	0.0084*** (0.000)	0.0084*** (0.000)	0.0083*** (0.000)	0.0083*** (0.000)	0.0083*** (0.000)	0.0083*** (0.000)
Lev	0.0014 (0.352)	0.0015 (0.335)	0.0015 (0.320)	0.0016 (0.293)	0.0016 (0.299)	0.0017 (0.273)
Size	−0.0013*** (0.000)	−0.0012*** (0.000)	−0.0012*** (0.000)	−0.0012*** (0.000)	−0.0011*** (0.000)	−0.0011*** (0.000)
ROE	−0.0002*** (0.000)	−0.0002*** (0.000)	−0.0002*** (0.000)	−0.0002*** (0.000)	−0.0002*** (0.000)	−0.0002*** (0.000)
Grow	0.0014*** (0.000)	0.0014 (0.001)	0.0014*** (0.000)	0.0013*** (0.002)	0.0013*** (0.003)	0.0013*** (0.002)
Fixass	−0.0193*** (0.000)	−0.0189*** (0.000)	−0.0189*** (0.000)	−0.00198*** (0.000)	−0.0194*** (0.000)	−0.0194*** (0.000)
Intcov	−1.98e−06* (0.072)	−2.06e−06* (0.059)	−2.05e−06* (0.062)	−1.89e−06* (0.066)	−1.99e−06* (0.054)	−1.97e−06* (0.057)
Prime	−0.0002 (0.478)	0.0007 (0.355)	0.0006 (0.373)	0.0003 (0.318)	0.0006 (0.453)	0.0005 (0.488)
Age	0.0028*** (0.000)	0.0023** (0.011)	0.0023** (0.012)	0.0027*** (0.000)	0.0025*** (0.007)	0.0025*** (0.007)
Herf				−0.0028 (0.196)	−0.0021 (0.034)	−0.0021 (0.333)
Dual				−0.0005 (0.473)	−0.0003 (0.643)	−0.0003 (0.621)
Indu	控制		控制	控制		控制
Year		控制	控制		控制	控制
F 值	43.15	51.61	33.37	39.52	46.14	31.23
R2	0.1715	0.1758	0.1775	0.1793	0.1823	0.1848

注：(1) 表中的回归结果均经过 White 异方差稳定性修正；(2)*、**、*** 分别表示相关系数在
　　10%、5%、1% 水平上显著。(3) 表中的回归上方标注的是回归系数，括号中为 P 值。

表 4 就非国有控股上市公司的样本进行了多元回归分析。在非国有控股上市公司的样本中，会计信息质量与债务融资成本之间的系数是正的，并且至少在 10% 的水平上显著。这说明对于非国有控股的上市公司来说，财务报告所反映的企业财务状况的真实性对债务融资成本有重要的影响。同时，会计信息质量与时间虚拟变量的交乘项的系数也是正的，并且在 10% 的水平上显著，这说明会计准则变革所带来的会计信息质量的变化加强了财务报告质量与债务融资成本的负相关关系，有利于财务报告质量更高的非国有控股上市公司以更低的融资成本取得债务。

五、稳健性检验

上述的回归均基于混合样本进行分析，接下来将使用基于面板数据的双向固定效应模型，以控制潜在的内生性。此处使用的双向固定效应模型可以控制不可识别的异质性和公司的时间特征影响因素。回归结果显示，在控制了不可察觉的异质性后，在非国有控股的上市公司中会计信息质量及会计信息质量与时间变量的交乘项的系数均为正，并且在 10% 的水平上显著。虽然会计信息质量及会计信息质量与时间变量的交乘项在国有控股上市公司的系数也为正，但并不显著，得到的结果与先前的回归结果并无二致。

六、实证研究结论

本文以 2002—2011 年我国 A 股上市公司的数据为样本，研究的目的是检验会计准则变革是否能对企业的债务融资成本产生影响，即新会计准则实施所带来的会计信息质量的变化是否会降低企业的债务融资成本，降低潜在的财务风险。

结论显示会计准则变革带来的会计信息质量的变化会对非国有控股上市公司的债务融资成本产生影响，而对国有控股上市公司来说其影响并不明显。会计准则变革带来的会计信息质量的变化能够使得会计信息质量高的非国有控股上市公司以更低的融资成本取得债务融资。通过稳健性检验可知，本部分的结果是稳健的，并不因模型类型的选择而有所差别。

（燕玲，女，汉族，国际商学院讲师，主要从事公司理财与管理控制研究。本文发表于《财经问题研究》2014 年第 11 期）

微博反腐的底层规制与顶层设计

叶兴艺

中国共产党第十八次全国代表大会报告指出："反对腐败、建设廉洁政治，是党一贯坚持的鲜明政治立场，是人民关注的重大政治问题。这个问题解决不好，就会对党造成致命伤害，甚至亡党亡国。"胡锦涛对腐败危害的高度警惕，以及习近平等新一届领导人所表现出的和腐败势不两立的决绝态度，使得海内外对十八大后的反腐举措充满了期待。尤其是近期一系列反腐措施的出台，不论是"老虎苍蝇一起打"的反腐广度，还是标本兼治、治标为先的反腐策略，种种迹象表明，"把权力关进制度的笼子里"的高压反腐举措愈加深入人心。而自 2010 年微博元年后，微博反腐这一新兴反腐方式登上历史舞台，在反腐倡廉的建设中发挥着越来越重要的作用，也进一步扩大了权力监督的空间。由于微博本身缺少自律性以及法律的管控，所以还需要科学的理论设计及法律规范。

一、微博反腐的特点

关于什么是微博反腐，本文认为微博反腐就是掌握腐败线索的个人或组织通过微博以匿名或者公开、半公开身份的方式将腐败问题曝光出来，从而引起社会以及政府、纪检部门的关注，达到履行监督职能及对腐败问题形成有效的预防与惩戒的新型反腐模式。所以说微博反腐是社会管理创新的具体体现，是营造民主参与与民主监督氛围、检举揭发和遏制腐败的新形式。

（一）时效性

微博作为即时信息发布工具，其信息传播速度是不容置疑的。所以说用"裂变式"的传播速度来概括不足为奇。在裂变式的传播过程中，微博可以通过"转发"、"评论"、"回复"的方式向更多的粉丝、好友及有影响力的知名人士（大 V）传播信息，信息的衍生只要几秒就可以完成，这是其他反腐手段不可比拟的。

（二）安全性

网络世界的虚拟性决定了网民个体的相对安全性，正是如此，网民可以采取匿名或者利用虚假的身份发布反腐信息，从而避免微博中揭露出的相关当事人的打击报复，这种隐蔽性在一定程度上保护了举报者的人身安全，从而引导更多的人参与到微博反腐中来。但是这种隐蔽性也阻碍了纪检部门深入调查取证，不利于第一时间与举报人取得联系，获取腐败线索。另一方面也给别有用心之人提供了发布虚假信息、造谣生事的温床。

（三）成本性

微博反腐具有天生的成本优势，举报人只需一个网络发射端，可以是一部能上网的手机或者是一台能上网的电脑，之后在微博上注册个人账户即可发布微博信息，并且随时随地更新发布反腐线索，引起更多网友的转发，扩大了反腐传播范围，从而达到了反腐的目的。其成本优势远远低于上访、电话举报等反腐手段。所以更容易受到广大民众的青睐。

（四）威慑性

正是由于微博反腐具有时效性、安全性、成本性的优势，才决定了其对腐败问题的威慑作用。微博已成网民反腐的首选工具，也为网民提供了表达意见的平台。碎片化信息汇聚成话语权，成为持之有据的民意诉求，而这种民意力量，通过传统媒体传播放大后，侵入行政议程，源源不断地释放动能。所以说很多的官员对微博有很强的畏惧心理，害怕个人隐私、工作疏漏、生活状况被公布于众，接下来会形成排山倒海的舆论压力。可想而知，微博反腐对于官员及公务人员的行为具有很强的约束力，时刻提醒着他们要秉公办事，严于律己。

二、微博反腐的现状及问题

（一）现状

随着信息技术的发展，尤其是网络信息技术的推广与应用，我国的互联网发展水平呈现出迅猛发展的态势。公民获取信息的自主性、选择信息的随意性、发布信息的广泛性明显增强。而微博这种新兴网络传播方式日益受到了广大草根阶层的青睐。截止到2013年9月，中国网民数量达到6.04亿，互联网普及率达到45%，超过世界平均水平；移动互联网用户达到8.28亿。而截止到2013年3月底，新浪微博注册用户数增长到5.36亿，比2012年底增加了6.6%。截止到2013年10月底，新浪平台认证的政法微博总数已达24270个，其中包含17279个政法机构微博和6991个政法官员微博。纪检监察机关开设政务微博，在党风廉政建设和反腐败工作中发挥了积极作用。已开通的省级纪检微博包括上海市纪委、广西壮族自治区纪委、湖南省纪委；副省级纪检微博包括南京、广州、宁波、成都4个城市；广东省中山市纪委、四川省宜宾市纪委、河南省漯河市纪委、山西省晋城市纪委等还开通了政务微博群。这些微博形成了上下联动、快速回应、办理群众诉求的工作机制。各地公、检、法、司等政法微博对网络举报都保持了密切关注态势，不少司法机关在舆情中能够积极介入。近年来微博逐渐成为民众反腐举报的重要途径，如"表哥杨达才"贪污受贿案和罗昌平微博实名举报刘铁男事件。根据2013年8月在北京举行的"廉洁、高效、智慧"政府高峰论坛上提供的数据，自2004年到2013年2月，中国网络反腐事件共计217例，其中24%是通过微博曝光的。

与官方开通微博进行反腐工作相对的是民间反腐这只不容忽视的监督力量。民间反腐正是微博反腐的助推器，随之产生的是以行业或者反腐地域命名的微博，如"地产反腐"、"医疗反腐"、"河南反腐"、"福州反腐反贪"。

有的则以反腐组织的形式命名，如"反腐三剑客"、"反腐老干部"、"反腐工作室"、"反腐联盟"等等。正是官方和民间微博反腐这两部分才构成网络反腐的主阵营。一方面，官方政法微博的开通，拓宽了政法纪检部门反腐的渠道，有利于收集更多的线索，一定意义上减轻了现实中信访工作的压力。也加强了对互联网反腐倡廉宣传教育的指导和管理，表明党中央借助网络治理腐败问题的决心。另一方面，民间微博反腐力量的出现，扩大了民众的话语权，政府及媒体的目光都聚焦到微博当中来，更加关注民众的意见，从而转变了政府的工作方式，拉近了干群的关系。而一件件腐败事件在微博上的曝光，从曝光到纪检部门的介入调查最终到腐败官员被绳之以法，时间的距离大大被缩短了，监督权得到了有效的实施，对官员腐败、权力寻租一定意义上起到了遏制的作用。微博的兴起让每一名公民都参与到了反腐运动中来，每个人都是新闻的报道者，公民的话语权开始得到了真正意义上的释放，一些弱势群体也拥有了更多寻求帮助的渠道。

（二）问题

微博反腐是把双刃剑。微博反腐作为网络媒体的舆论监督，也作为颇具"中国特色"的舆论监督形式，是在传统媒体舆论环境日益恶化和个体权利意识逐渐觉醒的双重背景下逐渐兴起的。在转型期的中国，以微博反腐为代表的网络舆论监督不仅具有约束公权、遏制腐败等舆论监督的作用，更有着催生公民社会、倒逼政治改革或提升政治文明的重要社会意义。但不论对于新闻业的推动，还是对于社会制度的改进，微博反腐的舆论监督作用都是有限的，而且微博反腐本身也存在诸多问题，应理性审视。

1. 流程不健全

通过对已曝光的微博反腐事件的研究发现，反腐的流程近乎相似，都是掌握腐败线索的个人通过微博将相关事件公之于网络，部分微博网友将此微博大量转发并 @ 各种微博名人也就是所谓的大 V 们，事件进一步得到了广泛的传播和发酵，从而引起了政府和纪检部门的关注，在很快的时间内，政府和纪检部门介入调查相关事件，并对涉案人员进行党纪、法律的惩处。所以说我国的微博反腐还属于起步阶段，从信息的曝光、收集、筛选、调查取证及信息反馈等各个环节都具有随机性，并且缺乏科学的规范与指导，政府和纪检部门属于被动的接收和处置相关腐败事件，这种被动性不利于反腐工作规范有序地进行。这也在一定程度上反映出政府与人民群众之前缺少必要的沟通桥梁。

2. 缺少法律和制度规范

法制是善治的前提，没有法制就不可能有善治。微博反腐在我国是一个全新的概念、理念和模式，它的制度化程度还比较低，一些法律法规还处于空白状态。目前，尽管我国在这方面做了大量的工作，出台了一系列关于互联网管理的法律法规，诸如《互联网上网服务营业场所管理条例》、《互联网信息服务管理方法》、《互联网电子公告服务管理规定》、《全国人大常委会关于维护互联网安全的决定》，以及中国互联网协会发布的《文明上网自律公约》等等。但是，由于这些法律法规所构成的网络反腐监督和保障机制尚不够完善。一是一些重要的监督规范如《侵权责任法》、《公务员财产公示法》、《举报者权益保护法》等还没推出，使一些重要的监督活动缺乏法律依据，无所适从；二是既有的一些监督规则措词笼统，缺乏清晰明确的标准和可供操作的细则。诸如社会监督与造谣诽谤、政务公开与党政机密、隐私权与知情权、言论自由与人身攻击等，没有明确的法律法规对其界定。

3. 信息真实性偏失

由于网络世界的不确定性和规范性的缺失，微博存在信息真实性及可信度偏失的倾向。微博信息发布的匿名和隐蔽性，个人信息发布的随意性，所以信息的发布真实性存在质疑，这给一些别有用心之人提供了可乘之机。个别人在现实世界中不能发泄的情绪完全转移到了网络世界中来，造谣生事，唯恐天下不乱，因此滋生了许多假新闻，造谣的腐败事件。在反腐举报中，不免有人为达到个人目的，虚构造谣某一事件来诋毁他人名誉，导致他人正当利益受损。信息真实性的偏失，一方面，某些人滥用言论自由的权利，造谣生事，误导他人，虚假的信息传播，容易煽动人民不良情绪，恶劣的话还会造成网络群体性事件，也给当事人造成了名誉及正当利益的侵害。另一方面，虚假微博的传播，浪费了公共资源，纪检部门将更多精力投入到虚假信息调查中来，最终调查后才发现是虚假线索，影响了反腐工作的正常进行。

4. 非理性倾向

由于微博舆论自身存在很大的局限性和非理性因素，容易受到道德观、价值观、自身利益等因素的影响。当一些突发事件或社会热点问题通过微博迅速地传播时，由于网民素质参差不齐，受到情绪化的倾向和从众心理影响，通常无法站在客观公正的立场，只是一味宣泄对社会的不满情绪，容易造成一定的负面影响。而另一方面由于大多数网民缺乏专业的反腐知识及技能，在曝光一些线索时，极容易打草惊蛇，使腐败分子有所准备，从而给反腐机构的调查工作带来困难。

三、微博反腐模型的建立

通过对微博反腐特点、微博反腐现状及微博反腐存在的问题的分析，微博反腐的出发点和落脚点还应该在利用微博对权力形成真正的监督与约束，在对微博反腐的内在机理、特点与趋势充分了解的情况下，还需建立官民互动的新型监督模式。在对微博底层进行法律和道德规范后，还需要完善相应的顶层设计，形成科学性、针对性和有效性的微博反腐体系。

（一）腐败的内涵

1. 腐败的定义

关于腐败的定义，学术界以及各种研究机构给出的定义数不胜数，至今也没有一个统一的答案。根据透明国际对腐败的最新定义：滥用委托权力谋取私人利益。国际货币基金组织将腐败定义为："腐败是滥用公共权力以谋取私人利益。"不管如何定义，归根结底是公职人员利用公共权力以权谋私而进行的寻租行为。

2. 腐败的成因

腐败的产生取决于两个因素：一个是腐败的动机，可以认为是主观原因；另一个是腐败的环境或条件，也可以概括为客观原因。二者缺一不可。

利用成本－收益法来分析腐败的成因，在经济学家看来，人的基本行为动机没有什么不同，都是追求效用最大化。经济人在追求效用最大化的过程中，一切给他们带来负效用的因素，都要列入其行为成本。即成本是为了获得收益而付出的代价，它同时具有机会成本的特性。而交易过程中，还会产生度量、界定和保证产权的成本等，总之，所有的交易成本都表现为人力成本、物力成本和财力成本，其次还有隐形成本，也就是心理成本。综上所述，腐败行为的成本函数可表示为：

$$C = C_1 + C_2 = f(r, w, c) + f_2(p, q, d)$$

式中 C_1 为交易成本，它包括所消耗的人力 r、物力 w 和财力 C；C_2 为心理成本，它由机会主义行为被查出的概率 P、发生的次数 q 和处罚强度 d 所决定。而微博反腐作为一种权力监督的方式直接影响着腐败发生的心理成本，呈现出正相关性。

在腐败的需求曲线图中，横轴表示腐败的数量，纵轴表示腐败的价格。由于当行贿金额较少就可以办成事时大家都会来行贿，所以，腐败的数量就会增加，即腐败的数量与腐败的价格成反比，这在图形中表现为一条向右下倾斜的直线。

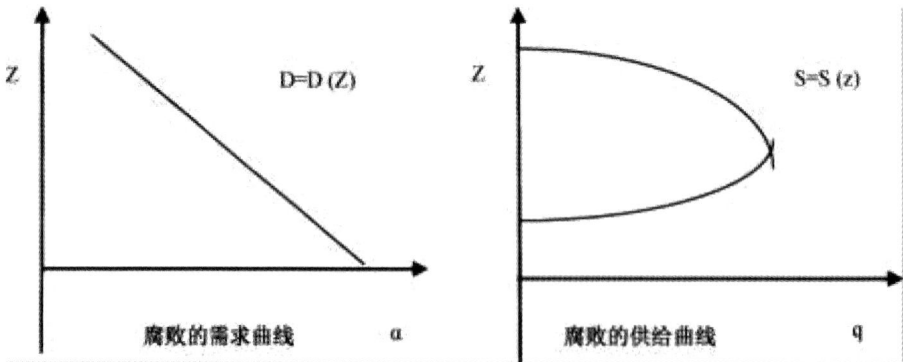

图 1　腐败的需求与供给曲线

在腐败的供给曲线图中，横轴表示腐败的数量，纵轴表示腐败的价格。传统的供给曲线在这里并不完全成立，因为，对于官员的惩罚而言，当贿赂金 Z 达到一定水平后，惩罚的程度就会大大加重，且被发现的概率也会增加，使其预期受罚的代价会急速上升。

（二）微博反腐模型的构建

在对腐败的内涵分析之后，我们不难发现，腐败问题的出现，一方面是对权力缺少必要的监督及约束，另一方面则是政府与公众之间缺少必要的沟通桥梁。新中国成立以来，我国的反腐历程经历了"运动反腐模式"、"权力反腐模式"、"制度反腐模式"的变迁，而现阶段，我国处于"权力反腐模式"向"制度反腐模式"的过渡阶段。而一般情况下，"权力反腐模式"被认为是最佳的反腐模式，因为权力反腐是来自内部的反腐，可以从根源上治理和杜绝腐败现象的产生。实则不然，单纯依靠党内主导的自上而下的反腐模式，虽然能对腐败现象达到遏制的作用，但是它缺少人民代表大会以及社会力量、媒体的有效监督。还属于单一的反腐模式。

同时，"权力反腐"的主体和客体具有同质性，监督过程在权力系统内部进行，其具体活动往往不具备公开性，而是在封闭体系内部进行的同体监督或自我监督。上述两方面的原因，使"权力反腐"产生封闭化的倾向。所以，在治理腐败的过程中，绝对不能忽视公众的监督，而微博则是公众监督的主要利器之一。因此，必须合理规范、科学设计及协调公众监督与政府部门的关系。

现阶段微博反腐的过程，可以归纳为：掌握腐败线索的人在微博上发布信息—该微博得到转发，影响力扩大—政府或纪检部门介入调查—事实确凿，当事人被绳之以法。

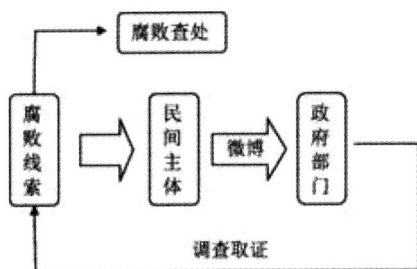

图 2　微博反腐流程图

从上述的"微博反腐流程"中，我们可以看出，在微博反腐的同时，有两个弊端不可避免：一方面，公民利用微博进行反腐的同时，说明了沟通方式的单一性，虽然微博是较好的反腐方式之一，但是其他反腐方式也可供选择。另一方面，政府部门以及纪检部门在接收腐败线索时，完全属于被动接收，尤其是某些地方政府，在面对微博网络突如其来的腐败情况曝光时，一时间乱了阵脚，不能在第一时间对腐败问题进行合理的处置，从而网络上谣言四起，给政府部门带来了很大的负面影响。这也暴露出政府部门面对网络突发事件的短板。

通过综合分析，我们将德国著名社会学家尤根·哈贝马斯的"沟通行动理论"以及荷兰德尔福特技术大学教授 H.A. 德·布鲁金教授关于政策网络的研究观点引入到"微博反腐"治理中来，从理论层面来探究微博反腐的新途径。首先，布鲁金教授给出了一个"政策网络"的观点，而政策网络就是参与某一政策问题的相关行为者的集合，包括管理者与目标群体两个方面。政策网络中的个体又具有多元一致、独立性及相互依赖性。如何进行政策网络的管理，达到较好的治理效果，布鲁金教授给出了对政策网络的三个治理层面。

对于具体的利用政策工具，其给出了三组方法：沟通工具、多边政策工具、激励。所谓沟通工具就是进行知识和信息的交换，沟通政策工具可以是单边的也可是多边的，也就是说，政策制定者与目标群体交换信息可能导致双方互利。多边政策工具则是管理者对目标群体施加的一些义务。而激励则是分为积极和消极两部分，目的是改变目标群体的"知解漏斗"。战术层面上，又可分为：双边和多边治理、直接与间接的治理、一般治理与微调、慢与快的治理。从网络层面也就是战略层面上，是通过多元一致性、独立、互赖性来改变网络特征的可能性。

基于以上理论，对于微博反腐则有了更进一步的探讨，首先，可以明确微博反腐涉及的两个主体即管理者与目标群体也就是政府部门与公众。如何利用政策工具，作为政府部门，首先要创造一个良好的网络环境，给网民提供一个可以进行权力监督的平台，公民在这个平台上可以畅所欲言，让更多人参与到微博以及网络中来，为反腐倡廉建设建言献策。接下来最重要的是怎样沟通。"沟通理性"是哈贝马斯的一个观点，它是一种体现了自由、平等的启蒙理想的权利形式，能潜在地抗衡现代社会结构的行政和战略权力。沟通行动的目的是行动者为了协调相互之间的行动而进行的行动，这种协调又是行动者相互之间以语言为中介，通过相互沟通而达到的；也可以说，沟通行动是人们相互之间的一种运用语言进行沟通的行动，是使用语言的行动，即言语行动。而作为行政主体的政府部门，必须建立一种与民众相互交流的新途径，学会去倾听来自民间的声音，合理解决人民的诉求，比如说完善信访制度、听证会制度等。而微博也是政府与民众沟通的良好平台，作为政府的各部门都应建立自己的官方微博，发布政策咨询、民生解答等信息。做到官方微博领导负责制，专人专管，及时解决民众诉求。而在战术层面上做到"聪敏地"利用政策工具，则是利用信息技术，发展信息技术，如可以建立专门适应微博反腐机制的信息监管机构，对微博网络形成有效的监管，在规避虚假信息的同时，还应合理处置真实的反腐线索，做到有的放矢。最终在网络层面上，做到有针对性的治理，不同问题有不同治理的办法，适时调整政策。因此，微博反腐的最终模型可以形成：

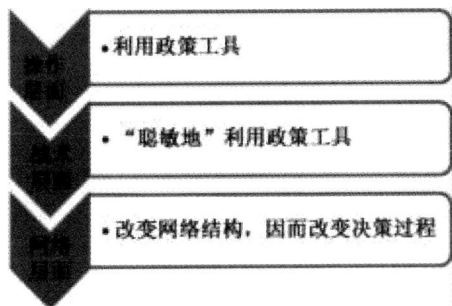

图 3　微博反腐模型

四、加强微博反腐的政策与建议

微博作为信息时代的必然产物，正以它强大的生命力蓬勃地成长。由于微博反腐是新生事物，在合理利用微博进行反腐的同时，也需要正确的引导和科学的管理。在推进微博反腐实效的进程中，加强对微博反腐的立法工作、正确定位，形成科学规范的反腐模式，建立相应的技术信息保障，从而为我国的反腐之路奠基。

（一）正确定位微博反腐地位，推进政务公开

微博是信息时代的新产物，其产生和发展有其必然性。政府部门应正视微博反腐的作用，正确定位微博反腐的地位，引导广大的公务员队伍理性看待微博反腐的存在，转变观念，明确微博反腐的有效性。在充分了解微博反腐的特征以及内在机理的基础上，各有关部门还应设立本单位的官方微博，融入到微博中来，利用微博进行电子政务建设，形成与微博网民信息沟通的新途径以及社会监督的新方式。适时推进政务公开，拉近与人民群众直接的距离，改善干群关系，及时处理微博网民提出的问题。做到"阳光下"的执政。

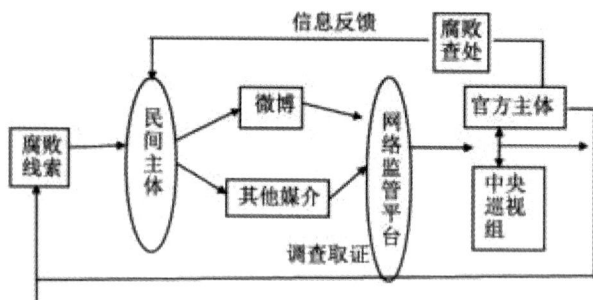

图 4　多元微博反腐模型

（二）完善微博反腐立法工作，做到有法可依

现阶段，微博反腐缺少相应的法律法规的约束，所以滋生了许多利用微博反腐进行造谣生事、人身攻击、人肉搜索、诈骗勒索的问题。这不仅侵犯了他人的名誉权，还给正常的微博反腐工作带来很大的影响，浪费了更多的公共资源投入到虚假的信息查证中。而目前我国关于微博相关的法律法规处于空白阶段，一方面通过微博反腐的人身安全不能得到保障，许多贪腐的官员会利用各种关系揪出举报人，必将对举报人进行打击报复，这一定程度上削弱了广大网民利用微博反腐的积极性。另一方面，某些官员会因得罪他人，遭到他人在网络上的诬陷，这也损害了其正当的权益。所以当务之急还是应该尽快出台《侵权责任法》、《公务员财产公示法》、《举报者权益保护法》

以及《网络反腐法》等，切实保障公民通过微博表达个人意愿及进行反腐的合法权益，确保微博反腐的各个环节有法可依。

（三）科学合理规范微博反腐，建立反腐秩序

建立规范的微博反腐流程，离不开科学的合理规范。只有用科学的理论做指导，微博反腐的有效性才能发挥到极致。而科学的微博反腐流程，也不是一成不变的，应该是针对微博反腐中所出现的问题作出调整。所以，我们首先必须充分了解微博反腐的内在机制、特点以及微博反腐的优势及弊端，在此前提下，科学设计微博反腐流程、应急机制、处置机制和反馈机制。在微博反腐的应急机制中，首要做到的是对微博反腐的监测机制，在微博反腐线索曝光出时，作出迅速的判断，虚假信息应迅速规避，避免出现虚假信息误导民意，出现网络群体事件。而对核实确有其事的腐败问题，应及时上报，从而给纪检部门深入调查、掌握第一手信息创造有利时机。而对于故意发布虚假信息的人，给予相应的法律处罚。处置机制表现在纪检部门或政府部门在处理腐败问题时，要本着对人民负责的态度，对腐败问题必须严惩不贷，决不能姑息纵容，也就是做到党中央提出的"老虎苍蝇一起打"的惩罚力度。对于地方政府部门不能处置的问题也要及时上报给上级纪检部门或者中央巡视组。在处置发生后，也要第一时间将腐败处置结果反馈给民众，这样不仅树立了各部门惩处腐败问题的决心，也保障了民众的监督权和知情权。

（四）加强微博道德舆论建设，提升公民意识

在加强建设社会主义核心价值体系的同时，也要普及对网络及微博的道德舆论的宣传，不断提升公民的法律意识、道德意识。让每一名网民都倍加珍惜自己的话语权，明确个人的责任与义务。约束自己的言行，不被错误虚假的舆论导向所误导，做到不信谣、不传谣。形成网上舆论道德氛围，建设良好和谐的网络环境。每一名网民在行使自己网络监督权利的同时，也要为政府公共政策的制定及反腐倡廉工作建言献策。此外，还要注意培养意见领袖，因为他们具有强大的话语权，一定程度上可以左右舆论导向的发展。所以充分发挥名人、明星的意见领袖作用，通过积极客观的发布与转发，利

用粉丝产生的传播效应和二次传播效应与网民媒体之间形成互动，引导舆论的正确走向。

（叶兴艺，男，汉族，经济管理学院教授，主要从事政治学理论与民族地区政府管理研究。本文发表于《北京电子科技学院学报》2016 年第 3 期）

文学·历史研究

甲骨文时间表达式"A 向 B"研究

郭仕超　喻遂生

甲骨文里有"❀、❀"等形的字，对该字形进行考释的学者有：孙诒让先生首先释"豊"①，叶玉森先生释"禋"②，郭沫若先生释"蚀"③，唐兰先生释"良"④，于省吾先生释"盟"⑤，饶宗颐先生释"壹"读为"暨"⑥，徐中舒先生释"鏗"⑦，连邵名先生释"血"⑧，裘锡圭先生释"皿"读为"嚮"⑨，曹定云先生释"敦"⑩，等等。可谓众说纷纭，至今尚无定论。

本文重点讨论的是该字用于两个相临干支间的用法，如"甲子❀乙丑"。张秉权先生指出此字的一种用法是介于二个相连的干支日名之间，似乎是当作连接词用。⑪ 德效骞氏（Homer H. Dubs）在张说的基础上，认为该字很可

---

① 孙诒让：《契文举例》，蟬隐庐印行 1927 年版，第 22 页。

② 叶玉森：《殷契钩沉》，富晋书社 1919 年版，第 5 页。

③ 郭沫若：《甲骨文字研究 [第十五释]》（上册），大东书局 1931 年版，第 1—5 页。

④ 唐兰：《殷墟文字记》，中华书局 1981 年版，第 54—57 页。

⑤ 于省吾：《双剑誃殷契骈枝续编》，虎坊桥大业印刷局 1941 年版，第 27—30 页。

⑥ 饶宗颐：《殷代贞卜人物通考》，香港中文大学出版社 1959 年版，第 86 页。

⑦ 徐中舒：《甲骨文字典》，四川辞书出版社 1988 年版，第 1485—1487 页。

⑧ 连劭名：《甲骨刻辞中的血祭》，《古文字研究》（第 16 辑），中华书局 1989 年版，第 49—50 页。

⑨ 裘锡圭：《释殷虚卜辞中的"❀""❀"等字》，《第二届国际中国古文字学术讨论会论文集》，香港中文大学中文系，1993 年，第 73—94 页。

⑩ 曹定云：《殷墟卜辞"❀"乃"敦"之初文考》，《纪念殷墟甲骨文发现一百周年国际学术研讨会论文集》，社会科学文献出版社 2003 年版，第 165—177 页。

⑪ 张秉权：《殷虚文字丙编考释》，（台北）史语所 1957 年版，第 135 页。

能是"夜半"或"继续至"的意思。① 裘锡圭先生综合考察各家观点,指出该字插在前后相接的两个日名之间而构成的词组,如"甲子皿乙丑",都应该是表示介于前后两天之间的一段时间的。② 这种词组表示的时间应该不会长,并认为此种用法的"皿"应该读为"鄉(饗)"。本文按照裘先生的观点将这种格式表示为"A 向 B"。

"A 向 B"式经常出现在天象、征伐、生育、疾梦、灾祸类卜辞的命辞和验辞中,前人所论多是对该字的考释,而对"A 向 B"式的构成、数量、分布、表时功能及在疑难卜辞释读中的意义等研究不够,本文拟对此作进一步研究。

本文所引卜辞释文采用宽式,如用作"唯"的"隹"字直接写作"唯"。"□"表示该处缺一字或此字难以隶定,"……"表示该处缺少字数不定,"[ ]"表示括号内的字是根据卜辞补出来的,"/"是同版各条卜辞之间的分隔标记。所引用甲骨文的片号,出自《甲骨文合集》的直接写出片号,出自《甲骨文合集补编》、《英国所藏甲骨集》、《小屯南地甲骨》的加注简称"补"、"英"、"屯"。

一、"A 向 B"式的构成、数量及分布

据我们对现已刊布的甲骨卜辞的穷尽性考察,卜辞"A 向 B"式共有三种格式 28 例:基本格式"A 向 B"式 12 例,变式"A 夕向 B"式 11 例、变式"之夕向 B"式 5 例。各式在命辞和验辞中出现的次数、片号及所占比例如下:

格式	命辞	验辞	所占比例（%）
A 向 B	5 例：376 正、376 正、13481、13483、17396	7例：585正、3755、6928正、6948 正、13484、17375、英 886 反	42.9

① 德氏的观点参看张秉权:《殷虚文字丙编考释》,(台北)史语所 1957 年版,第 135 页。
② 裘锡圭:《释殷虚卜辞中的"❀""❀"等字》,《第二届国际中国古文字学术讨论会论文集》,香港中文大学中文系编,1993 年,第 86—87 页。

续表

格式	命辞	验辞	所占比例（%）
A 夕向 B	1 例：13471	10 例：926 正、6057 反、6060 反、13362 反、13472、14003 正、16939 反、17299、英 885 反、英 886 正	39.3
之夕向 B	/	5 例：137 正、6834 正、12908、13473、16158	17.9

二、命辞中的"A 向 B"式

卜辞命辞中的"A 向 B"式共 6 例，如：

（1）乙丑卜，殻贞，<u>甲子向乙丑</u>王梦牧石麋，不唯田，唯又。（376 正宾一①）

（2）贞，<u>甲［子］向乙丑</u>王梦牧石麋，不唯田，唯又。二月。（376 正宾一）

（3）丙辰卜，宾贞，<u>乙卯向丙辰</u>王梦自西……（17396 典宾）

例（1）、例（3）"A 向 B"前有占卜日"乙丑、丙辰"，与"A 向 B"中的 B 相同。学界比较一致的看法，"A 向 B"表示两日之交的时间，相当于午夜。例（1）王做梦的时间"甲子向乙丑"，应在甲子乙丑之交的半夜，而"乙丑卜"应在乙丑日的白天，显然"王梦牧石麋"是既往事件，只是贞卜的背景信息，而不是占问的内容，"不唯，唯又"才是占问的问题和焦点。

例（2）与例（1）为同片、同文卜辞，句首应省略了"乙丑"，例（3）后残，但二辞的情况应和例（1）相同。

（4）贞，<u>己亥向庚子</u>……（13481 典宾）

（5）贞，<u>甲［寅］向乙卯</u>……王疒……（13483 宾一）

---

① 关于殷墟卜辞的分组分类，参看黄天树：《殷墟王卜辞的分类与断代》，科学出版社 2007 年版。

例（4）、例（5）"A 向 B"前无占卜日，但"A 向 B"句在命辞中，应是既往事件，交代背景信息。卜辞在命辞中交代背景信息的不乏其例，如：

(a) □□ [卜，㱿贞]，王大令众人曰劦田，其受年。十一月。

(b) □巳卜，㱿贞，不其受年。（《甲骨拼合集》133）①

这两条卜辞贞问的焦点为是否"受年"，(b) 的命辞中省略的只剩下问题，而 (a) 的命辞中，则先交代了贞问的背景"王大令众人曰劦田"。因此，我们认为例（4）、（5）两例中的"A 向 B"式，也是表示既往事件，即背景信息。

还有一例，见后例（21）。

三、验辞中的"A 向 B"式

验辞中"A 向 B"式共 22 例，除 11 例残缺严重外，剩余 11 例，可以根据占卜日与 A 日的关系，分为"占卜日等于 A 日"和"占卜日不等于 A 日"两种情况：

1. 占卜日等于 A 日。

只见于"之夕向 B"式，共 3 例：

(6) 癸亥卜，古贞，旬亡囚。之夕向甲子枭饮，王…… （16158 宾一）

(7) ……[丁] 酉雨。之夕向丁酉允雨，少。（12908 师宾间）

(8) □□ [卜]，□贞，旬亡囚。之夕向甲子…… （13473 典宾）

"之夕向 B"式是"A 向 B"式的变式，此类卜辞干支日"A"已出现于前，验辞中则用"之夕"代之，如例（6）的"之夕向甲子"即指"癸亥向甲子"。张玉金先生认为验辞中的"之"是用来指示占卜的那一天，表示远指。② 杨升南先生也指出甲骨卜辞中"之日""之夕"的"之"字，所指

---

① 刘影女士缀合，见刘影：《宾组卜辞新缀一则：〈合集〉1+〈合补〉657》，原载中国社会科学院历史研究所先秦史研究室网站，2009 年 10 月 22 日，http://www.xianqin.org/blog/archives/1719.html；收为《甲骨拼合集》第 133 组，第 146、424 页。

② 张玉金：《甲骨文虚词词典》，中华书局 1994 年版，第 321—322 页。

代的是紧接其前一日的干支日。① 此种格式由 A 日预测 B 日的未然事件，由 B 日记录已然结果。

2. 占卜日不等于 A 日，共 8 例，此类又可分为两个小类：

a、占卜日与 A 日间有"数词＋日"，表示占卜日与 A 日相距的时间，有 3 例：

（9）癸未卜，争贞，旬亡囧。王占曰：有祟。<u>三日乙酉夕向丙戌</u>允有来入齿。（17299 典宾）

（10）癸未卜，争贞，旬亡囧。王占曰：有祟。<u>三日乙酉夕向丙戌</u>允有来入齿。十三月。（英 886 正典宾）

例（9）占卜日为"癸未"，命辞提出对未然事件的预测，验辞中"乙酉夕向丙戌"是该事件成为已然事实的时间。"三日"表示占卜日与 A 日相距的时间。

如果已然结果与未然预测不符，已然结果的记录则分作两步，第一步在"数词＋日＋A"后记录否定的事实，第二步用"之夕向 B"记录肯定的结果。这种情况，只有一例：

（11）癸丑卜，［争］贞，自今至于丁巳我捷𢧵。王占曰：丁巳我毋其捷，于来甲子捷。<u>旬㞢一日癸亥车弗捷，之夕向甲子</u>允捷。（6834 正典宾）

b、占卜日与 A 日间无"数词＋日"，应是 a 类的省略形式，占卜日与 A 日相距的时间，可根据干支推算。此类表示的时间意义，与 a 类相同。有 5 例，如：

（12）戊午卜，小臣不其嘉。<u>癸酉向甲戌女</u>［嘉］。（585 正典宾）

（13）壬寅卜，𣪊贞，妇好冥，嘉。<u>壬辰向癸巳冥</u>，唯女。（6948 正典宾）

（14）戊辰卜，𣪊贞，妇好冥，嘉。<u>丙子夕向丁丑冥</u>，嘉。（14003 正典宾）

（15）己巳卜，宾贞，龟得妣（？）。王固曰：得。<u>庚午夕向辛未</u>允得。（926 正典宾）

（16）癸卯卜，争贞，旬亡囧。<u>甲辰□大骤风，之夕向乙巳</u>□执□五人。

---

① 杨升南：《从卜辞"之日""之夕"说甲申夕月食》，《中国史研究》2012 年第 3 期。

五月在〔敦〕。(137 正典宾)

例(12)A 日癸酉,是占卜日"戊午"之后的第 16 天。例(13)—(15)与例(12)情况相同,A 日分别是占卜日后的第 51 天、第 9 天、第 2 天。

例(14)、(15)"A 向 B"中的"向"字前加"夕"字。卜辞中,"向"字的前面有夕字和没有夕的意义似乎并无分别。① 如记录月食的卜辞:

(17)己未夕向庚申月有〔食〕。(英 885 反典宾)

(18)七日己未向庚申月有食。(英 886 反典宾)

二辞是同一月食的两种不同记载,可见"向"前的"夕"字是可以省掉的。例(14)、(15)与例(17)格式相同。

如果已然结果是用来回答未然不确定的情况,那么已然结果的记录则分作两步,第一步"干支+事件一",第二步"之夕向 B+事件二"。以上只有例(16)一例。

以上是我们对"A 向 B"在命辞和验辞中用法的考察。"A 向 B"在命辞中,作为贞卜的背景信息,这一规律是"A 向 B"所特有的;在验辞中,其作为记录已然事件的时间,则是时间类卜辞的普遍规律。

四、"A 向 B"式对于卜辞解读的意义

考察命辞和验辞中"A 向 B"的分布,掌握"A 向 B"式的使用规律,对解读疑难卜辞具有重要意义。

1. 校正释文

前举第(5)例,"向"字前后或有残缺,故产生歧解。姚孝遂、肖丁《殷墟甲骨刻辞摹释总集》作"贞甲午向乙…王侑…"。胡厚宣《甲骨文合集释文》补出"乙"后地支,并标点作"贞甲午向,乙卯王出……"。曹锦炎、沈建华《甲骨文校释总集》释文与《甲骨文合集释文》同。陈年福《殷墟甲骨文摹释全编》作"贞甲午向乙卯王…"。各家释文将"甲"后均释作"午"。

---

① 张秉权:《殷虚文字丙编考释》,(台北)史语所 1957 年版,第 137 页。

根据"向"连接两个相临干支的用法，可知"A 向 B"有两种可能，要么是"甲午向乙未"要么是"甲寅向乙卯"。考察原拓片（见图一），"乙"后"卯"清晰可识，"A 向 B"只能是"甲寅向乙卯"。各家释读均误。

（19）癸巳卜，争贞，旬亡囚。甲午向乙未萄、韋𝑿才瀧。十月。（3755 宾三，见图二）

该例多被看作一辞。①"萄"、"韋"、"𝑿"一般认为是人名。陈年福先生在《殷墟甲骨文摹释全编》中将"𝑿"②释作"灾"。从字体上来说，属宾三类；从内容上来看，若"𝑿"为人名，则"萄、韋才瀧"表示三人在瀧地，那么验辞中"A 向 B"句记录的已然事实则与贞问无关；若把"𝑿"释为"灾祸"，并在"才瀧"前点断，则文从字顺。陈说可从。

（20）□申卜，贞，𝕏囚〔凡〕屮疾。旬屮二日□未𝕏允囚。百日屮七旬𝔯□寅𝕏屮疾……夕向丙申……囚。（13753 宾一）

本例多被释为一辞③，残缺干支未被补出。黄天树先生统计宾组计日法时，列举本辞，补出相关干支。卜辞在黄文④中辞例序号为（15），释为：

〔甲〕申卜贞：𝕏囚凡屮疾？旬屮二日〔乙〕未𝕏允囚，百日屮七旬屮□寅𝕏亦屮疾□夕𝑿丙申囚。

对照各家释文，"百日屮七旬"后黄先生释为"屮"，《殷墟甲骨刻辞摹释总集》释为"皿"，《甲骨文合集释文》、《甲骨文校释总集》皆释为"𝑿"，《殷墟甲骨文摹释全编》释为"戊"。根据"数词＋日＋A 向 B"的用法，可知"百日屮七旬𝑿□寅"与基本表达式不符，与变式亦不相同，初步推断"百日屮七旬"后可能不是"向"字。另外，根据干支验证法，占卜日"□申"后"百日屮七旬"是"□酉"不是"□寅"，亦可进一步证明"百日屮七旬"后不是"向"字。最后考察原拓片（见图三），发现"百日屮七

---

① 关于该条卜辞，参看姚孝遂主编：《殷墟甲骨刻辞摹释总集》，第 102 页。下栏，胡厚宣主编：《甲骨文合集释文》，第 3755 号，曹锦炎、沈建华编：《甲骨文校释总集》卷 2，第 495 页。

② 关于该条卜辞，参看陈年福撰：《殷墟甲骨文摹释全编》卷二，第 421 页。

③ 关于该条卜辞，参看姚孝遂主编：《殷墟甲骨刻辞摹释总集》，第 319 页。下栏，胡厚宣主编：《甲骨文合集释文》第 13753 号，曹锦炎、沈建华编：《甲骨文校释总集》卷 5，第 1634 页。

④ 黄天树：《殷墟王卜辞的分类与断代》，科学出版社 2007 年版，第 316 页。

旬"后字形与同版的"向"（）字字形差异较大；其次，与同组（宾一）"戉"字（《合集》118）字形不同；再次，与同版"屮"字（）字形有别。因此，从字形上最终可以断定，""既不是"屮"也不是"戉"，更不是"向"，各家释读均误。至于""应释为何字，还有待进一步研究。

2. 补足残辞

(21) □丑卜，殻贞，……夕向丁丑［雨］……（13471 典宾）

根据占卜日"□丑"与"A 向 B"中的 B 日相同，和"……夕向丁丑［雨］……"提供的信息，可知本条卜辞应为命辞。全辞可补为：

［丁］丑卜，殻贞，［丙子］夕向丁丑［雨］……

第（7）例，"［丁］酉雨"前占卜日残缺，根据验辞"之夕向 B"的格式，可以反推出占卜日应为丁酉的前一天。

另据甲骨卜辞的具体占卜情况可知，若卜问当天的情况，卜辞多用"今日"，如：

己丑卜，出贞，今日雨。之日允雨。（24735 出组）

庚辰卜，今日雨。允雨。（32260 历二）

己未卜，今日雨。丁未雨。（33895 历一）

由以上两点可知，例（7）残缺部分的占卜日一定不是卜问的当天，而是 B 日的前一天，即"丙申"日，全辞可补为：

［丙申卜，丁］酉雨？之夕向丁酉允雨，少。

第（8）例，根据验辞"之夕向 B"的格式，可以反推出占卜日为"癸亥"，全辞可补为：

［癸亥］［卜］，□贞，旬亡。之夕向甲子……

(22) ……［其］有来［艰］……［允］有来［艰］……乎……东啚，捷二邑。王步自，于司……□夕向壬寅，王亦冬夕。（6057 反典宾）

(23) ……［我东啚，捷］……日辛丑夕向……（6060 反典宾）

第（22）例，据同版卜辞 6057 正与同文卜辞第（23）例，可补全释文：

［癸巳卜，殻贞，旬亡。王占曰：有祟］，［其］有来［艰］。［乞至九日辛丑］，［允］有来［艰自西］。乎［告曰土方征于我］东啚，捷二邑。王步自于司。［九日辛丑］夕向壬寅，王亦冬夕。

李学勤先生在《〈英藏〉月食卜骨及干支日分界》一文中说：《合集》

6057、6060"辛丑夕向壬寅王亦终夕🕮"①，末一字不识，但可知属于病痛（参看岛邦男《殷墟卜辞综类》第 302 页）。从卜辞的完整内容看，末句的"🕮"字解作灾祸似更为合理。另外，李文所说"终夕"包含"辛丑夕向壬寅"，这使夜半分界的事情更清楚。

3. 旁及同类卜辞

甲骨卜辞中，与时间表达式"A 向 B"具有同样格式的还有"🕮"、"🕮"等形的字，它们在卜辞中的用例情况如下：

乙🕮□［丙］/丙🕮丁（屯 4337 无名组）

惠今己🕮庚☒（31150 无名组）

惠庚🕮辛酒，有☒（31151 无名组）

惠甲🕮乙酒，有雨。（31148 无名组）

王其田，丁🕮戊其枫，亡戋，其每。（27946 无名组）

由以上辞例可知，"🕮"、"🕮"等形的字，前后连接的尽管只是单独的天干，但形式与时间表达式"A 向 B"相同，说明"🕮"、"🕮"也适用于此种格式，或许"🕮"、"🕮"和"向"是同一字，可以为此种字形增加异体。

以上通过对甲骨文时间表达式"A 向 B"的研究，我们发现"A 向 B"不仅可以帮助校正释文、补足残辞、疏通文意，而且还能够旁及同类卜辞，这对甲骨文中疑难卜辞的解读具有重要意义。

图一　　　　　图二　　　　　　图三

（郭仕超，女，汉族，文法学院讲师，主要从事古文字研究。本文发表于《古汉语研究》2013 年第 2 期）

---

① 李学勤：《夏商周年代学札记》，辽宁大学出版社 1999 年版，第 36 页。

春秋笔法的内涵外延与本质特征

李洲良

一 内涵：春秋五例

《春秋》作为编年体史书，记事不记言，且记事极为简约，类似于现在的"大事年表"。将二百四十二年间的史事，仅用一万六千余字"缩写"下来，与此前的《尚书》和此后不久的《左传》相比，《春秋》记事何以如此简约？或以为古字繁难，古人削竹为简，书写十分不便，不得不注意用语的凝练所致。然此说很难令人信服。况且，《春秋》出自圣人之手，非一般史官的简单记录，这便为后人解读《春秋》提供了广阔的阐释空间。《左传》成公十四年，君子曰："《春秋》之称，微而显，志而晦，婉而成章，尽而不汙，惩恶而劝善。非圣人，谁能修之？"①这是最早言及"春秋笔法"的文字。西晋杜预在其《春秋左传序》中对"春秋五例"进行了说明。现以《十三经注疏·春秋左传正义》为底本，即从杜预"序"和孔颖达"正义"入手，就"春秋五例"阐释如下：

（一）微而显

"一曰'微而显'，文见于此，而起义在彼。'称族，尊君命；舍族，尊夫人'、'梁亡'、'城缘陵'之类是也。"②《春秋》成公十四年："秋，叔孙侨

---

① 《春秋左传正义》，见阮元校刻：《十三经注疏》，孔颖达正义，中华书局1980年影印本，第1706页。

② 杨伯峻：《春秋左传注》（修订本），中华书局1990年版，第384—385页。

如如齐逆女。……九月，侨如以夫人妇姜氏至自齐。"这里，叔孙氏是氏族名，因侨如奉君命出使，为了尊重君命，故侨如前冠以氏族"叔孙"称谓，即叔孙侨如（奉君命）前往齐国迎亲。下文称侨如，而不称叔孙侨如，是因为侨如迎接夫人归来，为了尊重夫人，所以只称侨如。称谓不同，尊重的对象就不一样。《春秋》僖公十九年："梁亡"。不说秦国灭掉梁国，而是指责梁君虐待人民，民不堪命，四散而逃，实梁君自取灭亡。对此，《左传》僖公十九年有明确记载："梁亡。不书其主，自取之也。初，梁伯好土功，亟城而弗处，民罢而弗堪，则曰：'某寇将至'。乃沟宫沟，曰：'秦将袭我。'民惧而溃，秦遂取梁。"①《春秋》僖公十四年："春，诸侯城缘陵。"杞国受到他国威胁，齐桓公不能救，率领诸侯在缘陵筑城，把杞国迁到缘陵。桓公不能率诸侯救杞，是缺点，所以不记修城之人。以上三例意在说明《春秋》"微而显"，即用词精微而含义明显的书例。孔颖达《正义》云："出称叔孙，举其荣名，所以尊君命也；入舍叔孙，替其尊称，所以尊夫人也。族自卿家之族，称舍别有所尊。是文见于此，而起义在彼。"又云："秦人灭梁而曰'梁亡'，文见于此，'梁亡'见取者之无罪。齐桓城杞而书'诸侯城缘陵'，文见于此，'城缘陵'见诸侯之有阙。亦是文见于此，而起义在彼。皆是辞微而义显，故以此三事属之。"②

（二）志而晦

"二曰'志而晦'，约言示制，推以知例。参（sān）会不地、与谋曰'及'之类是也。""志，记也。晦，亦微也。谓约言以记事，事叙而文微。"③《春秋》桓公二年："公及戎盟于唐。冬，公至自唐。"④传例曰"特相会，往来称地，让事也。自参（sān）以上，则往称地，来称会，成事也。"其意言会必有主，二人共会，则莫肯为主，两相推让，会事不成，故以地致。三国以上，则一人为主，二人听命，会事有成，故以会致。大意是说，桓公及

---

① 杨伯峻：《春秋左传注》（修订本），中华书局1990年版，第346页。
② 《春秋左传正义》，见阮元校刻：《十三经注疏》，孔颖达正义，中华书局1980年影印本，第1706页。
③ 同上。
④ 杨伯峻：《春秋左传注》（修订本），中华书局1990年版，第84页。

戎在唐地相会，两人互相推让，不肯作盟主，会不成，故称公至自唐，即点明相会之地，而不说盟会成功。倘若三国以上结会，则一人为盟主，其余二人听命，结会成功，就不称至自某地，而用"会"字表示盟会成功。《春秋》宣公七年："公会齐侯伐莱。"① 传例曰："凡师出，与谋约及，不与谋曰会。"其意言同志之国，共行征伐，彼与我同谋计议，议成而后出师，则以相连及为文。彼不与我谋，不得已而往应命，则以相会合为文。就是说，在出兵问题上，同志之国事前参与谋划的称"及"；事前未参与谋划又不能不出兵的称"会"。孔颖达《正义》云："此二事者（如上所举二事），义之所异，在于一字。约少其言，以示法制，推寻其事，以知其例。是所记有叙，而其文晦微也。"要而言之，以"会"为例，诸国会盟成功，称之为"会"；而同志之国事前未参与谋划又不能不出兵协同作战的亦称之为"会"。可见，同一"会"字却有不同的含义，显示出不同的制度和规范，进而可知《春秋》义例的幽微之处。因此，所谓"志而晦"即记载史事，用词简约而含义隐微是也。

（三）婉而成章

"三曰'婉而成章'，曲从义训，以示大顺。诸所讳辟，譬假许田之类是也。"② 婉，曲也。辟，亦作"避"。谓屈曲其辞，有所避讳，以示大顺，而成篇章。言"诸所讳辟"者，其事非一，故言"诸"以总之也。这里主要讲的是避讳，通过委曲之辞以达避讳之意。如《春秋》僖公十六年："冬十有二月，公会齐侯、宋公、陈侯、卫侯、郑伯、许男、邢侯、曹伯于淮。"③ 又《春秋》僖公十七年："夏，灭项。……九月，公至自会。"④ 表面上看，记鲁僖公于淮会盟诸侯，次年灭项国，自九月而归。其实，个中委曲之处都避而不谈。对此，《左传》僖公十七年有记载："（鲁）师灭项。公有诸侯之事，未归，而取项。齐人以为讨，而止会。秋，声姜以公故，会齐侯于

---

① 杨伯峻：《春秋左传注》（修订本），中华书局 1990 年版，第 690 页。
② 《春秋左传正义》，见阮元校刻：《十三经注疏》，孔颖达正义，中华书局 1980 年影印本，第 1706 页。
③ 杨伯峻：《春秋左传注》（修订本），中华书局 1990 年版，第 368 页。
④ 同上书，第 371、372 页。

卞。九月，公至，书曰'至自会'，犹有诸侯之事焉，且讳之也。"① 原来鲁僖公于十六年十二月于淮上会诸侯，次年出兵灭掉项国，齐桓公因此将僖公扣留。僖公夫人声姜原为齐女，因僖公被扣留，同年秋，遂与齐桓公相会于卞城。这样，鲁僖公才于九月被放还鲁国。声姜上演的这场"美人救英雄"的闹剧，在孔子看来属于"为尊者讳"，因此，《春秋》避而不谈。又《春秋》桓公元年："郑伯以璧假许田。"② 孔颖达《正义》云："诸侯有大功者，于京师受邑，为将朝而宿焉，谓之朝宿之邑。方岳之下，亦受田邑，为从巡守备汤水以共沐浴焉，谓之汤沐之邑。鲁以周公之故，受朝宿之邑于京师许田是也；郑以武公之勋，受汤沐之邑于泰山祊田是也。隐桓之世，周德既衰，鲁不朝周，王不巡守，二邑皆无所用，因地势之便，欲相与易，祊薄不足以当许，郑人加璧以易许田。诸侯不得专易天子之田，文讳其事。桓元年，经书'郑伯以璧假许田'，言若进璧以假田，非久易也。掩恶扬善，臣子之义，可以垂训于后。"原来，鲁国之许田与郑国之祊田乃周天子所赐，按周礼是不能互换的。所以从维护周礼的角度出发，不能说是交换，只能说用璧来借用许田，假者，借也。杨伯峻也认为："郑伯以祊加璧与鲁易许田，此实交换，而经、传以假借言之者，盖袭用当时辞令"。《穀梁传》则云："非假而曰假，讳易地也。"③ 这种隐讳的笔法就叫"婉而成章"。

（四）尽而不汙

"四曰'尽而不汙'，直书其事，具文见意。丹楹刻桷、天王求车、齐侯献捷之类是也。"④ 所谓"尽而不汙"就是尽其事实而不汙曲。"汙"通"纡"。《春秋》庄公二十三年："秋，丹桓公楹。"⑤ 即用朱漆漆桓公宫内的柱子。据《穀梁传》，天子诸侯之屋柱用微青黑色，大夫用青色，士用黄色，

①　杨伯峻：《春秋左传注》（修订本），中华书局1990年版，第373页。
②　同上书，第81页。
③　同上书，第81—82页。
④　《春秋左传正义》，见阮元校刻：《十三经注疏》，孔颖达正义，中华书局1980年影印本，第1706页。
⑤　杨伯峻：《春秋左传注》（修订本），中华书局1990年版，第225页。

用赤色者为非礼，故而《春秋》加以实录。《春秋》庄公二十四年："春王正月，刻桓宫桷。"① 即在桓公宫内椽子上雕刻。据《谷梁传》，按礼制天子宫内的木桷要经过砍削和打磨；诸侯宫内的木桷也要经过砍削和打磨；大夫屋内木桷只须砍削光滑就可以了；士的屋内木桷只砍掉木棍的根须就行了。因此，在木桷上雕刻花纹是不符正规礼制的。又说刻桓宫桷，丹桓公楹，斥言桓宫，实际上是谴责庄公。《春秋》桓公十五年："天王使家父来求车。"② 按礼制，车与戎服，乃在上者所以赐予在下者，故诸侯不用以贡于天子。而"天王使家父来求车"，当属于非礼的行动。《春秋》庄公三十一年："六月，齐侯来献戎捷。"杨伯峻引《周礼·天官·玉府》郑注云："古者致物与人，尊之则曰献，通行曰馈。《春秋》曰：'齐侯来献戎捷。'尊鲁也。"战胜而有所获，献其所获曰献捷，亦曰献功。据《左传》云："齐侯来献戎捷，非礼也。凡诸侯有四夷之功，则献于王，王以警于夷；中国则否。诸侯不相遗俘。"可见，齐侯把戎虏献给鲁国是违礼的。所有这些都是直书其事，不加隐晦，来显示他们做了违礼的事。

（五）惩恶劝善

"五曰'惩恶而劝善'，求名而亡，欲盖而章。书齐豹'盗'、三叛人名之类是也。"此例是说善名必书，恶名不灭，以期达到惩劝之作用。孔颖达《正义》引：《春秋》昭公二十年："盗杀卫侯之兄絷。"《春秋》襄公二十一年："邾庶其以漆闾丘来奔。"《春秋》昭公五年："莒牟夷以牟娄及防兹来奔。"《春秋》昭公三十一年："邾黑肱以滥来奔。"是谓盗与三叛人名也。齐豹，卫国之卿，《春秋》之例，卿皆书其名氏，齐豹忿卫侯之兄，起而杀之，欲求不畏强御之名，《春秋》抑之，故书曰'盗'。盗者，贱人有罪之称也。邾庶其、邾黑肱、莒牟夷三人，皆小国之臣，并非命卿，其名于例不合见经，窃地出奔，求食而已，不欲求其名闻，《春秋》故书其名，使恶名不灭。若其为恶求名而有名章彻，则作难之士，谁或不为？若窃邑求利而名不闻，则贪冒之人，谁不盗窃？故书齐豹曰"盗"，三叛人，使其求名而名亡，

---

① 杨伯峻：《春秋左传注》（修订本），中华书局1990年版，第227页。
② 同上书，第141页。

欲盖而名彰，所以惩创恶人，劝奖善人。①《左传》昭公三十一年具论此事，其意甚明：

> 君子曰："名不可不慎也如是：夫有所名而不如其已（有时有名不如无名）。以地叛，虽贱，必书地，以名其人，终为不义，弗可灭已。是故君子动则思礼，行则思义；不为利回（违），不为义疚（见义勇为，不因不为而内疚）。或求名而不得，或欲盖而名章（彰），惩不义也。齐豹为卫司寇，守嗣大夫，作而不义，其书为'盗'。邾庶其、莒牟夷、邾黑肱以土地出，求食而已，不求其名。贱而必书。此二物者，所以惩肆而去贪也。若艰难其身，以险危大人，而有名章徹，攻难之士将奔走之。若窃邑叛君以徼大利而无名，贪冒之民将寘（致）力焉。是以《春秋》书齐豹曰'盗'，三叛人名，以惩不义，数恶无礼，其善志也。故曰，《春秋》之称微而显，婉而辨。上之人能使昭明，善人劝焉，淫人惧焉，是以君子贵之。"②

盗与三叛俱是恶人，书此二事，唯得惩恶耳，而言"劝善"者，恶惩则善劝，故连言之。

要而言之，笔者认为，"春秋五例"作为"春秋笔法"的审美内涵，其社会功利价值表现为"惩恶劝善"的思想原则与法度，其审美价值表现为"微而显"、"志而晦"、"婉而成章"、"尽而不汙"的修辞原则与方法。前者为目的为功用，后者为手段为方法。就修辞艺术而言，又可分为二类：一为直书其事，"尽而不汙"者是也；一为微婉隐晦，"微而显"、"志而晦"、"婉而成章"者是也。微婉隐晦又可分为二类：出于避讳者，"婉而成章"是也；非出于避讳者，"微而显"、"志而晦"是也。"微而显"与"志而晦"亦是同中有异，所同者，措词之简约也；所异者，褒贬之显隐也。

---

① 《春秋左传正义》，见阮元校刻：《十三经注疏》，孔颖达正义，中华书局1980年影印本，第1707页。

② 杨伯峻：《春秋左传注》（修订本），中华书局1990年版，第1512—1513页。

二 外延：经法史法与文法

笔者认为，如果说"春秋五例"是"春秋笔法"的基本内涵，那么，经法、史法与文法则是"春秋笔法"的外延。"春秋笔法"一名而含三义，即经法、史法、文法。三者既相互融通，又各自相对独立。所谓经法，即惩恶劝善之思想原则与法度，史法是沟通古今的思想原则与法度，文法自然是属辞比事的文章笔法与修辞手法。从史的发展角度看，"春秋笔法"实经历了由经法到史法再到文法的发展过程，而文法又贯穿于经法、史法之中。从三者的内质特色上看，经法旨在惩恶而劝善，故求其善；史法旨在通古今之变，故求其真；文法旨在属辞比事，故求其美。现分而论之。

（一）经法

经法作为"春秋笔法"的最初形态，若离开惩恶劝善之"微言大义"，则无从谈起。所谓"春秋笔法"是含有"微言大义"的笔法，即"义法"。义，指大义，也就是所包含惩恶劝善，经邦济世的原则和内容；法，指"书法"，也称"书例"，就是记事严格的体例和法度，各种"书法"，都表达某种褒贬态度。二者是统一而不可分的，"义"通过"法"来表达，"法"则是"义"的载体。二者实际上是内容与形式的关系。因此，对经法的探讨应以"义"为经，以"法"为纬。

《孟子·滕文公下》云："世衰道微，邪说暴行有作。臣弑其君者有之，子弑其父者有之。孔子惧，作《春秋》。《春秋》，天子事也。是故孔子曰：'知我者其惟《春秋》乎？罪我者其惟《春秋》乎？'"① 在《离娄下》中，孟子又说："王者之迹熄而《诗》亡，《诗》亡然后《春秋》作。晋之《乘》、楚之《梼杌》、鲁之《春秋》，一也。其事则齐桓、晋文，其文则史，孔子曰：'其义则丘窃取之矣。'"② 孟子这两段话不仅道出孔子作《春秋》的动机，

① 杨伯峻：《孟子译注》，中华书局 1960 年版，第 155 页。
② 同上书，第 192 页。

而且道出孔子在《春秋》中寄寓了"义"，即"天子事也"。至汉初，《春秋》被儒生视为经，今文学家着重阐释孔子《春秋》中的"微言大义"。深受今文经学影响的司马迁在《史记·十二诸侯年表序》中所记更为具体：

> 孔子明王道、干七十余君莫能用，故西观周室，论史记旧闻，兴于鲁而次《春秋》，上记隐，下至哀之获麟，约其辞文，去其烦重，以制义法，王道备，人事浃。①

在《史记·太史公有序》中司马迁引用董仲舒的话，也有类似的说法："余闻董生曰：'周道衰废，孔子为司寇，诸侯害之，大夫壅之。孔子知言之不用，道之不行也，是非二百四十二年之中，以为天下仪表，贬天子，退诸侯，讨大夫，以达王事而已矣。'子曰：'我欲载之空言，不如见之行事之深切著明也。'"② 又引壶遂曰："孔子之时，上无明君，下不得任用，故作《春秋》，垂空文以断礼义，当一王之法。"③ 上述材料是说，孔子的政治主张在现实中不能实现，便把政治主张寄寓在他修订的《春秋》中，曲折地表达治理天下的法则，即"春秋大义"。所谓经法，首先应该指出的就是经邦济世之法。

　　一曰定名分，即"正名"的思想。春秋时代，王纲解纽，礼崩乐坏，所谓"世衰道微，邪说暴行有作。臣弑其君者有之，子弑其父者有之"④。面对这样动荡混乱的社会现象，孔子认为当务之急在于恢复"周礼"，即恢复西周以来以血缘纽带为核心的政治伦理秩序，建立封建等级制度。因此，孔子主张为政必先正名，"名不正，则言不顺；言不顺，则事不成；事不成，则礼乐不兴；礼乐不兴，则刑罚不中；刑罚不中，则民无所措手足"⑤。胡适看到了正名思想在《春秋》中的作用，他说："一部《春秋》便是孔子实行正

---

① 司马迁：《史记·十二诸侯年表序》，中华书局 1959 年版，第 509 页。
② 司马迁：《史记·太史公自序》，中华书局 1959 年版，第 3297 页。
③ 同上书，第 3299 页。
④ 《孟子·滕文公下》，见杨伯峻：《孟子译注》，中华书局 1960 年版，第 155 页。
⑤ 《论语·子路》，见杨伯峻：《论语译注》，中华书局 1980 年版，第 133—134 页。

名的方法。"① 正名思想正是孔子作《春秋》的指导思想，所谓拨乱反正也是从正名开始的。正名的要求是"君君、臣臣、父父、子子。"② 即君臣父子各有其本分，各等级之人各守本分，就可以维护封建等级秩序和封建伦理关系。以下犯上，臣杀君、子杀父，则是乱臣贼子，《春秋》中一律写成"弑君"、"弑父"；反之，杀掉乱臣贼子，一律写作"诛"。正名思想贯穿《春秋》全书，通过正名寄寓褒贬，达到惩恶劝善的政治教化目的，正是经法的重要内容和表现。

二曰大一统。何谓大一统？大者，重视，尊重之意；一统，指天下诸侯皆统系于周天子。《春秋》隐公元年："元年春王正月。"《公羊传》解云："元年者何？君之始年也。春者何？岁之始也。王者孰谓？谓文王也。曷为先言王而后言正月？王正月也。何言乎王正月？大一统也。"③ 徐彦《疏》："王者受命，制正月以统天下，令万物无不一一皆奉之以为始，故言大一统也。"④ 孔子在诸侯纷争，不尚一尊的春秋乱世，提出"大一统"的思想，在当时有进步意义。至于后代的公羊学家将《春秋》大一统思想发展为中央集权的封建专制一统思想则又当别论。

三曰尊王攘夷。尊王攘夷又是《春秋》经法的重要内容。所谓正名，所谓大一统是以尊王为前提的。尊王就是尊崇周王，承认周天子是天下唯一的主宰，是各国诸侯的共主。只有尊王，才能有利于巩固统一的中央政权，才能实现孔子的王道理想。吴、楚之君自称王，《春秋》则贬之为"子"；践土之会，以臣召君，不足以训，故写成"天王狩于河阳"，都是尊王观念的体现。又《春秋》有内、外之例。《春秋公羊传》成公十五年："《春秋》，内其国而外诸夏，内诸夏而外夷狄。""外夷狄"即有攘夷之意。攘夷就是驱除外来游牧民族对中原腹地的侵扰。鉴于西周被犬戎所灭的历史教训，孔子攘夷思想包含有抗击侵略，保卫家园的意义。《公羊传》云："夷狄也，而亟病中国，南夷与北狄交中国，不绝若线。桓公救中国而攘夷狄。"但同时，孔子也承认"夷狄"和"诸夏"存有共同的道德标准，"夷狄"也有长处，有

---

① 胡适：《中国哲学史大纲》，上海古籍出版社 1997 年版，第 70 页。

② 《论语·颜渊》，见杨伯峻：《论语译注》中华书局 1980 年版，第 128 页。

③ 《春秋公羊传注疏》，见阮元校刻：《十三经注疏》，中华书局 1980 年影印本，第 2196 页。

④ 同上。

的地方比"诸夏"要好。至于后来，逐渐演变为歧视外族的大国沙文主义和唯我独尊的盲目排外心理，则又当别论。

（二）史法

史法作为"春秋笔法"的第二种样态，实由汉代史学家司马迁在《史记》中的成功运用而形成。所谓史法，不仅仅指著史的体例与方法，更重要的是著史的思想原则与法度。刘知几《史通·序例》云："夫史之有例，犹国之有法，国无法，则上下靡定；史无例，则是非莫准。"①刘知几这里说的"史例"，其实就是说"史法"，即史家著史的原则法度和立场。南宋思想家、史学批评家叶适在其《习学记言序目》中也多谈"史法"。尽管他批评司马迁《史记》破坏了"古之史法"，并殃及后代史家，属封建理学正统观的俗论，不足为凭，但他关于古之史法的评价仍是着眼于著史的原则与法度："古者载事之史，皆名'春秋'；载事必有书法，有书法必有是非。以功罪为赏罚者，人主也；以善恶为是非者，史官也：二者未尝不并行，其来久矣。史有书法而未至乎道，书法有是非而不尽乎义，故孔子修而正之，所以示法戒，存旧章，录世变也。"②

司马迁的史法源于《春秋》经法，这从司马迁以《史记》窃比《春秋》和对孔子"高山仰止"的崇拜便可看出，自不用多举例。问题是，司马迁创造的史法与《春秋》经法相比有无新的突破？答案自然是肯定的。

一曰实录。何谓实录？班固《汉书·司马迁传》云："然自刘向、扬雄博及群书，皆称迁有良史之材，服其善序事理，辨而不华，质而不俚，其文直，其事核（坚实），不虚美，不隐恶，故谓之实录（录事实）。"③文直事核，据实而录，不虚美统治者的品行，更不隐瞒统治者的劣迹，这就叫"实录"。这种"实录"精神是对先秦史官"书法不隐"传统的继承和发扬。④"书法

---

① 刘知几：《史通》，辽宁教育出版社1997年版，第25页。
② 叶适：《习学记言序目》卷九《春秋》总论，中华书局1979年版，第117页。
③ 班固：《汉书·司马迁传》，中华书局1962年版，第2738页。
④ 《左传》宣公二年："赵穿（赵盾子）杀灵公于桃园，宣子（赵盾）未出山而复。太史书曰：'赵盾弑其君'，以示于朝。宣子曰：'不然。'对曰：'子为正卿，亡不越竟（境），反不讨贼，非子而谁？'……孔子曰：'董狐，古之良史也，书法不隐。赵宣子，古之良

不隐"就是以不隐为书法，以不加隐讳作为史官记事的法度。而孔子一方面十分赞赏董狐"书法不隐"的精神，另一方面却为何在自己修订的《春秋》中多有"婉而成章"的"曲笔"呢？笔者以为，孔子非鲁国史官，他以私人身份修订《春秋》并非如董狐"书法不隐"那样以求记史真实为终极目的。孔子要在《春秋》中寄寓他的王道理想，寄寓他的善恶褒贬。所以，《春秋》以求"善"为终极目的，不是以求"真"为终极目的，所以孔子才会有这样的感叹："知我者其惟《春秋》乎！罪我者其惟《春秋》乎！"① 所以，《春秋》虽说是中国第一部编年史，但它并不标志着中国史学的独立，中国史学实肇端于司马迁。②

　　《史记》载笔取材，汰虚课实，与前代史书有很大不同。前代史官虽有良史之材，书法不隐，但正如钱锺书所言："盖知作史当善善恶恶矣，而尚未知信信疑疑之更为先务也。"③ 可以说，在中国史学史上，司马迁是第一位以严谨的态度、怀疑的眼光和扬弃的精神对待上古史料的史学家。尽管《史记》的上限"自黄帝始"，但这并非是司马迁的本意，而是迫于汉代帝王崇拜黄帝的政治因素不得已而为之，它的实际上限断自唐虞。《五帝本纪》曰："崇者多称五帝尚矣。然《尚书》独载尧以来，而百家言黄帝，其文不雅训，缙绅先生难言之。……轶事时见于他说，余择其尤雅者。"可见司马迁载笔取材之旨非前代史官"信以传信，疑以传疑"。如果将《五帝本纪》与《封禅书》记载有关黄帝的内容加以对照互读更能看出司马迁汰虚课实之功。《封禅书》："或曰：'黄帝得土德，黄龙地蚓见'"，《五帝本纪》只曰："有土德之瑞，故号黄帝"；《封禅书》："申公曰：'黄帝且战且学仙，……百余岁然后与神通。……有龙垂胡髯，下迎黄帝，黄帝上骑'"，《本纪》只曰："黄帝崩，葬桥山"。可见《五帝本纪》尽削荒诞不经之事，把黄帝从神坛上拉下来，将他还原成人。而《封禅书》又把黄帝扶上了神坛的宝座上，将他包

　　大夫也，为法受恶。惜也，越竟乃免。'"又《左传》襄公二十五年记齐国崔抒派人杀死国君庄公后太史书事的遭遇："太史书曰：'崔杼弑其君。'崔子（崔杼）杀之。其弟嗣书，而死者二人。其弟又书，乃舍之。南史氏闻太史尽死，执简以往。闻既书矣，乃还。"

① 《孟子·滕文公下》，见杨伯峻：《孟子译注》，中华书局 1960 年版。
② 钱锺书：《管锥编》，中华书局 1986 年版，第 251 页。
③ 同上。

装成神，无非是作者姑妄言之，读者姑妄听之而已。

二曰通变。《史记》突破了以往史书惩恶劝善的道德层面，把史书上升到对历史现象规律性的认识层面，即历史哲学层面，这是科学史学确立的标志。《史记》之前，史家把惩恶劝善，以史为鉴作为撰写史书的目的，如《左传》成公十四年提到的《春秋》"五例"等。司马迁的著史之意，在其《报任安书》中有这样的概括："网罗天下放失旧闻，略考其行事，综其终始，稽其成败兴坏之纪，上计轩辕，下至于兹……亦欲究天人之际，通古今之变，成一家之言。"这与《春秋》的"辩是非"、明"道义"、"惩恶劝善"之义相比，其气魄之大，见闻之广，思虑之深，当知史学肇端于司马迁不为虚言。

所谓"通古今之变"就是要探讨历史的发展规律，那么历史发展的原动力是什么呢？司马迁在七十列传的第一篇《伯夷列传》首先就否定了"天道"；"或曰：'天道无亲，常与善人。'若伯夷、叔齐，可谓善人者非邪？积仁洁行如此而饿死！且七十子之徒，仲尼独荐颜渊为好学。然回也屡空，糟糠不厌，而卒早夭。天之报施善人，其何如哉！"[1]在质疑中否定了"天道"对人的决定作用。既然历史发展的原动力不在"天道"，则必在人事。那么人事的哪一方面最为根本呢？七十列传的倒数第二传，即《货殖列传》给出了答案，即历史发展的原动力之一在于人类对自身欲望的不断追求。《货殖列传》中说："天下熙熙，皆为利来，天下攘攘，皆为利往"[2]。又说："贤人深谋于廊庙，论议朝廷，守信死节隐居岩穴之士设为名高者安归乎？归于富厚也。是以廉吏久，久更富，廉贾归富。富者，人之性情，所不学而俱欲者也。"[3]接着又列举在军壮士，任侠少年，赵女郑姬、游闲公子、渔夫、猎人、博徒、吏士、农、工、商贾，莫不求财致富，甚至为求财致富不惜做出奸恶贱辱之事，也勇为而甘受。正如《商君书·君臣》所言："民之于利也若水之于下也，四旁无择也。"[4]对于人的趋利避害的心理欲求，司马迁洞若观火，并诉诸笔端，在讲求礼仪至上的汉代，这是需要勇气的。东汉

---

[1]　司马迁：《史记·伯夷列传》中华书局 1959 年版，第 2124—2125 页。
[2]　司马迁：《史记·货殖列传》中华书局 1959 年版，第 3256 页。
[3]　同上书，第 3271 页。
[4]　蒋礼鸿：《商君书锥指》，中华书局 1986 年版，第 131 页。

时班彪、班固父子就误解了司马迁的本意，讥刺"货殖"传"轻仁义而羞贫穷"①，"崇势力而羞贱贫"②，其实不然。通观《货殖列传》，司马迁言"富厚"、"利益"并未忘仁义道德，而仁义道德是建立在"富"、"利"基础上的。他说："若至家贫亲老，妻子软弱，岁时无以祭祀进醵，饮食被服不足以自通，如此不渐耻，则无所比矣。""故曰：'仓廪实而知礼节，衣食足而知荣辱。'礼生于有而废于无。"甚至在《游侠列传》中引"鄙谚"："何知仁义？已享其利者为有德。"由此可见，离开物利之欲而空谈礼义犹如不搞经济建设而空喊精神文明口号一样，都是不足取的。此外，司马迁对那些富而不仁或以非法手段致富者抱以谴责和否定的态度。③

通观七十列传，司马迁以《伯夷列传》开头，意在探讨天人之际；又书《货殖列传》于后，意在通古今之变，昭示人类历史不断前行的内在源泉与动力，"原始察终，见盛观衰"的司马迁，用此种史法安能不成一家之言？

（三）文法

文法作为"春秋笔法"的第三种样态，其文学性、艺术性受到关注并被作家运用到文学创作中当在魏晋时期中国文学进入自觉时代以后。所以笔者称其为经法、史法之后又一样态，但同时更应该注意到，文法作为修辞手法从"春秋笔法"产生之日起就已存在，并蕴含于经法、史法之中。如果说经法、史法乃惩恶劝善、沟通古今、经邦济世之原则、法度，那么文法乃是昭示经法、史法这些原则、法度的修辞载体。也就是说，经法、史法所蕴含的深刻义理是通过文法的修辞形式来实现的。《礼记·经解》云："属辞比事，《春秋》教也。"④原来《春秋》可以教化人们连属文辞，排比事例，这恰好说明了《春秋》一书的修辞作用。因此，如果说经法意在求其善，史法意在求其真，那么，作为"春秋笔法"的第三种样态——文法，则意在求其美。

---

① 范晔：《后汉书·班彪传》，中华书局1965年版，第1325页。

② 班固：《汉书·司马迁传》，中华书局1962年版，第2738页。

③ 李洲良：《钱锺书关于史传文学若干问题的理论阐释》，中国人民大学报刊复印资料：《文艺理论》2001年第9期。

④ 《礼记正义·经解第二十六》，见阮元校刻：《十三经注疏》，中华书局1980年影印本，第1609页。

以下从属辞与比事两个方面简述文法之美。

一曰属辞之美。所谓属辞即指连属文辞，笔者认为，它应包括两方面的内容：一是讲究用字，二是讲求词序。

讲究用字是从孔子《春秋》开始的，并对后代史传文学产生深刻的影响。韩愈《进学解》所云"《春秋》谨严"，首先应表现在用字的简洁和准确上。例如记载战争时，《春秋》往往根据作战情况和作者对某一次战争的看法，分别选用伐、侵、袭、克、灭、取、歼、追等不同的词语来表达。如《春秋》隐公元年："夏五月，郑伯克段于鄢。"《左传》隐公元年："书曰'郑伯克段于鄢。'段不弟，故不言弟；如二君，故曰克；称郑伯，讥失教也；谓之郑志，不言出奔，难之也。"① 故范宁《春秋穀梁传序》云：《春秋》"一字之褒，宠逾华衮之赠；片言之贬，辱过市朝之挞。"齐梁时期刘勰《文心雕龙·史传》也有类似的话："褒见一字，贵逾轩冕；贬在片言，诛深斧钺。"这些都充分肯定了《春秋》"一字定褒贬"的特点。

讲求词序也是《春秋》属辞的特点。如《春秋》僖公十六年："十有六年，春，王正月，戊申，朔，陨石于宋五，是月，六鹢退飞过宋都。"《春秋公羊传》僖公十六年："曷为先言陨而后言石？陨石记闻，闻之磌然，视之则石，察之则五。……曷为先言六而后言鹢？六鹢退飞记见也。视之则六，察之则鹢？徐而察之则退飞。"公羊大师董仲舒亦云：《春秋》辨物之理以正其名，名物如其真，不失秋毫之末。故名陨石，则后其五，言退鹢，则先其六。圣人之谨于正名如此。君子于其言，无所苟而已，五石、六鹢之辞是也。"② 可见"石五"、"六鹢"的词序正反映出记录者观察之先后次序，若写成"五石"、"鹢六"则谬而不真矣。再如《春秋》定公二年："二年，春，王正月。夏，五月，壬辰，雉门及两观灾。"对此，《春秋公羊传》定公二年是这样阐释的："其言雉门及两观灾何？两观微也。然则曷为不言雉门灾及两观？主灾者两观也。时灾者两观，则曷为后言之？不以微及大也。何以书？记灾也。"何休《解诂》云："雉门两观，皆天子之制，门为其主，观为其饰，故微也。"③ 这里记载的是鲁国雉门及两观发生的一次火灾，大火从两

① 杨伯峻：《春秋左传注》（修订本），中华书局 1990 年版，第 14 页。
② 苏舆：《春秋繁露义证》中华书局 1992 年版，第 293 页。
③ 《春秋公羊传注疏》，见阮元校刻：《十三经注疏》，中华书局 1980 年影印本，第 2335 页。

观着起，殃及雉门。按起火先后的次序，应先言两观后及雉门，但两观属于雉门的附属建筑，不能从轻微的说到重大的，因此写成"雉门及两观灾。"可见，《春秋》用词对词序极讲究，先言主言重，后言次言轻，是"春秋笔法"在词序上的一个突出特点，至今仍保留在汉语的书写习惯中。

二曰比事之美。所谓比事就是指排比事例，这里主要指行文的秩序之美。如果说属辞中的词序之美主要表现在句法层面上，那么比事的秩序之美则主要表现在词法、句法基础上的篇章结构上，即史书的叙事结构上。刘知几《史通·叙事》云："夫史之称美者，以叙事为先"，"夫国史之美者，以叙事为工。"① 方苞亦言其"义法"说的"法"为"言有序也"。这些均指排比事例之美。其实，早在西晋时期杜预《春秋左氏传序》开篇就说："'春秋'者，鲁史记之名也。记事者，以事系日，以日系月，以月系时，以时系年，所以纪远近、别同异也。故史之所记，必表年以首事，年有四时，故错举以为所记之名也。"② 这便是对《春秋》编年以记事的说明。刘知几则在《史通》中对编年体和纪传体的长短优劣进行了比较。他论编年体的长处说：

> 夫《春秋》者，系日月而为次，列岁时以相续，中国外夷，同年共世，莫不备载其事，形于目前。理属一言，语无重出。此其所以为长也。③

各种史事均以时间先后为序，事不重记，语无重出。这是以时间顺序为中心的叙事结构。在论纪传体的长处时刘知几说：

> 《史记》者，纪以包举大端，传以委曲细事，表以谱列年爵，志以总括遗漏，逮于天文、地理、国典、朝章，显隐必该，洪纤靡失。此其所以为长也。④

---

① 刘知几：《史通》，辽宁教育出版社 1997 年版，第 49、50 页。
② 《春秋左传正义》，见阮元校刻：《十三经注疏》，中华书局 1980 年影印本，第 1703 页。
③ 刘知几：《史通》，辽宁教育出版社 1997 年版，第 7 页。
④ 同上。

这是说纪传体在复杂叙事上的优长，能做到"大端"、"细事""显隐必该，洪纤靡失"，然而，并未搔到痒处，未能把握住纪传体以人物为中心的叙事特点。此前，齐梁时期的刘勰在《文心雕龙·史传》篇中将史传文体的叙事特点已概括得简洁而精当。他说：《春秋》"睿旨存亡幽隐，经文婉约"；《左传》"原始要终，创为传体"，"实圣文之羽翮，记籍之冠冕"；《史记》"本纪以述皇王，列传以总侯伯，八书以铺政体，十表以谱年爵，虽殊古式，而得事序焉"；《汉书》"十志该富，赞序弘丽，儒雅彬彬，信有遗味"。又云"观夫左氏缀事，附经间出，于文为约，而氏族难明。及史迁各传，人始区详而易览，述者宗焉"① 等等，充分肯定了史传各种文体的特点及功用，对司马迁以人物为核心的纪传体的评价比刘知几更客观、更到位。在《史传》篇末赞语中对《春秋》、《左传》开创属辞比事之体给予很高的评价：

> 史肇轩黄，体备周孔。世历斯编，善恶偕总。腾褒载贬，万古魂动。辞宗丘明，直归南董。②

三　特征：尚简用晦

如果说"春秋笔法"的基本内涵是"春秋五例"，外延是经法、史法与文法，那么"春秋笔法"的本质特征就是尚简用晦。

"尚简"、"用晦"原则是刘知几在《史通》中提出的。他是说史书的叙事原则应以"尚简"、"用晦"为准，并未指出这是"春秋笔法"的本质特征。事实上，刘知几在《史通》中最推崇的是《左传》，不是《史记》，也不是《春秋》，甚至在《惑经》中对孔子《春秋》提出"未谕者有十二"、"其虚美者有五焉"。然而，无可否认的事实是，刘知几仍认为史书叙事应以"尚简"、"用晦"为美：

---

① 范文澜：《文心雕龙注》，人民文学出版社 1958 年版，第 284、285 页。
② 同上书，第 287—288 页。

　　　夫国史之美者，以叙事为工；而叙事之工者，以简要为主。简之时
　　义大矣哉！历观自古，作者权舆，《尚书》发踪，所载务于寡事；《春
　　秋》变体，其言贵于省文。斯盖浇淳殊致，前后异迹。然则文约而事
　　丰，此述作之尤美者也。①

复言曰："又叙事之省，其流有二焉：一曰省句，二曰省字。《左传》宋华耦
来盟，称其先人得罪于宋，鲁人以为敏。夫以钝者称敏，则明贤达所嗤，此
为省句也。《春秋经》曰：'陨石于宋五。'夫闻之陨，视之石，数之五。加
以一字太详，减其一字太略，求诸折中，简要合理，此为省字也。"可见，
刘知几未否定《春秋》"尚简"的特点。再看"用晦"：

　　　然章句之言，有显有晦。显也者，繁词缛说，理尽于篇中；晦也
　　者，省字约文，事溢于句外。然则晦之将显，优劣不同，较可知矣。
　　夫能略小存大，举重明轻，一言而巨细咸该，片语而洪纤靡漏，此皆
　　用晦之道也。②

又曰："既而丘明授经，师范尼父，夫《经》以数字包义，而《传》以一句
成言，虽繁约有殊，而隐晦无异。故其纲纪而言邦俗也，则有士会为政，晋
国之盗奔秦；刑（邢）迁如归，卫国忘亡。其款曲而言人事也，则有犀革裹
之，比及宋，手足皆见；三军之士，皆如挟纩，斯皆言近而旨远，辞浅而义
深；虽发语已殚，而含意未尽。使夫读者望表而知里，扪毛而辨骨，睹一事
于句中，反三隅于字外。晦之时义，不亦大哉！"这是谈《春秋》、《左传》
的用晦之法。清代浦起龙《史通通释》释云："用晦之道，尤难言之。简者
词约事丰，晦者神余象表。词约者犹有词在，神余者唯以神行，几几无言可
说矣。"③

　　与浦起龙谈"用晦"之道"几几无言可说"相反，钱锺书偏偏有话要
说，而且说得透彻明了：

―――――――――――

① 刘知几：《史通》，辽宁教育出版社 1997 年版，第 50 页。

② 同上书，第 52 页。

③ 浦起龙：《史通通释》，王煦华整理，上海古籍出版社 2009 年版，第 163 页。

《史通》所谓"晦"，正《文心雕龙·隐秀》篇所谓"隐"，"余味曲包"，"情在词外"；施用不同，波澜莫二。刘氏复终之曰："夫读古史者，明其章句，皆可咏歌"，则是史是诗，迷离难别。老生常谈曰："六经皆史"，曰"诗史"，盖以诗当史，安知刘氏直视史如诗，求诗于史乎？①

经钱锺书这一点拨，"用晦"之道，涣然冰释。原来史之"晦"恰恰便是诗之"隐"，诗、史虽不同而可相通，而架起由史入诗这道美丽彩虹的正是"春秋笔法"！"尚简用晦"的"春秋笔法"就是要求作家在简约的言辞中隐含着诗性的褒贬智慧，像诗歌那样言有尽而意无穷。这种效果有时比"直书无隐"更有批判力量，所谓"曲笔诛心"。所以，笔者不同意把"春秋笔法"的根本特征仅仅概括为"影射式言说"的观点。②因为"影射式言说"是由甲而指乙，言与意的关系是一对一的对等关系，这很容易误入索隐派的歧途。而"尚简用晦"则不同，其言意关系不仅仅是一对一的关系，更是一对多的关系，能给作家和读者以更大的想象空间，从而增强"春秋笔法"的文学表达效果，越是在纯文学作品中，"尚简用晦"的表达效果越突出。

另外，我们从孟子对孔子作《春秋》的描述上也可以看出，尚简用晦的"春秋笔法"是源于"诗三百"比兴寄托之法的。《孟子·离娄下》云：

> 王者之迹熄而《诗》亡，《诗》亡然后《春秋》作。晋之《乘》、楚之《梼杌》、鲁之《春秋》，一也。其事则齐桓、晋文，其文则史，孔子曰："其义则丘窃取之矣。"③

这里所说的"其义"是指什么？杨伯峻认为"其义"指的是《诗》三百美刺褒贬之"义"④，此解最为圆通。孔子修《春秋》是"窃取"了《诗》的褒贬之"义"的。孔子经常教导弟子说"不学诗，无以言"，又说："诗可以兴，可以观，可以群，可以怨。"由此可以推知，熟谙"诗三百"比兴之法

---

① 钱锺书：《管锥编》，中华书局 1986 年版，第 164 页。
② 李凯：《儒家元典与中国诗学》，中国社会科学出版社 2002 年版，第 259 页。
③ 杨伯峻：《孟子译注》，中华书局 1960 年版，第 192 页。
④ 同上书，第 193 页。

与褒贬之义的孔子，在"窃取"《诗》之"义"的同时，也"窃取"了《诗》之"法"。从本质上讲，"春秋笔法"尚简用晦的特征是孔子在《春秋》中对"诗三百"比兴寄托手法的借用和发挥，意在追求"一字定褒贬"的美刺效果。

综上所述，"春秋笔法"涉及经学、史学、文学等众多领域，且在历代学者的不断阐释下得以丰富和完善，是中国古代最重要的理论范畴之一，对中国古代文化乃至古代文人的思维方式、话语模式都产生了重大影响。

（李洲良，男，汉族，人文社科处教授。主要从事中国古代文学、国学和钱学研究。本文发表于《文学评论》2006 年第 1 期）

《吕氏春秋》的君臣和谐理念及其文学意义

管宗昌

君臣关系是政治世界的基本关系，先秦诸子多有论述和展现，《吕氏春秋》也不例外。吕书更倾向于展现君臣和谐的理念，这虽然在直接论述中不多见，但在其辩证性议论的语言中却有着独具匠心的展现。

一、《吕氏春秋》的辩证性议论及其体现的君臣和谐理念

《吕氏春秋》善于收录历史故事和传说，在对历史故事和传说叙述完毕后加以议论是其行文常态，叙述之后的议论也经常为扣合主题而来。但值得注意的是，其中仍有不少议论并非单为扣合主题，而是体现出明显的辩证性。具体说来，其辩证性特点主要表现在如下几个方面：

首先，议论和评说兼及历史故事的双方当事人，避免单面评说。《吕氏春秋》所收录的历史故事和传说基本都包含至少两方角色，在对历史故事叙述完毕之后，有时会单就一方进行议论评说、回扣主题，这种情况不少。但从作者的议论视野看，这种议论缺乏辩证性。除此之外，《吕氏春秋》有时还会从故事所涉及的最主要的双方角色入手进行评说，使议论兼及两个方面，从而使作者的视角和评述富于辩证性。如：《贵生》篇有"鲁君礼颜阖"的故事，作者是这样叙述与议论的：

> 鲁君闻颜阖得道之人也，使人以币先焉。颜阖守闾，鹿布之衣，而自饭牛。鲁君之使者至，颜阖自对之。使者曰："此颜阖之家邪？"颜

阖对曰："此阖之家也。"使者致币，颜阖对曰："恐听缪而遗使者罪，不若审之。"使者还反审之，复来求之，则不得已。故若颜阖者，非恶富贵也，由重生恶之也。世之人主多以富贵骄得道之人，其不相知，岂不悲哉？①

在故事叙述完毕后，作者立足双方展开论述。一方面评述颜阖是因为重生而辞却富贵，充满赞扬；另一方面又从人主的角度论述："世之人主多以富贵骄得道之人，其不相知，岂不悲哉？"认为人主不应以富贵骄纵、傲视贤人，而应知人下贤。这一则故事同时见于《庄子·让王》篇。《庄子》中故事的叙述与《贵生》篇大致相同，而议论则差异较大，《让王》这样评述："故若颜阖者，真恶富贵也。"②很明显，《让王》篇单从颜阖一方进行评述，而没有涉及另一方。相比之下可以显见《吕氏春秋》在议论方面的辩证性。

又如《离俗览》，在讲述完"石户之农、北人无择、卞随、务光四人让位"的故事后，作者并没有单从四人角度进行论述，而是在赞扬四人的高尚品节后，又从让位者尧舜的角度展开论述："若夫舜、汤，则苞裹覆容，缘不得已而动，因时而为，以爱利为本，以万民为义。譬之若钓者，鱼有小大，饵有宜适，羽有动静。"③认为虽然四士的行为高洁不污，但是尧舜的行为也并非如石户之农所认为的那样——"以舜之德为未至也"，尧舜也是以万民为义，对尧舜的评价不应完全与四士的评价标准相同。这一故事也见于《庄子·让王》篇，但是立足尧舜的辨析和议论在《让王》中并没有出现，足见《离俗览》对这一历史故事的辩证观点。经过对双方人物的分别评述，一方面展示出四士的高尚品节，另一方面又给尧舜以恰当的定位与评价，避免了对尧舜的误读。

同样的情况仍有很多，如《乐成》篇中"魏襄王与群臣饮"④一事。作者的议论一方面赞扬史起不仅有预见而且忠于主上，另一方面赞扬主上能知人善任，议论富于辩证性。另外如《审应览》中的"魏惠王使人谓韩昭侯"

① 陈奇猷：《吕氏春秋新校释》，上海古籍出版社2002年版，第75—76页。
② 郭庆藩：《庄子集释》，中华书局1961年版，第971页。
③ 陈奇猷：《吕氏春秋新校释》，上海古籍出版社2002年版，第1243页。
④ 同上书，第1000页。

等，其故事之后的议论也属此类。

其次，《吕氏春秋》辩证性议论还表现为对同一对象转换评判标准。同一对象面对不同的评判标准将出现不同的评判结果，而能以不同的评判标准对同一事物进行评价，是议论辩证性的重要体现，《吕氏春秋》中有不少篇目在议论中就体现出这一特点。如《离俗览》中"宾卑聚梦辱"一事：

> 齐庄公之时，……每朝与其友俱立乎衢，三日不得，却而自殁。谓此当务则末也，虽然，其心之不辱也，有可以加乎。①

故事中宾卑聚自杀以显示其不能受辱之节，作者对此加以评述："谓此当务则末也，虽然，其心之不辱也，有可以加乎！"显然，这是以两种标准对此事进行评价。其一，从生命可贵的角度讲，为义自杀显然过于鲁莽；其二，从心之不可辱的角度讲，这种行为又值得推嘉，作者的这一议论具有辩证性。

再如《不广》篇中"鲍叔、管仲、召忽三人相善"②一段。故事叙述完毕后，作者一方面认为"公子纠外物则固难必"，公子纠是否可以立为君主并不确定，这是从万事万物不可确定的自然规律讲；另一方面又认为管仲的思虑更为近乎情理，这是从人的主观智虑不可忽视的角度讲。作者对同一则故事进行的是辩证性的议论和开掘。《举难》篇中"魏文侯弟曰季成"③等多个篇章段落也体现出这种特点。

再次，《吕氏春秋》的辩证性还表现在以正反对比的方式展示故事主旨。虽然从正反两方面论述是对同一主题的阐述和揭示，然而这是以辩证的方式阐释主题。通过这种辩证阐释，一方面可以避免正面阐释的冗赘和重复，另一方面则可以使议论更加清晰充分。

如《期贤》篇中"魏文侯过段干木之闾而轼之"一段故事，其故事梗概为魏文侯敬重贤人段干木，秦人欲进军攻打魏国，但由于耳闻魏文侯敬重贤人而按兵不动。故事叙述完毕后，作者议论道："魏文侯可谓善用兵矣。

---

① 　陈奇猷：《吕氏春秋新校释》，上海古籍出版社 2002 年版，第 1244 页。
② 　同上书，第 925 页。
③ 　同上书，第 1319 页。

尝闻君子之用兵，莫见其形，其功已成，其此之谓也。野人之用兵也，鼓声则似雷，号呼则动地，尘气充天，流矢如雨，扶伤舆死，履肠涉血，无罪之民其死者量于泽矣，而国之存亡、主之死生犹不可知也，其离仁义亦远矣！"①作者首先对魏文侯的重贤、善用兵表示赞扬，尔后又从反面进行对比论述，认为野人用兵的种种行为和表现正与此相反。通过正反对比，作者提出的何为重贤、何为善用兵的问题无疑更加清晰了。同样的情况还见于《慎行论》和《疑似》篇等篇目。

据统计，在以上三类辩证性议论中，以第一类即从故事的双方进行议论与评述为最多。还需注意的是，此类情况中作者在议论和评述中所兼及的双方一般都是君臣关系。也即在故事涉及君臣双方时，作者经常从双方关系展开论述。如上例中鲁君与颜阖、尧舜与四士、魏襄王与史起、魏惠王与公子食我等均是如此。其原因除《吕氏春秋》收录的历史故事多涉及君臣外，还有一个重要原因：《吕氏春秋》的作者普遍对君臣关系持较为辩证的态度，对理想和谐的君臣关系普遍显示得十分向往和期待。

二、君臣和谐的展现形式

在《吕氏春秋》中辩证的君臣关系一般涉及两个领域：一是臣属对于主上勇敢合理的进谏，二是臣属的死义尽忠、节义行为，而臣属的这两种行为均需君主的善于听谏和知人善任与之相对应，从而形成辩证和谐的君臣关系。

如《贵直》篇"能意见齐宣王"一事中，能意见齐宣王后敢于以极其直接的言辞进谏齐宣王，作者在故事叙述完毕后这样议论：

能意者，使谨乎论于主之侧，亦必不阿主。不阿主之所得岂少哉？此贤主之所求，而不肖主之所恶也。②

---

① 陈奇猷：《吕氏春秋新校释》，上海古籍出版社 2002 年版，第 1458 页。
② 同上书，第 1541 页。

　　显然，作者对能意"不阿主"的直谏行为表示钦佩，这也切合本篇的主旨。但作者又从主上的角度评说："此贤主之所求，而不肖主之所恶也。"很明显是提示君主应当成为贤主，应当求此直谏之士。在这里，作者将臣属敢于进谏、主上任贤纳谏作为和谐君臣关系的对应和理想状态，体现出《吕氏春秋》在君臣关系上的辩证性思维特点。

　　臣属敢于进谏、主上善于听谏是和谐君臣关系的重要体现，而臣属的进谏除勇于直言外，有时还表现为善于进谏，即以合理、明智的方式达到进谏的目的。如《重言》篇"楚庄王立三年不听而好谲"一事中，庄王立三年不听进言，成公贾却以庄王喜好的方式——谲进谏，最终成公劝服庄王。故事叙述完毕后，作者这样议论：

　　　　故《诗》曰："何其久也，必有以也。何其处也，必有与也。"其庄王之谓邪？成公贾之谲也，贤于太宰嚭之说也。太宰嚭之说，听乎夫差，而吴国为墟；成公贾之谲，喻乎荆王，而荆国以霸。①

　　其中"何其久也，必有以也。何其处也，必有与也"出自《诗经·邶风·旄丘》，其表达的是姑娘对心中所爱无尽思念的情感，原文为"何其处也？必有与也，何其久也？必有以也。"大意为姑娘怀疑男士移情别恋，许志刚先生翻译为："因何多日不出门呀？一定有了新伙伴呀！因何许久不相见呀？定有别情不肯说呀。"②是基本准确的。《旄丘》中的原文之意并不合乎此处上下文语境，这里显然属于断章取义，意为"为什么这么久没有行动呢，一定有其原因。为什么安然处之呢，一定有其原委。"③作者用这几句诗的字面意思表达对于庄王三年慎于听言的赞赏。《重言》篇的主旨为："人主之言，不可不慎"，故事之后引用《诗经》用以评述庄王，正是赞赏庄王的慎于言行，可以说这已经切合主旨。但是，作者在对庄王评述完毕后，又从臣属的角度对成公贾的进谏表示高度赞扬，认为他的进言成就了楚国的霸主地位，意义非凡。可以看出，作者对于臣属的进谏给予极高的期望，希望臣

---

① 陈奇猷：《吕氏春秋新校释》，上海古籍出版社 2002 年版，第 1166 页。
② 许志刚：《诗经解析》，辽宁师范大学出版社 2003 年版，第 74 页。
③ 廖名春、陈兴安：《吕氏春秋全译》，巴蜀书社 2004 年版，第 236 页。

属都如成公贾一样善于进谏、明智巧妙地进谏，从而使主上听谏如流，最终成就国家兴旺的大业。

又如《重言》篇"成王桐叶封弟"故事中，成王年幼时以桐叶封弟，后来成王有反悔之意，周公谆谆善诱、循理进言，最终引导成王作出正确决定。《重言》篇的主旨是"人主之言，不可不慎"，而这则故事中，成王和周公的言行可以分别从反面和正面切合"重言"主题，成王不重言、周公重言。但作者的议论没有重复这一显见的主题，而是从善说的角度对周公加以评价："周公旦可谓善说矣，一称而令成王益重言，明爱弟之义，有辅王室之固。"这里的"善说"显然是指周公善于进谏，廖名春等人就将此句解释为："周公旦可说是善于劝说了"①，是合理的。作者对周公善于进谏表示赞扬，周公善于进言的结果是成王接受建议、更加重言，而且彰显出成王的爱弟道义、使周王室更加巩固。

所以，《吕氏春秋》的编撰者认为臣属进谏进言、主上听言是构建和谐君臣关系的重要形式，而臣属的进言既表现为不畏艰险、勇于直言，而且还表现为高超的进言技巧。臣属的勇于进言、合理巧妙进言与主上的善于听言在议论上形成辩证关系，也是编撰者的心目中所追求的和谐的君臣关系。

臣属的节义行为和主上的知遇，也是经常出现于《吕氏春秋》议论中的辩证话题。如《不苟》篇中"秦穆公见由余"一事中，秦穆公意欲留住由余而苦于无法，希望蹇叔能够给出建议，但是蹇叔认为这是不义之事，自己不愿为之，于是推举内史廖进言，结果秦穆公按照内史廖的建议成功争取到由余。作者在故事之后的议论中这样讲道：

> 蹇叔非不能为内史廖之所为也，其义不行也。缪公能令人臣时立其正义，故雪殽之耻，而西至河雍也。②

作者对蹇叔的行为表示赞扬，同时也对穆公的行为表示赞赏，他认为穆公的可贵之处在于"令人臣时立其正义"，也即容许和接纳人臣对于节义

---

① 廖名春、陈兴安：《吕氏春秋全译》，巴蜀书社 2004 年版，第 235 页。

② 陈奇猷：《吕氏春秋新校释》，上海古籍出版社 2002 年版，第 1593 页。

的追求与坚持。可见，臣属的节义与主上的接纳知遇形成良性互动关系，也形成良好和谐的君臣关系。

臣士的节义是和谐君臣关系的一个重要方面，但主上的接纳和知遇也是形成和谐关系的关键，《吕氏春秋》十分看重君臣之间的这种良性互动关系。如《知士》篇集中讲述靖郭君与剂貌辩之间的君臣知遇，靖郭君能够力排众议、坚持任用剂貌辩，剂貌辩能够为靖郭君临危赴难。作者对两人的关系进行了辩证性评述：

> 当是时也，静郭君可谓能自知人矣。能自知人，故非之弗为阻。此剂貌辩之所以外生乐、趋患难故也。①

显然，作者对剂貌辩的行为表示赞赏，但同时也认为靖郭君力排众议、知人善任是剂貌辩能够死人臣之义的重要前提。

所以，和谐的君臣关系是《吕氏春秋》思考的重要内容和重要的社会理想，和谐的君臣关系需要君臣双方的共同构建。《恃君》篇有"故忠臣廉士，内之则谏其君之过也，外之则死人臣之义也"②。正是对臣属行为的明确概括，臣属当勇敢而合理巧妙地进谏其君，当坚持死人臣之义。除此之外，编撰者还从主上的角度，强调君主善听、善任的重要性，这种辩证性体现在对诸多故事的议论之中。

这种和谐君臣关系的理念在《吕氏春秋》中时时闪现，对君臣双方的辩证议论是其基本形式；当然，对其中一方的省略议论也是重要形式。除此之外，作者还会通过议论与叙述的搭配，体现其对于君臣关系的辩证思考。如《骄恣》篇中"魏武侯谋事而当"一事：

> 魏武侯谋事而当，攘臂疾言于庭曰："大夫之虑莫如寡人矣！"立有间，再三言。李悝趋进曰："昔者楚庄王谋事而当，有大功，退朝而有忧色。左右曰：'王有大功，退朝而有忧色，敢问其说？'王曰：'仲

---

① 陈奇猷：《吕氏春秋新校释》，上海古籍出版社 2002 年版，第 497 页。
② 同上书，第 1331 页。

他有言，不穀说之，曰："诸侯之德，能自为取师者王，能自取友者存，其所择而莫如己者亡。"今以不穀之不肖也，群臣之谋又莫吾及也，我其亡乎？'曰：此霸王之所忧也，而君独伐之，其可乎？"武侯曰："善。"人主之患也，不在于自少，而在于自多。自多则辞受，辞受则原竭。李悝可谓能谏其君矣，壹称而令武侯益知君人之道。①

魏武侯小有所得便大有喜色、表现得十分骄傲，此时李悝大胆进谏，以楚庄王的故事启发诱导魏武侯，最终魏武侯大悟。这则故事还见于《荀子·尧问》和《新序·杂事一》，故事情节大致相同，只是其中进谏者为吴起而非李悝。但这两处文献中，故事叙述完毕后均无作者的评述与议论。《骄恣》篇故事之后的议论有两层含义：一是对魏武侯的行为进行评述，即"人主之患也，不在于自少，而在于自多。自多则辞受，辞受则原竭"。显然，这一层议论是用以扣合本篇的主旨——"骄恣"，对人主的自多和骄恣进行集中批判；二是对臣属的进谏表示赞扬，即"李悝可谓能谏其君矣，壹称而令武侯益知君人之道"。从篇章主题和题名看，故事后的第一层议论正切合本篇主旨。但作者在第一层议论后又加以第二层议论，对李悝的进谏行为大加赞赏，这仍然是作者君臣和谐理念的闪现。臣属勇敢而合理的进谏与主上的善于听谏是和谐君臣关系的基本形式，这则故事中臣属勇敢而合理的进谏行为，作者是通过议论进行评述和强调的；而主上的善于听谏则隐藏在故事的叙述中，李悝用楚庄王故事启发诱导魏武侯，最终"武侯曰：'善'"，这正是对主上善于听谏的叙述。所以，这则故事也体现出作者的君臣和谐理念，其通过叙述与议论配合的方式亦体现出辩证性。

三、《吕氏春秋》君臣和谐理念的文学意义

君臣和谐和悲士不遇是关于君臣关系相辅相成的一对文学主题，这对主题在先秦时期逐渐成形，时至汉代最终定型。先秦时期，这两个主题呈现

---

① 陈奇猷：《吕氏春秋新校释》，上海古籍出版社 2002 年版，第 1413—1414 页。

的是错位发展，并非同时成形。

最早在文学中自觉地对君臣关系主题加以表现的当属楚辞。屈原将君臣遇合作为理想，也自命为贤臣，可是他未遇明君。所以，屈原作品虽有君臣和谐的描绘，但表达更多的是怀才不遇的牢怨和悲愤。如《惜往日》中就同时具有这两类情感：

> 惜往日之曾信分，受命诏以昭诗。奉先功以照下分，明法度之嫌疑。国富强而法立分，属贞臣而日娭。秘密事之载心分，虽过失犹弗治。心纯厖而不泄分，遭谗人而嫉之。君含怒而待臣分，不清澈其然否。……卒没身而绝名分，惜壅君之不昭。君无度而弗察分，使芳草为薮幽。焉舒情而抽信分，恬死亡而不聊。独鄣壅而蔽隐分，使贞臣为无由。闻百里之为虏分，伊尹烹于庖厨。吕望屠于朝歌分，宁戚歌而饭牛。不逢汤武与桓缪分，世孰云而知之。①

屈原也曾追忆于君臣和谐的往日，然而更多的是当下见馋遭弃、终受放逐的发泄。他也描述百里、伊尹的重用，勾画出君臣和谐的图景。然而，"不逢汤武与桓缪分"却是对遭遇明主的渴望，更是对当下不遇的怨愤。这里呈现的是君臣和谐和悲士不遇两大主题的交织，但无疑是以悲士不遇为主。

当然，《离骚》、《惜诵》直至宋玉《九辩》等作品，关于士不遇的悲愤表达得就更为单纯而直接，基本看不到君臣和谐主题：

> 竭忠诚以事君分，反离群而赘肬。忘儇媚以背众分，待明君其知之。（《惜诵》）
> 荃不察余之中情分，反信谗而齌怒。余固知謇謇之为患分，忍而不能舍也。（《离骚》）
> 专思君分不可化，君不知分可奈何！蓄怨分积思，心烦憺分忘食事。（《九辩》）

---

① 洪兴祖：《楚辞补注》，凤凰出版传媒集团、凤凰出版社 2007 年版，第 131—133 页。

自身贤德忠淑却不遇明君不得伸展，成为这些作品的主色，"发愤以抒情"①（《惜诵》）是这些作品的基调。所以，楚辞作品有时呈现出君臣和谐与悲士不遇的交织，但真正标志的却是悲士不遇主题的成形，至于君臣和谐主题并非这些作品的主调。

君臣和谐主题出现很早，但其明确化、理念化却要推至战国后期。"以圣主贤臣遇合为主题的诗歌，最初见于《诗经·大雅》，是对明君贤臣默契理政的客观反映，但还没有作为明确的理念直接加以表达"②，这准确道出了这一主题的早期特征。比楚辞晚近的《吕氏春秋》，其君臣和谐理念已较为明显，不仅在议论中有意加以论述，还有对其内涵的具体展示，其中寄寓着策士文人对于君臣关系的美好理想。充分说明策士文人已经不再是客观描述君臣和谐的事实，也非视之为单纯的政治话题或哲学命题，君臣和谐已成为与个人命运、理想关联的自觉诉求。

汉代文学中两大主题双线并进最终定型。贾谊《吊屈原赋》、董仲舒《士不遇赋》、司马迁《悲士不遇赋》、《报任安书》、东方朔《答客难》、庄忌《哀时命》、王逸《九思》等等，都有共同的情绪：生不逢时的哀怨，属于悲士不遇主题。其直接的源头就是屈原为代表的先秦楚辞，这些作品大都以屈原的遭遇为背景感慨不遇。将不遇的原因或归结为不遇明君、不被理解，或为生不逢时，或为命运不济，或为遭谗受嫉。这类主题显然已具备相当丰富的内涵。

在汉代文学中，遇和不遇是并存的交响曲，两大主题都在此际定型。君臣和谐主题在史传文学中展现得颇为鲜明，如《史记》之《枚乘传》、《主父偃传》等均记载君臣相得、相见恨晚，是作者君臣和谐理念的展现。除此，汉初梁园也多见此类作品。诸如枚乘《柳赋》、邹阳《酒赋》、公孙诡《文鹿赋》等，这些作品多以物喻人，直接反映出汉初文人的幸遇心态。

君臣和谐的直接表现是臣得遇合、受君幸遇，然而这显然不是所谓君臣和谐的唯一。受君幸遇有个重要的道德前提：臣须仁德贤淑，而非以幸佞见宠。《史记》、《汉书》分别有《佞幸列传》、《佞幸传》，正是对这种佞人的

---

① 洪兴祖：《楚辞补注》，凤凰出版传媒集团、凤凰出版社2007年版，第106页。

② 李炳海：《中国诗歌通史》（先秦卷），人民文学出版社2012年版，第16页。

指刺，这种因佞受宠显然不是中国文学所阐释的君臣和谐。

王褒有《圣主得贤臣颂》，可以看作汉代文学君臣和谐主题的典型，对此都有成熟见解：

> 夫贤者，国家之器用也。所任贤，则趋舍省而功施普；器用利，则用力少而就效众。……由此观之，君人者勤于求贤而逸于得人。
>
> ……故世必有圣知之君，而后有贤明之臣。……故世平主圣，俊艾将自至。
>
> 故圣主必待贤臣而弘功业，俊士亦俟明主以显其德。上下俱欲，欢然交欣，千载一合，论说无疑，翼乎如鸿毛过顺风，沛乎如巨鱼纵大壑。①

作品中尽言贤人之于君国之重要，圣君之于人臣之必需，君臣相得之功效。王褒认为，圣主必得贤臣方成事业，而贤臣必得明君方能显德奏功。君臣遇合是种理想状态，但必须辩证辅成：君要知人善任、臣要贤德有能，双方同声相应、同气相求。

《吕氏春秋》展现出明显的君臣和谐理念，也曾展示出其具体内涵：臣要死义尽忠、要敢言善言，君则要知人善任、从善如流。就具体内涵看，王褒对君主的期待与《吕氏春秋》一致；其对臣属的要求虽不尽一致，但"贤臣""俊士"的要求显然是对死义尽忠、敢言善言的统筹整合与拓展。才能、功业、道德、品性等均成为贤俊的应有之义，其内涵比《吕氏春秋》更为丰富。其根本上沿承的仍是《吕氏春秋》以来的君臣辩证辅成的和谐理念。

由此可见，《吕氏春秋》中成形的君臣和谐主题，确是在汉代所定型的这一对君臣关系主题的重要渊源之一，其文学意义显而易见。

（管宗昌，男，汉族，文法学院副教授，主要从先秦两汉文学与文化研究。本文发表于《学术论坛》2013年第8期）

---

① 班固：《汉书》，浙江古籍出版社2000年版，第869—870页。

陶渊明与嵇康、阮籍文学创作关系伸说

张 迪

古人论诗，多从风格特点分析着眼，因此有"嵇志清峻"，"阮旨遥深"，陶诗"词采精拔"、"其源出于应璩，又协以左思风力，文体省净，殆无长语"之论。钟嵘"深纵六艺，溯流别"，把陶诗、嵇诗归于《楚辞》一系，而把阮诗归为《小雅》一系。

今人论诗，多从思想分析入手，注意到陶渊明与嵇康、阮籍存在着一定的联系，并进行了一些有益的探讨。袁行霈在《陶渊明与魏晋玄学》一文中言："陶渊明崇尚自然的思想，直接继承了老子哲学。在玄学的各个流派中，他倾向嵇康、阮籍，以自然对抗名教，这是显而易见的。陶渊明的《杂诗》、《饮酒》、《拟古》，与阮籍的《咏怀》思想感情一脉相通。"① 王瑶也认为："到陶渊明，我们才给阮籍找到了遥遥嗣响的人；同时在阮籍身上，我们也看到了陶渊明的影子。"②

那么，陶渊明和嵇康、阮籍在文学创作方面有没有关系？陶诗和嵇诗、阮诗从形式到内容有没有直接联系？对此学术界的整体评价和深度考论不多，基于其状，本文拟就此深入展开探讨。

---

① 袁行霈：《陶渊明与魏晋玄学》，北京大学出版社 2009 年版。
② 王瑶：《中古文学史论》，北京大学出版社 1986 年版，第 171 页。

一

魏晋时分，由于政治高压，"士少有全者"，所以士人多作隐语或"词多纡回"。虽然这种现象给我们的研究带来巨大的困难，但也恰恰提醒我们，必须在片言只语或在"言之所随者"中窥探他们之间的创作关系。

对于陶诗，古人大多只谈趣不谈旨，但凡读陶诗者都相信陶诗之意不在表征，所以宋晁补之在《鸡肋集》卷 23 中说："东坡云陶渊明意不在诗，诗以寄其意耳。"① 清陈沆在《诗比兴笺》中说："惟知'归园'、'移居'及田间诗十数首，景物堪玩，意趣易明；至若'饮酒'、'贫士'，便已罕寻，'拟古'、'杂诗'意更难测，徒以陶公为田舍之翁，闲适之祖。"② 昭明太子萧统也在《陶渊明集序》中说："有疑陶渊明诗，篇篇有酒，吾观其意不在酒，亦寄酒为迹也。"很多人说出自己的疑惑，实际上是体会到了陶诗含有深刻的内涵。

值得注意的是，宋苏轼在《题渊明饮酒诗后》说："古人用意甚微。"③ 这起码说明，陶诗严谨，所用句式均有出处。最值得注意的是，陶渊明自己在《闲情赋》序中言："缀文之士，奕代继作，并因触类，广其辞义。"④ 究其含义，陶渊明的确借鉴过前人作品，创作出大量的杰作。他本人的这一番话无疑给我们提供了探讨他与前人创作关系的基本思路。

首先，让我们考察一下嵇康与陶渊明各自的一首诗。

嵇康《赠秀才从军》"浩浩洪流，带我邦畿。萋萋绿林，奋荣扬辉。鱼龙瀺灂，山鸟群飞。驾言出游，日夕忘归。思我良朋，如渴如饥。愿言不获，伧矣其悲。"

陶渊明《饮酒》"结庐在人境，而无车马喧。问君何能尔？心远地自偏。采菊东篱下，悠然见南山。山气日夕佳，飞鸟相与还。此中有真意，欲辨已

---

① 北京大学中文系：《陶渊明》卷上，中华书局 1962 年版，第 41 页。

② 同上书，第 237 页。

③ 同上书，第 29 页。

④ 北京大学中文系：《陶渊明》卷下，中华书局 1962 年版，第 319 页。

忘言。"

陶渊明诗中出现的"山气日夕佳，飞鸟相与还"意象，显然与嵇康诗中出现的"鱼龙潆洄，山鸟群飞。驾言出游，日夕忘归"的意象存在着从形式到内容的某种内在联系。虽然，嵇康是送别，陶渊明是自适，但表达出的思想出发点和落脚点"飞鸟"、"日夕"的意象却是一致的。在这里，陶渊明在表达人的自由与宇宙万物的自由相一致的追求时，直接选用了嵇诗的词语。这只能说明他们之间存在着一种借鉴、触类旁涉的关系。

与嵇康《赠秀才从军》诗有直接关系的，还有陶渊明的《停云》其四："翩翩飞鸟，息我庭柯。敛翮闲止，好声相和。岂无他人，念子实多。愿言不获，抱恨如何！"不难看出，两首诗的最后两句从形式到内容如出一辙。最引人注意的是"愿言不获"一句。在古诗中，这种后人和前人所用文字完全相同的情况实在是十分罕见的。

我们还可以从另一例证中更清楚地看出这种借鉴关系。那就是嵇康《与阮德如》诗"君其爱德素，行路慎风寒"和陶渊明《答庞参军》诗"君其爱体素，来会在何年"。"素"来自于"素也者，谓其无所与杂也。能体纯素谓之真人"（《庄子·刻意篇》）。同样是赠答，他们使用了同样的句式，并在思想表达上，也保持了一种相一致的关系。

既然他们在思想感情方面一脉相通，那么，我们就有理由推想，陶诗《饮酒》所言"山气日夕佳，飞鸟相与还。此中有真意，欲辨已忘言"，除了从"得意忘言"哲学思辨转化而来的表述之外，或许，陶渊明所表达的说不出来或不必说的"真意"，恰恰就涵盖了嵇诗的意境，包含着对嵇康的怀念。虽说陶诗表象呈现的是静穆，但从"以反求覆"的角度去思索，会发现它的静穆是以"金刚怒目"隐性衬托为代价的。如果这一猜想是正确的话，那么陶诗的内涵就在于对嵇诗的"广其辞义"，更在于他对生命实践的体认与对儒、释、道的认知与扬弃。因此，可以说"此中有真意"并非像通常解释的"境界高峰体验"那样简单。这是因为，诗歌创作绝非在意字面含义，反而强调营造一种既模糊又准确、一般常人眼前有心中无、诗人特感的境界，更何况陶诗于平淡中见深邃，"质而实绮，癯而实腴"。既然是"广其辞义"，陶渊明在引嵇诗意象时，自然会联想其人其事，会由"山鸟"联想到"广陵散绝"，会由嵇康避祸反而见杀联想到他在送别嵇喜时所畅想的"鱼龙潆濑，山鸟群飞。驾言出游，日夕忘归"美好意象。因此，由此而产生的既浩瀚又深远的触类联想，陶渊明自然是说不出来的；由于看惯政治的高压与迫害而"惧祸"，陶渊明自然是不能说的。景蜀慧认为，嵇康是一个纯粹的理想主义者，其内心对儒学理想的追求极为认真。他在抨击衰世道德伦理理想沦落时，常有"大道既隐"（《卜疑》）、"大道沉沦"（《太师箴》）、"大道匿不舒"（《答二郭》）的感叹。① 陶渊明也是如此，虽说他们常常把儒学道家化，但真实的目的是有意把孔儒思想与汉儒和名教相区别，而且也为世人不遵孔儒而大发慨叹。因此，陶渊明说："羲农去我久，举世少复真。汲汲鲁中叟，弥缝使其淳。凤鸟虽不至，礼乐暂得新。洙泗辍微响，漂流逮狂秦。诗书复何罪？一朝成灰尘。区区诸老翁，为事诚殷勤。如何绝世下，六籍无一亲。终日驰车走，不见所问津。若复不快饮，空负头上巾。但恨多谬误，君当恕醉人。"（《饮酒》二十）不仅如此，他还两次重复发痛心疾首之音："道丧向千载，今朝复斯闻"（《示周续之祖企谢景夷三郎》）；"道丧向千载，人人惜其情"（《饮酒》其三）。在诗歌创作中出现这种反复使用同一个句子的情况同样是极其罕见的。

除此之外，嵇康被《晋书·嵇康》称为"岩岩若孤松之独立"。他自己也在《游仙》诗中赞扬过松树："遥望山上松，隆冬郁青葱。"阮籍在四言《咏怀》与五言《咏怀》中也赞扬过松树："蓊郁高松，猗那长楚"，"登高临四野，北望青山阿。松柏翳冈岑，飞鸟鸣相过"。陶渊明也恰恰多次在诗中赞扬过松树，也把松与鸟联系在一起。《饮酒》其四："栖栖失群鸟，日暮犹独飞。徘徊无定止，夜夜声转悲。厉响思清远，去来何依依。因值孤生松，敛翮遥来归。劲风无荣木，此荫独不衰。托身已得所，千载不相违。"《饮酒》其八："青松在东园，众草没其姿。凝霜殄异类，卓然见高枝。连林人不觉，独树众乃奇。提壶抚寒柯，远望时复为。吾生梦幻间，何事绁尘羁。"《和郭主簿》其二："芳菊开林耀，青松冠岩列。怀此贞秀姿，卓为霜下杰。"无论从表达的形式与诗意来看，三者之间充满着千丝万缕的联系。

既然陶诗与嵇诗有关系，那么，让我们再进一步看一看陶诗与阮诗的

① 参见景蜀慧：《嵇康之"轻时傲世"与"嵇志清峻"》，《中国文化》1991 年第 5 期。

关系。

阮籍《咏怀》诗言："独坐高堂上，谁可与亲者？出门临永路，不见行车马。"这里，"独坐高堂上"、"不见行车马"诗句与陶渊明诗句"结庐在人境，而无车马喧"何其相似乃尔！然而，他们所用的起兴虽然具有一致性，但其传意有所不同。从思想上说，阮籍表达的是"孤鸿在野"无可奈何的孤独。而陶渊明表达的是"飞鸟回归"自甘其乐的晏如。重要的是，后者创作绝非刻意仿制，而恰恰由于有前者的存在，而使后者意上加意，"癯而实腴"。

我们再把阮籍的另一首诗《咏怀》的"昔年十四五，志尚好书诗。被褐怀珠玉，颜闵相与期"和陶诗《饮酒》的"少年罕人事，游好在六经。行行向不惑，淹留遂无成"相比较，不难看出它们从语言形式到思想内容有其惊人的相似之处。

如果我们还可怀疑，把此看成偶然的话，无独有偶，当我们再看陶渊明诗句"弱龄寄事外，委怀在琴书。被褐欣自得，屡空常晏如"（《始作镇军参军经曲阿作》）时，必然会和上述阮籍的《咏怀》诗句联系在一起。其创作篇式、结构是如此的相似。无论如何，这种现象的出现绝非偶然。

当把阮诗"夜中不能寐，起坐弹鸣琴。薄帷鉴明月，清风吹我襟。孤鸿号外野，翔鸟鸣北林。徘徊将何见，忧思独伤心"（《咏怀》其一）和陶诗"白日沦西阿，素月出东岭。遥遥万里辉，荡荡空中景。风来入房户，夜中枕席冷。气变悟时易，不眠知夕永。欲言无予和，挥杯劝孤影。日月掷人去，有志不获骋。念此怀悲凄，终晓不能静"（《杂诗》其二）进行比较时，我们会发现两首诗之间存在着既不同又相似的方面，这种相似与不同恰恰都在"夜中"、"不眠"、"明月"、"清风"、"伤心"、"悲凄"中发生。虽然，陶渊明是在风中难眠而饮酒对月，以劝孤影，阮籍是在风中难眠而弹琴对月，以念孤鸿，但总体表达的是思想者的"孤独"。很显然，陶诗借鉴了阮诗的意象、意境创作出脍炙人口的佳作。

众家周知的陶诗《饮酒》十三言："一夫常年醉，一夫终年醒"。如果把它套用在阮籍与嵇康关系上，真是再恰当不过了。因为，阮籍一生谨慎，"规矩一何愚"，而嵇康轻时傲世，"兀傲差若颖"。最有意味的是最后两句"寄言酣中客，日没烛当炳"，分明是在告诉酒酣之人，黑暗时要小心啊。

　　由此联想到，阮籍等人纵酒而不言酒。陶渊明却言酒而意不在酒，并且有 20 首诗直接以《饮酒》冠名。陶渊明是无意为之，还是有意为之？回答应该是肯定的。这正说明了在相反的方向所呈现的陶诗与嵇诗、阮诗的联系：第一，陶渊明在强调“酒”中传达他与嵇、阮的一致性与相异性。第二，陶渊明在强调“酒”中突出人们对魏晋时期士人的精神与生命状态的联想，使读者更深切地理解自己的诗歌。第三，陶渊明表达了一种既知道饮酒“促龄”，又无可奈何，不得不借酒消忧、体会“深味”的旷世情怀。这就是所谓的“寄酒为迹”。因此，我们就有理由把“陶诗之意不在酒”理解成陶诗之意是与嵇、阮《咏怀诗》所表达的思想感情相一致的嗣响。

　　上面从顺的方向阐述了陶诗与嵇诗、阮诗的关系。当然从逆的方向还可以看到它们之间的联系。比如，嵇康作“养生论”，并服药。而陶渊明却不看重养生，常喝酒，不服药，反而常说：“存生不可言，卫生每苦拙”（《影答形》）、“应尽便须尽，无复独多虑”（《神释》）、“客养千金躯，临化消其宝”（《饮酒》十一），另外，由于对现实不满，嵇康作有游仙诗，而陶渊明的“诚愿游崑华，邈然兹道绝”（《影答形》）恰恰作出此路不通的论断。在陶渊明眼中，“死去何所道，托体同山阿”（《拟挽歌辞》三），明确视“死亡”与“山阿”等义，因此不描摹山水。由此，我们不仅会看出陶渊明以表达相反的看法来回应嵇康和当时玄言诗人或佛、道而进行诗歌创作的现象，而且也会看清陶渊明为什么不作游仙诗与山水诗的根本原因。

二

　　上面偏重于从诗歌到诗歌分析陶诗与嵇诗、阮诗的创作关系，下面将侧重于分析嵇、阮的思想与陶渊明的文学创作联系。

　　在以往的讨论中，恐怕争议最多的要数陶渊明的《桃花源记》与《闲情赋》两篇。如果沿循上述的细论和推想做进一步分析，就会得到比较合理的解释。

　　袁行霈在讲解陶渊明诗歌时曾说：“嵇康主张‘越名教而任自然’，认为设立名教之前的‘鸿荒之世’才是合理的社会。阮籍说：‘无君而庶物定，无臣而万事理'，'君子之礼法，诚天下残贼乱危死亡之术耳。'"① 景蜀慧也曾论断："嵇康是一个纯粹的理想主义者。"同时指出："嵇康《太师箴》推崇'君道自然'，礼让天下的黄唐虞夏之时。不仅显示出一般'轻时'之意，尤其还表明了他与司马氏政敌相一致的政治立场。"② 事实上，嵇康在暗讽司马氏的同时，既表达了"鼓励玄学兴起"之意，也表达了与当时名教的对立。因此，嵇康的"非汤武而薄周孔"的确切意义是针对司马氏和名教的，而非彻底否定孔子。

陶渊明恰恰也是一个"理想主义"者。他对"乱"和"篡"同样深恶痛绝，也期冀着一个没有"乱"和"篡"的社会。因此，他认为设立名教以前的"不知有汉，无论魏晋"的社会才是合理的社会，于是，"染翰为之"，写下了近乎乌托邦式的"理想主义"名篇《桃花源记》。由此推论，他的创作动机似乎就是继嵇康提出的"洪荒之世"之意后，经过触类思考，把这一思想落实在文学创作中，把理想进一步化为"现实"。他的思想高于嵇康之处，就在于对"自由"的全面认知，既突出了与当时名教的对立，也表达了对自由平等的向往；既扬弃了孔、庄之辨，又宣告了玄言讨论的终结。

需要说明的是，陶渊明不仅在思想上和嵇康存在相一致的或层次更高的地方，而且他们的出身和境遇还存有相似的地方。比如嵇康"与魏宗室婚"，不耻与司马氏政权为伍。尽管陶渊明生活"枯槁"，但他于诗中也曾"炫耀"过祖先的辉煌。颜延之也称其"韬此洪族"（《陶征士诔》）。沈约等人说过他辞官不就的原因是"耻复屈身后代"（《宋书·隐逸传》）。总之，无论是陶还是嵇、阮都强烈地表达过对现时、现实、现世的不满，表现出摆脱传统、追求个性自由、孤芳自赏的心态。

对于萧统称之为"白璧微瑕"的陶渊明的《闲情赋》，向来有三种解释，概括起来：第一，《闲情赋》是陶渊明"任真"的对爱情大胆表白的产物；第二，《闲情赋》反映了士人"忠而见弃"后对政治理想"美人香草"追求的思绪；第三，《闲情赋》"轻薄淫亵，最误子弟"（方东树：《续昭昧詹言》卷8）。其实，这样就事论事、孤立地看待问题，致使三者都不能确切

---

① 戴明扬：《嵇康集校注》，人民文学出版社1962年版，第234页。
② 景蜀慧：《嵇康之"轻时傲世"与"嵇志清峻"》，《中国文化》1991年第5期。

解释陶渊明的创作动机，因此，也无法分析出文章所具有的真实涵义。虽然陶渊明在文章中称创作动机与张衡和蔡邕文章有关。事实上是"卒无讽谏"，了无相类。那么，陶渊明曲折隐晦地想表达什么？只要和阮籍联系起来思考，就会有所悟解。显然，他用极其形象化的语言把人性中真淳的人皆有的爱美之心表露无遗。其实，更重要的是，陶渊明是在有意"任诞"、越礼。因为根据《晋书》所载："籍嫂尝归宁，籍相见与别。或讥之，籍曰：'礼岂为我设邪！'邻家少妇有美色，当垆沽酒。籍尝诣饮，醉，便卧其侧。籍既不自嫌，其夫察之，亦不疑也。兵家女有才色，未嫁而死。籍不识其父兄，径往哭之，尽哀而还。其外坦荡而内淳至，皆此类也。"那么，陶渊明《闲情赋》亦属此类，其中表达的就是一种"礼岂为我设邪"的嗣响，更是对"美"的从形式到内容的坦荡追求和向往。然而，文章的高明之处或者说是不得已而为之，就在于他假托仿《定情赋》和《静情赋》等所作，明说为礼所作，实际上却是直抒"自由"，为越礼而作。因此他在描述对"旷世"、"倾城"、德雅双全女子的热爱时，所有词汇无所不用其极。当然，从大的方面讲，《闲情赋》的产生也脱离不了陶渊明"质性自然"，对自由、平等乃至男女平等的向往。不仅如此，有意味的是，有证据说明他还重女轻男。这种重女轻男的思想表现在他对程氏妹和从弟的祭奠规格上，也就是，祭妹用少牢，祭弟用园果时醪。

虽然陶渊明没有也不必像嵇康、阮籍那样"狂放"，但也多有"任诞"、不拘礼节而傲视名教、不合俗流的行为。一是以葛巾漉酒。二是饮酒必醉，既醉即退。三是在白莲社酒会上，"忽攒眉而去"。四是以少牢之礼祭奠程氏妹。五是祭奠从弟时，直接贬损孔子所言"仁者寿"。

在《祭程氏妹文》中，他说："渊明以少牢之奠。"《大戴礼记·曾子天圆》称："诸侯之祭，牲牛，曰太牢。大夫之祭，牲羊，曰少牢。士之祭，特牲豕，曰馈食。无禄者稷馈，稷馈者无尸，无尸者厌也。"《礼记·王制第五》称："诸侯无故不杀牛，大夫无故不杀羊，士无故不杀犬豕，庶人无故不食珍。"根据周礼，可见只有大夫才能以少牢祭奠。陶渊明以少牢祭奠程氏妹便是越礼。而他在《祭从弟敬远文》中写下的"乃以园果时醪，祖其将行"和《自祭文》中写下的"羞以家蔬，荐以清酌"便是符合无禄者祭奠礼。有人说陶渊明做过县令，当时他是以县令身份祭奠程氏妹的。其实不然，这是因为：第一，祭妹时他已弃官归田一年。此时，无论从实践与思想来说，他已彻底归隐，和官场绝缘，并且曾自称"我岂能为五斗米，折腰向乡里小儿"。因此，他决不会再应用自己曾经有过的"头衔"。第二，即使他曾出任过县令，但也绝不具备所谓"刑不上大夫"的大夫社会名声与地位。

在《祭从弟敬远文》中，他说："曰'仁者寿'，窃独信之，如何斯言，徒能见欺。""仁者寿"出自《论语·雍也》。这种非议圣人言语的做法，便是越礼，正与嵇康"非汤武而薄周孔"相类。

需要说明的是，周礼并不像如今我们想象的那样简单，其繁缛、严格可以说到了无以复加的程度。孔子在世时就曾大声疾呼"礼崩乐坏"，并为"克己复礼"终其一生。只是到了魏晋，士人"任诞"、越礼之风盛行，再加陶诗不为时人所看重，所以人们也就不大注意陶渊明越礼之处了。

由是观之，陶渊明于《闲情赋》表现不尊礼法，并非偶然为之，反而是有着深厚思想基础的。

另外，陶诗"东方有一士，被服常不完。三旬九遇食，十年著一冠。辛勤无此比，常有好容颜。我欲观其人，晨去越河关。青松夹路生，白云宿檐端。知我故来意，取琴为我弹。上弦惊别鹤，下弦操孤鸾。愿留就君住，从今至岁寒"（《拟古》其五）和"但识琴中趣，何劳弦上声"（《晋书·陶潜》）似乎也与嵇、阮有关。这是因为：第一，嵇康籍贯嵇山（现属安徽）正位于陶渊明所在彭泽以东。全诗营造的"东方一士"的形象与内涵与嵇、阮相似。第二，嵇、阮善音律，喜抚琴。而"陶不善音律，但蓄素琴一张，无弦，每有酒适，则抚琴以寄其意"（沈约：《宋书·隐逸传》）。可见陶渊明对琴有自己独特的理解，并倾心相随。第三，松的意象正如前文所述。第四，阮诗中出现过白云意象，"泱泱白云。顺风而回。渊渊绿水。盈坎而颓。乘流远逝。自躬兰隈。杖策答诸。纳之素怀。长啸清原。惟以告哀"（《四言诗》其七）。青松、白云地恰似嵇、阮居处。虽作如此分析，但无确切证据，仅列其上，在此存疑。关于嵇、阮思想对于陶渊明创作的影响，除了上述几例外，尚有学者认为，陶渊明的"请息交以绝游"正与嵇康的《与山涛绝交书》之意遥遥相类，陶渊明的《五柳先生传》和阮籍的《大人先生传》存在有某种联系，在此不赘。综观其上，有细辨，也有推论。然而，所谓推论并非主观臆测、想当然、莫须有、率意而为。其科学根据正是来自陶渊明自己在《闲情赋》序中所言："不谬作者之意。"诚然，我们不能说陶诗源于嵇、阮诗，但至少我们从中可以看出陶渊明熟谙嵇诗、阮诗乃至他们的思想。虽然不是全部，但对于一些诗文，我们可以在语素、意象、谋篇、句式中，看出陶渊明与他们的所谓"继作"关系，准确地说，是"广其辞义"的文学创作关系，而非风格源流关系。陶渊明的这种"广其辞义"的体现意义，不在于具体某一篇诗文或风格，而在于他顺手拈来，触类有感，播撒于自抒胸怀，需要之处。需要说明的是，既然要"继作"，"广其辞义"，陶渊明诗文就并非只与嵇、阮有关系。仔细分析，还会找出他的诗文与其他前人作品的联系。一些学者认为他的《游斜川并序》和王羲之的《兰亭序》、石崇的《金谷宴集》有关联，就是很好的例证。不过，除圣哲之外，相比之下，只有嵇、阮的思想感情与作品对陶渊明的文学创作影响最大。

（张迪，男，汉族，国际交流文化学院教授，主要研究中国古典文学，本文发表于《社会科学辑刊》2010年第1期）

魏晋清言的修辞风尚及其美学价值

陈迎辉

一

魏晋"清言"是中国中古文化史上出现的一种独特的言语活动和现象。通常称为"魏晋清谈"。这里用"清言",并非源于对新术语的嗜好,而是"清言"与"清谈"相比较,兼有名词和动词的双重属性,它兼有的名词属性使人们可以更多地关注清谈活动的语言特点。

清言,也并非新创,这一术语在魏晋时期使用得很广泛。"相见得清言,然后灼灼耳。"(《三国志·管辂传》裴松之注引《辂别传》)又如:"郑叟不合,垂钓川湄;交酌林下,清言究微。"(《陶渊明集》卷6,《扇上画赞》)"许询能清言,于时士人皆钦慕仰爱之。"(《世说新语·言语》73 刘孝标注引《晋中兴士人书》)"殷中军为庾公长史,下都,王丞相为之集,桓公、王长史、王蓝田、谢镇西并在。丞相自起解帐带麈尾,语殷曰:'身今日当与君共谈析理。'既共清言,遂达五更。"(《世说新语·文学》22)"唯亲旧以鸡酒往,与共饮啖清言而已。"(《世说新语·简傲》3 刘孝标注引《文士传》)"好《易》《老》,善清言。"(《晋书》卷 49《阮籍传》附《阮修传》)"最有操行,能清言,文义可观。"(《晋书》卷 62《祖逖传》附《祖纳传》)等等。在现代学界,也常用"清言"来指称魏晋时期这一学术思辨和公共言语交际活动。

关于"清言"(亦称"清谈")的来龙去脉,钱穆先生在《魏晋清谈》一文中进行了简明扼要的阐述:"东汉之季,士厌于经生章句之学,四方学者,荟萃京师，渐开游谈之风。至于魏世，遂有'清谈'之目。及正始之际，而蔚成风尚。何晏、王弼为时宗师，竹林诸贤，闻声继起。至于王衍、乐广，流风愈畅。典午既东，此风盛于江左，习尚沿袭，直至隋业一统，始见肃除。"①

相对于以往士文人的言谈而言，"清言"所言的内容不带有世俗性和功利性，主要是对宇宙人生等一些问题进行讨论；在形式上，"清言"重视语言表达艺术，无论谈玄论文抑或品人，清谈者都十分注重言语修辞和风度举止，追求语言表达的机智和唯美，彰显了一种崇尚思辨、追求智慧、重视审美的时代新风尚。范子烨先生在《中古文人生活研究》中对这一言语风尚有一段很生动的描述："参加这样的辩论，不仅要理义深刻，而且要言辞雅致，否则就难以称雄制胜。出于清谈的实际需要，魏晋士人特别讲究辞喻，推重辩才。所以在当时无论是身居庙堂之高的君王，还是处于江湖之远的幽人，莫不修辞设喻，追求叙致精丽的表达情调，具体说来，那就是追求措辞的新奇和语汇的富赡。""日月星辰，草木禽兽，都是平常的自然景物，而一经清谈家们道出，即异彩生辉。"②

从相关史料和学界对魏晋清言的研究看，作为一种绵亘中古的学术思辨和言语交际活动，自正始至东晋，前后略有不同。从修辞学的角度而言，其关注的重心有一个由"理"到"辞"的演变过程。

首开清言之风的是正始名士，赵翼在《廿二史札记》卷8"六朝清谈之习"条有"清谈起于魏正始中，何晏、王弼，祖述老庄谓天地万物，皆以无为本无者也，开物成务，无往而不存者也。"从正始开始，士文人的清言主要以《周易》、《老子》、《庄子》等书为经典，对宇宙人生以及一些具体的社会现实问题进行讨论。这种探讨以至于经常是通宵达旦废寝忘食。此时士文人清言以"理"的辨析为主，即所谓"名士相聚共谈析理"，所谈内容侧重于以"理胜"为目标。士文人们在此过程中享受着一种意义被语言敞开的透彻淋漓。由于王弼、何晏、阮籍、嵇康等正始竹林名士的影响很大，其所开创的清言之风从内容到形式对西晋社会都有着比较深远的影响，因此西晋的

---

① 钱穆：《国学概论》第六章《魏晋清谈》，商务印书馆1997年版，第141页。

② 范子烨：《中古文人生活研究》，山东教育出版社2001年版，第114页。

清言基本秉承着正始的理路和风尚，但少了正始清言的激越和深刻。至西晋元康清谈中诞生的郭象哲学，以本末体用观念，将社会伦理道德解释为生命自然的外化，提出了"名教即自然"的命题，在玄理的探讨上，又达到了一个高峰。

正始至西晋清言的文化内质是道家文化，因此在风格上崇尚清简，加之当时推崇"得意忘言"的思维理路，因此这一时期清言在语言表达上往往追求"清辞简旨""言深旨远"的表达风格和艺术，出言须"辞约而旨达"，要能片言析理，追求语言高度简炼而又隽永传神，通过有限的言象传递出无限的意蕴。这一语言理路，形成了一种清微简远的言说风格。清微简远，在语言上讲究的不是偶整、蘼丽、繁缛；而是洁净、洗炼，含蓄中传达出悠远的意蕴。

至东晋时期，东渡士文人在化解了亡国的伤痛后，又在江南的青山绿水中复兴了清言之风。但此时的清言不再单纯追求以"玄理"服人，关注的重心开始逐渐向审美的一面倾斜和转化。比如一场好的清谈，各方的形象风度、表达技巧和语言文采都很受重视，从《晋书》和《世说新语》所记载的清言条目看，东晋时期的清言，显然比此前的清言更多地涉及修辞问题。《晋书》卷42《王浑传》附《王济传》载："济善于清言，修饰辞令，讽议将顺，朝臣莫能尚焉，帝益亲贵之。"作为清言之渊薮之《世说新语》则提供了更多的佐证。刘尹至王长史许清言，时荀子年十三，倚床边听。既去，问父曰："刘尹语何如尊？"长史曰："韶音令辞不如我，往辄破的胜我。"（《世说新语·品藻》48）这段话的意思是：有一次，刘惔到王濛家"清言"，刘走后，王濛的儿子问其父："你和刘惔谁胜了？"王濛说："韶音令辞不如我，往辄破的胜我。"韶音令辞是语言优美动听，包括声调抑扬顿挫，和畅悦耳和词语准确犀利，是属于修辞部分，是"清谈"的形式；"往辄破的"是说理论上一发即中，说的是清谈的内容。刘惔和王濛都是东晋清言名家，从王濛的评价中我们看出，此时"理"与"辞"是被置于同等重要的地位的。再如"谢镇西少时，闻殷浩能清言，故往造之。殷未过有所通，为谢标榜诸义，作数百语。既有佳致，兼辞才丰蔚，甚足以动心骇听。谢注神倾意，不觉流汗交面。"（《世说新语·文学》28）殷浩清言往往是"既有佳致，兼辞才丰蔚"，因此，欣赏者众多，名气很大，《世说新语》对其清言情况的记录也比较多。又《世说新语·文学》载："支道林、许、谢盛德，共集王家，谢顾诸人曰：'今日可谓彦会，时既不可留，此集固亦难常，当共言咏，以写其怀。'许便问主人：'有庄子不?'正得鱼父一篇。谢看题，便各使四坐通。支道林先通，作七百许语，叙致精丽，才藻奇拔，众咸称善。于是四坐各言怀毕。谢问曰：'卿等尽不?'皆曰：'今日之言，少不自竭。'谢后粗难，因自叙其意，作万余语，才峰秀逸，既自难干，加意气凝托，萧然自得，四坐莫不厌心。支谓谢曰：'君一往奔诣，故复自佳耳'。"（《世说新语·文学》55）此时，清言中的"叙致""才藻""意气""才峰"等等这些修辞要素在清谈过程中都变得非常重要，常常成为人们品鉴和欣赏的重心所在，如王羲之本来对支道林是很冷淡的，后来听到支道林讲论庄子的《逍遥游》，"才藻新奇，花映烂发。王遂披襟解带，留连不能已。"（《世说新语·文学》63）。"辞与理竞，词胜而理伏"成为此时清谈的上佳境界，甚至有时这种公共言语交际活动甚至完全变成言辞的角逐，而成为一种公共审美活动。如"支道林、许掾诸人共在会稽王斋头，支为法师，许为部讲。支通一义，四坐莫不厌心；许送一难，众人莫不抃舞。但共嗟咏二家之美，不辩其理之所在。"（《世说新语·文学》40）。

在东晋时期，清言的音色、韵律、节奏、声气以及言者的风度等修辞因素都很受重视和推崇，听者往往以致全然陶醉于审美中，而忘却"辞中之理"。此时"辞"的因素往往超越于"理"之上，成为一种具有独立价值的审美对象。唐翼明先生在《魏晋清谈》中讲：清谈是有一套严密规矩的，言词非常之讲究，不是一般的聊天，是很精美的言词，讲究辞藻的美丽，还要讲究声调的美丽。而且人在清谈的时候还要讲究风度之美。[1] 唐先生所言似乎更符合东晋清言的实际情况。就学界对东晋清言的普遍看法而言，东晋清言往往因为"为谈而谈"，因而更多地承受着"清谈误国"的诟病，但从语言学、修辞学的角度而言，东晋清言倒是更值得关注和研究。

魏晋清言的修辞风尚，带动了整个社会对语言思辨能力以及言语修辞的重视。如果说清谈主要局限于贵族沙龙里的活动和王室组织的娱乐仪式，

---

[1] 唐翼明：《魏晋清谈》第二章"清谈形式考索"，人民文学出版社 2002 年版，第 37 页。

但清谈所带来的影响走出了沙龙，渐渐影响渗透日常生活。魏晋时在宫廷问对、日常交际中都非常重视一个人的语言表达，语言能力在人的诸多能力中凸显出来，成为一个广受重视的社会问题。"言谈中不仅要求寓意深刻，见解精辟，而且要求言辞简洁得当，声调抑扬顿挫，举止挥洒自如。受此风影响，士大夫在待人接物中特别重视言辞风度的修养，悉心磨炼语言技巧，使自己具有高超的言谈本领以保持自己身份。"[①] 整个社会也崇尚能言善辩，善于言谈应对之人，追求语言的机智和唯美。有些人往往因其机智睿发的幽默，或富于文采的语言而在当时一言成名。

二

从口语交际的修辞传统而言，与古希腊时期一致，我国从先秦时期开始就很重视言说论辩的艺术，先秦时期一些谋臣策士游说诸侯时精心结撰的精彩辩说至今一直闪烁着光彩和魅力。但与古希腊重视朗诵、演讲中的语言修辞不同的是，先秦士人的精彩辩说更多注重的是政治策略，而不是言语修辞，因此，它实际上是一种并不太关乎语言的政治修辞。此时，语言修辞尚未进入一个自觉的时代。到了汉代，在口语表达的修辞方面，并没有明显的进展。与儒术的兴起相伴生的经学章句学的考证使汉代仅有的修辞基本都隐含在文学的或史学的叙事中。倒是到了汉末，清议和人物品评之风盛行，清议和人物品评都属于社会性的口语交流活动，虽然文采依然不是表达的重心，但随着政治目标的减弱，"语言"的节奏和结构之美渐渐地有所呈现。但从修辞学的角度而言，这种口语修辞现象依然处于自然发生的状态，尚未进入自觉的探索过程。

魏晋时期，清言的出现和流行，开启了自觉的言语修辞风尚，修辞的重心由先秦时期的重"策略"转向了重"言说"。首先在语音方面，言者要能"辩答清析，辞气俱爽"（《世说新语·文学》29），"辞气清畅，泠然若琴瑟"（《世说新语·文学》19）。余嘉锡先生说："晋、宋人清谈，不惟善言名

---

① 许绍早：《世说新语译注》"言语第二题解"，吉林教育出版社 1989 年版，第 26 页。

理，其音响轻重疾徐，皆自有一种风韵。"① 在此前的口语修辞传统中，这种富有自觉意识的语音修辞，未曾有所言及。其次在词藻以及语言表达艺术方面，语词的平仄对仗、用词遣句，言语的品味格调以及言者的风度举止等等这些修辞问题都成为名士清言中关注和重视的问题。这些对六朝晚期出现的声律、用典、对偶与词采高度成熟、意境优美的五言诗与骈体文有着直接的浸染和影响，对促进汉语语言的成熟和雅化，也具有深远的影响和推动。罗渊在《中国修辞学研究转型论纲》中曾指出：从前秦到汉代到魏晋，中国的修辞学经历了从"自然发生"到"自觉探索"的过程。② 罗渊虽未具体针对口语修辞而言，但我国早期的口语修辞传统也基本符合这一发展历程。

但是很遗憾，中古"清言"中的修辞现象，在语言学和修辞学中都没有得到足够的关注。主要是因为中国修辞学没有形成西方修辞学研究中的演说和论辩传统，修辞研究主要以传统中国留下的大量诗词歌赋文章为基本原材料来构建汉语修辞学，因此我国的口语修辞传统尤其是魏晋清谈中的修辞现象一直没有得到重视。其实，口语交际和交流作为最重要、最直接也是使用最多的交流方式，是人类交流中非常重要的部分，与人类生活的关系更为切近，它在文化传播和沟通方面的作用在某种程度上甚至大于书面语言。口语交流中"语言"的品味格调在某种意义上可以最直观地显现出一个社会的文化底蕴和文明程度。但一直以来，在我们的文化观念里，并不重视口语交流中"言语"的修辞问题。这可能与中国几千年来的语言观有很大的关系，无论是在道家的老子那里还是儒家的孔子那里，都不提倡对口语语言表达形式美的追求。

老庄对日常交流所使用的口语都持一种朴实的语言观，儒家的孔子和道家的老庄都注意到了一个现象：一个人的语言和实际能力之间存在着矛盾。语言不一定反映一个人真实的内心和实践能力。故老子说："信言不美，美言不信"。他很反感于夸夸其谈以及对语言的过度修饰。在老子和孔子看来，一个在日常生存中过度重视语言技巧的人不是那么可靠可信。孔子是更为矛盾的，他深深知道语言能力在生存中的重要性，因此在他的教育中有专

① 余嘉锡：《世说新语笺疏》，上海古籍出版社 1993 年版，第 209 页。
② 罗渊：《中国修辞学研究转型论纲》第二章"从自然发生到自觉探索的转型"，中国社会科学出版社 2008 年版。

门的语言能力的培养和教育，教育弟子说话要讲究辞令，写文章讲究文采，"言之无文，行而不远"。但孔子也注意到了在日常生活中一个人语言过于辞令，太能说也不是好事，所以他讲"巧言令色鲜仁矣"。提倡"敏于行而讷于言"。在表达上主张"辞达而已"。整体而言，儒道两家对日常生存中语言的技巧和修辞基本都持否定的态度。这种语言观的影响颇为深远，

可以说在口语交流的原则上，我们几乎一直秉承着"辞达而已"的信条，口语中的修辞被当成辞令，"美言"被当成一种形式主义，始终处于被贬抑的状态。语言问题和修辞问题只存在于文学、史学等书面语言中，对口语交际的修辞传统缺少足够的关注和重视，在这层意义上，魏晋清言的美学价值应该得到重估。

（陈迎辉，女，汉族，文法学院副教授，主要从事美学研究。本文发表于《文艺评论》2012 年第 6 期）

康熙帝与清初词坛

张佳生

甲申（1644）之年八旗入关，顺治一朝（共 18 年）八旗的主要任务是统一天下，评定各省及南明之反抗力量，故文学一事，尚难顾及。至康熙元年（1662），明桂王朱由榔被吴三桂缢杀于云南，明鲁王朱以海卒于台湾。康熙二年（1663），大顺军余部及明东安王朱盛蒗被击溃，次年八月李来亨率领的最后一支大顺军余部被消灭，除郑成功战守台湾之外，全国统一的局面基本形成，出现了"文治武功"并重的局面。

由明入清，词之发展发生了很大变化，尤其是在康熙帝亲政之后不久，随着政局的稳定和文化政策的推行，以及康熙帝对文学的特别关注，词坛之发展逐渐形成了繁荣的局面，这种形势的出现与康熙帝有较为密切的关系。

康熙帝 8 岁即位，14 岁亲政，是八旗入关后出生的第一代旗人。他未成年之前在学习满语言文化同时，又刻苦学习汉人之传统文化，他刻苦读书的程度非一般人所能及，他曾自述少年时由于读书劳累以致喀血，于经史子集无所不览，对诗词文赋亦多留意。

康熙帝之思想学问根于经史，康熙九年（1670）政局初定，康熙帝开始了对经史的深入研读。是年七月，召翰林学士熊赐履至瀛台进讲《论语》"道千乘之国"一章，继讲"务民之义"一章，康熙帝大受启发，十月"有旨谕礼部：帝王图治，必稽古典学，以资启沃之益。经筵日讲，允属大典，宜而举行"[1]。这道谕旨下达后，康熙十年（1671）二月经筵日讲制度便正式施行。"康熙十年二月，肇举经筵大典于保和殿，以孝感熊文端公（赐履）

---

[1] 王士禛：《池北偶谈》（卷1），中华书局1984年版，第3页。

为讲官，知经筵事。顷之，圣祖以春秋两讲为期阔疏，遂命公日进讲弘德殿。每诘旦进讲，圣祖有疑比问，公上陈道德，下道民隐，引申触类，竭进表里，洵明良之庆也。"① 是年康熙帝不过才17岁，以经筵日讲为大典制度，可见对这种学习方法的重视程度之高。"经筵日讲，由翰林衙门拟进题目，钦点某题，由讲官撰文。直讲官先时熟读讲案，虽设副本，恐临时匆遽，易有脱误也。先四书，后经书。满直讲官先以清语进讲毕，汉直讲官继之。上乃宣御论，各官跪聆。"② 也就是说皇帝也要对日讲题目发表看法，而非只听讲官宣讲，这就需要事先做好功课，对日讲内容要有更实际更深刻的发明。经筵日讲还有君臣问答的环节，相互探讨以辨明义理。

经史之学在提高人的素质修养和塑造人的品格方面具有重要作用，同时也是写作诗词文赋的基础，有此方能于写作中发古人之幽思，抒自家之性情，其作品方能意境深远、文采超群。故康熙帝在重视经史之外，亦重视文学，除在科举试题中设置有诗、文、赋之外，选拔荐举词臣亦多用诗赋之题。如康熙十七年（1678）正月，诏开博学鸿儒特科，谕曰："自古一代之兴，必有博学鸿儒，振起文运，阐发经史，润色词章，以备顾问著作之选，朕万几时暇，游心文翰，思得博洽之士，用资典学。我朝定鼎以来，崇儒重道，培养人才，四海之广，岂无奇才硕彦，学问渊通，文藻瑰丽，可以追踪前哲者？凡有学行兼优，文词卓越之人，无论已未出仕，著在京三品以上及科道官员，在外督抚布按，各举所知，朕将亲试录用。"③ 此次全国共推荐学问优长、诗文卓著者186人，④ 于次年（1679）三月初一日集太和殿应考，内容为一诗一赋。诗题为"以天下为一家"⑤，赋题为"璇玑玉衡赋"，以一日为限，晚出者给烛竣事。是科取中一等20名，二等30名，俱任职于翰林院，其中以诗文名于世者不乏其人，如彭孙遹、潘耒、李因笃、乔莱、秦松龄、陈维崧、朱彝尊、潘耒、尤侗、毛奇龄、严绳孙等，皆为海内饮誉文坛之士。以词而论，朱彝尊与陈维崧在清初词坛中为"一时两雄"，朱彝尊主

---

① 陈康祺：《郎潜纪闻》（二笔，卷2），中华书局1984年版，第350页。
② 吴振棫：《养吉斋丛录》（卷5），北京古籍出版社1983年版，第53页。
③ 徐珂：《清稗类钞》（第二册），中华书局1984年版，第705页。
④ 诸书记载不同，或有174人及183人之别。
⑤ 《柳南随笔》（卷4）与《听雨丛谈》（卷4）记载为《省耕五言排律诗二十韵》。

盟"浙西派",而陈维崧主盟"阳羡派"。其他如施闰章、黄与坚、王项龄、钱金甫、倪灿、徐釚、周清原、汤斌、陆葇、王霖、徐嘉炎等等,亦皆以词名世,以朱彝尊之《江湖载酒集》与《曝书亭词》、陈维崧之《湖海楼词》、秦松龄《微云词》、尤侗之《百末词》、毛奇龄之《桂枝词》、彭孙遹之《延露词》、徐釚之《菊庄词》、陆葇之《雅坪词谱》、徐嘉炎之《华隐词》影响广泛。

此科考试,康熙帝以一诗一赋为题,虽有笼络汉族文人之意,然非学问优长者难以入选。康熙帝亲阅考卷,"圣祖与召试宏博之次日,方幸霸州,携诸卷亲览"。且能指出其中瑕疵,如于考试之后问诸考官:"问诗中有云'杏花红似火,葛叶小于钗。'葛叶安得似钗?盖朱彝尊卷也。众对曰:'此句不甚佳。'上曰:'斯人故老名士,姑略之。'上曰:'诗赋韵亦学问中要事,赋韵且不论,即诗韵,在取中卷者亦多出入。有以冬韵出宫韵者,有以东韵出逢浓字者,有以之韵之旗误作微韵云旂者,此何说也?众对曰:'此缘功令久废,诗赋非家弦户诵,所以有此,然亦大醇之一疵也,今但取其大焉者耳。'上是之。"[①] 此段记述既可见康熙帝阅卷之细,亦可知其对文学一事造诣之深。正是康熙帝看到了清初诗赋用韵混乱的情况,才在后来"钦定"了《赋汇》、《词谱》、《佩文韵府》等用韵标准的书。

康熙帝留心于文学翰墨实肇始恢复翰林院和设立"南书房"。翰林院于康熙九年(1670)复设,南书房在乾清宫西南隅,原为康熙帝读书处。康熙十六年(1677),命择翰林及文学之臣三四人入南书房,三十三年(1694)又增加四人侍从。其主要任务是除起草诏旨之外,以供奉文翰为常事,其间不时试以诗赋。如康熙三十三年"轮直南书房者,皆试以五七言律,悉加品藻,并颁赉御书,儒臣夸为荣遇"[②]。入直者多为工诗文善书画者,故能供奉南书房是一件荣耀之事。

康熙帝喜爱文学,还表现在他对文学之士的重视爱惜方面。康熙帝六次南巡,每每招揽文学之士,赋诗称旨者予以奖掖。康熙三十八年(1699)南巡,"长洲举人吴廷桢驾小舟迎谒水次,召对赋诗,称上意,大喜。于是

---

① 《清稗类钞》第二册,第708页。
② 《养吉斋丛录》(卷4),第47页。

询知其以冒籍黜者也，诏复之。复询，才如尔者更有谁，廷桢举其友张大受、顾嗣立对。明日回舻，上皆召见，撤尚方猊糖以赐，命两近臣送之归。三吴誉髦，侈为不世之遇"①。此种情况在南巡之中每多有之，其受益者并非数人，其影响遍及江南，对推动文学之发展多有作用。除此之外，康熙帝对善诗文之廷臣亦多有褒奖之辞。其中最有代表性的是翰林院掌院学士汤右曾之宠遇。康熙五十二年（1713）康熙帝知汤右曾工于诗"上命取阅，随御制一首赐和，中有'丛香密叶待诗公'之句，举朝传诵。诸钜公群然属和，世遂称西厓（汤右曾）为诗公"②。康熙帝不仅御制和臣下之诗，而且与文臣联句赋诗，其君臣融融之关系跃然眼前。《下戒坛将至潭柘马上同高士奇联句二首》其一为："岭腹层层小径斜（御制），穿云陟尽石岈（高士奇）。涧中小屋流泉绕（御制），万匹龙骧拥翠华（高士奇）。"高士奇因精于书法且学问优长，在南书房设立之初即入直南书房，为康熙帝之近臣，颇得赏识。至于康熙帝以诗赐臣下之举，亦所在多多。

康熙帝对于诗文的喜爱并不限于以上的举动。凡举行千叟宴、宗室宴、万寿节及各种节日宴会，乃至于巡视江南和东北都有君臣赋诗之举，这些活动对清初文坛的发展繁荣也起到了积极推动作用。

康熙帝对历代诗词文赋的成就也极重视，康熙二十四年（1685）命徐乾学等编成《古文渊鉴》64卷，四十三年（1704）命张廷玉等编《佩文韵府》443卷，五十九年（1720）又编《佩文韵府拾遗》120卷。康熙四十六年（1707）命彭定求等编成《全唐诗》900卷，四十五年（1706）命张玉书等编成《佩文斋咏物诗选》486卷，四十五年命陈元龙等编成《历代赋汇》140卷，外集20卷、逸句2卷，四十六年（1707）命陈邦彦等编成《历代题画诗》120卷，四十六年命沈晨恒等编成《历代诗余》120卷，四十八年（1709）命张豫章等编成《四朝诗》320卷，五十年（1711）奉敕重刻《全金诗》74卷，五十二年（1713）御定《唐诗》32卷，五十四年（1715）御定《词谱》40卷、敕撰《曲谱》14卷，并命李光地等编成《钦定音韵阐微》18卷，《韵谱》1卷。同时还集中了众多饱学之士，开始编纂规模宏大的《古

① 陈康祺：《郎潜纪闻》（三笔，卷2），中华书局1984年版，第670页。
② 《郎潜纪闻》（初笔，卷10），第210页。

今图书集成》。这些御定图书既是对前代文学的全面总结，也是对清代文学发展的一种推动与规范。康熙帝自己也有《清圣祖文集》初集 40 卷、二集 50 卷、三集 50 卷、四集 36 卷，《避暑山庄诗》2 卷，其作品除诗文之外，有词 12 首。

康熙帝热心于诗文与清初文坛的形势及他对诗文作用的认识有密切关系。

以清初文坛形势而论，当时之文坛状况较为纷乱。在山河易主、政权更迭的情况下，明之遗民文人多有家国陆沉之痛，故其诗词以悲慨感愤为主调。其代表人物为享誉文坛的顾炎武、王夫之、傅山、黄宗羲、杜濬、吴嘉纪、黄云、李邺嗣、万寿祺、屈大均、姜垓、冯班、申涵光、陈恭尹，这些明朝遗民诗人都是名满海内的大家，他们或孤傲自守，或领袖一方，在文坛上具有广泛的影响。在政治立场上，他们都采取了与清廷不合作的态度，他们包括其他一些明遗民文人拒不参加顺治以来的各种科考，其中一些人如傅山、黄宗羲、李邺嗣、顾景星、顾有孝、王钺、魏禧、李颙、崔华、张贞、万斯同、范鄗鼎等，于康熙十七年（1678）举行的博学鸿儒科时，都采取了不应试的态度，反映出了明遗民文坛对清政权的基本立场与态度。他们在文坛上的影响一直延续到康熙朝中期以前。不过这只是清初文坛的一种情况。另外一种情况是，清定鼎之后也有相当一批明遗民文人入仕或要求入仕，在他们之中也不乏影响一代的人物。

在这些人中有历仕明清两朝的人物，也有在清初通过科举入仕的人物。

历仕两朝而有诗名者有钱谦益、吴伟业、周亮工、曹溶、龚鼎孳等。

钱谦益在明任礼部右侍郎，后任南明政权礼部尚书。顺治二年降清，后任秘书院学士兼礼部右侍郎，卒于康熙三年（1664）。钱谦益是东林党的核心人物，诗名极大，是"虞山派"的开山人物。

吴伟业在明任翰林院编修、左庶子，顺治十年（1654）应诏北上，任国子监祭酒，卒于康熙十年（1671）。吴伟业以诗影响广泛，是"梅村体"的创始者，在清初诗坛上具有很重要的地位。

龚鼎孳在明任兵科给事中，入清，历任刑、兵、礼三部尚书，卒康熙十二年（1637），为京师诗坛领袖。

此三人后来被称为"江左三大家"，是清初诗坛的代表人物。

周亮工在明官御史，顺治初年降清，累官户部右侍郎，工古文词及诗，卒于康熙十一年（1672）。曹溶在明官御史，曾官广东布政使，诗与龚鼎孳齐名，卒于康熙二十四年（1685）。

以上这些诗人在明末清初诗坛上都是影响一代的人物，他们降清的行为，为清朝廷实行"文治"带来了有利条件。

除此之外，顺治年间应试之著名诗人也大有人在。如宋琬、施闰章、宋徵舆、宋荦、王士禛、叶方蔼、毛际可、邹祗谟、丁澎、曹尔堪、熊赐履等，皆为著名诗词家。其中宋琬、施闰章被誉为"南施北宋"，王士禛与朱彝尊被誉为"南朱北王"，以上四人与康熙朝入仕的查慎行、赵执信被誉为"国朝六家"。另外，曹尔堪与宋琬、施闰章、王士禛、王士禄、任琬、程可则、沈荃，被称为"海内八大家"。吴绮以诗称为"三风太守"。王士禄与弟王士祐、王士禛世称"三王"。邹祗谟与陈维崧、董以宁、黄永齐名，号"毗陵四子"，并与董以宁合称"邹董"。毛际可、毛先舒与毛奇龄齐名，时称"浙中三毛"，皆为文坛健将。

康熙朝屡屡举行科举，大批士子聚集京师，又曾举行博学鸿儒科，国内名士纷纷应试，天下文风由此而兴起。在这个时期不仅汉人文坛日渐兴盛，而且此风浸染到了八旗。八旗诗坛自康熙朝而兴盛，至乾隆时期已达到了"虽司军旅，无不能诗"[①]的程度。

清初诗坛的繁荣带动了词的发展。以诗与词而论，两者的体裁最为接近，自宋以来善诗者亦多善词，反之亦然，如上面所举之诸诗坛大家亦皆善词，尤以龚鼎孳、吴伟业、朱彝尊、陈维崧、王士禛最有代表性。清人《词说》中言："初学作词当从诗入手，盖未有五七言不能成句，而能作长短句者也。"[②]故词人多为诗人。后人总结清初词坛时说：

> 明崇祯之季，诗余盛行，人沿竟陵一派入国朝。合肥龚鼎孳、真定梁清标，皆负盛名。而太仓吴伟业尤为之冠，其词学屯田、淮海，高者直逼东坡。王士禛以明黄门陈子龙之劲敌，自余若钱塘之吴农祥、

---

① 袁枚：《随园诗话》（补遗卷7），人民文学出版社1960年版，第742页。

② 蒋兆兰：《词说》，见唐圭璋主编：《词话丛编》（第五册），中华书局1986年版，第4629页。

嘉兴王翃、周篔，亦有名于时。其后起者有前七家。后七家，前十家、后十家之目。①

顾贞观在《答秋田求词序书》中亦言及清初之词坛盛况：

国初辇毂诸公，尊前酒边，借长短句以吐其胸中，始而微有寄托，久则务为谐畅。香岭倦圃领袖一时，唯时戴笠故交，担簦才子，并与宴游之席，各传酬和之篇。而吴越操觚家，闻风竞起，选者作者，妍媸杂陈。②

对于清初词坛的这种纷繁情况，康熙帝给予了特别的关注，这种关注主要表现在三个方面。

其一，编辑与词有关的重要图书，一是编选了《历代诗余选》，一是钦定了《词谱》。这两部书实际是对历代词的情况和发展进行了一次重要的总结，也是对填词一事做了规范。

《历代诗余选》收罗宏富，收由唐至明的词共1540体，词9000多首，分为100卷，又词人姓氏10卷，词论10卷。《四库全书总目提要》评为："圣祖仁皇帝游心艺苑，于文章之体，一一究其正变，核其源流，兼括洪纤，不遗一技。乃命侍读学士沈宸垣等，搜罗旧集，定著新编。凡柳周婉丽之音，苏辛奇姿之格，兼收两派，不主一隅。旁及元人小令，渐变繁声，明代新腔，不因旧谱者，苟一长可取，众美胥收。……自有词选以来，可云集其大成矣。"③ 此书规模之大，可谓空前绝后。

词选编成之后，康熙帝尤嫌不足，在以往所编词谱"见闻未博，考证未精"的情况下，为使填词有规矩准则可循，名儒臣编成《钦定词谱》40卷，收826调，2306体。"凡唐至元之遗篇，靡弗采录。元人小令，其言近雅者，亦间附之。唐宋大曲，则汇为一卷，缀于末。每调各注其源流，每字

---

① 徐珂：《近词丛话》，唐圭璋主编：《词话丛编》（第五册），中华书局1986年版，第4222页。

② 谢章铤：《赌棋山庄词话续编》（三），唐圭璋主编：《词话丛编》第四册，中华书局1986年版，第3530页。

③ 永瑢等：《四库全书总目》（卷199），中华书局1965年版，第1824页。

图其平仄，每句各注其韵叶，分划节度，穷极窈眇，倚声家可永守法程。"①
这部《词谱》因是康熙帝"钦定"，故不仅体现了此书作为填词"法程"的
地位，也是古今收词调和变体最详备的一部词谱。自此以后填词者便有了共
同遵循的标准，清词也由此进入了有序化发展的时代，这也是康熙帝对于清
词的一种重要影响。

其二，康熙帝对于填词有自己的理解与主张。

康熙帝于社会承平之日对诗词文赋深为重视，且自有心得。他在《御
定历代诗余选序》中说：

> 朕万几清暇，博综典籍，于经史诸书，有关政教而裨益身心者，
> 良以纂辑无遗。因流览风雅，广识名物，欲极赋学之全，而有《赋
> 汇》；欲萃诗学之富，而有《全唐诗》；刊本宋金元明四代《诗选》。更
> 以词者，继响夫诗者也。乃命词臣，辑其风华典丽，悉归于正者，为
> 若干卷，而朕亲裁定焉。
>
> 夫诗之扬历功德，铺陈政事，固无论矣。至于《桑中》《蔓草》诸
> 什，而孔子以"一言蔽之曰：思无邪"。盖蕙茝可以比贤者，嘤鸣可以
> 喻友生，苟读其词而引申之，触类之，范其轶志，砥厥贞心，则是编
> 之含英咀华，敲金戛玉者，何在不可以"思无邪"之一言该之也？②

康熙帝认为"唐虞时即有诗，而诗必谐于声，是近代倚声之词"，自唐
以来，"新声迭出，时皆被诸管弦，是诗之流为词"，认为词源于诗。而诗兼
乎六义，有极强的政教功用，词亦应该如此，即"思无邪"，发乎情，止乎
礼义，好色而不淫，怨悱而不乱。只不过词与诗不同之处在于，词"一唱三
叹，谱入丝竹，清浊高下，无相奇论，殆宇宙之元音具是"，词之音律更为
华美而严整，雕章缛采，味腴赓方，乃词家本色。因此，他认为词虽"风华
典丽"，然亦可"归于正"。与诗有同样的社会政教作用。康熙帝的这篇《御
定历代诗余选序》，从帝王兼文人的角度强调词社会政教作用的观点，对以

---

① 《四库全书总目》卷199，第1827页。
② 《御定历代诗余选序》，《御定诗余选》（卷首），吉林出版集团2005年版。

缠绵悱恻为特点的词的文学艺术性功用有所轻视，但是在肯定词体在文学中的地位方面，却起到了重要作用。

如果说《御定历代诗余选序》侧重阐述了词与诗有同等"扬厉功德，铺陈政事"的功用，《钦定词谱》则对填词应该遵循的准则和艺术标准，进行了认真的整理总结。《钦定词谱序》中说：

> 既命儒臣，先辑《历代诗余》，亲加裁定。复命校勘《词谱》一编，详次调体，剖析异同，中分句读，旁列平仄，一字一韵，务正传讹，按谱填词，沨沨乎可赴节族而谐笙弦矣……是编之集，不独俾承学之士，摅情缀采，有所据依，从此讨论宫商，审定调曲，庶几古昔乐章之遗响，亦可窥见于万一云。①

虽然这两部书的编纂和康熙帝的词论主张，在某种程度上制约了词形式和内容的自由发展，对词的艺术性特质也重视不够，但还是对清代词坛产生了深远的影响，从词从未有过的受到帝王和朝廷重视的角度促进了清词的发展和繁荣。以故清代之际，词家竞起，风格流派，多种多样，且"词话"作品不断增多，词人的数量也超过了以往任何朝代，清词也因此出现了极为繁荣的局面。

以康熙帝在位时期而论，词坛之盛，已成波澜。词坛上影响一代的名家，除龚鼎孳、梁清标、吴伟业等之外，词坛尚有前面提到的前七家"华亭宋徵舆、钱芳彪，无锡顾贞观，新城王士禛，钱塘沈丰垣，海盐彭孙遹，满洲性德"②。"更益以华亭李雯，钱塘沈谦，宜兴陈维崧三家，遂为十家。"③ 其实在此时期著名词人尚不止如此，其他铮铮有声者不乏其人。除诗歌之外，以词相酬唱也成为了词人之间交往的一种风尚。

此时在八旗文人中也出现了热衷于填词的词人，其中以与康熙帝年龄相仿的纳兰性德与曹寅最有代表性。纳兰性德为正黄旗满洲人，出生于1654 年，与康熙帝同岁，中进士第后，任三等御前侍卫，时时扈从帝之

---

① 《钦定词谱》（卷首）。
② 《近词丛话》，第 4222 页。
③ 同上。

左右。曹寅为正白旗满洲包衣佐领下人，小康熙帝四岁，其母孙氏为帝之乳娘。自幼伴读帝之左右，后任江宁织造数十年，此二人皆为康熙帝眷顾之臣。

从前面的引证中可知纳兰性德已被列入词坛"前七家"之内，他自幼喜填词，结交京城词人殆遍，如朱彝尊、陈维崧、顾贞观、彭孙遹、严绳孙、秦松龄、徐釚、梁佩兰、吴雯、沈朝初、蔡升元等，皆为其座上客，以饮酒填词为常事耳，其词《饮水》一编，名传天下。

曹寅，生于顺治十五年（1658），也以诗词名天下。其作有《楝亭诗钞》《楝亭词钞》。在京师日，亦与词坛名家相交往，除与纳兰性德为好友外，纳兰之座上客亦多与曹寅相唱和。以当时词坛情况而论，纳兰与曹二人，实际上是八旗词坛之核心人物。曹寅选调江宁织造后，亦以诗词结交江南名士，深得文坛赞誉。

纳兰与曹寅在词坛上的活跃行为，作为帝之近臣，康熙帝不可能不有耳闻，然对他们活跃的填词赋诗活动却无限制之举，可知他们是得到了康熙帝的默许，故能一生致力于填词。

其三，康熙帝亦尝试填词，且内容风格多样。

其实在填词方面，康熙帝对文人词臣不但不予规制，而且自己也曾填词。在他的诗文著作中，今存词十二首，除了证明他并不鄙视填词之外，亦可视为为群臣及天下文人作了表率。

康熙帝的第一首词大约填于康熙三十九年（1070）左右，题为《柳梢青·咏岭外金莲盛放可爱》。

> 万顷金莲，平临难尽，高眺千般。珠罄移花，翠翻带月，无暑神仙。俗人莫道轻寒，悠雅处，余香满山。岭外磊落，远方隐者，谁似清闲。

此词写于出巡塞外之时。词之上阕以轻灵散淡之笔，描绘了岭外盛放金莲的可爱。下阕转而抒情，刻画了词人身居岭外"悠雅处"的"清闲"心境。

这首词写得看似平淡，实际却有深厚的背景。康熙三十六年（1697），康熙帝亲征噶尔丹，四月平定。三十七年东巡出关谒祖陵；三十八年，第三次南巡，巡视苏杭等地，此时政局稳定，心境自然平和。三十九年巡视塞外，塞外乃蒙古之地，噶尔丹之乱平定后，蒙古亦呈现祥和气氛，面对这种局面，词人行至塞外，见金莲盛放，不由不触景生情，故此词并非无根由闲适之作，实际不离"赋比兴"也。此外，关于"金莲"，康熙帝还有《金莲盛放》、《绿金莲花》、《金莲映日》、《金莲花》、《咏金莲花》诗 5 首，在咏花草诗词中，咏金莲花之作可谓最多。

金莲花一生于五台山，一生于塞外，其《金莲映日》诗中即言："正色山川秀，金莲出五台。"《热河志》云："金莲花本出五台，移植山庄，体物肖形，载赓天藻，曼陀优钵，无以逾兹。"由于金莲花出自佛教圣地五台山，且记载中多与佛教有关，故非一般花木。《清凉山志》即云："山有旱金莲，如真金挺生绿地，相传是文殊胜迹。"康熙帝《金莲盛放》诗中云："曾观贝叶志金莲，再见清凉遍地鲜。"即说明了金莲花与佛经和佛教的密切关系。诗人在《驻跸兴安八首》之二中也提到了金莲花，其句云："丽草金莲涌，浓荫碧树高"。句下自注云："塞上多金莲花，较清凉山尤胜。"于此可知，金莲花在作者心目中非常花可比。从以上这种情况可以看出，在康熙帝心目中金莲花的意象极为圣洁，处于金莲花世界，便有进入了佛界的感觉，其《柳梢青》词的深层含义正在于此。

康熙帝的词虽然仅寥寥 12 首，然内容风格多有不同，似可分为诗人之词，帝王之词与词人之词。

从诗人之词看，《鹧鸪天·擎盖荷珠》一首最为典型。其词云：

> 数亩芳塘花未开，荷珠清露落莓苔。雨凉翡翠摇歌扇，风弄蜻蜓逐水隈。　　乳燕舞，晓莺来，炎天还似春未回。葛衣日暮丝丝冷，丹槛泉声处处催。

《鹧鸪天》词调多为七字句，与律绝之体相近，善诗者填此调更为应手。此词造句用意多与诗合，如"数亩芳塘花未开"，即由"半亩方塘一鉴开"之诗句化出，而"蜻蜓"句也会使人联想到"小荷才露尖尖角，早有蜻蜓立上头"之诗句。且词之三、四两句及结尾两句，均采用了律诗对仗句式，其思路与写诗暗合。

至于帝王之词，乃康熙帝身为帝王，故其情思难以跳出帝王之思绪。如《太平时·立春》一首云：

> 淑景维新爆竹声，手调羹。词臣载笔赋琼英，学《西京》。　　凤阁龙楼昼渐长，物资生。劝官勉力尽升平，竹马迎。

此词写出了在立春之际身在宫廷中帝王的心境，词中"学西京"句，乃用汉张衡《西京赋》之典。《后汉书·张衡传》载，时天下承平日久，自王侯以下，莫不逾侈，张衡乃作二京赋，因以讽谏。康熙帝借此典谕诫群臣清廉自守，以民生为重，以使国泰民安。不仅从一个角度反映了词人治理国家的思路，而且渗透出了他一贯的"勤民"思想。

康熙帝的另一首《风入松·腊日》词，虽帝王之气不尽外露，然亦非平常词人可以作出。其词云：

> 冲寒待腊雪花飘，词意并琴挑。嘉平岁暮春光近，朔风冽，袭暖狐貂。须晓民间衣薄，那知宫里宽饶。　　隆冬气惨绛香烧，披览共仙韶。毡帘软幕凉还透，微云一抹散琼瑶。听得梅将开也，先看绿萼清标。

这首词较上一首更具词的意味，然于腊月寒冬之时，尤念"民间衣薄"，是以帝王之心关心民寞，这也符合康熙帝执政的一贯思想。下阕则写严冬即至，春则将回，词人心里充满了希望，似乎听到了梅之将开气息。春天到来之后，"民间衣薄"的担忧也就会随之化解了，从中仍可以体会到康熙帝以民生为重的思想情怀，故此词亦非帝王可以写出。词中"微云一抹"句，从宋词人秦观《满庭芳》词中著名"山抹微云"一句化出，可知康熙帝于宋词并不陌生。

除此之外，康熙帝也能写出词人之词，他的这类词如放入词人之集中，亦难辨别出来，《点绛唇·樯灯》即属此类。其词云：

夜静更深，船窗临淀见波影。出看何景，灯映牙樯炯。　　自笑无文，难得佳词整。挥毛颖，水平天永，淡露春风冷。

这首词以散淡宁静之笔，描绘出了一幅樯灯下的夜景，这种景色空灵而深邃，虽造句平易，然语意精新，看似不经意处，实则用心良苦，可谓辞情俱到。而"水平天永，淡露春风冷"之句，非有大胸怀者难以道出，词之情境可谓高超，是为典型词人之词也。

康熙帝于中年以后方才填词，究其原因，并非于词有偏见，而是其中年以前政事繁重，他曾以漕运、治河及三藩为三件大事，日理万机，于词无暇顾及。直至中年以后，统一局面逐渐稳定，国势亦日渐强盛，又六次南巡，三次出关，多次巡视塞外及京畿，眼界渐开，经历亦广，于时又诏开博学鸿儒科，设置南书房，与词臣探研学问诗文，文学写作的欲望自然生成。

在这个时期，不仅汉人词坛处于发展繁荣的过程中，八旗词坛也开始崛起，并出现了一批有影响的八旗词人。在整个清代，满汉词人共同构建了清词的辉煌大厦，将清词的发展推向了宋代以后另一个高峰。

纵观康熙一朝，文学之诗词文赋无不繁荣，这应该说与康熙帝的倡导有直接且重要的关系。

（张佳生，男，汉族，东北少数民族研究院教授，主要从事民族史、民族文学研究。本文发表于《民间文学研究》2014年第2期）

1688—1690 年康熙救助南下
蒙古喀尔喀之新史料

黑　龙

　　康熙二十七年（1688），蒙古准噶尔汗国噶尔丹博硕克图汗引兵 3 万，攻占喀尔喀地区。喀尔喀部三汗及哲布尊丹巴呼图克图举部南迁，投奔康熙皇帝并请求提供紧急救助。康熙皇帝随即派人奔赴讯界，赐牧安置。赐牧土谢图汗部众于苏尼特界内，车臣汗部众于乌珠穆沁界外，赛因诺颜部众于乌喇特界外，共计 10 万余人。[①] 这些从战乱中溃败或弃家而来的难民，一贫如洗、苦不堪言，给救助工作带来极大的困难。[②] 清代大型史料《大清实录》、《清代起居注册——康熙朝》和《亲征平定朔漠方略》等，对康熙皇帝救助南下喀尔喀等之详情鲜有记载，以致后人对这一重要事件知之甚少。

　　中国第一历史档案馆藏"内阁蒙古堂档"中抄录有数十件反映康熙二十七年（1688）至二十九年（1690）康熙皇帝救助喀尔喀难民的满洲、蒙古文档案。这些原始又直接的史料，客观而真实地反映了南下喀尔喀人的艰难处境以及康熙皇帝卓有成效的救助，具有其他史料不可替代的重要价值。笔者选译其中 3 份文件的蒙古文部分[③]，并对其史料价值做一评介，以供大

---

① 《清代起居注册——康熙朝》第 9 册，联经出版事业公司（台北）2009 年版，第 4777 页；包文汉整理：《皇朝藩部要略稿本》，黑龙江教育出版社 1997 年版，第 47—48 页。

② 中国第一历史档案馆藏"内阁蒙古堂档"，康熙二十八年档，全宗号 2，编号 30，第 0060—0061 页，第 0110—0111 页，第 0339—0340 页。中国第一历史档案馆、内蒙古大学蒙古学学院编：《清内阁蒙古堂档》第 8 卷，第 263—264 页，第 313—314 页，第 542—543 页，内蒙古人民出版社 2005 年版。

③ 3 份蒙古文档案的满文件也保存完整。见中国第一历史档案馆藏"内阁蒙古堂档"，康熙二十八年档，全宗号 2，编号 30，第 0121—0127 页，第 0333—0336 页；康熙二十九年

家参考。

一、三份档案的汉译

档案一：领侍卫内大臣费扬古等奏为遵旨分拨畜群散给罹难喀尔喀情形事折[①]

领侍卫内大臣伯加一级臣费扬古等谨奏，为钦遵上谕事。先是，喀尔喀土谢图汗等奏书称："恩施之粮米，食用殆尽。后来之人口逾二万，我不能养育。虽为我所属阿勒巴图，亦为主子之民，是以乞请赐给我等及此辈生计"等语。皇上视万国为一家，怜悯生灵如赤子，是以令头等侍卫吴达禅等，携带银两先行飞驰前往赏给，拯救饥荒。继而又派臣等支取内库银两、布匹、茶，从诸扎萨克王、公处，采买情愿售卖、贸易之牛羊，编组牧群，拯救饥馑至极之喀尔喀，务使得获生计。皇上又惟恐采买、贸易牛羊需费时日，期间不堪煎熬，以致困顿，遂将张家口仓储米石，驮之以驼队，星夜运往，及时拯救饥饿已极、濒临死亡之众多生灵。臣等携去之银二万两、价值六千两银子之茶、四千两银子之布匹，交与诸章京等，各个送往诸扎萨克王、公等处，牛一头以一两、一两一钱、一两二钱不等之价，采买、贸易一万三百三十四头。羊一只以三钱之价，采买、贸易五万六千八百十只，尚余银二千八十四两。章京等所采买、贸易牛羊之细目，所用银两、茶叶、布匹之细数，由伊等分别交各该部核销外，施恩喀尔喀之粮米尚存，是以将此采买、贸易之牛羊饲养、分发之处，由苏尼特王萨穆扎额驸、杜棱王阿玉什、协理扎萨克事务台吉等共同商议得：若将万余头牛、五万余只羊，一并

档，全宗号 2，编号 35，第 057—078 页。中国第一历史档案馆、内蒙古大学蒙古学学院编：《清内阁蒙古堂档》第 8 卷，第 324—330 页，第 536—539 页；第 9 卷，第 86—107 页，内蒙古人民出版社 2005 年版。

① 中国第一历史档案馆藏"内阁蒙古堂档"，康熙二十八年档，全宗号 2，编号 30，第 0127—0136 页；中国第一历史档案馆、内蒙古大学蒙古学学院编：《清内阁蒙古堂档》第 8 卷，第 330—339 页，内蒙古人民出版社 2005 年版。收文日期为康熙二十八年七月初三日（1689 年 8 月 17 日）。

赶往土谢图汗等所居之游牧处，所经之地，皆戈壁沙漠，且时值暑热，难免倒闭，距伊等现在所居游牧处二程之额卜尔特克，地广且水草丰美，弗如在此分份散给，视水草情形，分拨渐次徐徐行进，则可避免倒闭等语。

臣等前往土谢图汗等游牧处，面告此情，土谢图汗、哲布尊丹巴呼图克图等欣悦，遂即前往牧放畜群地方验收等因，前来额卜尔特克之地，称土谢图汗有一万九千余口，哲布尊丹巴呼图克图一万一千余口，西第西里台吉七千余口之后，将臣等采买、贸易之牛以一百头为一群，羊五百只为一群，牛、羊各分为一百余群，给土谢图汗五份，牛五十一群外六十七头，羊五十六群外四百五只；给哲布尊丹巴呼图克图三份，牛三十一群，羊三十四群外四十三只；给西第西里台吉二份，牛二十群外六十七头，羊二十二群外三百六十二只。

臣等向土谢图汗等晓谕皇上仁爱之意，此牲畜乃赏给尔等饥馑之众喀尔喀，尔等本人、属下台吉，再达鲁花等，如若本身多取，属下人众不能得获公平，及至辜负主子再生尔等之至意，是以多派贤能秉公之人，设为长，饲养牲畜，务必公平分配。若皆得获生计，以为长久家产，则众人方可沐浴主子再生之恩，尔等属民亦皆可复活。又将不得图一时享乐等情形，晓谕众人。

土谢图汗等率众跪奏称："蒙圣主无量之洪恩，我等各得其所。得获圣恩，不胜欢忭！赏赐之畜，视其情形，分给众人，各得安定。何以报答无量之洪恩，惟为众生祈祷皇上长寿、永享太平！皇上恩赐之牲畜，分给饥馑人等，裨益伊等生计！"等语。朝南叩谢皇恩。

窃思，皇上之洪恩及至韬略，饥饿至极濒临死亡之众生，得获生还，亦获恒久之家产。喀尔喀土谢图汗等叩谢皇恩之处，另行奏报外，将臣等钦遵上谕，编拨牧群散给之处，恭谨奏闻，请旨。

　　　　康熙二十八年孟秋初三日。领侍卫内大臣伯加一级臣费扬古，内大臣加一级臣明珠，经筵讲官户部右侍郎加一级食二级俸禄臣阿思根、内阁学士兼礼部侍郎加三级食二级俸禄臣拜里、理藩院员外郎加一级臣穆成额。

档案二：蒙古喀尔喀土谢图汗为乞请救助贫困属民事致大清康熙皇帝奏书①

喀尔喀土谢图合罕奏书

至上文殊师礼大合罕明鉴。土谢图汗奏，仰赖古昔之善行与因缘，且仰主子统御万邦，稳固政权，弘扬教法，天下共享安乐之际，我等诸小国享太平之时已尽，是以离别故土，至主子近前，如我所愿，大沛洪恩。先以恩施巨额米石，与我先行前来之人得以活命。其后，我所属大多先后前来，遭遇困顿之际，奉上谕：给尔等乏绝之人，大施恩赐。先以此养赡等因，赐银五百两，以维系生命，垂死之人得以生还。其后，又大加恩赐牛五千余头、羊二万八千余只，我均匀拨给极度贫困之属民。其中有颇为节俭而尚有存者，亦有靡费用尽者，有因行窃被罚者，亦有施恩以后前来而未蒙恩赐者，我难以养赡此辈，是故令噶勒丹②奏闻事由。本年已蒙恩得获巨多牲畜，再行奏请恩赐，着实不妥。是以奏请移往有瓜果、野兽、树木之地方。然而皇上又恩赐粮米，甚是喜悦。将我所得米九百四十石，拨给贫困饥馑之人。该项粮米仅只够伊等一月之用。现有六千余口已食尽米粮，我虽无计养赡，但尽力管束。然仍有不受约束之人，若及至被迫离散，则偷盗、抢掠安生诸扎萨克之属众，亦未可知。若我力不能及，滋生事端，及至罪及自身亦未可定。作何计议，诚惶诚恐，奏请旨示。再，噶勒丹另有口奏。以奏书礼，进献马二匹。

（满文）康熙二十八年十二月十七日，理藩院员外郎常寿将喀尔喀土谢图汗奏书一通送至大臣等处，交侍读学士南塔海，主事海三岱、拉穆彰等翻译，即刻由教习唐古特字少卿兼侍读学士班第与少卿巴图费等一同翻译。次日大学士伊桑阿、阿兰泰，学士朱都纳、星安、博

---

① 中国第一历史档案馆藏"内阁蒙古堂档"，康熙二十八年档，全宗号 2，编号 30，第 0337—0341 页；中国第一历史档案馆、内蒙古大学蒙古学学院编：《清内阁蒙古堂档》第八卷，第 540—544 页，内蒙古人民出版社 2005 年版。收文日期为康熙二十八年十二月十七日（1690 年 1 月 26 日）。

② 即噶尔旦多尔济，为喀尔喀土谢图汗察珲多尔济之子。

际、西喇、郭世隆、王国昌等奏入，奉旨：交该部议奏。钦此。与原蒙古文书，已由主事海三岱一并面交员外郎常寿。

档案三：蒙古喀尔喀扎萨克额尔克阿海敖卜等为乞请救助事致康熙皇帝奏书[1]

喀尔喀扎萨克额尔克阿海敖卜等奏书[2]

奏报神变主子。喀尔喀扎萨克额尔克阿海敖卜、协理台吉沙克杜尔诺木齐阿海、沙克杜尔额尔德尼戴青等。我等属众之牲畜，有于龙年溃散前来之时遗失者，亦有不服水土倒闭者，是以将有牲畜者之牲畜，拨给无牲畜者，使其活命。蛇年编制苏木之前，典卖子女为生。而如今，有牲畜者仅仅维持生计，无牲畜者则忍饥挨饿，丧命或者不断离散而去。在此无计养赡，是以奏请。一贫如洗之台吉协理诺木齐阿海沙克杜尔、宾图阿海罗礼台吉、多尔济扎布台吉、巴勒济特台吉、博博台吉、萨柴台吉、达西台吉、乌巴西台吉、确拉锡台吉、俄杜台吉、额默根台吉、俄尔谷达克台吉[3]、额尔德尼戴青台吉、纳木扎勒台吉、策旺台吉、丹津台吉、西达达台吉、色仁台吉、纳木扎勒台吉。

苏木章京罗不臧贫困之丁：塔尔巴、杜噶尔、塔斯玛、贡额、达尔玛、乔伊纳穆、班第扎布、尹扎纳、杜斯噶尔、巴扎尔、谷玉黑、西哩、霍尔谷勒、萨尔贝、阿玉玺、图郭勒、萨音图、杜棱、额尔谷德克、扎布、西达尔、绰勒门、额容格依、阿斋、博谷勒、佟玛、鲁斯希布、森济、达喇西、扎第、占巴拉、色热斯希、东努、纳木塔尔、茂察赖、查干、塔毕图、乌玉给、乌拉岱、玛察奇、雅满岱、巴济金岱、巴雅尔、敦都克、阿玉玺、雅珠谷、卜颜图、额默根、玉苏给、门达斯希、阿拉齐、西喇布、和硕齐、乌默

---

[1] 中国第一历史档案馆藏"内阁蒙古堂档"，康熙二十九年档，全宗号2，编号35，第078—098页；中国第一历史档案馆、内蒙古大学蒙古学学院编：《清内阁蒙古堂档》第九卷，第107—127页，内蒙古人民出版社2005年版。收文日期为康熙二十九年三月三十日（1690年5月8日）。

[2] 对照满文件音译，以满文读音为基准。

[3] 蒙文件无"台吉"词，据满文件补译。

黑、顾鲁格、毕哩克、谔欣、巴勒散、噶勒散、鲁斯希布、绰谷尔齐、托郭齐、确绰瑞、霍济格尔、额默根、哈木克、托郭木齐、珲都、尹扎那、占巴勒、图巴、罗斯希、阿玉玺、博若齐、扎布、都拉斯希、博若柴、谔欣、扎布、乌勒哲依图、阿玉玺、噶勒图、博罗穆察、敦都克、毕哩克、巴特玛、阿必达、罕杜、呼茹穆锡、绰布、乌勒杜苏、阿拉纳、俄齐尔、喇布占、萨满达、特济布哩、博木拜、阿拉纳、莽吉尔、博谷勒岱、呼勒斋、乌哈图、杜棱、顾珠、阿毕达、毕哩克、罗罗、阿那西、阿斯希、阿噶斯、阿尔萨兰、海喇图、杜噶尔、俄齐尔、玛希尔、巴尼、阿穆呼郎、图噶尔、车棱、萨海、托噶、托东辉、垂、毕哩克、鞴克、鲁克。

苏木章京卓克杜尔贫困之丁：博尔济格、西谷尔、扎布、苏谷登、那那、奇塔特、沙克杜尔、阿玉玺、毕哩克、玛塔、卓哩克图、占巴勒、谔勒杰、散巴岱、阿穆呼朗、海喇图、伊伯勒图、阿喇善、逊达哈、元塔尔、达克巴、阿南达、阿玉玺、乌珠木、阿赖充、瑝布瓦、博杜赖、确斯希、查巴、达海、乌隆给、纯达拉、图克齐、达尔玛、达罕、巴里默、图巴、多尔济、垂、达斯希布、额默根、卓特巴、澈澈克、齐齐谷里、达木巴、阿玉玺、毕哩克、玛济克、西谷尔噶齐、额默格勒、俄齐尔、阿斯喇勒、阿兰查、巴雅斯呼朗、策旺、巴兰查、伊纳杜、霍诺克、查干、确尔楚、三津、莽吉尔、席喇布、扎布、塔尔巴、莽吉尔、托努德依、额默根、海喇图、保垂、浑斋、那玛哈尔、哈喇、阿穆呼朗、乌珠木、阿穆尔、阿西达、伊勒扎赖、阿毕达、阿勒达尔、阿南达、莽吉尔、阿玉玺、玛林、根敦、瓦齐尔、布达、布达雅、阿南达、林琛、喀兰柴、毕礼衮、布达扎布、罗卜藏、色尔济、毕哩克、阿毕达、布迪。

苏木章京俄齐尔贫困之丁：拜杜、拜岱、俄尔岱、阿穆呼朗、巴噶苏、谔欣德依、苏玉色依、塔巴克、查克巴、达西、查达干、达西、多尔济、呼尔干、布颜图、呼图克、纳木达逊、达汉、色臣、托摩和、卓哩克图、谔奎、扎布、哈勒占、多尔济、莽吉尔、卓哩干、库谷茹黑、阿巴斋、尼尔婉、章贵、齐噶勒、占巴勒、巴达礼、扎布、布颜图、俄齐尔、查克巴、呼图克、毕哩克、乌巴锡、占巴勒、呼图克、詹泰、噶尔玛、多尔济、岳依、确扎布、查玛、俄奎、玛木、旺西克、巴图、巴津、巴济达、巴雅斯、绰克图、塔尔巴、阿玉玺、翁谷尔查、布珠克依、沙济、巴特玛哩、杜噶尔、查克巴、西喇布、阿津、玉穆、达汉、占巴勒、阿里玛、齐罗衮、博若勒垂、呼苏热依、莽阿勒、澈澈克、珠勒扎干、毕哩克、谔欣、楚垂、萨克、纳穆答礼、图巴、郭尔谷勒、阿毕达、海萨、波波喇、保齐、巴尔、孟克、撒尔迈、巴特玛、伊礼呼斯哩、谔谷德依、茂齐克、阿毕达、卓勒扎干、呼尔谷勒、伊伯格勒、呼尔谷勒。

苏木章京陶多依贫困之丁：班济斯哈、阿毕达、阿玉玺、恩额森、孟克、额默根、额热木苏、谔勒杰图、多尔济、蒙吉勒杰、桑噶斯巴、阿南达、库谷鲁黑、奥若谋克、塔尔巴、巴颜、珊达、贡额、阿穆呼朗、巴扎尔、沙克杜尔、阿迪斯、囊苏、达尔玛斯希、图巴、卓克杜尔、济尔噶朗、佟武、翁噶逊、毕齐克图、哈喇勒岱、罗西、杜尔本、谔勒杰图、乌拉干、谔欣、班第扎布、多尔济、雅珠、精巴、博若、毕哩克、巴达礼、阿布噶勒岱、绰勒门、达那、达勒丹、谔哩格尔、元达尔、巴斯玛、巴噶图尔、绰勒门、多博绰克、阿毕达、俄齐尔、阿玉玺、巴噶图尔、托克托奈、图噶尔、噶勒丹、额尔格木图、乌勒查干、卓达、西谷尔哈、噶勒散、占巴、阿玛喇呼、元达尔、辉扎、肯哲、图勒噶图、卓礼克图、占巴勒、呼巴勒扎、拜迪、扎布。

苏木章京博齐堆贫困之丁：巴雅斯呼朗、土玛斯希、默呼勒绰克、沙哩、占巴勒、迈达礼、阿兰扎、呼尔干、阿玉玺、谔诺木、济尔噶朗、库奎、刚爱、贡额、诺谷干、绰克图、伊浜苏、阿穆呼、善巴、善巴尔、阿兰查、赛玛岱、满查、喇塔、阿喇纳、俄齐尔、保济、杜拉干、沙克杜尔、博浑岱、色仁、阿岩、巴西希布、谔勒杰图、色热斯希、莽吉尔、达兰、乌巴西、索诺木、卓希岱、莽吉尔、顿若布、呼鲁谷尔、伊巴克、阿穆呼、额赫图、巴雅斯、噶尔玛、阿穆呼朗、沙克沙巴特、阿喇西、伊伯勒、玛尼克、毕齐克、拉塔尔、博济尔、伊图。

苏木章京谔欣贫困之丁：章京谔欣、骁骑校库库茹黑、伊勒椎、贝尔、丹准、呼勒齐海、西喇布、诺木汉、呼木雅克、不丹、谔欣、澈澈克、齐克巴、谷沙、呼尔哈齐、格德依、赫秀、孟克、恩额逊、阿拜隆、瑟依摩黑、占巴勒、纳穆、萨玛蒂、谔希金、塔木毕勒、图勒玛扎布、赫秀、绰呼尔、多尔济、谷玉黑、确扎布、谷木卜、占巴勒、绰查哩、呼图克、雅珠、岱噶勒、达西、巴哈图尔、博斋、巴雅斯呼朗、谔欣、谔希金、查干、钟奇勒岱、扎布、巴雅斯呼朗、多诺伊、查干、丹巴、巴雅斯呼、僧衮、呼鲁谷尔、云端、保拜、图尔格、达西、顾鲁格、巴特玛、德勒图、温春、雅玛、确扎布、诺礼、图拉格、达西、布颜图、昂吉尔、达西、塔奔、达拉西、巴雅斯呼朗、雅曼达、丹巴、托郭齐、阿毕达、谔勒杰图、齐克巴、库木岳克、扎木苏、巴扎尔、席喇布、楚呼、谔欣、肯哲、呼伯、萨噶、图济、达西、俄博、海喇图、温齐、俄奈、达西、博若勒垂、塔西、阿济岱、班第、玉木、博若勒垂、秦杜、海喇图、阿毕达、苏布迪、杜斯噶尔、秦杜、特布坧黑、谔欣、额西格、萨礼苏、查干、达旦、毕澈齐、顾鲁格、珠勒扎干、西吞、巴特玛、齐克巴雅克、阿玉玺、纳穆尔扎、雅木巴、噶尔玛、查克巴达尔、济金德依、谔勒杰图。

　　沙克都尔额尔德尼戴青台吉所属苏木章京阿毕达贫困之丁：阿穆呼朗、图玛雅克、俄茹奈、达西、萨纳斯希、阿玉玺、达赖、俄特巴拉、扎布、绰希、达斯希、哈勒占、诺尔布、博茹噶玛尔、博若、摩讷黑、毕萨纳、多尔济斯希布、乌尔占、杜拉干、卓拉、克希克图、根敦、阿礼雅、巴雅斯呼朗、谔欣、杜斯噶尔、占巴勒、西呼尔、达西、诺木汉、谷穆斯希、阿尼萨克、达西海、阿南达、巴噶拜、玛勒占、莽吉尔、达西、托克托呼、托克托奈、乌努库、尼苏、托苏、玛柴、玛查、丹津、阿南达、马济吉尔、达西、敦杜克、阿穆呼朗、阿玉玺、罕岱、查干、达西、栋、谔勒杰图、喇查、哈扎噶尔、呼图奈、哈尼齐、利塔尔、杜拉干、多尔济、阿南达、达喇西、车木布木、达尔玛、达西、俄勒齐衮、卓勒图、仓、查干、乌拉干、阿毕西克、阿穆呼、爱杜尔、阿勒达尔、孟克、查干岱、济谷勒查盖、阿玉玺、散济布、博谷勒、毕勒州、索诺堆、阿礼雅、托克托呼、占巴勒、谔欣、乌尔占、伊勒布岱、阿济苏。

　　苏木章京占巴贫困之丁：克西克图、莽吉尔、阿纳西礼、阿玉玺、岳博、伯勒格图、沙拉、阿毕达、达尔玛斯希、达兰、赛萨、额谷伯、沙礼、西达礼、沙礼、谔欣、哈斋、阿巴噶津、阿巴噶勒台、卓希斯图、西喇布、绰尔查海、诺木汉、尹扎纳、谔欣、巴灵萨、纳布塔苏、纳玛斯希、班扎尔、拜岱、杜谷棱、达尔玛、杜谷棱、乌巴西、讷呼、常吉尔、塔布、谔欣、阿玉玺、阿玉玺、西谷尔干、巴特玛尔、乌尔占、绰杜、俄木布、丹津、特谷斯、谔欣、特谷斯、阿玉玺、摩盖、巴特玛、多尔济、博若勒、扎布、灵花、阿玉玺、阿南达、布依吞、诺礼、郭尔郭勒、卓拉、散都克、僧额、博勒浑、浩多呼沁、巴扎尔、托瑞、阿里玛、阿穆呼朗、霍尔谷岱、奇塔特、巴特玛、多黑、默尔根、莽吉尔、丹济干、绰西希、博若、谷楚布、库楚、多尔济、毕哩克、垂、巴哈兰、齐呼拉、萨楚、谔欣、僧额、穆占、额洛伊。

苏木章京拉玛扎布贫困之丁：库茹辉、俄齐尔、俄勒堆、巴苏岱、博茹库、巴扎尔、莽吉尔、色尔济、根敦、唐武达、卜达、多尔济木苏、毕哩克、博罗伊、散堆、善巴、阿尔纳、卜达雅、多尔济、阿穆呼朗、阿萨尔、卜岱、卓特巴、俄齐尔、毕查汉、达礼、达尔玛、雅玛、雅布、垂、沙克扎、博尔济、绰托侬、僧额、阿纳礼特、阿木拜、乌哈图、博罗木扎、巴达礼、阿穆尔、恩额逊、噶尔达干、诺礼、尼敦、卜卜衮、额尔吉勒、巴尔济勒、汉卜、巴噶图尔、谔欣济勒、温卜、茂、卓勒格、多尔济、阿穆呼朗、谷玛、谷哲、敖希雅、岳诺、越萨、哈尔查噶、西喇布、温杜尔呼、杜兰、杜谷棱、阿玉玺、齐丹、塔尔巴、达礼、门杜、巴特玛。

苏木章京讷黑贫困之丁：讷黑、卜达扎布、帕克巴、沙木、布达勒、阿穆呼朗、托鲁堆、散毕勒、桑茹布、乌勒杜、阿南达、阿穆呼朗、谔勒杰图、云端、巴特玛喇、伊伯勒、多尔济、霍尼齐、卜尔吉勒、霍济吉尔、卜达、灵花、散金、齐纳尔、丹济、扎株、扎布、巴特玛喇、霍托、阿玉玺、巴卜、绰克图、达雅齐、博郭勒、多尔济、巴图锡礼、杜噶尔、蒙额、门杜、崇呼鲁、散木丹、达尔玛、奇若椎、图噶尔、扎布、诺木、纳玛斯希、乌勒杜逊、德米、沙布、阿毕达、卓礼克图、毕齐克图、巴特玛斯希、巴里哈、博若、巴特玛、阿毕达、玛查、林花、巴雅斯呼朗、玛查克、丹毕勒、阿尔纳、扎木占、占巴勒、卓勒图、阿玉玺、扎布、萨雅克、查干、巴扎尔、托济、扎布、纳穆、呼茹木西、索诺木、纳玛斯希、扎布、巴扎尔、巴雅斯呼朗、谔欣、海岱、布达、查干、乌鲁斯希、扎布、博齐、扎布、玉木、拖多、杜礼、图巴斯希、噶尔玛、纳布塔逊、沙克扎、查干、巴扎尔、占巴勒、多尔济、诺诺、沙尔呼勒、达喇希、卜达、博济勒、图玛、阿玉玺、卜鲁克、根杜、额斯赫勒、扎克巴塔尔、达岱、阿喇纳、洪郭尔、温杜苏、珠勒扎干、沙克扎、阿玉玺、巴珠岱、宾杜、鲁谷德尔、扎布、俄勒扎、根杜斯希、俄齐尔。

苏木章京绰齐贫困之丁：阿毕达、额尔格木苏、莽奈、达赖、乌玉赫齐、伊斯希布、塔斯希、阿斯希、德礼、乌隆黑、阿玉玺、巴哈、博若依、秀穆尔、诺礼、呼尔坎、托托库、博谷勒、卜达斯希、卜茹勒楚、毛达礼、博迪、多托尔、色尔济、巴达礼、霍推、霍托斯希、扎布、阿玉玺、扎布、礼茹格、乌苏、海、顾珠、杜拉干、顾珠、乌拉干、都拉干、尹扎纳、萨哈勒、图班、博尔济鼐、杜塔噶、谔勒杰、阿毕达、乃玛岱、多尔济、哲林、伯勒格图、俄木卜、巴济噶岱、阿毕达①、阿南达、阿兰扎、阿南达、阿里衮、宾杜、卜达扎布、多尔济、霍济吉尔、霍郭堆、色仁、塔占、图鲁根、色仁、色尔济穆、翁辉、扎布、多尔济、乌珠、卜达礼、南春、谔勒杰图、阿玉玺、元达尔、博特库、维拉海、乌杜斯希、卜呼茹勒、色仁、毕齐干、郭尔郭勒、噶勒桑、顾鲁格、搜色赫、翁浩、巴苏德依、济尔噶朗、博勒呼、玛查克、雅当吉、托达、顾鲁格、顾鲁格、绰克图、呼毕图、色仁、查尔查哈。

苏木章京色布腾贫困之丁：恩克、门德、阿穆呼朗、玛尼、达尔汉、唐古特、贡额、林花、翁奇、俄尼苏、博尔呼、保齐、巴特玛、散保、巴兰查、僧额、卓希斯图、索诺木、多尔济、翁阔尔、占巴勒、托勒根、齐巴海、巴里玛、扎噶斋、呼鲁克、端济克、珠苏、阿勒达尔、托博罗克、卓克杜尔、尼苏、达尔玛斯希、扎珠库、西迪、楚尔伯依、巴杂尔、哈扎噶尔、特穆尔、霍济吉尔、纳杜尔、桑阿斯巴、诺木图、阿玉玺、策林、郭尔郭勒、俄齐尔、阿穆呼朗、达卡、阿南达、谔欣、阿穆呼朗、毕哩克、西鲁克、克西克图、达噶齐、超垂、海岱、莽吉尔、霍霍茹黑、雅珠、毕齐汉、克西克图、博罗特、色尔黑、呼鲁克、查勒卜、吉礼、喇特纳、阿南达、恩额、卜依拉、三津、萨木津、杜拉汉、扎布、济尔谷噶岱、布拉克、孟克、克西克图、章楚克、玛尼斯希布、柯谷、萨哈喇勒、卓特巴、卜颜、克希克、特谷斯、孟克、阿穆尔。

宾图阿海诺礼台吉所属达西苏木贫穷之丁：谔欣、温楚克、谔卜格、扎布、卓毕堆、安柴、扎布、阿玉玺②、达尔巴海、曼济海、丹巴、门杜、阿

---

① 蒙文件无“阿毕达”一名，据满文件补译。

② 满文件无“阿玉玺”一名。

玉玺、丹津、达西、呼尔谷勒、扎敏、曼齐、占巴勒、雅满达、谔勒杰、托呼尔查、乌拉噶斋、阿玉玺、察哈尔、额默根、卓克杜尔、车根、阿玉玺、雅木坎、恩额、浑杜尔、阿玉玺、洪郭尔、阿玉玺、特讷克、策伯克、扎勒布、查干、卜楚、拉西希、曼济、萨玛岱、阿布噶勒岱、俄尔吉、俄齐尔、班第、达尔玛、阿南达、多尔济。

默尔根阿海伊德尔所属巴达斯希、班第、阿南达、阿玉玺、巴特玛、那哈楚赍、哈勒占、阿敏达干、俄齐尔、俄齐尔、诺谷干、巴汉、毕哩克、阿穆尔、额斯赫勒、察克、玛谷海、阿玉玺、善巴、乌纳海、乌拉噶岱、乌拉噶斋、丹巴、彭楚克、散巴尔、卓吉、乌巴里、乌拉干、谷穆西希、乌穆斯希、多尔吉、丹达里、杜拉干、郭尔郭勒、阿穆呼朗、杜斯希布。

多尔济扎布台吉所属毕哩克图、毕哩克、谔欣、杜谷棱、根都斯希、丹巴、达西、巴图、曼齐、策巴克、温扎勒、郭尔郭勒。

根敦台吉所属确查、济谷勒齐、雅密纳、毕扎盖、博若、丹津、巴卜、阿海岱、散杜、扎勒卜、尼苏、敦杜克、顾鲁格、阿玉玺、讷黑、额尔谷德克、呼鲁克、俄齐尔、佟谷杰、俄齐尔、托多赖、阿玉玺、绰克图、额默根、塔尔巴、确扎布、茂、占巴、俄齐尔、额卜根、阿穆呼朗、巴筛、扎干、拉扎布、呼勒扎干、图巴斯希、博博、额默根。

协理台吉诺木齐阿海台吉沙克杜尔所属苏木章京绰斯希布贫困之丁：苏木章京绰斯希布、达尔玛、谔鲁黑、陶赖、博鲁木扎、塔尔巴、霍勒斋、阿玉玺、博谷勒岱、色热斯希、云丹、达赖、阿里玛、阿南达、拉西希布、达西希布、唐古特、塔占、恩克、塔拜、希喇布、谔勒杰图、绰西希、推默尔、俄齐尔、哈穆、阿南达、塔卜库、绰南、卜达西希、希茹、布达礼、苏杜尔、阿密岱、达哈、林花、毕齐汉、多尔济、阿西达、纳玛西希、扎布、巴勒丹、沙克扎。

乌巴西台吉所属：云丹、兆、玛玛、巴扎尔、莽吉尔、楚茹呼、卜颜、根德、霍尔达、老邦、塔津、扎勒卜、额斯赫勒德依、巴特玛、阿济苏、绰默西希、杜拉干、垂、巴扎尔、达西。

确喇西台吉所属：阿穆呼朗、阿扎勒、呼伯、兴安。

俄托台吉所属：巴哈苏、莽吉尔、玛尼齐。

绰克图台吉所属：达尔玛、纳穆尔扎、图噶尔、叶舍依、博若勒堆、乌汉泰、乌苏特依、库色勒、阿玉玺、谔欣、纳穆、额默黑、散杜克、纳穆、哈礼、希礼、罗西希布、扎布、谔欣、西喇布、唐辉、西保、阿南达、温卜、杜噶尔、诺木、杜尔本、巴扎尔、顾鲁格、玛西、多穆依。

玛尼齐绰克图台吉所属苏木章京沙克扎木贫困之丁：阿西达、阿毕达、巴雅尔、乌齐喇勒、察干岱、博湍绰尔、察干、霍斯辉、玛尔玛、额叶图、阿济苏、顾鲁格德依、毕哩克图、谔斯呼、博若勒堆、玉保、博依泰、俄博克、顾鲁格、格热勒、图巴、温卜、阿毕达、帕克巴、哈喇干、谔欣、玛阿、乌都木苏、巴雅尔、萨希勒、卓勒扎海、俄兰、达西、达尔玛西希、巴苏泰、阿玉玺、哈岱、阿里玛、珠查纳、博若、伊迪、谔欣、恩克、伊勒斋、雅雅、卜达、扎勒卜、博若、霍克萨哈、乌拉穆、莽吉尔、博尔扎、阿毕塔、洪郭尔、克西克、阿尔萨兰、博若图、阿穆尔扎、库色雷、罗布藏、丹巴、阿南达、阿尔毕齐、托多海、霍诺齐、尹扎那、珠尔扎哈、萨木苏、阿玉玺、乌拉干、察干、阿毕西克、阿玉玺、和卓、巴雅尔、哈西哈、莽鼐。

俄尔谷达克额尔德尼戴青台吉所属苏木章京根敦贫困之丁：扎哈西希、沙津、巴鲁、唐古特、阿玉玺、阿南达、阿穆呼朗、扎布、根敦、郭尔谷勒、谔勒杰、阿里雅、巴特密、玛西、根敦、贡额、克格热齐①、顾济格、多尔济、诺尔卜、色热斯希、玛齐克、谔欣、冲郭勒、根敦、西达海、阿呼、罗济、拉玛扎布、乌努谷、额西格、绰克图、额尔吉勒、查斯希、扎布、绰吞、西喇布、俄齐尔、垂、伯苏特、塔克巴、博第、扎勒、博罗玛克、斋赛、卜雅、纳罕、萨济、班扎、阿勒坎、卜达里、卜达雅、卜达、阿玉玺、萨都、巴雅尔、顾鲁格、马济、齐齐克图、兰卜、纳玛雅克、纳玛斯希、多尔济、绰斯西布、阿鲁呼、本塔尔、卜尼、查干、西茹德依、西茹、阿卜赖、散济、伊奔、策林、班第、俄齐尔、阿里衮、俄齐尔、阿南达、西赍谷勒、哈达呼、陶赖、郭鲁多克、西达达、俄齐尔、巴尔、阿雅呼、谷木巴、洪郭垂、维苏、萨雅克、卜木巴、图巴、萨尔济雅、占巴勒、确尔扎、班第、西礼、阿南达、阿玉玺、沙喇布、阿礼、塔尔沁、巴苏海、巴哈图

---

① 蒙文件无"克格热齐"一名，据满文件补译。

尔、确扎、哈塔呼、伊勒扎海、乌尔扎、阿南达。

协理台吉沙克都尔额尔德尼戴青所属苏木章京达西贫困之丁：苏木章京达西、博伊呼、达拜、额默根、玛哈穆、阿喇扎干、汗津、额默黑、巴特玛、阿玉玺、霍保、阿喇纳、伊达木、察哈岱、卜颜图、乌讷痕、秦卜、阿南达、查干、阿南达、敦杜克、扎布、察布尔、敦杜克、玛呼达尔、俄林琛、乌斯尼尔、呼色雷、唐古特、云木绰木、策林、云扎布、乌尔扎、伊勒呼、博依衮齐尔、阿济沙、玛哈迈、霍格热黑、色尔济、诺尔卜、察楚隆、毕纳达、占巴勒、塔尔巴、彭绰克、西喇布、巴雅尔、多尔济、钟、博依绰呼尔、布呼、色仁、陶赖、布赫、萨布丹、萨呼拉克、珠登吉、温卜岱、呼苏雷、班珠尔、占巴勒、策林、谔鲁克、博若、索霍尔、敦多、莽吉尔、塔尔巴、呼尔汉、策林、苏达礼、阿毕达、多尔济、霍济格尔、卜西、阿毕西克、栋鲁布、察克巴达尔、杜噶尔、根敦、玛齐克、确扎布、克西克图、青给、毕齐汉、卜赫、杭爱、多尔济西希、乌尔扎、曼查、桑扎布、确扎布、顾鲁格、多尔济、阿玉玺、拉玛扎布、哈穆哈、绰特巴、塔尔巴、巴雅尔、巴哈图尔、谔欣、孟克杰、林臣、顾鲁格、谔欣、孟克、莽吉尔、毕齐汉、卜达斯希、博若、卜颜图、卜斋、西喇布、顾鲁木、阿毕达、索诺木、查干、班第、俄诺海、阿尔西依。

喇布丹阿海台吉、那木扎勒台吉二人所属苏木章京岳逊达喇贫困之丁：岳苏、达尔玛、阿穆呼、阿木春、衮楚克、玛哈泰、扎布、查干、孔谷尔珠克、绰克推、图布新、卜克泰、俄托噶齐、扎布、毕齐汉、阿玉玺、云扎布、陶赖、霍尼齐、确扎布、托瑞、珠克达尔、塔木扎特、僧额、霍济吉尔、绰克图、霍博绰克、额尔谷德依、乌拉、谔欣、额勒济吉、苏礼、达西、达斯希、塔尔巴、达杜、阿南、玛希斋、西第、多尔济、搔巴、阿巴噶勒岱、垂、尹扎纳、库鲁、迈哈、扎布、卜当图、霍礼、俄珠、诺木图、珠勒扎哈、诺敏、奇塔特、德勒登、呼勒扎、查干、巴颜、兰查、班第扎布、毕里克图、杭爱、扎布、卓克杜尔、西喇布、秀喇、鄂博、垂、多尔济、阿玉玺、托鲁克、哈斯呼尔、扎布、达西、巴扎尔、哈兰斋、多尔济、图济、阿木礼达、玛西斋、岱噶、达尔玛、达杜、阿斯希布、阿玉玺、扎布、翁郭尔查、哈喇勒岱、阿努赫克、萨木丹、西礼叶黑、呼尔干、雅玛哈、查干、澈根、谷炎、杜斯希、圭默克、尼苏、莽吉尔、西达达、达雅、孟克、塔尔巴、玛尼斯希布、多尔济、西喇、额尔谷特、海岱、海赖、雅雅、济格、罗布藏、谔欣、杭爱、博若、额西格、门岱、恩克、巴雅斯哈、博谷勒岱、扎布、谷牧德、茂、萨曼达、额西格、阿扎木班、扎布。

扎萨克额尔克阿海敖卜台吉之达喇嘛斋桑囊苏格隆之贫困喇嘛一百四十六人。除喇嘛外，总计丁一千八百三十五名，家口合计八千三百四十名。

编制苏木后前来者，洪郭尔乌巴西台吉之待哺家口七十名、丁十五名。

（满文）康熙二十九年三月三十日，理藩院员外郎常寿将喀尔喀车臣汗奏书一通、扎萨克额尔德尼阿海台吉奏书一通①、扎萨克额尔克阿海敖卜台吉等奏书一通，计三通，送至大臣等处，交侍读学士南塔海、主事海三岱、拉穆彰等翻译，即刻由教习唐古特字少卿兼侍读学士班第与少卿巴图费一同翻译，四月初一日大学士伊桑阿、阿兰泰，学士朱都纳、迈涂、星安、博际、郭世隆、王国昌等奏入，奉旨：交该部议奏。钦此。与原蒙古文书，已由主事拉穆彰一并面交理藩院员外郎拉杜浑。

二、三份档案的史料价值

综观 3 份档案，其史料价值可以归纳为以下几个方面：

（1）比较具体地反映了康熙皇帝救助南下喀尔喀难民的情况，包括救助的次数、规模、方式和效果等，从而极大地补充了《大清实录》、《亲征平定朔漠方略》等史书的相关记载。据查，1688—1690 年期间，康熙皇帝先后 4 次大规模救助土谢图汗、哲布尊丹巴呼图克图及其部属。第一次拨 500

---

① 此喀尔喀车臣汗奏书和扎萨克额尔德尼阿海台吉奏书，也涉及难民救助问题。见中国第一历史档案馆藏"内阁蒙古堂档"，康熙二十九年档，全宗号 2，编号 35，第 052—054 页，第 055—057 页。中国第一历史档案馆、内蒙古大学蒙古学学院编：《清内阁蒙古堂档》第九卷，第 81—83 页，第 84—86 页，内蒙古人民出版社 2005 年版。

两银子；第二次调拨2万人两个月食用之粮食①；第三次拨给牛10334头、羊56810只②；第四次拨米940石。

康熙皇帝的救助方式也较为灵活。首先发放一些银两和粮食，解决了燃眉之急。而后，划拨巨额银两、布匹和茶，采买和贸易牲畜，分给难民，作为他们长久的生活来源。接着又拨粮米，救助后续而来的难民。

上述大规模持续的救助措施，有效地缓解了土谢图汗、哲布尊丹巴呼图克图及其属众的艰难处境，使4万人口得以活命，从而稳定了察哈尔及外藩蒙古地区的社会秩序。

然而，南来之喀尔喀人络绎不绝，给康熙皇帝的救助工作增加了压力。档案二记载，土谢图汗因无法给养后来的6000人而向康熙皇帝请求救助。清代官书记载了救助6000人的情况。③ 由于难民不断增加，交通运输不便，尽管康熙皇帝付出艰苦努力，但在长达3年的时间内，仍未解决喀尔喀难民的生计问题。所以，在康熙二十九年（1690）七月，康熙皇帝遣官“至土谢图汗处，将至穷乏食者，带至张家口外相宜处。同口北道，动支张家口所贮

---

① 《大清实录》卷140，康熙二十八年，四月，甲午项记载：“先是，喀尔喀土谢图汗等以米粮将尽，续到二万余人不能瞻给，请奏赈济。上命领侍卫内大臣伯费扬古等，赍银两茶布前往散给。至是，谕大学士等曰，朕闻喀尔喀乏食，有至饿死者，深为轸念。顷虽令内大臣费扬古等赍茶布银两，采买牲畜，赈其乏绝。但采买尚需时日，若不速发粮以拯之，则死者愈多矣。泽卜尊丹巴胡土克图，见有贸易骆驼百余，在张家口，并内驷厂及太仆寺骆驼共发一百，将张家口仓米，星速运到散给。计支一两月间，费扬古等所买牲畜可继之矣。如此，则喀尔喀可活也。其令侍卫吴达禅、侍读学士西拉、牧厂侍卫、太仆寺堂官、户部贤能司官各一员，前往经理。”《亲征平定朔漠方略》卷5，康熙二十八年，四月，甲午项记载与之相同。

② 《大清实录》的记载颇为笼统：“领侍卫内大臣伯费扬古奏，臣遵旨往喀尔喀附近地方，采买牛羊，散给喀尔喀无食穷民，以为永久生业。人民感戴，饥馑复苏。其土谢图汗等俱南向叩首，仰谢天恩。报闻。”（《大清实录》卷141，康熙二十八年，七月，壬寅项）。《亲征平定朔漠方略》无此记载。

③ 《大清实录》卷144，康熙二十九年，正月，庚申项：“喀尔喀土谢图汗以所部六千余人乏食，请赈。部议不准。上命以独石口仓粟，每户给以四斗，遣理藩院、户部司官各一员，会同土谢图汗，监视散给。又车臣汗、泽卜尊丹巴胡土克图等，俱以乏食来告，前后千万计，上皆命按口给之。”《亲征平定朔漠方略》卷6，康熙二十九年，正月，庚申项记载同上。

之米，日给饭食"①，继续设法救助不得生计者。

车臣汗部被安置于汛界外，距内地更为遥远，其处境尤为窘迫。档案三反映的正是这一情况。这份档案的真实性和史料价值令人不容置疑，显得弥足珍贵。以车臣汗部扎萨克台吉额尔克阿海敖卜为首的 22 名台吉，以佐领为单位将多达 1835 名破产箭丁的名单一一列出上报康熙皇帝，以此说明被编佐者已成为清朝正式属民，理应得到救济和保护。还提到编佐以后新来的 85 人也急需救济。②　充分体现了喀尔喀人积极赢得康熙皇帝救助走出困境的决心和为谋求生存而不懈努力的意志。他们和扎萨克图汗部属众在康熙三十年（1691）多伦诺尔会盟之后，逐步走出了困境。③

（2）对清代蒙古地区社会经济史研究，可提供重要依据。档案一清楚地记载了当时交易牲畜的价格："牛一头以一两、一两一钱、一两二钱不等之价，采买、换取一万三百三十四头。羊一只以三钱之价，采买、换取五万六千八百一十只"。看来，当时上、中、下等牛的价格分别是一两二钱、一两一钱、一两银子不等，羊的价格概为三钱银子。

该档案还记载："……土谢图汗有一万九千余口，哲布尊丹巴呼图克图一万一千余口，西第西里台吉七千余口之后，将臣等采买、贸易之牛以一百头为一群，羊五百只为一群，牛、羊各分为一百余群，给土谢图汗五份，牛五十一群外六十七头，羊五十六群外四百五只；给哲布尊丹巴呼图克图三份，牛三十一群，羊三十四群外四十三只；给西第西里台吉二份，牛二十群外六十七头，羊二十二群外三百六十二只"。

上述数字资料比较少见，对了解和研究清代蒙古游牧业的经营和分配

---

①　《大清实录》卷 147，康熙二十九年，七月，甲寅项。

②　中国第一历史档案馆藏"内阁蒙古堂档"，康熙二十九年档，全宗号 2，编号 35，第 078—098 页；中国第一历史档案馆、内蒙古大学蒙古学学院编：《清内阁蒙古堂档》第 9 卷，第 107—127 页，内蒙古人民出版社 2005 年版。

③　《大清实录》卷 146，康熙二十九年，五月，辛丑项："喀尔喀额尔克阿海巴郎奏言，臣父扎萨克图汗，喀尔喀七旗之长也。为左翼土谢图汗所败，属裔分散。臣等又为厄鲁特所收，栖于阿尔泰山之南。今乘间得出来投，伏乞圣恩赈恤恩养，俾得继立。下议政王大臣等议。寻议覆，扎萨克图汗历世恭顺，职贡有年，似应继立。查今年众喀尔喀来降，已定期会阅。其所请，应于会阅处夺。从之。"《亲征平定朔漠方略》卷 6，康熙二十九年，五月，辛丑项记载同上。

方式以及交易细节，具有很高的史料价值。

（3）选译档案印证了《清代起居注册——康熙朝》和《皇朝藩部要略稿本》等史书关于南下喀尔喀人口为 10 万之说。① 档案一，记载了康熙二十八年（1689）土谢图汗部和哲布尊丹巴呼图克图的属民近 4 万人，加上康熙二十九年（1690）来的人口，合计不少于 5 万人。档案三记载的车臣汗部一部分台吉的属下箭丁 1835 人，家口合计 8340 人，加上 22 名台吉、14 名苏木章京②、146 名喇嘛，再加上未编佐者 85 人，共约 1 万余人。车臣汗部其他诸台吉的属民人数也应不少于 2 万人。

这样，上述人口数字约计 8 万余，再加上扎萨克图汗部的人口，能达到 10 万人，是毫无疑问的。

（4）选译档案，有助于了解清朝对蒙古喀尔喀部推行盟旗制度的过程。学术界一般认为，从康熙三十年（1691）的多伦诺尔会盟开始对喀尔喀蒙古正式推行盟旗制度。其实，早在康熙二十八年（1689），康熙皇帝在南下喀尔喀就增设扎萨克，分编佐领，为推行盟旗制度做了前期准备。增设扎萨克，史书记载较为具体③，但分编佐领的情形，至今尚不清楚。档案三，从一定程度上反映了当时清朝在喀尔喀蒙古编设佐领的具体情况。据载，1835 名箭丁分属于 18 个佐领，平均每佐领箭丁为 102 名。可见，清政府显然是参照内扎萨克蒙古例，在喀尔喀编设佐领的。在编佐的基础上，多伦诺尔会盟后，清廷着手设旗，把喀尔喀部的政治体制与内扎萨克蒙古各旗划一④，标志着蒙古喀尔喀部被纳入清朝的外藩蒙古体系。

（5）档案三，还反映了 17 世纪后半期喀尔喀人名及其文化特征。清代各种文献史料记载了许多蒙古王公、台吉的姓名，而很少记载平民。档案三，罗列了多达 1835 个牧民的名字，具有一定的普遍性。几种情况较为突出：①涵盖蒙古名、藏名，藏名远远多于蒙古名，说明当时喀尔喀人深受藏文化及藏传佛教文化的影响；②重复的名字较多，虽然显得单一，但反映一

---

① 《清代起居注册——康熙朝》第 9 册，联经出版事业公司（台北）2009 年版，第 4777 页；包文汉整理：《皇朝藩部要略稿本》，黑龙江教育出版社 1997 年版，第 47—48 页。

② 档案三记载 18 名苏木章京，其中 4 名章京被列入贫困箭丁之名单。

③ 《大清实录》卷 142，《亲征平定朔漠方略》卷 5，康熙二十八年，十月，辛未项。

④ 《大清实录》卷 151，《亲征平定朔漠方略》卷 10，康熙三十年，五月，壬辰项。

定历史时期蒙古人的价值趋向。以下人名出现较多：阿玉玺（ayusi），梵文，意为药佛；阿南达（ananda），藏文，意为阿难陀（佛名）；谔欣（okin），蒙古文，意为女；毕哩克（bilig），蒙古文，意为聪颖；多尔济（dorji），藏文，意为金刚；扎布（jabu）藏文，意为救护、保佑；③与现在人名有很大差异，有不少名字，难解其意，拟结合相关知识，进一步释读。

（黑龙，男，蒙古族，东北少数民族研究院教授，主要从事民族史研究。本文发表于《中国边疆史地研究》2011 年第 2 期）

清代佐领抬旗现象论析

孙 静

引 言

八旗是清代最具民族统治特色的社会组织，它是满洲统治者维护其统治的根基。因此，清历代统治者都不断维护并完善八旗建制，使之发展成为体制严密、等级分明的组织形式。抬旗则为八旗辖制下的旗人升转提供了一种方式。相对于规模庞大的八旗组织而言，有清一代享受到抬旗殊荣的旗人屈指可数。抬旗是令地位低下的旗人羡慕且难以企及的。在抬旗问题上，清代未能形成有章可循的完备定例，封建帝王恩赏旗人偶尔行之的抬旗举措在很大程度上只是旗人自下而上升转的一种特殊通道。特别是被抬旗者拥有较高的社会地位以后，他们一般都会极力掩饰自己卑微的出身。因此，清代官修史书有关抬旗的记载或语焉不详，或互有歧义，从而导致后人对抬旗缺乏清晰完整的认识。作为清代特有的一种重要社会现象，杜家骥先生曾对"抬旗"多有研究，在《清代八旗制度中的"抬旗"》、《八旗与清朝政治论稿》[①] 等论著中，他主要梳理了抬旗的不同形式，揭示了旗人内部的等级差别，探讨了旗内各色成员间的政治关系。不过，现有研究对佐领的抬旗现象尚未有专门探讨。《钦定八旗通志》是乾隆帝敕令编修的一部以八旗为专门内容的志书。其中，旗分志是四库阁臣对旗分佐领编设源流及发展变化等具体情况的记录，在研

---

① 杜家骥：《清代八旗制度中的"抬旗"》，《史学集刊》1991 年第 4 期；《八旗与清朝政治论稿》，人民出版社 2008 年版。

究八旗佐领升转变化这个问题上，其文献价值是不言而喻的。本文主要以
《钦定八旗通志·旗分志》为考察依据，在借鉴前贤研究成果和参稽各种相关
资料的基础上，拟对清代抬旗的背景，旗分佐领抬旗的形式、原因及影响等
相关问题进行尝试性分析，以期丰富并推动清代抬旗问题研究的深入展开。

一

清朝入关后，君主专制逐步取代"八固山王共理国政"而成为清代政
治发展的基本趋势。孟森说："太宗（皇太极）以来，苦心变革，渐抑制旗
主之权，且逐次变革各旗之主，使不能据一旗以有主之名，使各旗属人不能
于皇帝之外复认本人之有主。盖至世宗（雍正）朝而法禁大备，纯以汉族传
统之治体为治体，而尤以儒家五伦之说压倒祖训，非戴孔、孟以为道有常
尊，不能折服各旗主之秉承于太祖（努尔哈赤）也。世宗制《朋党论》，其
时所谓'朋党'，实是各旗主属之名分。"① 其实，旗主与皇权较量的结果在
顺治时期已初见端倪。顺治初年，正白旗主多尔衮以摄政王和皇叔父的身份
独断专行，俨然太上皇。他死后两个月，顺治帝遂以"阴谋篡弒"的罪名，
"籍其家，诛杀其党羽"，"削其尊号及其母妻追封，撤庙享"，甚至掘墓鞭
尸。② 其后顺治帝将多尔衮统领的正白旗收归己有，加上原有的正黄旗、镶
黄旗，是为"上三旗"。上三旗为"天子自将"，地位高贵，人多势众，是八
旗的核心。其余正红、镶白、镶红、正蓝、镶蓝旗为"下五旗"，由宗室王
公领辖。自此，八旗内部开始严格上、下之分。另外，八旗中的每色旗下又
包括以满洲、蒙古、汉军名称冠之的三个旗。对于满、蒙、汉之间的等第区
别，满洲统治者并不隐讳，雍正帝曾明言："如宗室内有一善人，满洲内亦
有一善人，朕必先用宗室；满洲内有一善人，汉军内亦有一善人，朕必先用
满洲；推之汉军、汉人皆然。"③ 满洲人与蒙古人、汉人相比，拥有同等条件

---

① 孟森：《八旗制度考实》，《清史讲义》第一编，中华书局 2006 年版，第 20—21 页。

② 《世祖章皇帝实录》卷 53，顺治八年二月，中华书局 1985 年版，第 1915 页。

③ 《世宗宪皇帝上谕内阁》卷 30，雍正三年三月十三日谕，《四库全书》第 414 册，第
259 页。

下的优先择用权。乾隆帝在敕撰的《清朝文献通考》中亦明言："我朝封爵之制，亲亲而外，次及勋臣，所以隆报功之典，广世禄之恩也。兹所纪载首满洲，次蒙古，又次汉军。"可以说，在清朝不断加强中央集权的过程中，八旗内部各色人员之间的上下与亲疏之别亦得以不断强化，其结果自是身份有别的旗人之间形成了清晰可鉴乃至不可逾越的界限，八旗本身具有的这种级差性的组织结构正是抬旗得以产生的根本前提。

　　根据现有文献记载，抬旗最早发生在顺治八年，是年九月初七日，内翰林秘书院大学士、兵部尚书兼都察院右副都御史洪承畴趁顺治皇帝亲政之际，自请"准臣入镶黄旗乌金绰哈固山牛录下"，被准"听从其便"，遂归入镶黄旗汉军第五参领第三佐领。① 洪承畴降清之初，应编在内务府镶黄旗下，顺治八年之后方被抬入八旗汉军。清代的内府旗人就是内务府三旗的成员。内务府三旗即从皇帝亲自统帅的镶黄、正黄、正白等上三旗所属的户下包衣（满语 booi，汉译"家人"之意）挑选组成。内府三旗最早设于入关之初，顺治元年（1644）共有9个内府佐领（满洲佐领）、12个旗鼓佐领（系由包衣尼堪即家奴汉人所编成）、一个高丽（朝鲜）佐领，下设满洲佐领护军校，旗鼓佐领内管领、护军校各若干人，隶于领侍卫内大臣。康熙十三年（1674），改隶于内务府。内府旗人的身份较低，由于他们在皇帝身边侍从职差，一旦受宠擢至将相大员，便有可能被抬入八旗之中。《大清会典则例》中有关抬旗的规定就是专门针对包衣而言的，顺治九年清廷议准："内府三旗佐领、内管领下官员，有军功劳绩，奉特旨令其开出内府佐领、内管领者，各归上三旗旗下佐领。五旗王公府属（即包衣），惟有军功劳绩，或奉特旨，或由王公奏准，令其开出府属佐领者，各归本王公所属旗下佐领，或归上三旗旗下佐领。"② 内府旗人与八旗分属两个独立的组织系统，彼此互不相干。从内府系统转到八旗系统，表明内府旗人奴仆身份的解除。在人数

---

① 顺治八年十月初一日《户部题本》，《明清史料》丙编·第二本，（台北）中研院历史语言研究所1972年版，第131页。需要注意的是，《清史稿》"列传二十四·洪承畴"记："承畴既降，隶镶黄旗汉军，太宗遇之厚。"根据这一记载，在崇德后期，洪承畴似已隶于汉军镶黄旗。然而，实际情况并非如此。另外，《清史列传》的记载亦同样隐去了洪氏曾编隶于内务府的事实。

② 《钦定大清会典则例》卷32，户部·户口上，《四库全书》第621册，第3页。

众多的内府旗人中，能够膺此殊荣的只是凤毛麟角。

二

所谓"抬"，即往上托，举，有抬高、提升之意，抬旗即各色旗人由低位向高位的一种升迁现象。徐珂对清代的抬旗现象有所总结，他指出："徙居内地之旗人，有以建立功勋或上承恩眷而由内务府旗抬入满洲八旗，或由满洲下五旗抬入上三旗者，皆谓之抬旗。然仅限其本支子孙，虽胞兄弟不得与。皇太后、皇后之丹阐（满语，母家）在下五旗者，皆抬旗。"① 事实上，抬旗的形式更为复杂多样，仅旗分志记载的 20 例佐领抬旗就超出了徐珂的概括。依据抬旗佐领的流动方向，笔者对清代佐领抬旗作了初步归类，基本情况如下：

最常见的抬旗当属由内府系抬入八旗旗分佐领，旗分志记载了 10 例，且被抬入八旗的包衣属下均编隶于镶黄、正黄、正白上三旗满洲之中。镶黄旗满洲中有一个半分佐领、3 个整佐领是由包衣发出编隶本旗的。第一参领第十八佐领系乾隆四十年将懿皇贵妃之外戚人等，由内务府发出，编于本旗。因人丁不敷，作为半分世管佐领，以员外郎包衣佐领德馨管理。② 第四参领第十六佐领系雍正十二年九月，将纯裕勤太妃本氏子孙由包衣发出编隶世管佐领，令太妃之兄晋观之子陈镆管理。③ 第五参领第十四佐领系康熙六十一年十二月，将包衣佐领哈达合族人等由包衣发出编隶本旗。④ 第五参领第十五佐领，原系康熙十九年奉旨将包衣下侍卫飘色与前锋统领索柱巴图鲁由包衣拔出，合各姓满洲编立之佐领。初以飘色管理。⑤ 正黄旗满洲第三参领第十四佐领、第五参领第十七佐领两个佐领的成员均来源于包衣。第三参领第十四佐领系康熙六十一年十一月十九日，由镶蓝旗包衣佐领内太后

---

① 徐珂：《清稗类钞》第四册，种族类·旗人抬旗，中华书局 1984 年版，第 1901 页。

② 《钦定八旗通志》卷 2，旗分志二，吉林文史出版社 2002 年版点校本，第 27 页。

③ 《钦定八旗通志》卷 3，旗分志三，吉林文史出版社 2002 年版点校本，第 44 页。

④ 同上书，第 49 页。

⑤ 同上。

之亲族及阿萨纳佐领内太后之亲族合编一佐领，以一等公散秩大臣伯起管理。① 第五参领第十七佐领系雍正元年将履郡王之外祖陶尔弼合族人丁，由包衣发隶本旗，编为半个佐领，即以其族子谢尼管理。后正红旗郎中商吉图之族人归入谢尼佐领内，成为一整佐领，仍以谢尼管理。② 正白旗满洲中有四个佐领系由包衣或属下抬入本旗。第一参领第十八佐领，系乾隆六年五月因原任大学士来保宣力有年，奉旨由正白旗内务府抬入正白旗满洲。③ 第四参领第十六佐领，原系康熙二十二年奉特旨将包衣昂邦图巴族人及三旗各包衣佐领下所有索伦编一佐领，发隶本旗蒙古都统，以图巴管理。康熙四十四年移入本旗。④ 第五参领第十六佐领，系雍正二年奉旨以镶白旗裕亲王属下及蒙古都统之员外郎兼佐领布阑泰四族人丁编一佐领，移入本旗。第十七佐领初隶淳亲王属下，以纪兼管理。后移于镶白旗，以尚书达都管理。达都故，以侍郎额陞额管理。额陞额缘事革退，合并镶白旗萨哈连乌喇协领巴扬古里之族众，移入本旗，以巴扬古里管理。⑤ 上述包衣属下均奉旨移入或编隶上三旗满洲，这对于他们自身及其家族而言，当然是一种非同小可的荣耀。

由下五旗抬入上三旗亦比较普遍，具体包括两种情形：一是徐珂所述及的"由满洲下五旗抬入上三旗"；一是由下五旗汉军抬入上三旗汉军。旗分志记载 3 个满洲旗分佐领、6 个汉军旗分佐领系由下五旗抬入上三旗。显然，汉军佐领由下五旗抬入上三旗更为频繁，而徐珂恰恰忽略了汉军在旗内自下而上的这种变化。3 个抬入上三旗的满洲佐领分别是：正黄旗满洲第二参领第十八佐领，原系镶蓝旗满洲第三参领第十三佐领，乾隆四十一年正月奉旨抬入本旗，以和隆武管理。⑥ 正黄旗第三参领第十九佐领，原系镶红旗满洲第二参领第九佐领，拉卜敦于乾隆十五年奉命偕傅清驻西藏，因诛逆贼珠尔墨特那木扎尔时被害，乾隆十五年奉旨将拉卜敦追封一等伯，谥壮果，并将

<hr>

① 《钦定八旗通志》卷 4，旗分志四，吉林文史出版社 2002 年版点校本，第 72 页。
② 《钦定八旗通志》卷 5，旗分志五，吉林文史出版社 2002 年版点校本，第 86 页。
③ 《钦定八旗通志》卷 6，旗分志六，吉林文史出版社 2002 年版点校本，第 102 页。
④ 《钦定八旗通志》卷 7，旗分志七，吉林文史出版社 2002 年版点校本，第 119 页。
⑤ 同上书，第 125 页。
⑥ 《钦定八旗通志》卷 4，旗分志四，吉林文史出版社 2002 年版点校本，第 68 页。

伊世管佐领抬入正黄旗满洲旗分，以拉卜敦之子隆保管理。① 正白旗满洲第二参领第十七佐领，系国初编立觉罗十佐领之一，始隶镶白旗。雍正八年因均编八旗觉罗佐领，由镶白旗发隶本旗。②

八旗汉军6个旗分佐领抬旗后，分别编隶于镶黄旗、正黄旗之中，两旗各有3个，具体是：镶黄旗汉军第一参领第七佐领，原系在盛京编设，初隶正蓝旗，以唐国政管理。康熙七年，此佐领发隶本旗。③ 第一参领第九佐领，系天聪八年编设，初隶正蓝旗，以李永芳之子巴颜管理。乾隆三十九年，此佐领奉旨抬入镶黄旗。④ 第五参领第八佐领系崇德七年编设，初隶镶白旗，以高尚义管理。雍正元年，该佐领发隶本旗。⑤ 正黄旗汉军第二参领第五佐领系崇德七年，将铁岭卫壮丁编为牛录，初隶镶蓝旗，以马汝龙管理。雍正元年，此佐领发隶本旗。⑥ 第二参领第八佐领、第三参领第八佐领均为康熙二十二年编设，初隶镶红旗。康熙三十七年，这两个佐领均被发隶正黄旗汉军。⑦

由八旗蒙古、汉军抬入满洲旗分佐领在清代甚为罕见，这种现象即福格所说的："蒙、汉军大臣著有功绩，或拨入本旗满洲，或抬入上三旗满洲。"⑧ 也就是说，蒙古、汉军有拨入同一旗色满洲或抬入上三旗满洲两种不同的情况。"康熙六十一年十二月，正蓝旗蒙古旗分查克丹佐领下莽鹄立之合族人众及各公中佐领下余丁，共编一佐领，抬入镶黄旗满洲第三参领第十七佐领，即以莽鹄立管理。"⑨ 从旗分志的记载可知：清廷编设了以莽鹄立为管理者的新佐领，该佐领编立后即由正蓝旗蒙古抬入镶黄旗满洲，由非满洲下五旗佐领抬入满洲上三旗旗分相当于连抬两级。此类情况，旗分志中仅此一例。旗分志中未见汉军整佐领拨入本旗满洲旗分的现象。不过，汉军某

① 《钦定八旗通志》卷4，旗分志四，吉林文史出版社2002年版点校本，第74页。
② 《钦定八旗通志》卷6，旗分志六，吉林文史出版社2002年版点校本，第107页。
③ 《钦定八旗通志》卷22，旗分志二十二，吉林文史出版社2002年版点校本，第392页。
④ 同上书，第393页。
⑤ 同上书，第406页。
⑥ 《钦定八旗通志》卷23，旗分志二十三，吉林文史出版社2002年版点校本，第412页。
⑦ 同上书，第413、416页。
⑧ 福格：《听雨丛谈》卷1，满洲原起，中华书局1984年版，第3页。
⑨ 《钦定八旗通志》卷2，旗分志二，吉林文史出版社2002年版点校本，第38页。

一家族抬入本旗满洲的情况却是存在的。乾隆年间,正红旗汉军王持枢一族被抬入正红旗满洲。王氏原隶正红旗汉军第二参领第六佐领,该佐领为天聪九年编设,初以甲喇章京王国光管理。乾隆十八年,王国光裔孙王持枢随祭金陵,旋奉旨抬旗。王持枢一族抬旗的关键在于王氏本完颜氏,系金朝后裔。王持枢抬旗后更名为书宝,这是一个看起来比较符合满洲特点的名字。从书宝儿子德克精额这个名字上,我们更难以想象其家族五代曾经还拥有的"王"姓。①

三

清朝入关以后,历经顺、康、雍、乾四朝,到嘉庆统治时期,八旗佐领的组织规模大体定型,计有整佐领 1145 个,另有 6 个半分佐领。旗分志中所记 20 个佐领经由抬旗而来,仅占旗分佐领总数的 1.7%,相对于规模庞大且界限森严的八旗组织而言,抬旗实乃破格之举。抬旗各有因缘,所谓"凡抬旗,或以功,或以恩,皆出特命。"②

军功政绩是下五旗得以跻身上三旗的主要凭据。下五旗满洲大臣建立勋劳,有奉旨抬入上三旗者;蒙古、汉军大臣著有功绩,或拔入本旗满洲,或抬入上三旗。《清史稿》记:"和隆武,马佳氏,满洲正黄旗人,宁夏将军和起子也,清朝将领。初隶镶蓝旗,以和隆武功,高宗命以本佐领抬入正黄旗。"寥寥数语即交待了和隆武抬旗的原因。和隆武军功卓著,乾隆三十七年征服金川的战役中,他身先士卒,数次斩关夺寨,乾隆帝屡诏嘉众,授和隆武为正蓝旗蒙古都统。③乾隆朝的户部尚书李侍尧"宣力出色",其升任两广总督后,其所在佐领由伊弟李奉尧接管,该佐领本隶正蓝旗,后奉旨抬入镶黄旗汉军。

因"恩"抬旗是皇帝施恩的结果,这种恩赏有"定例"与"特例"之

---

① 《钦定八旗通志》卷 25,旗分志二十五,吉林文史出版社 2002 年版点校本,第 444 页。
② 赵尔巽等撰:《清史稿》卷 331,列传一百十八·和隆武,中华书局 1977 年版,第 10947 页。
③ 同上。

分，福格对此早有关注，他特别指出："下五旗满洲，或皇后、皇贵妃母族，例得抬入上三旗；及内务府人拨入外三旗满洲佐领，皆随时出于特恩，不在定例。"① 杜家骥先生对皇帝后妃母家抬旗有细致研究，并将其分为皇帝继位后，其生母尊为太后，母族抬旗；皇后母家抬旗；皇帝妃子中某些受宠者，其母家受恩赐抬旗；前朝皇帝之妃，由于其子受到新朝皇帝的重视、倚为辅政宗王，外戚即因此而抬旗等四种情况。② 皇后和妃嫔出身卑微，通过抬旗改变其家族旗籍，藉此来提高社会地位，凡此种种都属定例许可范围内的恩抬旗。内务府人被抬入满洲上三旗则系特例之抬旗，这种抬旗完全出于皇帝的私恩，可随时行之。例如，来保世隶内务府正白旗，因"宣力三朝，勤劳懋著"，乾隆六年正月，乾隆帝特命其抬入正白旗，所立佐领准世袭。③ 显然，特例抬旗亦非随意为之。总之，因恩抬旗强化了满洲最高统治者至高无上的神圣地位，通过这种手段，满洲统治者网罗了身边的亲信，从而编织起以自己为中心的最强有力的统治网。

毋庸置疑，无论出于何种缘由，抬旗都是最高统治者谕令钦定的结果，它充分体现着皇帝个人的意旨，但是，其背后更有力的推动力量却是维护和巩固专制皇权的政治诉求。从这个角度来看，因功抬旗与因恩抬旗都是"制度需要"的结果。需要指出的是，特定时期政治形势的需要亦是推动抬旗的一股非常强大的力量。清朝是满洲统治者处于支配地位的全国性政权。明清易代及入关之初全面的军事对峙使得满与汉之间的矛盾异常尖锐，满洲统治者充分利用旗内汉人特殊的身份来化解不利局面，如后人总结的："顺治初，诸督抚多自文馆出，盖国方新造，用满臣与民阂，用汉臣又与政地阂。惟文馆诸臣本为汉人，而侍直既久，情事相浃，政令皆习闻，为最宜也。"④ 如何赢得人数居于优势的汉人的认可直接关涉清政权的胜败存亡。随着统治的渐趋稳固，"首崇满洲"的既定国策发生着越来越广泛的影响，满洲统治者对旗内汉人逐渐从倚恃转向贬斥，正是在这种背景下，汉军旗人的抬旗才

---

① 福格：《听雨丛谈》卷1，满洲原起，第3页。
② 杜家骥：《清代八旗制度中的"抬旗"》，《史学集刊》1991年第4期。
③ 王锺翰点校：《清史列传》卷15，大臣画一传档正编十二·来保，中华书局1987年版，第1131页。
④ 赵尔巽等撰：《清史稿》卷239，列传二十六，中华书局1977年版，第9528页。

颇耐人寻味。兹举朱国治后世子孙在雍正朝抬旗一事略作说明。康熙十二年（1673 年）十一月二十一日，吴三桂举兵叛乱，威逼正黄旗包衣汉军云南巡抚朱国治从叛，朱国治"骂贼不屈，遂被害。"时隔五十六年，雍正七年（1729 年），雍正帝以其忠于清朝，尽节殉国，特下令其子孙"出包衣，归于正黄旗"①。后世的荣耀与祖上的忠节紧紧地联系在一起。在清政权构筑自身合法性的过程中，"忠义"已成为雍正朝意识形态领域宣传的一项重要内容，朱氏是清廷褒奖的"忠君报国"的道德楷模，其子孙上承恩眷的结果是终得脱离奴籍，抬入上三旗。

四

作为八旗内部特有的一种社会现象，抬旗形式不拘定限，"或以佐领，或以族，或以支"②。《钦定八旗通志·旗分志》所记抬旗均以佐领为基本单元，这种抬旗与"以族、以支"为单元的抬旗相比，其突出的特点是打破了亲族血缘关系的限制，因个体特殊的恩遇而"整佐领"抬旗，这种抬旗"一人得道，鸡犬升天"的色彩非常明显。但是，对于佐领管辖下的八旗兵丁而言，无论其身处上三旗或是下五旗，在挑取甲兵、发放饷银、分配旗地、科举入仕、补官、抚恤等诸多方面其实并无差别，他们仅仅作为属员被一并奖赏给了皇帝要抬举的新任佐领而已。依此来看，佐领抬旗对于普通的八旗兵丁其实并无什么实际的优惠。皇帝的厚遇使八旗佐领的地位迅速提升，不过，满洲统治者所赋予他们的特权往往又受到抬旗时该佐领构成状况的极大限制。

清代旗人隶属于八旗，他们"隐然以一旗为一省，一参领为一府，一佐领为一县矣"③。佐领作为八旗的基层组织，诸凡旗人户口、田宅、兵籍、诉讼等事皆由其掌管。对于被抬旗的佐领而言，由于它们被纳入八旗组织更

---

① 《钦定八旗通志》卷230，人物志一百一十·朱国治，吉林文史出版社 2002 年版点校本，第 4218 页。

② 赵尔巽等撰：《清史稿》卷331，列传一百十八·和隆武，中华书局 1997 年版，第 10947 页。

③ 林泰：《复原产筹新垦疏》，《清经世文编》卷35，户政十，中华书局 1992 年版，第 868 页。

高位次的方式不同，佐领的成员构成亦有很大区别，这些因素对佐领与其属下所结成的关系存在较大程度的影响。一般而言，佐领抬旗有两种情形：一是保持既有佐领的建置，直接发隶地位较显的旗分。汉军由下五旗抬入上三旗多属此种情况。二是重新编设旗分佐领，并同时编列于上三旗。包衣属人抬旗大多如此，即先将包衣发出内府，令其脱离奴籍，尔后整编佐领于上三旗。如，镶黄旗满洲第四参领第十六佐领系包衣发出之整佐领，该世管佐领编立后，由纯裕勤太妃之兄晋观之子陈镆管理。"陈镆故，以其侄陈洙管理。陈洙故，以其堂叔福柱管理。福柱告病，以其子七十四管理。七十四故，以其族侄英林管理。"① 陈氏一族始终掌握着该佐领的承袭权，类似陈氏一族的抬旗佐领多属世袭佐领，其佐领的继承权基本上维系在一个家族之内。又如，镶黄旗满洲第五参领第十五佐领系由包衣侍卫飘色与前锋统领索柱巴图鲁合各姓满洲编立之佐领，"合各姓满洲"表明该佐领吸纳了不同姓别的诸家族成员。旗分志记该佐领"初以飘色管理。飘色故，以索柱巴图鲁管理。索柱故，以侍郎法良管理。法良缘事革退，以参领查启那管理。查启那缘事革退，以侍读学士长寿管理。长寿故，以护军统领五十八管理。五十八辞退，以户部郎中达善管理。续以副参领乌云珠管理，续以员外郎准泰管理，续以参领图必贺管理"②。这一袭职情况说明，它应是镶黄旗满洲下的一个公中佐领。

在 20 例抬旗佐领中，世袭佐领有 11 个，公中佐领 8 个，1 个佐领系由世管佐领变为公中佐领。③ 世袭佐领与公中佐领是清代性质截然有别的两类佐领，二者最根本的区别在于佐领是否拥有世袭权。抬旗对八旗佐领内部既有统辖关系的影响在相当大的程度上就取决于这种特权的存在与否。在 11 个世袭佐领中，勋旧家族世袭权力长期延续的结果是，佐领与其下属的传统联系仍然得以维系。对于公中佐领而言，情况则有很大不同，公中佐领是由国家量才授官的，随着佐领任免升降的变化，他们对其下属的控制力必然随之削弱，与此相反，佐领与国家的隶属关系却不断得到加强。公中佐领占有不小的比重恰可说明佐领的改易是清廷实现对八旗基层组织进行控制的一种

① 《钦定八旗通志》卷 3，旗分志三，吉林文史出版社 2002 年版点校本，第 44 页。
② 同上书，第 49 页。
③ 该数据系根据《钦定八旗通志》旗分志统计。

手段。概言之，佐领的抬旗既维护了部分勋旧世家的特权地位，同时也顺应了清朝中央集权统治逐渐强化的历史发展进程。

小　结

清历代统治者都将八旗视为"国家根本所系"。从后金兴起初创直到清末八旗制瓦解，"正黄、镶黄、正白、镶白、正红、镶红、正蓝、镶蓝八旗，每旗析三部，即满洲、蒙古、汉军"①。整个清代，这种"以旗统人，以旗统族"的组织形式始终如一，其基层组织佐领的人员定数与编制却随时代发展而渐有调整。②佐领抬旗在客观上促进了八旗基层组织建制的完善，它亦清楚地表明清廷对八旗已经拥有了绝对的支配权。清中后期，因功抬旗已经殊为少见，与皇族的特殊关系成为旗人地位迅速攀升的重要砝码。不过，有一点是非常明确的，八旗内部汉军、蒙古、满洲间的亲疏之别始终甚于上三旗与下五旗之间的等第之分，旗人在八旗这个封闭组织之中的流动始终带有满洲统治者居于主导地位的清政权统治的鲜明特色——构筑旗民分治的二元统治体制，确保旗人的特权地位；在八旗组织之内，亦始终不渝地追求满洲人利益的最大化。但是，历史的发展却证明：被八旗紧紧囊括其中的各色旗人，包括清廷格外眷顾的满洲旗人非但没有成为捍卫清政权的中流砥柱，发生在他们身上的日益严重的生计问题却成为清廷难以应对的痼疾，并最终拖垮了清王朝。抬旗是对八旗这个等第界限极为森严的社会组织的一种补充乃至修正。事实上，当皇权僭越既有规制之时，满洲统治者追求长治久安的美好愿望最终只能成为一种政治幻想。

（孙静，女，汉族，东北少数民族研究院副教授，主要从事
清史、满族史研究。本文发表于《史林》2012年第2期）

---

① 金德纯：《旗军志》，金毓绂主编：《辽海丛书》，辽沈书社1992年版，第2603页。

② 参见拙文：《康熙朝编设佐领述论》，《中央民族大学学报》（哲学社会科学版）2008年第6期。

东北抗日将领指挥作战艺术研究

——写在纪念抗日战争胜利 65 周年之际

关　捷

在纪念中国人民抗日战争胜利 65 周年之际，通过回顾东北抗日军民不屈不挠，浴血奋战的英雄业绩，探讨东北抗日将领在 14 年抗击日本帝国主义侵略战斗中的指挥艺术，研究其所承担的战略任务，采取的策略手段和实施战术原则，对记取历史的经验教训，振奋民族精神，增强民族自信心，更好地推进全面建设小康社会，实现中华民族伟大复兴的光辉事业，更好地促进人类和平与发展的崇高事业具有重要意义。

一、粉碎日本帝国主义对东北的侵略，驱逐日本侵略者，是抗日将领所承担的战略任务

作为指挥员，必须首先认清自己的战略任务。因为战略是对战争全局的策划和指导，它依据敌对双方的军事、政治、经济、自然环境等因素，并照顾战争全局的各方面、各阶级之间的关系，规定军事力量的准备与运用。既包括武装力量的建设、国防工程设施、军事装备与军事物资的生产、储备，也涵盖战争动员，基本作战方向的确定，战区的划分，作战方针和作战指导原则的制定等。因此在日本帝国主义发动侵略中国东北伊始，东北抗日将领便承担起粉碎日本帝国主义侵略，驱逐日本侵略者的战略任务。

历史发展的各个阶段均有不同区别。东北各民族坚持抗日斗争 14 年，可划分两个阶段：第一阶段是 1931 年 8 月 18 日日本挑起侵华战争到 1936

年 2 月 10 日中共中央发布建立东北抗日联军总司令部决议草案，为群众自发斗争逐渐向有组织斗争发展阶段，这个阶段可分为东北沦亡和抗日救亡两个时期；第二个阶段是 1936 年 2 月东北抗日联军建立到 1945 年 8 月日本天皇裕仁发布投降诏书为各民族在党的领导下进行英勇作战，粉碎日本关东军阶段，这个阶段分为坚持游击战和配合全国抗战两个时期。①

东北抗日斗争的总战略任务是历史时代赋予的。中共满洲省委根据 1931 年 9 月 18 日日本关东军挑起侵华战争，翌日发表《为日本帝国主义武装占领满洲宣言》中发出"工农民众立即武装起来，驱逐日本侵略者"的号召②，20 日中共中央发表《为日本帝国主义强暴占领东三省事件宣言》，提出"驱逐日本帝国主义和一切帝国主义"，"立即撤退占领东三省的海陆空军"口号③。21 日中共满洲省委又做出《关于日本帝国主义武装占据满洲与目前党的紧急任务》的决议，号召"不投降，不缴械，带枪到农村去"④。22 日中共中央发表《关于日本帝国主义强占满洲事件的决议》，提出党的中心任务是加紧组织领导发展群众，反对日本帝国主义的暴行，要求"满洲省委更应该加紧的组织群众的反帝运动，发动群众斗争（北宁路、中东路、哈尔滨等），来反抗日本帝国主义的侵略"⑤。23 日满洲省委做出《对士兵工作的紧急决议》，号召士兵公开举行"反对日本帝国主义占据满洲"的斗争。⑥9 月 30 日中共中央《为日本帝国主义强占领东三省第二次宣言》，号召民众自动组织起来，实行罢工、罢课、罢操、罢市，示威游行，反对日本帝国主

---

① 关捷：《东北各民族抗战阶段性研究》，张德良等主编：《东北军十四年抗日战争史研究》，黑龙江人民出版社 2008 年版，第 352—359 页。

② 《中共满洲省委为日本帝国主义武装占领满洲宣言》（1939 年 9 月 19 日），中央档案馆等编：《东北地区革命文件汇集》甲 9（内部发行），1987 年，第 49 页。

③ 《中国共产党为日本帝国主义强暴占领东三省事件宣言》（1931 年 9 月 20 日），中央档案馆编：《中共中央文件选集》第七册，中共中央党校出版社 1983 年版，第 429 页。

④ 《中共满洲省委决议——关于日本帝国主义武装占据满洲与目前党的紧急任务》（1931 年 9 月 21 日），中央档案馆等编：《东北地区革命文件汇集》甲 9（内部发行），1987 年，第 61 页。

⑤ 《中央关于日本帝国主义强占满洲事变的决议》（1931 年 9 月 22 日），中央档案馆编：《中共中央文件选集》第 7 册，中共中央党校出版社 1983 年版，第 446—447 页。

⑥ 《中共满洲省委对士兵工作的紧急决议》（1939 年 9 月 23 日），中央档案馆等编：《东北地区革命文件汇集》甲 9（内部发行），1987 年，第 72 页。

义。①满洲省委根据中央指示于 12 月 1 日发表宣言，号召广大群众"自动武装起来，以斗争的行动赶走日本帝国主义"②。以上说明在日本侵略伊始，中国共产党就明确提出战略任务是捍卫祖国领土，驱逐日本侵略者。

从此，白山黑水广袤地域的各界各族人民逐渐展开抗日游击战争。如果按照东北各民族抗日斗争的组织形式演变——东北抗日义勇军（1931 年 10 月—1933 年 10 月）、东北人民革命军（1933 年 7 月—1935 年 12 月）、东北抗日联军（1936 年 1 月—1938 年 12 月）、东北联军各路军（1939 年 1 月—1939 年 12 月）、东北联军支队（1940 年 1 月—1942 年 7 月）和东北联军教导旅（1942 年 8 月—1945 年 8 月）考察，东北抗日斗争的总战略任务是不变的。

东北抗日将领成分比较复杂，有共产党派遣的干部，有东北军警人员和东北军指挥官。他们有的奉党的部署积极贯彻执行上述战略任务，有的自发的担起赶走日本侵略者的战略任务。这些抗日将领都明确所承担的战略任务。即使义勇军在抵抗日本侵略初期，其指挥员也明确战略任务是打击日军，驱逐日本帝国主义。

事实上，1931 年九一八事变后，在中共抗日的号召与帮助下，东北抗日义勇军掀起声势浩大的抗日浪潮，在全东北约 103 个县境的广大地区阻击日军进攻 5000 次，抵抗日军侵略。自 9 月 27 日辽西绿林首领高鹏振（字号"老梯子"）身在草泽，不忘救国，在新民沙岭岗子将绿林改称"镇北军"，宣布抗日救国③；10 月中旬，新民白旗堡一带耿继周组织了第四路抗日义勇军④，很快在各民族居住的黑山、北镇、义县、锦县、兴城、阜新等地先后组建了义勇军。随之蒙汉杂居的辽西、辽北地区的康平、通辽、开鲁、彰武、铁岭、开原等地分别建立"讨倭救国义勇军"、"抗日总队"、"第 9 路

---

①　《中国共产党为日本帝国主义强占领东三省第二次宣言》（1931 年 9 月 30 日），中央档案馆编：《中共中央文件选集》第 7 册，中共中央党校出版社 1983 年版，第 450—452 页。

②　《中共满洲省委宣言》（1931 年 12 月 1 日），中央档案馆等编：《东北地区革命文件汇集》甲 9（内部发行），1987 年，第 115 页。

③　王驹：《宁为义勇死，节烈永芬芳——记苦战辽西热边的高振鹏》，见谭译主编：《东北抗日义勇军人物志》（下），辽宁人民出版社 1987 年版，第 194—195 页。

④　辛玉英：《耿继周抗日事略》，见谭译主编：《东北抗日义勇军人物志》（上），辽宁人民出版社 1987 年版，第 33—34 页。

义勇军"等，展开抗击日军进犯，粉碎关东军和民族分裂主义分子甘珠尔扎布①的分裂阴谋。辽南的海城、营口、台安、盘山、辽阳、沈阳南等地建立起"抗日救国军"、"抗日义勇军"、"抗日救国铁血军"以及第24路、第21路抗日义勇军，在上述各军中有满族、锡伯族和回族参加抗日斗争。②辽东地区居住着许多满族、朝鲜族，他们同汉族并肩在桓仁、宽甸、凤城、新宾、本溪、抚顺、安东、岫岩等地展开抗日斗争，并从自发性抗日向有组织抗日转变。辽东地区各民族的抗战是全国开辟抗日战场最早、持续时间最长的地区之一。由于辽宁抗日义勇军在共产党领导下，迅速发展到27万人，而且在敌后孤悬的情况下，同仇敌忾，团结战斗，抗击日本侵略者。③

另外，吉林地区的抗日义勇军主要有原东北军将领李杜、丁超、冯占海等人组织1.5万人的"吉林自卫军"，战斗在依兰、穆棱、宁安等县。冯占海的"吉林省抗日救国军"活动于阿城、五常、榆树、舒兰等地，王德林等组建的"吉林国民救国军"活动在宁安、汪清、延吉、和龙等地。1931年10月，姜荣跃等组织了"吉西抗日军"，1932年2月田霖的"吉林人民抗日自卫军"以及"虎林炮手队"、"宁安大刀会"、"红枪会"、"抗日东亚安民队"、"抗日鲜人联合会"和"高丽革命军"等计16万人，他们均以"抗日救国，打日本鬼子"为口号④，在抗日斗争中都起了一定作用⑤。

还有，黑龙江省的抗日义勇军是以"大刀会"和"红枪会"为核心建

---

① 甘珠尔扎布为制造外蒙古独立运动的巴布扎布之子，1927年从日本陆军士官军校步兵科毕业后，同肃亲王善耆之女金碧辉（即川岛芳子）结婚，遂发动"内蒙古独立"的分裂活动，日本拨给步枪3000支、子弹60万发、重机枪2门、重迫击炮4门，组成"内蒙古独立军"，自任总司令。

② 参见《东北抗日义勇军人物志》、《沈阳满族志》、《沈阳锡伯族志》和《沈阳回族志》等。

③ 纪飞主编：《桓仁县志》，方志出版社1996年版，第569—570页。并见《桓仁文史资料》、《抗日斗争半世纪录》及辽宁省档案馆藏《本溪县公署》、《奉天交涉署》档。

④ 转自李倩：《日伪时期吉林人民抗日武装斗争研究》，吉林人民出版社2008年版，第41页。

⑤ 分别见《国闻周报》第9卷第7期；《长春史志》1985年1期；李立夫主编：《吉林抗日图志》，吉林文史出版社2005年版；《蛟河史志通讯》1985年2月第14期；《吉林省志·人物志》，吉林人民出版社2005年版；沈云龙主编：《国民救国军抗日血战史》，文海出版社1987年版；军事科学院军事历史研究部：《中国抗日战争史》上卷，解放军出版社1991年版，第148—151页。

立起来的"东北民众自卫军",李海青自任总司令①,公开树起抗日讨逆旗帜,展开收扶余(今松原)、围农安的战斗,并连克肇源、肇州等地。1932年4月马占山出任黑龙江省省长后,利用各县保安团、义勇军组成"黑龙江省抗日救国军总司令部",自兼总司令②,遂组建6万余人的10余路军,还建起布西甘南、克山克东、德都、兰西望奎、绥化庆城、汤原通河、嫩江讷河、巴彦、绥宾、龙门和铁力等10余支义勇军③。黑龙江义勇军有力地打击了日本侵略者。

中共满洲省委,对东北抗日义勇军的兴起,不仅动员号召广大群众参加和支持义勇军的抗日斗争,还派出大批优秀的党团员到义勇军中去,参加和领导义勇军的抗日斗争。截至1932年9月8日,击毙日军726名,伤1500余名,到1933年2月,日伪军伤亡总数达6941人。关东军司令官本庄繁承认"自兴兵以来,……实在为之恐惧不安"④。东北义勇军抗日斗争,给了日军沉痛打击。

此间,根据中共中央的指示,中共满洲省委经过艰苦、曲折的工作,陆续在南满、东满、北满、吉东等地建立起十余支反日游击队、工农义勇军,还建立起十余处抗日根据地。工农反日义勇军各纵队、游击队均任命了政委或政治部主任,加强政治上的领导,进一步落实战略任务。各游击队依靠根据地积极开展抗日游击作战,仅南满游击队于1933年1至5月粉碎了日伪军磐石地区的4次围攻,进行大小战斗60余次,毙伤日伪军百余人。但在抗日游击队中,也有一些将领缺乏对敌我力量的确切估量,死打硬拼,冒险攻城造成不少损失。

1933年1月26日,中共中央发出了《给满洲各级党部及全体党员的信》(即一·二六指示信)。该信指出今后党领导的游击队"是一切游击队伍中最

① 谭译:《李海青的抗日生涯》,见谭译主编:《东北抗日义勇军人物志》(上),辽宁人民出版社1987年版,第225—233页。
② 温永禄:《马占山黑省抗战记》,见谭译主编:《东北抗日义勇军人物志》(上),辽宁人民出版社1987年版,第221页。
③ 温永禄等:《东北抗日义勇军史》下,黑龙江人民出版社1987年版,第720—721页。
④ 东北抗日联军史料编写组:《东北抗日联军史料》〔下〕,中共中央资料出版社1987年版,第795页。

先进最革命最大战斗力的队伍","尽可能的造成全民族的反帝统一战线"①。满洲省委认真贯彻"一·二六指示信"提出的新的策略方针。自 1933 年 9 月到 1936 年 2 月,先后建立了东北人民革命军第一军和第六军,把东北各族人民的抗日游击战争推向一个新阶段。

东北人民革命军主要将领有第一军杨靖宇军长兼政治委员,第二军军长王德泰、政治委员魏拯民,第三军军长、满族赵尚志②、政治部主任冯仲云,东北抗日同盟军第四军,军长李延禄、政治部主任为何忠国,东北反日联合军第五军,军长白族周保中、政治部主任胡仁,第六军军长夏云杰、代理政治部主任张寿篯(即李北麟),另有第八军,军长汪亚臣,政治部主任侯启刚。他们在各地区建立了抗日根据地。以上七支东北人民革命军在两年多时间里,广泛开展游击战,以实现其战略任务打败日本侵略者。

1935 年 8 月 1 日,中国共产党中央委员会和中华苏维埃中央政府发表《为抗日救国告全体同胞书》(即《八一宣言》),号召全国各地武装"与红军和东北人民革命军及各种反日义勇军一块,组织全中国统一的抗日联军"③。1936 年 2 月 20 日杨靖宇、王德泰、赵尚志、周保中等发表《东北抗日联军统一军队建制宣言》,宣言明确战略任务是"为收回东北领土,为保卫中华祖国……与我各反日救国武装同志及反日民众结成统一战线,共同对抗日本强盗帝国主义,作游击战争,誓必奋斗到底"④。遂将东北人民革命军、反日联合军以及各反日游击队,先后改编为东北抗日联军 11 个军,总人数达 3 万余人。⑤

---

① 谭译主编:《"九一八"抗战史》,辽宁人民出版社 1981 年版,第 408 页。
② 杨策主编:《少数民族与抗日战争》,北京出版社 1997 年版,第 33 页。
③ 见中共中央等:《为抗日救国告全体同胞书》(1935 年 8 月 1 日),见《中共中央文件选集》第 10 册,中央党校出版社 1997 年版,第 642 页。惟有译文与东北抗日联军史料编写组:《东北抗日联军史料》(上),中共党史资料出版社 1987 年版,第 168—169 页。所载略有不同。
④ 《东北抗日联军统一军队建制宣言》(1936 年 2 月 20 日),见中共广西壮族自治区委员会党史教研室编:《中国共产党历史资料丛书·中国共产党与少数民族人民的解放斗争》,中共党史出版社 1999 年版,第 128 页。
⑤ 军事科学院军事历史研究部:《中国抗日战争史》上卷,解放军出版社 1991 年版,第 479 页。孔令波等主编:《东北抗日联军》(上),吉林人民出版社 2005 年版,第 41 页。

东北抗日联军的 11 个军主要开辟了东南满、吉东和北满三大游击区，活动区域北起小兴安岭南至长白山，东自乌苏里江西达辽河畔的 70 余县。抗联各将领在中共领导下及各少数民族支持和帮助下，与日伪军激战数千次，打破了日伪军百余次"讨伐"，并歼敌（死、伤、俘）约 18 万人①，保存了革命实力，粉碎了日本关东军消灭抗联、破坏抗日游击区的图谋，鼓舞了国人积极地投入抗日救亡运动，牵制了日军发动全面侵华的进程。

1937 年日军制造七七事变，挑起全面侵华战争。此时，东北抗日将领面对的形势，一方面是日伪军加强对东北的殖民统治，镇压东北各族人民，加剧白色恐怖，全面围剿抗日武装；另方面，抗联将领在极端困难的情势下承担起配合全国抗击日本扩大侵略，打败日本侵略者的战略任务。在撤销中共满洲省委，建立东满、南满、吉东三省委后，相应将抗日联军合并组成三支路军。第一路军杨靖宇任总司令，魏拯民任政委；第二路军由白族同保中任总指挥兼政委，朝鲜族崔石泉（崔庸健）任参谋长；第三路军总指挥、满族张寿篯（李兆麟），政委冯仲云。三路军打破日伪军大规模"讨伐"，牵制日伪军向关内进犯。

1940 年开始，日本不断向东北增兵，至 1941 年已达 16 个师团约 90 万人。鉴于敌人的强大，为减少损失，各路军将领将部队缩编为支队，继续进行反"讨伐"作战。但是各路军损失惨重，大片游击根据地丧失，部队减少至不足 2000 人。为此，三省委确定保存实力，训练干部，坚持斗争的方针，于 1941 年冬将全部人别转至苏联境内，组成南北野营。1942 年 8 月，南北野营合编为抗联教导旅，周保中任旅长，张寿篯任政治副旅长，崔石泉任参谋长。教导旅成立了新的东北党委会，不时派遣小分队返回东北进行游击活动，直到 1945 年 5 月苏军进入本北，教导旅数百名指战员配合苏军作战，终于在同年 8 月 15 日本宣布投降。

① 1936 年 3 月 18 日，日本陆军省公布 1931 年"九一八"至 1935 年末关东军战殁 4200 人。截至 1937 年 9 月关东军死伤病者 17.82 万人。见《东北抗日联军斗争史》编写组：《东北抗日联军斗争史》，人民出版社 1991 年版，第 495 页。

二、为实现驱逐日本侵略者的战略任务，各民族
抗日将领采取了灵活的策略和战术原则

最能体现军事指挥员作战艺术的是正确的掌握、运用战争策略与战术原则和方法。策略是战略的一部分，为实现战略任务，即取得一定的局部斗争的胜利而采取的手段。策略具有极大的灵活性，在战略原则许可的范围内，它随着政治、军事形势、敌我力量对比的变化而相应的变换。

东北抗日战争的 14 年，各阶段抗日将领所统率的对日伪军作战各部队，所承担的战略任务十分艰巨。对抗日部队而言，始终处于日伪军的包围与"讨伐"的境地，因而决定了抗日部队所进行的是反包围与反"讨伐"的持久斗争。这种斗争之所以能长久，其原因两点，一是有各族人民群众的广泛支持；二是有共产党领导下的一批精干的指战员，尤其是指挥员在同强敌斗争中形成并实行适于形势不断变化实际的策略与战术。这是抗日战争坚持到最后胜利的重要因素。

1.抗日将领根据中共中央和中共满洲省委为东北抗日军队制定的战略任务，随着形势的变化而不断调整对敌斗争策略，是打击、消灭敌人，发展、保存自己的重要方法。本来九一八事变后，面对民族存亡的关键时刻，中共中央、满洲省委通过"宣言"、"决议"，明确规定了战略任务是组织领导和发动群众，驱逐日本帝国主义出中国，其策略是组织东北抗日游击战争。但是中共党内出现"左"倾冒险主义，错误的提出日本侵华是"反苏战争的序幕"，"民族资产阶级是最危险的敌人"的主张，这就模糊和削弱了中日两国民族矛盾的尖锐性。特别是 1932 年 6 月临时中央在上海召开的北方各省代表联席会（"北方会议"），会议置东北沦为日本帝国主义殖民地的事实于不顾，要求东北同南方各省统一步伐，提出武装起来保卫苏联，举行罢工、罢课、罢市，实行土地改革，创建红军，建立苏维埃政权等右倾要求。中共满洲省委在贯彻"北方会议"精神的 7 月扩大会议上，出现意见分歧，一种主张是接受"北方会议"精神，认为过去工作中犯了右倾机会主义错误，不接受各地义勇军、山林队的抗日要求，将自己孤立起来；另一种主张

是从日本占领东北事实出发，认为"北方会议"精神不适宜于立即执行极左要求。后一种意见体现在满洲省委和一些领导人、抗日将领，他们制定了切实东北实际的策略，即党员、干部和工人、学生到义勇军和广大农村去，组织、领导抗日武装。满洲省委和干部在实际工作中，坚持了联络各义勇军、救国军的统战策略。1933 年中共中央《一·二六指示信》，明确了组织和动员东北乃至全国民众，结成反日统一战线，进行武装抗日斗争。这就是自 1932 年初至 1933 年上半年期间，在南满、东满、北满和吉东地区先后建立起人民抗日武装的重要原因。

其后，东北抗日将领随着局势变化不断调整抗日斗争策略和战术。诸如抗日武装组织变换，党的建设和统一的确立，游击队战术调整，后勤保障的加强，依靠群众的办法，瓦解敌军的手段，转至苏联境内的决策等等，都坚持抗日斗争，有力地打击日伪军，对夺取抗日最后胜利起到重要作用。

东北抗日将领依据东北局势的变化来确定游击战的策略和战术。游击战，是鉴于日伪军的强大，抗敌力量相对薄弱而决定的，而且游击规模，根据地的建立，都是从小到大，从分散到集中。抗战开始，出现一些抗日将领对日伪军力量估计不足，急于短期内打败敌人而采取了过于乐观、盲目的作法，影响了抗日游击战略的进展，这一方面是受中共党内"左"倾思想的一定影响，另一方面也是缺乏斗争的经验。

2. 抗日将领依据敌强我弱的形势，在对敌斗争中始终坚持了游击战。

1933 年 1 月，中共中央《一·二六指示信》下达后，中共满洲省委和人民革命军、游击队将领开始总结经验教训，提出一些新的作战指导策略、方针，诸如执行抗日统一战线政策，团结和联合各地抗日武装共同作战，采取较为灵活的游击战术等，游击作战呈现了新的局面。同年 7 月 1 日东北人民革命军第一军成立，9 月 18 日第一军成立独立师，遂杨靖宇采取避实击虚，不固守一地的积极防御策略，与日伪军周旋。并注意分区作战，在扩大游击区的同时，非常重视军队的建设，加强部队政治思想工作，从事军事训练和建设后方基地，筹措经费、武器弹药等后勤保障。同时进行文化教育，开展娱乐活动，其目的是建成一支素质较高，有作战能力的部队。1936 年 7 月东北抗日联军编成后，杨靖宇率部在宽甸、桓仁等地取得多次战斗胜利，遂冲破日伪军的冬季"讨伐"。在七七事变爆发后，8 月 20 日杨靖宇以抗联第一路军总司令部名义发表布告①，号召东北同胞"抛弃过去旧仇宿怨、亲密联合，响应中日大战，暴动起来，打倒日本帝国主义，推翻傀儡政府'满洲国'，为独立自由幸福之中国而奋斗"②。同日还发表《东北抗日联军第一路军总司令部告"满"军同胞书》，规劝东北军倒戈反日，参加抗日联军，为祖国独立而战。③ 杨靖宇以大无畏精神，率部猛击日伪军，受到中共中央高度评价。1938年11月5日中共扩大的六届六中全会发出《给东北抗日联军杨司令转东北抗日联军的长官们、士兵们、政治工作人员们致敬电》，指出东北抗日联军的英勇斗争是"在冰天雪地与敌周旋七年多的不怕困苦艰难奋斗的模范"④。

党中央对东北同胞的关怀和对杨靖宇等将领的高度信赖，极大地鼓舞了东北抗日军民夺取抗战胜利的决心与信心。面对1939年开始的日伪军"讨伐"，杨靖宇采取化整为零的战术，坚持连续作战的精神同敌人战斗，直至1940年因给养不继，身边战士减少至15人时，决定分两批突围。他鼓励战士："为了革命，我们要坚持到底，就是死，也不能向敌人屈服。革命不管遇到多大困难，总是会胜利的！"突围中还击毙警察队队长崔胄峰、副队长伊藤以下6人，转移成果。⑤ 不幸杨靖宇在弹尽粮绝情况下又患重病，可他宁死不屈，顽强战斗到最后牺牲，成为永照千秋的民族英雄、优秀的抗日指挥员。

3. 抗日将领逐渐变刻板防守为主动进攻的策略。东北中共党组织和抗日将领为落实1935年8月1日《为抗日救国告全体同胞书》（《八一宣言》），从当时的形势出发，认识到在总体上必须更广泛地团结各个抗日武装，组成抗日武装的统一战线，作战上要贯彻积极进攻的方针，以袭击为主要手

---

① 《东北抗日联军第一路军总司令部布告》（1937年8月20日），中央档案馆等编：《东北地区革命文件汇集》甲9（内部发行），1987年，第275页。另一说记为7月25日，见孔令波等主编：《东北抗日联军》下，吉林人民出版社2005年版，第571页。

② 《东北抗日联军第一路军总司令部布告》（1937年8月20日），中央档案馆等编：《东北地区革命文件汇集》甲9（内部发行），1987年，第276页。

③ 《东北抗日联军第一路军总司令部告"满"军同胞书》（1937年8月20日），中央档案馆等编：《东北地区革命文件汇集》甲9（内部发行），1987年，第277—279页。

④ 见孔令波等主编：《东北抗日联军》下，吉林人民出版社2005年版，第573页。

⑤ 同上书，第576页。

段，广泛开展外线灵活的游击战。"绝对要肃清保守与死守硬御与硬打的现象，应该坚决的采取袭击截击打尾子诱惑敌人的前线，扰乱敌人的后方，视敌人最弱的地方，予以致命的打击"①。"在策略上，要采取积极进攻的策略，老是固守于一地以待其来攻，这是非常不利的。这完全不是游击战争的战略"②。同时指出："赤色游击队或人民革命军要采取游击战术，执行有计划的进攻策略，积极到达日本统治区里去行动，必须坚决反对把游击队固守在游击区域里的右倾观念"③。从此，抗日将领认真执行积极进攻的游击战的基本方针和指导思想，在敌守我攻的战斗中，虽然几次受到小的损失，但大都得到了胜利。反之我守敌攻没有一次得到胜利。④ 在各将领充分认识到积极进攻是最好的手段之后，坚决按中共满洲省委提出的在积极进攻的同时，"应该坚决采取袭击"⑤，事实证明，在作战中，事前充分准备，出敌不意，就常常可以少胜多，沉重打击敌人。对抗联袭击日伪军的战术可以概括为四种：一是突袭分三种情形，即在日伪军不备之时，以奇袭、奔袭、夜袭打击敌人。奇袭，是采取化装成日伪军，或采取里应外合等手段，实施突然袭击，如1933年南满游击队突袭碱草沟日伪军，1934年哈东支队攻占取道河子；奔袭，是从远距离，秘密、迅速奔向目标，实施攻击，如1933年11月杨靖宇奔袭三源浦、1936年奔袭老钱柜；夜袭，是以黑夜为掩护，乘敌麻痹而进行袭击，如1936年张寿筏政治部主任夜袭老钱柜、1937年夜袭汤原。二是伏击，即对运动中的日伪军，抗联将领预先将部队埋伏在其必经之路静待或

① 《中共满洲省委关于目前形势任务等问题给磐石中心县委及南满赤色游击队的信》（1933年7月1日），中央档案馆等编：《东北地区革命历史文件汇集》甲14（内部发行），1987年，第35页。
② 《中共满洲省委给东满特委的信》（1934年2月10日），中央档案馆等编：《东北地区革命历史文件汇集》甲17（内部发行），1987年，第96页。
③ 《中共满洲省委给东满党团及游击队的信》（1933年12月3日），中央档案馆等编：《东北地区革命历史文件汇集》甲16，中央档案馆等编：《东北地区革命历史文件汇集》甲17（内部发行），1987年，第110页。
④ 见《中共饶河中心县委第三次扩大委员会决议案》（1935年8月20日），中央档案馆等编：《东北地区革命历史文件汇集》甲39（内部发行），1987年，第149页。
⑤ 《中共满洲省委关于目前形势任务等问题给磐石中心县委及南满赤色游击队的信》（1933年7月1日）中央档案馆等编：《东北地区革命历史文件汇集》甲14（内部发行），1987年，第35页。

诱其进入伏击圈，尔后突然发起攻击。伏击战是抗日将领最常用多的作战方法。1933 年 3 月李延寿军长组织的马家大屯伏击战、1936 年 4 月王德泰军长设计的寒葱沟伏击战、1936 年 7 月程斌师长指挥的西摩天岭伏击战以及赵尚志军长设计的冰趟子伏击战、1937 年柴世荣副军长安排的道北蛤蟆塘伏击战、1938 年 6 月和翌年 8 月魏拯民政委巧妙设下的蚊子沟、大沙河伏击战等几十次。三是破袭，即抗日各部队对日伪军的交通、通信、建筑、仓库等目标实施破坏或袭击的战斗。如 1938 年通缉路破袭战、1941 年王明贵支队长所部破袭博克图车站木业仓库等。四是诱袭，指对尾追的日伪军，以部分兵力牵制敌人，诱其长距离运动，在运动中使敌人疲惫不堪，再寻机歼之，如 1935 年饶河游击队李学福部在大旺碴子的战斗、1936 年第 1 军在辽东梨树甸子的战斗等。①

4. 抗日将领采取内外线相结合的策略，对粉碎日伪军"讨伐"起了重要作用。游击队刚建立时，兵少力薄，日伪军并未将其视为主要的进攻目标。伴随人民革命军与游击队等抗敌武装的发展，日伪军从 1934 年开始把进攻主要矛头指向了人民革命军与游击队频繁活动的根据地，大肆"讨伐"，造成抗日队伍在日伪军包围圈里处于被动和危险的境地。鉴于如此生死攸关的严峻情势下，抗日将领毅然采取少部分兵力继续在包围圈内牵制日伪军，而带领以主力冲出包围圈，"开辟新区，向日伪军统治环节薄弱的隙缝中突击"的策略。如此行动，既可减少损失，避免遭到敌人围歼的危险，又能开辟新的抗日游击区，从而威胁正面"讨伐"的敌人。1935 年 7 月中共南满特委委员、东北人民革命军第一军政治部主任宋铁岩率西征主力部队自辽东越过安奉铁路抵朝天贝，继续向西疾驰。1936 年至 1937 年第二军、第六军自松花江畔分别向海伦西征。1938 年后东北各抗日武装在日伪军"讨伐"形势下，处于更加困难时期，广泛运用这种作战形式，起到打击敌人，保存实力的效果。

5. 抗日将领所运用的抗战策略、战术，还有很多值得记述和总结的。诸如守战，即防御作战原则；避战，即敌强我弱时，避其敌人初来时之锐

---

① 参见彭可时、孔令波：《东北抗日联军的战斗》，孔令波等主编：《东北抗日联军》上，吉林人民出版社 2005 年版，第 380—381 页。

气，不与敌战；声战，即虚张声势，声东击西，声明攻其彼而实击此；骑战，即在平坦之地，追击敌人时采用；速战，即围攻敌人据点时，速战速决；间战，即战前侦察敌情；合战，即集中兵力攻击敌人。还有围点打援等战术。东北抗日将领在不同时期不同形势下采用机智、灵活的战术，都发挥过抗敌歼敌的作用。

三、抗日战争时期，东北抗日将领指挥对敌斗争的基本经验

东北抗日将领所指挥的 14 年抗日战争，从自发性、广泛性到有组织性、多样性。[①] 他们在漫长、曲折、艰难的斗争中，团结合作，万众一心，不屈不挠，不怕牺牲的斗争精神，体现了中华民族之魂[②]。抗日将领指挥的对敌斗争，有许多值得总结、汲取的宝贵经验。本文主要记述六点。

第一，抗日将领坚决执行中共中央、中共满洲省委提出的正确方针政策、战略战术；对脱离东北实际的决定、要求，采取一面向上级反映，一面制定切实可行的策略方针，以实现统一集中领导，是抗日队伍坚持长期斗争的根本。

对抗日将领的基本要求是忠于祖国，忠于人民，对党内出现的不利于抗日斗争实际的左右倾向错误，表达个人意见，进行批评，是党内的正常民主生活原则。中共中央、中共满洲省委提出的抗日斗争的总战略是对的，但是个别时期的策略原则出现过偏差或错误，东北党内一些领导人进行了积极的斗争。如中共六届四中全会后，"左"倾指导思想对东北将领产生了一定的影响，时在中共满洲省委主持工作的中央政治局候补委员罗登贤，针对敌我双方力量对比和局势发展，灵活地运用中共指导的积极方面，制定出切合实际情况的方针政策，却在"北方会议"后被撤销满洲省委书记职务。再如出席"北方会议"的满洲省委组织部长何成湘，在会上针对无视东北已沦为日本殖民地的事实的一些"左"倾主张，发表自己的看法，认为日本占领东

---

①　关伟：《论东北各民族抗日斗争的特点》，《军事历史研究》2008 年第 1 期。
②　关捷：《少数民族中华魂》，《大连民族学院学报》2005 年第 6 期。

北后，已控制东北的经济命脉，广大民众处于死亡线上，加上群众没有经过大革命的锻炼，共产党在东北的力量薄弱，阶级觉悟、文化水平都较关内差些，提出适合东北实际的一些建议。他的看法是客观的、正确的，却未引起中央的重视，反而被说成"满洲特殊论"、"满洲落后论"而受到批判①。

尽管如此，满洲省委在中共中央的领导下，通过及时召开干部、抗日将领会议，分析形势，制定出统一的工作任务和计划。1932 年初省委向各地党组织下发了一系列指示，并派出大批优秀干部深入基层，发动群众，创建游击队，使东北抗日游击战争发生很大变化。

1934 年日军将"讨伐"的重点，从义勇军转向了中国共产党领导的东北人民革命军和游击队，以图各个击破。为此，中共满洲省委于 10 月 20 日向东北各地发出了《为粉碎冬季大"讨伐"给全党同志的信》②。信中分析了当前形势，提出了粉碎冬季大"讨伐"的战斗任务和各个方面的具体要求，对抗击日伪军的冬季大"讨伐"起到积极作用。

第二，抗日将领既注意广泛发动各族群众，又积极联络吸纳旧军队乃至绿林好汉，是抗日斗争胜利的基础。

抗日斗争是人民群众的事业，人民群众是抗日战争的主力军。九一八事变后，中共中央、满洲省委的宣言、决议中都强调过发动、组织群众问题。但是在游击队创建之初，满洲省委贯彻中央"北方会议"精神时，不仅没把发动群众，反对日本帝国主义侵略作为首要任务提出来，反而提出了一系列"左"倾的政策，影响了发动群众、也影响了游击队与义勇军、反日山林队之间的关系、削弱了抗日力量。中共中央《一·二六指示信》下达后，北方会议的错误得以纠正，出现东北各地团结义勇军、反日山林队以及发动各民族群众共同抗日的新局面。不仅有满族和朝鲜族将士，还有蒙古、达斡尔、鄂伦春、鄂温克、锡伯、回、赫哲等族的民众参加抗日。③ 如中共满委

---

① 陈玫：《略论"九一八事变"后党在东北地区斗争策略的演变》，中共黑龙江省党史研究室编：《东北抗日斗争史论人集》，吉林大学出版社 1992 年版，第 138 页。

② 《中共满洲省委为粉碎冬季大"讨伐"给全党同志的信》（1934 年 10 月 20 日），中央档案馆等编：《东北地区革命历史文件汇集》甲 20（内部发行），1987 年，第 61 页。

③ 孔令波等主编：《东北抗日联军》上，吉林人民出版社 2005 年版，第 278 页；关捷：《少数民族中华魂》，《大连民族学院学报》2005 年第 6 期。

员兼组织部长、朝鲜族李东光、抗联第三军军长许亨植、第七军军长李学福以及李红光等；满族有北满临时省委书记、抗联第三路军第三军政治部主任张兰生、抗联第三军军长赵尚志和政治部主任张寿篯、第二军第五师师长陈翰章、第四军副军长王光宇、第二路军白族总指挥周保中等。[1] 各民族的共同抗日，抗日挥出现了前所未有的新局面。由于人民革命军、同盟军与反日联合军，并与义勇军、反日山林队联合抗日，在 1934 年冬季和 1935 年反"讨伐"中取得了较大的胜利。

中共中央《八一宣言》和《六三指示信》发表后，进一步打破关门主义的束缚，集中一切人力、物力、财力、武力等为抗日救国的神圣事业而奋斗。[2] 逐步结成了东北抗日武装的统一战线，东北抗日游击战争进入新高潮。即使 1938 年后，日军采取修筑"集团部落"，归屯并户，大肆烧杀居民，制造无人区，进而强化"保甲制"，逮捕地下共产党员、群众抗日组织成员以及思想上"亲共"分子措施的情况下，也无法切断抗日武装与群众的一切联系。抗日军队仍可以得到物资支持，兵员补充，参加战斗，募捐慰劳。这是东北抗日斗争烽火永不熄灭的坚实基础。

第三，抗日将领创立、建设游击根据地和游击区，是打击日伪军，夺取抗战胜利的基本条件。抗日游击根据地是抗日斗争的堡垒，是开展游击作战的依托，是抗日部队的战斗行动、生活来源、休息整训、伤病员医治、枪械维修、兵员补充等方面的基地。抗日根据地创建也受到党内"左"倾错误的干扰，但很快引起抗日将领的重视，自觉抵制。1932 年秋开始在东满、磐石等地创造游击区，1933 年抗日根据地又有新发展。1935 年后大部抗日根据地建立起来。截至七七事变爆发，形成东南满、吉东、北满三大片抗日游击根据。到 1942 年抗日将领在广袤地域创立八块抗日游击根据地，涉及70 余县的游击区，促进了东北抗日游击战争的高潮。

抗日将领创立抗日游击根据地十分艰难。客观上，一是日伪军势力强大及其集中统一的殖民政权，二是自然条件不利，冬季漫长达 6 个月之久，

---

① 参见关捷：《略论辽宁满族的抗战特点》，《大连民族学院学报》2007 年第 6 期。孔令波等主编：《东北抗日联军》上，吉林人民出版社 2005 年版，第 278 页。

② 东北抗日联军史料编写组：《东北抗日联军史料》（上），中央党史资料出版社 1987 年版，第 165 页。

气温达到零下 30 至零下 50 度，山地植被贫乏，并有隐域性草甸和沼泽；主观上是东北抗联前期与中共中央长期失去联系，后期失去统一领导，力量相对分散、弱小，在这样的主客观条件下，建立抗日根据地，困难重重。如果没有意志坚定，充满信心的众多抗日将领的刻苦努力，建立稳定的根据地是不可能的。正是抗日将领依靠群众，有相当一部分根据地坚持了 6 至 8 年。周保中指挥的第二路军在永吉（今吉林市）以北之舒兰与五常间东部根据地坚持了斗争达 10 年之久。1938 年至 1942 年，抗日战争最坚苦的岁月，张寿篯指挥的第三路军在松嫩平原的抗日根据地一直比较稳固，对松嫩平原的游击战发挥了重要作用。事实证明，抗日游击根据地在抗日战争中的作用是无法估量的。

第四，抗日将领通过学习和不断总结战斗经验教训，不断提高指挥才能，是取得抗日战争胜利的重要因素。组织与指挥作战的主导思想与夺取胜利，一靠客观物质条件，全面掌握和恰当估计敌我双方实力，部署兵力、制定战斗行动的方案，按照客观规律指导战斗行动；二靠指挥员的主观能力。东北抗日游击战，所处的是物质基础差、作战条件不利的条件下进行的。日伪军归兵力多、装备好，抗联无法相比。在这种情况下要取得战争胜利，惟有抗日将领指挥才能起重要作用。因此客观要求抗日将领不断提高指挥水平。其办法一是学习兵法，一是在战争中学习战争，总结实战经验教训。如总结 1933 年春，珠河游击队与各抗日武装组成 500 余人联军袭击宾县城。由于进攻前疏于侦察，不了解城内日伪军的兵力配备、城防部署；自己又没有周密计划，严密组织，直到兵临城下，仍犹豫不决，失去战机。待围城一昼夜后攻城，日伪军已充分准备，久攻不克。随之，日伪援军迫近，无功而返。其后，抗日将领总结吸取了教训，注重战斗的周密组织和巧妙指挥，运用迅速行动，攻其不备、出其不意，取得以劣打优、以少胜多的一些胜利。抗联经过同日伪军的长期战斗，抗日将领已善于总结战争规律。如 1935 年第五军第一师师长李荆璞总结出"五打五不打"战术原则①。杨靖宇在指挥

---

① "1. 打伏击仗，不打遭遇仗，2. 打敌人薄弱环节，不打攻坚仗，3. 打机动灵活仗，不打硬仗，4. 打便宜仗，不打消耗仗，5. 打了解敌情之仗，不打无准备之仗"。见李荆璞：《转战敦额》，《黑龙江党史资料》第七辑。

作战中总结了"四不打"作战原则①，有力地打击了日伪军。1936年3月抗日同盟军从实战中总结出游击战必须遵循袭击的主要形式为积极进攻，极力避免防守而强调知己知彼，还学习其他部队组织集训的做法。1943年第七军在每次战斗后，都及时召开会议，总结经验教训，以指导以后行动。抗日将领还运用知战，即"知战之地，知以战之日"(《孙子兵法·虚实篇》)；争战，即有形势便利之处，先据之，若敌先至，则不可攻；地战，即利用有利地形条件作战；攻战，指进攻敌人，即"可胜者，攻也"(《孙子兵法·形篇》)；重战，指以稳重的态度对待作战，即与敌战，"务持重，慎不可轻举也"② 等高超的战术，创造了许多辉煌成绩。

第五，抗日将领重视政治思想工作，既关注军事纪律，又开展生动活泼的文化工作，对加强抗日队伍实力，增强军民战斗必胜信心，发挥了积极作用。

抗日将领从义勇军和反日游击队创建时起，就重视政治思想工作。抗联建立后，各级将领认真执行中共和满洲省委要求，贯彻抗日民族统一战线，提高官兵的思想政治觉悟，是团结一致，战胜敌人的重要因素。中共中央重视东北抗日各部队的政治思想工作。当时抗日军队执行《人民革命军独立师政纲》、《东北人民革命军斗争政纲》到1934年、1940年又为东北各军制定了政治工作条例。③ 目的是使每个战斗员"成为最有纪律的、自觉的模范战士"④。各将领认真执行条例，使东北抗日各军政治工作明确了方向，并取得很大成果。

政治工作的形式多种多样。一是随时随地，利用战前、战中或行军、

---

① "四不打是""一、不能击中敌人要害的仗不打；二、于群众无利益有危害的仗不打；三、不能占据有利地势的仗不打；四、无战利品可缴的仗不打"，见赵俊清：《杨靖宇》，孔令波等主编：《东北抗日联军》下，吉林人民出版社2005年版，第564页。

② 刘基：《百战奇略》第五卷"重战"，远方出版社2006年版，第93页。

③ 《东北人民革命军及赤色游击队政治工作暂行条例草案》(1934年6月16日)，中央档案馆等编：《东北地区革命历史文件汇集》甲44 (内部发行)，1987年，第99—127页。《中共北满省委制定〈东北抗日联军政治工作暂行条例草案〉》(1940年3月8日)，中央档案馆等编：《东北地区革命历史文件汇集》甲26 (内部发行)，1987年，第31—61页。

④ 《中共北满省委制定〈东北抗日联军政治工作暂行条例草案〉(1940年3月8日)》，中央档案馆等编：《东北地区革命历史文件汇集》甲26 (内部发行)，1987年，第32页。

宿营时有针对性地进行政治工作，如讲历史，讲红军创业史、英雄人物等；二是系统教育，抗联第四军于 1936 年冬在密营中进行军事政治课教育；三是政治讨论，第三军组织讨论马克思、列宁主义，讨论远大理想；四是建立政治军事学校，抗联第三军建起了以军长赵尚志任校长的学校；五是阅读报刊，第一军自行编印《救国青年》、《反日画报》等，使指战员获得最新战斗信息；六是开展革命竞赛，评先进，奖英模等，对提高指战员军政素质，建立新的军民关系有重要价值；七是开展文化娱乐活动，各军开展唱歌、跳舞、扭秧歌、唱京戏、演活报剧等活动，其中杨靖宇创作的《西征胜利歌》、张寿篯编写的《露营之歌》，歌声响彻白山黑水之间，成为激励官兵战胜困难的强大思想武器。

第六，抗日将领不屈不挠的战斗意志，视死如归的牺牲精神，对鼓舞广大军民熔铸光照千秋的民族魂立下了不朽丰碑。东北军民 14 年气壮山河的抗战，英勇牺牲的将领无数。抗日战争第一阶段（至 1936 年）先后为国捐躯的有 1933 年 8 月 17 日辽宁民众自卫军第六军司令、满族李春润在凤城与日军作战时身负重伤殉国。[①] 同年与敌誓死战斗的抗日同盟军将领李海青、义勇军第四十八路军司令郑桂林先后被敌刺杀。1934 年 3 月 21 日辽宁抗日民众自卫军副司令白子峰在东丰县与日军激战中牺牲，26 日邓铁梅部副司令云海清在凤城战斗中牺牲。9 月 28 日战功卓著的东北民众自卫军司令邓铁梅在敌人面前拒不屈服，慷慨就义。[②]1935 年 5 月 24 日抗日民军总指挥方春生在柳河作战时牺牲。[③] 后来英勇牺牲的还有苗可秀、梁锡福、关世英、李海峰、阎生堂等。

抗日战争第二阶段（至 1945 年）日伪军大"讨伐"造成更多将士牺牲。1938 年开始，东南满、北满、吉东等地的抗联部队均遭到严重损失，抗联第三军减员近半，第四军几乎损失殆尽。许多优秀的抗日将领壮烈牺牲，第四军军长李延平、副军长王光宇，第八军政治部主任刘曙华，第九军政治部

---

① 曾文奇：《辽东义勇军总指挥李春润》，路地等编：《现代满族英烈传》，辽宁民族出版社 1993 年版，第 130—136 页。

② 王浩：《民族英雄双铁梅》，路地等编：《现代满族英烈传》，辽宁民族出版社 1993 年版，第 38—48 页。

③ 潘喜廷等：《东北抗日义勇军史》，辽宁人民出版社 1986 年版，第 571 页。

主任王克仁、魏长魁，第十一军政治部主任金正国；第三军一师长常有钧、二师政治部主任关化新、四师长郝贵林、陆希田和九师长王德富，第四军一师长张相武、二师长王毓峰，第二路军五军三师长李文彬、第六军一师长马德山、二师长张传福，师政治部主任有第三军一师李福林、五师吴景才，第六军一师徐光海等等。抗日将领的英勇牺牲精神，极大地鼓舞了团职以下干部、战士英勇献身。如1938年3月18日第五军第六师八团一连12名官兵在宝清县与日伪军激战时，灭敌百余人后壮烈牺牲。10月中旬妇女团冷云等8名战士临危不惧，宁死不降，跳江牺牲。

他们的英雄事迹，激励着东北各民族青年参军参战或担任支前的后勤工作。有的向抗日队伍提供粮食、物资的朝鲜族工人，达斡尔族凌升、金留寿、金寿平、郭刚等，有的为抗日军侦察敌情或做向导，有的直接参加抗联，如鄂伦春族猎人孟庆海等。满族、朝鲜族、回族、锡伯族参加抗日的也很多。他们不愧是中华民族的优秀儿女，他们的英名将与中华共存，各族人民世世代代都将铭刻在心。

正是抗日将领杰出的作战指挥才能，带领千千万万军民终于凝聚成巨大的力量，14年的艰苦斗争，巨大的流血牺牲，迎来了中国近代以来反帝斗争的第一次伟大胜利。

回首往事，我们无限感慨；展望未来，我们充满信心。抗战胜利65周年的今天，中华民族伟大复兴的光辉前景已经展现在我们面前。中华民族团结一心，共襄盛举，一个和平、发展、文明、进步的伟大祖国就会出现在世界东方。

（关捷，男，锡伯族，东北少数民族研究院教授，主要从事民族学、历史学研究。本文发表于《社会科学战线》2010年第8期）

中华多民族文学史观的理论基础、内涵及相关问题

李晓峰

进入 21 世纪，在"多民族文学"这一理论命题的视域中，百年中国文学史写作中少数民族文学被弱化、少数民族母语文学创作现象等诸多理论问题成为学者们反思和研究的重点。对这些问题的学术反思，最终指向了问题的关键所在：多民族文学史观在既往文学史研究中的缺失。但是，就目前研究现状而言，对中华多民族文学史观的科学依据、中华多民族文学史观的内涵等基本理论问题还缺乏全面的阐述，我以为，只有对这些基本理论问题予以廓清和界定，才能使中华多民族文学史观对新世纪中国文学史的写作起到更切实的推进。

一、中华多民族文学史观的法理基础

文学史，是在一定的文学史观念指导下对文学发生、发展历史的客观叙述。虽然在文学史的书写中，书写者有充分的个人知识话语表达的自由权力，而且，作为个人知识话语建构的文学史也可以有不同的表达观念和对文学史的多种理解与阐述，但文学史毕竟是历史学中的专门史，它有责任也有义务去客观地描述与展示文学的真实发展过程。正因如此，有人指出文学史"它是一种国家建构"[1]。国家建构的发生、发展与完善是人类文明发展过程

---

[1] 洪子诚：《文学与历史叙述》，河南大学出版社 2005 年版，第 322 页。

中的重要环节，因此，文学史的叙述必须以体现了国家发展的客观历史与客观现实的科学文学史观作为指导。也就是说，当我们把文学史的书写作为国家建构的时候，它应该以国家发展的客观历史和现实、体现了国家历史与现实利益的国家根本法为基础，从而使其叙述具有正当性和合法性。

从梁启超的"合汉合满合蒙合回合苗合藏组成一大族"的多民族国家构想，到1912年1月1日，孙中山在中华民国临时大总统宣言中提出的"五族共和"，到1949年9月29日中国人民政治协商会议第一届全体会议通过的《中国人民政治协商会议共同纲领》中第六章"民族政策"第五十条："中华人民共和国境内各民族一律平等"，直到1954年中华人民共和国第一部宪法第三条明确"中华人民共和国是统一的多民族的国家"，可以说，对中国汉族之外的其他民族在国家各民族中平等身份的确认，伴随了中国现代民族国家建立的全过程。而且，作为国家根本法的《中华人民共和国宪法》，也经历了从"中国是一个统一的多民族国家"的各民族主体地位的确认，到对"各民族共同创造了光辉灿烂的文化"历史贡献的确认的进步过程。

1982年颁布的《中华人民共和国宪法》在"序言"中指出：

> 中国是世界上历史最悠久的国家之一。中国各民族人民共同创造了光辉灿烂的文化……
>
> 中华人民共和国是全国各族人民共同缔造的统一的多民族国家。
>
> 本宪法以法律的形式确认了中国各族人民奋斗的成果，规定了国家的根本制度和根本任务，是国家的根本法，具有最高的法律效力。全国各族人民、一切国家机关和武装力量、各政党和各社会团体、各企业事业组织，都必须以宪法为根本的活动准则，并且负有维护宪法尊严、保证宪法实施的职责。

第一句是《宪法》的首句，关键词是"历史"、"文化"、"各民族"、"共同创造"。这里强调的是历史文化层面上中国的形成过程（时间的"悠久"）、创造的主体（各民族）、创造的属性（共同）。"这可以理解为，我国现有的56个兄弟民族，以及在中国悠久历史与辽阔版图上曾经出现过的其他民族，都曾为今天的中华民族拥有的辉煌文明做出过贡献。"①

第二句的关键词是"各族人民"、"统一"、"多民族国家",是在民族国家构成成分的层面上界定了作为独立的主权国家的中华人民共和国"缔造"的主体是"全国各族人民",其"缔造"的结果不是单一民族国家,而是一个"多民族国家"。"统一"则界定了国内各民族的关系特征。这里,主体的"缔造"行动与结果之间的关系可以解释为一种因果关系,即:正因为全国各民族都是中华人民共和国的"缔造"者,所以,各个民族在国家内都具有主体地位。因此,中华人民共和国才成为一个由"多民族"组成的统一的民族共同体—现代主权国家。

第三句将"历史""文化"的"悠久"和"多民族国家"看成是"各民族""共同创造"的"成果",并以国家根本法的形式进行了"确认"。这实际上赋予了"各民族""共同创造"的"历史""文化""悠久"的"统一"的"多民族国家"神圣不可动摇的法律地位。至此,中华文化"多民族""共同创造"的历史终于获得了国家根本法的确认和法律保障。

不仅如此,中华人民共和国宪法还明确了国内各民族间的关系以及国家在对待民族关系问题上的原则立场:"中华人民共和国各民族一律平等。国家保障各少数民族的合法的权利和利益,维护和发展各民族的平等、团结、互助关系。"民族平等不仅表现在各民族在权利和义务上的平等,还表现在各民族文化地位的平等。具体说,就是以历史主义的态度,公正、客观地研究和评价历史上各民族文化对中国文化发展的贡献,这其中自然包括各民族文学地位的平等和对中国文学的贡献。

宪法(constitution)是具有最高法律效力的国家根本法,是据以制定其他法的法律基础。这是"我们在中华多民族文化的基点上,重新确立自我文学史观的前提"②。中国文学发展的历史是中华各民族创造的"光辉灿烂的文化"的重要组成部分,这种历史事实是《宪法》立法的客观事实依据,同时,《宪法》也为中华多民族文学史观的确立提供了法理基础。需要指出的是,宪法中明确指出的"中国各民族人民共同创造了光辉灿烂的文化",以

---

① 关纪新:《创建并确立中华多民族文学史观》,《民族文学研究》2007 年第 1 期。

② 同上。

及"各族人民共同缔造的统一的多民族国家"，不仅是文学史研究的法律基础，也是作为国家建构的人文、社会科学研究应该遵守的最基本的法律原则。事实上，20世纪中叶以来历史学、民族学、文化学等社会科学研究领域中对中国各民族历史文化及其各民族对中国历史发展的贡献研究所取得的突出进展，完全可以看成是《宪法》之法律规定在社会科学领域的具体实践。只不过，同是作为具有国家意识形态属性的中国文学史，在这方面明显落后于社会科学其他领域。

二、中华多民族文学史观的学理依据

20世纪末，在中国历史文化领域，影响最大、也最有价值的是费孝通先生提出的"中华民族多元一体格局"学说。费孝通先生的"中华民族多元一体格局"学说之所以在上个世纪末国内外中国民族学、历史学、文化学研究领域产生巨大反响，首先，他第一次将中华民族看成是一个"民族实体"和"不可分割的整体"。正如他指出的："中华民族是包括中国境内56个民族的实体，并不是把56个民族加在一起的总称，因为这些加在一起的56个民族已经结合成相互依存的、统一而不能分割的整体，在这个民族实体里所有归属的成分都已具有高一层次的民族认同意识，即共休戚、共存亡、共荣辱、共命运的感情和道义。……多元一体的格局中，56个民族是民族的基层，中华民族是高层。"从而彻底廓清了20世纪以来在中华民族的形成以及各民族关系上的模糊认识，为历史上各个时期各民族对中华民族的认同找到了历史的科学的答案。其次，"中华民族多元一体格局"学说在中华民族是一个"实体"和"不可分割的整体"这个"高层"上，将汉族还原于基层之中，指出汉族与其他民族一样，是中华民族这个整体中的一员。同时，他又历史和客观地指出汉族在"基层"中的"凝聚"作用与核心地位。他指出：中华民族"形成多元一体格局有一个从分散的多元，到结合成一体的过程，在这个过程中，必须有一个起凝聚作用的核心。汉族就是多元基层的一元，由于他发挥凝聚作用把多元结合成一体，这一体不再是汉族，而成了中华民族，一个高层次认同的民族。"在此，费孝通先生纠正了从古至今中华民族关系中存在的大汉族主义错误倾向。我们知道，正因为汉族经济、文化与其他民族文化的客观差距，才形成了汉族对其他弱势民族的偏见和大汉族主义唯我独尊的霸权心理，这也是长久以来历史学、文学领域中"中华民族"常常被"汉族"所偷换的深层原因。此外，费孝通先生将中华民族多元一体格局的最终形成看成是一个历史过程，客观地肯定了汉族历史和文化在中华民族形成中的历史地位，避免了各民族在中华民族这个整体中自我认同和彼此认同导致的对中华民族的高层认同的消解，把所有民族的认同指引到中华民族的最高层次的认同。在上述立论的基础上，费孝通指出了对中华民族这个高层实体的认同与各民族自我认同和存在、发展的关系："高层次认同并不一定取代或排斥低层次的认同，不同层次可以并存不悖，甚至不同层次的认同基础上可以各自发展原有的特点，形成多语言、多文化的整体。"① 此外，他还指出"多元"中"相对立的内部矛盾，是差异的一致，通过消长变化以适应多变不息的内外条件"，从而使中华民族这个"既一体又多元的复合体"获得长久的"生存和发展"。

费孝通的"中华民族多元一体格局"学说对 20 世纪中国历史学研究的意义在于既打破了以汉族为中心的传统历史书写观念和模式，同时又以"一体格局"的论断弥补和纠正了中华民族起源"多元说"已经存在或者可能存在的对其中的某"一元"过度强调可能带来的对中华民族历史发展认识上的偏差。

应该指出，费孝通的理论是他从自己作为人类学家、社会学家、民族学家多年来对中国境内众多民族的实地调查中得出的。从 1935 年第一次到广西大瑶山对瑶族进行的实地调查，到 1951 年、1952 年参加"中央访问团"负责贵州、广西的民族调查，到 1959 年参加中印、中阿、中巴划界工作，直到 1989 年正式提出"中华民族多元一体格局"学说，这一经过半个多世纪的思考和探索得出的科学结论，具有明确的针对性。

费孝通在《民族研究—简述我的民族研究经历》一文中有如下表述：

> 我的困惑出于中国的特点，就是事实上少数民族是离不开汉族的。

---

① 费孝通：《中华民族多元一体格局》，中央民族大学出版社 1999 年版，第 13 页。

如果撇开汉族，以任何少数民族为中心来编写它的历史很难周全。

　　我不是专攻历史学的人，但对过去以汉族为中心的观点写成的中国的历史一直有反感。

　　自从新中国成立后……为了实现民族平等，国家有许多工作要做。……要求他们对当时了解得很不够的各少数民族的社会历史进行科学的研究。民族研究这个名称就是这样开始的。这项工作事实上并不包括对汉族的研究。理论上原是说不过去的。……由此而产生的民族研究实际上成为不包括汉族在内的少数民族研究。①

　　民族研究和民族学的对象限于少数民族自有它的缺点。缺点就在于把应当在民族这个整体概念中的局部过分突出甚至从整体中割裂了出来。中国的民族研究限于少数民族，势必不容易看到这些少数民族在中华民族整体中的地位，以及它们和汉族的关系。……从严格理论上来说，中国少数民族的研究只能是民族学范围内的一个部分而不能在两者之间划等号。②

　　在此，我们清楚地发现，费孝通的"中华民族多元一体格局"理论是建立在《中华人民共和国宪法》的法理基础上的，其针对的问题有四个方面：一是历史上中华各民族不平等的事实；二是传统中国历史书写中以汉族为中心的大汉族主义历史观；三是割裂各少数民族与汉族经济、文化关系的错误的民族关系观；四是民族学研究领域内的民族研究＝少数民族研究的错误学科观。

　　但是，费孝通在他的"中华民族多元一体格局"中所针对并解决了的问题，在中国文学史研究领域依然存在。其一，"中华人民共和国是全国各族人民共同缔造的统一的多民族国家"这一宪法的明确规定并没有在作为国家建构的"中国文学史"中得到体现。从建国至今，虽然有《中华文学通史》这样包容了各民族文学创作成果的文学史巨著，但还没有一部明确体现中华多民族文学史观的"中国多民族文学史"或"中华多民族文学史"。也

---

① 费孝通：《中华民族多元一体格局》，中央民族大学出版社1999年版，第3—16页。
② 同上书，第41页。

就是说，各民族创造的文学成果在众多的中国文学史中并没有体现出宪法规定的正当性。其二，历史上各民族的不平等在文学史写作中依然以对少数民族文学的忽略或回避的隐蔽方式存在。不仅如此，"少数民族文学学科"的边缘化地位也在一定程度上印证了其他民族文学的边缘地位；其三，"中国文学史＝汉族文学史"、"中国文学史＝汉语文学史"，或者"中国文学史＝汉族文学史＋少数民族汉语文学史"中所体现出来的费孝通先生所说的"以汉族为中心"的研究倾向依然是一种普遍现象。可以说，早在60年代初何其芳指出的"直到现在为止，所有的中国文学史都实际不过是中国汉语文学史，不过是汉族文学再加上一部分少数民族作家用汉语写出的文学的历史"①的现状至今没有得到根本性的解决；其四，费孝通指出的"中国的民族研究限于少数民族"的严重问题同样存在于民族文学研究领域。民族文学研究仅限于汉族之外的少数民族文学成为公认的事实。

因此，"中华民族多元一体格局"的理论作为中华多民族文学史观的学理基础，就在于这个学说从民族学、历史学、文化学的角度客观地描述了中华民族形成的历史过程，厘清了各民族在中华民族多元一体格局中的地位和各民族之间的关系，历史地还原了各民族对中华民族发展的贡献，它为我们认识多民族共同创造的中国文学真实的历史面貌提供了民族学、历史学、文化学的理论支撑和依据。

三、中华多民族文学史观的内涵与外延

中华多民族文学史观，是基于中国多民族的发展历史和中国统一的多民族国家的现实属性，认识中国文学多民族共同创造的性质及历史发展过程和规律的基本原则和观点。中华多民族文学史观是研究中国文学史的逻辑起点。中华多民族文学史观下的文学史研究范畴，包含中国古今各个民族创造的全部文学成果，

中华多民族文学史观中的"中华"具有文化、历史双重内涵，是对中

---

① 何其芳：《少数民族文学史编写中的问题》，《文学评论》1961年第5期。

国文化、历史发展一体化过程的高度概括。它将上古中国、中古中国、近代中国与当代中国不同历史时期的"中国"置于一个长时段的共时性空间，从中华民族历史发展整体过程的连续性与个别民族历史发展的个体独立性、各民族文化的多样性、民族文化间的交融性、汉族文化的凝聚性四个相互关联的有机方面，来把握中国文化、文学的动态发展过程。"多民族"是客观历史地看待中国文学整体构成的多民族属性。避免仅从 56 个民族来描述中国文学史造成的对既往民族文学存在历史的忽略，强调了在中华民族高层认同下，灌注了不同民族血液和不同文化特质的民族文学的主体地位，避免汉族文学对中国文学的概念偷换，纠正以往文学史研究对不同民族文学特征的忽视，弥补民族文学等于少数民族文学的学科局限，从根本上改变中国文学与少数民族文学在文学史结构中的二元分置。中华多民族文学史观中的文学，在内容和范畴上包括各民族的书面文学与口头文学等所有以语言作为媒介的文本。中华多民族文学史观的中国文学史是国家文学史与"中华民族"这一 56 个民族（包括既往民族）构成的民族实体的中华族别文学史的有机统一。

　　首先，中华多民族文学史观确立了各民族文学在中国多民族文学史中的主体性地位。中国文学是由各民族文学组成的有机整体，中国文学史是一部多民族文学发展的历史，中国文学的形成、发展直到今天特征鲜明的多民族文学格局的确立，经历了漫长的发展过程。在这一历史发展过程中，先进和发达的汉族文学处于整体中的核心和主导地位，但这并不能取代和抹杀其他民族文学在中国多民族文学史中的主体性地位。因为，任何一个民族都有其他民族所不具有的独特的文学形式和成果，中国文学多风格、多特质、多内涵的特征是各民族文学的多元一体的存在形态决定的。对中国各民族文学在中国文学史中的主体性的确定，会更加历史地、客观地把握中国文学多民族文学的构成属性。同时，中国"多元一体"的多民族文学发展的现实，是从多民族文学的历史中逐渐发展而来的，这是一个动态的、不断发展的历史过程。在这个过程中，各民族对汉族这一"凝聚核心"的认同经历了一个漫长的发展过程；同样，汉族对其他民族的认同也经历了从"戎禽兽也"（《左传》）"内华夏，外夷狄"（孔子）、"非我族类，其心必异"到各民族平等的漫长的发展过程。各民族文学在中国文学史或中华文学史中的主体地位的确认，是确认各民族文学平等关系的前提。

其次，客观准确地认识和把握在中国文学史这一多元一体结构中各民族文学之间的关系。中国各民族文学之间的关系，是不同主体之间的平等关系。在历史上，各民族都有自己的发展历史，具有自己的民族文化立场和文学传统。处于核心地位的汉族文学在历史发展过程中逐渐形成了向心力和影响力，由于先进文化的给养，各民族文学的水平得以提升，主体性得到了加强。但是，汉族文学在影响其他民族文学的同时，也自觉或不自觉地吸纳了其他民族文学的养分，从而丰富了自己。汉族文学与其他民族文学关系表现出不同主体间的双向互动的特征。正如有的学者所指出的："汉族作为中原地带发祥极早且文化始终领先于周边的民族，其文学对许多民族的文学都有过不容置疑的影响，各个少数民族的文学承受了处于中心文化位置上的汉族强势文学的辐射。然而，文化发展相对滞后的少数民族，他们的文学在与汉族文学的接触中，也不是仅仅体现为被动地接受汉族文学的单向给予，少数民族文学同样也向汉族文学输送了的益的成分，它们之间的交流，始终表现出双向互动的特征和情状。"① 此外，中国文学中不同民族文学主体间的互动关系，不仅表现在汉族与其他民族文学间的交流与影响上，还表现在汉族以外的、地域相邻、文化特征相近的不同民族文学间的互动与融合。正如邓敏文在分析白族的《星回节的传说》与彝族的《曼阿喃》"故事的情节、主题基本相同、而人物却大不一样"时指出的："尽管他们（指传说中的郭世忠—笔者注）生活的年代相隔数百年，但关于他们的传说故事却那么相似，其中有继承、有模仿、有借鉴，也有创造。这大概也是民族文学交流的一种普遍现象。"② 实际上，这一过程伴随着中华民族核心凝聚力的形成和统一的多民族国家形成的全过程。

再次，中华多民族文学史观是一个开放的、整体的、发展的文学史观，它所考察的不仅仅是现有的 56 个民族文学整体发展的历史和现实，同时关注和重新认识中国历史上既往民族的文学历史和贡献，关注中国多民族文学在未来的发展中新的民族文学因素的可能融入，关注已有的各民族文学因子在整体的多民族文学中的变异。

---

① 关纪新：《创建并确立中华多民族文学史观》，《民族文学研究》2007 年第 1 期。
② 邓敏文：《南方民族文学关系史》（中卷），民族出版社 2001 年版，第 247 页。

中华多民族文学史观的确立标志着中国文学史研究观念、方法、范式的重大转型。

从少数民族文学到多民族文学，标志着中国文学学科观念和学科结构的转型。少数民族文学这一对汉族以外的其他民族文学的统称，源于"人口较少民族"。少数民族这一提法有其历史的合理性，但也存在着自身的缺陷。截止到 2005 年，中国汉族以外的其他民族人口总数达到 1.23 亿，占全国人口总数的 9.44%。少数民族中人口比例极为悬殊，其中，人口最少的珞巴族仅 2300 多人，而壮族的人口超过 1500 万，是珞巴族的 7500 倍。而汉族仅为壮族人口的 80 倍。所以，将人口数量差距如此巨大的不同民族统称少数民族，缺少科学性。对少数民族文学而言，少数民族文学这一学科概念的产生和体制化过程已经有半个世纪的历史。在这半个世纪中，少数民族文学研究所取得的成绩为中华多民族文学史观提供了坚实的学科基础。但应该看到的是，少数民族文学概念的提出和少数民族文学学科的体制化，是各民族文学历史面貌还未被世人所知的特殊历史时期的产物。无论是少数民族文学概念的本身，还是少数民族文学学科建设，其最终目的是通过对各少数民族文学的研究，最大限度地再现少数民族文学发展的历史面貌。正如 90 年代中期邓敏文所说的："当前中国少数民族文学史家的主要任务仍然是向人们介绍中国各少数民族文学的基本事实，并对这些基本事实作出客观的描述，使人们对中国各民族的文学有较多的了解。"① 应该说，少数民族文学研究经过半个世纪的"卧薪尝胆"，现在，各民族的古代文学、民间文学和作家文学得到了较为完整的清理和总结，而各民族现当代的作家文学在事实上早已有机地融入到多元一体格局的多民族的中国现当代文学之中。在这种情况下，如果仍然坚守过去民族文学等于少数民族文学的学科立场，少数民族文学有机结构进中国文学史的问题依然不能解决，中国多民族文学的性质仍然不能体现。因此，打破少数民族文学学科与中国文学学科之间的壁垒，将汉族文学与其他民族文学看成是中国多民族文学的整体结构中的有机结构要素，使各民族文学从过去的学科规范和学科藩篱中走出来，实现从少数民族到多民族文学的学科观念的转变，是中国文学史能否取得新的突破的关键。

---

① 邓敏文：《中国多民族文学史论》，社会科学文献出版社 1995 年版，第 49 页。

因此，中华多民族文学史观，标志着"中国文学史＝汉族文学史"，或者"中国文学史＝汉语文学史"、"中国文学史是'1＋55'即汉族文学史＋少数民族文学"的模式被打破。几十年来，民族文学研究（少数民族文学研究）只重视汉族以外的其他民族文学，不关注汉族文学，或者从少数民族文学的角度来研究与汉族文学的关系，主流中国文学史研究只重视汉语文学史研究，其他民族文学受到有意无意淡化和遮蔽，这些问题的存在，在相当程度上削弱了文学史研究的科学性，消解了文学史国家建构的属性。中华多民族文学史观指导下的中国文学史的研究，汉族文学与其他民族文学都将被置于多民族文学这一文学史结构框架下，从而在根本上解决汉族文学与少数民族文学的二元分置的结构性问题，汉族文学在中国文学史整体结构中的主体地位不但未因此动摇，作为民族文学之一种，汉族文学在多元一体的中国文学史中的"凝聚核心"的地位会得到突出。而且，各民族文学间的关系以及各个民族的不同语种、不同样式的文学成果将得到客观、科学的阐释，中国文学史将是真正意义上的反映了多民族共同创造的客观、科学的文学史。

四、中华多民族文学史观下中国文学史研究的基本问题

与以往任何一种文学史观不同，中华多民族文学史观下的中国文学史将充分研究和关注以下几个方面的问题。

其一，地域、民族、国家等影响中国文学史发展的要素。中国地域辽阔，东西横跨 62 个经度，约 5500 公里。南北纵跨 49 个纬度，约 5000 公里。有寒温带、中温带、暖温带、亚热带、热带、高原气候七个气候类型，从高原到盆地的五种地形在中国都有分布。中国现今的 56 个民族以"大杂居小聚居"的方式分布在这些地域上。对中国民族、地域及文化的特点，杨义曾用"广阔性、多样性、多时段、多层面、多地域"或者"多民族、多地域、多形态、互动共谋"来表述。[①] 不同地域，具有不同地域文化，而一定

[①]　参见杨义：《重绘中国文学地图》、《"重绘中国文学地图"学术访谈录》、《"重绘中国文学地图的理论价值与实践意义"》，收入《通向大文学观》，安徽教育出版社 2006 年版。

的民族总是生活在一定的地域。地域自身的地理位置、自然环境、所提供给人赖以生存的其他物质条件决定了在该地域上生存的民族具有不同于其他地域和民族的文化、文学。特别是，中国地域的辽阔、民族的多样使中国的民族文化与地域文化存在着复杂的关系，有时，地域文化与民族文化重合迭加在一起，如藏族与高原文化。有时，同一民族生存的不同地域，又使这个民族文化表现出文化的地域差别。如齐鲁文化、秦陇文化。此外，在中华民族多元一体格局形成过程中，各民族的迁徙、分化、融合的动态发展，使各民族、地域文学具有"你中有我，我中有你"的交融特征。此外，中华民族多元一体的格局的形成也伴随着"中国"的形成和定型的全过程。从周朝使用的"中国"，到现在作为中华人民共和国的简称"中国"，其内涵已经发生了质的变化，这种变化同样是一个复杂的历史过程。因此，中国文学史在使用中国这一概念时，无疑要考虑这种历史变化过程对中国文学史的影响。特别是从中华多民族文学史观的角度对中国上古时代和中古时代文学史进行研究时，"中国"这一概念的内涵和使用的范围显然与已有的文学史中对这一概念的使用存在着很大不同。在此，"中国"就不仅是一个国家概念，还是一个多元一体的民族、文化的空间概念，只有这样才能突出以汉族文化和文学作为"凝聚核心"的多民族并存共生的空间中多民族文学生态多样性的历史样貌。总之，由于地域因素、民族因素、国家因素的交织渗透，使中国文化和中国文学呈现出不同地域、不同民族的多样性与的交融性特征。但是，在以往的中国文学史中，地域、民族、国家这三种交织在一起的对中国文学发展历史产生重大影响的因素并未能得到重视。

其二，各民族文学关系问题。中国文学既然是多民族文学构成的"多元一体"的整体结构，不同民族文学在这一整体结构中就具有相互支撑与相互依存的结构关系，否则，就不会结构成"一体"。各民族文学关系是中华多民族文学史观下文学史研究关注的重要课题。如前所述，中国文学不是单纯的汉族文学"一元派生"的历时推进和中心向外的共时辐射。汉族文学曾给予各少数民族文学以深刻的影响，少数民族文学也以自己的特质回馈于汉族文学。各民族文学间从未间断过的动态的多元互补、多向互动、分化整合，是中国文学史的深层结构，也是中国文学发展的历史特征。此外，研究中华各民族文学的关系，不应仅仅局限于各民族与汉族文学的关系，还要注意研究汉族以外民族间的文学关系，如南方各民族文学的关系，西部各民族文学的关系和北方各民族文学间的关系。在上述两个方面，《中国各民族文学关系研究》、《20世纪中华各民族文学关系研究》以及《中国南方民族文学关系史》等成果具有示范性的意义。此外，我国许多民族的文学除了受自己相邻民族文学和汉族文学的影响外，与汉族文学一样，接受了国外其他民族文学的影响，特别是维吾尔族、藏族、蒙古族、朝鲜族等一些民族与国外相关民族的文学一直保持着密切的关系。这种跨国界、跨民族、跨文化的影响与传播，这也是过去文学史研究所忽略的重要问题。

其三，民族口头文学的文学史地位问题。中华各民族中有十分丰富和独特的神话、传说、故事、民歌、长篇叙事诗以及戏曲、说唱文学、谚语、谜语等文学资源，这是一个浩瀚巨大的中国文学多样性基因库。但是，受传统的"正统"文学观、"纯文学"观以及近代西方文学观的束缚和影响，这些以口传形式在民间长久流传的具有异常强大的生命力的文学成果，长期以来一直未能进入中国文学史。我们知道，现今的中国文学史，不仅是汉语文学史，同时还是作家文学史或经典文学史。中国的经学思想对中国文学的经典文学观、作家文学观、汉文学观以及重典籍和文献考据的文本主义研究方法产生了深刻影响。因此，许多民族民间文学被排拒在文学史之外，或者，民族民间文学入史，必须借道于经典化过程，剥除其民间"野"与"俗"的文化成分，赋予其"文"和"雅"的正统身份才能进入文学史。以《诗经》为例，虽然《诗经》的主体是160篇从黄河流域汉族核心文化区域的十五国采集来的民间歌谣，但经过孔子的"吾自卫返鲁，然后乐正，雅颂各得其所"（《论语》）的正统化和经典化过程，消解掉了"民间"非正统的文化身份，才名正言顺地进入经学体系。此外，近代西方纯文学观的引进以及诗歌、散文、小说、戏剧四分法成为文学分类的通用模式，在这种写作模式下，"我们中国文学的一些强项、一些精髓的东西反而在这种概念的转移中忽略了、流失了"①。这两种倾向汇集在一起就形成了对自古至今各民族口头文学的"忽略"和"流失"。再如各民族史诗。黑格尔认为："只有在印度和波斯，我们才看到真正的史诗，不过都还很粗枝大叶的。中国人却没有民族

---

① 杨义：《通向大文学观》，安徽教育出版社2006年版，第14页。

史诗"①。但准确地说，应该是汉族没有黑格尔所说的史诗。对中国汉族之外的其他民族文学的陌生，使黑格尔无意之中偷换了汉族与中国的概念。因为从中华多民族文学史观的角度，中国不仅有藏族的《哥萨尔王》、蒙古族的《江格尔》、柯尔克孜族的《玛纳斯》三大并不"粗枝大叶"的史诗，而且南方各民族还有大量的史诗。但同样因为这些史诗的"民间身份"不符合传统的经学思想的"名正"，其口传传播方式也不符合正统印刷文本的传播方式，其经年累月流淌不息的活态存在也使早已习惯了文献典籍考据和"断代"的文学史家无法对之进行文本"考据"和"断代"，加之这些史诗的产生和发展也不符合西方关于"史诗是从氏族社会到奴隶社会的历史时期发展起来的"②"颠扑不破"的"真理"，所以，中国文学史研究一直重复着黑格尔的知识性错误。特别需要指出的是，不仅史诗，许多民族的口头文学，依然保持着诗、歌一体或诗、歌、舞一体的文学的初始特征，如维吾尔族的《十二木卡姆》等。如果现在不从新的文学史观对这些保存着文学原始形态的民族文学作品进行研究性保护，迟早有一天，这些珍贵的民族文学会重复《诗经》有诗无乐和元曲有词无曲的悲剧性命运。

其四，不同民族母语文学创作和双语创作现象。中国多民族文学的一个重要特征就是多语种文学并存。在我国，除汉族外，53 个民族有自己的语言，有 31 个少数民族有自己的文字。③ 不同民族母语文学创作既是一种历史现象又是一种现实存在。在历史上，中国众多民族用自己的母语创作出大量的文学作品，如公元 11 世纪著名语言文字学家马赫穆德·喀什噶尔用阿拉伯文编著的《突厥大词典》、玉素甫·哈斯·哈吉甫用回鹘文、以阿鲁孜诗律、玛斯纳维体（双行体）创作的长达 13000 千行的《福乐智慧》。契丹族寺公大师用契丹语创作的长达 120 多行的长诗《醉义歌》④，蒙古族著名作家尹湛纳希用蒙古族母语创作的《一层楼》、《泣红亭》和《红云泪》等等。特别是，很多民族母语创作传统一直延续到今天，如维吾尔族、蒙古

---

① 黑格尔：《美学》（第 3 卷下册），商务印书馆 1997 年版，第 170 页。
② 参见杨义：《通向大文学观》，安徽教育出版社 2006 年版，第 14 页。
③ 参见国家民委 1991 年发布的《关于进一步做好少数民族语言文字工作的报告》。
④ 现在见到的寺公大师的《醉义歌》是耶律楚材由契丹文翻译成汉语的译文，契丹文《醉义歌》已逸失。

族、藏族、彝族、朝鲜族等等。不同民族母语也是中国文学史的一大景观，这不仅从多语种上证明了中国文学的多民族属性，而且也成为中国文学呈贡给人类文学的宝贵文学财富。然而，多语种文学现象至今未能受到文学史的关注，这不能不是中国文学史的又一重要缺陷。相反，在世界范围内，主流语种之外的其他民族语种文学却越来越受到关注，人们不仅将之视为一种文学现象，而且从保护世界文化多样性的角度给予了从未有过的重视。此外，从古至今，双语创作创作现象也是一种极为普遍的文学现象和文学传统，现在，我们仍然能在许多民族地区看见大量的双语碑刻，如契丹、汉文碑刻、藏、汉碑刻、蒙、汉、藏、满4种文字的碑刻等历史遗存，这在相当程度上证明了双语创作的历史现象的存在。现在，藏族、彝族、蒙古族、维吾尔族、壮族、朝鲜族等许多民族都有双语创作作家，双语创作现象是中国文学史又一独特景观。因此，从多民族文学史观的高度来研究和发现中国文学史中各民族母语和双语创作，已经成为保护中华民族文化多样性的重要课题，其意义大大超出了文学史的研究范畴。

总之，中国文学史家，不仅是为中华民族的过去写史，同时也是在为中华民族的未来留史，因此，树立科学的文学史观来"通古今之变"，客观、历史、科学地总结中国文学发展的历史，为未来留下经得住时间的考验的文学史，是文学史家应该承当的历史使命和学术责任。

（李晓峰，男，汉族，文法学院中文系教授，主要从事中国少数民族文学研究。本文发表于《民族文学研究》2008 年第 6 期）

民族高校民族文献数据库建设探讨

包和平

民族高等教育是我国高等教育的组成部分，民族高校民族文献工作是我国高校文献工作不可缺少的内容。进入 21 世纪，人类已置身于数字化时代。民族高校民族文献工作如何跟上时代步伐，实现馆藏民族文献的数字化，是摆在我们面前的一项重要课题。

一、民族高校馆藏民族文献概况

（一）民族高校图书馆概况

我国民族高校图书馆在 1949 年前，基本是个空白，全国在边远地区及少数民族聚居地区，仅有 4 所民族高校图书馆。新中国成立后，党和政府十分重视民族教育事业，早在 50 年代初期就开始在各地创建民族学院和一批民族高等院校，为民族高校图书馆事业的发展奠定了基础。党的十一届三中全会以后，随着民族高等教育事业的发展，民族高校图书馆事业更是锦上添花，进入了改革开放、迅速发展的新时期。截止到 1995 年，全国民族高校图书馆达 113 所，藏书总量达到 2000 万册，比 1950 年增加了 28 倍。从全国看，民族地区的高等院校与内地的民族院校、民族师资培训中心相辅相成，构成了从首都到地方，从南疆到北国边陲广阔地域上的民族高等教育网络。这种分布适应了我国少数民族人口聚居与杂居互相交错的情况，为各少数民族培养高级专门人才提供了有利条件。同时也为实现民族文献资源共享，实现计算机联网打下良好的基础。

（二）民族高校民族文献资源概况

经过多年的收集积累，民族高校图书馆已形成了独具特色的藏书体系，形成了分布全国各地以民族高校为中心的民族文献群落。如中央民族大学图书馆自从建馆以来，根据学校的性质、任务和专业设置，在全国范围内广泛采集图书资料。经过 50 多年的努力，目前已拥有中外文图书资料 120 多万册，成为高等学府藏书较丰富的图书馆之一，也是民族院校中的佼佼者。现在图书馆已初步建成了具有针对性、系统性、连续性的能反映中央民族大学主要专业特色的藏书体系。特别是在中国民族史、少数民族语言文学等专业的文献尤为丰富。馆藏民族文字图书 13 万册，有藏、满、蒙古、彝、傣、纳西等 20 多个文种，其中有不少属于珍贵的文献或已绝版的书籍。如藏文《大藏经》的纳塘版《甘珠尔》部；历代高僧全集、传记；《多仁班智达传》手抄本、《贤者喜宴》初印本，均属一级特藏。在特藏文献中还有稀世珍品贝叶经，是用铁笔刻在贝多罗树叶上的古代佛教经典。

西北民族学院馆藏 48 万册，其中藏、蒙、维、哈等民族文字图书有 8 万册，手抄本《大藏经·甘珠尔》10 万函 3000 余种；云南民族学院馆藏 58.5 万册，其中东巴文、彝文、傣文文献 1000 多种，民族古籍 1335 种；内蒙古大学现为我国蒙古学文献中心，馆藏蒙文文献 5 万册；西藏大学图书馆以藏文献为藏书特色，收藏有关藏文历史、经济、文化、教育、艺术、宗教、天文历算、藏医学等各学科门类图书共 1.3 万册，藏文木刻板 4000 多函；延边大学图书馆馆藏朝文图书 6.6 万册，朝文古籍 630 种，朝文期刊 200 多种，朝文报纸 40 多种；新疆大学图书馆收有汉文、维吾尔文、哈萨克文、柯尔克孜文等十几种文字图书共 90 万册，7 种民族文字期刊 2500 余种，珍贵的西域史料 500 种，还收藏有 13 世纪到 19 世纪初察合台文献和维吾尔古文献等。

又如青海民族学院图书馆关于土族研究文献资料，西北民族学院图书馆关于"花儿"研究的素材，吉首大学图书馆的苗族、土家族研究文献等，都各具特色。再如贵州民族学院图书馆编辑出版的《傩戏傩文化资料》三集，被海内外有关专家推崇为"中国文化史上的瑰宝"。内蒙古大学图书馆所藏的有关蒙古史方面的文献资料，促进了内蒙古大学的"蒙古学"研究，使之成为国内外研究"蒙古学"方面的学术中心，并被国际上的权威机构认可为中国 15 所最著名的大学之一。从 1994 年起国家教育委员会在中央民族大学设立"民族科学文献信息中心"，在内蒙古大学成立了"民族学科蒙古学文献信息中心"，在新疆大学成立"民族学科维吾尔学及哈萨克学文献信息中心"。与此相对应，西藏民族学院成立了全国高校藏学研究资料中心，贵州民族学院建立了全国傩文化研究资料中心，延边大学成立了朝鲜学文献信息中心。此外，还有彝学、壮学、侗学、苗学等文献信息中心也在有关民族高校建立，形成了一批民族文献实力雄厚的信息中心。

二、民族高校馆藏民族文献数据库建设已具备的条件

（一）民族文献的整理初具规模

经过几十年的不懈努力，民族文献的搜集、整理工作已经取得很大成绩，各类民族文献书目的编制出版，为建立民族文献数据库奠定了基础，如中央民族大学图书馆历年编印的《中国少数民族研究资料索引》，1985 年云南民族学院图书馆编印的《图书馆馆藏报刊有关民族研究论文索引》（上、下），1989 年西南民族学院图书馆编印的《西南民院图书馆馆藏民族文献资料目录》（上、下），1989 年西藏民院图书馆编印的《西藏民院图书馆民族文献目录》及《藏学文献论著索引》（1—5 册），1990 年黔东南民族师专图书馆编印的《馆藏民族文献目录》，1989 年贵州民族学院图书馆编著的《馆藏民族文献目录索引》，1991 年青海民族学院图书馆编著的《中国藏学研究文献目录资料索引》（上、中、下）比较全面地反映了中国藏学文献情况，为从事藏学研究者打开了方便之门。1990 年西南地区民族院校图书馆协同编制的《民族和民族文献联合目录》，是在各参加馆所编的各馆馆藏民族文献目录的基础上汇总编辑而成。1997 年，四川省高校图工委组织申报了《四川省高校图书馆馆藏西南少数民族文献的开发和共享》课题，建立了《四川省高校图书馆馆藏西南少数民族文献数据库》，将编辑出版《四川省高校图

书馆西南少数民族文献综录》。这一课题目前正在进行中。

（二）民族文字信息处理初见成效

民族文字信息处理问题一直是围绕民族文献数字化的一个大问题。民族文献数字化，无论是建立数据库还是网上信息交换都需要一个能够运行相应软件程序的具有国际统一标准编码的民族文字平台。目前，国际标准 ISO/IEC10646（GB13000，Unicode）把迄今为止尚存的语言（Living Languages）按照其文字（Script）统一编码，制定出全球通用的编码字符集标准。

从 20 世纪 80 年代以来，在国家民委、国家技术监督局、国家科委、电子工业部等有关部门的关心支持和帮助下，集结起各方面的力量协同攻关，在民族文字计算机编码字符集标准、键盘标准、字模标准，计算机民族文字操作系统和电子出版系统，民族语文数据库，民族文字识别系统等方面取得很大进展。以编码标准为例：内蒙古自治区计算机中心完成了蒙古文字符集国家标准、蒙古文键盘国家标准、蒙古文字模国家标准；新疆维吾尔自治区语委主持完成了维吾尔、哈萨克、柯尔克孜文的字符、键盘、字模的国家标准；四川省民语委办公室主持完成了彝文字符集、键盘、字模的国家标准；四川省民语委办公室主持完成了彝文字符集、键盘、字模的国家标准；西藏自治区藏语文工作委员会办公室牵头，西藏大学、西藏技术监督局、西北民族学院、青海师范大学共同完成了藏文编码字符集、藏文键盘、藏文字模国家标准。值得一提的是，1997 年，我国提交的藏文编码字符集国际标准正式进入了国际标准化组织（ISO）制定的统一编码的国际标准，即 ISO/IEC 10646 这一先进的标准编码体系结构中，成了第一个进入该标准基本平面的少数民族文字，为藏文字符编码的统一作出了贡献。1999 年我国内蒙古自治区有关单位和蒙古共和国有关部门共同制定了蒙古文编码字符集国际标准，四川省民委制定了彝文编码字符集国际标准。以上两个标准经国际标准化组织（ISO）审定，正式编入国际标准编码体系结构中。维吾尔、哈萨克等文的编码标准经多方面协商也得到圆满解决。为我国几个少数民族文字的计算机处理打下了良好的基础。国家标准锡伯文信息处理信息交换用七位和八位编码图形字符集也正在编制中；蒙古文、彝文、傣文、锡伯文和维吾尔、哈萨克、柯尔克孜等文字符集的补充集正在制订中。这样，数字化的民族文献可在中文、日文、朝文、英文、藏文、蒙古文、彝文、维吾尔文、哈萨克文、柯尔克孜文等视窗平台上运行，这种跨语境关联的全文检索系统，极大地方便了使用不同语种用户的检索，是未来民族文献数字化的方向。

（三）民族高校计算机网络初步建成

自 1994 年中国科学院和清华大学、北京大学组成的中国教育科研示范网（NCFC）与 Internet 正式接通以来，国内先后组建了中国科学技术网（CSTNet）、中国公用计算机互联网（ChinaNet）、中国教育和科研计算机网（CERNet）和中国金桥信息网四大网系并与 Internet 联通。据统计，截至2000 年 12 月 12 日，中国民族类顶级域名网站已超过 90 家，二级域名网站100 多家。其中全面综合性站 6 家，类别综合性站点 10 个，族别类站点 70个，区域性民族站点 40 个，机构与社团类站点 10 个，教学与研究类站点30 个，企业类站点 30 家，专题站点 10 个。民族高校图书馆系统以 CERNet为依托，在民族图书馆中较早加入互联网，截至 2000 年 12 月，已有 60%的民族高校通过 CERNet 与 Internet 联通，这就为建设民族高校馆藏民族文献数据库提供了通信和技术保障。

三、民族高校建立馆藏民族文献数据库的基本策略

（一）成立民族文献数据库建设委员会

民族文献数据库建设是一个庞大的系统工程，需要集合各方面的人才和技术力量，也需要大量资金投入。这就需要政府出面统一组织协调。建议在国家民委民族教育司领导下，由全国民族高校图书馆工作委员会牵头，成立全国民族高校图书馆民族文献数据库建设委员会，开展对民族文献数据库的组织与研究工作，其工作内容主要包括：（1）申请民族文献数据库专项经费，积极向国家民委及有关部门宣传开展民族文献数据库工作的意义和作用，争取建立专项基金，确保顺利开展工作。（2）负责制定民族文献数据库

的各种标准和规范。比如分类法的使用、民族语言文字编码、民族文字的信息处理和民族文字标准平台等，负责向国家标准局申报民族文献数据库的有关标准。(3) 负责制定民族文献数据库发展规划和实施方案，为上级部门提供决策依据。(4) 定期举办民族文献数据库学术活动，召开研讨会、经验交流会和专家论证会。

（二）积极参加 CALIS 特色数据库建设联盟

中国高等院校文献资源保障体系（CALIS）的重点任务是文献信息服务网络建设和文献资源及数字化建设。其中，高校图书馆自建特色数据库又是 CALIS 文献资源及数字化建设的重要内容。进入"211 工程"的民族高校，大多在 CALIS 的资助下建立了民族文献数据库。比如内蒙古大学图书馆在 CALIS 的资助下研制开发的《蒙古学文献信息特色库》，该特色数据库包含了一批与内蒙古自治区经济建设和社会发展，以及与"211 工程"的重点学科项目密切相关的、代表着高校特色和优势的文献数据库，具体内容包括：《中国蒙古文古籍总目数据库》、《内蒙古大学蒙古学书目数据库》、《蒙古学汉文古籍书目提要数据库》、《中国蒙古学书目提要数据库》、《国际蒙古学书目数据库（中国卷）》、《国际蒙古学学者数据库（中国卷）》、《近几十年来韩国学者的蒙古学研究成果索引数据库》、《500 万词现代蒙古学文献信息数据库》及《非书资料、多媒体、电子出版物和网上资源联合目录数据库》等。建立了以蒙古学等重点学科为主的多语言的多种书目数据库和文献数据库、以现代蒙古语文信息处理数据库、蒙古文文献数据库与蒙古文图书馆业务数据库为特色的导航库。形成了一套具有生命力的、独具魅力的特色数据库群，为特色数据库的系列化发展奠定了坚实的基础。其他未进入"211 工程"的民族高校图书馆也应在 CALIS 全国中心、地方中心的统一协调下，进行有计划、有步骤的建设，尽快建立起学科种类齐全、形式多样的民族文献数据库体系，做到发挥各自的专长，避免重复建设，走共建共享之路。

（三）加快整顿现有民族文献书目数据

民族文献的标引、著录是从手工阶段起步的，但在近十年里，许多民族高校开始采用计算机著录格式，使民族文献的标引、著录产生了质的飞跃。目前，利用计算机对民族文献进行著录，已经形成了一个比较完善的体系，即严格按著录标准，遵循 MARC 格式著录。如四川省高校图工委组织建立的《四川省高校图书馆馆藏西南少数民族文献数据库》等。但在利用计算机进行著录的初始阶段，鉴于经验的不足以及无固定模式可参照，各民族高校图书馆或多或少在书目数据记录里会遗留一些问题，如书卡账不符，一书有两条以上记录，著录详简级次不一，内容不准确，著录方式不一致，同书异号、异书同号等等。随着民族文献事业不断向信息化、网络化发展，资源共享，尤其是网上资源共享将是一条必经之路，因此，各民族高校要抓紧时间规范本部门的民族文献书目数据，为建立全文数据库、为网上资源共享打好基础。

（四）重视民族文献数据库专业人才的培养

民族文献数据库建设是一项专业性很强，涉及多学科知识的技术性工作。要求每个工作人员除具备一般图书情报知识外，还必须在科学技术知识、民族语言文字方面有一定造诣，还应努力掌握电子计算机等现代化技术手段。只有这样才能适应现代化的民族文献开发趋势，也只有如此高水平的队伍，方能进行民族文献数据库建设工作，才能多主题、多途径、全方位地满足读者对民族文献信息广、快、精、准的需求特点，提供系统化的服务。

（包和平，男，蒙古族，学报编辑部主编，主要从事民族文献学研究。本文发表于《情报资料工作》2005年第4期）

1930：鲁迅的都市写作及其对"假知识阶级"的批判

丁　颖

一

五四新文学在告别传统的同时，全面输入西方学理，围绕着作为思想阵地的《新青年》展开了轰轰烈烈的新文化运动，集结和培养了一大批杰出的知识分子。这一代知识分子的思想智慧和文化选择成为20世纪中国文学生生不息的精神资源。五四之后，随着中国社会的历史转型，高扬着"启蒙主义"大旗的五四时代渐行渐远。进入20世纪30年代，文学创作领域呈现出"京派"、"海派"、"左翼文学"三足鼎立的格局，这一格局的形成一方面是文学创作多元发展的表征，一方面也是五四知识分子的文化选择与人生走向分化的结果。作为20世纪中国最具代表性的启蒙主义者，鲁迅一方面咀嚼着旧战场悬置而来的"孤独"和"寂寞"，另一方面，随着对种种反五四现象及其精神余留的彻底批判，鲁迅将一度作为启蒙主体的知识阶层一并纳入了启蒙的视野，着力表现他们"那藏在用口碑织就的华服里面的身体和灵魂"[1]。形成对五四时代启蒙主义思潮的延续和持守，也构成了鲁迅20世纪30年代文化批判新的思想质素。

五四时代，鲁迅主要是针对着"性解之出，必竭全力死之"的"中国之制"展开犀利深刻的文化批判，无论是白话小说中所塑造的以狂人、疯

---

① 鲁迅：《鲁迅全集》第6卷，人民文学出版社1981年版，第246页。

子、吕纬甫、魏连殳、子君、涓生所代表的知识谱系，还是以闰土、阿
Q、祥林嫂所代表的"沉默国民的魂灵"，或经受着"梦醒了无路可走"的
悲惨遭遇，或负载着"想做奴隶而不得"，或"暂时做稳了奴隶"的无告
人生，都毫不例外地把戕害人性的文化传统置于人类理性的天平上加以衡
量，进行文化上的反思和批判："所谓中国的文明者，其实不过是安排给
阔人享用的人肉的筵宴。所谓中国者，其实不过是安排这人肉的筵宴的厨
房。"① 到了 20 世纪 30 年代，中国的民族矛盾和阶级矛盾呈现危机状态，
触动着中国知识分子在文化选择上呈现出不同的分野。站位于中国现代性
复杂困境的核心地带——上海，鲁迅更多地接触到中国知识分子的大面积
思想倒退，在这些现代文化的承载者身上，或者背离五四传统成为新的权
贵门下的弄臣，或者以"进步的青年"自居，向五四传统吹起了全面颠覆
的号角，或者退避于象牙塔之中，与风沙扑面、虎狼成群的血泪人生保持
着"审美"的距离。受之影响，伴随着都市上海日益殖民化和商品化的
社会现实，"帮忙"与"帮闲"，各种捐班，登龙有术，二丑艺术，商定
文豪，洋场恶少，革命小贩，在上海文坛上演绎着分裂知识与道德，玷
污知识分子名声的闹剧。也许，这些人根本称不上真正的知识分子，只
能看作是深晓"文摊秘诀十条"的文滩作家或善于机变、毫无特操的
"伪士"。

二

　　针对 20 世纪 30 年代上海文坛知识分子的异化，鲁迅的批判首先指向一
批"商定文豪"。"商定"文豪是文人和商家媾和的产物："就大体而言，根
子是在卖钱"，所以上海的各式各样的文豪，由于"商定"，是"久已夫，已
非一日矣"的了。具体做法是"前周作稿，次周登报，上月剪贴，下月出
书，大抵仅仅为稿费。"在商家的经营策略和精心策划下，"商定"文豪诞
生了："商家印好一种稿子后，倘那时封建得势，广告上就说作者是封建文

---

① 鲁迅：《鲁迅全集》第 1 卷，人民文学出版社 1981 年版，第 216 页。

豪，革命行时，便是革命文豪，于是封定了一批文豪们。"① 顺应着都市化的节奏，以商品买卖为途径，以利己和实用主义为原则，一切均可出售，包括文本和灵魂。同类的揶揄、讽刺体现在《捐班》一文中。本来捐班是民国前买官鬻爵的代名词，到了民国则花样繁多了，大张旗鼓地开展起来了。连"学士文人"也可以由此弄得顶戴。开宗明义第一章，自然是要有钱。只要有钱，就什么都容易办了。于是："只要开一只书店，拉几个作家，雇一些帮闲，出一种小报"，就可以捐做"文学家"或"艺术家"，并且不必担心折本，保证做到"名利双收"② 仍然是围绕着钱和利益，拉帮闲和雇写手，加上商业贩卖和炒作，粗制滥造着文字垃圾，败坏着"文学家"和"艺术家"的名声。在这里，永远受到礼遇的是金钱至上和功利主义。在《登龙术》一篇中，作者细致地描写："要登文坛，须阔太太，遗产必需，官司莫怕。穷小子想爬上文坛去，有时虽然会侥幸，终究是很费力气的；做些随笔或茶话之类，或者也能够捞几文钱，但究竟随人俯仰。最好是有富岳家，有阔太太，用陪嫁钱，作文学资本，笑骂随他笑骂，恶作我自印之。'作品'一出，头衔自来，赘婿虽能被妇家所轻，但一登文坛，即声价十倍，太太也就高兴，不至于自打麻将，连眼梢也一动不动了，这就是'交相为用'。"③ 裙带关系成了捷登文坛的云梯，陪嫁钱换作文学的资本，文名和头衔安托赘婿在家中的地位，围绕着权与钱的交易，是文人和知识者人性与良知的堕落。

文人的身份是多变的，效果也是明显的。戏台上小丑的"插科"与"打诨"，到了台下，则置换成了文学者的处世之道。为了将人们的注意力拉开去，文人可以使事情变得滑稽："使告警者在大家的眼里也化为丑角，使他的警告在大家的耳边都化为笑话"。甚者是以"帮闲"的名义"帮忙"："帮闲，在忙的时候就是帮忙，倘若主子忙于行凶作恶，那自然也就是帮凶。但他的帮法，是在血案中而没有血迹，也没有血腥气的。"④ 两栖于帮忙与帮凶之间，在主奴身份的升浮和变迁中将严肃变成滑稽，将痛苦变为喜乐，将血迹和血腥气变得无痕，在残杀中却"依然会从血泊里寻出闲适来"。这是

---

① 鲁迅：《鲁迅全集》第 5 卷，人民文学出版社 1981 年版，第 377 页。

② 同上书，第 264 页。

③ 同上书，第 374—375 页。

④ 同上书，第 272 页。

帮闲者的立身之道，也是"无声的中国"的由来。鲁迅在《吃教》的开篇写道："其实是中国自南北朝以来，凡有文人学士，道士和尚，大抵以'无特操'为特色的。"进而写尽了"吃教"者见风使舵、无特操的种种表现："'教'之在中国，何尝不如此。讲革命，彼一时也；讲忠孝，又一时也；跟大拉嘛打圈子，又一时也；造塔藏主义，又一时也。有宜于专吃的时代，则指归应定于一尊，有宜合吃的时代，则诸教亦本非异致，不过一碟是全鸭，一碟是杂拌儿而已。"① 由表面上的"信教"到实质上的"吃教"，道出了大多数儒教、道教之流的精神实质。如此看来，许多将革命当作饭碗，"突变"、"转向"、"忽翻筋斗"的"革命文学家"也不过是种种"吃教"者的翻版。

在鲁迅眼里，孔墨及其徒的"乱"与"犯"绝不是"叛"，只是在不动摇专制基础之上，"闹点小乱子而已"，受异族奴役的中国遭遇着被压服的命运，"连有'侠气'的人，也不敢再起盗心，不敢指斥奸臣，不敢直接为天子效力。"于是依附于权门，既获得了安全，也增长了奴性，在维护主子、替人效命的时候，不做安全的侠客，于是就有了流氓的变迁："和尚喝酒他来打，男女通奸他来捉，私娼私贩他来凌辱，为的是维持风化；乡下人不懂租界章程他来欺侮，为的是看不起无知；剪发女人他来嘲骂，社会改革者他来憎恶，为的是宝爱秩序。"② 秘密即在于"后面是传统的靠山，对手又都非浩荡的强敌，他就在其间横行过去。"少了"侠气"，多了"流氓气"；少了正气，多了几分奴才相；依附于权门，仆从于权力，也润泽了权力。这就是流氓变迁的过程和"意义"。"五四时代的所谓'桐城谬种'和'选学妖孽'，是指做'载飞载鸣'的文章和抱住《文选》寻字汇的人们的，而某一种人确也是这一流，形容惬当，所以这名目的流传也较为永久。除此之外，恐怕也没有什么还留在大家的记忆里了。到现在，和这八个字可以匹敌的，或者只好推'洋场恶少'和'革命小贩'了罢。前一联出于古之'京'，后一联出于今之'海'。"③ 文人相轻，自古亦然。鲁迅对活跃于海上文坛，参与着"文人相轻"之战的论客，挥舞着文棒的革命文人的"轻"之术进行了深

① 鲁迅：《鲁迅全集》第 5 卷，人民文学出版社 1981 年版，第 311 页。
② 鲁迅：《鲁迅全集》第 4 卷，人民文学出版社 1981 年版，第 156 页。
③ 鲁迅：《鲁迅全集》第 6 卷，人民文学出版社 1981 年版，第 384 页。

入的总结：一种是自卑；一种是最正式的，就是自高；还有一种就是给人起"诨名"，批判。他们对人事观察的不准确和不贴切成了鲁迅嘲讽和批评的笑料，而"洋场恶少"和"革命小贩"的发现和总结则是意味深长的。

浙东戏班里的"二花脸"，素来扮演"保护公子的拳师，或是趋奉公子的清客"。在鲁迅的剖析中，他却成了"智识阶级"的象征："他有点上等人模样，也懂些琴棋书画，也来得行令猜谜，但倚靠的是权门，凌辱的是百姓，有谁被压迫了，他就来冷笑几声，畅快一下，有谁被陷害了，他又去吓唬一下，吆喝几声。"① 察言观色，审时度势，惟利是图，善于机变。这是二丑的特色，因为他没有义仆的愚笨，也没有恶仆的简单，他是"智识阶级"。他明知道自己所靠的是冰山，一定不能长久，他将来还要到别家"帮闲"，所以当受着豢养，分着余炎的时候，也得装着和这贵公子并非一伙，因此："他的态度又并不常常如此的，大抵一面又回过脸来，向台下的看客指出他公子的缺点，摇着头装着鬼脸道：'你看这家伙，这回可要倒楣哩！'"在鲁迅的精神烛照下，那些委身于权门、觊觎于名声和利欲的人们，显现出颟顸可笑的一面。他们的生存之道和"二花脸"艺术在通向"权门"的道路上结伴而行："世间只要有权门，一定有恶势力，有恶势力，就一定有二花脸，而且有二花脸艺术。我们只要取一种刊物，看他一个星期，就会发现他忽而怨恨春天，忽而颂扬战争，忽而译萧伯纳演说，忽而讲婚姻问题，但其间一定有时要慷慨激昂的表示对于国事的不满：这就是用出末一手来了。"② 对1930年代的鲁迅而言，切近的社会世象和繁杂的百态人生不断缠绕着他的思考，促使他从生活这眼井里对人、对己进行灵魂的淘洗，鞭策他进行思想上的启蒙和文化上的批判。

三

对知识阶级的思想品质和道德操守，鲁迅是有自己的认识的。早在

---

① 鲁迅：《鲁迅全集》第 5 卷，人民文学出版社 1981 年版，第 197 页。
② 同上书，第 198 页。

1927 年，鲁迅刚到上海不久，应上海劳动大学校长易培基之邀，发表了《关于知识阶级》的讲演，在演讲中鲁迅明确提到："真的知识阶级是不顾利害的，如想到种种利害，就是假的，冒充的知识阶级；只是假知识阶级的寿命倒比较长一点。像今天发表这个主张，明天发表那个意见的人，思想似乎天天在进步；只是真的知识阶级的进步，决不能如此快的。不过他们对于社会永不会满意的，所感受的永远是痛苦，所看到的永远是缺点，他们预备着将来的牺牲，社会也因为有了他们而热闹，不过他的本身——心身方面总是苦痛的。"[①]

作为知识的创造者和传播者，知识分子对知识的转化和文化的生成起到了至关重要的作用。而知识分子如何运用知识，不仅决定了他的文化选择，也决定了他的道德承担和价值选择。正如波德莱尔在他的杰作《我心赤裸》里所说："在任何人身上，在任何时刻，都有两种吁求，一种对是上帝的，一种是对撒旦的。"知识分子也不例外，思想的独立促使他们坚持精神的反抗，深晓利害的知识教养以及优越的物质处境易于影响他们选择卑怯的叛逃，或卵翼于权势，或臣服于利益，表现出爱智主义者的思想顺从。即使像海德格尔这样的大知识分子，当遭遇政治的时候，也难免为尘世束缚，无法将其高深的思想奉献给正义的权力。在马尔库塞的研究中，那些没有否定和批判能力的"单向度的人"正是发达工业社会高度集权化的结果。从这一意义而言，"现代生活中最深层次问题是个人在面对巨大社会压力、历史遗产、外来文化和生活技能时，如何保持其自由和个性的存在"[②]。

而这正是鲁迅在他精神反抗的文本中反复思考、反复吁求的命题。作为中国现代知识分子的杰出代表，鲁迅从来没有停止过对"个"的追求，从来没有停止对结束中国人的"奴役"状态、建立"人国"的践行。苦痛是真的知识分子的现实境遇，是他们绝望于现实并反抗现实的生命馈赠；边缘是他们生命存在的基本形式，是知识分子无可摆脱、无可遁逃的悲剧命运；独守是他们坚持真理、践行真理的精神姿态，是知识分子之为知识分子的基本特征。鲁迅正是这类知识分子的杰出代表。鲁迅一方面借狂人梦呓般的呐喊

[①]　鲁迅：《鲁迅全集》第 8 卷，人民文学出版社 1981 年版，第 190—191 页。

[②]　[德] 格奥尔格·西美尔：《大都市和精神生活——阅读城市：作为一种生活方式的都市生活》，上海三联书店 2007 年版，第 19 页。

爆出了中国文化"吃人"的现实，另一方面直言中国文化的"瞒与骗"，呼吁"我们的作家取下假面，真诚地，深入地，大胆地看取人生并且写出他的血和肉来的时候早到了；早就应该有一片崭新的文场，早就应该有几个凶猛的闯将！"① 一切顾及利害，假，冒充的知识阶级均是"瞒与骗"的文化产物，也是"瞒与骗"文学和文化的创造者。

反思和批判是鲁迅不灭的精神核心。在一系列杂文中，鲁迅写出了沪上文人对物质的依赖关系，对权门的仰仗和倾慕，写出了现代人的未解放状态。他们一方面要解决切近的生存之需，另一方面则在文化对人进行异化的过程中，不可摆脱历史无意识所带来的束缚和圈套。或有意识地仆从既定的文化模式，或放弃了知识分子素应承担的反抗使命。在一个出卖灵魂可以得到实惠，名不副实可以带来实际利益的虚妄世界里，文化的持有者——知识阶级的堕落格外让人触目惊心；在一个崇尚物质，轻视知识，觊觎权力，放弃道义的都市社会里，文化的建设者——知识分子的倒退，会带来更大的荼毒，更恶劣的后果。为此，鲁迅不遗余力的批驳了知识分子的精神弱点，揭露了他们作为"做戏的虚无党"的虚伪本质和无力感。在鲁迅笔下，"伪士"的特点是"功利"、"不学"、"自私"、"无我"，在摧毁精神、唯利自私的"伪士"身上，更致命的人格弱点是"伪"与"骗"，这是人性堕落、文化堕落的根源。他们的"善于变化，毫无特操，是什么也不信从的，但总要摆出和内心两样的架子来"②。在鲁迅看来："伪士当去，迷信可存，今日之急也。"③在1930年代的上海，鲁迅站在时代的风口浪尖上，以"反抗绝望"的精神姿态，继续将文化启蒙的精神旗帜高高扬起，以其锐利的批判锋芒、无畏的斗争意志和震撼人心的道德关怀，勾画出中国知识阶级的各种面相，同时也表明了一个真正的知识分子的历史选择：在现在这"可怜的时代，能杀才能生，能憎才能爱，能生与爱，才能文。"

（丁颖，女，汉族，文法学院副教授。主要从事中国现当代文学及鲁迅研究。本文发表于《齐鲁学刊》2011年第2期）

---

① 鲁迅：《鲁迅全集》第1卷，人民文学出版社1981年版，第241页。
② 鲁迅：《鲁迅全集》第3卷，人民文学出版社1981年版，第328页。
③ 鲁迅：《鲁迅全集》第8卷，人民文学出版社1981年版，第28页。

"诗意"的幻灭：中国游记与
近代日本人中国观之建立[①]

苏　明

　　自 1871 年中日正式建交以来，进出中国的日本人日益增多。明治末至大正时期，在日本形成了一股中国旅行热，旅行热的兴起催生了大批中国游记。仅日本的东洋文库收藏的明治（1868—1912）、大正（1912—1926）、昭和（1926—1989）3 个时期的中国游记就超过 400 种[②]，而"这个数字与明治以来日本出版的全部中国旅行记相比，只是九牛一毛而已"[③]。几乎日本各界的社会政治、文化名流都参与了中国游记的写作。他们中既有官僚、政治家、作家、艺术家、学者、记者，也有教习、留学人员、军人、实业家以及宗教界人士等。游记的内容涉及中国的政治、经济、文化、军事、地理、历史、风土人情、自然风光、名胜古迹等各个方面。这些中国游记真实记录了近代日本人中国观的演变轨迹。循着这条轨迹回溯，游记在近代日本人中国观演变过程中的特殊意义就凸显出来。游记所具有的独特的互文性和亲历性文体特征，使其借助批量的文化叙述制造出了一种权威话语，由此而影响了近代日本人中国观的形成与演变。可以说，这一时期的中国游记充当了对中

---

①　本文的写作得到了我的导师马俊山教授和师弟李跃力君的精心指导和无私帮助，编辑张曦女士也给予了我真诚的鼓励并提出了修改意见，特此致谢。

②　美国的日本研究家弗格尔在《从游记文学看日本人的中国再发现：1862—1945》一书中提及，从幕末到终战期间日本人所写的各种中国游记有近 500 种之多。参见［日］西原大辅：《谷崎润一郎与东方主义——大正日本的中国幻想》，赵怡译，中华书局 2005 年版，第 24 页。

③　张明杰：《近代日本人中国游记总序》，见芥川龙之介：《中国游记》，中华书局 2007 年版，第 3 页。

国进行负面叙事的主力，对近代日本人中国观的演变起到了不容忽视的推波助澜的作用。

一、互文性铸成的丑陋中国

明治末至大正时期，日本人对中国由敬仰转向蔑视。在明治维新之前，日本人一直将中国看作自己的文化乳母，对中国充满了无限的景仰和诗意的想象。可是到了近代，特别是中日甲午战争之后，中国日益腐朽衰败与日本迅速崛起形成了鲜明对照。伴随着"诗意中国"的幻灭，日本人不再用崇敬的目光打量中国，取而代之的是蔑视与侵略。近代日本人中国游记所传递的中国形象也"并非诗文里的中国，而是小说里的中国，猥亵、残酷、贪婪"①。不同作家以游记的方式铸成了一个丑陋的"中国"，这种中国形象的形成与游记的"互文"特征密不可分。

"互文性写作乃游记文类的普遍特征，古今中外皆然"②。所谓游记中的互文性写作是指文本中的"旅行"重叠现象，即后人在游记中总是追随前人的足迹，重写前人的描述。后来者与前人的游记构成一种相互阐释的互文关系。近代日本人写作的中国游记互文性特征极为明显。造成这种互文性特征的原因有以下数端。

首先，近代日本人中国游记互文性特征的形成和当时的旅游现状密切相关。清末民初的中国交通设施尚未完善，旅行路线很受限制。"贯穿南北的铁路只有两条，一条是北京——汉口之间的京汉铁路，另一条是北京经天津至南京对岸浦口的津浦铁路。因此要想漫游中国，就必然使用其中的一条。而内陆和长江下游城市之间并没有铁路，仅靠水路相连，而且当时的长江航运中，民族资本的力量还很薄弱，主要还是依靠日本的船运公司。"③出

---

① 〔日〕芥川龙之介：《中国游记》，秦刚译，中华书局 2007 年版，第 18 页。

② 孟华：《从艾儒略到朱自清：游记与"浪漫法兰西"形象的生成》，见孟华编：《中国文学中的西方人形象》，安徽教育出版社 2006 年版，第 375 页。

③ 〔日〕西原大辅：《谷崎润一郎与东方主义——大正日本的中国幻想》，赵怡译，中华书局 2005 年版，第 124—125 页。

于旅游路线的限制，当时来中国旅游的日本作家的游踪大同小异。如德富苏峰和谷崎润一郎的漫游路线完全雷同，而步其后尘的芥川龙之介则反其道而行之。游踪的一致使"中国"以互文的方式在作家笔下得到了形象的展示，不断地被反复重说、重写。

其次，互文性特征的形成也与当时作家之间的密切交流有关。正如川本三郎在《大正幻影》中所指出的那样："在大正的作家之间，有着一条面对中国的共同的交流的回路。"① 谷崎润一郎和芥川龙之介的中国之行是佐藤春夫提议促成的。横光利一听从芥川的建议来到中国才有了《上海》的问世。谷崎给将赴上海的金子光晴热情地提供了介绍信。村松梢风 1923 年的上海之行，"从某种意义上来说，是受了芥川中国之行的刺激"②。作家之间的密切交往使旅行信息得以有效沟通，自然会影响到作家的创作。大正时期风行日本文坛的"中国情趣"就是这种"面对中国的共同的交流的回路"在文学上的反映。

另外，旅行者在出发之前，为了方便旅行所作的知识储备，也是造成互文性写作的另一重要因素。1921 年，到中国旅行的芥川龙之介为了给自己的中国旅行做准备，在出发之前搜集了大量日本文人写作的中国游记。这其中包括著名记者德富苏峰的《七十八天游记》（1906）和《中国漫游记》（1918）、汉学家内藤湖南的《燕山楚水》（1900），以及井上红梅的《中国风俗》。实际上，芥川在踏上中国的土地之前，就已经在先行者的游记中开始了他的中国之行。在他自己的《中国游记》中就曾提到先行者谷崎润一郎和德富苏峰，并有针对性地发表了赞同或反对的意见。③

近代日本人中国游记的互文性特征是多向度的。出于上述各种原因，处于同一时期相同文化语境下的日本作家，其游记文本间形成一种水平向度的互文关系。此外，近代日本人中国游记的互文性写作还呈现出一种跨文化、跨文类的复杂性。即日本作家通过汉诗文系统想象的中国与近代日本人

---

① 转引自［日］西原大辅：《谷崎润一郎与东方主义——大正日本的中国幻想》，赵怡译，中华书局 2005 年版，第 35 页。

② 徐静波：《村松梢风的中国游历和中国观研究——兼论同时期日本文人的中国观》，日本学论坛，2001 年第 2 期。

③ 详见［日］芥川龙之介：《中国游记》，秦刚译，中华书局 2007 年版，第 72、97 页。

中国游记之间构成一种垂直向度的互文关系。这种跨文化互文性的形成主要
与中日之间源远流长的文化交流有关。明治、大正时期的日本文人，大致都
受过系统的汉学教育。在闭关锁国和交通极为不便的时代，日本人心目中最
初的中国形象是由汉诗文所传递和构建的。近代日本文人在开始中国之旅
前，心中早已构筑了一个"想象的中国"："那是一个沉睡的国家，那里数亿
的国民打着响亮的鼾声已酣睡了数年。在那个国家里，有无论你怎样搜寻也
无法找到源头的一眼望不见对岸的大河，还有广阔无垠的原野。在那原野
上，即使在晴空万里的日子里用望远镜看，也看不到一棵树木和一幢房屋，
更不用说高山了。古代，这个国家曾经出现过被誉为世界三圣人之一的伟
人，曾建筑过长达万里的长城，曾出现过无数位英雄和诗人，但对于这些，
现在的人们已毫不在意，只是沉醉在美酒和鸦片的香味中悠悠沉睡。"① 他们
所想象的中国是诗意的：鹦鹉洲应该是芳草萋萋的，寒山寺要有"月落乌啼
霜满天"的意境，中国的江南到处都充满了杜牧诗中"青山隐隐水迢迢"的
情趣……日本文人用汉诗文作为"想象中国的方法"，无限地驰骋自己丰富
的想象力，将中国浪漫化为一幅古雅诗意的水墨画，精致而又唯美。他们憧
憬着世外桃源般的中国，想象那里是充满了唐诗宋词般意境的神秘国度，把
中国看成是对抗日益走向西方化的日本的精神家园。带着这样的"先见"踏
上中国的土地，现实与期待之间的巨大落差让旅行者产生了一种普遍的幻
灭感。

　　沉浸在湖心亭清幽意境里的芥川，"闻到空气中飘荡着沉闷的尿骚。一
闻到这尿味儿，梦幻就立刻破灭了"②。第一次看中国剧的体验实在是让谷崎
润一郎大失所望。台上的演员"用尖细的猫叫般的嗓音念着台词，看上去就
像一只煮熟了的红红的虾子"。"后面出来的演员尽是些带着穷凶极恶的脸
谱，让人觉得跟作了噩梦般的不舒服。""那音乐又实在是吵人，像是铜锣
之类的东西没完没了的哐框作响，直震得耳朵也快聋了。""我心中的幻境
就这样被击得粉碎。"③ 被想象浪漫化的中国就这样在旅行者的眼里一点点

① ［日］小林爱雄：《中国印象记》，李炜译，中华书局 2007 年版，第 16 页。
② ［日］芥川龙之介：《中国游记》，秦刚译，中华书局 2007 年版，第 15 页。
③ ［日］西原大辅：《谷崎润一郎与东方主义——大正日本的中国幻想》，赵怡译，中华书局
　　2005 年版，第 142 页。

被剥蚀，露出它的本来面目。梦幻的破灭之后是对中国的全盘否定："现代中国有什么？政治、学问、经济、艺术，难道不是悉数堕落着吗？""我不爱中国，想爱也爱不成，在目睹了这种国民的堕落之后，如果还对中国抱有喜爱之情的话，那要么是一个颓废的感官主义者，要么便是一个浅薄的中国趣味的崇尚者。"落后凋敝的中国激发了作者的民族认同和怀乡意识，在异国的游客不由自主地发出慨叹："在南江水汹涌奔流的前方尽头，便是像小泉八云所梦到的蓬莱一样的魂牵梦绕的日本岛山。啊，真想回日本！"①

强烈的幻灭感影响并改变了作家的情感态度和旅行体验，导致了对中国丑陋一面的过剩描写。翻看中国游记，作者着力描写的中国仿佛散发着一股恶臭跃然纸上：游览扬州时，最让芥川难受的，"是这条大沟里的臭气"，"闻着这股臭气，一直坐在船里，感觉肋膜附近好像又开始隐隐作痛"②。刚进入苏州孔子庙的大殿，"高高的天井上传来沙沙的声音，让人以为是下雨了一般，同时一种异样的臭味扑鼻而来"。听着蝙蝠振翅的声音，又看到这般许多的粪便，芥川"一下子从怀古的诗境中，跌落到了戈雅的画意里"③。小林爱雄慕名寻访的枫桥只是"街道中一个肮脏的石桥，潮湿的地面散发着浓浓的恶臭"④。夏目漱石眼中的中国饭店和商店都散发着"奇特的臭味"。

中国如此肮脏，那么生活在这种污浊中的中国人呢？谷崎和芥川都对中国人"吐痰"进行了细致的文学描写：

> 他（白牡丹）扭过头去，忽然挽起那大红底儿上绣着银线的美丽的袖子，利落地往地板上擤了一下鼻涕。⑤
> 首先戏院的那个肮脏劲让人头疼。厉害起来，舞台上一跑一跳，就能扬起一面灰来，令四周朦胧一片。更有甚者，舞台上扮着俊男美女的演员，居然也能在台上又吐痰又擤鼻涕（就是交际花也能当着客

① ［日］芥川龙之介：《中国游记》，秦刚译，中华书局 2007 年版，第 136 页。
② 同上书，第 116 页。
③ 同上书，第 95 页。
④ ［日］小林爱雄：《中国印象记》，李炜译，中华书局 2007 年版，第 48 页。
⑤ ［日］芥川龙之介：《中国游记》，秦刚译，中华书局 2007 年版，第 26 页。

人的面用手擤鼻涕)。穿着那一身漂亮的行头居然做出这种动作，实在让人不可思议。①

不同的作家以互文的方式不断渲染着类似的过剩描写。散发着恶臭的河流，破烂不堪无人修缮的城墙，过分夸张与做作的乞丐，唾沫横飞的车夫，邋遢肮脏随地小便的悠闲男人，木偶般呆滞没有头脑的妓女，吸了大烟之后神情恍惚的老人，贪婪的守陵人……仿佛电影中的慢镜头回放，这些画面不断在近代日本文人游记中被重复，从一个文本到另一个文本。在文本的互文性生产过程中，肮脏、猥亵、贪婪、残酷、麻木、颓废、堕落、荒凉、吵闹、辫子、鸦片、汗臭、粪便、吐痰——无数的碎片最后拼贴成一个妖魔化的丑陋中国。中国游记中的中国形象已经变成一种单义化的文化符号——套语，进入日本的社会集体想象，直至颠覆原来依据汉诗文建构的浪漫化的乌托邦式的中国形象。这一形象最终变成一种具有单义性交往特征的符号："中国"成了肮脏、衰败、堕落的代名词。这样的中国让近代的日本人有充分的理由带着优越感投之以轻蔑的一瞥。

二、亲历性遮蔽的意识形态

游记的亲历性常常遮蔽了它所具有的想象性和虚构性的文学特征。阅读游记时，读者和作者之间仿佛达成了一种默契，读者相信作者所描述的都来自他的亲身体验，是所见所闻的真实再现，故而游记中的想象与虚构因素常被读者所忽略。"游记的欺骗性导致经作者文化选择后想象与现实参半的异国形象通行无阻，被当作真实的存在而广为传播，游记因而往往成为新形象的生发点。"② 从形象学的角度来说，异国形象是按照先存于描述的一种思

---

① [日]西原大辅:《谷崎润一郎与东方主义——大正日本的中国幻想》，赵怡译，中华书局2005年版，第146—147页。

② 孟华:《从艾儒略到朱自清：游记与"浪漫法兰西"形象的生成》，见孟华编:《中国文学中的西方人形象》，安徽教育出版社2006年版，第377页。

想、一个模式、一个价值体系建立起来的形象。① 它"是对一种文化现实的描述，通过这一描述，制作了（或赞成了，宣传了）它的个人或群体揭示出和说明了他们置身于其间的文化和意识形态的空间"②。近代日本人中国游记中所呈现的中国形象很显然经过了作者自身文化选择的过滤，既迥异于日人心目中的中国，也与"现实"的中国大为不同。实际上，任何游记也不可能展示对象的全貌，片面与失真自然在所难免。但问题在于，当读者将中国游记所建构的"中国"视为"现实"中国的时候，其中潜藏的意识形态却往往因被忽略而大行其道。

明治末至大正时期，正值中日关系发生逆转，日本式的东方主义日益滋生蔓延。1894—1895 年的中日甲午战争，是促使近代日本人中国观发生演变的一个转折点。胜利极大刺激增强了日本的民族自信心和扩张野心，全国上下到处都是"日本胜利！支那败北！"的欢呼。这场战争撩开了老大中国身上那层神秘的面纱，露出千疮百孔、荒废衰颓、不堪一击的真实面目。日本的崛起和中国的衰落所形成的鲜明对照，空前激发了日本的民族优越感和认同感，日本社会中开始出现一种蔑视中国的风气。浸淫于这种社会文化思潮中的近代日本文人，自然难以摆脱其或深或浅的影响，不可避免地会带着东方主义的有色眼镜来打量中国。带着优越的姿态与蔑视的心态来观察中国，自会有别样的感受，其观赏对象也会有所置换和侧重，因而中国游记所展示给日本读者的中国肯定会有某种扭曲变形。

近代日本迅速崛起，"脱亚入欧"的发展思路使得日本成为了东方主义的主体。正如《东方主义》日文译者金泽纪子所说："从西方的角度看，日本无论从地理的、还是文化的角度来说都属于非西方世界，自然属于客体＝被观察方。但是由于近代日本选择了跻身帝国主义列强队伍的道路，在殖民地经营上积极汲取西方思想。……因此，日本同样摄取了西方的视点，将自己置身于东方主义的主体＝观察方一边。"③ 由此，我们似乎可以为游记中所

---

① ［法］达尼埃尔－亨利·巴柔：《从文化形象到集体想象物》，孟华译，见孟华编：《比较文学形象学》，北京大学出版社 2001 年版，第 125 页。

② 同上书，第 121 页。

③ ［日］西原大辅：《谷崎润一郎与东方主义——大正日本的中国幻想》，赵怡译，中华书局2005 年版，第 6 页。

充斥的大量负面描写找到答案。在游记中，中国往往处于被观看的位置；而
日本人则是居高临下的看客，带着批判的眼光巡视中国，与"中国"保持着
心理距离，不可能融入其中，也难以产生认同。中国事实上成了一个展示异
国情调的戏剧舞台。游记所描述的中国其实是作为日本的参照物而存在的，
它的丑陋恰恰见证了日本的先进、文明和科学。

　　近代日本人中国游记对"中国情趣"①的热衷，说明"他们关心的不是
中国的现实，而是他们心目中的幻象，他们认为中国应该是'他们的中国'，
并且徒劳地想将其永远地封存在记忆中"②。他们想象中的中国是停滞的、凝
固的，无论世界发生怎样翻天覆地的大变动，她永远都是那个诗文里的乌托
邦。谷崎润一郎认为："要是去中国的乡下，一定会看到那里的百姓仍然是
山高皇帝远，对政治啦外交啦不闻不问，满足于布衣淡饭，过着优哉游哉的
日子。"③芥川在上海的城隍庙寻觅"杜甫、岳飞、王阳明、诸葛亮一类的人
物，但是在这里却毫无踪影"。现代性入侵的上海在他的眼里是如此的碍眼
不协调："远处走来一位身着华丽的条纹西装、佩戴着紫水晶领夹的时髦中
国人，忽而，这边款款而行的却是一位戴着银手镯、迈着三寸金莲的旧式贵
妇。"传统与现代杂糅的上海让芥川失落地发现：现代的中国早已经不是那
个"诗文里的中国"了。

　　在东方学家的实践中，"他们否定东方和东方人有发展、转化、运
动——就该词最深层的意义而言——的可能性。作为一种已知并且一成不变
或没有创造性的存在，东方逐渐被赋予一种消极的永恒性"④。对于当时的日
本文人来说，中国就应该像一个僵化的文化标本，永久保留着古老的异国情
趣。一旦这种梦幻破灭，中国就变得面目可憎，以至于让他们不屑一顾。

①　所谓"中国情趣"，是指以日本大正时代为中心的，对于中国文化所持有的一种充满异国
　　情调的兴趣的总体。其内涵是丰富多样的，既含有东方主义的因素，也有江户时代以来
　　汉学传统的延续，有时还含有对一般所谓异国情调的反感情绪。

②　李雁南：《在文本与现实之间——浅析日本近代文学中的中国形象》，《天津外国语学院学
　　报》2005年第1期。

③　[日]西原大辅：《谷崎润一郎与东方主义——大正日本的中国幻想》，赵怡译，中华书局
　　2005年版，第2页。

④　[美]爱德华·W.萨义德：《东方学》，王宇根译，生活·读书·新知三联书店2007年版，
　　第265页。

　　除了上述原因之外，行程的仓促也是造成中国形象失真的一个因素。大部分的游记作者都是步履匆匆，对中国投去的只是惊鸿一瞥，根本无暇深入了解中国社会和普通人的生活。他们带有"先见"的眼睛虽然观察到的只是中国的一个"点"，但他们往往会将这一"点"扩大、引申，将其本质化、普遍化，由此而做出评判。因此，这种带有明显情感倾向的评判就浮于表面与片面。鲁迅先生在 1934 年 3 月 6 日致姚克的信中就批评了近代日本人中国游记在介绍中国时的片面性："日本人读汉文本来较易，而看他们的著作也还是或说居多，到上海半月，便做一书，什么轮盘赌，私门子之类，说得中国好像全盘都是嫖赌的天国。"①

　　尽管游记所传递的中国形象带着鲜明的个人色彩和为意识形态所左右的痕迹，但这种影响常常被游记的亲历性所遮蔽。读者完全相信游记中描写的就是真正的中国，因此毫无保留地全盘接受了游记所建构出来的中国形象。其实游记所建构、传递的中国形象只不过是一个文本的镜像，它固然是主体的反映，却是一种歪曲、变形的反映。但游记的亲历性却让日本读者忽略了镜像"中国"的虚幻性，他们是将异化的幻象当成了真实的主体，并据此修正、建立了自己的中国观。

三、霸权话语操纵的集体想象

　　近代日本文人需要的是一个诗意浪漫的中国，它可以作为精神的避难所，并此来对抗全盘西化的日本；而一般的日本民众需要的则是一个在落后／先进、贫弱／强大、文明／野蛮的二元对立模式下能激发自己民族认同感的他者。近代日本人中国游记正好满足了这两种需求。归根结底，他们需要的只是一个想象的中国而已。

　　竹内好曾经坦言："像我们这样年纪的人，在形成自己的中国观时，很受谷崎先生的影响。不仅谷崎，同时代还有佐藤春夫。而且谷崎、佐藤以

---

① 鲁迅：《1934 年 3 月 6 日致姚克信》，《鲁迅全集》（第 12 卷），人民文学出版社 1981 年版，第 350 页。

外，也不能漏了木下杢太郎。此外，芥川龙之介也几乎是同时代的。由这些人营造出来的中国形象，形成了我的中国观的基础。"① 由此可见，中国形象的建构直接影响了近代日本人中国观的形成与演变。近代日本人中国游记借着真实的名义，以互文的方式，使一个扭曲丑化的中国形象畅通无阻地进入日本的社会集体想象，造成强大的冲击力，改写着日本民众对于中国的跨文化想象。

诺曼·费尔克拉夫（Norman Fairclough）在《话语与社会变迁》一书中指出"互文性和霸权之间的关系是至关重要的"②。游记的互文性与亲历性以共谋的形式建立了一套权威性的霸权话语，操纵着中国形象的生成，并进而影响着日本人中国观的形成。令人深思的是，对中国形象进行负面书写的个体行为可能会引发质疑；但当这种负面描写层层累积、不断复制，成为一种集体行为，其权威性就会毋庸置疑、难以撼动。面对游记文体传递的"真实性"和互文写作形成的权威性，缺乏亲身体验的大多数日本人只能充当忠实的接受者，不可能做出全面理性的评价。他们中国观的确立和改变，实际上是这种权威性的霸权话语影响、支配的结果。在日本文人建构中国形象的过程中，中国只是一个"沉默的他者"。

当游记的欺骗性带着亲历性的假面畅通无阻时，作家的知名度及其游记的大量刊行，都会推动失真片面的中国形象更加深入日本国民心中。明治末至大正时期，日本较为知名的文人大部分都来中国旅行过。森鸥外、二叶亭四迷、正冈子规、夏目漱石、田山花袋、与谢野晶子、永井荷风、志贺直哉、菊池宽、谷崎润一郎、村松梢风、久米正雄、芥川龙之介、佐藤春夫、小林秀雄、横光利一……值得注意的是，这些作家中很多是以报社记者的身份来中国旅行的，他们的中国游记堪称"命题作文"，特定的使命和读者群体都会深层次影响作家的书写策略。芥川曾深有感触地道出了其中某些不得已的苦衷："事实上因身负报社的使命，所以也怀着一种自私的打算，一旦要写游记的话，还是应该尽量多去和英雄美人相关的地方看看，这样才能万

---

① ［日］西原大辅：《谷崎润一郎与东方主义——大正日本的中国幻想》，赵怡译，中华书局2005年版，第273页。

② ［英］诺曼·费尔克拉夫（Norman Fairclough）：《话语与社会变迁》，殷晓蓉译，华夏出版社2003年版，第94页。

事无忧。这样的盘算，从上海到江南一直都萦绕在我的头脑中，过了洞庭湖也没有能够抛掉。如果不是这样的话，我的旅行还会更多地接触中国人的生活，不会过多地沾染上汉诗与文人画的学究气，而会更符合小说家的身份和口味。"① 芥川的这番话也恰好证明了他游记中描绘的中国形象的特质及其成因，这种带有主观意图而建构出来的中国形象只能是零碎的。但日本民众在接受这种中国形象的时候，自然会将其整体化，由此造成并加深了对中国的负面情感。

日益市场化的传媒界敏锐地发现知名作家写作的富有异国情调的中国游记拥有极大的读者市场，市场化的运作促进了中国游记的创作与发行。1921 年，芥川以大阪每日新闻社海外特派员的身份赴中国旅行。抵达上海的第二天，《大阪每日新闻》便刊登了近期将刊载芥川龙之介《中国印象记》的广告。回国后，芥川陆续在该报发表了《上海游记》、《江南游记》、《长江游记》以及《北京日记抄》。1925 年改造社出版发行了《中国游记》的单行本。德富苏峰的《七十八日游记》1906 年 11 月出版发行后不出两个星期即再版，一年后则发行第三版。作者响亮的知名度，配合巨大的发行量，在批量生产的文化表述中，中国形象传播的范围之广，影响之深，让人无法忽视中国游记在近代日本人中国观的形成和演变过程中的重要性。"尾崎行雄的《游清记》等不少游记，对当时的日本人，甚至是决策层在对华态度上产生过不同程度的影响。"②

中国游记所构建的异国形象，置换了缺席的原型——中国，带着浓厚个人色彩的中国形象在跨文化传播的过程中被一再误读、改写，并最终进入社会集体想象，影响了近代日本人中国观的建立与改变。游记作者在跨文化传播中扮演着双重的角色："他们既是社会集体想象物的构建者和鼓吹者、始作俑者，又在一定程度上受到了集体想象的制约，因而他们笔下的异国形象也就成为了集体想象的投射物。"③ 近代日本人写作的中国游记就是通过构建异国形象的方式，潜移默化地影响着日本人对中国的社会集体想象。

① ［日］芥川龙之介：《中国游记》，秦刚译，中华书局 2007 年版，第 99—100 页。

② 张明杰：《近代日本人中国游记总序》，见芥川龙之介：《中国游记》，中华书局 2007 年版，第 9 页。

③ 孟华：《比较文学形象学》，北京大学出版社 2001 年版，第 16 页。

"由于游记的某些特性"，它"一旦进入阅读领域，便会导致新形象（意义）的扩散和传播；这种传播的速度和广度都是别的文类难以企及的：打着'亲见'、'亲历'的旗号，故最易获得读者的信任"①。从这个意义上说，较之其他的文类，游记在形塑异国形象方面确实具有某种优势。但同时需要指出的是，我们对中国游记产生的社会作用要有一个客观理性的评价，既不能无视其影响，也不该过分夸大。游记固然在构建日本社会想象物的过程中起到了某种潜移默化的作用，但起决定作用的还是中日两国综合国力的变化和日本对华政策的调整。因此游记对近代日本人中国观并不是彻底的颠覆和重建。

富庶强大的古老中国曾经为日本所惊羡。遣隋使、遣唐使舳舻相属，虽然当时往来于中日间旅途之艰难超乎想象，"但日本社会就是这样的恰如婴儿追求母乳般地贪婪地吸收了朝鲜和中国的先进文明"②。直至明治维新以前，日本人根据诗文想象建构的诗意中国都具有某种乌托邦色彩，那时的中国是日本人学习的榜样。甲午战争之后的中国形象则更多地被打上了意识形态的烙印。游记所构建的中国形象不仅述说着日本人空前的民族自信心，而且昭示了日本人向大陆扩张的野心。这些转变都在中国游记中留下了或深或浅的印痕。

1876 年来中国旅行的竹添进一郎是近代最早深入到巴蜀地区游历的日本人，他的《栈云峡雨日记》（1879）是日本最著名的 3 部汉文体中国游记之一。竹添先生的"足迹殆遍于禹域，与其国人交亦众矣"。在看到了清末腐败吏治下的中国"举业囿之于上，苛敛困之于下，以致萎靡不振。譬之患寒疾者为庸医所误，荏苒弥日，色悴而形槁"的现状之后，仍抱着善意的态度，在食盐专卖、沟洫治水、税制等方面提出建设性的意见，希冀"未至衰羸"的中国能"药之得宜，霍然而起矣"。③可是，30 年后的小林爱雄却在《中国印象记》中感慨日本人在中国的活动范围太小，呼吁日本人"赶快研究中国，赶快来中国，赶快在中国开发事业"。在"热爱中国"的背后是出于"每年以五六十万的速度增长的日本人，将来埋放骨灰的青山，除了中国

---

① 孟华：《试论游记在建构异国形象中的特殊功能》，见《中华读书报》2002 年 9 月 8 日。

② 转引自钟叔河：《从东方到西方——走向世界丛书叙论集》，岳麓书社 2002 年版，第158 页。

③ ［日］竹添进一郎：《栈云峡雨日记》，张明杰整理，中华书局 2007 年版，第 18 页。

还有哪儿呢？"的担忧。① 由此可见，中国游记本身即记录了近代日本人中国观的演变轨迹。黄庆澄在他的《东游日记》（1893 年）中曾询问在日本长崎的华商"东人交谊若何？"，对方答曰："三十年前，华人旅居者，备承优待，其遇我国文人学士，犹致敬尽礼，今则此风稍替矣。"②1879年王韬作扶桑之游时，"都下名士，争与先生交。文坛酒宴，殆无虚日；山游水嬉，追从如云。"③ 可是，到了 1896 年，清朝首次派往日本的官费留学生，"十三人中有四人中途退学归国，原因之一就是忍受不住'猪尾巴！猪尾巴'这种嘲弄"④。

20 世纪初期，日本体验已经成了现代作家笔下梦魇般的创伤性记忆。其中影响最大的当数郁达夫的《沉沦》。郁达夫"十年久住"日本，在"这海东的岛国"消磨了"那同玫瑰露似的青春"。可是，"原来日本人轻视中国人，同我们轻视猪狗一样。日本人都叫中国人作'支那'，这'支那人'三个字，在日本，比我们骂人的'贱贼'还更难听"⑤。因为"受了她的凌辱不少"，所以作者借主人公之口发出了痛苦的诘问："我何苦要到日本来，我何苦要求学问。既然到了日本，那自然不得不被他们日本人轻侮的，中国呀中国！你怎么不富强起来。我不能再隐忍过去了。故乡岂不有明媚的山河，故乡岂不有如花的美女？我何苦要到这东海的岛国里来！"⑥"日本呀日本，我去了，我死了也不再回到你这里来了"⑦。

近代日本人中国游记不但为我们提供了一条了解近代日本人中国观形成演变的途径，同时也给中国人提供了一面反观自身的他者之镜。中国游记

① ［日］小林爱雄：《中国印象记》，李炜译，中华书局 2007 年版，第 98 页。
② 黄庆澄：《东游日记》，见钟叔河主编：《走向世界丛书：甲午以前日本游记五种》，岳麓书社 1985 年版，第 323 页。
③ 王韬：《扶桑游记》，见钟叔河主编：《走向世界丛书：扶桑游记》，岳麓书社 1985 年版，第 389 页。
④ ［日］实藤惠秀：《中国人留学日本史》，谭汝谦、林启彦译，生活·读书·新知三联书店 1983 年版，第 184 页。
⑤ 郁达夫：《郁达夫文集》（国内版）（第 1 卷），花城出版社、生活·读书·新知三联书店香港分店 1982 年版，第 48 页。
⑥ 同上书，第 24 页。
⑦ 同上书，第 21 页。

的负面叙事所暴露出的某些中国社会问题和国民性问题，是我们无法回避的事实。中国游记以互文性的方式铸成的丑陋中国，在影响近代日本人中国观建立的同时，也促使中国人学会如何从被蔑视的境地里理性地反躬自省。痛定思痛，无法承受的屈辱给留日学生身心带来难以愈合的创伤的同时，也促使他们积极展开了深刻的反思与内省。由此，《沉沦》中的主人公才会发出"祖国呀祖国"，"你快富起来！强起来吧！"的呼喊。[①] 在现代留日作家笔下，屈辱的日本体验转化成为国民性批判的外源性文化资源，开启了中国现代文学对世界中的"中国人"的反思和想象。

（苏明，女，汉族，国际文化交流学院副教授，主要从事近现代散文研究与比较文学研究。本文发表于《学术月刊》2008 年第 8 期）

---

① 郁达夫：《郁达夫文集》（国内版）（第 1 卷），花城出版社、生活·读书·新知三联书店香港分店 1982 年版，第 53 页。

善恶谁人有，莫问往来人

—— 芥川龙之介的小说《罗生门》与黑泽明的电影
《罗生门》之艺术追求

刘振生

一、芥川龙之介的小说《罗生门》
—— "善恶"变与利己主义

　　《罗生门》是日本近代著名短篇小说家芥川龙之介的早期代表作之一，很多人将其称为准处女作。该作品完成于1915年9月，同一年11月发表在《帝国文学》上，后收入阿兰陀书房1915年5月出版的短篇小说集《罗生门》中。作品以一个叫"罗生门"（亦称"罗城门"）的弃尸荒冢之地为背景，描述了一个无家可归的仆人在生存处于极限的环境中之心理转变始末。从小说的构成上看，人物只有二人，情节也非常简单，但从主题上看，可谓寓意深刻，回味无穷。因而作品自问世以来一直受读者欢迎，成为了解芥川龙之介文学的必读之作。

　　芥川的人生仅有短短的三十几年，但却给近代日本文坛留下了大量的作品。除了小说之外，在文体上还有随笔、书简、评论，如"文学艺术及其他"（《新潮》1920年11月）及后来的"文学艺术一般论"（《文学艺术讲座》1925年9、11、14、15期）、"文学艺术杂谈"（《文艺春秋》1927年1月）、"艺术的，过于艺术的"（《改造》1927年4、6、8月连载）、"小说创作十则"（《新潮》1927年9月）等，这些都是他对文学创作的体会和感悟，也有其对人生的呐喊。通过他的随笔及评述，我们可以窥视到一些他的文学观及创作态度。其中通过芥川龙之介的好友井川恭（芥川在东京府立第一高中读书时期的同学）的书简便可以了解到他当时遭受恋爱打击的情形，也可以进一步把握他接下来的文学创作。他在书简中写道："有没有一种远离利己主义的爱？在包含着利己主义的爱上是无法超越人与人之间的障碍的，也无法治愈笼罩在人们身上的那种由生存之苦所带来的寂寥。假如不存在那种抛开个人主义的爱，那就没有比人生更苦恼的了。周围是丑恶的，自己也是丑恶的，眼下面对这些丑恶而活着是非常痛苦的，可人们就是被这些所包围而要活下去。如果这一切看作是神在操持的话，那么神的操持则是一种可恶的嘲弄。"①

　　1915 年 2 月芥川龙之介同女友吉田弥生恋爱宣告失败。这一人生经历使更多人将其架构于后来《罗生门》的创作动机上。不过，近年来在学术界人们对的这一认识开始产生了怀疑。当然，我们不排除说这一事件对芥川龙之介以后的人生是有着很大的影响。正是由于芥川的养父母家对他们的爱情、婚姻的坚决反对，才导致了芥川龙之介情感上的受挫与失败，进而使他痛感那种潜藏在"所谓爱"之中的利己主义端倪。回览芥川龙之介的整个文学创作过程，我们看到他把这种在人们身上普遍存在的利己主义因素作为其艺术表现的一大主题融入了许多作品之中。反过来这种对现实充满痛苦的认识及思考一定意义上激励和促使了芥川龙之介去进一步从事文学创作，继而寻找文学与人生的支点。甚至可以说，也就是在这个时候芥川龙之介获得了"将作者的存在与思想置于作品及人物之中"的自我表现方法，并将这一方法贯穿于更多的作品之中。

　　日本文学评论家吉田精一对《罗生门》的一些解读，可以说决定了文学界对该小说评论的基本格调。他的"以仆人的心理推移为主题，暴露了为急于求得生存每个人不得不持有各自的利己主义"②的类似注释的观点，长期以来一直被看作是不可争议的一个定论。当然我们不否认这一认识基本上把握了当时芥川龙之介的心理走向。不过这一认识总的看来比较低沉，似乎

---

① 　芥川龙之介：《芥川龙之介全集·3》，（东京）新潮社 1965 年版，第 172 页。

② 　吉田精一：《〈罗生门〉论》，《芥川龙之介》，（东京）三省堂 1942 年版，第 19 页。

可以通过更为明快的心情来解读该作品。在这方面可以从日本评论家关口安义的观点上去捕捉，他认为"仆人通过老太婆所得到的逻辑是对人类一般逻辑的完全否定，是向一个崭新世界的跨越，也是从束缚自我的律法上的一种完全解放"①。我们从关口安义能在作品中读出"完全解放"上来看，应该认识到他的理解同吉田精一是有着很大差异的。而且假如我们回到小说的最后一个场景，看那瞬间就走下了陡立的梯子转眼消失在深夜之中的仆人，也会感到关口所给出的结论具有很强的说服力。不过在此之前有必要对束缚着仆人的"律法"的实际情形予以恰当地解释才可以印证其结论的可靠性。

如我们在前面所谈到的那样，从广义上看束缚着仆人内心的不是伦理性的东西，所以可以判断仆人无法打破现状的关键恐怕也不在于价值观问题，而在于那种没有勇气的易于变化的自我认识及其存在方式。正如"仆人"这一称呼本身所象征的那样，四五天前被人解雇的这位仆人，是一个丧失了主人的存在。正因为如此，它潜在地引出了同他人的关系的向度和不稳定性。或者可以说，这个"仆人"一词本身就具有欠缺性含义而被人们呼来唤去。他也仅从同他人的对应关系上就应该是一个能够认识自我的人。在封闭的自我意识中，自己是一个什么人他无法理解和把握，因而他只能迷茫在眼前的世界之中并任凭性情自由地显露。应该看到的是在作品的中心还存在着另一层面问题，即在罗生门下等待着雨停的仆人处于饥饿潦倒的状态，描画出了他那充满感伤的无限惆怅的心理世界。作品在一开始就表现出这种心理状态，从而规定了整个作品的主题倾向—厌恶—制恶—从恶的一种轮回和轮回的实现。

通过对作品的进一步分析我们看到，仆人只是通过和老太婆在罗生门弃尸场所的邂逅其意识才发生了变化。之所以发生这种变化是因为获得了老太婆的缘故，老太婆成为仆人认识上的一个催化剂。在和老太婆二人的相互关系上，他确立了自己的存在的价值和意义。"看到这些之后，仆人开始清楚地意识到老太婆的生死是完全由自己的意识所支配的。这样一来，这种意识便使原来一直强烈地燃烧着的疾恶如仇的心不知不觉在某一时刻冷却了

---

① 　关口安义：《〈罗生门〉论》，《批评和研究　芥川龙之介》，（东京）芳贺书店，第 6 页。

下来，剩下的只是做某件事和那件事将获得成功时的悠然自得。"① 当仆人意识到老太婆的生死掌握在自己手中时他的心理世界开始出现了变化并由此获得了一种情绪上的安定。他为自己在支配着老太婆的行动而十分惬意，进而便从封闭的自我意识中解放了出来。当然这种心理状态是通过听了老太婆的独白后形成的。因为仆人很快明白了他们几个人的关系，即老太婆所说的女人同老太婆的关系与老太婆和自己的关系是可以对接乃至互换的。作为强者的自身位置不予动摇并促使他去对老太婆施以行为，这一点在表现上十分关键。这样仆人根据老太婆和自己的相对关系认识并把握了自己，并最终从封闭的自我意识中解放出来。

日本文学评论家三好行雄认为："芥川把吞噬这个仆人的黑夜加上了他本人所持有的'虚幻化'的色彩"② 的确，对于读者来说，罗生门下展开的那个黑洞洞的夜晚，给人们带来了非常鲜明的艺术感染力。所以如果我们把存在于仆人身上的对他人的关系来看作是解释作品成立的前提的话，那么作为包含着小说整个世界的这个黑夜便可以理解为一个具有无限关系性的任意调和的东西，或者说仆人的解放可能来自自我意识解放的另一面，因为这一解放的前提是以自我与他人的优劣关系而成立的。这样才确保了作品空间的多重性与维度，最终避免了把《罗生门》变成了一个单纯的只是青年人在觉醒的自白书。

总之，该小说在创作上是通过与他人的相互关系来确认自己的存在，进而获得自我抗争的主体意识，这样作为利己主义的思想自然就会产生。由此我们可以窥视到在小说背后操持着讲述人的作家芥川龙之介及其那种对现实世界的希望与不安的矛盾心态。而作为讲述人，他未必是在对仆人一类的人进行一种审判，而只是想通过提示给人们的这个超越"黑洞洞的夜"的无限关系性视野的仆人，预示给人们那种同社会的存在相联系的无限束缚与可能。

---

① 《罗生门·鼻子·芋粥·偷盗》，岩波书店 1994 年版，第 13 页。

② 三好行雄：《无光的黑暗——〈罗生门〉的世界》，《芥川龙之介论》，（东京）筑摩书房，平成 5 年。

二、黑泽明的电影《罗生门》——
"善恶"劫与人性的困惑

　　黑泽明导演的电影《罗生门》，以独特的思维和表现技巧构成了具有东方文化特征的视觉影像，让电影人叹为观止。作品完成于 1950 年，于 1951 年获得威尼斯电影节金狮奖。这不仅是第一个日本导演获得的奖项，也是第一个亚洲人得到的殊荣。电影中五个凶杀案的当事人和见证人，说出了五个不同结局，究竟谁说的对？事情的本来面目又是怎样？影片具体描写了人们心灵深处的那种复杂的阴影，尖锐地剖析了人性最深奥的部分。错综复杂的蒙太奇手法展示出人们彷徨于心灵之谷的困惑。黑泽明的改编艺术是"独一无二"的再创造。这不仅仅体现在他对原作的创造性改造上，更主要还体现在其影片中的所采用的表现手法上，因而被电影大师斯皮尔伯格等人称为"世界影坛中的莎士比亚"。电影《罗生门》的名字与芥川龙之介的小说《罗生门》相同，而故事情节却是融合了芥川龙之介的两部作品，即《罗生门》和《丛林中》。同时，电影作品中略去了仆人与老太婆的善恶转化的具体情节描写，对两部作品进行了有机的嫁接。

　　《竹林中》于 1922 年 1 月发表在《新潮》上。该作品实际是在给作者本人诠释一种可以生存下去的逻辑，或者说制造了一种复合的矛盾。在人性上，他主要是对人的自私性导致人性本恶进行了无情的揭露。在小说的技巧方面，他用了不可靠的叙述性手法，使整个故事变得离奇而模糊。正是因为这种情节状态，才使"善恶"的追究合理地嫁接到了"真实"与"谎言"之上。这正是作者高明之所在，也是作者在创作上制造矛盾冲突的关键。通常小说的结构要有一个完整的故事情节，或者是通过一条主线或几条主线来对故事展开延伸的，但在《竹林中》作者却没有这样做，而是通过不同人的叙述把故事进行了拼凑，使故事有了基本背景和线索，善恶的转化、人性的检定成了将该故事情节相互衔接的关键。

　　《竹林中》以七段口供连缀而成，但是口供之中每个人的说法都不一致，甚至大相径庭，导致案情扑朔迷离，让人最终也无法还原其真实。七段口供中、樵夫、盗贼、僧人这三个主要当事人的口供最为重要，但这三个人的口供可谓南辕北辙、风马牛不相及。尽管他们每一个人的供词在逻辑上都是经得起推敲的，并且堂而皇之地在为自己所为的合理性辩解。但毫无疑问，这三个人中必定有人昧着良心在将事实真相隐去而自鸣得意。作者的创作意图是，由于每个人身上都有利己主义在作怪，这些东西最终促使人们愿意接受有利于自己的事实和结果，所以总要用谎言来文过饰非，导致客观真理常常受到歪曲，甚至可以说认识和掌握真理本身就是不可能的。作者认为，私欲会导致人们暴戾甚至犯罪，它可以使强盗去谋财害命，使恩爱夫妻反目成仇，又使他们即使死去也不愿承认事实真相。从这个意义上说，人们得到的所谓结果也许不是或者根本不可能是事情的本来面目。这样看来，私欲是人类存在诸多罪恶的真正的罪魁祸首，而私欲又是人性的一部分，它是人性恶的另一种表现形式。换句话说，这个故事实际上是没有答案的，也是矛盾的，而这种矛盾正是作者有意识的一种挖掘和创造。矛盾的主体是死亡事件的本身，而矛盾的对立面是多角度的，甚至是永远不确定的。

总之，在电影《罗生门》中，黑泽明以独特的手法探索了客观真理与主观现实的关系。他巧妙地将小说《罗生门》中所描述的场景用于自己电影的开始和结束，而将《竹林中》的主要故事情节作为电影的基本内容，并采用人物倒叙的方式使作品充满了未知和悬念，并将芥川的人性认识进行了一个嫁接和烘托。导演手法非常简练，视觉形象十分生动，蒙太奇技巧干净利落，并融入了日本古典音乐与绘画的美学元素。电影中良知、伪善、伦理、贪婪、恐惧、卑鄙等这些人类的本性都得到了精妙的表现。在作品中，他利用了很多长镜头、全景式的表现手法，画面色彩浓郁清澈，富有东方绘画之神韵。而片中的人物命运扑朔迷离，又极富西方戏剧风格。尤其是作品中的男主人公都具有强烈的两面性，而处于从属地位的女人的刚毅、阴柔给人留下了深刻的印象，表现了对现实的冷漠、无奈、嘲讽。

（刘振生，男，汉族，外国语学院教授，主要从事日本近现代文学、中日文学与文化比较。本文发表于《电影文学》2011 年第 15 期）

新中国文学中的日本人形象

——基于教科书收录作品的考察

刘俊民　徐　冰

中日交往历史悠久，文化相近。而自甲午战争以降，两国在国际社会的地位发生逆转，跻身列强的日本推行大陆政策，矛头首先指向中国和朝鲜。此后日本步步紧逼，遂酿成东方两大民族的生死决斗。战争毁掉了日积月累的人类文明，给中国人留下了刻骨铭心的伤痕，抗日战争则成为新中国文学作品历久不衰的重大题材之一。《铁道游击队》、《平原枪声》、《平原烈火》、《铜墙铁壁》、《地雷战》、《地道战》、《沙家浜》、《红灯记》、《敌后武工队》、《野火春风斗古城》、《苦菜花》、《小兵张嘎》等作品的故事情节，在当年几乎家喻户晓，耳熟能详。许多作品其后被改编成戏剧、电影，近年来又被拉长为电视/连续剧。从小说到电影、再到电视连续剧，这种反复的、全方位的、立体的形象塑造形成的巨大张力，给中国读者和影视剧观众带来了难以抹去的深刻记忆，在他们的视网膜和内心中定格，构成了当代中国人对日本人的主体认识。

另一方面，中国现代作家和当代作家的一些经典作品，还被节选或全文收录到新中国各时代的语文教科书当中，通过作家的创作、教科书编者的编撰、老师的讲授、学生的学习，完成了一个记忆的传承过程，在青少年的脑海中打下烙印，形成当代中国人认识日本的重要渠道之一。本文拟以新中国中小学语文教科书中收录的现当代作品为对象，概要考察其中的日本人形象。

各国家、各时代的教科书，除了向儿童传授知识之外，都承担着道德教育、民族精神的培养等任务。1956年教育部的《初级中学文学教学大纲》

规定:"初级中学文学的教学任务,就是帮助学生树立社会主义政治方向;培养辩证唯物主义世界观;培养共产主义道德,特别是爱国主义精神,共产主义劳动态度,集体主义精神……培养正确的审美观点,特别是对社会生活的明确是非、善恶观念和热烈的爱憎感情"①。当年的语文教科书的选材、教学方法、教学目的就是在这样的大纲指导下设定的。其中大多数的日本人形象,并非刻意塑造,而是依照培养爱国主义精神的方针,在记述中国人的抗战故事中顺带出现的。

生活是艺术的源泉,是作家的表现对象。自九一八事变到"8.15"日本投降,中国人面临亡国灭种,陷入了巨大的民族灾难。美国学者柯博文说:"对于生活在 20 世纪 30 年代的中国人而言,日本帝国主义实际上不是一个外交问题——它是一个国内问题。日本侵略中国,占领了她大量领土;日本(以及其他帝国主义列强)的战舰在中国的内河航行;像上海和天津这些城市的中国居民则生活在日本军队的影子之中。"②而至于战争全面爆发,中国人体验了家园丧失、亲人被害的惨痛经历,这段历史,自然成为中国现当代作家的创作素材。其中的一些名篇名段,则被收录到新中国的语文教科书中。因小学尚属蒙学阶段,故小学教科书中的课文多为小故事,难称文学作品,但为整体把握起见,亦将其纳入介绍范围。

一、20 世纪 50 年代初期—1978 年

新中国教育的源头,可以追溯到解放区即我党我军的实际控制区域。1949 年 12 月,中华人民共和国成立伊始,便召开了第一次全国教育工作会议,确立新中国的教育,"要以老解放区的教育为基础,吸收旧教育的某些有用的经验,特别要借助苏联教育建设的先进经验。"③一个新国家的诞生,

---

① 人民教育出版社课程教材研究所:《20 世纪中国中小课程标准 教学大纲汇编 语文卷》,人民教育出版社 2001 年版,第 333 页。

② [美] 柯博文:《走向最后关头——中国民族国家构建中的日本因素》,马俊亚译,社会科学文献出版社 2004 年版,中文版序言。

③ 宋恩荣、吕达主编:《当代中国教育史论》,人民教育出版社 2004 年版,第 222 页。

百废待兴，教育无疑是重中之重。

当新政权的教科书尚未面世的时候，便只能参照以往的经验，或借助外部力量了。1950 年 11 月人民教育出版社的《初级小学国语读本》，就是依照刘松涛、卢兆、黄雁星、项若愚合编，华北新华书店 1948 年 3 月原版出版的。其中第 5 册第 33 课编入了《卖货郎》，一个宣传抗日，不当汉奸的故事。这或许就是新中国语文教科书中第一次出现的有关日本的话题。同样，1950 年 12 月人民教育出版社出版的《高级小学国语读本》，也是在前华北人民政府教育部改编、1948 年 8 月新华书店原版的基础上出版的。《大战平型关》（据上海《解放日报》文改写，原书注）记述了平型关大战的过程，文中出现了日本军人的形象。1951 年 1 月上海临时课本编审委员会编著、人民教育出版社出版的《初级小学国语》，是在 1949 年上海联合出版社原版的基础上编撰的，第 4 册的 24 课，是描写了一个少年欺骗日军，找借口牵走了日本兵军马的《小铁锤》。此外，在 50 年代的教科书课文中，还有《儿童捉特务》、反映了冀中平原地道战的《地道斗争》、《誓死不作亡国奴》、《功劳炮》、《围村》、《二虎子》、《领棉衣》等小故事。《领棉衣》描写了东北抗日联军面对日寇围剿，缺乏给养，从敌人手里夺棉衣的情节；《二虎子》讲述了冀中平原的一个村庄，被日军包围，群众冒死保护八路军干部，智斗日本人的故事。

在初中课本中，收录了话剧剧本《打得好》、《雁翎队》、《荷花淀》等出现了日本兵形象的课文。其中影响较大的有孔厥、袁静合著的《雁翎队》。《雁翎队》出自二人描写游击战争的《新儿女英雄传》的第 6 回，讲述了华北地区中国共产党领导的抗日武装，利用自然条件，采用游击战法，打击日本侵略者，保卫家园的故事。

孙犁的《荷花淀》，是被数度收入教科书的经典名篇，描写了华北白洋淀群众与前来骚扰的敌人抗争的场面，反映了中日战争进入相持阶段，日军陷入泥潭，靠抢掠百姓维持生存，引起中国民众的痛恨和反抗的史实。

人民教育出版社 1959 年编辑出版的《初级中学课本语文第六册》中，收录了鲁迅先生的《"友邦惊诧"论》，文章讽刺了国民党政府的不抵抗政策，同时满怀激愤谴责日本帝国主义的侵略行径。鲁迅先生早年留学日本，对日本人的民族性格有着准确的把握，同时承认日本人身上的诸多优点。

九一八事变后，在日益高涨的主张抗日的浪潮中，就曾呼吁青年人保持冷静。而当看到日本军人在中国的恶行，国民党政府的懦弱，他忍不住了，直言不讳地怒骂，表现出对以强凌弱的日本帝国主义的仇恨。

新中国成立后，日本依然同台湾保持着外交关系，在东西方冷战的背景下，站在美国一面，敌视中国。战争的痛苦记忆和现实的国际政治，使得日本成为中国的敌人。因此20世纪50年代教科书中出现的日本人，主要是作为一个民族和群体的侵略者、闯入者的形象。

60年代，中国的中小学语文教科书，沿袭了50年代的风格，在爱国主义教育的前提下，日本人照例是被作为侵略者和敌人来描写的。北京师范大学中文系普通教育改革小组编，人民教育出版社1960年5月出版的《九年一贯制试用语文课本》第12册中，收录了《东北抗日烈士诗组》，介绍了李兆林的《露营之歌》、杨靖宇的《中朝民众联合抗日歌》、吕惠生的《留取丹心照汗青》以及《抗日组诗》等作品，其中表现了对日本帝国主义的仇恨和坚持抗战到底的必胜信心。《冀中的地道战》、《狼牙山五壮士》、《鸡毛信》、《平型关大捷》、《小英雄雨来》等歌颂抗日英雄、描写抗战历程的文章仍被收录于60年代前期的教科书中。《小英雄雨来》刻画了主人公雨来的机智、勇敢和坚强，对抗日干部的热爱和对日寇的憎恨，描绘了日军的残暴和阴险。《戚继光备倭守边》则记述了明朝将领戚继光率兵抗击倭寇，保卫国家的事迹。

1966年，"文革"开始，1967年1月31日中央公布了《关于改革教育制度的初步意见》，规定了毛主席著作为必修课目，中小学学生学习毛主席语录。1969年5月12日《人民日报》公布了《农村中小学教育大纲》，把原来的语文课改为"政治语文课"和"革命文艺课"，正常的教学秩序包括语文教学即随之中断。

70年代初期，中央开始治理"文革"的乱象，各级学校的教学逐步恢复。同时，为打破国际社会的孤立，毛泽东、周恩来着手调整与美国、日本等国的关系。这一时期的语文教科书除了毛泽东、鲁迅的论著外，还收录了《人民日报》、《解放军报》刊载的文章，其中既有对于日本复活军国主义的批判，又有反映乒乓外交，宣传中日友好的内容。如1971年3月出版的《吉林省中学语文课本》第1册第29课，收录了《解放军报》1979年9月4

日为纪念抗战胜利25周年发表的《复活的日本军国主义难逃覆灭的下场》。当时中方依据片面的信息误判日本有复活军国主义的可能。

而1973年上海的语文教科书中收录了1971年8月7日发表在《人民日报》上的文章《想起了在日本的日子》，反映出两国关系正常化之后教科书内容发生的变化。自中日战争爆发后，两国人民经历了长久的隔绝，许多日本民众期望了解中国，与中国友好相处。文章中出现的日本人不同于过去在战争中杀人放火的日本军人，而是一些普通民众。作者笔下的采蚌女工、小卖部服务员和饭店的朋友都热情好客，与到访的中国代表团成员结下了深厚的友情。通过这篇文章，可以使学生了解到他们以往并不知晓的日本人的另一面：朴实厚道、热情善良。

二、1978—2000 年

1978年，中国结束了"文革"，开始了改革开放的新时代，中日关系进入了蜜月时期。国家关系的改善，给中国教科书的选材带来了两个变化：一是出现了对日本文学作品的译介，如人民教育出版社1978年8月出版的《全日制十年制学校初中语文课本》（试用本）第2册第21课，收录了日本无产阶级文学代表作家小林多喜二的《母亲》；1983年12月浙江人民出版社出版的京津沪浙四省市合编教材《语文》中，收入了德永直的《马》；人民教育出版社1999年4月出版的《中等师范学校语文教科书阅读文选》中，收入了《〈源氏物语〉：一部日本的〈红楼梦〉》，对日本古代文学名著作了介绍。二是在继续讲述传统的抗战故事的同时，开始出现了对日本和日本人的正面描述。如上海教育出版社1983年出版的小学《语文》第9册第23课《大仓老师》，记述了一个日本小学生对班主任大仓老师的印象：一位正直、善良，不畏权贵的日本老师。

人民教育出版社1984年出版的高中语文课本中收录了著名作家冰心的《樱花赞》。樱花是日本的象征，在清末诗人、外交家黄遵宪等人的诗文中早有介绍。作家冰心于1961年春季访问日本，在文化名城金泽，适逢樱花盛开，感慨无量，遂作《樱花赞》。文中对樱花作了详尽的介绍，包括日本人的赏樱习俗、审美情趣。作品首先对日本的最为典型的美的事物，即日本的自然美进行了描绘，又通过在金泽与热情好客的日本出租车司机的接触，描写了日本的人情美。而对于樱花，作者却表达了与日本人不同的感悟："连阴之后，春阳暴暖，樱花就漫山遍地的开了起来，一阵风雨，就又迅速地凋谢了，漫山遍地又是一片落英！日本的文人因此写出许多'人生短促'的凄凉感喟的诗歌，据说樱花的特点也在'早开早落'上面。……也许因为我是个中国人，对于樱花的联想，不是那么灰黯。今年春天我到日本，正是樱花盛开的季节，我到处都看了樱花，在东京，大阪，京都，箱根，镰仓……但是四月十三日我在金泽萝香山上所看到的樱花，却是我所看过的最璀璨、最庄严的华光四射的樱花！"①

日本的古典美学观念中，有一种睹物伤情、感叹人生苦短、世事无常的传统。在日本，樱花是报春的使者。春寒料峭中，暖风拂来，干枯的枝条上绽开几朵小花，不经意间连成一片，云蒸霞蔚，形成壮观的花的海洋。而一星期左右，一夜风雨，便落英纷纷，繁华散尽，日本人由此联想到人生，发出无限的哀婉与感叹。尽管作者知晓日本人对樱花的鉴赏心理，但却把樱花看作璀璨庄严、光华四射的事物，这既反映出中日两个不同民族审美取向的差异，也可透视 60 年代国际共产主义运动、战斗精神等意识形态对作家的影响。不论如何，《樱花赞》除了发表当时作为文学作品的读者外，作为语文教科书的课文，从 1984 年到 1987 年，就 4 次印刷，一次印数便达 50 万册之多，可以说，《樱花赞》通过学校教育和教科书这一庞大的系统，使我国的青少年增进了对日本的了解。

除了《樱花赞》这样的名篇外，还有许多描写日本人的短文被收录到教科书中。人民教育出版社 1987 年出版的《初级语文课本》第一册中，出现了署名阿累的《一面》，在记述了与鲁迅见面情景的同时，也描绘了一位和善厚道的日本人、鲁迅的老朋友内山完造。

黑龙江省教委实验领导小组办公室编、文化教育出版社 1989 年 10 月出版的黑龙江省小学实验课本《课外阅读》第 2 册中，编入了《有这样一位日本友人》。这篇短文，是写给识字不多的儿童看的，汉字上面加了注音，讲

---

① 人民教育出版社高级中学《语文》课本，1984 年 3 月第 1 版，第二册，第 23—24 页。

述了一位日本导演为帮助新中国的美术电影事业的发展尽心尽力，成为中日
文化交流友好使者的故事。该套教科书第 9 册第 63 课的《日本小朋友怎样
写日记》，介绍了日本儿童两种行之有效的写日记的方法。

　　人民教育出版社中学语文室 1996 年编著出版的中等师范学校语文教科
书《课外阅读文选》第 2 册，收录了中国现代诗人徐志摩的《沙扬娜拉一
首—赠日本女郎》。著名的浪漫诗人徐志摩 1924 年随印度大诗人泰戈尔访问
日本，通过对日本女性的细微观察，写下了这首诗。虽寥寥几行，却抓住了
描写对象的神韵，勾勒出温柔妩媚的日本女性形象，这是与以往教科书中出
现的杀人放火的日本鬼子截然不同的。

　　在新中国教科书收录的文学作品里出现日本人形象的，从历史跨度、
收录次数、影响力等几个方面来看，应以鲁迅的《藤野先生》为最。鲁迅
1902 年到 1906 年在仙台和东京留学，1926 年写下了这篇回忆早年留学生活
的文章。20 世纪初，日本经中日甲午战争、日俄战争两役，羽翼丰满，跻
身列强，整个社会形成了歧视中国的风潮，原来的泱泱大国、作为日本的文
化母体国的弱国国民，当年的中国留日学生均经历过这种痛苦的体验。在仙
台医专，日本学生排斥、欺辱鲁迅，而解剖学教授藤野严九郎则热情、严格
指导，表现了没有狭隘偏见的高尚品质。除了课上课下的讲授辅导之外，藤
野先生还对鲁迅充满了感情，他的关怀，如同寒冬中的阳光，令鲁迅感到了
温暖。尽管分别后鲁迅再未与藤野通信联系，但恩师的教诲和感激之情，则
从未淡漠。从藤野那里，鲁迅学到了严谨的学术方法，感到了做人的尊严。

　　在《藤野先生》中，鲁迅满怀深情地回忆与恩师交往的点点滴滴，通
过一些细节，为我们勾勒出一个善良公正、无偏见、重感情的日本学者，塑
造出一个个性鲜明的艺术形象。鲁迅对这篇《藤野先生》极为在意，1934
年增田涉要翻译《鲁迅全集》时，鲁迅特意写信叮嘱《藤野先生》一文，请
译出补进去；1935 年岩波书店为出版《鲁迅全集》征求意见时，鲁迅答复
其他随便，唯《藤野先生》务必收录。①

　　从 1952 年开始，1953 年、1963 年、1973 年、1978 年、1983 年、1986

---

① 　吴天：《〈藤野先生〉分析》，吉林师范大学中文系函授教研室：《中学鲁迅作品分析》，
　　1977 年 8 月。

年、1988 年、1990 年、1991 年、1992 年、2001 年、2002 年，新中国各年代的中学语文教科书几乎全部收录了鲁迅的《藤野先生》。按语文教学大纲的方针，《藤野先生》的选材，并非为了刻画一个日本人的形象，而是进行爱国主义教育，"追述了自己当年为了祖国和人民的利益而由学医到弃医从文的思想变化，表现了自己要同反动派战斗到底的坚强决心。全篇洋溢着鲁迅强烈的爱国主义思想感情"①。此外，文章不乏鼓励年轻人刻苦学习的励志精神。不论教科书编辑者的意图如何，《藤野先生》通过鲁迅的亲身经历和叙述，客观上树立了一位可亲可敬、值得景仰的日本人形象。

三、2000 年以来

进入 21 世纪，中国的中小学语文教科书，基本上延续了多年形成的格局。在教育部 2001 年制定的《全日制义务教育语文课程标准》中规定："在语文学习过程中，培养爱国主义感情、社会主义道德品质，逐步形成积极的人生态度和正确的价值观"②。在讲述抗日战争的作品中，依然出现了作为侵略者的日本军人形象。在人民教育出版社 2001—2002 年出版的九年制中学语文教材中，收录了刘绍棠的《蒲柳人家》、老舍的《济南的春天》、林海音的《爸爸的花儿落了》、光未然的《黄河颂》、孙犁的《芦花荡》、茅以升的《中国石拱桥》、牛汉的《我的第一本书》等文章，其中记述了日本帝国主义对中国的侵略，给中国造成的巨大破坏和中国人保卫国家的坚强意志。与以往的教科书同样，这套教科书也收录了鲁迅的《藤野先生》。

2000 年 11 月，人民教育出版社教材研究开发中心编辑了一套《日语自学读本》，其中出现了"日本的风俗"、"日本的饮食文化"、"日本高中生的文化生活"、"日本的家庭"、"日本的产业"、"重视教育的日本"、"日本的环境保护"、"守纪律的日本人"等介绍日本社会文化生活的内容，可以使学生通过外语学习来了解日本。

---

① 人民教育出版社全日制十年制学校初中课本第 5 册《藤野先生》注释，第 105 页。

② 教育部制定《全日制义务教育语文课程标准》，北京师范大学出版社 2001 年版，第 2 页。

2002 年 2 月，由湖北省青少年公民道德建设教育活动组委会编辑的《公民道德建设读本中学版》中，介绍了日本皇室 2001 年 12 月 7 日为刚出生的小公主命名的情况，小公主被命名为"爱子"，"据报道，小公主的名字和称号是天皇在听取了汉学家的意见后确定的，源于中国古代典籍《孟子》中的'爱人者，人恒爱之；敬人者，人恒敬之'，意思是只有尊敬和爱护别人才能得到别人的敬爱"①。

作为培养公民道德观的教材，自然要进行爱的教育。从上述介绍中，可以获得两个信息，一是日本对中国传统思想文化、汉学修养的尊重；二是他们对爱的教育的重视。

纵观新中国成立 60 年来语文教科书中出现的日本人形象，或可归纳出以下几个特点：

1. 教育从属于政治。任何一个国家和政权，都要按照自身的需要来行使教育权，确定教育方针。新中国语文教科书的选材，按照教育部教学大纲规定，其中浮现出的日本人形象，是在爱国主义教育方针指导下，依据历史事实进行描述的。抗战时期，我党我军的抗日根据地主要是在晋察冀和江南部分地区。日军为镇压抗日军民，在这些地区采取了残酷的政策，而中国军民抗击敌寇，发生了无数可歌可泣的英雄故事，这些故事既是对青少年进行爱国主义教育的教材，又强调了中国共产党领导全民族抗战、为新中国的诞生所做的贡献的一面；

2. 在新中国教科书收录的文学作品中出现的日本人形象，大体可分为两种类型：一种是以战场上的日本兵为主的群体的日本人，这些人杀人放火、无恶不作；另一类则是作为个体被刻画、近距离描写的善良热情的日本人，两种类型之间似乎存在着矛盾。对此，日本战后派作家大冈升平依据自身在菲律宾战场上的经历认为：一旦脱离了战场和所属的群体，作为一个个体，很难杀人。日常生活中的日本人，都是些普通的人，战争使人变成了魔鬼。

3. 新中国的文学作品，包括教科书中收录的文章和影视文学作品，对

---

① 湖北省青少年公民道德建设教育活动组委会编辑：《公民道德建设读本中学版》，湖北教育出版社 2002 年版，第 66—67 页。

当代中国人认识和了解日本，对于中日关系具有巨大的影响力。中科院日本所学者王屏认为，部分中国人的日本观中存在着误区："这种'整体记忆'恶化的原因主要源于日本对华侵略的历史。日本在侵华战争中对中华民族所造成的严重伤害，导致一些中国人将特殊阶段的历史事实定格为日本民族性格的普遍性特征，结果他们在对日认识上往往容易出现情绪化倾向"①。也就是说，相当一部分中国人对当今日本社会的安定文明、日本人的朴实善良并不了解，还以为日本是个军国主义国家，把日本人都当成是战争时期杀人放火、狡猾凶残的恶魔。毫无疑问，这种认识是褊狭和有违事实的。

当前的中日关系又遇困难，既涉及历史认识的差异问题，又包含现实利益的纠纷，需要以冷静的态度去处理，这考验两国决策者的政治智慧，同时也考验国民的理智程度。历史证明，和则两利，斗则俱伤。

（刘俊民，男，汉族，外国语学院副教授，主要从事中日关系史研究。本文发表于《东北师范大学学报》2011年第5期）

---

① 《人民日报》2004年7月2日。

论大学新闻教育的价值取向和实践性特点

张瑾燕

改革开放以来，伴随着新闻传播事业的迅速发展，我国高等院校的新闻教育也日新月异地向前迈进，新闻传播专业目前已成为最热门的专业之一。在新闻教育急剧升温的背景下，有必要对大学新闻教育的现状、价值取向及其实践性特点作出客观分析和评价。

一、我国大学新闻教育的现状分析

多年来，大学新闻教育为我国新闻传播事业培养了一大批优秀的新闻工作者。新中国成立后的 30 年间，全国共开设过 59 个新闻教育机构，在校生最多时不超过 400 人，累计培养的学生不足 3000 人。1983 年 5 月，中宣部和教育部在北京召开了全国新闻工作者座谈会，着重讨论了中国新闻教育的发展规划，做出了加大新闻教育工作力度的决定。此后，中国的新闻教育进入了前所未有的大发展时期。到 1989 年，全国新闻教育机构由 1983 年 5 月前的 14 家猛增到 51 家，在校生达到 6000 人；到 1999 年，全国设有新闻类院、系、专业的高校有 60 所以上，专业点超过 100 个。据有关资料，2002 年初，全国已有 232 所高校开办了与新闻传播有关的专业，平均 10 天左右就有一个新闻传播专业点诞生。而到了 2004 年底已达到 470 余家，平均 3 天多就增加一个专业点。目前，全国开设新闻传播专业的高校多达 661

所，一年增加约 200 所。① 这些专业点不仅涉及综合大学和理工、师范、财经、体育、政法、农业类院校，而且在一些地级城市院校也纷纷涌现。据教育部高教司 2005 年统计，全国以本科为主的新闻类专业在校生有 12 万多人。在此期间，新闻传播专业的研究生教育也得到了迅速发展。继 1981 年国务院批准第一批新闻学博士、硕士学位授予单位以后，1984 年以来又审批了 7 批新增博士、硕士授予单位及学科点。至 2002 年，全国有新闻学博士点 7 个、博士后流动站 1 个、硕士点 35 个，在校研究生为 19113 人。②

超常规发展的大学新闻教育，在促进新闻事业发展的同时，也面临着新闻教育资源的短缺和教育质量的参差不齐。许多院校出现了新闻传播专业师资力量严重不足和教学质量明显下降的趋势。尽管一些新闻传播专业毕业的硕士、博士已走上了教学岗位，但师资培养方面的进度远赶不上新闻专业设置的速度。尤其是一些专业院校、师范院校、民办大学创办的新闻院系，普遍缺乏高水平的专业教师，不少讲授新闻专业课程的教师多是从文学或其他学科转行的。一些具有研究生学历的年轻教师，由于缺乏教学经验和新闻实践，还不能完全胜任教学工作。

特别值得关注的是，我国大学新闻教育目前仍存在着理论与实践严重脱节的现象。由于许多大学从事新闻教育的教师是从文学类专业转行进入新闻教育领域的，这些教师既没有经过系统的专业新闻理论的学习，又没有经过专门的新闻实践历练，对新闻的理解、思维方式和整个操作程序知之甚少，所以在教学过程中只能是照本宣科。还有的教师以讲授文学的方式讲授新闻，并使学生形成了用文学的思维方式和学习习惯来学习新闻。③ 即使是一些科班出身的大学新闻专业教师，由于缺乏新闻实践，教学内容跟不上新闻传媒发展的需要，从理论到理论，从课堂到课堂，很难反映社会实践对大学新闻教育的真正需求。有不少新闻专业的学生感慨道，高考时我们是以高分录取到新闻专业的，但大学 4 年除了对一些新闻学概念有所了解外，几乎

---

① 吴锋：《2005 年中国新闻教育十件大事评析报告》，2006 年 3 月 14 日，http：//media. people.com.cn/GB/40606/4197550.html。

② 皮传荣：《新闻学教育的文学化误区》，《光明日报》2006 年 4 月 29 日。

③ 李良荣、倪宁：《新闻学专业主干课程教学内容改革研究报告》，高等教育出版社 2002 年版，第 3 页。

什么都没有真正学到手。一些新闻专业的毕业生进入新闻单位后，几年内都担当不了重任，还必须在实践中重新学习。

此外，办学资金投入的不足也严重地影响了新闻教学设施的现代化、信息化进程。长期以来，新闻学科一直都被当作普通的文科教育来建设，没有得到足够的办学资金投入。不少学校新闻采编网络和相关设施匮乏，使新闻教学无法与现代新闻传媒的实际接轨，学生在校期间没有机会直接参与新闻实践。

以上状况表明，我国大学新闻教育的总体水平与新闻传播事业的实际需求仍有较大的差距。现代传媒的迅速发展需要大学提供优质的新闻教育和合格的专门人才，而大学必须转变教育思想，树立新的教育理念，改革人才培养模式、教育内容和教学方法，改善师资队伍结构，尤其需要对新闻教育的价值取向和实践性特点进行重新认识。

二、对大学新闻教育的价值取向及其实践性特点的探讨

现代新闻传媒业的发展，对从业人员的素质能力要求越来越高，不仅要求数量的扩充，而且要求质量的提升。近年来我国高等院校新闻专业点的激增，在一定程度上反映了社会对新闻从业人员的需求状况。然而如以上分析，尽管许多高校都设置了新闻类专业，但有相当一部分高校对新闻专业的设置存在盲目性，有的条件尚不具备硬性设置，有的却是为了经济效益，以至于泡沫泛起，一哄而上。据 2005 年 12 月有关媒体的一则报道，华中某大学的新闻学博士竟然连最常见、最简单的消息、通讯、言论都不会写。透过新闻学博士不会写新闻这一并非个别的现象，我们不能不对大学新闻教育的价值取向和人才培养标准进行重新审视，从而找出症结所在，进一步明确大学新闻教育的发展与改革方向。

探讨大学新闻教育的价值取向，实质上包含以下 3 个问题。一是为何兴办新闻专业和怎样办的问题；二是培养什么样的新闻专业人才和怎样培养的问题；三是新闻传播学自身的学科特点与社会实践的相互联系问题。

毋庸置疑，大学新闻专业的设置是以适应社会对新闻从业人才的需求

为前提的。能否适应现代新闻传媒对人才的实际需要，是评判一所大学新闻专业设置和新闻教育成败的基本标准。一些大学新闻学科基础雄厚，师资力量强，办学条件好，已成功地输送了一批批合格人才。相反，一些大学的新闻学科基础薄弱，师资缺乏，在不具备从事新闻教育软硬件条件的情况下，盲目设置新闻专业，反映出这些高校在专业设置上的急功近利。有的高校只有一两个从事新闻学教育的教师，或者把从事文学教育的教师"转行"从事新闻教育，就匆匆创办了新闻学专业，其教育质量是可想而知的，难怪这些高校新闻专业的毕业生无法找到合适的新闻工作。这一现象折射出我国高等教育进入大众化阶段后，一些高校热衷于追求学科专业建设的大而全和重专业数量扩张、轻专业内涵建设，甚至是单纯追求经济效益的不良倾向。这不仅不符合高等教育的办学规律，同时也背离了提高高等教育质量的时代要求。考察我国大学新闻教育的整体状况，可以得出这样的结论：在新闻专业设置急剧增加的情况下，大学新闻教育的重心已不再是专业数量的扩充，而在于质量的提升，在于如何与我国新闻事业发展的实际相衔接，在于树立科学的新闻教育理念。

人才的培养标准是大学新闻教育价值取向的另一个重要方面。随着全球经济一体化、政治多极化和科学技术的突飞猛进，现代新闻传媒正处在向多元化、信息化方向发展的转型时期，对新闻传媒从业人员的需求也呈现了多层次、多规格和多样化的特征，从而使现代大学的新闻教育及其人才培养与传统的新闻教育相比，已发生了许多重要的变化。但无论怎样变化，大学新闻教育对人才的培养须有一个基本的标准：就是能适应我国新闻传播事业发展需要的具有理论基础、创新精神、实践能力和基本技能的高素质专门人才。根据我国新闻传播事业多元化发展和对人才的多样化需求，大学应按照自身的办学定位、办学层次、师资条件和学科特色来选择符合自身特点的人才培养层次和类型。目前国内共有 14 个新闻传播学博士学位授予单位，而新闻类本科专业点数量是博士点的 47 倍。新闻学科基础好的研究型大学宜侧重于高层次研究型人才和复合型人才的培养。研究型人才应是重点新闻单位和高校从事新闻传播理论与实践研究、教学和新闻评论主持人、评论编辑、深度报道记者工作的主要人才资源。这类人才要具有广博的社会科学知识结构，有与国际接轨的深厚的新闻传播理论根基和一定的新闻实践历练。

复合型人才和应用型人才是目前新闻传媒大量需要的，是报纸、电视、电台、新闻网络和其他新闻出版单位记者、编辑以及现代传媒技能操作型人才的重要来源，这是教学研究型和教学型高校新闻类人才培养的定位所在。对复合型人才的要求是，不仅具备扎实的新闻传播学理论基础和较好的社会科学、自然科学知识结构，而且需要深入了解接触新闻实践。应用型人才除了掌握必备的新闻传播学基础理论外，更多的是在新闻实践中学习，并能熟练掌握基本技能。在普通高校之外，高等职业技术院校也是新闻类应用型人才的重要培养基地。总之，不同层次和不同类型的大学，对新闻类人才培养的定位和标准是有一定区别的，也是各具特色的。

新闻传播学是一门实践性、应用性很强的学科。也就是说，大学新闻教育具备鲜明的实践性特点。从学科定位来说，新闻学一般应属于应用文科范畴。我们强调大学新闻教育的实践性，是因为新闻本身就来自于社会生活。在现实生活中，受众对媒体的要求越来越高，他们不仅需要记者能客观报道发生了什么，还要求了解所报道的事件为什么发生及其走向，进而要求了解一则新闻所反映的社会意义。因此，新闻记者如果对社会生活没有深刻的了解，就无法把握新闻报道的切入点，也无法满足受众所关注、所要了解的信息。这给大学新闻教育带来的启示是，新闻教育如果脱离社会实践，必然是不成功的教育。而要开展具有实践性特点的教育，首要的条件就是拥有既掌握新闻理论、又具备新闻实践经验的教师。美国的新闻传媒十分发达，这与其成功的大学新闻教育密不可分。美国高校在新闻教育中，不要求学生掌握僵化的新闻学概念和教条，而是注重实际工作能力的培养，担任专业课的教师基本上是来自媒介第一线的资深记者、编辑。如加州大学伯克利分校新闻学院院长就是原《纽约时报》驻北京的记者。而中国的情况则相反，专业课教师基本上都是从课堂到课堂，普遍缺乏媒体的实际操作经历和经验，甚至相当一部分新闻专业课教师也写不出能在媒体公开发表的新闻作品来。除了价值观和意识形态的不同外，实践性特征应是中外大学新闻教育所共同遵循的一条教育理念和基本规律。当然，我国高水平大学的新闻教育也取得了许多成功的经验，如几所著名大学聘请原国内主要新闻媒体的总编辑担任大学新闻学院的院长；再如 2005 年清华大学新闻与传播学院二年级学生李强，在春节期间深入太行山区调查农村实况，写成了 4 万字的《乡村八记》

调查报告，得到了温家宝总理的充分肯定和批示①，在全国新闻院校师生中引起了强烈反响。这也从一个侧面反映出实践之于新闻教育的重要性。

三、大学新闻教育的改革思路和对策

1. 正确处理规模与结构、数量与质量的关系，切实把大学新闻教育的重心转移到提高质量的轨道上来

中国新闻教育的急速升温和超常规发展，特别是新闻类专业点的过快增长，总体上呈现了一种数量多、质量不高的倾向。尽管人们对此有不同的意见和看法，但理性思考的结果告诉我们，我国大学的新闻教育必须走出一条规模、结构、质量和效益相协调的可持续发展之路。在新闻类专业点总量已近 700 个、新闻类专业在校生已达 12 万余人的情况下，国家和地方教育行政部门应严格审批新增新闻类专业点的设置，对不具备办学条件的应坚决不予审批。同时，对高校现有新闻类专业点的办学情况应组织专家进行评估，对明显不符合办学条件或毕业生就业率过低的高校，应限期整改或取消其新闻专业的招生资格。此外，还可采取措施整合同一地区高校的新闻教育资源，如专业、师资、课程的整合等。通过上述措施，优化我国新闻教育的规模与结构，把大学新闻教育的重心真正转移到提高质量上来，从而使新闻教育和我国新闻传播事业发展的实际需要相协调。

2. 把大学的文化精神和新闻教育的实践性特点结合起来，培养具有创新精神、实践能力和深厚文化底蕴的新闻从业人才

大学的文化精神是高等学校特有的教育理念、学术文化氛围、办学传统积淀和人才培养模式的综合体现，在高校的各项专业教育中起着灵魂和引领的作用，新闻传播的教育教学也是如此。需要说明的是，新闻教育的实践性特点和实用性是有区分的。实践性是在宽厚理论基础之上的对客观事物的认知特点及其系统性，而实用性只是实际操作和应用的过程。只有新闻实践而不具备新闻理论基础或只有新闻理论基础而不具备新闻实践经验，都不能

---

① 吴锋：《2005 年中国新闻教育十件大事评析报告》，2006 年 3 月 14 日。

成为理想的新闻从业人才，也不适合从事大学新闻教育工作。因此，大学新闻教育就是要把二者很好地结合起来，这应成为大学新闻教育的一个重要指导原则。

3. 改革大学新闻专业教师聘用制度，改善师资队伍结构，形成大学与新闻单位联合培养人才的新机制

鉴于新闻传播学是实践性、应用性很强的学科，不仅要求教师具备系统的专业知识，还要求具有从事新闻实践的经验，而国内现有高校新闻院系具备这样条件的教师还十分稀缺，因此有必要改革大学新闻学专业教师的聘用制度，引进、聘用既有厚实的专业知识，又有新闻编采实践经验的人员来大学任教。较好的办法是直接引进新闻单位有工作经验的资深编辑、记者，也可聘用他们作为兼职教师。在同一地区或同一城市，高校和新闻单位可签订联合培养新闻人才的协议，同时有条件实行岗位交流制度，让符合条件的记者、编辑来大学任教，让教师到新闻单位做一个时期的实际新闻工作，让学生定期到新闻单位实习，在实践中培养、提高他们从事新闻工作的能力。此外，还要根据大学新闻专业教师的现状，采取多种方式，加大对现有教师的新闻业务培训力度。

4. 优化新闻传播学科专业结构，创新课程体系、教学内容和教学方法

目前大学新闻类专业主干课程的设置并不统一，这和不同高校新闻专业课教师的学科专业结构有密切的关系。在一些高校，课程设置是因教师而定，有的绝大多数课程是社会科学基础，新闻专业课只占很小的比重；有的新闻学专业课占到了全部主干课程的 60% 以上。以上两种课程设置都不符合新闻人才培养的基本规律。随着新闻传媒业的迅速发展和媒体转型期的到来，新技术手段被越来越多地采用，但许多高校新闻院系的教学设施还十分落后，教学方法陈旧，教学的重点仍放在向学生传授基本知识和观点上，跟不上现代传媒发展的步伐。鉴于此，大学新闻专业的课程体系须重新设计。有关研究表明，在课程设置比例上，新闻学课程应占整个课程的 30% 左右，其他社会科学基础课程如经济学、政治学、社会学、法学、文学、史学、哲学、外语以及必备的自然科学基础知识和新媒体技术课程应占 70% 左右较为适宜。在教学内容上，不能再把重点放在向学生传授基本知识和概念上，而要放在综合运用社会科学基本知识来发现问题、分析问题、解决问题的能

力上，放在从事新闻实践能力的培养和新媒体技术的掌握上。在教学方法上，要改变传统的从概念到例子的教学方法，应更多地采用案例教学、新闻实景采写、版面编辑创新评价等新方法。

5. 适应高等教育国际化趋势，实施大学新闻教育开放式办学和"走出去"战略

我国加入 WTO 以后，国外一些著名新闻院校正以各种方式进入中国新闻教育领域。我国大学的新闻教育也必须适应这种国际化趋势，实施新闻教育的开放式办学和"走出去"战略。一是注重学习借鉴国外著名新闻院校的人才培养模式和成功经验；二是引进境外优质新闻教育资源，包括师资与先进的教学设施，以开放式办学促进新闻教育质量的提升；三是"走出去"，让大学新闻专业教师和优秀学生直接到国外去学习深造和交流，参与世界范围的新闻教育竞争。

6. 鼓励不同高校发挥各自的优势，办出有特色的新闻教育

目前举办新闻教育的不仅有综合大学和文科院校，而且有许多理工、财经、政法、师范、农业、民族、体育等院校。不同类型和不同层次的高校如能依照自身的定位，发挥各自的学科与专业优势，培养有特色的新闻传播人才，将有助于改善我国新闻人才队伍的结构，以适应不同行业、不同地域新闻媒体对人才的需求。例如，政法院校开办的新闻专业，其人才培养目标应基本定位于既具备新闻基本理论与技能、又掌握政法专业知识的层面；体育院校新闻专业培养的人才，主要将从事媒体中体育新闻的编采或评论工作，这样的人才所采编的新闻更具有专业水准。

（张瑾燕，女，汉族，文法学院教授，主要从事民族学、
新闻理论与实践研究。本文发表于《中央民族大学学报》
2007 年第 1 期）

论白润生少数民族新闻研究的文化观

于凤静

少数民族新闻传播事业是一个国家或地区的文明发展水平的重要标志，是社会制度优越程度的有力证明。我国的社会主义性质，更突出了发展少数民族新闻传播事业的重要意义。

我国少数民族新闻传播事业虽然已度过"火红的年代"，正处于"满园春色"的大好时光，但我国的少数民族新闻研究却还处于"初创时期"①，更需有为有识之士对我国少数民族新闻传播事业给予更有针对性、更富拔塞启智意义的研究与指导。近些年来，一些有关评述少数民族新闻传播事业的论著与教材应时而生，而白润生对少数民族新闻传播事业的研究，在这样的时代语境中更显其强劲的实力。

白润生是我国当代著名的少数民族新闻学研究专家。20世纪90年代以来，他的《中国少数民族文字报刊史纲》（1994）、《民族报刊研究文集》（1996）、《中国新闻通史纲要》（1998）、《白润生新闻研究文集》（2004）、《中国少数民族新闻工作者生平检索》（2007）、《中国少数民族新闻传播通史》（2008）、《中国少数民族新闻传播史》（2008）、《当代中国新闻事业调查报告》（2010）等一系列著述的问世，不仅填补了中国少数民族新闻传播研究领域的空白，初步建立了比较完整的少数民族历史新闻传播学学科体系，也把少数民族新闻史的研究推进到了一个新的发展阶段。因此，白润生是我国当之无愧的中国少数民族新闻史研究的奠基者和开拓者。系统地研究白润生的治学思想和理论体系，不仅能填补少数民族新闻事业研究内容的缺失，也有利

---

① 白润生主编：《中国少数民族新闻传播通史》，中央民族大学出版社2008年版，第1—3页。

于对中国少数民族新闻史深入准确地开掘和把握，对促进有中国特色的社会主义新闻事业和少数民族新闻事业大有裨益。

通观白润生对少数民族新闻传播事业的研究理路，可以发现一个重要的特点，这就是其在研究中贯穿始终的文化观。他虽然研究、阐释的是少数民族新闻传播，但学术视野并不限于此，而是以少数民族新闻传播为对象和重心，将其放入使之孕生、发展的社会文化的母系统中，考察其社会的、时代的、文化的发展依据和规定性，进而分析少数民族新闻传播在这些规定性或条件性中得以产生、运作、展开的状况，以及在其合力作用下，自成系统地发展的深层动因和规律。这样的研究思路比起时下研究同类问题的一些著述，具有明显的突破优势：它为读者提供了一个可以更全面地思考，更系统地梳理、更动态而且深刻地把握少数民族新闻传播的属性、特征和社会关联性的知识体系。

白润生明确指出："探讨中国少数民族新闻传播发展的内在规律，要考虑到社会诸种因素的作用，如科学技术的发展状况、文化教育的水准、交通运输的发达程度以及民族心理、民族文化的影响与渗透等。由于传播反映对象的丰富性，它和各个时期的政治、经济、文化等都有着紧密的联系……。"[1] 因此，他认为中国少数民族新闻传播史"兼有历史学、民族学、文化学的特质，是多学科交叉的边缘学科"[2]。其实，新闻传播不仅具有社会性，而且也具有民族性、人民性和符号象征性等特征。所以，如果以社会学的研究成果作为基础，从而发挥文化学独特的视角和方法，也许对问题的探讨能更有利一些。可见对新闻传播展开文化学的研究是现实也是其本身的必需。

白润生的文化观实际上是在中国少数民族新闻传播史的研究中，不单纯从经济、政治、新闻等意识形态去分析探讨，而是对社会文化综合因素的全面考量和观照，进而显示出对从研究对象到研究方式和方法的全方位和多层次的观照。这一观照对我国少数民族新闻传播研究具有重要的现实意义。下面我们就白润生少数民族新闻传播研究的文化观展开具体分析。

---

① 白润生主编：《中国少数民族新闻传播通史》，中央民族大学出版社 2008 年版，第 13 页。

② 白润生主编：《中国少数民族新闻传播史》，民族出版社 2008 年版，第 1 页。

一、白润生对少数民族新闻传播中文化生态的考量

中国少数民族新闻传播在历史发展中不仅与意识形态密切相连，更是社会文化多种因素合力促进的结果，因此白润生认为必须把中国少数民族新闻史放在一个完整的社会环境中即文化生态中去考察，才能看清它发生发展的脉络和现状。他强调，"研究中国少数民族新闻传播史，同研究其他新闻传播史一样，都离不开各个时期的政治斗争、政党发展史和生产斗争史、经济发展史等"①，而且"历史原因、文化发展、生活环境、交通通讯状况、语言文字等都有可能给民族新闻传播事业带来影响。从宏观上讲，民族新闻传播事业发展的不平衡往往是其政治、经济、文化发展的反映"。新闻传播事业与少数民族地区的经济文化的发展，是一种"共振"的关系。② 因此，他总结到，"中国少数民族新闻传播事业的兴起、发展和繁荣是有规律的，这就是它与整个中国新闻传播事业的兴衰、荣辱基本吻合，与中国政治、经济、社会历史的起伏变迁也是合拍的"③。

在白润生《先秦时期兄弟民族的新闻与新闻传播》和《秦汉至唐报状产生前兄弟民族的新闻与新闻传播》④ 等研究篇章里，可以看到，他已把民族新闻与新闻传播的产生与运作方式完全置于当时的部落发展、民族交流和政治、经济、战争、宗教占卜、民俗民风等文化生态中考察，对少数民族新闻与新闻传播的持论，视野广阔，公允全面，鞭辟入里。

有的论者已注意到白润生在研究实践中对文化生态的重视。在他组织编写的《中国少数民族新闻传播通史》中，对每一种新闻传播现象发生、发展的背景阐释，都不偏于或政治或新闻或民族等单一角度，而是予以多方面的文化观照。"特别是第二、三、四、五章，是基于中国社会由古代转型为

---

① 白润生主编：《中国少数民族新闻传播通史》，中央民族大学出版社 2008 年版，第 13 页。
② 傅宁：《白润生：手持木铎的采风中者》，白润生：《白润生新闻研究文集》，中国文史出版社 2004 年版，第 8 页。
③ 同上书，第 12 页。
④ 白润生：《白润生新闻研究文集》，中国文史出版社 2004 年版，第 262 页。

近现代的过程中，对少数民族的历史文化在此特殊历史背景下因其丰富的个性而愈发显出多种变数的考察和观照，《通史》清楚地完成了对少数民族新闻传播史近代化历程主体线路的把握与描述，从而使《通史》成为少数民族新闻传播史的一部'民族志'或'民族文化志'。"①

白润生重视对文化生态考察的治学思想对我国少数民族新闻传播的研究具有指导意义，它启示我们要全面考察新闻传播的文化生态如地理环境、经济发展、人文因素包括人口构成、年龄状况、受教育程度等，深入挖掘传播生态的特殊性，这样才能对少数民族新闻传播的环境有比较准确的把握，这也是促进少数民族新闻传播事业科学发展的基本保障。

二、白润生对新闻传播中少数民语言文化特色的重视

一般说来，新闻传播是否使用民族语言是判断新闻传播活动是否具有民族特点的重要标志，但白润生的研究眼光更为深刻和全面。

其一，他认为，"保持民族性，将民族性贯彻到底，从形式到内容都要贯彻民族性。如坚持使用民族语言传播；坚持使用少数民族喜闻乐见的传播形式，如傣族的'甘哈'就是以说唱为主的传播形式"②。显然，民族形式与民族语言表达相比，其意义更为广泛和深厚。

其二，使用民族语言传播，不能仅满足于民族语言或双语的运用。"因为我国少数民族地区大多不止一个民族，相应地也就包含多个文种语种的新闻资源，同时，这些新闻信息之间具有相当程度的重复性和不可共享性。"③白润生对此做了进一步的解释：各民族的读者只熟悉本民族的语言文字，无法接受其他民族语言文字的新闻信息……因此新闻信息总量粗看起来似乎不少，而实际上能供个人享用的并不很多。

---

① 田建平：《少数民族新闻传播史研究学术体系的确立——评白润生主编之〈中国少数民族新闻传播通史〉》，《中国传媒报告》1999 年第 1 期。

② 傅宁：《白润生：手持木铎的采风者》，《白润生新闻研究文集》，中国文史出版社 2004 年版，第 12 页。

③ 白润生：《白润生新闻研究文集》，中国文史出版社 2004 年版，第 95—96 页。

其三，白润生指出，"民族新闻可以以少数民族语言文字传播，也可以以汉语文传播，或以外国语文传播。语言文字只是个形式问题，关键是一条新闻是否是对新近发生的中国少数民族政治、经济、文化事实的报道"①。"因而民族文字报刊中，应当是既要评介民族文字报刊，也要评介民族地区汉文报刊；既要凭介少数民族报人，也要评介长期从事民族新闻传播事业的汉族同胞。"②

在《中国少数民族新闻传播通史》的第一编第三章第七、八节，第二编第五章第八、十一节，第三编第六章第四节里，我们可以看到，白润生不仅考察了少数民族地区的运用民族语文的新闻传播活动，同样描述了民族地区的汉语新闻传播活动，甚至评析了海内外人士开展的少数民族新闻传播活动；通览全书，我们更能看到对非少数民族地区的少数民族新闻传播的独到分析。如对九一八事变前后，朝鲜人在上海创办的朝鲜文报刊的分析；七七事变后，对在关内发行的朝鲜文报刊的评述以及对二十世纪五六十年代，在北京创办的《回族大众》、《民族画报》、《民族团结》等报刊的探讨等，都彰显了白润生对民族语言与民族新闻的关系更广、更高一层的认识。

其四，坚持、挖掘民族语言本身的文化特色，而不是汉语的直译和编排。

对"许多少数民族文字报纸的编辑大多靠摘译汉文报来填充版面，造成报道的内容陈旧，缺乏个性与特色"③ 的问题，白润生认为"'译报'满足不了广大少数民族读者的要求，也不符合少数民族读者的阅读习惯，即少数民族文字的报纸要办自己的特色，办出地区特点和民族特点"④。

对民族语言如何体现民族文化特色的问题，他认为要大胆创新。如在对彝文的编辑排版上，就要力求打破传统排版格式，凸显民族特色。"彝文属于音节文字类型，也就是说一个字符即一个音节，一般来说，拼音文字在报纸的版面编排上只能横排不能竖排，而规范彝文既能横排也能竖排，使报

---

①　白润生主编：《中国少数民族新闻传播通史》，中央民族大学出版社2008年版，第1019页。

②　白润生：《白润生新闻研究文集》，中国文史出版社2004年版，第47页。

③　同上书，第97页。

④　同上书，第26页。

纸标题醒目大方。"① 在他看来，并非使用了民族语言的新闻传播就具有民族特色，我们还要正确地运用民族语言，挖掘民族语言本身的文化特色，而不仅仅是汉语的对译。

白润生重视少数民族语言文化特色的治学理念启示我们，对使用少数民族语言的新闻传播的考察，不仅必须要看到它的复杂性，也要探讨其特殊性，绝不能仅用语言来以偏概全。这种语言环境的特殊性必然要求我们不仅要把握新闻传播中民族语言的实用性，更要体现民族语言的文化性。

三、白润生对少数民族新闻传播中民族
特色的文化共同价值的提炼

各民族有自己的文化特色，但在提倡文化多元、共同发展的时代，其文化的共同价值观更能深入各民族的心里，进而更能保证各民族文化的活力和可持续发展。白润生认为，民族新闻对民族特色的表现，最重要的是对文化共同价值的提炼。

1. 坚持民族性，更注重各文化的相互影响对少数民族新闻传播的作用

白润生认为，"要从新闻学的角度研究少数民族新闻传播活动的历史，同时，还应该考虑到一个民族的政治、经济、哲学、宗教、历史、风俗习惯、伦理道德、饮食服饰及表现共同文化的心理素质与民族新闻传播事业的特殊作用与影响……由 56 个民族组成的多元一体的中华民族，千百年来汉族与少数民族形成了大杂居、小聚居、互相渗透、互相融合的局面，少数民族与汉族的政治、经济、文化的发展，是相互影响、相互促进的"②。

2. 提倡"大文化"、"大民族"，其实质就是提倡发掘多民族文化共同的价值观

白润生强调，"坚持民族性，尊重民族文化，是保持民族性的关键。成功的民族新闻媒体，应是民族政策、民族观、民族形式、民族内容、民族心

---

① 傅宁：《白润生：手持木铎的采风者》，《白润生新闻研究文集》，中国文史出版社 2004 年版，第 12 页。

② 白润生：《白润生新闻研究文集》，中国文史出版社 2004 年版，第 46—47 页。

理的完美融合"①。

　　他在分析回族报刊的历史与现状时，对"大文化"、"大民族"做了进一步的解释。"什么叫大文化？就是要跳出伊斯兰宗教的狭小范围，融经济、历史、现实、物质为内容，伊斯兰文化自有其经典和值得称道的地方，回族的精神、食品、经商、文化也有可圈可点之处。什么是大民族呢？所谓大民族就是说，回族报刊虽然主体受众是回族，但也要考虑其他民族，尤其是汉族的因素。回族受众需要的，也不仅仅是回族的内容。"②白润生认为，在多民族聚居区，多民族文化和多类型文化其实是相互影响、相互渗透的。少数民族新闻活动如果仅局限一个民族、一种文化的交流，而不顾及其他民族的文化传统和文化心理，不仅达不到传播的目的，对自身也是一种损失。因此，若要实现少数民族新闻"跨文化"传播和发展，就必须提炼和凸现各民族共同的文化价值观；只有各民族共同的文化价值观，才为各民族最终所认同和接受。两个"大"的含义，不仅是广阔的视野、包容的行为，也是融合的价值和共通的精神。可见，"大文化"、"大民族"的实质就是明确强调在表现新闻传播民族特色的同时，更要发掘民族文化共同的价值观。

　　文化人类学告诉我们，每一种文化由于文化环境、文化演进的阶段、文化重心以及文化类型的不同，形成了不同的价值体系。世界上很少有同一水平、同一层次上的文化，所以其价值是不可比的，它们都有合理存在的现实。但也恰恰是文化人类学的研究成果表明，尽管每一种文化都表现出自己不同于其他文化的价值体系，但它们都有共通的基本价值规范，这就是：对生命活力的创造，对自由幸福的渴求，对灾难痛苦的避拒，对超然之物的膜拜，这正是人类本质的体现。所以文化价值虽然在发展过程中本身不可比，但在其发展的总体方向和终点上是一致的。

　　揭示文化的生命性、创造性，寻觅把人的生命活动作为文化发展根基的规律，这是从狄德罗到叔本华、尼采，直至狄尔泰、弗洛伊德、萨特等一大批哲学家孜孜以求的。把他们的理论同英美以泰勒、波亚士、克卢伯、马

①　傅宁：《白润生：手持木铎的采风者》，《白润生新闻研究文集》，中国文史出版社2004年版，第12页。

②　白润生：《立足民族，壮大少数民族传媒经济》，第七届世界传媒经济学术会议，2006年5月。

林诺斯基等为代表的实证文化学派的形态论、模式论、结构论相比较，就可发现，他们更重文化的创化性、历史性和生命性，二者显示了由于对文化两个不同侧面的研究所取得的成果。白润生对民族特色的共同文化价值的重视，显然有着深厚的文化学的基础和依据。

以往在传播内容上一提到民族特色，人们往往就会想到少数民族的风俗习惯、风土特色。的确，风俗习惯、风土特色是各个民族经济、政治、文化生活的一种反映，在不同程度上反映和表现了民族的生活方式、历史传统和心理感情，是体现民族特点的一个重要方面。但风俗习惯、风土特色毕竟在某种程度上更多体现的是地域特色和传统特色，是民族特色在形式上的一种表现，没能表现出民族文化传统、文化心理和文化特色的深层内涵。因此，白润生的研究启示我们：大众媒体要传播具有民族特色的内容，必须在依托风俗、风土特色的基础上，打造政治、经济等领域的民族特色，提炼民族文化精神内涵。

四、白润生对少数民新闻传播媒介的文化符号意义的阐释

白润生认为，文化符号有着比语言符号更为丰富、更为鲜明的表达与展现，而语言形式也不是单一、单调的。

1. 重视口语符号的信息传播。对远古时代的新闻媒介的考察，更能看出和了解白润生对媒介的文化符号的看重。他认为，"有相当一部分少数民族有语言而无文字，因而，无法像汉族那样，普遍通过文字符号来进行信息传递，更多的是通过物化或口语形式传播信息"；"当落后的传播媒介技术难以满足日益增长的传播需求时，'歌谣与戏曲'便应运而生，因其曲调化而易于记忆的特点，而成为少数民族地区传播信息，歌颂真善美，抨击假恶丑的重要方式。直到如今，'歌谣与戏曲'依然是少数民族传递信息的常用手段"。①

---

① 白润生主编：《中国少数民族新闻传播通史》，中央民族大学出版社 2008 年版，第37—41 页。

2. 重视非语言符号的信息传播。白润生强调，在远古时代的新闻信息还可以通过物化传播，而物化传播就是非语言符号的信息传播方式。"在少数民族的民俗礼仪中，我们可以发现，非语言符号的运用达到了相当普及和成熟的阶段。"[1] 服饰衣着、节庆活动、婚俗活动和舞蹈动作等都能传递着民族信息，都可以成为新闻传播的丰富的文化符号。

文化是人类创造的产物并为人类所独具的，它同自然是相对的。文化是人类的生存模式，并在历史的发展中具有系统性的形态。文化学的结构论和模式论认为这一形态的内部具有层次结构，外部则显现为一种符号系统。这种符号系统有以下几个方面的特征：民族性、承继性、替代性和差异性。所谓替代性是指语言符号本身对文化内容及形式的指代和象征，所谓差异性，是指语言符号在替代文化内容和形式方面，二者所产生的种种不对等性。如白润生对黑彝统治时期，黑彝女子裙子长短的分析[2]，则完全是基于文化学的结构分析。很明显，白润生的少数民族新闻传播研究深得文化学精髓。他没有把眼光仅限于语言这一单纯的表现符号，而是放眼于整个文化系统和文化形态。白润生十分精细地分析道："语言符号善于达意，形象的非语言符号善于传情，新闻传播对达意和传情都需要，……因此，在少数民族新闻理论的研究中，重视此种'民俗'信息传播方式的考察，并深入本质，是今后民族新闻研究中颇具潜力和特色的发展方向。"[3]

五、白润生在少数民族新闻传播理论研究中文化学方法的应用

这一思想体现在白润生对少数民族新闻传播理论研究几个最关键、最重要的"节点"的把握。

概念范畴的界定。在当前 11 种有关民族新闻的定义中，白润生倾向于第

---

[1]　白润生主编：《中国少数民族新闻传播通史》，中央民族大学出版社 2008 年版，第 37—41 页。

[2]　同上。

[3]　同上。

10、11 种，即民族新闻是对中国少数民族政治、经济、文化事实的报道。他认为，"政治"、"经济"和"文化"均为广义……可以说是从政治、经济、文化这三个方面对古今少数民族的社会生活进行了全面概括，具有广泛的包容性。"政治"、"经济"、"文化"不是静观的，在不同的历史阶段，其内容、表现、特征都有所不同。以"文化"为例，少数民族文化不仅包括灿烂的传统文化，也包括随着民族融合、国际交流而不断涌现的"新"文化。① 这些论述明显突出了白润生把民族新闻置于民族文化系统中去分析和观照的研究视野。

历史分期的划定。对中国少数民族新闻史的历史分期，白润生没有像常规那样或"以报刊历史的宏观进展为标准"，或"以中国通史的分期为标准"，或"以著名新闻工作者的活动和新闻史上的里程碑时间"为分期标志，而是根据"各个时期的政治斗争、政党发展史和生产斗争史、经济发展史等，参照中国历史新闻传播学的三种分期"，把中国少数民族新闻传播史按照其内在规律划分四个历史发展阶段。白润生认为这样划分，较为准确地"摹写"出中国少数民族新闻传播演进的各个时期、每个阶段的各种新闻现象和传播活动的本来面目。②

研究方法的运用。有的论者通过研究白润生主编的《中国少数民族新闻传播通史》，明确指出了其研究方法文化主体的意义。"少数民族新闻传播史的研究与撰述，其最大的忌讳及困难就是研究与撰述的'非民族化'，即'少数民族文化身份'的弱化、异化与消失。……《通史》的研究，基本上避免了这种学术研究与撰述上的'另类'视觉，确立了少数民族文化主体身份意义上的学术研究范式及话语范式。"③ 另外，研究方法文化主体的意义还表现在研究者的民族身份。参与《通史》写作的 50 多名作者，来自汉族、蒙古族、回族、满族、锡伯族、纳西族、维吾尔族、藏族、朝鲜族、彝族、土家族、苗族、布依族等十多个民族。仅从作者的民族身份分布上看，就既体现了民族新闻史研究的"民族身份"，又体现了各民族身份间在学术研究、

---

① 白润生主编：《中国少数民族新闻传播通史》，中央民族大学出版社 2008 年版，第 37—41 页。

② 同上书，第 14、16 页。

③ 田建平：《少数民族新闻传播史研究学术体系的确立——评白润生主编之〈中国少数民族新闻传播通史〉》，《中国传媒报告》1999 年第 1 期。

认知与表达上的互通性与一致性。①

　　白润生在具体研究方法上，不仅运用研究历史常规运用的方法，如实物搜集、资料考证、数据补订、总结归纳等，他还强调"以抽样调查、民意测验、问卷调查、文献调查、比较研究等方法，大规模的从当事人和见证人那里搜集有关资料、实物、数据等等，以增强资料与数据的实证性和可靠性"②。而这些方法其实就是文化学田野调查的方法。他的研究可以说改变了中国少数民族新闻传播史研究中资料堆积、事实归纳、数据罗列等史多论少的局面。

　　白润生少数民族新闻理论研究的文化学方法应用，给了我们从研究对象、概念范畴、历史分期到具体而微的研究方法等一个完整的理论体系和实践体系，是开展我国少数民族新闻史研究的重要参照。

　　白润生少数民族新闻史研究的文化观具有重要的理论和实践意义。

　　有的论者一针见血地指出："少数民族新闻史的研究不能只是照搬中国新闻传播史的那一套研究方法，一定要有所突破。……少数民族新闻传播史不能简单地叙述史实，要研究各个地区、各个民族新闻传播的发展特点，特别是文化特点，重视各民族的民族形成、文化历史传统、政治和经济发展状况、内部民族和语言分布状况等应该成为研究的重点。"③ 少数民族新闻传播文化属性的揭示，是少数民族新闻传播史文化学研究的一个可喜的收获。白润生把少数民族新闻传播置于更为宏阔的社会文化系统中，研究其与各关联单元形成的动态的联系性，对少数民族新闻传播的文化属性所进行的富于新意和高度的探索，这一思路可称为系统的关联性研究或开放性研究。这种研究涉及的知识面更为广博，涉及的相关学科领域也较多，具有较为突出的学术边缘性。目前，对少数民族新闻传播进行开放性研究的著述尚不多见，因此这也正是白润生少数民族新闻传播研究的可贵和创新之处。

---

① 田建平：《少数民族新闻传播史研究学术体系的确立——评白润生主编之〈中国少数民族新闻传播通史〉》，《中国传媒报告》1999 年第 1 期。

② 白润生主编：《中国少数民族新闻传播通史》，中央民族大学出版社 2008 年版，第 14、16 页。

③ 谢会时：《加强民族新闻理论研究，推动民族地区新闻事业发展——读白润生、周德仓少数民族新闻史著作有感》，http：//blog.sina.com.cn/s/blog_4c33cecd0100c1w6.html，2009 年3 月 26 日。

　　白润生对少数民族新闻传播的社会文化关联性研究，由于其研究角度、研究深度及研究方法的突破性意义，使其成为应予更大关注的学术研究成果。对于时下及今后更好地发挥少数民族新闻传播在中国文化、民族文化、市场文化等建设中的积极作用，均具有很更重要的意义。

（于凤静，女，汉族，文法学院教授，主要从事民族新闻
传播研究。本文发表于《当代传播》2011 年第 6 期）

传媒生态变迁背景下少数民族新闻传播的价值取向

李世举

引 言

传媒生态是指传媒开展传播活动以及自身生存发展所涉及的环境条件。当今，媒介的网络化、信息的数字化、经济的全球化等条件共同构成了多元化的媒介环境。美国传播学家蒂奇诺认为，获得关于公共事务和科学的知识，需要一定程度的阅读和理解能力；知识储存越多，对新事物、新知识的理解和掌握越快；社交范围越广，人际交流越活跃，获得知识的过程越能加速；生活的水准、层次与媒介的内容越接近，对媒介的接受和利用程度越高，在上述无论哪一方面，社会经济地位高的阶层都处于有利的状况，这是造成社会"知沟"不断扩大的根本原因。[1]

现代社会是以社会化大生产和精细社会分工为表征的工业社会，城市以及城市生活是大众媒介的主要传播对象。对于少数民族受众来说，文化差异、落后的经济水平使得他们对新事物、新知识的理解和掌握能力较低；其生活的内容与媒介内容距离远较，对媒介的接受和利用程度很低；很多少数民族受众不熟悉甚至不掌握大众媒介的主流语言，处于大众媒介所构筑的信息传播空间的边缘地带。正因为如此，在社会及传媒生态发生深刻变革的今天，我们尤其需要思考少数民族新闻传播的价值取向以及如何实现其社会功能。

---

[1]　郭庆光：《传播学教程》，中国人民大学出版社 2003 年版，第 230—231 页。

一

在中国，新闻传播价值观念的发展变化，总是和政治斗争、社会变革联系在一起。中华人民共和国成立之初，由于当时整个世界分成两大阵营这样一个特定的国际环境，我国社会生活的各个领域都带上了比较浓厚的意识形态色彩。国家十分强调经济基础和上层建筑的统一性，十分强调社会生产关系和意识形态的统一性。我国的新闻传播事业，作为一种上层建筑，作为一种社会意识，顺理成章地成为一种武器和工具。新闻传播价值的评判只有一个标准和原则，即把政治上的功利性作为唯一的、最终的、绝对的取舍标准。① 因此，新闻媒介的政治功能就成为单一的社会功能。

少数民族新闻传播作为新闻传播的子系统，必然随母系统的变化而变化。新中国成立以后，发展少数民族新闻媒体与强化少数民族新闻宣传被当作民族工作的重要内容和手段。早在1952年和1956年，全国范围内就进行过两次民族政策的大宣传，通过宣传，对当时正确贯彻党的民族政策，疏通民族关系，消除历史上遗留下来的民族隔阂，增进民族团结，顺利完成少数民族地区的民主改革和社会主义改造，推进社会主义事业的发展，起到了重大的作用。② 党的十一届三中全会以后，党的民族理论和民族政策及民族团结的宣传教育依然被视作民族工作长抓不懈的工作。

各类新闻媒体也自觉地把少数民族新闻宣传纳入日常工作之中。中央人民广播电台早在20世纪50年代就开办了少数民族语言广播，并成立了民族广播的专门机构——民族部；新华通讯社在国内部专门设立了报道少数民族的工作机构；《人民日报》不仅及时报道民族工作和民族地区的大事，还注意比较系统地介绍少数民族和民族地区。党的十一届三中全会以后，随着民族地区改革开放各项事业的深入发展，各族人民对信息的需求越来越迫

---

① 陈先元：《单一观念和多维取向——试论我国新闻传播价值观念的变化》，《上海交通大学学报》（社会科学版）1998年第2期。

② 国家民委网站：《民族新闻宣传》，http://www.seac.gov.cn/gjmw/mzwhws/2004-07-12/1165370090493786.htm。

切，中央新闻单位也进一步加强了民族新闻报道工作，例如：新华社几乎每天都播发有关民族方面内容的稿件，中央人民广播电台在进一步办好蒙古、藏、维吾尔、哈萨克、朝鲜等 5 种民族语言广播的基础上又开办了汉语民族专题节目《民族大家庭》，中央电视台先后推出了《兄弟民族》、《民族之林》、《祖国大家庭》、《民族自治地方见闻》和《中华民族》专题、专栏，《人民日报》、《光明日报》、《人民日报海外版》、《人民政协报》、《中国教育报》、《经济参考报》、《解放军报》相继开辟了《民族大家庭》、《民族生活》、《民族苑》、《民族与宗教》、《民族教育》、《民族经济大地》、《兄弟民族在前进》等专版、专栏。同时，国家民委还经常邀请中央新闻单位记者组成中央新闻记者采访团，深入 5 个自治区和多民族省份及一些自治州进行采访报道。

然而，过于强调和夸大新闻传播政治功能的价值观，忽视了新闻传播的自然功能，即信息的扩散、沟通、交流的作用，极易导致新闻媒体偏离、违反新闻规律，漠视受众的需要。但是，在特定的历史时期，单一的少数民族新闻传播使得党和政府的声音能够清晰有力地走进少数民族地区和少数民族群众当中，把党和政府的关怀直接送到少数民族地区，密切了党和少数民族群众的关系，增进了党的凝聚力，为推进民族团结进步事业提供了有力的思想保证、精神动力和舆论支持，维护了少数民族地区的团结稳定。

二

近年来，我国的社会发生了巨大而深刻的变化，作为社会子系统的新闻媒体，与时俱进，发生了深刻的改变。传媒生态的变化给我国的民族工作带来了更为复杂的形势。相对于民族工作中经济层面的问题来说，意识形态领域的少数民族新闻传播面临的形势更为复杂。

从传媒的外部环境来看，传媒的政治、文化、经济环境均发生了深刻的变革。一方面，我国民族构成与分布具有多样性的特点，少数民族地区经济发展水平与发达地区存在着较大的差距，特殊的自然环境与人文环境构成了现阶段少数民族地区社会发展的时空背景和客观条件。另一方面，我国面临着较为复杂的国际国内形势。我国经济一直保持高增长速度，领跑世界经济发展，既迎来了我国的"黄金发展期"，也进入了一个"矛盾凸显期"。经济结构不合理、增长方式粗放、体制机制不完善、贫富分化等问题没有根本解决，各类社会热点相互叠加，社会思潮复杂多样，人们的思想观念更加多元多变，社会管控的难度加大。加之受经济全球化的影响，世界正逐渐融合为一个难以分割的整体，民族、宗教矛盾和边界、领土争端导致的局部冲突时起时伏，地区热点问题错综复杂。在这样的背景下，传统的新闻传播价值观念，出现了明显的不适应，新闻媒体越来越难以妥善协调、充分兼顾不同方面的诉求。

从传媒内部环境来看，传播技术的进步改变了传媒秩序和传播系统，新媒介的兴起以及新媒介与传统媒介共同构成的新的传播系统表现出更为激烈的竞争格局。此种变革，对少数民族新闻传播的影响更为直接且更为深远。

首先，随着新媒体的发展，网络、手机等新兴媒体广泛进入大众生活，对少数民族新闻传播创新手段、丰富内容、增强效果的要求进一步提高。包括少数民族群众在内的受众信息来源渠道日益多元，以维护民族团结、国家统一为核心使命的少数民族新闻传播在功利化、娱乐化的大众媒体空间中日益边缘化，少数民族新闻传播的影响力和实际传播效果都受到了一定的冲击。可以说，新媒体的兴起并没有改变少数民族新闻传播的基础环境，甚至在一定程度上加大了少数民族新闻传播的难度。

其次，受众日益多元化的精神文化需求，对少数民族新闻媒体提出了新的要求，传统的宣传模式和宣传内容已经很难收到实效。在我国改革开放进入到关键时期的今天，民族地区在经济、政治、文化等社会总体结构的各个方面都感受到了前所未有的猛烈冲撞与震荡，这种冲撞与震荡不仅引发了少数民族风俗习惯、生活方式等社会浅层次构成因素的移动，同时也引发了少数民族所固有的观念、意识、思维、心态等社会深层次构成因素的嬗变。少数民族新闻传播的难度不仅在于少数民族地区条件较差，基础薄弱，更为重要的是，少数民族在形成发展过程中由其独特的历史、文化、宗教、习俗所共同构建的民族内蕴深厚而牢固，而民族地区一切或大或小，或表象或本质的变革无不牵动着这种长期积淀的深层次内蕴，必然会出现各种新的矛盾与问题。而这些矛盾与问题通常表现得极为突出、尖锐、复杂和敏感。①

再次，少数民族地区新闻传播事业发展严重滞后于少数民族群众日益增长的精神文化生活需求，大多数少数民族地区新闻媒体都遇到了前所未有的发展困境。少数民族地区大众传媒的覆盖率、少数民族地区媒体的影响力都明显低于发达地区，少数民族新闻报道以及少数民族语言文字为载体的报道数量和质量均有待提高。从理论上说，作为最重要的信息载体，大众传媒通过传播信息发挥着社会整合、社会协调、环境监控、文化传承等重要功能，是民主法制的推动者、公平正义的体现者、安定有序氛围的营造者、社会和谐观念的传播者。② 但在实际工作中，人们仅仅把大众传媒视为改善和创造良好经济环境的工具，并没有把信息传播能力不足视作少数民族地区贫困落后的根源。少数民族群众的信息权利没有受到足够的重视。

最后，境外敌对势力利用各种传媒加大对我国边疆少数民族地区的渗透，新闻传播领域的斗争日趋激烈。国外敌对势力利用少数民族同胞的某些信仰，挑拨民族感情，利用现代传播手段，破坏我们党的宗教政策和现代化建设大业。据调查，境外敌对势力利用境外电台在边疆少数民族地区大肆进行敌对宣传。他们在我国广播电视覆盖薄弱的民族地区，免费发放全波段钟控（调频、中波、短波）收音机，且经过改装和定频率、定时间，主要收听"自由亚洲台"、挪威"自由西藏之声台"等，干扰我国和谐社会的建设。③

可以说，近年来，由于没有能够及时认识到传媒生态变迁所带来的种种影响，也没能够及时作出相应调整，新闻媒体在应对民族地区出现的社会问题乃至于矛盾、冲突时，时常措置不当。

---

① 益西拉姆：《关于"民族新闻"现状的思考》，《新闻战线》1994 年 11 期。

② 陈力丹：《论传媒在构建和谐社会中的作用》，《冲突·融合：新闻传播与社会发展》，新华出版社 2006 年版，第 21 页。

③ 钟克勋：《民族地区广播电视的互补效应探析》，《西南民族大学学报》（人文社科版）2008年第 5 期。

三

　　传媒生态的变化特别是随着移动互联网、微视频网站、数字电视和智能手机等新媒体为代表的网络传媒的发展，使得新闻传播的交互性、即时性、公开性、多元性特征日益突出，单一的新闻传播价值观念无法适应多元的社会系统，新闻传播价值观念出现了多维取向。新闻传播价值的多维取向，一方面开拓了新闻传播价值对象的涉及范围，使其从比较狭窄的政治领域扩大到了社会的各个层面，另一方面挖掘了新闻传播价值所在对象的多重意义，使其各方面的、潜在的新闻传播价值得到了揭示。[①]

　　但是，由于民族工作本身具有的特殊性以及民族问题的复杂性，无论传媒生态环境如何变迁，对于少数民族新闻传播价值的判断很难剥离其政治功利标准。基于此，在思考少数民族新闻传播的价值取向时，我们至少应该有两个明确的认识。

　　首先，在社会价值多元的时代，少数民族新闻传播必须把维护社会稳定、促进民族团结作为其核心价值。换句话说，在日益多元的社会中，少数民族新闻传播应以更为丰富的内容服务于更为多元的受众，以有效的新闻传播实现维护社会稳定、促进民族团结的核心使命。当下，如若说社会价值取向出现多元化，不如说社会价值出现了紊乱化的趋势，而在紊乱的社会价值取向中，又体现出某种鲜明的功利化取向。尤其是新媒体的发展，加剧了价值观念的紊乱。一些消极的、落后的甚至是敌对的观念借助于互联网强大的传播力，不断扩散和蔓延，对于民族地区的社会稳定和民族团结产生了负面影响。价值观念的建立与改变在很大程度上取决于干预者的主动性和技巧性。具体来说，就是要对少数民族新闻传播主体即大众传媒特别是新兴媒体加强引导和管理，从新闻传播的源头入手，鼓励媒体承担社会责任，弘扬正气，展示社会正能量，进而维护公共道德、公众利益。

[①]　陈先元：《单一观念和多维取向——试论我国新闻传播价值观念的变化》，《上海交通大学学报》（社会科学版）1998 年第 2 期。

其次，少数民族新闻传播既注重政治价值、宣传价值，也重视信息价值、文化价值、服务价值。近些年来，民生新闻、公民新闻、社区新闻、服务新闻等等理念纷至沓来，各类媒体纷纷打出接近性、本土性、实用性、服务性的旗帜，新闻传播领域拓展到法律、科技、理财、购物、求医、旅游、健身、娱乐等等领域，大事小情、家长里短都有可能成为媒体关注的焦点，反映出新闻传播瞄准了受众的日常需求和思想实际。与此同时，少数民族新闻传播的内容和形式也在不断创新。例如，《人民日报》创新报道形式，更多地使用图片、深度报道和新闻评论，以产生更为深入的舆论影响力；中央电视台在少数民族报道中，会采取保留原声、同声传译、配发字幕等多种方式保持少数民族原生态的语言魅力。在具体的新闻报道中，新闻媒体也努力贴近实际，还原真实的少数民族生活。例如，中央电视台推出的大型节目《边疆行》，以专业的视角、鲜活的语言、丰富的内容，报道了黑龙江、内蒙古、新疆、西藏、云南和广西等边疆省区诸多少数民族地区的真实情景，受到广泛好评。

但是，整体看，非民族地区的新闻媒体对于少数民族的报道数量偏少，内容多局限于民族风情，对少数民族地区的发展、少数民族群众自家事、心里话的关注不够，缺乏吸引力和接近性。而在民族地区，党报党台独领风骚，社会文化生活类的媒体数量少且分布不均衡；新闻传播内容"城市化"色彩明显，缺乏少数民族群众听得懂、看得明白、喜闻乐见的民族节目。这表明，少数民族新闻传播与受众的日常需求、思想实际还有较大的距离。当然，受众需求又是一个十分庞杂和难以把握的状态。受众需求的层次和内容非常多，特别是对于少数民族受众而言，各民族在地理环境、经济文化结构、心理、素质、风俗习惯等方面具有许多特殊性，这就要求少数民族新闻传播要针对不同受众群的特点，多一点针对性、服务性，真正做到贴近基层、贴近实际、贴近群众。

综上所述，在传媒生态变迁的背景下，少数民族新闻传播承担着更为复杂而艰巨的使命。循着单一的泛政治化价值取向，少数民族新闻传播必然会回到刻板、单调的旧路上，终将被受众抛弃。但是，若循着市场化媒体的价值取向，少数民族新闻传播必将因缺乏特色进而失去存在的价值。也正因为如此，少数民族新闻传播的价值选择只能是：既要确保少数民族新闻传在意识形态方面的社会功能，又要不断创新，增加少数民族新闻传播的吸引力和接近性。无疑，这将是一项艰难的使命。

（李世举，男，汉族，文法学院教授，主要从事少数民族地区新闻传播事业研究。本文发表于《当代传播》2013年第4期）

少数民族地区电视媒体的社会功能与定位

谭　舒

一、少数民族地区电视媒体发展的基础环境

少数民族地区由于地域辽阔、交通不便、社会经济文化发展相对滞后，平面媒体的传播途径、传播范围、传播效果受到一定影响，广播电视媒体便成为发展民族地区新闻事业的首选。中华人民共和国成立60多年来，少数民族地区电视媒体的发展经历了兴起、发展、低谷、崛起、繁荣的曲折发展历程。1983年，第11次全国广播电视工作会议提出了中央、省、地（市）、县四级办广播电视，四级混合覆盖的方针。"四级办广播电视"充分调动了民族地区兴办广播电视的积极性，为改变民族地区落后的广播电视事业状况起到了关键性的作用。这期间，少数民族地区电视媒体经历了频率（道）单一向语言多元、频率（道）专业化方向转变的过程。民族地区电视媒体在当地党委的领导下，大力宣传贯彻党的民族政策，对于维护少数民族地区的稳定团结，完成少数民族地区的社会主义改造发挥了非常重要的作用。

从20世纪80年代末期开始，国家投入巨资大规模建设边疆少数民族地区广播电视基础设施，先后在1988年实施"边境广播电视建设计划"，在1993年实施"三区（新疆、西藏、内蒙古）广播电视建设计划"，1998年和2000年，又先后实施了惠及边疆少数民族地区的"广播电视村村通"和"西新工程"，中国边疆少数民族地区群众看电视听广播难的问题逐步得到解决。到2003年，全国民族地区基本实现了已通电行政村的广播电视"村村通"。从2004年开始，中央确立了"村村通"工程第二阶段目标，即实现已

通电的 50 户以上自然村广播电视"村村通"。2005 年 11 月，中共中央办公厅、国务院办公厅下发了《关于进一步加强农村文化建设的意见》，将"大力推进广播电视进村入户"列为"加强农村公共文化建设"的首要任务，明确要求中央财政对西部地区"村村通"的建设给予适当的基建投资支持，对新疆、西藏、内蒙古、宁夏、青海、甘肃、云南和四川藏区的"村村通"工程运行维护给予适当的经费补助。在国家政策的支持下，各少数民族地区的"村村通"第二阶段工程取得很大进展：新疆、广西、青海率先实现已通电的 50 户以上自然村的"村村通"。近两年，部分省、自治区已经开始了第三阶段的"村村通"建设，即实现已通电的 20 户以上自然村的广播电视"村村通"。

鉴于少数民族地区地处边远、交通不便、有线网络建设困难等因素，为消灭广播电视盲点，在 1984 年我国第一颗通信卫星试验成功后，首先考虑少数民族省（区）广播电视的"上星"传输。1999 年，CBTV 卫星直播平台开通，保证了民族地区中央和各省（区）级卫星频道的信号覆盖。截至 2010 年底，全国主要少数民族自治地方广播电视综合覆盖率均超过 90%（如下表）。可以说，经过十多年的建设，少数民族地区广播电视基础设施发生了翻天覆地的变化，广播电视覆盖率达到或接近全国平均水平。

纵向比较少数民族地区电视媒体发生了巨大变化。然而，横向来看，少数民族地区电视媒体在全国电视体系中依然处于后发水平，面临着巨大的发展压力。其突出表现是：

其一，在全国业竞争格局中的后发劣势。当前，我国电视市场形成了一超（央视）多强（部分中东部省级卫视）的垄断竞争格局，民族地区电视媒体在激烈的市场竞争中毫无还手之力。处在整个电视市场体系顶端的是中央电视台。垄断了时政新闻、重大事件报道、国际新闻报道。[1] 而许多省级卫视以电视剧和综艺娱乐节目为突破口，打造自身特色，形成了竞争优势。[2] 可以说，民族地区电视媒体在上述三种主要电视节目类型的市场竞争中处于绝对的劣势。

---

① 唐俊：《论省级卫视新闻节目的三种竞争战略》，《新闻大学》2009 年第 1 期。
② 资料来源于《CSM 收视中国》2011 年第 3 期。

　　其二，硬环境改善与软环境改善的不配套。尽管民族地区广播电视基础设施已经有了明显的改善，但是经费不足、人才不足、技术不足依然是民族地区电视媒体面临的突出问题。有学者对青海、内蒙古、新疆、甘肃等少数民族地区广播电视媒体的基本情况进行了调查，50.4%的媒体从业人员认为民族地区媒体面临的主要困难是"经费不足"；认为"缺乏人才"的也占50.4%；认为"缺乏设备"的占21.1%。① 人才、资金、技术等问题事实上是多年来一直困扰民族地区电视媒体发展的痼疾，而这种痼疾的产生又源于东西部巨大的区域发展差距：民族地区经济相对落后，传媒市场容量不大；民族地区教育事业不发达，制约着大众传媒业的发展；东部发达地区更多的发展机会吸引着全国各地的人才，而民族地区至今还在为"孔雀东南飞"而忧虑；发达地区较为成熟的市场和优越的发展环境以及比民族地区高得多、快得多的投资回报率，吸引着投资者等等。②

　　在这样的大背景下，民族地区电视媒体也试图通过与强者联手摆脱困境。2010 年，青海电视台与湖南电视台、宁夏电视台与上海电视台分别签署合作协议，青海台与宁夏台保有卫视频道的所有权、节目终审权、播出权和管理权以及本地新闻类节目、公益类节目的制作、播出权，而湖南台、上海台则享有其他电视节目的制作权和广告经营权。在这样的一纸协议下，青海卫视变声娱乐频道，宁夏卫视变脸财经频道。③ 通过合作，青海卫视与宁夏卫视的收视份额有所提升。但是，我们应该看到，青海卫视与宁夏卫视所提升的收视份额是由湖南台与上海台创造的。而青海台与宁夏台自身的节目生产能力和可持续发展能力并没有随之提升，强势媒体的大举入主是民族地区电视媒体无奈之下吞下的苦涩果实。可以说，以社会秩序整合为主要目标的民族地区电视媒体在竞争激烈的电视市场中只能被日益边缘化。

---

① 　李西莉：《少数民族地区电视传媒发展的思考》，《今传媒》2011 年第 9 期。
② 　李世举：《西部传媒业发展的瓶颈》，《当代传播》2003 年第 1 期。
③ 　李世举：《跨区域合作与西部民族地区传媒的发展对策》，《当代传播》2011 年第 4 期。

二、注数度民族地区电视媒体的特殊社会功能

电视的社会功能是一个见仁见智的概念，很多学者做过详细的论述。欧阳宏生认为，电视具有舆论导向功能、资讯服务功能、娱乐游戏功能、艺术审美功能和知识教化功能。[①] 徐瑞青认为，"消费社会的形成，使得电视的消费功能，特别是其娱乐功能得到凸显和强化"[②]。我们反观目前电视市场中具有竞争优势的电视媒体，都能够充分实现电视媒体的某一项或多项社会功能。央视在新闻节目中的竞争优势得益于它很好地实现了电视媒体对于社会舆论的引导，能够为观众提供权威的、及时的、充分的新闻信息；湖南卫视崛起于一个经济上并不发达的省份，其秘诀在于满足了当下观众对于娱乐游戏的需要。然而，对于民族地区电视媒体而言，不仅仅需要体现上述社会功能，还需要承担另外一些特殊的责任。

第一，社会整合是少数民族地区电视媒体的重要职责。少数民族地区电视媒体不仅承担着一般媒体所具有的功能，同时，也承担着维护民族团结、国家统一、社会稳定的社会整合功能。民族问题是社会总问题的一个既特殊又重要的方面，它与政治、经济、宗教及其他各种社会问题互相渗透，相互交织在一起，具有特殊的复杂性。对于少数民族受众来说，文化差异、落后的社会经济水平使得他们对新事物、新知识的理解和掌握能力较低，其生活的水准、层次与媒介的内容距离很远，对媒介的接受和利用程度很低。因此，在信息时代，如何使少数民族地区与少数民族群众拥有分享信息资源与获取信息服务的平等机会，对于消除因信息不畅而引发的社会矛盾与冲突，进一步增强民族团结、维护边疆稳定、实现社会和谐发展具有特殊重要的意义。

我国少数民族地区的媒介传播环境具有以下几个特点：一是少数民族地区大多地处偏远，信息基础设施建设的成本高；二是少数民族群众接受教育

---

① 欧阳宏生：《电视文化学》，四川大学出版社 2006 年版，第 131—138 页。

② 徐瑞青：《电视文化在消费社会中的新形态和新走向》，《清华大学学报》2007 年第 5 期。

的年限往往比较少；三是少数民族地区经济不发达，少数民族群众无力购置电脑等价格较高的终端设备。上述情况决定了传统的平面媒体以及新兴的互联网在少数民族地区的传播难度较大。因此，大力发展少数民族地区的广播电视媒体成为我国民族工作中很重要的一项工作。

　　第二，防止敌对势力的文化渗透是少数民族地区电视媒体的重要任务。当前，境外敌对势力利用广播电视媒体加大对我国边疆少数民族地区的渗透，广播电视传播领域的斗争日趋激烈。例如，在我国广播电视覆盖薄弱的藏区，境外敌对势力免费发放全波段钟控（调频、中波、短波）收音机，且经过改装和定频率、定时间，主要收听"自由亚洲台"、挪威"自由西藏之声台"、印度转达赖的藏语节目等，干扰我国和谐社会的建设。还有一些敌对势力利用卫星电波干扰我国边疆少数民族地区正常的广播电视信号发射，干扰破坏党和政府声音的有效传播，进行民族挑拨、分裂、破坏活动，危害我国的国家安全。① 因此，民族地区只有加快少数民族广播电视事业发展，建立有线、无线、卫星多种形式相结合的有效传输覆盖网络和加强少数民族语言广播电视节目的制作和播出，才能确保把党和政府的声音有效传递到民族地区每一个地方，引导各族人民为国家的繁荣富强、为和谐社会的建设服务。

　　第三，传承民族文化是少数民族地区电视媒体的重要使命。文化作为一种内化的精神和思想资源，影响着一个区域的社会格局和人们的精神风貌。地理环境的巨大差异，各地政治经济发展的不平衡，政治、经济、文化中心的不断演变，各个文化群体流派的交流碰撞的深度、广度、频度的不同，以及各地长期以来独特的不对称的文化心理积淀，都直接或间接地造成不同区域内人们各有千秋而又相对稳定的传统习俗、风土人情、性格特色和心理特征，也创造了丰富多彩、千差万别的文化成果。② 少数民族地区处于国家地理空间的边缘地带，这一特点决定了少数民族文化的生存基础和传承环境。同时，高度发达的信息传播业加剧了区域间文化的交流与碰撞，进一

---

① 钟克勋：《民族地区广播电视的互补效应探析》，《西南民族大学学报》（人文社科版）2008年第5期。

② 郭献进、向云发：《论"文化大省"建设与区域发展战略》，《西南民族大学学报》（人文社科版）2010年第5期。

步改变了少数民族文化的生存环境。

从文化发展的过程看，文化融合与兴衰发展是所有文化包括少数民族文化发展的一般性规律。在信息时代，以主体传播语言为载体的文化产品对人们的信息接受方式和思维习惯产生着巨大影响。例如，在我国，汉语是媒体的主体语言，而在国际范围内，英语是媒体主体语言，母语为非主体语言的受众所获得的文化资源远少于母语为主体语言的受众。在这样的传播环境中，少数民族只有借助主体语言才能够获得更多的信息资源和更好地传播本民族文化。可以说，大众媒介削弱着文化的多元化，增加了文化趋同的风险。文化传播方式的变化无论是对少数民族文化本身还是对少数民族群众的个体心理都会产生深远的影响。只有不断丰富内涵，创新形式，才能使少数民族文化保持旺盛的生命力。电视媒体具有形象直观、声画字一体的传播特点，是最适合担当少数民族文化记录者和传播者职责的媒介形式。

电视媒体的市场化与产业化从本质来讲追求的是生产方式的集约化、规模化以及电视受众的大量化。民族地区电视媒体的特殊社会功能决定着它的小众化、个性化特征。这样一些特殊的政治文化功能，显然无法通过电视媒体的市场化与产业化途径来实现。正因为如此，民族地区电视媒体很难适应以市场化与产业化为指向的电视管理体制改革。基于此，在电视媒体市场化与产业化改革如火如荼的今天，重新审视民族地区电视媒体的改革方向，思考民族地区电视媒体的社会定位与发展对策就显得尤为重要且十分紧迫。

三、少数民族地区电视媒体的社会定位与发展对策

所谓社会定位是指媒体在社会结构中的最佳位置。定位是媒体品牌竞争的基础，关系到媒体成型的风格、信息的种类、服务的范围、涵盖的深度和广度是否为受众所接受。毫无疑问，管理体制是决定民族地区电视媒体社会定位的根本因素，目前来看，也是制约民族地区电视媒体发展的最大瓶颈。我国传媒管理体制改革始于20世纪70年代末期，在整个国家政治经济体制改革中处于推进难度最大、制约因素最多的部分，进展一直比较缓慢。传媒管理体制改革最大的制约因素就是大众传播本身所具有的意识形态属

性。长期以来，确保意识形态的正确性是不能动摇和突破的底线，也是传媒体制改革无法回避的问题。其中尤其以广播电视改革最为敏感和艰难。进入新世纪后，传媒产业化发展方向逐步确立，2003年，我国广播电视的某些领域对民营资本和外资开放，如影视制作、放映、发行、广告经营等，甚至在某些领域允许非公有资本对国有企业通过参股、控股进行重组改造。一些电视媒体抓住了改革的机遇，找准定位，引进资本，扩张规模，迅速确定了在国内电视市场的优势地位，如湖南卫视、安徽卫视、江苏卫视等。

中共十六大报告提出积极推进文化体制改革，建立"公益性文化事业"和"经营性文化产业"管理体系，分类指导，推进文化产业发展。经过近十年的探索，一般地区的电视媒体已经初步建立起了以产业化为指向的管理体制，其公益属性的实现主要依靠行业自律与依法监管。而民族地区电视媒体则不同，其独特的社会功能决定了它必须以公益性为主要价值诉求，而经营属性则附着在其实现公益属性的过程中。因此，民族地区电视媒体应该以承担公共职能、强调社会责任和非盈利原则为其社会定位。国家应为承担特殊社会功能的民族地区电视媒体建立财政补贴制度，给予政策和经费支持。从这几年我国电视业发展的现状看，如果离开政府的大力推动和扶持，少数民族地区电视媒体非但无法履行推动社会发展的职责，连自身生存都会成问题。

应该说，党和国家对少数民族地区电视媒体的发展十分重视，从20世纪80年代末期开始，20多年来先后实施了多项针对欠发达地区和民族地区的广播电视基础设施建设计划。在东西部对口支援工作中，一些广播电视事业比较发达的东部地区还将电视媒体发展作为帮扶内容。例如，在辽宁省的支持下，西藏那曲电视台的节目包装、节目质量、管理水平和人员素质都上了新的台阶，那曲电视台的《那曲新闻》节目实现汉、藏语两版节目同日播出，那曲电视台还开设了历史上第一档专题栏目《看那曲》，为宣传那曲增加了平台。① 但是，由于缺乏相应的法律保障，各级政府的责权利不清晰，政策和对策缺乏系统性和连续性，基础设施的改善并未从根本上缩小少数民族地区的信息鸿沟。

---

① 车凯强：《民族地区新闻宣传的几点思考》，《中国广播电视学刊》2011年第3期。

当前，少数民族地区电视媒体最需要 3 个方面的扶持政策：一是加大对公益性少数民族地区电视媒体的财政投入。当前，我国对公益性媒体的财政投入偏少，财政拨款一般只能满足公益性媒体的基本生存需要，发展资金只能靠自己筹措。传媒市场化、产业化的浪潮中，有限的财政投入已成为限制公益性媒体发展的瓶颈。二是为少数民族地区提供专项的信息化建设补贴，促进少数民族地区包括电视媒体在内的信息化事业的发展。少数民族地区多是比较落后的、偏远的或欠发达的地区，其信息基础设施建设投入与运营成本相对较高，相关企业效益较差，投资的积极性一般不高。解决这一问题的根本出路是政府加大投入，为相关企业提供经济补偿，鼓励企业为少数民族地区提供基本信息服务。三是政府扶持和鼓励少数民族地区信息资源的开发与利用。各级政府应充分发挥电视媒体在人才、信息资源和社会影响力方面的优势，采取具体措施鼓励传媒开发具有民族特色的信息资源平台，如教育、民族文化、经济信息、旅游等资源库，既可以为少数民族地区公众提供信息服务，也可以扩大少数民族地区的影响力。

（谭舒，女，汉族，文法学院副教授，从事新闻传播理论与传媒业发展研究。本文发表于《当代传播》2013 年第 2 期）

功能翻译理论及其应用研究

耿　智　张梅岗

从语言发展和人们学习语言的目的而言，语言的全部功能是交际。怎样把语言的功能分类研究，以便更好地对相互转换的两种语言进行比较；采用什么研究途径和方法，研究语言的语义系统和功能系统，获得系统的、科学的、实用的、可操作的系统的功能翻译理论和方法，就成了语言教学工作者和翻译工作者冥思苦想的问题。本文旨在从认知—功能视角认知语言的意义，分析语言的功能，对科学的功能翻译理论进行系统的应用研究。

一、功能翻译理论的哲学理据

语言哲学是哲学的一个分支，旨在对语言的用法、来源及其本质与规律做理性的研究。其任务是以哲学理论为基础探讨语言，关注意义的本质、语言用法、语言认知及语言与现实的关系。一个系统的语言应用理论研究，应该有它的哲学理论基础，符合哲理，揭示语言的形式、意义和功能的整体一致性，才有可能建立系统的语言应用系统理论，才能真正指导语言应用实践，特别是英汉翻译和英语写作。

（一）语言是形式和意义统一的整体

世界是一个整体，由各个部分组成。一切事物存在于地球上，受地球规律的制约。任何独立存在的事物都是一个实体，是由部分组成的。语法本质上是一种符号现象，包括概念结构形成的具体图式符号化。词项、形态、句法形成一个符号集合的连续体——一个形式与意义匹配的实体。

语言世界是一个有机的整体，由部分构成，各个部分也是一个意义实体。任何实体都有一定的形式和意义，两者具有匹配关系。认知是语言的基础；语言是人们实践的结晶。语言意义的获得在于语言意义分析和认知在心理合理性的范围之内进行的，这也是在翻译过程认知、思维和想象的基础和参考点。

事物由简单和具体到复杂和抽象发展变化。语言也一样，其发展必须保留民族文化的精髓和核心，向更复杂、更多样性、更优美演变。

语言事件图式具有范畴化，每个范畴都有原型性和边沿性。两个相邻的范畴，它们的边缘是交叉的。语言句型（constructions）的认知图式和其他领域里的同类认知图式相同。文化现象和生物结构是由它们所展示的功能可得以理解的。事物的概念化是人脑在环境的作用下展示的动态活动。

众所周知，语言的功能是由语言结构体现的。语言分析，就其最简单的层级而言，语言是由包括 4 种符号元素——词、词序、词尾（如 -s/-ed）和语调的某种组合而成的实体。由于词汇的语法化，词和语法两者没有明显的界线，它们都是语言实体——一个完整的语义结构，即句型（constructions），例如 SVC，SVO，也可以是短语句型（phrasal patterns），例如"积木"结构。它们的"形式和意义"都是匹配的。换句话说，语言语义分析最低一级的单位是"形式和意义匹配"的实体。

（二）语言是形式和功能一致的整体

语言作为人类认知世界、表述自我的工具，其语法与修辞原本是你中有我，我中有你，相互转化，相互渗透。一般来说，句法结构里的修辞现象并未完全超越语法规则，一些所谓修辞变异貌似无法而有法，虽然极尽语言文字的一切可能性，却万变不离其宗，是句法的运用和引申，仍然脱离不了语法的规则的管控。因此修辞可以视作处于运用环节上的句法创新，极端的例子如诗歌对于句法的不离不弃就是证明。在这样的情况下，脱离修辞谈语法，语法只能是干巴巴的几条筋的骷髅罢了。至于句法结构里修辞超越规则的部分，只要这种超越确有生命力，假以时日，约定俗成，多有可能成为新的、更高发展阶段上的语法规则。事实上，语言庞大而复杂的句法结构系统本来就是人类千百年不懈于"修辞"的结果，事件句型不仅属于语法，也被修辞打上了与生俱来的深深烙印。脱离修辞学的语法，语法将失去源头活水，于成规既不能自圆其说，也难以窥见其自身的不断演变发展。例如，"路"事件句型（the way construction）就是典型的例子。人们的"衣食住行"，其中，"行"是人们最基本、最重要的活动。因此，描述"行"的活动非常多，"行"的事件句子就不知其数。有的语句非常抽象、复杂而优美。由于英语只有 5 个基本句型，因此事件句型无论怎样，都必须符合基本句型的阐释，属于某个基本句型，否则就不能为民族语言所接受。

对于语法和修辞，前者乃是为求普世价值而独立于语境的修辞，而后者则是为求表达目的和效果而依附于语境的语法。作为语用的孪生子，语法与修辞如影同形，二者在历史上以及现实中皆是难以分割的整体。这个整体就是语言修辞产生的结果，或曰修辞达到的目的。因此，语言是语言的形式和功能匹配的实体。在事件句子里，哪是语用意义，哪是语义意义，没有明确的分界线。换句话说，事件的语义和语用是不能截然分开的，而成为一个统一的整体。这个整体便是语言的形式与功能匹配的整体，即功能事件。

功能包括语义和语用两个属性，两者不能截然分开，没有边界。功能是语言的核心，一切语法现象只有从功能的角度才能得以阐释。换言之，就语言的应用而言，只有从功能的角度看待语言才能正确理解语言和应用语言。因为各民族的语言形式不同，但都可以表达相同的功能事件。

二、功能翻译理论体系

语言是以事物为核心的"积木"，以事件为中心的句子，以逻辑链连接事物（"积木"）事件（子句）而成的语篇的三级实体构成的有机整体。语言的语义系统是语言形式和意义匹配的事件句型描述的事件意义的系统。语言功能是融语言、文化和风格因素于一体的"形式与功能匹配"的实体，即功能事件的功能系统。

毋庸置疑，文化现象和生物结构通过功能分析揭示它们的本质。语言功能经事件概念化进行认知。事件由事件句型表达，句型有形态。句型的形态和参与者决定事件的性质。事件内部和事件之间的关系是"因"与"果"的逻辑关系。事件句型的事件概念是可独立的实体，语言和风格是语法与修辞的产物，是语义和语用相结合的实体。边沿事件可能非常复杂、神奇，但符合基本句型的阐释和制约，这是认识复杂难句意义的圭臬。认知是语言的基础，从结构的认知和功能视角认识语言功能，研究语言事件句型。

事件句型以动词为核心，也有"积木"为中心的事件句型。"积木"和语法在语义上没有明显的区别，都是形式和意义匹配的实体，在语言里都可以表达一个事件的意义，成为语言分析思维的单位。

翻译涉及语言、文化、风格，所有这些都会在事件句型和功能事件中展现出来。语言的形式和功能匹配是语言的本质。功能事件是语言的切分、分析、思维和翻译单位。任何一种民族语言都能表达语言功能，因此两种语言的功能比较是翻译的基本途径。"形式与功能匹配"的功能模式是功能翻译理论的基本原则。语言的功能涉及语义和语用。语用不应该抽象化，是修辞和语法的反应，是文化的体现，它们都要在事件句型和功能事件中表现出来。

（一）功能翻译理论的方法论

用不同的视角看语言，以不同的途径和方法研究语言，会产生完全不同的语言理论和语言实践模式。英汉功能翻译理论，其方法论跟传统语言理论和翻译理论的方法论根本不同。本翻译理论的方法论是从语言结构的认知—功能视角研究语言的演变、语言的规律和翻译的规律的。从认知理论研究语言的语义结构和语义系统，由功能分析为核心研究语言的功能和功能事件结构，功能分析是整个过程的核心。从语言的语义系统言之，语言的"形式与意义匹配"是中心；从修辞言之，语言的"形式与功能匹配"的实体——事件——是核心；从翻译系统理论言之，研究英语的功能系统和汉语的功能系统，将两者的修辞功能进行比较，产生合格的译文。换言之，译文和原文的修辞功能相同，意义相似，语言民族化，才是合格的译文。

传统语言学认为：英汉两种语言的语法结构单位是：语素、词、短语、子句和句子。各个结构单位组成一个阶梯式的层级体系，即词素组成词，词组合成短语、短语组合成句子。就语义而言，传统语义学强调：语义学和语用学有着明显的边界，词有固定不变的、精确界定的意义；句子的意义是根据语义合成规则完全由词项的语义获得。这些语言理论统治了我们的英语教学——中学和大学，现在依然如此！

作为英语的启蒙教学和基础语法教学，例如中学英语，静止地教授英语的语言形式，如基本句型的结构、词尾的形态变化、语态、时态、语气和情态等语言知识，那是可行的、应该的，因为传授的是语言的基础知识和语言的表层形式，那是语言启蒙教学所必须的。

传统语言学人为地把语言知识和普通知识设定了一个固定不变的边界；语义学和语用学也设定固定不变的边界。这些都是不符合语言事实的。正是因为把语言当做静止的、人为的、不变的定式，因而语言所应用的只注重语言的形式，不注意语言表达的目的或希望产生的结果。根据语言的形式就事论事，编造出一些语言理论或规则，"指导"语言的应用，误导读者，翻译错误在所难免。例如：

1）马是动物。(1) The horse is an animal. (2) Horse are animals.

2）马是有用的动物。(1) A horse is the useful animal. (2) The horses are useful animals.

这两句汉语句子够简单的了，可是我们的英语专业大学生常常译错，把它们译成上面

的样子，而且还不知道错误出在哪里。因为从传统语法而言，强调的是语言形式，仅仅从语言的形式讲，上面的英语译文并无错误，因为从传统英语语法都可以得到解释。译文错了，还不知道错误出在哪里，是不足为奇的。由于传统语言学的方法论强调对语言的解释，不涉及语言的功能分析，因此译文出错，还不知道错误出在哪里，是不足为奇的。语言的实质不只是形式，而是形式和意义匹配的实体，是表达人们的交际功能的。功能分析才是认知语言本质的基本途径。

语言不是静止的，而是人脑在语言环境的作用下展示的动态活动，对于语言事物的动态反应。语言的应用是运用语言的外壳，传达语言交际的意义和功能，具有多种动态意义和文化意义。大学英语教学，特别是大学英语专业，应该是语言的应用教学，让学生能正确地运用语言，例如英语写作和翻译。大学的教学模式、教学理念、教学内容、教学方法不能再停留在语言

的表层形式，把语言拆分成孤立的、静止的、不变的事物，而应该抓住语言的"形式和意义"、"形式和功能"作为一个整体的语言功能教学模式，通过语言的形式进行语言的功能分析，切实掌握语言的本质规律，真正获得语言的应用能力。

（二）功能翻译理论系统

功能翻译理论系统包含三个子系统：形式与意义匹配的语义系统；形式与功能匹配的功能系统；英汉语言功能的比较系统。

如上所述，英语的语义系统，是语言的"形式与意义匹配"的实体，即事件句型描述的语义系统。语言的意义系统的研究，关键在于研究英语基本句型的事件类型句型（基本句型的次级句型）。一个基本句型包含许多事件类型句型。动词的性质和参与者的功能决定事件类型句型的基本性质。事件类型句型以动词和语法句型（constructions）为核心构建，可分为以下三类：动词为核心的事件类型句型（SV，SVO，SVOC，SVOO）；语法结构为主的事件类型句型（短语句型）；"积木"（building blocks）为核心的事件类型句型（连接图示句型）。

动词为核心的事件句型的研究最复杂，是英语语义系统研究的中心和重点。这三大类事件句型的系统描述构成了英语语义语法系统。

be 动词的次级句型为代表的语义系统：描述句型、叙事句型、评述句型等构成庞大的语义系统。英语里的行为／过程动词遍及英语基本句型：SV，SVA，SVO，SVOA，SVOC，SVOO. 由于句型是原型范畴，本身具有意义，因此，学习英语动词，应该学习动词所用于的句型，记住动词所用事件句型的参考意义，因为离开了事件句型，动词没有精确界定的意义。

从语言结构的功能视角言之，英语里有一类"积木"句型——名词、合成名词、名词性词组或名词化为中心的句型，这类句型非常奇特，语义非常复杂，因为语言形式上是简单句，可是表达复句的语义功能。

不管是动词句型，还是"积木"句型，它们不论是什么形式，内容多么复杂，但都必
须遵守英语基本句型的语法体系。

研究并掌握事件类型句型，是把握英语语义系统的根本途径。一个事

件类型句型有许许多多的事件表达式，包括原型表达式和边沿表达。事件句型的边沿表达式非常优美，往往非常复杂，不易理解。借助于事件句型的原型表达式，就能使边沿表达式的理解和翻译变得容易。事件句型的表达式多么复杂、奇特，都必须属于某个基本句型。这一点是正确理解英语语言语义的基本原则和基本途径。

修辞功能是根据事件句型，运用民族文化，按修辞意图，进行语言修辞的产物，是融语法、文化、修辞于一体的实体——功能事件。

语言的交际功能是语言的总体功能，由许许多多的不同功能构成。我们把语言功能分为7大类："叙事"、"陈述"、"描写"、"评述"、"定义"、"分类"、"指令"，这样分类便于语言的比较。就英汉语言而言，这些修辞功能都具有明显的语言结构特征。换言之，每一类修辞功能在语言的表层结构都有明显地语形特征。例如，评述功能的语言特点是：汉语的语言结构式是"叙事＋评论"，英语句式的特点是"评述＋叙事"。

译文和原文的修辞功能相同，意义相似，语言民族化是功能翻译的圭臬；从功能等同，求意义相等或相似，是功能翻译的基本途径。

三、翻译理论研究的途径

翻译理论涉及语言和文化，其核心的问题是以什么视角去认识语言，看待语言的结构；因为句子结构是民族文化的结晶。一种语言理论是否科学就看它能否揭示语言的本质，真正能指导语言实践。科学的语言理论不仅较好地总结语言的内在规律、简洁的可操作原则、语言实践的圭臬，而且能让人们事半功倍学好语言，用好语言，深受人们的青睐。

（一）传统语法翻译模式

传统翻译模式建立在传统语言学即传统语法理论的基础上。传统语言学取"共时"语言观，即静态地看语言，认为：语言是静止的、不变的知识体系。语言是表示观念的纯粹关系的符号体系，语言学也只是心理社会学中符号学的一部分。

　　语言的句子可以包容短语、词、语素；而短语、词、语素无论如何不能包容句子。对于语言研究是就语言研究语言，为语言研究语言，强调语言静态规则的系统性。

　　句子的意义根据语义合成规则完全是从词项意义获得的，根本不考虑句型本身的意义。固化地认为语义和语用之间有着确定的边界；词、短语、句子都有固定不变的意义。因此，"词、短语、句子为翻译单位"。

　　这种语言理论指导的语言实践，就强调独立的、孤立的语言成分研究，认为语言的语素、词汇、短语和句子都具有单独不变的意义。这样形成的语言语法体系，脱离语言实体，脱离实际，语法繁杂，却不解决语言的应用实践。最简单的例子，如英语的冠词，有人写了十几万字的专著，可是我们的英语专业的大学生依然不能正确地使用冠词。传统语言学静态描述语言现象，无论多么细致地描述，任何精辟阐述的语法规则，对于语言的应用，特别是英译，都是无济于事的，对于语言实践并无多大补益。

　　传统语言学为基础的翻译理论，没有揭示语言的本质和翻译的本质规律，难能指导翻译实践。

　　（二）翻译理论的功能途径

　　语言、文化和翻译的真正科学理论集中体现在"语言"、"文化"、"修辞"和"功能"。我们从认知—功能视角看语言，认知语言，分析语言结构的功能。那么，语言是什么？功能翻译理论阐释：语言是由以事物为核心的"积木"，以事件为核心的句子，以因果链连接"积木"和句子的语篇的三级实体。最简单的功能分析级是语言的形式和意义匹配的实体——表达事物的名词和表达事件的子句。词、语序、词尾和语调"4 个语言元素的某种组合形成语言的基本功能结构是功能分析的基本单元。功能分析是功能翻译理论的灵魂。形式与功能匹配的实体是功能分析的焦点。语言的全部功能是交际，因此，功能翻译理论的核心是语言结构的认知—功能分析和双语的功能比较，离开了语言的功能分析，便没有翻译理论。

　　形式与功能匹配的功能分析是功能翻译理论的灵魂。首先是语义分析，而后才是功能分析，语言的语义分析必须找准正确的分析单位。由于语言是以"词、词序、词尾和语调"的某种组合而成，这 4 中语言元素都是"形式与意义"匹配的实体，是语义的分析单位。换言之名词、时体、句型和语调是构成句子的最简单的层级，语言分析的最低单位。同理，功能分析的基本单位是"形式和功能"匹配的实体，这个实体是基本事件句型。英语的冠词不是语言的实体，只有与事物结合才能成为功能实体。只有功能分析才能揭示语言的本质规律。所以上面两句汉语的正确译文应该是：

1）A horse is an animal. 2）The horse is a useful animal.

因为第一句原文是定义功能语言，译文应该也是定义功能，第二句是分类功能，译文必须从修辞功能的等同求得意义相等或相似。这是功能翻译的基本原则。又如：

3）The lake walled in by peaks is a must. 那群山环绕的湖，是必游之地。

4）How happy the man who wins her！　娶了她的那个人多么幸福！

根据传统翻译理论"定语从句翻译的三原则"，这两句的译文是合格的、可接受的。可是从原文作者的修辞功能分析，则汉译是错译，不能接受。

这两个定语从句虽然很短短，却不能译为前置定语，因为它们各描述一个事件；事件与事件是平行的，不能用一个事件去限定另一个事件。第三句的黑体可视为定语从句的省略形式，是一个语义单位，说明主句事件状态的原因。主句是评述功能句，一个语言事件，因而全句含两个子句表达的概念，构成为一个因果逻辑事件。所以译文应该是："那湖群山环绕，是必游之地。"

第四句也含两个事件概念，分析同第三句，只是第四句的主句和从句各表达的事件的语义两者具有因果逻辑关系。正确的译文应该是："无论谁娶了她都非常幸福。"

汉语是"文字有意则成句"，从表层文字看，很难找到具体的英语句法结构来表达，因而无法动手翻译。只有把汉语通过语言事件的正确分析，才有可能产生合格的译文。例如：

5）物价稳定，市场繁荣。Prices are stable，and the market is flourishing.

"物价稳定"和"市场繁荣"能用英语的基本事件句型表达，前者是从句，后者是主句。两者具有因果逻辑意义：只有"物价稳定"的"市场"，那种市场才能"繁荣"。

"物价"，译"prices"，因为不是"特指"，所以前面不可带有定冠词"the"，"市场"则译成"the market"，因为是"特指"。

无论是句子的翻译还是篇章的翻译，离开功能，抛弃事件的分析，不能正确理解语言的意义，思维和翻译就找不到实实在在模式和方法。只凭"想象"和传统的"翻译的技巧"获得的译文难能令人信服。

研究翻译，"语言是基础，修辞是手段，文化是源泉，功能是核心"。语言功能是形式和意义匹配的实体，是一个语义实体；语言是形式和功能匹配的实体，是一个功能事件。前者是语义分析的抓手，后者是功能分析的抓手。译学的事件翻译途径是功能翻译理论创新的核心。

（耿智，男，汉族，外国语学院教授，主要从事翻译理论
与实践研究。本文发表于《求索》2014年第6期）

少数民族典籍英译的民族学方法

——以赫哲族史诗"伊玛堪"英译文本为例

王维波

引　言

赫哲族是黑龙江省独有的、中国人口最少的少数民族之一，主要居住在松花江、黑龙江和乌苏里江沿岸。他们用自己的智慧创造了独特的史诗——"伊玛堪"。"伊玛堪"反映了古代原始部落的征战史和迁徙史，是一部赫哲族古代社会的百科全书和口头历史，具有重要的历史价值。2006 年被列录"国务院非物质文化遗产名录"；2011 年被列录联合国"急需保护的非物质文化遗产名录"。

从 20 世纪 30 年代至 90 年代我国一大批优秀民间文学学者深入黑龙江省赫哲族居住区，通过对赫哲族"伊玛堪"艺人赫哲族语的演唱而采录整理了 41 部"伊玛堪"汉语文本。"当时采录和汉语翻译同步进行，采用分节、分段逐句意译，依照'忠实记录，保存原貌'的原则，完成汉语文稿。"① 本文作者在对这些赫哲族文化典籍作品的英语翻译都是基于汉语文本而进行的，是跨越了两个语际的翻译过程，即从赫哲族语到汉语，再从汉语到英语，即汉语语境下的英语翻译。因此，仅仅依靠汉语文本进行英语翻译是不能真实再现其文学价值、艺术风格和语言特色，尤其是文化特色。在这样的情况下，借助民族学研究方法则具有补偿帮助作用。

---

① 黄任远：《伊玛堪》（上），黑龙江人民出版社 1997 年版，第 208 页。

一、"伊玛堪"史诗英译的民族学文本释义

"民族学"一词源于古希腊文，英语中的 ethnology 表达了"民族学"的意思。无论是"社会人类学"，还是"文化人类学"以及"社会人类文化学"，就其研究范围和对象而言，都与民族学相等同，彼此互为通用。所以说"民族学是研究民族共同体的一门科学"①。史诗是民族学研究中重要内容之一，是在神话、传说、故事、歌谣和谚语的基础上发展起来的。在内容和形式上都要比其他体裁的作品远为深广，气魄宏伟，集口头文学之大成。史诗分为创世史诗和英雄史诗。由于英雄史诗多以一定历史事件作为基础，所以更加具有现实意义，被誉为划时代的古典文学形式，是人类文化上出现的第一个精神文化的高峰，是人类伟大的创造。在我国有著名的蒙古族和藏族的《格萨尔》、蒙古族的《江格尔》和柯尔克孜族的《玛纳斯》三大史诗。

然而，我国其他少数民族同样拥有丰富的史诗资源。"在我国少数民族地区，特别是北方少数民族地区，蕴藏着大量原始、古朴极具审美价值的史诗。目前除享有盛誉的蒙、藏史诗《格萨尔》、蒙古族史诗《江格尔》、柯尔克孜族史诗《玛纳斯》等少量已为人们所熟知，大多还'养在深闺人未识'，赫哲族英雄史诗'伊玛堪'便是其中一朵奇葩。"②尽管赫哲族是我国少数民族人口最少之一，数量不到 5000 人，但是他们的"伊玛堪"是赫哲族人口耳相传的文学作品，是"被视为一种赞颂'民族祖先'的英雄史诗"③。"在蕴含丰富的少数民族史诗宝库中，赫哲族的伊玛堪主体作品独树一帜，被称为'世界罕见的珍品'"④。赫哲族人所创造的"伊玛堪"是优秀的文学艺术作品，是优秀的口头文学作品，是伟大的史诗，反映了赫哲族先民征服自然、战胜邪恶、追求幸福和美好生活的坚定信念。

---

① 林耀华：《民族学通论》，中央民族大学出版社 1997 年版，第 17 页。
② 黄定天：《伊玛堪：赫哲族的英雄史诗》，《光明日报》2001 年 6 月 13 日。
③ 徐昌翰：《从萨满文化视角看伊玛堪》，《民族文学研究》1988 年第 4 期。
④ 赵秀明：《谈伊玛堪与英雄史诗》，《民间文化旅游杂志》1994 年第 2 期。

　　本文作者所翻译的"伊玛堪"史诗均为汉语文本，是我国汉语学者从赫哲族语言演唱中采集翻译过来的汉语文本，也就是说其英语翻译是在汉语语境下进行的。美国学者马克·本德尔（Mark Bender）从事中国少数民族文化研究长达 30 年之久，在国内外具有一定影响。2005 年，他在《民族文学研究》2005 年第 2 期上发表了一篇题为《略论中国少数民族口头文学的翻译》的文章。这篇文章就汉语语境下的英语翻译提出了具有很高的学术见解。他借用了"汉语过滤器"这一说法，认为：将少数民族语言到汉语文本的翻译过程是一个"汉语过滤器"过程。也就是说原来用少数民族语言演唱的史诗或所讲述的故事，首先被翻译成中文，然后再翻译成英语，其间经历了不同的过滤过程，该过程不可避免地改变了某些语言的介质和内容，如：从语言到书面语，从原语言到汉文，从汉文再到各种外文（日文、英文、法文、罗马尼亚文等）。[①] 那么，"伊玛堪"史诗的英译就遭遇了"汉语过滤器"文本问题，而被"过滤"的文本首当其冲受到冲击和损失的就是文化，需要解决一个如何因从赫哲族语到汉语跨语际翻译中赫哲族文化缺失的问题，需要探究一个良好有效的方法弥补这一缺失，减少赫哲族文化在英语翻译中的二次缺省。

　　在"伊玛堪"英译中，为了译文的质量，我们不得不更深层次地广泛地考虑语言语境问题，因为我们手中文本的语言语境是经过汉语"过滤"（filtered）了，被汉语"加工"（processed）了，被汉语"修改"（revised）了的文本（text），不是赫哲族源语文本（source text），而是汉语源语文本。因为赫哲族名族没有文字语言，汉语就是它的"源语文本"了。尽管汉语译者反复强调了是依照"忠实记录，保存原貌"的原则完成汉语文稿的，但是他们提供给我们的文本原文依然与真正意义上的"源语文本"还是有很大差异的，因为它是已经经过了一次跨语际翻译的二次"源语文本"。

　　马克·本德尔博士曾对汉语文本进行的英译给予这样的解释：基于第二种语言材料的翻译（比如少数民族文本先被翻译成汉文，然后汉文译本再被翻译成英文或其他的语言，在这里汉文就是第二语言），这种方法除了有可能提及该少数民族的族称，表演者和收集者的姓名外，极少或几乎没有语境

[①]　马克·本德尔：《略论中国少数民族口头文学的翻译》，《民族文学研究》2005 年第 2 期。

方面的信息，同时也缺乏基本的地理民族志资料和表演资料。① 赫哲族"伊玛堪"史诗的英语翻译正是马克·本德尔博士所描述的"基于第二语言材料"翻译类型，在上百万字的"伊玛堪"汉语文本中，"除了有可能提及该少数民族的族称，表演者和收集者的姓名外，极少或几乎没有语境方面的信息"。所以，对"伊玛堪"的英语翻译首先就要处理好如何弥补二次的"源语文本"问题。

国际著名史诗学者、古典学者和口头传统比较研究专家，美国人约翰·迈尔斯·弗里（John Miles Foley）和芬兰民族学学者杭柯（Honko）教授在多年的学术研究基础上，构造出独具学术个性的口头诗学体系和口头诗歌文本的解析方法。他们将传统口头文学分为口头文本（oral text）、源于口头的文本（oral-derived text）和以传统为取向的文本（tradition-oriented text）。按照弗里和杭克的分类，赫哲族"伊玛堪"的文本以及大多数少数民族口头文学文本基本上都属于"以传统为取向的文本"。"以传统为取向的文本是指由编辑者对某一传统中的口头文本或源于口头的文本进行加工、修改后创作出来的文本，常常带有民族主义或国家主义的倾向。通常所见的情形是，来自学院、政府和出版社等实体的城市精英将若干原始文本剪切、粘贴到一起，以书面形式出版发行。"②"以传统为取向的文本"从语言方面而言，给译者带来一定的方便。比如我们可以以汉语为文本，直接进行英语翻译，从汉语语际到英语语际的翻译。但是，从民族学角度来看"这些文本已经很难反映地方性知识的原貌，它们的预期读者有时甚至不包括文本汇集地的民众"③。弗里和杭柯所提出的"以传统为取向的文本"与马克·本德尔博士的"基于第二种语言材料的翻译"有异曲同工之处，都在强调说明少数民族口头文学的翻译文本的民族性问题。实际上这也是一个如何使在汉语语境下的少数民族典籍英译翻译能够充分展示该民族文化特色的问题。

---

① 马克·本德尔：《略论中国少数民族口头文学的翻译》，《民族文学研究》2005 年第 2 期。
② 仲林：《民族志视野中的叙事表演与口头传统》，《民间文化论坛》2006 年第 2 期。
③ 同上。

二、"伊玛堪"史诗英译的民族学方法

在翻译"伊玛堪"过程中，基于民族学视域的研究方法，在专心研读了被"汉语过滤器"、"基于第二种语言材料"和"以传统为取向"的"伊玛堪"史诗文本基础上，本文作者做了田野调研，拜见赫哲族文化传承人和请教赫哲族文化研究专家。在动笔翻译之前，就灌输了大量的赫哲族民族志知识和文化思想，保留"伊玛堪"表演印象，使译者在文化上最大程度地向赫哲族文化靠拢，产生潜意识，进而在英语译文中增加赫哲族文化语境，弥补汉语文本中赫哲族文化的"缺失"，使译文能够散发赫哲族文化气息。

田野工作。作者曾到黑龙江省佳木斯市敖其镇赫哲族乡做田野调研，与当地赫哲族人面对面座谈和交流，参观"赫哲族文化展览馆"，深入赫哲族"鱼皮衣"制作坊，观看"鱼皮衣"制作过程，到赫哲族语言教学课堂，聆听他们用赫哲族语言交流。亲身体验了赫哲族人对自己文化的热爱，对他们独特"伊玛堪"的守护。

拜见传承人。作者在黑龙江省佳木斯拜访了赫哲族国家级非物质文化遗产传承人，72 岁的吴明新老人。向他详细了解了"伊玛堪"的历史及现状。吴明新老人的父辈曾经是当地极有影响的"伊玛堪"演唱人。他是从父亲那儿口耳相传学到的"伊玛堪"演唱。他说：当年郭颂就是在他家长住，向他父亲学唱"伊玛堪"之后创作了脍炙人口的"乌苏里船歌"。作者在哈尔滨采访了另一位赫哲族国家级非物质文化遗产传承人吴宝臣，多年来一直在国内外做"伊玛堪"的传承事业。在拜访两位传承人时，他们都用赫哲语深情激昂地演唱了"伊玛堪"，使作者在现场感受了"伊玛堪"的韵味与震撼。

请教学者。在黑龙江有一批优秀的民族文化学者和专家，为"伊玛堪"的传承做了大量的汉语翻译和研究工作。正是他们的卓越研究成果才使得"伊玛堪"得以传承，才有现在的汉语文本。在哈尔滨，作者见到了黑龙江省赫哲族非物质文化保护中心陈恕教授，她是黑龙江省赫哲族"伊玛堪"非物质文化遗产国家保护项目负责人，为"伊玛堪"成功申报联合国"急需保

护的非物质文化遗产名录"做了大量的工作。陈恕教授详细介绍了赫哲族史诗"伊玛堪"国内外的研究及重大影响，及其走向世界的重大意义。为了做好"伊玛堪"史诗的英语翻译，黑龙江省社会科学院研究员、我国"伊玛堪"研究专家和学者黄任远作为顾问受聘于由作者负责的"伊玛堪"翻译项目组，对我们正在进行的英语翻译与研究，从民族学视角提出众多指导和建议，做学术报告，介绍赫哲族文化及"伊玛堪"，帮助解决项目组研究中所遇到的一些文本和文化问题。

田野工作、拜见传承人和请教专家学者，为翻译者提供了大量的与民族学相关的信息，尽管这些研究方法与我国民族学研究学者巴莫曲布嫫提出的民族学研究"5个在场要素"（表演事件、表演传统、表演者、传统受众、研究者主体）有一定的联系，在最大程度上，为译者提供了民族学视野，带着对该民族的一种特殊文化情感，使翻译者在英语翻译中尽可能做到"有的放矢"，补偿客观上产生的被"汉语过滤器"的"源语文本"的不足，实现最为理想的翻译效果。正是基于田野工作及相关民族学视野，作者在两年内完成了四部"伊玛堪"史诗的英语翻译，增强了翻译自信，补偿了"源语文本"的不足，在英语译文中最大程度地再现赫哲族的文学价值、艺术风格和语言特色。

下面是"伊玛堪"《香叟莫日根》史诗中的一段唱词，其中涉及3个与赫哲族语言和文化有关的词语，"额真"、"博士库"和"莫日根"，其意思分别为"首领"、"官职名"和"英雄"。但是，这些都是汉语文本给的基本意思，并没有较为全面的解释和说明。在民族学指导的研究过程中，译者了解到，它们分别是"酋长"、"管家"和"好汉"的意思，这样在英语翻译中，完全可以保留赫哲族的语言结构，ejin，poshku 和 mergen，没有简单地用汉语拼音替代，而其英语意思在注释中加以说明。而这样的处理方式则源于与传承人和民族学学者的交流和建议。汉语文本中本来保留了赫哲语的风格和文化内涵，英语译文中仍然如此。

汉语文本：

我们这个村，
有五千多口人。

我们的阿爸，

原是这里的额真。

他死了之后，

我们兄弟管理着这个村。

手下有四个博什库，

替我们管着大事小情。

还有一个妹妹叫傅兰，

十分聪明伶俐。

今天遇到你莫日根，

咱们跟你结拜又攀亲。

英语译文：

The village held people over five thousand，

Our father was an *ejin*，the village head.

In the past since our father died years ago，

We have had the whole village to undergo.

We have four good *poshku* at our disposal，

They handle anything ordinary and special.

We also have a sister named Fulan with us，

She is a girl of wisdom and intelligence.

Now that you are a great *mergen* of courage，

For her we ask you for proposal of marriage.

三、结　语

对赫哲族史诗"伊玛堪"的翻译与研究从理论和实践方面提出了我国少数民族文化典籍英译中民族学的作用问题，以民族包括文化在内为研究对象的民族学对我们在汉语语言语境下所做的少数民族文化典籍英译具有积极和正确性的指导意义。作为少数民族文化典籍的英语翻译者，我们在保证英语译文质量基础上，还要考虑在最大程度上，采用民族学研究方法，了解该民族的文化面貌，在英语翻译作品中能够反映出该民族的"地方性知识的原貌"，使英语翻译作品更加具有民族性、真实性和可读性。

（王维波，男，汉族，外国语学院教授，主要从事少数民族典籍英译研究。本文发表于《天津外国语大学学报》2014 年第 3 期）

民族学学术著作外译模式

——基于《中国北方民族萨满教研究》英译实践

梁艳君　　马慧芳

　　构建学术国际话语权利，逐步提升世界学术生产关系中的"中国影响力"是推动中华文化"走出去"的重要举措之一。随着国家政策的保障与支持，越来越多的民族学学术著作以译文文本形式走进了他域学者的视野，让世界听到中国民族学家的有力声音，翻译起到了不可替代的作用。然而由于民族学著作的思想体系的复杂性和特殊性，译本文本质量喜忧参半。如果如何提高翻译质量，保障民族学学术著作思想有效传播？民族学著作"走出去"由谁来担当翻译的重任？翻译应该遵循什么原则？这一系列问题引起了翻译学界的思考，同时也对翻译工作者提出了挑战。本文基于中华学术外译项目《中国北方民族萨满教研究》的实践，提出了坚持以"信"为本，"深度翻译"原则，认为民族学家、译者、目的语专家三者在场为民族学学术著作的外译提供了可资借鉴的模式。

一、遵循以"信"为本和深度翻译的原则

　　翻译的风格受制于翻译作品的题材。比如文学译本首先要以鲜明、生动、具有审美特征的语言呈现给读者，满足读者对文学作品的心理期待。林纾，一位不懂外语的翻译家，凭着一腔爱国热情和深厚的母语功底，创造性地翻译了大量文学作品。葛浩文在翻译莫言的小说中，以自己的艺术创造方式表现出接近和再现原作的一种主观努力。法国社会学家埃斯卡皮在的他

《文学社会学》中指出："文学翻译是叛逆，那时因为它把作品置于一个完全没有预料到的参照体系里，在翻译过程中，译者为了达到某一主观愿望而造成的一种译作对原作客观背离。"① 学术著作是以严谨的文风阐述作者学术观点的论说文，其翻译体式和风貌必然受原文体裁的制约，译者在翻译过程中不可能背离原作的初衷，修改甚至杜撰原作思想内容，译者的创造性和文思活动的领域受到限制。民族学学术著作既具有学术著作的一般特征，又具有民族学的特殊性。因此，应该遵循以"信"为本和"深度翻译"的原则。

众所周知，关于翻译的"信"，早在一千多年前，就有"因循本旨，不加文饰"（支谦）、"案本而传"（道安）的论述。西方泰特勒的翻译原则也说得非常明确"翻译应完全复写出原作的思想、译作的风格和手法"②。如此看来，学术著作翻译是不是完全地语词对语词、句段对句段、章法对章法的对等转换呢？国际译联《译者章程》第五条从方法论层面对"忠实"做了解释：不应将忠实的译本与逐字对译混同。译本的忠实并不排斥为了使另一国家、另一语言、接受原作的形式、风格和深层含义所做的改动。遵循"忠实"原则，符合目的语语境，保持原文的风貌和语言表达风格，需要译者对原文有深刻的理解。翻译就是理解，所谓理解，不但要冲破语言文字符号视觉或听觉屏障，意义——意向的屏障、句法的屏障，还要冲破民族学学术著作最难的屏障，即文本的理解屏障。

对原著的理解首先是对研究主题的深入了解。萨满教是一种世界性的原始文化现象，萨满教研究是一个世界性的研究领域。中国北方民族萨满教信仰历史悠久、信仰民族众多，至今仍有活态传承，这是萨满教研究立足于世界学术之林的根本。《北方民族萨满教研究》具有极强的专业性，对它的深入了解是做好翻译工作的前提。为此，我们学术团队较系统地阅读了中西方萨满教的相关著作，对萨满教的专业知识、文化内涵有了一定的认知，从而避免了在翻译过程中的误读和误译。如"闯坛"，是萨满教专业术语，指萨满非自主性附体（uninvited possession by a god or spirit），而不是按字面意理解的"run into the altar"。再比如"烧香"，是指满族和汉军的祭祀

---

① 罗贝尔·埃斯卡皮：《文学社会学》，王美华、于沛译，安徽文艺出版社1987年版，第137页。

② 谭载喜：《西方翻译简史》，商务印书馆1991年版，第16页。

仪式（sacrificial ritual），而不是我们常人所理解的上香（to offer /to burn the incenses）。可见，了解所表达的思想内容才算理解原语。虽然翻译碰到的是语言文字问题，但是正确的理解其意义才是翻译的本质问题。

民族学学术著作的翻译应遵循深度翻译的原则，也是基于萨满教研究这一翻译对象的特殊性。所谓"深度翻译"（thick translation），就是通过注释、评注等方法将文本置于丰富的文化和语言环境中，使源语文化的特征得以保留，目的在于促进目的语文化对他者文化给予更充分的理解和更深切的尊重。① 从效果论上看，这种类型的翻译同严谨的学术研究结合起来，适合涵纳丰富文化信息的文化典籍、学术著作和少数民族文学作品。《中国北方民族的萨满教研究》原文文本是一部专业性很强的专题学术论文集，由三个方面构成，即萨满教学术史、萨满教田野调查及其问题研究和萨满教学术研究，内容涉及中国北方满族、蒙古族、锡伯族、鄂伦春，达斡尔等民族和萨满教医疗、氏族教育、血缘组织、文学艺术等诸多方面，具有跨学科性，其中专有名词、学术术语、少数民族语词汇达千余条。此外，原作文本涵盖大量的中国历史文化信息，这就需要译者以注释的形式将文本之外的信息传达给读者。如为了便于读者的理解，译者作了具有词典性质的专业术语释义，将深度翻译的原则贯彻英译文本始终。如：

huansuo 换 锁：a stage in the ritual honoring the Mother Goddess，Fodo Mama in which the shaman places a string of colorful threads called suo（ 索，"chain"）around the neck of a young child. If the child is a girl，it is believed that the threads will make her grow up healthy and beautiful；if it is a boy，he will grow up a hero；

hundun，幻顿：Mongolian shaman with great magical powers inherited from generation to generation，whose main job is to hold clan rituals in honor of the Sky God，Thunder God，Fire God，the divinity called ǰayaɣači，etc. to pray for happiness and dispel evil fortune.

遵循以"信"为本和"深度翻译"的原则，使英文外译文本忠实传达

---

① 王雪明、扬子：《典籍英译中深度翻译的类型与功能——以〈中国翻译话语英译选集〉（上）为例》，《中国翻译》2012 年第 3 期。

了原作品的学术思想，同时也为目的语读者了解中国萨满教文化提供了丰富的信息。

二、三者在场

本文所指作者是指民族学家，读者所指是目的语专家。关于作者、译者、读者三者的关系、各自发挥的作用以及权力范围一直是翻译理论界讨论的话题。不同题材的文本对三者的关系及其所起到的作用具有不同的界定。在文学文本中，传统的观念认为译者和作者是奴隶与主人，是从属关系。20世纪 80 年代末 90 年代初，后结构主义对传统翻译理论产生了巨大影响。罗郎巴特宣称的原作者"已死"的声音彰显了译者的主体性地位。文学作品作者以生动感人形象描绘说话，运用各种手段把生活中的大量感想材料熔铸成活生生的艺术形象，离不开想象和虚构。文学的特征从理论上预设了作者，译者、读者可以隔离时空对接，作者的空场赋予了译者创造性叛逆的自由。因此林纾的"讹"虽然有悖于"案本"传统，但却赋予原作新的生命力。但是，学术著作，以客观事实，逻辑的判断和推理说话，语言调理清晰，内容具有专门性、科学性、理论性和系统性的特征。尤其是民族宗教类学术著作，保证学术思想的准确表述以及文化内涵意义的有效传递是翻译的前提。

通常情况下，呈现在译者面前的原文本是第一文本，第一文本下隐藏着第二文本。而第二文本"尽在不言中"。要想准确地表达作者的学术观点、见解、主张，必须对第二文本进行透彻的分析与解读。正如维根斯坦所说"伴随着句子的一种特殊感觉，是一种特殊的意指方式"①。《中国北方民族萨满教研究》是一部思想深刻、理论前沿、内涵丰富的学术著作，涉及萨满教宇宙观、灵魂观、自然观、神灵体系、萨满传承、祭祀仪式、出神附体等特有的宗教观念与文化现象。原作者的在场，对于帮助译者的理解和诠释起到了至关重要的作用。译者通过与作者之间的一次次对话、沟通、思想的碰撞，提问与答复，给予与取得，相互争论中达成一致，完成了第二文本意

---

① 刘宓庆：《中西翻译思想比较》，中国对外翻译出版公司 2005 年版，第 482 页。

义的交往过程。译者与作者之间的交流既有语言的描述，也有肢体形象的演示，这种交流形式使译者仿佛亲身经历了体、悟、验的田野之旅，这种对话也延伸了作者的田野深度，如译文中涉及到少数民族语词汇拉丁转写，专业术语的解释等等，译者对这些问题的追问使作者常常需要再次走入田野进行补充调查。

文本只有在读者阅读之后才产生意义。读者没有阅读之前，所谓的作品只是一个半成品。源于西方现象学的读者接受理论认为只有读者能动地参与到阅读当中，文本才是真正意义上的"作品"。《中国北方民族萨满教研究》外籍合作者 Daniel Kister 先生是美国萨满教专家。他的在场，帮助我们完善了西方宗教著作的学术规范、翻译规则和翻译体例。无论译者还是作者，面对所要理解和阐释的客观对象，都有知识盲点。以目的语专家的身份作为第一读者，给予译文最及时的反馈。他从专业知识的角度、审美价值的判断、目的语中的文化预设，对原语文本相关问题，诸如数据和佐证材料的补充等各方面给予的合理化建议，从而使译文文本进入目的语文化这一新的语境时能以更完整的姿态达到读者的心理预期。民族学家，译者，目的语专家三者随着对话的加深、冲突的解决、三者关系由被动变成主动，从封闭走向了开放的状态。

少数民族典籍及民族学学术著作翻译是由原语译者来译还是目的语译者来译，还是由汉学专家来翻译，是时下颇具争议的问题。将中华民族文化典籍译成外语的中华大文库总序中写道：我们一方面对外国学者将中国的民族介绍到世界上去表示由衷的感谢。一方面为祖国的名作还不被完全认识，而受到曲解深感遗憾。还有许多资深友善的汉学家、译介中国古代的哲学著作，把中华民族文化介绍到世界上去做出了重大贡献，但限于理解有误，又局限于对中国文字认识的有限，质量上乘的并不多，常常是隔靴搔痒，说不到点子上。

本文基于实践提出的本学科专家、译者、目的语专家三者在场工作模式不仅具有可操作性，而且富有成效。三者之间以对话的方式完成了文字符号语义内涵与外延意义的有效转换。H.C. 伽达默尔在《什么是真理》中所说："事物究竟是怎样的，只有我们在谈论它时才呈现出来。诸如公开性、事物的去蔽等等都具有其本身的时间性和历史性。我们在追求真理的努力中惊异地发现只有通过交谈、回答和由此而获得的理解共同性，才是我们所说出的真理"①。民族学家、译者、目的语专家三者之间的对话表现出一种宽容、理解、接纳的态度抹平了原文本和译文文本的差异，译本最大限度达到与原本契合。

三、译者的角色与功能

民族学学术著作的外译给译者提出了新的挑战，从而涉及译者的角色与功能这样一个历久弥新的话题。在翻译过程中，译者发挥了以下作用。

重构者：学术著作的译者既不像文学作品译者那样闪亮登场，具有极大地译者再创造空间，但也不是别人眼中的"舌人"、复制机、传话筒。译者既是原文的解读者，又是译文的建构者。学术著作属于论述文体，用词规范、严谨，如何根据上下文的语境，内部的逻辑连贯，确定选择词的语义和语用意义，需要译者对目的语语言具有操控能力和综合把握的驾驭能力。如本项目中的第二章标题为"萨满"词源考析，译者翻译与抉择过程如下：

第一稿：Investigation and Analysis of the Derivation and Acceptation of the Term "Shaman"。

第二稿：Investigation and Analysis of the Origin and Acceptation of the Term "Shaman"。

第三稿：Investigation into Origin of the Term "Shaman"。

第四稿：Investigation into Origin of the Term "Shaman" and Shamanism in Chinese Historical Records。

第五稿：Investigation into Origin of the Term "Shaman"。

在词义的选择和整体的把握上，译者起到了抉择与定夺的作用。

对于民族学著作而言，译者更是一位重构者，既需要对原文进行解构——建构的过程。如翻译萨满仪式，需要对整个仪式进行分解，切入深

---

①　H. C. 伽达默尔：《什么是真理》，洪汉鼎、夏镇平译，见《诠释学 II 真理与翻译——补充和索引》，（台北）时报出版社 1995 年版，第 63 页。

层，再对译文加以重构。对于某些难以理解的内容，更需要把文字的外壳砸烂，翻看五脏六腑，方能释放被原文禁锢的意涵与意蕴。① 此外，在文体风格上，中国学者的文风受思维观念的影响，重整体、归纳、意向，在修辞手法上，喜欢用修饰词和重复表达，在进行文字转换时，也需要重构。译者在句式转换的时候，要把原作的流水句、发散句转换成英文的长句、复杂句，添加各种修饰成分等，使原文的动态语言转为英文的静态语言。作为翻译，我们不仅要传达原意，还应在拿到原文以后反复阅读钻研、掌握原文的总体体式，包括用词倾向、句式特点、修辞手段、表意方式、词语情态等种种方面的问题，使自己的译文尽可能地忠实于原文的整体风貌。

协调者：在作者、译者、读者三者的关系中，译者居中心地位。译者是民族学家与目的语专家之间的协调者，也是沟通者。由于文化传统、语言习惯等差异，作者和目的语专家之间常常产生分歧，在这种情况下，译者的协调与沟通作用显得尤为重要。如在做名称索引，少数民族语言的专有名词在拉丁转写时，作者认为不必加拼音，而目的语专家认为为了保持体式的整体性要加拼音。最后译者根据国际规范，取消了拼音的形式。如献牲仪式、赊棱太瞒尼。

Sigüsü ergükü 献牲仪式：Mongolian shamanic ritual of offering animals to deities

Seletai manni 赊棱太瞒尼：Manchu Hero God，portrayed with swords in his hands

作者的田野调查是基于人类学的深度描写理论，对考察地和家族史进行详细的叙述。目的语专家认为读者是西方语境下的外国人，对地名、人名等详细的描述似无必要，建议删除，而作者从学术史的角度出发，认为这些信息具有一定的学术价值。作为协调者，综合两人的意见，根据上下语境，在能保持内部逻辑意义连贯的基础上，译者进行了适当的调整。

释义者：翻译是一个传达的过程。完整而准确的传达需要译者对原作进行全息的解读和阐释。由于作者的论文多以汉文形式在国内发表，翻译前对

---

① William Bebjamin，"The Task of Translator"，See R.Shchulte eds.，*Theories of Translation：An Anthalology of Essays from Dryden to Derrida*，UCP. Chicago，1992，p.79.

目的语读者应做的修改不够完善，从而使英译文本需要添加大量的注释与说明文字。其中一部分属于学术范畴，一部分属于中国历史文化常识，为使译文文本做到最大限度的"信"，我们对中国人很熟悉的概念，仍就以深度翻译的方式进行了脚注。如红山文化、佛满洲：

Hongshan culture, *hongshan wenhua* 红山文化：farming civilization of the tribes living North of Yanshan 燕山, the upper reaches of Daling 大凌 and Liao 辽 Rivers, dating from 5，000 to 6，000 years ago, first discovered in Hongshan，Chifeng 赤峰 City，Inner Mongolia

Fo Manchu, *fo manzhou* 佛满洲：Manchu Eight Banners in the reign of Nurhaci 努尔哈赤, *fo* 佛 meaning "old" in Manchu language

这种阐释工作，为译者提供了参与传达和再创造的空间，也是译者与作者互动合作的成果。基于《中国北方民族萨满教研究》翻译实践，得出的几点粗浅体会，旨在抛砖引玉，希望引起专家和业内学者对民族学学术著作外译与传播等相关问题的关注和深入讨论，为中华民族优秀学术成果译介做出我们外语工作者应有的贡献。

（梁艳君，女，汉族，外国语学院教授，主要从事翻译理论与实践。本文发表于《西南民族大学学报》2015 年第 1 期）

价值观在跨文化交际中的角色

于桂敏

由于不同文化在文化取向、生活方式、价值观念、思维方式、时间取向、社会规范等方面差异的存在，跨文化交际始终存在屏障。文化碰撞、文化冲突、交际失误现象屡见不鲜，产生的后果也往往是十分严重的，有时甚至是悲剧性的。人们举手投足，一言一行都严格地遵守各自社会的风俗习惯，都是某一社会价值观的真实写照，而不同社会又具有不同的风俗习惯和社会期望，因此，即使是同样的行为也可能有不同的解释，交际失误就在所难免。在跨文化交际研究中，学者们都认为价值观是一个至关重要的问题，可以说是跨文化交际的核心。"不理解价值观方面的差异就不可能真正理解跨文化交际。"[1]

一、价值观概念和系统

价值观念是文化构建的深层内核。Michael Prosser 对于价值观是这样论述的："价值观是个人或群体主要通过文化交际构成的模式。他们是最深层的文化，我们认为所有的人都有价值观。"[2] Geert Hofstede 的定义简明扼要：价值观是"喜欢某种事态而不喜欢另一种事态的大致倾向"[3]。Samovar

---

[1] 胡文仲：《超越文化的障碍》，外语教学与研究出版社 2002 年版，第 201 页。

[2] Prosser, M., *The Cultural Dialogue: An Introduction to Intercultural Communication.*, Houghton Mifflin, 1978, p.174.

[3] Hofstede, Geert, *Culture's Consequences: International Differences in Work-related Values*, SAGE Publications, 1980, p.18.

和 Porter 认为："价值观通常是规定性的，告诫人们什么是好的和坏的，什么是正确的和错误的，什么是真实的和虚假的，什么是正面的和反面的，等等。文化价值观确定什么是值得保护的，什么会使人害怕，什么是应该学习的，什么是应该耻笑的，什么样的事件会使人们团结起来。最重要的是文化价值观指导人们的看法和行为。"① 从专家们对价值观念的解释可以看出价值观是决定人们所持看法和所采取行动的根本出发点。每一种文化都有其独特的一套系统。它是社会或文化中的人们所回避不了的指令、是人们行为的规则、思维的方式、认知的准绳、处世的哲学、演绎推理的模式、评价事物的规范、道德的标准等等。

这套价值系统是人们在社会化的过程中逐渐获得的，是人们在不知不觉中通过交际习得。首先是家庭中受到父母的教育，之后在学校中受到正规教育，同时社会也时时刻刻施与强大的影响。所有这些在一个人的价值观的形成过程中都起着很大的作用。价值观一旦形成，它支配着人们的信念、态度、看法和行动，成为人们民族性格的基石和行动的指南。一个人可以在另一种文化中生活很长的时间，掌握其语言，了解其习俗，但是，仍然可能不理解其价值观中的某些部分。价值观念同文化一样是一种抽象和概括，是看不见，摸不着的，也感观念无论多么错综复杂，甚至自相矛盾，都无可避免地在他的生活方式中表现出来。

虽然价值观是相对稳定的，但却不是完全不变的。价值观常常是随着社会的发展而不断变化的，所以它是一个永恒的研究主题，也是促进跨文化交流，大力发展我国科技、教育、经济等领域的需要。

二、中西方价值观念差异

在跨文化交际中，中西方文化冲突现象屡见不鲜，其焦点在于中华文化的群体本位意识与西方文化的个体本位意识的异质相斥。

---

① Samova, L. & Porter, R., *Communication Between Cultures*, Wadsworth Publishing Co., 1995, p. 68.

中华文化博大精深，历来强调群体意识，其文化价值观表现在个人对家族、国家的奉献上。群体意识是社会的基石，个人主义在中国曾被当作"过街老鼠"，人人喊打。在群体取向影响下，中国人提倡凡事以大局为重，个人利益必要时可以忽视，可以牺牲。在处理个人与集体或环境的关系时，人们都"克己守道"，"循规蹈矩"，"自我压抑"，因为强调自我压缩，西方人认为中国文化是无我文化。以个体为立足点的西方文化与重义务的中华文化形成了鲜明的对照。西方文化最深层的内核是个体本位的价值观，个体本位意识具有最高价值。"在美国，个体权利的表现随处可见，连大多数人所不齿的同性恋也被视为是一种个人的权利。"① 个人主义是西方社会中重要的价值观念和一切活动的指导思想。

改革开放以后，有着渊源的个体本位意识的西方文化随着经济文化交流活动走进中国，并把中国人意识中一直受到压抑的"个体欲望"调动了起来。中国人开始认识到作为整体之组成部分的个体应该具有某些权利，但个人权利的含义和个体到底应该有哪些权利等问题对大多数中国人来说却是模糊的。这种模糊导致了对西方文化的盲目向往，导致了诸多错误的认识和不正常的社会现象。实际上，在社会发生巨大变化的情况下，人们的价值观也会随之变化。代与代之间的观念上的差异往往反映在年轻的一代在价值观方面已经发生了变化。但随着改革开放的不断深入，个体意识的增强，人们不愿意仅仅作为被动的旁观者和受益者，而是迫切扮演角色，要参与进去。改革的一系列重大举措将加速"个人主义"一词的文化内涵的演变。现阶段，中西文化群体本位意识与个体本位意识的碰撞正是紧紧围绕着西方文化的输入和中华文化传统价值观念的重构而全面展开的。

对于中西方文化中的价值观念而言，没有对错之分，只有异同之别。无论是中国的群体价值观还是西方的个体主义价值观都在他们各自文化中的交际行为方面充分表现出来，都为其不同的民族性格的塑造起着决定性的作用。因为说到底，交际行为和其他社会行为一样是本民族价值观的真实写照，而价值观又是自己民族性格的基石。

---

① 罗选民：《英汉文化对比与跨文化交际》，辽宁人民出版社 2000 年版，第 358 页。

三、价值观与跨文化交际的关系

人们在社会化的过程中习得了交际能力，而交际能力又紧密地与价值观念连在一起。价值观与交际是支配与反映的关系。首先，价值观决定人们如何进行交际。无论是语言交际、非语言交际或是社会交往，无一不受到价值观的支配。通过观察人们的言行举止，可以发现其所持有的价值观。

在有些社会里，"滔滔不绝"和"夸夸其谈"被视作人生最大的乐趣，无休止的争吵、议论和措辞角逐被视为人们具有很强能力的表现。因此擅长此道者被人羡慕；而在不同社会里，人们则"少言寡语"，对"含而不露"情有独钟，他们对那些"措辞角逐"的人们感到厌烦。不言而喻，与不同交际风格人们交往时，产生心理距离、理解失误是很自然的。比如，中国人在交际时十分重视变通，喜欢用含蓄委婉的方式表示自己的意思，一般不喜欢正面冲突。可塑性是中国人的交际风格。但西方文化却很难接受这样的交际风格，西方人一般不能理解为什么中国人这样"绕圈子"，为此他们把中国人说成是"不可捉摸的"，认为中国人的语言表达是"不精确的"和"模棱两可的"。在以美国为首的西方文化中，"直言快语"才是人们所崇尚的。

中国人重视亲情，喜欢和谐的人际关系，认为"直言快语"是不礼貌的，所以讲话时注意不太直露，讲话尽量含蓄，惟恐直截了当会伤害对方的面子和感情。谦虚中国人的美德，不仅在言谈话语中时时注意谦虚，而且在行动时也处处留心。这些特点反映在中国人的语言交际、非语言交际、社会习俗以及人际关系等各个方面。例如，就语言交际而言，在称呼语中使用"刘姐"、"李哥"称呼同事；在问候语中常常使用一个涉及个人私事的问题（"你去哪儿?"，"家里来客人了?"）；在表述自己的观点时，常说自己的想法是"愚见"，把他人的看法说成是"高见"；对表扬和赞扬的反映常常是，"不，……"

但是，西方人不同，尽管他们也重视人际关系，他们更喜欢独处。在西方家庭中，婴儿常常被放在单独一个房间或者至少单独一个角落里，不和大人睡在一起。孩子长大一些后开始有自己的隐私，父母进孩子房间一般都先敲门。在学校里，教师鼓励学生发表自己的看法，强调个性发展。西方人不喜欢朋友之间的关系太密切，不喜欢承担过多的义务。邻里间保持友好的关系，但是一般不过分亲密。西方人，特别是美国人，强调个人奋斗，尊敬依靠自己努力取得成就的人。他们坚信上帝帮助那些自助的人。

可以想象，具有完全不同人际关系模式的西方人和中国人交朋友时肯定会产生矛盾，中国人会觉得西方人不诚恳、或不够"哥们意思"、或"人情薄如纸"，而西方人会觉得中国人对其太过依赖、要求太高、太重感情。表面上看，这是两种表达方式的差异，实际上却是两种价值观的冲突。从另一个角度看，交际反映人们的价值观。这种反映可以是直接或间接的。例如，从人们言谈中经常强调什么可以大致看出他们的价值观。这是直接的反映。从人们不谈什么以及谈话的方式也可以看出人们的价值观，这是间接的反映。在当前市场经济的影响下，中国人际关系出现了一些新的变化，首先人际关系以血缘为中心开始转向以契约为中心，这给人们带来普遍性社会交往，而人们在交往中都要签约。其次，人际关系开始从主从关系向平等互利关系转变，人们开始摆脱对权力意志和家族宗派的依附，在平等互利的基础上进行交往。第三，从安分守己转向自由开放，人们开始进行自由广泛的交往、竞争和协作。总之，新的变化正在产生，然而，人们还不可能一下子摆脱传统的人际关系。不同的文化有着各自规范的价值观念，这种差异是导致跨文化交流中误解和冲突的根源，是导致中西方思想沟通困难的主要因素。

四、结　语

在同文化的人际交流中，大多数成员以规范的价值标准去衡量对方的言行，并用以维持该文化群体的规范价值标准。然而在跨文化交流中，不同的文化有着各自的规范价值观念，不具备维系或加强统一的价值观的作用。各个社会群体、各个文化群体都有自己的具有特色的价值观念，都有权利决定自己的生活方式，保留自己的文化传统，保持自己的文化特色。所以，在跨文化交流中无论是个人还是国家都应该相互理解、相互尊重。对比中西方价值取向，了解中西方价值观念差异是中国社会主义精神文明建设的需要，也是促进国际间交流的需要。在现阶段，中华文化在与以美国为代表的西方文化的冲突中，西方文化的个体本位处于优势，但这种优势是暂时的。我们应正确把握新观念的输入和传统观念重构的契机，在汲取西方文化精华的同时维护我国优秀的传统文化，将中华民族文化发扬光大。

（于桂敏，女，汉族，外国语学院教授，主要从事西方社会与文化研究。本文发表于《中央民族大学学报》2005 年第 5 期）

指称理论：从确定性向相对性的发展与演变

崔凤娟

一、引　言

"语言的转向"是 20 世纪西方哲学史上的重大变革，是分析哲学解决传统问题和新问题的途径。分析哲学家认为通过语言去分析、澄清语言意义是哲学的首要任务。由此可以说，"语言哲学"乃分析哲学的核心。围绕语言哲学，诸如"意义与指称"、"言语行为"、"命题态度"等具有明显分析哲学特征的问题纷纷呈现出来。其中探讨语言与实在的"指称理论"是一个根本性的中心问题，也是一个充满问题与困惑、争论分歧较大的理论。一般来讲，指称理论是研究语句所指对象如何与语言表达式（专名、摹状词、概念词等）相联系的问题，或者说是把一个语言表达式的意义等同于其指称的对象或者等同于其与所指间的关系。该理论的发展透视着时代性的演变，体现出从指称确定性向相对性演化的发展趋向。本文旨在历史地考察该理论的演化过程，从宏观上揭示其从语义逻辑向语用、心理意向演变的特征，从而显示语言哲学的发展轨迹。

二、指称的确定性

指称的确定性、唯一性是语言哲学家长期探讨的问题。以弗雷格、罗素、前期维特根斯坦为代表的早期分析哲学家一直追求的便是理想化的、具有意义与指称确定性的人工语言。无论是弗雷格的涵义与指称论、罗素的摹状词论，还是前期维特根斯坦的逻辑图像论都是以数理逻辑作为分析工具来建立符号和对象间的确定关系，在语言层次内部按照严格的"投影规则"确定符号的意义和指称。

（一）涵义与指称

现代指称问题的深入研究始于语言哲学的创始人弗雷格。作为著名的数学家和逻辑学家，弗雷格用数学逻辑的思想分析语言表达式。在其论文《论涵义与指称》中，他从等同关系出发区分了符号的涵义与指称。他认为"a＝a"形式的句子（如：晨星＝晨星）是先验有效的分析命题，而"a＝b"形式的句子（如：晨星＝暮星）虽并不总是能先验地建立起来，但是却能扩展我们的认识。"a＝b"这种等同关系反映的既不是简单的符号（名称）之间的关系，也不是简单的对象（事物）之间的关系，而是反映表示事物方式上的区别。为了阐释"表示事物的表达方式"，弗雷格引入了"涵义"。实际上，这种表示事物的方式上的区别即弗雷格称谓的涵义的不同。由此，弗雷格对指称问题这一语言哲学上的基本性问题进行了初步的论述。弗雷格把所有语词区分为两种。一种是描述事物的概念词；一种是代表个体事物的专名。弗雷格所说的专名是广义概念上的专名，既包括人名、地名等（如：柏拉图）也包括摹状词之类的语言表达式（如：亚里士多德的老师）。专名既有指称又有涵义。"作为专名，它的涵义和指称之间的正常联系是：与某个专名相对应的是特定的涵义，与特定的涵义相对应的是特定的指称，而与一个指称（对象）相对应的可能不是只有一个指号"①。一个专名的涵义就是该专名所指称对象的各种性质，即与该专名相关的各种摹状词，专名的涵义比它的指称处于更根本的认识论地位，人们根据名称的涵义去确定其指称。②但是这是在理想语言环境中成立的，在自然语言中，"对于涵义的把握并不能保证相应的指称的存在"③。弗雷格就是在这样的语义学框架内对涵义和指

---

① 马蒂尼奇编：《语言哲学》，商务印书馆 2006 年版，第 379 页。

② Geach, P. & M. Black (eds.), *Translations from the Philosophical Writings of Gottlob Frege*, Basil Blackwell, 1980, p. 77.

③ 马蒂尼奇编：《语言哲学》，商务印书馆 2006 年版，第 381 页。

称进行了深刻的论述。他认为涵义是专名的充分必要条件，一个专名有涵义和它有没有所指无关。弗雷格在《算术的基本法则》一书中说到"作为符号的涵义和指称的区分的结果最后导致了我称之为'思想'和'真值'的区分，在这种情况下句子的涵义是思想，其指称是真值"①。也就是说，弗雷格所说的符号的指称是其语义值，是指符号代表的对象；符号的涵义是指它的真值条件，是人们对它的不同认识的表达，反映了主体对它的认知意义。但是专名的涵义并不是个别人心灵中特有的部分，也不是某个人的一种特殊思维模式，而是许多意象所共同拥有的可以公开把握的东西。② 因为弗雷格将句子的涵义即思想置于所谓内在世界的观念和外部世界的事物之间的"第三领域"，强调涵义的主体间性，在某种程度上模糊了涵义的认知色彩。③

　　弗雷格用逻辑体系对语言哲学中的指称问题进行了精辟的论述，以"求真"为中心的数学逻辑是他区分涵义与指称的意义理论的基础。弗雷格的工作是革命性的，尤其是他对语言表达式的意义与指称的区分深刻影响了罗素、维特根斯坦、卡尔纳普等早期分析哲学家。以至于随后很长一段时间里，这种语义描述框架下的传统指称理论（弗雷格—罗素路线）在指称问题上一直占主导地位。但是，弗雷格将专名与摹状词看做完全相同的语言表达式极大的限制了他的指称理论，并受到许多哲学家的反驳。罗素正是在批判地继承弗雷格意义理论的基础上，对专名和摹状词进行了区分，进而发展出了指称的摹状词理论，对意义和指称关系问题进行了进一步的探讨。

（二）摹状词研究

　　罗素把逻辑看作是哲学的本质，他认为通过逻辑分析可以了解命题和实在间的对应关系，从而了解世界的结构。罗素赞同弗雷格等人关于意义和指称间具有同一性的观点。基于指称对象和实在间的冲突，罗素在《论指谓》一文中对指称问题进行了详尽的阐述，并提出了摹状词理论来解决其在

---

① 弗雷格：《算术基础》，王路译，商务印书馆 1988 年版，第 6—7 页。
② Geach，P. & M. Black（eds.），*Translations from the Philosophical Writings of Gottlob Frege*，Basil Blackwell，1980，p. 77.
③ 任远：《弗雷格式思想与罗素式命题》，《学术研究》2008 年第 9 期。

研究中遇到的三个困惑，即关于否定的存在陈述问题、同一律和排中律。其目的在于通过原子逻辑分析的方法把语言表达式化为命题函项，确定其语义真值，进而克服所面临的困难。罗素的意义指称论实际上是意义实在论，也就是说，意义即指称。不管是理想语言中所说的专名和关系词，还是日常语言中所说的对象词，他们的意义都是其指称的对象，其出发点是"亲知原则"（the Principles of Acquaintance）。所谓"亲知"就是客体直接呈现给主体，是一种不以任何推理为中介的直接意识。罗素认为"我们所能理解的每一个命题必须全由我们所亲知的成分组成"①。也就是说，语词的意义是亲知的对象，亲知则是人们理解语词的意义的一种方式。亲知原则始终是罗素的语词意义理论乃至整个认识论的出发点。② 在罗素看来，名称也是对象词，其意义即其所指，理解其意义的标准也是亲知。名称包括通名和专名。通名是类名（如"鸟"），专名则是指称个体的语词。在弗雷格那里，专名指所有指称一个单独对象的语言表达式，而罗素却把弗雷格所说的专名区分为普通专名（如：柏拉图）、逻辑专名（如：这、那）和确定的摹状词。进而罗素又认为普通专名不是真正专名，而是缩略的摹状词，它的意义是通过与其相联系的摹状词被亲知，从而被指称。因而，实际上，罗素将弗雷格所说的专名区分为专名和摹状词。罗素认为，专名是一个简单的无内涵的符号，它只有在其所指对象存在的情况下有意义且其自身具有完整意义，即必须亲知专名所代表的对象才能理解专名的意义；而摹状词是一种在语言中起描述作用的短语，它是一种复杂的符号，在没有指称对象的情况下也可以有意义，但是其意义均来自于作为其组成部分的那些符号的意义，也就是说，要想发现其意义，可以把摹状词这个复杂符号分解为不同的组成部分。③

罗素的摹状词理论运用逻辑分析的方法解决存在悖论。分析含有摹状词的命题的目的是去发现该命题的真实逻辑形式，消解命题表面语法形式的误导。"罗素声称这个理论指明了解决本体论和语义学的某些哲学问题的途径。……它以清楚而又简明的方式表明怎样才能用新逻辑的那些特征和符号

---

① Russell B，*The Problem of Philosophy*，Oxford：Oxford University Press，1998，p.32.

② 贾可春：《罗素意义理论研究》，商务印书馆 2005 年版，第 107 页。

③ 同上书，第 126 页。

来阐明包含在这个理论中的见解"①。摹状词理论在理想语言的构拟方面为我们提供了范例。② 该理论将逻辑形式这一概念推到了哲学史上的显要位置，显示了数理逻辑在哲学上的重要性，对分析哲学产生了深远的影响。维特根斯坦就曾指出："罗素的功绩是他能够指出：命题的表面的逻辑形式不必是它的真正的形式。"③ 在罗素影响下，逻辑形式成为维特根斯坦《逻辑哲学论》里的基本概念。

（三）逻辑图像论

前期维特根斯坦的哲学思想深受弗雷格和罗素的影响。维特根斯坦（1996）认为哲学的目的是对思想的逻辑澄清，即对这些不加以澄清就模糊的思想给出明确的界限。他前期提出的逻辑图像论既是从数理逻辑出发讨论语言与世界之间关系的一种意义指称论。维特根斯坦认为"实体"或者"对象"是构成世界的不可分割的最小结构单位。这里所说的对象是单纯对象（simple object）。"对象的配置产生事态"④。即对象的结合物组成"事态"。"发生的事情，即事实，就是诸事态的存在。"⑤ 维特根斯坦把一个存在的事态称为一个原子事实，原子事实的组合物称为分子事实。如果这些单位构成一个现实世界，那么它们就是存在的事态；如果构成其他的所有可能世界，那么就是"不存在的事态"。存在的事态（事实）和不存在的事态的总和"实在"⑥ 组成了现实世界和可能世界。现实世界是对象偶然配置的结果，是可能世界中偶然的一个。人们对世界不同层次的事实乃至实在进行的描述构成原子（简单）命题或复合命题。这些命题的总和构成了语言。一个命题符号就是一个事实，命题是实在的图像，因此语言是世界的图像。⑦ 联系语言与世界的本质是逻辑。一个命题（图像）必须与其描述的实在具有相同的逻辑

---

① 穆尼茨：《当代分析哲学》，吴牟人等译，复旦大学出版社1986年版，第164页。
② 范为：《罗素摹状语理论分析》，《外语学刊》2010年第5期。
③ 维特根斯坦：《逻辑哲学论》，郭英译，商务印书馆1992年版，第38页。
④ 维特根斯坦：《逻辑哲学论》，贺绍甲译，商务印书馆1996年版，第28页。
⑤ 同上书，第25页。
⑥ 同上书，第28页。
⑦ 同上书，第1页。

结构。也就是说，语言和世界具有相同的逻辑结构，进而，具有相同的逻辑形式；二者构成元素之间关系遵循一种特定的投影规则。[①] 换言之，语言与实在是一一对应的静态关系，语言反映的必须是事实，是世界的投影。

逻辑图像论认为语言的用法是确定的、唯一的，必须按照严密的逻辑规则使用语言。因此，与弗雷格、罗素一样，前期维特根斯坦在理想化地追求一种确定的、精确的、极具逻辑性的语言，他认为命题（语言）的意义取决于命题是否是事实的图像，取决于命题与其描述的事实间的关系。维特根斯坦主张确定性的意义指称论：代表事物或者对象的符号是名称，名称和对象间的对应关系是直接的指称关系，名称的意义也就是名称指称的对象。

三、指称的相对性

弗雷格 – 罗素路线的传统指称理论中存在的一个严重缺陷在于它们忽视了语言的社会性，没有意识到语词意义与生活世界间的复杂变化关系，一味地追求用严密的逻辑概念组建理想的语言来分析语词和世界的关系，而不是在具体语境、语言使用的动态过程中考察语词的变化性与多义性。

这种指称确定性的传统指称理论语言观自身的缺陷和不足引起了许多语言哲学家的质疑。尤其是后期维特根斯坦意义使用论的提出使得许多哲学家不再迷恋指称的绝对确定性。一些哲学家（如：斯特劳森、克里普克、胡塞尔、塞尔等）开始跳出传统语义学的框架，从语用的角度考察语词和对象的相关性。语词的社会历史性、心理意向性等因素逐渐进入哲学家的研究视野。他们密切关注日常语言的具体使用，力图动态把握语言和世界间复杂多变的对应关系，摒弃了指称绝对确定性的观念，把寻求相对的非确定性的指称纳入语言哲学研究的视野。

（一）在语言使用、语境中研究指称

随着科学与哲学的发展，语境、语言使用的观念凸显出来。"一个对象

---

① 韩林合：《〈逻辑哲学论〉研究》，商务印书馆 2000 年版，第 255 页。

应当在不同的条件或不同的语境中表现出差异或展示出其未预料的属性"①。日常语言开始成为哲学关注的焦点。斯特劳森、唐奈兰（Donnelland）等语境论者开始寻求在具体语境、语言使用中考察语词与生活世界间的复杂现象。

事实上，弗雷格一直很重视语境在指称中的作用。弗雷格曾说"决不孤立地寻问一个语词的意义，而只是在一个命题的上下文中寻问语词的意义"②。命题对于语词就是一种语境。作为日常语言学派的代表，斯特劳森把命题语境这一狭隘的语境发挥到了语言使用的各种具体语境，从语用的视角引入语言使用者等因素对语词（句）的意义与指称问题进行了新的阐释。斯特劳森对罗素的摹状词理论进行了严厉的批评，他反对罗素意义即指称的论断。斯特劳森认为，摹状词是受语境制约的，在确定的当前语境中才有唯一的指称；罗素混淆了意义和指称，混淆了语言与语言的使用，"没有区分语词（或语句）、语词（或语句）的使用及语词（或语句）的说出"③。为此，斯特劳森对语词（句）、语词（句）的意义、语词（句）的使用及语词（句）的表达进行了区分并指出意义和指称不能等同。"意义是语句或语词的一种功能，而提及和指称，真或假则是语句或语词的使用的功能。语词的意义是为把这个语词使用于指称或因提及某个特定对象而作出的一般性指导，语句的意义是为了把这个语句使用于构成真或假的论断而提出一些一般性的指导"④。也就是说，意义是指称的指导，是指称遵循的习惯、规则与约定。只有当我们掌握了语词（句）的意义并且与相关的语境相结合，我们才能正确地用语词（句）来指称或者论述某个对象。

斯特劳森认为罗素所说的永远具有确定指称作用的逻辑专名根本是不存在的，世界上只有摹状词，而且包含摹状词的一个命题只有在具体的使用语境中才能称得上真或者假。"语言自己不会指称，是人在指称"⑤。斯特劳

---

①　Schlagel, R.H., *Contextual Realism, a Metaphysical Framework for Modern Science*, New York: Paragon House Publishers, 1986, p.xx.

②　弗雷格：《算术基础》，王路译，商务印书馆1988年，导言。

③　斯特劳森：《论指称》，马蒂尼奇编：《语言哲学》，商务印书馆1998年版，第420—421页。

④　同上书，第423页。

⑤　Strawson, P.F., "On Referring", in A. Flew, eds., *Essays in Conceptual Analysis*,

森指出语言自身没有真假，没有指称，只有在语词使用的不同语境中通过语言使用才能确定指称的不同对象，才能判断出指称的对错。斯特劳森认为一种语言形式并不只有一种用法，一种语言形式是否有指称是由语境决定的，离开了语境语词便没有指称。语词与指称对象之间的关系并不是唯一确定的，而是随语境变化而变化的。自然语言本身就是不精确的，复杂多变的语境更是为语词灵活、可变、生动的指称提供了可能。

斯特劳森的语境思想在唐奈兰那里得到了进一步扩大。唐奈兰把时间、地点、说话者、听话者、交际的各种情况等都纳入语境的范围来考察语言与世界的关系。在批判地继承罗素、斯特劳森指称论的基础上，唐奈兰从语言使用的角度对指称和限定摹状词进行了阐释。唐奈兰认为限定摹状词实际上具有两种不同的用法：指称用法和归属用法。"在一个论断里以归属方式使用一个限定摹状词的说话者，述说有关凡是如此这般的（适合该摹状词的）人或东西的某件事情；而在一个论断里以指称方式使用一个限定摹状词的说话者，使用该限定摹状词以便使其听者能够辨认出他在谈论的是谁或什么东西，并且这个说话者述说有关那个人或那个东西的某件事情"①。也就是说，"一个限定摹状词到底是在发挥哪个功能必须联系特定场合才能确定"②。由于语境具有多变性、多样性与广泛性的特征，所以从纯粹的形式角度来确定语词意义是很难的。

在语言使用中考察指称的研究思路在克里普克的历史因果指称论中进一步得到了深化。克里普克分别用语义性指称与说话者指称来代替唐奈兰所说的归属性用法与指称性用法。语义性指称是指在社会活动中得到人们普遍认可的语词的公共指称，是由语言规约性、说话者使用的语词的一般意向以及所处的语境决定的，是人们相互交流思想的基础；说话者指称是由说话者个人在给定场合的特殊意向所决定的私有指称。克里普克强调社会团体及交际主体的意向性，强调一般意向与特殊意向相结合对确定语词指称的必要性。克里普克认为专名是语言活动的产物，语言活动是社会活动的组成部

London：Macmillan and Company Ltd.，1956，pp.21-56.

① 唐奈兰：《指称与限定摩状词》，马蒂尼奇编：《语言哲学》，商务印书馆1998年版，第451页。

② 同上。

分，专名和人是处在共同的社会团体中的，指称对象和说话者则同处在传递命题信息的因果历史链的某个具体环节上，因而通过具有社会功能的因果历史链条才能确定专名的指称。克里普克把专名的命名与指称放到整个人类社会的大环境中，注意到了它们与社会群体活动之间的密切关联。① 克里普克从语用学的视角研究指称，强调社会、历史等语用行为，为指称研究开辟了新的途径。因果历史论跳出了指称理论依靠逻辑分析在纯粹语言圈子里静态寻找语词和指称对象之间唯一确定关系的局限，揭示了指称是一个非确定性的、动态的、不断变化的社会活动过程，是多种语用因素相互作用的结果。

"语境论的优越性在于：一方面可以修正传统实在论的直指论所导致的僵化性，另一方面可以纠正由语言相对论所导致的绝对性，从而把因果指称论与意义整体论同一起来，消解对立，建立联系，使科学理论术语的指称难题都获得一种语境论的同一解。"②

（二）意向性在指称理论中的重建

指称理论从逻辑实证主义向语用分析的发展虽然将语形、语义、语用纳入统一语境中来研究语言与世界的关系，但是其最大的缺陷在于把所有关于人心智的问题都看做是语言使用问题及相关行为问题。在语言界面内研究心智问题，忽略了意向性在指称建构中的重要作用。

20世纪初，奥地利心理学家布伦塔诺关于意向性是心理现象和物理现象间联系的思想影响了诸如胡塞尔、塞尔等一大批哲学家。他们开始关注意识和语言的关系，将语言和心灵结合起来，从心理意向性的视角研究指称理论，使得意向性在指称理论中得到重建。意向性的重建使交际主体在指称中的地位得到重新提升。意向论者主张在指称对象的确定过程中，不仅要考虑语词使用的具体语境，而且要特别关注交际主体使用该语词时的意向。

胡塞尔认为意义不是符号的意义而是行为的意义。意识（意向性）行为通过意义来指向一个对象，从而实现意向性。意识活动可以用语词表达，同时语词表达的意义又是由意识活动中的意向性决定。不相同的表述可以具

---

① 金立：《指称理论的语用维度》，《哲学研究》2008年第1期。
② 郭贵春、贺天平：《现代西方语用哲学研究》，科学出版社2006年版，第157—158页。

有相同的所指和意义，也可以具有相同所指和不同的意义；相同的表述可以具有相同意义与不同对象关系，也可以具有不同意义与不同所指。

塞尔则认为："我们的心灵也是与世界处于经常的因果联系之中的"，"意向性是心灵借以内在地表现世界上的物体和事态的特征"[1]。"意义是心的意向性和语言相联系的产物"，"语言的意义是心的意向性的一种形式"[2]。"指称是一种言语行为"[3]，语言的指称总是源于心灵上的指称，而心灵上的指称又总是靠包括背景能力与意向网络在内的心理意向来实现的。因而，对指称的研究必然离不开对交际主体心理意向的考察。塞尔的意向性指称论把语言、心灵与世界密切联系在一起。该理论内容大致如下：1. 如何用名称来指称一个可能的对象是由相关于这个对象的表征系统来确定的。为了给某个对象命名或者用一个名称去指称一个对象，人们必须有关于该对象的独立的表征。人类的表征系统（包含文化、语言、生物等因素）决定了对象的分类乃至世界的划分。表征系统通过知觉、记忆、限定摹状词等方式为名称的指称提供足够的有关该对象的意向内容。2. 专名一定含有意向性内容，所有指称都是依赖意向内容来实现的。专名、摹状词、标签、索引词、图画、标示等指称手段或工具都是意向性的体现。只有当一个对象满足或者适合某个或者某组指称手段所表达或者相关联的条件时，该对象才能被指称。换句话说，只有指称对象满足或者适合了在人们头脑中和该名称相联系的意向内容（包括交际主体使用某个名称来指称某个对象的意向、关于该对象的特征的描述以及相关的知识网络和背景能力。）时，一个名称才能成功地指称一个对象。3. 只要名称与指称对象间的联系得到了建立，那么掌握了该名称与对象的相关背景知识的说话者不需要知道关于该对象更多的知识就可以仅凭借这点已知的意向内容用该名称来指称该对象。4. 人们丰富的表征系统使命名的对象得以确定从而使语言成功地指称对象。显然，塞尔认为意向性是指称联系的关键，人们只有通过意向性才能实现与实在世界的联系。

塞尔的意向性指称理论批判地继承了弗雷格－罗素等的描述确定性指称论和克里普克等的因果历史指称论。塞尔赞同弗雷格的"任何表达式必须

---

[1]　塞尔：《心灵、语言和社会》，李步楼译，上海译文出版社 2006 年版，第 102 页。

[2]　同上书，第 27—28 页。

[3]　同上书，第 102 页。

经由涵义而指称"的想法，但是主张把"涵义"概念扩展成一般意义上的意向性；主张把"摹状词"看作意向内容的表达方式，因而把描述性指称理论改造成意向性指称理论；主张历史因果指称论所主张的外在物理因果链本质上只是内部意向内容转移的反映。意向性指称论将交际主体的心理意向作为研究语词指称的重心，把指称理论探讨的核心从指称该如何确定转移到该怎么获得意向性，对指称问题进行动态的、具体的考察"有助于界定、揭示说话人形象"①。意向指称理论对语言与实在间的指称关系进行了更为全面合理的阐释，是对前两种理论强有力的补充。

四、结　语

追求语言的精确性是西方哲学中的传统。纵观弗雷格的涵义与指称理论、罗素的摹状语理论和前期维特根斯坦的逻辑图像论，它们无一不是在静态地描述语言与实在或者说符号和对象之间的关系。这种传统指称理论把世界分为语言和实在的绝对两极，在语言和实在之间寻找同构逻辑，追寻确定性所指。传统指称理论的重要性就在于直接揭示了语言与实在之间所具有的某种映射或者对应的关系。传统指称理论始终的哲学追求就是清晰地说明语言表达式是如何指称的，即执着地追求确定性的指称。然而，正是这样的哲学追求及研究方向使指称理论的命运在相当长一段时间里没有逃脱语义描述框架的局限，仅仅在语言内部研究语词指称的方式，研究的只是语言的表象。

随着语言哲学的语用学转向和心灵哲学的发展，指称理论研究的重心开始转向对语言使用者等语境因素的考察上。指称使用论者斯特劳森、唐奈兰、克里普克等无一不是在具体语境、语言使用中研究指称，他们认为语言与世界之间通过说话者间接地发生联系，语言是由于说话者的使用才具有指称的。指称使用论者把对专名的研究从静态的抽象的语义逻辑分析转向了动态的日常语言的使用过程。指称意向论者胡塞尔、塞尔等则认为人的具有指

---

① 李洪儒：《试论语词层级上的说话人形象》，《外语学刊》2005 年第 5 期。

向性的意向性是使语词能够具有指称功能的决定性因素，他们把意向性引入到了指称理论研究中，使得指称变为一种人们使用语言来指涉客观对象或者事态所形成的意向关系。意向性指称论将语言、客观世界和心灵有机地结合起来，从心灵角度来考察语言的指称，摆脱了语义二值逻辑的束缚，实现了心灵哲学与语言哲学的有机结合，揭示了从语形、语义、语用相结合来研究指称的趋势。

通过对指称理论发展过程的宏观考察可以看出人们对指称的研究从分析语词—世界的对应关系转向考察语词—说话者—世界或者说话者—语词—世界三者间的关系上。在具体语境或者特定的语用中反思指称的意向性、因果性或者历史性成为指称理论研究的主流，因而，寻求相对非确定性的指称成为指称理论发展的合理化趋向。

（崔凤娟，女，汉族，外国语学院副教授，主要从事语用学、语言哲学研究。本文发表于《外语学刊》2014 年第 4 期）

语言游戏思想关照下的翻译研究

苏 畅

一、引 言

路德维希·维特根斯坦（Ludwig Wittgenstein）是 20 世纪西方最重要的哲学家之一。2002 年，在约翰·塞尔以及大卫·戴维森等 12 位世界顶尖哲学家投票选出的"近 50 年来最重要的 10 本西方哲学著作"中，维特根斯坦的著作共获得 13 票，位列第一位。其中，后期维特根斯坦的代表作《哲学研究》（Philosophical Investigation）以 9 票排在整个著作榜单的首位，《论确实性》获得两票，《逻辑哲学论》和《蓝皮书和棕皮书》各获得一票。这些都直接说明了维特根斯坦的思想在西方学术界的影响力。罗素在谈到对维特根斯坦的第一印象时是这样说的，"结识维特根斯坦是我一生中最激动人心的思想遭遇之一"①。"前期维特根斯坦认为语言与世界具有逻辑上的同构性，只有通过对语言的分析，才能最终达到对世界的认识"②。后期维特根斯坦则认为"从语言游戏出发，通过使用和规则，才使人们融入生活形式"③。事实上，维特根斯坦的思想始终是围绕着关于语言的思考而展开的。这其中，语言游戏（language game）思想就扮演着重要的角色。这一思想不仅是日常语言分析学派以及语用学的发端，同时也为博弈论等其他社会学研究提供了启示。本文尝试从后期维特根斯坦的语言游戏思想入手，将"意义即使用"的

---

① 江怡：《世界十大思想家：维特根斯坦传》，河北人民出版社 1998 年版。
② 刘辉：《本体论视域中的后期维特根斯坦语言观》，《外语学刊》2010 年第 6 期。
③ 刘辉：《索绪尔与后期维特根斯坦：继承与超越》，《外语学刊》2009 年第 3 期。

观点引入翻译研究，把翻译过程视为源语言到目的语的意义转移，以期为翻译研究提供新的角度与方法。

二、语言游戏思想解读

（一）源起

"如果说后期维特根斯坦的思想深刻的话，那是因为前期他在相反的方向上走得太远"[①]。为此，他还特意在《哲学研究》的序言中写道，"只有与我旧时的思想方式相对照并以他为背景，我的新思想才能得到正当的理解"[②]。前期维特根斯坦认为，语言与世界同构，"我的语言的界限就是我的世界的界限"[③]。虽然前期维特根斯坦肯定日常语言的逻辑完整性，认为"语言是认识世界或实在的适当工具，因为其命题能够为我们提供关于事实的正确逻辑图像"，但是他同时也指出，"语言的外形掩盖了思想，犹如我们不能根据衣服的外形来推断出它所遮盖的身体一样"[④]。这些思想都使得前期维特根斯坦对日常语言持有一种怀疑的态度。他认为，"人不可能直接从日常语言中懂得语言逻辑。罗素的功绩在于指明了一个命题表面的逻辑形式不一定就是它真正的逻辑形式"[⑤]。他始终摒弃日常语言的模糊性，认为正是这种不够清晰的工具影响了人们的思维，掩盖了原有的思想，并引发了哲学上的所有问题。于是，《逻辑哲学论》时期的维特根斯坦像弗雷格（G.Frege）一样提倡抛弃日常语言，建立精密的形式语言，希望通过这种理想化的语言来精确地表达思想。正因为此，维特根斯坦也骄傲地认为他解决了所有的哲学问

---

① 谢群：《语言批判：维特根斯坦语言哲学的基点》，《外语学刊》2009 年第 5 期。

② Wittgenstein, L., *Philosophical Investigation*, Oxford：Blackwell Publisher Inc., 1958.

③ Wittgenstein, L., *Tractatus Logico-philosophicus*, London：Routledge & Kegan Paul Ltd., 1955.

④ 谢群：《语言批判：毛特纳与维特根斯坦语言哲学的交叉点》，《外语学刊》2010 年第 1 期。

⑤ Wittgenstein, L., *Tractatus Logico-philosophicus*, London：Routledge & Kegan Paul Ltd., 1955.

题，对于其他的人类只要保持沉默就好。

（二）反思

尽管《逻辑哲学论》风靡一时，被视为新的哲学"圣经"，但是归隐田园的维特根斯坦很快就发现自己的思想存在很多漏洞。于是他很快开始批判自己前期对理想语言的追求，回归到"粗糙的表面上来"，逐渐构建以语言游戏、家族相似性以及生活形式3个重要理念为支柱的后期哲学。其中，语言游戏的思想不仅促使了语用学的产生，也为其他很多社会学研究提供了思想来源。在20世纪30年代的一些演讲中，维特根斯坦就开始提到了语言游戏的概念，"我以后还要反复让你注意我称之为语言游戏的那种东西。与我们在极其复杂的日常语言中依据于使用符号的那种程序相比，这是一种比较简单的使用符号的程序。语言游戏是由儿童开始使用字词的一种语言形式。对语言游戏的研究是对原始语言形式或者原始语言的研究"①。他还写道，"我不想指出一切我们称为语言的东西的共性，我想说我们根本不是因为这些现象具有共同点而用同一个词来指称所有这些现象"②。由此可见，"后期维特根斯坦眼中的语言是没有共性或没有本质的。他认为，语言是以目的为导向的、复杂的社会活动——语言游戏"③。他用关于"红色"的讨论来解释了自己的想法："红色的东西可以被消除，但是红色无法被消除，因此'红色'一词的意义可以独立于红色的东西而存在……我们一旦忘记某种颜色的名称，对我们而言它就失去了意义；也就是说，我们不能再用它进行某种语言游戏了"④。从这段话我们可以看出，维特根斯坦把语言使用的过程就视为语言游戏的过程。人们说话就是在游戏，不同类型的交际对应着不同的语言游戏，同时，不同的语言游戏也决定着语言使用的不同规则和用法。正因为此，语言的意义研究第一次走出了形式化的牢笼，开始重视使用过程中的多样性。

---

① Wittgenstein, L., *Philosophical Investigation*，Oxford：Blackwell Publisher Inc.，1958.

② Ibid.

③ 刘辉：《本体论视域中的后期维特根斯坦语言观》，《外语学刊》2010年第6期。

④ Wittgenstein, L., *Philosophical Investigation*，Oxford：Blackwell Publisher Inc.，1958.

三、翻译研究的瓶颈与思考

"可以说，某一学科方法论的发展与完善在某种程度上决定着该学科的繁荣程度。因此，在发展本学科方法论的同时，学者们也广泛借鉴相关学科的研究方法，以推动该学科的发展"①。回首翻译史，这个学科的发展与进步时时刻刻都与语言学、语言哲学的研究紧密相关。语言哲学的意义研究经历了从指称论、观念论到语用论的过程，翻译学也在这个过程中不断汲取营养共同进步。遗憾的是，意义的复杂性为翻译实践带来无限的困扰，也为翻译学研究提出了无数的挑战。同时，也为作为翻译活动主体的译者（translator）提供了很大的空间。"翻译不是简单的两种语言之间的解码过程，而是理解思想与重新表达思想的动态过程。"② 这种动态性也正是译者主体性（translator's subjectivity）的体现。首先，译者具有主导性。人具有思维，因此总是会以自己的意识为导向，会不自觉地将自己的观点与想法赋予译文中。其次，意义把握的片面性。意义是一个复杂的事物，难以定义。这也是困扰了语言哲学和语言学多年的问题，翻译研究也不例外。也正是由于意义的这种不确定性使得译者对原文的把握具有与生俱来的片面性，也使得"完全对等"的翻译不可能存在。这也再次加强了译者对翻译过程的主宰地位。再次，译者对意义的取舍。意义的形成富含很多文化、历史以及语境等因素，这些迫使译者在翻译的过程中必须对原文的意义进行取舍。随之而来的问题就是该如何取舍？最后，译者自身的局限性。翻译人员作为一个独立的个体，必然受到自身的知识水平、文化素养以及翻译经验等多方面因素的限制。这些都是人类的有限性决定的，是不可逃避的事实。综上所述，如何能够正视现有的翻译研究存在的问题，给翻译人员提供一个可行性较强的指导性标准是目前翻译研究面临的主要困境。

我们认为，翻译是译者主导下的不同语码间意义转换的过程。翻译是

---

① 刘辉：《方法论视域中的索绪尔语言观》，《当代外语研究》2011 年第 2 期。
② 李明清：《释义理论的语言哲学诠释》，《外语学刊》2009 年第 5 期。

一种行为，而不应该是结果。在一定程度上，"翻译就是译者与原文作者之间的对话，就是以语篇为中介的一种意义呈现和解释行为"①。归根到底，翻译问题还是意义问题，而意义问题是语言学和语言哲学的根本问题。也就是说，语言哲学研究对意义问题的厘清是翻译研究发展的基础。换言之，翻译研究应当不断追随语言哲学研究的脚步，对新的意义观进行验证与反思，以便能相互促进，尽早更好、更全面地认识语言的意义。因此，语言游戏思想作为一种新的意义观也应该可以为翻译研究提供一些新的思考与启示。

四、语言游戏思想对翻译研究的启示

虽然语言游戏思想是后期维特根斯坦意义观的支撑点，但是由于他反对本质主义所以没有界定过这个概念。可喜的是，《哲学研究》中有很多关于语言游戏的论述，江怡和涂纪亮等很多学者都曾经对语言游戏思想的特点进行过归纳，并给出一些语言游戏的例子。在此基础上，我们将语言游戏的特点归纳为规则性、目的性、多样性和动态性 4 种，并以此为切入点探讨该思想对翻译研究的启示。

（一）翻译过程的规则性

"语言游戏的约束不是来自因果，而是来自规范"②。顾名思义，游戏的第一原则就是规则性。规则是游戏诞生的基础，也是游戏能够顺利开展的保证。钱冠连曾经指出，人活在程式性的语言行为中，具有基本固定的一套说法、行为步骤以及话语和行为步骤的固定配合。③ 因此，作为语言游戏的一种类型，翻译活动的首要宗旨也是要遵守规则。翻译过程的规范性能够保证译文不会大角度地偏离原文。事实上，翻译活动的规约因素与翻译活动的主要参与者有关，一般为原文、译文、译者、赞助人和出版商等。规则性就可以分为两个层面：一个层面是译者、赞助人和出版商；另一个层面是原文、

---

① 李明清：《释义理论的语言哲学诠释》，《外语学刊》2009 年第 5 期。
② 陈嘉映：《语言哲学》，北京大学出版社 2003 年版。
③ 钱冠连：《语言：人类最后的家园》，商务印书馆 2005 年版。

译者和译文。第一个层面是人与人之间的归约性，也就是职业道德的遵守。这样可以保证译者在翻译过程中的主导地位。第二个层面是译者与两个文本之间的相互制约性，也间接反映出译者与作者和读者之间的关系。译者作为"二次创作"的执行者，首先要尊重作者，不能任意地"改写"和"重写"。这同时也是对读者不负责任的表现。当然，需要指出的是，遵守规则并不代表着墨守成规地去一字一字地直译，而应该是在遵守规则的前提下根据不同的目的性和动态性来选择多样化的表达方式来建构译文。后文会对这些进行详细地阐释，此处不再赘述。

（二）翻译活动的目的性

事实上，翻译研究中有关目的的探讨并不罕见。20世纪70年代，Vermeer提出了翻译研究中的目的论（Sko-pos theory）。他主要是从跨文化的角度关注翻译研究，将翻译置于人类行为理论的研究范围，认为翻译是译者作用下的有明确目的的以原著为基础的跨文化交际活动。这一观点也使得当时的翻译研究从注重语言和形式研究转变为关注功能、社会和文化等多元因素。此外，我国学者黄忠廉提出的"变译理论"将变译定义为"译者根据特定条件下特定读者的特殊需求采用增、减、编、述、缩、并和改等变通手段摄取原作有关内容的翻译活动"①。那么，需要我们思考和判断的是：什么特定的条件、什么样的读者又是特定的读者、何种需求是特殊需求。其实这些都有一个统一的判定标准，那就是翻译活动的目的。也就是说，变译依据的是什么，就是目的。变译就是根据翻译活动的目的的不同来变。例如，

原文：当时的人不知道平遥，就如同现代人不知道深圳一样不可思议。

译文：Chinese people in that time who knew little about Pingyao were as incredible as American people of today knowing nothing about New York.②

上面的例子出自是平遥古城的旅游宣传手册。译者将原文中的"现代人"和"深圳"译为了"美国人"和"纽约"。从字面上看不出这二者之间

---

① 黄忠廉：《翻译变体研究》，中国对外翻译出版公司2000年版。
② 叶苗：《关联视角下的旅游资料变译策略》，《上海翻译》2009年第3期。

的关系，但是从翻译活动的目的角度出发，这就是一个成功的译文。该语篇的目的是宣传平遥古城的文化，强调当时的平遥在中国的地位和影响力就犹如今天的深圳对现代人的影响一样。但是，如果将这句话直译，多数的美国人或者说是首次到中国来的美国人可能不会理解深圳对于现代人有什么样的意义，但是他们了解纽约，知道纽约是美国的经济中心，在美国的影响力和受关注度如何。因此，译者通过城市名称的替换实现了让读者明白当时的平遥的地位的目的。我们认为，目的性是人类一切活动的根本属性。翻译活动作为一种典型的跨文化交际活动也是人类活动的重要组成部分。目的决定着译者对原文的取舍，也决定着译者对意义的选择。因此，在遵守宏观游戏规则的前提下，目的是译者一切行为的原动力。

（三）翻译策略的多样性

语言的意义具有不确定性，因此以意义为基础的语言游戏也同样是多变的。也正是因为这种多样性才使得人类的生活丰富多彩，也使得语言游戏中体现出的相互博弈具有智慧性。在一定程度上，翻译可以被视为译者的目的与翻译规则之间的博弈。译者既要不偏离规则的限制，又要努力实现自己的目的，二者的相互限制与制约使得同一原文经不同的译者后产生不同的译本。这种多样性体现的正是译者的翻译策略，也是翻译活动与研究能够发展和进步的原因。翻译策略的多样性不仅可以鼓励译者的努力创新，也同样是译者目的顺应规则的选择性结果。①

（四）翻译环境的动态性

动态性体现了语言游戏中互动灵活多变的一面，同时也是语言游戏与生活形式密不可分的表现。维特根斯坦认为，语言是一种活动，这种活动就发生在生活形式当中。"语言并非是由单纯描画或描述事实的命题组成的单一构造物，而是由丰富多彩、功能多样的语言游戏组成的异质类聚物；同样，世界也并非是由单纯的事实组成的单一构造物，而是由丰富多彩、作用

---

① Verschueren，J.，*Understanding Pragmatics*，Beijing：Foregine Language and Research Press，1999.

各异的生活形式组成的异质类聚物"①。我们认为，维特根斯坦的生活形式在一定意义上就是海德格尔眼中的生活世界，目的都在于强调使用环境对语言选择的重要性。那么，对于翻译活动而言，环境也是在不断变化的，对各种环境的动态把握是译者能力的体现。能够根据不同的环境，灵活掌握规则与目的之间的尺度是翻译的较高境界。因此，我们认为，翻译研究不能一味地追求极端的标准，例如前些年受到猛烈追捧的归化异化研究。翻译作为一种社会性的语言活动，不可以出现绝对的标准，判定的标准应该以具体的语言环境为依据。这也是维特根斯坦强调"语言的意义就在于使用"的原因。语言是活的，有生命的。因此，翻译活动在语言与语言之间进行也必定是生动的、鲜活的。

五、结束语

"哲学是语言学的摇篮，语言学的成长离不开哲学的孕育"②。翻译研究自然也离不开哲学的关照。意义问题是语言哲学的终极思考，意义问题如果不能得到解决，那么翻译问题也就将永远没有答案。唯有通过语言哲学家的不断努力无限地接近意义的本原，翻译研究才能有章可循。作为近代语言哲学意义观的典型代表，维特根斯坦的语言游戏说否定了以往的意义本质主义，将意义视为一种活动，认为意义存在于使用中，没有使用就没有意义。这个极具开创性的观点为翻译研究提供了很多新的启示。本文尝试从语言游戏思想入手，分别从规则性、目的性、多样性和动态性分析了翻译活动的过程，以期能引起翻译界对语言哲学研究成果的关注，推动翻译研究的进步与发展。

（苏畅，女，汉族，外国语学院讲师，主要从事外国哲学研究。本文发表于《外语学刊》2013 年第 6 期）

---

① 韩林合：《维特根斯坦论"语言游戏"和"生活形式"》，《北京大学学报》（哲学社会科学版）1996 年第 1 期。

② 谢群：《语言批判：维特根斯坦语言哲学的基点》，《外语学刊》2009 年第 5 期。

投胎转世、精魂犹存

——评《无名的裘德》新译本

刘英蘋

一、引 言

翻译理论有哪些指导作用？如何评价译品的优劣？这两个问题历来是翻译界争论的核心问题。笔者在赏析文学翻译作品的时候，常带着这两个问题进行思索，最近读到世界名著《无名的裘德》一个新译本，深受启发。这个新译本是长江文艺出版社"世界文学名著典藏"丛书中的一部，出版时间是 2010 年 11 月；译者为耿智和萧立明（以下简称"耿萧译本"）。出于对翻译理论与实践研究的兴趣，笔者干脆多花费了一些时间，将耿萧译本与另外两个译本加以比较，深有感触。这两个译本是：翻译名家张谷若先生的译本，由人民文学出版社出版，第一版时间是 1958 年 9 月（以下简称张氏译本）；刘荣跃先生的译本，由上海译文出版社出版，出版时间是 2004 年 3 月（以下简称刘氏译本）。对译本进行比较，自己就得有个指导思想或者说评价的标准。为此，笔者不得不重温古今中外的翻译理论，把理论指导与赏析实践结合起来，本文就是这一过程的结果。由于经历有限或看法未必正确、全面，自己的感触不一定能得到大家的认同。好在改革开放的今天，"百家论坛"早已开展在寻常百姓中间，不妨将一些感触宣泄出来。

二、评价的指导思想

纵观西方翻译理论，传统的也好，当今的也好，总的说来还是追求"忠实"，也就是忠实于原文。西方传统翻译理论中，最有代表性的还是泰特勒的三原则：

1.译作应完全复写原作的思想；

2.译作的风格和手法应和原作属于同一性质；

3.译作应具备原作所有的通顺。

至于西方当代的翻译理论，那就是五花八门了。上海外语教育出版社已经出版了近40种国外翻译理论丛书。文学派、语言派、等值论、功能对等论、关联论、顺应论，不一而足。但在中国译界，好像引介最早的，而且比较为国人接受的，还是奈达先生的理论。奈达对翻译下过这样的定义："翻译就是在接受语言中重新创造出与原语信息最切近的自然对等体，首先是就意义而言，其次是就风格而言。"

我国的传统翻译理论，首先是佛经翻译的"案本"，然后是近代的翻译理论。比较受国人推崇的还是严复的"信、达、雅"。新中国建立后，随着译事的兴隆，也出现了黄药眠先生的"透、化、风"和刘重德先生的"信、达、切"。改革开放后，大量的国外翻译理论引入，为时已经有了30多年，迄今还是如此。不信请看我国一家专论翻译的期刊，新世纪以来，该刊的领头文章都是些国外翻译理论的引进或研究，而国人自己好像就没有一点创意和创新。所以，笔者还是以学术界比较推崇的"化境论"作为评价译品的指导思想。化境是钱钟书先生提出来的。所谓化境，钱先生并不是用几个词笼统的概括他的翻译思想。他对此有详细的表述："文学翻译的最高理想可以说是'化'。把作品从一国文字转变成另一国文字，既能不因语文习惯的差异而露出生硬牵强的痕迹，又能完全保存原作的风味，那就算得如于'化境'。"他还说："17世纪一个英国人赞美这种造诣高的翻译，比作原作的'投胎转世'，躯壳换了一个，而精魂依然故我。换句话说，译本对原作应该忠实得以至于读起来不像译本，因为作品里决不会读起来像翻译出的东西。"

看来，融贯中西的钱钟书先生，在翻译方面的思想跟西方的翻译理论没有本质上的差别。

结合上述中外翻译理论，笔者不再为繁杂而花哨的、貌似新鲜而空洞的其他所谓理论所困惑。以此来赏析和比较上述 3 种译本，有了点滴体会，鉴于篇幅，仅举几例如下。

三、结构难对等，译文求归化

国外语言学在中国是姗姗来迟的。在 20 世纪五六十年代，当西方语言学发展到顶峰的时候，我国还是以斯大林语言学理论作为经典，拒绝和批判西方的语言学理论，就连前苏联语言学的理论也被冠上"修正主义"的标签，加以批判。所以，那时候的外语专业的学生甚至研究生，没有几个知道索绪尔、布龙菲尔德，更不知道乔姆斯基。改革开放以后，尤其是现在，事情完全颠倒过来。对外语专业的学生和研究生来说，没有谁不知道乔姆斯基，而却没有几个学生或研究生知道斯大林对语言学还有研究。当代语言学认为，语言的本质不是什么工具，而是一套符号系统。这套系统包括其音系系统、形态系统、句法系统、修辞系统、语义系统等等。两种语言，在上述结构中，没有一个层面是对等。以句法为例。按照英国当代语言学权威 Quirk 和 Leech 的观点，英语有十八大常用句型。而汉语常用句型则比较多。单就主位结构句来说，就有 27 种。而且两种语言对句型的表述也迥然不同。笔者认为，这也许就是在翻译中，钱钟书先生提出必须"投胎转世"的根本缘由。

四、语域须讲究，译文方得体

语域（register）是当代语言学的一个术语，有两个意思：一是指一个人在不同的情况下所用的口语和书面语的不同风格。比如说，英语有庄严体、正式体、协商体、非正式体、和亲昵体五种。语域还指一个特定群体所用的特殊语言变体，比如说因职业的不同或共同兴趣不同而选择的用语。裴德的生活环境几乎是全方位的，所以他接触的人很杂，有家乡的亲人、自己的心上人、自己的结发妻子、同行业的石匠、大学的教授等等。裘德想摆脱自己的职业，刻苦学习，企图求得圣职，成为上等人。

五、风格需切合，韵味才犹存

风格是什么呢？总的说来，风格是指一个时代、一个民族、一个流派、或一个人的文艺作品所表现的主要思想特点和艺术特点。哈代是英国批判现实主义时期的代表作家之一，时代特点、民族特点和流派特点跟同时代的作家是大同小异的。所以翻译他的作品，译者一般都是注重探究他个人的风格，也就是他的思想特点和艺术特点。正如耿萧版"导读"作者张旭博士所指出的，哈代很多作品都是揭露资产阶级道德、法律和宗教观的伪善性质。也就是说，哈代常常将小说的主要人物置于一定的环境之下。把握这些特点，译出的东西就更能切合原文的风格。

六、结 语

西方学界泰斗奈达说翻译是用译语再创原语的意义上和特质上的自然对等体，那么文学翻译的特质是什么呢？笔者以为，这种特质就是文学作品固有的特征：以形象化的语言来表达思想、情感和风格的艺术，所以文学翻译不是一个以字换字、以句换句的简单过程，而是一个复杂的形象思维过程，是一种创造性的工作。关于这一点。我国学界泰斗郭沫若先生说得好："翻译是一种创造性的工作，好的翻译等于创作，甚至还可能超过创作。这不是一件平庸的工作，有时候翻译比创作还要困难。创作要有生活体验，翻译却要体验别人所体验的生活。"总之，"投胎转世"不是件容易的事，因为这种投胎转世必须做到"精魂依然故我"才能有真正好的译品。

（刘英蘋，女，汉族，外国语学院教授，主要从事翻译理论与实践研究。本文发表于《外国语文》2012 年第 6 期）

五个语码转换式双语教学案例的调查与分析

李晓梅

一、关于语码转换式双语教学

大连民族学院"语码转换式双语教学"采用中文版学科教材，配以本校编写的语码转换式双语教学系列教材，针对各门非英语学科，以不影响学科教学进度为前提，每节课通过语码转换的方式适时适量地向学生渗透专业英语语汇、语句、语段或语篇，语码转换的内容、方法、规模和形式视学生接受程度、专业需求和不同学年而异①；同时针对专业或课程特点，课内外结合，强化学生专业英语的实践和应用，如撰写英语实验报告、英语专题小论文、英语新闻、英文摘要，参加科技英语翻译、英语辩论、寝室十分钟英语、模拟国际研讨会、读书报告会、翻译报告会、微型项目等活动及听外国专家讲座等。其中的一些实践与应用形式对学生有统一要求，成为学习过程中不可缺少的组成部分，另一些活动学生可根据个人兴趣、个人对未来的设想及个人学能选择性参与。通过实事求是地因材施教和教师指导下的学生有效的自主学习及合作学习，省时高效地培养学生专业英语技能，增强学生的国际化思维和视野，帮助学生加快融入世界的步伐，切实提高学生就业质量，提升他们未来发展空间，并实现学生广泛受益，是语码转换式双语教学的主要目的。

---

① 李晓梅：《应重视语码转换在双语教学中的运用》，《中国高教研究》2008年第2卷。

二、教学案例调查的方法、目的及案例调查对象的确定

开展语码转换式双语教学 6 年来，双语教学研究中心要在语码转换式双语教学的不同发展阶段，根据从学生实时反馈中获取的基本信息，进行典型教学案例的调查与分析。调查对象主要是具有先进教学理念、语码转换式双语教学效果好、教学有特色、有创新探索、有综合性经验或在教学的某一方面出色，对大家有启示意义的教师。调查对象的确定一般要考虑学科专业的分布，也曾有过对老、中、青年龄分布的考虑，但职称、职位、性别不在考虑范畴（详见表 1）。调查方法包括面谈、电话访谈、听课、随堂教学录像、研读历年信息员对教师课堂语码转换式双语教学内容方法的全部记录和历年信息员对教师各个学期的语码转换式双语教学的描述性评价反馈、召开学生座谈会、设计学生调查问卷等。面向学生的各种调查，不仅包括案例调查期间教师正在授课的学生，也包括教师曾授课的在校学生，以便尽可能多地获取能反映历时性变化的第一手信息资料。调研过程中，调研人员要参与教师针对重要教学环节和教学中实际问题的共同研究探讨。通过对教学案例的调查分析，总结可普遍借鉴的教学行为、提炼教学经验、发现教学规律、切实解决教学中的具体问题，进而促进全校性语码转换式双语教学质量整体的提高，同时为不定期举行的语码转换式双语教学研讨会做实质性准备。

表 1　调查案例基本情况（表中所填内容均为调研期间信息）

姓名	职称	最终学位	专业	职务	调查课程
刘俏	教授	学士	化学工程		化工原理、化工原理实验
丁利明	副教授	博士	法学	法律系主任	国际私法
苗芳	讲师	硕士	世界经济		国际金融
袁学刚	教授	博士	固体力学	理学院书记兼副院长	数值分析、常微分方程、数学分析、逼近学
刘秋	教授	博士	植物病理学	生命科学学院副院长	微生物学

三、对 5 个教学案例的分析

（一）对语码转换式双语教学有较明确的定位

本项调查的课程较为共性的语码转换式双语教学目标大体是：提高学生专业英语词汇量、培养学生专业英语技能、培养学生国际化思维与视野的基本素养，在培养适应全球化趋势的国际化人才方面进行探索，同时努力达到用专业英语促进学科知识的理解和掌握。其共性目标看起来似乎较概括，但结合本门课程的具体目标却一点儿不笼统、不模糊，很人性化，既具有一定挑战性，又具有便于教师和学生操作的可实现性。比如，化工原理和化工原理实验课要求学生自主独立地写出英语实验报告；国际金融课要求学生能独立完成与课程章节内容相应的 500 词以上的专题小论文，能读懂关于国际金融的英语热点新闻；国际私法课要求学生要能把典型的英文案例、学科前沿资料翻译成中文；数值分析、常微分方程、数学分析、逼近学课程，要求学生能用英语书面和口头表达部分定理和概念，能独立阅读和翻译相关的科技英文文献；微生物学课程要求学生能够阅读一般难度的英文专业文献。他们制定的教学目标既有对学生的统一要求，也有专为学有余力并具有不同兴趣的学生，或为致力于考研、打算到外企就业等对未来有设想的学生制定的相应教学目标。①

（二）重视需求分析，反思教学，不断调整完善教学方法

需求分析是关系语码转换式双语教学成功与否的重要一环，是设计教学内容、教学方法、教学活动，指导学生实践，提供学习资源配置，确定教学目标等的依据所在。没有需求分析，从宏观上讲，就不会了解本门课程语码转换教学与社会需求和学校所在地域经济发展的关系；从微观角度看，就不清楚学生的现有水平、有什么渴望、短处在哪；制定课程教学目标就会空

---

① 蔡明德：《语码转移——双语教学新模式》，《教育研究》2007 年第 9 期。

泛或脱离社会和学生实际，很难找到缩小学生现实能力与目标能力的最佳路径，做不到实事求是地因材施教，最终结果达不到语码转换式双语教学效果或教学效果不会很好，也不可能满足社会和学生的需求。

作为调查对象的 5 位教师平时十分关注社会需求，注意跟踪了解学生的学习状况，定期或不定期地对学生进行问卷调查。问卷调查包括选择性题目和需要描述性回答的开放性题目。基于调查、课堂上的观察感悟、课后与学生面对面交谈和网上交流，对问卷进行定性定量分析，从中得到启示，反思教学，进而对教学内容、教学方法及策略做出更适合学生需求的调整和改进。

根据信息员每周对课堂语码转换教学内容及方法的记录和每学期期末对教师的描述性教学评价可以看出：他们的语码转换教学一直呈改变、完善的动态趋势，不是一成不变的固化或僵化状态。这些变化不仅包括语码转换内容、规模、形式、教学方法的变化，还包括对学生要求的变化，专业英语实践活动不断丰富，学生参与选择性实践与应用活动的人数不断增加，教师指导更加灵活有效，网络课程的持续性探索性建设，使其实用性不断增强，学生利用率逐步上升。随着需求分析带来的教学改革或教学上的调整和创新，让教师一轮又一轮的教学过程越来越受学生欢迎。

总体上看，5 位教师反思教学遵循了基本相同的步骤：通过调查掌握真实的教学现状；通过观察分析，确定问题所在；通过对教学问题的理性思考，针对问题的成因、特点等探索解决问题的对策；通过教学实践检验，判定解决问题的对策是否有效及收效的大小。显然，他们的反思教学过程构成了一个循环过程。反思教学是他们实现教学自我超越的动力源泉，也是他们变革教学，完善、创新教学策略，优化教学质量的有效途径。这种反思教学方式带来的结果，不仅使学生受益，对教师本人来说，也是对教学经验的提炼和丰富、对教学知识和实践智慧的滋养、对教学理念的重构及创新性的学习过程。为解决教学过程中产生的各种矛盾和问题，为解开教师对种种教学现象的困惑和疑团，他们会质疑已有的教学观念和方法，学习先进的教学理论，借鉴国内外先进教学经验，以一种新视角审视教学实践，并尝试把新理念新方法揉入自己的教学实践。

教学实践证明，需求分析和反思教学往往是调整完善教学、改革教学的动因，关系语码转换式双语教学的种种设计是否切实可行，因此需求分析和反思教学在语码转换式双语教学课程建设中不能被忽略、不能缺位。

（三）突出专业英语实践，设计合理，指导到位

在电话访谈和面对面的交流中，几位教师都不止一次提到"语言是技能"、"要培养技能就离不开实践"、"帮助学生学习专业英语的最好办法是向他们提供真实的实践机会"、"没有大量实践想要具有一定技能几乎是不可能的"等，这是他们对实践与技能关系的基本共识。这种共识可能源于个人的英语学习经验，也可能源自近 6 年指导学生英语实践的体会。不管共识是怎样产生的，有一点可以肯定：这种共识是他们十分重视学生课内外英语实践的成因。

他们向学生强调实践的意义，自觉并力求合理地设计适合学生需求、能体现专业和课程特点的实践活动。对各自课程面向全体学生的统一要求，不论是学生个人实践活动还是小组实践活动、不论是课堂上的实践活动还是课后的实践活动，大都要记入学生平时成绩，成为对学生学习总体评价的一部分。这种形成性评价有激发学生学习动机的作用，使学生更加重视语码转换式双语教学中的应用实践过程，有少数学生还会随着自主学习的深入，把外在学习动机转化为内在学习动机。同时，这种学习过程中的考察评价也包括学生间的相互评价，为学生提供了更大的发展空间。

他们还根据学生的语言学能、知识结构的差异、个人兴趣理想不同等具体情况，设计不同的实践活动供同学们选择。这些适合学生个人特点的个性化实践，调动了学生的兴趣，激发了学生内在的学习动力，是帮助学生形成个性化学习方法的推力。课题组对刘秋老师指导学生组织的模拟国际学术研讨会进行了全程跟踪。本届研讨会，在教师发动和培训后，由学生自愿参加。以团队或个人形式提交论文共 25 篇，经教师检查，发现其中 1 篇属于抄袭，被取消了资格，编辑印发的《模拟国际研讨会论文集》实际收录论文 24 篇，参与论文撰写的学生共 44 人。参与会议筹备、议程策划、会议主持的学生有 8 人。模拟国际研讨会让学生经历了很多个"第一次"，他们把"有挑战但却令人兴奋"的体验视为"宝贵的学习过程"（引语均摘自学生感言）。从英语论文该如何撰写，到怎样在限定的时间内宣讲论文核心内容；

从 PPT 的制作到 POSTER 的制作；从每个人充分发挥作用到团队合作；从对模拟国际研讨会一无所知到筹备、组织、协调、主持会议，学生们都感到自己有多方面的提高，都满意和惊叹自己的进步速度。这与在模拟国际研讨会上担任评委的 13 位教师及同在现场的 3 位本文作者的看法是完全一致的。

缺乏指导仅停留在布置层面的实践活动往往意义不大，毫不夸张地说，教师指导的投入程度、采用的方法路径和指导水平决定着学生从实践活动中收益的程度。5 位教师为学生设计的或要求统一参加或具有选择性的实践活动包括：英语实验报告、科技英语翻译、课程专题英语小论文、英语论文、模拟国际研讨、微型项目。这些精心设计的活动，不论是针对全体学生的还是个性化的，都需要他们向学生提供及时、具体、有针对性、耐心到位的有效指导和帮助。为给学生用英语写实验报告提供支撑并创造有利条件，刘俏老师专门编写出版了《基于 MATLAB 的化工实验技术（汉—英）》一书，使英文实验报告的撰写更具可实现性。苗芳老师参编了《国际商务研究性学习教学设计》（英文）一书，在书中撰写了外汇交易一章，围绕学生开展外汇模拟交易的各个教学环节提供了详尽的指导性说明。袁学刚老师每周都把参加科技英语翻译的学生召集在一起，共同讨论专业知识方面的问题和翻译技巧，帮学生厘清思路、清除语言障碍。除了向学生提供知识和学术规范上的指导外，5 位教师对学生实践与应用指导的另一特点是"授人以渔"，帮学生掌握有效的学习方法，使他们对原有学习策略做出相应调整，采用新的学习策略提高学习能力。在这些教师的指导帮助下，每完成一次实践活动，学生都深感有质的飞跃，切身体会到的多方面素质的提高。

语言实践活动对学生是一种挑战，会让学生产生一种压力，这种适度压力的积极作用是增加了学生的学习动力，使之产生强烈的学习需求。5 位教师设计并指导的专业英语实践活动，充分调动了学生自主学习和合作学习的积极性，让学生把学习延伸到教室外，给了他们以实践的体验和成功的体验。

5 位教师的教学实践证明了四点：（1）只有通过教、学、用三位一体的有机结合和课内外相互配合，才能扎扎实实地提高学生的专业英语技能和学习技能。(2) 学生参与这类实践活动是研究性学习的过程，通过这样的过程，学生提高的不仅是专业英语水平，更有专业知识的丰富、巩固与应用，对学科前沿的了解，专业视野得以开阔。（3）教师的设计和指导越到位，学生参与实践的积极性越高，接受挑战的底气越足，实践的效果和质量越好，对参与其他专业英语实践与应用活动的正面影响越大。（4）教师利用本人工作室的团队平台，加大对学生实践和研究性学习的指导力度，同时提高了学生参与实践的受益面和受益幅度。丁利明工作室指导学生完成的法学英语翻译已超过 100 万字，在学校《科技英语译丛》上已刊出 5 期，指导学生参加"全国法律英语大赛"，先后获得一等奖 1 次，三等奖 2 次。袁学刚工作室指导学生完成的数学英语翻译已达 53 万字，在学校《科技英语译丛》上已刊出 7 期，指导学生在国际期刊发表英文学术论文 2 篇，在国际会议上发表英文学术论文 2 篇。刘秋善于组建与学生实践任务相适宜的教师指导团队，充分发挥教师们的各种优势，已指导学生完成的全部为追踪专业领域研究热点的生命科学类英文专业文献翻译已达 81 万字，在学校《科技英语译丛》上已刊出 6 期。指导模拟国际研讨会的团队成员，大多是有国外留学、国外工作经历的教师。模拟国际研讨会对学生来说，锻炼的是综合能力，是难度最大的一项实践应用活动；对教师来说，要付出比其他活动更多更艰辛的指导。团队教师的得力指导及默契配合是模拟国际研讨会成功的重要保障。刘俏工作室指导学生完成了美国食品与药品管理局、美国人类健康中心、美国食品安全与营养部颁布的"鲜切果蔬加工过程由微生物引起的食品安全危险最小化指南草案"的翻译、MATLAB 相关工具箱在生物化工中应用的系列文章的翻译，以及美国应用分离公司超临界 CO_2 流体萃取仪的操作说明等翻译，共计 50 万字，并在学校《科技英语译丛》上刊出。这些译文不仅成为老师和学生最新的教学与科研的参考资料，也弥补了教科书滞后的不足。

（四）网络课程建设提供了丰富的学习资源

单一的语码转换课堂教学功能有限，输入的数量有限，使学生输出的系统性和规模性及参与输出的学生人数都受到严格制约。培养学生专业英语技能不是单一的语码转换课堂教学所能实现的，必须课内课外相互渗透、彼此支撑、有机结合。

5 位教师的做法是：充分利用 BB 平台的优势，加大网络课程建设力度，向学生提供丰富的学习资源。网络课程中有英文原版教材的重要章节、定义概念等；有相关著作论文案例的精彩部分；有指导各种应用实践活动的学习材料及教师编写的详细的指导说明书和范例；提供相关英文网站的链接；参与应用实践活动遇到困难，学生可在网络课程上寻求参考和帮助。对研究有兴趣的学生，可在网络课程上看到关于学科前沿的信息和实时更新的对先进技术、先进方法、先进工艺的介绍。刘俏老师在大连民族学院的 Blackboard 网络教学平台上传有关化工原理实验的英文参考资料，内容包括：美国高校的化工原理实验大纲；美国高校化工原理实验室的相关网站；美国高校的化工原理实验指导及实验报告的模板；实验项目所用设备的零部件名称的中英文对照等等。

网络课程内容多数用英汉双语呈现，降低了学生的阅读难度，提高了学生的学习效率，从而增强了学生的自信。平时，教师会对学生如何利用网络课程进行学习提出建议，这对学习效率低和学习资源利用率低的学生有特殊作用。

网络课程建设使学生的学习不再受时间空间限制，学生可以根据个人需求自选学习内容，自控学习节奏，自主决定学习方法与步骤。更重要的是网络课程的建设为学生输入的质与量和输出的实现提供了重要保证，使学生的学习过程变得不那么困难，使学生完成实践活动的目标变得不那么遥远。

（五）学科知识与英语码转换的关系处理得当，课堂教学有效

码转换式双语教学是学科知识教学，也可以说是内容教学，不是语言教学，语码转换内容是学科知识的一部分。每节课语码转换的规模、具体内容的确定和教学方法的应用，既关系到语码转换教学的效果，也关系到学生对学科知识掌握的质量。

语码转换不仅仅是词汇的转换，根据学生的英语基础、课程特点、章节的具体内容，5 位教师能适时适量地设计语句、语段或语篇形式的语码转换，课上语码转换的内容都是经过精心选择和认真准备的，大都是学科知识中应该掌握的重点或教材上缺失的学科前沿信息。经常发表英文学术论文的教师还会把与学科知识相关的本人的科研成果以英文语段群或语篇形式引入课堂教学。

首次出现的核心和重要术语教师们会醒目地标在课件上或集中写在黑

板一侧，以后出现会以嵌入教学语言的方式在不同语境下多次重复，加以强调。语码转换教学方法灵活自然，如行云流水。他们都善于启发式教学，注重互动，不搞一言堂，对重要定义、概念、名词解释会让学生翻译成中文，或要求学生们合作由中文译成英语。国际私法和国际金融两门课程中的英文案例均以英语原文语篇形式在课堂上呈现，或要求学生理解、或要求学生翻译、或要求学生进行案例分析。

在调查反馈中，学生们认为：常用术语在这些教师的课堂上"想不记住都难"；加上他们对语码转换教学的自觉坚持，使得英语渗透量非常可观；语码转换式双语教学不仅强化了专业英语学习，而且加深了对学科知识的理解记忆及对理论的活用；教师选用的英文语篇内容有助于拓展知识面、开阔视野；语码转换本身给课堂带来的变化使课堂更加活跃，使学生学习关注力更强。5 位教师的语码转换式双语教学大大丰富了学生专业英语语汇量，促进了学生专业英语能力的提升，也提高了课堂效率和教与学的质量。在他们的课堂上，英语码转换不是形式、不是摆设，英语码转换与学科知识教学不是格格不入的两层皮，语码转换成为 5 位教师课堂教学的有机组成部分。

（六）重视学生自主学习能力和学习技能的培养

评价一种教学模式是否成功的一个重要考量是要看学生有无自主学习意识、自主学习能力是否得到发展。衡量课堂教学质量的重要尺度之一是要教会学生如何学习，使学生掌握学习策略和技能，学会自主学习。毕竟，不论课堂信息量多么巨大，课堂获得的有效输入都是有限的，学生终归要毕业要离开课堂。能保证学生终生高效学习的关键是自主学习的能力，而不是课堂学到的具体知识点。具体地说，语码转换式双语教学背景下的学生专业英语技能的培养很大程度上取决于学生自主学习能力的培养。

5 位教师对培养学生自主学习能力的重要性都有清醒的认识。他们是学生自主学习的成功推进者，对学生自主学习能力培养发挥了至关重要的作用。他们积极鼓励学生成为学习的主体，课上为学生搭建平台，使学生有机会参与课堂互动；课下为学生设计各种应用实践活动，让学生在实践中提高英语技能，同时使学生在实践中学会自主学习、自主合作。没有英语实践，不仅发展专业英语技能成为空话，也剥夺了学生自主学习的过程，而没有自主学习的过程，就无异于堵塞了学生获取技能的途径。

教师设计的应用实践是学生自主学习的动力源泉，教师的网络课程建设是为使学生向自主学习和个性化学习发展而提供的强有力支撑。此外，他们还注重与学生的交流，通过积极引导，培养学生的责任感，帮助他们改变学习态度，让他们对自己的学习负责。教育他们学会利用时间，学会计划学习，学会自我监控，提高学习的自觉性。他们让学生清楚：学习中有困难是很自然的，跨越障碍战胜挑战就是成功、就是收获、就是提高。他们花费时间和精力启发学生该学什么，应怎么学，以此激发学生的学习兴趣，培养学生良好的学习动机。没有动机的学习往往是不可持续的，有了强烈的学习动机，学生就有了学习的钻劲儿和韧劲儿，就能以积极的学习态度支持学习行为。他们把教会学生相应的学习策略、训练学生学习技能融于常规教学中，融于对学生实践活动的具体指导过程中，努力提高学生自主学习的能力，使学生能有意识地选择适合自己的学习策略，逐渐形成个性化的学习方法。

课上积极参与课堂互动，课下主动经历实践与应用，学生的自主学习促进了良好学习习惯的形成；反过来，自主学习能力的提升又推动了学生专业英语技能的发展，两者相互依存，相互影响，相辅相成。

（七）从实际出发，准确把握专业英语技能培养的侧重点

从社会角度来看，社会对不同行业、不同岗位从业人员的专业英语技能要求是有不同侧重的。从学校角度看，培养学生的听、说技能要具备良好的语言环境和师资条件。从学生个人角度看，学习专业英语的目的因人而异，学生的投入和学生选择的侧重点除了与学习目的相关外，还受到学生兴趣的影响及能力、精力等方面的制约。听、说、读、写、译五项技能全面发展固然是一种理想的境界，但实事求是地分析，在民族院校目前能达到这一目标的学生很少。因此，对各专业的所有学生提出统一的专业英语五项技能要求是不客观、不实际，不具可实现性。

对学生技能的培养，要在分析社会需求和个人需求的基础上，把社会需求和学生个人需求综合起来考虑，为学生制定科学的个性化的有所侧重的技能目标，构建符合实际、符合教学规律、符合认知规律的有效语码转换教学模式。在有所侧重有所突出这一技能培养理念的前提下，尽可能地给学生

提供多种选择。

　　5 位教师都把学生的读、写、译能力作为培养的侧重点，是很有道理的，实践证明也是可行的，取得了良好效果。阅读是输入的主要来源，读得越多，语感越强，词汇量也越大。阅读是发展其他技能的基础，也是学生未来工作和研究中主要用到的技能。他们指导的学生科技英语翻译活动都以把英文资料翻译成汉语为主，翻译活动会帮助学生理解到位、文字表述确切，记忆效果远比阅读扎实，英文翻译内容容易转化为长期记忆。写作在五项技能中可发挥承上启下的作用，有利于语言知识的内化，有利于提高运用语言的准确性。苗芳老师在国际金融课程中指导学生完成英语小论文近 400 篇，在学校《英语论文期刊》上已刊出 2 期；指导 24 名学生参与《世界 500 强企业经营战略案例分析》、《国际商务热点新闻评述》2 册全英版书籍的编写，现已出版，学生总计参编字数约 17 万字。刘俏老师 7 年总计指导 987 名学生完成 2460 份英文实验报告。每个学生至少写出一份英文实验报告，有三分之一的学生写出 2—5 份英文实验报告，有五分之一的学生用英文写出全部实验项目的实验报告（包括预习报告）。在 2010 年大连民族学院大学生英语优秀实验报告评选中，全校 42 项一等奖中，刘俏老师指导的化工原理实验报告占 13 项；56 项二等奖中占 19 项；83 项三等奖中占 32 项；92 项优秀奖中占 14 项。有指导学生英语写作经历的 4 位教师都认为：在让学生知道该怎么写，并有内容可写的前提下，鼓励学生常写篇幅不长文字不多的小论文、章节小结、实验报告等，同时努力达到一定的频度和数量，提高写作质量是不成问题的。本项调查涉及的 5 位教师对专业英语的听和说指导得不多，但读、写、译技能的培养却为学生听、说技能的发展打下了坚实良好的基础。

四、结　语

　　近年来大连民族大学已完成的语码转换式双语教学案例调查分析大体可分为以下几种情况：多维度的调查分析和单一维度的调查分析，多维度的调查分析包括课堂教学、专业英语实践和应用活动的设计与指导、网络或工作室支撑平台的建设及利用、教学效果、教学理念与创新、教师敬业精神、语码转换式双语教学的自主意识、学生对语码转换式双语教学的态度、学生受益程度等；对具有专业特色或个性化鲜明的教学案例的调查分析；对相似度较大、共性较多的教学案例的调查分析；针对一位教师某一门课程的调查分析和针对一位教师多门课程的调查分析。事实证明，不同阶段的教学案例的调查与分析，对反思教学，凝练经验，总结教师教学智慧①，推广先进的教学理念、先进的教学方法、先进的教学行为，整体提高教学质量具有重要价值；为语码转换式双语教学注入了生机和活力，带动了语码转换式双语教学的不断改革、不断创新和不断发展，提升了教学的科学性、实用性、有效性，对扎实培养学生专业英语能力，提高学生受益幅度发挥了重要作用。

（李晓梅，女，汉族，大连民族大学双语教学研究中心主任，教授，主要从事双语教育研究。本文发表于《民族教育研究》2012 年第 5 期）

---

① 蔡明德：《开放式互动性教学质量评价机制的创新实践——以语码转换式双语教学为例》，《西南民族大学学报》2010 年第 3 期。

多学科整合在《英语学习与交际大词典》中的体现

陈 丹

前 言

2008 年年底有幸参加《中国外语》杂志社主办的外语整合研究高端论坛，开拓了视野受益良多。现根据个人对《英语学习与交际大词典》[①] 的使用与同类型双语词典比较，探讨多学科和资源整合思想在《英语学习与交际大词典》编研中的体现，进一步探索学习词典的研编路径。

改革开放 30 多年来，我国外汉双语词典研究与编纂取得了长足的进步，已从"剪刀加糨糊"的手工操作，逐步走向研编和创新，走向使用现代技术编纂大型词典。这里计算机应用首当其冲。语料库的研发为双语词典创新打下了有力的基础。可以肯定地说，没有语料库就没有今天双语词典的发展。

早在 15 年前，汪榕培就提出"双语词典学以其跨学科研究的特点不仅要独立于语言学，而且要独立于词典学，其来势之猛是不可小看的"[②]。"辞书学是独立于语言学、更独立于词汇学的一门交叉学科。"现代汉外双语词典学已成为多学科交叉的综合性学科。它是一门介于语言学、文化人类学、国情学、社会学、心理学、文艺学、信息论、电子计算科学等学科之间的综合性科学，或称多边缘交叉性科学；它与语言学关系尤其密切；因此，它与

---

① 邱述德：《英语学习与交际大辞典》，高等教育出版社 2007 年版。
② 汪榕培：《双语词典大有作为，双语词典学研究》，高等教育出版社 1994 年版，"序"第 3 页。

语音学、词汇学、语法学、语义学、语境学、语料库语言学等多学科水乳交融，密不可分，使双语词典的研编出现勃勃生机，成为一门跨学科整合的学问。李文中在《英语词典学述评》中指出："词典学是一整套系统的理论，而不仅仅是一系列指导性原则。"① 仅靠几条指导性原则去编词典，已不适应词典编纂的发展。因此，考察双语词典是否创新，不能不看它在学科整合和资源利用中的表现，是否在编纂中将它作为整套系统来考虑。

学者们对双语词典学的学科定性充分反映我国语言学家见地深邃，这对研编新一代双语词典具有非常重要的指导意义，对研编新型实用的外汉双语词典具有十分现实的意义，为学科发展指明了方向。在中国语境下就是要适于中国广大英语学习者、英语教师、翻译工作者使用，而不是仅仅提供词语的解释或对应的译入语，而忽略语义，语境等细节。

本文基于这样的前提，分析高等教育出版社这部洋洋千万言的巨著，寻找它的创新点。当然，在这样一篇短文中不可能面面俱到，事无巨细。所以，只能摘其重要点作肤浅的解析。

二、整合是学科和资源的融合

词典学与语言学研究存在着密不可分的关系。离开语言学理论，双语词典学就谈不上发展与创新，谈不上双语词典应发挥的最大社会效益。有人甚至提出，在信息时代的今天，没有语言学理论作指导的词典编纂是不可想象的。

随着社会对词典需要的增长，不断要求用新型辞典来补充词典体系。一部积极实用的学习词典应反映时代性、科学性、实用性，它包括释义、标注、例证、搭配、语义、语用等都应与时俱进。在这里起主导作用的是语言学理论，但它对词典编纂的适用性并不是无处不在的。例如，有的论文指出《新牛津英语大词典》前言中提出的所谓原型义的概念时，宣称充分利用了当代语言学家和认知科学家分析词义及其使用的新技巧，其中最重要的是辨

① 李文中：《英语词典学述评》，《辞书研究》2003 年第 2 期。

别"核心义"及"典型义"，但没有明示核心义的确定原则，因此对它的概念难以取得共识。①

其他学科理论引进双语词典编纂同样需要客观分析，切不可随心所欲。例如跨文化交际学的引入，重点在民族文化特色的处理上，尤其是语义文化、语境文化赋予语义的内涵更不能忽视，否则就会铸成大错。我们将跨文化介入不是泛泛而论，随意贴上标签，应防止"扩大化"。

陆谷孙在《当代语言学与词典学创新》一书的序中，把语言学和词典创新两个学科相互吸引，两情相悦乃至交叉称之为"开拓了一个崭新的平行世界"②。随着语言学理论研究的深入，词典编纂者的理论意识和修养的自觉性也在不断提升，各路专家从不同角度探讨语言学与词典学的关系，也正是在这样一个大趋势下，许多相关学科的理论被应用在词典研编中，形成了学科整合的态势。陆谷孙在该书序中对创新性指出：数十年来，有关语言／词典学这个平行世界的相关研究主要围绕着趋势研究、创新研究和对策研究这三个方向展开，但是"到目前为止，把上述三个方向的研究整合起来，体现三者之间内在逻辑统一性的系统研究还是不多见，专著好像还没有"。王馥芳从研究中选出对双语词典编纂关系重要的具有指导作用的四大语言学科：社会语言学、生成语言学、认知语言学和语料库语言学，但她同时指出其中某些学科在应用中的局限性。我们认为，在学习词典中，还应特别关注语用学、对比语言学、二语习得等学科研究的成果的应用。仅以语用学为例，语用中的浅规则是准确使用语言进行交际的基础，因此，学习词典中交代语用信息十分重要，语用学理论对学习词典不可或缺，在释义和例证配置上离不开语用学研究成果。例如词汇的引申义、修辞义以及同义词辨析等。

近年来，双语词典研究随着社会进步不断深化，词语的语义不断扩展，语用学与词典学结合更紧密融合之势越来越明显，学科整合渐渐成为词典学理论完善、系统化的支撑点。

---

① 王馥芳：《语言学研究成果与词典编纂》，《辞书研究》2004年第4期。
② 周敬花：《语言／词典学领域的一部力作——〈当代语言学与词典创新〉评价》，《辞书研究》2004年第6期。

三、《英语学习与交际大词典》（以下简称《大词典》）的几个亮点

顾名思义，"学习"与"交际"是这部双语词典的核心、关键词。从收词到义项，搭配、例证、释注等均与之相配合，偏离哪一方面，都会伤及本词典的编纂思想和目的。

首先讲"学习"。这里的学习是指英语学习，目标定位解决中国人英语学习的问题。

为中国人学英语编词典，同给其他民族学英语编词典则是不同的，因为，不同文化背景下表达同一事物会有许多差异，甚至完全不同。例如大家熟知的谈及年龄时，忌问 How old are you?

《大词典》所体现的整合是多方面的。它不仅包含学科整合，如词典学和语言学、语用学、语义学、认知科学、二语习得等学科的整合，也是包含资源整合，方法上的整合。因此，学习型双语词典离不开借鉴相关学科和编研方法上的改进与创见。

下面我们从《大词典》的几个重要特点来看这部词典的开拓创新。

（一）

《大词典》突出特点之一，是从学习和文化交际这一最鲜明的应用目的出发，构建了全新的编写原则，即不局限于单一词条的阐释，而是通过某些搭配构建更大的语义单位。例如有人称之为"预制板块"，有人称之为"语块"的单位。通过这种组装成的语块，可以有效的把认知和习得结合起来，学到地道的英语，而且费时较少，可在短时间内学到更多的表达方式，不仅提高语言应用的准确性，而且可以提高学习效率。

近年来，对语块的研究颇受关注，不仅词典学家和词汇学家，而且外语教学研究人员都高度重视，特别是在复合词和惯用语这类活跃的语块多有论及。在一些词典的编纂中已引起注意，但多半穿插在与主词条相关的义项中间。1995 年出版的 Longman dictionary of Contemporary English (3rd ed.)

等词典中把一些使用频率较高的词组作为复合词独立处理，如 number one 等，这对学习者非常实用，而且眉目清晰，易于掌握，但在学习型词典中却十分罕见，尚未引起普遍关注。

可以说《大词典》率先提出学习词典中引进"语块"专项。语块中包括常见的成语、习语、俗语、谚语、词组动词、固定搭配等，总量达 8500 余条。学习词典提供语块如同建造高楼大厦提供预制件一样，在语言交际中可以随时根据设计需要采用，进行话语活动，可以大大提高交际能力。从学习词典本身看，提高了词典的教学功能和信息交际能力，而且更为直观。例如，《大词典》ball 词条给出 3 个语块，on the ball，play ball，start / keep the ball rolling。3 个语块均做了中英文解释，并附恰当准确的例证。学习者可以随时拿来用于交际活动。

再如 call v. 词条，"语块"框架内拥有 20 多条语块，每个语块例证十分贴切常用，也便于掌握。如果不独立出来，混在各义项之中，则不便于查找和学习。《大词典》的处理方法完全出于学习与交际的需要，也是出于人性化的考虑。

（二）

《大词典》突出特点之二，是编者在语块选择上匠心独运，颇有个性。在选择语块中，不是信手拈来，而是根据语义内涵特殊、形式相对固定而特意加以取舍，而且在释义上采用语义和语用两种形式，体现交际功能。根据交际功能与意念，设计若干实用的"交际"板块，包括范围较广，有信息交换、情感和态度表述，日常生活、社交、旅行、通信、娱乐、时空、数量和程度，质量和评价，个人与家庭，教学与学习等 200 个领域。编者思考周密，为学习与交际打开方便之门，使《大词典》真正起到帮助学习，释疑解难的作用。同时，这种方法与当前大学英语教学改革的思路是一致的。

以"道歉与原谅"这个交际项目为例，可以看出，《大词典》立足于学习与应用上，紧扣应用与实用，交际与交流，设计出的"交际"板块细腻，层次清楚，环环紧扣，特别关注民族文化习俗。板块把相关内容细分为：一般道歉、正式道歉、原谅。在表达方式上细分为：为打扰对方或失约之类的行为道歉，因不能做某事而道歉，认为给对方造成不便而道歉，提前对某种非礼行为而道歉等等。此外，还开设了解释、评议或表达性的话语。最后，给出正式或书面道歉。编者在介绍道歉话语的时候，对具体的语境、语用均给出了较为恰切的说明。这对掌握和使用地道的道歉话语是十分有益的。

（三）

《大词典》的突出特点之三，是注重全方位语言信息。"前言"中明示："通过完整的符号标记体现，准确、具体、明白的英汉语释义和适当匹配的例证对词语做出全面描述"。

例如：对词语意义的解释摒弃单纯依靠汉语对应词而以英语释义、汉语对应词和相应例证综合的方法，使读者准确把握词义。《大词典》为此还专门设计了同义词"辨析"框架，共 500 多组。这为读者掌握词汇准确意义和用法，创造了极大的方便。下面以《大词典》160 页的 bias，prejudice 为例来说明。

[辨析] bias，prejudice

bias 后接 towards/in favor of 表示偏向 / 偏袒 / 有偏心，后接 against 表示偏见。与 prejudice 相比，bias 可表示一种倾向，而 prejudice 则是一种很深的成见，比较：The man always has racial prejudice. 这个人总怀有种族偏见。// The university has a bias towards the natural sciences 这所大学偏重自然学科。

《大词典》开辟了"语块""惯用法""辨析"、"对比"、"交际"等专栏，等于为学习者打开了几片"天窗"，五彩缤纷的语言直入眼帘，让读者一目了然。

开"天窗"的方法不是《大词典》的独创，早已有之。许多双语词典开有不同的天窗。例如《麦克米兰英语高阶学习词典》经过创新，设计了"隐喻"、"语言意识"、"学术写作"等天窗。但《大词典》所开的天窗，"语块"、"惯用法"、"辨析"、"对比"、"交际"都是为词典服务的。不需要同其他词典的做法雷同。各学科的综合运用和各种资源方法的使用，体现了整合思想贯穿在整个《大词典》的各个环节。关于双语词典学科和方法的整合研究对词典编纂和词典学发展将产生重要的影响，需要学者们共同开创这方向的研究。

四、结　语

　　《大词典》是一部鸿篇巨制。综观全书架构，实践了编纂宗旨。从词条选定，到释义、例证、辨析、语用、语义、体现了两个字。一是"用"，一是"辨"。"用"是语用，"辨"是讲语义，而这两个字对学外语的人来说往往是"拦路虎"。《大词典》通过各种方式解决了这两个问题，目的明确，方法多样。但任何一部大词典都不可能万无一失，不可能不留下遗憾。但是瑕不掩瑜，我只想提几点建议，供主编在修订中参考。

　　（一）关于百科词目的收选，以不求学科完整性为原则，重点以现代政治、经济、科技、生活中常用的词语为核心，多关注电台、电视台、大众传媒屡屡出现的词汇。像"水门事件"这样词条也不宜忘却。

　　（二）适当选收网络语言，如"网友"、"摄像头"等。

　　（三）文化词语、委婉语的语用辨析应加大例证。

　　（四）例证的遴选应尽可能多的提供典型、实用的。像下面这样的例证应是无效的。

　　the chemical structure，properties and reactions of a particular substance（某特定物质的化学结构、性质和反应）《大词典》p.290 页。整个 chemistry 条的例证多不可取。相对来说，physics 条的例证就实用些，简练些。（《大词典》p.1459）

　　例证是十分重要的。近年来，双语词典的例证受到广泛的关注，从数量到质量，例证均要体现语义，不是随便找来有词目词的短语或句子就可以的。因此，典型性十分重要。它要提供搭配信息、语法信息、语用信息。读者见到这样的例证眼前会为之一亮。

　　（陈丹，女，汉族，外语学院副教授，主要从事词典学及英语教学研究。本文发表于《中国外语》2009 年第 3 期，总第 29 期）

论词汇与语法的一体性

——语料库语言研究给予的启示

郑　丹　杨玉晨

一、引　言

在传统的语言研究中，词汇和语法被认为是语言构成的两个基本范畴，其中语法的地位远远高于词汇。这种语言观认为，语法是一个基本框架，词汇是满足框架的一系列选择，语法和词汇的关系呈"空位—填充"模式（slot-and-filler model）（Sinclair 2004：169）。换言之，词汇是构建语言的材料，语法是语言的构造规则。人们利用语法规则和词汇来生成和理解无限个语句。语言使用是按照语法规则所进行的创造性活动。然而，笔者认为，对词汇和语法的这种划分并非是由语言的属性所决定的，而是由于研究方法的不足而造成的。

近年来，语料库语言学的发展使得语言学家们重新审视词汇与语法的关系，词汇学已经成为语言学研究的一个重要分支，"语言意义成为研究的中心"（李洪儒 2005：43）。下面，我们将探讨 Sinclair（2004）的词汇语法理论（Lexical Grammar），Hunston & Francis（2000）的模式语法理论（Pattern Grammar），Biber 等人（1999，2004）的词块研究（Lexical Bundles），Hoey（2005）的词汇触发理论（Lexical Priming），以及 Gries & Stefanowitsch（2003）的搭配构式分析（Collostructional Analysis），并认为词汇和语法不可分，两者关系应从整体的角度去解读。

二、语料库语言学的发展对词汇与语法关系的再思考

（一）词汇语法理论

词汇语法理论，可以是 Sinclair（2004）所提出的词汇语法（lexical grammar），也可以是韩礼德（1961）的词汇语法（lexicogrammar）。

Halliday（1961）的词汇语法认为，语言的核心包含词汇和语法两部分，词汇和语法处于一个连续体（continuum）的两端，从相反视角审视同一现象，它们是构建意义的源泉（Halliday 2008）。Halliday（1961）指出，"词汇系统不是用来填充语法规定空位（slots）的，而是一种最令人棘手的语法（most delicate grammar）。换言之，语言中只存在一个统一的词汇语法（lexicogrammatical）网络系统。随着选择越来越具体化，词汇语法系统就越来越趋向于由词项的选择而非语法结构选择来实现，但词汇选项仍然是语法系统的构成部分。"（丁建新 2000：433）在 Halliday 看来，词汇与语法并无截然的分界线，二者有量（或难度）的差别而无质的不同，它们都是构建意义的源泉（丁建新 2000：433）。尽管 Halliday 强调了词汇语法的不可分性，但他的词汇语法理论仍强调在语法框架下关注词汇模式，而并非将词汇置于与语法的相同地位。

Sinclair 的词汇语法认为，词汇与语法同等重要，但词汇是构建语言模式的出发点。他指出，传统的语言研究将语言看做是"空位—填充"模式，不能揭示语言的本质，同时揭示了研究方法的缺陷和对语言观察手段的不足。语料库语言学的发展证明，意义的实现可以通过除语法范畴外的其他手段来实现，如表达"否定"。除了通过使用语法否定 no，not 方式外，我们还可以通过半否定词（semi-negatives），如 hardly, scarcely, seldom 等来实现（Sinclair 2004：172）。可见，能够嵌入语法框架内的词语并非只对词性有所限定，某种语法意义的实施也不是单单依靠句法形式。基于以上种种语言事实，Sinclair 认为词汇和语法同等重要，而词汇往往是语言表达和分析的出发点。

Sinclair 的词汇语法理论认为，构建语言意义的最基本单位是词项（lexical item）。词项是由一个或多个词组成的语言单位，通常与另一个词项搭配来表达意义（何安平 2009：53）。词项概念来源于语料库语言学研究的两大发现：（1）很多意义（如果不是绝大多数）是通过一个以上的词语实现的；（2）比以往描述更具强度的词与词之间的共选模式与意义有直接联系（Sinclair 2004：133）。这种由词项和共选关系组成的"延伸式的语义单位"（extended unit of meaning）表现出语言意义单位的"短语取向"（phrasal tendency），因为只有短语才能将传统的语法和词汇统一起来（何安平 2004：53）。

Sinclair 指出，人们在使用语言时要受到语法规则和词汇选择的制约。他总结出英语词汇选择的两大规则：开放性选择原则（open-choice principle）和习语性原则（idiom principle）（Sinclair 2004），大多数语言使用在这两者之间。开放性原则（又称：空位—填充模式），认为语篇是大量复杂选择的结果（Sinclair 1991：109，转引自 Römer 2009）。然而，由于词语在篇章中不是任意出现的，因此开放性原则并不能为连贯的选择提供实质性的约束。习语性原则指语言使用者掌握的大量的（虽然可被分解的）半/预制结构短语（semi-preconstructed phrases）（Sinclair 1991：110 转引自 Römer 2009）。习语性原则表明语言具有词组性倾向（phraseological tendency），即词语并不是孤立存在的，而是通过它们的结合而获得意义。例如，短语 of course 由两个词组成，但是其意义并不是 of 和 course 意义的简单叠加，而是形成了意义转换单位（meaning shift unit），同时获得了与副词 sure，perhaps，maybe 等相同的用法。

传统语言学将词汇和语法分开，揭示了理论语言学家和描写语言学家材料选择的不足。而依据语料库的词汇语法理论，将兼语法与词汇概念为一身的短语从词汇学研究的边缘抢救回来，并给其重要的核心地位，这挑战或完善了传统语言研究对词汇和语法关系研究的缺憾，改变了重语法轻词汇的观念，使词汇成为语言研究的一个重要领域。

（二）模式语法理论

Hunston 和 Francis（2000）在 Sinclair 词汇语法理论的基础上，提出了

模式语法（Pattern Grammar）理论，进一步发展了 Sinclair 的部分观点和主张。模式语法理论是以词组和语言模式概念为基础的关于词汇和语法关系的理论，它以大量的语料为研究对象，探讨了词项与其所构成的语法模式之间的关系。

所谓模式（pattern），既不是单个的词，也不是空位的语法结构，指的是经常与单词（的意义）联系在一起的词组（phraseology），是词汇与语法的结合。模式的表现是词与词之间的连接和意义单位的构成。以 V. + over + N. 结构为例，介词 over 紧跟动词，其后接名词或名词短语，三种语法成分共同作用构成了完整的意义单位，形成诸如：fight over Russia，triumph over Japan 等模式（Hunston & Francis 2000：43-44）。

模式与词汇是两个独立的概念，即某一模式仅与某些限定词项一起连用，而某一词项也仅与某些限定的模式一起连用。同 Sinclair 一样，Hunston & Francis 也证明了模式与意义紧密相连的观点。他们认为，词的意义在多数情况下由于出现的模式的不同而不同；共享同一模式的词汇使其他词汇意义发生变化（Hunston and Francis，2000：255-256）。这就是说，模式可以用来帮助区分一个多义词的不同意义，也可以从发生在同一模式中的其他语义中获得新的意义。

Hunston & Francis 的模式语法理论认为，意义与模式紧密相连；语法和词汇是一个整体；语法可以线性解释，也可以按成分构成解释；语法的多样性（即将意义角色考虑进语法词汇结构中）是对传统普遍语法的一种有效替换（Hunston & Francis 2000：272）。在 Hunston & Francis 看来，交际中，词汇优先于语法。作为交际者，我们不能通过选择语法结构，然后孤立地将词汇项填入语法结构进行交际。相反，我们是运用概念去传递，根据中心词项进行交际选择；这些选择本身就是对语言的流畅性和语法结构的合理性所进行的选择（Hunston and Francis 2000）。

总而言之，模式语法理论是对 Sinclair 词汇语法理论的扩展，即形式与意义最终是没有区分的（Hunston & Francis 2000：255）。他们的研究以大量语料为支撑，说明了通过语料库来研究语法能够解决传统语言研究中很多解决不了的问题，为语法的研究开辟一条新的路径。正如 Sinclair 所说，新的证据表明，语法原理并不是依靠一个精确的基础，而是依靠数以万计的单词和短语的积累（Sinclair 1991：100，转引自 Hunston & Francis 2000：260）。

（三）词块研究

语言实践证明，人们在使用语言时，并不是即兴地根据语法框架和所需的填充词来建构新的语句，而是使用词块，如 in order to，as a result of 等来组织语言。电脑数据统计分析发现，英语的语言交际并不是仅仅通过单词或固定短语来实现的，自然话语中的 90% 是由那些处于这两者之间的半固定"板块"（chunk）结构实现的（杨玉晨 1999：24）。也就是说，这些固定或半固定的模式化了的"板块"结构才是人类语言交际的最小单位。因此，许多语言学家认为，词汇和语法之间存在着不可分割的联系。他们认为，词汇和语言结构是一个从完全自由到完全固定的词汇组合的延续体，也就是说，词汇组合的完全可解释性和固定结构的完全不可解释性并不是唯一的绝对不可相容的两个概念，在词汇和句法之间还存在许多同时兼有词汇和句法特征的半固定结构（杨玉晨 1999：24-25）。

语言学家对这些半固定的结构给予高度重视。不同的学者亦对这些语言构块使用了不同的术语，如 Pawley & Syder（1983）使用词汇化句干（lexicalized sentence stems），Nattinger & DeCarrico（1992）使用词汇短语（lexical phrases），Biber et al.（1999，2004）使用词束（lexical bundles），Cowie（1992）使用预制复合结构（ready made complex units），Lewis（1993）使用词汇板块（lexical chunks），Wray（2000，2002）使用程式化序列（formulaic sequence），Moon（2002）使用多词项（multi-word item）等。本文主要依据 Biber 等人的研究，将这种语言现象统称为"词块"。

词块是指 3 个或 3 个以上词组成的，在某一特定语域里频繁地成串出现的词列（Biber et al. 1999）。Biber 等（1999）通过研究口语语篇和书面语篇中反复出现的词的连续组合、多词组合（Multi-Word Units，MWU）以及 3 个或者以上的词序来研究词汇与语法的关系，并对两者的关系持整体观的立场。要成为一个词块，必须具备两个条件：（1）频繁出现在某一语域中；（2）出现在这一语域的多种篇章中。这是为了确保某一词组的重复出现并不是由于说话者或者写作者的特质而造成的。Biber 等指出，在学术写作中经常出现的词块有：*in order to*，*one of the*，*as a result of*，*it is possible to*，and *on the other hand* 等（Biber *et al.*，1999：994）。

实际上，大多数词块都是结构不完整的意义单位，即它们是从上下文隔离出来不具备完整的语法结构。此外，词块常常超越传统语法范畴的界限，如 as a result of，it is important to，它们已不代表一个完整的结构单位，而是由两个以上结构单位构成。它们往往出现在一个小句或者短语的边界，最后一个词是第二个结构单位的第一个构成成分（Biber *et al.* 2004：377）。

Biber 等人的研究表明，词块是一个不同与能产性的语法结构的语言结构（Biber *et al.* 2004），并应引起高度重视。到目前为止，词块理论主要用来解释语域以及语篇类型的差别，确认语篇中有意义的和有组织的单位，研究本族语者和非本族语者语言产出的差异等；实际上，词块研究还可以被应用于更广泛的领域，比如语言教学等。

正如 Krashen & Scarcella（1978）指出的，语言在传统的自由组合词汇与固定成语之间，还存在着一个处于中间状态的第三种现象（半固定式短语）（杨玉晨 1999：25）。现代词汇学的主要任务就在于如何掌握这些大量的语言预制结构，如何把它们组合在一起，构成完整的语篇。也就是说，语言（或者语篇）的生成和理解并不是依靠对孤立的词和句子的学习，而是学习如何将这些词块有机地组合起来而形成适当的话语。

（四）词汇触发理论

受 Sinclair 词汇语法理论的影响，Hoey 提出了词汇触发（Lexical Priming）理论。Hoey（2005）认为词汇与语法是一个整体，词汇是研究的中心。词汇触发理论"将词汇与语法的角色与作用相替换，认为词汇是复杂的、系统的，语法是词汇结构的产物"（Hoey 2005：1）。与以往词汇和语法关系理论不同的是，Hoey 将心理语言学解释引入其中。

Hoey 通过大量语料分析阐发一个全新的词汇理论。他认为，在我们的头脑中存在着一个精密的、与特定语域或体裁相关的可能共现的模式网络，提取储存在我们头脑中的心理词汇可引发一系列语篇构建的期望。这就是说，词汇是我们语言能力的核心，语法和词汇选择都是由触发所控制的。

"单词在语篇中的触发使用，是个人与世界接触的累积和作用的结果。"（Hoey 2005：13）人们在口语或者书面语篇中并不是孤立地使用某个单词，而是自动地在其使用模式中运用词语，并学习它们经常出现的语言结构、语篇体裁或者语篇类型。我们所掌握的词汇的知识完全依赖我们对该词的使用经验，大量不同语篇类型的语料可使我们发现词语使用的触发模式。

Hoey 的主要贡献在于将搭配（collocation）提升为是构成语言自然度（naturalness）的关键因素。搭配概念最初由 Firth 提出，但是 Hoey 的搭配指的是 4 个以上的词语 words（而非词目〈lemmas〉）之间的一种心理联系（Hoey 2005：5）。在语言交际中，搭配现象普遍存在，"搭配是语言的特质"（李力 2006：232），而触发（priming）可以用来解释搭配的产生。

与 Sinclair，Hunston & Francis 的理论相同，Hoey 也认为将词汇与语法分割开来的观点是不正确的。但是他认为 Sinclair 理论仅仅解释了语言的可能性，而非自然度。Hoey 理论从词汇出发，分析了词汇的搭配的倾向性以及使用模式。在他看来，词汇是语言系统的基础，词汇具有强大的组织功能。但须要注意的是，由于 Hoey 的理论是以新闻体裁为特定的语料，因此部分结论难免有些偏激，其结论还须要通过大量的语料加以证明。不过，Hoey 的理论已将词汇研究作为语言研究的核心，是对传统语言理论是一次颠覆。

（五）搭配构式分析

搭配构式分析（Collostructional Analysis）是由 Gries 和 Stefanowitsch（2003）提出旨在将认知语言学和语料库语言学结合起来的一种研究方法，并就词素与构式之间的关联强度（collostructional strength）进行了评估。根据所涉及的单词和构式的各自频率以及它们的共现频率，进行交叉表格（cross tabulation）处理，然后统计出两者的关联强度（杨晶 王勇 2010：71）。

搭配构式分析往往以一个语法结构（或构式）为分析对象，调查词素与语法结构某一空位的倾向联系或限制性。空位可以在不同层级的语言结构中出现，例如，双宾语结构有 4 个空位，即主语、动词、直接宾语和间接宾语；过去时结构有一个与发生在过去时间的动词相对应的空位。

搭配构式分析是搭配分析的一种扩展，其核心问题是在词项与语法结构之间是否在所有抽象层面都存在显著关联（Gries and Stefanowitsch，

2003：211，转引自 Römer，2009），也就是说，搭配构式分析调查的是在某一特定语法结构中，词素的发生情况是大于抑或小于预期值。

搭配构式分析具体包括：（1）对共现词素的分析（collexeme analysis），或称为简单共现词素分析（simple collexeme analysis），其目的是为了评测在某一语法结构中词素与空位的倾向性或限制性；（2）对区别性词素共现分析（distinctive collexeme analysis），其目的在于估算出词素对功能相似结构的倾向性，其中多样区别性词素共现分析（multiple distinctive collexeme analysis）将这种搭配构式分析扩展至对两个以上的空位的分析；（3）对互为变化的共现词素分析（covarying collexeme analysis），旨在比较互为关联的两个空位中词素之间的搭配强度，即必须确定相对于出现在空位之一每个单词（共现词素 1），在另一空位中到底有哪些单词（共现词素 2）与前者共现的几率显著高于预期值（杨晶 王勇 2010：72）。

搭配构式分析与其他搭配分析方法的不同就在于它不评测词与词之间的结合强度，而是分析词语与语法结构之间的结合强度，因此，较之其他搭配分析它更注重句法结构。同时搭配构式分析采用以超几何分布（hypergeometric distribution）为基础的 Fisher 准确测试方法，这不同于以分布假设（distributional assumptions）为基础的 t-scores，z-scores，chi-square 等测试方法。

搭配构式分析是对传统的单纯注重频率的语料库研究方法的一种更新，它通过评估词素与构式之间的关联强度来研究语言现象。该理论也再一次证明了语言中词汇与语法密不可分的关系。

结束语

本文主要阐述了语料库语言学视角下词汇与语法关系研究的五个主要理论。其实，语料库语言学研究的核心就是围绕词汇与语法的界面问题，将词组以及短语单位看做是语言的核心。同时语料库语言学证明，语言的研究是体验性的，是以大量自然发生的语篇为基础的；语言中共现现象（co-occurrence）是普遍存在的，语料以及语料工具可以用来确认哪些词汇经常在什么类型的语篇和语境中出现。对上文中提及的大多数研究者而言，数据和观察都是第一位的，而结论是第二位的。

虽然上述理论从不同角度论述了词汇与语法的关系，但是它们却拥有一个共同点，即认为词汇和语法是一个整体，词汇与语法、模式（结构）与意义（功能）相互关联或密不可分。他们通过语料分析证明，语言的意义单位不是孤立存在的，而是以短语或构式形式而存在，因此，具有词汇和语法特征的词组才是语言学描写的重要内容和研究领域。

（郑丹，女，汉族，外国语学院讲师，主要从事语言学研究。

本文发表于《外语学刊》2010 年第 5 期）

民族院校大学生思想政治
教育内涵研究（代跋）

赵　铸

内涵反映一种事物的本质属性。培养什么人、怎样培养人，则是我国教育改革发展的本质属性与核心问题。高等教育要坚持育人为本、德育为先、能力为重和全面发展的方针，必须注重因材施教，积极探索和建立不同类型高校的德育体系框架，根据不同学生的认知特点、民族构成和文化差异合理设置教育内容，不断完善方式方法，这是符合教育规律及其本质特征、保证大学生思想政治教育正确方向和实效性的基本途径。民族院校以及民族地区高校大学生思想政治教育要针对学校的办学宗旨和少数民族学生实际，科学反映大学生思想政治教育的内涵，合理界定教育内容，这对于培养中国特色社会主义事业合格建设者和可靠接班人具有重要意义。

一、民族院校大学生思想政治教育的内涵和依据

高等学校把人才培养作为根本任务，把德育摆在各项工作的首要位置，加强和改进大学生思想政治教育，培养造就具有高尚思想品质和良好道德修养、掌握现代化建设丰富知识和扎实本领的优秀人才，对确保中国特色社会主义事业兴旺发达、后继有人具有重大而深远的战略意义。民族院校是我国高等教育的重要组成部分，它作为普通高等教育的一部分，在教育方针、教育制度、教育管理、专业设置、教学内容和教学方法等方面都具有普通高等学校的共性特征，大学生思想政治教育首先必须遵循我国高等教育的统一规

范。同时，因教育对象、办学宗旨、学科体系、科学研究、文化氛围的不同，民族院校在长期的办学实践中又形成了自身的鲜明特色，少数民族大学生思想政治教育必然会具有自身的规律和特点，同时也面临着比其他院校更为繁重更为艰巨的任务。因此，坚持育人为本、德育为先的方针，按照普遍性与特殊性相结合的原则，着力培养国家统一、民族团结、社会和谐所需要的中国特色社会主义事业合格建设者和可靠接班人，不断增强针对性、实效性和感召力，集中体现了民族院校大学生思想政治教育的内涵。这一内涵是由民族院校的特殊地位和办学性质所决定的，不仅具有理论依据，而且具有现实依据。

从理论依据来看，民族院校在人才培养、科学研究、社会服务和文化传承创新方面都具有自身的特点，坚持高等教育一般规律和民族高等教育特殊规律的统一，是民族院校全部教育活动所遵循的基本规律，学生思想政治教育也在这一基本框架中体现其特有的内涵。而学生的思想政治素质是否合格，已成为衡量民族院校办学标准的首要条件和决定民族院校发展前景的关键因素。

首先，我国作为多民族、多宗教和多元文化的国家，发展少数民族教育事业，办好民族院校，是中国共产党把马克思主义民族理论同我国实际相结合的一大创举，是解决民族问题的重大举措。民族院校坚持育人为本、德育为先方针，不仅体现了我国高等教育的社会主义办学方向和对德育的普遍性要求，而且体现了党的教育方针和民族政策的紧密结合，成为培养中国特色社会主义事业合格建设者和可靠接班人的必然要求。

其次，按照普遍性与特殊性相结合的原则，着力培养国家统一、民族团结、社会和谐所需要的中国特色社会主义事业合格建设者和可靠接班人，体现了民族院校的办学特征和在大学生思想政治教育中承担的特殊使命。我国现有 10 多所民族院校和数百所位于民族地区的高等学校，构成了民族高等教育的主体。其中民族院校以培养少数民族人才为主，少数民族学生平均占在校生总数 65% 以上，在民族高等教育体系中最具特色。经过新中国成立以来 60 多年的历史变迁，民族院校已成为我国少数民族高素质人才培养、民族理论民族政策研究以及传承和弘扬各民族优秀文化的基地，成为展示我国民族政策和对外交往的窗口。因此，民族院校在整个高等教育体系中占有特殊地位，在维护国家统一、民族团结、社会和谐的进程中能够发挥不可替代的重要作用，这就决定了做好民族院校思想政治教育工作事关全局，意义重大，影响深远。

第三，民族院校的学生来自不同民族和不同地区，他们在文化基础、风俗习惯、宗教信仰、心理特征等方面和汉族学生有明显的差异，从而决定了做好民族院校思想政治教育工作必须创新方式方法，不断增强针对性、实效性和感召力。

从现实依据来看，民族地区的稳定与民族院校的稳定是紧密联系在一起的。做好民族院校学生的思想政治教育工作，对于维护社会和谐稳定和实现国家长治久安具有重要现实意义。目前，民族院校拥有 56 个民族的全日制在校学生 20 多万人，已先后为国家培养了 90 多万名各类人才。可以说，民族院校大学生群体是少数民族干部的重要来源和民族地区经济社会发展宝贵的人才资源，他们中的绝大多数回到民族地区工作，并成长为民族地区各条战线的中坚力量。他们的思想政治素质如何，直接影响着民族地区的繁荣稳定、少数民族的发展进步和中华民族整体素质的提高。从总体上看，当前民族院校学生的思想主流是积极、健康、向上的，他们拥护中国共产党的领导，热爱伟大祖国，认同中国特色社会主义理论体系，对实现全面建设小康社会奋斗目标充满信心。与此同时，当前影响各族学生思想状况的因素越来越复杂，民族院校大学生思想政治教育工作仍然存在一些不容忽视的问题，并面临许多新的严峻挑战。

一是在经济体制深刻变革、社会结构深刻变动、利益格局深刻调整和人们思想观念深刻变化的新形势下，民族院校学生群体思想活动的独立性、选择性、多变性、差异性明显增强。他们思想开放活跃，但社会阅历少，各方面还不够成熟，必须加强对他们的教育、引导和帮助，使他们自觉担负起维护国家长治久安和社会和谐稳定的历史责任。

二是民族院校学生群体信仰宗教比例相对较高，不同的民族文化背景对师生的思想观念和行为方式有着深刻的影响，客观上增加了思想政治教育的复杂性和艰巨性。

三是民族院校学生贫困比例相对较高、学习基础相对较差、适应新环境的能力相对较弱，学生的心理问题呈明显上升趋势。而近年来民族院校大学生思想政治教育工作的针对性和实效性还存在不足，从而为思想政治教育带来了诸多新课题。

四是西方敌对势力和境内外民族分裂势力不断对民族院校进行渗透破坏活动，对民族院校大学生思想政治教育工作形成了严峻挑战。

综上所述，做好民族院校大学生思想政治教育工作，关系国家长治久安与社会和谐稳定，关系少数民族和民族地区繁荣发展，关系民族院校的办学方向，关系各族学生的未来和各族群众的切身利益。引导民族院校各族学生"把文化知识学习和思想品德修养紧密结合起来、把创新思维和社会实践紧密结合起来、把全面发展和个性发展紧密结合起来"①，全面提高大学生思想政治教育工作的科学化水平，已成为新形势下我国教育事业改革发展和民族团结进步事业创新发展的特殊需要。

二、民族院校大学生思想政治教育的内容与特征

教育内涵决定教育内容，教育内容体现教育内涵。民族院校大学生思想政治教育的具体内容包括普适性教育和特殊性教育两个方面。

1. 普适性教育内容

普适性教育内容即公共性基础教育内容，是全国所有高校大学生思想政治教育及每一名大学生成长成才所必修的课程及都应接受的教育。普适性教育内容主要是社会主义核心价值体系教育，包括马克思主义基本理论教育、中国特色社会主义共同理想教育、以爱国主义为核心的民族精神和以改革创新为核心的时代精神教育、以社会主义荣辱观为主要内容的思想道德教育。此外，还包括社会主义民主法制教育、心理健康教育和创新创业教育。民族院校大学生思想政治教育首先要体现上述内容。

社会主义的核心价值体系是社会主义意识形态的本质体现；马克思主义指导思想是社会主义核心价值体系的灵魂，是全党全国各族人民团结奋斗的共同思想基础；中国特色社会主义共同理想是社会主义核心价值体系的主

---

① 胡锦涛：《在庆祝清华大学建校 100 周年大会上的讲话》，《人民日报》2011 年 4 月 25 日。

题；以爱国主义为核心的民族精神和以改革创新为核心的时代精神是社会主义核心价值体系的精髓。

以上四个方面的内容相互联系、相互贯通，构成了辩证统一的有机整体和民族院校大学生普适性思想政治教育的主体内容。

社会主义民主法制教育对"培养什么人"和"怎样培养人"也至关重要。邓小平强调："我们一定要向人民和青年着重讲清楚民主问题。"[1] 社会主义民主与法制是人民群众当家做主和治理国家的基本方略。在各族青年学生中深入开展民主法制教育，引导他们增强国家意识和公民意识，帮助他们提高遵纪守法意识，自觉遵守大学的规章制度，培育有理想、有道德、有文化、有纪律的社会主义公民，这是民族院校大学生思想政治教育的题中应有之义。心理健康教育关系每一名学生的成长成才，有利于提高学生心理素质，开发个体潜能，展示自身才华，从而更好地提高综合素质，实现全面发展，对促进民族院校各族青年学生身心健康具有特殊作用。创新创业教育是培养学生学会学习、学会生存、学会发展和学会思考、学会怀疑、学会创造的一种基本能力教育。"创新是一个民族进步的灵魂，是国家兴旺发达的不竭动力"[2]。创新意识是一种积极的意识状态，创新精神是创新人才进行创新实践活动必备的精神动力，是影响创新能力生成和效果的重要内在因素。因此，创新创业教育已成为新时期人才培养的必修课和大学生思想政治教育的重要内容。"创业教育的本质与核心是创新教育，个性、开创性、创新性和实操性是其根本属性"[3]。目前我国高等学校大学生就业面临巨大压力，开展创新创业教育，对提高民族院校大学生的创新精神、实践能力和适应社会的能力十分必要，是增强思想政治教育针对性和实效性的重要途径。

2. 特殊性教育内容

民族院校的大学生思想政治教育，除普适性教育内容外，还要根据民族院校大学生思想政治教育内涵要求和以少数民族学生为主的特定受教育群体，实施具有特殊性的教育内容，并将其作为思想政治教育的重点。这种特

---

[1]　《邓小平文选》第二卷，人民出版社 1994 年版，第 175 页。

[2]　江泽民：《论科学技术》，中央文献出版社 2001 年版，第 55 页。

[3]　吴今秋：《高校推进创新创业教育的理念定位》，《中国教育报》2010 年 8 月 14 日。

殊性教育既体现了普适性教育的内涵，又作为普适性教育内容的延伸，均为社会主义核心价值体系教育的组成部分，包括以下三个方面的内容：一是马克思主义祖国观教育，主要是国家统一、民族团结、社会和谐稳定教育及爱国主义教育；二是马克思主义民族观教育，主要是党和国家民族理论、民族政策、民族法律法规和民族基本知识教育，以及文化认同、民族认同和国家认同教育；三是马克思主义宗教观教育。这三个方面的特殊性教育内容以马克思主义祖国观教育为核心，以马克思主义民族观和宗教观教育为基础，构成一个相互关联、相互补充的有机整体。

马克思主义祖国观又称马克思主义国家观，是指一个国家在马克思主义国家学说的指导下，运用辩证唯物主义和历史唯物主义的世界观、方法论，形成对祖国以及社会制度的基本看法、基本立场和基本观点，构成马克思主义关于"祖国"的一套完整而系统的理论体系。在当代中国，祖国统一是我国各族人民的最高利益，56 个民族中的任何民族都属于中华民族大家庭中的一员。拥护中国共产党的领导，坚持走中国特色社会主义道路，切实维护国家统一、民族团结和社会稳定，成为马克思主义祖国观的基本内涵。因此，坚持不懈地对各族青年学生进行马克思主义祖国观教育，是民族院校大学生思想政治教育的重中之重。爱国主义是中华民族精神的核心，是社会主义核心价值体系的重要认同基础。在民族院校不断加强爱国主义教育，是马克思主义祖国观教育的基本内容。"新时期中华民族的爱国主义，既承接着历史上爱国主义的优良传统，又吸纳着鲜活的时代精神，内涵更加丰富"[1]。通过爱国主义教育，让各族学生了解祖国的悠久历史和灿烂文化，了解各民族共同缔造中华人民共和国的历史事实，了解新中国成立后少数民族和民族地区发生的历史性变化和取得的巨大成就，能够不断增强其对中华民族的归属感、对中华文化的认同感和对伟大祖国的自豪感。

马克思主义民族观是马克思主义政党认识和处理民族问题的基本观点、基本原则和基本政策。中国共产党把马克思主义民族理论同中国民族问题的实际相结合，从统一的多民族国家发展的历史基础和民族关系的现实状况出

---

[1] 教育部思想政治教育司等：《聚焦：大学生关注的思想理论问题》，中国人民大学出版社 2008 年版，第 64 页。

发，一方面不断丰富和发展关于我国民族问题的理论体系，另一方面制定了以民族区域自治为核心、以实现各民族共同繁荣发展为目的的一系列完整的民族政策体系。其核心内容包括：各民族不分人口多少、历史长短、发展程度高低，一律平等；民族区域自治是中国共产党解决我国民族问题的基本政策，必须长期坚持和不断完善；平等、团结、互助、和谐是我国民族关系的本质特征；各民族共同团结奋斗、共同繁荣发展是现阶段民族工作的主题等。同时，还形成了以《中华人民共和国宪法》为基础、以《中华人民共和国民族区域自治法》为主干、以其他有关法律法规为重要组成部分的民族法律法规体系。在各族青年学生中不断加强党和国家民族理论、民族政策、民族法律法规和民族基本知识教育，构成了民族院校马克思主义民族观教育的基本内容。要加深各族青年学生对马克思主义民族观的认识，还需进行文化认同、民族认同和国家认同的教育。在以上三个认同中，各民族对中华文化的认同是基础，对民族之间的认同是前提，对国家的认同是最高境界。通过从文化认同到民族认同的教育，进而形成对统一的多民族国家的政治认同。加强马克思主义民族观教育，要把党和国家的民族理论、民族政策同少数民族和民族地区经济社会发展实际紧密结合起来，用改革开放以来民族地区发展取得的巨大成就来增强思想政治教育的说服力和感召力。

马克思主义宗教观认为，宗教是人类社会发展一定阶段的历史现象，宗教信仰、宗教感情，以及同这种信仰和感情相适应的宗教仪式和宗教组织，都是社会历史的产物。世界上任何一种宗教都有不同程度的民族特征，任何一个民族也都有不同程度的宗教信仰。我国少数民族信教人口比重大，宗教观念比较强，民族院校少数民族信教学生明显多于普通院校。用马克思主义宗教观教育学生，树立正确的宗教观，重点是全面贯彻党的宗教工作基本方针，充分认识和落实党和政府的宗教信仰自由政策，既要尊重和保护信教学生的自由，又要尊重和保护不信教学生的自由权利；要旗帜鲜明地坚持教育与宗教相分离的原则，贯彻《中华人民共和国宪法》规定，任何人不得利用宗教进行破坏社会秩序、损害公民身体健康、妨碍国家教育制度的活动；坚持依法对宗教事务进行管理的要求，任何人不得在校内传播宗教，严禁在校园举行宗教活动和成立宗教组织，严禁学生参加非法的宗教组织和宗教聚会活动，坚决抵御境外敌对势力、民族分裂势力利用宗教对民族院校进行渗透、破坏和分裂活动。要以理论武装为首要任务，以宣传引导为有效途径，以依法管理为必要手段，以健全机制为重要保证，加强马克思主义唯物论和无神论教育，正确认识和对待宗教问题，正确区分民族文化与宗教信仰，引导大学生牢固树立中国特色社会主义的理想信念。

3. 民族院校思想政治教育的基本特征

民族院校大学生思想政治教育内容具有以下基本特征：一是普遍性与特殊性相统一；二是针对性与实效性相结合；三是现实性与前瞻性相承接。

民族院校大学生思想政治教育既有我国高等学校的普适性教育内容，又有民族院校的特殊性教育内容，体现了普遍性与特殊性的辩证统一，二者相辅相成，缺一不可。没有以社会主义核心价值体系为主的普适性教育，就不可能促进人的全面发展；没有以马克思主义祖国观、民族观和宗教观为主的特殊性教育，就无法培养国家统一、民族团结、社会和谐所需要的中国特色社会主义事业合格建设者和可靠接班人。

民族院校大学生思想政治教育具有很强的针对性，它不仅具有特定受教育群体——以少数民族为主的各族青年学生，而且具有特定教材和特定课程——马克思主义民族理论和党的民族政策。思想政治教育的针对性越强，表明教育内容越细致，所涵盖的范围越广泛，这样才能真正取得实效，反映了针对性与实效性的有机结合。

民族院校大学生思想政治教育不仅立足当前，以适应少数民族和民族地区对高素质合格人才的现实需求，而且更应着眼长远，以适应国家长治久安、社会和谐稳定和民族团结进步事业创新发展对高素质合格人才的特殊需求。民族院校大学生思想政治教育所面临的情况更为复杂，所承担的任务更为艰巨，对现实性和前瞻性均有更高的要求，只有二者相互承接，根据国内外发展变化的新形势增强教育内容的预见性，才能正确回应时代发展的要求，更好地发挥民族院校大学生思想政治教育特有的功能。

三、推进民族院校大学生思想政治
教育内涵建设的几点思考

当前，社会转型期的各种思想文化交流交融交锋更加频繁，推进内涵建设，提高民族院校大学生思想政治教育的科学化水平，既具备许多有利条件和一系列行之有效的教育内容及方式方法，也面临一些新情况和新问题。例如，民族院校大学生思想政治教育工作的针对性和实效性有待增强，教育内容和方式方法有待创新；思想政治教育工作队伍的整体素质有待提高，特别是把握新形势、运用新理念、创造新方法的能力欠缺，网络信息监管和网络舆论引导能力亟待加强；一些新教师没有深入过民族地区，不了解或不熟悉少数民族的历史和文化特点，工作难以做到有的放矢。推进民族院校大学生思想政治教育内涵建设，不断增强针对性、实效性和感召力，需要思维创新、内容创新和方法创新。

1. 深化教育内涵，把社会主义核心价值体系融入民族院校教育教学和管理服务全过程

中共十七届六中全会以建设社会主义核心价值体系为根本任务，提出了建设社会主义文化强国的重大战略目标，并提出："社会主义核心价值体系是兴国之魂，是社会主义先进文化的精髓，决定着中国特色社会主义发展方向。必须强化教育引导，增进社会共识，创新方式方法，健全制度保障，把社会主义核心价值体系融入国民教育、精神文明建设和党的建设全过程，贯穿改革开放和社会主义现代化建设各领域，体现到精神文化产品创作生产传播各方面，坚持用社会主义核心价值体系引领社会思潮，在全党全社会形成统一指导思想、共同理想信念、强大精神力量、基本道德规范。"① 中央关于社会主义核心价值体系的最新表述，对推进高校思想政治教育和深化教育内涵具有重大而深远的指导意义。民族院校大学生思想政治教育要结合自身

---

① 《中共中央关于深化文化体制改革推动社会主义大发展大繁荣若干重大问题的决定》，《人民日报》2011 年 10 月 26 日。

实际，进一步坚持马克思主义指导地位，坚定中国特色社会主义共同理想，弘扬以爱国主义为核心的民族精神和以改革创新为核心的时代精神，树立和践行社会主义荣辱观。特别是要加快实施中国特色社会主义理论体系普及工程，加强马克思主义民族理论与党的民族政策重点学科、重点课程和重点教材建设，推动中国特色社会主义理论体系进教材、进课堂、进头脑，加强和改进大学生思想政治教育，把社会主义核心价值体系贯穿到教育教学和管理服务全过程。

2. 把民族院校文化建设和大学生思想政治教育结合起来，努力建设中华民族共有精神家园

文化是民族的血脉，是人民的精神家园。在我国五千多年文明发展历程中，各族人民紧密团结、自强不息，共同创造出源远流长、博大精深的中华文化，为中华民族发展壮大提供了强大精神力量。文化也是大学的基本特征，大学的精神、理念、特色、传统无一不和自身的文化积淀息息相关。民族院校是各民族优秀文化的荟萃之地，具有丰厚的民族文化资源。民族院校师生的民族构成特点和文化生态，决定了民族院校大学生思想政治教育存在着一个文化适应的问题。要建设中华民族共有精神家园，全面提高各民族师生的思想道德素质和科学文化素质，必须把文化建设纳入民族院校大学生思想政治教育中来，这样才能增强思想政治教育的针对性和实效性。要坚持以先进文化为引领、以和谐文化为目标、以校园文化为载体，精心培育和建设各民族师生和谐共进、特色鲜明的大学文化；必须把文化建设和大学生思想政治教育紧密结合起来，从而全面提高民族院校的文化传承创新能力，为建设社会主义文化强国作出贡献。

3. 加强队伍建设，创新方式方法

推进民族院校大学生思想政治教育内涵建设，要切实加强思想政治教育工作队伍建设，进一步提升整体素质。承担思想政治教育工作的教师应深入少数民族和民族地区，深入实际，坚持不断学习，用中国特色社会主义理论和党的民族理论政策武装头脑，认真研究少数民族大学生思想政治教育的内容、特点和规律，更好地体现民族院校为少数民族和民族地区服务的办学宗旨。要充分发挥民族院校大学生思想政治教育研究基地的作用，加强思想政治教育信息化建设，更好发挥创新理论、咨政育人、服务社会的重要

职能。

推进民族院校大学生思想政治教育内涵建设，必须创新方式方法。要以社会主义核心价值体系为引领，根据少数民族学生的特点，采取尊重差异、包容多样、因材施教、注重实效的方式方法，创新人才培养模式。要积极发展健康向上的校园网络文化，加强网上思想文化阵地建设和管理，加强网上舆论引导。

推进民族院校大学生思想政治教育内涵建设，还要处理好尊重少数民族风俗习惯教育与国家意识、法律意识和公民意识教育的关系，处理好公共性基础教育内容和特殊性教育内容的关系以及思想政治教育和其他教学工作的关系。

（赵铸，男，满族，大连民族大学教授，主要从事马克思主义与中国现实问题研究。本文发表于《中央民族大学学报（哲学社会科学版）》2012 年第 3 期。本文另一作者为冯文华）